plurall

CB137001

Parabéns!
Agora você faz parte do **Plurall**, a plataforma digital do seu livro didático!
Acesse e conheça todos os recursos e funcionalidades disponíveis para as suas aulas digitais.

Baixe o aplicativo do **Plurall** para Android e IOS ou acesse **www.plurall.net** e cadastre-se utilizando o seu código de acesso exclusivo:

AASPVMQ6K

Este é o seu código de acesso Plurall.
Cadastre-se e ative-o para ter acesso aos conteúdos relacionados a esta obra.

@plurallnet

@plurallnetoficial

SOMOS EDUCAÇÃO

LITERATURA BRASILEIRA

EM DIÁLOGO COM OUTRAS LITERATURAS E OUTRAS LINGUAGENS

VOLUME ÚNICO

ENSINO MÉDIO

WILLIAM CEREJA

Professor graduado em Português e Linguística e licenciado em Português pela Universidade de São Paulo (USP).

Mestre em Teoria Literária pela Universidade de São Paulo (USP).

Doutor em Linguística Aplicada e Análise do Discurso pela Pontifícia Universidade Católica (PUC-SP).

Professor da rede particular de ensino em São Paulo, capital.

CAROLINA DIAS VIANNA

Professora graduada e licenciada em Português pela Universidade Estadual de Campinas (Unicamp).

Mestre em Linguística Aplicada pela Universidade Estadual de Campinas (Unicamp).

Doutora em Linguística Aplicada pela Universidade Estadual de Campinas (Unicamp).

Professora das redes pública e particular de ensino nos Estados de São Paulo e Minas Gerais.

Atual Editora

Editora Saraiva

Presidência: Mario Ghio Júnior
Vice-presidência de educação digital: Camila Montero Vaz Cardoso
Direção editorial: Lidiane Vivaldini Olo
Gerência de conteúdo e design educacional – Soluções completas: Viviane Carpegiani
Coordenação de núcleo: Viviane Carpegiani
Edição: Fênix Editorial
Planejamento e controle de produção: Flávio Matuguma (ger.), Juliana Batista (coord.) e Jayne Ruas
Revisão: Fênix Editorial
Arte: Fênix Editorial (edição de arte e diagramação)
Iconografia e tratamento de imagem: Roberta Bento (ger.), Claudia Bertolazzi (coord.) e Cristina Akisino (pesquisa iconográfica)
Licenciamento de conteúdos de terceiros: Roberta Bento (ger.), Jenis Oh (coord.), Liliane Rodrigues, Raísa Maris Reina e Cristina Akisino (analistas de licenciamento)
Ilustrações: Fênix Editorial
Ilustrações: Fênix Editorial
Design: Foca (Projeto gráfico de capa e miolo)
Imagem de capa: CARYBÉ. Cena de rua. Óleo sobre tela, 1994/Copyrights Consultoria Ltda.

Avenida Paulista, 901, 6º andar – Bela Vista
São Paulo – SP – CEP 01310-200
http://www.somoseducacao.com.br

Dados Internacionais de Catalogação na Publicação (CIP)

Cereja, William Roberto
Literatura brasileira: em diálogo com outras literaturas e outras linguagens, volume único / William Roberto Cereja, Carolina Dias Vianna. -- 6. ed. -- São Paulo : Atual, 2021.

Bibliografia
ISBN 978-65-5945-026-8 (aluno)
ISBN 978-65-5945-027-5 (professor)

1. Literatura (Ensino médio) I. Título II. Vianna, Carolina Dias

21-3230 CDD 808.07

Angélica Ilacqua CRB-8/7057

2022
Código da obra CL 524977
CAE 726753 (AL) / 726754 (PR)
1ª edição
3ª impressão

Impressão e acabamento: Bercrom Gráfica e Editora

Uma publicação SOMOS EDUCAÇÃO

Imagem de capa: CARYBÉ. Cena de rua. Óleo sobre tela, 1994/Copyrights Consultoria Ltda.

Apresentação

Prezado estudante,

Neste nosso mundo moderno ou *pós-moderno*, que privilegia a imagem e a rapidez das informações, parece não haver espaço para a palavra, para a leitura e para o estudo da literatura. Essa impressão, contudo, não é verdadeira. A palavra, em especial a palavra literária, nunca esteve tão em voga como nos dias atuais. Hoje já existe o *e-book*, e a internet tem se revelado uma grande aliada dos aficionados de literatura. Nela, encontramos inúmeros *sites* e *blogs* especializados nos quais podemos ler/ver textos literários e, muitas vezes, até ouvir nosso poeta preferido declamando seus poemas.

E por que alguém se interessaria em estudar **literatura** nos dias de hoje?

Literatura é a *arte da palavra*. Estudá-la equivale a compreender a evolução do pensamento e dos sentimentos humanos por meio da arte; é uma forma de aguçar nossa sensibilidade e nossa percepção crítica, de lutar contra os fenômenos da alienação, da fragmentação e da desumanização a que estamos sujeitos no mundo atual.

Estudar literatura é enfrentar o desafio de ler os grandes textos literários criados pela humanidade, extrair-lhes o sentido mais profundo e perceber de que forma estão relacionados com o momento em que foram concebidos. É também notar que um texto não se encerra em si e no seu tempo, pois está em permanente *diálogo* com muitos outros textos, verbais e não verbais, tanto os que foram publicados antes dele quanto os que vêm depois, tanto os nacionais quanto os estrangeiros. Estudar literatura é perseguir os diálogos que o homem criou e vem criando consigo mesmo em diferentes tempos e espaços, como um meio de dizer não ao isolamento e à solidão.

Estudar literatura é criar condições para que estejamos permanentemente antenados com o que está acontecendo hoje. É poder observar uma citação literária em uma canção, perceber que um artista ou um escritor do momento está retomando temas ou formas do passado, flagrar, nas entrelinhas, uma ironia ou uma referência literária em uma tira de quadrinhos, em um cartum ou no cinema.

Ler literatura é ser descolado. Quem lê literatura alcança uma condição bastante especial nestes tempos globalizados: ser diferente da maioria, que se limita ao senso comum veiculado pelas redes sociais e pelos meios de comunicação de massa.

Esta obra tem o compromisso de contribuir para que você se torne um leitor competente de textos literários. Por isso, além de promover inúmeros cruzamentos entre os textos de estudo e o contexto cultural da época em que foram criados e o contexto cultural de hoje, ela também sugere muitas outras fontes de informação e meios de pesquisa para que você amplie seus horizontes: visitar *sites* da internet, assistir a filmes e interpretá-los, ouvir músicas, ler livros, ir ao teatro, fazer visitas a museus, participar de saraus e mostras literárias, representar uma peça teatral, etc.

Os textos literários, os de ontem e os de hoje, estão todos aí, esperando ser descobertos e redescobertos. Cada leitor, quando os lê, os reescreve com o seu próprio olhar e com o olhar de seu tempo. A cada leitura, reacendemos a chama do diálogo vivo que a humanidade vem construindo. Nesse diálogo, que está sempre aberto a novas experiências, só falta você. Venha você também participar desta viagem: a aventura de ler!

Um abraço,

Os Autores.

Conheça seu livro

Conheça a seguir a estrutura do livro, as seções e os boxes, além do material complementar que pode ser adquirido separadamente em versão digital.

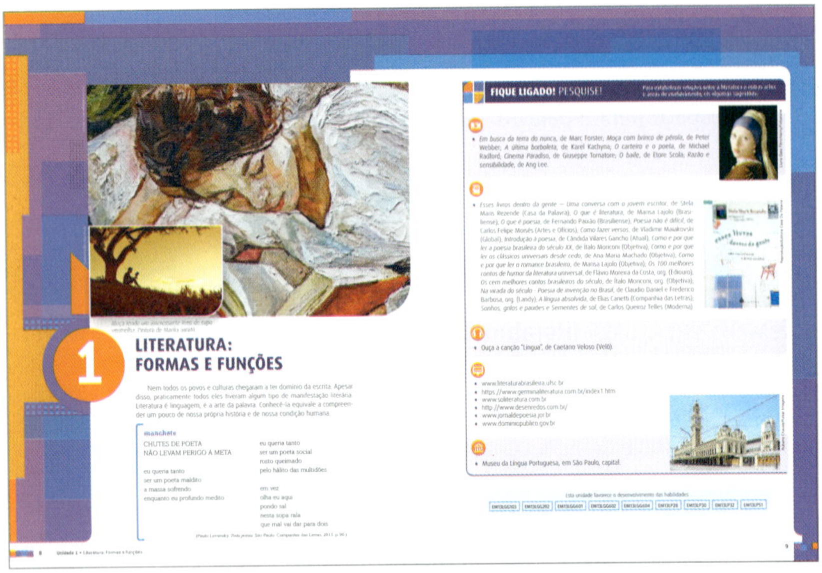

Fique ligado! Pesquise!

Na seção **Fique ligado! Pesquise!**, há indicações de filmes, livros, músicas, *sites*, lugares para visitar e assuntos para pesquisar.

As **habilidades da BNCC** que serão trabalhadas na unidade estão descritas nas aberturas.

Abertura de unidade

As páginas de abertura são um convite para as descobertas que você fará ao longo da unidade.

A imagem em foco

Propõe a leitura de uma obra de arte da época literária estudada.

Abertura de capítulo

Apresenta uma imagem e um texto relacionado com o conteúdo trabalhado.

Nesta página consta a lista de **habilidades da BNCC** que serão trabalhadas no capítulo.

Leitura

Na seção **Leitura**, você vai ler um ou mais textos representativos dos autores do movimento literário abordado.

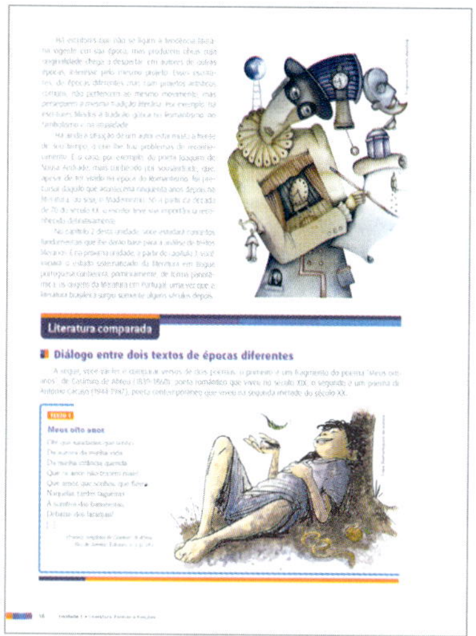

Construindo seu itinerário formativo

Ao longo do livro, há indicações de minicursos, disponíveis em em versão digital, que podem ser adquiridos separadamente para o aluno construir seu Itinerário Formativo.

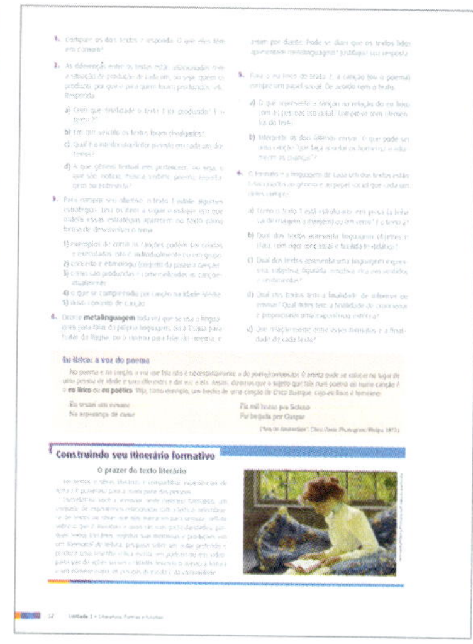

Literatura comparada

Estabelece diálogos entre textos e autores da mesma época ou de épocas diferentes, propiciando intertextualidade e interdiscursividade.

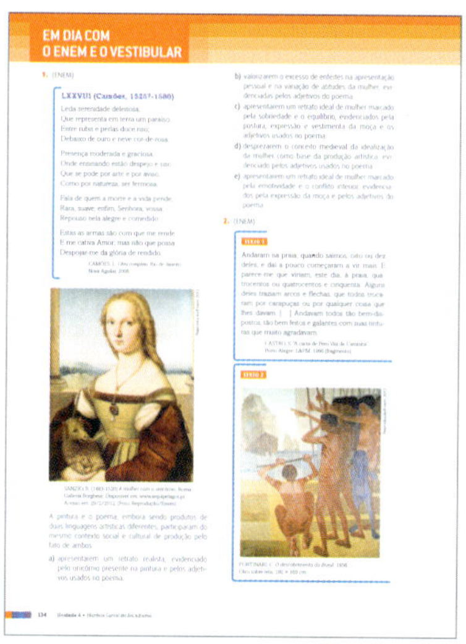

Em dia com o Enem e o vestibular

Esta seção reúne questões do Enem e dos últimos vestibulares.

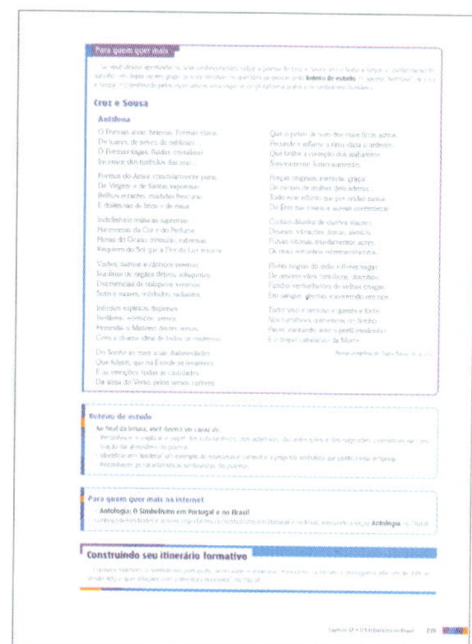

Para quem quer mais

Mais textos e atividades para quem deseja se aprofundar no assunto.

Para quem quer mais na internet

Indicação de textos literários que podem ser lidos por fruição ou que podem ser explorados pelo professor e que estão disponíveis no Plurall.

Intervalo – Projeto

Ao final de cada unidade, há uma sugestão de projeto a ser desenvolvido pela turma.

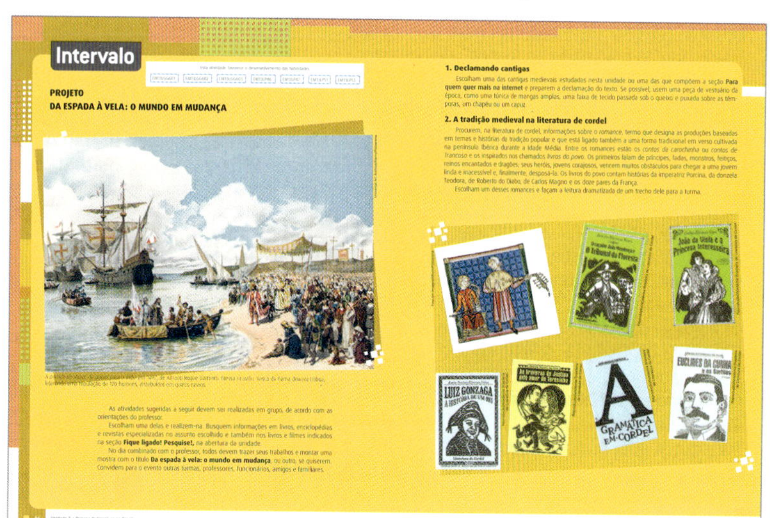

Recursos digitais

Na plataforma Plurall, você encontrará recursos digitais complementares relacionados aos temas das unidades.

Minicursos de Literatura

Conheça os **minicursos** disponíveis para a construção de **Itinerário Formativos**. Em versão digital, esses conteúdos podem ser adquiridos separadamente.

Sumário

Mariia Aiiram/Shutterstock

KieferPix/Shutterstock

Moça lendo um interessante livro de capa vermelha. Pintura de Mariia aiiraM.

1 LITERATURA: FORMAS E FUNÇÕES

Nem todos os povos e culturas chegaram a ter domínio da escrita. Apesar disso, praticamente todos eles tiveram algum tipo de manifestação literária. Literatura é linguagem, é a arte da palavra. Conhecê-la equivale a compreender um pouco de nossa própria história e de nossa condição humana.

manchete

CHUTES DE POETA
NÃO LEVAM PERIGO À META

eu queria tanto
ser um poeta maldito
a massa sofrendo
enquanto eu profundo medito

eu queria tanto
ser um poeta social
rosto queimado
pelo hálito das multidões

em vez
olha eu aqui
pondo sal
nesta sopa rala
que mal vai dar para dois

(Paulo Leminsky. *Toda poesia*. São Paulo: Companhia das Letras, 2013. p. 90.)

FIQUE LIGADO! PESQUISE!

Para estabelecer relações entre a literatura e outras artes e áreas de conhecimento, eis algumas sugestões:

Lions Gate Film/Alamy/Fotoarena

- *Em busca da terra do nunca*, de Marc Forster; *Moça com brinco de pérola*, de Peter Webber; *A última borboleta*, de Karel Kachyna; *O carteiro e o poeta*, de Michael Radford; *Cinema Paradiso*, de Giuseppe Tornatore; *O baile*, de Etore Scola; *Razão e sensibilidade*, de Ang Lee.

Reprodução/Editora Casa Da Palavra

- *Esses livros dentro da gente — Uma conversa com o jovem escritor*, de Stela Maris Rezende (Casa da Palavra); *O que é literatura*, de Marisa Lajolo (Brasiliense); *O que é poesia*, de Fernando Paixão (Brasiliense); *Poesia não é difícil*, de Carlos Felipe Moisés (Artes e Ofícios); *Como fazer versos*, de Vladimir Maiakovski (Global); *Introdução à poesia*, de Cândida Vilares Gancho (Atual); *Como e por que ler a poesia brasileira do século XX*, de Ítalo Moriconi (Objetiva); *Como e por que ler os clássicos universais desde cedo*, de Ana Maria Machado (Objetiva); *Como e por que ler o romance brasileiro*, de Marisa Lajolo (Objetiva); *Os 100 melhores contos de humor da literatura universal*, de Flávio Moreira da Costa, org. (Ediouro); *Os cem melhores contos brasileiros do século*, de Ítalo Moriconi, org. (Objetiva); *Na virada do século - Poesia de invenção no Brasil*, de Claudio Daniel e Frederico Barbosa, org. (Landy); *A língua absolvida*, de Elias Canetti (Companhia das Letras); *Sonhos, grilos e paixões e Sementes de sol*, de Carlos Queiroz Telles (Moderna).

- Ouça a canção "Língua", de Caetano Veloso (Velô).

- www.literaturabrasileira.ufsc.br
- https://www.germinaliteratura.com.br/index1.htm
- www.soliteratura.com.br
- http://www.desenredos.com.br/
- www.jornaldepoesia.jor.br
- www.dominiopublico.gov.br

Rubens Chaves/Pulsar Imagens

- Museu da Língua Portuguesa, em São Paulo, capital.

Esta unidade favorece o desenvolvimento das habilidades

EM13LGG103 | EM13LGG202 | EM13LGG601 | EM13LGG602 | EM13LGG604 | EM13LP28 | EM13LP30 | EM13LP32 | EM13LP51

CAPÍTULO 1

O que é literatura?

A palavra serve para comunicar e interagir. E também para criar literatura, isto é, criar arte, provocar emoções, produzir efeitos estéticos. Estudar literatura implica não só apropriar-se de alguns dos conceitos básicos dessa arte, mas também deixar o espírito leve e solto, pronto para saltos, voos e decolagens.

Jac Depczyk/Getty Images/Bordeianu Andrei /Alamy/Fotoarena/Fotomontagem: Fernanda Crevin

Este capítulo favorece o desenvolvimento das habilidades

- EM13LGG601
- EM13LGG602
- EM13LP01
- EM13LP03
- EM13LP06
- EM13LP31
- EM13LP48
- EM13LP50
- EM13LP52

A natureza da linguagem literária

Você já deve ter tido contato com uma grande variedade de textos literários: contos, poemas, romances, peças de teatro, novelas, crônicas, e com textos não literários, como notícias, cartas comerciais, receitas culinárias e manuais de instrução. Afinal, o que é um **texto literário**? O que distingue um texto literário de um texto não literário?

Você vai ler, a seguir, dois textos. O primeiro faz parte de um *site* português que reúne um conjunto de conceitos; o segundo é um poema de Carlos Drummond de Andrade.

TEXTO 1

Conceito de canção

Barandash Karandashich/Shutterstock

Do latim *cantĭo*, uma canção é aquilo que se canta (produz sons melodiosos). Trata-se de uma composição em verso [...] de forma a poder ser cantada. A palavra canção também permite fazer alusão à própria música/melodia que acompanha essa composição.

Pode-se dizer que a música que oferece a indústria cultural costuma estruturar-se em canções. Os artistas, quer cantem sozinhos (solistas) ou coletivamente (grupos), compõem canções e gravam-nas em vários formatos. Essas canções podem ser comercializadas através de discos ou de tecnologias digitais (por exemplo, descarregando/fazendo download de faixas, álbuns inteiros ou mesmo de discografias na Internet).

Por outro lado, as canções são o principal componente dos concertos ou recitais. Antes de se apresentar ao vivo, o solista ou a banda escolhe no seu reportório quais são as canções que deseja interpretar na presença do público.

Sinônimo de canto e cantiga, trata-se de qualquer composição ou estrofe destinada a ser cantada.

Antigamente, mais precisamente na Idade Média, dava-se o nome de canção ao poema lírico que era composto e cantado pelos trovadores. [...]

(Disponível em: https://conceito.de/cancao. Acesso em: 25/6/2021.)

TEXTO 2

Canção amiga

Eu preparo uma canção
em que minha mãe se reconheça,
todas as mães se reconheçam,
e que fale como dois olhos.

Caminho por uma rua
que passa em muitos países.
Se não me veem, eu vejo
e saúdo velhos amigos.

Eu distribuo um segredo
como quem ama ou sorri.
No jeito mais natural
dois carinhos se procuram.

Minha vida, nossas vidas
formam um só diamante.
Aprendi novas palavras
e tornei outras mais belas.

Eu preparo uma canção
que faça acordar os homens
e adormecer as crianças.

Bridgeman Images/Fotoarena/The Phillips Collection Washington, EUA.

(Carlos Drummond de Andrade. *Reunião*. 10. ed. Rio de Janeiro: José Olympio, 1980. p. 154.)

1. Compare os dois textos e responda: O que eles têm em comum?

2. As diferenças entre os textos estão relacionadas com a situação de produção de cada um, ou seja, quem os produziu, por que e para quem foram produzidos, etc. Responda:

    a) Com que finalidade o texto 1 foi produzido? E o texto 2?

    b) Em que veículo os textos foram divulgados?

    c) Qual é o interlocutor/leitor previsto em cada um dos textos?

    d) A que gênero textual eles pertencem, ou seja, o que são: notícia, música, verbete, poema, reportagem ou entrevista?

3. Para cumprir seu objetivo, o texto 1 adota algumas estratégias. Leia os itens a seguir e indique em que ordem essas estratégias aparecem no texto como forma de desenvolver o tema.

    1) exemplos de como as canções podem ser criadas e executadas, isto é, individualmente ou em grupo
    2) conceito e etimologia (origem) da palavra *canção*
    3) como são produzidas e comercializadas as canções atualmente
    4) o que se compreendia por canção na Idade Média
    5) novo conceito de canção

4. Ocorre **metalinguagem** toda vez que se usa a linguagem para falar da própria linguagem, ou a língua para tratar da língua, ou o cinema para falar do cinema, e assim por diante. Pode-se dizer que os textos lidos apresentam metalinguagem? Justifique sua resposta.

5. Para o eu lírico do texto 2, a canção (ou o poema) cumpre um papel social. De acordo com o texto:

    a) O que representa a canção na relação do eu lírico com as pessoas em geral? Comprove com elementos do texto.

    b) Interprete os dois últimos versos: O que pode ser uma canção "que faça acordar os homens/ e adormecer as crianças"?

6. O formato e a linguagem de cada um dos textos estão relacionados ao gênero e ao papel social que cada um deles cumpre.

    a) Como o texto 1 está estruturado: em prosa (a linha vai de margem a margem) ou em verso? E o texto 2?

    b) Qual dos textos apresenta linguagem objetiva e clara, com rigor conceitual e finalidade didática?

    c) Qual dos textos apresenta uma linguagem expressiva, subjetiva, figurada, emotiva, rica em sentidos e sentimentos?

    d) Qual dos textos tem a finalidade de informar ou ensinar? Qual deles tem a finalidade de emocionar e proporcionar uma experiência estética?

    e) Que relação existe entre esses formatos e a finalidade de cada texto?

Eu lírico: a voz do poema

No poema e na canção, a voz que fala não é necessariamente a do poeta/compositor. O artista pode se colocar no lugar de uma pessoa de idade e sexo diferentes e dar voz a ela. Assim, dizemos que o sujeito que fala num poema ou numa canção é o **eu lírico** ou **eu poético**. Veja, como exemplo, um trecho de uma canção de Chico Buarque, cujo eu lírico é feminino:

Eu cruzei um oceano
Na esperança de casar

Fiz mil bocas pra Solano
Fui beijada por Gaspar

("Ana de Amsterdam". *Chico Canta*. Phonogram/Philips, 1973.)

Construindo seu itinerário formativo

Clube de leitura: o prazer do texto literário

Ler textos e obras literárias e compartilhar experiências de leitura é prazeroso para a maior parte das pessoas.

Convidamos você a vivenciar, neste minicurso, um conjunto de experiências relacionadas com a leitura: relembrar-se de textos ou obras que o(a) marcaram para sempre; refletir sobre o que é literatura e quais são suas particularidades; produzir textos literários; registrar suas memórias e produções em um *Memorial de leitura*; pesquisar sobre um autor preferido e produzir uma resenha crítica escrita, em *podcast* ou em vídeo; participar de ações sociais e cidadãs, levando o acesso à leitura a um número maior de pessoas da escola e da comunidade.

Artmedia/Alamy/Fotoarena/Coleção particular

O papel da literatura

Você viu, pelos estudos anteriores, que a literatura é uma linguagem especial, carregada de sentidos e capaz de provocar emoções e reflexão no leitor.

Conheça agora o que dizem os teóricos e especialistas em literatura sobre outras funções que ela desempenha no mundo em que vivemos.

Literatura: prazer e catarse

Para os gregos, a arte tinha também outras duas funções: a *hedonística* e a *catártica*. De acordo com a concepção hedônica (*hedon* = prazer), a arte devia proporcionar prazer, retratando o belo. E, para eles, o belo na arte consistia na semelhança entre a obra de arte e a verdade ou a natureza.

A concepção catártica advém do papel que as tragédias desempenhavam no mundo grego. Aristóteles, o primeiro teórico a conceituar a tragédia, define esse tipo de texto por meio de dois conceitos: a *mimese*, ou imitação da palavra e do gesto, que para ser eficaz deve despertar no público os sentimentos de terror e piedade; e a *catarse*, efeito moral e purificador que proporciona o alívio desses sentimentos. Com finais que normalmente culminam em envenenamento, assassinatos e suicídio, as tragédias aliviavam as tensões e os conflitos do mundo grego.

nuvolanevicata/Shutterstock

Modernamente, esses conceitos desapareceram, mas a arte ainda cumpre o papel de proporcionar prazer e fruição estética e de aliviar as tensões da alma humana. Ou, na concepção do teórico russo Viktor Chklovski, o papel de provocar um *estranhamento* em face da realidade, como se nos desautomatizássemos e passássemos a ver o mundo com outros olhos.

Literatura: conhecimento, comunicação, interlocução

O crítico americano Harold Bloom diz:

> A informação está cada vez mais ao nosso alcance. Mas a sabedoria, que é o tipo mais precioso de conhecimento, essa só pode ser encontrada nos grandes autores da literatura. Esse é o primeiro motivo por que devemos ler. O segundo motivo é que todo bom pensamento, como já diziam os filósofos e os psicólogos, depende da memória. Não é possível pensar sem lembrar – e são os livros que ainda preservam a maior parte de nossa herança cultural. Finalmente, e este motivo está relacionado ao anterior, eu diria que uma democracia depende de pessoas capazes de pensar por si próprias. E ninguém faz isso se ler.
>
> (Harold Bloom, crítico literário americano. *In*: *Veja*, n. 1685.)

Literatura é sabedoria que se comunica. É linguagem e, como outras artes, desempenha um importante papel na transmissão e na preservação da cultura de um povo. Pode influenciar a sociedade e também ser influenciada por ela.

Literatura: a palavra que transforma

Muitos escritores falam sobre o poder transformador da literatura. Para aqueles que desejam compartilhar o amor pelos livros, sugerimos a leitura destes: *O Sr. Pip*, de Lloyd Jones (Rocco); *Balzac e a costureirinha chinesa*, de Dai Sijei (Objetiva); *A casa de papel*, de Carlos María Dominguez (Francis); *Terra sonâmbula*, de Mia Couto (Companhia das Letras); *Se uma criança, numa manhã de verão...* — Carta para meu filho sobre o amor pelos livros, de Roberto Cotroneo (Rocco); *Como e por que ler os clássicos universais desde cedo*, de Ana Maria Machado (Objetiva); *A paixão pelos livros*, organização de Julio Silveira e Martha Ribas (Casa da Palavra).

A literatura e outras mídias

O poeta e compositor Arnaldo Antunes comenta assim as mudanças na poesia decorrentes do contato com a tecnologia digital:

A. PAES/Shutterstock

O público dos livros de poesia pode ser mínimo, mas ele vem sendo ampliado por meio do contágio com outras mídias. [...] Hoje, o que se fazia nas revistas migrou, em grande parte, para a Internet. Você vê *sites* de poesia e *blogs* com debates interessantes, tudo associado a outras linguagens, poemas com áudio, inserção de imagens e movimento na palavra escrita. Esse tipo de composição virou coisa natural hoje em dia. A poesia só tem a ganhar quando se contamina com outros códigos, pois alcança outros públicos e descobre possibilidades de linguagem.

(Revista *Língua Portuguesa*, nº 13.)

Visite o *site* de Arnaldo Antunes (http://www.arnaldoantunes.com.br) e veja como ele põe em prática essas ideias.

Literatura: a humanização do homem

Conheça a seguir o que o teórico Ely Vieitez Lanes diz sobre o papel que a literatura desempenha no mundo em que vivemos:

A Literatura é o retrato vivo da alma humana; é a presença do espírito na carne. Para quem, às vezes, se desespera, ela oferece consolo, mostrando que todo ser humano é igual, e que toda dor parece ser a única; é ela que ensina aos homens os múltiplos caminhos do amor, enlaçando-os em risos e lágrimas, no seu sofrer semelhante; ela é que vivifica a cada instante o fato de realmente sermos irmãos do mesmo barro.

(Ely Vieitez Lanes. *Laboratório de literatura*. São Paulo: Estrutural, 1978.)

Literatura: o encontro do individual com o social

Segundo o escritor Guimarães Rosa, literatura é feitiçaria que se faz com o sangue do coração humano. Isso quer dizer que a literatura, entre outras coisas, é também a expressão das emoções e reflexões do ser humano.

Leia, a seguir, um poema do escritor africano José Craveirinha.

Leitura

Grito negro

Eu sou carvão!
E tu arrancas-me brutalmente do chão
e fazes-me tua mina, patrão.
Eu sou carvão!
e tu acendes-me, patrão
para te servir eternamente como força **motriz**
mas eternamente não, patrão.
Eu sou carvão
e tenho que arder, sim
e queimar tudo com a força da minha combustão.
Eu sou carvão
tenho que arder na exploração
arder até às cinzas da maldição
arder vivo como **alcatrão**, meu irmão
até não ser mais a tua mina, patrão.
Eu sou carvão
Tenho que arder
queimar tudo com o fogo da minha combustão.
Sim!
Eu serei o teu carvão, patrão!

(*In*: Mário de Andrade, org. *Antologia temática de poesia africana*. 3. ed. Lisboa: Instituto Cabo-Verdeano do Livro, 1980. v. 1, p. 180.)

Filipe Rocha/Arquivo da editora

alcatrão: um dos componentes do carvão.
motriz: que se move ou faz mover alguma coisa.

1. O texto lido é um poema, um dos vários gêneros literários.

   Nos poemas, é comum o eu lírico expor seus sentimentos e pensamentos.

   a) Qual é o tema do poema lido?

   b) O que predomina nesse poema: aspectos individuais ou sociais?

2. Os poemas geralmente utilizam uma linguagem **plurissignificativa**, isto é, uma linguagem figurada, em que as palavras apresentam mais de um sentido.

   O eu lírico do poema lido chama a si mesmo de *carvão*. Que sentidos têm as palavras *carvão* e *mina* no contexto?

3. Para o patrão, o eu lírico é carvão, pois é a força motriz do trabalho e da produção. O eu lírico aceita sua condição de "carvão", mas com um sentido diferente do que tem para o patrão.

   Releia os versos finais do poema e interprete o último verso.

   Eu sou carvão
   Tenho que arder
   queimar tudo com o fogo da minha combustão.
   Sim!
   Eu serei o teu carvão, patrão!

4. O poema de Craveirinha, além de expressar os sentimentos e as ideias do eu lírico, é uma recriação da realidade. Por meio dessa recriação, o poeta denuncia as condições de vida a que eram submetidos os negros em Moçambique antes do processo de independência. Em sua opinião, a literatura pode contribuir para transformar a realidade concreta? Explique.

5. O escritor e educador Rubem Alves afirma que o escritor "escreve para produzir prazer". Em sua opinião, a literatura proporciona prazer ao ser humano, mesmo quando trata de problemas sociais, como ocorre no poema de Craveirinha? Justifique sua resposta.

6. Reúna-se com um colega e, com base na leitura do poema de Craveirinha, montem um quadro com as principais características do texto literário.

Estilos de época: adequação e superação

O ser humano se modifica através dos tempos: muda sua forma de pensar, de sentir e de ver o mundo. Consequentemente, promove mudanças nos valores, nas ideologias, nas religiões, na moral, nos sentimentos. Por isso, é natural que as obras literárias expressem características próprias do momento histórico em que são produzidas. Em certas épocas, por exemplo, determinados temas podem ser mais explorados do que outros; já em outras, os escritores podem estar mais interessados no trabalho formal com os textos do que nas ideias, e assim por diante.

Ao conjunto de textos que apresentam certas características comuns em determinado momento histórico, chamamos **estilo de época** ou **movimento literário**. Ao escrever, o escritor recebe influências e sofre coerções do grupo de escritores do seu tempo, mas isso não quer dizer que ele sempre se limite aos procedimentos comuns àquele grupo. Como a literatura é um organismo vivo e dinâmico, o escritor está em constante diálogo não só com a produção do grupo local, mas também com a produção literária de outros países, com a literatura do passado e, mesmo sem saber, com a do futuro. Por isso, não é difícil os escritores surpreenderem e levarem a literatura a uma situação completamente inusitada. Assim foi com Camões em Portugal, com Cervantes na Espanha e com Machado de Assis e Guimarães Rosa no Brasil.

Diálogos na tradição literária

As relações entre o escritor e o público ou as relações entre o escritor e o seu contexto não podem ser vistas de forma mecânica. Classificar um escritor como participante deste ou daquele estilo de época geralmente é uma preocupação de natureza didática ou científica. Os escritores nem sempre estão preocupados em escrever de acordo com este ou aquele estilo.

Além disso, entre uma época literária e outra, é comum haver uma fase de transição, um período em que o velho e o novo se misturam. Machado de Assis, por exemplo, durante certo tempo foi um escritor com traços românticos; depois os abandonou, dando início ao Realismo em nossa literatura.

Há escritores que não se ligam à tendência literária vigente em sua época, mas produzem obras cuja originalidade chega a despertar, em autores de outras épocas, interesse pelo mesmo projeto. Esses escritores, de épocas diferentes mas com projetos artísticos comuns, não pertencem ao mesmo movimento, mas *perseguem a mesma tradição literária*. Por exemplo, há escritores filiados à tradição gótica no Romantismo, no Simbolismo e na atualidade.

Há ainda a situação de um autor estar muito à frente de seu tempo, o que lhe traz problemas de reconhecimento. É o caso, por exemplo, do poeta Joaquim de Sousa Andrade, mais conhecido por Sousândrade, que, apesar de ter vivido na época do Romantismo, foi precursor daquilo que aconteceria cinquenta anos depois na literatura, ou seja, o Modernismo. Só a partir da década de 70 do século XX, o escritor teve sua importância reconhecida definitivamente.

No capítulo 2 desta unidade, você estudará conceitos fundamentais que lhe darão base para a análise de textos literários. E na próxima unidade, a partir do capítulo 3, você iniciará o estudo sistematizado da literatura em língua portuguesa.Conhecerá, primeiramente, de forma panorâmica, as origens da literatura em Portugal, uma vez que a literatura brasileira surgiu somente alguns séculos depois.

Eugene Ivanov/Shutterstock

Literatura comparada

Diálogo entre dois textos de épocas diferentes

A seguir, você vai ler e comparar versos de dois poemas: o primeiro é um fragmento do poema "Meus oito anos", de Casimiro de Abreu (1839-1860), poeta romântico que viveu no século XIX; o segundo é um poema de Antônio Cacaso (1944-1987), poeta contemporâneo que viveu na segunda metade do século XX.

TEXTO 1

Meus oito anos

Oh! que saudades que tenho
Da aurora da minha vida,
Da minha infância querida
Que os anos não trazem mais!
Que amor, que sonhos, que flores,
Naquelas tardes fagueiras
À sombra das bananeiras,
Debaixo dos laranjais!
[...]

(*Poesias completas de Casimiro de Abreu*. Rio de Janeiro: Ediouro, s. d. p. 19.)

Filipe Rocha/Arquivo da editora

TEXTO 2

E com vocês a modernidade

Meu verso é profundamente romântico.
Choram cavaquinhos luares se derramam e vai
por aí a longa sombra de rumores e ciganos.
Ai que saudade que tenho de meus negros
[verdes anos!

(Cacaso. *Lero-lero*. Rio de Janeiro: 9 Letras; São Paulo: Cosac & Naify, 2002. p. 113.)

Filipe Rocha/Arquivo da editora

1. Em "Meus oito anos", Casimiro de Abreu aborda a infância como tema.

a) Na condição de adulto, como ele vê a infância?

b) Que elementos são valorizados pelo poeta na descrição de sua infância?

2. O poema "E com vocês a modernidade", de Cacaso, estabelece um diálogo com o poema de Casimiro de Abreu. Que verso evidencia esse diálogo?

3. No poema de Cacaso, as lembranças do passado são diferentes das do poema de Casimiro de Abreu. O passado recordado também é o período da infância? Se não, que elementos mencionados no poema constituem a memória do eu lírico?

4. O verso final do poema de Cacaso quebra a perspectiva ingênua e bem-comportada do poema de Casimiro de Abreu. Dê uma interpretação a esse verso e, com base nela, explique o título do poema: "E com vocês a modernidade".

5. Em ambos os poemas a linguagem é simples. Em qual deles, contudo, a linguagem é mais informal, mais próxima da oralidade e se prende menos às normas da língua escrita?

As diferenças entre os dois textos quanto à linguagem e à visão de mundo evidenciam dois momentos distintos da literatura, ou seja, dois movimentos literários ou estilos de época diferentes. O texto 1 é ligado ao Romantismo, movimento literário do século XIX que, entre outras características, distinguiu-se pela idealização da infância, do amor e da mulher e pelo emprego de uma linguagem elevada, rica em imagens, comparações, inversões, etc. O texto 2 é representante da literatura contemporânea, que se caracteriza pela ironia e pela revisão e destruição de modelos passados.

Além das variações de época, existem também as variações pessoais. Nenhum escritor escreve exatamente igual a outro. Cada um desenvolve um estilo pessoal, que consiste numa forma particular de se expressar fazendo uso da língua.

A literatura na escola

A literatura, bem como outras artes e ciências, independe da escola para sobreviver. Apesar disso, dada sua importância para a língua e a cultura de um país, bem como para a formação de jovens leitores, transformou-se em disciplina escolar em várias partes do mundo.

Na escola, há diferentes possibilidades de abordar e sistematizar o estudo da literatura: por épocas, por temas, por gêneros, por comparações, etc. No Brasil, no último século, a abordagem histórica da literatura, isto é, o estudo da produção literária dos principais escritores e suas obras no transcorrer do tempo, tem sido a mais comum.

Nesta coleção, você vai aprender literatura de uma forma híbrida: por um lado, a leitura de textos literários ganha o centro das atividades, as quais são complementadas com textos que apresentam a contextualização histórico-cultural. Por outro, o trabalho é ampliado com estudos comparados da literatura de uma época com a de outra época, bem como entre a literatura e outras artes e linguagens (música, literatura, cinema) do mundo contemporâneo.

Apresentamos, a seguir, um esquema dos períodos das literaturas portuguesa e brasileira e os séculos correspondentes, para que você tenha uma visão da sequência histórica dos movimentos literários e dos principais escritores de cada período. Volte a esse esquema quando tiver necessidade de situar no tempo um autor ou um estilo de época.

Apresentamos, a seguir, um esquema dos períodos das literaturas portuguesa e brasileira e os séculos correspondentes, para que você tenha uma visão da sequência histórica dos movimentos literários e dos principais escritores de cada período. Volte a esse esquema quando tiver necessidade de situar no tempo um autor ou um estilo de época.

PERIODIZAÇÃO DAS LITERATURAS PORTUGUESA E BRASILEIRA

		IDADE MÉDIA		IDADE MODERNA		
		Trovadorismo (séc. XII a XIV)	**2ª época medieval (séc. XV e início do XVI)**	**Classicismo (séc. XVI)**	**Barroco (séc. XVII)**	**Arcadismo (séc. XVIII)**
Literatura portuguesa	Marco introdutório	1189(?): "Cantiga da Ribeirinha", de Paio Soares de Taveirós	1434: Criação do cargo de cronista-mor do reino	1527: Volta de Sá de Miranda da Itália	1580: Domínio espanhol e morte de Camões	1756: Fundação da Arcádia Lusitana
	Principais autores	D. Dinis Martim Codax João Garcia de Guilhade Pero da Ponte	Fernão Lopes Gil Vicente Garcia de Resende João-Roiz de Castelo Branco	Luís de Camões Sá de Miranda Bernardim Ribeiro Fernão Mendes Pinto Antônio Ferreira	Pe. Antônio Vieira Pe. Manuel Bernardes D. Francisco Manuel de Melo Antônio José da Silva Sóror Maria Alcoforado	Manuel Maria de Barbosa du Bocage Filinto Elísio Cruz e Silva Correia Garção Cândido Lusitano
Literatura brasileira	Marco introdutório			1500: *Carta*, de Pero Vaz de Caminha	1601: *Prosopopeia*, de Bento Teixeira	1768: *Obras*, de Cláudio Manuel da Costa
	Principais autores			Pero Vaz de Caminha Pero M. Gândavo Gabriel Soares de Sousa José de Anchieta	Gregório de Matos Pe. Antônio Vieira	Cláudio Manuel da Costa Tomás Antônio Gonzaga Silva Alvarenga Alvarenga Peixoto Santa Rita Durão Basílio da Gama
CONTEXTO ARTÍSTICO		 Reprodução/Museo dell'Opera del Duomo, Siena, Itália. *Madona de Crevole* (1284), de Duccio di Buoninsegna.	 Reprodução/Capela Arena, Pádua, Itália. *Joaquim entre os pastores* (1306), de Giotto di Bondone, pintor que estabeleceu a transição entre a arte medieval e a renascentista.	 Reprodução/Museu Czartoryski, Cracóvia, Polônia. *Senhora com um arminho* (1490), de Leonardo da Vinci.	 Reprodução/Galleria Uffizi, Florença, Itália *Medusa* (1596-1598), de Caravaggio.	 Reprodução/Museu de Arte de Cleveland, Ohio, USA. *Cupido e Psiqué* (1817), de Jacques-Louis David.

IDADE CONTEMPORÂNEA				
Romantismo (séc. XIX)	**Realismo/ Naturalismo (séc. XIX)**	**Simbolismo (séc. XIX)**	**Modernismo (séc. XX)**	**Contemporaneidade (séc. XX e XXI)**
1825: Publicação de *Camões*, de Almeida Garrett	1865: Questão Coimbrã	1900: Publicação de *Oaristos*, de Eugênio de Castro	1915: Revista *Orpheu* 1927: Revista *Presença* 1940: Neorrealismo	1975: Revolução dos Cravos
Almeida Garrett Alexandre Herculano Antônio Feliciano de Castilho João de Deus Soares de Passos Camilo Castelo Branco Júlio Dinis	Antero de Quental Eça de Queirós Guerra Junqueiro Cesário Verde Gomes Leal	Camilo Pessanha Eugênio de Castro Antônio Nobre	Fernando Pessoa Mário de Sá-Carneiro Almada Negreiros José Régio Miguel Torga Ferreira de Castro Alves Redol Fernando Namora Vergílio Ferreira	Mário Cesariny de Vasconcelos Jorge de Sena Alexandre O'Neill Agustina Bessa-Luís Sophia de Mello Breyner Andresen David Mourão Ferreira Antônio Ramos Rosa Herberto Helder José Saramago Antônio Lobo Antunes Gonçalo M. Tavares Valter Hugo Mãe
1836: *Suspiros poéticos e saudades*, de Gonçalves de Magalhães	1881: *Memórias póstumas de Brás Cubas*, de Machado de Assis, e *O mulato*, de Aluísio Azevedo	1893: *Missal* e *Broquéis*, de Cruz e Sousa	1922: Semana de Arte Moderna	1944: *Perto do coração selvagem*, de Clarice Lispector
Gonçalves Dias Álvares de Azevedo Casimiro de Abreu Junqueira Freire Fagundes Varela Castro Alves José de Alencar Manuel Antônio de Almeida Joaquim Manuel de Macedo Visconde de Taunay Bernardo Guimarães Franklin Távora	Machado de Assis Aluísio Azevedo Raul Pompeia Olavo Bilac Raimundo Correia Alberto de Oliveira	Cruz e Souza Alphonsus de Guimaraens Pedro Kilkerry	1ª geração Oswald de Andrade Mário de Andrade Manuel Bandeira Antônio de Alcântara Machado 2ª geração Graciliano Ramos José Lins do Rego Rachel de Queiroz Jorge Amado Érico Veríssimo Carlos Drummond de Andrade Murilo Mendes Jorge de Lima Vinícius de Moraes Cecília Meireles	Clarice Lispector Guimarães Rosa João Cabral de Melo Neto Haroldo de Campos Augusto de Campos Décio Pignatari Ferreira Gullar Mário Chamie Mário Faustino Lygia Fagundes Telles Mário Palmério Osman Lins Mário Quintana Fernando Sabino Rubem Braga José J. Veiga Otto Lara Resende Antônio Callado Adonias Filho Autran Dourado Dalton Trevisan João Antônio Ricardo Ramos Sérgio Porto Rubem Fonseca Paulo Leminski Cacaso João Ubaldo Ribeiro José Paulo Paes Adélia Prado Luis Fernando Verissimo Ignácio de Loyola Brandão Nélida Piñon Hilda Hilst Affonso Romano de Sant'Anna Glauco Mattoso Arnaldo Antunes
 Reprodução/Coleção particular *O ancião dos dias* (1794), de William Blake.	Reprodução/Galerie Neue Meister, Dresden, Alemanha.  *Cortadores de pedras* (1849), de Gustave Courbet.	 Reprodução/Coleção particular *Musa em Pegasus* (1900), de Odilon Redon.	 Reprodução/Coleção particular / © Succession Pablo Picasso / AUTVIS, Brasil, 2020 *Jacqueline com flores* (1954), de Picasso.	 Reprodução/Museu de Arte Moderna de Nova York, EUA. © 2020 - The Andy Warhol Foundation for the Visual Arts, Inc./ Licensed by AUTVIS, Brasil *Marilyn* (1967), de Andy Warhol.

CAPÍTULO 2

Conceitos básicos para a análise de textos literários

Como arte da palavra, a linguagem da literatura normalmente difere da linguagem comum, cotidiana. Isso porque, além de produzir sentido e comunicar, a linguagem literária põe em destaque a si mesma, como objeto artístico, salientando o seu processo de construção.

Valentina Photos/Shutterstock

Este capítulo favorece o desenvolvimento das habilidades

- EM13LGG101
- EM13LGG102
- EM13LGG103
- EM13LGG104
- EM13LG602
- EM13LP02
- EM13LP03
- EM13LP04
- EM13LP06
- EM13LP08
- EM13LP46
- EM13LP49
- EM13LP50

Gênero literários

Quando interagimos com outras pessoas por meio da linguagem oral ou escrita, produzimos certos tipos de texto que, com poucas variações, se repetem no conteúdo, no tipo de linguagem e na estrutura. Esses tipos de texto constituem os chamados **gêneros do discurso** ou **gêneros textuais**, que foram historicamente criados pelo ser humano a fim de atender a determinadas necessidades de interação verbal. De acordo com o momento histórico, pode nascer um gênero novo, podem desaparecer gêneros de pouco uso ou, ainda, um gênero pode sofrer mudanças até se transformar em um novo gênero.

Em uma situação de interação verbal, a escolha do gênero é feita de acordo com os diferentes elementos que participam do contexto, tais como: quem está produzindo o texto, para quem, com que finalidade, em que momento histórico ele está sendo produzido, etc.

Os gêneros discursivos estão ligados a esferas de circulação. Assim, na *esfera jornalística*, por exemplo, são comuns gêneros como notícias, reportagens, editoriais e entrevistas.

Entre os gêneros discursivos, existem aqueles que são próprios da *esfera artística e cultural* e são utilizados com finalidade estética, artística: os **gêneros literários**. Como o escritor tem liberdade para criar e recriar gêneros literários, é difícil traçar as fronteiras entre eles. Na esfera artística, os gêneros se multiplicam ou se combinam e sofrem transformações quase constantes. Apesar disso, desde as primeiras tentativas de classificação feitas por Platão e Aristóteles, na Grécia antiga, a literatura tem sido organizada por gêneros. De acordo com essa concepção clássica, há três gêneros literários básicos: o **lírico**, o **épico** e o **dramático**. Ao longo dos séculos, contudo, essa divisão foi sendo questionada por escritores e críticos, já que deixou de corresponder à variedade dos gêneros existentes, uma vez que novos gêneros surgiam e antigas formas se renovavam.

Veja, a seguir, as características básicas dos gêneros literários clássicos, segundo a classificação aristotélica.

Gênero lírico

Trata-se da manifestação de um **eu lírico** (o sujeito que fala no poema), que expressa no texto seu mundo interior, suas emoções, sentimentos, ideias e impressões. É um texto geralmente subjetivo, com predominância de pronomes e verbos na 1ª pessoa e que explora a musicalidade das palavras.

Leia os seguintes versos, do poeta português Fernando Pessoa.

Contemplo o lago mudo
Que uma brisa estremece.
Não sei se penso em tudo
Ou se tudo me esquece.

O lago nada me diz,
Não sinto a brisa mexê-lo
Não sei se sou feliz
Nem se desejo sê-lo.

Trêmulos vincos risonhos
Na água adormecida.
Por que fiz eu dos sonhos
A minha única vida?

(Fernando Pessoa. *Obra poética*. Rio de Janeiro: Aguilar, 1965. p. 151-152.) Lisboa: Instituto Cabo-Verdeano do Livro, 1980. v. 1, p. 180.)

atichat ammatayakul/Shutterstock

Gênero épico

Nas composições desse gênero há a presença de um narrador, que conta uma história em versos, em um longo poema que ressalta a figura de um herói, um povo ou uma nação. Geralmente envolvem aventuras, guerras, viagens e façanhas heroicas e apresentam um tom de exaltação, isto é, de valorização de heróis e feitos grandiosos. É um texto narrativo com verbos e pronomes na 3ª pessoa e que pressupõe a presença de um ouvinte ou de uma plateia.

Os poemas épicos intitulam-se epopeias. As principais epopeias da cultura ocidental são a *Ilíada* e a *Odisseia*, de Homero; a *Eneida*, de Virgílio; *Os lusíadas*, de Luís de Camões; *Paraíso perdido*, de Milton; *Orlando Furioso*, de Ariosto.

No Brasil, entre os vários poemas épicos produzidos — a maioria deles conforme o modelo oferecido por Camões —, destacam-se *Caramuru*, de Santa Rita Durão, e *O Uraguai*, de Basílio da Gama. A estrofe a seguir pertence ao poema *Os lusíadas*. Observe a linguagem culta, a narração em 3ª pessoa e o engrandecimento dos navegantes portugueses.

Já no **batel** entrou do Capitão
O rei, que nos seus braços o levava;
Ele, **co'a** cortesia que a razão
(Por ser rei) requeria, lhe falava.
Cumas mostras de espanto e admiração,
O **Mouro** o gesto e o modo lhe notava,
Como quem em mui grande estima tinha
Gente que de tão longe à Índia vinha.

batel: barco.
co'a: com a.
cumas: com umas.
mouro: árabe.

O épico hoje

Modernamente, também são chamados de épicos certos filmes e livros cujo tema são aventuras de um herói ou guerras que definem a história de um povo. São considerados épicos, por exemplo, filmes como ***300***, de Zack Snyder; ***Cruzada*** e ***Gladiador***, de Ridley Scott; ***Troia***, de Wolfgang Petersen; ***1900***, de Bernardo Bertolucci; ***Ran***, de Akira Kurosawa; ***Quilombo***, de Cacá Diegues.

A.F.ARCHIVE/Alamy/Fotoarena

Cena do filme Troia, de Wolfgang Petersen, com o ator Brad Pitt no papel principal.

Gênero dramático

Enquanto o gênero épico exalta as realizações humanas e os grandes feitos de heróis, o gênero dramático expõe o conflito dos homens e seu mundo, as manifestações da miséria humana. São do gênero dramático os textos escritos para serem encenados. Nesse tipo de texto, em vez de a história ser contada por um narrador, ela é mostrada no palco, ou seja, é representada por atores que fazem o papel dos personagens. O texto se desenrola a partir de diálogos, o que exige uma sequência rigorosa das cenas e das relações de causa e consequência. Observe, neste trecho da primeira cena da peça *Bodas de sangue*, do dramaturgo espanhol Federico García Lorca, como o enredo vai se construindo a partir do diálogo entre os personagens.

Bodas de sangue

Minutos antes acabam de partir o noivo e sua mãe, que vieram pedir a mão da noiva em casamento e deixaram presentes.

CRIADA Estou louca para ver os presentes.
NOIVA *(áspera)* Sai!
CRIADA Ai, menina, deixe eu ver!
NOIVA Não quero.

CRIADA	Ao menos, as meias. Dizem que são todas rendadas!
NOIVA	Já disse que não!
CRIADA	Por Deus. Está bem. É como se não estivesse com vontade de casar.
NOIVA	*(mordendo a mão com raiva)* Ai!
CRIADA	Menina, filha, o que você tem? É pena de deixar tua vida de rainha? Não pense nessas coisas tristes. Tem algum motivo? Nenhum. Vamos ver os presentes. *(apanha a caixa)*
NOIVA	*(agarrando-a pelos pulsos)* Larga.
CRIADA	Ai, mulher!
NOIVA	Larga, já disse.
CRIADA	Tem mais força que um homem.
NOIVA	Não tenho feito trabalho de homem? Antes eu fosse!
CRIADA	Não fale assim!
NOIVA	Cale-se já disse. Vamos mudar de assunto!
CRIADA	Você ouviu um cavalo ontem à noite?
NOIVA	Que horas?
CRIADA	Às três.
NOIVA	Era algum cavalo solto?
CRIADA	Não era, tinha cavaleiro!
NOIVA	Como você sabe?
CRIADA	Porque eu vi. Estava parado na sua janela, estranhei muito.
NOIVA	Não seria o meu noivo? Algumas vezes ele passa essa hora!
CRIADA	Não.
NOIVA	Você o viu?
CRIADA	Vi.
NOIVA	Quem era?
CRIADA	Era Leonardo.
NOIVA	*(forte)* Mentira! Mentira! O que veio fazer aqui?
CRIADA	Veio.
NOIVA	Cale-se! Maldita seja a sua língua!
CRIADA	*(à janela)* Olha. Chega aqui! Era?
NOIVA	Era.

(Disponível em: https://www.teatronaescola.com/index.php/banco-de-pecas/item/bodas-de-sangue-federico-garcia-lorca. Acesso em: 20/1/2021.)

Vladimir Gerdo/TASS via Getty Images

Atriz russa Madlena Bartsits em cena da peça *Bodas de sangue*, do dramaturgo Federico García Lorca.

Gêneros narrativos modernos

Além da concepção clássica de gêneros literários, há também uma *concepção moderna*, que leva em conta outras modalidades de texto, que não existiam no tempo de Aristóteles. Entre elas, encontram-se os gêneros narrativos modernos que guardam, em suas origens, um parentesco com a epopeia e outras formas narrativas primitivas, pois, como estas, se prestam a narrar uma história ficcional.

São gêneros narrativos modernos, por exemplo, o romance, a novela, o conto e a crônica. Qualquer um desses gêneros tem como elementos básicos de sua estrutura os fatos narrados numa sequência de causa e efeito, as personagens, o tempo, o ponto de vista do narrador.

De modo geral, procura-se diferenciá-los com base em critérios como tamanho, tempo e espaço narrativo, tipo e número de personagens, número de conflitos, desenvolvimento da ação, interiorização psicológica, meio de divulgação, etc. Assim, supõe-se que um *romance*, comparado a um *conto*, narre uma história na qual tempo e espaço são mais amplos, há várias personagens e várias histórias organizadas em torno de uma história central. Já a crônica é marcada pela brevidade temporal e apresenta episódios do cotidiano captados com sensibilidade pelo cronista, que extrai deles momentos de humor e reflexão sobre a vida e o mundo.

A distinção entre os gêneros modernos, entretanto, é bastante controvertida. Com frequência, deparamos com textos que misturam gêneros, ou que quebram a sequência narrativa tradicional, ou, ainda, que usam na prosa os recursos da poesia.

Reprodução/Editora Companhia das Letras

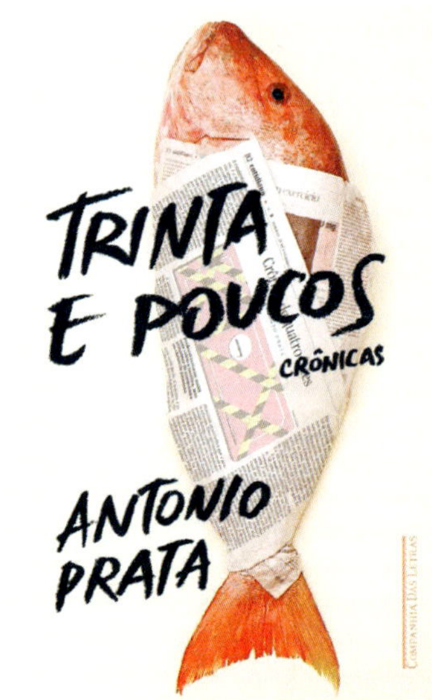

Reprodução/Editora Companhia das Letras

Aspectos constitutivos dos gêneros literários

Conheça, a seguir, os aspectos básicos dos três grandes grupos dos gêneros literários modernos.

O poema

Leia, a seguir, parte de um poema de Casimiro de Abreu, poeta brasileiro do século XIX.

A valsa

Tu, ontem,
Na dança
Que cansa,
Voavas
Co'as faces
Em rosas
Formosas
De vivo,
Lascivo
Carmim;

Na valsa
Tão falsa,
Corrias,
Fugias,
Ardente,
Contente,
Tranquila,
Serena,
Sem pena
De mim!

carmim: cor vermelha.
lascivo: sensual, voluptuoso.

Quem dera
Que sintas
As dores
De amores
Que louco
Senti!
Quem dera
Que sintas!...
— Não negues,
Não mintas...
— Eu vi!...

Valsavas:
— Teus belos
Cabelos,
Já soltos,
Revoltos,
Saltavam,
Voavam,
Brincavam
No colo
Que é meu;
E os olhos
Escuros
Tão puros,
Os olhos
Perjuros
Volvias,
Tremias,
Sorrias,
P'ra outro
Não eu!

Quem dera
Que sintas
As dores
De amores
Que louco
Senti!
Quem dera
Que sintas!...
— Não negues,
Não mintas...
— Eu vi!...

Meu Deus!
Eras bela
Donzela,
Valsando,
Sorrindo,
Fugindo,
Qual **silfo**
Risonho
Que em sonho
Nos vem!
Mas esse
Sorriso
Tão liso
Que tinhas
Nos lábios
De rosa,
Formosa,
Tu davas,
Mandavas
A quem?!

Quem dera
Que sintas
As dores
De amores
Que louco
Senti!
Quem dera
Que sintas!...
— Não negues,
Não mintas...
— Eu vi!...

Calado,
Sozinho,
Mesquinho,
Em zelos
Ardendo,
Eu vi-te
Correndo
Tão falsa
Na valsa
Veloz!
Eu triste
Vi tudo!
Mas mudo
Não tive
Nas galas
Das salas,
Nem falas,
Nem cantos,
Nem prantos,
Nem voz!

Quem dera
Que sintas
As dores
De amores
Que louco
Senti!
[...]

(*Poesia completa de Casimiro de Abreu*. Rio de Janeiro: Ediouro, s. d. p. 63-66).

Sedova Elena/Shutterstock

perjuro: falso.
silfo: gênio do ar na mitologia céltica e germânica da Idade Média.

1. O poema é a expressão dos sentimentos vividos pelo eu lírico durante um baile. Como o eu lírico se sentiu? Por que ele se sentiu assim?

2. O poema está organizado em estrofes, isto é, em grupos de versos separados por um espaço em branco. Cada uma das estrofes é formada por um grupo de versos (as linhas poéticas).

a) Quantas estrofes há na parte lida do poema?

b) Quantos versos há em cada estrofe?

3. Entre o final de versos há uma semelhança sonora, como ocorre entre *dança* e *cansa,* a que chamamos rima. Identifique na 1ª estrofe outros exemplos de rima.

Tu, **on**tem,
Na **dan**ça
Que **can**sa,
Vo**a**vas

nuvolanevicata/Alamy/Fotoarena

4. Juntamente com as rimas, o ritmo confere forte musicalidade ao texto. Observe, nos versos a seguir, como as sílabas destacadas são pronunciadas com maior intensidade:

Co'as faces
Em rosas
Formosas
De vivo,
Lascivo
Carmim;
Na valsa
Tão falsa,

Corrias,
Fugias,
Ardente,
Contente,
Tranquila,
Serena,
Sem pena
De mim!

a) Identifique, no seguinte trecho da 1ª estrofe, a sílaba tônica de cada verso.

b) Leia em voz alta os versos acima e compare o ritmo observado na leitura ao ritmo da valsa. Que semelhança você nota entre o ritmo desse tipo de música e o ritmo do poema?

5. Junte-se a dois ou três colegas (havendo no grupo pelo menos uma menina), acessem no Plurall a seção **Para quem quer mais na internet** e conheçam a parte final do poema "A valsa". Depois preparem uma declamação dramatizada do poema todo e apresentem-na à turma. Durante a apresentação, enquanto um ou dois alunos declamam, revezando-se, um menino e uma menina dançam uma valsa. Se possível, o casal deve se apresentar com roupa que imite os trajes do século XIX.

Os recursos formais empregados no poema "A valsa" — versos, estrofes, rimas e ritmo, entre outros — são comuns a diferentes tipos de poema (quadrinhas, sonetos, rondós, madrigais, noturnos, etc.), a letras de música e, embora mais raramente nos dias de hoje, a peças de teatro escritas em verso.

Verso é uma sucessão de sílabas ou fonemas formando uma unidade rítmica e melódica que corresponde, normalmente, a uma linha do poema.

Os versos organizam-se em estrofes. **Estrofe** ou **estância** é um agrupamento de versos.

Na parte estudada do poema "A valsa", há oito estrofes.

O número de versos agrupados em cada estrofe pode variar. De acordo com o número de versos, as estrofes recebem denominações específicas:

- **dístico**: dois versos
- **terceto**: três versos
- **quarteto** ou **quadra**: quatro versos
- **quintilha**: cinco versos
- **sexteto** ou **sextilha**: seis versos
- **sétima** ou **septilha**: sete versos
- **oitava**: oito versos
- **nona**: nove versos
- **décima**: dez versos

Sonetos, baladas, rondós...

São poemas de forma fixa, isto é, apresentam a mesma estrutura de construção: o **soneto** (duas quadras e dois tercetos), a **balada** (três oitavas e uma quadra), o **vilancete** (um terceto e outros tipos de estrofes, à escolha do poeta), o **rondó** (apenas quadras, ou então quadras combinadas com oitavas).

A melodia que caracteriza o verso é o resultado de alguns recursos encontrados na poesia de todos os tempos. Os mais importantes são: a métrica, o ritmo, a rima, a aliteração, a assonância, a paronomásia e o paralelismo.

Métrica

Métrica é a medida dos versos, isto é, o número de sílabas poéticas que os versos apresentam.

Para determinar a medida de um verso, dividimos o verso em sílabas poéticas, processo que recebe o nome de *escansão*.

Por ter base na oralidade — fala ou canto —, a divisão silábica poética obedece a princípios diferentes dos da divisão silábica gramatical: as vogais átonas são agrupadas numa única sílaba, e a contagem das sílabas deve ser feita até a última sílaba tônica.

Compare a divisão silábica gramatical à divisão em sílabas poéticas destes versos do poema "A valsa":

Divisão silábica gramatical

As	do	res	
1	2	3	
De	a	mo	res
1	2	3	4

Divisão silábica poética

As	do	res
1	2	
De a	mo	res
1	2	3

Milton Rodrigues

No verso "De amores" há quatro sílabas gramaticais, mas apenas duas sílabas poéticas. Isso ocorre porque, nessa divisão, sempre que, entre o final de uma sílaba e o início de outra, há o encontro de duas ou mais vogais tônicas ou átonas, as duas sílabas são consideradas como uma única sílaba. Além disso, a contagem vai até a última sílaba tônica do verso; nesse caso, até a sílaba *mo*, da palavra *amores*.

De acordo com o número de sílabas poéticas, os versos recebem as seguintes denominações: *monossílabo* (uma sílaba), *dissílabo* (duas sílabas), *trissílabo* (três sílabas), *redondilha menor* ou *pentassílabo* (cinco sílabas), *redondilha maior* ou *heptassílabo* (sete sílabas), *octossílabo* (oito sílabas), *decassílabo* (dez sílabas), *alexandrino* (doze sílabas), etc.

O verso cuja métrica se repete é chamado de *verso regular*. No século XX, os poetas modernos criaram o *verso livre*, que não obedece a uma regularidade métrica.

Assim, há poemas que apresentam versos de tamanhos variados, como o poema a seguir, de Cacaso.

Happy end

o meu amor e eu
nascemos um para o outro

agora só falta quem nos apresente

(Cacaso. *Lero-lero*. Rio de Janeiro: 7 Letras; São Paulo: Cosac & Naify. 2002. p. 114.)

Ricardo Dantas

Ritmo

Ao ouvirmos uma melodia qualquer, percebemos que ela foi composta em determinado ritmo. Um poema também tem ritmo, que lhe é dado pela alternância das sílabas acentuadas e não acentuadas, isto é, sílabas que apresentam maior ou menor intensidade quando pronunciadas. O conceito poético de sílaba acentuada nem sempre coincide com o conceito gramatical de sílaba tônica, pois a acentuação de uma sílaba poética é determinada pela sequência melódica a que ela pertence.

Observe, ao lado, o ritmo dos versos do poema "A valsa". As sílabas acentuadas estão destacadas.

Quem **de**ra
Que **sin**tas
As **do**res
De a**mo**res

No poema "A valsa", a métrica e o ritmo são regulares, pois os versos são dissílabos e a sílaba acentuada é sempre a segunda.

O ritmo em outras linguagens

O ritmo não é exclusividade da poesia. Ele existe também na música, na arquitetura e em outras artes visuais, configurando-se como a repetição regular de determinado elemento. Na fotografia ao lado, o ritmo é criado pela recorrência regular das formas no espaço.

Ismar Ingber/Pulsar Imagens

Rima

A **rima** é um recurso musical baseado na semelhança sonora das palavras no final dos versos e, às vezes, no interior dos versos (rima interna).

Quando incidem no final dos versos, as rimas, dependendo da estrutura sonora, podem classificar-se em *interpoladas*, *alternadas* e *emparelhadas*, segundo sua organização em esquemas ABBA, ABAB e AABB, respectivamente.

Observe as rimas e sua organização em esquema no refrão do poema "A valsa".

Quem dera	A
Que sintas	B
As dores	C
De amores	C
Que louco	D
Senti!	E
Quem dera	A
Que sintas!...	B
— Não negues,	F
Não mintas...	B
— Eu vi!...	E

Os versos que não apresentam rimas entre si são chamados de *versos brancos*. Veja um exemplo desse tipo de verso neste poema de Rubem Braga:

Não quero ser Deus, nem Pai nem Mãe de Deus,
Não quero nem lírios nem mundos
Sou pobre e superficial como a Rua do Catete.
Quero a pequena e amada agitação,
A inquieta esquina, aves e ovos, pensões,
Os bondes e tinturarias, os postes,
Os transeuntes, o ônibus Laranjeiras,

Único no mundo que tem a honra de pisar na
[Rua do Catete.

(*Livro de versos*. 3. ed. Rio de Janeiro: Record, 1998. p. 5.)

Weberson Santiago

Aliteração

É a repetição constante de um mesmo fonema consonantal. Observe como o poeta Castro Alves alitera o fonema /b/ nestes versos:

Auriverde pendão de minha terra
Que a *b*risa do *B*rasil *b*eija e *b*alança

Assonância

É a repetição constante de um mesmo fonema vocálico. Observe a assonância do fonema vocálico /a/ nestes versos de Cruz e Souza:

Ó Form*a*s *a*lv*a*s, br*a*nc*a*s, Form*a*s cl*a*r*a*s

Paronomásia

É o emprego de palavras semelhantes na forma ou no som, mas de sentidos diferentes, próximas umas das outras. Veja:

Trocando em miúdos, pode guardar
As *sobras* de tudo que chamam lar
As *sombras* de tudo que fomos nós

(Chico Buarque. *In*: Adélia Bezerra de Menezes Bolle, org. *Chico Buarque de Hollanda*. São Paulo: Abril Educação, 1980. p. 45.)

Ah pregadores! Os de cá achar-vos-eis com mais *paço*; os de lá, com mais *passos*.

(Pe. Antônio Vieira)

Paralelismo

É a repetição de palavras ou estruturas sintáticas maiores (frases, orações, etc.) que se correspondem quanto ao sentido. Observe o paralelismo nos versos da canção "Sem fantasia", de Chico Buarque.

Vem que eu te quero fraco
Vem que eu te quero tolo
Vem que eu te quero todo meu.

(*In*: Adélia Bezerra de Menezes Bolle, org., *op. cit.*, p. 23.)

Exercícios

Leia este poema de Fernando Pessoa:

III / Pierrot Bêbedo

Nas ruas da feira,
Da feira deserta,
Só a lua cheia
Branqueia e clareia
As ruas da feira
Na noite entreaberta.

Só a lua alva
Branqueia e clareia
A paisagem calva
De abandono e alva
Alegria alheia.

Bêbada branqueia
Como pela areia
Nas ruas da feira,
Da feira deserta,
Na noite já cheia
De sombra entreaberta.

A lua branqueia
Nas ruas da feira
Deserta e incerta...

(Fernando Pessoa. "Cancioneiro". *In*: *Obra poética*. Rio de Janeiro: Aguilar, 1965. p. 135.)

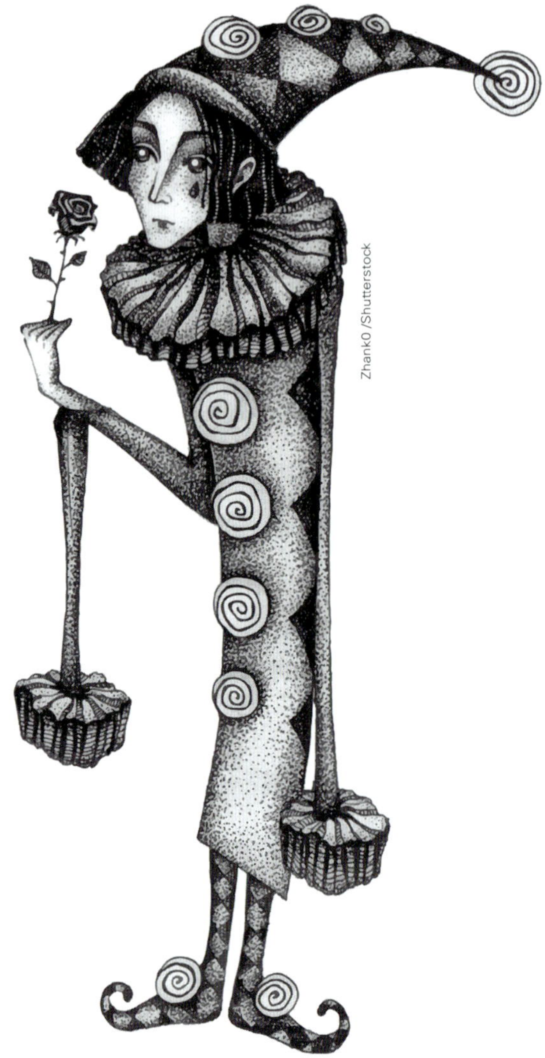

ZhankO /Shutterstock

1. A respeito da organização formal do poema, responda:

a) Quantas estrofes ele tem?

b) As estrofes apresentam o mesmo número de versos?

2. O poema apresenta uma forte musicalidade, o que se deve ao emprego de um conjunto de recursos como métrica, rima e ritmo.

a) Qual é a métrica utilizada pelo poeta?

b) Há rimas no poema? Se sim, como elas se organizam em cada estrofe?

c) Como ocorre o ritmo nesses versos? Onde recaem as sílabas tônicas em cada verso?

3. As repetições – de versos inteiros ou de partes do verso, de fonemas consonantais e fonemas vocálicos – também contribuem para a sonoridade do poema. Identifique, no poema, um exemplo de:

a) verso que se repete por inteiro.

b) paralelismo.

c) assonância.

d) aliteração.

4. A repetição de palavras e de versos resulta na simplicidade de ideias do poema. Explique a relação entre o título e as ideias do poema.

A prosa

Pertencem à *prosa* – isto é, os textos que não se estruturam em versos e vão de margem a margem no papel – vários gêneros narrativos ficcionais como o romance, a novela, o conto, o miniconto e a crônica. Todos eles apresentam em comum alguns elementos constitutivos essenciais. Conheça-os lendo esta crônica, de Luis Fernando Verissimo:

Água mineral

Valtão chegou na roda com a notícia de que tinha largado todos os vícios. Como o Valtão tinha mesmo todos os vícios, foi recebido com incredulidade barulhenta. Vaias, risadas, "Tá bom" e "Conta outra, Valtão". Mas Valtão estava sério. Para dramatizar sua nova disposição, pediu ao garçom:

– Alberico: uma mineral.

Alberico hesitou. Servia a turma há dez, doze anos e nunca ouvira um pedido igual. Talvez tivesse ouvido errado.

– Uma quê?

– Uma mineral. Água mineral. Mi-ne-ral.

Alberico de boca aberta. Na falta de precedentes, precisava de mais detalhes.

– Com ou sem gás?

Valtão não respondeu em seguida. Ficou olhando para Alberico, como se a resposta estivesse em algum lugar do seu rosto. Estava decidido a largar todos os vícios, começando pela bebida. Era um homem novo. Um homem que tomava mineral. Mas com ou sem gás?

– Sem – disse Valtão.

Houve um murmúrio na mesa. O próprio Valtão se assustou com o que tinha dito. Água mineral sem gás era água pura. Ele queria água pura? Queria. Tinha que ser assim. Um corte limpo. De todas as bebidas para a água pura. Estava certo.

KA-KA /Shutterstock

Como o Alberico continuasse na sua frente, em estado de choque, Valtão repetiu:

– Sem.

Mas quando o Alberico se virou para ir buscar a água, Valtão fraquejou. Talvez fosse melhor Chamou o Alberico de volta.

– Olha aí: traz com gás.

E para os outros, racionalizou:

– Nessas coisas é melhor ir por etapas.

O alívio na mesa foi evidente. Ninguém ali estava preparado para radicalismos. Não assim, não num fim de tarde de domingo. A água pura seria uma intrusa na mesa. Um constrangimento. A virtude com gás era manejável. Era recorrível.

Com bolinha ainda tinha papo.

(*A mesa voadora*. São Paulo: Objetiva, 2001. p. 87-88.)

1. Nos gêneros narrativos ficcionais, o narrador tem duas formas básicas de contar a história: em 3ª pessoa, quando o narrador não participa dos fatos; e em 1ª pessoa, quando o narrador também é personagem da história. No texto em estudo, qual é o ponto de vista narrativo, isto é, como a história é narrada: em 3ª pessoa ou em 1ª pessoa? Identifique no texto verbos e pronomes que comprovem sua resposta.

2. Outros aspectos constitutivos dos gêneros narrativos ficcionais são o *tempo* e o *espaço* em que ocorrem os fatos.

a) Onde ocorre a história?

b) Em quanto tempo os fatos se desenrolam?

3. O narrador pode reproduzir a fala dos personagens diretamente (usando o *discurso direto*) e pode também contar o que as personagens falaram (*discurso indireto*).

a) Que tipo de discurso predomina no texto: direto ou indireto?

b) Que efeito de sentido essa escolha produz no texto?

4. O narrador também introduz na narrativa pensamentos do protagonista – o Valtão – e de seus amigos. Identifique um trecho que revele o pensamento do protagonista.

5. Como é comum às narrativas ficcionais em geral, a história se desenvolve a partir de um *conflito*, isto é, um fato novo que representa um problema ou uma dificuldade para o personagem central.

a) Qual é o conflito que move a história?

b) Levante hipóteses: Quais eram provavelmente os vícios que Valtão tinha?

c) O conflito da história é resolvido ou ao menos amenizado? Explique.

6. Valtão surpreendeu os amigos com sua decisão.

a) Por que essa decisão comprometia o relacionamento do protagonista com os amigos?

b) Considerando o desfecho do texto, explique como fica o relacionamento dele com os amigos a partir da frase "A água pura seria uma intrusa na mesa. Um constrangimento. A virtude com gás era manejável [...] Com bolinha ainda tinha papo".

KA-KA /Shutterstock

O texto teatral

Você conhece ou já ouviu falar da peça *Romeu e Julieta*? Ela foi escrita entre 1591 e 1595 pelo dramaturgo inglês William Shakespeare e é um dos textos mais encenados do mundo, tendo sido adaptada para o cinema várias vezes. Leia o início dessa peça:

ROMEU E JULIETA

Andy Santana/Futura Press

Cena da última versão adaptada para cinema de *Romeu e Julieta*, de Carlo Carlei, de 2013.

PRÓLOGO

(Entram duas criadas)

MALVINA – Você viu, Lucrécia?

LUCRÉCIA – Sim, Malvina, as duas senhoras estão aqui na praça.

MALVINA – Vai dar briga na certa.

MALVINA – A senhora Capuletto está sempre acompanhada pela ama dela, a coitadinha faz tudo.

LUCRÉCIA – A senhora Montéquio é outra que só faz os outros trabalharem pra ela.

MALVINA – O pior é que os homens também estão por aí.

LUCRÉCIA – Temos que avisar os nossos patrões.

MALVINA – Não. Vamos ficar aqui pra ver se alguma coisa acontece...

LUCRÉCIA – Vamos. Não discuta comigo. Os príncipes de Verona vão acabar logo, logo com essa briga.

Ismar Ingber/Pulsar Imagens

Cena do filme *Romeu e Julieta*, de Carlo Carlei, de 2013.

Cena 1 (Montéquios e Capulettos brigam na Praça)

SENHORA MONTÉQUIO – Rosalina, veja que dia lindo! A praça de Verona é o melhor lugar para compras.

ROSALINA – Sim, Senhora Montéquio. Mas onde estará Romeu?

SENHORA MONTÉQUIO – Romeu me disse que iria convidar Mercucio e Benvólio para virem à praça. Sabem eles que nós temos muitas compras para carregar...

ROSALINA – Sabe, Romeu anda meio distante ultimamente. Até parece que não gosta mais de mim.

SENHORA MONTÉQUIO – Não se preocupe. Os jovens são todos assim: inconstantes. Mas onde estarão aqueles três?

ROSALINA – Ei, veja quem está passando por aqui!

(Chegam Senhora Capuletto e Ama, que está carregando uma sacola de compras)

SENHORA CAPULETTO – A praça está uma porcaria hoje. Os pássaros sujaram tudo, e... veja! Até os mendigos estão fazendo compras! A que ponto chegamos!

AMA – Não são mendigos, minha senhora, são os Montéquios.

SENHORA MONTÉQUIO – Boa tarde, conseguiram comprar alguma coisa?

SENHORA CAPULETTO – Sim, temos dinheiro. Não precisamos vender propriedades e joias para tanto.

(Chegam Romeu, Benvólio e Mercucio)

BENVÓLIO – Chegamos, senhoras. Estamos prontos para ajudá-las.

ROMEU – Rosalina, senti saudades.

ROSALINA – Não parece, Romeu. Estás muito atrasado. A companhia não está agradável.

MERCUCIO – Ah, refere-se aos Capulettos? Como vai a nata de Verona?

SENHORA CAPULETTO – Vai bem, senhor Mercucio. Mas acho muito ruim o sobrinho do príncipe de Verona estar com os Montéquios.

(Chegam Teobaldo e o Capuletto)

TEOBALDO – Estes senhores estão a importuná-la, cara tia?

SENHORA CAPULETTO – Oh, caro sobrinho Teobaldo e senhor meu marido (suas mãos são beijadas). Talvez...

CAPULETTO – Isto é um ultraje. Desembainhem suas espadas, biltres!

BENVÓLIO – Com prazer! Verão o aço de nossas espadas em vossos corpos pestilentos!

(Mulheres retiram-se em pontos diferentes para torcer, enquanto os homens brigam. Música. Chega o Príncipe de Verona. Todos fazem reverência e acaba a briga)

PRÍNCIPE de Verona – Hoje não, senhores. Vivem brigando, não aguentam um dia sequer?

PRINCESA de Verona – Até tu, meu sobrinho Mercucio, pare de brigar.

PRÍNCIPE – Montéquios, venham comigo? Capulettos, espero vocês hoje à tarde para uma conversa muito séria.

PRINCESA – Estas brigas têm que acabar. Até vocês, senhoras, compartilhando desta selvageria!

(Todos saem. Música).

(Disponível em: https://www.teatronaescola.com/index.php/banco-de-pecas/item/romeu-e-julieta-adaptacao-da-obra-de-willian-shakespeare?category_id=16. Acesso em: 22/1/2021.)

Veja quem são os personagens do fragmento de texto teatral lido:

Malvina e Lucrécia: duas criadas dos príncipes de Verona.
Senhora Montéquio: mãe de Romeu.
Benvólio: primo de Romeu.
Rosalina: pretendente de Romeu
Senhora Capuletto: mãe de Julieta
Teobaldo: primo de Julieta.
Mercucio: sobrinho do Príncipe de Verona

1. As peças teatrais costumam ser divididas em *atos* (partes) e em *cenas* (ou capítulos); algumas também apresentam um *prólogo*.

a) A peça *Romeu e Julieta* originalmente possui cinco atos. Como ela está organizada: em cenas ou capítulos?

b) Observe o conteúdo do prólogo e conclua: Qual é o papel do prólogo numa peça teatral?

2. Observe que o texto não apresenta narrador. De que modo, então, tomamos conhecimento dos acontecimentos da história?

Teatro: o encontro das artes

Além da presença física do ator, o teatro conta com a colaboração de outras artes: a arquitetura, a pintura, a música, a arte da indumentária (o figurino), da iluminação e do mobiliário. E também com a arte literária, pois o autor se comunica com o público principalmente por meio da palavra, que, para sua interpretação, precisa também de pausas, gestos, mímicas, além da postura, do olhar e do movimento que compõem a expressão corporal do ator. O teatro exige ainda outros componentes, como maquiagem, sonoplastia, contrarregragem.

A coordenação de todos esses elementos na realização de um espetáculo é feita pelo encenador ou diretor. O dramaturgo é o autor do texto, e o diretor, o autor do espetáculo.

A literatura dramática fica documentada em livros; os cenários e os figurinos subsistem em fotografias e desenhos. O teatro, porém, é efêmero: só se realiza integralmente enquanto dura o espetáculo. Talvez esteja nessa peculiaridade todo o fascínio e a grandeza da arte teatral.

Ator, texto e público

Não há fenômeno teatral sem a conjunção da tríade ator, texto e público. Um ator interpreta um texto para o público. E entre ator e público é estabelecida uma cumplicidade: ambos sabem que se trata de um jogo, de uma representação. Por meio da razão e da emoção, estabelece-se um diálogo vivo entre ator e público.

Proporcionando prazer, o teatro age diretamente sobre os homens. Ele ensina, provoca e faz refletir.

3. O diálogo é o centro do texto dramático. No texto lido, como é formalmente organizado o diálogo?

4. Por causa da ausência do narrador, são usadas *rubricas* para orientar como deve ser a movimentação dos atores no palco, seus gestos e emoções, efeitos sonoros, caracterização do cenário, etc. Observe as rubricas no texto lido e responda:

a) Como elas são indicadas formalmente?

b) No trecho lido, o que as rubricas indicam?

5. Na peça *Romeu e Julieta,* é conhecida a oposição entre duas famílias: os Montéquio e os Capuletto. Logo no início da peça, já se vislumbra um problema de relacionamento entre essas famílias baseado em um preconceito, o qual será responsável pelos obstáculos ao amor de Romeu e Julieta. De que tipo é esse preconceito? Justifique sua resposta com um trecho do texto.

Figuras de linguagem

Leia esta tira:

(Disponível em: http://bichinhosdejardim.com/o-que-e/. Acesso em: 29/6/2021.)

1. A minhoca Mauro faz algumas perguntas ao caracol Caramelo.

a) A que Caramelo compara todos os sentimentos?

b) As definições dadas por ele são objetivas ou subjetivas? Justifique sua resposta.

c) Considerando as respostas de Caramelo, qual (quais) desses sentimentos é (são) ruim (ruins) e qual (quais) é (são) bom (bons)?

2. Observe as partes verbal e não verbal da tira.

a) Descreva as paisagens e as feições dos personagens nos três primeiros quadrinhos.

b) Agora descreva a paisagem e as feições dos personagens no último quadrinho.

c) Conclua: Qual é a relação entre os desenhos e o conteúdo das falas na tira em estudo?

3. Leia as frases a seguir.

I. Mágoa e raiva são sentimentos humanos.
II. A mágoa é tipo uma nuvem, densa e sombria.
III. A raiva é um estrondo de trovões ameaçadores.
IV. Hoje o céu está repleto de nuvens densas e sombrias e já ouvi um estrondo de trovões.

Troque ideias com os colegas e o professor:

a) Em quais delas as palavras estão empregadas em uma linguagem mais direta, com seu sentido mais habitual?

b) Em quais delas as palavras foram empregadas com uma linguagem mais poética, subjetiva, por meio da qual as palavras compõem imagens e ganham novos sentidos?

c) O que permitiu a Caramelo, nos dois primeiros quadrinhos, aproximar mágoa a nuvem densa e sombria e raiva a estrondo de trovões ameaçadores?

d) Qual das frases lidas contém uma comparação explícita? E qual delas contrapõe dois elementos sem explicitar a comparação? Justifique sua resposta.

4. O efeito de humor da tira se constrói na contraposição entre as imagens que Caramelo cria com suas falas nos três primeiros quadrinhos e a imagem que ele cria com sua fala no quadrinho final.

a) Explique por que é possível considerar que Caramelo personifica o amor em sua fala do último quadrinho.

b) Quais itens da fala de Caramelo permitem relacionar o amor aos sentimentos expressos anteriormente e como se dá essa relação?

5. Considerando quem são os personagens da tira e o contexto no qual elas vivem, conclua: Que efeito a linguagem utilizada por Caramelo confere às respostas dadas por ele a Mauro?

Quando dizemos "A raiva é um sentimento humano", estamos empregando a palavra *raiva* com o sentido que lhe é comum, corriqueiro. Entretanto, na tira estudada, quando o caracol Caramelo diz "A raiva é um estrondo de trovões ameaçadores", ele não descreve objetivamente o que é a *raiva* e constrói outro sentido, uma imagem, uma analogia que expressa, com sensibilidade, a visão que ele próprio tem sobre esse sentimento. O mesmo ocorre quando ele compara a mágoa a "uma nuvem, densa e sombria", ou quando diz que "o amor sai toda manhã com um suéter e um guarda-chuva".

Como se observa, palavras e expressões são empregadas na tira com um sentido novo, figurado, constituindo, assim, construções compostas de **figuras de linguagem**.

Figura de linguagem é uma forma de expressão que consiste no emprego de palavras em sentido figurado, isto é, em um sentido diferente daquele em que convencionalmente são empregadas.

As figuras de linguagem são normalmente utilizadas para tornar mais expressivo o que queremos dizer. Empregadas tanto na língua escrita quanto na língua falada, ampliam o significado de uma palavra, suprem a falta de termos adequados, criam significados diferentes.

Comparação e metáfora

Leia estes versos, de Fernando Pessoa:

Minha alma é como um pastor,
Conhece o vento e o sol
E anda pela mão das Estações
A seguir e a olhar.

(*Obra poética*. Rio de Janeiro: Aguilar, 1965. p. 203.)

Observe que o eu lírico compara o termo *alma a pastor*, aproximando-os pela sua semelhança, de modo que as características de *pastor* sejam atribuídas à *alma*. Note também que nos versos há uma **comparação** feita de modo explícito, por meio de um elemento comparativo expresso, isto é, o *como*.

Eliminando a comparação e empregando o segundo termo (*pastor*) com o valor do primeiro (*alma*), temos uma **metáfora**:

Minha alma é um pastor.

Nessa construção, há uma comparação implícita entre os dois seres, pois o elemento comparativo fica subentendido. Alma é pastor em virtude de certa semelhança entre os dois elementos: na situação dos versos, relacionada ao fato de ambos conhecerem o sol e o vento e andarem em todas as estações, a seguir e a olhar.

Há também outro tipo de metáfora: o que ocorre com a supressão de um termo e o emprego de outro no lugar dele. Observe nos seguintes versos a presença desse tipo de metáfora, constituída pelo emprego da expressão *mar azul* em sentido figurado.

Beber a água
do mar azul
dos teus olhos.
Taí uma coisa difícil.

(João Claudio Arendt. In: Vera Aguiar, coord. *Poesia fora da estante*. Porto Alegre: Projeto, 2002. v. 2, p. 80.)

Comparação é a figura de linguagem que consiste em aproximar dois seres em razão de alguma semelhança existente entre eles, de modo que as características de um sejam atribuídas ao outro, e sempre por meio de um elemento comparativo expresso: *como, tal qual, semelhante a, que nem*, etc.

Metáfora é a figura de linguagem que consiste no emprego de uma palavra em um sentido que não lhe é comum ou próprio, sendo esse novo sentido resultante de uma relação de *semelhança*, de *intersecção* entre dois termos.

Metonímia

Leia estes versos:

> Que tarde!
> Além do calor e da prova,
> aquela minissaia
> sentada bem ao meu lado!
>
> Assim não há memória
> que resista...
>
> (Carlos Queiroz Telles. *Sementes de sol.* São Paulo: Moderna, 2003. p. 16.)

Observe que, no 3º verso, o eu lírico, em vez de empregar a palavra *garota*, utiliza a palavra *minissaia*, que tem com a garota uma relação de interdependência, de implicação, pois são as garotas que geralmente usam minissaia. Temos, assim, uma **metonímia**.

Metonímia é a figura de linguagem que consiste na substituição de uma palavra por outra em razão de haver entre elas uma relação de *interdependência*, de *inclusão*, de *implicação*.

A metonímia ocorre quando substituímos:

- o efeito pela causa, e vice-versa:
  Pedro é alérgico a poeira e a *cigarro*. (fumaça)
- o nome do autor pelo nome da obra:
  Nas horas vagas, ouvíamos *Mozart*. (a música)
- o continente (o que está fora) pelo conteúdo:
  O nenê comeu dois *pratos*. (alimento)
- a marca pelo produto:
  Menino, você quer um *chiclete*? (goma de mascar)
- o concreto pelo abstrato:
  Só ele tem *cabeça* para resolver isso. (inteligência, sagacidade)
- o lugar pelo produto característico de determinado local:
  A mulher foi ao *correio*. (serviço está por lugar)
- a parte pelo todo:
  Mil *olhos* apreensivos seguiam a partida de futebol. (pessoas, torcedores)
- o singular pelo plural:
  O *brasileiro* é bem-humorado. (os brasileiros)
- a matéria pelo objeto:
  A um sinal do maestro, os *metais* iniciaram o concerto. (instrumentos de sopro feitos de metal)

Metonímias visuais

Os sistemas de pictogramas (imagens ou grupos de imagens que integram uma escrita sintética, resumida) costumam empregar a metonímia como recurso para orientar usuários em guias turísticos, terminais de transportes, postos rodoviários, ginásios de esportes, etc. Assim, uma cesta e uma bola podem ser usadas para representar o basquete; talheres, para representar um restaurante; uma cama, para representar hospedagem; uma mamadeira, para indicar o berçário, etc.

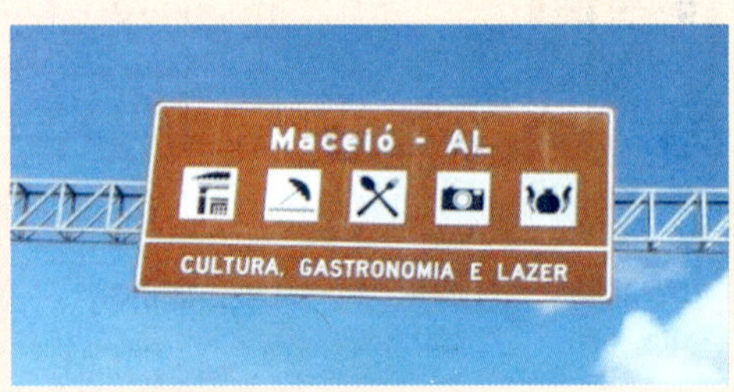

Superintendência Municipal de Transporte e Trânsito/Ascom

A metáfora e a metonímia na mídia

Os recursos mais empregados na mídia brasileira, seja em anúncios, seja em capas de revistas, são a metáfora e a metonímia. Observe, no anúncio do Greenpeace (uma organização não governamental), ao lado, a presença de metonímia. A figura de um palito de fósforo com graduação sugere metonimicamente um termômetro, que se relaciona com a temperatura ambiente. Como o palito está parcialmente queimado, a figura sugere calor, que, por sua vez, remete ao aquecimento global, fenômeno ambiental que vem sendo fortemente combatido pela entidade por meio de campanhas e anúncios.

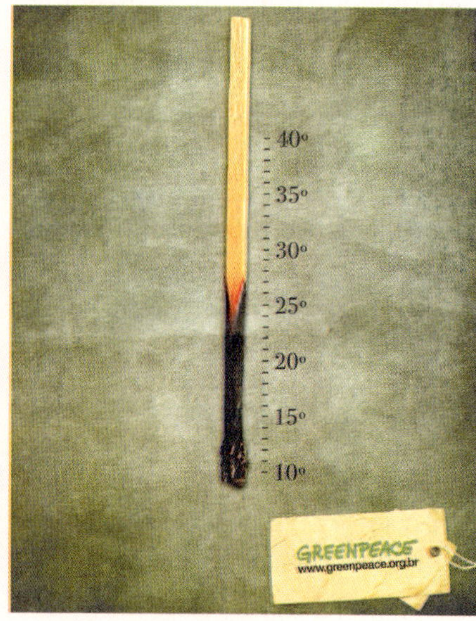

Reprodução/Greenpeace

(Revista *Greenpeace*, abril-maio-junho 2011.)

Antítese

Leia os versos a seguir, de Vinícius de Moraes.

> Maior amor nem mais estranho existe
> que o meu — que não sossega a coisa amada
> e quando a sente alegre, fica triste,
> E se a vê descontente, dá risada.
>
> ("Soneto do amor maior". *In*: *Nova antologia poética de Vinícius de Moraes*. Seleção e organização: Antonio Cícero e Eucanaã Ferraz. São Paulo: Cia. das Letras, Editora Schwarcz, 2008. p. 64. VM Empreendimentos Artísticos e Culturais Ltda.)

Observe que o eu lírico emprega palavras e expressões que se opõem quanto ao sentido: *alegre* se opõe a *triste*; *descontente*, a *dar risada*. Temos, nesses casos, **antíteses**.

Antítese é a figura de linguagem que consiste no emprego de palavras que se opõem quanto ao sentido.

Paradoxo

Leia estes versos, de Fernando Pessoa:

> Sempre que olho para as cousas e penso no que os
> [homens pensam delas,
> Rio como um regato que soa fresco numa pedra.
> Porque o único sentido oculto das cousas
> É elas não terem sentido oculto nenhum.
>
> (*Obra poética*. cit., p. 223.)

Os dois últimos versos apresentam elementos que, apesar de se excluírem mutuamente, se fundem, constituindo afirmações aparentemente sem lógica. Temos, assim, um **paradoxo**.

Paradoxo é a figura de linguagem que consiste no emprego de palavras ou expressões que, embora opostas quanto ao sentido, se fundem em um enunciado.

Personificação ou prosopopeia

Leia os versos a seguir, de Castro Alves:

Já viste às vezes, quando o sol de maio
Inunda o vale, o matagal, a **veiga**?
Murmura a relva: "Que suave raio!"
Responde o ramo: "Como a luz é meiga!"

(*Poesias completas de Castro Alves*. Rio de Janeiro: Edições de Ouro. p. 58.)

veiga: planície fértil e cultivada, várzea.

No 3º e no 4º verso da estrofe, a relva e o ramo aparecem personificados, pois a eles são atribuídas ações — murmurar e responder — próprias dos seres humanos. Temos, nesse caso, situações de **personificação**.

Nas fábulas, a personificação é abundante, uma vez que nelas os animais ganham características humanas: falam, pensam, brigam, têm sentimentos, desejos.

Personificação ou **prosopopeia** é a figura de linguagem que consiste em atribuir linguagem, sentimentos e ações próprias dos seres humanos a seres inanimados ou irracionais.

Hipérbole

Leia os versos a seguir, de Vinícius de Moraes.

Pois há menos peixinhos a nadar no mar
Do que os beijinhos que darei
Na sua boca

(Disponível em: https://www.letras.mus.br/vinicius-de-moraes/26959/. Acesso em: 28/6/2021.).

Observe que o eu lírico, com a intenção de impressionar seu(sua) amado(a), exagera ao dizer o número de beijos que dará. Temos, nesse caso, uma **hipérbole**.

Hipérbole é a figura de linguagem que consiste em expressar uma ideia com exagero.

Eufemismo

Certas palavras, quando empregadas em determinados contextos, são consideradas desagradáveis, ou por apresentarem uma ideia muito negativa ou por chocarem quem ouve. Por isso, muitas pessoas as substituem por palavras ou expressões mais suaves, mais delicadas, que, embora tenham o mesmo sentido, causam menor impacto. É o caso, por exemplo, do emprego de *falecer*, *entregar a alma a Deus*, *descansar*, etc. no lugar de *morrer*.

Leia estes versos, de Camões:

Alma minha gentil que te partiste
Tão cedo desta vida [...]

Nos versos de Camões, o eu lírico refere-se a *morrer*, empregando o verbo *partir*. Temos, nesse caso, um **eufemismo**.

Eufemismo é a figura de linguagem que consiste no emprego de uma palavra ou expressão no lugar de outra palavra ou expressão considerada desagradável ou chocante.

Ironia

Leia estes versos, de Mário de Andrade:

> Moça linda bem tratada,
> Três séculos de família
> Burra como uma porta:
> Um amor.
>
> (Disponível em: https://www.escritas.org/pt/t/4639/moca-linda-bem-tratada. Acesso em: 28/6/2021.)

Observe que o eu lírico é irônico nesses versos quando resume, na expressão *um amor*, a beleza, a fineza, a tradição familiar e a "inteligência" da moça. Temos, nesse caso, **ironia**.

Ironia é a figura de linguagem que consiste em afirmar o contrário do que se quer dizer.

A ironia em outras linguagens

A ironia não é específica da linguagem verbal e pode se dar em diferentes situações. A base desse recurso de linguagem é o deslocamento contextual em determinada situação, em que se espera um tipo de comportamento e acaba ocorrendo outro. Observe um exemplo na tira abaixo. A expressão "*Super* obrigado", do último quadrinho, é irônica porque o comandante, ao ser interrompido por uma pergunta banal de seu subalterno e com isso perder uma conta que já passava do número 4 mil, se sentiu furioso, e não agradecido. Portanto, ele expressa o oposto do que está pensando e sentindo.

© Laerte/Acervo da cartunista

(Disponível em: https://www.portallos.com.br/2009/08/27/hq-mais-tiras-do-minotauro-laerte/. Acesso em: 28/6/2021.)

Exercícios

Leia o texto a seguir, que promove uma campanha do agasalho.

Reprodução/Avenida Tênis Clube

(Disponível em: http://atc.esp.br/campanha-do-agasalho-do-atc-ja-esta-recebendo-doacoes/. Acesso em: 28/6/2021.)

1. A metonímia é empregada como recurso em várias partes do texto.

a) O que representa a mão segurando um coração à esquerda?

b) Identifique outras duas imagens que constroem relações metonímicas com termos verbais nesse texto.

2. Releia a frase central do texto:

> "Tire a solidariedade do armário!"

a) Explique a metonímia contida nela.

b) Identifique, entre as frases a seguir, extraídas de outras campanhas do agasalho, aquelas que empregam esse mesmo recurso:

- Aqueça o coração de alguém.
- Aqueça o corpo de alguém.
- Doe um agasalho.
- Faça um inverno mais quente.
- Deposite as roupas doadas em um dos locais cadastrados.
- Aquecendo vidas, vestindo corações.

3. Leia a seguir quatro poemas de Noé Ribeiro. Identifique e explique quais das figuras de linguagem listadas a seguir são utilizadas em cada um.

> metáfora paradoxo antítese metonímia personificação hipérbole eufemismo ironia

a)

Companheiros de viagem

Nelson Provazi/Arquivo da editora

Quando estavam vivos,
Mal nos víamos.
Agora que já se foram,
Somos inseparáveis.

(*Múltiplas vozes*. São Paulo: Estúdio Editores.com, 2017. p. 68.)

b)

Luminosidade

São teus olhos azuis
Que iluminam o quarto

(*Múltiplas vozes*. São Paulo: Estúdio Editores.com, 2017. p. 61.)

c)

Pra que pressa?

Nelson Provazi/Arquivo da editora

O fim do caminho é o abismo.
O que vale é o percurso.

(*Múltiplas vozes*. São Paulo: Estúdio Editores.com, 2017. p. 49.)

d)

Excelência

Colecionou insucessos a vida inteira
Agora só falta o reconhecimento

(*Coisas da vida*. São Paulo: Estúdio Editores.com, 2017. p. 20.)

Leia a tira a seguir e responda às questões 4 a 6.

© Luis Fernando Verissimo/Acervo do cartunista

(Luis Fernando Verissimo. *As cobras em: Se Deus existe que eu seja atingido por um raio.* Porto Alegre: L&PM, 1997. p. 38.)

4. As cobras estão tomando sol.

a) Que fato se opõe ao desfrute desse prazer?

b) Que palavra da fala do 2º quadrinho indica essa oposição?

5. O humor da tira está no 3º quadrinho. Depois que o lemos, a frase do 2º quadrinho adquire duplo significado.

a) Que palavra do 2º quadrinho é responsável por isso?

b) Qual é o significado dessa palavra antes e depois da leitura do 3º quadrinho?

6. O humor da fala do 3º quadrinho se sustenta também na dupla significação de uma palavra.

a) Que palavra é essa?

b) Que significado ela tem, considerando-se apenas o contexto do 2º quadrinho? E no contexto do 3º quadrinho?

c) Em qual dos contextos essa palavra é tomada no sentido metafórico?

Há algumas figuras de linguagem que estão essencialmente ligadas à sintaxe dos enunciados, isto é, à forma como eles são construídos. Conheça algumas delas.

Elipse e zeugma

Leia este poema, de Chacal:

Anatomia

pego a palavra no ar
no pulo paro
vejo aparo burilo
no papel reparo
e sigo compondo o verso

(*Tudo (e mais um pouco)*. São Paulo: Ed. 34, 2016. p. 201.)

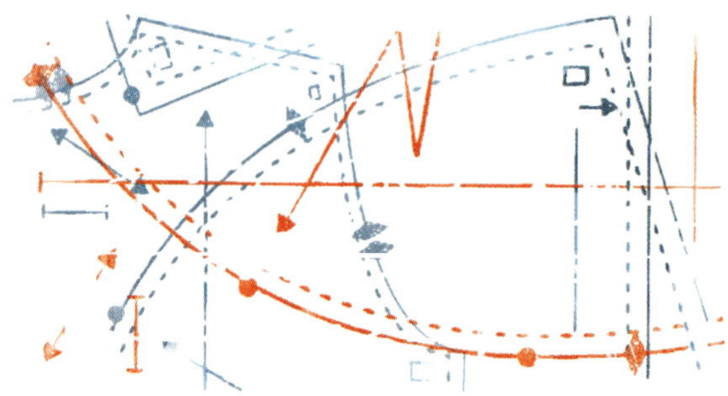

Nelson Provazi/Arquivo da editora

Observe que nenhuma das formas verbais conjugadas na 1ª pessoa do singular tem o sujeito (eu) explícito, embora ele possa ser facilmente apreendido no contexto do poema. Esse é um exemplo de **elipse**. Já o complemento das formas verbais *vejo*, *aparo* e *burilo* é a expressão *a palavra*, já mencionada anteriormente, no primeiro verso. Trata-se, nesse caso, de **zeugma**.

Elipse é a figura de linguagem que consiste na omissão de um termo facilmente identificável, seja pelo contexto, seja pela estrutura da frase.

Zeugma é um tipo particular de elipse, na qual o termo omitido já foi expresso anteriormente.

Inversão ou hipérbato

Ainda no poema de Chacal, é possível observar, no 2º e no 4º verso, duas frases compostas em uma ordenação diferente daquela que conhecemos como ordem direta do português, sujeito + verbo + complemento. Perceba que, nesses dois casos, o verbo vem no final da frase — "no pulo paro" e "no papel reparo" —, que, na ordem direta, seriam "(eu) paro no pulo" e "(eu) reparo no papel". Esse recurso é conhecido como **inversão** ou **hipérbato**.

Inversão ou **hipérbato** é a figura de linguagem que consiste na construção da frase com os termos em uma sequência diferente da chamada ordem direta do português (sujeito + verbo + complementos).

Assíndeto

Leia os versos a seguir, de Roseana Murray.

Metade de mim é fada,
a outra metade é bruxa.
[...]
Uma é séria; a outra sorri;
uma voa, a outra é pesada.
Uma sonha dormindo,
a outra sonha acordada.

(*Pera, uva ou maçã?*. São Paulo: Scipione, 2005. p. 52.)

Nelson Provazi/Arquivo da editora

Observe que o eu lírico descreve a si mesmo como um ser contraditório. E emprega orações justapostas, separadas por vírgula ou por ponto e vírgula, sem usar conjunções coordenativas, que, pelo contexto, seriam *e* ou *mas*. Temos, nesse caso, um **assíndeto**.

Assíndeto é a figura de linguagem que consiste no emprego de orações coordenadas justapostas, isto é, sem o uso de conjunções.

Polissíndeto

Leia estes versos, de Vinícius de Moraes:

E o olhar estaria ansioso esperando
E a cabeça ao sabor da mágoa balançando
E o coração fugindo e o coração voltando
E os minutos passando e os minutos
[passando...

(*Nova antologia poética*. São Paulo: Companhia das Letras, 2009. p. 16.)

O eu lírico sugere, com uma sequência de ações ininterruptas, expressas por meio de orações iniciadas pela conjunção *e*, o estado de ânimo de uma pessoa que espera por alguém ou alguma coisa. Temos, nesse caso, um **polissíndeto**.

Aliteração, assonância e paronomásia

Há três recursos poéticos que também são considerados figuras de linguagem: a aliteração, a assonância e a paronomásia. A aliteração consiste na repetição de fonemas consonantais, como ocorre nos versos de Vinícius de Moraes com a repetição do fonema /s/; a assonância consiste na repetição de fonemas vocálicos; e a paronomásia, no emprego de palavras semelhantes na forma ou no som próximas umas das outras.

Polissíndeto é a figura de linguagem que consiste na repetição, com finalidade enfática, de uma conjunção coordenativa.

Anáfora

Leia os versos abaixo, de Castro Alves.

Depois o areal extenso...
Depois o oceano de pó...
Depois no horizonte imenso
Desertos... desertos só...

(Alberto da Costa e Silva. *Castro Alves — Um poeta sempre jovem*. São Paulo: Companhia das Letras, 2006. p. 108.)

Jurik Peter/Shutterstock

A repetição da palavra *depois* no início dos versos produz um efeito de sentido especial: leva o olhar do leitor a estender-se por um deserto interminável. Esse tipo de repetição é chamado de **anáfora**.

Anáfora é a figura de linguagem que consiste na repetição intencional de palavras no início de períodos, frases ou versos.

Gradação

Leia este fragmento de texto, de Marina Colasanti:

> [...] E num estalar de juntas que se soltam, de amarras que se desfazem, o guerreiro moveu-se, levantou a cabeça, ergueu o tronco, pôs-se de pé. [...]
>
> (*23 histórias de um viajante*. São Paulo: Global, 2005. p. 47.)

O emprego de verbos correspondentes a ações que aumentam gradativamente de intensidade contribui, no fragmento, para dar ideia da recuperação física do personagem. Temos, nesse caso, uma **gradação**.

Gradação é a figura de linguagem que consiste na disposição de palavras ou expressões em uma sequência que dá ideia de progressão.

Exercícios

Leia o anúncio a seguir, de uma marca de canetas, e responda às questões 1 e 2.

Reprodução/BIC/Escola de Criativos Refinaria

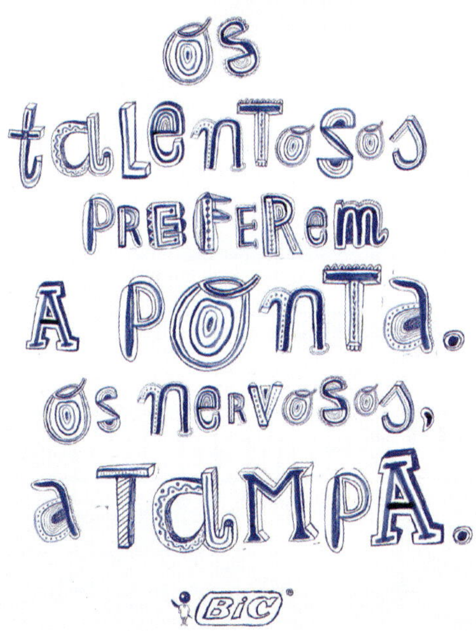

(Disponível em: http://www.putasacada.com.br/galeria/propaganda-149-escoladecriativosrefinaria-use_bic. Acesso em: 28/6/2021.)

1. O enunciado central do anúncio é composto de duas frases.

a) Há uma forma verbal implícita na 2ª oração. Identifique-a.

b) Qual é a figura de linguagem em que essa omissão consiste? Justifique sua resposta.

c) Explique o sentido das preferências apontadas por esse enunciado no contexto do anúncio.

2. Troque ideias com os colegas e o professor e, considerando todo o contexto, explique a metonímia visual contida nesse anúncio.

3. Leia o poema a seguir, de Noé Ribeiro.

> **Despreparado**
>
> Mesmo com tanto velório,
> mesmo com tanto exemplo,
> mesmo com tanto ensaio,
> ainda não aprendi a morrer
>
> (*Coisas da vida*. São Paulo: Estúdio Editores.com, 2017. p. 23.)

Nelson Provazi/Arquivo da editora

a) Identifique duas figuras de linguagem, relacionadas especificamente à estrutura dos versos, empregadas no poema em estudo.

b) Troque ideias com os colegas e o professor: Que efeito de sentido é construído no poema pela repetição empregada nos três primeiros versos, associada ao termo *ainda* com o qual começa o último verso?

c) Observe o título do poema: A quem ele se refere? Justifique sua resposta e explique a relação entre o título e o conteúdo dos versos.

d) É possível considerar que há certo humor no poema em estudo. Justifique essa afirmação.

Leia a tira a seguir e responda às questões 4 a 7.

©Angeli/Folha de S.Paulo 31.07.2007/Fotoarena

(Disponível em: http://sem-angeli-chiclete-com-banana.blogspot.com/search?updated-max=2012-01-01T18:25:00-08:00&max-results=100. Acesso em: 10/3/2020.)

4. No 1º quadrinho, Luke diz que vai criar um *blog*.

a) Qual será a finalidade desse *blog* para ela?

b) Explique a crítica existente na tira sobre os usos que algumas pessoas fazem da internet.

5. Identifique, na tira, as seguintes figuras de linguagem. Justifique suas respostas.

a) gradação

b) metáfora

c) elipse

d) zeugma

6. O humor da tira é construído também com base na fala da personagem no último quadrinho.

a) O que há em comum entre a expressão *esvaziar a bexiga* e as demais ações mencionadas por Luke nos quadrinhos anteriores?

b) Por que é possível considerar que essa fala rompe com a expectativa do leitor?

7. Considerando suas respostas às questões 4 e 5, conclua: Como algumas das figuras de linguagem exploradas na tira contribuem para a construção do humor?

Intertextualidade, interdiscursividade e paródia

Leia este meme:

Reprodução/Artes Depressão/@artesdepressao

(Disponível em: https://twitter.com/artes_depressao/status/677634917552021505. Acesso em: 11/2/2020.)

Você sabe quem é o homem que aparece na imagem? E sabe a qual "música do caminhão de gás" o texto verbal se refere? Para ser capaz de apreender o sentido desse meme é preciso recuperar alguns elementos do contexto de produção: é importante saber que a imagem de fundo é a tela *Beethoven*, do pintor alemão Joseph Karl Stieler, além de ter a informação de que, em muitas cidades brasileiras, o caminhão de gás, para ser facilmente reconhecido, anda pelas ruas tocando uma adaptação de um trecho de "Füer Elise" (Por Elise), célebre obra de Beethoven.

Assim como muitos outros memes, este constrói humor por meio de implícitos e quebra de expectativas. Obviamente, quando compôs "Por Elise", Beethoven não estava pensando que séculos depois ela seria utilizada no caminhão de gás. O leitor do meme que não conhece o homem retratado na tela, nem sabe qual é a música do caminhão do gás, perde esses referenciais e não consegue fazer a leitura completa do texto. Podemos considerar, portanto, que os criadores do meme estabelecem um diálogo com esses outros textos, construindo humor com base neles. Quando um texto dialoga com outro, dizemos que entre eles existe **intertextualidade.**

Intertextualidade é a relação entre dois textos caracterizada por um citar o outro, implícita ou explicitamente.

Há diferentes tipos de intertextualidade. A intertextualidade pode ter uma base *temática*, quando os textos apresentam em comum um tema, determinada ideologia ou visão de mundo; por exemplo, a que ocorre entre a tragédia grega *Medeia*, de Eurípedes, e a peça teatral *Gota d'água*, de Chico Buarque, uma versão moderna desse texto. Também pode ter uma base *estilística*, quando um texto apresenta certos procedimentos muito conhecidos em outro texto, como o emprego de palavras, expressões ou estruturas sintáticas similares.

Dialogismo: a linguagem são no mínimo dois

Segundo o teórico russo Mikhail Bakhtin, a linguagem é, por natureza, *dialógica*, isto é, sempre estabelece um diálogo entre pelo menos dois seres, dois discursos, duas palavras. Diz Bakhtin:

> Os enunciados não são indiferentes uns aos outros, nem autossuficientes; são mutuamente conscientes e refletem um ao outro... Cada enunciado é pleno de ecos e reverberações de outros enunciados, com os quais se relaciona pela comunhão da esfera da comunicação verbal [...]. Cada enunciado refuta, confirma, complementa e depende dos outros; pressupõe que já são conhecidos, e de alguma forma os leva em conta.

(*Estética da criação verbal*. 2. ed. São Paulo: Martins Fontes, 1997. p. 316.)

Um tipo particular de relação entre textos é a paródia. Leia estes dois poemas:

As armas e os barões assinalados
Que, da ocidental praia lusitana,
Por mares nunca dantes navegados
Passaram ainda além da Taprobana,
Em perigos e guerras esforçados
Mais do que prometia a força humana
E entre gente remota edificaram
Novo Reino, que tanto sublimaram.
[...]

(Luís de Camões. *Os lusíadas*. São Paulo: Abril Cultural, 1979.)

As salas e becões assinalados
Da oriental praia paulistana
Partiram em missão desumana
A bater inimigos colorados.
Depois do empate duro e fero
Três a três em pleno alçapão,
Queriam ao menos 1 a 0,
e o sonho manter no coração.
[...]

(José Roberto Torero. *Folha de S. Paulo*, 8/3/2002.)

Os versos de Luís de Camões homenageiam o heroísmo dos navegantes portugueses, que, no século XV, saindo de Portugal (a "ocidental praia lusitana") com suas caravelas, conseguiram ultrapassar a Taprobana (ilha do Ceilão, limite oriental do mundo conhecido na época). O jornalista José Torero, referindo-se a um jogo entre Santos e Internacional, ocorrido em Porto Alegre pela Copa do Brasil, estabelece uma relação intertextual com o poema de Camões, transmitindo assim a noção de grandiosidade do jogo e, ao mesmo tempo, reverenciando os esforços do grupo santista, comparados aos feitos dos navegantes portugueses.

Paródia é um tipo de relação intertextual em que um texto cita outro geralmente com o objetivo de fazer-lhe uma crítica, inverter ou modificar suas ideias.

Leia agora estes versos de dois poetas de épocas diferentes:

Poema de sete faces

Quando nasci, um anjo torto
desses que vivem na sombra
disse: Vai, Carlos! ser **gauche** na vida.

[...]

Meu Deus, por que me abandonaste
se sabias que eu não era Deus
se sabias que eu era fraco.

Mundo mundo vasto mundo,
se eu me chamasse Raimundo
seria uma rima, não seria uma solução.
Mundo mundo vasto mundo,
mais vasto é meu coração.

Eu não devia te dizer
mas essa lua
mas esse conhaque
botam a gente comovido como o diabo.

(Carlos Drummond de Andrade. Disponível em: http://www.algumapoesia.com.br/drummond/drummond01.htm. Acesso em: 11/2/2020.)

gauche: termo francês que significa esquerdo, canhestro, inseguro, inadequado.

Filipe Rocha/Arquivo da editora

Com licença poética

Quando nasci um anjo esbelto,
desses que tocam trombeta, anunciou:
vai carregar bandeira.
Cargo muito pesado pra mulher,
esta espécie ainda envergonhada.
Aceito os subterfúgios que me cabem,
sem precisar mentir.
Não sou feia que não possa casar,
acho o Rio de Janeiro uma beleza e
ora sim, ora não, creio em parto sem dor.
Mas o que sinto escrevo. Cumpro a sina.
Inauguro linhagens, fundo reinos
— dor não é amargura.
Minha tristeza não tem pedigree,
já a minha vontade de alegria,
sua raiz vai ao meu mil avô.
Vai ser coxo na vida é maldição pra homem.
Mulher é desdobrável. Eu sou.

(Adélia Prado. Disponível em: http://www.releituras.com/aprado_bio.asp. Acesso em: 11/2/2020.)

O primeiro texto é um trecho de um dos poemas mais conhecidos de Carlos Drummond de Andrade e foi publicado em 1930; o segundo é de Adélia Prado e foi publicado em meados da década de 1970. Embora não haja uma citação explícita, desde o título do poema de Adélia Prado, "Com licença poética", já é possível perceber a referência ao texto de Drummond, pois é como se ela pedisse licença para fazer sua própria versão do texto.

Observe, porém, que o segundo texto tem uma visão diferente da apresentada pelo primeiro. Neste, o anjo é torto, vive na sombra e prenuncia ao eu lírico que ele será *gauche* na vida, isto é, uma pessoa diferente, completamente inadequada no mundo. Essa visão é reforçada nas estrofes finais, especialmente nos versos "Meu Deus, por que me abandonaste", "se sabias que eu era fraco.", "mas essa lua/ mas esse conhaque/ botam a gente comovido como o diabo.". Já no segundo poema, o anjo é esbelto, toca trombeta e profecia que o eu lírico "vai carregar bandeira", isto é, vai ter uma causa pela qual lutar e ser referência em seu meio, visão que também se confirma nos versos finais: "[...] Cumpro a sina.", "[...] minha vontade de alegria,/ sua raiz vai ao meu mil avô.", "Mulher é desdobrável. Eu sou.".

Observe que Adélia Prado não apenas cita o poema de Drummond, mas também critica a visão melancólica, introvertida e individualista do eu lírico masculino, contrapondo a ela sua visão feminina corajosa e vanguardista.

Nesse tipo de relação estabelecida entre os textos, não há apenas intertextualidade. Há uma relação mais abrangente, que envolve dois discursos poéticos distintos, os quais, por sua vez, refletem suas respectivas épocas. A de Drummond, um momento histórico entre guerras, de crise econômica, acirramento político e ideológico, de busca de caminhos; e a de Adélia Prado, um momento histórico de continuidade da forte expressão dos movimentos feministas da década de 1960, no qual as mulheres lutavam por se fazer ouvir e pelos direitos de igualdade de gênero. A esse tipo de relação entre discursos, quando se evidenciam os elementos da situação de produção — quem fez, para quê, em que momento histórico, com qual finalidade, etc. —, chamamos **interdiscursividade**.

Interdiscursividade é a relação entre dois discursos caracterizada por um citar o outro, implícita ou explicitamente.

Além da relação de interdiscursividade, é possível considerar o texto de Adélia Prado uma paródia do texto de Drummond.

Exercícios

Leia, a seguir, uma charge de Ziraldo e os versos de uma canção de Chico Buarque, e responda às questões 1 e 2.

© Ziraldo Alves Pinto/Acervo do cartunista

(Disponível em: www.ziraldo.com. Acesso em: 25/8/2021.)

Quando o carnaval chegar

Quem me vê sempre parado, distante
Garante que eu não sei sambar
Tou me guardando pra quando o carnaval chegar
Eu tô só vendo, sabendo, sentindo, escutando
E não posso falar
Tou me guardando pra quando o carnaval chegar
[...]

(Disponível em: http://www.chicobuarque.com.br/letras/quandooc.htm. Acesso em: 11/2/2020.)

1. Em ambos os textos o tema é o carnaval.

a) Que sentido tem o carnaval para o eu lírico da canção?
b) E para o personagem da charge?

2. Sabendo que a canção de Chico Buarque foi produzida e divulgada antes da charge de Ziraldo, responda:

a) Que texto estabelece uma relação intertextual com o outro?
b) Essa relação pode ser considerada também interdiscursiva? Por quê?

3. A parte não verbal do texto de Ziraldo instaura um novo sentido para uma das palavras empregadas nos dois textos.

a) Identifique essa palavra.
b) Qual é o sentido dessa palavra na canção de Chico Buarque?
c) E qual o sentido dessa mesma palavra no desenho de Ziraldo?
d) Explique como o texto de Ziraldo constrói humor combinando os elementos analisados por você nos itens anteriores.

4. Muitos tipos de intertextualidade implícita ocorrem por meio da substituição de um fonema ou uma palavra, por meio de acréscimo, supressão ou transposição.

Leia os enunciados a seguir e descubra as frases originais com as quais eles mantêm relação intertextual.

a) "Penso, logo hesito."
(Luis Fernando Verissimo, "Mínimas".)

b) "Quem vê cara não vê falsificação."
(Anúncio dos relógios Citizen)

c) "Quem espera nunca alcança."
(Chico Buarque)

d) "O Instituto de Cardiologia não vê cara, só vê coração."
(Propaganda do Instituto de Cardiologia do Rio Grande do Sul)

e) "Para bom entendedor, meia palavra bas."
(Luis Fernando Verissimo, "Mínimas".)

f) Diga-me com quem andas e eu prometo que não digo a mais ninguém.
(internet)

(Frases extraídas do capítulo 1 da obra *Intertextualidade — Diálogos possíveis*, de Ingedore G. Villaça *et alii*.)

Intervalo

Esta atividade favorece o desenvolvimento das habilidades EM13LP46 EM13LP47 EM13LP48

PROJETO

LITERATURA: AQUI E AGORA!

Participe das atividades a seguir, de acordo com as orientações do professor. No dia combinado, todos devem apresentar suas produções na mostra, que pode ter por título **Literatura: aqui e agora!**, ou outro que quiserem. Convidem outras turmas, professores, funcionários, amigos e familiares para o evento.

Iya Khrakovsky/Shutterstock

1. Leitura, livros e literatura

Leia alguns depoimentos a seguir sobre a experiência de diferentes pessoas com a literatura. Depois, considerando a sua própria experiência, escreva um pequeno texto, dando seu depoimento sobre leitura, livros e/ou literatura. Eis alguns dos aspectos que poderá abordar:

- O que é literatura para você?
- Qual foi o seu primeiro contato com a literatura?
- De quais formas a literatura fez e faz parte da sua vida?
- Qual é o grande livro de sua vida? Por quê?

Quando terminar, releia-o e passe-o a limpo. Junte-o aos dos colegas e copiem os textos em cartazes que serão expostos no local da mostra.

No dia combinado para a mostra, coloquem uma mesinha ou carteira ao lado desses cartazes e deixem lápis e papel à disposição dos convidados e convidem-nos a escrever sobre a experiência deles com livros, leitura e literatura ou façam sugestões de livros, tecendo um pequeno comentário sobre eles. Peçam-lhes também que afixem seus depoimentos em painéis disponíveis. Depois, publiquem os textos no *site* da escola ou num *blog* a ser criado especialmente para o evento.

Tomas Rodriguez/Getty Images

Literatura como experiência e vida

A literatura é o catálogo das vidas possíveis e impossíveis. Quanto maior for nossa liberdade mais necessário se torna ter um catálogo de experiências possíveis para poder exercê-la.

Porque ninguém é capaz de inventar uma vida a partir de nada. A vida é inventada a partir de uma combinatória de sonhos que já foram sonhados. A literatura é um meio de aprender a sonhar a própria liberdade. Foi onde aprendi que podia e talvez precisasse viajar, 'perder países', como dizia Fernando Pessoa. Na literatura, descobri que havia alhures e que só esses alhures podiam dar algum sentido ao lugar onde, por acaso, eu tinh a nascido.

(Contardo Calligaris, psicanalista e escritor.)

Literatura como provocação

Escrever para mim é indagar. Escrevo para obter respostas que – eu sei – não existem. E sobre possibilidades de ser mais feliz – essa, eu sei também, depende um pouco de cada um de nós, de nossa honradez interior, nossa fé no ser humano, nosso compromisso com a dignidade. Escrevo para provocar e para questionar também: quem somos e como vivemos, como convivemos, sobretudo? Falo do estranho que somos: nobres e vulgares, sonhadores e consumidores, soprados de esperança e corroídos de terror, generosos e tantas vezes mesquinhos...

(Lya Luft, escritora.)

Nada substitui o valor da leitura

A leitura equipa o indivíduo com conhecimento e conteúdo, permitindo que ele tenha articulação para se colocar na sociedade e produzir opiniões próprias. A ficção nos transporta para mundos distintos do nosso, ampliando nossas possibilidades de ver realidades diferentes, com toda sua riqueza, complexidade e diversidade. Além disso, é entretenimento, diverte.

(Patrícia Melo, escritora.)

A leitura como ato essencial da vida

Como arfar sem a presença de um livro que nos ensina a viver melhor que a própria vida? A vida precisa do livro para não ser inconsequente. Para não ficarmos sujeitos à pasteurização social. Ler é um maravilhoso ato de rebeldia, de resistência, de encantamento. De um fruir comovedor.

(Nélida Piñon, escritora.)

Literatura: vivência

A literatura é porta para variados mundos que nascem das várias leituras que dela se fazem. Os mundos que ela cria não se desfazem na última página do livro, na última frase da canção, na última fala da representação nem na última tela do hipertexto. Permanecem no leitor, incorporados como vivência, marcos da história de leitura de cada um.

Tudo o que lemos nos marca.

(Marisa Lajolo. *Literatura*: leitores & leitura. São Paulo: Moderna, 2001. p. 44-45.)

Alívio na solidão

Não existe apenas um modo de ler bem, mas existe uma razão precípua para ler. Nos dias de hoje, a informação é facilmente encontrada, mas onde está a sabedoria? Se tivermos sorte, encontraremos um professor que nos oriente, mas, em última análise, vemo-nos sós, seguindo nosso caminho sem mediadores. Ler bem é um dos grandes prazeres da solidão; ao menos segundo a minha experiência, é o mais benéfico dos prazeres. Ler nos conduz à alteridade, seja à nossa própria ou à de nossos amigos, presentes ou futuros. Literatura de ficção é alteridade e, portanto, alivia a solidão.

(Harold Bloom. *Como e por que ler*. Rio de Janeiro: Objetiva, 2001. p. 15.)

João Carlos Volotão/Folhapress

2. Literatura em cena

Selecionem alguns textos literários que considerem bonitos: poemas, trechos em prosa de romances que leram, crônicas, falas de personagens, pensamentos, trechos engraçados ou tocantes, etc. Juntem também os depoimentos que escreveram sobre sua experiência com literatura e preparem esses textos para serem declamados no palco, em horário combinado e divulgado previamente.

Se quiserem, poderão escolher um aluno para ser o mestre de cerimônias do evento, que cumprirá o papel de conversar com o público, falar a respeito do evento e chamar cada participante das declamações.

3. Literatura em debate

Convidem poetas e escritores consagrados ou ainda inéditos para debater a situação da literatura atual. Entre outros aspectos do tema, poderão ser abordados tópicos como:

- O escritor e o leitor da atualidade.
- As transformações que a literatura tem sofrido em tempos de internet e redes sociais.
- Literatura e canção: semelhanças e diferenças.
- *Slam*: nova forma de expressão literária.

4. *Slam*: o duelo da palavra

Convidem poetas praticantes do *slam* e promovam uma apresentação desse novo gênero poético, que tem atraído os jovens para a experiência literária.

Luciana Whitaker/Pulsar Imagens

Mary Evans Picture Library/Glow Images/Coleção Particular

Mulheres da corte ouvindo música no pomar, produzida por Buonamico Buffalmacco no século XIV.

2 A LITERATURA DA IDADE MÉDIA AO QUINHENTISMO

A linguagem é um dos mais importantes patrimônios da humanidade. Por meio dela, interagimos com outras pessoas, traduzindo e expressando nossas experiências e ideias, nossos desejos e sentimentos, nossas opiniões e emoções. Ela também nos permite expressar nossa cultura, nossos valores, as tradições de nosso povo. E, ainda, transmitir, em prosa e verso, as histórias, as canções, os poemas que criamos.

Em épocas remotas, quando ainda não havia a escrita, tudo isso era transmitido de geração em geração oralmente, ou por meio de desenhos, pinturas e outras formas de arte. Na nossa sociedade, a invenção da escrita fornece mais um meio de deixar gravada para as gerações futuras a riqueza cultural de cada povo. Dessa riqueza, destaca-se a literatura, que, além de expressar pela palavra a cultura, os valores e as tradições de um povo, reflete valores universais e atemporais, isto é, valores válidos para pessoas de qualquer época e lugar.

A história das culturas portuguesa e brasileira está associada ao surgimento da língua portuguesa, que ocorreu na Idade Média.

Estudar a literatura portuguesa e a literatura brasileira implica conhecer os diversos textos que as compõem, suas origens, suas histórias e suas relações socioculturais, além das relações existentes entre elas e outras linguagens e o mundo contemporâneo.

FIQUE LIGADO! PESQUISE!

Para estabelecer relações entre a literatura e outras artes e áreas de conhecimento, eis algumas sugestões:

- *A última legião*, de Doug Lefler; *As brumas de Avalon*, de Uli Edel; *Excalibur*, de John Boorman; *O feitiço de Áquila*, de Richard Donner; *O senhor dos anéis*, de Peter Jackson; *Ex-pajé*, de Luiz Bolognesi; *Vale dos esquecidos*, de Maria Raduan; *Martírio*, de Ernesto de Carvalho e Tita; *Ka'a Zar Ukyze Wà — Os donos da floresta em perigo*, de Flay, Edivan e Erisvan Guajajara; *Piripkura*, de Mariana Oliva, Renata Terra e Bruno Jorge.

Everett Collection/Fotoarena

- *O mestre das iluminuras*, de Brenda Rickman Vantrease (Sextante); *A dama e o unicórnio*, de Tracy Chevalier (Bertrand do Brasil); *O nome da rosa*, de Umberto Eco (Nova Fronteira); *O cavaleiro inexistente*, de Italo Calvino (Companhia das Letras); *Nos passos de... Rei Artur*, de Claudine Glot (Rocco); *A demanda do Santo Graal* (Ateliê Editorial); *Contos e lendas da Távola Redonda*, de Jaqueline Miranda (Companhia das Letras); *História da pintura*, de Wendy Beckett (Ática); *Uma breve história da música*, de Roy Bennett (Jorge Zahar).

Reprodução/Companhia das Letras

- Ouça os discos *Musikantiga I* (que contém músicas medievais) e *Cantigas de amigo*, de La Bataglia; a canção "Love song", do grupo Legião Urbana; os discos de Elomar Figueira de Melo, que apresentam canções inspiradas em cantigas medievais; o CD *Sem mim*, com direção musical de José Miguel Wisnik, que reúne canções de Martim Codax (produzido para o espetáculo homônimo do grupo de dança Corpo), na voz de cantores como Milton Nascimento, Elomar e Caetano Veloso. E também as canções do *rapper* indígena MC Kunumi.

Reprodução/Grupo Corpo

- http://cantigas.fcsh.unl.pt/apresentacao.asp
- http://users.isr.ist.utl.pt/~cfb/VdS/camoes.html
- http://www.indiosonline.net/author/case/
- https://ailtonkrenak.blogspot.com/
- https://radioyande.com/
- http://www.elianepotiguara.org.br/
- http://comin.org.br/static/arquivospublicacao/SemanadosPovosIndigenas2019.pdf

VISITA

- Museu da Língua Portuguesa, em São Paulo, capital.

Esta unidade favorece o desenvolvimento das habilidades

EM13LGG103 | EM13LGG202 | EM13LGG601 | EM13LGG602 | EM13LGG604 | EM13LP28 | EM13LP30 | EM13LP32 | EM13LP51

CAPÍTULO 3

Origens da literatura portuguesa

A literatura brasileira, em suas primeiras manifestações, segue modelos literários trazidos pelos colonizadores portugueses. Esses modelos formaram-se em Portugal entre os séculos XII e XVI, ou seja, durante a Baixa Idade Média e o Renascimento.

O prestidigitador (1496), de Hieronymus Bosch.

Antes de estudar as obras e os autores da literatura brasileira, convém conhecer, de forma panorâmica, a literatura produzida em Portugal desde as origens, no século XII, até o século XVI. Essa produção serviu de referência aos escritores brasileiros do período colonial.

Este capítulo favorece o desenvolvimento das habilidades

EM13LGG202	EM13LGG302	EM13LGG601	EM13LGG602	EM13LGG604	EM13LP01
EM13LP03	EM13LP06	EM13LP46	EM13LP48	EM13LP49	EM13LP52

Leitura

Leia, a seguir, duas cantigas trovadorescas. A primeira é uma cantiga de amigo de Nuno Fernandes Torneol, trovador do século XIII, e a segunda, uma cantiga de amor de D. Dinis, rei de Portugal que viveu entre 1265 e 1325.

TEXTO 1

Levad', **amigo**, que dormides as manhãas frias; toda-las aves do mundo d'amor dizian: leda m'and'eu.	*Ergue-te, amigo que dormes nas manhãs frias! Todas as aves do mundo, de amor, diziam: alegre eu ando.*
Levad', amigo, que dormide'-las frias manhãas; toda-las aves do mundo d'amor cantavan: leda m'and'eu.	*Ergue-te, amigo que dormes nas manhãs claras! Todas as aves do mundo, de amor, cantavam: alegre eu ando.*
Toda-las aves do mundo d'amor dizian; do meu amor e do voss'en ment'avian: leda m'and'eu.	*Todas as aves do mundo, de amor, diziam; do meu amor e do teu se lembrariam: alegre eu ando.*
Toda-las aves do mundo d'amor cantavan; do meu amor e dos voss'i enmentava: leda m'and'eu.	*Todas as aves do mundo, de amor, cantavam; do meu amor e do teu se recordavam: alegre eu ando.*
Do meu amor e do voss'en ment'avian; vós lhi tolhestes os ramos en que siian: leda m'and'eu.	*Do meu amor e do teu se lembrariam; tu lhes tolheste os ramos em que eu as via: alegre eu ando.*
Do meu amor e do voss'i enmentava; vós lhi tolhestes os ramos en que pousavam: leda m'and'eu.	*Do meu amor e do teu se recordavam; tu lhes tolheste os ramos em que pousavam: alegre eu ando.*
Vós lhi tolhestes os ramos en que siian e lhis secastes as fontes en que bevian: leda m'and'eu.	*Tu lhes tolheste os ramos em que eu as via; e lhes secaste as fontes em que bebiam: alegre eu ando.*
Vós lhi tolhestes os ramos en que pousavan e lhis secastes as fontes u se banhavam: Leda m'and'eu.	*Tu lhes tolheste os ramos em que pousavam; e lhes secaste as fontes que as refrescavam: alegre eu ando.*

(D. Dinis. *In: Cantares dos trovadores galego-portugueses.* Organização e adaptação da linguagem por Natália Correia. 3. ed. Lisboa: Estampa, 1998. p. 202-203.)

Tithi Luadthong/Shutterstock

amigo: namorado.

TEXTO 2

Quant'á, senhor, que m'eu de vós parti,
atam muyt'á que nunca vi prazer,
nen pesar, e quero-vos eu dizer
como prazer, nen pesar non er (vi):
perdi o sen e non poss' estremar
o ben do mal, nen prazer do pesar.

E, des que m'eu, senhor, per bõa fé,
de vós parti, creed' agora ben
que non vi prazer, nen pesar de ren
e aquesto direy-vos por que (é):
perdi o sen e non poss' estremar
o ben do mal, nen prazer do pesar.

Ca, mha senhor, ben des aquela vez
que m'eu de vós parti, no coraçon
nunca ar ouv'eu pesar des enton,
nen prazer, e direi-vos que mh-o fez:
perdi o sen e non poss' estremar
o ben do mal, nen prazer do pesar.

Já nem prazer já nem pesar me acodem,
que nunca mais, senhora, algum senti
depois que dos meus olhos vos perdi.
E sem prazer ou sem pesar não podem,
senhora, meus sentidos estremar
o bem do mal, o prazer do pesar.

Por nada mais prazer posso sentir,
ou pesar, se de vós me separei.
E se não mais no mundo os sentirei,
não vejo como possam conseguir,
senhora, meus sentidos estremar
o bem do mal, o prazer do pesar.

Se de vós me afastei e desde então
perdi quer o pesar quer o prazer
que me destes outrora a conhecer;
se ambos perdi, como é que poderão,
senhora, meus sentidos estremar
o bem do mal, o prazer do pesar.

(*In*: *Cantares dos trovadores galego-portugueses*, *cit.*, p. 224-225.)

Centro de Estudios Borjanos/dapd/AP Photo/Glow Images

1. Nas cantigas de amigo, o eu lírico — ou seja, quem fala no texto — é feminino. Releia o texto 1 e responda:

a) Com quem o eu lírico fala?

b) Entre o eu lírico e a pessoa com quem ele fala, há correspondência amorosa ou a mulher se coloca como um ser superior e inacessível?

2. Nas cantigas de amigo, é comum o eu lírico se integrar a elementos da natureza — árvores, lagos, fontes, mar — ou a uma paisagem rural. Que elementos do texto 1 representam a natureza?

3. As cantigas de amigo, na maioria, têm uma estrutura paralelística, isto é, uma construção formal baseada na repetição parcial ou total de versos. Observe que a 1ª e a 2ª estrofe do texto 1 são quase idênticas, com a diferença da troca de *frias* (1º verso da 1ª estrofe) por *claras* (1º verso da 2ª estrofe). Essas repetições, chamadas **paralelismos de par de estrofes**, também ocorrem entre os pares de estrofes seguintes. Além desse tipo de paralelismo, ocorre outro, o *leixa-pren* (deixa-toma). Observe o 2º verso da 1ª e da 2ª estrofe.

a) Em que verso da 3ª estrofe o 2º verso da 1ª estrofe se repete?

b) Em que verso da 4ª estrofe o 2º verso da 2ª estrofe se repete?

4. Se, por um lado, a repetição constante de versos confere maior ritmo e musicalidade ao texto, por outro, ela é responsável também por uma das seguintes características. Indique-a.

a) Maior profundidade de ideias e sentimentos.

b) Maior superficialidade de ideias e sentimentos.

5. Releia o texto 2 e responda:

a) O eu lírico da cantiga é masculino ou feminino? A quem ele se dirige?

b) Qual é a razão de seu sofrimento?

c) Ele demonstra ser ou ter sido correspondido no amor?

d) Apesar do sofrimento, ele pensa em renunciar ao amor que sente pela pessoa amada?

6. Compare os dois textos.

a) O texto 2 também está organizado em estrofes e apresenta rimas?

b) O texto 2 apresenta o paralelismo de par de estrofes e o *leixa-pren*?

c) Qual dos textos apresenta ritmo e musicalidade mais acentuados?

d) E qual deles apresenta maior complexidade e profundidade de ideias?

A primeira época medieval: o Trovadorismo

Bridgeman Images/Fotoarena/Coleção particular.

As duas cantigas que você estudou pertencem ao **Trovadorismo**, que marca o início da literatura portuguesa, no século XII, e integra a primeira fase da chamada Era Medieval, momento em que também se dá a formação do Estado português.

Embora nessa época também tenha havido manifestações literárias na prosa (novelas de cavalaria) e no teatro, foi a poesia que alcançou grande popularidade, tanto entre os nobres das cortes quanto entre as pessoas comuns do povo.

Uma das razões dessa predominância foi o fato de a escrita ser pouco difundida na época, o que favorecia a difusão da poesia, que era memorizada e transmitida oralmente. Os poemas eram sempre cantados e acompanhados de instrumentos musicais e de dança e, por esse motivo, foram denominados *cantigas*. Os autores dessas cantigas eram trovadores (pessoas que faziam trovas, rimas), daí a origem do nome *Trovadorismo*. Esses poetas geralmente pertenciam à nobreza ou ao clero e, além da letra, criavam a música das composições que apresentavam para o seleto público das cortes. Entre as camadas populares, quem cantava e executava as canções, mas não as criava, eram os jograis. As cantigas chegaram até nós por meio dos *cancioneiros*, coletâneas (reuniões) de poemas de vários tipos, produzidos por muitos autores. Tradicionalmente se tem apontado a "Cantiga da Ribeirinha" ou "Cantiga da Guarvaia", de Paio Soares de Taveirós, de 1189 ou 1198, como a cantiga mais antiga de que se tem registro.

As cantigas foram cultivadas tanto no gênero lírico quanto no satírico. Dependendo de algumas características que apresentam — como o eu lírico, o assunto, a estrutura, a linguagem, etc. —, elas podem ser organizadas em quatro tipos. No gênero lírico: cantigas de amigo e cantigas de amor; no gênero satírico: cantigas de escárnio e cantigas de maldizer.

Cantigas de amigo e cantigas de amor

Os dois tipos de cantigas pertencem ao gênero lírico e foram produzidas por poetas do sexo masculino. Contudo, apresentam diferenças de forma e de conteúdo.

As **cantigas de amigo** têm raízes nas tradições da própria península Ibérica, em suas festas rurais e populares, em sua música e dança, nas quais abundam vestígios da cultura árabe. Apresentam normalmente ambientação rural, linguagem e estrutura simples; seu tema mais frequente é o lamento amoroso da moça cujo namorado partiu para a guerra contra os árabes.

As **cantigas de amor** têm raízes na poesia provençal (de Provença, região do sul da França), nos ambientes finos e aristocráticos das cortes francesas e, portanto, prendem-se a certas convenções de linguagem e de sentimentos.

Como você viu no estudo feito, a cantiga de amigo apresenta forte musicalidade, marcada pelo ritmo, pelas rimas, pelas repetições e pela técnica do paralelismo. Em contrapartida, as ideias costumam se repetir e são menos aprofundadas. Já a cantiga de amor lida apresenta uma nítida intenção argumentativa, uma vez que o eu lírico procura convencer a mulher amada de que ele precisa vê-la e tê-la a seu lado. Assim, os sentimentos e as ideias são mais aprofundados.

O distanciamento e a elevação da mulher a um plano quase inacessível são marcas do *amor cortês*, comum tanto nas cantigas de amor portuguesas quanto nas cantigas provençais, das quais as primeiras se originaram.

Regras do jogo do amor cortês

- Submissão absoluta à dama.
- Vassalagem humilde e paciente.
- Promessa de honrar e servir a dama com fidelidade.
- Prudência para não abalar a reputação da dama, por essa razão, sendo o cavalheiro, proibido de falar diretamente dos sentimentos que tem por ela.
- A amada é vista como a mais bela de todas as mulheres.
- Pela amada, o trovador despreza todos os títulos, as riquezas e a posse de todos os impérios.

Concluindo

Como síntese de estudo, observe a diferença entre as cantigas de amigo e as de amor:

CANTIGAS DE AMIGO	CANTIGAS DE AMOR
Eu lírico feminino	Eu lírico masculino
Presença de paralelismos	Ausência do paralelismo de par de estrofes e do *leixa-pren*
Predomínio da musicalidade	Predomínio das ideias
Assunto principal: o lamento da moça cujo namorado partiu	Assunto principal: o sofrimento amoroso do eu lírico perante uma mulher idealizada e distante
Amor natural e espontâneo	Amor cortês; convencionalismo amoroso
Ambientação popular rural ou urbana	Ambientação aristocrática das cortes
Influência da tradição oral ibérica	Forte influência provençal

Cantigas de escárnio e cantigas de maldizer

As *cantigas de escárnio* e as *cantigas de maldizer* constituem a primeira experiência da literatura portuguesa na sátira. Além disso, possuem um importante valor histórico como registro da sociedade medieval portuguesa em seus aspectos culturais, morais, linguísticos, etc.

Menos presas a modelos e convenções do que as cantigas de amigo e de amor, as cantigas satíricas buscaram um caminho poético próprio, explorando diferentes recursos expressivos. Voltavam-se para a crítica de costumes, tendo como alvo diferentes representantes da sociedade medieval portuguesa: clérigos devassos, cavaleiros e nobres covardes na guerra, prostitutas, os próprios trovadores e jograis, etc.

Veja um exemplo de cantiga de maldizer, do poeta Fernão Velho:

Maria Peres se mãefestou
noutro dia, **ca** por **pecador**
se sentiu, e log'a **Nostro Senhor**
pormeteu, pelo mal em que andou,
que tevess'um clérig'a seu poder,
polos pecados que lhi faz fazer
o demo, com que x'ela sempr'andou.

Mãefestou-se, **ca** diz que s'achou
pecador muit'e, porém, rogador
foi log'a Deus, ca teve por melhor
de guardar a El ca o que a guardou.
E **mentre** viva diz que quer teer
um clérigo, com que se defender
possa do demo, que sempre guardou.

E **pois** que bem seus pecados catou,
de sa mort' ouv'ela gram pavor
e **d'esmolnar** ouv'ela gram sabor.
E logo entom um clérigo **filhou**
e deu-lhe a **cama em que sol jazer**.
E diz que o **terrá** mentre viver,
e esta fará; todo por Deus filhou.

E pois que s'este **preito** começou,
antr'eles ambos ouve grand'amor.
Antr'el á sempr'o demo maior
atá que se Balteira confessou.
Mais pois que viu o clérigo **caer**,
antr'eles ambos **ouv'i** a perder
o demo, **dês que** s'ela confessou.

atá: até.
ca: pois.
ca: porque.
caer: cair.
cama em que sol jazer: cama em que dormia só.
d'esmolnar: de esmolar.
dês que: desde que.
filhou: agarrou.
mentre: enquanto.
Nostro Senhor: Nosso Senhor.
ouv'i: teve nisso.
pecador: pecadora.
pois: depois.
polos: pelos.
preito: pacto.
terrá: terá.

(*In*: Fernando V. Peixoto da Fonseca, org. *Cantigas de escárnio e maldizer dos trovadores galego-portugueses*. Lisboa: Livr. Clássica, 1961. p. 76.)

Observe que o nome da pessoa satirizada é identificado: Maria Balteira. Ela tinha sido uma soldadeira — mulher que dançava e cantava durante as apresentações e, por isso, tinha má reputação — que agora se diz "regenerada".

O trovador ironiza a pretensa regeneração da soldadeira, ao fazer um jogo de palavras, insinuando que ela, para combater o mal e as tentações, "teve um clérigo em seu poder". Essa expressão tem duplo sentido: tanto pode significar que ela se aproximou da religião quanto arranjou um padre como amante. O último sentido, evidentemente, é o reforçado pelo autor quando, na 3ª estrofe, afirma que ela deu a cama ao religioso.

Embora as diferenças não sejam rígidas, nas cantigas de escárnio geralmente o nome da pessoa satirizada não é revelado. A linguagem normalmente é carregada de ironia, de sutilezas, trocadilhos e ambiguidades. Já a cantiga de maldizer costuma identificar o nome da pessoa satirizada e fazer-lhe uma crítica direta, em forma de zombaria. A linguagem é mais grosseira, por vezes obscena.

A segunda época medieval

A segunda época medieval (século XV e início do século XVI) foi marcada pela transição do mundo medieval para o mundo moderno, que se inicia com o Renascimento (século XVI). A literatura desse período registra a consolidação da prosa historiográfica e o surgimento da *poesia palaciana*, que se afasta do acompanhamento musical e se enriquece do ponto de vista formal.

No entanto, a principal expressão do período está no surgimento de um teatro leigo, com Gil Vicente. Nos séculos anteriores, o teatro esteve ligado à Igreja e quase sempre era realizado em datas religiosas, ilustrando passagens da Bíblia ou representando a história de santos.

Gil Vicente: um olhar para baixo

Gil Vicente, cuja obra foi difundida em Portugal nas três primeiras décadas do século XVI, representa o passo decisivo nesse processo de laicização da cultura portuguesa.

Voltando-se não para Deus, mas para os homens, para a sociedade portuguesa em sua enorme diversidade de classes e grupos sociais — o fidalgo, o rei, o papa, o clérigo, o burguês comerciante, o médico incompetente, a mulher adúltera, a moça casamenteira, o nobre decadente, o velho devasso, o juiz desonesto, etc. —, Gil Vicente tinha para si uma missão moralizante e reformadora. Não visava atingir as instituições, mas as pessoas inescrupulosas que as compunham.

Embora tenha escrito peças de fundo religioso, elas não almejavam difundir a religião nem converter os pecadores. Seu objetivo era demonstrar como o ser humano — independentemente de classe social, raça, sexo ou religião — é egoísta, falso, mentiroso, orgulhoso e frágil diante dos apelos da carne e do dinheiro.

Da vasta produção de Gil Vicente, destacam-se, entre outras, as obras *Auto das barcas* (*Auto da barca do inferno*, *Auto do purgatório* e *Auto da barca da glória*), *O velho da horta*, *Auto da Índia* e *Farsa de Inês Pereira*.

Gil Vicente representa na corte, de Roque Gameiro.

Gil Vicente vivo

Gil Vicente não é apenas o fundador do teatro português. Suas peças fundaram uma tradição que deu outros frutos em Portugal, em outros países europeus e no Brasil.

Em nosso país, o Pe. Anchieta escreveu autos voltados à catequese dos índios, no século XVI. No século XX, *Morte e vida severina*, de João Cabral de Melo Neto, e *Auto da Compadecida*, de Ariano Suassuna, por exemplo, apresentam vários pontos em comum com os autos vicentinos.

Leitura

Você vai ler, a seguir, um trecho de *O auto da barca do inferno*, uma das peças mais conhecidas de Gil Vicente. As cenas ocorrem à margem de um rio, onde estão ancorados dois barcos: um é dirigido por um anjo e leva as almas que, de acordo com seu julgamento, serão conduzidas ao céu; o outro é dirigido pelo diabo, que levará as almas condenadas ao inferno. Entre o começo e o final da peça, desfila uma verdadeira galeria de tipos sociais — um nobre, um frade, um sapateiro, um judeu, uma alcoviteira, um enforcado, entre outros —, compondo um rico painel das fraquezas humanas. Para o barco do paraíso vão apenas o parvo (um bobo) e um cruzado; todos os demais são condenados ao inferno.

Diabo
[...] entrai! Eu **tangerei**
e faremos um **serão**.
Essa dama é ela vossa?

Frade
Por minha la tenho eu
e sempre a tive de **meu**.

Diabo
Fezestes bem, que é fermosa.
E não vos punham lá **grosa**
no vosso convento santo?

Frade
E eles fazem outro tanto!...

Diabo
Que cousa tão preciosa!
Entrai, padre reverendo!

Frade
Para onde levais gente?

Diabo
Pera aquele fogo ardente,
que nom temeste vivendo.

Frade
Juro a Deus que nom te entendo!
E este hábito nom me **val**?

Diabo
Gentil padre **mundanal**,
a Berzabu vos encomendo!

Frade
Ah corpo de Deus consagrado!
Pela fé de Jesu Cristo
que eu nom posso entender isto!
Eu hei de ser condenado?!
Um padre tão namorado
e tanto dado a virtude!
Assi Deus me dê saúde
que eu estou maravilhado!

Diabo
Nom cureis de mais **detença**!
Embarcai e partiremos.
Tomareis um par de remos.

Frade
Nom ficou isso na **avença**.

Diabo
Pois dada está já a sentença!
[...]

(*Auto da barca do inferno*. São Paulo: Ateliê Editorial, 1996. p. 80-82. Notas de Ivan Teixeira.)

avença: acordo.
detença: não pense em mais atraso.
grosa: lá, no convento, não grosavam (censuravam, proibiam) o fato de você ter uma namorada?
meu: tive-a como coisa minha.
mundanal: mundano.
serão: festa.
tangerei: tocarei.
val: vale. O frade alude ao fato de ele ser da ordem dominicana, muito temida na época. Ou, simplesmente, à sua condição de religioso.

Inferno, obra do século XVI, de autor português desconhecido.

1. O diabo, ao receber o frade, estranha a pessoa que está em sua companhia.

Deduza: qual é a causa desse estranhamento?

2. O diálogo revela não apenas a condição moral do frade, mas também a de outros membros da Igreja. Qual é essa condição?

3. Para livrar-se do inferno, o frade apresenta alguns argumentos ao diabo.

a) Identifique dois desses argumentos.

b) Pelas respostas do diabo, deduza: o frade deverá ir para a barca do inferno ou para a barca do céu? Por quê?

4. O julgamento a que são submetidos os mortos que se dirigem ou à barca do inferno ou à do céu é na verdade um julgamento de toda a sociedade. No que se refere ao julgamento do frade, levante hipóteses: a intenção do autor é criticar a Igreja como instituição ou os homens? Justifique sua resposta.

5. Na época de Gil Vicente, o teatro era escrito em versos. Observe o fragmento lido. Que tipo de verso foi utilizado?

O Classicismo

Classicismo ou *Quinhentismo* é o nome que se dá à literatura produzida durante a vigência do Renascimento. Este foi um amplo movimento artístico, cultural e científico que ocorreu no século XVI, inspirado sobretudo nas ideias e nos textos da cultura clássica greco-latina. O interesse pela cultura clássica já vinha ocorrendo desde o final do século XIII, na Itália, onde escritores e intelectuais, chamados humanistas, liam e traduziam autores latinos e gregos. Desse grupo, destacaram-se Dante Alighieri, Petrarca e Boccaccio e, na pintura, Sandro Botticelli.

No século XVI, o Classicismo, em consonância com um contexto histórico de profundas transformações sociais, econômicas, culturais e religiosas, substituiu a fé medieval pela razão, o cristianismo pela mitologia greco-latina e pôs, acima de tudo, o homem como centro de todas as coisas (*antropocentrismo*).

Diferentemente do homem medieval, que se voltava essencialmente para as coisas do espírito, o homem do século XVI se volta para a realidade concreta e acredita em sua capacidade de dominar e transformar o mundo.

As influências da cultura greco-latina e dos humanistas italianos, bem como a imitação de seus modelos, não se limitaram ao século XVI. Estenderam-se até o final do século XVIII, formando uma verdadeira *Era Clássica*, introduzida pelo Classicismo e seguida pelo Barroco e pelo Arcadismo (ou Neoclassicismo). Observe a seguir a sequência dos períodos.

ANTIGUIDADE		IDADE MÉDIA		ERA CLÁSSICA		
Cultura grega (séc. XII a.C.- II a.C.)	Cultura latina (séc. VI a.C.- V d.C.)	Alta Idade Média (séc. V-XI/XII)	Baixa Idade Média (séc. XII-XV)	Classicismo (séc. XVI)	Barroco (séc. XVII)	Arcadismo (séc. XVIII)

O contexto histórico

O Renascimento é a expressão artística e cultural de uma época marcada por fatos decisivos, que acentuaram o declínio da Idade Média e deram origem à Era Moderna. Entre eles, destacam-se:

- as navegações e os descobrimentos, no final do século XV;
- a formação dos Estados modernos;
- a Reforma (1517);
- a Revolução Comercial, iniciada no século XV;
- o fortalecimento da burguesia comercial;
- a teoria heliocêntrica de Copérnico.

agsaz/Shutterstock

Você vai fazer, a seguir, a leitura de uma das mais importantes pinturas do Renascimento: a obra *O nascimento de Vênus* (1485), de Sandro Botticelli. Observe atentamente o quadro:

Reprodução/Galleria Uffizi, Florença, Itália

Antes de ler as questões propostas, conheça os personagens da mitologia greco-latina que fazem parte do quadro:

Vênus (a mulher no centro): Afrodite para os gregos e Vênus para os romanos, ela é a deusa do amor, da beleza e da fecundidade. Eis sua origem: Urano (o céu) e Gaia (a terra) uniram-se para dar origem aos primeiros seres humanos, os Titãs. Porém, a pedido de Gaia, um dos filhos do casal castra o pai. Dos órgãos cortados e jogados ao mar, nasce uma espuma, da qual surge Vênus, a mais bela das deusas.

Zéfiro e **Flora** (à esquerda, no ar): Zéfiro é deus do vento, e Flora, mulher de Zéfiro, tem o poder sobre a natureza. Alguns estudiosos acham que se trata não de Flora, mas de Aura, a deusa da brisa.

Hora (à direita, na margem): é uma das quatro Horas, filha de Zeus. As Horas representam as quatro estações do ano.

Reprodução/Museu do Louvre, Paris, França.

Vênus de Milo, uma das versões de Vênus, escultura da Grécia antiga descoberta em 1820 na ilha de Melos.

Reprodução/Museu Capitolino, Roma, Itália

Vênus Capitolina.

1. Conta a mitologia que, ao nascer das espumas do mar, Vênus é conduzida até a margem da ilha Citera, na costa sul da Grécia. No quadro de Botticelli:

a) Quem é responsável pela condução de Vênus até a margem da ilha?

b) Vênus é conduzida sobre as ondas até a margem. Por que o pintor teria escolhido uma concha para servir de barco à deusa?

c) A ninfa Hora espera Vênus, na margem, com um amplo manto. Levante hipóteses: O que provavelmente Hora fará com o manto? Por quê?

2. Observe que o vestido de Hora e o manto que ela tem nas mãos são estampados com desenhos de flores. Sabendo-se que cada uma das Horas representa uma estação do ano, provavelmente qual é a estação que a Hora do quadro representa?

3. À esquerda de Vênus, cai uma chuva de rosas cor-de-rosa. Segundo a mitologia, a rosa teria nascido com essa deusa. Além disso, por sua beleza e fragrância, a rosa é símbolo do amor.

   a) Na mitologia, a rosa é considerada a flor sagrada de Vênus. Comparando os significados que têm a rosa e Vênus, é coerente esse atributo dado à rosa? Por quê?

   b) O amor é um sentimento nobre, encantador; porém, tem momentos difíceis, de dor e sofrimento. Que parte da rosa corresponderia à dor e ao sofrimento?

4. Faça, com uma régua, esta experiência: meça o quadro na vertical e na horizontal e divida essas medidas ao meio, tentando encontrar o ponto médio, o centro do quadro.

   a) Onde cai o centro do quadro?

   b) Considerando que Vênus é a deusa do amor, da beleza e da fecundidade, você acha que foi intencional o fato de Botticelli ter colocado essa parte do corpo da deusa no centro do quadro? Por quê?

5. O quadro apresenta dois elementos que foram exaustivamente explorados pela arte renascentista: a representação dos deuses à semelhança dos homens e a natureza. Observe o mar ao fundo, as encostas da ilha e as árvores, à direita. Compare esses elementos ao corpo de Vênus e conclua: Qual era o interesse principal de Botticelli: retratar com perfeição a figura humana ou a natureza? Por quê?

6. A obra de Botticelli é apenas uma das muitas representações de Vênus feitas em pintura ou escultura. Para criar sua Vênus, o pintor italiano se baseou na *Vênus Capitolina*, escultura grega bem mais antiga. Observe-a na página anterior e compare as duas figuras.

   a) Que semelhança há entre elas?

   b) Que característica típica do Renascimento se verifica nessa relação entre as duas obras?

7. A tela *O nascimento de Vênus* (1485) é considerada por alguns críticos a obra que verdadeiramente deu início ao Renascimento.

   a) Observe que Vênus está banhada de luz. Além disso, ela representa a beleza, a harmonia e a sensualidade, valores muito apreciados no Renascimento emergente. Relacionando o nascimento de Vênus ao contexto cultural em que a obra foi produzida, que outro significado a deusa pode assumir?

   b) Que características próprias do Renascimento ou do Classicismo (na literatura) você identifica nesse quadro?

Luís de Camões: o grande salto

Entre os séculos XV e XVI, Portugal tornou-se um dos países mais importantes da Europa, em virtude de seu papel de destaque no processo de expansão marítima e comercial. O país amadurecia como Estado, povo, língua e cultura; contudo, faltava aos portugueses uma grande obra literária que fosse capaz de registrar e traduzir o sentimento de euforia e nacionalidade que vinham experimentando.

Luís de Camões (1524-1580), com o poema épico *Os lusíadas*, além da lírica, deu a resposta concreta a esse desejo, projetando a literatura portuguesa entre as mais significativas do cenário europeu nesse momento histórico.

Quem foi Luís de Camões?

Luís de Camões nasceu em Lisboa por volta de 1524 e morreu na mesma cidade, em 1580.

Estudioso da cultura clássica, Camões soube somar à sua formação cultural as ricas experiências pessoais que viveu: a guerra no norte da África, onde perdeu um olho; a prisão motivada por um duelo; e o exílio em que viveu na África e na Ásia (incluindo Índia e China).

Todo o seu conhecimento literário, filosófico, histórico, político e geográfico foi aproveitado como matéria-prima para escrever seus poemas líricos e, principalmente, sua obra épica *Os lusíadas*, a principal expressão do Renascimento português.

Leitura

Você vai ler a seguir dois textos de Luís de Camões. O primeiro é um soneto lírico-amoroso; o segundo é o episódio do gigante Adamastor, de *Os lusíadas*.

TEXTO 1

Busque Amor novas artes, novo **engenho**,
Para matar-me, e novas **esquivanças**;
Que não pode tirar-me as esperanças,
Que mal me tirará o que eu não tenho.

Olhai de que esperanças me mantenho!
Vede que perigosas seguranças!
Que não temo contrastes nem mudanças,
Andando em bravo mar, perdido o **lenho**.

Mas, **conquanto** não pode haver desgosto
Onde esperança falta, lá me esconde
Amor um mal, que me mata e não se vê;

Que dias há que na alma me tem posto
Um não sei quê, que nasce não sei onde,
Vem não sei como, e dói não sei por quê.

(*Lírica*. São Paulo: Cultrix, 1976. p. 112.)

conquanto: embora, ainda que.
engenho: habilidade, técnica.
esquivança: maldade.
lenho: barco.
que: pois, logo.

TEXTO 2

Porém já **cinco sóis** eram passados
Que dali nos partíramos, cortando
Os mares nunca de outrem navegados,
Prosperamente os ventos assoprando,
Quando ua noite, estando **descuidados**
Na cortadora proa vigiando,
Ua nuvem, que os ares escurece,
Sobre nossas cabeças aparece.

Tão temerosa vinha e carregada,
Que pôs nos corações um grande medo.
Bramindo, o negro mar de longe **brada**,
Como se desse em vão nalgum rochedo.
— "Ó **Potestade** — disse — sublimada,
Que ameaço divino ou que segredo
Este clima e este mar nos apresenta,
Que **mor** cousa parece que tormenta?"

Não acabava, quando ua figura
Se nos mostra no ar, robusta e válida,
De disforme e grandíssima estatura,
O rosto carregado, a barba **esquálida**,
Os olhos encovados, e a postura
Medonha e má, e a cor terrena e pálida,
Cheios de terra e crespos os cabelos,
A boca negra, os dentes amarelos.

Tão grande era de membros, que bem posso
Certificar-te que este era o segundo
De Rodes estranhíssimo **Colosso**,
Que um dos sete milagres foi do mundo.
C'um tom de voz nos fala horrendo e grosso,
Que pareceu sair do mar profundo.
Arrepiam-se as carnes e o cabelo
A mim e a todos, só de ouvi-lo e vê-lo.

E disse: — "Ó gente ousada, mais que quantas
No mundo cometeram grandes cousas,
Tu, que por guerras cruas, tais e tantas,
E por trabalhos vãos nunca repousas,
Pois os **vedados términos** quebrantas
E navegar meus longos mares ousas,
Que eu tanto tempo há já que guardo e tenho,
Nunca **arados** de estranho ou próprio lenho;
[...]

arados: navegados.
bradar: falar em altas vozes; gritar.
bramir: fazer grandes estrondos; dizer em altos brados.
cinco sóis: cinco dias.
Colosso de Rodes: estátua de bronze do deus Apolo, de 33 metros, construída na ilha grega de Rodes entre 292 e 280 a.C. e destruída por um terremoto em 224 a.C., é considerada uma das sete maravilhas do mundo.
descuidados: distraídos.
esquálido: sujo, desalinhado.
mor: maior.
Potestade: poder, potência.
vedados términos: os pontos mais distantes e desconhecidos.

"Aqui espero tomar, se não me engano,
De quem me descobriu **suma** vingança;
E não se acabará só nisto o dano

De vossa **pertinace** confiança,
Antes em vossas naus vereis cada ano,
Se é verdade o que meu juízo alcança,
Naufrágios, perdições de toda sorte,
Que o menor mal de todos seja a morte.

(*Os lusíadas, cit.*, p. 197-198.)

pertinace: pertinaz, firme.
suma: suprema, máxima.

Reprodução/Acervo da editora

O gigante Adamastor, na interpretação de Lima de Freitas.

1. Na segunda estrofe do texto 1, o eu lírico afirma não temer os perigos do mar. No entanto, mostra-se completamente inseguro em outros assuntos. De acordo com a 1ª e a 2ª estrofe do poema, interprete:

a) Qual a causa da insegurança do eu lírico?

b) Que desafio o eu lírico faz ao Amor?

c) Com base no 4º verso da 1ª estrofe, explique por que o eu lírico julga que será o vencedor desse desafio.

2. Na 3ª e na 4ª estrofe, o eu lírico constrói um raciocínio lógico a partir de uma premissa: não pode haver desgosto onde falta esperança. Interprete: no caso do eu lírico, essa premissa se mostra verdadeira? Justifique sua resposta com elementos do texto.

3. Observe e compare o tipo de verso, o número de versos por estrofe e as rimas dos dois textos.

a) Que tipo de verso foi empregado?

b) Como estão organizadas as estrofes do soneto (texto 1)?

c) No soneto, as rimas apresentam a seguinte disposição: ABBA, ABBA, CDE, CDE. Utilizando letras, indique a disposição das rimas do texto 2.

Gigantes também amam

Nos episódios seguintes aos do texto 2, o gigante Adamastor conta sua história, uma história de amor.

Diz ter sido um dos Titãs que lutaram contra os deuses. Seu destino mudou quando se apaixonou pela deusa Tétis. Certa vez, iludido, ao vê-la nua numa praia, correu ao seu encontro, mas, quando tentou abraçá-la, sentiu-se abraçado e preso a um monte de pedra e, aos poucos, foi também se transformando numa montanha de pedra.

Horrendo, triste e só, distrai-se afugentando todas as naus que se aproximam daqueles "mares nunca dantes navegados".

4. No texto 2, saindo das profundezas do mar, o gigante Adamastor surge inesperadamente diante dos portugueses. Camões criou a figura do monstro para representar o cabo das Tormentas, até então o ponto geográfico mais distante conhecido dos navegantes.

a) O que sentiram os portugueses diante do gigante Adamastor? Que fato, da 4ª estrofe, comprova sua resposta?

b) Reconheça, na 3ª estrofe do texto 2, as características do gigante responsáveis pelo que os portugueses sentiram.

5. Releia a 5ª estrofe do texto 2. Nela, o gigante compara os portugueses a outros povos, que também se lançaram ao mar.

a) Quem o gigante destaca nessa comparação? Por quê?

b) Relacione essa comparação ao momento histórico e ao espírito nacionalista vivido pelos portugueses no século XVI. Qual é a verdadeira intenção do autor ao criar esse obstáculo para a viagem dos portugueses ao Oriente?

6. Os navegantes do século XV acreditavam em lendas antigas, provenientes da Idade Média. Segundo algumas delas, além do cabo das Tormentas havia fenômenos estranhos, como as águas do mar ferverem e rochas magnéticas atraírem os barcos, que se arrebentavam nas pedras. Releia a última estrofe do texto 2.

a) Que previsões tem o Gigante para a ousadia dos portugueses?

b) Em qual dessas lendas Camões se baseou para criar a figura do gigante Adamastor?

Paramount/AF Archive/Alamy/Fotoarena

Cena do filme *1492 – A conquista do paraíso*, de Ridley Scott.

Concluindo

Como conclusão de estudo, observe as principais diferenças entre a poesia do Classicismo e a do Trovadorismo:

TROVADORISMO	CLASSICISMO
Quanto ao conteúdo	
• Amor cortês (cantigas de amor)	• Idealização amorosa, neoplatonismo
• Predomínio da emoção	• Predomínio da razão
• Cristianismo	• Paganismo
• Influência da poesia provençal e das tradições populares da península Ibérica	• Influência da cultura greco-romana
• Temas profanos, representando uma ruptura em relação à mentalidade teocêntrica da Idade Média	• Antropocentrismo
• Ambiente cortês, rural ou marítimo	• Universalismo
• Temas relacionados ao amor, à saudade e à crítica de costumes	• Busca de clareza e equilíbrio de ideias
• Exaltação do ideal cavaleiresco (prosa)	• Nacionalismo
Quanto à forma	
• Emprego de formas simples e populares	• Gosto pelo soneto; imitação às formas clássicas
• Emprego de medida velha	• Emprego de medida nova (poesia)
• Estruturas simples, refrão e repetições frequentes, que facilitam a memorização e o canto	• Busca do equilíbrio formal

Por meio da leitura dos poemas, você conheceu um soneto da lírica camoniana e um fragmento de sua obra épica, *Os lusíadas*. Conheça agora um pouco mais sobre a obra de Camões.

A poesia lírica

Na lírica, Camões cultivou tanto os poemas em medida velha (redondilhas), na tradição da poesia palaciana, quanto os poemas em medida nova (decassílabos), influência direta dos humanistas italianos, especialmente de Petrarca. Os tipos de composição empregados são o *soneto*, as *éclogas*, as *odes*, as *oitavas* e as *elegias*. Os temas mais importantes são o *neoplatonismo amoroso*, a *reflexão filosófica* (sobre os desconcertos do mundo) e a natureza (confidente amoroso do amante que sofre).

Na *lírica amorosa*, o eu lírico nega a realização física do amor por entender que o sexo estraga o verdadeiro Amor (com maiúscula), isto é, o amor como *ideia universal*, como abstração pura e perfeita, acima de todas as experiências individuais. Observe a expressão desse conceito no soneto da página seguinte.

De acordo com as duas primeiras estrofes, o eu lírico manifesta uma concepção segundo a qual a realização amorosa se dá por meio da *imaginação*. Não é preciso ter a pessoa amada fisicamente, basta tê-la em pensamento. E, tendo-a dentro de si, na imaginação, o eu lírico se transforma na pessoa amada, confunde-se com ela e, dessa forma, já a tem.

Contudo, nas duas últimas estrofes o eu lírico abandona o neoplatonismo e, com uma comparação, manifesta seu desejo físico pela mulher amada: do mesmo modo que toda matéria busca uma forma, o seu amor puro, amor-ideia, busca o objeto desse amor, ou seja, a mulher real.

Na *lírica filosófica*, os poemas de Camões revelam um homem descontente com os rumos de seu tempo, insatisfeito com a nova ordem de valores que se instala naquele momento histórico, de transição para o mundo burguês.

Transforma-se o amador na cousa amada,
Por virtude do muito imaginar;
Não tenho logo mais que desejar,
Pois em mim tenho a parte desejada.

Se nela está minha alma transformada,
Que mais deseja o corpo de alcançar?
Em si somente pode descansar,
Pois consigo tal alma está liada.

Mas esta linda e pura semideia,
Que, como o acidente em seu sujeito,
Assim com a alma minha se conforma,

Está no pensamento como ideia;
[E] o vivo e puro amor de que sou feito,
Como a matéria simples busca a forma.

(*Lírica*. São Paulo: Cultrix, 1976. p. 109.)

A poesia épica: *Os lusíadas*

A obra *Os lusíadas* foi publicada em 1572 e narra os feitos heroicos dos portugueses que, em 1498, se lançaram ao mar, numa época em que ainda se acreditava em monstros marinhos e abismos.

Liderados por Vasco da Gama, os lusos (os portugueses, daí o nome da obra) ultrapassaram os limites marítimos conhecidos — no caso, o cabo das Tormentas, no sul da África — e chegaram até Calicute, na Índia. Tal façanha uniu o Oriente e o Ocidente pelo mar, deslumbrou o mundo e foi alvo de interesses políticos e econômicos de diversas nações europeias.

Ao mesmo tempo que se volta para fatos históricos relativamente recentes, as aventuras de viagem também são pretexto para narrar a própria história de Portugal, nos momentos decisivos de sua formação, respondendo assim ao anseio nacionalista da época. Entretanto, a obra também revela as inquietações do próprio autor quanto ao sentido da busca desenfreada dos portugueses por riquezas e poder e quanto aos rumos da própria nação portuguesa.

Como *epopeia* — gênero cultivado por escritores gregos e latinos, como Homero, autor da *Odisseia* e da *Ilíada*, e Virgílio, autor de *Eneida* —, a obra *Os lusíadas* segue a estrutura própria do gênero, mas apresenta diferenças significativas. Por exemplo, em vez da figura de um herói com forças sobre-humanas, como ocorre nas epopeias clássicas, a figura de Vasco da Gama, em *Os lusíadas*, é diluída para dar espaço aos portugueses em geral, vistos como herói coletivo.

Outra diferença importante é que, na tradição épica, ocorre o "maravilhoso pagão", isto é, a interferência de deuses da mitologia nas ações humanas. Em *Os lusíadas*, também há a presença de deuses da mitologia clássica, porém o paganismo convive com ideias do cristianismo (o "maravilhoso cristão"), já que essa era a opção religiosa do autor e dos portugueses em geral. Além disso, havia na época a pressão da Inquisição, que controlava as publicações e chegou a pôr em dúvida a edição de *Os lusíadas*, em virtude da presença de paganismo.

A estrutura

A obra de Camões apresenta 1102 estrofes, todas em oitava-rima, organizadas em dez cantos. Cada canto, na epopeia, corresponde a um capítulo das obras em prosa. Seguindo o modelo clássico, *Os lusíadas* apresenta três partes principais:

1. **Introdução**

   Estende-se pelas dezoito estrofes iniciais do Canto I e subdivide-se em:

- *proposição* (estrofes 1, 2 e 3), em que o poeta apresenta o que vai cantar, ou seja, os feitos heroicos dos ilustres **barões** de Portugal.[1]

As armas e os barões assinalados
Que da **ocidental praia lusitana**,
Por mares nunca dantes navegados
Passaram ainda além da **Taprobana***

barões: homens ilustres.
ocidental praia lusitana: Portugal.
Taprobana: ilha do Ceilão, limite oriental do mundo conhecido.

1 Esta e as demais citações de *Os lusíadas* foram extraídas da edição publicada pela Abril Cultural (São Paulo) em 1979.

- *invocação* (estrofes 4 e 5), em que o poeta invoca as Tágides, ninfas do rio Tejo, pedindo a elas inspiração para fazer o poema:

> E vós, Tágides minhas, pois criado
> Tendes em mi um novo engenho ardente,
> ....
> Dai-me agora um som alto e sublimado,
> Um estilo grandíloquo e corrente,

- *dedicatória* ou *oferecimento* (estrofes 6 a 18), em que o poeta dedica seu poema a D. Sebastião, rei de Portugal:

> Ouvi: vereis o nome engrandecido
> Daqueles de quem sois senhor **superno**
> E julgareis qual é mais excelente,
> Se ser do mundo rei, se de tal gente.

superno: supremo.

Andre Goncalves/Shutterstock

Monumento ao Descobrimento, em Lisboa.

2. Narração

Na narração (da estrofe 19 do Canto I até a estrofe 144 do Canto X), o poeta relata a viagem propriamente dita dos portugueses ao Oriente. Essa é, portanto, a parte mais longa do relato e vários são os episódios que nela se destacam. A seguir, relacionamos alguns dos mais importantes relatos da obra.

- No Canto II, depois de terem passado por dificuldades no mar, os portugueses, com o auxílio de Vênus, aportam na África, onde são recebidos pelo rei de Melinde, que pede a Vasco da Gama que conte a história de Portugal. Esse é o pretexto encontrado por Camões para pôr na fala de seu personagem as histórias que envolvem a fundação do Estado português, a Revolução de Avis, a morte de Inês de Castro, o momento da partida dos portugueses para o Oriente.
  Esse relato de Vasco da Gama se estende até o Canto IV, momento em que os portugueses seguem viagem. Nele, três episódios merecem destaque: o de Inês de Castro, amante do príncipe D. Pedro, assassinada a mando do rei (Canto III); o das críticas de um velho que, na praia do Restelo, durante os preparativos da viagem dos navegantes, faz uma série de críticas à cobiça desenfreada dos portugueses e ao abandono a que fica sujeita a nação; o gigante Adamastor.
  Veja um fragmento do episódio do velho do Restelo:

— "Ó glória de mandar! Ó **vã** cobiça
Desta vaidade a quem chamamos fama!
Ó fraudulento gosto que se atiça
Cũa **aura** popular que honra se chama!
Que castigo tamanho e que justiça
Fazes no peito vão que muito te ama!
Que mortes, que perigos, que tormentas,
Que crueldades neles experimentas!
"Dura inquietação d'alma e da vida,
Fonte de desamparos e adultérios,
Sagaz consumidora conhecida
De fazendas, de reinos e de impérios!
Chamam-te ilustre, chamam-te subida,
Sendo digna de infames **vitupérios**;
Chamam-te Fama e Glória soberana,
Nomes com quem se o povo **néscio** engana!
....
"Oh! maldito o primeiro que no mundo
Nas ondas vela pôs em seco lenho!
Digno da eterna pena do **Profundo**,
Se é justa a justa lei que sigo e tenho!

HandmadePictures/Shutterstock

O cabo das Tormentas, também conhecido como cabo da Boa Esperança, na África do Sul.

aura: sopro.
néscio: insensato, ignorante.
Profundo: inferno.
sagaz: perspicaz, astuto.
vã: ilusória, fútil.
vitupério: ato vergonhoso ou criminoso.

- Entre os Cantos VI e IX, os portugueses chegam a Calicute, na Índia, e têm problemas com os mouros. Preparam-se, então, para voltar a Portugal; porém, devido a seus esforços e à sua coragem, são premiados por Vênus, que lhes oferece uma passagem pela Ilha dos Amores, onde podem livremente amar as ninfas, lideradas por Tétis.

3. Epílogo

É a conclusão do poema (estrofes 145 e 156 do Canto X), em que o poeta demonstra cansaço e apresenta certo tom melancólico. Conclui aconselhando ao rei e ao povo português que sejam fiéis à pátria e ao cristianismo.

Não mais, Musa, não mais, que a lira tenho
Destemperada e a voz enrouquecida,
E não do canto, mas de ver que venho
Cantar a gente surda e endurecida.
O favor com que mais se acende o engenho
Não no dá a Pátria, não, que está metida
No gosto da cobiça e na rudeza
Dũa austera, apagada e vil tristeza.

Literatura comparada

Diálogo entre a lírica camoniana e a canção popular

A canção "Monte Castelo", de Renato Russo, que integrava o grupo Legião Urbana, estabelece diálogos com um soneto de Camões e com um trecho da Bíblia. Conheça e compare os três textos.

TEXTO 1

Amor é fogo que arde sem se ver;
É ferida que dói e não se sente;
É um contentamento descontente;
É dor que desatina sem doer;

É um não querer mais que bem querer;
É solitário andar por entre a gente;
É nunca contentar-se de contente;
É cuidar que se ganha em se perder;

É querer estar preso por vontade;
É servir a quem vence, o vencedor;
É ter com quem nos mata lealdade.

Mas como causar pode seu favor
Nos corações humanos amizade,
Se tão contrário a si é o mesmo Amor?

(Luís de Camões. *Lírica*. São Paulo: Cultrix, 1976. p. 123.)

DoinaZavadschi/Shutterstock

TEXTO 2

A suprema excelência da caridade

Ainda que eu falasse as línguas dos homens e dos anjos, e não tivesse caridade, seria como o metal que soa ou como o sino que tine.

E ainda que tivesse o dom de profecia, e conhecesse todos os mistérios e toda a ciência, e ainda que tivesse toda a fé, de maneira tal que transportasse os montes, e não tivesse caridade, nada seria.

E ainda que distribuísse toda a minha fortuna para sustento dos pobres, e ainda que entregasse o meu corpo para ser queimado, e não tivesse caridade, nada disso me aproveitaria.

(Primeira epístola de S. Paulo aos Coríntios, 13.1, 2, 3. *A Bíblia sagrada*. Trad. por João Ferreira de Almeida. Rio de Janeiro: Imprensa Bíblica Brasileira, 1962. Parte 2, p. 201.)

TEXTO 3

Monte Castelo

Ainda que eu falasse a língua dos homens.
E falasse a língua dos anjos, sem amor eu
[nada seria.

É só o amor, é só o amor.
Que conhece o que é verdade.
O amor é bom, não quer o mal.
Não sente inveja ou se envaidece.

O amor é o fogo que arde sem se ver.
É ferida que dói e não se sente.
É um contentamento descontente.
É dor que desatina sem doer.

Ainda que eu falasse a língua dos homens.
E falasse a língua dos anjos, sem amor eu
[nada seria.

É um não querer mais que bem querer.
É solitário andar por entre a gente.
É um não contentar-se de contente.
É cuidar que se ganha em se perder.

É um estar-se preso por vontade.
É servir a quem vence, o vencedor;
É um ter com quem nos mata a lealdade.
Tão contrário a si é o mesmo amor.

Estou acordado e todos dormem todos
[dormem todos dormem.
Agora vejo em parte. Mas então veremos
[face a face.

É só o amor, é só o amor.
Que conhece o que é verdade.

Ainda que eu falasse a língua dos homens.
E falasse a língua dos anjos, sem amor eu
[nada seria.

(Legião Urbana. *As quatro estações*, 1989.)

Barashkova Natalia /Shutterstock

Monte Castelo: nome do local, na Itália, que foi tomado pelos soldados brasileiros no final da Segunda Guerra Mundial.

1. Na poesia camoniana, geralmente *Amor* (grafado com letra maiúscula) é diferente de *amor*. Enquanto este é a expressão do sentimento individual e particular de uma pessoa por outra, o Amor representa uma entidade, o amor-ideia, o amor abstrato e universal.

A que tipo de amor o soneto de Camões se refere?

2. O soneto de Camões tem uma estrutura conceitual, isto é, uma forma que se presta a conceituar ou explicar o que é o amor. Por essa razão, a expressão "Amor é..." aparece seguida de várias definições, como "é fogo", "é ferida", "é um contentamento", etc.

Observe o que há em comum entre as definições de amor no texto 1.

a) O que chama a atenção no modo como o amor é conceituado nesse poema?

b) Assim, a concepção de amor expressa pelo eu lírico nesse texto coincide com a visão de mundo lógica e racional do Renascimento? Justifique sua resposta.

3. Dê uma interpretação coerente a cada um destes versos do texto 1:

- "É solitário andar por entre a gente"
- "É querer estar preso por vontade"
- "É servir a quem vence, o vencedor"

4. Na última estrofe do texto 1, o eu lírico identifica um paradoxo na relação que o Amor tem com os amantes. Explique esse paradoxo.

5. A canção de Renato Russo, além de incorporar uma boa parte do soneto de Camões, cita o trecho da Bíblia reproduzido no texto 2, estabelecendo com eles relações de intertextualidade e interdiscursividade.

Releia o trecho bíblico no qual Renato Russo se inspirou para compor sua canção.

a) Qual é o sentimento ou a virtude humana destacada nele?

b) Que alteração Renato Russo fez no texto original em relação a esse sentimento ou virtude humana?

6. A canção de Renato Russo apresenta versos que não são nem de Camões nem da Bíblia:

"Estou acordado e todos dormem todos
[dormem todos dormem.
Agora vejo em parte. Mas então veremos
[face a face.
É só o amor, é só o amor.
Que conhece o que é verdade."

Dê uma interpretação coerente a esses versos.

7. Segundo o teórico russo Mikhail Bakhtin, nenhum texto ou discurso é puro. Todo discurso é uma resposta a outros discursos, tanto os que já circularam socialmente quanto aqueles que ainda vão circular a partir dele. Renato Russo, ao se apropriar dos discursos camoniano e bíblico, atribui novos sentidos a eles, condizentes com suas ideias e com sua época.

Leia no boxe abaixo o depoimento de Renato Russo sobre o disco *As quatro estações*. Considerando o título da canção e a interdiscursividade dela com outros discursos, conclua: Que sentido ganha a canção de Renato Russo, considerada a época em que foi produzida?

As fontes

Em comentário sobre o lançamento do disco *As quatro estações*, Renato Russo disse, em 1989:

Desta vez, eu citei as fontes para que as pessoas não pensem que tiro isso de minha cabeça. Mas Camões, a Bíblia, Buda já dizem as coisas de uma maneira completa. A gente queria fazer um disco que fosse um disco amigo, um alento, que tentasse trazer paz de espírito.

(Disponível em: www.lu.com.br/asquatroestacoes.asp. Acesso em: 2/6/2021.)

Para quem quer mais na internet

- **Antologia: Da Idade Média ao Quinhentismo**
  Conheça outros textos importantes do Trovadorismo e da segunda época medieval em Portugal, bem como textos do Classicismo português, acessando o Plurall.

CAPÍTULO 4

O Quinhentismo no Brasil

Você já imaginou o que sentiram os portugueses ao chegar ao Brasil em 1500? O contato com os nativos nus, de língua e costumes estranhos, as belezas naturais, os animais, as plantas e os frutos exóticos, os mistérios da terra descoberta, a possibilidade de encontrar riquezas — tudo isso encantou e assombrou os primeiros europeus que estiveram em nosso continente.

Reprodução/Museu Paulista da USP, São Paulo, SP

Descoberta do Brasil (1922), de Oscar Pereira da Silva.

Este capítulo favorece o desenvolvimento das habilidades

- EM13LGG102
- EM13LGG202
- EM13LGG601
- EM13LGG602
- EM13LGG604
- EM13LP01
- EM13LP03
- EM13LP06
- EM13LP46
- EM13LP48
- EM13LP52

Abril de 1961. "A Terra é azul!". Essa frase, dita pelo astronauta russo Yuri Gagarin, soou como uma revelação. Jamais havíamos imaginado morar num planeta azul. O azul, de alguma forma, nos dava nossa identidade: terráqueos.

Julho de 1969. O astronauta norte-americano Armstrong prepara-se para pisar o solo lunar. Milhões de pessoas acompanham pela tevê a fantástica aventura. Antes de pôr o pé na Lua, o astronauta diz uma frase histórica: "Um pequeno passo para o homem e um gigantesco salto para a humanidade."

E, antes de voltar para o planeta azul, ele deixou no solo lunar esta inscrição: "Viemos em paz em nome de toda a humanidade." Ao escrever "toda a humanidade", ele esquecia a velha competição entre russos e norte-americanos. Aquele era um momento de união das forças humanas para superar os limites do mundo conhecido.

A emoção desses momentos talvez possa ser comparada ao espanto e ao êxtase vividos pelos espanhóis ao descobrirem a América e pelos portugueses ao chegarem ao Brasil em 1500.

Você já imaginou? O contato com os nativos nus, de língua e costumes estranhos, as belezas naturais, os animais, as plantas e os frutos exóticos, os mistérios da terra descoberta, a possibilidade de encontrar riquezas — tudo isso encantou e assombrou os primeiros europeus que estiveram em nosso continente. Neste capítulo, vamos conhecer alguns dos escritos que registram esses primeiros contatos.

Leitura

Você vai ler, a seguir, três fragmentos da *Carta* de Pero Vaz de Caminha, o primeiro texto oficialmente escrito no Brasil por ocasião da chegada dos navegantes portugueses. Além disso, vai comparar esses textos a uma tira de Nilson e a um cartum de Marcos Müller.

TEXTO 1

Dali houvemos vista de homens que andavam pela praia, cerca de sete ou oito, segundo os navios pequenos disseram, porque chegaram primeiro. Ali lançamos os **batéis** e **esquifes** à água e vieram logo todos os capitães das naves a esta nau do Capitão-mor e ali conversaram.

E o capitão mandou no batel, à terra, Nicolau Coelho para ver aquele rio; e quando começou a ir para lá acudiram, à praia, homens, aos dois e aos três. Assim, quando o batel chegou à foz do rio estavam ali dezoito ou vinte homens, pardos, todos nus, sem nenhuma roupa que lhes cobrisse suas vergonhas. Traziam arcos nas mãos e suas setas. Vinham todos rijos para o batel e Nicolau Coelho fez-lhes sinal para que deixassem os arcos e eles os pousaram. Mas não pôde ter deles fala nem entendimento que aproveitasse porque o mar quebrava na costa.

(*In: Cronistas e viajantes*. São Paulo: Abril Educação, 1982. p. 12-23. Literatura Comentada.)

batel e esquife: barcos pequenos.

TEXTO 2

Capitão, quando eles vieram, estava sentado em uma cadeira, com uma **alcatifa** aos pés, por estrado, e bem vestido com um colar de ouro muito grande ao pescoço [...] Acenderam-se tochas e entraram; e não fizeram nenhuma menção de cortesia nem de falar ao Capitão nem a ninguém. Mas um deles viu o colar do Capitão e começou a acenar com a mão para a terra e depois para o colar, como a dizer-nos que havia ouro em terra; e também viu um castiçal de prata e da mesma forma acenava para terra e para o castiçal como que havia, também, prata.

Mostraram-lhe um papagaio pardo que o Capitão aqui traz; tomaram-no logo na mão e acenaram para terra, como que os havia ali; mostraram-lhe um carneiro e não fizeram caso dele; mostraram-lhe uma galinha e quase tiveram medo dela e não lhe queriam pôr a mão; e depois a pegaram como que espantados.

(*Idem.*)

alcatifa: tapete grande.

TEXTO 3

De ponta a ponta é toda praia rasa, muito plana e bem formosa. Pelo sertão, pareceu-nos do mar muito grande, porque a estender a vista não podíamos ver senão terra e arvoredos, parecendo-nos terra muito longa. Nela, até agora, não pudemos saber que haja ouro nem prata, nem nenhuma coisa de metal, nem de ferro; nem as vimos. Mas, a terra em si é muito boa de ares, tão frios e temperados, como os de Entre-Douro e Minho, porque, neste tempo de agora, assim os achávamos como os de lá. Águas são muitas e infindas. De tal maneira é graciosa que, querendo aproveitá-la dar-se-á nela tudo por bem das águas que tem. Mas o melhor fruto que nela se pode fazer, me parece que será salvar esta gente; e esta deve ser a principal semente que Vossa Alteza nela deve lançar.

(*Idem.*)

TEXTO 4

(Nilson. *A caravela*. Belo Horizonte: Crisálida, 2000. p. 11.)

TEXTO 5

(Marcos Müller. *Bundas*, nº 44.)

1. Segundo Pero Vaz de Caminha, Nicolau Coelho não conseguiu comunicar-se oralmente com os índios.

a) O que alegou como causa?

b) Qual foi o verdadeiro motivo pelo qual a comunicação oral não se realizou?

2. Caminha descreve o primeiro encontro entre os índios e o Capitão.

a) O que revela a postura do Capitão?

b) Qual foi a atitude dos índios diante do Capitão e o que ela revela?

3. Quais eram as informações acerca da nova terra que mais interessavam aos portugueses?

4. Os portugueses não encontraram na terra recém-descoberta aquilo que mais lhes interessava. Identifique o que Caminha humildemente sugere ao rei nos trechos:

a) "De tal maneira é graciosa que, querendo aproveitá-la dar-se-á nela tudo por bem das águas que tem".

b) "Mas o melhor fruto que nela se pode fazer, me parece que será salvar esta gente".

5. Aponte semelhanças entre os textos lidos e os versos de Camões a seguir, quanto ao ponto de vista do colonizador português sobre os motivos da colonização.

> E também as memórias gloriosas
> Daqueles reis que foram dilatando
> A Fé, o Império, e as terras viciosas
> De África e de Ásia andaram devastando,

6. Compare o texto 4 ao texto 3. Que semelhança há entre eles?

7. No texto 3, Caminha diz ao rei: "Mas o melhor fruto que nela se pode fazer, me parece que será salvar esta gente". Comparando o texto de Caminha ao cartum de Marcos Müller, é possível perceber pontos de vista diferentes sobre a conquista e a colonização do Brasil.

a) De acordo com o ponto de vista do conquistador europeu, o objetivo de "salvar" os índios foi alcançado no transcorrer do tempo? Por quê?

b) Do ponto de vista do cartunista, o que resultou da relação do conquistador com os índios? Por quê?

A produção literária no Brasil-Colônia

Embora a literatura brasileira tenha nascido no período colonial, é difícil precisar o momento em que passou a se configurar como uma produção cultural independente dos vínculos lusitanos.

É preciso lembrar que, durante o período colonial, ainda não eram sólidas as condições essenciais para o florescimento da literatura, tais como existência de um público leitor ativo e influente, grupos de escritores atuantes, vida cultural rica e abundante, sentimento de nacionalidade, liberdade de expressão, imprensa e gráficas. Os livros produzidos por escritores nascidos no Brasil eram então impressos em Portugal e depois trazidos à Colônia.

Por essas razões, alguns historiadores da literatura preferem chamar a literatura aqui produzida até o final do século XVII de *Manifestações literárias ou ecos da literatura no Brasil colonial*. Segundo esse ponto de vista, somente no século XVIII, com a fundação de cidades e o estabelecimento de centros comerciais ligados à extração de ouro, em Minas Gerais, é que se teriam criado algumas das condições necessárias para a formação de uma literatura mais amadurecida, tais como grupo de escritores e público leitor. Isso não impediu, entretanto, que na Bahia do século XVII surgisse uma das principais expressões de nossa literatura: Gregório de Matos.

De qualquer modo, a produção literária do Brasil colonial criou condições para o amadurecimento do espírito de nacionalidade e o nascimento de uma literatura voltada para o espaço, para o homem e para a língua nacionais, o que se deu plenamente somente a partir do século XIX, após a Independência do Brasil (1822).

Brasil colonial

O Brasil foi colônia portuguesa durante mais de três séculos. Os principais eventos de cada um deles podem ser assim sintetizados:

- *Século XVI*: a metrópole procurou garantir o domínio sobre a terra descoberta, organizando-a em capitanias hereditárias e enviando negros da África para trabalhar nelas e jesuítas da Europa para catequizar os índios.
- *Século XVII*: a cidade de Salvador, na Bahia, povoada por aventureiros portugueses, índios, negros e mulatos, tornou-se o centro das decisões políticas e do comércio de açúcar.
- *Século XVIII*: a região de Minas Gerais transformou-se no centro da exploração do ouro e das primeiras revoltas políticas contra a colonização portuguesa, entre as quais se destacou o movimento da Inconfidência Mineira (1789).

A literatura de informação

A *Carta* de Pero Vaz de Caminha, da qual você leu alguns fragmentos neste capítulo, faz parte de um conjunto de textos — cartas de viagem, diários de navegação e tratados descritivos — que formam a chamada *literatura de informação* ou *de expansão*, cultivada em Portugal à época das grandes navegações. A finalidade desses textos, escritos em prosa, era narrar e descrever as viagens e os primeiros contatos com a terra brasileira e seus nativos, informando tudo o que pudesse interessar aos governantes portugueses.

Embora guardem pouco valor literário, esses escritos têm importância hoje principalmente pelo seu significado como documentação histórica, seja como textos fundadores, seja como testemunho do espírito aventureiro da expansão marítima e comercial nos séculos XV e XVI, seja como registro do choque cultural entre colonizadores e colonizados.

Os escritores que produziram a literatura de informação não revelam nenhum sentimento de apego à terra conquistada, concebida como uma espécie de extensão da metrópole, um "Portugal nos trópicos". Apesar disso, essa literatura quinhentista deixou como herança um conjunto inesgotável de sugestões temáticas (os índios, as belezas naturais da terra, nossas origens históricas) exploradas mais tarde por artistas brasileiros em diferentes linguagens, como se vê no cartum de Santiago, abaixo.

© Santiago/Acervo do cartunista

Cartum de Santiago no qual é retomado o tema do Brasil cabralino.

(Santiago. *Tinta fresca*. Porto Alegre: L&PM, 2004. p. 8.)

Além da *Carta* de Caminha, destacam-se outros textos e autores, como *Diário de navegação*, de Pero Lopes de Sousa (1530), *Tratado da Terra do Brasil* e *História da Província de Santa Cruz a que vulgarmente chamamos Brasil*, de Pero de Magalhães Gândavo (1576), *Duas viagens ao Brasil*, de Hans Staden (1557), e *Viagem à terra do Brasil*, de Jean de Léry (1578).

A literatura de catequese: José de Anchieta

José de Anchieta (1534-1597) nasceu nas ilhas Canárias, Espanha, e faleceu em Reritiba, atual Anchieta, no Estado do Espírito Santo. Veio ao Brasil para trabalhar com o padre Manuel da Nóbrega e participou da fundação das cidades de São Paulo e do Rio de Janeiro.

Sua obra representa parte da melhor produção do Quinhentismo brasileiro. Escreveu poesia religiosa, poesia épica (em louvor às ações do terceiro governador-geral, Mem de Sá), além de crônica histórica e uma gramática do tupi, a *Arte de gramática da língua mais usada na costa do Brasil*. Foi também autor de peças teatrais, escritas com a finalidade de ajudar na educação espiritual dos colonos e catequese dos índios, nas quais revela influência dos modelos formais da poesia palaciana e do teatro de Gil Vicente. O auto *Na festa de São Lourenço* foi encenado pela primeira vez no Brasil em 1583.

Ao lado dessa produção, há aquelas de interesse puramente pessoal, que satisfaziam o espírito devoto de Anchieta, como sermões e poemas em latim. O poema a seguir ilustra as preocupações religiosas desse jesuíta e demonstra a influência do modelo literário medieval em sua produção. O emprego da medida velha (a redondilha) comprova a total indiferença do religioso para com o Renascimento, que naquele momento se desenvolvia na Europa.

Em Deus, meu criador

Não há cousa segura.
Tudo quanto se vê
se vai passando.
A vida não tem dura.
O bem se vai gastando.
Toda criatura
passa voando.

Em Deus, meu criador,
está todo meu bem
e esperança
meu gosto e meu amor
e bem-aventurança.
Quem serve a tal Senhor
não faz mudança.

Contente assim, minha alma,
do doce amor de Deus
toda ferida,
o mundo deixa em calma,
buscando a outra vida,
na qual deseja ser
toda absorvida

Do pé do sacro monte
meus olhos levantando
ao alto cume,
vi estar aberta a fonte
do verdadeiro lume,
que as trevas do meu peito
todas consume.

Correm doces licores
das grandes aberturas
do penedo.
Levantam-se os errores,
levanta-se o degredo
e tira-se a amargura
do fruto azedo!

(*In*: Eduardo Portela, org. *José de Anchieta — Poesia*. Rio de Janeiro: Agir, 2005. p. 34-35.)

Filipe Rocha/Arquivo da editora

José de Anchieta divulgado por *stream*

Em 1997, em comemoração ao IV centenário de José de Anchieta, a etnóloga e compositora Marlui Miranda, que há décadas pesquisa a cultura indígena na Amazônia, produziu um espetáculo com poemas de José de Anchieta cantados em tupi e em português (com tradução de José Paulo Paes). O trabalho foi apresentado no Brasil e em vários países da Europa, como Portugal, Alemanha e Suíça e dele resultou o CD *2 IHU Kewere – Rezar*, com a participação do grupo IHU, da Orquestra Jazz Sinfônica e do Coral Sinfônico do Estado de São Paulo. Você poderá ouvir as canções do CD no *site* https://tratore.com.br/um_cd.php?id=14478 e também na plataforma Spotify.

Reprodução/PAU BRASIL

Literatura comparada

Diálogo entre a literatura quinhentista e a literatura indígena de hoje

Você vai ler, a seguir, um dos textos que compõem a obra *O povo Pataxó e suas histórias*, escrita por cinco professores indígenas da tribo Pataxó.

Como os Pataxó chegaram a Minas Gerais e como vivem

Nós, Pataxó de Minas Gerais, viemos da Bahia. Foi lá que há muitos anos viveram os nossos ancestrais.

O povo Pataxó habitou quase toda a região do extremo sul da Bahia, por muitos anos. Hoje, ainda existem muitos Pataxó nas terras baianas, mas, infelizmente, eles não vivem felizes, pois, a cada dia que passa, o homem branco vai ocupando o território indígena.

A pequena comunidade de índios Pataxó, que atualmente reside no Posto Indígena Guarani, município de Carmésia, consiste em aproximadamente 220 índios, incluindo alguns **Krenak**.

Krenak: povo indígena falante de uma língua que integra a família linguística dos botocudos.

Os Pataxó, que aqui residem, vieram para cá divididos em pequenos grupos. O objetivo do povo Pataxó em Minas Gerais era encontrar um meio de sobrevivência, pois, na Bahia, as terras já estavam poucas.

Os índios da nação Pataxó foram os primeiros nativos a terem contato com os portugueses. Estes, por sua vez, conquistaram a amizade dos indígenas e, aproveitando-se da ingenuidade deles, tentaram impor-lhes culturas europeias, língua, religião, costumes, hábitos alimentares e outros.

Por causa dos vários massacres que os nossos ancestrais sofreram, perdemos quase toda nossa cultura. Fomos proibidos de falar a nossa língua primitiva, de fazer nossos rituais religiosos e até mesmo de falar quem éramos. Hoje, nós, Pataxó, não habitamos em casas cobertas de palha.

Na região em que vivemos, o clima é frio, faz sentir a necessidade de morar em casa de homem branco.

A casa do homem branco não é a casa do nosso sonho, mas, dentro dela, nos sentimos seguros e protegidos do frio e dos insetos.

Apesar dos cinco longos séculos de opressão, o povo Pataxó é forte e resistente. Para nossa felicidade, com muito sacrifício, preservamos alguns costumes, como as brincadeiras, as danças, os cantos e os hábitos alimentares.

As danças, as brincadeiras e os cantos, geralmente, são realizados na casa de religião, porque esta é uma casa diferente da do branco.

Antigamente, na Terra, só existiam as nações indígenas, os pássaros, os animais, as matas, os rios e as pedras. Por isso que o povo Pataxó vivia livre, assim como os pássaros que voam tranquilamente e, parados no ar, respiram e contemplam a beleza que a natureza lhes oferece.

Hoje, o povo Pataxó não tem mais liberdade. Antes de o homem branco invadir as nossas terras, os nossos ancestrais viviam em perfeita harmonia e eram muito unidos. Por causa das várias culturas europeias impostas ao nosso povo, não vivemos mais tão unidos.

Antigamente, tínhamos muita terra para plantar e rios para pescar, por isso, não passávamos necessidades. Nós não precisávamos comprar alimentos, pois a mãe terra nos dava de tudo, todos os dias.

O índio Pataxó também é um grande conhecedor de valorosos conhecimentos. Um desses conhecimentos é saber como trabalhar a terra. Ele planta, colhe, e não danifica o solo. O índio Pataxó sabe muito preservar a natureza. Acima de tudo, ela é sua própria vida. Sem as matas, sem os rios, sem os pássaros e sem os animais, o índio Pataxó jamais conseguiria sobreviver.

Renato Soares/Pulsar Imagens

Índio de etnia pataxó da Aldeia Boca da Mata, em terra indígena pataxó.

(Angthichay, Arariby, Jassanã, Manguahã, Kanátyo. *O povo Pataxó e suas histórias*. São Paulo: Global, 2002. p. 32-33.)

1. Segundo o texto, os Pataxó têm uma relação histórica direta com os colonizadores portugueses que chegaram à Bahia, em 1500. Explique por quê.

2. O narrador pertence ao grupo Pataxó, que deixou a Bahia — local onde viviam e onde grande parte dos Pataxó ainda vive hoje — e se mudou para Carmésia, em Minas Gerais. O que levou o grupo a migrar?

3. O texto apresenta, em alguns trechos, o ponto de vista do índio a respeito da colonização. De acordo com o texto:

a) Como o narrador caracteriza a atitude dos Pataxó no contato com os conquistadores, durante a colonização?

b) Que prejuízos os conquistadores impuseram à comunidade Pataxó?

c) Que diferença cultural e religiosa entre índios e colonizadores é apontada no texto?

d) Que manifestações culturais indígenas resistiram ao domínio do colonizador depois de cinco séculos?

4. Observe algumas das expressões utilizadas no texto para se referir ao povo Pataxó: "forte e resistente", "grande conhecedor de valorosos conhecimentos", "saber como trabalhar a terra". Apesar dos problemas enfrentados pelos Pataxó, que sentimento o narrador revela ter a respeito de seu povo?

Voz indígena no *rap*

Algumas pessoas pensam que os índios vivem completamente isolados e distantes do mundo dos "brancos". No entanto, isso nem sempre é verdade. Muitos deles têm televisão, telefone celular, internet e conhecem e consomem a cultura veiculada pelos meios de comunicação.

Um exemplo disso são as canções de protesto criadas por Kunumi, *rapper* indígena da nação Guarani, que vive em uma tribo em São Paulo.

Zanone Fraissat/Folhapress

5. Compare os fragmentos lidos da *Carta* de Pero Vaz de Caminha com o texto dos autores Pataxó.

a) Os interesses que os portugueses manifestaram ao chegar ao Brasil se confirmaram historicamente? Por quê?

b) Caminha escreve na *Carta*: "Mas o melhor fruto que nela [na terra] se pode fazer, me parece que será salvar esta gente".

Com que sentido(s) a palavra *salvar* foi empregada no texto?

c) Tomando como base o texto dos Pataxó, pode-se dizer que essa perspectiva se confirmou historicamente?

Para quem quer mais na internet

- **Antologia: O Quinhentismo brasileiro**
  Conheça outros textos importantes do Quinhentismo brasileiro, acessando a seção **Antologia** no Plurall.

Intervalo

Esta atividade favorece o desenvolvimento das habilidades

EM13LGG601 EM13LGG602 EM13LGG603 EM13LP46 EM13LP47 EM13LP51 EM13LP53.

PROJETO
DA ESPADA À VELA: O MUNDO EM MUDANÇA

A partida de Vasco da Gama para a Índia em 1497, de Alfredo Roque Gameiro. Nessa ocasião, Vasco da Gama deixava Lisboa, liderando uma tripulação de 170 homens, distribuídos em quatro navios.

As atividades sugeridas a seguir devem ser realizadas em grupo, de acordo com as orientações do professor.

Escolham uma delas e realizem-na. Busquem informações em livros, enciclopédias e revistas especializadas no assunto escolhido e também nos livros e filmes indicados na seção **Fique ligado! Pesquise!,** na abertura da unidade.

No dia combinado com o professor, todos devem trazer seus trabalhos e montar uma mostra com o título **Da espada à vela: o mundo em mudança**, ou outro, se quiserem. Convidem para o evento outras turmas, professores, funcionários, amigos e familiares.

1. Declamando cantigas

Escolham uma das cantigas medievais estudadas nesta unidade ou uma das que compõem a seção **Para quem quer mais na internet** e preparem a declamação do texto. Se possível, usem uma peça de vestuário da época, como uma túnica de mangas amplas, uma faixa de tecido passada sob o queixo e puxada sobre as têmporas, um chapéu ou um capuz.

2. A tradição medieval na literatura de cordel

Procurem, na literatura de cordel, informações sobre o *romance*, termo que designa as produções baseadas em temas e histórias da tradição popular e que está ligado também a uma forma tradicional em verso cultivada na península Ibérica durante a Idade Média. Entre os romances estão os *contos da carochinha* ou *contos de Trancoso* e os inspirados nos chamados *livros do povo*. Os primeiros falam de príncipes, fadas, monstros, feitiços, reinos encantados e dragões; seus heróis, jovens corajosos, vencem muitos obstáculos para chegar a uma jovem linda e inacessível e, finalmente, desposá-la. Os livros do povo contam histórias da imperatriz Porcina, da donzela Teodora, de Roberto do Diabo, de Carlos Magno e os doze pares da França.

Escolham um desses romances e façam a leitura dramatizada de um trecho dele para a turma.

Fine Art Images/Album/Fotoarena

Reprodução/Academia Brasileira de Literatura de Cordel

Reprodução/Academia Brasileira de Literatura de Cordel

Reprodução/Academia Brasileira de Literatura de Cordel

Reprodução/Academia Brasileira de Literatura de Cordel

Reprodução/Academia Brasileira de Literatura de Cordel

Reprodução/Academia Brasileira de Literatura de Cordel

Mulher segurando balança (1664), de Jan Vermeer van Delft.

3 BARROCO: A ARTE DA INDISCIPLINA

O Renascimento deu ao homem o papel de senhor absoluto da terra, dos mares, da ciência e da arte. E o sentimento de que, por meio da razão, ele tudo podia. Mas até onde iria a aventura humanista?

No século XVII, por força de vários acontecimentos religiosos, políticos e sociais, valores religiosos e espirituais ressurgem, passando a conviver com os valores renascentistas.

A expressão artística desse momento de dualismo e contradição é o Barroco. Estudar esse movimento implica conhecer as condições em que vivia o homem dessa época, tanto na Europa quanto no Brasil-Colônia.

Esta unidade favorece o desenvolvimento das habilidades

EM13LGG103 EM13LGG202 EM13LGG601 EM13LGG602 EM13LGG604

EM13LP28 EM13LP30 EM13LP32 EM13LP51

FIQUE LIGADO! PESQUISE!

Para estabelecer relações entre a literatura e outras artes e áreas de conhecimento, eis algumas sugestões:

- *Moça com brinco de pérola*, de Peter Webber; *A rainha Margot*, de Patrice Chéreau; *Gregório de Mattos*, de Ana Carolina; *Sermões — A história de Antônio Vieira*, de Julio Bressane; *O Aleijadinho — Paixão, glória e suplício*, de Geraldo Santos Pereira; *Caravaggio*, de Derek Jarman; *O homem da máscara de ferro*, de Randall Wallace; *Mary Stuart — Rainha da Escócia*, de Charles Jarrott; *As bruxas de Salem*, de Nicholas Hytner.

Everett Collection/Fotoarena

Cena do filme *Moça com brinco de pérola*.

- *Moça com brinco de pérola*, de Tracy Chevalier (Bertrand Brasil); *As missões*, de Júlio Quevedo (Ática); *Os sermões*, de Pe. Antônio Vieira (Cultrix); *Antologia poética*, de Gregório de Matos (Ediouro); *Melhores poemas*, de Gregório de Matos (Global); *A vida é sonho*, de Calderón de la Barca (Abril Cultural); *Três tragédias — Phedra, Esther e Athalia*, de Corneille (Ediouro); *O avarento* (Ediouro), *Don Juan* (L&PM), *Escola de mulheres* (Nórdica) e *O burguês ridículo*, de Molière (Sete Letras); *O mundo de Sofia*, de Jostein Gaarder (Companhia das Letras); *Barroco tropical*, de José Eduardo Agualusa (Companhia das Letras).

Reprodução/Companhia das Letras

- Ouça a produção musical dos compositores barrocos Antonio Vivaldi, Johann Sebastian Bach e Georg Friedrich Haendel e os CDs: *Música do Brasil colonial — Compositores mineiros, Padre João de Deus de Castro Lobo — Missa e credo para oito vozes, Sacred Music from 18th century — Brasil* e *Sermão de Santo Antônio aos peixes* (Saulos). Ouça também a canção "Pecado original", de Caetano Veloso, e descubra pontos de contato entre ela e as ideias do Barroco.
- O Festival de Música Barroca de Alcântara (MA); o Baroque in Rio, no Rio de Janeiro (RJ); o Festival de Música Antiga de Diamantina (MG); o Festival Internacional de Música Colonial Brasileira, em Juiz de Fora (MG).

Mikael Vaisanen/Getty Images

- www.jornaldepoesia.jor.br/grego.html
- www.bbm.usp.br
- www.publico.pt/1999/10/23/jornal/vidas-lusofonas-125408
- www.academia.org.br/academicos/gregorio-de-matos/biografia

- Visite as cidades que têm igrejas e museus com obras dos séculos XVII e XVIII, como Ouro Preto, Mariana, São João del-Rei, Sabará, Tiradentes, Diamantina, Salvador, Olinda, Recife, entre outras.

CAPÍTULO 5

A linguagem do Barroco

O Barroco — a arte que predominou no século XVII — registra um momento de crise espiritual na cultura ocidental. Nesse momento histórico, conviviam duas mentalidades, duas formas distintas de ver o mundo: de um lado, o paganismo e o sensualismo do Renascimento, em declínio; de outro, uma forte onda de religiosidade, que lembrava o teocentrismo medieval.

A flagelação de Cristo (c. 1605-1607), de Caravaggio.

No século XVI, o Renascimento representou o retorno à cultura clássica greco-latina e a vitória do antropocentrismo. No século XVII, surgiu o Barroco, um movimento artístico ainda com alguns vínculos com a cultura clássica, mas que buscava caminhos próprios, condizentes com as necessidades de expressão daquele momento.

Este capítulo favorece o desenvolvimento das habilidades

EM13LGG102 EM13LGG202 EM13LGG601 EM13LGG602 EM13LGG604

EM13LP01 EM13LP06 EM13LP46 EM13LP48 EM13LP52

Observe o quadro *As vaidades da vida humana* (1645), de Harmen Steenwyck, e responda às questões propostas.

1. O quadro de Steenwyck é considerado uma natureza-morta, um tipo de pintura que retrata objetos e seres inanimados ou mortos: um jarro com flores, uma cesta com frutas ou outros alimentos, etc. Por que o quadro de Steenwyck pode ser considerado natureza-morta?

2. Observe que o centro da tela é ocupado por um crânio humano. Com base no nome do quadro e na posição do crânio, levante hipóteses: Qual é o tema central do quadro?

3. Essa natureza-morta é constituída por símbolos, isto é, elementos que adquiriram certos significados na história de nossa cultura, como a concha vazia, o cronômetro, a espada japonesa, a flauta e a charamela, a lâmpada apagada, o livro, o jarro de vinho e o crânio. Conheça, ao lado, o significado de alguns deles.

Concha vazia:
símbolo da riqueza e da perfeição; como está vazia, também sugere a morte.

A flauta e a charamela:
instrumentos musicais relacionados ao amor; por sua forma alongada, fálica, são elementos que fazem referência ao universo masculino.

O jarro de vinho:
relacionado aos prazeres materiais, como a bebida; por baixo da alça, porém, nota-se o perfil de um imperador romano, sugerindo o desejo humano de glória, de poder.

O livro:
representa o conhecimento, a sabedoria.

Granger/Glow Images

Natureza-morta com flores e frutas, de Claude Monet.

Bridgeman Images/Glow Images/Museu do Prado, Madri, Espanha.

Natureza-morta: uma alegoria de vaidades da vida humana, de Harmen Steenwyck.

a) Nesses símbolos, estão representados os prazeres e valores do homem da época. Quais são eles?

b) O título do quadro é *As vaidades da vida humana*. A palavra *vaidade* origina-se do latim *vanitas*, que significa "o que é vão, sem valor". Qual é, portanto, a visão do artista sobre esses valores da época?

c) Considerando o significado do crânio e sua posição de destaque no quadro, o que, na visão do artista, estaria acima de todos esses valores?

4. Atrás e acima do crânio, aparece uma lâmpada recém-apagada, conforme sugere o tênue fio de fumaça que sai dela. Considerando que o fogo, a chama e a luz associam-se à ideia de vida, responda:

a) O que a lâmpada apagada representa?

b) Que outros elementos do quadro, além do crânio, apresentam o mesmo significado da lâmpada?

5. Observe que, da parte esquerda e superior do quadro, desce um raio de luz, criando um contraste entre o claro, que vai do centro para a esquerda, e o escuro, que vai do centro para a direita. Na cultura cristã, a luz é um símbolo do divino e do eterno.

a) O fato de a luz, no quadro, incidir primeiramente sobre o crânio, que representa a morte, sugere uma oposição. Qual é o dualismo barroco existente nessa oposição?

b) Por que se pode dizer que esse quadro é uma espécie de advertência ao ser humano?

6. Há, a seguir, um conjunto de elementos essenciais à arte e à literatura barroca, como:

- consciência da efemeridade da vida e do tempo
- concepção trágica da vida
- figuração
- jogo de claro e escuro
- oposição entre o mundo material e o mundo espiritual
- morbidez
- requinte formal

Quais desses elementos podem ser identificados na tela *As vaidades da vida humana*, de Steenwyck?

Leitura

Os dois primeiros textos a seguir são de autoria de Gregório de Matos, o principal poeta barroco brasileiro; o terceiro é de Pe. Antônio Vieira, sermonista renomado e o principal escritor barroco de Portugal. Leia-os e responda às questões propostas.

TEXTO 1

Nasce o Sol, e não dura mais que um dia,
Depois da Luz se segue a noite escura,
Em tristes sombras morre a formosura,
Em contínuas tristezas a alegria.

Porém, se acaba o Sol, por que nascia?
Se é tão formosa a Luz, por que não dura?
Como a beleza assim se transfigura?
Como o gosto da pena assim se fia?

Mas no Sol, e na Luz falte a firmeza,
Na formosura não se dê constância,
E na alegria sinta-se tristeza.

Começa o mundo enfim pela ignorância,
E tem qualquer dos bens por natureza
A firmeza somente na **inconstância**.

(Gregório de Matos. *Poemas escolhidos*. Organização de José Miguel Wisnik. São Paulo: Cultrix, s.d. p. 317.)

inconstância: variabilidade, volubilidade.

Reprodução/Onze Lieve Vrouwkerk.

Descida da cruz, de Rubens.

TEXTO 2

Carregado de mim ando no mundo,
E o grande peso embarga-me as passadas,
Que como ando por vias desusadas,
Faço o peso crescer, e vou-me ao fundo.

O remédio será seguir o imundo
Caminho, onde dos mais vejo as pisadas,
Que as bestas andam juntas mais ousadas,
Do que anda só o **engenho** mais profundo.

Não é fácil viver entre os **insanos**,
Erra, quem presumir que sabe tudo,
Se o atalho não soube dos seus danos.

O prudente **varão** há de ser mudo,
Que é melhor neste mundo, mar de enganos,
Ser louco **c'os** demais, que só, **sisudo**.

(Gregório de Matos. *In*: *Poemas escolhidos*, *cit*., p. 253.)

De Agostini via Getty Images

Beata Ludovica Albertoni, de Bernini.

c'os: com os.
engenho: talento, argúcia, capacidade inventiva.
insano: demente, insensato.
sisudo: ajuizado.
varão: homem adulto, respeitável.

TEXTO 3

[...]

Duas coisas prega hoje a Igreja a todos os mortais, ambas grandes, ambas tristes, ambas temerosas, ambas certas. Mas uma de tal maneira certa e evidente, que não é necessário entendimento para crer; outra de tal maneira certa e dificultosa, que nenhum entendimento basta para a alcançar. Uma é presente, outra futura, mas a futura veem-na os olhos, a presente não a alcança o entendimento.

E que duas coisas enigmáticas são estas? *Pulvis es, tu in pulverem reverteris*: Sois pó, e em pó vos haveis de converter, — Sois pó, é a presente; em pó vos haveis de converter, é a futura. O pó futuro, o pó em que nos havemos de converter, veem-no os olhos; o pó presente, o pó que somos, nem os olhos o veem, nem o entendimento o alcança.

[...]

(Pe. Antônio Vieira. *In*: *Barroco*. São Paulo: Harbra, 2009. p. 14.)

Carpe diem: aproveita o tempo!

A consciência da efemeridade do tempo já existia na poesia clássica anterior ao Barroco. E ela geralmente levava os poetas ao *carpe diem* (em latim, "colhe o dia", "aproveita o dia"), ou seja, ao desejo de aproveitar a vida enquanto ela dura, o que quase sempre resultava num convite amoroso e sensual à mulher amada.

No Barroco, em virtude do forte sentimento religioso da época, o *carpe diem* também se fez presente, mas quase sempre revestido de culpa e conflito.

O filme *Sociedade dos poetas mortos* introduz brilhantemente o tema do *carpe diem* quando o professor de literatura, representado pelo ator Robin Williams, pergunta a seus alunos: "Estão vendo todos estes alunos das fotos, que parecem fortes, eternos? Estão todos mortos. *Carpe diem*...".

1. No texto 1, o eu lírico aborda o tema da efemeridade ou inconstância das coisas do mundo, que fazia parte das preocupações do homem barroco.

a) Na primeira estrofe, como ele apresenta essa percepção da efemeridade?

b) Das mudanças apontadas, qual afeta o estado de ânimo do eu lírico?

2. O eu lírico do texto 1 não compreende a razão da instabilidade das coisas.

a) Em que estrofe se nota claramente o inconformismo com a instabilidade? Justifique sua resposta.

b) No final do texto, a que conclusão sobre a inconstância das coisas o eu lírico chega?

3. Os dois primeiros poemas apresentam aspectos em comum, como o tipo de composição poética, o tipo de imagens e o tema.

a) Qual é o tipo de composição poética desses textos?

b) No texto 2, que imagem o eu lírico emprega logo no primeiro verso para se referir ao seu modo de estar no mundo?

c) Que outras expressões desse texto têm vínculo semântico com essa imagem?

d) As imagens dos dois textos são auditivas, táteis, olfativas ou visuais?

4. O texto 2 aborda o tema do "desconcerto do mundo", isto é, o sentimento de desagregação e estranhamento do eu lírico em relação ao mundo.

a) Identifique no poema um trecho que exemplifique essa postura do eu lírico.

b) Que imagem, presente na última estrofe do poema, corresponde à concepção de mundo do eu lírico do texto 1?

5. A linguagem barroca geralmente busca expressar estados de conflito espiritual. Por isso, faz uso de inversões, antíteses e paradoxos, entre outros recursos. Identifique nos textos 1 e 2:

a) exemplos de inversão quanto à estrutura sintática;

b) exemplos de antíteses e paradoxos.

6. O texto 3 apresenta uma explicação religiosa para a inconstância mencionada nos textos 1 e 2.

a) Em que consiste essa explicação?

b) Levante hipóteses: Considerando que o autor do texto era um religioso empenhado na conversão das pessoas ao catolicismo, qual seria, para ele, o meio de escapar à inconstância das coisas no mundo?

7. Leia o boxe "Cultismo e conceptismo", na página seguinte, e procure nesses três textos elementos que se identifiquem com as duas tendências de estilo presentes no Barroco.

Cultismo e conceptismo

Duas tendências de estilo se manifestaram no Barroco. São elas:

- **Cultismo:** gosto pelo rebuscamento formal, caracterizado por jogos de palavras, grande número de figuras de linguagem e vocabulário sofisticado, e pela exploração de efeitos sensoriais, tais como cor, som, forma, volume, sonoridade, imagens violentas e fantasiosas.
- **Conceptismo** (do espanhol *concepto*, "ideia"): jogo de ideias, constituído pelas sutilezas do raciocínio e do pensamento lógico, por analogias, histórias ilustrativas, etc.

Embora seja mais comum a manifestação do cultismo na poesia e a do conceptismo na prosa, é normal ambos aparecerem em um mesmo texto. Além disso, essas tendências não se excluem. Um mesmo escritor tanto pode pender para uma delas quanto apresentar traços de ambas as tendências.

Medusa (1595-1598), do pintor barroco Caravaggio.

Concluindo

Como síntese do estudo feito até aqui, compare as características do Barroco com as do Classicismo:

BARROCO	CLASSICISMO
Quanto ao conteúdo	
Conflito entre visão antropocêntrica e teocêntrica	Antropocentrismo
Oposição entre o mundo material e o mundo espiritual; visão trágica da vida	Equilíbrio
Conflito entre fé e razão	Racionalismo
Cristianismo	Paganismo
Morbidez	Influência da cultura greco-latina
Idealização amorosa; sensualismo e sentimento de culpa cristão	Idealização amorosa; neoplatonismo; sensualismo
Consciência da efemeridade do tempo	Universalismo
Gosto por raciocínios complexos, intrincados, desenvolvidos em parábolas e narrativas bíblicas	Busca de clareza
Carpe diem	
Quanto à forma	
Gosto pelo soneto	Gosto pelo soneto
Emprego da medida nova (poesia)	Emprego da medida nova (poesia)
Gosto pelas inversões e por construções complexas e raras; emprego frequente de figuras de linguagem como a antítese, o paradoxo, a metáfora, a metonímia, etc.	Busca do equilíbrio formal

O texto e o contexto em perspectiva multidisciplinar

Leia, a seguir, o infográfico e um painel de textos interdisciplinares que relacionam a produção literária do Barroco ao contexto histórico, social, religioso e cultural em que o movimento floresceu. Após a leitura, responda às questões propostas.

Linha do tempo

Reprodução/Galeria Uffizi, Florença, Itália.

Reprodução/Coleção particular

- **1545-1563** – Realização do Concílio de Trento
- **1549** – Chegada da Companhia de Jesus ao Brasil
- **1580** – Passagem de Portugal ao domínio espanhol
- **1593-1594** – Pintura de *Baco*, por Caravaggio
- **1601** – Publicação de *Prosopopeia*, de Bento Teixeira, e início do Barroco
- **1609** – Chegada de Pe. Antônio Vieira à Bahia
- **1622** – Fundação dos primeiros engenhos de cana-de-açúcar no Maranhão
- **1624** – Invasão holandesa na Bahia
- **1640** – Fim da união das Coroas ibéricas e restauração da Coroa portuguesa

Linha do tempo esquemática. O espaço entre as datas não é proporcional ao intervalo de tempo.

O que é o Barroco?

"Barroco", uma palavra portuguesa que significava "pérola irregular, com altibaixos", passou bem mais tarde a ser utilizada como termo desfavorável para designar certas tendências da arte seiscentista. Hoje, entende-se por estilo barroco uma orientação artística que surgiu em Roma na virada para o século XVII, constituindo até certo ponto uma reação ao artificialismo maneirista do século anterior. O novo estilo estava comprometido com a emoção genuína e, ao mesmo tempo, com a ornamentação vivaz. O drama humano tornou-se elemento básico na pintura barroca e era em geral encenado com gestos teatrais muitíssimo expressivos, sendo iluminado por um extraordinário claro-escuro e caracterizado por fortes combinações cromáticas.

(Wendy Beckett. *História da pintura*. São Paulo: Ática, 1987. p. 173.)

Reprodução/Museu de Capodimonte, Napoli, Itália.

Judite ao matar Holofernes (1612-1621), de Artemisia Gentileschi.

Museu Nacional da Holanda (Rijksmuseum), Amsterdã.

Rubens Chaves/ Pulsar Imagens

1655	Pregação do "Sermão da sexagésima", por Pe. Antônio Vieira na Capela Real de Lisboa
1658-1660	Pintura de *A leiteira*, de Vermeer
1683	Retorno de Gregório de Matos ao Brasil, após estudos em Portugal, e início de sua obra literária
1694	Exílio de Gregório de Matos, mandado para Angola
1695	Destruição do Quilombo de Palmares
1711	Fundação de Vila Rica, hoje Ouro Preto, onde floresceu o Barroco mineiro
1774	Maturidade de Aleijadinho na produção da arte barroca

Barroco: a expressão ideológica da Contrarreforma

De maneira geral, o Barroco é um estilo identificado com uma ideologia, e sua unidade resulta de atributos morfológicos a traduzir um conteúdo espiritual, uma ideologia.

A ideologia barroca foi fornecida pela Contrarreforma e pelo Concílio de Trento, a que se deve o colorido peculiar da época, em arte, pensamento, religião, concepções sociais e políticas. Se encararmos a Renascença como um movimento de rebelião na arte, filosofia, ciências, literatura — contra os ideais da civilização medieval, ao lado de uma revalorização da Antiguidade clássica, [...] —, podemos compreender o Barroco como uma contrarreação a essas tendências sob a direção da Contrarreforma católica, numa tentativa de reencontrar o fio perdido da tradição cristã, procurando exprimi-la sob novos moldes intelectuais e artísticos. Esse duelo entre o elemento cristão, legado da Idade Média, e o elemento pagão, racionalista e humanista, instaurado pelo renascimento sob o influxo da Antiguidade, enche a Era Moderna, até que no final do século XVIII, por meio do Filosofismo, do Iluminismo e da Revolução Francesa, a corrente racionalista logrou a supremacia. [...] São, por isso, o dualismo, a oposição ou as oposições, contrastes e contradições, o estado de conflito e tensão, oriundos do duelo entre o espírito cristão, antiterreno, teocêntrico, e o espírito secular, racionalista, mundano, que caracterizam a essência do barroco.

(Afrânio Coutinho. *Introdução à literatura no Brasil*. 10. ed. Rio de Janeiro: Civilização Brasileira, 1980. p. 98-99.)

A literatura barroca e a propagação da fé católica

Se o século XVI, ainda renascentista, conseguiu combinar na literatura a visão de mundo cristã, o humanismo da época e o paganismo da literatura greco-romana, o século XVII distinguir-se-á do anterior e do seguinte, na Península Ibérica, por uma visão eminentemente católica. Não mais cristã, simplesmente, mas católica, a partir de uma visão bastante dogmática do cristianismo.

Bridgeman Images/Fotoarena/Museu do Louvre, Paris, França.

Concílio de Trento, em 1563.

O Concílio de Trento, que durou de 1545 a 1563, ligou ainda mais estreitamente a Igreja católica e as monarquias ibéricas, imbricando Igreja e Estado de tal forma que os interesses e funções de ambos muitas vezes se confundiam. Esse casamento durou todo o século XVII, só estremecendo no século XVIII. Como Espanha e Portugal tinham ficado fora das reformas protestantes, foi neles que se concentrou a reação católica. Tratava-se de combater toda e qualquer manifestação que lembrasse algum traço dos movimentos protestantes e, ao mesmo tempo, de formular e difundir uma doutrina oficial católica. Além disso, impunha-se participar da expansão ultramarina ibérica, com a finalidade de expandir também o catolicismo. Desse modo, o empenho doutrinador e a vigilância contra as heresias protestantes, que o clero e as ordens religiosas exerciam nas duas nações ibéricas, estendiam-se aos seus mundos coloniais no Oriente e no Ocidente.

[...] Com isso, mais que agradar e concorrer para aperfeiçoar as relações dos homens entre si, a literatura deveria participar dessa disputa ou dessa guerra [entre catolicismo e protestantismo], afirmando e reproduzindo no plano do sensível tudo aquilo que a Igreja pregava no plano do inteligível. O que não quer dizer que a literatura se tenha reduzido a isso. Mas para sua aceitação e difusão — já que todo livro ou publicação deveria receber a aprovação e licença da Mesa do Santo Ofício da Inquisição para não ser censurado — deveria passar por isso, demonstrar de alguma forma sua adequação às funções de afirmação e propagação da fé católica.

(Luiz Roncari. *Literatura brasileira — Dos primeiros cronistas aos últimos românticos.* 2. ed. São Paulo: Edusp/FDE, 1995. p. 94, 96-97.)

Roteiro de estudo

Reúna-se com seu grupo e, no final da leitura dos textos, vocês deverão:

- Saber explicar, considerando o contexto cultural e artístico em que nasce o Barroco, por que ele recebeu esse nome, em cujo significado está a noção de "pérola imperfeita".
- Saber comentar a afirmação de Afrânio Coutinho de que o Barroco é uma "tentativa de reencontrar o fio perdido da tradição cristã".
- Saber explicar por que o dualismo presente na arte barroca está relacionado com duas concepções diferentes de mundo.
- Compreender por que o Barroco contribuiu para a propagação da fé católica.

CAPÍTULO 6

O BARROCO NO BRASIL

Diferentemente do Barroco europeu, que se voltou principalmente às exigências de um público aristocrático, o Barroco brasileiro nasceu e se desenvolveu em condições bastante diferentes, ganhando características próprias, como as que se veem na poesia do baiano Gregório de Matos.

Luis War/Shutterstock

Esculturas de Aleijadinho em Bom Jesus de Matosinhos, Congonhas do Campo, MG.

Este capítulo favorece o desenvolvimento das habilidades

EM13LGG102

EM13LGG202

EM13LGG601

EM13LGG602

EM13LGG604

EM13LP01

EM13LP02

EM13LP06

EM13LP46

EM13LP48

EM13LP49

EM13LP52

No século XVII, começaram a despontar os primeiros escritores nascidos no Brasil colonial e, com eles, surgiram as primeiras manifestações do sentimento nacional. Vindos de uma pequena elite culta, esses escritores que integraram o Barroco brasileiro tinham como modelo a estética literária cultivada em Portugal e na Espanha, e não contavam com um público consumidor expressivo. Nessa época, a sociedade brasileira organizava-se essencialmente em torno de grandes propriedades rurais e de engenhos de açúcar, vivenciando uma realidade rude e violenta em que se escravizavam os negros e se perseguiam os índios.

Nesse contexto, os escritores do Barroco brasileiro não apenas manifestavam na prosa e na poesia seus sentimentos pessoais mais profundos, mas também criticavam valores e comportamentos da sociedade de seu tempo ou buscavam moralizar a população com princípios religiosos do catolicismo, religião preponderante nesse período de nossa história. Entre 1720 e 1750, a literatura barroca brasileira ganhou impulso com as fundações de várias academias literárias por todo o país. A descoberta do ouro em Minas Gerais viabilizou, ainda que tardiamente, o desenvolvimento da arte barroca, manifesta, sobretudo, no âmbito da arte religiosa produzida durante todo o século XVIII.

Tradicionalmente, o marco inicial do Barroco na literatura é *Prosopopeia* (1601), de Bento Teixeira, um poema que, em diversos aspectos, imita *Os lusíadas*; porém, a expressão mais importante da poesia barroca brasileira é Gregório de Matos. Outros autores de destaque são Botelho de Oliveira e Frei Itaparica, na poesia; e Pe. Antônio Vieira, Sebastião da Rocha Pita e Nuno Marques Pereira, na prosa.

Gregório de Matos: adequação e irreverência

Primando pela irreverência, Gregório de Matos tornou-se conhecido por afrontar a sociedade de sua época com comportamentos considerados indecorosos e por realizar em seus poemas satíricos uma crítica mordaz aos mais diferentes grupos sociais de seu tempo — governantes, religiosos, escravos, aristocratas, reinóis, etc.

Não tendo publicado nenhuma obra em vida, os poemas de Gregório de Matos circularam oralmente na Bahia até meados do século XIX, quando foram reunidos em livro pelo historiador Francisco Adolfo de Varnhagen. Por esse motivo, é comum que seus poemas apresentem variações de vocabulário de uma edição para outra ou que haja controvérsias em relação à autoria de alguns poemas a ele atribuídos. Apesar dessas questões, sua obra é reconhecida como a fundadora da tradição lírica no Brasil.

Quem foi Gregório de Matos?

Nascido em Salvador (BA) no seio de uma família abastada, Gregório de Matos (1636-1695) estudou no Colégio dos Jesuítas, transferindo-se, depois, para Coimbra, Portugal, onde cursou Direito e tornou-se juiz. De volta ao Brasil aos 47 anos, exerceu os cargos de tesoureiro-mor e de vigário-geral, mas foi deposto por não querer completar as ordens eclesiásticas. Devido à sua sátira ferina, foi perseguido pelo governador baiano Antônio de Souza Menezes. O casamento com a viúva Maria dos Povos não aplacou seu lado boêmio e irreverente: continuou a satirizar políticos, religiosos e aristocratas com mordacidade, o que lhe rendeu anos de degredo em Angola, na África. Com permissão de retornar ao Brasil, mas impedido de entrar na Bahia, estabeleceu-se no Recife, onde morreu, aos 59 anos de idade.

Reprodução/Fundação Biblioteca Nacional, Rio de Janeiro, RJ.

A lírica

Gregório de Matos cultivou três vertentes da poesia lírica: a amorosa, a filosófica e a religiosa. Como poeta lírico, adequou-se aos temas e aos procedimentos de linguagem frequentes no Barroco europeu.

A **lírica amorosa** é fortemente marcada pelo dualismo amoroso carne/espírito, que leva normalmente a um sentimento de culpa no plano espiritual.

Na **lírica filosófica**, destacam-se textos que se referem ao desconcerto do mundo (lembrando diretamente Camões) e às frustrações humanas diante da realidade. E também poemas em que predomina a consciência da transitoriedade da vida e do tempo e da instabilidade das coisas do mundo e do homem.

A **lírica religiosa** obedece aos princípios fundamentais do Barroco europeu, fazendo uso de temas como o amor a Deus, a culpa, o arrependimento, o pecado e o perdão. A língua empregada é culta e apresenta inversões e figuras de linguagem abundantes.

Leitura

Ofendi-vos, Meu Deus, bem é verdade;
É verdade, meu Deus, que **hei delinquido**,
Delinquido vos tenho, e ofendido,
Ofendido vos tem minha maldade.

Maldade, que encaminha à vaidade,
Vaidade, que todo me há vencido;
Vencido quero ver-me, e arrependido,
Arrependido a tanta **enormidade**.

Arrependido estou de coração,
De coração vos busco, dai-me abraços,
Abraços, que me rendem vossa luz.

Luz, que claro me mostra a salvação,
A salvação pretendo em tais abraços,
Misericórdia, Amor, Jesus, Jesus.

(*In*: *Antologia da poesia barroca brasileira*, *cit*., p. 45.)

Fabio Colombini/Acervo do fotógrafo

Escultura feita por Aleijadinho.

enormidade: ação descabida, absurda; barbaridade.
hei delinquido: tenho cometido delitos; tenho cometido atos ofensivos.

1. No texto, o eu lírico dirige-se diretamente a Cristo, falando de si mesmo.

a) Como o eu lírico se coloca diante de Cristo?

b) Na primeira estrofe, o eu lírico faz um jogo com dois verbos que revelam seu pecado. Quais são os verbos?

c) Que característica pessoal o eu lírico apresenta como causa do seu pecado?

2. Na segunda estrofe, o eu lírico continua sua confissão.

a) Ele se confessa "vencido" e diz que quer "ver-se vencido". Quais são os agentes dessas duas expressões?

b) Que palavra dessa estrofe constitui uma antítese, em relação a *delinquido* ou *ofendido*?

c) Esse compromisso do eu lírico implica um compromisso de Cristo. Qual?

3. Levando em conta a presença do vocativo "Meu Deus", do imperativo "dai-me" e da declaração devocional do último verso, a que gênero textual se assemelha o poema?

4. Leia, a seguir, dois tercetos da lírica religiosa de Gregório de Matos, nos quais o eu lírico também se dirige a Cristo pedindo a salvação:

> Eu sou, Senhor, a ovelha desgarrada,
> Cobrai-a; e não queirais, pastor divino,
> Perder na vossa ovelha a vossa glória.
>
> (*In*: *Antologia da poesia barroca brasileira*, *cit.* p. 47.)

> Mui grande é o vosso amor, e meu delito,
> Porém pode ter fim todo o pecar,
> E não o vosso amor, que é infinito.
>
> (*In*: *Idem*, p. 46.)

O eu lírico busca sua salvação por meio da argumentação.

a) De que argumentos ele lança mão no primeiro fragmento?

b) E no segundo fragmento?

5. No soneto em estudo, é empregada uma figura de linguagem chamada *anadiplose*, que consiste em um encadeamento de palavras, feito de modo que um termo empregado no final de um verso dá início ao verso seguinte. Qual é a importância desse recurso para a argumentação que o eu lírico faz junto a Cristo?

6. Com base no que aprendeu até aqui acerca da linguagem barroca, você diria que o texto é cultista ou conceptista?

A sátira

Conhecido também como "Boca do Inferno", em razão de suas sátiras, Gregório de Matos é um dos principais e mais ferinos representantes da literatura satírica em língua portuguesa. A exemplo de certos trovadores da Idade Média, o poeta não poupou na sua linguagem nem palavrões nem críticas a todas as classes da sociedade baiana de seu tempo. Criticava o governador, o clero, os comerciantes, os negros, os mulatos, etc.

A sátira constitui uma das partes mais originais da poesia de Gregório de Matos, pois foge aos padrões preestabelecidos pelo Barroco português ou ibérico e se volta para a realidade baiana do século XVII. Pode, assim, ser considerada poesia brasileira, e não somente pelos temas escolhidos, mas também pela percepção crítica da exploração colonialista empreendida pelos portugueses na colônia. Além disso, Gregório emprega na sátira uma língua portuguesa diversificada, brasileira, repleta de termos indígenas e africanos (que refletem o bilinguismo ou o trilinguismo da época), de palavrões, gírias e expressões locais.

Por essas razões é que a poesia de Gregório de Matos — ao abrir espaço para a paisagem e a língua do povo — talvez seja a primeira manifestação *nativista* de nossa literatura e represente o início do longo processo de despertar da *consciência crítica* nacional, que levaria ainda um século para abrir os olhos, com os gritos de revolta dos inconfidentes mineiros.

Leitura

Na segunda metade do século XVII, Portugal passava por uma grande crise econômica; diante disso, impôs, progressivamente, uma série de restrições comerciais ao Brasil, visando obter maiores ganhos com sua colônia. Tendo em vista esse contexto, leia o poema satírico de Gregório de Matos abaixo e, a seguir, responda às questões 1 a 3.

Tristes sucessos, casos lastimosos,
Desgraças nunca vistas, nem faladas,
São, ó Bahia! vésperas choradas
De outros que estão por vir mais estranhosos:

Sentimo-nos confusos, e teimosos,
Pois não damos remédios às já passadas,
Nem prevemos tampouco as esperadas,
Como que estamos delas desejosos.

Levou-vos o dinheiro a má **fortuna**,
Ficamos sem **tostão**, **real** nem **branca**,
Macutas, **correão**, novelos, molhos:

Ninguém vê, ninguém fala, nem **impugna**,
E é que, quem o dinheiro nos arranca,
Nos arrancam as mãos, a língua, os olhos.

(José Miguel Wisnik, org., *Poemas escolhidos.* São Paulo: Cultrix, s. d. p. 44.)

Filipe Rocha/Arquivo da editora

correão: correia grande e larga feita, geralmente, de couro.
fortuna: destino, sina.
impugnar: opor-se a, contestar.
tostão, real, branca, macuta: moedas, dinheiro de pouco valor.

1. Releia as duas primeiras estrofes do soneto.

> Tristes sucessos, casos lastimosos,
> Desgraças nunca vistas, nem faladas,
> São, ó Bahia! vésperas choradas
> **De outros que estão por vir mais estranhosos**:
>
> Sentimo-nos confusos, e teimosos,
> **Pois não damos remédios às já passadas**,
> Nem prevemos tampouco as esperadas,
> Como que estamos delas desejosos.

a) Que sentido a palavra *sucessos* tem no primeiro verso do poema?

b) Zeugma é uma figura de linguagem que consiste na omissão de palavras ou expressões que já apareceram anteriormente no texto.
Identifique as palavras ou expressões omitidas no 4º verso da 1ª estrofe e no 2º verso da 2ª estrofe.

2. Em seus poemas satíricos, Gregório de Matos aborda diversas situações vivenciadas na Bahia do século XVII, época em que Salvador era a capital do Brasil.
No poema em estudo:

a) Que realidade econômica se vivenciava na Bahia, naquele momento?

b) Havia expectativa de que a situação viesse a melhorar?
Justifique sua resposta com elementos do texto.

c) De que maneira os baianos reagiam a tal situação? Por quê?
Justifique com elementos do texto.

3. No poema em estudo, Gregório de Matos expõe criticamente as relações político-econômicas entre metrópole e colônia, isto é, entre Portugal e Brasil. Tendo em vista essa informação e as respostas da questão anterior, conclua:

a) Que denúncias o poeta baiano realiza nesse texto?

b) O texto manifesta um sentimento de resignação ou um desejo de ruptura entre colônia e metrópole? Justifique sua resposta.

c) É possível afirmar que se manifesta, no poema, o despontar de um sentimento nacional? Justifique sua resposta.

A fundação da poesia brasileira

O "Boca do Inferno" é o primeiro poeta de verdade que se pode, sem hesitação, chamar brasileiro. [...]

Gregório é o nosso primeiro poeta "popular", com audiência certa não só entre intelectuais como em todas as camadas sociais, e consciente aproveitador de temas e de ritmos da poesia e da música populares; o nosso primeiro poeta "participante", no sentido contemporâneo.

(Mário Faustino. *De Anchieta aos concretos*. São Paulo: Companhia das Letras, 2003. p. 61.)

Pe. Antônio Vieira: a literatura como missão

Embora religioso, Vieira nunca restringiu sua atuação à pregação religiosa. Sempre pôs seus sermões a serviço das causas políticas que abraçava e defendia e, por isso, se indispôs com muita gente: com os pequenos comerciantes, com os colonos que escravizavam índios e até com a Inquisição.

Valendo-se do púlpito — único meio de propagação de ideias às multidões no Nordeste brasileiro do século XVII —, Vieira pregou a índios, brancos e negros, a brasileiros, africanos e portugueses, a dominadores e dominados. Suas ideias políticas foram postas em prática por meio da catequese, da defesa do índio e do domínio português sobre a colônia por ocasião da invasão holandesa.

Embora Vieira defendesse os índios da escravidão, seus sermões não tinham a mesma postura em relação à escravização dos negros. Limitavam-se a descrever a situação a que eram submetidos os negros e apontar-lhes a perspectiva de uma vida pós-morte que compensasse os sofrimentos em vida.

Quem foi Pe. Antônio Vieira?

Antônio Vieira (1608-1697) nasceu em Lisboa e, com 7 anos, mudou-se com a família para o Brasil. Na Bahia, estudou com os jesuítas e espontaneamente ingressou na ordem da Companhia de Jesus, iniciando seu noviciado com apenas 15 anos. A maior parte de sua obra foi escrita no Brasil e está relacionada com as inúmeras atividades que o autor desempenhou como religioso, como conselheiro de D. João IV, rei de Portugal, e como mediador e representante de Portugal em relações econômicas e políticas com outros países.

Por defender algumas ideias proféticas e visionárias, como a ressurreição do rei D. João IV, seu protetor, e por defender os cristãos-novos (judeus convertidos ao cristianismo, por medo de perseguições), foi processado e preso pela Inquisição, que lhe cassou o direito de palavra em Portugal.

Entre seus sermões mais conhecidos estão "Sermão da Sexagésima" e "Sermão de Santo Antônio [aos peixes]".

Reprodução/Coleção Antônio Vieira, Salvador, Bahia.

Leitura

Você vai ler a seguir um fragmento do "Sermão pelo bom sucesso das armas de Portugal contra as de Holanda", pregado por Vieira em Salvador, em 1640. Nesse ano, os holandeses apertaram o cerco à cidade; em todos os templos, fizeram-se preces e sermões exortando baianos e portugueses a defender a terra contra a invasão iminente.

Sermão pelo bom sucesso das armas de Portugal contra as de Holanda

Levanta-te! Por que dormes, Senhor? Levanta-te e não repilas para sempre. Por que voltas a face? Esqueceste da nossa miséria e da nossa tribulação? Levanta-te, Senhor, ajuda-nos e redime-nos em atenção ao teu nome.

(Salmo XLIII, 23-26.)

Com estas palavras piedosamente resolutas, mais protestando que orando, dá fim o **Profeta Rei** ao Salmo XLIII — Salmo que, desde o princípio até o fim, não parece senão cortado para os tempos e ocasião presente. O Doutor Máximo S. Jerônimo, e depois dele os outros expositores, dizem que se entende à letra de qualquer reino ou província católica, destruída e assolada por inimigos da Fé. Mas entre todos os reinos do Mundo a nenhum lhe quadra melhor, que ao nosso Reino de Portugal; e entre todas as províncias de Portugal a nenhuma vem mais ao justo que à miserável província do Brasil. Vamos lendo todo o Salmo, e em todas as **cláusulas** dele veremos retratadas as da nossa fortuna: o que fomos e o que somos.

[...] "Ouvimos (começa o Profeta) a nossos pais, lemos nossas histórias e ainda os mais velhos viram, em parte, com seus olhos, as obras maravilhosas, as proezas, as vitórias, as conquistas, que por meio dos portugueses obrou em tempos passados vossa onipotência, Senhor." [...] "Vossa mão foi a que venceu e sujeitou tantas nações bárbaras, **belicosas** e **indômitas**, e as despojou do domínio de suas próprias terras para nelas os plantar como plantou com tão bem fundadas raízes; e para nelas o dilatar, como dilatou e estendeu em todas as partes do Mundo, na África, na Ásia, na América." [...]

belicosas: guerreiras, agressivas.
cláusulas: itens, tópicos.
indômitas: indomáveis, selvagens.
Profeta Rei: Davi.

Porém agora, Senhor, vemos tudo isso tão trocado, que já parece que nos deixastes de todo e nos lançastes de vós, porque já não ides diante das nossas bandeiras, nem **capitaniais** como dantes os nossos exércitos. [...]

Considerai, Deus meu — e perdoai-me se falo inconsideradamente — considerai a quem tirais as terras do Brasil e a quem as dais. Tirais estas terras aos portugueses, a quem no princípio as destes [...], tirais estas terras àqueles mesmos portugueses a quem escolhestes entre todas as nações do Mundo para conquistadores da vossa Fé, e a quem destes por armas como **insígnia** e divisa singular vossas próprias **chagas**. E será bem, Supremo Senhor e Governador do Universo, que às sagradas quinas de Portugal e às armas e chagas de Cristo, sucedam as heréticas **listas de Holanda**, rebeldes a seu rei e a Deus?

Cena do filme *Palavra e utopia*, do cineasta português Manoel de Oliveira. Mais do que um filme biográfico, a obra é um documento sobre a arte do dizer e do pensar. O papel de Vieira é feito pelo ator brasileiro Lima Duarte.

[...]

Finjamos, pois, (o que até fingido e imaginado faz horror), finjamos que vem a Bahia e o resto do Brasil a mãos dos holandeses; que é o que há de suceder em tal caso? — Entrarão por esta cidade com fúria de vencedores e de hereges; não perdoarão a estado, a sexo nem a idade; com os fios dos mesmos **alfanjes** medirão a todos; chorarão as mulheres, vendo que se não guarda **decoro** à sua modéstia; chorarão os velhos, vendo que não se guarda respeito a suas **cãs**; chorarão os nobres, vendo que se não guarda cortesia à sua qualidade; chorarão os religiosos e veneráveis sacerdotes, vendo que até as coroas sagradas os não defendem; chorarão finalmente todos, e entre todos mais lastimosamente os inocentes, porque nem a esses perdoará (como em outras ocasiões não perdoou), a desumanidade **herética**. [...]

Enfim, Senhor, despojados assim os templos e derrubados os altares, acabar-se-á no Brasil a cristandade católica; acabar-se-á o culto divino; nascerá erva nas igrejas, como nos campos; não haverá quem entre nelas. Passará um dia de Natal, e não haverá memória de vosso nascimento; passará a Quaresma e a Semana Santa, e não se celebrarão os mistérios de vossa Paixão [...] Não haverá missas, nem altares, nem sacerdotes que as digam; morrerão os católicos sem confissão nem sacramento; pregar-se-ão heresias nestes mesmos púlpitos, e em lugar de São Jerônimo e Santo Agostinho, ouvir-se-ão e alegar-se-ão neles os infames nomes de Calvino e Lutero; beberão a falsa doutrina os inocentes que ficarem, relíquias dos portugueses; e chegaremos a estado que, se perguntarem aos filhos e netos dos que aqui estão: — Menino, de que seita sois? Um responderá: — Eu sou calvinista; outro: — Eu sou luterano.

Pois isto se há de sofrer, Deus meu? Quando quisestes entregar vossas ovelhas a São Pedro, examinaste-o três vezes se vos amava. E agora as entregais desta maneira, não a pastores, senão aos lobos?! Sois o mesmo ou sois outro? Aos hereges o vosso rebanho? Aos hereges as almas? [...] Já sei, Senhor, que vos haveis de enternecer e arrepender, e que não haveis de ter coração para ver tais lástimas e tais estragos. E se assim é (que assim o estão prometendo vossas entranhas piedosíssimas), se é que há de haver dor, se é que há de haver arrependimento depois, cessem as iras, cessem as execuções agora, que não é justo vos contente antes o que vos há de pesar em algum tempo.

(*In*: Eugênio Gomes, org. *Vieira — Sermões*. São Paulo: Agir, 1963. p. 13-49.)

alfanjes: foices.
capitanear: liderar, comandar.
cãs: cabelos brancos.
chagas: chagas de Cristo, representadas por cinco quinas no brasão português.
decoro: recato, decência.
herética: que professa ideias contrárias às geralmente admitidas pela Igreja católica.
insígnia: brasão português.
listas de Holanda: bandeira holandesa.

Sergio Pedreira/Pulsar Imagens

Igreja da Ordem Terceira de Nossa Senhora do Monte do Carmo (1755), em Salvador, expressão do Barroco baiano.

1. Pe. Antônio Vieira, como de hábito, adota como epígrafe para seu sermão uma passagem bíblica. Neste caso, trata-se de uma passagem do salmo XLIII.

a) Quem são os interlocutores nesse salmo?

b) Um dos interlocutores queixa-se ao outro e lhe faz um pedido. Qual é o motivo da queixa? Qual é o pedido?

2. A interpretação do texto bíblico é feita nos três primeiros parágrafos do texto. O pregador o relaciona passo a passo com a situação vivida pela cidade de Salvador naqueles dias de 1640, o que serve ao pregador como base para sua argumentação.

a) Qual é o paralelo que Vieira estabelece entre as palavras do salmo e a situação da colônia?

b) Ao interpretar as palavras de Davi, Vieira deixa transparecer o objetivo principal do sermão. Qual é ele?

3. No quarto parágrafo, na argumentação, a posse do Brasil é considerada direito dos portugueses.

a) Cite pelo menos dois motivos para esse privilégio concedido aos portugueses.

b) De acordo com o texto, qual seria a consequência se, no lugar dos portugueses, os holandeses, favorecidos pela inoperância divina, passassem a ser donos do Brasil?

4. A antecipação de fatos, a reiteração por meio de paralelismos e o exagero são recursos retóricos empregados por Vieira com a finalidade de persuadir o ouvinte quanto à verdade de seus argumentos.

a) No quinto parágrafo, Vieira apresenta uma previsão do que poderá ocorrer caso não se assuma uma posição firme diante da provável invasão holandesa. Para impressionar o ouvinte, ele repete o que sucederá. Qual é a situação reiterada?

b) Identifique, no quinto parágrafo também, uma passagem em que o uso da hipérbole tem finalidade de persuadir os ouvintes a defender a cidade.

5. Em vários momentos do texto, o orador associa aos holandeses um termo que traduz a visão da Igreja católica a respeito dos protestantes.

a) Qual é a palavra utilizada no texto para designar os protestantes?

b) Relacione esse tratamento à postura contrarreformista do jesuíta.

6. Releia o epílogo do sermão em estudo.

a) Qual é o argumento final utilizado por Vieira? Qual é a antítese aí presente?

b) O "atrevimento" de Vieira de dirigir-se a Deus de maneira inquisidora constitui, na verdade, uma encenação retórica. Na realidade, ele tem em vista outros interlocutores. Quem são eles?

7. Ao compor esse sermão, Vieira tinha em mira um objetivo bem determinado. Para atingi-lo, ele se valeu de uma das duas tendências estéticas do Barroco, o conceptismo e o cultismo. Qual delas predomina na construção do texto lido? Por quê?

Literatura comparada

Diálogo entre a literatura contemporânea e a prosa de Vieira

A seguir você vai ler dois textos. O primeiro é um fragmento do "Sermão da epifania", pregado por Vieira em 1662, na Capela Real, em Lisboa, na presença da rainha D. Luísa e de D. Afonso IV, ainda menino. O segundo é um fragmento de um romance da atualidade, *Boca do Inferno*, de Ana Miranda, publicado em 1989.

TEXTO 1

Contexto

Quando Vieira pronunciou este sermão em Lisboa, ele e outros religiosos estavam retornando à cidade depois de terem sido expulsos do Maranhão, em virtude de atritos com os colonos motivados por posições assumidas quanto à escravidão.

Sermão da epifania

As nações, umas são mais brancas, outras mais pretas, porque umas estão mais vizinhas outras mais remotas do sol. E pode haver maior inconsideração do entendimento, nem maior erro do **juízo** entre os homens, que cuidar eu que hei-de ser vosso senhor, porque nasci mais longe do sol, e que vós haveis de ser meu escravo, porque nascestes mais perto?!

[...]

Não posso, porém, negar que todos nesta parte, e eu em primeiro lugar, somos muito culpados. E por quê? Porque devendo defender os gentios que trazemos a Cristo, como Cristo defendeu os **Magos**, nós acomodamo-nos à fraqueza de nosso poder, e à força do alheio, cedemos da sua justiça, e faltamos à sua defesa [...] Cristo não consentiu que os Magos perdessem a **soberania**, porque reis vieram e reis tornaram; e nós não consentimos que aqueles gentios percam a soberania natural com que nasceram e vivem **isentos** de toda **sujeição**, mas somos os que, sujeitando-os ao **jugo** espiritual da Igreja, os obrigamos, também, ao **temporal** da coroa, fazendo-os jurar **vassalagem**. [...]

(Pe. Antônio Vieira. *In*: Alfredo Bosi. *Dialética da colonização*. op. cit. p. 135-7.)

Caribé

Figuras na praia (1955), de Carybé.

isento: livre, desembaraçado.
jugo: vínculo de submissão e obediência resultante de determinado tipo de convenção ou obrigação.
juízo: ato, processo ou efeito de julgar; faculdade de avaliar os seres e as coisas; julgamento.
Magos: referência aos três reis magos.
soberania: qualidade ou condição de soberano; superioridade derivada de autoridade, domínio, poder.
sujeição: dependência, submissão.
temporal: não religioso, não espiritual; leigo, civil.
vassalagem: estado ou condição de vassalo; estado de sujeição, submissão, obediência.

TEXTO 2

Contexto

No romance *Boca do Inferno*, Gregório de Matos e Pe. Antônio Vieira são personagens e se envolvem na luta dos liberais contra o governo ditatorial de Antônio de Souza de Menezes, o Braço de Prata. No episódio a ser lido, o arcebispo João da Madre de Deus conversa com o governador Souza Menezes a respeito de perseguições políticas, entre elas a que se fazia a Vieira, suspeito de ter participado do assassinato do alcaide-mor da cidade de Salvador.

Boca do Inferno

"[...] O homem está velho. Nenhum de nós pode crer no envolvimento dele [Vieira] em tal sucesso, apesar de sabermos ser ele voltado para assuntos materiais como a **diplomacia**, o patriotismo, a estratégia."

"Apesar de sabermos que ele investe contra as acumulações remuneradas", disse o governador, completando com ironia o pensamento de João da Madre de Deus, "contra a **fidalguia**. Apesar de sabermos que ele faz no púlpito sua propaganda, que prega a tolerância aos judeus como remédio para Portugal restaurado, que prega a liberdade de consciência dos judeus, a abolição do **Santo Ofício**. [...] Apesar de sabermos ter ele sido expulso do Maranhão e de ser contra a escravidão, ter criado a teoria das raças, ter pregado a limitação da **onipotência** divina. [...] E com tantos apesares", prosseguiu Antônio de Souza, "não pode ter sido capaz de envolver-se num crime? Não se envolveu em guerras? Tudo será investigado com muito rigor. A princípio, todos são suspeitos. Se for inocente, o jesuíta saberá prová-lo. Não é um homem tão bom de **tribuna**?"

(Ana Miranda. *Boca do Inferno*. São Paulo: Companhia das Letras, 1989. p. 227-8.)

Pe. Antônio Vieira, por Portinari.

diplomacia: ciência ou arte de negociar com vistas à defesa dos direitos e interesses de um país perante governos estrangeiros.
fidalguia: condição de fidalgo, isto é, daquele que possui título de nobreza.
onipotência: poder total e absoluto.
Santo Ofício: Inquisição.
tribuna: lugar elevado de onde falam os oradores.

1. No texto 2, o governador apresenta um conjunto de acusações a Vieira entre elas a teoria das raças e o combate à escravidão.

a) Como Vieira explica, no texto 1, a diferença entre as nações e os povos quanto à cor da pele?

b) Converse com o professor de Biologia. De acordo com a ciência recente essa hipótese é válida ainda hoje?

c) Que tipo de argumento Vieira utiliza nesse fragmento para combater a escravidão: econômico, religioso ou político?

2. Em seu sermão, Vieira denuncia o próprio trabalho dos religiosos, que, ao submeter os índios ao poder da Igreja, acabam por submetê-los também ao poder do Estado. Identifique o trecho em que é feita essa afirmação.

3. De acordo com a fala do arcebispo, no texto 2, Vieira estava "voltado para assuntos materiais, como a diplomacia, o patriotismo, a estratégia". E, segundo o governador, Vieira contrariava os interesses da fidalguia. Pelo fragmento do "Sermão da epifania", é possível dizer que essas afirmações eram verdadeiras? Por quê?

Éramos todos escuros

Comparando as amostras coletadas [de DNA] dos mais diversos grupos étnicos, os cientistas verificaram serem pequenas e triviais as diferenças entre as raças. A cor da pele, por exemplo, é resultado de mera adaptação ao clima – negra na África, para se proteger do sol forte; branca na Europa, para facilitar a absorção dos raios ultravioleta, que ajudam a produzir vitamina D. Ou seja, se as pesquisas estiverem certas, antes da dispersão dos hominídeos da África, éramos todos escuros.

(*Superinteressante*, set. 1988.)

Roteiro de estudo

Ao final da leitura dos textos, você deverá saber:

- Explicar por que o cientificismo do século XIX de certa forma dá continuidade ao Iluminismo do século XVIII.
- Comentar o impacto do determinismo e do darwinismo sobre os diversos campos da ciência e sobre a literatura.
- Reconhecer, na citação de Émile Zola, qual é o papel da arte, de acordo com o ponto de vista desse escritor naturalista.
- Comentar por que o liberalismo do século XIX apresentava contradição com as condições políticas e sociais da época e por que as teorias socialistas representavam uma saída àquela contradição.

Construindo seu itinerário formativo

A literatura negro-brasileira

A literatura brasileira, até o século XIX, foi desenvolvida por um grupo de escritores pertencentes a uma elite branca. Quando teria se iniciado uma produção literária de escritores brasileiros negros? Quais são os temas predominantes nessa literatura?

Convidamos você a vivenciar, neste minicurso, um conjunto de experiências relacionadas ao tema:

- discutir o conceito de literatura negro-brasileira;
- conhecer e ler alguns dos principais autores desse grupo;
- fazer pesquisas e apresentações;
- assistir a filme e debatê-lo;
- participar da produção de um sarau literário.

Para quem quer mais

Se você deseja aprofundar os seus conhecimentos sobre a literatura barroca, leia os textos a seguir e, posteriormente, sozinho, em dupla ou em grupo, procure resolver as questões propostas pelo **Roteiro de estudo**.

Gregório de Matos

TEXTO 1

Ardor em firme coração nascido!
Pranto por belos olhos derramado!
Incêndio em mares de água disfarçado!
Rio de neve em fogo convertido!

Tu, que em um peito abrasas escondido:
Tu, que em um rosto corres desatado,
Quando fogo em cristais aprisionado,
Quando cristal em chamas derretido.

Se és fogo como passas brandamente?
Se és neve, como queimas com porfia?
Mas ai, que andou Amor em ti prudente.

Pois para temperar a tirania,
Como quis, que aqui fosse a neve ardente,
Permitiu parecesse a chama fria.

(*In*: Luiz Roncari. Literatura brasileira – *Dos primeiros cronistas aos últimos românticos*. 2. ed. São Paulo: Edusp, 1995. p. 129.)

Vaclav Taus /Shutterstock

TEXTO 2

Neste mundo é mais rico, o que mais rapa:
Quem mais limpo se faz, tem mais **carepa**:
Com sua língua ao nobre o vil decepa:
O Velhaco maior sempre tem capa.

Mostra o patife da nobreza o mapa:
Quem tem mão de agarrar, ligeiro trepa;
Quem menos falar pode, mais **increpa**:
Quem dinheiro tiver, pode ser Papa.

A flor baixa se inculca por Tulipa;
Bengala hoje na mão, ontem **garlopa**:
Mais isento se mostra, o que mais chupa.

Para a tropa do trapo vazo a tripa,
E mais não digo, porque a Musa topa.
Em apa, epa, ipa, opa, upa.

(*In*: Antônio Dimas, org. *Gregório de Matos*. São Paulo: Abril Educação,1981. p. 37.)

carepa: caspa, sujeira.
garlopa: ferramenta de marcenaria; termo usado como sinônimo de trabalho braçal.
increpar: censurar, repreender. vil: ordinário.

TEXTO 3

Uma crioulinha chamada Cipriana

Crioula da minha vida,
Supupema da minha alma,
bonita como umas flores,
e alegre como umas páscoas.
Não sei que feitiço é este,
que tens nessa linda cara,
a gracinha, com que ris,
a esperteza, com que falas.
O garbo, com que te moves,
o **donaire**, com que andas,
o asseio, com que te vestes,
e o pico, com que te amanhas.
Tem-me tão enfeitiçado
que a bom partido tomara
curar-me por tuas mãos,
sendo tu, a que me matas.
Mas não te espante o remédio,
porque na víbora se acha
o veneno na cabeça,
de que se faz a **triaga**.
A tua cara é veneno,
que me traz enfeitiçada
esta alma, que por ti morre,
por ti morre, e nunca acaba.
Não acaba, porque é justo
que passe as amargas ânsias
de te ver zombar de mim,
que a ser morto não zombaras.
Tão infeliz sou contigo,
que a fim de que te agradara,
fora o Bagre, e fora o Negro,
que tinha as pernas inchadas.
Claro está, que não sou negro,
que a sê-lo tu me buscaras;
nunca meu Pai me fizera
branco de cagucho, e cara.
Mas não deixas de querer-me,
porque sou branco de casta,
que se me tens cativado,
sou teu negro, e teu canalha.

(*In*: Luiz Roncari, op. cit., p. 128.)

donaire: graça no andar ou no manejo do corpo
triaga: o mesmo que teriaga, poção contra mordeduras venenosas.

Para quem quer mais na internet

- **Antologia: O Barroco em Portugal e no Brasil.**
Conheça outros textos importantes do Barroco em Portugal e no Brasil, acessando o Plurall.

Intervalo

Esta atividade favorece o desenvolvimento das habilidades

EM13LGG601 EM13LGG602 EM13LP28 EM13LP30 EM13LP32 EM13LP46 EM13LP51 EM13LP53

PROJETO
A ARTE BRASILEIRA NO PERÍODO COLONIAL

1. O Barroco perto de nós

O Barroco brasileiro ganhou expressão artística em diferentes Estados do país: Minas Gerais, Bahia, Goiás, Pernambuco, Paraíba e Rio Grande do Sul, entre outros.

Façam uma pesquisa a fim de averiguar se sua cidade e seu Estado dispõem de patrimônio artístico-cultural barroco. Visitem, se possível, igrejas, palácios, edifícios, prisões, museus e procurem conhecer obras: pintura, escultura, música, etc.

Reúnam imagens ou gravações relacionadas ao tema da pesquisa e apresentem-nas à turma, com informações a respeito das obras, como contexto de produção, autoria, temas, características barrocas, estado de conservação, etc.

Ricardo Fernandes/DP/D.A Press

Igreja do Carmo, Olinda, Pernambuco.

Walmir Monteiro/SambaPhoto

Esculturas de Aleijadinho em Bom Jesus de Matosinhos, Congonhas do Campo, MG.

2. O Barroco no Brasil: som e imagem

A fim de compor um amplo panorama da arte brasileira do século XVIII, façam um levantamento das principais realizações artísticas do período. Reúnam imagens ou gravações delas e apresentem-nas à turma.

- **O Barroco na pintura**

Pesquisem, entre outras, a obra de Manuel da Costa Ataíde, o principal pintor da época.

- **O Barroco na escultura**

Pesquisem, entre outras, a obra de Antônio Francisco de Lisboa, o Aleijadinho, o principal escultor da época.

Alamy/Other Images

Escultura de Aleijadinho em Bom Jesus de Matosinhos, Congonhas do Campo, MG.

Igreja de Nossa Senhora do Carmo

Nossa Senhora do Carmo e São Simão Stock, pintura atribuída a Manoel da Costa Ataíde.

- **O Barroco na arquitetura**

Pesquisem, entre outros, os projetos arquitetônicos de Aleijadinho, Francisco Dias e Daniel de São Francisco.

Tyba

Igreja de São Francisco à esquerda e Igreja do Carmo à direita, na praça principal de Mariana, MG.

• **O Barroco na música**

A produção de música barroca no Brasil, principalmente a sacra, com manifestações em Recife, Olinda, Belém, Salvador, Ouro Preto, foi muito rica. Pesquisem a produção de Lobo de Mesquita e Francisco Gomes da Rocha, entre outros, e apresentem trechos de músicas à turma.

O concerto (1623), de Gerrit van Honthorst.

• **O Barroco no cinema**

Assistam ao filme *Gregório de Mattos*, de Ana Carolina, e selecionem as partes principais para apresentar à turma, comentando-as.

Cartaz do filme *Gregório de Mattos*, dirigido por Ana Carolina.

3. Sarau literário

• **O amor através dos tempos**

Reúnam poemas de tema amoroso de poetas brasileiros do período colonial, como Gregório de Matos, Cláudio Manuel da Costa, Tomás Antônio Gonzaga e Silva Alvarenga, entre outros, a fim de montar um painel da poesia amorosa brasileira do período colonial. Depois declamem os poemas para a turma. Se quiserem, utilizem música (barroca ou neoclássica) como fundo para as declamações.

A escola do amor (1715-8), de Jean Antoine Watteau.

Detalhe de *Triunfo de Vênus* (1740), de François Boucher.

4 HISTÓRIA SOCIAL DO ARCADISMO

Ao observarmos a história da cultura, notamos que cada período novo opõe-se ao anterior. Porém, ao analisarmos o novo, percebemos que muitos de seus elementos são mais antigos que os abandonados. É o velho que, misturado a certas tendências, volta à tona como novidade. Assim ocorreu com a cultura e a arte do século XVIII. Depois da onda de religiosidade e fé que se seguiu à Contrarreforma — cuja expressão artística foi o Barroco —, houve um reflorescimento das tendências artístico-científicas que haviam marcado o Renascimento. E dele resultaram o Iluminismo, na filosofia, o empirismo, na ciência, e o Neoclassicismo ou Arcadismo, na literatura. Compreender o alcance ideológico e estético do Arcadismo implica conhecer suas relações com o quadro de transformações por que passaram as sociedades europeia e brasileira no século XVIII.

Esta unidade favorece o desenvolvimento das habilidades

EM13LGG103 | EM13LGG202 | EM13LGG601 | EM13LGG602 | EM13LGG604

EM13LP28 | EM13LP30 | EM13LP32 | EM13LP51

FIQUE LIGADO! PESQUISE!

Para estabelecer relações entre a literatura e outras artes e áreas de conhecimento, eis algumas sugestões:

Collection Christophel/Alamy/Fotoarena

A revolução em Paris, de Pierre Schoeller.

- *A revolução em Paris*, de Pierre Schoeller; *Maria Antonieta*, de Sofia Coppola; *Adeus, minha rainha*, de Benoît Jacquot; *Uma nação, um rei*, de Pierre Schoeller; *Danton — O processo da Revolução*, de Andrzej Wajda; *Ligações perigosas*, de Stephen Frears; *Casanova e a Revolução*, de Ettore Scola; *Amadeus*, de Milos Forman; *A missão*, de Roland Joffé; *Os inconfidentes*, de Joaquim Pedro de Andrade; *Xica da Silva*, de Cacá Diegues; *Chico Rei*, de Walter Lima Jr.; *Orgulho e preconceito*, de Joe Wright.

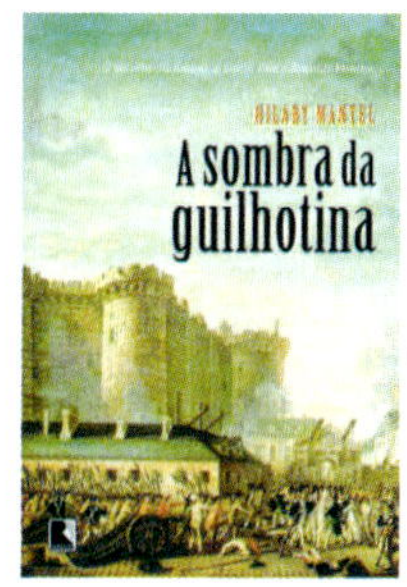

Reprodução/Editora Record

- *As relações perigosas*, de Choderlos de Laclos (Globo); *Moll Flanders*, de Daniel Defoe (Abril Cultural); *Um conto de duas cidades*, de Charles Dickens; *A sombra da guilhotina*, de Hilary Mantel; *O príncipe e o mendigo*, de Mark Twain (Ática); *Emma* (Nova Fronteira), *Orgulho e preconceito* (Ediouro) e *Razão e sensibilidade* (Best Seller), de Jane Austen; *Romanceiro da Inconfidência*, de Cecília Meireles (Nova Fronteira); *Marília de Dirceu*, de Tomás Antônio Gonzaga (Ediouro); *Poemas escolhidos*, de Cláudio Manuel da Costa (Ediouro); *O Iluminismo e os reis filósofos*, de Luiz Salinas (Brasiliense); *Nossos índios*, de Gil Kipper (Kuarup).

- Ouça a produção dos compositores clássicos Franz Joseph Haydn e Wolfgang Amadeus Mozart.
- No YouTube, existem várias apresentações de música colonial mineira do século XVIII.

- www.jornaldepoesia.jor.br/tomaz.html
- www.jornaldepoesia.jor.br/cmc.html
- www.jornaldepoesia.jor.br/basi01.html
- Baixe as obras de poetas árcades mineiros, acessando o *site* www.dominiopublico.gov.br

Reprodução/Editora Brasiliense

O Iluminismo e os reis filósofos.

- Pesquise sobre as ideias e as obras dos filósofos iluministas Voltaire, Montesquieu, Rousseau, Diderot e D'Alembert. Procure saber também sobre a *Enciclopédia*, escrita por eles, e sobre o despotismo esclarecido. Pesquise a pintura rococó, cujos representantes principais são Watteau, Boucher, Fragonard e Chardin. E também a pintura neoclássica, especialmente a produzida por Gainsborough, David e Ingres.

Rubens Chaves/Pulsar Imagens

Museu da Inconfidência Mineira.

- Visite o Museu da Inconfidência Mineira, em Ouro Preto, onde se encontram reunidos os mais importantes documentos relacionados com a Inconfidência Mineira, além de livros e objetos que ajudam a reconstituir a vida cultural e política de Minas Gerais no século XVIII.

CAPÍTULO 7

A linguagem do Arcadismo

No século XVIII, as transformações que ocorriam no plano político e social — o fortalecimento político da burguesia, o aparecimento dos filósofos iluministas, o combate à Contrarreforma, entre outras — exigiam dos artistas uma arte que atendesse às necessidades de expressão do ser humano naquele momento. O Neoclassicismo, também conhecido como Arcadismo, foi a resposta artística que a burguesia pôde dar a essa necessidade.

Reprodução/Museu de Arte de Toledo, Ohio, EUA.

A cabra-cega (1769-1770), de Jean-Honoré Fragonard.

Este capítulo favorece o desenvolvimento das habilidades

- EM13LGG102
- EM13LGG202
- EM13LGG601
- EM13LGG602
- EM13LGG604
- EM13LP01
- EM13LP06
- EM13LP46
- EM13LP48
- EM13LP52

Os efeitos da Contrarreforma foram sentidos durante todo o século XVII e manifestaram-se fortemente na arte barroca. No século XVIII, entretanto, os esforços dos artistas e dos intelectuais concentraram-se no combate tanto à mentalidade religiosa quanto às formas de expressão do Barroco. Assim, a arte neoclássica, que no Brasil se manifestou sob a forma do Arcadismo, procura resgatar o nacionalismo e o equilíbrio do Classicismo do século XVI como meio de combater a influência do Barroco.

Observe esta pintura:

O juramento dos Horácios [1784], de Jacques-Louis David.

O contexto da cena

O quadro retrata um tema histórico da Roma antiga. As cidades de Roma e Alba estavam em guerra e um acordo definiu que a disputa seria resolvida por um combate mortal entre três homens de cada lado. Os romanos enviaram os trigêmeos Horácios, e os albanos enviaram os trigêmeos Curiácios.

A cena retrata o momento em que os três irmãos Horácios juram ao pai lealdade à República.

1. Leia o boxe "O contexto da cena". Depois responda:

a) Que traço do Classicismo é retomado por essa tela neoclássica?

b) Quanto ao tema, que mudança essa tela apresenta, se comparada às obras barrocas?

2. O Neoclassicismo contrapõe-se aos excessos do Barroco, presentes no movimento das formas, no detalhismo, no artificialismo, etc. Observe na tela estes elementos:

- os jovens romanos
- as mulheres
- as espadas
- os arcos ao fundo

a) O que esses elementos têm em comum?

b) Que traço clássico ou neoclássico se verifica nesse procedimento?

3. Observe os três jovens romanos: a postura, o contorno do físico, a musculatura.

a) Como eles são caracterizados?

b) Que relação essas características têm com a pintura renascentista?

4. A cena pode ser dividida em duas partes. Do lado esquerdo, o mundo masculino; do lado direito, o mundo feminino e infantil.

a) O que os gestos do pai e dos filhos demonstram, sabendo-se que os rapazes poderão voltar sem vida?

b) Em contraposição, o que os gestos das mulheres representam?

5. A filosofia do século XVIII tinha caráter reformador, em oposição ao absolutismo e aos privilégios da aristocracia. A tela foi concluída quatro anos antes da Revolução Francesa. Em sua opinião, esse quadro pode ser visto como contestação ao regime vigente? Por quê?

6. Veja algumas das principais características do Classicismo:

- valorização da cultura clássica greco-latina
- equilíbrio, harmonia
- nacionalismo, heroísmo
- paganismo
- antropocentrismo
- racionalismo

Quais dessas características é possível identificar nessa pintura neoclássica? Explique como se manifestam no quadro essas características identificadas.

Leitura

Você vai ler a seguir três textos. O primeiro é parte de um soneto de Cláudio Manuel da Costa, o fundador do Arcadismo no Brasil; o segundo pertence à obra *Marília de Dirceu*, de Tomás Antônio Gonzaga; o terceiro é um soneto do poeta português Bocage.

TEXTO 1

Já me enfado de ouvir este alarido.
Com que se engana o mundo em seu cuidado;
Quero ver entre as peles, e o **cajado**,
Se melhora a fortuna de **partido**.
[...]
Aquele adore as roupas de alto preço,
Um siga a ostentação, outro a vaidade;
Todos se enganam com igual excesso.

Eu não chamo a isto já felicidade:
Ao campo me recolho, e reconheço,
Que não há maior bem, que a **soledade**.

(Cláudio Manuel da Costa. *In*: Massaud Moisés. *Literatura brasileira através dos textos*. São Paulo: Cultrix, 2000. p. 92.)

cajado: bastão do pastor.
partido: utilidade, vantagem, proveito, ganho.
soledade: solidão.

TEXTO 2

Lira I

Eu, Marília, não sou algum vaqueiro,
que viva de guardar alheio gado,
de tosco trato, de expressões grosseiro,
dos frios gelos e dos sóis queimado.
Tenho próprio **casal** e nele assisto;
dá-me vinho, legume, fruta, azeite;
das brancas ovelhinhas tiro o leite
e mais as finas lãs de que me visto.
Graças, Marília bela,
graças à **minha estrela**!
[...]
Irás a divertir-te na floresta,
sustentada, Marília, no meu braço;
aqui descansarei a quente sesta,
dormindo um leve sono em teu **regaço**;
enquanto a luta jogam os pastores,
e emparelhados correm nas campinas,
toucarei teus cabelos de **boninas**,
nos troncos gravarei os teus louvores.
Graças, Marília bela,
graças à minha estrela!
[...]

Bridgeman Images/Glow Images/Royal Pavilion, Brighton, Inglaterra

Uma cena pastoral (1750), por Francesco Zuccarelli.

bonina: espécie de flor do campo.
casal: sítio, chácara.
minha estrela: sorte, destino.
regaço: colo.
toucar: enfeitar, adornar.

(Tomás Antônio Gonzaga. *In*: *Antologia da poesia árcade brasileira*. Organização de Pablo Simpson. São Paulo: Nacional/Lazuli, 2007. p. 83-85.)

TEXTO 3

Ser prole de varões assinalados,
Que nas asas da fama e da vitória
Ao templo foram da imortal Memória
Pendurar mil troféus ensanguentados:

Ler seus nomes nas páginas gravados
D'alta epopeia, d'elegante história,
Não, não nos serve de esplendor, de glória,
Almas soberbas, corações inchados!

Ouvir com dor o miserável grito
De inocentes, que um bárbaro molesta,
Prezar o sábio, consolar o aflito;

Prender teus voos, ambição funesta,
Ter amor à virtude, ódio ao delito,
Das almas grandes a nobreza é esta.

(Bocage. *Sonetos completos*. São Paulo: Núcleo, 1989. p. 50.)

1. A propósito do texto 1, responda:

a) O eu lírico do poema, na primeira estrofe, emprega metonímias para caracterizar dois ambientes distintos. Quais são as características de um e outro ambiente?

b) A que ambientes correspondem?

c) No campo, a que atividade ele vai se dedicar lá?

2. Influenciados pelo poeta latino Horácio, os árcades costumavam reaproveitar dois temas da tradição clássica: o *fugere urbem* e o *aurea mediocritas*. Leia os boxes laterais e responda:

a) Identifique no texto 1 trechos em que se destacam esses dois temas.

b) Em que o eu lírico se diferencia das demais pessoas?

3. A propósito do texto 2, responda:

a) O eu lírico revela a Marília os bens que possui. Ele aspira à riqueza material ou à simplicidade, representada pelo princípio chamado *aurea mediocritas*?

b) Em que passagem o eu lírico expressa um ideal de autonomia ou independência?

c) É comum haver nos textos árcades a descrição de um *locus amoenus*, isto é, um lugar ameno ou aprazível onde o eu lírico gostaria que sua musa ou pastora estivesse. Identifique uma passagem do texto que apresenta esse tema.

d) Por que, no texto, o tema do *locus amoenus* envolve também o tema do *carpe diem*?

4. A literatura árcade foi bastante influenciada pelas ideias do Iluminismo, movimento filosófico que, entre outras coisas, defendia o uso da razão, a igualdade de direitos entre os cidadãos e a liberdade de expressão. O texto 3 apresenta um ponto de vista iluminista ao discutir o conceito de herói.

a) Para o eu lírico, o que é, na verdade, ser herói, ou seja, qual é "a nobreza das almas grandes"?

b) Em que medida o conceito de herói do eu lírico é diferente do que foi estabelecido pela História tradicional?

5. O Neoclassicismo ou Arcadismo é um movimento literário que procurou resgatar os princípios do Classicismo do século XVI. Além dos temas do Classicismo, o Arcadismo incorpora entidades da mitologia pagã e imita os procedimentos formais daquele período.

a) Identifique nos textos 1 e 2 elementos que são próprios da cultura grega.

b) O texto 3 constitui um tipo de composição criado pelos humanistas italianos. Qual é o nome desse tipo de composição?

c) Os três textos apresentam um tipo de verso também criado pelos humanistas italianos. Faça a escansão de alguns desses versos e responda: Que tipo de verso foi empregado?

Fugere urbem e *aurea mediocritas*

Equivalente a *bucolismo*, o *fugere urbem* (fuga da cidade) traduz uma vida simples e natural, no campo, longe dos centros urbanos. Tal princípio era reforçado no século XVIII pelo pensamento do filósofo Jean-Jacques Rousseau, segundo o qual a civilização corrompe os costumes do ser humano, que é bom por natureza.

O *aurea mediocritas* (vida medíocre materialmente, mas rica em realizações espirituais) é a idealização de uma vida pobre e feliz no campo, em oposição à vida luxuosa e triste na cidade.

O convencionalismo amoroso árcade

Nos poemas árcades, o poeta não fala dos seus próprios sentimentos. Ele sempre dá voz a um pastor, que confessa seu amor a uma pastora e a convida para aproveitarem a vida em meio à natureza. Tem-se, porém, a impressão de que se trata sempre do mesmo homem e da mesma mulher. Não há variações emocionais de um poema para outro nem de um poeta para outro. Isso ocorre devido ao convencionalismo amoroso, isto é, os poetas não estavam preocupados em expressar seus reais sentimentos, mas em seguir o modelo da poesia clássica. O distanciamento amoroso que havia entre Petrarca e Laura, ou entre Camões e sua amada, continua a existir entre o poeta árcade Cláudio Manuel da Costa e sua Nise, entre Tomás Antônio Gonzaga e sua Marília.

6. Para os padrões de hoje, os poetas árcades utilizavam uma linguagem sofisticada, com vocabulário pouco comum. No entanto, é preciso considerar que o Arcadismo, na época, opunha-se ao Barroco. Observe estes versos de Botelho de Oliveira, poeta barroco brasileiro:

De Anarda o rosto luzia
No vidro que o retratava,
E tão belo se ostentava,
Que animado parecia:
Mas se em asseios do dia

No rosto o quarto farol
Vê seu lustroso arrebol;
Ali pondera meu gosto
O vidro espelho do rosto,
O rosto espelho do sol.

(*In*: Antonio Candido e José A. Castello. *Presença da literatura brasileira*. São Paulo: Difel, 1968. v. 1, p., 72.)

Retrato de mulher (1778), de Jens Juel.

Compare os textos árcades (em especial, o de Tomás Antônio Gonzaga) a esses versos barrocos quanto ao vocabulário, à ordem sintática das orações e ao emprego de figuras de linguagem. Qual dos dois estilos de época emprega uma linguagem mais simples?

Concluindo

Como síntese do estudo feito até aqui, compare as características do Arcadismo com as do Barroco:

Arcadismo	Barroco
Quanto ao conteúdo	
Antropocentrismo	Conflito entre visão antropocêntrica e teocêntrica
Racionalismo, busca do equilíbrio	Oposição entre mundo material e mundo espiritual, fé e razão
Paganismo; elementos da cultura greco-latina	Cristianismo
Imitação dos clássicos renascentistas	Restauração da fé religiosa medieval
Idealização amorosa, neoplatonismo, convencionalismo amoroso	Idealização amorosa, sensualismo e sentimento de culpa cristão
Fugere urbem, carpe diem, aurea mediocritas	Consciência trágica da efemeridade do tempo, *carpe diem*
Busca da clareza das ideias	Gosto por raciocínios complexos, intricados, desenvolvidos em parábolas e narrativas bíblicas
Pastoralismo, bucolismo	Morbidez
Universalismo	
Ideias iluministas	Influências da Contrarreforma
Quanto à forma	
Vocabulário simples	Vocabulário culto
Gosto pela ordem direta e pela simplicidade da linguagem	Gosto por inversões e por construções complexas e raras
Gosto pelo soneto e pelo decassílabo	Gosto pelo soneto e pelo decassílabo
Ausência quase total de figuras de linguagem	Linguagem figurada

O texto e o contexto em perspectiva multidisciplinar

Leia, a seguir, o infográfico e um painel de textos interdisciplinares que relacionam a produção literária do Arcadismo ao contexto histórico, social e cultural em que o movimento floresceu.

Linha do tempo

1638-1640 Introdução do tema da Arcádia na pintura, apontando para a renovação neoclássica, com o quadro *Et in Arcadia ego*, de Nicolas Poussien

1746 Publicação de *Verdadeiro método de estudar*, de Pe. Luís Antônio Verney, em que a arte barroca é condenada

1750 Nomeação do Marquês de Pombal para secretário de Estado, no reinado de D. José I

1755 Terremoto em Lisboa, que levou à reconstrução da cidade

1756 Fundação da Arcádia Lusitana, marco introdutório do Arcadismo em Portugal

1759 Expulsão dos jesuítas de Portugal e do Brasil

Reprodução/Palácio dos Marqueses de Pombal, Oeiras, Portugal

O marquês de Pombal expulsando os jesuítas, de Louis-Michel van Loo e Claude-Joseph Vernet.

1768 Publicação de *Obras poéticas*, de Cláudio Manuel da Costa, marco introdutório do Arcadismo no Brasil

1776 Independência dos Estados Unidos

1777

Reprodução/Museu de Belas Artes, Boston, EUA.

A morte do general Warren na batalha de Bunker Hill (1786), de John Trumbull.

1787-1788 Circulação das *Cartas chilenas* em Vila Rica, atual Ouro Preto

1789 Revolução Francesa e, no Brasil, Inconfidência Mineira; Prisão dos poetas mineiros inconfidentes

Reprodução/Museu Nacional do Palácio de Versalhes e Trianon, Versalhes, França.

1792 Enforcamento de Tiradentes

Linha do tempo esquemática. O espaço entre as datas não é proporcional ao intervalo de tempo.

Um olhar para o futuro

A passagem do século XVII para o seguinte, na Europa, representou uma mudança muito grande de mentalidade e cosmovisão; quer dizer, em muitos aspectos o homem abandonou uma visão religiosa do mundo e da vida e adotou uma perspectiva mais terrena para a busca do conhecimento e orientação dos seus esforços. Todos os ganhos do pensamento filosófico do século XVII [...], à medida que foram sendo discutidos, refutados, aceitos, reproduzidos e vulgarizados, foram sendo difundidos e assimilados pelo homem comum, interferindo na sua forma de ver o mundo.

Ao invés de continuar olhando para o passado como sendo a origem e a perfeição das coisas — já que o mundo era uma obra de Deus [...] — o homem do novo século passou a duvidar da legitimidade dos privilégios dos membros da nobreza, justificados por serem considerados os descendentes mais próximos de Adão e Eva. Os valores guerreiros e heroicos aristocráticos foram negados e duvidava-se das verdades proclamadas por autores da Antiguidade que haviam errado sobre tantas coisas e eram contestados pelas novas descobertas, principalmente as realizadas no campo da ciência. Em lugar do passado, os homens invertiam a perspectiva e olhavam para o futuro: o homem, através da razão, com sua capacidade de conhecer e chegar à verdade das coisas, seria capaz de corrigir o que houvesse de errado no mundo e, com isso, construir uma vida mais razoável e mais próxima da vida natural.

(Luiz Roncari. *Literatura brasileira — Dos primeiros cronistas aos últimos românticos*. 2. ed. São Paulo: Edusp/FDE, 1995. p. 180-181.)

Sony Pictures/Everett Collection/Fotoarena

Cena do filme *Maria Antonieta* [2006], de Sofia Coppola.

A burguesia e o fim da sociedade feudal

Foi essa classe média, a burguesia, que provocou a Revolução Francesa, e que mais lucrou com ela. A burguesia provocou a Revolução porque tinha de fazê-lo. Se não derrubasse seus opressores, teria sido por eles esmagada. Estava na mesma situação do pinto dentro do ovo que chega a um tamanho em que tem que romper a casca ou morrer. Para a crescente burguesia os regulamentos, restrições e contenções do comércio e indústria, a concessão de monopólios e privilégios a um pequeno grupo, os obstáculos ao progresso criados pelas obsoletas e retrógradas corporações, a distribuição desigual dos impostos continuamente aumentados, a existência de leis antigas e a aprovação de novas sem que a burguesia fosse ouvida, o grande enxame de funcionários governamentais bisbilhoteiros e o crescente volume da dívida governamental — toda essa sociedade feudal decadente e corrupta era a casca que devia ser rompida. Não desejando ser asfixiada até morrer penosamente, a classe média burguesa que surgia tratou de fazer com que a casca se rompesse.

Quem era a burguesia? Eram os escritores, os doutores, os professores, os advogados, os juízes, os funcionários — as classes educadas; eram os mercadores, os fabricantes, os banqueiros — as classes abastadas, que já tinham direitos e queriam mais.

(Leo Huberman. *História da riqueza do homem*. 21. ed. Rio de Janeiro: LTC, 1986. p. 136.)

A liberdade como meta coletiva

O século XVIII é, por diversas razões, um século diferenciado. É nele que muitos processos históricos, cujas origens remontam ao final da Idade Média e início da Idade Moderna (séculos XV e XVI), atingem sua culminância — como a Reforma e a Contrarreforma religiosas ou a destruição do Estado monarquista absoluto. Ao lado desses, outros se originam e, talvez, o mais importante seja o que dá início ao processo de construção do homem comum como sujeito de direitos civis.

É verdade que esse processo de construção tem seus tímidos primórdios nos séculos anteriores, contudo, é no século XVIII, especialmente com as Revoluções Francesa (1789), Americana (1776), e mais a Revolução Industrial, que ele deslancha de maneira decisiva e irá ser estendido pelos séculos XIX e XX, até os dias de hoje.

(Nilo Odalia. *In*: Jaime Pinsky e Carla B. Pinsky, orgs. *História da cidadania*. São Paulo: Contexto, 2003. p. 159.)

A Liberdade guiando o povo (1831), de Delacroix.

Os iluministas e as ideias de liberdade

Fala-se muito nos dias de hoje em direitos do homem. Pois bem: foi no século XVIII — em 1789, precisamente — que uma Assembleia Constituinte [...] produziu e proclamou em Paris, solenemente, a primeira "Declaração dos Direitos do Homem e do Cidadão" de que se tem notícia. Até então era como se o homem não existisse.

É claro que [...] isso não significa que estes direitos sejam respeitados. Às vezes, como ocorre hoje em dia, é sintoma justamente do contrário [...] Se uma "Declaração" como aquela que se produziu durante a grande revolução francesa do século foi possível e se impôs como necessária para um grupo de entusiasmados revolucionários, foi por ter sido preparada por uma mutação no plano das ideias e das mentalidades.

(Luiz R. Salinas Fortes. *O Iluminismo e os reis filósofos*. São Paulo: Brasiliense, 1981. p. 7-8.)

Rousseau, filósofo iluminista, retratado por Maurice Quentin de La Tour.

Roteiro de estudo

Reúna-se com seu grupo e, no final da leitura dos textos, vocês deverão:

- Saber explicar por que o prestígio da razão e da ciência punha em xeque o sistema de poder e de classe do Absolutismo.
- Saber comentar por que, de acordo com o ponto de vista de Leo Huberman, era inevitável que a burguesia fizesse a Revolução Francesa.
- Reconhecer a importância da Revolução Francesa para os "direitos do cidadão", tão reivindicados nos dias de hoje.
- Saber estabelecer relações entre as opções estéticas do Arcadismo (forma e conteúdo dos textos literários) e as ideias iluministas e explicar por que a arte árcade era uma espécie de grito de protesto da burguesia.

CAPÍTULO 8

O Arcadismo no Brasil

O Arcadismo no Brasil reflete a condição do intelectual brasileiro no século XVIII: de um lado, recebia as influências da literatura e das ideias iluministas vindas da Europa; de outro, interessava-se pelas coisas da terra e alimentava sonhos de liberdade política, dando forma e expressão a um sentimento nativista.

Antônio Parreiras

Julgamento de Felipe dos Santos (1923), por Antônio Parreiras.

O Arcadismo brasileiro originou-se e teve expressão principalmente em Vila Rica (hoje Ouro Preto), Minas Gerais, e seu aparecimento teve relação direta com o grande crescimento urbano verificado no século XVIII nas cidades mineiras, cuja vida econômica girava em torno da extração de ouro.

O crescimento dessas cidades favorecia tanto a divulgação de ideias políticas quanto o florescimento da literatura. Os jovens brasileiros das camadas privilegiadas da sociedade costumavam ser mandados a Coimbra para estudar, uma vez que na colônia não havia cursos superiores. E, ao retornarem de Portugal, traziam consigo as ideias que faziam fermentar a vida cultural portuguesa à época das inovações políticas e culturais do ministro Marquês de Pombal, adepto de algumas ideias do Iluminismo.

Em Vila Rica, essas ideias levaram vários intelectuais e escritores a sonhar com a independência do Brasil, principalmente após a repercussão do movimento de independência dos Estados Unidos da América (1776). Tais sonhos culminaram na frustrada Inconfidência Mineira (1789).

Este capítulo favorece o desenvolvimento das habilidades

EM13LGG102 | EM13LGG202 | EM13LGG601 | EM13LGG602 | EM13LGG604 | EM13LP01 | EM13LP02

EM13LP06 | EM13LP46 | EM13LP48 | EM13LP52 | EM13LP49 | EM13LP50

Arcadismo na colônia: entre o local e o universal

Embora os escritores brasileiros do século XVIII se orientassem pelos princípios estabelecidos nas academias literárias portuguesas e se inspirassem em autores clássicos como Camões, Petrarca e Horácio, buscando elevar a literatura colonial ao nível da europeia e, também, conferir a ela maior universalidade, eles não deixaram de manifestar em suas produções literárias peculiaridades locais. Como exemplo, a natureza presente na poesia de Cláudio Manoel da Costa é mais bruta e selvagem do que nos modelos europeus; o mito do "bom selvagem", do filósofo iluminista francês Rousseau, culminou na figura do índio brasileiro, presente nos poemas épicos *O Uraguai*, de Basílio da Gama, e *Caramuru*, de Santa Rita Durão; e a expressão dos sentimentos, em Tomás Antônio Gonzaga e Silva Alvarenga, é mais espontânea e menos convencional do que nos poemas árcades portugueses.

Entre os autores árcades brasileiros, destacam-se: na lírica, Cláudio Manuel da Costa e Tomás Antônio Gonzaga; na épica, Basílio da Gama e Santa Rita Durão.

Cláudio Manuel da Costa: a consciência árcade

Com ampla formação cultural, Cláudio Manuel da Costa foi introdutor do Arcadismo no Brasil e liderou o grupo de escritores árcades mineiros. Soube dar continuidade à tradição de poetas clássicos, compondo sonetos que apresentam notável afinidade com a lírica de Camões.

Em virtude dessas ligações com a tradição clássica, sua obra foi a que melhor se ajustou aos padrões do Arcadismo europeu. Porém, ainda é possível observar influências do Barroco em alguns de seus textos.

O autor cultivou a poesia lírica e a épica. Na lírica, tem destaque o tema da desilusão amorosa. A situação mais comum observada em seus sonetos é Glauceste, o eu lírico pastor, lamentar-se em razão de não ser correspondido por sua musa inspiradora, Nise, ou então por se encontrar em um lugar de grande beleza natural sem a companhia da mulher amada.

Nise é uma personagem fictícia incorpórea, presente apenas pela citação nominal. Ela representa o ideal da mulher amada inalcançável — nítido traço de reaproveitamento do neoplatonismo renascentista.

Na épica, Cláudio Manuel da Costa escreveu o poema "Vila Rica", inspirado nas epopeias clássicas, que trata da penetração bandeirante, da descoberta das minas, da fundação de Vila Rica e de revoltas locais.

Na poesia de Cláudio Manuel da Costa, também estão presentes elementos da paisagem local: o ribeirão do Carmo, rio que corta a região; os vaqueiros, em lugar de pastores gregos; as montanhas e os vales; e as constantes referências ao ambiente agreste e rústico de Minas Gerais.

Quem foi Cláudio Manuel da Costa?

Também conhecido pelo pseudônimo pastoral de Glauceste Satúrnio, Cláudio Manuel da Costa (1729-1789) nasceu em Mariana, Minas Gerais. Depois de estudar no Brasil com os jesuítas, completou seus estudos em Coimbra, onde se formou advogado. Em Portugal, entrou em contato com as renovações da cultura portuguesa empreendidas por Pombal e Verney.

De volta ao Brasil, trabalhou em Vila Rica como advogado e administrador. Sua carreira de escritor teve início com a publicação de *Obras poéticas*. Em 1789, foi preso acusado de envolvimento na Inconfidência Mineira. Na prisão, foi encontrado morto e a alegação oficial é de que ele teria cometido suicídio.

Leitura

Leia o poema que segue, de Cláudio Manuel da Costa, e responda às questões propostas.

Que inflexível se mostra, que constante
Se vê este penhasco! já ferido
Do **proceloso** vento e já batido
Do mar, que nele quebra a cada instante!

Não vi; nem hei de ver mais semelhante,
Retrato dessa ingrata, a que o gemido
Jamais pode fazer que, enternecido,
Seu peito atenda às queixas de um amante.

Tal és, ingrata Nise: a rebeldia,
Que vês nesse penhasco, essa dureza
Há de ceder aos golpes algum dia:

Mas que diversa é tua natureza!
Dos contínuos excessos da **porfia**,
Recobras novo estímulo à **fereza**.

(*In*: Luiz Roncari. *Literatura brasileira — Dos primeiros cronistas aos últimos românticos*. 2. ed. São Paulo: Edusp/FDE, 1995. p. 237-238.)

fereza: crueldade.
porfia: insistência, tenacidade, disputa.
proceloso: agitado, tempestuoso.

Reprodução/Acervo da editora

1. O soneto é construído a partir de relações de semelhança entre a paisagem observada pelo eu lírico e as atitudes da mulher amada. No primeiro quarteto:
   a) Como é caracterizada a natureza? Trata-se de uma paisagem amena, de acordo com a tradição árcade, ou uma paisagem hostil, desarmônica?
   b) Qual elemento dessa paisagem é caracterizado como "inflexível", "constante"?
2. No segundo quarteto, o eu lírico faz uma analogia entre a natureza e o comportamento feminino.
   a) Pela perspectiva do eu lírico, a quem se assemelha o rochedo?
   b) Que ações do eu lírico em relação à amada correspondem às ações do vento e do mar contra o rochedo?
   c) Em que aspecto a amada se assemelha ao rochedo?
3. Nos tercetos, o eu lírico nomeia a mulher amada e continua a fazer uma analogia entre ela e a paisagem natural.
   a) No primeiro terceto, que constatação do eu lírico reacende sua esperança de conseguir a atenção de Nise?
   b) Essa esperança se mantém no último terceto?
4. O poema, apesar de apresentar uma paisagem hostil e desarmônica, marcada pela influência barroca, é representativo do Arcadismo. Aponte nele elementos da estética árcade.

Tomás Antônio Gonzaga: a renovação árcade

Tomás Antônio Gonzaga é o principal poeta do Arcadismo no Brasil. Escrita antes e durante a fase em que esteve preso devido à sua participação na Inconfidência Mineira, sua poesia contém muito da experiência pessoal; assim, os traços subjetivos, emotivos e espontâneos de seus poemas afastam sua poesia da rigidez e do racionalismo dos princípios árcades. Apresentando-se com o pseudônimo de Dirceu, o poeta canta seu amor por Marília, personagem mais humana e real do que a Nise de Cláudio Manuel da Costa, idealizando uma vida simples e tranquila com ela quando sair da prisão.

Além da poesia lírica, Gonzaga cultivou a poesia satírica, reunida em *Cartas chilenas*, poema incompleto a ele atribuído. Circulando por Vila Rica entre 1788 e 1789, período de muita tensão política que antecede a Inconfidência Mineira, as *Cartas chilenas* mantiveram-se anônimas devido ao risco de seu conteúdo: o poema satirizava os desmandos e a devastadora corrupção em torno da administração de Luís da Cunha Menezes, governador da capitania de Minas entre 1783 e 1788.

Quem foi Tomás Antônio Gonzaga?

Tomás Antônio Gonzaga nasceu no Porto, em Portugal, em 1744, e morreu em Moçambique, na África, em 1810.

Veio para o Brasil com a família ainda menino e, quando moço, estudou Direito em Coimbra, onde teve contato com as ideias de Pombal e de Verney e com a poesia árcade.

De volta ao Brasil, passou a viver em Vila Rica, onde exerceu a função de ouvidor. Iniciou ali sua atividade literária e sua relação amorosa com Maria Doroteia de Seixas, uma jovem então com 16 anos, cantada em seus versos com o pseudônimo de Marília.

Em 1789, acusado de participar da Inconfidência, Gonzaga foi preso e mandado ao Rio de Janeiro, onde ficou encarcerado até 1792, quando foi exilado para Moçambique.

Leitura

Leia o texto que segue, de Tomás Antônio Gonzaga, e responda às questões propostas.

Lira 77

Eu, Marília, não fui nenhum vaqueiro
fui honrado pastor da tua aldeia;
vestia finas lãs e tinha sempre
a minha **choça** do preciso cheia.
Tiraram-me o **casal** e o manso gado,
nem tenho a que me encoste um só cajado.

....

Para ter que te dar, é que eu queria
de mor rebanho ainda ser o dono;
prezava o teu semblante, os teus cabelos
ainda muito mais que um grande trono.
Agora que te oferte já não vejo,
além de um puro amor, de um são desejo.
Se o rio levantado me causava,
levando a sementeira, prejuízo,
eu alegre ficava, apenas via
na tua breve boca um ar de riso.
Tudo agora perdi; nem tenho o gosto
de ver-te ao menos compassivo o rosto.

....

Ah! minha bela, se a fortuna volta,
Se o bem, que já perdi, alcanço e provo
por essas brancas mãos, por essas faces
te juro renascer um homem novo,
romper a nuvem que os meus olhos cerra,
amar no céu a **Jove** e a ti na terra!
Se não tivermos lãs e peles finas,
podem mui bem cobrir as carnes nossas
as peles dos cordeiros mal curtidas,
e os panos feitos com as lãs mais grossas.
Mas ao menos será o teu vestido
Por mãos de amor, por minhas mãos **cosido**

....

casal: sítio, pequena propriedade rural.
choça: habitação humilde.
cosido: costurado.
Jove: pai dos deuses na mitologia romana, conhecido também como Júpiter.

Nas noites de serão nos sentaremos
cos filhos, se os tivermos, à fogueira:
entre as falsas histórias, que contares,
lhes contarás a minha, verdadeira.
Pasmados te ouvirão; eu, entretanto,
ainda o rosto banharei de pranto.

Quando passarmos juntos pela rua,
nos mostrarão co dedo os mais pastores,
dizendo uns para os outros: — Olha os nossos
exemplos de desgraça e sãos amores.
Contentes viveremos desta sorte,
até que chegue a um dos dois a morte.

(*In*: Antonio Candido e José A. Castello. *Presença da literatura brasileira*. São Paulo: Difel, 1976. v. 1. p. 165-166.)

Pastores numa paisagem alemã (1844), de Ludwig A. Richter.

1. O poema pode ser dividido em duas partes: a primeira trata de uma experiência real, vivida no passado ou no presente; a segunda envolve os planos para o futuro.

a) Identifique as estrofes que compõem cada uma das partes.

b) Que tipo de vida levava o eu lírico, na primeira parte? Como se sentia?

c) Que tipo de vida idealiza, na segunda parte?

2. O poema, apesar de apresentar traços diferentes dos prescritos pela orientação árcade, está ligado a essa tradição. Retire do texto exemplos de bucolismo, pastoralismo, *aurea mediocritas* e elementos da cultura greco-latina.

3. O movimento do Arcadismo veicula valores e ideias da classe que o produz e o consome: a burguesia.

a) Destaque do poema os versos relativos a duas situações em que fica clara a preocupação econômica e material do pastor Dirceu, indício da ideologia burguesa.

b) Destaque das duas últimas estrofes valores próprios da moral burguesa da época.

Basílio da Gama e Santa Rita Durão: o indianismo árcade na poesia épica

Com influências do Iluminismo, que valorizava a figura do índio como o "bom selvagem", surgiram no Arcadismo brasileiro duas obras épicas com esse intuito, num claro sinal de *nativismo*, isto é, de apreço por elementos próprios da colônia. Uma delas é *O Uraguai*, de Basílio da Gama, e a outra é *Caramuru*, do frei Santa Rita Durão.

O Uraguai é considerada a melhor realização do gênero épico do Arcadismo brasileiro. Seu tema é um fato histórico: a luta de portugueses e espanhóis contra índios e jesuítas, que, instalados nas missões jesuíticas do atual Rio Grande do Sul, não queriam aceitar as decisões do Tratado de Madri. O tom do poema é crítico em relação à catequese dos índios.

Já *Caramuru* conta a história de Diogo Álvares Correia, o "Caramuru", um náufrago português que viveu entre os tupinambás. A obra apresenta elementos da mitologia pagã e do cristianismo e valoriza a ação catequética dos jesuítas.

Do ponto de vista formal, *O Uraguai* quebra o modelo clássico da epopeia, apresentando apenas cinco cantos com versos brancos (sem rima), sem estrofação. Já *Caramuru* segue o modelo camoniano.

O genocídio de Sete Povos das Missões e *O Uraguai*

O Tratado de Madri (1750) determinava uma troca de territórios: os portugueses que se encontravam na colônia de Sacramento (hoje parte do Uruguai) deveriam desocupar a região e se instalar nos sete povoados, chamados "Sete Povos", pertencentes a Portugal, na época ocupados por índios e a Espanha teria soberania sobre as Tordesilhas. Os indígenas que ocupavam esses povoados, provavelmente influenciados pelos jesuítas, não queriam passar ao domínio português. Diante do impasse, os governos português e espanhol se uniram para intervir militarmente na região, resultando uma guerra sangrenta que causou a morte de milhares de índios. Parte dessa guerra é narrada em *O Uraguai*, de Basílio da Gama.

Leitura

Os textos que seguem são, respectivamente, de *O Uraguai*, de Basílio da Gama, e de *Caramuru*, de Santa Rita Durão. Leia-os com atenção e responda às questões propostas.

Os índios já haviam perdido a guerra e, reunidos na tribo, preparavam-se para a cerimônia de casamento de Lindoia com Baldeta (filho sacrílego do jesuíta Balda), que tem garantido o papel de chefe da tribo. Lindoia, contudo, não está interessada no casamento. Inconformada com a morte de seu marido Cacambo, ela se retira da tribo, desgostosa, e entra na floresta. Seu irmão Caitutu e outros índios vão procurá-la.

TEXTO 1

Entram enfim na mais remota e interna
Parte de antigo bosque, escuro e negro,
Onde ao pé de uma lapa cavernosa
Cobre uma rouca fonte, que murmura,
Curva latada de jasmins e rosas.
Este lugar delicioso e triste,
Cansada de viver, tinha escolhido
Para morrer a mísera Lindoia.
Lá reclinada, como que dormia,
Na branda relva e nas mimosas flores,
Tinha a face na mão e a mão no tronco
De um fúnebre cipreste, que espalhava
Melancólica sombra. Mais de perto
Descobrem que se enrola no seu corpo
Verde serpente, e lhe passeia, e cinge
Pescoço e braços, e lhe lambe o seio.
Porém o destro Caitutu, que treme
Do perigo da irmã, sem mais demora
Dobrou as pontas do arco, e quis três vezes
Soltar o tiro, e vacilou três vezes
Entre a ira e o temor. Enfim sacode
O arco e faz voar a aguda seta,
Que toca o peito de Lindoia, e fere
A serpente na testa, e a boca e os dentes
Deixou cravados no vizinho tronco.
Açouta o campo coa ligeira cauda
O irado monstro, e em tortuosos giros
Se enrosca no cipreste, e verte envolto
Em negro sangue o lívido veneno.
Leva nos braços a infeliz Lindoia
O desgraçado irmão, que ao despertá-la
Conhece, com que dor! no frio rosto
Os sinais do veneno, e vê ferido
Pelo dente sutil o brando peito.
Os olhos, em que Amor reinava, um dia,
Cheios de morte; e muda aquela língua
Que ao surdo vento e aos ecos tantas vezes
Contou a larga história de seus males.
Nos olhos Caitutu não sofre o pranto,

Mariângela Haddad

E rompe em profundíssimos suspiros,
Lendo na testa da fronteira gruta
De sua mão já trêmula gravado
O alheio crime e a voluntária morte.
E por todas as partes repetido
O suspirado nome de Cacambo.
Inda conserva o pálido semblante
Um não sei quê de magoado e triste,
Que os corações mais duros enternece.
Tanto era bela no seu rosto a morte!

(Basílio da Gama. *In*: Antonio Candido e José A. Castello, *op. cit.*, v. 1. p. 150-151.)

Os chefes indígenas oferecem as filhas a Diogo Álvares para se honrarem com seu parentesco. O lusitano aceita o parentesco, mas não as donzelas, por fidelidade a Paraguaçu. Tomado por saudades da Europa, embarca em uma nau francesa. Moema, uma índia apaixonada pelo português, desesperada de o ver partir com Paraguaçu, tenta acompanhá-lo, nadando.

TEXTO 2

— Bárbaro (a bela diz:) tigre e não homem
Porém o tigre, por cruel que **brame**,
Acha forças amor, que enfim o domem;
Só a ti não domou, por mais que eu te ame.
Fúrias, raios, coriscos, que o ar consomem,
Como não consumis aquele infame?
Mas apagar tanto amor com tédio e **asco**...
Ah! que **corisco** és tu... raio... penhasco!

....

Tão dura ingratidão menos sentira
E esse fado cruel doce me fora.
Se o meu despeito triunfar não vira
Essa indigna, essa infame, essa traidora.
Por serva, por escrava, te seguira.
Se não temera de chamar senhora
A vil Paraguaçu, que, sem que o creia,
Sobre ser-me inferior, é **néscia** e feia.

....

Enfim, tens coração de ver-me aflita,
Flutuar, moribunda, entre estas ondas;
Nem o passado amor teu peito incita
A um ai somente, com que aos meus respondas.
Bárbaro, se esta fé teu peito irrita,
(Disse, vendo-o fugir) ah! Não te escondas
Dispara sobre mim teu cruel raio..."
E indo a dizer o mais, cai num desmaio.

....

Perde o lume dos olhos, pasma e treme,
Pálida a cor, o aspecto **moribundo**;
Com mão já sem vigor, soltando o leme,
Entre as salsas **escumas** desce ao fundo.
Mas na onda do mar, que, irado, **freme**,
Tornando a aparecer desde o profundo,
— Ah! Diogo cruel! — disse com mágoa, —
e sem mais vista ser, sorveu-se na água.

Mariângela Haddad

asco: repugnância, nojo.
bramir: berrar, urrar.
corisco: pequeno raio, centelha.
escuma: espuma.
freme: lanceta com que veterinários ou ferradores sangram animais.
moribundo: aquele que está prestes a morrer.
néscio: ignorante, tolo.
sobre: além de.

(Santa Rita Durão. *In*: Hernâni Cidade. *Santa Rita Durão*. Rio de Janeiro: Agir, 1957. p. 87-88.)

1. Compare os dois textos quanto aos aspectos formais de estrofação métrica e presença de rimas. Que semelhanças e diferenças eles apresentam entre si?

2. Que semelhança os textos apresentam quanto ao assunto?

3. Em relação ao texto 1:

a) Descreva o lugar que Lindoia escolheu para morrer.

b) A paisagem descrita é árcade? Justifique.

Literatura comparada

Diálogo entre a poesia moderna e a poesia árcade

A seguir, você vai ler e comparar quatro textos. O primeiro é de Cláudio Manuel da Costa, e o segundo, de Tomás Antônio Gonzaga, poetas árcades; o terceiro e o quarto são de Fernando Pessoa (leia o boxe lateral), poeta que participou da fundação do movimento modernista português, no início do século XX.

Fernando Pessoa: o criador de poetas

Fernando Pessoa é considerado um dos principais poetas da língua portuguesa. O que mais impressiona em sua obra é que, além de criar poemas, ele também criava poetas, com características biográficas, estilísticas, temáticas e ideológicas específicas. Esses poetas inventados por Pessoa são chamados heterônimos e, entre eles, destacam-se Alberto Caeiro, Ricardo Reis e Álvaro de Campos.

TEXTO 1

Quem deixa o trato pastoril amado
Pela ingrata, **civil** correspondência,
Ou desconhece o rosto da violência,
Ou do retiro a paz não tem provado.
Que bem é ver nos campos **transladado**
No gênio do pastor, o da inocência!
E que mal é no **trato**, e na aparência
Ver sempre o **cortesão dissimulado**!

Ali respira amor sinceridade
Aqui sempre a traição seu rosto encobre;
Um só trata a mentira, outro a verdade.
Ali não há fortuna, que **soçobre**;
Aqui quanto se observa, é variedade:
Oh **ventura** do rico! Oh bem do pobre!

(Cláudio Manuel da Costa. *In*: Luiz Roncari. *Literatura brasileira — Dos primeiros cronistas aos últimos românticos*. São Paulo: Edusp/FDE, 1995. p. 234.)

civil: civilizado, polido.
cortesão: o que frequenta a corte.
dissimulado: fingido, disfarçado.
soçobrar: naufragar, aniquilar-se.
transladado: que se mudou de um lugar para outro.
trato: convivência.
ventura: destino, felicidade, boa sorte.

TEXTO 2

Minha bela Marília, tudo passa;
a sorte deste mundo é mal segura;
se vem depois dos males a ventura,
vem depois dos prazeres a desgraça.
Estão os mesmos deuses
sujeitos ao poder do **ímpio** fado:
Apolo já fugiu do céu brilhante,
Já foi pastor de gado.
[...]
Ah! enquanto os destinos impiedosos
não voltam contra nós a face **irada**,
façamos, sim, façamos, doce amada,
os nossos breves dias mais **ditosos**.
[...]

(Tomás Antônio Gonzaga. *In*: Luiz Roncari, *op. cit.*, p. 254.)

ditoso: feliz, afortunado.
ímpio: cruel, desapiedado.
irado: enraivecido, furioso.

TEXTO 3

Da minha aldeia vejo quanto da terra se pode ver no Universo...
Por isso a minha aldeia é tão grande como outra terra qualquer
Porque eu sou do tamanho que vejo
E não do tamanho da minha altura...
Nas cidades a vida é **mais pequena**
Que aqui na minha casa no **cimo** deste **outeiro**.
Na cidade as grandes casas fecham a vista à chave,
Escondem o horizonte, empurram o nosso olhar para longe de todo o céu,
Tornam-nos pequenos porque nos tiram o que os nossos olhos nos podem dar,
E tornam-nos pobres porque a nossa única riqueza é ver.

(Alberto Caeiro. *In*: Fernando Pessoa. *Obra poética*. Rio de Janeiro: Aguilar, 1965. p. 208.)

cimo: parte de cima, topo.
mais pequena: expressão equivalente a menor, usada normalmente na norma culta em Portugal.
outeiro: colina, monte.

TEXTO 4

Vem sentar-te comigo, Lídia, à beira do rio.
Sossegadamente fitemos o seu curso e aprendamos
Que a vida passa, e não estamos de mãos enlaçadas.
(Enlacemos as mãos.)
Depois pensemos, crianças adultas, que a vida
Passa e não fica, nada deixa e nunca regressa,
Vai para um mar muito longe, para ao pé do **Fado**,
Mais longe que os deuses.
[...]
Amemo-nos tranquilamente, pensando que podíamos,
Se quiséssemos, trocar beijos e abraços e carícias,
Mas que mais vale estarmos sentados ao pé um do outro
Ouvindo correr o rio e vendo-o.
Colhamos flores, pega tu nelas e deixa-as
No colo, e que o seu perfume suavize o momento —
Este momento em que sossegadamente não cremos em nada,
Pagãos inocentes da decadência.

(Ricardo Reis. *In*: Fernando Pessoa, *Obra poética*, *op. cit.*, p. 256.)

Fado: deus do destino; sorte.
pagão: aquele que não adota o cristianismo por religião; aquele que não foi batizado.

João Prudente/Pulsar Imagens

1. Compare os textos 1 e 3. Apesar de serem de épocas diferentes, há entre eles alguns elementos comuns, como a oposição entre campo e cidade.

a) Que expressão latina traduz essa oposição, muito comum nos textos árcades?

b) Ambos os textos criticam a vida urbana. O que o texto 1 critica na vida da cidade? E o texto 3?

2. O texto 2 e o texto 4 também são de épocas diferentes. Apesar disso, em ambos o eu lírico se dirige à mulher amada e lhe faz um convite.

a) Quem é a mulher amada em cada um dos textos?

b) Que tipo de convite o eu lírico de cada texto faz à mulher amada?

c) Que argumento eles apresentam para convencê-las?

d) Que expressão latina nomeia esse tema clássico, característico também do Barroco e do Arcadismo, abordado nos dois textos?

3. Contrapondo-se ao Barroco e à Contrarreforma, o Arcadismo retomou o paganismo da cultura greco-latina.

a) Identifique no poema de Tomás Antônio Gonzaga um traço do paganismo.

b) No poema de Ricardo Reis também é possível identificar traços do paganismo? Justifique sua resposta.

Para quem quer mais

Se você deseja aprofundar os seus conhecimentos sobre literatura árcade no Brasil, leia os textos a seguir, de outros dois poetas árcades: Alvarenga Peixoto e Silva Alvarenga. Posteriormente, sozinho, em dupla ou em grupo, procure resolver as questões propostas pelo **Roteiro de estudo**.

Ode ao Marquês de Pombal

Não os heróis, que o gume ensanguentado
da cortadora espada,
em alto pelo mundo levantado,
trazem por estandarte
dos furores de Marte;
[...]
Ensanguentados rios, quantas vezes
vistes os férteis vales
semeados de lanças e de arneses?
[...]
Que importam os exércitos armados,
no campo com respeito conservados,
se lá do gabinete a guerra fazes
e a teu arbítrio dás o tom às pazes?
que, sendo por mão destra manejada,
a política vence mais que a espada.
[...]

Que importam tribunais e magistrados,
asilos da inocência,
se pudessem temer-se declarados
patronos da insolência?
De que servirão tantas
tão saudáveis leis, sábias e santas,
se, em vez de executadas,
forem por mãos sacrílegas frustradas?
Mas vives tu, que para o bem do mundo
sobre tudo vigias,
cansado o teu espírito profundo,
as noites e os dias.
Ah! quantas vezes, sem descanso uma hora,
vês recostar-se o sol, erguer-se a aurora,
enquanto volves com cansado estudo
as leis e a guerra, e o negócio, e tudo?
Vale mais do que um reino um tal vassalo:
graças ao grande rei que soube achá-lo.

(Alvarenga Peixoto. *In*: Antonio Candido e José A. Castello, *op. cit.*, v. 1. p. 172-174.)

Alvarenga Peixoto: a presença da Ilustração

Autor de poemas líricos e laudatórios (que homenageiam uma pessoa), talvez o melhor da produção de Alvarenga Peixoto esteja na poesia laudatória, pelo fato de esta veicular as ideias filosóficas e políticas que estavam em discussão na época. Em sua poesia, o poeta abordou temas como o pombalismo, a exploração colonialista, o nativo, a paz, a importância do saber e da razão, entre outros.

O Beija-flor

Deixo, ó Glaura, a triste lida
Submergida em doce calma;
E a minha alma ao bem se entrega,
Que lhe nega o teu rigor.

Neste bosque alegre e rindo
Sou amante afortunado,
E desejo ser mudado
No mais lindo Beija-flor.

Todo o corpo num instante
Se atenua, exala e perde:
É já de oiro, prata e verde
A brilhante e nova cor.

Deixo, ó Glaura, a triste lida
Submergida em doce calma;
E a minha alma ao bem se entrega,
Que lhe nega o teu rigor.

Vejo as penas e a figura,
Provo as asas, dando giros;
Acompanham-me os suspiros,
e a ternura do Pastor.

E num voo feliz ave
Chego intrépido até onde
Riso e pérolas esconde
O suave e puro Amor.

Deixo, ó Glaura, a triste lida
Submergida em doce calma;
E a minha alma ao bem se entrega,
Que lhe nega o teu rigor.

Toco o néctar precioso,
Que a mortais não se permite;
É o insulto sem limite,
Mas ditoso o meu ardor;

Já me chamas atrevido,
Já me prendes no regaço;
Não me assusta o terno laço,
É fingido o meu temor.

Deixo, ó Glaura, a triste lida
Submergida em doce calma;
E a minha alma ao bem se entrega,
Que lhe nega o teu rigor.

Zuri

Se disfarças os meus erros,
E me soltas por piedade;
Não estimo a liberdade,
Busco os ferros por favor.

Não me julgues inocente,
Nem abrandes meu castigo;
Que sou bárbaro inimigo,
Insolente e roubador.

Deixo, ó Glaura, a triste lida
Submergida em doce calma;
E a minha alma ao bem se entrega,
Que lhe nega o teu rigor.

(Silva Alvarenga. *In*: Antonio Candido e José A. Castello, *op. cit.*, p. 179-180.)

Silva Alvarenga: a poesia nativista e sensual

Silva Alvarenga (1749-1814), autor de *Glaura*, destacou-se no cultivo de rondós e madrigais em que há forte musicalidade e presença de elementos da fauna e flora nacionais, como o beija-flor, a pomba, a cobra, a onça, as mangueiras, os cajueiros, os jambeiros. Em razão desses traços, sua poesia é considerada nativista, já representando uma transição para o Romantismo.

Roteiro de estudo

Ao final da leitura, você deverá ser capaz de:

- Reconhecer no texto de Alvarenga Peixoto a influência das ideias iluministas vigentes na época e explicar por que o verso "a política vence mais que a espada" pode ser considerado uma síntese do poema.
- Identificar no texto de Silva Alvarenga elementos que apontam para uma renovação, ou seja, indicadores de uma transição do Arcadismo para o Romantismo.

Para quem quer mais internet

- **Antologia: Arcadismo em Portugal e no Brasil**
  Conheça outros textos importantes do Arcadismo, acessando o Plurall.

Intervalo

Esta atividade favorece o desenvolvimento das habilidades

EM13LGG103 | EM13LGG201 | EM13LGG202 | EM13LGG302 | EM13LP05 | EM13LP06 | EM13LP47

PROJETO
TIRADENTES: CULPADO OU INOCENTE?

1. Júri simulado

Para julgar é preciso conhecer. Assim, busquem informações sobre as ideias iluministas do século XVIII, tentando encontrar respostas a perguntas como: Quais as ideias básicas defendidas pelos iluministas? Para eles, quem deve ser representante do povo? Qual deve ser o papel do Estado? Devem existir diferenças de direitos entre os homens? O que é ser cidadão? O que é uma lei? E uma Constituição?

Por outro lado, como essas questões eram encaradas antes do aparecimento do Iluminismo, ou seja, durante o Antigo Regime? De que forma um rei absolutista como Luís XIV, por exemplo, responderia a essas mesmas perguntas?

Sugerimos como fonte de informação sobre essas ideias o livro *O Iluminismo e os reis filósofos*, de Luiz R. Salinas (Brasiliense). E, sobre Tiradentes, os livros *Os sonhadores de Vila Rica — A Inconfidência Mineira de 1789*, de Edgar Luís de Barros (Atual), e *Inconfidência Mineira*, de Cândida Villares Gancho e Vera Vilhena de Toledo (Ática).

Pedro Ladeira/ AFP Photo

Sessão do Supremo Tribunal Federal.

2. Na balança: fatos e argumentos

Há muitos filmes que tratam de Justiça e tribunais. Procurem ver alguns deles para saber como montar um julgamento e como trabalhar os fatos para argumentar bem. Eis algumas sugestões: *Julgamento em West Point*, de Henry Moses; *Juramento ao silêncio*, de Peter Levin; *Testemunha de acusação*, de Billy Wilder; *A testemunha*, de Peter Weir; *Amistad*, de Steven Spielberg; *12 homens e uma sentença*, de William Friedkin.

A.F. ARCHIVE/Alamy/Fotoarena

Atriz Catherine Zeta-Jones no filme *Chicago*, dirigido por Rob Marshall.

3. Quem são os personagens?

1. Todos os participantes vivem no final do século XVIII, momento em que ocorre o julgamento dos envolvidos na Inconfidência Mineira.
2. O juiz é representante da Coroa portuguesa e veio à colônia especialmente para esse julgamento.
3. O réu será acusado pelo advogado de acusação, de acordo com o modo como secularmente se justificava uma sociedade de privilégios e de acordo com as leis então vigentes. Essas leis levavam em conta não apenas o modelo de sociedade existente no Antigo Regime, mas também a garantia de dominação da metrópole sobre a colônia.
4. O advogado de defesa é adepto das ideias iluministas que deram origem à Inconfidência Mineira, porém não pode se expor, senão corre o risco de também ser acusado de traição.
5. O réu, Tiradentes, assumiu toda a responsabilidade pelo movimento, mas sabe-se que ele não foi seu único líder. Deverá falar durante o julgamento apenas se for solicitado.
6. Serão chamadas várias pessoas para testemunhar, entre elas Tomás Antônio Gonzaga, Maria Doroteia (a Marília) e Alvarenga Peixoto.
7. Os jurados são "homens de bem" da sociedade da época: proprietários de terra, portugueses de nascimento ou descendentes diretos de portugueses. Alguns deles estudaram em Coimbra e conhecem de perto as ideias iluministas.

Museu Mariano Procópio, Juiz de Fora, MG

Jornadas dos mártires (1928), por Antônio Parreiras.

MONTANDO O JÚRI SIMULADO

- Em pequenos grupos, de defesa e de acusação, levantem argumentos. Todos devem se envolver nessa atividade para poder julgar com segurança e conhecimento.
- Elejam um(a) colega para interpretar o(a) juiz(juíza). Lembrem-se: um juiz deve manter a imparcialidade, ou seja, não deve tomar partido nem contra nem a favor do réu.

1. (ENEM)

LXXVIII (Camões, 1525?-1580)

Leda serenidade deleitosa,
Que representa em terra um paraíso;
Entre rubis e perlas doce riso;
Debaixo de ouro e neve cor-de-rosa;

Presença moderada e graciosa,
Onde ensinando estão despejo e siso
Que se pode por arte e por aviso,
Como por natureza, ser fermosa;

Fala de quem a morte e a vida pende,
Rara, suave; enfim, Senhora, vossa;
Repouso nela alegre e comedido:

Estas as armas são com que me rende
E me cativa Amor; mas não que possa
Despojar-me da glória de rendido.

CAMÕES, L. *Obra completa*. Rio de Janeiro: Nova Aguilar, 2008.

Reprodução/Enem, 2012

SANZIO, R. (1483-1520) *A mulher com o unicórnio*. Roma, Galleria Borghese. Disponível em: www.arquipelagos.pt. Acesso em: 29/2/2012. (Foto: Reprodução/Enem)

A pintura e o poema, embora sendo produtos de duas linguagens artísticas diferentes, participaram do mesmo contexto social e cultural de produção pelo fato de ambos

a) apresentarem um retrato realista, evidenciado pelo unicórnio presente na pintura e pelos adjetivos usados no poema.

b) valorizarem o excesso de enfeites na apresentação pessoal e na variação de atitudes da mulher, evidenciadas pelos adjetivos do poema.

c) apresentarem um retrato ideal de mulher marcado pela sobriedade e o equilíbrio, evidenciados pela postura, expressão e vestimenta da moça e os adjetivos usados no poema.

d) desprezarem o conceito medieval da idealização da mulher como base da produção artística, evidenciado pelos adjetivos usados no poema.

e) apresentarem um retrato ideal de mulher marcado pela emotividade e o conflito interior, evidenciados pela expressão da moça e pelos adjetivos do poema.

2. (ENEM)

TEXTO 1

Andaram na praia, quando saímos, oito ou dez deles; e daí a pouco começaram a vir mais. E parece-me que viriam, este dia, à praia, quatrocentos ou quatrocentos e cinquenta. Alguns deles traziam arcos e flechas, que todos trocaram por carapuças ou por qualquer coisa que lhes davam. [...] Andavam todos tão bem-dispostos, tão bem feitos e galantes com suas tinturas que muito agradavam.

CASTRO, S. "A carta de Pero Vaz de Caminha". Porto Alegre: L&PM, 1996 (fragmento).

TEXTO 2

Reprodução/Enem, 2013

PORTINARI, C. *O descobrimento do Brasil*. 1956. Óleo sobre tela, 199 × 169 cm.

Pertencentes ao patrimônio cultural brasileiro, a carta de Pero Vaz de Caminha e a obra de Portinari retratam a chegada dos portugueses ao Brasil. Da leitura dos textos, constata-se que

a) a carta de Pero Vaz de Caminha representa uma das primeiras manifestações artísticas dos portugueses em terras brasileiras e preocupa-se apenas com a estética literária.
b) a tela de Portinari retrata indígenas nus com corpos pintados, cuja grande significação é a afirmação da arte acadêmica brasileira e a contestação de uma linguagem moderna.
c) a carta, como testemunho histórico-político, mostra o olhar do colonizador sobre a gente da terra, e a pintura destaca, em primeiro plano, a inquietação dos nativos.
d) as duas produções, embora usem linguagens diferentes — verbal e não verbal —, cumprem a mesma função social e artística.
e) a pintura e a carta de Caminha são manifestações de grupos étnicos diferentes, produzidas em um mesmo momento histórico, retratando a colonização.

3. (UPE-SSA1) Gregório de Matos, poeta baiano, que viveu no século XVI, produziu uma poesia em que satiriza a sociedade de seu tempo. Execrado no passado por seus conterrâneos, hoje é reconhecido como grande poeta, sendo, inclusive, sua poesia satírica fonte de pesquisa histórica.

Leia os poemas e analise as proposições a seguir:

Poema I

Triste Bahia! Oh quão dessemelhante
Estás, e estou do nosso antigo estado!
Pobre te vejo a ti, tu a mi empenhado,
Rica te vejo eu já, tu a mi abundante.

A ti tocou-te a máquina mercante,
Que em tua larga barra tem entrado,
A mim foi-me trocando, e tem trocado
Tanto negócio, e tanto negociante.

Deste em dar tanto açúcar excelente
Pelas drogas inúteis, que abelhuda
Simples aceitas do sagaz Brichote.

Oh se quisera Deus, que de repente
Um dia amanheceras tão sisuda
Que fora de algodão o teu capote

(Gregório de Matos)

Poema II

Horas contando, numerando instantes,
Os sentidos à dor, e à glória atentos,
Cuidados cobro, acuso pensamentos,
Ligeiros à esperança, ao mal constantes.

Quem partes concordou tão dissonantes?
Quem sustentou tão vários sentimentos?
Pois para a glória excedem de tormentos,
Para martírio ao bem são semelhantes.

O prazer com a pena se embaraça;
Porém quando um com outro mais porfia,
O gosto corre, a dor apenas passa.

Vai ao tempo alterando a fantesia,
Mas sempre com vantagem na desgraça,
Horas de inferno, instantes de alegria.

(Gregório de Matos)

I. Além de poeta satírico, o Boca do Inferno também cultivou a poesia lírica, composta por temas diversificados, pois nos legou uma lírica amorosa, erótica e religiosa e até de reflexão sobre o sofrimento, a exemplo do poema II.
II. Considerado tanto poeta cultista quanto conceptista, o autor baiano revela criatividade e capacidade de improvisar, segundo comprovam os versos do poema I, em que realiza a crítica à situação econômica da Bahia, dirigida, na época, por Antônio Luís da Câmara Coutinho.
III. Em Triste Bahia, poema I, musicado por Caetano Veloso, Gregório de Matos identifica-se com a cidade, ao relacionar a situação de decadência em que se encontram tanto ele quanto a cidade onde vive. O poema abandona o tom de zombaria, atenuando a sátira contundente para tornar-se um quase lamento.
IV. Os dois poemas são sonetos, forma fixa herdada do Classicismo, muito pouco utilizada pelo poeta baiano, que desprezou a métrica rígida e criou poesia em versos brancos e livres.
V. Como poeta barroco, fez uso consciente dos recursos estéticos reveladores do conflito do homem da época, como se faz presente na antítese que encerra o II poema: "Horas de inferno, instantes de alegria".

Estão corretas apenas

a) I, II, III e V.
b) I, II e IV.
c) IV e V.
d) I, III e IV.
e) I, IV e V.

4. (UFRS-RS) Leia as afirmações abaixo sobre o Arcadismo brasileiro.

I. Os poetas árcades colocavam-se como pastores para realizarem, dessa forma, o ideal de uma vida simples em contato com a natureza.

II. O Arcadismo brasileiro, embora tenha reproduzido muito dos modelos europeus, apresentou características próprias, como a incorporação do elemento indígena e a sátira política.

III. O tema do "Carpe diem", em que o poeta expressa o desejo de aproveitar intensamente o momento presente, fugaz e passageiro, foi ignorado pelos árcades brasileiros, excessivamente racionalistas.

Quais estão corretas?

a) Apenas I.

b) Apenas III.

c) Apenas I e II.

d) Apenas II e III.

e) I, II e III.

5. (UFV-MG) Leia o texto:

Goza, goza da flor da mocidade,
Que o tempo trota a toda ligeireza,
E imprime em toda flor sua pisada.

Oh, nao aguardes, que a madura idadc
Te converta essa flor, essa beleza,
Em terra, em cinza, em pó, em sombra, em nada.

(Gregório de Matos)

Os tercetos acima ilustram:

a) caráter de jogo verbal próprio da poesia lírica do séc. XVI, sustentando uma crítica à preocupação feminina com a beleza.

b) jogo metafórico do Barroco, a respeito da fugacidade da vida, exaltando gozo do momento.

c) estilo pedagógico da poesia neoclássica, ratificando as reflexões do poeta sobre as mulheres maduras.

d) as características de um romântico, porque fala de flores, terra, sombras.

e) uma poesia que fala de uma existência mais materialista do que espiritual, própria da visão de mundo nostálgico-cultista.

6. (FATEC-SP)

Quando jovem, Antônio Vieira acreditava nas palavras, especialmente nas que eram ditas com fé. No entanto, todas as palavras que ele dissera, nos púlpitos, nas salas de aula, nas reuniões, nas catequeses, nos corredores, nos ouvidos dos reis, clérigos, inquisidores, duques, marqueses, ouvidores, governadores, ministros, presidentes, rainhas, príncipes, indígenas, desses milhões de palavras ditas com esforço de pensamento, poucas — ou nenhuma delas — havia surtido efeito. O mundo continuava exatamente o de sempre. O homem, igual a si mesmo.

(Ana Miranda, BOCA DO INFERNO)

Essa passagem do texto faz referência a um traço da linguagem barroca presente na obra de Vieira; trata-se do:

a) O gongorismo, caracterizado pelo jogo de ideias.

b) cultismo, caracterizado pela exploração da sonoridade das palavras.

c) cultismo, caracterizado pelo conflito entre fé e razão.

d) conceptismo, caracterizado pelo vocabulário preciosista e pela exploração de aliterações.

e) conceptismo, caracterizado pela exploração das relações lógicas, da argumentação.

7. (ENEM)

Que falta nesta cidade?... Verdade.
Que mais por sua desonra?... Honra.
Falta mais que se lhe ponha?... Vergonha.

O demo a viver se exponha,
Por mais que a fama a exalta,
Numa cidade onde falta
Verdade, honra, vergonha.

Pode-se reconhecer nos versos acima de Gregório de Matos:

a) caráter de jogo verbal próprio do estilo barroco, a serviço de uma crítica, em tom de sátira, do perfil moral da cidade da Bahia.

b) caráter de jogo verbal próprio da poesia religiosa do século XVI, sustentando piedosa lamentação pela falta de fé do gentio.

c) estilo pedagógico da poesia neoclássica, por meio da qual o poeta se investe das funções de um autêntico moralizador.

d) caráter de jogo verbal próprio do estilo barroco, a serviço da expressão lírica do arrependimento do poeta pecador.

e) estilo pedagógico da poesia neoclássica, sustentando em tom lírico as reflexões do poeta sobre o perfil moral da cidade da Bahia.

8. (UFMG-MG) Interpretando historicamente a relação de vassalagem entre homem amante/mulher amada, ou mulher amante/homem amado, pode-se afirmar que:

a) o Trovadorismo corresponde ao Renascimento.

b) o Trovadorismo corresponde ao movimento humanista.

c) o Trovadorismo corresponde ao Feudalismo.

d) o Trovadorismo e o Medievalismo só poderiam ser provençais.

e) tanto o Trovadorismo como o Humanismo são expressões da decadência medieval

9. (ESPM-SP) O amor cortês foi um gênero praticado desde os trovadores medievais europeus. Nele a devoção masculina por uma figura feminina inacessível foi uma atitude constante. A opção cujos versos confirmam o exposto é:

a) Eras na vida a pomba predileta (...) Eras o idílio de um amor sublime. Eras a glória, a inspiração, a pátria, O porvir de teu pai! (Fagundes Varela)

b) Carnais, sejam carnais tantos desejos, Carnais sejam carnais tantos anseios, Palpitações e frêmitos e enleios Das harpas da emoção tantos arpejos... (Cruz e Sousa)

c) Quando em meu peito rebentar-se a fibra, Que o espírito enlaça à dor vivente, Não derramem por mim nenhuma lágrima Em pálpebra demente. (Álvares de Azevedo)

d) Em teu louvor, Senhora, estes meus versos E a minha Alma aos teus pés para cantar-te, E os meus olhos mortais, em dor imersos, Para seguir-lhe o vulto em toda a parte. (Alphonsus de Guimaraens)

e) Que pode uma criatura senão, entre criaturas, amar? amar e esquecer amar e malamar, amar, desamar, amar? (Manuel Bandeira)

10. (MACKENZIE-SP) Assinale a alternativa correta sobre Camões.

a) Além de usar metros mais populares, utilizou-se da medida nova, especialmente nas redondilhas que recriam, poeticamente, um quadro harmônico da vida e do mundo.

b) O tema do desconcerto do mundo é um dos aspectos característicos de sua poesia, presente, por exemplo, nos sonetos de inspiração petrarquiana.

c) Introduziu o estilo cultista em Portugal, em 1580, explorando antíteses e paradoxos nos poemas de temática religiosa.

d) Autor mais representativo da poesia medieval portuguesa, produziu, além de sonetos satíricos, a obra épica *Os lusíadas*.

e) Influenciado pelo Humanismo português, aderiu ao cânone clássico de composição poética, afastando-se, porém, das inovações métricas e dos modelos greco-romanos.

Album/ZUMA Press/Glow Images/Tate Modern, Londres, Inglaterra.

Chichester Canal (1828), de William Turner, um dos mais importantes pintores do Romantismo europeu.

5 HISTÓRIA SOCIAL DO ROMANTISMO

Você se considera romântico? A palavra *romântico* é frequentemente associada a um conjunto de comportamentos e valores, como dar ou receber flores, gostar de ler ou de escrever poemas e histórias de amor, emocionar-se facilmente, ser gentil e delicado com a pessoa amada.

Esse tipo de romantismo, no entanto, é diferente do Romantismo na arte, que, embora esteja relacionado ao campo dos sentimentos, foi muito mais do que isso.

O Romantismo foi um amplo movimento que surgiu no século XIX e representou artisticamente os anseios da burguesia que havia acabado de chegar ao poder na França.

Estudar a literatura desse período implica conhecer as transformações então ocorridas e ver de que modo elas acarretaram uma nova forma de ver e sentir o mundo.

Esta unidade favorece o desenvolvimento das habilidades

EM13LP28 | EM13LP30 | EM13LP32 | EM13LP51 | EM13LGG103 | EM13LGG202 | EM13LGG601 | EM13LGG602 | EM13LGG604

FIQUE LIGADO! PESQUISE!

Para estabelecer relações entre a literatura e outras artes e áreas de conhecimento, eis algumas sugestões:

- *Sombras de Goya*, de Milos Forman; *Goya*, de Carlos Saura; *Minha amada imortal*, de Bernard Rose; *Razão e sensibilidade*, de Ang Lee; *Danton — O processo da revolução*, de Andrzej Wajda; *Os miseráveis*, de Bille August; *Emma*, de Douglas McGrath; *Carta de uma desconhecida*, de Max Ophüls; *Sinfonia da primavera*, de Peter Shamony; *Afinidades eletivas*, de Paolo e Vittorio Taviani; *O morro dos ventos uivantes*, de Peter Kosminsky; *Independência ou morte*, de Carlos Coimbra; *Carlota Joaquina, princesa do Brasil*, de Carla Camurati; *Frankenstein, o terror das trevas*, de Roger Corman; *Fausto*, de Aleksandr Sokurov; *Senhora*, de Geraldo Vietri.

AF Archive/Alamy/Fotoarena

Cena do filme *Goya*, de Carlos Saura.

- *Os sofrimentos do jovem Werther*, de Goethe (Martins Fontes); *Eurico, o presbítero*, de Alexandre Herculano (Ática); *Viagens na minha terra*, de Almeida Garrett (Nova Alexandria); *Uma família inglesa*, de Júlio Diniz (Ediouro); *O navio negreiro e outros poemas*, de Castro Alves (Saraiva); *As trevas e outros poemas*, de Lord Byron (Saraiva); *Antologia de poesia brasileira — Romantismo* (Ática); *Assassinatos na rua Morgue*, de Edgar Allan Poe (Saraiva); *Macário* e *Noite na Taverna, de Álvares de Azevedo* (Saraiva). Sobre a cultura gótica, os livros teóricos *A happy house in a black planet* (1 e 2) e as HQs *Mondo muerto*, de Henrique Kipper.

Reprodução

- O movimento romântico na música erudita estende-se por todo o século XIX. Ouça a música dos compositores Beethoven, Schubert, Schumann, Chopin, Berlioz, Liszt, Wagner, Verdi, Brahms, Tchaikovsky e Strauss. Ouça também a ópera O guarani, do compositor brasileiro Carlos Gomes. E ainda, da MPB, "Flores do mal", de Frejat; "Românticos", de Vander Lee; "Samba e amor", de Chico Buarque; "Muito romântico", de Caetano Veloso; "Aquarela do Brasil", de Ari Barroso; "Meu doce vampiro", de Rita Lee e Roberto de Carvalho.

- Textos de escritores românticos em geral: www.dominiopublico.gov.br/

- Visite o Museu Paulista, também conhecido como Museu do Ipiranga, em São Paulo, que reúne importante acervo de obras de arte, documentos e objetos relacionados com a Coroa portuguesa em nosso país e o movimento da Independência do Brasil.
- O Museu de Arte de São Paulo (Masp) e a Pinacoteca do Estado de São Paulo também possuem obras do Romantismo europeu e do brasileiro.

CAPÍTULO

9 A linguagem do Romantismo

Apesar de ser, do ponto de vista ideológico, uma arte revolucionária, o Arcadismo era, do ponto de vista estético, uma arte conservadora, pois se limitava fundamentalmente a eliminar os exageros do Barroco e a retomar os modelos do Classicismo do século XVI. Criar uma linguagem verdadeiramente nova, identificada com os padrões mais simples de vida do novo público consumidor, a burguesia, foi tarefa que coube ao Romantismo.

Francesca da Rimini (1835), de Ary Scheffer.

Muito da cultura romântica que marcou o início do século XIX está presente nas músicas de rádio, nas novelas da TV e nos comportamentos sociais da atualidade. Isso se deve ao fato de o Romantismo ser a expressão artística de um período histórico que ainda perdura na Idade Contemporânea, introduzida pela Revolução Francesa e pela ascensão da burguesia ao poder.

A arte romântica põe fim a uma tradição clássica de três séculos e dá início a uma nova etapa na literatura, voltada aos assuntos contemporâneos — efervescência social e política, esperança e paixão, luta e revolução — e ao cotidiano do homem burguês do século XIX.

Este capítulo favorece o desenvolvimento das habilidades

EM13LGG102 | EM13LGG103 | EM13LGG202 | EM13LGG302 | EM13LGG601 | EM13LGG602 | EM13LGG604

EM13LP01 | EM13LP06 | EM13LP46 | EM13LP48 | EM13LP49 | EM13LP52

A IMAGEM EM FOCO

Observe atentamente o quadro abaixo, um dos mais importantes da pintura romântica.

A jangada do Medusa (1819), de Théodore Géricault.

1. O quadro de Géricault retrata uma tragédia no mar. Ele difere das obras de outros pintores do Romantismo, sobretudo aqueles da fase inicial do movimento, que incluem em suas telas valores relacionados à Revolução Francesa, como heroísmo, glória e triunfo. Em contraposição a esses valores, o que se vê na tela *A jangada do Medusa*?

2. Considere as seguintes informações sobre a pintura clássica:

- geralmente apresenta poucos personagens, e seus elementos integram-se de forma harmônica, transmitindo a impressão de equilíbrio;
- cada personagem parece viver um drama pessoal, diferente dos dramas dos outros personagens.

Observe o número e a disposição dos personagens do quadro de Géricault e procure identificar o drama que cada um deles vive. Com base nessas observações, responda: O que diferencia o quadro romântico de Géricault dos quadros da pintura clássica?

O que foi o Medusa?

Foi um navio que levava soldados e colonos da França para o Senegal, em 1816, e afundou na costa africana. O capitão e seus oficiais ocuparam o bote salva-vidas e deixaram numa jangada improvisada os outros 149 passageiros, que ficaram doze dias, à deriva, no mar. Sobreviveram apenas quinze tripulantes, e conta-se que, em desespero, eles praticaram a antropofagia.

3. No Romantismo, a natureza geralmente é acolhedora e integra-se com o homem de modo harmonioso. Observe as ondas do mar e considere a condição dos tripulantes em *A jangada do Medusa*. Essa relação entre homem e natureza também se verifica nesse quadro? Por quê?

4. O quadro opõe vários elementos, entre eles a luz e a sombra. Observe que, à frente e à direita dos homens que estão em pé acenando, vê-se ao longe um navio que pode ser a salvação do grupo.

a) Supondo-se que a luz que se abre no horizonte represente a vida, o que representaria a sombra?

b) Considerando-se que o navio ao longe talvez seja a única possibilidade de salvação do grupo, que efeito de sentido tem no quadro o fato de ele estar tão distante?

c) Observe a direção do vento que sopra sobre a vela. As perspectivas de o grupo ser resgatado são boas? Por quê?

d) Observe que o quadro não apresenta cores vivas, predominando um tom ocre e sombrio. Levante hipóteses: Que relação pode ter esse aspecto cromático com a condição dos tripulantes?

5. A composição do quadro é organizada a partir de duas pirâmides: a primeira é formada pelas cordas que sustentam a vela; a segunda, pelo grupo de tripulantes.

a) Considerando-se que na base da pirâmide humana estão os mortos e, no meio, os moribundos, o que representa o topo da pirâmide?

b) Se você tivesse de atribuir um nome a essa pirâmide, que nome lhe daria?

6. Considerando o contexto revolucionário em que o quadro foi criado, levante hipóteses: Por que, de certa forma, ele faz uma crítica ao governo francês da época?

7. Observe estas características do Romantismo:
   - natureza mais real
   - predomínio da emoção
   - nacionalismo
   - subjetivismo
   - gosto por ambientes noturnos
   - atração pela morte
   - sentido trágico da existência
   - indianismo

   Quais delas estão presentes na tela em estudo?

Pintores românticos na internet

Visite o Museu do Louvre por meio do *site* www.louvre.fr/moteur-de-recherchеoeuvres e, na janela de pesquisa, digite o nome de pintores românticos, como Delacroix, Géricault, Turner e Constable e conheça os trabalhos desses artistas.

Leitura

O texto que segue é um dos poemas mais conhecidos da literatura brasileira. Gonçalves Dias escreveu-o em 1843, quando estava em Coimbra, onde fazia seus estudos universitários. O poeta vivia, então, uma situação de exílio, porém voluntário, e não político.

Leia o poema a seguir.

Canção do exílio

Kennst du das Land, wo die Citronen blühn,
Im dunkeln Laub die Gold-Orangen Glühn,
Kennst du es wohl? — Dahin, dahin!
*Möcht ich... ziehn.**

(Goethe)

Minha terra tem palmeiras,
Onde canta o Sabiá;
As aves, que aqui gorjeiam,
Não gorjeiam como lá.

Nosso Céu tem mais estrelas,
Nossas várzeas têm mais flores,
Nossos bosques têm mais vida,
Nossa vida mais amores.

Em cismar, sozinho, à noite,
Mais prazer encontro eu lá;
Minha terra tem palmeiras,
Onde canta o Sabiá.

Minha terra tem primores,
Que tais não encontro eu cá;
Em cismar — sozinho, à noite —
Mais prazer encontro eu lá;
Minha terra tem palmeiras,
Onde canta o Sabiá.

Não permita Deus que eu morra
Sem que eu volte para lá;
Sem que desfrute os primores
Que não encontro por cá;
Sem qu'inda aviste as palmeiras,
Onde canta o Sabiá.

(*In: Gonçalves Dias.* São Paulo: Abril Educação, 1982. p. 11-12. Literatura Comentada.)

Vista de Tomada da Costa, perto da Bahia, de Rugendas.

* "Conheces o país onde florescem as laranjeiras? Ardem na escura fronde os frutos de ouro. Conhecê-lo? — Para lá quisera eu ir!" (Tradução de Manuel Bandeira.)

1. Durante a Era Clássica (compreendida pelo Classicismo, pelo Barroco e pelo Arcadismo), foram bastante utilizados o soneto e o verso decassílabo, considerados recursos de expressão refinados. No Romantismo, passou a existir um interesse muito grande pela cultura popular e suas tradições. Por força desse interesse, os poetas românticos começaram a buscar outras formas de expressão.

a) Faça a escansão destes versos de uma cantiga de roda:

> Sete e sete são quatorze,
> Com mais sete, vinte e um
> Tenho sete namorados
> Só posso casar com um
> Namorei um garotinho
> Do colégio militar
> O diabo do garoto
> Só queria me beijar

De que tipo são os versos, quanto ao número de sílabas?

b) Agora faça a escansão de alguns versos do poema de Gonçalves Dias. De que tipo eles são, também quanto à métrica?

2. A linguagem empregada nos textos do Barroco e do Arcadismo ainda guardava forte influência do português literário lusitano: o vocabulário era culto, a sintaxe apresentava inversões e não se empregavam palavras de origem tupi ou africana. Observe a linguagem da "Canção do exílio" e responda:

a) A linguagem do poema, escrito há mais de 170 anos, se mostra acessível ou inacessível para o leitor de hoje?

b) Faça uma pesquisa no dicionário: entre as palavras *terra*, *palmeiras*, *sabiá*, *gorjeiam*, qual delas tem origem indígena?

3. O poema apresenta um jeito de falar brasileiro (leia o boxe "O Romantismo e a fala brasileira na próxima página") e uma forte musicalidade, associada ao emprego de recursos como rimas e ritmo.

a) Que palavras rimam entre si?

b) No 1º verso, o ritmo decorre do fato de serem acentuadas (pronunciadas de maneira forte) a 3ª e a 7ª sílabas. Observe:

Mi/nha/**ter**/ra/tem/pal/**mei**/ras
3ª 7ª

Como se dá o ritmo nos demais versos da mesma estrofe?

O Romantismo e a fala brasileira

Manuel Bandeira, poeta modernista do século XX, notou que a "Canção do exílio" é um dos primeiros poemas brasileiros a apresentar uma prosódia (um jeito de falar) brasileira. Segundo ele, trata-se de "uma poesia cujo encanto verbal desaparece quando traduzida para outra língua. Desaparece mesmo quando dita com a pronúncia portuguesa".

Também vale lembrar que, antes do Romantismo, quase não havia poemas com rimas entre palavras oxítonas. A "Canção do exílio" representa, portanto, uma ruptura com os modelos clássicos de sonoridade poética.

4. O poema de Gonçalves Dias tem como epígrafe alguns versos do escritor romântico alemão Goethe. *Epígrafe* é uma frase ou um trecho de obra de outro autor no qual o escritor se inspira para escrever seu próprio texto.

Leia a nota de tradução dos versos de Goethe e compare os versos do escritor alemão aos do escritor brasileiro.

a) Em que se assemelham?

b) Gonçalves Dias fala de uma natureza generosa, como nos versos de Goethe, mas substitui as laranjeiras dos versos do escritor alemão por palmeiras. Por que você acha que isso acontece?

5. Todo o poema se articula em torno da oposição entre dois espaços: a pátria (o Brasil) e o exílio (Portugal).

a) Que palavras do texto evidenciam essa antítese?

b) Ao descrever o Brasil, o eu lírico destaca que espécies de elementos: culturais, naturais ou sociais? Justifique sua resposta com elementos do texto.

c) Que sentimento a distância da pátria provoca no eu lírico?

6. A natureza, nos textos árcades, não apresentava vida; com um papel secundário, servia apenas como pano de fundo para o idílio amoroso. Além disso, a presença de alguns elementos da paisagem nacional (principalmente mineira) era indício de *nativismo*, e não de *nacionalismo*.

a) No poema romântico de Gonçalves Dias, a natureza brasileira também assume um papel secundário?

b) Levante hipóteses e troque ideias com os colegas: Qual é a diferença entre *sentimento nativista* e *sentimento nacionalista*?

c) No poema de Gonçalves Dias, a natureza brasileira é expressão de sentimento nativista ou de sentimento nacionalista?

7. É comum, nos textos românticos, o eu lírico ou o personagem apresentar um estado de alma melancólico, triste e reflexivo, voltado para seu mundo interior. Identifique no texto ao menos uma situação em que isso ocorre.

8. Um escritor, ao tratar de temas como a pátria, a mulher, a natureza, etc., pode fazê-lo de diferentes modos. Por exemplo, de modo pessoal ou impessoal, objetivo ou subjetivo, sentimental ou racional, em diferentes graus. Como o eu lírico do poema vê a pátria e a natureza brasileira: de modo pessoal ou impessoal? Objetivo ou subjetivo? Racional ou sentimental? Realista ou idealizado?

On the road: o escapismo do século XX?

O livro *On the road* ou *Pé na estrada*, como foi traduzido no Brasil, é a obra do escritor americano Jack Kerouac (1922-1969), que influenciou a geração *beatnik* nos anos 1960.

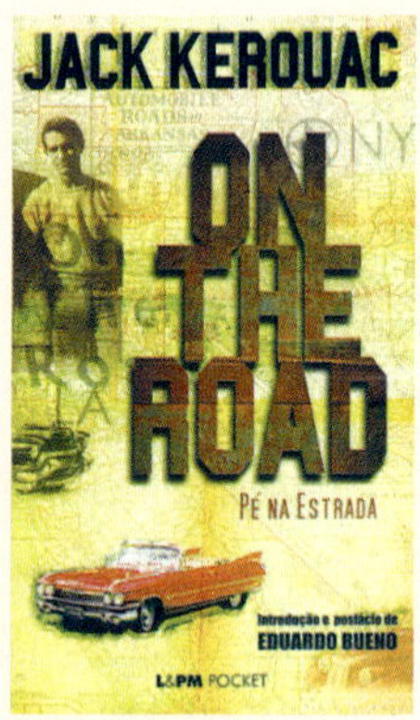

Reprodução/Editora L&PM

John Lennon, fã das ideias *beat* desde a fase estudantil, dá o nome "Beatles" à sua banda como clara influência de Kerouac.

Concluindo

Como síntese do estudo feito até aqui, compare as características do Romantismo com as do Arcadismo:

Romantismo	Arcadismo
Predomínio da emoção	Predomínio da razão
Subjetivismo	Objetivismo
Nacionalismo	Universalismo; nativismo
Maior liberdade formal	Maior contenção formal
Vocabulário e sintaxe mais brasileiros	Vocabulário e sintaxe com influência lusitana
Gosto pelas redondilhas	Gosto pelo decassílabo e pelo soneto
Valorização da cultura popular	Imitação da cultura clássica greco-latina
Natureza mais real, que interage com o eu lírico	Natureza como pano de fundo para os idílios amorosos
Sentimentalismo; estados de alma tristes e melancólicos	Busca de equilíbrio, racionalismo

Leitura

O romance *Os sofrimentos do jovem Werther*, do escritor alemão Goethe, é um dos marcos fundadores do Romantismo europeu e exerceu grande influência sobre os escritores românticos brasileiros.

A obra tem uma estrutura epistolar, construída a partir de cartas que Werther, um jovem escritor e pintor, escreve a um amigo. Por meio delas, fica-se sabendo da chegada do jovem a um vilarejo alemão e do despertar de sua paixão não correspondida por Carlota. Na sequência, descobre-se que Carlota casa-se com Alberto, e Werther torna-se amigo do casal, o que acentua ainda mais sua frustração amorosa e acaba por levá-lo ao suicídio.

Você vai ler, a seguir, duas cartas: a primeira é escrita pelo protagonista logo após sua chegada ao vilarejo, pouco antes de ele conhecer Carlota e apaixonar-se por ela. A segunda é escrita quando ele já está perdidamente apaixonado por Carlota.

Reprodução/Editora L&PM

10 de maio

Uma serenidade maravilhosa inundou toda a minha alma, semelhante às doces manhãs primaveris com as quais me delicio de todo coração. Estou só e entrego-me à alegria de estar vivendo nesta região, ideal para almas iguais à minha. Estou tão feliz, meu bom amigo, de tal modo imerso no sentimento de uma existência tranquila, que minha arte está sendo prejudicada. Neste momento não poderia desenhar uma linha sequer, e, no entanto, nunca fui um pintor mais abençoado do que agora. Quando, ao meu redor, os vapores emanam do belo vale, o sol a pino pousa sobre a escuridão indevassável da minha floresta, e apenas alguns raios solitários se insinuam no centro deste santuário; quando, à beira do riacho veloz, deitado na grama alta, descubro rente ao chão a existência de mil plantinhas diferentes; quando sinto mais perto do meu coração o fervilhar do pequeno universo por entre as hastes, as inumeráveis e indecifráveis formas das minhoquinhas e dos pequenos insetos, quando sinto a presença do Todo-Poderoso, que nos criou à Sua imagem, o sopro do Deus Amantíssimo que a todos nós ampara e sustenta em eterna glória — nestes momentos, meu amigo, quando a penumbra invade os meus olhos, o mundo ao meu redor e o céu repousam em minha alma como a imagem da bem-amada, muitas vezes arrebata-me um **anelo** ardente e fico pensando: "Ah, se pudesses expressar tudo isso, se pudesses imprimir no papel tudo aquilo que palpita dentro de ti com tanta plenitude e tanto calor, de tal forma que a obra se tornasse o espelho de tua alma, assim como tua alma é o espelho do Deus infinito!" — Meu amigo! — Mas **soçobrarei**, sucumbo ao poder da grandiosidade destas manifestações.

(J. W. Goethe. *Os sofrimentos do jovem Werther.* 2. ed. Tradução de Marion Fleischer. São Paulo: Martins Fontes, 1998. p. 9-10.)

anelo: desejo intenso, aspiração.
soçobrar: perder a coragem, desanimar, naufragar.

30 de agosto

Árvore com corvos, de Caspar David Friedrich.

Infeliz! Não és um tolo? Não te enganas a ti mesmo? Por que te entregas a esta paixão desenfreada, interminável? Todas as minhas preces dirigem-se a ela; na minha imaginação não há outra figura senão a dela, e tudo que me cerca somente tem sentido quando relacionado a ela. E isso me proporciona algumas horas de felicidade — até o momento em que novamente preciso separar-me dela! Ah, Wilhelm!, quantas coisas o meu coração desejaria fazer! Depois de estar junto dela duas ou três horas, deliciando-me com sua presença, suas maneiras, a expressão celestial de suas palavras, e todos os meus sentidos pouco a pouco se tornam tensos, de repente uma sombra **turva** meus olhos, mal consigo ouvir, sinto-me sufocado, como se estivesse sendo estrangulado por um assassino, meu coração bate estouvadamente, procurando acalmar os meus sentidos tormentados, mas conseguindo apenas aumentar a perturbação — Wilhelm, muitas vezes nem sei se ainda estou neste mundo!

Em outros momentos — quando a tristeza não me subjuga e Carlota me concede o pequeno conforto de dar livre curso às minhas mágoas, derramando lágrimas abundantes sobre suas mãos — tenho necessidade de afastar-me, de ir para longe, e então ponho-me a **errar** pelos campos. Nessas horas, sinto prazer em escalar uma montanha íngreme, em abrir caminho num bosque cerrado, passando por arbustos que me ferem, por espinhos que me dilaceram a pele! Sinto-me um pouco melhor então. Um pouco! E quando então, cansado e sedento, às vezes fico **prostrado** no caminho, no meio da noite, a lua cheia brilhando sobre minha cabeça, quando na solidão do bosque busco repouso no tronco retorcido de uma árvore, para aliviar meus pés doloridos, e então adormeço na meia-luz, mergulhando num sono inquieto — Ah, Wilhelm!, nestas horas a solidão de uma cela, o **cilício** e o **cíngulo** de espinhos seriam um bálsamo para a minha alma sequiosa! Adeus! Somente o túmulo poderá libertar-me desses tormentos.

(*Idem*, p. 69-70.)

cilício: cinto ou cordão cheio de pontas usado pelos penitentes.
cíngulo: cordão, cinto.
errar: andar sem rumo, vaguear.
prostrado: abatido, desanimado, sem forças.
turvar: tornar opaco; tornar triste.

O primeiro *best-seller*

A explosão de sentimentos do jovem Werther provocou uma forte reação entre a juventude da época. A obra representava uma nova ordem de valores e comportamentos, que se contrapunha frontalmente ao racionalismo do século XVIII. Os jovens começaram a se vestir como o protagonista da obra (com casaca azul e colete amarelo) e a viver paixões desenfreadas como a dele.

Quando Goethe e Napoleão se encontraram, em 1808, a conversa que tiveram foi sobre Werther, e o imperador francês confessou ao escritor ter lido a obra sete vezes. Provavelmente *Os sofrimentos do jovem Werther* foi o primeiro *best-seller* da literatura ocidental.

1. Compare o início das duas cartas.

a) Como Werther se sente na primeira carta? E na segunda?

b) A que se deve a mudança de espírito do personagem?

2. A natureza assume um papel de destaque nos textos românticos. Mais do que mero cenário, ela geralmente interage com personagens, podendo espelhar o estado de espírito deles. Observe o modo como o personagem se refere à natureza nas duas cartas. O que muda na descrição que ele faz da natureza nas duas situações?

3. Durante a Era Clássica, os textos literários faziam referência aos deuses da mitologia greco-latina. No Romantismo, que busca uma aproximação com seu público consumidor — a burguesia —, surgem manifestações de religiosidade cristã. Identifique na primeira carta um exemplo dessas manifestações.

4. Nas obras de ficção do Romantismo, o amor é um tema muito caro. Geralmente os personagens lutam por seu ideal amoroso, contrapondo-se a normas, padrões e conveniências sociais. Diante dos obstáculos, os relacionamentos românticos podem ter dois tipos de desfecho: o final trágico, que leva à morte de pelo menos um dos amantes, ou o final feliz. Nessa obra de Goethe, o final é trágico.

   a) Que tipo de obstáculo impede Werther de conquistar o amor de Carlota?

   b) Leia a última frase da segunda carta. Que significado tem a morte para Werther nesse contexto?

5. O **escapismo** ou desejo de evasão é uma constante nos textos românticos. Manifesta-se na busca da natureza, na fuga para o passado próximo (a infância) ou distante (a Idade Média), o sonho ou a fantasia e a morte. Identifique, na segunda carta, manifestações de escapismo.

6. Observe no quadro da página 144 as características românticas.

   a) Identifique nas cartas da obra de Goethe características românticas apresentadas no quadro.

   b) Que outras características encontradas na prosa romântica de Goethe você incluiria no quadro?

O texto e o contexto em perspectiva multidisciplinar

Leia, a seguir, o infográfico e um painel de textos interdisciplinares que relacionam a produção literária do Romantismo ao contexto histórico, social e cultural em que o movimento floresceu.

Linha do tempo

Reprodução/Tate Modern, Londres, Inglaterra.

Pintura de *O naufrágio*, de William Turner.

Reprodução/Museu do Prado, Madri, Espanha

Pintura de *Os fuzilamentos de 3 de maio* de 1808, de Goya.

- **1774** – Publicação de *Os sofrimentos do jovem Werther*, de Goethe
- **1789** – *Revolução Francesa.*
- **1793** – Julgamento e decapitação, na França, de Luís XVI
- **1805** – *O naufrágio*, de William Turner
- **1807** – Adesão de Portugal ao Bloqueio Continental, por imposição de Napoleão Bonaparte
- **1808** – *Os fuzilamentos de 3 de maio* de 1808, de Goya; *Transferência da corte de D. João VI para o Brasil.*
- **1818** – Publicação de *Peregrinação de Childe Harold*, de Lord Byron

Revolução Francesa.

H.Godin/Album/Fotoarena

Transferência da corte de D. João VI para o Brasil.

Reprodução/Museu Nacional de Belas Artes, Rio de Janeiro, RJ

Liberdade, paixão e emoção

O romantismo foi mais que um programa de ação de um grupo de poetas, romancistas, filósofos ou músicos. Tratou-se de um vasto movimento onde se abrigaram o conservadorismo e o desejo libertário, a inovação formal e a repetição de fórmulas consagradas, o namoro com o poder e a revolta radical: enfim, um conjunto tão díspar de tendências que seria uma ociosa bobagem inconsequente pretender mascarar através de generalizações apresentadas a riqueza e a diversidade que nortearam o movimento romântico. Talvez fosse possível pensar, num esforço didático, que o romantismo foi marcado por algumas preocupações recorrentes, às quais poderíamos aliar um certo anticlassicismo, uma visão individualista, um desejo de romper com a normatividade e com os excessos do racionalismo. Liberdade, paixão e emoção constituem um tripé sobre o qual se assenta boa parte do romantismo.

(Wendy Beckett. *História da pintura*. São Paulo: Ática, 1987. p. 173.)

Reprodução/Coleção particular

A atmosfera romântica na obra *Veneza vista do "Europa"* (1843), de J. M. W. Turner.

Reprodução/Museu Paulista da USP, São Paulo, SP

Proclamação da independência política do Brasil.

Reprodução/Coleção particular

Proibição do tráfico de escravos para o Brasil.

Maisons de Victor Hugo/ Roger-Viollet/ Glow Images

Publicação de *Os miseráveis*, de Victor Hugo.

1820 – Revolução Liberal do Porto

1822 – Proclamação da independência política do Brasil

1825 – Início do Romantismo em Portugal, com a publicação de *Camões*, de Almeida Garrett.

1830 – Pintura de *A Liberdade guiando o povo*, de Delacroix

1836 – Introdução do Romantismo no Brasil, com a publicação de *Suspiros poéticos e saudades*, de Gonçalves de Magalhães

1850 – Proibição do tráfico de escravos para o Brasil

1862 – Publicação de *Os miseráveis*, de Victor Hugo

1869 – Publicação de *O navio negreiro*, de Castro Alves

1888 – Abolição da escravatura

1889 – Proclamação da República

Reprodução/Museu do Louvre, Paris, França

Pintura de *A Liberdade guiando o povo*, de Delacroix.

O Romantismo e a busca de referências

Detalhe de *A morte de Sardanapalo* (1827), do pintor romântico Eugène Delacroix.

O olhar voltado para o passado cultivado pelos românticos talvez significasse a busca de um referencial perdido com a industrialização e a Revolução Francesa. Os cenários campestres eram idilicamente representados em oposição à vida agitada e artificial que se levava nas cidades. O Oriente Próximo também exercia um poder de sedução sobre os românticos, fascinados por seu "aspecto selvagem", contrastante com as regras civilizatórias do Ocidente.

O romantismo negava a racionalidade sistematizada do Iluminismo e valorizava a imaginação e a sensibilidade. O filósofo Jean-Jacques Rousseau, apesar de suas ligações com o Iluminismo, é considerado um dos primeiros românticos.

"Para nós, existir é sentir, e nossa sensibilidade é incontestavelmente mais importante do que a nossa razão", dizia ele. Rousseau defendia que o homem era essencialmente bom, sendo corrompido pelo meio civilizado. Por isso, a proximidade com a natureza era evocada como a possibilidade de escapar à corrupção da vida moderna. Nesse sentido, a Idade Média representava para os românticos um período de predomínio das tradições e do heroísmo, no qual a razão não havia sobrepujado o sentimento e a fé humana.

No campo estético da definição do belo, a liberdade de criação artística norteou os românticos. Dando vazão à imaginação, a pintura do período destacou-se por apresentar motivos exóticos, dramáticos, melancólicos ou, ainda, experiências aterradoras. Embora seja considerado um movimento artístico, o romantismo permeou todo o pensamento europeu nas primeiras décadas do século XIX. Escritores como Victor Hugo e Goethe, poetas como Shelley, Keats e Byron, filósofos como Schiller e Schelling e compositores como Beethoven, Schubert, Chopin e Wagner expressaram em suas obras a diversidade de termos e formas presente no romantismo.

(Antônio P. Rezende e Maria T. Didier. *Rumos da História*. São Paulo: Atual, 2001. p. 405-406.)

A Revolução Francesa e o sentimento romântico de desagregação

O poeta romântico é um estranho entre os homens; é melancólico, extremamente sensível, ama a solidão e as **efusões** do sentimento, sobretudo as de um vago desespero no seio da Natureza. Trata-se de uma atitude e de um estado de alma que foram, se não criados, pelo menos poderosamente desenvolvidos pela influência de Rousseau. [...] A história da Revolução e da época subsequente contribuiu em muito para fazer os homens idealistas abandonarem o lado prático e reformador do movimento inaugurado por Rousseau, e os levou a se **aferrar** a seu lirismo solitário [...]. Esperava-se, antes da Revolução, e mesmo no decurso de seu desenvolvimento, poder criar um mundo inteiramente novo, conforme à Natureza, desembaraçado de todos os **entraves** que, segundo se acreditava, o fardo das tradições históricas era o único a opor à felicidade dos homens; e uma profunda decepção, vizinha do desespero, se apoderou das almas delicadas e idealistas quando se viu que, após tantos horrores e sangue derramado, embora fosse verdade que tudo tivesse mudado, o que saíra de todas as catástrofes da Revolução e da época napoleônica não era em absoluto um retorno à Natureza virtuosa e pura, mas novamente uma situação inteiramente histórica, bem mais grosseira, mais brutal e mais feia que a que desaparecera.

(Erich Auerbach. *Introdução aos estudos literários*. São Paulo: Cultrix, 1972. p. 228-229.)

Napoleão cruzando os Alpes (1850), de Hippolyte Delaroche.

aferrar: prender, segurar.
efusão: saída, derramamento, expansão dos sentimentos.
entrave: obstáculo, impedimento.

O Romantismo no Brasil

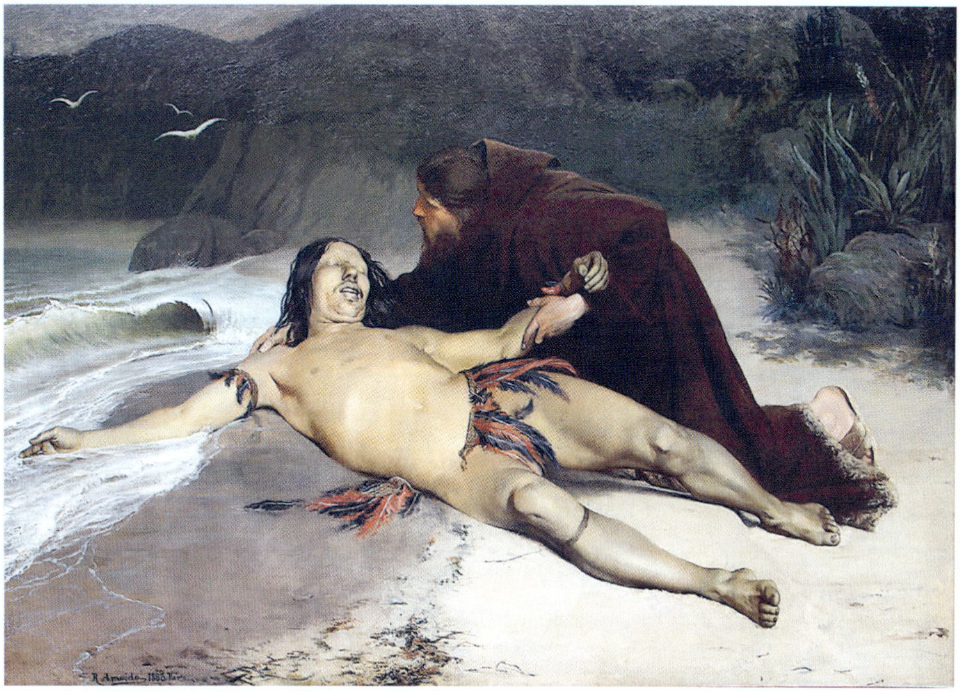

O último tamoio (1883), de Rodolfo Amoedo.

Na verdade, o Romantismo teve aqui [no Brasil] uma significação bastante diversa da que teve na Europa. Enquanto visão de mundo, ele viverá um processo de ajuste e adaptação. Os nossos autores, os melhores, souberam aproveitar dele os elementos que serviam mais bem aos seus propósitos e deixaram outros de lado. Essa era a primeira tarefa dos nossos estudantes que iam formar-se na Europa e tomavam contato com o que chamavam de "a nova poesia" ou "a poesia moderna". Para nós, o fato político mais **candente** foi a Independência, que mobilizou os homens livres e fez todos se sentirem empenhados na organização da nova nação. Ela isolou os portugueses estabelecidos no Brasil no comércio e na burocracia do Estado, considerados "restauradores" e "absolutistas". Ao mesmo tempo, uniu os que passaram a se considerar "brasileiros" e dispostos a organizar uma nação "livre" e "autônoma" [...]. O Romantismo, na medida em que rejeitava o mundo urbano-burguês e, pela imaginação, idealizava o mundo da natureza e do indígena, deu aos brasileiros os elementos com os quais podiam identificar-se e que era lícito transformar em símbolos da nacionalidade: as matas, os índios, a fauna e a flora. Quem éramos nós senão aqueles que tinham também sangue indígena, que cresceram acostumados às matas e florestas, que se temperaram ouvindo os sabiás e as jandaias, à sombra das mangueiras e palmeiras? Éramos, portanto, muito distintos dos portugueses, até na língua, pois o português falado no Brasil e por brasileiros sofria modificações e não podia ser igual ao que se falava em Portugal. Assim perguntava José de Alencar: "O povo que chupa o caju, a manga, o cambucá e a jabuticaba, pode falar uma língua com igual pronúncia e o mesmo espírito do povo que sorve o figo, a pera, o damasco e a nêspera?".

(Luiz Roncari. *Literatura brasileira — Dos primeiros cronistas aos últimos românticos.* 2. ed. São Paulo: Edusp/FDE, 1995. p. 288-289.)

candente: que está ardendo em brasa.

Roteiro de estudo

Ao final da leitura dos textos, você deverá saber:

- Explicar por que é difícil pretender generalizar e uniformizar as várias tendências existentes no interior do Romantismo; além disso, apontar os três elementos básicos sobre os quais se assenta grande parte das obras românticas.
- Comentar por que a natureza e a Idade Média eram supervalorizadas pelos artistas românticos, em contraposição ao mundo europeu urbano do século XIX.
- Explicar por que a arte romântica, embora seja a expressão artística da burguesia, faz críticas à sociedade burguesa.
- Comentar por que o Romantismo brasileiro apresenta especificidades que o diferenciam do Romantismo europeu.

CAPÍTULO 10

A poesia romântica

O Romantismo surgiu no Brasil poucos anos depois de nossa independência política (1822). Por isso, as primeiras obras literárias e os primeiros artistas românticos mostravam-se empenhados em definir um perfil da cultura brasileira, no qual o nacionalismo era o traço essencial.

Detalhe de *Beija-flores brasileiros* (1871), de Martin Johnson Heade.

Este capítulo favorece o desenvolvimento das habilidades

EM13LGG102
EM13LGG202
EM13LGG203
EM13LGG204
EM13LGG302
EM13LGG303
EM13LGG601
EM13LGG602
EM13LGG604
EM13LP01
EM13LP02
EM13LP03
EM13LP06
EM13LP46
EM13LP48
EM13LP49
EM13LP50
EM13LP52

A história do Romantismo no Brasil confunde-se com a própria história política brasileira da primeira metade do século XIX. Com a invasão de Portugal por Napoleão, a Coroa portuguesa mudou-se para o Brasil em 1808 e elevou a colônia à categoria de Reino Unido, ao lado de Portugal e Algarves. Como decorrência desse fato, a colônia passou por uma série de mudanças, entre as quais a criação de escolas de nível superior, a fundação de museus e bibliotecas públicas, a instalação de tipografias e o surgimento de uma imprensa regular.

A dinamização da vida cultural da colônia e a formação de um público leitor (mesmo que inicialmente só de jornais) criaram algumas das condições necessárias para o surgimento de uma produção literária mais consistente do que as manifestações literárias dos séculos XVII e XVIII.

Com a independência política, ocorrida em 1822, os intelectuais e artistas da época passaram a dedicar-se ao projeto de criar uma cultura brasileira identificada com as raízes históricas, linguísticas e culturais do país.

O Romantismo, além de seu significado primeiro — o de ser uma reação à tradição clássica —, assumiu em nossa literatura a conotação de movimento anticolonialista e antilusitano, ou seja, de rejeição à literatura produzida na época colonial, em virtude do apego dessa produção aos modelos culturais portugueses.

Portanto, um dos traços essenciais de nosso Romantismo é o nacionalismo, que, orientando o movimento, abriu-lhe um rico leque de possibilidades a serem exploradas, entre as quais o indianismo, o regionalismo, a pesquisa histórica, folclórica e linguística, além da crítica aos problemas nacionais — todas posturas comprometidas com o projeto de construção de uma identidade nacional.

A publicação da obra *Suspiros poéticos e saudades* (1836), de Gonçalves de Magalhães, tem sido considerada o marco inicial do Romantismo no Brasil. A importância dessa obra, porém, reside muito mais nas novidades teóricas de seu prólogo, em que Magalhães anuncia a revolução literária romântica, do que propriamente na execução dessas teorias.

Histórias da História do Brasil

Depois que o filme *Carlota Joaquina* (1995), de Carla Camurati, mostrou nas telas como foi a vinda da Coroa portuguesa ao Brasil, em 1808, muitas outras obras têm sido produzidas sobre o assunto. Em *O Chalaça* (1999), por exemplo, o escritor José Roberto Torero une pesquisa histórica e ficção e retrata os bastidores do Império pela ótica de Chalaça, secretário particular de D. Pedro I. Em 2002, a Rede Globo levou ao ar o seriado *O quinto dos infernos*, sobre o mesmo tema.

Em 2007, no contexto da comemoração dos 200 anos da chegada da família real, o escritor Ruy Castro publicou *Era no tempo do rei*. E, em 2012, a historiadora Mary del Priore publicou *A carne e o sangue*, um romance que narra, com base em pesquisa histórica, o triângulo amoroso formado por D. Pedro I, a imperatriz Leopoldina, sua esposa, e a Marquesa de Santos.

Reprodução/Editora Objetiva

Reprodução/Alfaguara Brasil

Reprodução/Editora Rocco

As gerações do Romantismo

Tradicionalmente são apontadas três gerações de escritores românticos. Essa divisão, contudo, engloba principalmente os autores de poesia. Os romancistas não se enquadram bem nessa divisão, uma vez que suas obras podem apresentar traços característicos de mais de uma geração.

Assim, as três gerações de *poetas* românticos brasileiros são:

- **Primeira geração:** nacionalista, indianista e religiosa. Nela se destacam Gonçalves Dias e Gonçalves de Magalhães.
- **Segunda geração:** marcada pelo "mal do século", apresenta egocentrismo exacerbado, pessimismo, satanismo e atração pela morte. Seus principais representantes são Álvares de Azevedo, Casimiro de Abreu, Fagundes Varela e Junqueira Freire.
- **Terceira geração:** formada pelo grupo condoreiro, desenvolve uma poesia de cunho político e social. A maior expressão desse grupo é Castro Alves.

Gonçalves Dias: um projeto de cultura brasileira

Embora Gonçalves de Magalhães seja considerado o introdutor do Romantismo no Brasil, na verdade foi Gonçalves Dias quem implantou e solidificou a poesia romântica em nossa literatura. É a primeira expressão da primeira geração romântica e sua obra pode ser considerada a realização de um verdadeiro projeto de construção da cultura brasileira.

Gonçalves Dias, buscando captar a sensibilidade e os sentimentos do nosso povo, criou uma poesia voltada para o índio e para a natureza brasileira, expressa numa linguagem simples e acessível. Seus versos, tais como os de sua "Canção do exílio", são melódicos e exploram métricas e ritmos variados. Cultivou também poemas religiosos, de fundo panteísta, que falam da manifestação de Deus na natureza.

Sua obra poética inclui os gêneros lírico e épico. Na épica, nos poemas "I-Juca Pirama" e "Os timbiras", canta os feitos heroicos de índios valorosos, substitutos da figura do herói medieval europeu. Na lírica, tem como temas mais comuns a pátria, a natureza, Deus, o índio e o amor não correspondido.

Quem foi Gonçalves Dias?

Filho de um português e de uma cafusa, Gonçalves Dias (1823-1864) fez seus primeiros estudos no Maranhão, seu Estado natal, e completou-os em Coimbra, onde cursou Direito.

De volta ao Brasil, em 1845, trouxe na bagagem boa parte de seus escritos. Fixou-se no Rio de Janeiro e ali publicou sua primeira obra, *Primeiros cantos* (1846), seguida por outras publicações, como *Segundos cantos* e *Sextilhas de Frei Antão* (1848), *Últimos cantos* (1851) e *Os timbiras* (1857). Fez várias viagens pelo país, incluindo a Amazônia, e chegou a escrever um *Dicionário da língua tupi*.

Reprodução/Acervo da editora

Caricatura de Gonçalves Dias.

Leitura

Você vai ler, a seguir, o canto IV de "I-Juca Pirama", de Gonçalves Dias. Aprisionado pela tribo inimiga dos timbiras, o guerreiro tupi é preparado para um cerimonial antropofágico em que serão vingados os mortos timbiras. Ao lhe pedirem, como é próprio do ritual, que cante seus feitos de guerra e que se defenda da morte, o prisioneiro responde aos inimigos:

Meu canto de morte,
Guerreiros, ouvi:
Sou filho das selvas,
Nas selvas cresci;
Guerreiros, descendo
Da tribo tupi.

Da tribo pujante,
Que agora anda errante
Por fado inconstante,
Guerreiros, nasci:
Sou bravo, sou forte,
sou filho do Norte;
Meu canto de morte,
Guerreiros, ouvi.

Já vi cruas brigas
De tribos **imigas**,
E as duras fadigas
Da guerra provei;
Nas ondas **mendaces**
Senti pelas faces
Os **silvos fugaces**
Dos ventos que amei.

Andei longes terras,
Lidei cruas guerras,
Vaguei pelas serras
dos vis Aimorés;
Vi lutas de bravos,
Vi fortes — escravos!
De estranhos **ignavos**
Calcados aos pés.

E os campos **talados**,
E os arcos quebrados,
E os **piagas** coitados
Já sem **maracás**;
E os meigos cantores,
Servindo a senhores,
Que vinham traidores,
Com mostras de paz.

Ao velho coitado
De penas ralado,
Já cego e **quebrado**,
Que resta? — Morrer.
Enquanto descreve
O giro tão breve
Da vida que teve,
Deixai-me viver!

Aos golpes do imigo
Meu último amigo,
Sem lar, sem abrigo
Caiu junto a **mi**!
Com plácido rosto,
Sereno e composto,
O **acerbo** desgosto
Comigo sofri.

acerbo: doloroso, árduo.
fugace: que foge veloz.
ignavo: covarde.
imiga: inimiga.
maracá: chocalho usado pelos índios em solenidades guerreiras ou religiosas.
mendace: mentirosa, traiçoeira.
mi: mim.
piaga: pajé.
quebrado: cansado, frágil.
silvo: assobio.
talado: devastado, arrasado.

Meu pai a meu lado
Já cego e quebrado,
De penas ralado,
Firmava-se em mi:
Nós ambos, mesquinhos,
Por **ínvios** caminhos,
Cobertos d'espinhos
Chegamos aqui!

O velho no entanto
Sofrendo já tanto
De fome e **quebranto**,
Só qu'ria morrer!
Não mais me contenho,
Nas matas me embrenho,
Das **frechas** que tenho
Me quero valer.

Então, forasteiro,
Caí prisioneiro
De um **troço** guerreiro
Com que me encontrei:
O cru dessossego
Do pai fraco e cego,
Enquanto não chego,
Qual seja, — dizei!

Eu era o seu guia
Na noite sombria,
A só alegria
Que Deus lhe deixou:
Em mim se apoiava,
Em mim se firmava,
Em mim descansava,
Que filho lhe sou.

Não **vil**, não ignavo,
Mas forte, mas bravo,
Serei vosso escravo:
Aqui virei ter.
Guerreiro, não coro
Do pranto que choro;
Se a vida **deploro**,
Também sei morrer.

(*Poemas de Gonçalves Dias*. Seleção de Péricles Eugênio da Silva Ramos. Rio de Janeiro: Ediouro, s.d. p. 119-122.)

deploro: lamento, choro.
frecha: flecha.
ínvio: intransitável.
quebranto: abatimento, fraqueza.
troço: corpo de tropas.
vil: moralmente baixo, desprezível.

Marc Ferrez/Acervo Instituto Moreira Salles

Índio da etnia yawalapiti na aldeia Tuatuari se preparando para o Kuarup (2016).

1. Nesse canto do poema, o índio tupi narra a trajetória de sua vida e de sua tribo.

a) Como o índio via a si mesmo, até o momento em que foi aprisionado?

b) Qual é a atual condição de sua tribo?

c) Com quem e por que o índio tupi foge?

2. Na 6ª estrofe do texto, o prisioneiro faz um pedido aos inimigos: "Deixai-me viver!".

a) Que motivos alega, na 10ª e na 11ª estrofes, para que o deixem vivo?

b) Identifique na última estrofe os versos em que o prisioneiro propõe um acordo. Qual é esse acordo?

3. Seguindo os modelos do Romantismo europeu e a atração pelo *medievalismo*, nossos escritores encontraram no índio brasileiro o representante mais direto de nosso passado medieval — único habitante nestas terras antes do Descobrimento. Além disso, vivendo distante da civilização, nosso índio correspondia plenamente à concepção idealizada do "bom selvagem", defendida por Rousseau. Observe o comportamento do índio tupi e indique:

a) uma característica dele que se assemelhe às do cavaleiro medieval;

b) uma atitude dele que reforce o mito do "bom selvagem".

4. Os primeiros versos do poema "I-Juca-Pirama" são estes:

> No meio das tabas de amenos verdores,
> Cercadas de troncos — cobertos de flores,
> Alteiam-se os tetos d'altiva nação.

Gilberto Mendonça Teles, poeta atual, em uma clara relação de intertextualidade, escreveu:

Aldeia global

No meio das tabas há menos verdores,
não há gentes brabas nem campos de flores.

No meio das tabas cercadas de insetos,
pensando nas babas dos analfabetos,
vou chamando as tribos dos sertões gerais,
passando recibos nos vãos de Goiás.

Venham os xerentes, craôs e crixás,
bororos doentes e xicriabás.
E os apinajés, os carajás roídos,
e os tapirapés e os inás perdidos.
[...]

(*Os melhores poemas de Gilberto Mendonça Teles*. 3. ed. Seleção de Luís Busatto. São Paulo: Global, 2001. p. 91.)

Marcos Amend/Pulsar Imagens

Tribo indígena Kalapalo.

Compare os versos de Gilberto Mendonça Teles aos versos iniciais e a todo o canto IV de "I-Juca-Pirama".

a) Qual é a diferença entre os índios retratados por Gonçalves Dias e os retratados por Gilberto Mendonça Teles?

b) Levante hipóteses: A que se deve essa diferença?

c) Levante hipóteses: Por que Gilberto Mendonça Teles teria escolhido um poema épico romântico para, a partir dele, criar seu poema?

O que há de ser morto

"I-Juca-Pirama", considerado o mais perfeito poema épico-indianista de nossa literatura, narra a história vivida por um índio tupi que cai prisioneiro de uma nação inimiga. O drama do prisioneiro reside nos sentimentos contraditórios provocados por sua prisão: de um lado, deseja morrer lutando, como guerreiro corajoso que sempre fora; de outro, deseja viver para cuidar do pai, doente e cego. O prisioneiro é libertado e afirma que voltará a se entregar quando o pai falecer. Os timbiras não acreditam em seu argumento e acusam-no de covarde. Posteriormente, o índio reencontra o pai, leva-lhe alimento, mas o velho, percebendo o cheiro das tintas e os ornamentos do ritual, descobre-lhe o segredo. Renega então o filho, leva-o de volta à tribo timbira e pede que ele seja sacrificado. O índio luta bravamente, provando que não era covarde. No último canto são afirmadas as qualidades heroicas do guerreiro, que se transforma em mito nas tradições da cultura timbira. O título do poema, extraído da língua tupi, já sugere a sina do protagonista: "o que há de ser morto".

A lírica de Gonçalves Dias

A "Canção do exílio", que você leu no capítulo 9, é de autoria de Gonçalves Dias, considerado um dos expoentes da lírica nacional. Empregando com sabedoria recursos que lhe deram formação clássica e lusitana, o poeta cultivou uma lírica de rica construção formal, equilibrada, sem cair nos exageros românticos e sem deixar, por isso, de ser plenamente romântico.

O equilíbrio de linguagem e os temas preferidos de Gonçalves Dias — natureza, religião, amor, solidão, pátria, índio, medievalismo — serviram de modelo a muitas gerações de poetas que o sucederam, tanto no Romantismo quanto em outros movimentos literários subsequentes.

Para alguns estudiosos, Gonçalves Dias foi o primeiro grande poeta brasileiro e, entre os românticos, o melhor.

Leia o texto a seguir, considerado um dos mais belos poemas líricos de Gonçalves Dias.

Leito de folhas verdes

Por que tardas, Jatir, que tanto a custo
À voz do meu amor moves teus passos?
Da noite a viração, movendo as folhas,
já nos cimos do bosque rumoreja.

Eu sob a copa da mangueira altiva
Nosso leito gentil cobri zelosa
Com mimoso **tapiz** de folhas brandas,
Onde o frouxo luar brinca entre flores.

Do tamarindo a flor abriu-se, há pouco,
já solta o bogari mais doce aroma!
Como prece de amor, como estas preces,
No silêncio da noite o bosque exala.

Brilha a lua no céu, brilham estrelas,
Correm perfumes no correr da brisa,
A cujo influxo mágico respira-se
Um quebrando de amor, melhor que a vida!

A flor que desabrocha ao romper d'alva
Um só giro do sol, não mais, vegeta:
Eu sou aquela flor que espero ainda
Doce raio do sol que me dê vida.

Sejam vales ou montes, lago ou terra,
Onde quer que tu vás, ou dia ou noite,
Vai seguindo após ti meu pensamento;
Outro amor nunca tive: é meu, sou tua!

FG Trade/Getty Images

Indígena da etnia tupi-guarani.

Meus olhos outros olhos nunca viram,
Não sentiram meus lábios outros lábios,
Nem outras mãos, Jatir, que não as tuas
A **arasoia** na cinta me apertaram.

Do tamarindo a flor jaz entreaberta,
Já solta o bogari mais doce aroma;
Também meu coração, como estas flores,
Melhor perfume ao pé da noite exala!

Não me escutas, Jatir! nem tardo acodes
À voz do meu amor, que em vão te chama!
Tupã! lá rompe o sol! do leito inútil
A brisa da manhã sacuda as folhas!

(Poemas de Gonçalves Dias, *cit.*, p. 114-115.)

arasoia: saiote de pena usado pelas mulheres indígenas.
tapiz: tapete.

1. Observe os elementos do contexto discursivo do poema.

a) Quem é o eu lírico?

b) Com quem o eu lírico fala?

c) Considerando o título do poema, o que o eu lírico espera?

2. O cenário preparado pelo eu lírico contém inúmeras sugestões sensoriais. Identifique no poema sugestões:

a) olfativas;

b) táteis;

c) visuais;

d) auditivas.

3. Que relação as sugestões sensoriais que você observou na questão anterior têm com a ambientação de sensualidade e erotismo do poema?

4. O eu lírico se refere ao relacionamento dele com Jatir. O que o índio representa para a experiência amorosa do eu lírico?

5. Releia a última estrofe do poema. Dirigindo-se a Tupã e à brisa da manhã, o eu lírico faz dois pedidos por meio de verbos no imperativo.

a) Quais são esses pedidos?

b) O que esses pedidos revelam sobre os sentimentos do eu lírico?

6. Observe o ambiente retratado e o vocabulário utilizado no poema. Que relação eles mantêm com o projeto nacionalista de Gonçalves Dias de construir uma poesia lírica nacional?

Literatura comparada

O indianismo romântico e o indianismo hoje

Você vai ler, a seguir, parte do livro *A queda do céu*, de Davi Kopenawa, uma obra que, em parte, é uma autobiografia e, em parte, uma crítica ao materialismo e ao consumismo exacerbados do homem branco, bem como uma proposta para salvar a floresta e os povos indígenas.

Antes de os brancos aparecerem na floresta, distribuindo seus nomes a esmo, tínhamos os apelidos que nos davam nossos familiares. [...]

Quando me tornei homem, outros brancos resolveram me dar um nome mais uma vez. Dessa vez, era o pessoal da Funai. Começaram a me chamar de Davi "Xiriana". Mas esse novo nome não me agradou. "Xiriana" é como são chamados os Yanomami que vivem no rio Uraricaá, muito distante de onde eu nasci. Eu não sou um "Xiriana". Minha língua é diferente da dos que vivem naquele rio. Apesar disso, tive de mantê-lo. Tive inclusive de aprender a desenhá-lo quando fui trabalhar para os brancos, porque já o tinham desenhado numa pele de papel.

Meu último nome, Kopenawa, veio a mim muito mais tarde, quando me tornei mesmo um homem. Esse é um verdadeiro nome yanomami. Não é nem nome de criança nem um apelido que outros me deram. É um nome que ganhei por conta própria. Na época, os garimpeiros tinham começado a invadir nossa floresta. Tinham acabado de matar quatro grandes homens yanomami, lá onde começam as terras altas, a **montante** do rio *Hero u*. A Funai me enviou para lá para encontrar seus corpos na mata, no meio de todos aqueles garimpeiros, que bem teriam gostado de me matar também. Não havia ninguém para me ajudar. Tive medo, mas minha raiva foi mais forte. Foi a partir de então que passei a ter esse novo nome.

Só os espíritos *xapiri* estavam do meu lado naquele momento. Foram eles que quiseram me nomear. Deram-me esse nome, Kopenawa, em razão da fúria que havia em mim para enfrentar os brancos. O pai de minha esposa, o grande homem de nossa casa de *Watoriki*, ao pé da montanha do vento, tinha me feito beber o pó que os xamãs tiram da árvore *yãkoana hi*. Sob efeito do seu poder vi descer em mim os espíritos das vespas *kopena*. Disseram-me: "Estamos com você e iremos protegê-lo. Por isso você passará a ter esse nome: Kopenawa!". Esse nome vem dos espíritos vespa que beberam o sangue derramado por *Arowë*, um grande guerreiro do primeiro tempo. Meu sogro fez suas imagens descerem e as deu a mim com seu sopro de vida. Foi então que eu pude ver esses espíritos vespa dançarem pela primeira vez. E quando contemplei também a imagem de *Arowë*, de quem só tinha ouvido o nome até então, disse a mim mesmo: "*Haixopë*! Então foi esse antepassado que pôs em nós a coragem guerreira! Esse é o verdadeiro rastro daquele que nos ensinou a bravura!".

(Davi Kopenawa. *A queda do céu*. São Paulo: Companhia das Letras. Edição do Kindle.)

montante: subida da maré, cheia, enchente.

Quem é Davi Kopenawa?

Danilo Verpa/Folhapress

Davi Kopenawa Yanomami é xamã e porta-voz do povo Yanomami, um dos maiores povos indígenas relativamente isolados que vive na floresta Amazônica na fronteira do Brasil com a Venezuela.

Chamado de "Dalai Lama da floresta", Davi é hoje reconhecido internacionalmente como embaixador do seu povo e uma das vozes mais eloquentes e poderosas que se manifesta contra a destruição da floresta Amazônica e dos seus povos.

Por 25 anos ele liderou incansavelmente uma campanha nacional e internacional para garantir os direitos à terra Yanomami, conseguindo, dessa forma, reconhecimento no mundo todo e inclusive no Brasil. Como consequência de sua luta, o território Yanomami foi reconhecido e demarcado pelo governo brasileiro em 1992. A terra indígena Yanomami, que se estende do Brasil à Venezuela, representa a maior área de floresta tropical sob controle indígena em todo o mundo.

(Disponível em: https://www.survivalbrasil.org/davibiografia. Acesso em: 10/3/2020.)

1. De acordo com o relato do autor, ele recebeu mais de um nome durante a vida.

a) Como foram dados os primeiros nomes que recebeu?

b) Por que ele não gostava do nome Davi Xiriana, que recebeu posteriormente dos brancos?

c) Qual é o sentido do nome Kopenawa, que recebeu quando adulto?

d) Que diferença se nota entre o modo como o nome de uma pessoa é definido entre os ianomâmis e o modo como é definido entre os brancos?

2. O texto indiretamente menciona um grave problema vivido pelos índios brasileiros há várias décadas. Qual é esse problema?

3. O indígena está plenamente integrado com a natureza e, de acordo com suas crenças, é natural para ele a comunicação dos vivos com espíritos da floresta e ancestrais. De que modo isso ocorre no texto?

4. Compare o poema "I-Juca Pirama", de Gonçalves Dias, ao relato de Davi Kopenawa.

a) O que os textos apresentam em comum?

b) Que diferenças existem entre eles?

c) Comparando o modo como o índio era visto pela literatura romântica do século XIX e o modo como o próprio índio vê a si mesmo e à sua gente hoje, que mudanças podem ser notadas?

Álvares de Azevedo e o Ultrarromantismo

Álvares de Azevedo é o principal poeta brasileiro da segunda geração do Romantismo, conhecida como Ultrarromantismo ou "mal do século", que surgiu nas décadas de 1850 e 1860. Essa geração de poetas não acreditava nos ideais libertários da Revolução Francesa nem na nova ordem social burguesa. Influenciados pelas obras de Lord Byron e Alfred de Musset, levavam uma vida pessoal desregrada e abordavam, em suas obras, temas como a morte, a noite, o amor impossível, o vício, etc., em uma postura profundamente pessimista.

A produção poética de Álvares de Azevedo consiste em duas facetas opostas, que ele mesmo chamou de "a face de Ariel" e "a face de Caliban", as quais representam, respectivamente, o bem e o mal. A primeira mostra um eu lírico casto, sentimental e ingênuo, enquanto a segunda mostra um eu lírico voltado para o lado do mal, ou seja, para a bebida, o vício e o ócio. Esse ambiente também se faz presente em suas obras em prosa, povoadas de personagens como prostitutas, bêbados, viciados, assassinos, etc.

Quem foi Álvares de Azevedo?

Historic Images/Alamy/Fotoarena

Álvares de Azevedo (1831-1852) nasceu em São Paulo, fez os estudos básicos no Rio de Janeiro e cursava o quinto ano de Direito em São Paulo quando sofreu um acidente (queda de cavalo) cujas complicações o levaram à morte, antes de completar 21 anos.

O escritor cultivou a poesia, a prosa e o teatro. Os sete livros, discursos e cartas que produziu foram escritos em apenas quatro anos, período em que era estudante universitário. Por isso, deixou uma obra de qualidade irregular, se considerada no conjunto, mas de grande significado na evolução da poesia nacional.

Na poesia, destaca-se a obra *Lira dos vinte anos*; na prosa, o livro de contos *Noites na taverna* e a peça teatral *Macário*.

Leitura

O poema a seguir integra a obra *Lira dos vinte anos* e representa a face de Ariel da poesia de Álvares de Azevedo.

Soneto

Pálida, à luz da lâmpada sombria,
Sobre o leito de flores reclinada,
Como a lua por noite embalsamada,
Entre as nuvens do amor ela dormia!

Era a virgem do mar! na escuma fria
Pela maré das águas embalada!
Era um anjo entre nuvens d'alvorada
Que em sonhos se banhava e se esquecia!

Era mais bela! o seio palpitando...
Negros olhos as pálpebras abrindo...
Formas nuas no leito resvalando...

Não te rias de mim, meu anjo lindo!
Por ti — as noites eu velei chorando,
Por ti — nos sonhos morrerei sorrindo!

(*In*: *Álvares de Azevedo*. Seleção de textos de Bárbara Heller, Luís Percival L. Brito e Marisa Lajolo. São Paulo: Abril Educação, 1982. p. 22. Literatura Comentada.)

Filipe Rocha/Arquivo da editora

1. Na primeira estrofe do poema, é feita uma descrição que envolve diversos elementos naturais.

a) Quem é a pessoa descrita?

b) Os elementos naturais empregados contribuem para uma caracterização material ou imaterial da pessoa descrita? Por quê?

2. Da primeira para a segunda estrofe do texto, a luz que circunda a pessoa descrita sofre alteração. Que tipo de alteração ocorre? Justifique com palavras ou expressões do texto.

3. Nos dois tercetos do poema, a luz já é vitoriosa e pode-se ver com maior clareza o objeto da descrição.

a) Que relação há entre o movimento do dia e o movimento da pessoa descrita?

b) Que palavras ou expressões do texto demonstram que essa pessoa se mostra de modo mais corporificado e sensual?

4. Nas duas quadras, a virgem é descrita de modo vago e imaterial; nos tercetos, ela é corporificada e sensual.

a) Que sentidos contraditórios expressa o vocativo: "meu anjo lindo"?

b) Que tipo de relação mantém o eu lírico com a mulher amada?

Literatura comparada

Diálogo entre a poesia de Álvares de Azevedo e a poesia de Lord Byron

A fim de observar um dos diálogos que a poesia romântica brasileira estabeleceu com a poesia romântica europeia, você fará, a seguir, a leitura comparada de dois poemas: o primeiro é do poeta inglês Lord Byron, em tradução de Castro Alves; o segundo é do poeta brasileiro Álvares de Azevedo. Leia-os e responda às questões propostas.

A uma taça feita de um crânio humano

Não recues! De mim não foi-se o espírito...
Em mim verás — pobre caveira fria —
Único crânio que, ao invés dos vivos,
Só derrama alegria.

Vivi! amei! bebi qual tu: Na morte
Arrancaram da terra os ossos meus.
Não me insultes! empina-me!... que a larva
Tem beijos mais sombrios do que os teus.

Mais val guardar o sumo da parreira
Do que ao verme do chão ser pasto vil;
— Taça — levar dos Deuses a bebida,
Que o pasto do reptil.

Que este vaso, onde o espírito brilhava,
Vá nos outros o espírito acender.
Ai! Quando um crânio já não tem mais cérebro
... Podeis de vinho o encher!

Bebe, enquanto inda é tempo! Uma outra raça,
Quando tu e os teus fordes nos fossos,
Pode do abraço te livrar da terra,
E ébria folgando profanar teus ossos.

E por que não? Se no correr da vida
Tanto mal, tanta dor aí repousa?
É bom fugindo à podridão do lodo
Servir na morte enfim p'ra alguma cousa!...

(Lord Byron. *As trevas e outros poemas*. Tradução de Castro Alves. São Paulo: Saraiva, 2007. p. 25.)

Weberson Santiago/Arquivo da editora

Glória moribunda

É uma visão medonha uma caveira?
Não tremas de pavor, ergue-a do lodo.
Foi a cabeça ardente de um poeta,
Outrora a sombra dos cabelos louros,
Quando o reflexo do viver fogoso
Ali dentro animava o pensamento,
Esta fronte era bela. Aqui nas faces
Formosa palidez cobria o rosto;
Nessas órbitas, — ocas, **denegridas**! —
Como era puro seu olhar sombrio!

Agora tudo é cinza. Resta apenas
A caveira que a alma em si guardava,
Como a concha no mar encerra a pérola,
Como a **caçoila** a **mirra** incandescente.
Tu outrora talvez desses-lhe um beijo;
Olha-a comigo! Que espaçosa fronte!

Como a seiva nos ramos do arvoredo!
E a sede em fogo das ideias vivas
Onde está? Onde foi? Essa alma errante
Que um dia no viver passou cantando,
Como canta na treva um vagabundo,

Perdeu-se acaso no sombrio vento,
Como noturna lâmpada apagou-se?
E a centelha da vida, o eletrismo
Que as fibras tremulantes agitava
Morreu para animar futuras vidas?

Sorris? Eu sou um louco. As **utopias**,
Os sonhos da ciência nada valem.
A vida é um **escárnio** sem sentido,
Comédia infame que ensanguenta o lodo. [...]

Levanta-me do chão essa caveira!
Vou cantar-te uma página de vida
De uma alma que penou e já descansa.

(Álvares de Azevedo. *Poesias completas de Álvares de Azevedo*. Rio de Janeiro: Ediouro, s.d. p. 86-87.)

caçoila ou caçoula: recipiente usado para queimar substâncias ou misturas aromáticas.
denegrido: escuro, negro.
escárnio: zombaria, troça; aquilo que é objeto de desdém ou ironia.
mirra: árvore cuja resina serve como incenso ou como unguento.
moribundo: aquele que está agonizando ou morrendo.
utopia: projeto de natureza irrealizável; ideia generosa, porém impraticável; quimera, fantasia.

1. O Ultrarromantismo mostra preferência por elementos contrários à mentalidade materialista e racional da sociedade burguesa. Assim, em lugar da razão, do trabalho, do progresso, etc., os poetas dessa geração preferiam o ócio, o tédio, o prazer, o vício (a bebida e o fumo), a decrepitude, a loucura, o humor negro e, às vezes, a morte como saída para a angústia de viver.

   Observe o vocabulário empregado nos dois poemas. Que palavras dos textos são responsáveis pela formação de uma atmosfera noturna, macabra e degradante?

Album/Fotoarena

Cena de *Noiva cadáver* (2004), animação de Tim Burton que se liga à tradição gótica dos escritores ultrarromânticos do século XIX.

2. Os dois poemas abordam o tema vida/morte.
   a) Que elemento representa a morte em cada um dos poemas?
   b) De acordo com a visão dos dois textos, o que resta da vida depois que se morre? Comprove sua resposta com elementos da última estrofe do poema de Byron e da 2ª estrofe do poema de Álvares de Azevedo.
   c) Em qual dos dois textos a abordagem do tema é feita com sarcasmo e humor mórbido? Por quê?

3 Compare os dois primeiros versos seguintes, de Lord Byron, aos outros dois, de Álvares de Azevedo:

> "[...] Se no correr da vida
> Tanto mal, tanta dor aí repousa?"
>
> "A vida é um escárnio sem sentido,
> Comédia infame que ensanguenta o lodo."

   O que os versos dos dois poetas apresentam em comum quanto à visão de mundo do eu lírico de cada um dos textos?

Castro Alves e o Condoreirismo

Castro Alves, "o poeta dos escravos", é o principal poeta da terceira geração, também conhecida como Condoreirismo ou hugoana, corrente que surgiu no final do Romantismo por influência do escritor francês Victor Hugo. Diferentemente dos escritores ultrarromânticos, que negavam o mundo burguês e se afastavam dele, os artistas condoreiros optam pela transformação da sociedade.

Inspirando-se na figura emblemática do condor ou albatroz — ave de voo alto e solitário, capaz de enxergar a grande distância —, os artistas condoreiros supunham-se também dotados dessa capacidade, comprometendo-se a conduzir os homens para os caminhos da justiça e da liberdade.

Desse modo, assim como Victor Hugo denunciava as péssimas condições de vida e de trabalho na Europa, em obras como *Os miseráveis*, no Brasil Castro Alves desenvolvia uma poesia social, abolicionista e liberal, tornando-se o primeiro grande poeta social do país.

Sua obra representa, na evolução da poesia romântica brasileira, um momento de maturidade e de transição. Maturidade em relação a certas atitudes ingênuas das gerações anteriores, como a idealização amorosa e o nacionalismo ufanista, substituídas por posturas mais críticas e realistas; transição, porque a perspectiva mais objetiva e crítica com que via a realidade apontava para o movimento literário subsequente, o Realismo, que, aliás, havia muito predominava na Europa.

Quem foi Castro Alves?

Castro Alves (1847-1871) nasceu em Curralinho, hoje Castro Alves (BA), estudou Direito em Recife e em São Paulo. Como os demais poetas românticos, morreu jovem.

Cultivou a poesia lírica e social, de que são exemplos as obras *Espumas flutuantes* e *A cachoeira de Paulo Afonso*; a poesia épico-social, em *Os escravos*, na qual se destacam os poemas "O navio negreiro" e "Vozes d'África"; e o teatro, em *Gonzaga e a Revolução de Minas*.

Reprodução/Arquivo Nacional, Rio de Janeiro, RJ.

Leitura

A seguir, você vai ler a parte IV do poema "O navio negreiro", que integra a obra *Os escravos*, de Castro Alves. O poema foi escrito em 1868, quando já fazia dezoito anos da instituição da Lei Eusébio de Queirós, que proibia o tráfico de escravos, mas a escravidão no país ainda persistia.

Era um sonho dantesco!... o **tombadilho**,
Que das **luzernas** avermelha o brilho,
Em sangue a se banhar.
Tinir de ferros... estalar de **açoite**...
Legiões de homens negros como a noite,
Horrendos a dançar...

Negras mulheres, suspendendo às tetas
Magras crianças, cujas bocas pretas
Rega o sangue das mães:
Outras, moças, mas nuas e espantadas,
No **turbilhão** de **espectros** arrastadas,
Em ânsia e mágoa **vãs**!

E ri-se a orquestra, irônica, estridente...
E da ronda fantástica a serpente
Faz doudas espirais...
Se o velho **arqueja**, se no chão resvala,
Ouvem-se gritos... o chicote estala.
E voam mais e mais...

Presa nos elos de uma só cadeia,
A multidão faminta cambaleia,
E chora e dança ali!
Um de raiva delira, outro enlouquece,
Outro, que de martírios embrutece,
Cantando, geme e ri!

No entanto o capitão manda a manobra.
E após fitando o céu que se desdobra
Tão puro sobre o mar,
Diz do fumo entre os densos nevoeiros:
"Vibrai rijo o chicote, marinheiros!
Fazei-os mais dançar!..."

E ri-se a orquestra irônica, estridente...
E da ronda fantástica a serpente
Faz doudas espirais...
Qual num sonho **dantesco** as sombras voam!...
Gritos, ais, maldições, preces ressoam!
E ri-se Satanás!...

(*Espumas flutuantes*. Rio de Janeiro: Edições de Ouro, s.d. p. 184-185.)

açoite: chicote.
arquejar: ofegar.
dantesco: relativo às cenas horríveis narradas por Dante Alighieri na obra *Divina comédia*, na parte em que descreve o inferno.
espectro: fantasma.
luzerna: clarão.
tombadilho: alojamento do navio.
turbilhão: redemoinho.
vã: inútil, sem valor.

Marc Ferrez/Acervo do Instituto Moreira Salles

Mulheres no mercado, foto de Marc Ferrez (c. 1875).

1. O texto revela grande força expressiva em razão de sua plasticidade, criada a partir das fortes imagens e das sugestões de cor, som e movimento que envolvem a cena. Com relação a esses recursos, responda:

a) A que se referem as metáforas "a orquestra" e "a serpente" na 3ª e na 6ª estrofes?

b) Duas cores são postas em contraste na 1ª e na 2ª estrofes. Quais são elas e o que representam?

c) Observe a 1ª, 3ª, 4ª e 5ª estrofes e identifique nelas palavras ou expressões que sugiram *movimento*.

d) Observe a 1ª e a 3ª estrofes e identifique nelas palavras ou expressões que se associem a *sonoridade*.

O navio negreiro em _rap_: o canto dos excluídos

No CD *Livro* (1998), o baiano Caetano Veloso cria uma música para o poema "O navio negreiro" e canta-o, em estilo *rap*, com Maria Bethânia.

Se possível, ouça a canção e observe como Caetano confere atualidade ao poema de Castro Alves ao aproximá-lo do *rap*, gênero musical cultivado geralmente na periferia das grandes cidades por negros e por outros grupos socialmente excluídos.

O cruzamento do poema com o *rap* parece lembrar que os problemas de opressão e miséria social vividos pelos negros no século XIX, com algumas diferenças, continuam os mesmos.

2. Acentuando a plasticidade do texto, por duas vezes o poeta aproxima as ideias de som e movimento, empregando as palavras *orquestra* e *dança*, como se houvesse uma dança dos escravos ao som da orquestra. De acordo com o texto, explique que tipo de dança os escravos realizam.

3. Além de *antíteses*, foram empregadas *hipérboles* nesse poema de Castro Alves. A hipérbole é uma figura de linguagem que se caracteriza pelo exagero na expressão. Identifique na 1ª estrofe três hipérboles e indique que efeito de sentido têm no texto.

4. O poema "O navio negreiro" tem uma finalidade política e social evidente: a erradicação da escravidão no Brasil. De que modo o poeta procura atingir o público e convencê-lo de suas ideias: com argumentos racionais ou com a exploração das emoções? Justifique.

A poesia lírica de Castro Alves

Embora a lírica amorosa de Castro Alves ainda contenha um ou outro vestígio do amor platônico e da idealização da mulher, de modo geral ela representa um avanço decisivo na tradição poética brasileira, por ter abandonado tanto o amor convencional e abstrato dos clássicos quanto o amor cheio de medo e culpa dos românticos.

Em vez de "virgem pálida", a mulher nos poemas de Castro Alves é quase sempre um ser corporificado e, mais que isso, participa ativamente do envolvimento amoroso. E o amor é uma experiência viável, concreta, capaz de trazer tanto a felicidade e o prazer como a dor. Portanto, o conteúdo da lírica do poeta é uma espécie de superação da fase adolescente do amor e o início de uma fase adulta, mais natural, que aponta para uma objetividade maior, prenunciando o Realismo.

Veja, como exemplo, o sensualismo com que Castro Alves relata o relacionamento amoroso entre dois amantes, nestes versos:

Boa noite

Boa noite, Maria! Eu vou-me embora.
A lua nas janelas bate em cheio.
Boa noite, Maria! É tarde... é tarde...
Não me apertes assim contra teu seio.

Boa noite!... E tu dizes — Boa noite,
Mas não mo digas assim por entre beijos...
Mas não mo digas descobrindo o peito,
— Mar de amor onde vagam meus desejos.
[...]

(Castro Alves. *Espumas flutuantes*. Rio de Janeiro: Edições de Ouro, s.d. p. 67-68.)

© CSG CIC Glasgow Museums Collection / Bridgeman Images/Easypix

Literatura comparada

Diálogo entre a poesia contemporânea e a poesia social de Castro Alves

A seguir, você vai fazer a leitura de dois poemas e vai comparar os textos entre si e também com a poesia social de Castro Alves. O primeiro poema é de Adão Ventura, poeta brasileiro da atualidade; o segundo é de Craveirinha (1922-2003), poeta moçambicano do século XX.

TEXTO 1

Negro forro

Minha carta de alforria
não me deu fazendas,
nem dinheiro no banco,
nem bigodes retorcidos.

Minha carta de alforria
costurou meus passos
aos corredores da noite
de minha pele.

Mariângela Haddad/Arquivo da editora

forro: liberto da escravidão, alforriado.

(Adão Ventura. *In*: Ítalo Moriconi, org. *Cem melhores poemas brasileiros do século*. Rio de Janeiro: Objetiva, 2001. p. 275.)

TEXTO 2

Na cantiga do negro do batelão

Se me visses morrer
Os milhões de vezes que nasci...
Se me visses chorar
Os milhões de vezes que te riste...
Se me visses gritar
Os milhões de vezes que me calei
Se me visses cantar
Os milhões de vezes que morri
E sangrei

Digo-te, irmão europeu
Também tu
Havias de nascer
Havias de chorar
Havias de cantar
Havias de gritar
Havias de morrer
E sangrar...
Milhões de vezes como eu

Ilustrações: Mariângela Haddad/Arquivo da editora

batelão: tipo de embarcação.

(Craveirinha. Via Atlântica, n. 5. *Revista do Departamento de Letras Clássicas e Vernáculas da FFLCH da USP*. São Paulo, 2002. p. 100.)

1. Partindo de sua experiência pessoal, o eu lírico do poema "Negro forro" avalia os efeitos da abolição da escravatura. De acordo com a 1ª estrofe do poema, a abolição não trouxe "fazendas", "dinheiro no banco" nem "bigodes retorcidos".

a) O que esses elementos representam socialmente?

b) A que grupo social os elementos citados estão historicamente associados?

2. Na 2ª estrofe, o eu lírico do poema "Negro forro" trata, em linguagem metafórica, dos efeitos da alforria.

a) Interprete: O que a carta de alforria lhe trouxe?

b) Explique o uso da ironia no título do poema.

3. Observe agora o poema de Craveirinha. Dirigindo-se a um interlocutor, o eu lírico imagina uma situação hipotética — introduzida pela oração condicional "Se me visses..." — que contrapõe duas realidades.

a) Quem é o interlocutor do eu lírico? Identifique no poema a expressão que justifica sua resposta.

b) Quais são as duas realidades contrapostas no poema?

4. Compare o poema do poeta brasileiro Adão Ventura ao do poeta africano Craveirinha. Apesar das diferenças históricas que envolvem o negro africano e o negro brasileiro, o que os textos apresentam em comum?

5. Compare os dois textos lidos ao trecho do poema "O navio negreiro", de Castro Alves, que você leu (p. 161). Embora haja diferenças entre esses textos quanto ao lugar, à época e até à linguagem em que foram produzidos, todos eles apresentam em comum uma visão de qual seja o papel da poesia ou da arte. Qual é esse papel?

Construindo seu itinerário formativo

Panorama das literaturas africanas de língua portuguesa

As literaturas africanas de língua portuguesa têm muito em comum com a literatura brasileira, em razão de um passado colonial semelhante e de a língua oficial ser a mesma, o português. Além disso, pelo fato de a literatura brasileira ter se solidificado antes, ela serviu de referência aos países lusófonos na África, estabelecendo ricos diálogos.

Convidamos você a vivenciar, neste minicurso disponível no Plurall, um conjunto de experiências relacionadas ao tema:

- conhecer panoramicamente os principais autores das literaturas africanas em língua portuguesa — em especial de Angola, Moçambique e Cabo Verde —, por meio de estudos de textos;
- participar de um seminário com apresentação de leitura e análise de texto literário;
- produzir em grupo um videopoema a partir de um texto africano.

Para quem quer mais

Se você deseja aprofundar seus conhecimentos sobre a poesia romântica, leia cada um dos textos e, posteriormente, sozinho, em dupla ou em grupo, procure resolver as questões propostas pelo **Roteiro de estudo**.

Lembrança de morrer

No more! o never more!
Shelley

Mariângela Haddad

Quando em meu peito rebentar-se a fibra,
Que o espírito e aça à dor vivente,
Não derramem por mim nem uma lágrima
Em pálpebra demente.

E nem desfolhem na matéria impura
A flor do vale que adormece ao vento:
Não quero que uma nota de alegria
Se cale por meu triste passamento.

Eu deixo a vida como deixa o tédio
Do deserto, o poente caminheiro
— Como as horas de um longo pesadelo
Que se desfaz ao dobre de um sineiro;

Como o desterro de minh'alma errante,
Onde fogo insensato a consumia:
Só levo uma saudade — é desses tempos
Que amorosa ilusão embelecia.

Só levo uma saudade — e dessas sombras
Que eu sentia velar nas noites minhas...
De ti, ó minha mãe! pobre coitada
Que por minha tristeza te definhas!

De meu pai... de meus únicos amigos,
Poucos — bem poucos — e que não zombavam
Quando, em noites de febre endoidecido,
Minhas pálidas crenças duvidavam.

Se uma lágrima as pálpebras me inunda,
Se um suspiro nos seios treme ainda,
É pela virgem que sonhei... que nunca
Aos lábios me encostou a face linda!

Só tu à mocidade sonhadora
Do pálido poeta deste flores...
Se viveu, foi por ti! e de esperança
De na vida gozar de teus amores.

Beijarei a verdade santa e nua,
Verei cristalizar-se o sonho amigo...
Ó minha virgem dos errantes sonhos,
Filha do céu, eu vou amar contigo!

Descansem o meu leito solitário
Na floresta dos homens esquecida,
À sombra de uma cruz, e escrevam nela:
— Foi poeta — sonhou — e amou na vida. —

Sombras do vale, noites da montanha,
Que minh'alma cantou e amava tanto,
Protejei o meu corpo abandonado,
E no silêncio derramai-lhe canto!

Mas quando preludia ave d'aurora
E quando à meia-noite o céu repousa,
Arvoredos do bosque, abri os ramos...
Deixai a lua prantear-me a lousa!

(*In*: Álvares de Azevedo, *cit.*, p. 28-29.)

Roteiro de estudo

Ao final da leitura do poema, você deverá ser capaz de:

- Comentar o significado que têm a morte e a família para o eu lírico.
- Identificar o perfil de mulher retratado no poema.
- Identificar as principais características românticas presentes em "Lembrança de morrer".

Para quem quer mais

Mater dolorosa

Deixa-me murmurar à tua alma um adeus eterno,
em vez de lágrimas chorar sangue, chorar o sangue
de meu coração sobre meu filho; porque tu deves
morrer, meu filho, tu deves morrer.

Natha niel Lee

Ricardo Dantas

Meu Filho, dorme, dorme o sono eterno
No berço imenso, que se chama — o céu.
Pede às estrelas um olhar materno,
Um seio quente, como o seio meu.

Ai! borboleta, na gentil crisálida,
As asas de ouro vais além abrir.
Ai! rosa branca no matiz tão pálida,
Longe, tão longe vais de mim florir.

Meu filho, dorme... Como ruge o norte
Nas folhas secas do sombrio chão!...
Folha dest'alma como dar-te à sorte?
É tredo, horrível o feral tufão!

Não me maldigas... Num amor sem termo
Bebi a força de matar-te... a mim...
Viva eu cativa a soluçar num ermo...
Filho, sê livre... Sou feliz assim...

— Ave — te espera da lufada o açoite,
— Estrela — guia-te uma luz falaz.
— Aurora minha — só te aguarda a noite,
— Pobre inocente — já maldito estás.

Perdão, meu filho... se matar-te é crime...
Deus me perdoa... me perdoa já.
A fera enchente quebraria o vime...
Velem-te os anjos e te cuidem lá...

Meu filho dorme... dorme o sono eterno
No berço imenso, que se chama o céu.
Pede às estrelas um olhar materno,
Um seio quente, como o seio meu.

(Castro Alves. *O navio negreiro e outros poemas*. São Paulo: Saraiva, 2007. p. 31-32.)

Roteiro de estudo

Ao final da leitura dos textos, você deverá saber:

- Justificar o título do poema "Mater dolorosa".
- Com base em "Mater dolorosa", comentar o papel das metáforas na construção da linguagem poética de Castro Alves.
- Interpretar o poema "Mater dolorosa" e tomar uma posição favorável ou contrária à atitude da mãe e fundamentar seu ponto de vista com argumentos.

Para quem quer mais na internet

- **Antologia: A poesia romântica brasileira**
  Conheça outros poemas e poetas do Romantismo brasileiro, acessando a Antologia no Plurall.

CAPÍTULO 11

O romance romântico

A Independência do Brasil (1822) pôs na ordem do dia a seguinte questão: o que é ser brasileiro? Os escritores românticos tomaram para si o compromisso de definir nação, povo, língua e cultura brasileira. O romance, ao surgir nesse contexto, assumiu o papel de um dos principais instrumentos nesse processo de "descoberta" do país e de busca da identidade nacional.

Christie's Images Ltd./SuperStock/Glow Images/Coleção particular

Reading by the window (século XIX), de Charles James Lewis.

Este capítulo favorece o desenvolvimento das habilidades

EM13LGG102

EM13LGG103

EM13LGG202

EM13LGG302

EM13LGG601

EM13LGG602

EM13LGG604

EM13LP01

EM13LP03

EM13LP06

EM13LP10

EM13LP46

EM13LP48

EM13LP49

EM13LP50

EM13LP52

No século XIX, o público consumidor da literatura romântica era eminentemente formado pela burguesia. As origens populares dessa classe não condiziam com o refinamento da arte clássica, cuja compreensão exige conhecimento das culturas grega e latina. A burguesia ansiava por uma literatura que enfocasse seu próprio tempo, seus problemas e sua forma de viver. O romance, por relatar acontecimentos da vida cotidiana e por dar vazão ao gosto burguês pela fantasia e pela aventura, tornou-se o mais importante meio de expressão artística desse público.

O romance brasileiro e a busca do nacional

Nas décadas que sucederam a Independência do Brasil, os romancistas empenharam-se no projeto de construção de uma cultura brasileira autônoma. Esse projeto exigia dos escritores o reconhecimento da identidade de nossa gente, nossa língua, nossas tradições e também das nossas diferenças regionais e culturais. Nessa busca do nacional, surge o romance romântico, que se voltou para os espaços nacionais, identificados como a selva, o campo e a cidade, dando origem, respectivamente, ao **romance indianista** e **histórico** (a vida primitiva), ao **romance regional** (a vida rural) e ao **romance urbano** (a vida citadina). José de Alencar, por exemplo, o maior romancista do nosso Romantismo, escreveu obras que enfocaram esses três aspectos, como *O guarani*, romance histórico-indianista, *O gaúcho*, romance regional, e *Senhora*, romance urbano.

O romance romântico e a telenovela

O romance romântico surgiu na forma de *folhetim*, publicação diária, em jornais, de capítulos de determinada obra literária. Esse procedimento, ao mesmo tempo que formava um público leitor de literatura, ampliava o número de leitores de jornais diários.

Para garantir que o leitor comprasse o jornal no dia seguinte e lesse mais um capítulo do romance, os autores do folhetim valiam-se de certas técnicas, como interromper a narração no momento culminante de uma cena ou sequência de cenas. Essa técnica — a mais explorada — pode ser observada ainda hoje nas telenovelas, herdeiras diretas do romance folhetinesco. Outros ingredientes comuns aos dois tipos de narrativa são o triângulo amoroso, a vitória do bem contra o mal e o final feliz.

João Cotta/Globo

Taís Araújo, Regina Casé e Adriana Esteves em cena da novela *Amor de mãe*.

José de Alencar e o romance indianista

Enquanto o branco era identificado como o colonizador europeu, e o negro, como o escravo africano, o índio era considerado o único e legítimo representante da América. Assim, o Romantismo brasileiro encontrou no índio uma autêntica expressão de nacionalidade e, por meio do indianismo, alcançou algumas de suas melhores realizações.

Vários fatores contribuíram para a implantação do indianismo em nossa cultura, entre eles a existência de uma *tradição literária indianista* do período colonial — introduzida pela literatura de informação e catequética e retomada pela épica de Basílio da Gama e Santa Rita Durão — e a influência da *teoria do bom selvagem*, de Rousseau, cujo representante mais direto, entre nós, era o índio. Outro fator importante foi a adaptação que os escritores brasileiros românticos fizeram da figura idealizada do herói medieval: como o Brasil não teve Idade Média, seu "herói medieval" passou a ser o índio, o habitante do país no período pré-cabralino.

José de Alencar foi o principal romancista indianista do nosso Romantismo, com sua tríade *O guarani*, *Iracema* e *Ubirajara*.

Quem foi José de Alencar?

José de Alencar (1829-1877) foi o principal romancista brasileiro da fase romântica. Cearense, cursou Direito em São Paulo e viveu a maior parte de sua vida no Rio de Janeiro. Dedicou-se à carreira de advogado e atuou também como jornalista. Na política foi eleito várias vezes deputado e chegou a ocupar o cargo de ministro da Justiça, que exerceu de 1868 a 1870.

Na literatura, escreveu romances indianistas, históricos, urbanos e regionalistas. Foi também autor de crônicas, críticas e várias peças teatrais.

A produção diversificada de Alencar estava voltada ao projeto de construção da cultura.

Entre suas principais obras, destacam-se *O guarani* (1857), *Iracema* (1865), *Lucíola* (1862) e *Senhora* (1875).

Reprodução/Museu Histórico Nacional, Rio de Janeiro, RJ

José de Alencar por Alberto Henschel.

O guarani: o mito da povoação

O guarani, romance histórico-indianista, foi publicado pela primeira vez sob a forma de folhetim no *Diário do Rio de Janeiro*, em 1857.

D. Antônio de Mariz, fidalgo português, muda-se para o Brasil com a família: D. Lauriana, sua esposa; Cecília e D. Diogo, filhos do casal; e Isabel, oficialmente sobrinha do fidalgo, mas, na verdade, filha dele com uma índia. Acompanha a família o jovem cavaleiro D. Álvaro de Sá, além de muitos outros empregados.

A obra se articula a partir de alguns fatos essenciais: a devoção e fidelidade de um índio goitacá, Peri, a Cecília; o amor de Isabel por Álvaro e o amor deste por Cecília; a morte acidental de uma índia aimoré, provocada por D. Diogo, e a consequente revolta e ataque dos aimorés, ocorrido simultaneamente a uma rebelião dos homens de D. Antônio, liderados pelo ex-frei Loredano, homem ambicioso e devasso que queria saquear a casa e raptar Cecília.

Em busca do "poema nacional"

José de Alencar assim escreveu sobre a importância da pesquisa linguística:

> O conhecimento da língua indígena é o melhor critério para a nacionalidade da literatura. Ele nos dá não só o verdadeiro estilo, como as imagens poéticas do selvagem, os modos de seu pensamento, as tendências de seu espírito, e até as menores particularidades de sua vida.
>
> É nessa fonte que deve beber o poeta brasileiro; é dela que há de sair o verdadeiro poema nacional, tal como eu o imagino.
>
> (*In*: *Iracema*. 2. ed. Edição crítica de M. Cavalcanti Proença. São Paulo: Edusp, 1979. p. 206.)

Leitura

Leia o texto a seguir, um fragmento de *O guarani*.

Mas o inimigo caiu no meio deles, subitamente, sem que pudessem saber se tinha surgido do seio da terra, ou se tinha descido das nuvens.

Era Peri.

Altivo, nobre, radiante da coragem invencível e do sublime heroísmo de que já dera tantos exemplos, o índio se apresentava só em face de duzentos inimigos fortes e sequiosos de vingança.

[...]

Passado o primeiro espanto, os selvagens bramindo atiraram-se todos como uma só **mole**, como uma tromba do oceano, contra o índio que ousava atacá-los a peito descoberto.

Sergio Ranalli/Pulsar Imagens

Cena do filme *Xingu*, dirigido por Cao Hamburguer, que retrata a saga dos irmãos Villas-Boas e seu empenho pela criação do Parque Nacional do Xingu.

Houve uma confusão, um turbilhão horrível de homens que se repeliam, tombavam e se estorciam; de cabeças que se levantavam e outras que desapareciam; de braços e dorsos que se agitavam e se contraíam, como se tudo isto fosse partes de um só corpo, membros de algum monstro desconhecido debatendo-se em convulsões.

[...]

O velho cacique dos Aimorés se avançava para ele **sopesando** a sua imensa clava crivada de escamas de peixe e dentes de fera; alavanca terrível que o seu braço possante fazia jogar com a ligeireza da flecha.

Os olhos de Peri brilharam; endireitando o seu talhe, fitou no selvagem esse olhar seguro e certeiro, que não o enganava nunca.

O velho aproximando-se levantou a sua clava e imprimindo-lhe o movimento de rotação, ia descarregá-la sobre Peri e abatê-lo; não havia espada nem **montante** que pudesse resistir àquele choque.

mole: imenso volume ou massa.
montante: espada grande manejada com ambas as mãos para golpear o adversário pelo alto.
sopesar: calcular o peso.

O que passou-se então foi tão rápido, que não é possível descrevê-lo; quando o braço do velho volvendo a clava ia atirá-la, o montante de Peri lampejou no ar e decepou o punho do selvagem; mão e clava foram **rojar** pelo chão.

[...]

Peri, vencedor do cacique, volveu um olhar em torno dele, e vendo o estrago que tinha feito, os cadáveres dos Aimorés amontoados uns sobre os outros, fincou a ponta do montante no chão e quebrou a lâmina. Tomou depois os dois fragmentos e atirou-os ao rio.

Então passou-se nele uma luta silenciosa, mas terrível para que pudesse compreendê-la. Tinha quebrado a sua espada, porque não queria mais combater; e decidira que era tempo de suplicar a vida ao inimigo.

Mas quando chegou o momento de realizar essa súplica, conheceu que exigia de si mesmo uma coisa sobre-humana, uma coisa superior às suas forças.

Ele, Peri, o guerreiro invencível, ele, o selvagem livre, o senhor das florestas, o rei dessa terra virgem, o chefe da mais valente nação dos Guaranis, suplicar a vida ao inimigo! Era impossível.

Três vezes quis ajoelhar, e três vezes as curvas de suas pernas distendendo-se como duas molas de aço o obrigaram a erguer-se.

Finalmente a lembrança de Cecília foi mais forte do que a sua vontade.

Ajoelhou.

rojar: deslizar, arrastar, lançar longe.

(José de Alencar. *O guarani*. São Paulo: Ática, 1992. p. 220-222.)

Peri na ópera

O romance *O guarani* inspirou o músico Carlos Gomes (1839-1904) a compor uma ópera, também chamada *O guarani*, que fez enorme sucesso nos teatros europeus, especialmente em Milão, na Itália.

A carreira, a vida pessoal e as aventuras amorosas de Carlos Gomes são retratadas pelo romancista Rubem Fonseca em *O selvagem da ópera*, obra em que são retratados também os bastidores da corte no Rio de Janeiro durante o governo de D. Pedro II.

Companhia das Letras

1. Observe a descrição de Peri no 3º parágrafo do texto.

a) Identifique os adjetivos que caracterizam a figura do índio.

b) Explique o papel desses adjetivos na construção do herói romântico.

2. José de Alencar é considerado um ótimo contador de histórias. O 5º parágrafo é um exemplo das habilidades do escritor. Observe o papel dos verbos nesse parágrafo e comente em que medida eles contribuem para construir a cena.

3. No confronto com os índios e com o chefe aimoré, Peri corre sério risco.

a) Que característica do herói é ressaltada no fato de Peri enfrentar duzentos índios inimigos?

b) E na situação de confronto com o chefe aimoré?

4. Mesmo tendo se saído bem no duelo com o cacique, Peri destrói suas próprias armas e se entrega ao inimigo. Interprete o gesto de Peri, considerando a finalidade pela qual ele iniciou a luta.

5. Peri é um índio. No entanto, enfrenta sozinho duzentos índios aimorés para salvar seus amigos brancos.

a) Na ótica do Romantismo brasileiro, o que esse gesto significava?

b) Passados quase duzentos anos desde o Romantismo, como esse gesto seria visto atualmente, se considerarmos a condição do índio hoje?

Por que o negro não se tornou herói?

Das três etnias que formaram o povo brasileiro, apenas o índio se tornou herói na literatura romântica. O branco, por identificar-se com o colonizador português, não poderia ser o herói nacional naquele momento, porque isso entraria em choque com o sentimento nacionalista e antilusitano que surgiu após a Independência. O negro representava o alicerce econômico daquela estrutura social, a mão de obra escravizada e compelida ao trabalho. Seria, portanto, um contrassenso econômico e social elevá-lo à condição de herói, uma vez que muitos escritores da época faziam parte da classe dominante e compactuavam com o regime escravocrata.

Desse modo, coube ao índio, isento de conotações negativas, quer sociais, quer econômicas, o papel de herói nacional em nossa literatura romântica.

Literatura comparada

Diálogo entre a prosa romântica indianista brasileira e a poesia angolana contemporânea

A seguir, você vai ler e comparar dois textos: o primeiro é um fragmento do romance indianista *Iracema*, do escritor brasileiro José de Alencar; o segundo, um poema de Antônio Jacinto (1924-1991), escritor angolano do século XX. Após a leitura dos textos, responda às questões propostas.

TEXTO 1

Além, muito além daquela serra, que ainda azula no horizonte, nasceu Iracema.

Iracema, a virgem dos lábios de mel, que tinha os cabelos mais negros que a asa da **graúna**, e mais longos que seu talhe de palmeira.

O favo de **jati** não era doce como seu sorriso; nem a baunilha **recendia** no bosque como seu hálito perfumado.

Mais rápida que a ema selvagem, a morena virgem corria o sertão e as matas de Ipu, onde **campeava** sua guerreira tribo, da grande nação tabajara. O pé grácil e nu, mal roçando, alisava apenas a verde pelúcia que vestia a terra com as primeiras águas.

Um dia, ao pino do sol, ela repousava em um claro da floresta. Banhava-lhe o corpo a sombra da **oiticica**, mais fresca do que o orvalho da noite. Os ramos da acácia silvestre **esparziam** flores sobre os úmidos cabelos. Escondidos na folhagem os pássaros ameigavam o canto.

Iracema saiu do banho: o **aljôfar** d'água ainda a **roreja**, como à doce **mangaba** que corou em manhã de chuva. Enquanto repousa, empluma das penas do **gará** as flechas de seu arco, e concerta com o sabiá da mata, pousado no galho próximo, o canto agreste.

(José de Alencar. *Iracema*. 2. ed. Edição crítica de M. Cavalcanti Proença. Rio de Janeiro: Livros Técnicos e Científicos; São Paulo: Edusp, 1979. p. 12.)

aljôfar: gota d'água, gota de orvalho.
campear: dominar, imperar.
esparzir: espalhar, salpicar, disseminar.
gará: ave de plumagem vermelha e bico longo.
graúna: ave de coloração preta com brilho violáceo e de bico preto.
jati: tipo de abelha.
mangaba: fruto da mangabeira.
oiticica: árvore de até 15 metros de altura, com alternadas folhas e flores amarelas, em espigas.
recender: cheirar, exalar cheiro ou perfume.
rorejar: banhar gota a gota, gotejar, orvalhar.

TEXTO 2

Carta dum contratado

Eu queria escrever-te uma carta
amor,
uma carta que dissesse
deste anseio
de te ver
deste receio de te perder
deste mais que bem querer que sinto
deste mal indefinido que me persegue
desta saudade a que vivo todo entregue...

Eu queria escrever-te uma carta
amor,
uma carta de confidências íntimas
uma carta de lembranças de ti
de ti
dos teus lábios vermelhos como **tacula**
dos teus cabelos negros como **diloa**
dos teus olhos doces como macongue
dos teus seios duros como **maboque**
do teu andar de onça
e dos teus carinhos
que maiores não encontrei por aí...

contratado: pessoa contratada para trabalhar na monagamba, região agrícola de Angola caracterizada por péssimas condições de vida.
diloa: lodo.
maboque: fruto do tamanho e cor da laranja e de casca dura.
tacula: árvore nativa de Angola que fornece madeira vermelha.

Eu queria escrever-te uma carta
amor,
que recordasse nossos dias na **capopa**
nossas noites perdidos no capim
que recordasse a sombra que nos caía dos jambos
o luar que se coava das palmeiras sem fim
que recordasse a loucura
da nossa paixão
e a amargura
da nossa separação...

Eu queria escrever-te uma carta
amor,
que a não lesses sem suspirar
que a escondesses de papai Bombo
que a sonegasses de mamãe Kieza
que a relesses sem a frieza
do esquecimento
uma carta que em todo o kilombo
outra a ela não tivesse merecimento...

Eu queria escrever-te uma carta
amor,
uma carta que ta levasse o vento que passa
uma carta que os cajus e cafeeiros
que as hienas e **palancas**
que os jacarés e bagres
pudessem entender
para que se o vento a perdesse no caminho
os bichos e plantas compadecidos de nosso
[**pungente** sofrer
de canto em canto
de lamento em lamento
de farfalhar em farfalhar
te levassem puras e quentes
as palavras ardentes
as palavras magoadas da minha carta
que eu queria escrever-te amor...

PeopleImages/Getty Images

Eu queria escrever-te uma carta...

Mas ah meu amor, eu não sei compreender
por que é, por que é, por que é, meu bem
que tu não sabes ler
e eu — oh! Desespero — não sei escrever também.

capopa: fonte, curso de água.
palanca: antílope grande e elegante.
pungente: comovente, agudo.

(Antônio Jacinto. *In: No reino de Caliban — Antologia panorâmica da poesia africana de expressão portuguesa II: Angola, São Tomé e Príncipe.* Organização, seleção, prefácio e notas de Manuel Ferreira. Lisboa: Seara Nova, 1976. p. 133-135.)

Oratura na África

Moçambique e Angola foram colônias de Portugal até a década de 1970.

Até essa data, esses países também eram dependentes culturalmente da metrópole e viviam um grave problema de analfabetismo. Isso não quer dizer, entretanto, que neles não havia uma intensa vida cultural e literária.

Havia, sim, e tal era a importância dessa produção transmitida oralmente, que se costuma chamá-la de *oratura*, já que etimologicamente a palavra *literatura* se refere à produção escrita (*littera* = letra, escrita).

Em um de seus depoimentos, o escritor Antônio Jacinto conta como foi seu primeiro contato com a poesia:

> O meu gosto pela leitura e pela poesia é influência da minha mãe. Na minha infância vivíamos no interior de Angola, numa terra muito pequena, muito isolada, com muito pouco convívio (Cambondo), e a minha mãe contava-me contos infantis, da tradição portuguesa e não só, e também ela conhecia — até de cor — poemas de poetas portugueses, que recitava e muitas vezes também cantava! Daí ficou esse gosto pela poesia e pela literatura.

Iracema na MPB

Assim como Peri, também Iracema tem servido aos nossos compositores da MPB como referência do lado primitivo e selvagem do Brasil. Na canção "Tropicália", por exemplo, Caetano Veloso contrapõe Iracema ao Brasil moderno nos versos "viva Iracema ma ma/ viva Ipanema ma ma ma ma". Chico Buarque chegou a compor a canção "Iracema voou" a partir da personagem de Alencar. Conheça a canção de Chico Buarque no *site* do compositor: www.chicobuarque.com.br.

1. O texto 1, extraído das primeiras páginas de *Iracema*, de José de Alencar, descreve Iracema, a protagonista. A caracterização da personagem é feita por meio de comparações. Observe os quatro primeiros parágrafos.

a) A que elementos Iracema é comparada?

b) Nessa comparação, quem se destaca mais: a índia ou esses elementos?

c) Que característica romântica se observa nesse procedimento?

2. José de Alencar foi um dos principais escritores brasileiros empenhados no projeto romântico de construir uma identidade nacional. Por meio da literatura, ele pretendia libertar a cultura brasileira do domínio da cultura portuguesa. De que modo o escritor põe em prática esse projeto, no texto, considerando-se os aspectos da língua e do espaço?

3. No texto 2, o eu lírico, estando distante da mulher amada, manifesta o desejo de escrever uma carta a ela.

a) O que o impossibilita de fazê-lo?

b) O eu lírico não pôde escrever a carta; no entanto, seus sentimentos deram origem a um poema. Em sua opinião, o poema consegue dizer aquilo que o eu lírico deseja dizer na carta?

4. O eu lírico do texto 2, prevendo que talvez a carta não chegasse à mulher amada, pensa em uma forma de ela ser transmitida. Releia o boxe "Oratura na África" e responda:

a) Que meios o eu lírico imagina para a transmissão de sua mensagem?

b) Que relação existe entre esses meios e a tradição da "oratura" africana?

5. O romance *Iracema* foi escrito após a independência política do Brasil. O poema de Antônio Jacinto foi escrito no período em que Angola ainda era uma colônia portuguesa. Considerando os contextos de produção dos textos, responda: Que importância têm, no texto de José de Alencar e no poema, as várias referências feitas à fauna e à flora brasileiras e angolanas, respectivamente?

Visconde de Taunay e o romance regionalista

Coube ao romance regionalista, mais do que aos romances indianista, histórico e urbano, a missão nacionalista que o Romantismo se atribuiu de proporcionar ao país uma visão de si mesmo. Estendendo o olhar para os quatro cantos do Brasil, o romance regional buscou compreender e valorizar as características étnicas, linguísticas, sociais e culturais que marcam as regiões brasileiras e diferenciam-nas umas das outras.

Sem apoio em modelos europeus, o romance regionalista romântico teve de abrir sozinho seus caminhos. Portanto, constituiu em nossa literatura uma experiência nova, que exigiu dos escritores pesquisa e senso de observação da realidade. Como resultado desse empenho, os romances regionais românticos deram um passo decisivo no rumo da tão desejada autonomia cultural brasileira.

Desse projeto, participaram vários romancistas, entre eles José de Alencar, com *O gaúcho*, Franklin Távora, com *O cabeleira*, e Visconde de Taunay, com *Inocência*, considerada a obra-prima do regionalismo romântico nacional.

Quem foi Visconde de Taunay?

Alfredo d'Escragnolle Taunay (1843-1899), o Visconde de Taunay, era carioca, fez carreira militar e, aos 20 anos, participou da Guerra do Paraguai.

Na carreira de militar, o que o seduzia era principalmente a possibilidade de viajar e conhecer a diversidade natural do Brasil. Apaixonado pela natureza brasileira, registrava em desenhos espécies da fauna e da flora nacionais e, já no século XIX, protestava contra a destruição das matas na cidade do Rio de Janeiro.

Em suas andanças por Mato Grosso, Taunay colheu experiências para compor suas obras. Ressalta-se nelas a capacidade do escritor de reproduzir com precisão aspectos visuais da paisagem sertaneja, especialmente da fauna e da flora da região.

Reprodução/Acervo da editora

Taunay: pioneiro no despertar da consciência ecológica.

Leitura

Você vai ler, a seguir, um trecho da obra *Inocência*. Trata-se de uma história de amor impossível que envolve Cirino, prático de farmácia que se autopromovera a médico, e uma jovem do sertão de Mato Grosso prometida pelo pai, Pereira, a Manecão, rústico vaqueiro da região.

Estava Cirino fazendo o inventário da sua roupa e já começava a anoitecer, quando Pereira novamente a ele se chegou.

— Doutor, disse o mineiro, pode agora mecê entrar para ver a pequena. Está com o pulso que nem um fio, mas não tem febre de qualidade nenhuma.

— Assim é *bem melhor*[1], respondeu Cirino.

E, arranjando precipitadamente o que havia tirado da canastra, fechou-a e pôs-se de pé.

Antes de sair da sala, deteve Pereira o hóspede com ar de quem precisava tocar em assunto de gravidade e ao mesmo tempo de difícil explicação.

Afinal começou meio hesitante:

— Sr. Cirino, eu cá sou homem muito bom de gênio, muito amigo de todos, muito acomodado e que tenho o coração perto da boca, como vosmecê deve ter visto...

— Por certo, concordou o outro.

— Pois bem, mas... tenho um grande defeito; sou muito desconfiado. Vai o doutor entrar no interior da minha casa e... deve portar-se como...

— Oh, Sr. Pereira! atalhou Cirino com animação, mas sem grande estranheza, pois conhecia o zelo com que os homens do sertão guardam da vista dos profanos os seus aposentos domésticos, posso gabar-me de ter sido recebido no seio de muita família honesta e sei proceder como devo.

Expandiu-se um tanto o rosto do mineiro.

— Vejo, disse ele com algum acanhamento, que o doutor não é nenhum pé-rapado, mas nunca é bom facilitar... E já que não há outro remédio, vou dizer-lhe todos os meus segredos... Não metem vergonha a ninguém, com o favor de Deus; mas em negócios da minha casa não gosto de bater língua... Minha filha Nocência fez 18 anos pelo Natal, e é rapariga que pela feição parece moça de cidade, muito ariscazinha de modos, mas bonita e boa deveras... Coitada, foi criada sem mãe, e aqui nestes *fundões*[2]. [...]

— Ora muito que bem, continuou Pereira caindo aos poucos na habitual **garrulice**, quando vi a menina tomar corpo, tratei logo de casá-la.

— Ah! é casada? perguntou Cirino.

— Isto é, é e não é. A coisa está apalavrada. Por aqui costuma labutar no costeio do gado para São Paulo um homem de mão-cheia, que talvez o Sr. conheça... o Manecão Doca...

....

— Esta obrigação de casar as mulheres é o diabo!... Se não tomam estado, ficam jururus e **fanadinhas**...; se casam podem cair nas mãos de algum marido malvado... E depois, as histórias!... Ih, meu Deus, mulheres numa casa, é coisa de meter medo... São redomas de vidro que tudo pode quebrar... Enfim, minha filha, enquanto solteira, honrou o nome de meus pais... O Manecão que se aguente, quando a tiver por sua... Com gente de saia não há que fiar... Cruz! botam famílias inteiras a perder, enquanto o demo esfrega um olho.

Esta opinião injuriosa sobre as mulheres é, em geral, corrente nos nossos sertões e traz como consequência imediata e prática, além da rigorosa clausura em que são mantidas, não só o casamento convencionado entre parentes muito chegados para filhos de menor idade, mas sobretudo os numerosos crimes cometidos, mal se suspeita possibilidade de qualquer intriga amorosa entre pessoa da família e algum estranho.

....

fanadinhas: murchinha, com pouco viço.
garrulice: tagarelice.

Notas do próprio Taunay:
[1] Locução muito usual no interior.
[2] Sertões.

— Sr. Pereira, replicou Cirino com calma, já lhe disse e torno-lhe a dizer que, como médico, estou há muito tempo acostumado a lidar com famílias e a respeitá-las. É este meu dever, e até hoje, graças a Deus, a minha fama é boa... Quanto às mulheres, não tenho as suas opiniões, nem as acho razoáveis nem de justiça.

Reprodução/Embrafilme/Cinemateca Brasileira

Cena do filme *Inocência*.

Entretanto, é inútil discutirmos porque sei que isso são prevenções vindas de longe, e quem torto nasce, tarde ou nunca se endireita... O Sr. falou-me com toda franqueza, e também com franqueza lhe quero responder. No meu parecer, as mulheres são tão boas como nós, se não melhores: não há, pois, motivo para tanto desconfiar delas e ter os homens em tão boa conta... enfim, essas suas ideias podem quadrar-lhe à vontade, e é costume meu antigo a ninguém contrariar, para viver bem com todos e deles merecer o tratamento que julgo ter direito a receber. Cuide cada qual de si, olhe Deus para todos nós, e ninguém queira arvorar-se em palmatória do mundo.

Tal profissão de fé, expedida em tom dogmático e superior, pareceu impressionar agradavelmente a Pereira, que fora aplaudindo com expressivo movimento de cabeça a sensatez dos conceitos e a fluência da frase.

(*Inocência*. 6. ed. São Paulo: Ática, 1984. p. 29-32.)

1. A linguagem literária geralmente segue as regras da norma-padrão, ao mesmo tempo que serve como referência para a definição do que seja a norma. Os autores regionalistas, porém, agem de forma diferente porque deliberadamente pretendem se aproximar da linguagem regional, sem abandonar as convenções da norma-padrão. No texto lido, observe a linguagem empregada nas falas de Cirino e de Pereira, bem como a linguagem do narrador e das notas de rodapé, feitas pelo próprio autor. Responda: De que modo Taunay lida com as variedades linguísticas em *Inocência*?

2. Pereira é um típico homem do sertão, com uma mentalidade conservadora. No diálogo entre ele e Cirino, evidencia-se a opinião do primeiro a respeito da mulher e do casamento. De acordo com a visão de Pereira expressa no texto:

a) O que representam as moças em uma família?

b) Que significado tem para um pai o casamento de sua filha?

3. Em certo momento do texto, o narrador interfere na narração para expressar seu ponto de vista a respeito das ideias de Pereira.

a) Identifique o parágrafo em que isso ocorre.

b) Qual é o julgamento do narrador a respeito da opinião expressa por Pereira? Que consequências ele menciona como decorrentes dela?

4. No penúltimo parágrafo do texto, Cirino emite sua opinião, depois de ter ouvido a de Pereira.

a) Existem diferenças entre as ideias de Cirino e as de Pereira? Comente.

b) Identifique no texto uma frase por meio da qual se percebe que Cirino, apesar de discordar, aceita as regras daquela sociedade.

Manuel Antônio de Almeida e o romance urbano

O romance urbano, entre todos os tipos de romance que se produziram na Europa e no Brasil no século XIX, é o mais lido desde o Romantismo até os dias de hoje.

No Brasil, a literatura romântica contou com um número considerável de romances urbanos, entre os quais se destacam *A moreninha*, de Joaquim Manuel de Macedo, *Lucíola* e *Senhora*, de José de Alencar, e *Memórias de um sargento de milícias*, de Manuel Antônio de Almeida.

Memórias de um sargento de milícias difere da maioria dos romances românticos, pois apresenta uma série de procedimentos que fogem ao padrão da prosa romântica. O protagonista não é herói nem vilão, mas um malandro simpático que leva uma vida de pessoa comum; não há idealização da mulher, da natureza ou do amor, sendo reais as situações retratadas; a linguagem aproxima-se da jornalística, deixando de lado a excessiva metaforização que caracteriza a prosa romântica.

As travessuras do personagem Leonardo são o centro da narrativa e servem tanto para a concatenação de outros personagens e ações da obra quanto para a descrição de tipos, ambientes e costumes da sociedade carioca do começo do século XIX.

Leitura

A seguir você lerá dois textos. O primeiro é um fragmento de *Memórias de um sargento de milícias*; o segundo é extraído de *Senhora* e mostra dois episódios do romance: a cena do casamento entre Aurélia e Seixas e a cena da noite de núpcias do casal.

TEXTO 1

[...] Ao sair do **Tejo**, estando a Maria encostada à borda do navio, o Leonardo fingiu que passava distraído por junto dela, e com o ferrado sapatão assentou-lhe uma valente pisadela no pé direito. A Maria, como se já esperasse por aquilo, sorriu-se como envergonhada do gracejo, e deu-lhe também em ar de disfarce um tremendo beliscão nas costas da mão esquerda. Era isto uma declaração em forma, segundo os usos da terra: levaram o resto do dia de namoro cerrado; ao anoitecer passou-se a mesma cena de pisadela e beliscão, com a diferença de serem desta vez um pouco mais fortes; e no dia seguinte estavam os dois amantes tão extremosos e familiares, que pareciam sê-lo de muitos anos.

Quando saltaram em terra começou a Maria a sentir certos **enojos**; foram os dois morar juntos; e daí a um mês manifestaram-se claramente os efeitos da pisadela e do beliscão; sete meses depois teve a Maria um filho, formidável menino de quase três palmos de comprido, gordo e vermelho, cabeludo, esperneador e chorão; o qual, logo depois que nasceu, mamou duas horas seguidas sem largar o peito. E este nascimento é certamente de tudo o que temos dito o que mais nos interessa, porque o menino de quem falamos é o herói desta história.

Chegou o dia de batizar-se o rapaz: foi madrinha a parteira; sobre o padrinho houve suas dúvidas: o Leonardo queria que fosse o Sr. juiz; porém teve de ceder a instâncias da Maria e da comadre, que queriam que fosse o barbeiro de defronte, que afinal foi adotado. Já se sabe que houve nesse dia **função**: os convidados do dono da casa, que eram todos dalém-mar, cantavam ao desafio, segundo seus costumes; os convidados da comadre, que eram todos da terra, dançavam o fado. O compadre trouxe a **rabeca**, que é, como se sabe, o instrumento favorito da gente do ofício. A princípio, o Leonardo quis que a festa tivesse ares aristocráticos, e propôs que se dançasse o **minuete** da corte. Foi aceita a ideia, ainda que houvesse dificuldade em encontrarem-se pares. Afinal levantaram-se uma gorda e baixa matrona, mulher de um convidado; uma companheira desta, cuja figura era a mais completa antítese da sua; um colega do Leonardo, miudinho, pequenino, e com fumaças de gaiato, e o sacristão da Sé, sujeito alto, magro e com pretensões de elegante. O compadre foi quem tocou o minuete na rabeca; e o afilhadinho, deitado no colo da Maria, acompanhava cada arcada com um guincho e um esperneio. Isto fez com que o compadre perdesse muitas vezes o compasso, e fosse obrigado a recomeçar outras tantas.

Depois do minuete foi desaparecendo a cerimônia, e a brincadeira aferventou, como se dizia naquele tempo. Chegaram uns rapazes de viola e **machete**: o Leonardo, **instado** pelas senhoras, decidiu-se a romper a parte lírica do divertimento. Sentou-se num tamborete, em um lugar isolado da sala, e tomou uma viola. Fazia um belo efeito cômico, vê-lo, em trajes do ofício, de casaca, calção e espadim, acompanhando com um monótono zum-zum nas cordas do instrumento o garganteado de uma modinha pátria. Foi nas saudades da terra natal que ele achou inspiração para o seu canto, e isto era natural a um bom português, que o era ele. [...]

O canto do Leonardo foi o **derradeiro** toque de **rebate** para esquentar-se a brincadeira, foi o adeus às cerimônias. Tudo daí em diante foi burburinho, que depressa passou à gritaria, e ainda mais depressa à algazarra. [...]

(Manuel Antônio de Almeida. *Memórias de um sargento de milícias*. São Paulo: Ática, 1976. p. 9-11.)

derradeiro: último.
enojo: enjoo, náusea.
função: espetáculo.
instar: pedir, solicitar, insistir.
machete: pequeno instrumento musical menor que um cavaquinho e maior que uma viola.
minuete: antiga dança francesa com movimentos delicados e equilibrados.
rabeca: nome antiquado do violino.
rebate: sinal, anúncio.
Tejo: rio de Portugal.

Malandragem: o "jeitinho brasileiro"?

Segundo o escritor Mário de Andrade, Leonardo Pataca é um personagem semelhante ao pícaro espanhol, um tipo de malandro simpático e brincalhão que vive à margem da sociedade, sem nenhum vínculo, sempre à procura de novas aventuras.

No século XX, o próprio Mário de Andrade daria continuidade à tradição da malandragem com seu personagem irreverente Macunaíma, na opinião dele o retrato do brasileiro. Em 1978, Chico Buarque de Hollanda resgatou essa tradição com a peça teatral *Ópera do malandro*, que também foi levada ao cinema, sob direção de Ruy Guerra.

Será que a malandragem é mesmo uma característica do jeito brasileiro de ser?

Moacyr Lopes/Folhapress

Ensaio da peça *Ópera do malandro*.

D. Pedro I e Leonardo Pataca: entre o real e o imaginário

Fundindo realidade e ficção, Ruy Castro, em *Era no tempo do rei* (Editora Objetiva), aproxima o personagem de ficção Leonardo Pataca da figura histórica de D. Pedro I. No livro, os dois são amigos inseparáveis, inseridos em um enredo cheio de aventuras, política e erotismo.

Eis a explicação do autor sobre como surgiu a ideia de reunir as duas figuras:)

> A mãe do Leonardo o abandonou e seu pai também logo sumiu. No caso do D. Pedro I, não se esperava que o rei ou a rainha ficassem verificando se o filho estava estudando, conferindo notas. Isso era deixado para os tutores. Então é um tipo de criação parecida entre eles, tanto que se entenderam imediatamente, na ficção. E acho que interiormente eles tinham muitas coisas em comum, como a coragem, o senso de aventura, a curiosidade.
>
> (*Folha de S.Paulo*, 17/11/2007.).

Reprodução/Alfaguara Brasil

TEXTO 2

Os convidados, que antes lhe admiravam a graça peregrina, essa noite a achavam deslumbrante, e compreendiam que o amor tinha colorido com as tintas de sua palheta inimitável, a já tão feiticeira beleza, envolvendo-a de irresistível fascinação.

— Como ela é feliz! — diziam os homens.

— E tem razão! — acrescentaram as senhoras volvendo os olhos ao noivo.

Também a fisionomia de Seixas se iluminava com o sorriso da felicidade. O orgulho de ser o escolhido daquela encantadora mulher ainda mais lhe ornava o aspecto já de si nobre e gentil.

Efetivamente, no marido de Aurélia podia-se apreciar essa fina flor da suprema distinção, que não se anda assoalhando nos gestos pretensiosos e nos **ademanes** artísticos; mas reverte do íntimo com uma fragrância que a modéstia busca recatar, e **não obstante** exala-se dos seios d'alma.

Depois da cerimônia começaram os parabéns que é de estilo dirigir aos noivos e a seus parentes.

[...]

Para animar a reunião as moças improvisaram quadrilhas, no intervalo das quais um **insigne** pianista, que fora mestre de Aurélia, executava os melhores trechos de óperas então em voga.

Por volta das dez horas despediram-se as famílias convidadas.

[...]

Aurélia ergueu-se impetuosamente.

— Então enganei-me? — exclamou a moça com estranho **arrebatamento**. — O senhor ama-me sinceramente e não se casou comigo por interesse?

Seixas demorou um instante o olhar no semblante da moça, que estava suspensa de seus lábios, para beber-lhe as palavras:

— Não, senhora, não enganou-se, disse afinal com o mesmo tom frio e inflexível. Vendi-me; pertenço-lhe. A senhora teve o mau gosto de comprar um marido **aviltado**; aqui o tem como desejou. Podia ter feito de um caráter, talvez gasto pela educação, um homem de bem, que se enobrecesse com sua afeição; preferiu um escravo branco; estava em seu direito, pagava com seu dinheiro, e pagava generosamente. Esse escravo aqui o tem; é seu marido, porém nada mais do que seu marido!

(José de Alencar. *Senhora*. São Paulo: Saraiva, 2007. p. 75 e 127.)

ademane: aceno, trejeito, qualquer gesto ou comportamento afetado.
arrebatamento: exaltação, arroubo, comportamento precipitado.
aviltado: desonrado, rebaixado, envilecido.
insigne: destacado, famoso, ilustre.
não obstante: apesar disso, contudo

Alencar e o romance urbano

Além de ter se dedicado ao romance indianista e ao romance regional, José de Alencar foi um de nossos melhores romancistas urbanos. Suas obras, além de conter os ingredientes próprios do romance urbano romântico — intrigas amorosas, chantagens, amores impossíveis, peripécias —, conseguem analisar com profundidade certos temas delicados daquele contexto social. Em *Senhora* são abordados os temas do casamento por interesse, da independência feminina e da ascensão social a qualquer preço. Em *Lucíola* é discutida a prostituição nas altas camadas sociais e, como em *Senhora*, a oposição entre o amor e o dinheiro.

1. Os dois textos apresentam em comum o ambiente urbano do Rio de Janeiro do século XIX e o relacionamento entre homem e mulher.

a) Que classe social cada um dos textos retrata?

b) Que importância ou significado tem o casamento para os personagens do texto 1 e para os do texto 2?

2. Nas duas obras, os personagens — de um lado, Maria das Hortaliças e, de outro, Aurélia e Seixas — transgridem as regras sociais ou as regras do amor romântico.

a) Qual a transgressão de Maria das Hortaliças?

b) Qual é a transgressão de Aurélia e Seixas?

3. Nos dois textos, ocorre uma festa que revela diferenças de comportamento das classes sociais retratadas. Compare as festas e responda:

a) Por que a sugestão de Leonardo de dançar o minuete é inadequada ao seu grupo social?

b) Que diferenças há entre as festas, considerando-se a participação dos convidados?

4. Na segunda parte do texto 2, Aurélia, na noite de núpcias, revela ao marido o desprezo que tem por ele. Interprete e explique estas afirmações de Seixas:

a) "Podia ter feito de um caráter, talvez gasto pela educação, um homem de bem, que se enobrecesse com sua afeição; preferiu um escravo branco"

b) "Esse escravo aqui o tem; é seu marido, porém nada mais do que seu marido!"

5. No texto 2, Aurélia, considerando-se sua condição de mulher e a pouca idade que tinha, apresenta um comportamento raro naquela sociedade.

a) Em que o comportamento de Aurélia difere do das demais moças?

b) A que se deve essa diferença?

6. *Senhora* e *Memórias de um sargento de milícias* são obras consideradas precursoras do Realismo — movimento literário que surgiu na segunda metade do século XIX e se caracteriza pela objetividade e pela crítica ostensiva à sociedade burguesa — em virtude do retrato mais direto, crítico e objetivo que fazem da realidade. Contudo, as duas obras ainda estão presas a certas convenções românticas.

a) Qual dos dois romances foge mais às convenções românticas, tais como linguagem metafórica e idealização do amor e da mulher?

b) Qual dos dois romances aprofunda mais a crítica à sociedade, já apresentando elementos próprios da crítica realista? Justifique.

CAPÍTULO 12

A prosa gótica

Julia Tochilina/Shutterstock

Este capítulo favorece o desenvolvimento das habilidades

- EM13LGG102
- EM13LGG202
- EM13LGG601
- EM13LGG602
- EM13LGG604
- EM13LP01
- EM13LP02
- EM13LP06
- EM13LP46
- EM13LP48
- EM13LP49
- EM13LP52

Ao lado da rica produção do romance romântico, que se voltou à descoberta do país, floresceu entre nós um tipo de prosa que, apesar de ter tido pouca repercussão no Brasil da época, estava sintonizada com a obra de importantes escritores estrangeiros, como Edgar Allan Poe, Lord Byron e Charles Baudelaire. Trata-se da *prosa gótica*, cujo principal representante, no Brasil, foi Álvares de Azevedo, autor de *Noite na taverna*.

A pouca repercussão dessa literatura à época do Romantismo deve-se à qualificação de "marginal" ou "maldita" que lhe foi atribuída. Em primeiro lugar, porque se colocava à margem dos padrões estabelecidos pelo próprio Romantismo e, em segundo lugar, porque o mundo que retratava também se situava à margem do racionalismo e do materialismo da sociedade capitalista. O sonho, a loucura, o vício, o sexo desenfreado, o macabro e formas de transgressão variadas povoam o universo gótico, que valoriza as zonas escuras e antilógicas do subconsciente, onde se fundem instintos de vida e morte, libido e terror.

Liga-se à tradição gótica literária uma longa produção de contos de mistério ou de terror e uma vasta produção cinematográfica, constituída principalmente de filmes dedicados ao vampirismo. Na música, várias tendências ou subculturas, como o *heavy metal*, o *punk* e o gótico propriamente dito, prestam reverência a essa literatura do século XIX, da qual tomam emprestados temas macabros, satanismo e o mal-estar diante da civilização burguesa.

Álvares de Azevedo: a prosa marginal

O gótico manifestou-se tanto na poesia quanto na prosa de Álvares de Azevedo, mas foi principalmente na prosa que ganhou maior expressão. A tendência aparece na face Caliban da poesia do autor, presente na obra de contos *Noite na taverna* e na peça teatral *Macário*.

As situações relatadas em *Noite na taverna* provavelmente não têm nenhum vínculo direto com as experiências de vida do escritor, morto precocemente aos 21 anos. São fruto da imaginação fantasiosa do quase adolescente Álvares de Azevedo; da influência exercida sobre ele por Lord Byron; provavelmente pelo romance gótico *O castelo de Otranto*, de Horace Walpole; e pelos contos fantásticos de E. A. Hoffmann e Edgar Allan Poe.

Noite na taverna: o relato do absurdo

Noite na taverna pode ser considerada uma obra de contos, apesar de haver um fio narrativo que une todas as histórias.

No primeiro capítulo da obra, um narrador em 3ª pessoa faz a apresentação do ambiente: uma taverna, povoada de bêbados e loucos, na qual, a uma mesa, alguns homens conversam e bebem.

Excitados pelo álcool, cada um deles conta um episódio de sua vida. Esses episódios constituem capítulos que levam o nome do narrador-personagem.

As histórias narradas são todas fantásticas e envolvem acontecimentos trágicos, amor e morte, vícios e crimes, e todos os narradores demonstram um forte pessimismo diante da vida.

Os temas mais excêntricos ao gosto romântico predominante são encontrados nessas narrativas: violência física e sexual, adultérios, assassinatos, incestos, necrofilia, antropofagia, corrupção.

Reprodução/Editora Saraiva

Góticos na internet

Para conhecer melhor a subcultura gótica hoje, leia outros textos literários e artigos sobre comportamento, música, moda e estilo de vida góticos nestes *sites*:

- https://www.gothicstation.com.br/
- www.spectrumgothic.com.br/gothic/materias.htm

Leitura

Capítulo II Solfieri

Sabei-o. Roma é a cidade do fanatismo e da perdição: na alcova do sacerdote dorme a gosto a **amásia**, no leito da vendida se pendura o crucifixo **lívido**. É um requintar de gozo blasfemo, que mescla o sacrilégio à convulsão do amor, o beijo **lascivo** à embriaguez da crença!

Era em Roma. [ ] A noite ia bela. Eu passeava a sós pela ponte de As luzes se apagaram uma por uma nos palácios, as ruas se faziam ermas, e a lua de sonolenta se escondia no leito de nuvens. Uma sombra de mulher apareceu numa janela solitária e escura. Era uma forma branca. A face daquela mulher era como de uma estátua pálida à lua. Pelas faces dela, como gotas de uma taça caída, rolavam fios de lágrimas.

Eu me encostei à aresta de um palácio. A visão desapareceu no escuro da janela e daí um canto se derramava. Não era só uma voz melodiosa: havia naquele cantar um como choro de **frenesi**, um como gemer de insânia: aquela voz era sombria como a do vento à noite nos cemitérios, cantando a **nênia** das flores murchas da morte.

Depois o canto calou-se. A mulher apareceu na porta. Parecia espreitar se havia alguém nas ruas. Não viu ninguém: saiu. Eu segui-a.

amásia: mulher que vive maritalmente com uma pessoa, sem estar casada com ela.
frenesi: agitação interior, arrebatamento.
lascivo: sensual.
lívido: de cor semelhante à do chumbo, própria de cadáveres.
nênia: canto fúnebre.

Andamos longo tempo pelo labirinto das ruas, enfim ela parou: estávamos num campo.

Aqui, ali, além eram cruzes que se erguiam de entre o ervaçal. Ela ajoelhou-se. Parecia soluçar: em torno dela passavam as aves da noite.

Não sei se adormeci: sei apenas que quando amanheceu achei-me a sós no cemitério. Contudo a criatura pálida não fora uma ilusão: as urzes, as **cicutas** do campo-santo estavam quebradas junto a uma cruz.

O frio da noite, aquele sono dormido à chuva, causaram-me uma febre. No meu delírio passava e repassava aquela brancura de mulher, gemiam aqueles soluços, e todo aquele devaneio se perdia num canto suavíssimo

Um ano depois voltei a Roma. Nos beijos das mulheres nada me saciava; no sono da **saciedade** me vinha aquela visão

Uma noite, e após uma orgia, eu deixara dormida no leito dela a condessa Barbora. Dei um último olhar àquela forma nua e adormecida com a febre nas faces e a lascívia nos lábios úmidos, gemendo ainda nos sonhos como na agonia voluptuosa do amor. Saí. Não sei se a noite era límpida ou negra; sei apenas que a cabeça me escaldava de embriaguez. As taças tinham ficado vazias na mesa: aos lábios daquela criatura eu bebera até a última gota do vinho do deleite...

Tithi Luadthong/Shutterstock

Quando dei acordo de mim estava num lugar escuro: as estrelas passavam seus raios brancos entre as vidraças de um templo. As luzes de quatro **círios** batiam num caixão entreaberto. Abri-o: era o de uma moça. Aquele branco da mortalha, as grinaldas da morte na fronte dela, naquela **tez lívida** e embaçada, o vidrento dos olhos mal apertados... Era uma defunta!... e aqueles traços todos me lembraram uma ideia perdida... Era o anjo do cemitério! Cerrei as portas da igreja, que, ignoro por que, eu achara abertas. Tomei o cadáver nos meus braços para fora do caixão. Pesava como chumbo [...] Tomei-a no colo. Preguei-lhe mil beijos nos lábios. Ela era bela assim: rasguei-lhe o **sudário**, despi-lhe o véu e a capela como o noivo os despe à noiva. [...] O gozo foi fervoroso — cevei em perdição aquela vigília. A madrugada passava já frouxa nas janelas. Àquele calor de meu peito, à febre de meus lábios, à convulsão de meu amor, a donzela pálida parecia reanimar-se. Súbito abriu os olhos **empanados** [...] Não era já a morte; era um desmaio. [...]

Nunca ouvistes falar da **catalepsia**? É um pesadelo horrível aquele que gira ao acordado que emparedam num sepulcro; sonho gelado em que se sentem os membros tolhidos, e as faces banhadas de lágrimas alheias, sem poder revelar a vida!

A moça revivia a pouco e pouco. Ao acordar desmaiara. **Embucei-me** na capa e tomei-a nos braços coberta com seu sudário como uma criança. Ao aproximar-me da porta topei um corpo, abaixei-me, olhei: era algum coveiro do cemitério da igreja que aí dormia de ébrio, esquecido de fechar a porta...

círio: grande vela de cera.
catalepsia: doença em que a pessoa entra em estado mórbido, como se tivesse morrido.
cicuta: tipo de planta.
embuçar: cobrir até o rosto.
empanado: ofuscado, baço.
lívido: de cor semelhante à do chumbo, própria de cadáveres.
saciedade: estado de satisfação de quem se saciou.
sudário: mortalha que envolve o cadáver.
tez: pele

Caminhei. Estava cansado. Custava a carregar o meu fardo; e eu sentia que a moça ia despertar. Temeroso de que ouvissem-na gritar e acudissem, corri com mais esforço...

Quando eu passei a porta ela acordou. O primeiro som que lhe saiu da boca foi um grito de medo...

Dois dias e duas noites levou ela de febre assim... Não houve sanar-lhe aquele delírio, nem o rir do frenesi. Morreu depois de duas noites e dois dias de delírio.

À noite saí; fui ter com um estatuário que trabalhava perfeitamente em cera, e paguei-lhe uma estátua dessa virgem.

Quando o escultor saiu, levantei os tijolos de mármore de meu quarto, e com as mãos cavei aí um túmulo. Tomei-a então pela última vez nos braços, apertei-a a meu peito muda e fria, beijei-a e cobri-a adormecida do sono eterno com o lençol de seu leito. Fechei-a no seu túmulo e estendi meu leito sobre ele.

Um ano — noite a noite — dormi sobre as lajes que a cobriam Um dia o estatuário me trouxe a sua obra. Paguei-lha e paguei o segredo...

— Não te lembras, Bertram, de uma forma branca de mulher que entrevistes pelo véu do meu cortinado? Não te lembras que eu te respondi que era uma virgem que dormia?

— E quem era essa mulher, Solfieri?

— Quem era? Seu nome?

— Quem se importa com uma palavra quando sente que o vinho queima **assaz** os lábios? Quem pergunta o nome da prostituta com quem dormiu e sentiu morrer a seus beijos, quando nem há dele **mister** por escrever-lho na lousa?

Solfieri encheu uma taça e bebeu-a. Ia erguer-se da mesa quando um dos convivas tomou-o pelo braço.

— Solfieri, não é um conto isso tudo?

— Pelo inferno que não! Por meu pai que era conde e bandido, por minha mãe que era a bela Messalina das ruas, pela perdição que não! Desde que eu próprio calquei aquela mulher com meus pés na sua cova de terra, eu vo-lo juro! — guardei-lhe como amuleto a capela de defunta. Ei-la!

Abriu a camisa, e viram-lhe ao pescoço uma grinalda de flores mirradas.

— Vede-a? Murcha e seca como o crânio dela!

(Álvares de Azevedo. *Noite na taverna*. São Paulo: Martins, 1965. p. 39.)

assaz: muito.
mister: necessidade.

Góticos na música e no cinema

As origens da tendência gótica na música situam-se no início da década de 1970 com a música de The Velvet Underground & Nico, The Doors, David Bowie, T-Rex, entre outros. Nos anos de 1980 e 1990, outros grupos, como Siouxsie e The Cure, ligaram-se aos góticos. Na atualidade, várias bandas internacionais, como Bloody Dead and Sexy, The Chants of Maldoror e Joy Disaster, seguem essa tradição. O Brasil também tem sua expressão gótica em grupos como The Ghost of Lemora, Elegia, Tears of Blood e a partir dos anos 2000, Plastique Noir, A Banda Invisível, Jardim do Silêncio, Zigurate e Orquídeas Francesas.

No cinema, é ampla a filmografia que deve tributos à tradição gótica. As principais referências são *Nosferatu, uma sinfonia de horror* (1922), de F. W. Murnau; *Drácula* (1931), de Tod Browning, com o ator Bela Lugosi; *Nosferatu, o vampiro da noite* (1979), de Werner Herzog; e *Drácula de Bram Stocker* (1992), de Francis F. Coppola, que deram início à tradição vampiresca e que se tornaram filmes clássicos.

Também se ligam à tradição gótica filmes mais poéticos, como *Blade Runner* (1982), de Ridley Scott; e *Asas do desejo* (1987), de Wim Wenders.

No campo da animação, destacaram-se *O estranho mundo de Jack* (1993), de Henry Selick; e *A noiva cadáver* (2005), de Tim Burton e Mike Johnson.

WARNER BROS./Album/ Fotoarena

Cena do filme *A noiva cadáver*, de Tim Bourton e Mike Johnson.

1. A narrativa se desenvolve numa atmosfera de expectativa e surpresas, criada pelo ambiente em que se desenrolam as ações e pelo emprego de algumas técnicas de suspense.

a) Faça um levantamento dos ambientes em que se situam as ações de Solfieri, do início ao fim do conto, e indique as características que, de modo geral, eles apresentam.

b) Como o narrador cria suspense ao relatar sua saída da capela?

2. O conto lido apresenta a técnica da narração dupla, isto é, Solfieri narra aos amigos, na taverna, sua própria história. Terminada a narração do personagem, um narrador desconhecido relata em 3ª pessoa o que está acontecendo na taverna entre Solfieri e seus amigos. Identifique o parágrafo a partir do qual surge a segunda narrativa.

3. O ideal de beleza feminina presente nos textos de inspiração byroniana em geral difere bastante dos padrões atuais e nacionais de beleza. Releia o segundo parágrafo e destaque as palavras e expressões utilizadas para caracterizar a mulher amada de Solfieri.

4. Uma das características desse tipo de narrativa — chocante e surpreendente — pode ser verificada no episódio em que Solfieri adentra a capela do cemitério e encontra a mulher amada.

a) Que fato inusitado ocorre entre os dois?

b) De que modo a própria narrativa desfaz o impacto produzido por esse fato?

5. Em vez de uma visão lógica e coerente da realidade, a narrativa gótica prefere sondar as zonas obscuras do subconsciente, beirando, portanto, os limites do sonho e da loucura. Identifique no comportamento de Solfieri e de sua amada atitudes que sejam exemplo dessa inclinação para o inconsciente.

6. Os seguintes fragmentos do conto dizem respeito a Solfieri, o narrador-protagonista da história:

> "Uma noite, e após uma orgia"
> "a cabeça me escaldava de embriaguez"
> "Por meu pai que era conde e bandido, por minha mãe que era a bela Messalina das ruas"

Que visão de mundo eles expressam? Que perspectiva de vida Solfieri tem?

O gótico nos quadrinhos

Nas histórias em quadrinhos, a expressão máxima do gótico no exterior é a série *Sandman*, de Neil Gaiman. Em *Fábulas e reflexões*, por exemplo, em mais uma de suas jornadas pelo infinito, o Senhor dos Sonhos nos leva a conhecer os segredos de diferentes seres e personagens históricos, em uma mistura de contos maravilhosos, fatos reais, mitologia clássica e fantasia pagã.

No Brasil, destaca-se o trabalho do cartunista, quadrinista e ilustrador Henrique Kipper, autor das tiras da coleção *Mondo muerto*.

Reprodução/Editora Estronho

Reprodução/Editora H. A. Kipper

Para quem quer mais na internet

- **Antologia: Ultrarromantismo e o Condoreirismo**
  Conheça outros textos importantes do Romantismo, acessando o Plurall.

Intervalo

Esta atividade favorece o desenvolvimento das habilidades

EM13LGG601 EM13LGG602 EM13LGG603 EM13LP46 EM13LP47 EM13LP51 EM13LP53

PROJETO
SARAU GÓTICO: "OH! MY GOTH!"

A Lenda do Cavaleiro sem Cabeça. Direção: Tim Burton. 1999/Mary Evans/Ronald Grant/Diomedia

A lenda do cavaleiro sem cabeça, filme de Tim Burton de 1999.

Escolha com seu grupo uma das atividades sugeridas a seguir e participe com a turma da realização de um sarau gótico, de acordo com as orientações do professor.

Busquem, em livros, enciclopédias e revistas especializadas, informações complementares sobre o tema escolhido. Procurem consultar os livros, assistir aos filmes e navegar nos *sites* indicados na seção **Fique ligado! Pesquise!** e nos capítulos da unidade.

No dia combinado com o professor, preparem a sala ou o anfiteatro da escola, montando um cenário de inspiração gótica que sirva a todas as apresentações. Depois, a cada apresentação, façam as adaptações que forem necessárias.

1. Declamação de poemas góticos

Escolham para declamar no sarau poemas góticos de Álvares de Azevedo, Lord Byron, Alfred Musset ou de outros autores e também fragmentos do poema "O corvo", de Edgar Allan Poe.

Memorizem os textos e ensaiem, buscando a melhor expressão oral possível. Na apresentação, utilizem como fundo músicas de bandas góticas.

2. Leitura dramática e encenação teatral

Escolham um dos contos de *Noite na taverna* ou um trecho de *Macário*, de Álvares de Azevedo, ou ainda um fragmento de uma das obras clássicas da tradição gótica, como *O castelo de Otranto*, de Horace Walpole, ou de *Frankenstein*, de Mary Shelley, ou uma das histórias de mistério de Edgar Allan Poe para fazer uma leitura dramática ou encenação teatral. (Vejam as instruções no boxe "Leitura dramática e encenação".)

3. A música gótica

Façam um levantamento de músicas que se ligam à tradição gótica. Gravem e apresentem ao público trechos de canções das principais bandas góticas, nacionais e estrangeiras, de todos os tempos. A título de curiosidade, não deixem de incluir na apresentação as conhecidas canções "Meu doce vampiro", de Rita Lee e Roberto de Carvalho, e "Vampiro", de Jorge Mautner (CD *Cinema transcendental*, de Caetano Veloso), e o "Rock do diabo", de Raul Seixas.

Everett Collection/Everett/Latinstock

The Doors.

4. *Sandman*

Façam uma pesquisa sobre a série Sandman, de Neil Gaiman, e apresentem ao público a história dessa HQ, como se deu a participação do autor, quais são e como são as principais personagens, os temas, etc. Se possível, reproduzam algumas histórias e exponham-nas em painéis na entrada da sala ou do auditório, a fim de que mais pessoas possam conhecer o trabalho de Gaiman.

Neil Gaiman / Editora Conrad do Brasil

Sandman, de Neil Gaiman.

5. O cinema de tradição gótica

Os vampiros

Reúnam os principais trechos de clássicos do cinema gótico, tais como os filmes *Nosferatu, uma sinfonia de horror* (1922), de F. W. Murnau; *Drácula* (1931), de Tod Browning, com o ator Bela Lugosi; *Nosferatu, o vampiro da noite* (1979), de Werner Herzog; e *Drácula* de Bram Stocker (1992), de Francis Ford Coppola. Apresentem os trechos à turma e debatam com os colegas a respeito do perfil de vampiro mostrado em cada filme.

Drácula. Direção: Tod Browning. 1931/Photos 12 - Cinema/Diomedia

Drácula, com Bela Lugosi.

O desenho animado

Apresentem ao público os principais trechos dos filmes *A noiva cadáver* (2005), de Tim Burton, e *Estranho mundo de Jack* (1993), de Henry Selick, e comentem as semelhanças e diferenças entre esses filmes. Comentem também como foi feita a trilha musical de *A noiva cadáver*.

Os filmes poéticos

Apresentem trechos de filmes como *Asas do desejo* (1987), de Wim Wenders, e *Blade runner* (1982), de Ridley Scott, e discutam com o público como e por que filmes como esses se filiam à tradição gótica.

Asas do desejo. Direção: Wim Wenders. 1987/Mary Evans/Ronald Grant/Diomedia

Asas do desejo, de Wim Wenders.

LEITURA DRAMÁTICA E ENCENAÇÃO

Para encenar uma peça de teatro, há dois momentos a serem observados. Primeiro, preparem a leitura dramática do texto; depois, preparem a encenação.

Leitura dramática

Ellen B. Senisi/Diomedia

1. Formem um grupo com um número de integrantes igual ao número de personagens do texto. Cada componente do grupo deve ler o texto individualmente pelo menos uma vez.
2. Façam, em grupo, uma segunda leitura do texto, em voz alta, cada aluno lendo as falas de um personagem. Leiam apenas, procurando uma compreensão mais ampla do texto e um domínio maior da história.
3. A partir da terceira leitura, comecem a buscar a representação, isto é, comecem a transformar a leitura em ação. Lembrem-se: o ator é um fingidor, alguém que cria ilusões.
   a) Para uma boa interpretação, analisem e debatam o comportamento psicológico de cada personagem: quais são seus desejos; que fatos ou que personagens se contrapõem a ele; como ele reage, etc.
   b) Em seguida, cada um deve buscar a melhor forma de interpretar seu personagem.
   c) Considerem a pontuação do texto e as rubricas de interpretação.
   d) Não deixem cair a entonação no final das frases. Observem como falam os locutores de rádio e televisão e procurem imitá-los.
   e) Se considerarem necessário, marquem o texto com pausas para respiração e destaquem os verbos das frases para dar um apoio maior à inflexão da voz.
   f) Para ajudar no volume da voz, imaginem — como fazem no meio teatral — que na última fileira do teatro há uma velhinha meio surda e que vocês devem representar para ela.
4. Depois que cada um dos elementos do grupo tiver encontrado a expressão própria de seu personagem, comecem a ensaiar a peça teatral.

Corbis/Getty Images

Encenação

1. Decorem as falas de seu personagem, imaginando-se nas situações vividas por ele, imaginando o cenário e os outros personagens que contracenam com ele.
2. Além das rubricas de interpretação, vocês devem, agora, observar também as de movimento.
3. Criem o cenário, a sonoplastia (o som que acompanha o texto), os figurinos. Contem para isso com a criatividade individual e do grupo e envolvam outros colegas na montagem.
4. Ensaiem quantas vezes julgarem necessário.
5. Caso algum elemento do grupo se esqueça de uma parte do texto durante os ensaios ou na apresentação, improvisem uma saída, ou recorram ao ponto. *Ponto* é uma pessoa que, no teatro, acompanha o texto que os atores devem dizer para lhes ajudar a memória, se necessário.
6. Tudo pronto, montem o espetáculo e preparem a apresentação.
7. Durante os ensaios e as apresentações, coloquem-se naturalmente no lugar dos personagens e vivam-nos, ou seja, comecem a fazer teatro.

PREPARANDO O SARAU

Escolham, com a orientação do professor, o local para a apresentação dos grupos. Montem o cenário e providenciem som, maquiagem, figurino, cadeiras para a plateia, etc. Façam um roteiro de entrada dos grupos em cena, alternando leitura dramática e encenação teatral com declamações, apresentações de música, de videoclipes, etc. Escolham um colega para coordenar as apresentações dos grupos e contextualizar para o público o que ele verá em cena. Convidem para o evento colegas de outras turmas, professores e funcionários da escola, amigos e familiares.

O encontro (1854), de Gustave Courbet, um dos introdutores do Realismo na pintura.

6 HISTÓRIA SOCIAL DO REALISMO, DO NATURALISMO E DO PARNASIANISMO

O contexto social, político e cultural da segunda metade do século XIX tornou-se profundamente diferente do que foi a primeira metade. Lutas sociais, tentativas de revolução, novas ideias políticas, científicas... O mundo se agitava, e a literatura não podia mais, como no tempo do Romantismo, viver de idealizações, do culto do eu e da fuga da realidade. Era necessária uma arte mais objetiva, que atendesse ao desejo do momento: o de analisar e compreender cientificamente a realidade e de transformá-la. Como resposta a essa necessidade, surgiriam quase ao mesmo tempo três tendências antirromânticas na literatura, que se entrelaçavam e se influenciavam mutuamente: o Realismo, o Naturalismo e o Parnasianismo.

FIQUE LIGADO! PESQUISE!

Para estabelecer relações entre a literatura e outras artes e áreas de conhecimento, eis algumas sugestões:

- *Madame Bovary*, de Sophie Barthes; *A sedutora Madame Bovary*, de Vincent Minnelli; *Germinal*, de Claude Berri; *Sacco e Vanzetti*, de Giuliano Montaldo; *Os companheiros*, de Mario Monicelli; *Criação*, de Jon Amiel; *Brás Cubas*, de Júlio Bressane; *O primo Basílio*, de Daniel Filho; *O cortiço*, de Francisco Ramalho Jr.; *Memórias póstumas*, de André Klotzel; *O crime do padre Amaro*, de Carlos Carrera; *Os Maias*, de Luís Fernando Carvalho; *Dom*, de Moacyr Góes.

Pictorial Press/Alamy/Fotoarena

Cena de *Madame Bovary*.

- *Madame Bovary*, de Gustave Flaubert (Ediouro); *Ilusões perdidas*, de Honoré de Balzac (Ediouro); *Germinal*, de Émile Zola (Hemus); *O vermelho e o negro*, de Stendhal (Globo); *Os irmãos Karamazov*, de Dostoievski (Ediouro); *Guerra e paz* e *Anna Karenina*, de Leon Tolstói (Itatiaia e Ediouro); *A brasileira dos Prazins*, de Camilo Castelo Branco (Nova Fronteira); *O primo Basílio*, *Os Maias* e *O crime do padre Amaro*, de Eça de Queirós (Ática); *Memórias póstumas de Brás Cubas*, *Dom Casmurro* e *Quincas Borba*, de Machado de Assis (Ática); *Capitu*, de Lygia Fagundes Telles e Paulo Emilio Salles Gomes (Siciliano); *O amor de Capitu*, de Fernando Sabino (Ática); *Capitu — Memórias póstumas*, de Domício Proença Filho (Artium); *O cortiço*, *Casa de pensão* e *O mulato*, de Aluísio Azevedo (Ática); *O missionário*, de Inglês de Souza (Ática); *O Xangô de Baker Street*, de Jô Soares (Companhia das Letras); *Antologia de poesia brasileira — Realismo e Parnasianismo* (Ática).

Reprodução/Estação Liberdade

Capa de *Germinal*, de Émile Zola.

- Pesquise sobre as relações entre literatura, filosofia e ciência, buscando pontos de contato entre o Realismo e o Naturalismo com o positivismo, de Augusto Comte; o determinismo, de Hippolyte Taine; o evolucionismo, de Charles Darwin; e o socialismo científico, de Marx e Engels.

- www.machadodeassis.org.br
- www.dominiopublico.gov.br

Para conhecer a pintura brasileira do século XIX, visite:

- no Rio de Janeiro: Museu Histórico Nacional, Museu Nacional de Belas Artes, Museu Nacional da UFRJ;
- em São Paulo: Masp e Pinacoteca do Estado de São Paulo;
- em Porto Alegre: Museu Júlio de Castilho;
- em Juiz de Fora: Museu Mariano Procópio.

Dado Photos/Shutterstock

Pinacoteca de São Paulo.

Esta unidade favorece o desenvolvimento das habilidades

EM13LP28 | EM13LP30 | EM13LP32 | EM13LP51 | EM13LGG103 | EM13LGG202 | EM13LGG601 | EM13LGG602 | EM13LGG604

CAPÍTULO 13

A linguagem do Realismo, do Naturalismo e do Parnasianismo

Motivados pelas teorias científicas e filosóficas da época, os escritores realistas se empenharam em retratar o homem e a sociedade em conjunto. Não bastava mostrar a face sonhadora e idealizada da vida, como haviam feito os românticos; era preciso mostrar a face do cotidiano massacrante, do casamento por interesse, do amor adúltero, da falsidade e do egoísmo, da impotência do ser humano comum diante dos poderosos.

A roda de fiar (1855), de Jean François Millet, marca o interesse dos realistas e naturalistas pela vida cotidiana dos trabalhadores.

Este capítulo favorece o desenvolvimento das habilidades

- EM13LGG102
- EM13LGG103
- EM13LGG202
- EM13LGG302
- EM13LGG601
- EM13LGG602
- EM13LGG604
- EM13LP01
- EM13LP06
- EM13LP46
- EM13LP48
- EM13LP49
- EM13LP52

Na segunda metade do século XIX, a literatura europeia buscou novas formas de expressão, sintonizadas com as mudanças que ocorriam em diferentes setores: filosófico, científico, político, econômico e cultural. A renovação na literatura manifestou-se na forma de três movimentos literários distintos na França: o Realismo, o Naturalismo e o Parnasianismo. O Realismo teve início com a publicação de *Madame Bovary* (1857), de Gustave Flaubert; o Naturalismo, com a publicação de *Thérèse Raquin* (1867), de Émile Zola; e o Parnasianismo, com a publicação das antologias parnasianas intituladas *Parnasse contemporain* (a partir de 1866).

Embora guardem diferenças formais e ideológicas, essas três tendências apresentam alguns aspectos em comum, que você vai conhecer.

A IMAGEM EM FOCO

Observe atentamente o quadro seguinte, de Gustave Courbet, pintor francês que introduziu o Realismo na pintura.

Gustave Coubert/Museu de Belas Artes, Paris, França.

As peneiradoras de trigo, de Gustave Coubert.

1. A propósito do ambiente retratado no quadro, responda:

a) Como ele se caracteriza?

b) Trata-se de um ambiente próprio da zona rural ou da zona urbana? Justifique sua resposta com elementos do quadro.

2. Observe as personagens que compõem a cena.

a) O que elas estão fazendo?

b) Levante hipóteses: Que vínculos pode haver entre elas?

c) Para elas, o que representa o trigo?

3. As primeiras telas de Courbet escandalizaram os salões de arte parisienses, por causa dos temas que abordavam, até então inéditos.

a) Na hierarquia social, que posição ocupavam as personagens retratadas no quadro?

b) Apesar da condição social das personagens, o quadro desperta algum sentimento de piedade ou compaixão nos espectadores?

4. Certa vez perguntaram a Courbet se ele era capaz de pintar um anjo. E ele respondeu: "Jamais poderei pintar um anjo, porque nunca vi nenhum".

a) Qual é o princípio realista presente nessa resposta do pintor?

b) Na sua opinião, o quadro põe em prática esse princípio realista? Justifique sua resposta.

5. Observe as cores em destaque no quadro. Que relação elas têm com o tema abordado pelo pintor?

6. Em primeiro plano, destaca-se uma moça.

a) O que sugerem os movimentos dela?

b) Interprete: O que a moça representa nesse quadro?

7. Um dos traços do Realismo é a crítica social. Considerando-se o contexto da época, o quadro faz uma crítica à sociedade de então? Justifique sua resposta.

A linguagem da prosa realista

A seguir, você lerá um conto de Machado de Assis, o principal escritor realista brasileiro, por meio do qual será feito o estudo da linguagem da prosa realista.

Leitura

A causa secreta

Pictures Now/Alamy/Fotoarena/Coleção particular

Descanso na colheita, de William Adolphe Bouguereau.

[...]

Garcia tinha-se formado em medicina, no ano anterior, 1861. No ano de 1860, estando ainda na Escola, encontrou-se com Fortunato, pela primeira vez, à porta da Santa Casa; entrava, quando o outro saía. Fez-lhe impressão a figura; mas, ainda assim, tê-la-ia esquecido, se não fosse o segundo encontro, poucos dias depois. Morava na rua de D. Manuel. Uma de suas raras distrações era ir ao teatro de S. Januário, que ficava perto, entre essa rua e a praia; ia uma ou duas vezes por mês, e nunca achava acima de quarenta pessoas. Só os mais **intrépidos** ousavam estender os passos até aquele recanto da cidade. Uma noite, estando nas cadeiras, apareceu ali Fortunato, e sentou-se ao pé dele.

A peça era um dramalhão, cosido a facadas, ouriçado de **imprecações** e remorsos; mas Fortunato ouviu-a com singular interesse. Nos lances dolorosos, a atenção dele redobrava, os olhos iam avidamente de um personagem a outro, a tal ponto que o estudante suspeitou haver na peça reminiscências pessoais do vizinho. No fim do drama veio uma farsa; mas Fortunato não esperou por ela e saiu; Garcia saiu atrás dele. Fortunato foi pelo beco do Cotovelo, rua de S. José, até o largo da Carioca. Ia devagar, cabisbaixo, parando às vezes, para dar uma bengalada em algum cão que dormia; o cão ficava ganindo e ele ia andando. No largo da Carioca entrou num **tílburi**, e seguiu para os lados da praça da Constituição. Garcia voltou para casa sem saber mais nada.

[...]

imprecação: ofensa, xingamento.
intrépido: corajoso.
tílburi: charrete.

Tempos depois, estando já formado, e morando na rua de Matacavalos, perto da do Conde, encontrou Fortunato em uma gôndola, encontrou-o ainda outras vezes, e a frequência trouxe a familiaridade. Um dia Fortunato convidou-o a ir visitá-lo ali perto, em Catumbi.

— Sabe que estou casado?

— Não sabia.

— Casei-me há quatro meses, podia dizer quatro dias. Vá jantar conosco domingo.

— Domingo?

— Não esteja forjando desculpas; não admito desculpas. Vá domingo.

Garcia foi lá no domingo. Fortunato deu-lhe um bom jantar, bons charutos e boa palestra, em companhia da senhora, que era interessante. A figura dele não mudara; os olhos eram as mesmas chapas de estanho, duras e frias; as outras feições não eram mais atraentes que dantes. Os obséquios, porém, se não resgatavam a natureza, davam alguma compensação, e não era pouco. Maria Luísa é que possuía ambos os feitiços, pessoa e modos. Era esbelta, **airosa**, olhos meigos e submissos; tinha vinte e cinco anos e parecia não passar de dezenove. Garcia, à segunda vez que lá foi, percebeu que entre eles havia alguma dissonância de caracteres, pouca ou nenhuma afinidade moral, e da parte da mulher para com o marido uns modos que transcendiam o respeito e confinavam na resignação e no temor. [...]

A comunhão dos interesses apertou os laços da intimidade. Garcia tornou-se familiar na casa; ali jantava quase todos os dias, ali observava a pessoa e a vida de Maria Luísa, cuja solidão moral era evidente. E a solidão como que lhe duplicava o encanto. Garcia começou a sentir que alguma coisa o agitava, quando ela aparecia, quando falava, quando trabalhava, calada, ao canto da janela, ou tocava ao piano umas músicas tristes. Manso e manso, entrou-lhe o amor no coração. Quando deu por ele, quis expeli-lo, para que entre ele e Fortunato não houvesse outro laço que o da amizade; mas não pôde. Pôde apenas trancá-lo; Maria Luísa compreendeu ambas as coisas, a afeição e o silêncio, mas não se deu por achada.

No começo de outubro deu-se um incidente que desvendou ainda mais aos olhos do médico a situação da moça. Fortunato metera-se a estudar anatomia e fisiologia, e ocupava-se nas horas vagas em rasgar e envenenar gatos e cães. Como os guinchos dos animais atordoavam os doentes, mudou o laboratório para casa, e a mulher, **compleição** nervosa, teve de os sofrer. Um dia, porém, não podendo mais, foi ter com o médico e pediu-lhe que, como coisa sua, alcançasse do marido a cessação de tais experiências.

— Mas a senhora mesma...

Maria Luísa acudiu, sorrindo:

— Ele naturalmente achará que sou criança. O que eu queria é que o senhor, como médico, lhe dissesse que isso me faz mal; e creia que faz...

Garcia alcançou prontamente que o outro acabasse com tais estudos. Se os foi fazer em outra parte, ninguém o soube, mas pode ser que sim. Maria Luísa agradeceu ao médico, tanto por ela como pelos animais, que não podia ver padecer. Tossia de quando em quando; Garcia perguntou-lhe se tinha alguma coisa, ela respondeu que nada.

— Deixe ver o pulso.

— Não tenho nada.

airoso: gentil, digno.
compleição: constituição física.

Casamento e traição

No Romantismo, as histórias geralmente terminam em final feliz e em casamento. No Realismo, elas quase sempre começam com o casamento, que, envolto por interesses e contradições, facilmente é seguido de adultério.

O tema do adultério foi tratado por escritores de diferentes épocas posteriores e também já foi abordado na música, no cinema e no teatro. No teatro brasileiro, ele se destaca nos dramas familiares de Nelson Rodrigues. No cinema, um clássico sobre o tema é *A insustentável leveza do ser* (1988), de Philip Kaufman, baseado na obra do escritor checo Milan Kundera. E, mais recentemente, o adultério está em filmes como *Rainha de copas*, de May el-Toukhy; *Testemunha invisível*, de Stefano Mordini, entre outros.

Nordisk Film /Det Danske Filminstitut/ Radio (DR)/SVT/Album/Fotoarena

Cena do filme *Rainha de copas*.

Não deu o pulso, e retirou-se. Garcia ficou apreensivo. Cuidava, ao contrário, que ela podia ter alguma coisa, que era preciso observá-la e avisar o marido em tempo.

Dois dias depois — exatamente o dia em que os vemos agora —, Garcia foi lá jantar. Na sala disseram-lhe que Fortunato estava no gabinete, e ele caminhou para ali; ia chegando à porta, no momento em que Maria Luísa saía aflita.

— Que é? perguntou-lhe.

— O rato! O rato! exclamou a moça sufocada e afastando-se.

Garcia lembrou-se que, na véspera, ouvira ao Fortunato queixar-se de um rato, que lhe levara um papel importante; mas estava longe de esperar o que viu. Viu Fortunato sentado à mesa, que havia no centro do gabinete, e sobre a qual pusera um prato com **espírito de vinho.** O líquido flamejava. Entre o polegar e o índice da mão esquerda segurava um barbante, de cuja ponta pendia o rato atado pela cauda. Na direita tinha uma tesoura. No momento em que o Garcia entrou, Fortunato cortava ao rato uma das pernas; em seguida desceu o infeliz até à chama, rápido, para não matá-lo, e dispôs-se a fazer o mesmo à terceira, pois já lhe havia cortado a primeira. Garcia estacou horrorizado.

— Mate-o logo! disse-lhe.

— Já vai.

E com um sorriso único, reflexo de alma satisfeita, alguma coisa que traduzia a delícia íntima das sensações supremas, Fortunato cortou a terceira pata do rato, e fez pela terceira vez o mesmo movimento até a chama. O miserável estorcia-se, guinchando, ensanguentado, chamuscado, e não acabava de morrer. Garcia desviou os olhos, depois voltou-os novamente, e estendeu a mão para impedir que o suplício continuasse, mas não chegou a fazê-lo, porque o diabo do homem impunha medo, com toda aquela serenidade radiosa da fisionomia. Faltava cortar a última pata; Fortunato cortou-a muito devagar, acompanhando a tesoura com os olhos; a pata caiu, e ele ficou olhando para o rato meio cadáver. Ao descê-lo pela quarta vez, até a chama, deu ainda mais rapidez ao gesto, para salvar, se pudesse, alguns farrapos de vida.

espírito de vinho: álcool.

Garcia, defronte, conseguia dominar a repugnância do espetáculo para fixar a cara do homem. Nem raiva, nem ódio; tão somente um vasto prazer, quieto e profundo, como daria a outro a audição de uma bela sonata ou a vista de uma estátua divina, alguma coisa parecida com a pura sensação estética. Pareceu-lhe, e era verdade, que Fortunato havia-o inteiramente esquecido. Isto posto, não estaria fingindo, e devia ser aquilo mesmo. A chama ia morrendo, o rato podia ser que tivesse ainda um resíduo de vida, sombra de sombra; Fortunato aproveitou-o para cortar-lhe o focinho e pela última vez chegar a carne ao fogo. Afinal deixou cair o cadáver no prato, e arredou de si toda essa mistura de chamusco e sangue.

Arrufos (1887), do pintor realista brasileiro Belmiro Barbosa de Almeida.

Ao levantar-se deu com o médico e teve um sobressalto. Então, mostrou-se enraivecido contra o animal, que lhe comera o papel; mas a cólera evidentemente era fingida.

— Castiga sem raiva, pensou o médico, pela necessidade de achar uma sensação de prazer, que só a dor alheia lhe pode dar: é o segredo deste homem.

Fortunato encareceu a importância do papel, a perda que lhe trazia, perda de tempo, é certo, mas o tempo agora era-lhe preciosíssimo. Garcia ouvia só, sem dizer nada, nem lhe dar crédito. Relembrava os atos dele, graves e leves, achava a mesma explicação para todos. Era a mesma troca das teclas da sensibilidade, um **diletantismo *sui generis***, uma redução de **Calígula.**

Quando Maria Luísa voltou ao gabinete, daí a pouco, o marido foi ter com ela, rindo, pegou-lhe nas mãos e falou-lhe mansamente:

— Fracalhona!

E voltando-se para o médico:

— Há de crer que quase desmaiou?

Calígula: imperador romano conhecido por ser extravagante e cruel.
diletantismo: amadorismo, gosto.
sui generis: original.

Maria Luísa defendeu-se a medo, disse que era nervosa e mulher; depois foi sentar-se à janela com as suas lãs e agulhas, e os dedos ainda trêmulos, tal qual a vimos no começo desta história. Hão de lembrar-se que, depois de terem falado de outras coisas, ficaram calados os três, o marido sentado e olhando para o teto, o médico estalando as unhas. Pouco depois foram jantar; mas o jantar não foi alegre. Maria Luísa cismava e tossia; o médico indagava de si mesmo se ela não estaria exposta a algum excesso na companhia de tal homem. Era apenas possível; mas o amor trocou-lhe a possibilidade em certeza; tremeu por ela e cuidou de os vigiar.

Ela tossia, tossia, e não se passou muito tempo que a moléstia não tirasse a máscara. Era a **tísica**, velha dama insaciável, que chupa a vida toda, até deixar um bagaço de ossos. Fortunato recebeu a notícia como um golpe; amava deveras a mulher, a seu modo, estava acostumado com ela, custava-lhe perdê-la. Não poupou esforços, médicos, remédios, ares, todos os recursos e todos os paliativos. Mas foi tudo vão. A doença era mortal.

Nos últimos dias, em presença dos tormentos supremos da moça, a índole do marido subjugou qualquer outra afeição. Não a deixou mais; fitou o olho baço e frio naquela decomposição lenta e dolorosa da vida, bebeu uma a uma as aflições da bela criatura, agora magra e transparente, devorada de febre e minada de morte. Egoísmo **aspérrimo**, faminto de sensações, não lhe perdoou um só minuto de agonia, nem lhos pagou com uma só lágrima, pública ou íntima. Só quando ela expirou, é que ele ficou aturdido. Voltando a si, viu que estava outra vez só.

De noite, indo repousar uma parenta de Maria Luísa, que a ajudara a morrer, ficaram na sala Fortunato e Garcia, velando o cadáver, ambos pensativos; mas o próprio marido estava fatigado, o médico disse-lhe que repousasse um pouco.

— Vá descansar, passe pelo sono uma hora ou duas: eu irei depois.

Fortunato saiu, foi deitar-se no sofá da saleta contígua, e adormeceu logo. Vinte minutos depois acordou, quis dormir outra vez, cochilou alguns minutos, até que se levantou e voltou à sala. Caminhava nas pontas dos pés para não acordar a parenta, que dormia perto. Chegando à porta, estacou assombrado.

aspérrimo: superlativo de áspero.
tísica: tuberculose.

O herói problemático e a modernidade

É a partir do Realismo, principalmente, que começa a ter destaque a figura do *herói problemático*, o tipo de herói predominante na literatura, no cinema e no teatro da modernidade. Diferentemente do herói romanesco — aquele cuja ousadia, integridade e coerência estão acima da média entre as pessoas comuns —, o herói problemático normalmente é o ser humano na sua pequenez, cheio de fraquezas, manias e incertezas diante de um mundo no qual se sente deslocado. Filmes como *Parasita*, de Bong Joon Ho; *Coringa*, de Todd Philipps; *Você não estava aqui*, de Ken Loach; *Vida oculta*, de Terrence Malick; *Um dia de chuva em Nova Iorque*, de Woody Allen, apresentam heróis problemáticos.

Neon/BFA/Alamy/Fotoarena

Cena do filme *Parasita*.

Garcia tinha-se chegado ao cadáver, levantara o lenço e contemplara por alguns instantes as feições defuntas. Depois, como se a morte espiritualizasse tudo, inclinou-se e beijou-o na testa. Foi nesse momento que Fortunato chegou à porta. Estacou assombrado; não podia ser o beijo da amizade, podia ser o epílogo de um livro adúltero. Não tinha ciúmes, note-se; a natureza compô-lo de maneira que lhe não deu ciúmes nem inveja, mas dera-lhe vaidade, que não é menos cativa ao ressentimento. Olhou assombrado, mordendo os beiços.

Entretanto, Garcia inclinou-se ainda para beijar outra vez o cadáver; mas então não pôde mais. O beijo rebentou em soluços, e os olhos não puderam conter as lágrimas, que vieram em borbotões, lágrimas de amor calado, e irremediável desespero. Fortunato, à porta, onde ficara, saboreou tranquilo essa explosão de dor moral que foi longa, muito longa, deliciosamente longa.

(*50 contos de Machado de Assis.*
São Paulo: Companhia das Letras, 2007. p. 368-376.)

1. A descrição é um recurso utilizado tanto na prosa romântica quanto na prosa realista, mas com finalidades diferentes. Compare a seguir duas descrições de personagens femininas: a primeira é de Aurélia, da obra *Senhora*, de José de Alencar, e a segunda, de Maria Luísa, personagem do conto "A causa secreta".

I. "Era uma expressão fria, pausada, inflexível, que jaspeava sua beleza, dando-lhe quase a gelidez da estátua. Mas no lampejo de seus grandes olhos pardos brilhavam as irradiações da inteligência."

II. "Era esbelta, airosa, olhos meigos e submissos; tinha vinte e cinco anos e parecia não passar de dezenove. [...] e da parte da mulher para com o marido uns modos que transcendiam o respeito e confinavam na resignação e no temor."

a) Qual dos dois textos apresenta vocabulário e construções mais sofisticados, em estilo elevado e poético?

b) Ambos os fragmentos, sendo descritivos, servem para caracterizar as personagens. Entre eles, contudo, há uma diferença essencial quanto à finalidade. Observe algumas imagens e adjetivos empregados na caracterização exterior e a caracterização do mundo interior de um e outro personagem:

I. expressão inflexível, gelidez da estátua, lampejo dos olhos / irradiações da inteligência

II. esbelta, airosa / olhos meigos e submissos, modos que confinavam na resignação e no temor.

Em qual fragmento a descrição tem a finalidade de:

- elevar e idealizar a personagem?
- retratar a personagem como ela realmente é?

2. Preocupada em retratar a realidade de modo objetivo, quase documental, a prosa realista geralmente é marcada pelo registro do tempo e do espaço. Observe as datas citadas pelo narrador.

a) Quando ocorre o sacrifício do animal realizado por Fortunato?

b) Que outras indicações temporais aparecem no texto?

c) A menção a ruas e trajetos constitui um recurso para dar veracidade aos fatos. Em qual cidade se passa a história? Em qual bairro Fortunato residia?

3. Nos textos em prosa do Realismo, em geral a narrativa flui lentamente. No conto em estudo, para dar ideia do caráter de Fortunato, o narrador enumera as ocasiões em que esse personagem e Garcia haviam se encontrado e descreve em detalhes seu comportamento. Considere estes comportamentos de Fortunato:

- Assiste à peça com interesse e deixa o teatro quando começa a farsa.
- Dedica-se aos estudos de anatomia e fisiologia. Tortura o animal.
- Dedica-se integralmente a Maria Luísa quando esta adoece.

a) De acordo com Garcia, qual era a motivação oculta de Fortunato para essas ações?

b) A que comparação Garcia recorre para se referir ao estado em que imaginava Fortunato nesses momentos?

4. A prosa realista tem como propósito captar o ser humano em sua totalidade, isto é, tanto exterior quanto interiormente. O retrato interior das personagens, isto é, a focalização de seus conflitos, pensamentos, anseios, reflexões, desejos, etc., é chamado de **introspecção psicológica**. Relacione os trechos abaixo à indicação de ação, pensamento ou emoção das personagens.

a) "Fortunato deu-lhe um bom jantar, bons charutos e boa palestra"

b) "Garcia tornou-se familiar na casa"

c) "Garcia, defronte, conseguia dominar a repugnância do espetáculo"

d) "o diabo do homem impunha medo"

e) "Castiga sem raiva [...] pela necessidade de achar uma sensação de prazer"

f) "O beijo rebentou em soluços, e os olhos não puderam conter as lágrimas, que vieram em borbotões"

5. Na prosa realista, é comum a ocorrência do procedimento metalinguístico por meio do qual o narrador deixa claro que está contando uma história. No conto lido, em que situações o narrador se dirige diretamente ao leitor?

6. No conto em estudo, o narrador, embora seja onisciente, assume em grande parte do relato a perspectiva de Garcia, um dos personagens.

a) Por que o narrador assume a perspectiva desse personagem?

b) Em que momento essa perspectiva se modifica?

c) Quando a perspectiva do narrador deixa de ser a de Garcia, que traço de Fortunato volta a se manifestar? Justifique sua resposta com palavras e expressões do texto.

Radiant Films International/Photo 12/Alamy/Fotoarena

Cena do Filme *Madame Bovary*.

7. A prosa realista do século XIX denunciou em muitas obras a situação de submissão em que viviam as mulheres e as consequências negativas que dela advinham, como morte, humilhação, solidão. Veja nos textos abaixo, de escritores dessa escola literária, as referências feitas a mulheres:

> Permitam-me, senhores: eu sabia que uma mulher, e ainda mais de dezesseis anos, não pode fazer outra coisa a não ser submeter-se completamente a um homem. Não há originalidade nas mulheres, ou seja, isso é um axioma, e mesmo agora, e ainda hoje, ainda hoje isso é para mim um axioma! O que é então que jaz lá na sala: a verdade é a verdade [...] Uma mulher que ama, ora, uma mulher que ama endeusa até mesmo os vícios, até mesmo os crimes do ser amado. [...]
>
> (F. M. Dostoiévski. *Uma criatura dócil*. São Paulo: Cosac Naify, 2009. p. 35-36.)

> Seu rosto é branco, repousado, calmo. Sua voz é suave e recolhida, suas maneiras são simples. Têm todas as nobrezas da dor, a santidade de uma pessoa que não maculou a alma ao contato do mundo, mas também a rigidez da solteirona e os hábitos mesquinhos que dá a existência estreita da província. Apesar de suas oitocentas mil libras de renda, vive como vivera a pobre Eugénie Grandet, só acende o fogo em seu quarto nos dias em que outrora seu pai lhe permitia acender o fogão da sala, e apaga-o conforme o programa em vigor nos seus jovens anos. Está sempre vestida como se vestia sua mãe. A casa de Saumur, casa sem sol, sem calor, sempre sombria, melancólica, é a imagem de sua vida. [...]
>
> (Honoré de Balzac. *Eugénie Grandet*. São Paulo: Difel, 1961. p. 196.)

a) O que há em comum entre o que é dito sobre as mulheres nos dois textos e o que ocorre com a personagem feminina do conto de Machado de Assis?

b) No conto "A causa secreta", Fortunato teve, na sua opinião, responsabilidade pelo adoecimento e pela morte da mulher?

c) Que pensamento de Garcia levanta a suspeita de que Maria Luísa fosse objeto das experiências do marido?

8. No decorrer do conto, o narrador lança mão tanto do discurso direto quanto do discurso indireto. Veja:

> "[...] e pediu-lhe que, como coisa sua, alcançasse do marido a cessação de tais experiências.
> — Mas a senhora mesma...
> Maria Luísa acudiu, sorrindo:
> — Ele naturalmente achará que sou criança. [...]"
> "Garcia perguntou-lhe se tinha alguma coisa, ela respondeu que nada.
> — Deixe ver o pulso.
> — Não tenho nada."

Como esse recurso contribui:

a) para a fluidez da narrativa?

b) para a ambiguidade das situações e do enredo?

9. A seguir, são relacionadas as características relativas ao amor e ao herói românticos. Elabore um quadro com as características realistas opostas a elas, exemplificando-as com situações encontradas em "A causa secreta".

- A mulher amada é sinônimo de beleza e perfeição.
- O casamento, no Romantismo, normalmente é resultado de um amor profundo e o fim de uma longa trajetória de obstáculos.
- O amor está acima de todos os interesses; é a mola-mestra que impulsiona e purifica as ações humanas.
- O herói romântico geralmente tem caráter forte e nobre e comportamento íntegro e linear, que raramente se altera ao longo da história.
- O herói romântico é um ser especial, dotado de forças ou poderes incomuns.

10. O Romantismo supervaloriza o indivíduo e suas particularidades. Já o Realismo, mesmo trabalhando em profundidade o personagem, tende a buscar nela aquilo que é universal, isto é, comum a cada um de nós e que define a nossa condição humana. É possível dizer que a situação vivida pelos personagens Garcia, Fortunato e Maria Luísa — e toda a carga de emoções e valores que a acompanha — é universal ou particular? Justifique.

Concluindo

Como síntese do estudo feito até aqui, compare as características do Realismo com as do Romantismo:

REALISMO	ROMANTISMO
• Objetivismo	• Subjetivismo
• Descrições e adjetivação objetivas, voltadas a captar o real como ele é	• Descrições e adjetivação idealizantes, voltadas a elevar o objeto descrito
• Linguagem culta e direta	• Linguagem culta, em estilo metafórico e poético
• Mulher não idealizada, mostrada com defeitos e qualidades	• Mulher idealizada, anjo de pureza e perfeição
• Amor e outros sentimentos subordinados aos interesses sociais	• Amor sublime e puro, acima de qualquer interesse
• Casamento como instituição falida; contrato de interesses e conveniências	• Casamento como objetivo maior de relacionamento amoroso
• Herói problemático, cheio de fraquezas, manias e incertezas	• Herói íntegro, de caráter irrepreensível
• Narrativa lenta, acompanhando o tempo psicológico	• Narrativa de ação e de aventura
• Personagens trabalhadas psicologicamente	• Personagens planos, de pensamentos e ações previsíveis
• Universalismo	• Nacionalismo, regionalismo

A linguagem da prosa naturalista

Você vai ler, a seguir, dois textos: o primeiro é um trecho de *Germinal* (1881), de Émile Zola, uma das mais importantes obras do Naturalismo francês; o segundo é um trecho de *O cortiço* (1890), de Aluísio Azevedo, a mais importante obra naturalista de nossa literatura.

Leitura

No romance *Germinal*, Zola retrata as condições desumanas de vida e de trabalho dos mineiros franceses no século XIX, quando ainda não havia leis que protegessem os direitos dos trabalhadores. No episódio que segue, Etienne, o progatonista da obra, chega pela primeira vez à mina de carvão à procura de emprego. Interessado em ideias de igualdade e justiça social, Etienne se torna, mais tarde, líder dos mineiros num movimento grevista e porta-voz das ideias socialistas que circulavam naquele momento na Europa.

TEXTO 1

Por pouco Etienne não fora esmagado. Seus olhos habituavam-se, já podia ver no ar a corrida dos cabos, mais de trinta metros de fita de aço subiam velozes à torre, onde passavam roldanas para, em seguida, descer a pique no poço e prenderem-se nos elevadores de extração. [...]

Só uma coisa ele compreendia perfeitamente: que o poço engolia **magotes** de vinte e de trinta homens, e com tal facilidade que nem parecia senti-los passar pela goela. Desde as quatro horas os operários começavam a descer; vinham da barraca, descalços, lâmpada na mão, e esperavam em grupos pequenos até formarem número suficiente. Sem ruído, com um pulo macio de animal noturno, o elevador de ferro subia do escuro, enganchava-se nas **aldravas**, com seus quatro andares, cada um contendo dois vagonetes cheios de carvão. Nos diferentes patamares, os carregadores retiravam os vagonetes, substituindo-os por outros vazios ou carregados antecipadamente com madeira em toros. E era nesses carros vazios que se empilhavam os operários, cinco a cinco, até quarenta de uma vez, quando ocupavam todos os compartimentos. Uma ordem partia do porta-voz, um **tartamudear** grosso e indistinto, enquanto a corda, para dar o sinal embaixo, era puxada quatro vezes, convenção que queria dizer "aí vai carne" e que avisava da descida desse carregamento de carne humana. A seguir, depois de um ligeiro solavanco, o elevador afundava silencioso, caía como uma pedra, deixando atrás de si apenas a fuga vibrante do cabo.

— É muito fundo? — perguntou Etienne a um mineiro com ar sonolento que esperava perto dele.

— Quinhentos e cinquenta e quatro metros — respondeu o homem. [...]

(Émile Zola. *Germinal*. 2. ed. São Paulo: Círculo do Livro, 1976. p. 26-28.)

Claude Berri Filme Company/AF Archive/Alamy/Fotoarena

Cena do Filme *Germinal*.

aldrava: pequena tranca metálica que fecha a porta.
magote: ajuntamento de coisas ou pessoas; amontoado, porção.
tartamudear: falar com dificuldade, gaguejar, balbuciar.

TEXTO 2

Eram cinco horas da manhã e o cortiço acordava, abrindo, não os olhos, mas a sua infinidade de portas e janelas alinhadas.

Um acordar alegre e farto de quem dormiu **de uma assentada**, sete horas de chumbo. Como que se sentiam ainda na **indolência** de neblina as derradeiras notas da última guitarra da noite antecedente, dissolvendo-se à luz loura e tenra da aurora, que nem um suspiro de saudade perdido em terra alheia.

de uma assentada: de uma só vez.
indolência: preguiça.

A roupa lavada, que ficara de véspera nos **coradouros,** umedecia o ar e punha-lhe um **fartum** acre de sabão ordinário. As pedras do chão, esbranquiçadas no lugar da lavagem e em alguns pontos azuladas pelo anil, mostravam uma palidez grisalha e triste, feita de acumulações de espumas secas.

Entretanto, das portas surgiam cabeças congestionadas de sono; ouviam-se amplos bocejos, fortes como o marulhar das ondas; pigarreava-se grosso por toda a parte; começavam as xícaras a tilintar; o cheiro quente do café aquecia, suplantando todos os outros; trocavam-se de janela para janela as primeiras palavras, os bons-dias; reatavam-se conversas interrompidas à noite; a pequenada cá fora traquinava já, e lá dentro das casas vinham choros abafados de crianças que ainda não andam. No confuso rumo que se formava, destacavam-se risos, sons de vozes que **altercavam**, sem se saber onde, grasnar de marrecos, cantar de galos, cacarejar de galinhas. De alguns quartos saíam mulheres que vinham dependurar cá fora, na parede, a gaiola do papagaio, e os louros, à semelhança dos donos, cumprimentavam-se ruidosamente, espanejando-se à luz nova do dia.

Daí a pouco, em volta das bicas era um zum-zum crescente; uma aglomeração tumultuosa de machos e fêmeas. Uns, após outros, lavavam a cara, incomodamente, debaixo do fio de água que escorria da altura de uns cinco palmos. O chão inundava-se. As mulheres precisavam já prender as saias entre as coxas para não as molhar; via-se-lhes a tostada nudez dos braços e do pescoço, que elas despiam suspendendo o cabelo todo para o alto do **casco;** os homens, esses não se preocupavam em não molhar o pelo, ao contrário metiam a cabeça bem debaixo da água e esfregavam com força as ventas e as barbas, fossando e fungando contra as palmas da mão. As portas das **latrinas** não descansavam, era um abrir e fechar de cada instante, um entrar e sair sem tréguas. Não se demoravam lá dentro e vinham ainda amarrando as calças ou as saias; as crianças não se davam ao trabalho de lá ir, despachavam-se ali mesmo, no capinzal dos fundos, por detrás da estalagem ou no recanto das hortas.

O rumor crescia, condensando-se; o zum-zum de todos os dias acentuava-se; já se não destacavam vozes dispersas, mas um só ruído compacto que enchia todo o cortiço. Começavam a fazer compras na venda; **ensarilhavam-se** discussões e **rezingas**; ouviam-se gargalhadas e pragas; já se não falava, gritava- se. Sentia-se naquela fermentação sanguínea, naquela gula viçosa de plantas rasteiras que mergulham os pés vigorosos na lama preta e nutriente da vida o prazer animal de existir, a triunfante satisfação de respirar sobre a terra.

(Aluísio Azevedo. *O cortiço*. 9. ed. São Paulo: Ática, 1970. p. 28-29.)

Claude Berri Filme Company/AF Archive/Alamy/Fotoarena

Cartaz do filme *O Cortiço*, de Francisco Ramalho Jr.

altercar: discutir com ardor.
casco: o couro cabeludo; o conjunto formado pelos ossos do crânio; unha de certos paquidermes e mamíferos.
coradouro: o mesmo que quaradouro; lugar onde se põe a roupa para corar ou quarar.
ensarilhar: emaranhar, enredar.
fartum: mau cheiro.
latrina: recinto da casa com vaso sanitário ou escavação para receber dejetos.
rezinga: discussão, rixa.

1. Um procedimento característico da prosa naturalista é apresentar o ambiente físico e social detalhadamente, como se o narrador estivesse munido de uma máquina fotográfica com lentes do tipo zum, que lhe permitisse compor e decompor os detalhes de cada cena. Compare os dois textos.

a) Que grupo social é retratado em cada uma das obras? O que os dois grupos têm em comum?

b) Que elementos dos dois textos comprovam que as personagens levam uma vida difícil, miserável?

2. A linguagem da prosa naturalista se caracteriza pela adoção de uma postura analítica e científica diante da realidade. Por isso, faz uso frequente da narração impessoal e de descrições minuciosas, com muitas sugestões visuais, olfativas, táteis e auditivas. O uso dessas técnicas constitui o que se chama de "narrativa lenta".

a) Por que o foco narrativo em 3ª pessoa é o mais apropriado para esse fim?

b) Identifique em *Germinal* um exemplo de sugestão visual.

c) Identifique em *O cortiço* exemplos de sensações olfativas, auditivas, táteis e visuais.

d) Identifique em *O cortiço* situações em que a narrativa se apresenta lenta, isto é, com poucas ações.

3. Como vimos, as obras da prosa realista retratam seus personagens por meio de um enfoque individual e psicológico, geralmente em situações de conflito com valores sociais. Compare a prosa realista aos textos naturalistas lidos.

a) A prosa naturalista tem preferência pelo retrato individual das pessoas ou pelo retrato de agrupamentos coletivos?

b) No retrato dos personagens, predomina a abordagem física, psicológica ou social?

c) Que relação têm essas escolhas do Naturalismo com o projeto de explicar cientificamente o comportamento humano?

4. No Naturalismo, homens e mulheres são vistos por uma perspectiva biológica, em que se destaca seu lado físico, instintivo, animal, por vezes até degradante.

a) Identifique no texto um trecho que comprove a animalização dos personagens do cortiço.

b) Há no texto situações de degradação humana? Se sim, identifique-as.

c) Releia esta descrição das mulheres:

> "As mulheres precisavam já prender as saias entre as coxas para não as molhar; via-se-lhes a tostada nudez dos braços e do pescoço, que elas despiam suspendendo o cabelo todo para o alto do casco."

Em que essa descrição difere da descrição da mulher romântica?

d) Um dos sentidos da palavra cortiço é "caixa cilíndrica, de cortiça, na qual as abelhas se criam e fabricam o mel e a cera". Relacione esse sentido da palavra ao trecho "Daí a pouco, em volta das bicas era um zum-zum crescente; uma aglomeração tumultuosa de machos e fêmeas.".

5. Releia estes fragmentos de *Germinal*:

> "[...] o poço engolia magotes de vinte e de trinta homens, e com tal facilidade que nem parecia senti-los passar pela goela."
> "[...] a corda, para dar o sinal embaixo, era puxada quatro vezes, convenção que queria dizer 'aí vai carne' e que avisava da descida desse carregamento de carne humana."

Nesses fragmentos, também notamos o fenômeno da animalização naturalista, mas com diferenças em relação a *O cortiço*. A mina de carvão, em *Germinal*, é que é vista como um grande animal, um monstro devorador.

a) De que se alimenta esse animal?

b) Pode-se dizer que a obra, ao fazer uso de expressões como "carregamento de carne humana", mostra-se engajada, isto é, comprometida em fazer uma denúncia social? Por quê?

Homem: a raça, o meio, o momento histórico

Os naturalistas, baseados nas ideias deterministas de Hippolyte Taine, viam o ser humano como uma máquina guiada pela ação das leis físicas e químicas, pela hereditariedade e pelo meio físico e social. Os personagens aparecem, então, como produtos, como consequências de forças preexistentes que lhes roubam o livre-arbítrio e as tornam, em casos extremos, verdadeiros joguetes.

AF Archive/Cinetext/Richter/Mary Evans/Glow Images

Hippolyte Taine.

Concluindo

Como síntese do estudo que fizemos, observe as principais características do Naturalismo:

NATURALISMO	
Quanto à forma	**Quanto ao conteúdo**
• Linguagem simples	• Determinismo
• Clareza, equilíbrio e harmonia na composição	• Objetivismo científico
• Preocupação com minúcias	• Temas de patologia social
• Presença de palavras regionais	• Observação e análise da realidade
• Descrição e narrativa lentas	• Ser humano descrito sob a ótica do animalesco e do sensual
• Impessoalidade	• Despreocupação com a moral
	• Literatura engajada

A linguagem da poesia parnasiana

Enquanto o Realismo e o Naturalismo tiveram em comum a finalidade de analisar e compreender a realidade, o Parnasianismo foi uma tendência com perspectiva completamente diferente.

Leitura

Você vai ler, a seguir, dois poemas parnasianos. O primeiro, de Olavo Bilac, representa uma espécie de plataforma teórica do Parnasianismo no Brasil e nele pode ser observado o projeto poético de seu autor e dos parnasianos em geral. O segundo é de Alberto de Oliveira, considerado o poeta parnasiano que melhor se enquadrou nas propostas do movimento.

TEXTO 1

Profissão de fé

Invejo o ourives quando escrevo:
Imito o amor
Com que ele, em ouro, o **alto-relevo**
Faz de uma flor.

Imito-o. E, pois nem de **Carrara**
A pedra firo:
O alvo cristal, a pedra rara,
O **ônix** prefiro.

Por isso, corre, por servir-me,
Sobre o papel
A pena, como em prata firme
Corre o **cinzel**.

Corre; desenha, enfeita a imagem,
A ideia veste:
Cinge-lhe ao corpo a ampla roupagem
Azul-celeste.

Torce, aprimora, **alteia**, lima
A frase; e, enfim,
No verso de ouro **engasta** a rima,
Como um **rubim**.

Quero que a estrofe cristalina,
Dobrada ao jeito
Do ourives, saia da oficina
Sem um defeito.

E que o lavor do verso, acaso,
Por tão sutil,
Possa o lavor lembrar de um vaso
De **Becerril**.

E horas sem conta passo, mudo,
O olhar atento,
A trabalhar, longe de tudo
O pensamento.

Porque o escrever — tanta **perícia**
Tanta requer,
Que ofício tal... nem há notícia
De outro qualquer.

Assim procedo. Minha pena
Segue esta norma,
Por te servir, Deusa serena
Serena Forma!

(Olavo Bilac. *Poesia*. Rio de Janeiro: Agir, 1957. p. 39-40.)

Hemera/Thinkstock

altear: elevar, tornar mais alto.
alto-relevo: escultura, impressão ou gravura em que certas partes sobressaem em relação ao fundo.
Becerril: nome de um famoso artesão.
Carrara: cidade italiana famosa pela qualidade do mármore branco que produz.
cinzel: instrumento de corte usado por escultores e gravadores.
engastar: encaixar, inserir.
ônix: tipo de pedra; variedade dura do quartzo.
perícia: habilidade, destreza.
rubim: variante de rubi.

TEXTO 2

Vaso chinês

Estranho mimo, aquele vaso! Vi-o
Casualmente, uma vez, de um perfumado
Contador sobre o mármor luzidio,
Entre um leque e o começo de um bordado.

Fino artista chinês, enamorado,
Nele pusera o coração doentio
Em rubras flores de um sutil lavrado,
Na tinta ardente, de um calor sombrio.

Mas, talvez por contraste à desventura —
Quem o sabe? — de um velho mandarim
Também lá estava a singular figura:

Que arte, em pintá-la! A gente vendo-a
Sentia um não sei quê com aquele chim
De olhos cortados, à feição de amêndoa.

(Alberto de Oliveira. *Poesia*. Rio de Janeiro: Agir, 1959. p. 24.)

Claude Berri Filme Company/AF Archive/Alamy/Fotoarena

1. Observe a linguagem dos dois poemas, considerando seus aspectos formais: seleção vocabular, métrica, rimas, sintaxe (ordem das orações). Compare a linguagem da poesia parnasiana com a da poesia romântica.

a) Qual delas se mostra mais simples, direta e comunicativa: a romântica ou a parnasiana?

b) Qual delas se mostra mais culta, difícil e sofisticada: a romântica ou a parnasiana?

2. Nas primeiras estrofes do texto 1, o poeta define sua "profissão de fé", isto é, os seus princípios artísticos.

a) A quem o poeta se compara nas duas primeiras estrofes? Por quê?

b) Ao longo do texto, o material do poema (a palavra) é comparado a materiais de escultura e da ourivesaria, como ônix, ouro, rubi, etc. Considerando a qualidade e o tipo de uso desses materiais, que concepção o poeta revela ter a respeito do valor e da função da poesia?

c) De acordo com a 6ª, a 9ª e a 10ª estrofes, qual é o fundamento principal do projeto poético parnasiano?

3. Diferentemente do Realismo e do Naturalismo, que se propunham a descrever, analisar e criticar a realidade, os parnasianos defendiam o princípio da "arte pela arte", isto é, achavam que a poesia devia voltar-se para si mesma, em busca da perfeição formal.

a) Explique por que a 8ª estrofe de "Profissão de fé" pode ser vista como expressão do princípio da "arte pela arte".

b) Leia o boxe "A 'arte sobre a arte'". O poema "Vaso chinês" pode ser considerado um exemplo de "arte sobre a arte"? Por quê?

c) Os escritores românticos tratavam os temas de modo subjetivo, isto é, deixavam-se levar pelas próprias emoções. Observe como o eu lírico de cada um dos poemas aborda o tema enfocado e conclua: O poeta parnasiano tende a ser sentimental e subjetivo ou racional e objetivo no tratamento do tema?

A "arte sobre a arte"

Distanciados dos problemas sociais, alguns parnasianos dedicaram-se a tematizar em seus poemas a própria arte. Por exemplo, descrevem com precisão obras de arte, como vasos, peças de escultura, lápides tumulares, bordados, etc. Com esse procedimento, restringiram ainda mais o princípio da "arte pela arte", que se transformou em "arte sobre a arte".

4. Observe a estrutura formal do poema "Vaso chinês".

a) Que tipo de verso foi empregado?

b) Observe o número de estrofes e o número de versos de cada estrofe. Que tipo de composição poética foi utilizado?

c) Esse tipo de composição e esse tipo de verso se prendem à tradição clássica ou à tradição romântica?

Parnasianismo: resgate da tradição clássica

Os poetas românticos romperam com séculos de tradição da poesia clássica para criar um novo padrão de poesia, centrada no eu, nos sentimentos, na imaginação e na busca de uma língua brasileira. Na opinião dos poetas parnasianos, entretanto, os românticos teriam posto a "boa poesia" a perder, pois teriam deixado de se preocupar com valores importantes da poesia clássica, como equilíbrio, perfeição formal, vocabulário elevado, universalismo, etc. Desse modo, certos temas e procedimentos da poesia clássica — como o cultivo do soneto, a presença da mitologia greco-latina, o racionalismo e o universalismo — voltaram a ser cultivados na poesia parnasiana.

Concluindo

Como síntese do estudo que fizemos, observe as principais características do Parnasianismo:

PARNASIANISMO		
Quanto à forma	**Quanto ao conteúdo**	
• Gosto pelo soneto, pelo decassílabo e pelo vocabulário sofisticado	• Objetivismo	• Presença da mitologia greco-latina
• Busca do equilíbrio e da perfeição formais	• Racionalismo	• Arte pela arte ou arte sobre a arte
	• Contenção dos sentimentos	• Distanciamento de temas sociais
	• Universalismo	

O texto e o contexto em perspectiva multidisciplinar

Leia, a seguir, o infográfico e um painel de textos interdisciplinares que relacionam a produção literária do Realismo, do Naturalismo e do Parnasianismo ao contexto histórico, social, cultural e científico em que os movimentos floresceram.

Linha do tempo

Reprodução/Galerie Neue Meister, Dresden, Alemanha.

Britadores de pedra, de Coubert.

Reprodução/Museu de Arte Walters, Baltimore, USA.

O vagão de terceira classe, de Daumier.

Reprodução/Museu Nacional da Holanda (Rijksmuseum), Amsterdã.

Os comedores de batata, de Van Gogh.

Reprodução/Museu Histórico Nacional, Rio de Janeiro, RJ.

Coroação de D. Pedro II como imperador do Brasil.

- **1841**
- **1848** Publicação do *Manifesto comunista*, de Karl Marx e Friedrich Engels, e revoltas populares em Paris
- **1849**
- **1856** Publicação de *Madame Bovary*, de Flaubert
- **1862**
- **1865**
- **1866** Publicação de *Odes modernas*, de Antero de Quental, e início do Realismo, em Portugal, com a Questão Coimbrã
- **1866** Início do Parnasianismo, com a publicação da revista *Parnasse Contemporain*
- **1867** Publicação de *Thérèse Raquin*, de Émile Zola
- **1871** Fundação da Comuna de Paris
- **1881** Publicação de *Memórias póstumas de Brás Cubas*, de Machado de Assis, e de *O mulato*, de Aluísio Azevedo, que dão início, respectivamente, ao Realismo e ao Naturalismo no Brasil
- **1885**
- **1888** Abolição da escravatura no Brasil
- **1889**

Reprodução/Arquivo Nacional, Rio de Janeiro, RJ

Proclamação da República no Brasil.

1. Manuel de Araújo Porto-Alegre. *A Sagração de D. Pedro II*, década de 1840/Museu Histórico Nacional, Rio de Janeiro, RJ; **2.** Courbet. *Britadores de pedra*, 1849. Galerie Neue Meister, Dresden, Alemanha; **3.** Honoré Daumier. *O vagão de terceira classe*, 1862/Coleção particular; **4.** Vincent van Gogh. *Os comedores de batata*, 1885/Van Gogh Museum, Amsterdã; **5.** Arquivo Nacional, Rio de Janeiro.

Linha do tempo esquemática. O espaço entre as datas não é proporcional ao intervalo de tempo.

O cientificismo do século XIX

De modo geral, 1870 marca no mundo uma revolução nas ideias e na vida, que levou os homens para o interesse e a devoção pelas coisas materiais.[...] Essa era do materialismo (1870-1900) foi uma continuação do Iluminismo e do Enciclopedismo do século XVIII e da Revolução [Francesa], acreditou no "progresso" indefinido e ascensional e no desenvolvimento constante da civilização mecânica e industrial. [...] A ciência, o espírito de observação e de rigor forneciam os padrões do pensamento e do estilo de vida, desde que se julgava que todos os fenômenos eram explicáveis em termos de matéria e energia, e eram governados por leis matemáticas e mecânicas. O vasto processo de "mecanização do trabalho e do pensamento" (Hayes) refletiu-se tanto na vida material como nas diversas ciências — físicas, naturais, biológicas, sociais. A biologia, com a teoria determinista, e sua promessa de melhoria de saúde e raça, conquistou uma voga dominadora. Problemas de hereditariedade, de embriologia, de estrutura celular, de bacteriologia, seduziram os espíritos. O darwinismo, a evolução e a doutrina da seleção natural imprimiram direção às pesquisas não somente da biologia, mas também da psicologia e das ciências sociais. Outro dado importante foi a ascensão da psicologia científica com seus métodos de laboratório, mais um elo da cadeia de união da biologia com a física, para mostrar a base física do pensamento, da conduta e da afinidade do homem com os animais.

(Afrânio Coutinho. *Introdução à literatura brasileira*. 10. ed. Rio de Janeiro: Civilização Brasileira, 1980. p. 181-182.)

Louis Pasteur (1822-1895), químico e bacteriologista francês, inventor do método da pasteurização.

Não à fuga da realidade!

A predominância da arte realista-naturalista na segunda metade do século XIX é absolutamente um simples sintoma da vitória do ponto de vista científico e do pensamento tecnológico sobre o espírito do idealismo e tradicionalismo.

O realismo-naturalismo vai buscar quase todos os seus critérios de probabilidade no empirismo das ciências naturais. Baseia o seu conceito de verdade psicológica no princípio de causalidade; o desenvolvimento correto do enredo, na eliminação do acaso e dos milagres; sua descrição de ambiente, na ideia de que todo fenômeno natural tem o seu lugar numa cadeia aberta de condições e motivos; sua utilização de pormenores característicos, no método de observação científica em que não se despreza nenhum incidente [...]. Mas a fonte principal da concepção realista-naturalista é a experiência política de 1848 [...]. Depois da falência de todos os ideais, de todas as utopias, a tendência, agora, é manter-se dentro do campo dos fatos e de nada mais do que dos fatos. As origens políticas do realismo-naturalismo explicam, em particular, as suas características antirromânticas e morais: a recusa de fugir à realidade e a exigência de absoluta honestidade na descrição dos fatos; o procurar conservar uma atitude impessoal e impassível como garantias de objetividade e de solidariedade social.

(Arnold Hauser. *História social da literatura e da arte*. 3. ed. São Paulo: Mestre Jou. v. 2. p. 944-945.)

Zola: arte científica e impessoal

[O artista não tem o direito de] expressar a sua opinião sobre coisa alguma, não importando do que se trate. Deus já expressou alguma vez uma opinião... Creio que a grande arte é científica e impessoal... Não quero nem amor nem ódio, nem piedade nem raiva... Já não é tempo de introduzir a justiça na arte? A imparcialidade da descrição tornar-se-ia, então, igual à majestade da lei.

(Émile Zola, em carta a George Sand. *In*: Ernst Fischer. *A necessidade da arte*. 5. ed. Rio de Janeiro: Zahar, 1976. p. 89.)

Émile Zola, o fundador do Naturalismo, por Édouard Manet.

As contradições do século XIX

Embora as teorias liberais do século XIX, em comparação com as anteriores, representem um avanço em direção às ideias de igualdade, surgem inúmeras contradições. Nem sempre a implantação das ideias liberais consegue conciliar os interesses econômicos aos aspectos éticos e intelectuais que essas mesmas teorias defendem.

Nos grandes centros da Europa, apesar da difusão das ideias democráticas, permanecem sem solução questões econômicas e sociais que afligem a crescente massa de operários: pobreza, jornada de trabalho de quatorze a dezesseis horas, mão de obra mal paga de mulheres e crianças.

[...]

No Brasil, os movimentos liberais naquele período se restringem à luta pela liberalização do comércio que deseja sacudir o jugo do monopólio. Mas permanece ainda a sociedade escravista, a tradição das elites e o analfabetismo, inclusive como condição para a manutenção do tipo de economia agrária.

A contrapartida do discurso liberal será encontrada nas teorias socialistas, representadas inicialmente pelos chamados socialistas utópicos e, depois, pelo socialismo científico de Marx e Engels, que, em 1848, publicaram o Manifesto comunista.

(Maria Lúcia de A. Aranha e Maria Helena P. Martins. *Filosofando — Introdução à filosofia*. 2. ed. São Paulo: Moderna, 1993. p. 231-232.)

Karl Marx e Friedrich Engels.

Roteiro de estudo

Ao final da leitura dos textos, você deverá saber:

- Explicar por que o cientificismo do século XIX de certa forma dá continuidade ao Iluminismo do século XVIII.
- Comentar o impacto do determinismo e do darwinismo sobre os diversos campos da ciência e sobre a literatura.
- Reconhecer, na citação de Émile Zola, qual é o papel da arte, de acordo com o ponto de vista desse escritor naturalista.
- Comentar por que o liberalismo do século XIX apresentava contradição com as condições políticas e sociais da época e por que as teorias socialistas representavam uma saída àquela contradição.

CAPÍTULO 14

O Realismo e o Naturalismo no Brasil

Embora o Realismo e o Naturalismo tenham interesses e procedimentos diferentes, ambos têm em comum o compromisso de observar, documentar e denunciar a realidade social. O Realismo se empenha na análise da força das instituições sobre o indivíduo, no retrato das relações humanas permeadas de interesses, na introspecção psicológica. Menos psicológico do que o Realismo, o Naturalismo analisa a força de fatores como hereditariedade e meio sobre o comportamento humano.

Este capítulo favorece o desenvolvimento das habilidades

- EM13LGG102
- EM13LGG103
- EM13LGG202
- EM13LGG302
- EM13LGG601
- EM13LGG602
- EM13LGG604
- EM13LP01
- EM13LP03
- EM13LP06
- EM13LP10
- EM13LP46
- EM13LP48
- EM13LP49
- EM13LP50
- EM13LP52

Caipira picando fumo, 1893, Almeida Júnior.

O Realismo no Brasil

O marco oficial do Realismo no Brasil é a publicação de *Memórias póstumas de Brás Cubas* (1881), de Machado de Assis, embora essa nova tendência já viesse se esboçando desde os anos 1860 e 1870, no interior da produção literária romântica. Na prosa, descrições mais objetivas e a denúncia de problemas sociais podem ser observadas em obras como *Senhora* e *Lucíola*, de José de Alencar, e *O Cabeleira*, de Franklin Távora, e, na poesia, o enfrentamento da realidade presente na produção de Castro Alves e Fagundes Varela se contrapõe à idealização, ao exotismo ou ao "mal do século", típicos das fases iniciais do Romantismo.

Entre nossos escritores realistas, destacam-se Machado de Assis e Raul Pompeia.

Machado de Assis: o grande salto na ficção brasileira

Em sua extensa e variada obra, composta por poemas, crônicas, crítica literária, peças teatrais, contos e romances, Machado de Assis se destacou como contista e romancista. Em seus primeiros romances, como *A mão e a luva* (1874), *Helena* (1876) e *Iaiá Garcia* (1878), notam-se características que alguns críticos associam à herança romântica. A partir de *Memórias póstumas de Brás Cubas* (1881), inicia-se uma nova fase de sua obra, na qual Machado de Assis se revela um gênio na análise psicológica de personagens. Pertencem a essa fase outros romances célebres do autor, entre os quais *Quincas Borba* (1891), *Dom Casmurro* (1899), *Esaú e Jacó* (1904) e *Memorial de Aires* (1908), além de contos notáveis, como "Teoria do medalhão" (1881), "O alienista" (1882), "O espelho" (1882), "A cartomante" (1884), "A causa secreta" (1885), "Missa do Galo" (1893).

Perspicaz e quase ferino na análise da alma humana, Machado de Assis criou uma obra extremamente inovadora, que permanece viva e atual, gerando polêmicas e conquistando a estima de sucessivas gerações de leitores.

Quem foi Machado de Assis?

Filho de um mulato pintor de paredes e de uma açoriana, Machado de Assis (1839-1908) nasceu no Rio de Janeiro. Embora tenha frequentado apenas a escola primária e trabalhado desde a infância, alcançou alta posição no funcionalismo público e se tornou um dos escritores mais importantes de nossa literatura, tendo obras traduzidas para diversas línguas.

Marc Ferrez/Acervo do Instituto Moreira Salles

Leitura

Memórias póstumas de Brás Cubas é a autobiografia do personagem Brás Cubas, que, depois de morto, resolve escrever suas memórias. Intitulando-se "defunto autor", Brás Cubas propõe-se a fazer a retrospectiva de sua vida, o que realiza com o distanciamento crítico e irônico de quem já não se prende às convenções sociais. Assim, entre os fatos narrados, destacam-se: os amores juvenis de Brás Cubas por Marcela, uma mulher vulgar a quem ele amou e por quem foi amado durante "quinze meses e onze contos de réis"; suas aspirações à vida literária e política; sua amizade com o filósofo Quincas Borba; o caso com Virgília — de quem quase se tornou marido, num casamento arranjado, e de quem mais tarde se tornaria amante; o casamento de Virgília com seu rival Lobo Neves.

Os textos a seguir pertencem ao romance *Memórias póstumas de Brás Cubas* e mostram o reencontro de Brás Cubas e Virgília, ocorrido quando ela chega de São Paulo com Lobo Neves, seu marido.

Capítulo L / Virgília casada

[...]

No dia seguinte, estando na rua do Ouvidor, porta da tipografia do Plancher, vi **assomar**, a distância, uma mulher esplêndida. Era ela; só a reconheci a poucos passos, tão outra estava, a tal ponto a natureza e a arte lhe haviam dado o último apuro. Cortejamo-nos; ela seguiu; entrou com o marido na carruagem, que os esperava um pouco acima; fiquei atônito.

assomar: aparecer, surgir, mostrar-se.

Oito dias depois, encontrei-a num baile; creio que chegamos a trocar duas ou três palavras. Mas noutro baile, dado daí a um mês, em casa de uma senhora, que ornara os salões do primeiro reinado, e não desornava então os do segundo, a aproximação foi maior e mais longa, porque conversamos e valsamos. A valsa é uma deliciosa coisa. Valsamos; não nego que, ao conchegar ao meu corpo aquele corpo flexível e magnífico, tive uma singular sensação, uma sensação de homem roubado.

[...]

Cerca de três semanas depois recebi um convite dele para uma reunião íntima. Fui; Virgília recebeu-me com esta graciosa palavra:

— O senhor hoje há de valsar comigo.

Em verdade, eu tinha fama e era valsista emérito; não admira que ela me preferisse. Valsamos uma vez, e mais outra vez. Um livro perdeu **Francesca**; cá foi a valsa que nos perdeu. Creio que essa noite apertei-lhe a mão com muita força, e ela deixou-a ficar, como esquecida, e eu a abraçá-la, e todos com os olhos em nós, e nos outros que também se abraçavam e giravam... Um delírio.

Francesca: personagem de *A divina comédia*, do escritor italiano Dante Alighieri, que na obra se entrega a seu cunhado depois de lerem juntos passagens amorosas sobre Lancelote.

Capítulo LI / *É minha!*

— É minha! — disse eu comigo, logo que a passei a outro cavalheiro; e confesso que durante o resto da noite foi-se-me a ideia entranhando no espírito, não à força de martelo, mas de **verruma**, que é mais insinuativa.

— É minha! — dizia eu ao chegar à porta de casa.

Mas ai, como se o destino ou o acaso, ou o que quer que fosse, se lembrasse de dar algum passo aos meus arroubos possessórios, luziu-me no chão uma coisa redonda e amarela. Abaixei-me; era uma moeda de ouro, uma meia dobra.

— É minha! — repeti eu a rir-me, e meti-a no bolso.

Nessa noite não pensei mais na moeda; mas no dia seguinte, recordando o caso, senti uns repelões da consciência, e uma voz que me perguntava por que diabo seria minha uma moeda que eu não herdara nem ganhara, mas somente achara na rua. Evidentemente não era minha; era de outro, daquele que a perdera, rico ou pobre, e talvez fosse pobre, algum operário que não teria com que dar de comer à mulher e aos filhos; mas, se fosse rico, o meu dever ficava o mesmo. Cumpria restituir a moeda, e o melhor meio, o único meio, era fazê-lo por intermédio de um anúncio ou da polícia. Enviei uma carta ao chefe de polícia, remetendo-lhe o achado, e rogando-lhe que, pelos meios a seu alcance, fizesse devolvê-lo às mãos do verdadeiro dono.

Mandei a carta e almocei tranquilo, posso até dizer que **jubiloso**. Minha consciência valsara tanto na véspera que chegou a ficar sufocada, sem respiração; mas a restituição da meia dobra foi uma janela que se abriu para o outro lado da moral; entrou uma onda de ar puro, e a pobre dama respirou à larga. Ventilai as consciências! Não vos digo mais nada. Todavia, despido de quaisquer outras circunstâncias, o meu ato era bonito, porque exprimia um justo escrúpulo, um sentimento de alma delicada. Era o que me dizia a minha dama interior, com um modo austero e meigo a um tempo; é o que ela me dizia, reclinada ao peitoril da janela aberta.

— Fizeste bem, Cubas; andaste perfeitamente. Este ar não é só puro, é balsâmico, é uma transpiração dos eternos jardins. Queres ver o que fizeste, Cubas?

E a boa dama sacou um espelho e abriu-mo diante dos olhos. Vi, claramente vista, a meia dobra da véspera, redonda, brilhante, multiplicando-se por si mesma — ser dez, depois trinta, depois quinhentas —, exprimindo assim o benefício que me daria na vida e na morte o simples ato da restituição. E eu **espraiava** todo o meu ser na contemplação daquele ato, revia-me nele, achava-me bom, talvez grande. Uma simples moeda, hem? Vejam o que é ter valsado um poucochinho mais.

Assim eu, Brás Cubas, descobri uma lei sublime, a lei da equivalência das janelas, e estabeleci que o modo de compensar uma janela fechada é abrir outra, a fim de que a moral possa arejar continuamente a consciência.

[...]

(Porto Alegre: L&PM, 1997. p. 106-108.)

jubiloso: tomado por intensa alegria ou contentamento.
verruma: espécie de broca usada para abrir furos.
espraiar: esparramar, lançar, irradiar.

1. No segundo parágrafo do texto, ao dançar com Virgília, Brás Cubas diz ter a sensação de "homem roubado". E, no baile, ao passar Virgília a outro cavalheiro, pensa: "É minha!".

a) Reconheça e analise os sentimentos de Brás Cubas revelados nas imagens da posse e do roubo.

b) Por que Brás Cubas, com essas imagens, inverte os papéis?

2. Ao chegar à sua casa e encontrar à porta uma moeda de ouro, Brás Cubas também diz:

> "É minha!". Essa coincidência de frases ditas por Cubas em diferentes situações cria um paralelo entre a moeda e Virgília.

a) Como você explica o gesto de Brás Cubas de enviar a moeda ao chefe de polícia?

b) De acordo com essa lógica, qual deveria ser a atitude coerente de Brás Cubas em relação a Virgília?

3. Releia este trecho do texto:

> Mandei a carta e almocei tranquilo, posso até dizer que jubiloso. Minha consciência valsara tanto na véspera que chegou a ficar sufocada, sem respiração; mas a restituição da meia dobra foi uma janela que se abriu para o outro lado da moral; entrou uma onda de ar puro, e a pobre dama respirou à larga. Ventilai as consciências! Não vos digo mais nada.

a) A quem se refere Brás Cubas com a expressão "a pobre dama"?

b) Considerando o dilema moral do personagem, interprete a frase: "a restituição da meia dobra foi uma janela que se abriu para o outro lado da moral".

4. Interprete a "lei da equivalência das janelas":

a) A que equivale uma "janela fechada"?

b) E a "janela aberta"?

c) Explique o que é, então, a *equivalência* dessa lei.

d) Na sociedade em que vivemos, que atividades ou comportamentos humanos você citaria para exemplificar a atualidade dessa lei?

5. O texto lido é um pequeno exemplo da ironia fina e da crítica cortante que caracterizam a ficção de Machado de Assis. Conclua: Que visão tem o autor a respeito do ser humano, de seu caráter e de suas ações?

Literatura comparada

Literatura comparada: diálogo entre a obra de Machado de Assis e o filme *Memórias póstumas de Brás Cubas*, de André Klotzel

1. Por várias vezes, no filme, há a apresentação de pinturas brasileiras do final do século XIX e início do século XX. Que papel essas pinturas cumprem no filme *Memórias póstumas*?

2. Observe os cenários, o figurino e as gravações externas do filme e confronte-os com as imagens do Rio de Janeiro registradas em documentos e fotografias da época. Pode-se dizer que o filme faz uma reconstituição da época de Machado de Assis? Justifique sua resposta.

Cartaz do filme *Memórias póstumas de Brás Cubas*, dirigido por André Klotzel.

3. Uma das dificuldades da transposição de livros de Machado de Assis para o cinema e para o teatro é o modo como o narrador conta a história. Em *Memórias póstumas de Brás Cubas*, por exemplo, o narrador começa a história pelo final e faz, ao longo da narrativa, vários movimentos para a frente e para trás. Além disso, interrompe a narrativa várias vezes para conversar diretamente com o leitor e introduzir comentários e reflexões filosóficas.

Que solução é dada no filme:

a) às quebras e inversões da sequência narrativa?

b) à conversa direta com o leitor?

4. O livro *Memórias póstumas de Brás Cubas* não é um romance de ação e aventura. Ciente disso, o narrador diz ao leitor:

> [...] o maior defeito deste livro és tu, leitor. Tu tens pressa de envelhecer e o livro anda devagar; tu amas a narração direta e nutrida, o estilo regular e fluente, e este livro e o meu estilo são como os ébrios, guinam à direita e à esquerda, andam e param [...]

Nesse trecho, Machado ironiza não apenas a literatura existente na época — inclusive a dos realistas e dos naturalistas, que preferiam o estilo linear —, mas também o gosto dos leitores de então.

Compare o filme *Memórias póstumas* aos filmes atuais de grande sucesso no mercado cinematográfico, principalmente os produzidos pelo cinema americano.

a) É possível dizer que a narração lenta e "ébria" do livro foi transposta para o filme?

b) O filme *Memórias póstumas*, comparado aos filmes da cultura de massa, também é, como o livro, um filme destinado a um público diferente? Por quê?

5. O filme mostra o relacionamento de Brás Cubas com quatro mulheres: Marcela, Eugênia, Virgília e Eulália (Nhã loló).

a) Considerando-se o tipo de relacionamento que o protagonista teve com cada uma dessas mulheres, é possível dizer que a obra transmite uma visão otimista do amor?

b) Por que o episódio do envolvimento de Brás Cubas com Eugênia é, ao mesmo tempo, irônico, crítico e reflexivo?

6. Quando Virgília vai para outra província, acompanhando o marido, Brás Cubas é levado para casa "por suas pernas". Ao chegar em casa, põe os pés numa bacia de água morna e relaxa.

a) Que reflexão anterior Brás Cubas já tinha feito a respeito dos pés e dos sapatos?

b) Interprete: que relação existe entre essa cena e a partida de Virgília?

7. Depois que Virgília parte, Brás Cubas se distrai em conversas com o amigo Quincas Borba, que lhe expõe num jantar a teoria do humanitismo. Nesse episódio, o diretor do filme dá ao enredo do livro um encaminhamento diferente, procurando relacionar as palavras com os gestos dos atores. Explique como se dá essa relação no filme.

8. Segundo o crítico Antonio Candido, um dos temas mais importantes do conjunto da obra de Machado de Assis, incluindo-se *Memórias póstumas de Brás Cubas*, é a identidade. Diz o crítico:

> Talvez possamos dizer que um dos problemas fundamentais da sua obra é o da identidade. Quem sou eu? O que sou eu? Em que medida eu só existo por meio dos outros? Eu sou mais autêntico quando penso ou quando existo? Haverá mais de um ser em mim?
>
> (*Vários escritos*. São Paulo: Duas Cidades, 1970. p. 23.)

Essa afirmação do crítico também se aplica ao protagonista do filme *Memórias póstumas*? Se sim, justifique sua resposta com fatos e ideias relacionados com Brás Cubas.

9. Em vários momentos do filme, Brás Cubas diz que a vida é uma loteria. Mais tarde chega à conclusão de que a morte também é uma loteria.

a) A personagem, durante a vida, procurou ser ganhadora dessa loteria?

b) Que respostas a "loteria da vida" lhe deu?

c) Como a sorte vem ao acaso, ele teve sorte na "loteria da morte?

10. Talvez seja a personagem Brás Cubas o primeiro herói problemático de nossa literatura, isto é, o herói tipicamente moderno, que se opõe aos heróis do período clássico ou do Romantismo. O herói problemático é um homem comum, com problemas e defeitos, limitado e pequeno em suas condições, insatisfeito com a vida e com o mundo.

a) Com base no filme, discuta até que ponto o Brás Cubas do filme é um herói problemático, levando em conta:

- sua relação com mulheres, amor e filhos;
- sua relação com a política;
- eus objetivos com o emplasto.

b) A obra de Machado de Assis é considerada *universalista*, pelo fato de abordar questões que envolvem o ser humano de todas as épocas e lugares. O universalismo da obra foi mantido no filme? O filme, apesar de situar-se no século XIX, é atual?

11. Leia o seguinte comentário, do crítico José Guilherme Merquior:

> Machado impregnou-se profundamente do pensamento de Schopenhauer. Segundo este filósofo, o universo é Vontade; cega, obscura e irracional vontade de viver. A lei do real não é nenhum ***logos*** harmonioso, mas sim um conflitivo querer, fatalmente doloroso, porque necessariamente insatisfeito. Por isso a dor é a essência das coisas, e só no ideal de renúncia aos desejos se pode colher alguma felicidade.
>
> (Prefácio à edição de *Memórias póstumas de Brás Cubas*. 28. ed. São Paulo: Ática, 2002.)
>
> ***logos***: termo da filosofia que designa a força criadora e mantenedora do universo, agindo como princípio ativo que anima, organiza e guia a matéria.

a) Refletindo a influência do pensamento filosófico de Schopenhauer sobre Machado de Assis, uma personagem do filme introduz a seguinte reflexão: "A dor é uma ilusão". Qual é essa personagem?

b) Em que medida a frase final de Brás Cubas — "Não tive filhos, não transmiti a nenhuma criatura o legado da nossa miséria" — ilustra a afirmação "só no ideal de renúncia aos desejos se pode colher alguma felicidade", feita pelo crítico?

O Naturalismo no Brasil

Em paralelo à inclinação realista, alguns autores brasileiros, influenciados pela experiência do escritor francês Émile Zola, cultivaram o *romance de tese*, isto é, o romance naturalista, que procurava provar uma teoria científica a respeito do comportamento humano. Como se a ficção e seus personagens fossem um laboratório de experiências científicas, os escritores naturalistas utilizavam conhecimentos da Biologia, da Psicologia e da Sociologia para explicar casos patológicos individuais, perdendo, muitas vezes, o todo da realidade brasileira.

Apesar de o Naturalismo, em razão de seu determinismo, ser, muitas vezes, estreito e reducionista para lidar com a complexidade dos comportamentos humanos, foi ele que, pela primeira vez, pôs em primeiro plano o pobre, o excluído, o negro e o mulato discriminados, o indivíduo vitimado por doenças físicas e mentais, além de retomar antigos temas, como o celibato, sob a ótica científica da época.

No Brasil, o primeiro romance naturalista publicado foi *O mulato* (1881), de Aluísio Azevedo.

Aluísio Azevedo e a paisagem coletiva

Aluísio Azevedo é a principal expressão da prosa naturalista no Brasil. O ponto alto de seus escritos, principalmente em suas obras de maturidade, *O cortiço* (1890) e *Casa de pensão* (1894), é a maneira como são retratados ambientes, paisagens e cenas coletivas.

Em suas obras, seguindo os princípios deterministas do Naturalismo francês, os personagens são fruto do meio, da raça e da hereditariedade.

Quem foi Aluísio Azevedo?

Aluísio Azevedo (1857-1913) nasceu em São Luís do Maranhão e, em 1881, ano de publicação de *O mulato*, transferiu-se definitivamente para o Rio de Janeiro. Ali trabalhou em jornais como cartunista e jornalista, ao mesmo tempo que escrevia seus romances.

Com a publicação de *O mulato*, alcançou certa popularidade, o que lhe permitiu viver exclusivamente da literatura. Talvez por essa razão, sua obra, no conjunto, apresente altos e baixos do ponto de vista qualitativo.

Marc Ferrez/Acervo do Instituto Moreira Salles

Leitura

O cortiço narra a vida de um grupo de pessoas que habitam o cortiço pertencente ao migrante português João Romão. O espaço da obra é palco dos mais variados tipos humanos: trabalhadores, prostitutas, malandros, lavadeiras, homossexuais, etc. Leia, a seguir, um trecho da obra, no qual se destaca o personagem Libório, uma figura miserável e solitária que, apesar de guardar muito dinheiro embaixo do colchão, vive como mendigo.

Defronte da porta de Rita tinham vindo postar-se diversos moradores do cortiço, jornaleiros de baixo salário, pobre gente miserável, que mal podia matar a fome com o que ganhava. Ainda assim não havia entre eles um só triste. A mulata convidou-os logo a comer um bocado e beber um trago. A proposta foi aceita alegremente.

E a casa dela nunca se esvaziava.

Anoitecia lá.

O velho Libório, que jamais ninguém sabia ao certo onde almoçava ou jantava, surgiu do seu buraco, que nem jabuti quando vê chuva.

Um tipão, o velho Libório! Ocupava o pior canto do cortiço e andava sempre a **fariscar** os **sobejos** alheios, filando aqui, filando ali, pedindo a um e a outro, como um mendigo, chorando misérias eternamente, apanhando pontas de cigarro para fumar no cachimbo, cachimbo que o **sumítico** roubara de um pobre cego decrépito. Na estalagem diziam todavia que Libório tinha dinheiro **aferrolhado**, contra o que ele protestava ressentido, jurando a sua extrema penúria. E era tão feroz o demônio naquela fome de cão sem dono, que as mães recomendavam às suas crianças todo o cuidado com ele, porque o diabo do velho, quando via algum pequeno desacompanhado, punha-se logo a rondá-lo, a cercá-lo de festas e a fazer-lhe **ratices** para o engabelar, até conseguir furtar-lhe o doce ou o vintenzinho que o pobrezito trazia fechado na mão.

Rita fê-lo entrar e deu-lhe de comer e de beber; mas sob condição de que o esfomeado não se socasse demais, para não rebentar ali mesmo.

Cabeça de um homem velho, de Jacob Jordaens.

aferrolhado: guardado, aprisionado.
algibeira: bolso integrado à roupa; sacola.
fariscar: farejar.
farripas: cabelos ou fios curtos ralos.
ratice: coisa engraçada.
sobejos: sobras, restos.
sumítico: egoísta, avarento.

Se queria estourar, fosse estourar para longe!

Ele pôs-se logo a devorar, sofregamente, olhando inquieto para os lados, como se temesse que alguém lhe roubasse a comida da boca. Engolia sem mastigar, empurrando os bocados com o dedo, agarrando-se ao prato e escondendo nas **algibeiras** o que não podia de uma só vez meter para dentro do corpo.

Causava terror aquela sua implacável mandíbula, assanhada e devoradora; aquele enorme queixo, ávido, ossudo e sem um dente, que parecia ir engolir tudo, tudo, principiando pela própria cara, desde a imensa batata vermelha e grelhada que ameaçava já entrar-lhe na boca, até as duas bochechinhas engelhadas, os olhos, as orelhas, a cabeça inteira, inclusive a sua grande calva, lisa como um queijo e guarnecida em redor por uns pelos puídos e ralos como **farripas** de coco.

Firmo propôs embebedá-lo, só para ver a sorte que ele daria. O Alexandre e a mulher opuseram-se, mas rindo muito; nem se podia deixar de rir, apesar do espanto, vendo aquele resto de gente, aquele esqueleto velho, coberto por uma pele seca, a devorar, a devorar sem tréguas, como se quisesse fazer provisão para uma outra vida.

De repente, um pedaço de carne, grande demais para ser ingerido de uma vez, engasgou-o seriamente. Libório começou a tossir, aflito, com os olhos sumidos, a cara tingida de uma vermelhidão apoplética. A Leocádia, que era quem lhe ficava mais perto, soltou-lhe um murro nas costas.

O glutão arrevessou sobre a toalha da mesa o bocado de carne já meio triturado. Foi um nojo geral.

— Porco! gritou Rita, arredando-se.

— Pois se o bruto quer socar tudo ao mesmo tempo! disse Porfiro. Parece que nunca viu comida, este animal!

E notando que ele continuava ainda mais sôfrego por ter perdido um instante: — Espera um pouco, lobo. Que diabo! A comida não foge! Há muito aí com que te fartares por uma vez! Com efeito![...]

(São Paulo: OESP/Klick Editora, s.d. p. 58-59.)

1. Com exceção de *Memórias de um sargento de milícias*, de Manuel Antônio de Almeida, a maior parte dos romances românticos urbanos retrata personagens da burguesia carioca do século XIX e geralmente lhes dá um tratamento individual, íntimo, privado. Com base no texto, responda: O que muda em *O cortiço* quanto ao recorte social e ao tratamento dado aos personagens?

2. Apesar de mendigo, Libório realmente guardava dinheiro embaixo do colchão, conforme é revelado no final da obra. Que tipo de problema o autor quer retratar com esse perfil de personagem?

3. Observe a seleção e o emprego de substantivos nestes trechos do texto:

"— Porco! gritou Rita, arredando-se.
— Pois se o bruto quer socar tudo [...] este animal!"
"[...] — Espera um pouco, lobo!"

a) O que há em comum, do ponto de vista semântico, no modo como os personagens do cortiço se referem a Libório?

b) Que outros comportamentos do personagem confirmam sua resposta anterior?

4. Observe o emprego de adjetivos no 9º parágrafo do texto. Qual é a relação entre a adjetivação e o compromisso naturalista de descrição objetiva da realidade?

Para quem quer mais

Se você deseja aprofundar seus conhecimentos sobre Machado de Assis e conhecer a teoria do humanitismo, presente nas obras *Memórias póstumas de Brás Cubas* e *Quincas Barba*, leia os textos a seguir e, posteriormente, sozinho, em dupla ou em grupo, procure responder às questões propostas pelo **Roteiro de estudo**.

TEXTO 1

Não há morte. O encontro de duas expansões, ou a expansão de duas formas, pode determinar a supressão de uma delas; mas, rigorosamente, não há morte, há vida, porque a supressão de uma é a condição da sobrevivência da outra, e a destruição não atinge o princípio universal e comum. Daí o caráter conservador e benéfico da guerra. Supõe tu um campo de batatas e duas tribos famintas. As batatas apenas chegam para alimentar uma das tribos, que assim adquire forças para transpor a montanha e ir à outra vertente, onde há batatas em abundância; mas, se as duas tribos dividirem em paz as batatas do campo, não chegam a nutrir-se suficientemente e morrem de inanição. A paz, nesse caso, é a destruição; a guerra é a conservação. Uma das tribos extermina a outra e recolhe os despojos. Daí a alegria da vitória, os hinos, aclamações, recompensas públicas e todos os demais efeitos das ações bélicas. Se a guerra não fosse isso, tais demonstrações não chegariam a dar-se, pelo motivo real de que o homem só comemora e ama o que lhe é **aprazível** ou vantajoso, e pelo motivo racional de que nenhuma pessoa **canoniza** uma ação que virtualmente a destrói. Ao vencido, ódio ou compaixão; ao vencedor, as batatas.

(*In*: Alfredo Bosi et alii. *Machado de Assis*. São Paulo: Ática, 1982. p. 235.)

aprazível: que causa prazer.
canonizar: louvar, enaltecer, considerar santo.

No episódio, as personagens Brás Cubas e o filósofo Quincas Borba assistem a uma briga de cães.

TEXTO 2

Daí a pouco demos com uma briga de cães; fato que aos olhos de um homem vulgar não teria valor. Quincas Borba fez-me parar e observar os cães. Eram dois. Notou que ao pé deles estava um osso, motivo da guerra, e não deixou de chamar a minha atenção para a circunstância de que o osso não tinha carne. Um simples osso nu. Os cães mordiam-se, rosnavam, com o furor nos olhos... Quincas Borba meteu a bengala debaixo do braço, e parecia em êxtase.

– Que belo que isto é! – dizia ele de quando em quando.

Quis arrancá-lo dali, mas não pude; ele estava arraigado ao chão, e só continuou a andar quando a briga cessou inteiramente, e um dos cães, mordido e vencido, foi levar a sua fome a outra parte. Notei que ficara sinceramente alegre, posto contivesse a alegria, segundo convinha a um grande filósofo. Fez-me observar a beleza do espetáculo, relembrou o objeto da luta, concluiu que os cães tinham fome; mas a privação do alimento era nada para os efeitos gerais da filosofia. Nem deixou de recordar que em algumas partes do globo o espetáculo é mais grandioso: as criaturas humanas é que disputam aos cães os ossos e outros manjares menos apetecíveis; luta que se complica muito, porque entra em ação a inteligência do homem, com todo o acúmulo de **sagacidade** que lhe deram os séculos, etc.

(Idem, p. 160.)

sagacidade: agudeza ou sutileza de espírito, perspicácia.

Roteiro de estudo

Ao final da leitura você deverá ser capaz de:

- Explicar por que, para Quincas Borba, não existe morte.
- Explicar por que, segundo o ponto de vista da personagem, a paz é destruição, e a guerra, conservação.
- Reconhecer o princípio básico da teoria do humanitismo.
- Reconhecer a ironia existente na frase "ao vencedor, as batatas".
- Justificar por que a luta dos cães disputando o osso exemplifica a teoria do humanitismo.
- Relacionar a teoria do humanitismo com o cientificismo da época.

Para quem quer mais na internet

- **Antologia: O Realismo em Portugal e no Brasil**
  Conheça outros textos e autores importantes do Realismo em Portugal e no Brasil, acessando a seção **Antologia**, no Plurall.

CAPÍTULO 15

O Parnasianismo no Brasil

Diferentemente do Realismo e do Naturalismo, que se voltavam para o exame e para a crítica da realidade, o Parnasianismo representou na poesia um retorno ao clássico, com todos os seus ingredientes: o princípio do belo na arte e a busca do equilíbrio e da perfeição formal. Na obra de Olavo Bilac, ainda ganhou traços de sensualidade e patriotismo.

Art Collection 2/Alamy/Fotoarena/Coleção particular

O despertar de Adônis (1899), de Edward Burne-Jones, pintor inglês que à época do Parnasianismo retomou os temas de influência clássica.

Este capítulo favorece o desenvolvimento das habilidades

EM13LGG103

EM13LGG601

EM13LGG602

EM13LGG604

EM13LP01

EM13LP02

EM13LP06

EM13LP46

EM13LP49

EM13LP52

Se examinarmos a história da arte e da literatura, veremos que ela se constrói em ciclos. O ser humano está sempre rompendo com aquilo que considera ultrapassado e propondo algo "novo". Esse novo, porém, muitas vezes não passa de algo ainda mais velho, só que revestido de uma linguagem diferente.

É o caso do Parnasianismo, movimento de inspiração clássica que ganhou pouco destaque na Europa, mas teve muita repercussão no Brasil a partir da década de 1880. Depois da revolução romântica, que impôs novos parâmetros e novos valores artísticos, formou-se em nosso país um grupo de poetas que desejava restaurar a poesia clássica, desprezada pelos românticos. Propunham uma poesia objetiva, de elevado nível vocabular, racionalista, bem-acabada do ponto de vista formal e voltada para temas universais.

A origem da palavra *parnasianismo* associa-se ao Parnaso grego, segundo a lenda um monte da Fócida, na Grécia central, consagrado a Apolo e às musas. A escolha do nome já comprova o interesse dos parnasianos pela tradição clássica. Acreditavam que, apoiando-se nos modelos clássicos, estariam combatendo os exageros de emoção e fantasia do Romantismo e, ao mesmo tempo, garantindo o equilíbrio que almejavam.

A primeira publicação considerada de fato parnasiana é a obra *Fanfarras* (1882), de Teófilo Dias. Entretanto, caberia a Alberto de Oliveira, Raimundo Correia, Olavo Bilac, Vicente de Carvalho e Francisca Júlia o papel de implantar e solidificar o movimento entre nós, bem como definir melhor os contornos de seu projeto estético.

Olavo Bilac: o ourives da linguagem

Um dos mais lidos e mais populares poetas de seu tempo, Olavo Bilac demonstra desde sua primeira publicação, *Poesias* (1888), plena identificação com as propostas do Parnasianismo. Entretanto, em determinados poemas, sua poesia se afasta dos preceitos parnasianos ao valorizar os sentimentos, lembrando o Romantismo. Além disso, em alguns poemas amorosos, há a presença de forte sensualidade, o que o faz ser lembrado entre os autores brasileiros que cultivaram a poesia erótica.

Quem foi Olavo Bilac?

Nascido no Rio de Janeiro, Olavo Bilac (1865-1918) estudou Medicina e Direito, sem, entretanto, concluir nenhum desses cursos. Foi jornalista e inspetor escolar. Patriota convicto, escreveu a letra do Hino à Bandeira e foi defensor da instrução primária, da educação física e do serviço militar obrigatório.

Entre as obras que Bilac escreveu, destacam-se *Via láctea*, em que a objetividade parnasiana evolui para uma postura mais intimista e subjetiva; *Sarças de fogo*, em que predominam a objetividade e o sensualismo.

Reprodução/Fundação Biblioteca Nacional, Rio de Janeiro, RJ.

Leitura

Você vai ler, a seguir, dois dos mais conhecidos sonetos de Olavo Bilac.

TEXTO 1

Via láctea

Soneto XIII

"Ora (direis) ouvir estrelas! Certo
Perdeste o senso!" E eu vos direi, no entanto,
Que, para ouvi-las, muita vez desperto
E abro as janelas, pálido de espanto...

E conversamos toda a noite, enquanto
A via láctea, como um pátio aberto,
Cintila. E, ao vir do sol, saudoso e em pranto,
Inda as procuro pelo céu deserto.

Direis agora: "Tresloucado amigo!
Que conversas com elas? Que sentido
Tem o que dizem, quando estão contigo?"

E eu vos direi: "Amai para entendê-las!
Pois só quem ama pode ter ouvido
Capaz de ouvir e de entender estrelas."

(*Melhores poemas de Olavo Bilac.* Seleção de Marisa Lajolo. 4. ed. São Paulo: Global, 2003. p. 44.)

Ilustrações: Mariângela Haddad/Arquivo da editora

TEXTO 2

Nel mezzo del camin...

Cheguei. Chegaste. Vinhas fatigada
E triste, e triste e fatigado eu vinha.
Tinhas a alma de sonhos povoada,
E a alma de sonhos povoada eu tinha...

E paramos de súbito na estrada
Da vida: longos anos, presa à minha
A tua mão, a vista deslumbrada
Tive da luz que teu olhar continha.

Hoje, segues de novo... Na partida
Nem o pranto os teus olhos umedece,
Nem te comove a dor da despedida.

E eu, solitário, volto a face, e tremo,
Vendo o teu vulto que desaparece
Na extrema curva do caminho extremo.

(*Melhores poemas de Olavo Bilac.* Seleção de Marisa Lajolo. 4. ed. São Paulo: Global, 2003. p. 44.)

Os amantes (1916), de Marc Chagall.

Reprodução/Coleção particular

1. No poema "Via láctea" há um diálogo sugerido pelo emprego de pronomes e verbos e pelo emprego das aspas. Identifique os interlocutores desse diálogo.

2. A propósito desse soneto:

a) Identifique no texto um exemplo de predomínio da emoção sobre a razão.

b) O que é necessário, segundo o eu lírico, para estabelecer comunicação com as estrelas?

3. O poema "Nel mezzo del camin..." apresenta imagens e sugestões cenográficas, como se pudéssemos visualizar as cenas num palco. Considerando a passagem do tempo, marcada pelos tempos verbais, pode-se dividir o texto em duas partes ou em dois momentos de uma caminhada.

a) Qual é a primeira parte? Que tempos verbais predominam nessa parte?

b) Qual é a segunda parte?

c) Levante hipóteses: O que teria provocado a separação?

d) Interprete: O que significa o tremor mencionado na última estrofe?

4. O poema "Nel mezzo del camin..." apresenta várias repetições, algumas delas com inversão. Que efeito de sentido têm as repetições no poema?

5. Ambos os sonetos são muito conhecidos e revelam as qualidades técnicas de Bilac como sonetista. Quando comparados às características exemplares da estética parnasiana, no entanto, é possível perceber que esses sonetos não se encaixam de forma estrita em todas elas, pois sofrem influência de outro movimento literário.

a) Qual é esse outro movimento? Justifique sua resposta.

b) Explique por que é comum que textos considerados de determinada época da literatura contenham características atribuídas a outra(s) época(s).

Raimundo Correia: a pesquisa da linguagem

O maranhense Raimundo Correia (1860-1911) foi um dos poetas que, com Olavo Bilac e Alberto de Oliveira, formaram a chamada "tríade parnasiana".

Sua poesia, no movimento parnasiano, representa um momento de descontração e de investigação. Nela se verificam pelo menos três fases:

- *a fase romântica*: com influência de Casimiro de Abreu e Fagundes Varela, é representada por *Primeiros sonhos* (1879);
- *a fase parnasiana propriamente dita*: representada pelas obras *Sinfonias* (1883) e *Versos e versões* (1887), é marcada pelo pessimismo de Schopenhauer — pensador alemão que defendia a ideia de que todas as dores e males do mundo provêm da vontade de viver — e por reflexões de ordem moral e social;
- *a fase pré-simbolista*: nela, o pessimismo diante da condição humana busca refúgio na metafísica e na religião, enquanto a linguagem apresenta uma pesquisa em musicalidade e sinestesia.

Acervo Iconographia/Reminiscências

A famosa *"tríade parnasiana"*: Olavo Bilac, à direita, Raimundo Correia, no centro, e Alberto de Oliveira, à esquerda.

Leitura

O texto que segue é um dos mais conhecidos poemas de Raimundo Correia e um bom exemplo das qualidades técnicas do autor como sonetista. Observe como os versos, as imagens e a língua são empregados com fluência e naturalidade.

As pombas

Vai-se a primeira pomba despertada...
Vai-se outra mais... mais outra... enfim dezenas
De pombas vão-se dos pombais, apenas
Raia sanguínea e fresca a madrugada...

E à tarde, quando a rígida nortada
Sopra, aos pombais de novo elas, serenas,
Ruflando as asas, sacudindo as penas,
Voltam todas em bando e em revoada...

Também dos corações onde abotoam,
Os sonhos, um por um, céleres voam,
Como voam as pombas dos pombais;

No azul da adolescência as asas soltam,
Fogem... Mas aos pombais as pombas voltam,
E eles aos corações não voltam mais...

(*In*: Benjamim Abdala Jr., org. *Antologia da poesia brasileira — Realismo e Parnasianismo*. São Paulo: Ática, 1985. p. 35.)

A grande família (1963), de René Magritte.

1. O soneto está organizado em duas partes. Nas duas quadras, o eu lírico descreve o revoar das pombas; nos tercetos é estabelecida uma comparação.

a) A que é comparado o revoar das pombas?

b) Qual é a diferença essencial, segundo o texto, entre os elementos comparados?

2. De acordo com os termos dessa comparação, identifique a que correspondem, no plano da vida:

a) a madrugada e a tarde;

b) a nortada, que as pombas encontram, à tarde, fora dos pombais.

3. Releia a última estrofe do soneto. Que visão sobre a vida e sobre a condição humana o eu lírico expressa nessa estrofe e no poema como um todo?

4. Destaque do soneto três características que comprovem a filiação do texto ao Parnasianismo.

Para quem quer mais

Se você deseja aprofundar os seus conhecimentos sobre a poesia romântica, leia os textos a seguir e, posteriormente, sozinho, em dupla ou em grupo, procure resolver as questões propostas pelo **Roteiro de estudo**.

Olavo Bilac

A um Poeta

Longe do estéril turbilhão da rua,
Beneditino, escreve! No aconchego
Do claustro, na paciência e no sossego,
Trabalha, e teima, e lima, e sofre, e sua!

Mas que na forma se disfarce o emprego
Do esforço; e a trama viva se construa
De tal modo, que a imagem fique nua,
Rica mas sóbria, como um templo grego.

Não se mostre na fábrica o suplício
Do mestre. E, natural, o efeito agrade,
Sem lembrar os andaimes do edifício:

Porque a Beleza, gêmea da Verdade,
Arte pura, inimiga do artifício,
É a força e a graça na simplicidade.

(*In*: Antonio Candido e José A. Castello. *Presença da literatura brasileira — Das origens ao Romantismo*. São Paulo: Difel, 1966. p. 256.)

Vila Rica

O ouro fulvo do ocaso as velhas casas cobre;
Sangram, em laivos de ouro, as minas, que a ambição
Na torturada entranha abriu da terra nobre:
E cada cicatriz brilha como um brasão.

O ângelus plange ao longe em doloroso dobre.
O último ouro do sol morre na cerração.
E, austero, amortalhando a urbe gloriosa e pobre,
O crepúsculo cai como uma extrema unção.

Agora, para além do cerro, o céu parece
Feito de um ouro ancião que o tempo enegreceu...
A neblina, roçando o chão, cicia, em prece,

Como uma procissão espectral que se move...
Dobra o sino... Soluça um verso de Dirceu...
Sobre a triste Ouro Preto o ouro dos astros chove.

(*Melhores poemas de Olavo Bilac*, cit., p. 105.)

Alberto de Oliveira

Vaso grego

Esta de áureos relevos, trabalhada
De divas mãos, brilhante copa, um dia,
Já de aos deuses servir como cansada,
Vinda do Olimpo, a um novo deus servia.

Era o poeta de Teos que a suspendia
Então, e, ora repleta ora esvazada,
A taça amiga aos dedos seus tinia,
Toda de roxas pétalas colmada.

Depois... Mas o lavor da taça admira,
Toca-a, e do ouvido aproximando-a, às bordas
Finas hás de lhe ouvir, canora e doce,

Ignota voz, qual se da antiga lira
Fosse a encantada música das cordas,
Qual se essa voz de Anacreonte fosse.

(*In*: Antonio Candido e José A. Castello. *Presença da literatura brasileira – Das origens ao Romantismo*, cit., p. 228.)

The Bridgeman Art Library/Grupo Keystone

Alberto de Oliveira (1857-1937) foi uma espécie de líder do Parnasianismo e, ao mesmo tempo, o poeta que melhor se adequou aos princípios do movimento. Sua poesia é fria e intelectualizada, com um gosto acentuado pelo preciosismo formal e linguístico. Defendia a "arte pela arte" e, em vez de se interessar pela realidade brasileira, preferia buscar inspiração nos modelos clássicos que perseguia: os poetas barrocos e árcades portugueses.

Enquanto se travavam as lutas pela Abolição e pela República, Alberto de Oliveira afirmava: "Eu hoje dou a tudo de ombros, pouco me importam paz ou guerra e não leio jornais". Distante, então, dos problemas sociais, pôs-se a descrever vasos gregos e chineses.

Entre suas obras destacam-se *Meridionais* (1884) e *Versos e rimas* (1895).

Roteiro de estudo

Ao final da leitura, você deverá ser capaz de:

- Explicar, segundo o ponto de vista do eu lírico de "A um poeta", em que consiste a arte de fazer boa poesia.
- Reconhecer e explicar o efeito semântico resultante do emprego do polissíndeto (a repetição da conjunção *e*) na primeira estrofe do soneto "A um poeta".
- A propósito do poema "Vila Rica", explicar a relação entre as aliterações e as sugestões cromáticas — especialmente o negro e o ouro – com o conteúdo dos versos.
- Justificar por que o poema "Vaso grego" é um exemplo da concepção de "arte sobre a arte".

Para quem quer mais na internet

- **Antologia: O Parnasianismo no Brasil**

Conheça outros textos e autores importantes do Parnasianismo brasileiro, acessando a seção **Antologia**, no Plurall.

Intervalo

Esta atividade favorece o desenvolvimento das seguintes habilidades

EM13LGG601	EM13LGG602	EM13LGG603
EM13LP46	EM13LP47	EM13LP51

PROJETO
CAPITU NO TRIBUNAL

Com toda a turma, participe do projeto **Capitu no tribunal**, a fim de julgar se a personagem de *Dom Casmurro*, de Machado de Assis, foi infiel a Bentinho. Para isso prepare-se para ter uma atuação adequada no julgamento, seja como um dos envolvidos diretamente no caso, seja como jurado ou como público.

New Regency Pictures/Alamy/Fotoarena

Cena do filme *O júri*, de Gary Fleder.

O adultério e a lei

O adultério (infidelidade conjugal) é punido no Brasil com detenção de 15 dias a 6 meses.

No passado, havia nítida distinção entre os adultérios masculino e feminino. De acordo com o Código Criminal do Império (1830), a mulher adúltera e o amante cumpriam pena de prisão com trabalho de 1 a 3 anos. Já o homem casado e infiel não era punido pela traição esporádica; a punição só ocorria em caso de ele ter "concubina teúda e manteúda".

Quando foi lançada a obra *Dom Casmurro*, estava em vigência o primeiro Código Penal da República (1890), a partir do qual o adultério passou a ser considerado crime. A pena foi sendo sensivelmente reduzida, e a punição, desde 1940, é idêntica para ambos os sexos.

Em 1999, por ocasião das comemorações do centenário de publicação de *Dom Casmurro*, de Machado de Assis, o jornal *Folha de S.Paulo* promoveu um julgamento de Capitu. Participaram do julgamento José Paulo Sepúlveda Pertence, ministro do Supremo Tribunal Federal; o advogado criminalista e ministro da Justiça Márcio Thomaz Bastos; a procuradora de Justiça Luiza Nagib Eluf, autora do livro *Crime contra os costumes e assédio sexual*; o historiador Boris Fausto; Rosiska Darcy de Oliveira, advogada e escritora; e os escritores Carlos Heitor Cony e Marcelo Rubens Paiva.

Unindo argumentação jurídica, que levou em conta a legislação vigente hoje e no final do século XIX, aos fatos narrados na obra por Bentinho, o julgamento prestou uma importante homenagem à obra de Machado de Assis, que é, sem dúvida, um dos principais romances brasileiros. Além disso, permitiu examinar o suposto adultério de Capitu sob o ponto de vista das leis e dos valores da atualidade.

Ao final do julgamento feito pela turma, o professor revelará os resultados do julgamento de Capitu promovido pelo jornal.

1. Os autos

A principal fonte de informação e de provas do suposto adultério de Capitu é o relato feito pelo próprio Bentinho. Por isso, todos os alunos que tiverem uma participação direta no julgamento — seja na condição de juiz ou de advogado, seja na de testemunha ou jurado — devem ler integralmente a obra. Durante a leitura, devem estar atentos a situações e pistas que possam incriminar ou inocentar Capitu e anotá-las para posterior consulta ou citação.

Outros diálogos com Capitu

O interesse por Capitu tem estimulado a imaginação de muitos escritores. No livro *Quem é Capitu?* (Nova Fronteira), por exemplo, vários escritores recontam a história de Capitu. Fernando Sabino, em *O amor de Capitu*, narra a história de Bentinho em 3ª pessoa, alterando, pois, o ponto de vista narrativo. Já Domício Proença Filho, em *Capitu — Memórias póstumas*, dá a Capitu a oportunidade de falar e defender-se da acusação do ex-marido.

Editora record

2. Definindo os papéis

O juiz — Escolham para o papel um colega que tenha facilidade para administrar situações de conflito e um bom senso de organização. Ele deve ser coerente, equilibrado, imparcial.

A ré — Capitu é a ré. Ela poderá ser questionada pelo advogado de acusação e prestar esclarecimentos, se solicitados, ao advogado de defesa e ao juiz.

Os advogados de defesa e acusação — A condição essencial para o papel é gostar de falar em público e ter uma boa capacidade de argumentação. Devem saber selecionar, organizar e apresentar as provas de modo claro, coerente e gradativo; devem também saber sensibilizar os jurados, manter um bom relacionamento com o juiz e ter facilidade para contra-argumentar.

Testemunhas — Se houver testemunhas, elas devem corresponder a personagens da obra e devem se limitar aos fatos narrados. Podem, evidentemente, esclarecer com detalhes o que viram ou sentiram, mas não podem modificar os fatos ocorridos na história.

Os jurados — Sete é o número de jurados. Eles devem ter a capacidade de ouvir com atenção os argumentos apresentados pela defesa e pela acusação e votar de acordo com sua consciência, sem que outros fatores ou interesses interfiram.

O público — Não é permitido ao público falar durante o julgamento nem ter nenhuma outra forma de manifestação, como rir, brincar, etc.

3. Estabelecendo as regras

Em combinação com o professor, todos os envolvidos devem estabelecer previamente as regras do julgamento: o tempo de cada advogado, o tempo total do evento, se os advogados terão direito de réplica e de tréplica, se serão feitas perguntas a Capitu e quantas, se serão apresentadas testemunhas e quantas, etc.

4. Preparando a sala

No dia combinado, preparem o ambiente para o julgamento. O juiz deve ter sua mesa na frente da sala, no centro; em cada uma das laterais fica um dos advogados, com uma mesa de apoio. Os jurados devem ficar em um dos lados da sala ou na primeira fileira, à frente do público. A ré deve permanecer próxima do advogado de defesa.

5. Colhendo informações

Veja como foi o julgamento promovido pelo jornal *Folha de S.Paulo* em 1999.

Absolutamente toda a suspeita em Dom Casmurro, para Nagib Eluf, é invenção da mente neurótica do marido ciumento.

"Essa história é milenar. É a história da paranoia masculina", disse a advogada, para êxtase da plateia que vinha acompanhando sua narrativa com atenção [...].

O retrato do marido de Capitu traçado por Luiza Nagib Eluf é o de "um sujeito que construiu sua própria ruína. A semente da destruição mora em Bentinho".

Foi a paranoia que o teria levado a ver uma confissão de culpa no comentário da própria Capitu sobre a semelhança dos olhos de Ezequiel com os de Escobar – o que, disse a advogada, "não seria dissimulação, seria burrice". [...]

Para Nagib Eluf, quem deveria estar sendo julgado ali era o marido Bentinho, por paranoico, neurótico e inseguro que era, "ensandecido de ciúmes, como muitos homens que mataram suas esposas".

(Argumentação apresentada por Luiza Nagib Eluf, em sua participação como advogada de defesa.)

Bentinho conta que só se lembra de ter ido sem Capitu ao teatro duas vezes. Em uma delas, a moça dos "olhos de ressaca" diz que não poderia assistir à estreia de uma ópera, pois tinha adoecido. Preocupado com o padecimento da mulher, Bentinho volta mais cedo, após o primeiro ato. Quando chega em casa encontra Escobar. O amigo explica que tinha ido lá para tratar de alguns negócios.

Em sua acusação, Bastos dramatizou a situação de modo a demonstrar que a "terrível dor de cabeça" de Capitu, que "logo desaparece", estaria intrinsecamente ligada à visita inesperada de Escobar.

"É uma situação de quase flagrante", explicou o advogado.

(Argumentação apresentada por Márcio Thomaz Bastos, em sua participação como advogado de acusação.)

Rede Globo

"Bentinho era um chato e acho que tinha tendências homossexuais. A sua relação com Escobar era bem estranha."

(Marcelo Rubens Paiva, escritor, dramaturgo e autor do livro *Feliz ano velho*, que no julgamento fez o papel de testemunha de acusação.)

Thinkstock/Getty Images

OrangeStock RM/Latinstock

"Assim como Bentinho diz que a Capitu adulta já estava na criança, como um fruto dentro da casca, é preciso ver que Bentinho era um corno que estava na casca. Desde a infância era um corno potencial.

Ela foi uma adúltera, mas, cá entre nós, embora testemunha de acusação, eu a absolvo, porque Capitu foi uma adúltera extraordinária. E, se não fosse, a humanidade seria muito mais chata do que é."

(Carlos Heitor Cony, jornalista, escritor e autor de *Quase memória*, que participou do julgamento como testemunha de acusação)

Em um discurso que mesclou feminismo, argumentação jurídica e interpretação literária, Rosiska procurou demonstrar que era Bentinho, e não Capitu, quem tinha desejos de infidelidade (pela mulher do amigo Escobar, Sancha).

"Por ser Bentinho um traidor, só pode ser absolvido pela traição dela", disse Rosiska, comparando Dom Casmurro a Otelo, de Shakespeare. "Se Desdêmona, que era inocente, mereceu a morte, o que não mereceria Capitu, que é culpada?".

(Pontos de vista apresentados por Rosiska Darcy de Oliveira, em seu testemunho de defesa.)

Thinkstock/Getty Images

"Essa peça, do ponto de vista de uma acusação jurídica, é absolutamente imprestável, com licença de Machado de Assis. É uma história contada por alguém que tem a sua versão, que está confiante de estar sendo traído pela mulher. O que ocorreria se Capitu falasse?"

(Os textos foram extraídos da reportagem publicada no jornal *Folha de S.Paulo*, de 25/6/1999.)

A esfinge virtuosa (1886), de Gustave Moreau.

7 HISTÓRIA SOCIAL DO SIMBOLISMO

O fato de uma determinada estética literária vigorar em determinado momento histórico não significa que todas as pessoas e grupos sociais daquele momento tenham vivido e pensado da mesma forma. Pode-se dizer que nas épocas históricas há uma *ideologia predominante*, mas não global.

Nas últimas décadas do século XIX, por exemplo, em meio à onda de cientificismo e materialismo que deu origem ao Realismo e ao Naturalismo, surgiu um grupo de artistas e intelectuais que punham em dúvida a capacidade absoluta da ciência de explicar todos os fenômenos relacionados ao homem. Não acreditavam no conhecimento "positivo" e no progresso social prometidos pela ciência.

Pensavam que, assim como a ciência, a linguagem é limitada. A primeira, para traduzir a complexidade humana, e a segunda, para representar a realidade como ela de fato é, podendo, no máximo, sugeri-la.

Estudar a literatura do período implica conhecer a crise espiritual que marcou esse momento histórico e ver de que modo ela acarretou uma nova forma de ver e sentir o mundo e, consequentemente, uma nova forma de expressão artística: a arte simbolista.

FIQUE LIGADO! PESQUISE!

Para estabelecer relações entre a literatura e outras artes e áreas de conhecimento, eis algumas sugestões:

- *Cruz e Sousa — O poeta do desterro*, de Sylvio Back; *O eclipse de uma paixão*, de Agnieszka Holland; *Camille Claudel*, de Bruno Nuytten. Sobre o pintor impressionista Van Gogh, há uma série de filmes, entre eles *No portal da eternidade*, de Julian Schnabel; *Com amor, Van Gogh*, de Dorota Kobiela e Hugh Welchman; *Vida e obra de um gênio — Vincent e Theo*, de Robert Altman; *Sonhos*, de Akira Kurosawa (coletânea de histórias, entre as quais uma é relacionada ao pintor).

Lifestyle pictures/Alamy/Fotoarena

Cena do filme *Com amor*, Van Gogh.

- *Vida e obra de Vincent van Gogh*, de Janice Anderson (Ediouro); *O médico e o monstro*, de Robert Louis Stevenson (Nova Fronteira); *O retrato de Dorian Gray*, de Oscar Wilde (Imago); *Flores do mal*, de Charles Baudelaire (Nova Fronteira); *Uma temporada no inferno*, de Arthur Rimbaud (L&PM); *Mallarmé*, de Augusto de Campos, Décio Pignatari e Haroldo de Campos (Perspectiva); *Cartas a Theo*, de Vincent van Gogh (L&PM); *Cruz e Sousa — o negro branco*, de Paulo Leminski (Brasiliense). *Sobre o teatro do século XIX: Judas em sábado de Aleluia* e *O noviço*, de Martins Pena (Ediouro); *Caiu o ministério* e *Como se fazia um deputado*, de França Júnior (Ediouro); *A capital federal* e *O dote*, de Artur Azevedo (Ediouro); *Casa de bonecas*, de Henrik Ibsen (Veredas); *Senhorita Júlia*, de Auguste Strindberg (Hedra).

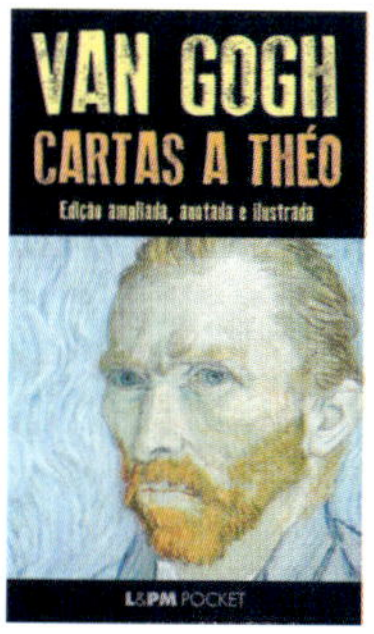

Reprodução/L&PM

- Pesquise as relações entre literatura e filosofia, buscando pontos de contato entre o Simbolismo ou o Decadentismo do fim do século XIX e o pensamento de Nietzsche. Pesquise também as relações entre o Simbolismo e o Romantismo, principalmente quanto à tradição gótica.

- Conheça a obra de escritores simbolistas acessando: www.dominiopublico.gov.br/pesquisa/DetalheObraForm.do?select_action=&co_obra=2110.

- Para conhecer a pintura simbolista e a impressionista, visite o Museu D'Orsay, em Paris, acessando o *site* www.musee-orsay.fr/fr/collections/catalogue-des-oeuvres/resultacollection.html?no_cache=1.

Esta unidade favorece o desenvolvimento das habilidades

EM13LGG601 EM13LGG602 EM13LGG103 EM13LGG202 EM13LGG604

EM13LP28 EM13LP30 EM13LP32 EM13LP51

CAPÍTULO 16

A linguagem do Simbolismo

Embora acentue sob alguns aspectos o requinte da arte pela arte, o Simbolismo se opõe tanto ao Realismo quanto ao Parnasianismo, situando-se muito próximo das orientações românticas, de que é em parte uma revivescência.

(Antonio Candido e José Aderaldo Castello.)

O Progresso (1910), de Eliseu Visconti, pintor brasileiro que introduziu elementos simbolistas e impressionistas na pintura brasileira no final do século XIX.

Este capítulo favorece o desenvolvimento das habilidades

- EM13LGG102
- EM13LGG103
- EM13LGG202
- EM13LGG302
- EM13LGG601
- EM13LGG602
- EM13LGG604
- EM13LP01
- EM13LP03
- EM13LP06
- EM13LP04
- EM13LP46
- EM13LP48
- EM13LP49
- EM13LP50
- EM13LP52

A IMAGEM EM FOCO

Observe atentamente a pintura abaixo, de Odilon Redon, um dos principais pintores do Simbolismo.

O homem alado (antes de 1880), também chamado de *O anjo perdido*, de Odilon Redon.

1. Observe a figura retratada.

a) Qual é o personagem retratado?

b) O que ele está fazendo?

c) Considerando-se que o personagem tem asas, a ação é compatível com ele? Por quê?

d) O que expressam o semblante do personagem e seu gesto com o braço direito erguido?

2. Observe o espaço em que o personagem se encontra.

a) Como ele é?

b) Você diria que é um espaço que se situa na Terra ou no céu?

3. Algumas correntes artísticas têm mais interesse, e outras menos, em retratar fielmente a realidade. Como essa pintura simbolista retrata a realidade?

4. Odilon Redon era um pintor simbolista que experimentava diferentes efeitos de luz e cor.

a) Que cores predominam no quadro?

b) Em que medida essas cores contribuem para criar a atmosfera simbolista da pintura?

5. Eis alguns dos traços que caracterizam a poesia simbolista em geral:

- subjetivismo
- antimaterialismo
- transcendência
- interesse pelas zonas profundas da mente humana e pela loucura
- linguagem que sugere, em vez de nomear
- onirismo (universo do sonho)
- religiosidade
- dor de existir
- interesse pelo noturno, pelo mistério e pela morte
- atmosfera vaga e fluida

Verifique quais desses traços também podem ser encontrados na pintura de Redon.

6. Observe na legenda os títulos que a tela recebeu. A oscilação quanto ao título tem relação com o personagem retratado?

Leitura

Tanto o Simbolismo francês quanto o brasileiro foram fortemente influenciados pela obra de Charles Baudelaire (1821-1867), poeta pós-romântico francês considerado precursor não apenas do Simbolismo, mas de toda a poesia moderna. Você vai ler, a seguir, três poemas: o primeiro, "Correspondências", é uma das mais conhecidas produções de Baudelaire; o segundo, "Violões que choram...", é de Cruz e Sousa, considerado o principal poeta simbolista brasileiro; e o terceiro, "Sobre um mar de rosas que arde", é do poeta baiano Pedro Kilkerry.

TEXTO 1

Correspondências

A Natureza é um templo onde vivos pilares
Deixam sair às vezes palavras confusas:
Por florestas de símbolos, lá o homem cruza
Observado por olhos ali familiares.

Tal longos ecos longe onde lá se confundem
Dentro de tenebrosa e profunda unidade
Imensa como a noite e como a claridade,
Os perfumes, as cores e os sons se **transfundem**.

Perfumes de frescor tal a carne de infantes,
Doces como o **oboé**, verdes igual ao **prado**,
— Mais outros, corrompidos, ricos, triunfantes,

Possuindo a expansão de um algo inacabado,
Tal como o **âmbar**, **almíscar**, **benjoim** e incenso,
Que cantam o enlevar dos sentidos e o senso.

(Charles Baudelaire. *In*: José Lino Grünewald, org. e trad. *Poetas franceses do século XIX*. Rio de Janeiro: Nova Fronteira, 1991. p. 59.)

almíscar: substância de origem persa, de odor penetrante e persistente, obtida a partir de uma bolsa situada no abdome do almiscareiro macho.
âmbar: aroma, cheiro suave; o que tem cor entre o acastanhado e o amarelado.
benjoim: resina balsâmica, aromática, usada para a fabricação de incensos e cosméticos.
oboé: instrumento de sopro.
prado: campina.
transfundir: transformar-se, converter-se; levar algo a se tornar parte de outra coisa.

TEXTO 2

Violões que choram...

Ah! **plangentes** violões dormentes, mornos,
Soluços ao luar, choros ao vento...
Tristes perfis, os mais vagos contornos,
Bocas murmurejantes de lamento.

Noites de além, remotas, que eu recordo,
Noites da solidão, noites remotas
Que nos azuis da Fantasia bordo,
Vou constelando de visões **ignotas**.

Sutis palpitações à luz da lua,
Anseios dos momentos mais saudosos,
Quando lá choram na deserta rua
As cordas vivas dos violões chorosos.

Quando os sons dos violões vão soluçando,
Quando os sons dos violões nas cordas gemem,
E vão dilacerando e deliciando,
Rasgando as almas que nas sombras tremem.

Harmonias que **pungem**, que **laceram**,
Dedos nervosos e ágeis que percorrem
Cordas e um mundo de **dolências** geram
Gemidos, prantos, que no espaço morrem...

E sons soturnos, suspiradas mágoas,
Mágoas amargas e melancolias,
No sussurro monótono das águas,
Noturnamente, entre ramagens frias.

Vozes veladas, veludosas vozes,
Volúpias dos violões, vozes veladas,
Vagam nos velhos vórtices velozes
Dos ventos, vivas, vãs, vulcanizadas.

Tudo nas cordas dos violões ecoa
E vibra e se contorce no ar, convulso...
Tudo na noite, tudo clama e voa
Sob a febril agitação de um pulso.

Que esses violões nevoentos e tristonhos
São ilhas de degredo atroz, funéreo,
Para onde vão, fatigadas do sonho,
Almas que se abismaram no mistério.

(Cruz e Sousa. *Poesias completas*. Rio de Janeiro: Ediouro, s.d., p. 50-51.)

PLotulitStocker/Shutterstock

dolência: mágoa, dor.
ignoto: ignorado, desconhecido.
lacerar: dilacerar, cortar em pedaços.
plangente: lastimoso, que chora.
pungir: ferir, causar dor.

TEXTO 3

Sobre um mar de rosas que arde

Sobre um mar de rosas que arde
Em ondas **fulvas**, distante,
Erram meus olhos, diamante,
Como as naus dentro da tarde.

Asas no azul, melodias,
E as horas são velas fluidas
Da nau em que, oh! alma, descuidas
Das esperanças tardias.

(Pedro Kilkerry. *In*: Ítalo Moricone. *Os cem melhores poemas brasileiros do século*. São Paulo: Objetiva, 2001.)

fulvo: cor amarelada, alaranjada; amarelo-ouro ou castanho-avermelhado.

De Agostini/Glow Images/Museu Real de Belas Artes, Antuérpia, Bélgica.

Barcos de pesca, de Vincent van Gogh.

1. A linguagem simbolista se organiza de forma a criar uma atmosfera vaga, imprecisa e fluida. Destaque dos três poemas palavras, expressões ou construções que indicam algo indefinido, vago. Em seguida, explique por que elas contribuem para a construção desse sentido de vagueza nos textos.

2. Você já viu que, no Realismo e no Naturalismo, os substantivos e os adjetivos tiveram um papel importante na descrição dos personagens, dos ambientes e das paisagens, como meio de captar a realidade de forma objetiva.

a) Nos textos em estudo, também há abundância dessas duas classes gramaticais?

b) O papel que desempenham na construção dos textos simbolistas é semelhante ao que tinham no Realismo e no Naturalismo? Justifique sua resposta com exemplos dos textos.

3. Em vez de nomear ou explicar objetivamente, a linguagem simbolista procura *sugerir* como forma de dizer o indizível. Com relação ao poema "Violões que choram...":

a) O que sugere a aliteração do fonema /v/ da 7ª estrofe?

b) Com base na 1ª e na 5ª estrofe e no título do poema, indique os sentimentos ou estados de alma que, na visão do eu lírico, os sons dos violões sugerem.

c) Na atribuição de características como "dormentes", "chorosos" e "tristonhos" aos violões, que figura de linguagem se verifica?

4. Para os simbolistas, uma das formas de expressar as sensações interiores por meio da linguagem verbal é a aproximação ou o cruzamento de campos sensoriais diferentes. Esse procedimento, a que se dá o nome de sinestesia, foi inspirado justamente no poema "Correspondências", de Baudelaire.

a) Identifique no poema de Baudelaire o verso em que ele propõe a fusão de campos sensoriais diferentes.

b) Releia as três estrofes iniciais do poema de Cruz e Sousa. Que campos sensoriais o poeta aproxima nessas estrofes?

c) Que campos sensoriais se aproximam na 1a. estrofe do poema de Pedro Kilkerry?

5. O Parnasianismo e o Simbolismo nasceram juntos, na França, com a publicação da revista *Parnasse Contemporain*. Embora esses dois movimentos apresentem propostas artísticas diferentes, eles têm em comum a preocupação com a própria linguagem artística. Por isso, é comum se manifestar entre os simbolistas o princípio da "arte pela arte" ou "arte sobre a arte".

a) Na 1ª estrofe de "Correspondências", Baudelaire faz referência a "palavras confusas" e a "florestas de símbolos". A que tipo de arte ele se refere nesses versos?

b) Em "Violões que choram..." manifesta-se o princípio da "arte pela arte" ou da "arte sobre a arte"? Por quê?

6. Contrapondo-se à visão "positiva" e equilibrada do pensamento científico, os simbolistas manifestam estados de dilaceração da alma e uma profunda "dor de existir". Justifique a presença desses sentimentos no poema "Violões que choram...", tomando por base sua última estrofe.

Bridgeman Images/Glow Images/Museu Petit-Palais, Paris, França.

Reflexão, do pintor simbolista francês Odilon Redon.

7. Outros traços da linguagem simbolista são os estados contemplativos e a sondagem interior, manifestada no interesse pelas zonas profundas da mente (inconsciente e subconsciente), incluindo o sonho e a loucura. Qual desses traços é possível identificar nos seguintes trechos dos textos?

a) "A Natureza é um templo onde vivos pilares / Deixam sair às vezes palavras confusas."

b) "Rasgando as almas que nas sombras tremem", "E sons soturnos, suspiradas mágoas"

c) "Sobre um mar de rosas que arde / Em ondas fulvas, distante, / Erram meus olhos, diamante,"

8. Leia este texto crítico de Isabel Paschoal:

> O Simbolismo é um movimento que atravessa o final do século XIX, e que exprime a tonalidade espiritual de uma época, conciliando o cosmos e a psique. A experiência poética associa-se, então, à meditação metafísica. A beleza torna-se um ideal, com a rejeição lógica da sociedade "burguesa". Há um desencanto generalizado, o mundo entra em crise, o escritor afirma-se "decadente", e refugia-se num universo imaginário, construindo uma filosofia do nada, do aniquilamento, da desesperança e do cepticismo.
>
> (Isabel Pascoal. "Introdução". *In*: Camilo Pessanha. *Clepsidra*. Biblioteca Ulisseia de Autores Portugueses. p. 16.)

Que traços apontados pela crítica podem ser identificados nos poemas em estudo?

Os simbolistas e os góticos

O Simbolismo retoma alguns dos procedimentos românticos, entre eles o subjetivismo, o gosto pelo mistério, pelo macabro e por ambientes noturnos.

Veja o que o simbolista francês Rimbaud escreveu:

> Deveria ter meu inferno pela cólera, meu inferno pelo orgulho, — e o inferno da carícia; um concerto de infernos. Morro de lassidão. É a tumba, vou para os vermes, horror dos horrores! Satã, farsante, queres me diluir com teus feitiços. Me queixo. Me queixo! Um golpe do tridente, uma gota de fogo.
>
> (*Uma temporada no inferno*. Porto Alegre: L&PM, 1997. p. 37.)

Everett/Fotoarena

Rimbaud

Concluindo

Como síntese, compare as características do Simbolismo com as do Parnasianismo:

SIMBOLISMO	PARNASIANISMO
• Subjetivismo	• Objetivismo
• Linguagem vaga, fluida, que busca sugerir em vez de nomear	• Linguagem precisa, objetiva, culta
• Abundância de metáforas, comparações, aliterações, assonâncias e sinestesias	• Busca do equilíbrio formal
• Cultivo do soneto e de outras formas de composição poética	• Preferência pelo soneto
• Antimaterialismo, antirracionalismo	• Materialismo, racionalismo
• Misticismo, religiosidade	• Paganismo greco-latino
• Interesse pelas zonas profundas da mente humana e pela loucura	• Racionalismo
• Pessimismo, dor de existir	• Contenção dos sentimentos
• Estados contemplativos; interesse pelo noturno, pelo mistério e pela morte	• Interesse por temas universais: a natureza, o amor, objetos de arte, a poesia
• Retomada de elementos da tradição romântica	• Retomada de elementos da tradição clássica

O texto e o contexto em perspectiva multidisciplinar

Leia, a seguir, o infográfico e o painel de textos interdisciplinares que relacionam a produção literária do Simbolismo ao contexto histórico, social e cultural em que o movimento floresceu.

Linha do tempo

Reprodução/Museu Gustave Moreau, Paris, França.

A aparição, de Gustave Moreau.

Reprodução/Acervo da Fundação Maria Luisa e Oscar Americano, São Paulo, SP.

Proclamação da República no Brasil.

Reprodução/Arquivo Nacional, Rio de Janeiro, RJ.

Promulgação da Constituição dos Estados Unidos do Brasil.

- **1866** — Início da publicação, na França, da revista *Le Parnasse Contemporain*, com a participação de poetas que depois deram origem ao Parnasianismo e ao Simbolismo
- **1875** — *A aparição*, de Gustave Moreau.
- **1888** — Abolição da escravatura no Brasil
- **1889** — Proclamação da República no Brasil.
- **1890-1895** — Promulgação da Constituição dos Estados Unidos do Brasil.
- **1890** — *Trigal com corvos*, de Van Gogh.
- **1893** — Introdução do Simbolismo no Brasil, com a publicação de dois livros de Cruz e Sousa: *Missal* (poemas em prosa) e *Broquéis* (poemas)
- **1897** — Fundação da Academia Brasileira de Letras

Reprodução/Museu Van Gogh, Amsterdã, Holanda.

Trigal com corvos, de Van Gogh.

Linha do tempo esquemática. O espaço entre as datas não é proporcional ao intervalo de tempo.

Simbolismo e decadentismo

A poesia universal é toda ela na essência simbólica. Os símbolos povoam a literatura desde sempre. [...] Todavia, ao longo da década de 1890, desenvolveu-se em França um movimento estético a princípio apelidado "decadentismo" e depois "Simbolismo". Por muitos aspectos ligados ao Romantismo e tendo tido berço comum com o Parnasianismo, o Simbolismo gerou-se como uma reação contra a fórmula estética parnasiana, que dominara a cena literária durante a década de 1870, ao lado do Realismo e do Naturalismo, defendendo o impessoal, o objetivo, o gosto do detalhe e da precisa representação da natureza [...].

Posto não constituísse uma unidade de métodos, antes de ideais, o Simbolismo procurou instalar um credo estético baseado no subjetivo, no pessoal, na sugestão e no vago, no misterioso e ilógico, na expressão indireta e simbólica. Como pregava Mallarmé, não se devia dar nome ao objeto, nem mostrá-lo diretamente, mas sugeri-lo, evocá-lo pouco a pouco, processo encantatório que caracteriza o símbolo.

(Afrânio Coutinho. *Introdução à literatura no Brasil*. 10. ed. Rio de Janeiro: Civilização Brasileira, 1980. p. 214-215.)

Simbolismo: reação ao racionalismo

Visto à luz da cultura europeia, o Simbolismo reage às correntes analíticas dos meados do século [XIX], assim como o Romantismo reagira à Ilustração [...]. Ambos os movimentos exprimem o desgosto das soluções racionalistas e mecânicas e nestas reconhecem o correlato da burguesia industrial em ascensão; ambos recusam-se a limitar a arte ao objeto, à técnica de produzi-lo, a seu aspecto palpável; ambos, enfim, esperam ir além do **empírico** e tocar, com a sonda da poesia, um fundo comum que susteria os fenômenos, chame-se Natureza, Absoluto, Deus ou Nada.

(Alfredo Bosi. *História concisa da literatura brasileira*. 2. ed. São Paulo: Cultrix, 1975. p. 293.)

empírico: baseado na experiência e na observação

Reprodução/Museu de Orsay, Paris, França.

Jovens à beira-mar, de Pierre Puvis de Chavannes

O Simbolismo e o tédio da civilização moderna

Ao mesmo tempo, e em íntima relação com o movimento dos parnasianos, o culto da sensação evolui de outra maneira bem mais interessante; alguns poetas, experimentando conhecidas ou pelo menos inexpressas sensações, sugeridas amiúde pelo tédio da civilização moderna e pelo seu sentimento de expatriação no seio dela, e não encontrando mais, nas formas usuais de linguagem poética, instrumentos capazes de satisfazer sua vontade de expressão, começavam a modificar profundamente a função da palavra em poesia. Essa função é dupla, e o foi em todos os tempos: em poesia, a palavra não é somente o instrumento da compreensão racional, tem outrossim o poder de evocar sensações.

(Erich Auerbach. *Introdução aos estudos literários*. 2. ed. São Paulo: Cultrix, 1972. p. 240-241.)

Simbolismo: a arte de sugerir

Embora acentue sob alguns aspectos o requinte da arte pela arte, o simbolismo se opõe tanto ao realismo quanto ao parnasianismo, situando-se muito próximo das orientações românticas, de que é em parte uma revivescência. Não aceitando a separação entre sujeito e objeto, entre artista e assunto, para ele objetivo e subjetivo se fundem, pois o mundo e a alma têm afinidades misteriosas, e as coisas mais díspares podem revelar um parentesco inesperado. O espírito, portanto, não apreende totalmente nem traça um contorno firme dos objetos, dos seres, das ideias. Cabe-lhe apenas o recurso de aproximar-se da sua realidade oculta por meio de tentativas, que a sugerem sem esgotá-la.

(Antonio Candido e José A. Castello. *Presença da literatura brasileira*: das origens ao Realismo. São Paulo: Difel, 1985. p. 294-295.)

O Simbolismo e a pintura

O simbolismo começou como movimento literário que via na imaginação a mais importante fonte de criatividade. Ele não demorou a infiltrar-se nas artes visuais, sendo outra reação ao limitado mundo representacional do realismo e do impressionismo. Inspirados pela poesia simbolista dos franceses Mallarmé, Verlaine e Rimbaud, os pintores dessa vertente usavam cores emotivas e imagens estilizadas para trazer à consciência do observador os sonhos e os estados de espírito que experimentavam, por vezes pintando cenas exóticas e oníricas. [...]

Nas obras simbolistas, encontramos às vezes uma tendência lúgubre e algo doentia: a história de *Salomé*, por exemplo, com todas as suas inferências acerca da mulher que destrói o homem, aparece constantemente. A *Salomé* de Moreau é uma das versões mais brincalhonas desse mito funesto, e podemos usufruir-lhe a luz e a cor intensas sem pensarmos demais nos sinistros corolários da história. [...]

(Wendy Beckett. *História da pintura*. São Paulo: Ática, 1997. p. 321.)

Salomé, de Gustave Moreau.

Roteiro de estudo

Reúna-se com seu grupo e, no final da leitura dos textos, vocês deverão:

- Saber explicar por que os simbolistas representavam os grupos sociais excluídos da onda racionalista que invadiu a Europa, no final do século XIX.
- Com base nos textos de Afrânio Coutinho e Alfredo Bosi, estabelecer paralelos entre o Romantismo e o Simbolismo, apontando suas principais semelhanças.
- Estabelecer diferenças entre o Realismo e o Simbolismo quanto ao papel da arte de retratar a realidade.
- De acordo com o texto de Wendy Beckett, que semelhanças a pintura simbolista tem com a literatura simbolista?

CAPÍTULO 17

O Simbolismo no Brasil

Ao contrário do que ocorreu na Europa, onde o Simbolismo se sobrepôs ao Parnasianismo, no Brasil o movimento simbolista foi quase inteiramente ofuscado pelo movimento parnasiano, que gozou de amplo prestígio entre as camadas cultas da sociedade até as primeiras décadas do século XX. Apesar disso, a produção simbolista deixou contribuições significativas, preparando terreno para as grandes inovações que iriam ocorrer no século XX, no domínio da poesia.

Reprodução/Museu d'Orsay, Paris, França

Os olhos fechados (1890), de Odilon Redon, um dos principais representantes do Simbolismo na pintura.

Este capítulo favorece o desenvolvimento das habilidades

- EM13LGG102
- EM13LGG202
- EM13LGG204
- EM13LGG302
- EM13LGG601
- EM13LGG602
- EM13LGG604
- EM13LP01
- EM13LP02
- EM13LP06
- EM13LP46
- EM13LP48
- EM13LP49
- EM13LP52

As primeiras manifestações simbolistas já eram sentidas desde o final da década de 1880. Apesar disso, tem-se apontado como marco introdutório do movimento simbolista brasileiro a publicação, em 1893, das obras *Missal* (prosa) e *Broquéis* (poesia), de nosso maior autor simbolista: Cruz e Sousa.

Além de Cruz e Sousa, destacam-se, entre outros, Alphonsus de Guimaraens e Pedro Kilkerry (recentemente redescoberto pela crítica).

Cruz e Sousa: o cavador do infinito

Cruz e Sousa é considerado o mais importante poeta simbolista brasileiro e um dos maiores poetas nacionais de todos os tempos.

Marcada pela inclinação filosófica e metafísica, sua obra poética apresenta diversidade e riqueza. De um lado, encontram-se aspectos noturnos do Simbolismo, herdados do Romantismo: o culto à noite, certo satanismo, o pessimismo, a morte. De outro, há alguma preocupação formal, que aproxima Cruz e Sousa dos parnasianos: a perfeição formal, o gosto pelo soneto, o verbalismo requintado, a força das imagens. Há, ainda, a inclinação à poesia meditativa e filosófica, que o aproxima da poesia realista portuguesa, principalmente da de Antero de Quental.

Na obra de Cruz e Sousa, o drama da existência revela uma provável influência das ideias pessimistas do filósofo alemão Schopenhauer, que marcaram o final do século XIX. Além disso, certas posturas verificadas em sua poesia — o desejo de fugir da realidade, de transcender a matéria e se integrar espiritualmente no cosmo — parecem se originar não apenas do sentimento de opressão e mal-estar produzido pelo capitalismo, mas também do drama racial e pessoal que o autor vivia.

A trajetória da obra de Cruz e Sousa parte da consciência e da dor de ser negro, em *Broquéis*, e chega à dor de ser homem, em *Faróis* e *Últimos sonetos*, obras póstumas nas quais sobressai a busca da transcendência.

Quem foi Cruz e Sousa?

Acervo Iconographia/Reminiscências

Cruz e Sousa (1861-1898) nasceu em Florianópolis, Santa Catarina. Filho de escravos, foi amparado por uma família aristocrática, que o ajudou nos estudos. Com a morte do protetor, abandonou os estudos e começou a trabalhar na imprensa catarinense, escrevendo crônicas abolicionistas e participando diretamente de campanhas em favor da causa negra. Ele próprio mais de uma vez fora vítima de preconceito racial. Em 1890, transferiu-se para o Rio de Janeiro, onde sobreviveu trabalhando em vários empregos. Morreu aos 36 anos, vítima de tuberculose. Suas únicas obras publicadas em vida são *Missal* e *Broquéis*.

Leitura

Leia, a seguir, dois dos mais representativos poemas de Cruz e Sousa:

TEXTO 1

Cavador do Infinito

Com a lâmpada do Sonho desce aflito
E sobe aos mundos mais **imponderáveis**,
Vai abafando as queixas implacáveis,
Da alma o profundo e soluçado grito.

Ânsias, Desejos, tudo a fogo escrito
Sente, em redor, nos astros **inefáveis**.
Cava nas fundas eras insondáveis
O cavador do trágico Infinito.

E quanto mais pelo Infinito cava
Mais o Infinito se transforma em lava
E o cavador se perde nas distâncias...

Alto levanta a lâmpada do Sonho
E com seu vulto pálido e tristonho
Cava os abismos das eternas ânsias!

(*Poesias completas de Cruz e Sousa*. Rio de Janeiro: Ediouro, s.d., p. 109.)

imponderável: que não se pode pesar ou avaliar.
inefável: indescritível, encantador.

TEXTO 2

O Assinalado

Tu és o louco da imortal loucura,
O louco da loucura mais suprema.
A Terra é sempre a tua negra algema,
Prende-te nela a extrema Desventura.

Mas essa mesma algema de amargura,
Mas essa mesma Desventura extrema
Faz que tua alma suplicando gema
E rebente em estrelas de ternura.

Tu és o Poeta, o grande Assinalado
Que povoas o mundo despovoado,
De belezas eternas, pouco a pouco.

Na Natureza prodigiosa e rica
Toda a audácia dos nervos justifica
Os teus espasmos imortais de louco!

(*Idem*, p. 102.)

1. O eu lírico do texto "Cavador do Infinito" vive um drama existencial, representado pela ação de cavar o infinito. A propósito da 1ª estrofe do soneto, responda:

a) Que verbos sugerem a ação de cavar?

b) Que instrumento auxilia o eu lírico em sua escavação do infinito?

2. De acordo com o texto, o eu lírico, enquanto cava, abafa queixas e gritos da alma. Observe que, na escavação do infinito, o eu refere-se a "Sonho", "Ânsias", "Desejos" e, na última estrofe, diz cavar "os abismos das eternas ânsias".

a) O que se supõe ser o "infinito" cavado?

b) O que provavelmente o eu lírico busca encontrar?

c) De acordo com a 3ª estrofe, pode-se dizer que o eu lírico encontrou o que procura?

3. Releia a última estrofe e responda:

a) É possível afirmar que o processo de escavação terminou ou continua? Por quê?

b) Que sentimento acompanha o eu lírico nesse processo?

4. O poema "O Assinalado" põe em destaque a própria criação poética.

a) Qual é a visão do texto acerca do trabalho do poeta? Justifique sua resposta, explicando também o título do poema.

b) Considerando o contexto racionalista e científico do final do século XIX, interprete estes versos:

"Tu és o Poeta, o grande Assinalado
Que povoas o mundo despovoado,
De belezas eternas, pouco a pouco."

5. Compare os dois poemas.

a) Aponte semelhanças entre eles quanto às ideias e à visão de mundo.

b) Aponte diferenças entre os textos quanto à relação do eu lírico (ou do poeta) com o mundo.

Alphonsus de Guimaraens

O conjunto da poesia de Alphonsus de Guimaraens é uniforme e equilibrado. Temas e formas se repetem e se aprofundam no decorrer de quase trinta anos de produção literária, consolidando uma de nossas poéticas mais místicas e espiritualistas.

A exploração do tema da morte abriu ao poeta, por um lado, o vasto campo da literatura gótica ou macabra dos escritores ultrarromânticos, recuperada por alguns simbolistas; por outro lado, possibilitou a criação de uma atmosfera mística e litúrgica, em que abundam referências ao corpo morto, ao esquife, às orações, às cores roxa e negra, ao sepultamento.

Formalmente, embora preferisse o verso decassílabo, Alphonsus chegou a explorar outras métricas, particularmente a redondilha maior, de longa tradição popular, medieval e romântica.

Quem foi Alphonsus de Guimaraens?

Alphonsus de Guimaraens (1870-1921) nasceu em Ouro Preto, estudou Direito em São Paulo e durante muitos anos foi juiz em Mariana, cidade histórica vizinha de Ouro Preto.

Marcado ainda muito jovem pela morte da prima Constança, a quem amava e que tinha apenas 17 anos, sua poesia é quase toda voltada para o tema da morte da mulher amada.

Todos os outros temas que explorou, como natureza, arte e religião, estão de alguma forma relacionados ao primeiro.

Entre outras obras, escreveu *Câmara ardente* e *Kiriale*.

Acervo Iconographia/Reminiscências

Leitura

O poema que segue é o mais popular de Alphonsus de Guimaraens.

Ismália

Quando Ismália enlouqueceu,
Pôs-se na torre a sonhar...
Viu uma lua no céu,
Viu outra lua no mar.

No sonho em que se perdeu,
Banhou-se toda em luar...
Queria subir ao céu,
Queria descer ao mar...

E, no desvario seu,
Na torre pôs-se a cantar...
Estava perto do céu,
Estava longe do mar...

E como um anjo pendeu
As asas para voar...
Queria a lua do céu,
queria a lua do mar...

As asas que Deus lhe deu
Ruflaram de par em par...
Sua alma subiu ao céu,
Seu corpo desceu ao mar...

(*Obra completa*. Rio de Janeiro: Aguilar, 1960. p. 467.)

Reprodução/Coleção particular

Visão, de Ismael Nery.

1. Alguns poemas de Alphonsus de Guimaraens ligam-se à tradição medieval. Observe no texto os seguintes aspectos formais: métrica, ritmo e paralelismo.

a) O poema em estudo liga-se ou não a essa tradição? Justifique.

b) Que outro movimento literário perseguiu a mesma tradição medieval?

2. Todo o poema é construído com base em antíteses. As antíteses articulam-se em torno dos desejos contraditórios de Ismália, que se dividem entre a realidade espiritual e a realidade concreta.

a) Identifique dois pares de antíteses no texto.

b) Reconheça o elemento que representa a realidade espiritual e o que representa a realidade concreta.

3. O Simbolismo, por ser um movimento antilógico e antirracional, valoriza os aspectos interiores e pouco conhecidos da alma e da mente humana. Identifique no texto palavras ou expressões que comprovem essa característica simbolista.

4. Tal qual no Barroco e no Romantismo, o poema estabelece oposição entre corpo e alma ou matéria e espírito. Com base no desfecho do poema, responda:

a) De que forma essa oposição se manifesta na última estrofe?

b) Ismália conseguiu realizar o desejo simbolista de transcendência espiritual?

c) Pode-se afirmar que, para os simbolistas, sonho e loucura levam à libertação? Justifique.

Literatura comparada

Diálogo do Simbolismo com a tradição gótica

Os poetas que você vai ler a seguir viveram em épocas diferentes, com intervalo de décadas entre eles. O poeta francês Charles Baudelaire (1821-1867) é pós-romântico e considerado um dos pais do Simbolismo; Cruz e Sousa (1862-1898) é considerado o principal poeta do Simbolismo brasileiro; e Augusto dos Anjos (1884-1914), brasileiro, é um escritor pós-simbolista, representante de um momento de transição para o Modernismo. Após a leitura, responda às questões propostas.

TEXTO 1

Spleen — LXXVII

Quando, pesado e baixo, o céu como tampa
Sobre a alma soluçante, assolada aos açoites,
E que deste horizonte, a cercar toda a campa
Despeja-nos um dia mais triste que as noites;

Quando se transformou a Terra em masmorra úmida,
Por onde essa esperança, assim como um morcego
Vai tangendo paredes ante uma asa túmida
Batendo a testa em tetos podres, sem apego;

Quando a chuva estirou os seus longos filames
Como as grades de ferro em uma ampla cadeia,
E um povoado mudo de aranhas infames
Até os nossos cérebros estende as teias,

Súbito, os sinos saltam com ferocidade
E atiram para o céu um gemido fremente,
Tal aquelas errantes almas sem cidade
Que ficam lamentando-se obstinadamente.

Metropolitan Museum of Art, Nova Iorque, EUA

A ilha dos mortos (1880), de Arnold Bocklin.

— E féretros sem fim, sem tambor ou pavana,
Lentos desfilam dentro em mim; e a Esperança,
Vencida, chora, a Angústia, feroz e tirana,
A negra flâmula em meu curvo crânio lança.

(Charles Baudelaire. *In*: José Lino Grünewald, org. e trad. *Poetas franceses do século XIX*. Rio de Janeiro: Nova Fronteira, 1991. p. 63.)

TEXTO 2

Cárcere das almas

Ah! Toda a alma num cárcere anda presa,
Soluçando nas trevas, entre as grades
Do calabouço olhando imensidades,
Mares, estrelas, tardes, natureza.

Tudo se veste de uma igual grandeza
Quando a alma entre **grilhões** as liberdades
Sonha e, sonhando, as imortalidades
Rasga no etéreo Espaço da Pureza.

Ó almas presas, mudas e fechadas
Nas prisões colossais e abandonadas,
Da Dor no calabouço, **atroz**, funéreo!

Nesses silêncios solitários, graves,
Que chaveiro do Céu possui as chaves
Para abrir-vos as portas do Mistério?!

(Cruz e Sousa. *Poesias completas de Cruz e Sousa*, *cit.*, p. 94.)

Songs of night (1896), Alphonse Osbert / Museu D'Orsay, Paris, França

Canções da noite (1896), de Alphonse Osbert.

atroz: cruel, desumano.
grilhão: corrente, laço, prisão.

TEXTO 3

O morcego

Meia-noite. Ao meu quarto me recolho.
Meu Deus! E este morcego! E, agora, vede:
Na bruta ardência orgânica da sede,
Morde-me a goela **ígneo** e escaldante molho.

"Vou mandar levantar outra parede..."
— Digo. Ergo-me a tremer. Fecho o ferrolho
E olho o teto. E vejo-o ainda, igual a um olho.
Circularmente sobre a minha rede!

ígneo: que é de fogo ou se assemelha a ele.

Pego de um pau. Esforços faço. Chego
A tocá-lo. Minh'alma se concentra.
Que ventre produziu tão feio parto?!

A Consciência Humana é este morcego!
Por mais que a gente faça, à noite, ele entra
Imperceptivelmente em nosso quarto!

(Augusto dos Anjos. *Eu e outros poemas*. 30. ed. Rio de Janeiro: Livraria São José, 1965. p. 59.)

1. O Simbolismo é a linguagem da música. Embora o poema "Spleen — LXXVII", de Baudelaire, seja uma tradução, o tradutor procurou manter certas sonoridades do texto original, como se nota na aliteração do fonema /s/ em *céu*, *sobre*, *soluçante*, *assolada*, *açoites*, *súbito*, *os*, *sinos*, *saltam*, *ferocidade*. Identifique nos outros dois poemas situações em que a sonoridade de versos e palavras se destaca.

2. Já na primeira estrofe do poema de Baudelaire, o eu lírico cria imagens de uma alma aprisionada, oprimida, como se o mundo e os dias fossem uma prisão. Identifique no poema de Cruz e Sousa imagens semelhantes.

3. No poema de Cruz e Sousa, a presença de palavras e expressões como "trevas", "grilhões", "calabouço atroz, funéreo" cria uma atmosfera noturna, opressiva e macabra, típica da tradição gótica.

a) Destaque do poema de Baudelaire palavras e expressões que criam uma atmosfera semelhante à do poema de Cruz e Sousa.

b) Faça o mesmo em relação ao poema de Augusto dos Anjos.

4. Observe a 2ª e a última estrofe do poema de Baudelaire.

a) A que é comparada a esperança na 2ª estrofe?

b) Na última estrofe, quem vence a luta entre a angústia e a esperança?

5. Observe agora o poema de Augusto dos Anjos.

a) Esse poema transmite a mesma sensação de encarceramento e de pessimismo que se verifica nos outros poemas? Justifique sua resposta com elementos do texto.

b) O poema é construído a partir de uma imagem gótica que foi utilizada por Baudelaire. Qual é essa imagem?

c) Troque ideias com os colegas. Como você interpreta o verso "A Consciência Humana é este morcego!"?

6. Na última estrofe do poema de Cruz e Sousa, o eu lírico vislumbra uma saída para as almas aprisionadas e sua dor de existir.

a) Interprete os versos dessa estrofe. Que tipo de saída ele vislumbra?

b) No poema de Baudelaire e no de Augusto dos Anjos, há a perspectiva de encontrar uma saída, uma "chave" para os sofrimentos da alma?

7. De qual poema você gostou mais? Por quê? Troque ideias com os colegas.

Construindo seu itinerário formativo

Panorama da literatura portuguesa I

A literatura portuguesa foi, durante séculos, a principal referência dos escritores brasileiros, seja para imitá-la, durante o período colonial, seja para negá-la, no Brasil pós-Independência. Unidas pela língua, as literaturas brasileira e portuguesa sempre travaram ricos diálogos, que se mantêm até os nossos dias.

Convidamos você a vivenciar, neste minicurso disponível no Plurall, um conjunto de experiências relacionadas ao tema:

- conhecer panoramicamente os principais autores da literatura portuguesa dos séculos XVII a XIX por meio de estudos de textos;
- participar de um estudo comparativo entre as literaturas portuguesa e brasileira, com o objetivo de apontar semelhanças e diferenças entre elas;
- participar de um painel literário com apresentação dos resultados das pesquisas feitas pelos alunos.

Para quem quer mais

Se você deseja aprofundar os seus conhecimentos sobre a poesia de Cruz e Sousa, leia o texto a seguir e, posteriormente, sozinho, em dupla ou em grupo, procure resolver as questões propostas pelo **Roteiro de estudo**. O poema "Antífona", de Cruz e Souza, é considerado pelos especialistas uma espécie de plataforma poética do Simbolismo brasileiro.

Cruz e Sousa

Antífona

Ó Formas alvas, brancas, Formas claras
De luares, de neves, de neblinas!...
Ó Formas vagas, fluidas, cristalinas...
Incensos dos turíbulos das aras...

Formas do Amor, constelarmente puras,
De Virgens e de Santas vaporosas...
Brilhos errantes, mádidas frescuras
E dolências de lírios e de rosas...

Indefiníveis músicas supremas,
Harmonias da Cor e do Perfume...
Horas do Ocaso, trêmulas, extremas,
Réquiem do Sol que a Dor da Luz resume...

Visões, salmos e cânticos serenos,
Surdinas de órgãos flébeis, soluçantes...
Dormências de volúpicos venenos
Sutis e suaves, mórbidos, radiantes...

Infinitos espíritos dispersos,
Inefáveis, edênicos, aéreos,
Fecundai o Mistério destes versos,
Com a chama ideal de todos os mistérios.

Do Sonho as mais azuis diafaneidades
Que fuljam, que na Estrofe se levantem
E as emoções, todas as castidades
Da alma do Verso, pelos versos cantem.

Que o pólen de ouro dos mais finos astros
Fecunde e inflame a rima clara e ardente...
Que brilhe a correção dos alabastros
Sonoramente, luminosamente.

Forças originais, essência, graça
De carnes de mulher, delicadezas...
Todo esse eflúvio que por ondas passa
Do Éter nas róseas e áureas correntezas...

Cristais diluídos de clarões álacres,
Desejos, vibrações, ânsias, alentos,
Fulvas vitórias, triunfamentos acres,
Os mais estranhos estremecimentos...

Flores negras do tédio e flores vagas
De amores vãos, tantálicos, doentios
Fundas vermelhidões de velhas chagas
Em sangue, abertas, escorrendo em rios...

Tudo! vivo e nervoso e quente e forte,
Nos turbilhões quiméricos do Sonho,
Passe, cantando, ante o perfil medonho
E o tropel cabalístico da Morte...

(*Poesias completas de Cruz e Sousa*, cit., p. 13.)

Roteiro de estudo

Ao final da leitura, você deverá ser capaz de:

- Reconhecer e explicar o papel dos substantivos, dos adjetivos, das aliterações e das sugestões cromáticas na construção da atmosfera do poema.
- Identificar em "Antífona" um exemplo de sinestesia e comentar a proposta simbolista que justifica esse emprego.
- Reconhecer as características simbolistas do poema.

Para quem quer mais na internet

- **Antologia: O Simbolismo em Portugal e no Brasil**
  Conheça outros textos e autores importantes do Simbolismo em Portugal e no Brasil, acessando a seção **Antologia**, no Plurall.

Intervalo

Esta atividade favorece o desenvolvimento das habilidades

EM13LGG601 | EM13LGG602 | EM13LGG603 | EM13LP46 | EM13LP47 | EM13LP51

PROJETO

DOIS OLHARES: ENTRE A RAZÃO E A IMPRESSÃO

1. Poesia realista × poesia simbolista

Selecionem, por um lado, alguns poemas de escritores realistas, como Antero de Quental, Cesário Verde e Guerra Junqueiro; por outro lado, poemas de escritores simbolistas, como Cruz e Sousa, Pedro Kilkerry, Alphonsus de Guimaraens e Camilo Pessanha.

Se possível, projetem esses poemas em *powerpoint* e, nas laterais, puxem fios com os traços característicos do Realismo ou do Simbolismo. Por exemplo, tema, objetividade/subjetividade, linguagem, descrição, adjetivação, imagens, musicalidade, ritmo, emprego de formas fixas, emprego de maiúsculas, etc.

Se possível, declamem textos das duas estéticas literárias.

2. Prosa realista-naturalista × prosa simbolista

Selecionem, por um lado, fragmentos de prosa realista-naturalista, seja de autores brasileiros, como Machado de Assis ou Aluísio Azevedo, seja do português Eça de Queirós. Por outro lado, selecionem fragmentos da prosa simbolista de Cruz e Sousa (pesquisem a obra *Missal*).

Apresentem os textos em *powerpoint* e, caso não seja possível, afixem-nos sobre um fundo em cartolina e, nas laterais, registrem os traços característicos dos movimentos do Realismo e do Simbolismo, como tema, objetividade/subjetividade, linguagem, o papel da descrição, a adjetivação e sua finalidade, imagens, gênero literário, musicalidade, etc.

Acervo Iconografia

Caricatura de Eça de Queirós, expoente do Realismo português.

3. Pintura realista × pintura simbolista e impressionista

Selecionem algumas obras dos principais pintores do Realismo: Millet, Courbet, Daumier. Em contraposição, selecionem obras de pintores simbolistas, como Gustave Moreau, Odilon Redon, Carlos Schwabe, e de pintores impressionistas, como Claude Monet, Auguste Renoir, Camile Pissaro e Alfred Sisley, entre outros.

Apresentem à turma, em *powerpoint* ou em reproduções afixadas em cartolina, obras de cada uma das correntes artísticas, apontando aspectos, como tema, tratamento objetivo ou subjetivo da realidade, materialismo ou espiritualismo, exploração de cores, etc.

Museu Marmottan Monet, Paris, França

Impressão, nascer do sol (1873), de Monet.

4. Cinema de inspiração realista-naturalista × cinema de inspiração simbolista e impressionista

Escolham um ou mais fragmentos de filme(s) baseado(s) em romance realista ou naturalista — por exemplo, *Madame Bovary*, de Claude Cabral; *Germinal*, de Claude Berri; *Brás Cubas*, de Júlio Bressane; *O primo Basílio*, de Daniel Filho; *O cortiço*, de Francisco Ramalho Júnior; *Memórias póstumas*, de André Klotzel; *O crime do padre Amaro*, de Carlos Carrera — e apresentem-no(s), discutindo a partir deles os traços característicos do Realismo e do Naturalismo. Façam o mesmo com filmes relacionados ao Simbolismo ou ao Impressionismo — por exemplo, *Cruz e Sousa, o poeta do desterro*, de Sylvio Back; *O eclipse de uma paixão*, de Agnieszka Holland; *Sonhos*, de Akira Kurosawa; *Vida e obra de um gênio* — Vincent e Theo, de Robert Altman.

Album/Album Cinema/Latinstock

EM DIA COM O ENEM E O VESTIBULAR

1. (ENEM)

"Já da morte o palor me cobre o rosto,
Nos lábios meus o alento desfalece,
Surda agonia o coração fenece,
E devora meu ser mortal desgosto!

Do leito embalde no macio encosto
Tento o sono reter!... já esmorece
O corpo exausto que o repouso esquece...
Eis o estado em que a mágoa me tem posto!

O adeus, o teu adeus, minha saudade,
Fazem que insano do viver me prive
E tenha os olhos meus na escuridade.

Dá-me a esperança com que o ser mantive!
Volve ao amante os olhos por piedade,
Olhos por quem viveu quem já não vive!"

(AZEVEDO, A. *Obra completa*. Rio de Janeiro: Nova Aguilar, 2000)

O núcleo temático do soneto citado é típico da segunda geração romântica, porém configura um lirismo que o projeta para além desse momento específico. O fundamento desse lirismo é:

a) a angústia alimentada pela constatação da irreversibilidade da morte.

b) a melancolia que frustra a possibilidade de reação diante da perda.

c) o descontrole das emoções provocado pela autopiedade.

d) o desejo de morrer como alívio para a desilusão amorosa.

e) o gosto pela escuridão como solução para o sofrimento.

(UNIFESP-SP) Leia o excerto para responder às questões de números 2 e 3:

Ontem a Serra Leoa,
A guerra, a caça ao leão,
O sono dormido à toa
Sob as tendas d'amplidão!
Hoje... o porão negro, fundo,
Infecto, apertado, imundo,
Tendo a peste por jaguar...
E o sono sempre cortado
Pelo arranco de um finado,
E o baque de um corpo ao mar...
Ontem plena liberdade,
A vonta de por poder...
Hoje... cúm'lo de maldade,
Nem são livres p'ra morrer...
Prende-os a mesma corrente
— Férrea, lúgubre serpente —
Nas roscas da escravidão.
E assim roubados à morte,
Dança a lúgubre coorte
Ao som do açoite... Irrisão!...

(Castro Alves. Fragmento de *O navio negreiro — tragédia no mar*.)

2. Considere as seguintes afirmações.

I. O texto é um exemplo de poesia carregada de dramaticidade, própria de um poeta-condor, que mostra conhecer bem as lições do "mestre" Victor Hugo.

II. Trata-se de um poema típico da terceira fase romântica, voltado para auditórios numerosos, em que se destacam a preocupação social e o tom hiperbólico.

III. É possível reconhecer nesse fragmento de um longo poema de teor abolicionista o gosto romântico por uma poesia de recursos sonoros.

Está correto o que se afirma em:

a) I, apenas.

b) II, apenas.

c) III, apenas.

d) I e II, apenas.

e) I, II e III.

3. Nesse fragmento do poema,

a) o poeta se vale do recurso ao paralelismo de construção apenas na primeira estrofe.

b) o eu-poemático aborda o problema da escravidão segundo um jogo de intensas oposições.

c) os animais evocados — *leão*, *jaguar* e *serpente* — têm, respectivamente, sentidos denotativo, denotativo e metafórico.

d) o tom geral assumido pelo poeta revela um misto de emoção, vigor e resignação diante da escravidão.

e) os versos são constituídos alternadamente por sete e oito sílabas poéticas.

4. (ENEM) No trecho abaixo, o narrador, ao descrever a personagem, critica sutilmente um outro estilo de época: o Romantismo.

> Naquele tempo contava apenas uns quinze ou dezesseis anos; era talvez a mais atrevida criatura da nossa raça, e, com certeza, a mais voluntariosa. Não digo que já lhe coubesse a primazia da beleza, entre as mocinhas do tempo, porque isto não é romance, em que o autor sobredoura a realidade e fecha os olhos às sardas e espinhas; mas também não digo que lhe maculasse o rosto nenhuma sarda ou espinha, não. Era bonita, fresca, saía das mãos da natureza, cheia daquele feitiço, precário e eterno, que o indivíduo passa a outro indivíduo, para os fins secretos da criação.
>
> (ASSIS, Machado de. *Memórias Póstumas de Brás Cubas*. Rio de Janeiro: Jackson, 1957.)

A frase do texto em que se percebe a crítica do narrador ao romantismo está transcrita na alternativa:

a) "... o autor sobredoura a realidade e fecha os olhos às sardas e espinhas ..."
b) "... era talvez a mais atrevida criatura da nossa raça ..."
c) "Era bonita, fresca, saía das mãos da natureza, cheia daquele feitiço, precário e eterno, ..."
d) "Naquele tempo contava apenas uns quinze ou dezesseis anos ... "
e) "... o indivíduo passa a outro indivíduo, para os fins secretos da criação."

5. (FUVEST-SP)

> — Não entra a polícia! Não deixa entrar! Aguenta! Aguenta!
>
> — Não entra! Não entra! repercutiu a multidão em coro.
>
> E todo o cortiço ferveu que nem uma panela ao fogo.
>
> — Aguenta! Aguenta!
>
> Aluísio Azevedo, *O cortiço*, 1890, parte X.

O fragmento acima mostra a resistência dos moradores de um cortiço à entrada de policiais no local. O romance de Aluísio Azevedo:

a) representa as transformações urbanas do Rio de Janeiro no período posterior à abolição da escravidão e o difícil convívio entre ex-escravos, imigrantes e poder público.
b) defende a monarquia recém-derrubada e demonstra a dificuldade da República brasileira de manter a tranquilidade e a harmonia social após as lutas pela consolidação do novo regime.
c) denuncia a falta de policiamento na então capital brasileira e atribui os problemas sociais existentes ao desprezo da elite paulista cafeicultora em relação ao Rio de Janeiro.
d) valoriza as lutas sociais que se travavam nos morros e na periferia da então capital federal e as considera um exemplo para os demais setores explorados da população brasileira.
e) apresenta a imigração como a principal origem dos males sociais por que o país passava, pois os novos empregados assalariados tiraram o trabalho dos escravos e os marginalizaram.

6. (ENEM)

> **Cárcere das almas**
>
> Ah! Toda a alma num cárcere anda presa,
> Soluçando nas trevas, entre as grades
> Do calabouço olhando imensidades,
> Mares, estrelas, tardes, natureza.
>
> Tudo se veste de uma igual grandeza
> Quando a alma entre grilhões as liberdades
> Sonha e, sonhando, as imortalidades
> Rasga no etéreo o Espaço da Pureza.
>
> Ó almas presas, mudas e fechadas
> Nas prisões colossais e abandonadas,
> Da Dor no calabouço, atroz, funéreo!
>
> Nesses silêncioslitários, graves,
> que chaveiro do Céu possui as chaves
> para abrir-vos as portas do Mistério?!
>
> CRUZ E SOUSA, J. *Poesia completa*. Florianópolis: Fundação Catarinense de Cultura / Fundação Banco do Brasil, 1993.

Os elementos formais e temáticos relacionados ao contexto cultural do Simbolismo encontrados no poema *Cárcere das almas*, de Cruz e Sousa, são:

a) a opção pela abordagem, em linguagem simples e direta, de temas filosóficos.
b) a prevalência do lirismo amoroso e intimista em relação à temática nacionalista.
c) o refinamento estético da forma poética e o tratamento metafísico de temas universais.
d) a evidente preocupação do eu lírico com a realidade social expressa em imagens poéticas inovadoras.
e) a liberdade formal da estrutura poética que dispensa a rima e a métrica tradicionais em favor de temas do cotidiano.

7. (PUC-PR) Assinale a alternativa que contém a afirmação correta sobre o Naturalismo no Brasil.

a) O Naturalismo, por seus princípios científicos, considerava as narrativas literárias exemplos de demonstração de teses e ideias sobre a sociedade e o homem.

b) O Naturalismo usou elementos da natureza selvagem do Brasil do século XIX para defender teses sobre os defeitos da cultura primitiva.

c) A valorização da natureza rude verificada nos poetas árcades se prolonga na visão naturalista do século XIX, que toma a natureza decadente dos cortiços para provar os malefícios da mestiçagem.

d) O Naturalismo no Brasil esteve sempre ligado à beleza das paisagens das cidades e do interior do Brasil.

e) O Naturalismo do século XIX no Brasil difundiu na literatura uma linguagem científica e hermética, fazendo com que os textos literários fossem lidos apenas por intelectuais.

8. (FUVEST-SP) "E naquela terra encharcada e fumegante, naquela umidade quente e lodosa, começou a minhocar, e esfervilhar, a crescer, um mundo, uma coisa viva, uma geração, que parecia brotar espontânea, ali mesmo, daquele lameiro, a multiplicar-se como larvas no esterco."

O fragmento de "O cortiço", romance de Aluísio Azevedo, apresenta uma característica fundamental do Naturalismo. Qual?

a) Uma compreensão psicológica do Homem.

b) Uma compreensão biológica do Mundo.

c) Uma concepção idealista do Universo.

d) Uma concepção religiosa da Vida.

e) Uma visão sentimental da Natureza.

9. (FEI-SP) Leia atentamente:

I. "Segunda Revolução Industrial, o cientificismo, o progresso tecnológico, o socialismo utópico, a filosofia positivista de Auguste Comte, o evolucionismo formam o contexto sociopolítico-econômico-filosófico-científico em que se desenvolveu a estética realista."

II. "O escritor realista acerca-se dos objetos e das pessoas de um modo pessoal, apoiando-se na intuição e nos sentimentos."

III. "Os maiores representantes da estética realista/naturalista no Brasil foram: Machado de Assis, Aluísio Azevedo e Raul Pompéia."

IV. "Poderíamos citar como característica da estética realista: o individualismo, a linguagem erudita e a visão fantasiosa da sociedade."

Verificamos que em relação ao Realismo/Naturalismo está (estão) correta (corretas):

a) apenas I e II.

b) apenas I e III.

c) apenas II e IV.

d) apenas II e III.

e) apenas III e IV.

10. (ENEM)

> Abatidos pelo fadinho harmonioso e nostálgico dos desterrados, iam todos, até mesmo os brasileiros, se concentrando e caindo em tristeza; mas, de repente, o cavaquinho de Porfiro, acompanhado pelo violão do Firmo, romperam vibrantemente com um chorado baiano. Nada mais que os primeiros acordes da música crioula para que o sangue de toda aquela gente despertasse logo, como se alguém lhe fustigasse o corpo com urtigas bravas. E seguiram-se outra notas, e outras, cada vez mais ardentes e mais delirantes. Já não eram dois instrumentos que soavam, eram lúbricos gemidos e suspiros soltos em torrente, a correrem serpenteando, como cobras numa floresta incendiada; eram ais convulsos, chorados em frenesi de amor: música feita de beijos e soluços gostosos; carícia de fera, carícia de doer, fazendo estalar de gozo.
>
> AZEVEDO, A. *O cortiço*.
> São Paulo: Ática, 1983 (fragmento).

No romance *O Cortiço* (1890), de Aluísio Azevedo, as personagens são observadas como elementos coletivos caracterizados por condicionantes de origem social, sexo e etnia. Na passagem transcrita, o confronto entre brasileiros e portugueses revela prevalência do elemento brasileiro, pois

a) destaca o nome de personagens brasileiras e omite o de personagens portuguesas.

b) exalta a força do cenário natural brasileiro e considera o do português inexpressivo.

c) mostra o poder envolvente da música brasileira, que cala o fado português.

d) destaca o sentimentalismo brasileiro, contrário à tristeza dos portugueses.

e) atribui aos brasileiros uma habilidade maior com instrumentos musicais.

11. (UFAM-AM) Assinale a afirmativa que NÃO se refere de modo correto ao Simbolismo:

a) Surgido da inteligência europeia, afirmou-se como uma oposição vigorosa ao triunfo do fato e das coisas sobre o sujeito.

b) É uma reação às correntes analíticas e a estilos literários objetivos que proliferaram na segunda metade do século XIX.

c) Os cultores desse estilo tinham a aspiração de integrar a poesia na vida cósmica, privilégio que tradicionalmente coube à religião e à filosofia.

d) As posturas estéticas do período almejavam a apreensão direta de valores transcendentais, como o Bem, o Verdadeiro, o Sagrado.

e) Converge para ideais antirromânticos, abrindo caminho para o exercício de uma outra linguagem, mais aderente aos sentidos e aos objetos.

12. (PUC-PR) Assinale o que for INCORRETO a respeito da estética simbolista e da poesia de Cruz e Sousa.

a) Os poetas simbolistas se opunham ao objetivismo cientificista dos realistas/naturalistas.

b) Cruz e Sousa é o maior representante da estética simbolista no país. Porém, nas primeiras décadas do século XX, observa-se urna grande expansão do Simbolismo no Sul do Brasil, sendo o Paraná um dos estados com maior número de manifestações poéticas dessa escola, seja pelas revistas que foram criadas, seja pelos poetas que foram revelados.

c) Verifica-se na estética simbolista o culto à musicalidade do poema, em sintonia com a busca pela espiritualidade, um dos temas predominantes na poesia de Cruz e Sousa.

d) O Simbolismo brasileiro recupera de modo inequívoco os procedimentos e os temas do Romantismo, valorizando o sentimento nacionalista e as ideias abolicionistas.

e) Para os simbolistas, a poesia, experiência transcendente, é uma forma pela qual se alcança o sentido oculto das coisas e das vivências.

13. (ENEM)

Vida obscura

Ninguém sentiu o teu espasmo obscuro,
ó ser humilde entre os humildes seres,
embriagado, tonto de prazeres,
o mundo para ti foi negro e duro.

Atravessaste no silêncio escuro
a vida presa a trágicos deveres
e chegaste ao saber de altos saberes
tornando-te mais simples e mais puro.

Ninguém te viu o sentimento inquieto,
magoado, oculto e aterrador, secreto,
que o coração te apunhalou no mundo,

Mas eu que sempre te segui os passos
sei que cruz infernal prendeu-te os braços
e o teu suspiro como foi profundo!

SOUSA, C. *Obra completa*. Rio de Janeiro: Nova Aguilar, 1961.

Com uma obra densa e expressiva no Simbolismo brasileiro, Cruz e Sousa transpõe para seu lirismo uma sensibilidade em conflito com a realidade vivenciada. No soneto, essa percepção traduz-se em

a) sofrimento tácito diante dos limites impostos pela discriminação.

b) tendência latente ao vício como resposta ao isolamento social.

c) extenuação condicionada a uma rotina de tarefas degradantes.

d) frustração amorosa canalizada para as atividades intelectuais.

e) vocação religiosa manifesta na aproximação com a fé cristã.

© Salvador Dalí, Fundación Gala-Salvador Dalí/AUTVIS, Brasil, 2021 Foto: AKG/Fotoarena

O sono (1937), de Salvador Dalí, um dos mais importantes representantes da pintura surrealista.

8 HISTÓRIA SOCIAL DO MODERNISMO

Tudo o que existe hoje no campo da literatura, das artes plásticas, da música e do cinema está de alguma forma relacionado às propostas e às experiências desenvolvidas pela arte moderna no começo do século XX.

De modo geral, o que marcou o espírito da arte moderna foi o desejo de libertação das amarras do passado e a busca de uma forma de expressão artística nova e sintonizada com a mentalidade do novo século.

Compreender a arte moderna implica conhecer o formidável conjunto de transformações que ocorreram nesse período — desenvolvimento científico e tecnológico, invenções, guerra mundial, revolução comunista, etc. — e a forma de ver e sentir o mundo que delas resultou.

FIQUE LIGADO! PESQUISE!

Para estabelecer relações entre a literatura e outras artes e áreas de conhecimento, eis algumas sugestões:

- De época: *Tempos modernos*, de Charles Chaplin; *1900*, de Bernardo Bertolucci; *Metrópolis*, de Fritz Lang; *O encouraçado Potemkin*, de Sergei Eisenstein; *Reds*, de Warren Beatty; *Sacco e Vanzetti*, de Giuliano Montaldo; *1917*, de Sam Mendes; a série *Os últimos czares* (Netflix). Surrealistas: *O fantasma da liberdade* e *O discreto charme da burguesia*, de Luis Buñuel. Nacionais: *Paixão e guerra no sertão de Canudos*, de Antônio Olavo; *Policarpo Quaresma, herói do Brasil*, de Paulo Thiago; *Eternamente Pagú*, de Norma Bengell; *Macunaíma*, de Joaquim Pedro de Andrade; *Lição de amor*, de Eduardo Escorel; *O quatrilho*, de Fábio Barreto.

Atlaspix/Alamy/Fotoarena

Cena do filme *1917*, que retrata momentos da Primeira Guerra Mundial.

- *Triste fim de Policarpo Quaresma*, de Lima Barreto (Ática); *Urupês*, de Monteiro Lobato (Brasiliense); *Eu e outras poesias*, de Augusto dos Anjos (Martins Fontes); *Mensagem*, de Fernando Pessoa (Moderna); *O ano da morte de Ricardo Reis*, de José Saramago (Companhia das Letras); *A confissão de Lúcio*, de Mário de Sá-Carneiro (Moderna); *Macunaíma*, de Mário de Andrade (Itatiaia); *Poesias reunidas*, de Oswald de Andrade (Civilização Brasileira); *Parque industrial*, de Patrícia Galvão (Linha a linha); *Estrela da vida inteira*, de Manuel Bandeira (Nova Fronteira); *Brás, Bexiga e Barra Funda*, de Antônio de Alcântara Machado (Nova Alexandria); *Monteiro Lobato*, de Marisa Lajolo (Moderna); *Futurismo*, de Richard Humphreys (Cosac & Naify); *Expressionismo*, de Shulamith Behr (Cosac & Naify); *Modernismo*, de Charles Harrison (Cosac & Naify); *Juó Bananére*, de Cristina Fonseca (Editora 34); *Anita Malfatti — Tomei a liberdade de pintar a meu modo*, de Luzia Portinari Greggio (Magma).

Reprodução/Editora Cintra

- Ouça a música do compositor francês Claude Debussy e do brasileiro Heitor Villa-Lobos. Ouça também poemas de Augusto dos Anjos, declamados por Othon Bastos, da coleção Poesia Falada (Luz da Cidade). Ouça, na internet, a canção "Viola quebrada", de Heitor Villa-Lobos, com letra de Mário de Andrade, e "Vou-me embora pra Pasárgada", com Paulo Diniz, adaptação de poema de Manuel Bandeira.

Acervo Iconographia/Reminiscências

Conheça mais sobre a Semana de Arte Moderna acessando os *sites*:

- https://enciclopedia.itaucultural.org.br/
- http://www.ieb.usp.br/

- Visite o Museu de Arte de São Paulo (Masp), o Museu de Arte Moderna de São Paulo (MAM) e a Pinacoteca do Estado de São Paulo. As três instituições reúnem um importante acervo de arte modernista, incluindo obras de Anita Malfatti, Tarsila do Amaral e Di Cavalcanti, entre outros. Visite também o Museu Lasar Segall, que reúne o acervo do artista modernista.

Junior Braz/Shutterstock

Museu de Arte de São Paulo (Masp).

Esta abertura de unidade favorece o desenvolvimento das habilidades

EM13LGG103 | EM13LGG202 | EM13LGG601 | EM13LGG602 | EM13LGG604 | EM13LP28 | EM13LP30 | EM13LP32 | EM13LP51

CAPÍTULO 18

O Pré-Modernismo

No início do século XX, a literatura brasileira atravessava um período de transição. De um lado, ainda era forte a influência das tendências artísticas da segunda metade do século XIX; de outro, já começava a ser preparada a grande renovação modernista, cujo marco no Brasil é a Semana de Arte Moderna (1922). Esse período de transição, que não chega a constituir um movimento literário, é chamado Pré-Modernismo.

Flávio de Barros/Museu da República, Rio de Janeiro, RJ.

População reunida no início da guerra de Canudos (1896-1897), retratada pela obra *Os sertões*, de Euclides da Cunha.

Este capítulo favorece o desenvolvimento das habilidades

EM13LGG102
EM13LGG202
EM13LGG601
EM13LGG602
EM13LGG604
EM13LP01
EM13LP02
EM13LP06
EM13LP46
EM13LP48
EM13LP49
EM13LP52

As estéticas literárias não são estanques e, muitas vezes, se tocam, se influenciam e se fundem. No início do século XX, por exemplo, vários de nossos escritores do Realismo, Naturalismo, Parnasianismo e Simbolismo ainda estavam vivos, escrevendo e publicando. Ao mesmo tempo, começava a surgir em nosso país um grupo de novos escritores que, embora ainda presos aos movimentos literários do século anterior, apresentavam algumas inovações quanto aos temas e à linguagem. Concomitantemente, já começavam a chegar ao Brasil as primeiras influências dos movimentos artísticos europeus, as chamadas vanguardas europeias, que iriam impulsionar o Modernismo brasileiro.

A esse período, marcado pelo sincretismo de tendências artísticas, costuma-se chamar **Pré-Modernismo**. Sem constituir um movimento literário propriamente dito, o Pré-Modernismo consiste na fase de transição pela qual passou a produção literária brasileira entre o final do século XIX e o movimento modernista.

As novidades

Embora os autores pré-modernistas ainda estivessem presos aos modelos do romance realista-naturalista e da poesia simbolista, duas novidades essenciais podem ser observadas em suas obras:

- **o interesse pela realidade brasileira:** os modelos literários realistas-naturalistas eram essencialmente universalizantes. Tanto a prosa de Machado de Assis e Aluísio Azevedo quanto a poesia dos parnasianos e simbolistas não revelavam interesse em tratar da realidade brasileira. A preocupação central desses autores era abordar o homem universal, sua condição e seus anseios. Aos escritores pré-modernistas, ao contrário, interessavam assuntos do dia a dia dos brasileiros, originando-se, assim, obras de nítido caráter social. Graça Aranha, por exemplo, retrata em seu romance *Canaã* a imigração alemã no Espírito Santo; Euclides da Cunha, em *Os sertões*, aborda o tema da guerra e do messianismo em Canudos, no sertão da Bahia; Lima Barreto detém-se na análise das populações suburbanas do Rio de Janeiro; Monteiro Lobato descreve a miséria do caboclo na região decadente do Vale do Paraíba, no Estado de São Paulo. A exceção está na poesia de Augusto dos Anjos, que foge a esse interesse social.
- **a busca de uma linguagem mais simples e coloquial:** embora não se verifique na obra de todos os pré-modernistas, essa preocupação é explícita na prosa de Lima Barreto e representa um importante passo para a renovação modernista de 1922. Lima Barreto procurou "escrever brasileiro", com simplicidade. Para isso, teve de ignorar muitas vezes as normas gramaticais e de estilo, o que provocou a ira dos meios acadêmicos conservadores e parnasianos.

Euclides da Cunha: em busca da verdade histórica

Euclides da Cunha retratou em sua obra *Os sertões* a guerra de Canudos, motivada pelo movimento religioso que tinha à frente o líder religioso Antônio Conselheiro e que resultou na morte de 15 mil pessoas.

Munido das teorias científicas vigentes — determinismo e positivismo — e com conhecimentos de sociologia e geografia natural e humana, pretendia não apenas narrar o que tinha acontecido no conflito, mas também compreender e explicar o fenômeno cientificamente.

Os sertões, portanto, constitui uma experiência única em nossa literatura: é uma obra com estilo literário, de fundo histórico (apesar do fato recente) e de rigor científico.

Adotando o modelo determinista, segundo o qual o meio determina o homem, a obra se organiza em três partes: "A terra", que descreve as condições geográficas do sertão; "O homem", que descreve os costumes do sertanejo; e "A luta", que descreve os ataques a Canudos e sua extinção.

Colocando-se nitidamente a favor do sertanejo, Euclides da Cunha situa o fenômeno de Canudos como um problema social decorrente do isolamento político e econômico do sertão brasileiro em relação ao Brasil cosmopolita, do sul e do litoral. Assim, ele desmonta a versão oficial do Exército, segundo a qual o movimento tinha a finalidade de destruir a República.

Quem foi Euclides da Cunha?

Euclides da Cunha (1866-1909) nasceu no Rio de Janeiro, estudou na Escola Militar e fez curso de Engenharia. De formação positivista e republicano convicto, sempre mostrou grande interesse por ciências naturais e filosofia. Viveu durante algum tempo em São Paulo e, em 1897, foi enviado pelo jornal *O Estado de S. Paulo* ao sertão da Bahia, para cobrir, como correspondente, a guerra de Canudos. Na condição de ex-militar, Euclides pôde informar com precisão os movimentos de guerra do conflito. Mobilizando e dividindo a opinião pública, suas mensagens permitiram que o sul do país acompanhasse passo a passo a campanha. Cinco anos depois, o autor lançou *Os sertões*, obra que narra e analisa os acontecimentos de Canudos à luz das teorias científicas da época.

Reprodução/Coleção Brasiliana, Fundação da Biblioteca Nacional, RJ.

Leitura

A seguir, você vai ler quatro textos. Os três primeiros são de *Os sertões*: o texto 1, retirado da primeira parte da obra, é uma descrição da caatinga; o texto 2, da segunda parte, descreve o sertanejo; e o 3, da terceira parte, trata da guerra e de seu significado. O texto 4 é parte do prefácio que o escritor português José Saramago, prêmio Nobel de literatura em 1998, fez para o livro *Terra*, de Sebastião Salgado. Após a leitura dos textos, responda às questões propostas.

TEXTO 1

Então, a travessia das **veredas** sertanejas é mais exaustiva que a de uma **estepe** nua.

Nesta, ao menos, o viajante tem o desafogo de um horizonte largo e a perspectiva das planuras francas.

Ao passo que a caatinga o afoga; abrevia-lhe o olhar; agride-o e estonteia-o; enlaça-o na trama **espinescente** e não o atrai; repulsa-o com as folhas **urticantes**, com o espinho, com os gravetos estalados em lanças, e desdobra-se-lhe na frente léguas e léguas, imutável no aspecto desolado: árvore sem folhas, de galhos estorcidos e secos, revoltos, entrecruzados, apontando rijamente no espaço ou estirando-se **flexuosos** pelo solo, lembrando um bracejar imenso, de tortura, da flora agonizante...

(Euclides da Cunha. *Os sertões*. São Paulo: Círculo do Livro, 1975. p. 38.)

espinescente: que cria espinhos.
estepe: vasta planície ou região semidesértica.
flexuoso: sinuoso, ondulante.
urticante: que queima como urtiga.
vereda: trilha que marca o rumo a seguir

TEXTO 2

O sertanejo é, antes de tudo, um forte. Não tem o raquitismo exaustivo dos mestiços **neurastênicos** do litoral.

A sua aparência, entretanto, ao primeiro lance de vista, revela o contrário. Falta-lhe a plástica impecável, o desempenho, a estrutura corretíssima das organizações atléticas.

É desgracioso, desengonçado, torto. **Hércules-Quasímodo**, reflete no aspecto a fealdade típica dos fracos. O andar sem firmeza, sem aprumo, quase gigante e sinuoso, aparenta a translação de membros desarticulados.

[...]

Reflete a preguiça invencível, a **atonia** muscular perene, em tudo: na palavra **remorada**, no gesto contrafeito, no andar desaprumado, na cadência langorosa das modinhas, na tendência constante à imobilidade e à quietude.

Entretanto, toda esta aparência de cansaço ilude.

Nada é mais surpreendedor do que vê-la desaparecer de improviso. Naquela organização combalida operam-se, em segundos, **transmutações** completas. Basta o aparecimento de qualquer incidente exigindo-lhe o desencadear das energias **adormidas**. O homem transfigura-se. Empertiga-se, **estadeando** novos relevos, novas linhas na estatura e no gesto; e a cabeça firma-se-lhe, alta, sobre os ombros possantes, aclarado pelo olhar desassombrado e forte; [...] e da figura vulgar do **tabaréu** canhestro, reponta, inesperadamente, o aspecto dominador de um **titã** acobreado epotente, num desdobramento surpreendente de força e agilidade extraordinárias.

Arraial de Canudos visto pela estrada do Rosário. Desenho de Urpia, c. 1895.

(Idem, p. 92-93.)

adormido: adormecido.
atonia: perda do tônus, das forças.
estadear: manifestar, demonstrar.
Hércules: personagem da mitologia caracterizado por ter uma força incomum.
neurastênico: fraco, irritado.
remorado: adiado, retardado.
Quasímodo: personagem corcunda da obra *O corcunda de* Notre Dame, de Victor Hugo.
tabaréu: soldado inexperiente; pessoa inapta para fazer alguma coisa; caipira.
titã: personagem da mitologia; pessoa dotada de força extraordinária.
transmutação: ato ou efeito de transformar-se.

TEXTO 3

Decididamente era indispensável que a campanha de Canudos tivesse um objetivo superior à função estúpida e bem pouco gloriosa de destruir um povoado dos sertões. Havia um inimigo mais sério a combater, em guerra mais demorada e digna. Toda aquela campanha seria um crime inútil e bárbaro, se não se aproveitassem os caminhos abertos à artilharia para uma propaganda **tenaz**, contínua e persistente, visando trazer para o nosso tempo e incorporar à nossa existência aqueles rudes compatriotas retardatários.

[...]

Fechemos este livro.

Canudos não se rendeu. Exemplo único em toda a história, resistiu até ao esgotamento completo. Expugnado palmo a palmo, na precisão integral do termo, caiu no dia 5, ao entardecer, quando caíram os seus últimos defensores, que todos morreram. Eram quatro apenas: um velho, dois homens feitos e uma criança, na frente dos quais rugiam raivosamente cinco mil soldados.

(Idem, p. 405 e 476.)

tenaz: firme.

Editora Abril

José Wilker em cena do filme *A Guerra de Canudos*.

TEXTO 4

No dia 17 de abril de 1996, no estado brasileiro do Pará, perto de uma povoação chamada Eldorado dos Carajás (Eldorado: como pode ser sarcástico o destino de certas palavras...), 155 soldados da polícia militarizada, armados de espingardas e metralhadoras, abriram fogo contra uma manifestação de camponeses que bloqueavam a estrada em ação de protesto pelo atraso dos procedimentos legais de expropriação de terras, como parte do esboço ou **simulacro** de uma suposta reforma agrária na qual, entre avanços mínimos e dramáticos recuos, se gastaram já cinquenta anos, sem que alguma vez tivesse sido dada suficiente satisfação aos gravíssimos problemas de subsistência (seria mais rigoroso dizer sobrevivência) dos trabalhadores do campo. Naquele dia, no chão de Eldorado dos Carajás ficaram 19 mortos, além de umas quantas dezenas de pessoas feridas.

Passados três meses sobre este sangrento acontecimento, a polícia do estado do Pará, arvorando-se a si mesma em juiz numa causa em que, obviamente, só poderia ser a parte acusada, veio a público declarar inocentes de qualquer culpa os seus 155 soldados, alegando que tinham agido em legítima defesa, e, como se isto lhe parecesse pouco, reclamou processamento judicial contra três dos camponeses, por desacato, lesões e detenção ilegal de armas. O arsenal bélico dos manifestantes era constituído por três pistolas, pedras e instrumentos de lavoura mais ou menos manejáveis. Demasiado sabemos que, muito antes da invenção das primeiras armas de fogo, já as pedras, as foices e os **chuços** haviam sido considerados ilegais nas mãos daqueles que, obrigados pela necessidade a reclamar pão para comer e terra para trabalhar, encontraram pela frente a polícia militarizada do tempo, armada de espadas, lanças e **alabardas**. Ao contrário do que geralmente se pretende fazer acreditar, não há nada mais fácil de compreender que a história do mundo, que muita gente ilustrada ainda teima em afirmar ser complicada demais para o entendimento rude do povo.

(José Saramago. *In*: Sebastião Salgado. *Terra*. São Paulo: Companhia das Letras, 1997. p. 11.)

Cia. das Letras

Capa do livro *Terra*, de Sebastião Salgado, obra de fotografias que registram momentos relativamente recentes da histórica luta pela posse da terra no Brasil.

alabarda: arma antiga, formada por haste de madeira em ferro largo e pontiagudo, atravessado por outro em forma de meia-lua.
chuço: vara ou pau armado de ponta de ferro ou de aço.
simulacro: ação simulada, falsificação.

O sebastianismo no Brasil

A partir das fontes orais que recolheu, Euclides recriou o imaginário coletivo dos seguidores do Conselheiro. Propôs uma outra interpretação de Canudos, não como centro de uma conspiração monárquica, mas enquanto comunidade messiânica, em que haveria a espera do rei português D. Sebastião, que voltaria, com seus exércitos, para derrotar as forças da República. Foi assim revivido no Belo Monte o mito do retorno glorioso de D. Sebastião, morto em batalha em 1578, na tentativa de expandir os domínios portugueses na África. O sebastianismo se manteve em Portugal até o século XIX e se manifestou no Brasil em movimentos messiânicos, como na Cidade do Paraíso Terrestre e em Pedra Bonita, ambos em Pernambuco, ou no Contestado, no sul do país.

(Roberto Ventura. *Do mar se fez o sertão:* Euclides da Cunha e Canudos. Disponível em: www.euclidesdacunha.org/ventura.htm. Acesso em: 25/8/2021.)

1. De acordo com o texto 1, como se caracteriza o lugar onde vive o sertanejo?

2. No texto 2, contrapondo o sertanejo ao homem do litoral, o narrador descreve os aspectos contraditórios da constituição física e do comportamento do sertanejo.

a) Explicite essa contradição.

b) Que personagens da literatura foram utilizadas para dar ideia de quanto a figura do sertanejo é contraditória?

c) Na oposição entre o homem do litoral e o sertanejo, interprete: Quem é o mais forte, segundo o ponto de vista do narrador? Justifique sua resposta.

Euclides: do preconceito racial a uma visão crítica

Quando desembarcou no sertão, o jovem engenheiro e ex-militar, positivista e republicano convicto, estava certo de que encontraria apenas uma manifestação da brutalidade dos miscigenados caboclos da região. Pelo menos, assim rezava a cartilha intelectual de quem conhecia e apreciava teóricos racistas europeus da pureza racial e da superioridade dos povos. Os fatos se encarregaram de mudar seu ponto de vista, ao perceber que os verdadeiros selvagens trajavam farda.

(*Superinteressante*, nov. 1993.)

3. No 1.º parágrafo do texto 3, o autor critica a guerra em si e afirma que outra "guerra mais demorada e digna" deveria ser travada. Qual é essa guerra?

4. O relato de Euclides da Cunha revela influência da ciência da época e, ao mesmo tempo, o empenho em chegar à verdade dos fatos.

a) Identifique no texto 2 um trecho que comprove a influência de teorias raciais existentes no começo do século XX.

b) Os textos 1, 2 e 3 são trechos, respectivamente, das três partes queconstituem a obra Os sertões: "A terra", "O homem" e "A luta". Por que se pode afirmar que a própria estrutura da obra revela uma concepção naturalista?

c) Euclides não aceita a versão oficial dada pelo Exército: a de que Canudos era um foco monarquista. Na visão do autor, quais tinham sido as causas daquele fenômeno social?

5. No texto 4, José Saramago comenta o massacre ao movimento dos sem-terra ocorrido em Eldorado dos Carajás, no Pará, em 1996. Compare o texto de Saramago aos outros três textos.

a) O que há em comum entre o movimento de Canudos e a luta pela reforma agrária encabeçada pelo movimento dos sem-terra?

b) Que semelhanças existem entre o massacre de Carajás e o de Canudos quanto às condições de armamento dos soldados e da população civil?

c) Que semelhança existe entre a versão oficial dada à guerra de Canudos e a apuração que a própria polícia fez dos atos de violência cometidos em Carajás?

6. José Saramago conclui seu texto afirmando: "Ao contrário do que geralmente se pretende fazer acreditar, não há nada mais fácil de compreender que a história do mundo, que muita gente ilustrada ainda teima em afirmar ser complicada demais para o entendimento rude do povo".

a) Tomando como base os acontecimentos de Canudos e Carajás, levante hipóteses: De acordo com o ponto de vista de Saramago, o que essencialmente caracteriza a "história do mundo"?

b) Na sua opinião, o povo é capaz de compreender a história do mundo

Diálogos com Canudos e *Os sertões*

Alfaguara Brasil

Canudos e a obra de Euclides da Cunha têm suscitado inúmeros diálogos com artistas contemporâneos, em diferentes linguagens.

No campo da literatura, por exemplo, diversos autores, nacionais e estrangeiros, escreveram sobre o tema. Destacam-se as obras *A guerra do fim do mundo* (Alfaguara Brasil), do peruano Mario Vargas Llosa, e *Veredicto em Canudos* (Companhia das Letras), do húngaro Sándor Márai.

Em quadrinhos, Jô Oliveira criou *A guerra do Reino Divino*, que situa o rei português D. Sebastião em meio aos movimentos messiânicos do sertão brasileiro.

Na música, o compositor Gereba lançou o CD *Canudos* (CPC - UMES) em 1997.

Lima Barreto: a história dos vencidos

Atualmente considerado um dos principais romancistas brasileiros, Lima Barreto foi um dos poucos em nossa literatura que combateram o preconceito racial e a discriminação social do negro e do mestiço. Essa abordagem está presente, por exemplo, nos romances *Clara dos Anjos*, *Vida e morte de M. J. Gonzaga de Sá* e no quase autobiográfico *Recordações do escrivão Isaías Caminha*.

Em sua obra, Lima Barreto retratou o cotidiano dos subúrbios, sua gente humilde e seus dramas, criticou a ganância dos políticos e o desejo de ascensão da classe média, bem como registrou diversos acontecimentos da República, tais como a insurreição antiflorianista, a campanha contra a febre amarela e a política de valorização do café.

Quem foi Lima Barreto?

Nascido no Rio de Janeiro, Lima Barreto (1881-1922) era mestiço e de origem humilde. Foi jornalista e escritor. Orgulhoso de suas origens, ferino e severo em suas críticas, Lima Barreto foi incompreendido pela crítica de seu tempo e alcançou em vida apenas uma relativa popularidade.

Devido ao alcoolismo, foi, por duas vezes, internado em um hospício. Os períodos de internação renderam o inacabado romance *Cemitério dos vivos*.

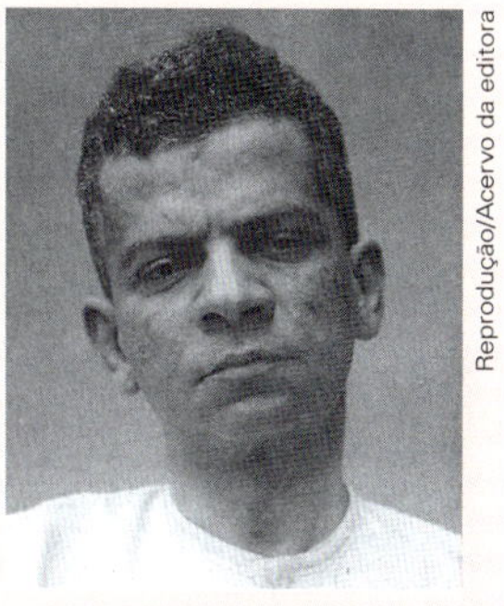

Reprodução/Acervo da editora

Lima Barreto em foto tirada em 1919, quando internado no Hospício Nacional, no Rio de Janeiro.

Triste fim de Policarpo Quaresma: entre o ideal e o real

Principal romance de Lima Barreto, *Triste fim de Policarpo Quaresma* é ambientado no Rio de Janeiro do final do século XIX. A obra narra os ideais e os percalços do funcionário público Policarpo Quaresma, um sonhador e ingênuo nacionalista que se dedica a estudar as riquezas do país. Seus projetos patrióticos, como a introdução do tupi como língua oficial e o cultivo da terra em seu sítio, fracassam totalmente. Com a eclosão da Revolta da Armada, Quaresma participa do conflito como voluntário; porém, no cargo de carcereiro, denuncia as injustiças praticadas contra os prisioneiros e acaba condenado e morto por ordem de seu próprio ídolo, o presidente Floriano Peixoto. Além de traçar o cenário político brasileiro do início da República, a obra apresenta um rico painel social dos subúrbios cariocas desse período, representando as donas de casa, os mestiços, os músicos e os empregados do comércio, entre outros.

Leitura

O fragmento a seguir situa-se no último capítulo de *Triste fim de Policarpo Quaresma* e mostra Quaresma logo após ter denunciado ao presidente marechal Floriano Peixoto as injustiças feitas aos prisioneiros na cadeia.

> Como lhe parecia ilógico com ele mesmo estar ali metido naquele estreito calabouço. Pois ele, o Quaresma plácido, o Quaresma de tão profundos pensamentos patrióticos, merecia aquele triste fim?
>
> [...]
>
> Por que estava preso? Ao certo não sabia; o oficial que o conduzira nada lhe quisera dizer; e, desde que saíra da ilha das Enxadas para a das Cobras, não trocara palavra com ninguém, não vira nenhum conhecido no caminho [...]. Entretanto, ele atribuía a prisão à carta que escrevera ao presidente, protestando contra a cena que presenciara na véspera.

Não se pudera conter. Aquela leva de desgraçados a sair assim, a **desoras**, escolhidos a esmo, para uma carniçaria distante, falara fundo a todos os seus sentimentos; pusera diante dos seus olhos todos os seus princípios morais; desafiara a sua coragem moral e a sua solidariedade humana; e ele escrevera a carta com veemência, com paixão, indignado. Nada omitiu do seu pensamento; falou claro, franca e nitidamente.

Devia ser por isso que ele estava ali naquela masmorra, engaiolado, trancafiado, isolado dos seus semelhantes como uma fera, como um criminoso, sepultado na treva, sofrendo umidade, misturado com os seus detritos, quase sem comer... Como acabarei? Como acabarei? E a pergunta lhe vinha, no meio da revoada de pensamentos que aquela angústia provocava pensar. Não havia base para qualquer hipótese. Era de conduta tão irregular e incerta o Governo que tudo ele podia esperar: a liberdade ou a morte, mais esta que aquela.

O tempo estava de morte, de carnificina; todos tinham sede de matar, para afirmar mais a vitória e senti-la bem na consciência cousa sua, própria, e altamente honrosa.

Adaptação da obra de Lima Barreto para a linguagem dos quadrinhos.

Reprodução/Editora Desiderata

Iria morrer, quem sabe se naquela noite mesmo? E que tinha ele feito de sua vida? Nada. Levara toda ela atrás da miragem de estudar a pátria, por amá-la e querê-la muito, no intuito de contribuir para a sua felicidade e prosperidade. Gastara sua mocidade nisso, a sua virilidade também; e, agora que estava na velhice, como ela o recompensava, como ela o premiava, como ela o condecorava? Matando-o. E o que não deixara de ver, de gozar, de **fruir**, na sua vida? Tudo. Não brincara, não **pandegara**, não amara — todo esse lado da existência que parece fugir um pouco à sua tristeza necessária, ele não vira, ele não provara, ele não experimentara.

Desde dezoito anos que o tal patriotismo lhe absorvia e por ele fizera a tolice de estudar inutilidades. Que lhe importavam os rios? Eram grandes? Pois que fossem... Em que lhe contribuiria para a felicidade saber o nome dos heróis do Brasil? Em nada... O importante é que ele tivesse sido feliz. Foi? Não. Lembrou-se das suas cousas de tupi, do folclore, das suas tentativas agrícolas... Restava disso tudo em sua alma uma satisfação? Nenhuma! Nenhuma!

O tupi encontrou a incredulidade geral, o riso, a **mofa**, o escárnio; e levou-o à loucura. Uma decepção. E a agricultura? Nada. As terras não eram **ferazes** e ela não era fácil como diziam os livros. Outra decepção. E, quando o seu patriotismo se fizera combatente, o que achara? Decepções. Onde estava a doçura de nossa gente? Pois ele não a viu combater como feras? Pois não a via matar prisioneiros, inúmeros? Outra decepção. A sua vida era uma decepção, uma série, melhor, um encadeamento de decepções.

(São Paulo: Saraiva, 2007. p. 199-201.)

desora: tarde da noite, altas horas.
feraz: muito produtivo, fecundo, fértil.
fruir: desfrutar, aproveitar, gozar.
mofa: zombaria, troça.
pandegar: viver em festa.

1. Policarpo Quaresma participava, ao lado de Floriano Peixoto, da Revolta da Armada, quando foi preso. De acordo com as pistas do texto, levante hipóteses:

a) Por que Quaresma foi preso?

b) Levante hipóteses: O que provavelmente ele tinha visto na prisão que o teria levado a agir de tal forma?

c) Como Quaresma supõe que Floriano Peixoto interpretou essa iniciativa dele?

2. Na prisão, Quaresma faz uma retrospectiva e uma avaliação de sua vida, de sua conduta e de seus valores. A que conclusão chega?

3. Observe estes fragmentos do texto:

"e, agora que estava na velhice, como ela [a pátria] o recompensava, como ela o premiava, como ela o condecorava? Matando-o."

"Onde estava a doçura de nossa gente? Pois ele não a viu combater como feras?"

a) Nesses fragmentos, a quem Quaresma atribui a responsabilidade, respectivamente, por sua prisão e pela violência da guerra?

b) Quem, na verdade, tinha responsabilidade por tais ocorrências?

c) Apesar de Quaresma fazer uma autocrítica, que característica do personagem ainda se mantém nesses fragmentos?

4. No texto, é empregado o discurso indireto livre, isto é, uma técnica que consiste em empregar diretamente, em meio à fala do narrador, pensamentos ou falas do personagem sem a indicação de verbos *dicendi*, como *disse*, *falou*, *respondeu*, etc. Identifique um trecho em que tal recurso foi utilizado e explique o efeito de sentido que ele atribui ao texto.

5. No final do texto se lê: "A sua vida era uma decepção, uma série, melhor, um encadeamento de decepções". Explique a diferença de sentido entre "série de decepções" e "encadeamento de decepções".

6. Policarpo Quaresma, muitas vezes associado a D. Quixote, personagem de Miguel de Cervantes, é um típico herói problemático. Explique por quê.

7. Pode-se dizer que o romance *Triste fim de Policarpo Quaresma* faz uma crítica à sociedade da época. Qual é o alvo dessa crítica?

Monteiro Lobato: um dínamo em movimento

Monteiro Lobato situa-se entre os autores regionalistas do Pré-Modernismo e destaca-se no gênero conto, com obras como *Urupês*, *Negrinha* e *Cidades mortas*, nas quais retrata os vilarejos decadentes do Vale do Paraíba (região paulista entre São Paulo e Rio de Janeiro) na época da crise do plantio do café.

Escritor sem nenhuma pretensão de promover renovação psicológica ou estética, Lobato foi antes de tudo um extraordinário contador de histórias, preso ainda a certos modelos realistas. Criador do imortal personagem Jeca Tatu, não perdeu oportunidade para criticar certos hábitos brasileiros, como a indolência, a obediência a modelos estrangeiros, a subserviência ao capitalismo internacional, a submissão das massas eleitorais, o nacionalismo ufanista cego, etc.

Quem foi Monteiro Lobato?

J. U. Campos/Acervo da editora

Monteiro Lobato (1882-1948), paulista de Taubaté, foi um dos escritores brasileiros de maior prestígio, em consequência de sua atuação como intelectual polêmico e escritor.

Nacionalista, envolveu-se na década de 1930 com a luta pela defesa das reservas naturais brasileiras, que vinham sendo exploradas por grandes empresas multinacionais. Com a publicação de *O escândalo do petróleo* (1936), denunciou o jogo de interesses relacionado com a extração desse recurso. Em 1941, já durante a ditadura de Vargas, foi preso por ataques ao governo.

Entre suas obras, destacam-se *Urupês, Cidades mortas, O presidente negro, Reinações de Narizinho, O picapau amarelo*.

Do ponto de vista artístico, mostrou-se conservador quando começaram a surgir as primeiras manifestações modernistas em São Paulo. Ficou famoso o seu polêmico artigo intitulado "Paranoia ou mistificação", publicado no jornal *O Estado de S. Paulo* em 1917. Nele Lobato criticava violentamente a exposição de pinturas expressionistas de Anita Malfatti, pintora paulista recém-chegada da Europa, considerando seu trabalho resultado de uma deformação mental.

A literatura infantil

Monteiro Lobato foi também um dos primeiros autores de literatura infantil em nosso país e em toda a América Latina. Personagens como Narizinho, Pedrinho, a boneca Emília, Dona Benta, Tia Nastácia, o Visconde de Sabugosa e o porco Rabicó ficaram conhecidos por inúmeras gerações de crianças de vários países.

Na década de 1970, as histórias da turma foram adaptadas para a TV e levadas ao ar no programa seriado *Sítio do Picapau Amarelo*.

Tal qual no conjunto de suas obras, também na produção infantil Lobato aproveitou para transmitir às crianças valores morais, conhecimentos sobre nosso país, nossas tradições (como o saci) e nossa língua.

Reprodução/Editora Monteiro Lobato & Cia.

O Picapau Amarelo (1939), de Monteiro Lobato.

Leitura

Na crônica *Urupês*, Monteiro Lobato traça o perfil do caipira, o Jeca Tatu, que ele imortalizou em nossa literatura. O texto a seguir é um fragmento dessa crônica.

Jeca Tatu é um **piraquara** do Paraíba, maravilhoso **epítome** de carne onde se resumem todas as características da espécie.

Ei-lo que vem falar ao patrão. Entrou, saudou. Seu primeiro movimento após prender entre os lábios a palha de milho, sacar o rolete de fumo e disparar a cusparada d'esguicho, é sentar-se jeitosamente sobre os calcanhares. Só então destrava a língua e a inteligência.

— "Não vê que..."

De pé ou sentado as ideias se lhe entramam, a língua emperra e não há de dizer coisa com coisa.

De noite, na choça de palha, acocora-se em frente ao fogo para "aquentá-lo", imitado da mulher e da prole.

Para comer, negociar uma barganha, ingerir um café, tostar um cabo de foice, fazê-lo noutra posição será desastre infalível. Há de ser de cócoras.

Nos mercados, para onde leva a quitanda domingueira, é de cócoras, como um faquir do **Bramaputra**, que vigia os cachinhos de **brejaúva** ou o feixe de três palmitos.

Pobre Jeca Tatu! Como és bonito no romance e feio na realidade!

Jeca mercador, Jeca lavrador, Jeca filósofo...

Quando comparece às feiras, todo mundo logo adivinha o que ele traz: sempre coisas que a natureza derrama pelo mato e ao homem só custa o gesto de espichar a mão e colher — cocos de tucum ou jissara, guabirobas, bacuparis, maracujás, jataís, pinhões, orquídeas; [...]

Seu grande cuidado é espremer todas as consequências da lei do menor esforço — e nisto vai longe.

Começa na morada. Sua casa de sapé e lama faz sorrir aos bichos que moram em toca e gargalhar ao joão-de-barro. Pura **biboca** de **bosquímano**. Mobília, nenhuma. A cama é uma **espipada** esteira de **peri** posta sobre o chão batido.

[...]

Nenhum talher. Não é a munheca um talher completo — colher, garfo e faca a um tempo?

No mais, umas cuias, **gamelinhas**, um pote esbeiçado, a **pichorra** e a panela de feijão.

Nada de armários ou baús. A roupa, guarda-a no corpo. Só tem dois **parelhos**; um que traz no uso e outro na lavagem. [...]

Seus remotos avós não gozaram maiores comodidades. Seus netos não meterão quarta perna ao banco. Para quê? Vive-se bem sem isso.

Se pelotas de barro caem, abrindo **seteiras** na parede, Jeca não se move a repô-las. Ficam pelo resto da vida os buracos abertos, a entremostrarem nesgas de céu.

Quanto à palha do teto, apodrecida, greta em fendas por onde pinga a chuva, Jeca, em vez de remendar a tortura, limita-se, cada vez que chove, a aparar numa gamelinha a água gotejante...

Remendo... Para quê? Se uma casa dura dez anos e faltam "apenas" nove para que ele abandone aquela? Esta filosofia economiza reparos.

Um terreirinho **descalvado** rodeia a casa. O mato o beira. Nem árvores frutíferas, nem horta, nem flores — nada revelador de permanência.

Há mil razões para isso; porque não é sua a terra; porque se o "tocarem" não ficará nada que a outrem aproveite; porque para frutas há o mato; porque a "criação" come; porque...

— "Mas criatura, com um **vedozinho** por ali... A madeira está à mão, o cipó é tanto..."

biboca: casa pequena, com cobertura de palha.
bosquímano: relativo aos bosquímanos, povo sul-africano.
Bramaputra: rio da Ásia meridional.
brejaúva: palmeira silvestre.
descalvado: com ausência de vegetação, árido.
epítome: resumo, síntese.
espipado: repuxado.
gamela: vasilha de madeira ou de barro.
parelho: roupa de homem, geralmente calça e paletó.
peri: o mesmo que piri, junco com o qual se faz esteira.
pichorra: pequeno cântaro com bico.
piraquara: habitante das margens do rio Paraíba do Sul.
seteira: abertura longa e estreita.
vedozinho: diminutivo de vedo, tapume.

Jeca, interpelado, olha para o morro coberto de **moirões**, olha para o terreiro nu, coça a cabeça e cuspilha.

— "Não paga a pena."

Todo o inconsciente filosofar do caboclo **grulha** nessa palavra atravessada de fatalismo e **modorra**. Nada paga a pena. Nem culturas, nem comodidades. De qualquer jeito se vive.

(22. ed. São Paulo: Brasiliense, 1978. p. 147-50.)

grulhar: tagarelar.
modorra: prostração, preguiça.
moirão: pau que serve para esteio.

Jeca Tatu: um soco no estômago

O jornalista Roberto Pompeu de Toledo comenta sobre o significado que a personagem de Monteiro Lobato teve quando foi publicada pela primeira vez a obra *Urupês*:

Jeca Tatu é uma grande descoberta. Ou, se não uma descoberta, uma grande sacudida nas consciências. Será uma descoberta na hipótese, não desprezível, de que os brasileiros bem-nascidos e letrados não tivessem ideia, ou tivessem apenas uma ideia vaga, da existência, no subsolo do país onde se moviam, de um Brasil miserável, ignorante e desprezado. Será uma sacudida nas consciências se esses brasileiros, conhecendo esse Brasil, fingissem que ele não existia. Num caso como no outro, Jeca Tatu é um soco no estômago — no estômago da ignorância ou no da hipocrisia.

(*Veja*, n. 1588.)

Acervo Iconographia

1. O texto descreve Jeca Tatu em três papéis: o de mercador, o de lavrador e o de filósofo. Como se sai Jeca nesses papéis?
2. Que comportamentos de Jeca comprovam a afirmação do narrador de que "Seu grande cuidado é espremer todas as consequências da lei do menor esforço"?
3. O Romantismo brasileiro, em sua vertente regionalista, enalteceu o homem rural, tanto o do Sul quanto o do Norte, idealizando-o ou tratando-o como herói. A personagem Jeca Tatu, de Lobato, confirma ou nega o tratamento romântico dado ao homem rural? Por quê?
4. Em suas obras, Lobato busca compreender as causas do comportamento desinteressado do caboclo paulista e acaba atribuindo à preguiça a responsabilidade principal. Contudo, o narrador, ou o próprio Lobato, afirma no texto lido: "nada revelador de permanência". Confronte esse dado com o texto que segue, do crítico Silviano Santiago:

   Para se chegar ao diagnóstico sobre o atraso do Jeca Tatu, o "médico" [Lobato] neutralizou os efeitos nocivos causados por ele e seus pares na constituição do miserável objeto de estudo e, por isso, Lobato posava de libertador do povo e, no entanto, era injusto e impiedoso para com esse povo. Lobato se esqueceu de que ele e demais latifundiários amigos eram os verdadeiros parasitas dos antepassados dos atuais agregados, como o tinham sido dos velhos escravos. É na condição de também parasita que competia a ele diagnosticar os males do caboclo-parasita. Os defeitos do explorador do trabalho alheio (do latifundiário) se escondem para que mais salientem a indolência do explorado (do caboclo).

   (Um dínamo em movimento. *Folha de S.Paulo*, 28/6/1998.)

   a) Relacionando o comentário de Lobato ao do crítico Silviano Santiago, responda: Que outra causa social é responsável pela falta de apego do caboclo à terra?
   b) Explique este trecho de Silviano Santiago: "Lobato posava de libertador do povo e, no entanto, era injusto e impiedoso para com esse povo."

Augusto dos Anjos: o átomo e o cosmos

Augusto dos Anjos produziu textos de grande originalidade. Considerado por alguns um poeta simbolista, ele é na verdade representante de uma experiência única na literatura universal: a união do Simbolismo com o cientificismo naturalista. Por isso, dado o caráter sincrético de sua poesia, convém situá-lo entre os pré-modernistas.

Seus poemas chocam pela agressividade do vocabulário e pela visão dramaticamente angustiante da matéria, da vida e do cosmos. Compõem sua linguagem termos até então considerados antipoéticos, como *escarro, verme, germe*, etc. Os temas são igualmente inquietantes: a prostituta, as substâncias químicas que compõem o corpo humano, a decrepitude dos cadáveres, os vermes, etc.

Quem foi Augusto dos Anjos?

Augusto dos Anjos (1884-1914) nasceu em Pau D'Arco, na Paraíba, estudou Direito em Recife e viveu no Rio de Janeiro e em Minas Gerais. Depois de exercer a profissão de advogado, foi promotor e professor de literatura. Publicou uma única obra: *Eu*.

Reprodução/Bloch Editores S.A.

Além dessa "camada científica", há na poesia do autor a dor de ser dos simbolistas, marcada por anseios e angústias existenciais, provável influência do pessimismo do filósofo alemão Arthur Schopenhauer.

Para o poeta, não há Deus nem esperança; há apenas a supremacia da ciência. Quanto ao homem, as substâncias e energias do universo que o geraram, compondo a matéria de que ele é feito — carne, sangue, instinto, células —, tudo fatalmente se arrasta para a podridão e para a decomposição, para o mal e para o nada.

Leitura

A Ideia

De onde ela vem?! De que matéria bruta
Vem essa luz que sobre as **nebulosas**
Cai de incógnitas **criptas** misteriosas
Como as estalactites duma gruta?!

Vem da **psicogenética** e alta luta
Do feixe de **moléculas** nervosas,
Que, em desintegrações maravilhosas,
Delibera, e depois, quer e executa!

Vem do **encéfalo absconso** que a **constringe**,
Chega em seguida às cordas do laringe,
Tísica, tênue, mínima, raquítica...

Quebra a força **centrípeta** que a amarra,
Mas, de repente, e quase morta, esbarra
No **mulambo** da língua paralítica!

(*Eu e outros poemas*. São Paulo: Ática, 2005. p. 54.)

absconso: escondido, secreto; cavidade.
centrípeta: que busca o centro.
constringir: apertar.
cripta: caverna, gruta.
encéfalo: cérebro.
molécula: a menor partícula em que uma substância pode ser dividida sem que ocorra perda de suas propriedades químicas.
mulambo: molambo; farrapo, indivíduo fraco.
nebulosa: nuvem de poeira e gás em suspensão no espaço sideral.
psicogenética: qualidade do que é a origem dos processos mentais ou psicológicos da mente e da personalidade individuais.
tísico: tuberculoso, fraco.

© Jacopo Brancati/Bridgeman/Fotoarena

Detalhe de uma escultura em um cemitério de Gênova, Itália.

1. A linguagem do poema surpreende e modifica uma tradição poética brasileira, em grande parte construída com base em sentimentalismo, delicadezas, sonhos e fantasias.

   a) Destaque do texto vocábulos empregados poeticamente por Augusto dos Anjos e tradicionalmente considerados antipoéticos.
   b) De que área do conhecimento humano provêm esses vocábulos?

2. O poema pode ser dividido em duas partes: na primeira, o eu lírico pergunta sobre a origem da Ideia; na segunda, apresenta uma resposta.

   a) Na 1.ª estrofe, são empregadas uma metáfora e uma comparação para referir-se à Ideia. Quais são?
   b) Como é a origem e o percurso da Ideia, conforme a descrição feita pelo eu lírico nas estrofes 2 e 3?
   c) Nesse percurso, a Ideia mantém-se como na origem ou sofre perdas?

3. No último terceto, o eu lírico apresenta o momento em que a Ideia adquire forma.

   a) Qual é o instrumento responsável por dar forma à Ideia?
   b) Nesse estágio, a Ideia é reproduzida em sua plenitude?

4. Segundo a concepção do eu lírico:

   a) A Ideia tem uma origem material ou imaterial? Explique.
   b) O vocabulário empregado pelo eu lírico está de acordo com essa concepção?
   c) Essa concepção retoma uma visão romântica do mundo interior do ser humano ou rompe com ela?

5. Identifique no texto ao menos uma característica simbolista e outra naturalista.

Para quem quer mais

Se você deseja aprofundar os seus conhecimentos sobre a literatura pré-modernista, leia os textos a seguir e, posteriormente, sozinho, em dupla ou em grupo, procure resolver as questões propostas pelo **Roteiro de estudo**. O poema "Budismo moderno" foi musicado por Arnaldo Antunes e integra o CD *Ninguém*.

Augusto dos Anjos

Budismo moderno

Tome, Dr., esta tesoura, e... corte
Minha singularíssima pessoa.
Que importa a mim que a bicharia roa
Todo o meu coração, depois da morte?!

Ah! Um urubu pousou na minha sorte!
Também, das diatomáceas da lagoa
A criptógama cápsula se esbroa
Ao contacto de bronca destra forte!

Dissolva-se, portanto, minha vida
Igualmente a uma célula caída
Na aberração de um óvulo infecundo;

Mas o agregado abstrato das saudades
Fique batendo nas perpétuas grades
Do último verso que eu fizer no mundo!

(*Eu e outros poemas*. 30. ed.
Rio de Janeiro: Livraria São José, 1965. p. 146.)

Fotokon/Shutterstock

Escultura de autor desconhecido no cemitério de Poblenou, em Barcelona.

Graça Aranha

Não acredito que da fusão com espécies radicalmente incapazes resulte uma raça sobre que se possa desenvolver a civilização. Será sempre uma cultura inferior, civilização de mulatos, eternos escravos em revoltas e quedas [...]. Não, Milkau, a força é eterna e não desaparecerá; cada dia ela subjugará o escravo. Essa civilização, que é o sonho da democracia, da fraternidade, é uma triste negação de toda arte, de toda a liberdade e da própria vida. [...]

O mundo é uma expressão da harmonia e do amor universal. [...] Os seres são desiguais, mas, para chegarmos à unidade, cada um tem de contribuir com uma porção de amor. O mal está na força, é necessário renunciar a toda a autoridade, a todo o governo, a toda a posse, a toda a violência.

(Apud Alfredo Bosi. *História concisa da literatura* brasileira. São Paulo: Cultrix, 1972. p. 367-8.)

Augusto dos Anjos na voz de Othon Bastos

O ator Othon Bastos é um grande admirador da poesia de Augusto dos Anjos. No CD *Augusto dos Anjos por Othon Bastos* (coleção Poesia Falada, nº 9), o ator declama 36 poemas do poeta maldito. Na capa do CD, Bastos conta:

> Li o *Eu* na adolescência e foi como se levasse um soco na cara [...]. Quis ler mais esse poeta diferente dos clássicos, dos românticos, dos parnasianos, dos simbolistas, de todos os poetas que eu conhecia. A leitura do *Eu* foi para mim uma aventura milionária. Enriqueceu minha noção de poesia.

Reprodução

Graça Aranha e o debate racial

Nascido em São Luís, no Maranhão, Graça Aranha (1868-1931) estudou Direito em Recife, foi juiz no Espírito Santo e, mais tarde, ingressou na vida diplomática.

No período em que viveu no Espírito Santo, observando os contrastes culturais entre os imigrantes alemães e a população local, colheu material para escrever sua obra mais conhecida, *Canaã* (1902).

Síntese das tendências literárias oitocentistas — Naturalismo e Simbolismo — e de outras ideias com que Graça Aranha tomou contato em uma viagem à Europa, *Canaã* é um romance de tese que focaliza o confronto de ideias entre Milkau e Lentz, dois imigrantes alemães no Estado capixaba. Milkau defende a integração harmoniosa entre as raças e dá inúmeras demonstrações de amor ao Brasil. Lentz, ao contrário, defende a supremacia da raça ariana sobre o mestiço, visto como fraco e indolente.

Como sabemos, essa discussão étnica tomou proporções assustadoras nas décadas de 1930 e 1940, quando a Alemanha nazista, com suas teorias da supremacia da raça ariana, provocou a Segunda Grande Guerra.

Graça Aranha, com *Canaã*, foi um dos primeiros a tratar desse tema na literatura, assumindo nitidamente a postura humanista de Milkau, em defesa da miscigenação racial, do amor entre os seres humanos e da construção de uma Canaã.

Roteiro de estudo

Ao final da leitura, você deverá ser capaz de:

- Identificar no soneto de Augusto dos Anjos imagens inusitadas que aproximam o texto das propostas de ilogismo e absurdo que seriam feitas pelo Surrealismo cerca de vinte anos mais tarde.
- Relacionar o soneto de Augusto dos Anjos ao Simbolismo e ao Naturalismo e observar pontos de contato entre essas estéticas e o poema.
- Identificar no texto de Graça Aranha qual das partes é a expressão do pensamento de Lentz, ou seja, de uma visão colonialista e imperialista, e qual delas é a expressão do pensamento de Milkau, que defende uma visão evolucionista humanitária. Justificar as respostas.

Para quem quer mais na internet

- **Antologia: O Pré-Modernismo no Brasil**
  Conheça outros textos e autores importantes do Pré-Modernismo brasileiro, acessando a seção **Antologia**, no Plurall.

CAPÍTULO 19

A linguagem do Modernismo

No início do século XX, uma verdadeira revolução começou a ocorrer nas artes em geral.

Na literatura não foi diferente: envolvidos por um espírito demolidor, os escritores voltaram-se contra o academicismo e romperam com os padrões estéticos vigentes.

Avessos às regras, os modernistas propuseram as "palavras em liberdade".

O barco (1915), de Anita Malfatti, artista que introduziu a pintura modernista no Brasil.

Este capítulo favorece o desenvolvimento das habilidades

- EM13LGG102
- EM13LGG103
- EM13LGG202
- EM13LGG302
- EM13LGG601
- EM13LGG602
- EM13LGG604
- EM13LP01
- EM13LP06
- EM13LP46
- EM13LP48
- EM13LP49
- EM13LP52

Você vai ler, a seguir, dois poemas: o primeiro é de Mário de Andrade, um dos fundadores do Modernismo brasileiro; o segundo é do poeta brasileiro Oswald de Andrade. Leia e compare os textos, observando a linguagem que apresentam.

Leitura

TEXTO 1

O domador

Alturas da Avenida. Bonde 3.
Asfaltos. Vastos, altos **repuxos** de poeira
sob o **arlequinal** do céu ouro-rosa-verde...
As sujidades **implexas** do urbanismo.
Filets de manuelino. Calvícies de Pensilvânia.

Gritos de goticismo.
Na frente o ***tram*** da irrigação,
Onde um Sol bruxo se dispersa
Num triunfo persa de esmeraldas, topázios e rubis...
[...]

Mário, paga os duzentos réis.
São cinco no banco: um branco,
Um noite, um ouro,
Um cinzento de tísica e Mário...
Solicitudes! Solicitudes!

Mas... olhai, oh meus olhos saudosos dos ontens
Esse espetáculo encantado da Avenida!
Revivei, oh gaúchos paulistas **ancestremente**!
E oh cavalos de cólera sanguínea!

Laranja da China, laranja da China, laranja da China
Abacate, cambucá e tangerina!
Guardate! Aos aplausos do **esfusiante** clown,
Heroico sucessor da raça **heril** dos bandeirantes,
Passa **galhardo** um filho de imigrante,
Louramente domando um automóvel!

("Pauliceia desvairada". *In*: Mário de Andrade. *Poesias completas*. Belo Horizonte: Itatiaia, 2005. p. 92.)

Rua São Bento em cruzamento com a rua da Quitanda, São Paulo, em 1929.

arlequinal: próprio de Arlequim.
ancestre: ascendente.
esfusiante: esfuziante; alegre, radiante.
galhardo: garboso, elegante.
guardate: do italiano, "olhai".
heril: senhoril.
implexo: emaranhado, enredado, entrelaçado.
repuxo: jato de água.
***tram*:** do inglês, "bonde".

TEXTO 2

o capoeira

— Qué apanhá sordado?
— O quê?
— Qué apanhá?
Pernas e cabeças na calçada

(Oswald de Andrade. *Poesias reunidas*. 5. ed. Rio de Janeiro: Civilização Brasileira, 1978. p. 94.)

O capoeira.

1. À primeira vista, a linguagem modernista causa grande estranhamento, mesmo para o leitor atual. Uma das razões desse estranhamento resulta do uso da técnica da *simultaneidade de imagens*, isto é, a junção de elementos aparentemente sem relação uns com os outros. Essa técnica dá a impressão de fragmentação da realidade, como se uma câmera estivesse captando *flashes*. Explique de que forma cada um dos poemas explora essa técnica.

2. Outro traço de destaque na arte moderna é o *urbanismo* ou a *modernidade* como tema, isto é, a valorização das cidades, do trabalho, das fábricas, da convivência das raças e de situações cotidianas. Na obra de alguns autores, também é valorizada a noção do progresso advindo da industrialização e das máquinas.

   a) Em qual (quais) dos poemas é abordado o tema do *urbanismo*?

   b) Em qual dos dois poemas se nota de forma mais explícita uma visão positiva a respeito do crescimento das cidades?

3. Outra das propostas dos modernistas é trabalhar com *elementos-surpresa*, insólitos. Há ainda a inclinação para o humor, a piada, a ironia, o sarcasmo, a irreverência.

   a) Quais poemas apresentam humor e irreverência?

   b) Qual (quais) dos poemas apresenta(m) elementos-surpresa? Justifique sua resposta com elementos do texto.

4. Os poetas modernistas eram contrários a regras. Para criar, propunham as "palavras em liberdade", o que significava não se prender a padrões preconcebidos. No lugar da métrica, propunham o uso do verso livre (sem um número predeterminado de sílabas poéticas); em vez de formas fixas, inventavam novas formas a cada novo poema.

   a) Observe a métrica dos versos dos dois poemas. Eles fazem uso do verso regular ou do verso livre?

   b) Qual dos poemas é composto em estrofes? As estrofes são regulares, isto é, todas têm o mesmo número de versos?

Verso livre: quem é capaz?

Quando o Modernismo propôs o fim do verso regular, muitos acharam que tinha ficado fácil ser poeta, pois qualquer um saberia empregar o verso livre. Com o tempo, entretanto, foi ficando claro que o emprego do verso livre, em certo sentido, é muito mais difícil que o do verso regular. Isso porque, se antes o próprio verso regular definia antecipadamente o momento em que ele devia terminar, com o verso livre isso não acontece. Cada situação exige uma solução diferente e é aí que os bons poetas, criativos e inteligentes, se destacam entre a maioria.

5. Outra manifestação da proposta de "palavras em liberdade" é o uso diferente da pontuação, de outras regras ortográficas e a busca de uma fala brasileira.

   a) Como se dá o uso da pontuação nesses textos?

   b) Que regra gramatical é quebrada no modo como se apresenta o título do poema de Oswald de Andrade?

   c) Que outros traços modernistas podem ser observados na linguagem do poema de Oswald de Andrade?

6. O Modernismo brasileiro recebeu influência de várias correntes artísticas surgidas na Europa no início do século XX; mas, em contrapartida, representou uma retomada do *nacionalismo*, introduzido em nossa literatura pelos românticos. Que elementos do poema de Oswald de Andrade podem ser associados à valorização da cultura brasileira?

Concluindo

Como síntese, compare as características do Modernismo com as do Parnasianismo:

MODERNISMO	PARNASIANISMO
• Nacionalismo	• Universalismo (exceto em alguns poemas de Bilac)
• Revisão crítica de nosso passado histórico-cultural	• Apego à tradição clássica
• Valorização de temas ligados ao cotidiano	• Arte pela arte ou arte sobre a arte
• Subjetivismo	• Objetivismo
• Urbanismo	• Presença da mitologia greco-latina
• Ironia, humor, piada, irreverência	• Descritivismo
• Versos livres, "palavras em liberdade"	• Versos regulares, gosto pelo verso decassílabo e pelo soneto
• Síntese na linguagem, fragmentação, *flashes* cinematográficos, elementos-surpresa, livre associação de ideias	• Linguagem discursiva, retórica
• Busca de uma língua brasileira, mais popular e coloquial	• Linguagem de acordo com a norma-padrão formal da língua
• Pontuação relativa	• Pontuação

O texto e o contexto em perspectiva multidisciplinar

Leia, a seguir, o infográfico e um painel de textos que relacionam a produção literária do Modernismo ao contexto histórico, social e cultural em que o movimento floresceu.

Linha do tempo

Reprodução/Museu de Arte Contemporânea da Universidade de São Paulo (MAC-USP).

© Tarsila do Amaral Empreendimentos/Museu de Arte Latinoamericano de Buenos Aires, Fundação Costantini, Buenos Aires, Argentina.

- **1907** – Início do Cubismo, com a pintura *Les demoiselles d'Avignon*, de Pablo Picasso
- **1914** – Primeira Guerra Mundial
- **1917** – Exposição de pinturas de Anita Malfatti
- **1918** – Eclosão da Revolução Russa e de greves operárias em São Paulo
- **1922** – Realização da Semana de Arte Moderna, em São Paulo, e publicação de *Pauliceia desvairada*, de Mário de Andrade
- **1922** – Eleição de Artur Bernardes, movimento dos dezoito do Forte de Copacabana e fundação do Partido Comunista
- **1925** – Movimento tenentista e início da Marcha da Coluna Prestes
- **1928** – Pintura de *Abaporu*, por Tarsila do Amaral, lançamento do *Manifesto Antropófago*, de Oswald de Andrade, e publicação de *Macunaíma*, de Mário de Andrade
- **1929** – Quebra da Bolsa de Valores de Nova Iorque
- **1930** – Revolução de 30 e início da era Vargas

Acervo Iconographia/Reminiscências

Os dezoito do Forte de Copacabana, no Rio de Janeiro.

Granger/Fotoarena

Multidão em pânico no mercado de ações de Wall Street, em 1929.

Linha do tempo esquemática. O espaço entre as datas não é proporcional ao intervalo de tempo.

O século XX

O século XX é o momento em que o capitalismo e o modo de vida urbano e industrial alcançaram a plenitude, assumindo diversas e contraditórias faces em todo o planeta. Apesar de seu desenvolvimento, o capitalismo teve que conviver com uma série de adversidades durante toda a primeira metade do século.

Despontaram profundas crises econômicas, como, por exemplo, a crise de 1929; foram armados incríveis confrontos militares em escala quase planetária (as duas guerras mundiais); ideias totalitárias como o nazifascismo avançaram de maneira preocupante; surgiram novidades e superações, principalmente as relacionadas aos meios de comunicação de massas; e, finalmente, os questionamentos tornaram-se mais reais e evidentes, principalmente das correntes socialistas (por exemplo, a Revolução Russa de 1917).

(José Geraldo Vinci de Moraes. *Caminhos das civilizações*. São Paulo: Atual, 1998. p. 386.)

A *belle époque*: luxo, prazeres e lutas sociais

A ciência e a técnica, que já contavam com algumas conquistas desde a segunda metade do século XIX — como o transporte ferroviário, o barco a vapor e a eletricidade —, apresentavam na transição para o século XX conquistas e invenções que dariam maior dinamismo à vida moderna: as transmissões radiofônicas, o aeroplano, o automóvel e o cinematógrafo, entre outras.

Muitas dessas conquistas favoreciam diretamente o setor industrial, levando à acumulação de capitais e a novos investimentos, dos quais resultava uma farta produção de artigos manufaturados. Vivia-se nas classes dominantes um clima de euforia e confiança.

As burguesias industrial e financeira e a classe média gozavam os prazeres materiais que a vida moderna lhes podia oferecer. Tinha-se a sensação de conforto e de segurança, como se nada pudesse abalar a "doçura de viver".

Culturalmente, vivia-se a chamada *belle époque*, período caracterizado por uma intensa atividade artística, principalmente em Paris e Viena. Para essas cidades acorriam artistas de toda parte da Europa, atraídos por seu ritmo intenso de vida, pelos modismos, pela vida noturna, pelos bares e cabarés e pelas novidades artísticas introduzidas por correntes de vanguarda.

Contudo, conforme vinha ocorrendo desde a Revolução Industrial, no século XVIII, a classe operária continuava à margem do progresso material. Lutando, então, por melhores condições de vida e de trabalho, os trabalhadores empenhavam-se na defesa de ideias socialistas e anarquistas, fundavam associações e sindicatos, faziam greves.

A ilusão de estabilidade econômica e política vivida pela burguesia durante a *belle époque* teve fim com o início da Primeira Guerra Mundial, em 1914, e com a Revolução Russa, em 1917, que puseram a nu as contradições desse período.

Bridgeman Images/Glow Images/Museu de Belas Artes, Tourcoing, França.

Em família, de Gustave Grau.

Dois Brasis no início do século XX

O quadro geral da sociedade brasileira dos fins do século [XIX] vai-se transformando graças a processos de urbanização e à vinda de imigrantes europeus em levas cada vez maiores para o centro-sul. Paralelamente, deslocam-se ou marginalizam-se os antigos escravos em vastas áreas do país. Engrossam-se, em consequência, as fileiras da pequena classe média, da classe operária e do subproletariado. Acelera-se ao mesmo tempo o declínio da cultura canavieira no Nordeste, que não pode competir, nem em capitais, nem em mão de obra, com a ascensão do café paulista.

Um olhar, ainda que rápido, para esse conjunto mostra que deviam separar-se cada vez mais os polos da vida pública nacional: de um lado, arranjos políticos manejados pelas oligarquias rurais; de outro, os novos estratos socioeconômicos que o poder oficial não representava.

(Alfredo Bosi. *História concisa da literatura brasileira*. São Paulo: Cultrix, 1975. p. 340.)

O tenentismo e seus desdobramentos

1922 — Eclode nas fileiras do Exército brasileiro, principalmente entre os tenentes, uma rebelião contra a eleição de Artur Bernardes, candidato representante da política do café com leite. Essa rebelião, que levaria à Revolta do Forte de Copacabana, marca o início do tenentismo.

1925 — Os tenentes paulistas, juntando-se a outros revoltosos de várias partes do país, formam a Coluna Prestes, que, com 1500 homens, marcha pelo país com o objetivo de insuflar as massas contra o governo federal.

1930 — Tem início, no Rio Grande do Sul, um movimento militar que se rebela contra o governo por não aceitar a eleição de Júlio Prestes e que culmina com a Revolução de 1930.

1930-1945 — Transcorre nesse período a era Vargas, que representa uma mudança de orientação na vida política e econômica do país.

Acervo Iconographia/Reminiscências

O movimento tenentista na Revolução de 1924.

O lirismo nas metrópoles

No século XX, a relação da lírica com o mundo apresenta aspectos múltiplos. Porém, o resultado é sempre o mesmo: desvalorização do mundo real. Como no romance, também na lírica o mundo real é esmiuçado em fenômenos isolados, apanhados com meticulosidade em lugar de um todo. [...] Quase não mais existe uma lírica mediadora que, através de coisas ou paisagens, deixe falar uma alma humanamente próxima. [...] Detritos das grandes cidades, bebedeiras, trilhos de bonde, cervejarias, pátios de fábricas, pedaços de jornal e outras coisas semelhantes aparecem, animados, nos bons textos, por aquele “estremecimento galvânico”, a que Poe e Baudelaire já tinham aspirado para infundir lirismo ao cotidiano moderno.

(Hugo Friedrich. *Estrutura da lírica moderna*. São Paulo: Duas Cidades, 1978. p. 196.)

O Modernismo brasileiro e o contexto sociopolítico

Uma simples inspeção dos números mostra que o Modernismo se vincula estreitamente a certas transformações da sociedade, determinadas em geral por fenômenos exteriores, que vêm repercutir aqui. 1922 é um ano simbólico do Brasil moderno, coincidindo com o Centenário da Independência. A Guerra Mundial de 1914-1918 influiu no crescimento da nossa indústria e no conjunto da economia, assim como nos costumes e nas relações políticas. Não apenas surge uma mentalidade renovadora na educação e nas artes, como se principia a questionar seriamente a legitimidade do sistema político, dominado pela oligarquia rural. Torna-se visível, principalmente nos Estados do Sul, que dominam a vida econômica e política, a influência da grande leva de imigrantes, que forneceram mão de obra e quadros técnicos depois de 1890, trazendo elementos novos ao panorama material e espiritual.

Em 1922 irrompe a transformação literária, ocorre o primeiro dos levantes político-militares que acabariam por triunfar com a Revolução de Outubro de 1930, funda-se o Partido Comunista Brasileiro, etapa significativa da política das massas, que se esboçava e que avultaria cada vez mais.

Emiliano Di Cavalcanti/Coleção Mário de Andrade/IEB/USP

Capa do programa da Semana de Arte Moderna.

Em 1930, segunda data-chave, sofríamos, como todo o mundo civilizado, os efeitos da grande crise econômica mundial, aberta em 1929, que motivou um decênio de depressão.

Golpeando na base o nosso produto de exportação, o café, ela abalou a oligarquia dirigente, apoiada na economia rural, e permitiu a vitória dos liberais na Revolução de Outubro. Um grande sopro de esperança percorreu o País, criando um clima favorável para as renovações.

A arte e a literatura modernas — antes postas à margem e consideradas capricho de alguns iconoclastas irresponsáveis — são agora reconhecidas como expressão legítima de nossa sensibilidade e da nossa mentalidade; ocorre uma intensa radicalização política, tanto para a esquerda quanto para a direita; e a comoção das velhas estruturas sociais favorece o desejo de descrever e esquadrinhar a realidade social e espiritual do País.

(Antonio Candido e José A. Castello. *Presença da literatura brasileira*. São Paulo/Rio de Janeiro: Difel, 1979. v. 3. p. 7-8.)

— THEATRO MUNICIPAL —

Semana de ARTE MODERNA

HOJE, 13 de Fevereiro

1.° GRANDE FESTIVAL

A's 20,30 horas

No saguão do Theatro, Exposição de Pintura e Esculptura.

Preços para as 3 récitas: Camarotes e frisas, 186$000; cadeiras e balcões, 20$300.

Bilhetes á venda no Theatro Municipal e na Secretaria do Automovel Club.

Acervo Iconographia/Reminiscências

Anúncio da Semana de Arte Moderna de 1922.

Roteiro de estudo

Ao final da leitura dos textos, você deverá:

- Identificar os setores da sociedade europeia dos quais a *belle époque* era expressão artística e cultural.
- Saber comentar a oposição entre a oligarquia rural e a emergente burguesia industrial e os fazendeiros paulistas.
- Reconhecer e explicar a importância do tenentismo no processo de mudança da política do café com leite.
- Comentar, a partir do texto "O lirismo nas metrópoles", de que material é feito o lirismo moderno.
- Estabelecer relações entre as duas datas-chave do Modernismo brasileiro — 1922 e 1930, que dão origem, respectivamente, à primeira e à segunda geração do Modernismo — e os fatos sociais e políticos mais importantes.

As vanguardas europeias

As correntes de vanguarda, que surgiram na Europa no início do século XX, exerceram forte influência sobre os artistas brasileiros. Apresentamos, a seguir, uma visão panorâmica dessas correntes.

O Cubismo

O movimento cubista teve início na França, em 1907, com o quadro *Les demoiselles d'Avignon*, do pintor espanhol Pablo Picasso. A partir de então, em torno de Picasso e do poeta francês Apollinaire, formou-se um grupo de artistas que cultivaria as técnicas cubistas até o término da Primeira Guerra Mundial, em 1918.

Os pintores cubistas opõem-se à objetividade e à linearidade da arte renascentista e da realista. Buscando novas experiências com a perspectiva, procuram decompor os objetos representados em diferentes planos geométricos e ângulos retos, com espaços múltiplos e descontínuos, que se interceptam e se sucedem, de tal forma que o espectador, com o seu olhar, possa remontá-los e ter uma visão do todo, de face e de perfil, como se tivesse dado uma volta em torno deles. Outra técnica introduzida pelos cubistas é a colagem, que consiste em montar a obra a partir de diferentes materiais, como figuras, jornais, madeira, etc.

Les demoiselles d'Avignon (1906-1907), de Picasso, obra que, justapondo diferentes planos angulares, deu início ao Cubismo.

Na literatura, essas técnicas da pintura correspondem à fragmentação da realidade, à superposição e simultaneidade de planos — por exemplo, reunir assuntos aparentemente sem nexo, misturar assuntos, espaços e tempos diferentes. Houve também as experiências visuais do poeta Apollinaire, que explorou a disposição espacial e gráfica do poema — técnica que, nas décadas de 1950-60, influenciaria o surgimento do Concretismo no Brasil.

Assim, a literatura cubista apresenta características como ilogismo, humor, anti-intelectualismo, instantaneísmo, simultaneidade, linguagem predominantemente nominal.

As principais expressões do Cubismo europeu foram Picasso, Léger, Braque, Gris e Delaunay, na pintura, e Apollinaire e Blaise Cendrars, na literatura.

O Futurismo

Em 1909, no jornal parisiense *Le Figaro*, o italiano Filippo Tommaso Marinetti publica o *Manifesto Futurista*, que surpreende os meios culturais europeus pelo caráter violento e radical de suas propostas.

Muito mais do que por obras, o movimento futurista difunde-se por meio de manifestos (mais de trinta) e conferências, tendo sempre à frente a figura de seu líder, Marinetti.

Eis algumas das propostas do primeiro manifesto, de 1909:

1. Nós queremos cantar o amor ao perigo, o hábito à energia e à temeridade.
2. Os elementos essenciais de nossa poesia serão a coragem, a audácia e a revolta.
3. Tendo a literatura até aqui **enaltecido** a imobilidade pensativa, o êxtase e o sono, nós queremos exaltar o movimento agressivo, a insônia febril, o passo ginástico, o salto mortal, a bofetada e o soco.
4. Nós declaramos que o esplendor do mundo se enriqueceu com uma beleza nova: a beleza da velocidade. Um automóvel de corrida com seu cofre adornado de grossos tubos como serpentes de fôlego explosivo... um automóvel rugidor, que parece correr sobre a metralha, é mais belo que a *Vitória de Samotrácia*.

(*Apud* Gilberto Mendonça Teles. *Vanguardas europeias e Modernismo brasileiro*. Petrópolis: Vozes, 1983. p. 91-92.)

enaltecer: engrandecer.

Após o primeiro manifesto, que define o *perfil ideológico do movimento*, Marinetti lança, em 1912, o *Manifesto Técnico da Literatura Futurista*, cujas propostas representam uma verdadeira revolução literária. Entre elas, destacam-se:

- a destruição da sintaxe e a disposição das "palavras em liberdade";
- o emprego de verbos no infinitivo, com vistas à substantivação da linguagem;
- a abolição dos adjetivos e dos advérbios;
- o emprego do substantivo duplo (*praça-funil*, *mulher-golfo*, por exemplo) em lugar do substantivo acompanhado de adjetivo;
- a abolição da pontuação, que seria substituída por sinais da matemática (+, −, :, =, >, <) e pelos sinais musicais;
- a destruição do eu psicologizante.

Ritmo do violinista (1912), de Giacomo Balla, obra futurista que procura captar o movimento das mãos do violinista.

Reprodução/ Estorick Collection, Londres, Inglaterra

O Expressionismo

No começo do século XX, surge um grupo de pintores chamados *expressionistas,* na Alemanha, e *fauvistas,* na França. Curiosamente, o objetivo dos integrantes desse grupo era combater o Impressionismo, tendência da qual eles provinham.

A dança da vida (1899-1900), de Edvard Munch, um dos mais importantes pintores expressionistas.

Reprodução/Museu Nacional de Arte, Arquitetura e Design, Oslo, Noruega.

O Impressionismo consistia em uma corrente da pintura que valorizava a *impressão*, isto é, era uma arte sensorial e subjetiva quanto ao modo de captação da realidade. Na relação entre o artista impressionista e a realidade, o movimento de criação vai do mundo exterior para o mundo interior. Já no Expressionismo ocorre o oposto: o movimento de criação parte da subjetividade do artista, do seu mundo interior, em direção ao mundo exterior. Assim, para o artista expressionista, a obra de arte é reflexo direto de seu mundo interior e toda a atenção é dada à *expressão*, isto é, ao modo como forma e conteúdo livremente se unem para dar vazão às sensações do artista no momento da criação. Essa liberdade da expressão assemelha-se à que os futuristas pregavam com seu lema "palavras em liberdade".

Durante e depois da Primeira Guerra, o Expressionismo assumiu um caráter mais social e combativo, denunciando os horrores da guerra, as condições de vida desumanas das populações carentes, etc.

Na pintura, destacam-se, entre os artistas ligados ao Expressionismo, Kandinski, Paul Klee, Chagall, Munch.

Na literatura, o Expressionismo geralmente apresenta estas características:

- linguagem fragmentada, elíptica, constituída por frases nominais (basicamente aglomerados de substantivos e adjetivos), às vezes até sem sujeito;
- despreocupação com a organização do texto em estrofes, com o emprego de rimas ou de musicalidade;
- combate à fome, à inércia e aos valores do mundo burguês.

O Dadaísmo: a antiarte

Durante a Primeira Guerra Mundial, a Suíça, mantendo-se neutra no conflito, recebe artistas e intelectuais de todos os pontos da Europa. Abrigando-se em Zurique, alguns desses "fugidos da guerra" reúnem-se no Cabaret Voltaire, ponto de encontro e espaço cultural onde nasce o movimento dadaísta.

Criado a partir do clima de instabilidade, medo e revolta provocado pela guerra, o movimento dadá pretendia ser uma resposta à nítida decadência da civilização representada pelo conflito. Daí provêm a irreverência, o deboche, a agressividade e o ilogismo dos textos e das manifestações dadaístas.

Os dadás entendiam que, com a Europa banhada em sangue, o cultivo da arte não passava de hipocrisia e presunção. Por isso, adotaram a postura de ridicularizá-la, agredi-la, destruí-la.

Muitas foram as atitudes demolidoras dos artistas dadaístas a partir de 1916: noitadas em que predominavam palhaçadas, declamações absurdas, exposições inusitadas, além dos espetáculos-relâmpago que faziam de improviso nas ruas, em meio a urros, vaias, gritos, palavrões e à total incompreensão da plateia.

Quanto às obras artísticas, especificamente, é pequena a produção do Dadaísmo suíço. Mas o movimento foi reforçado pelas montagens e colagens de Max Ernst, que utiliza diferentes materiais, e pela técnica do *ready-made* desenvolvida por Marcel Duchamp, com a qual é satirizado o mito mercantilista da civilização capitalista. A técnica do *ready-made* consiste em extrair um objeto do seu uso cotidiano e, sem nenhuma ou com pequenas alterações, atribuir-lhe um valor. Ficaram famosos certos objetos, como um urinol de porcelana, uma roda de bicicleta enxertada num banco, um rolo de corda, uma ampola de vidro, um suporte para garrafas — todos elevados por Duchamp à condição de objetos de arte.

Na literatura, o Dadaísmo caracteriza-se pela agressividade, pela improvisação, pela desordem, pela rejeição a qualquer tipo de racionalização e equilíbrio, pela livre associação de palavras (técnica da "escrita automática", que seria mais tarde aproveitada pelo Surrealismo) e pela invenção de palavras com base na exploração apenas de sua sonoridade.

Entre os dadaístas têm destaque também Francis Picabia, Philippe Soupault e André Breton.

Roda de bicicleta (1913), de Marcel Duchamp, um exemplo da técnica de *ready-made*.

O Surrealismo: o combate à razão

O movimento surrealista tem início na França a partir da publicação do *Manifesto do Surrealismo* (1924), de André Breton. Diversos pintores aderem ao movimento, interessados nas propostas de Breton, que, tendo sido psicanalista, procura unir arte e psicanálise.

Duas são as linhas de atuação do Surrealismo em seu início: as experiências criadoras automáticas e o imaginário extraído do sonho.

O Surrealismo tem repercussão em vários domínios da arte. Na literatura, destacam-se André Breton, Louis Aragon, Antonin Artaud; nas artes plásticas, Salvador Dalí, Max Ernst, Joan Miró, Jean Arp. No cinema, a principal expressão é o cineasta espanhol Luis Buñuel, que, com Salvador Dalí, criou o roteiro dos primeiros filmes surrealistas, *O cão andaluz* e *Idade do ouro*, de 1929. Buñuel, que morreu na década de 1970, dirigiu vários filmes marcantes, entre eles *A bela da tarde*, *O discreto charme da burguesia*, *O fantasma da liberdade*, *O anjo exterminador* e *Esse obscuro objeto do desejo*.

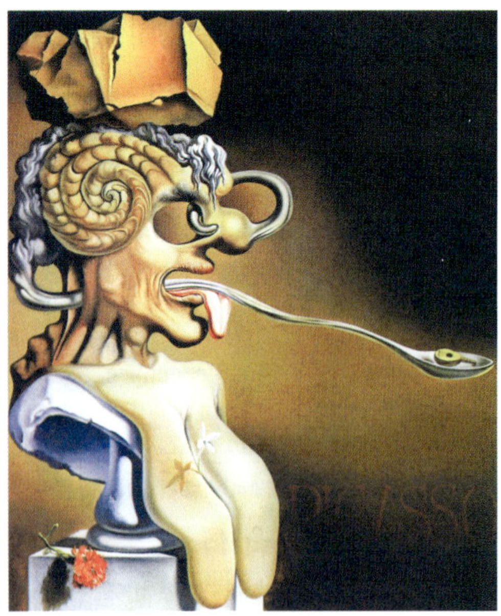

Retrato de Picasso (1947), expressão da arte surrealista de Salvador Dalí.

CAPÍTULO 20

O Modernismo no Brasil: a primeira fase

Com a realização da Semana de Arte Moderna, o Modernismo passa a viver sua "fase heroica", isto é, a fase de divulgação das ideias modernistas em todo o país e de aprofundamento das questões estéticas lançadas pela Semana. Essa fase foi marcada essencialmente por duas tendências: destruição e construção.

Tarsila do Amaral Empreendimentos/Museu de Arte Latinoamericano de Buenos Aires, Fundação Costantini, Buenos Aires, Argentina

Abaporu (1928), de Tarsila do Amaral, pintora que teve um papel relevante na implantação do Modernismo no Brasil.

Este capítulo favorece o desenvolvimento das habilidades

EM13LGG102

EM13LGG202

EM13LGG203

EM13LGG302

EM13LGG601

EM13LGG602

EM13LGG604

EM13LP01

EM13LP02

EM13LP03

EM13LP06

EM13LP09

EM13LP10

EM13LP46

EM13LP48

EM13LP49

EM13LP50

EM13LP52

A Semana de Arte Moderna (1922) é considerada o marco inicial do Modernismo brasileiro. Contudo, ela não foi o começo das mudanças, mas o ponto culminante de um processo que se iniciara duas décadas antes, com as tentativas de renovação dos pré-modernistas, passando por vários eventos importantes, como publicações de livros, exposições de pintura, críticas, conferências, etc.

Entre esses eventos, o de maior repercussão foi a exposição da pintora Anita Malfatti, em 1917, que motivou a contundente crítica, já mencionada no capítulo anterior, que Monteiro Lobato — escritor e crítico do jornal *O Estado de S. Paulo* — fez de sua obra. Com o artigo, intitulado "Paranoia ou mistificação?", Lobato insinuava que a pintora, influenciada pelo Expressionismo europeu, fosse paranoica ou estivesse mitificando artistas como Picasso — na opinião de Lobato, um pintor sem nenhum valor. Se, por um lado, a crítica de Lobato acarretou consequências negativas para a vida artística de Anita Malfatti, por outro lado, provocou reações dos modernistas, que se uniram em torno das ideias de renovação, o que resultou, cinco anos depois, na Semana de Arte Moderna.

A Semana de Arte Moderna

A Semana ocorreu entre 13 e 18 de fevereiro de 1922, no Theatro Municipal de São Paulo, com participação de artistas de São Paulo e do Rio de Janeiro. O evento contou com apresentação de conferências, leitura de poemas, dança e música. A mais agitada das noites foi a segunda, na qual houve uma conferência sobre poesia e declamação de poemas. Quando foi lido, por exemplo, o poema "Os sapos", de Manuel Bandeira, a plateia teve uma reação surpreendente, ora vaiando, relinchando e latindo, ora aplaudindo.

Na época, a Semana não teve grande repercussão na imprensa. Apesar disso, ela foi aos poucos ganhando importância histórica. Primeiro porque representou a confluência das várias tendências de renovação que vinham ocorrendo na arte e na cultura brasileira antes de 1922 e cujo objetivo era combater a arte tradicional. Em segundo lugar, porque conseguiu chamar a atenção dos meios artísticos de todo o país e, ao mesmo tempo, aproximar os artistas com ideias modernistas, que até então se encontravam dispersos.

Os reflexos da Semana perduraram durante toda a década de 1920, atravessaram a década de 1930 e, de alguma forma, estão relacionados com a arte que se faz hoje.

Reprodução/Arquivo da editora Acervo Iconographia/Reminiscências

Organizadores da Semana de Arte Moderna. De pé, entre outros, Manuel Bandeira (de óculos e gravata-borboleta); Mário de Andrade e Guilherme de Almeida (atrás das cadeiras); Paulo Prado (de bigode, ao centro); Gofredo Silva Telles (último à direita). Sentado no chão, Oswald de Andrade.

A primeira fase do Modernismo

O movimento modernista no Brasil contou com duas fases: a primeira foi de 1922 a 1930 e a segunda, de 1930 a 1945. A primeira fase caracterizou-se pelas tentativas de solidificação do movimento renovador e pela divulgação de obras e ideias modernistas.

Apesar da diversidade de correntes e ideias, pode-se dizer que, de modo geral, os escritores de maior destaque dessa fase defendiam estas propostas: reconstrução da cultura brasileira sobre bases nacionais; promoção de uma revisão crítica de nosso passado histórico e de nossas tradições culturais; eliminação definitiva do nosso complexo de colonizados, apegados a valores estrangeiros. Portanto, todas elas estão relacionadas com a visão nacionalista, porém crítica, da realidade brasileira.

Várias obras e vários grupos, movimentos, revistas e manifestos ganharam o cenário intelectual brasileiro, numa investigação profunda e por vezes radical de novos conteúdos e de novas formas de expressão.

Reprodução/Arquivo da editora

Capa do primeiro número da revista *Klaxon*.

Entre os fatos mais importantes, destacam-se a publicação da revista *Klaxon*, lançada logo após a Semana para dar continuidade ao processo de divulgação das ideias modernistas, e o lançamento de quatro movimentos culturais: o Pau-Brasil, o Verde-Amarelismo, a Antropofagia e o Anta.

Esses quatro movimentos representavam, na verdade, duas tendências ideológicas distintas, duas formas diferentes de expressar o nacionalismo.

Fundado em 1925, o movimento Pau-Brasil defendia a criação de uma poesia primitivista, construída com base na revisão crítica de nosso passado histórico e cultural e na aceitação e valorização das riquezas e contrastes da realidade e da cultura brasileiras. Em 1928, com a Antropofagia, a exemplo dos rituais antropofágicos dos indígenas brasileiros, nos quais eles devoravam seus inimigos para lhes extrair a força, Oswald propõe a devoração simbólica da cultura do colonizador europeu, sem com isso perder nossa identidade cultural.

Oswald de Andrade: o antropófago do Modernismo

A obra de Oswald de Andrade representa um dos cortes mais profundos do Modernismo brasileiro em relação à cultura do passado.

Sua poesia, por exemplo, reúne traços inovadores para a época, como a linguagem sintética, os *flashes* cinematográficos, a fragmentação, o pastiche e a paródia, a ironia, o humor, o verso livre, etc. A prosa também reúne muitos desses traços e é marcada, sobretudo, pela ruptura com as técnicas convencionais de representação da realidade.

Seu conceito de nacionalismo é diferente daquele pregado pelos românticos e mesmo por certos grupos modernistas, como o Verde-Amarelismo e o Anta. Sem ser ingênuo e ufanista, Oswald defende a valorização de nossas origens, de nosso passado histórico e cultural, mas de forma crítica, isto é, recuperando, parodiando, ironizando e atualizando nossa história de colonização. Sua visão de Brasil, ao mesmo tempo que procura captar a natureza e as cores próprias do país, flagra igualmente as contradições moderno-primitivas de nossa realidade, com a convivência do provinciano e do moderno.

Suas ideias lançadas no *Manifesto da Poesia Pau-Brasil* e no *Manifesto Antropófago* tiveram forte repercussão na década de 1960, com o Tropicalismo, que também procurou fazer uma "deglutição" de ritmos brasileiros e do *rock*, unindo o berimbau e as guitarras elétricas.

Quem foi Oswald de Andrade?

Paulista, de família rica, Oswald de Andrade (1890-1954) cursou Direito e ingressou na carreira jornalística. Em 1911, fundou a revista semanal *O Pirralho*, que dirigiu até 1917. Nesse mesmo ano, defendeu Anita Malfatti das críticas de Monteiro Lobato.

Viajava frequentemente à Europa, onde fez várias amizades nos meios artísticos, o que lhe permitiu estar a par das novidades introduzidas pelas correntes de vanguarda e, no Brasil, assumir um papel de liderança.

Em 1926, casou-se com a pintora Tarsila do Amaral. Em 1930, casou-se com a escritora comunista Patrícia Galvão (a Pagu), com a qual militou nos meios operários e, em 1931, ingressou no Partido Comunista, no qual permaneceu até 1945. Desse período são suas obras mais marcadas ideologicamente, como o *Manifesto Antropófago*, o romance *Serafim Ponte Grande* e a peça teatral *O rei da vela*.

Retrato de Oswald de Andrade (1923), de Tarsila do Amaral.

Leitura

Leia, a seguir, quatro poemas de Oswald de Andrade e responda às questões propostas.

TEXTO 1

a transação

O fazendeiro criara filhos
Escravos escravas
Nos terreiros de pitangas e jabuticabas
Mas um dia trocou
O ouro da carne preta e musculosa
As gabirobas e os coqueiros
Os monjolos e os bois
Por terras imaginárias
Onde nasceria a lavoura verde do café

(*Pau-Brasil*. 2. ed. São Paulo: Globo, 2003. p. 123.)

TEXTO 2

3 de maio

Aprendi com meu filho de dez anos
Que a poesia é a descoberta
Das coisas que nunca vi

(*Idem*, p. 141.)

TEXTO 3

pronominais

Dê-me um cigarro
Diz a gramática
Do professor e do aluno
E do mulato sabido
Mas o bom negro e o bom branco
Da Nação Brasileira
Dizem todos os dias
Deixa disso camarada
Me dá um cigarro

(*Idem*, p. 167.)

TEXTO 4

maturidade

O Sr. e a Sra. Amadeu
Participam a V. Exa.
O feliz nascimento
De sua filha
Gilberta

(*Primeiro caderno do aluno de poesia Oswald de Andrade*. 4. ed. São Paulo: Globo, 2006. p. 50.)

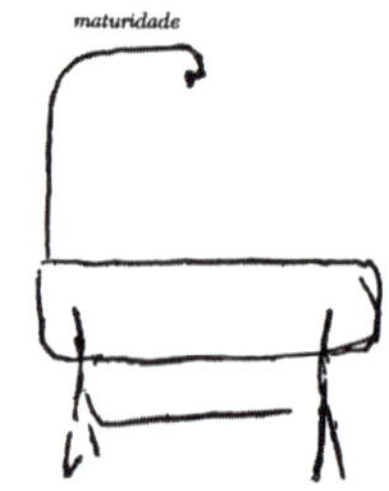

Desenho do próprio Oswald de Andrade para ilustrar seu poema "maturidade".

1. Uma das mais importantes propostas do projeto artístico de Oswald de Andrade é a ruptura com os padrões da língua literária culta e a busca de uma língua brasileira.

a) Em qual dos poemas essa proposta se torna mais evidente? Justifique sua resposta.

b) Quais versos desse poema fazem referência às pessoas que falam essa língua brasileira? Explique por que, no contexto do poema, essas pessoas são descritas de tal forma.

2. Tanto em sua poesia quanto em sua prosa, Oswald de Andrade fez uso de paródias, de colagens e da técnica dadaísta do *ready-made*, isto é, da atribuição de valor artístico a objetos deslocados de seu contexto normal de uso. Observe o poema "maturidade".

a) Com que outro gênero textual o corpo do poema se assemelha?

b) Que novo sentido o texto ganha com o título "maturidade"?

3. Um dos traços da poesia Pau-Brasil, de Oswald de Andrade, são os temas nacionais, vistos por uma perspectiva crítica. Em relação ao poema "a transação":

a) Há, no poema, elementos da paisagem nacional?

b) O poema expressa um momento de profunda transformação vivida pela economia brasileira no início do século XX. Explicite esse momento.

c) Associe os elementos citados no poema aos principais ciclos da economia brasileira.

4. No *Manifesto da poesia Pau-Brasil*, Oswald de Andrade propunha: "Nenhuma fórmula para a contemporânea expressão do mundo. Ver com olhos livres". Associe esse princípio do manifesto ao poema "3 de maio".

a) De acordo com as ideias presentes no poema e no manifesto, em que consiste "ver com olhos livres"?

b) Em que medida o poema "3 de maio" confirma esse pressuposto do manifesto?

5. Observe, nos textos, a métrica dos versos, a pontuação e o modo como os títulos foram escritos. Descreva esses procedimentos formais e situe-os no projeto estético do Modernismo.

Mário de Andrade: vanguarda e tradição

Mário de Andrade teve um papel decisivo na implantação do Modernismo no Brasil. Homem de vasta cultura, pesquisador paciente, Mário soube dar a substância teórica de que necessitava o movimento em algumas ocasiões decisivas: em 1922, meses após a Semana, publicou o seu "Prefácio interessantíssimo", texto teórico que abre *Pauliceia desvairada*, sua primeira obra de poemas verdadeiramente modernista. Em 1925, quando se articulavam revistas e movimentos por todo

Quem foi Mário de Andrade?

Mário de Andrade (1893-1945) nasceu em São Paulo, cidade que amou intensamente e que retratou em várias de suas obras. Estudou música no Conservatório Musical de São Paulo e cedo iniciou sua carreira como crítico de arte, em jornais e revistas. Com apenas 20 anos e com o pseudônimo de Mário Sobral, publicou seu primeiro livro, *Há uma gota de sangue em cada poema*.

Retrato de Mário de Andrade (1935), de Portinari.

Foi também musicólogo e folclorista, tendo deixado uma grande contribuição às pesquisas de cultura brasileira.

Além de obras de crítica literária, cultivou a poesia, o conto e o romance. Entre suas obras estão *Contos novos*, *Amar, verbo intransitivo*, *Lira paulistana* e *Macunaíma*.

o país, Mário lançou o ensaio *A escrava que não é Isaura*, no qual retomava e aprofundava suas considerações iniciais sobre arte moderna.

Entre 1924 e 1927, Mário de Andrade empreendeu uma pesquisa profunda sobre a cultura brasileira — o folclore, as lendas, os ritmos, a dança, os costumes, as variedades linguísticas — cujos resultados contribuíram para a produção de obras decisivas em sua carreira, das quais *Macunaíma* (1928) é o maior exemplo.

Da década de 1930 até 1945, quando de sua morte, Mário cultivou uma poesia que toma duas direções: a poesia intimista e introspectiva e a poesia social, de denúncia da realidade brasileira.

Na prosa, Mário escreveu contos, publicados em *Primeiro andar* (1926) e *Contos novos* (1946), crônicas, reunidas em *Os filhos da Candinha* (1945), o romance *Amar, verbo intransitivo* (1927) e a rapsódia *Macunaíma* (1928). Em quase todas essas obras se destaca a preocupação com a descoberta e a exploração de novas técnicas narrativas e com a sondagem do universo social e psicológico do ser humano das grandes cidades.

Macunaíma: a obra-prima

Das obras em prosa, *Macunaíma* é a obra-prima do autor e, provavelmente, a mais importante realização da primeira fase do Modernismo. A obra representa não apenas o resultado das pesquisas e das qualidades do autor como poeta, prosador, músico e folclorista, mas também a plena realização do projeto nacionalista dos escritores de sua geração.

O ponto de partida para a criação de *Macunaíma* foi a leitura que Mário fez da obra *Vom Roraima zum Orinoco*, do etnógrafo alemão Koch-Grünberg, que colheu na Amazônia (Brasil e Venezuela), entre 1911 e 1913, um ciclo de lendas dos índios taulipangues e arecunás. Mário fez algumas modificações na lenda original, acrescentou-lhe outras, de origens diversas, incluiu anedotas da história brasileira, aspectos da vida urbana e rural do país, introduziu personagens reais e fictícios, sem deixar de fora a feitiçaria, o erotismo e o absurdo surrealista.

Quanto à língua, também se verifica uma verdadeira miscelânea, formada por vocábulos indígenas, africanos, frases feitas, expressões e provérbios populares, gírias, tudo isso formando um estilo narrativo dinâmico e irônico, como num delicioso painel antropofágico da cultura brasileira.

Perseguindo a tradição das canções de gesta, das epopeias, das novelas picarescas e dos contos populares — enfim, perseguindo a tradição oral da literatura —, *Macunaíma* foi com propriedade chamada por Mário de *rapsódia*, nome que, na música, designa composição que envolve uma variedade de motivos populares. Contudo, a designação romance não lhe é de todo inadequada, já que a obra apresenta semelhanças com os romances medievais.

Leitura

O texto a seguir integra o capítulo V de *Macunaíma*. O personagem Macunaíma, após nascer e crescer às margens do rio Uraricoera, em Roraima, parte com os irmãos Maanape e Jiguê em busca de aventuras. Na viagem encontra Ci, Mãe do Mato, rainha das índias amazonas, e, com a ajuda dos irmãos, consegue dominá-la e tê-la como esposa, tornando-se assim o imperador da Mata-Virgem. Com Ci, Macunaíma tem um filho (quebrando, portanto, pela segunda vez, as tradições da tribo das amazonas), que vem a morrer; em seguida Ci também morre e vira estrela.

Antes de morrer, porém, Ci dá a Macunaíma a muiraquitã, um amuleto que vai parar nas mãos do vilão da história, o gigante comedor de gente Venceslau Pietro Pietra.

A exemplo das epopeias, em que o herói é um eterno viajante em busca de um ideal, Macunaíma e seus irmãos dirigem-se a São Paulo, onde mora o gigante.

O episódio que você vai ler a seguir retrata a viagem dos três irmãos rumo a São Paulo em busca da muiraquitã.

V. Piaimã

No outro dia Macunaíma pulou cedo na **ubá** e deu uma chegada até a foz do rio Negro pra deixar a consciência na ilha de Marapatá. Deixou-a bem na ponta dum mandacaru de dez metros, pra não ser comida pelas saúvas. Voltou pro lugar onde os manos esperavam e no pino do dia os três rumaram pra margem esquerda da Sol.

Muitos casos sucederam nessa viagem por caatingas rios corredeiras, gerais, corgos, corredores de tabatinga matos virgens e milagres do sertão. Macunaíma vinha com os dois manos pra São Paulo. Foi o Araguaia que facilitou-lhes a viagem. Por tantas conquistas e tantos feitos passados o herói não ajuntara um vintém só mas

ubá: o mesmo que cana-do-rio; planta da família das gramíneas que atinge até 10 metros de altura.

os tesouros herdados da **icamiaba** estrela estavam escondidos nas **grunhas** do Roraima lá. Desses tesouros Macunaíma apartou pra viagem nada menos de quarenta vezes quarenta milhões de bagos de cacau, a moeda tradicional. Calculou com eles um dilúvio de embarcações. E ficou lindo trepando pelo Araguaia aquele poder de **igaras** duma em uma duzentas em ajojo que-nem flecha na pele do rio. Na frente Macunaíma vinha de pé, carrancudo, procurando no longe a cidade. Matutava matutava roendo os dedos agora cobertos de berrugas de tanto apontarem Ci estrela. Os manos remavam espantando os mosquitos e cada arranco dos remos repercutindo nas duzentas igaras ligadas, despejava uma batelada de bagos na pele do rio, deixando uma esteira de chocolate onde os camuatás pirapitingas dourados piracanjubas uarus-uarás e bacus se regalavam.

O batizado de Macunaíma (1956), por Tarsila do Amaral, tela inspirada na obra de Mário de Andrade.

Uma feita a Sol cobrira os três manos duma escaminha de suor e Macunaíma se lembrou de tomar banho. Porém no rio era impossível por causa das piranhas tão vorazes que de quando em quando na luta pra pegar uma naco de irmã espedaçada, pulavam aos cachos pra fora d'água metro e mais. Então Macunaíma enxergou numa **lapa** bem no meio do rio uma cova cheia d'água. E a cova era que-nem a marca dum pé gigante. **Abicaram**. O herói depois de muitos gritos por causa do frio da água entrou na cova e se lavou inteirinho. Mas a água era encantada porque aquele buraco na lapa era marca do pezão do **Sumé**, do tempo em que andava pregando o evangelho de Jesus pra indiada brasileira. Quando o herói saiu do banho estava branco louro e de olhos azuizinhos, água lavara o pretume dele. E ninguém não seria capaz mais de indicar nele um filho da tribo retinta dos Tapanhumas.

Nem bem Jiguê percebeu o milagre, se atirou na marca do pezão do Sumé. Porém a água já estava muito suja da negrura do herói e por mais que Jiguê esfregasse feito maluco atirando água pra todos os lados só conseguiu ficar da cor do bronze novo. Macunaíma teve dó e consolou:

— Olhe, mano Jiguê, branco você ficou não, porém pretume foi-se e antes fanhoso que sem nariz.

Maanape então é que foi se lavar, mas Jiguê esborrifava toda a água encantada para fora da cova. Tinha só um bocado lá no fundo e Maanape conseguiu molhar só a palma dos pés e das mãos. Por isso ficou negro bem filho da tribo dos Tapanhumas. Só que as palmas das mãos e dos pés dele são vermelhas por terem se limpado na água santa. Macunaíma teve dó e consolou:

— Não se avexe, mano Maanape, não se avexe não, mais sofreu nosso tio Judas!

E estava lindíssimo na Sol da lapa os três manos um louro um vermelho outro negro, de pé bem erguidos e nus. Todos os seres do mato espiavam assombrados. O jacareúna o jacaretinga o jacaré-açu o jacaré-ururau de papo amarelo, todos esses jacarés botaram os olhos de rochedo pra fora d'água. Nos ramos das ingazeiras das aningas das mamoramas das embaúbas dos catauaris de beira-rio o macaco-prego o macaco-de-cheiro o guariba o bugio o cuatá o barrigudo o coxiú o cairara, todos os quarenta macacos do Brasil, todos, espiavam babando de inveja. E os sabiás, o sabiacica o sabiapoca o sabiaúna o sabiapiranga o sabiagongá que quando come não me dá, o sabiá-barranco o sabiá-tropeiro o sabiá-laranjeira o sabiá-gute todos esses ficaram pasmos e esqueceram de acabar o trinado, vozeando vozeando com eloquência. Macunaíma teve ódio. Botou as mãos nas ancas e gritou pra natureza:

— Nunca viu não!

Então os seres naturais debandavam vivendo e os três manos seguiram caminho outra vez. Porém entrando nas terras do igarapé Tietê adonde o **burbom** vogava e a moeda tradicional não era mais cacau, em vez, chamava arame contos contecos milréis borós tostão duzentorréis quinhentorréis, cinquenta paus, noventa bagarotes, e pelegas cobres xenxéns caraminguás selos bicos-de-coruja massuni bolada calcáreo gimbra siridó bicha e patarac os, assim, adonde até liga pra meia ninguém comprava nem por vinte mil cacaus. Macunaíma ficou muito contrariado. Ter de **trabucar**, ele, herói... Murmurou desolado:

— Ai! que preguiça!...

(*Macunaíma: o herói sem nenhum caráter*. Ed. crítica de Telê Porto A. Lopez. Rio de Janeiro/São Paulo: Livros Técnicos e Científicos/ Secretaria da Cultura, Ciência e Tecnologia. p. 33-34.)

abicar: fazer chegar a proa da embarcação em terra.
burbom: café ou cafeeiro.
grunha: parte côncava nas serras.
icamiaba: referência a Ci, líder das índias icamiabas, com quem Macunaíma se casara e que virou estrela depois de morrer.
igara: canoa escavada em um tronco de árvore.
lapa: grande pedra ou laje; gruta.
Sumé: na mitologia dos índios tupis e guaranis, homem branco, barbado, que teria vivido entre os índios antes da chegada dos portugueses e que lhes havia transmitido uma série de ensinamentos. Os jesuítas associaram essa figura a São Tomé, apóstolo que teria feito pregações ao redor do mundo, inclusive na América.
trabucar: trabalhar, labutar.

1. Em *Macunaíma*, Mário de Andrade procurou fazer uso de uma "língua brasileira", síntese da fusão do português com dialetos indígenas e africanos, mesclada de inúmeras variações linguísticas, com regionalismos, expressões coloquiais, estrangeirismos, etc.

Troque ideias com os colegas e tente descobrir a origem destas palavras e expressões:

a) ubá, Marapatá, mandacaru, tabatinga, igara, pirapitinga.

b) deu uma chegada, que-nem flecha, feito maluco, antes fanhoso que sem nariz, cinquenta paus, bolada.

c) Não se avexe.

d) burbom

2. Antes de escrever *Macunaíma*, Mário de Andrade viajou pelo Brasil, pesquisou e fez anotações relativas a diversos elementos da geografia, da fauna, da flora e da cultura das diferentes regiões do país. De que modo essa pesquisa se revela no trecho lido?

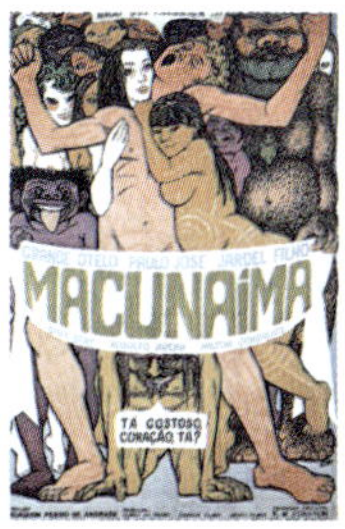

Reprodução/Condor Filmes

Cartaz do filme *Macunaíma*, de Joaquim Pedro de Andrade.

3. Observe o trecho em que os três irmãos se banham na água da cova feita pelo pé de Sumé.

a) O que se explica, nessa cena, de forma folclórica?

b) Apesar de Jiguê ter se lavado, ele "só conseguiu ficar da cor do bronze novo". E Macunaíma lhe diz: "branco você ficou não, porém pretume foi-se e antes fanhoso que sem nariz". Em sua opinião, essa fala de Macunaíma é preconceituosa? Justifique sua resposta.

4. Macunaíma é o imperador da mata virgem. Como tal, imagina chegar a São Paulo com muito cacau — que na floresta equivalia a dinheiro — e liderando uma comitiva de duzentas canoas.

a) Na realidade, com quantas canoas Macunaíma chega à capital paulista?

b) Que valor tinha na cidade o cacau que Macunaíma trouxera?

c) Como se posiciona Macunaíma diante da necessidade de trabalhar?

5. As preocupações reveladas na obra *Macunaíma* quanto à busca dos elementos da paisagem nacional — a fauna, a flora, o homem, a língua e as tradições da cultura brasileira — lembram o projeto nacionalista do Romantismo. Comparando *Macunaíma* às obras indianistas românticas, responda:

a) O personagem Macunaíma pode ser considerado um herói igual aos do Romantismo? Por quê?

b) Como conclusão do estudo feito, responda: O nacionalismo presente em Macunaíma é igual ao das obras do Romantismo? Justifique sua resposta.

Manuel Bandeira: o resgate lírico

Manuel Bandeira compõe com Oswald e Mário de Andrade, a tríade maior da primeira fase modernista, responsável pela divulgação e pela solidificação do movimento em nosso país.

Entre as inúmeras contribuições deixadas pela poesia de Manuel Bandeira, duas se destacam: o seu papel decisivo na solidificação da poesia de orientação modernista, com todas as suas implicações (verso livre, língua coloquial, irreverência, liberdade criadora, etc.), e o alargamento da lírica nacional pela sua capacidade de extrair a poesia das coisas aparentemente banais do cotidiano.

Partindo de temas até então considerados "baixos" para a criação da "grande poesia", tais como a própria doença, o quarto, as ações mecânicas do cotidiano, o jornal, a cultura popular, etc., Bandeira cria uma poesia rica em construção e significação, apesar de sua aparência quase prosaica. Veja, por exemplo, como ele concilia, nos versos da página a seguir, a crítica social e a reflexão filosófica acerca da condição humana com as oposições formais e a coloquialidade linguística.

Quem foi Manuel Bandeira?

Manuel Bandeira (1886-1968) nasceu em Recife, fez os estudos secundários no Rio de Janeiro e iniciou o curso de Arquitetura em São Paulo, mas foi obrigado a abandoná-lo em virtude de uma crise de tuberculose, que nele se manifestara em 1904. Tratou-se em várias cidades do país e na Suíça, entre 1913 e 1914, onde conheceu o jovem e mais tarde famoso escritor dadaísta e surrealista francês Paul Éluard, internado na mesma clínica.

Estúdio Ampla Arena

Caricatura de Manuel Bandeira.

Foi poeta, professor, crítico de arte e historiador literário. Entre outras obras, publicou *Libertinagem*, *Estrela da manhã* e *Lira dos cinquent'anos*.

Poema tirado de uma notícia de jornal

João Gostoso era carregador de feira-livre e morava no
morro da Babilônia num barracão sem número
Uma noite ele chegou no bar Vinte de Novembro
Bebeu
Cantou
Dançou
Depois se atirou na Lagoa Rodrigo de Freitas e morreu afogado.

(*Estrela da vida inteira*. 2. ed. Rio de Janeiro: J. Olympio, 1970. p. 117.)

Retomando certos motivos já explorados por poetas românticos — a saudade, a infância, a solidão — e procurando estreitar os laços entre poesia e cultura popular, Manuel Bandeira mantém, de fato, alguns pontos de contato com o Romantismo, mas é um poeta essencialmente modernista.

Jamais cai, por exemplo, num sentimentalismo piegas ao lembrar-se da infância. A infância que evoca é uma experiência vívida e concreta, não idealizada, que, contrastada com o presente, acentua-lhe a condição trágica.

Literatura comparada

Diálogo entre a poesia de Manuel Bandeira e a literatura africana

A literatura brasileira de diferentes épocas tem sido fonte de inspiração para muitos escritores africanos de língua portuguesa. Leia os poemas a seguir e observe o diálogo entre a poesia do modernista Manuel Bandeira e a do poeta cabo-verdiano Ovídio Martins (1928-1999).

TEXTO 1

Vou-me embora pra Pasárgada

Vou-me embora pra Pasárgada
Lá sou amigo do rei
Lá tenho a mulher que eu quero
Na cama que escolherei
Vou-me embora pra Pasárgada

Vou-me embora pra Pasárgada
Aqui eu não sou feliz
Lá a existência é uma aventura
De tal modo inconsequente
Que Joana a Louca de Espanha
Rainha e falsa demente
Vem a ser contraparente
Da nora que eu nunca tive

E como farei ginástica
Andarei de bicicleta
Montarei em burro brabo
Subirei no pau de sebo
Tomarei banhos de mar!
E quando estiver cansado
Deito na beira do rio
Mando chamar a mãe-d'água
Pra me contar as histórias
Que no tempo de eu menino
Rosa vinha me contar
Vou-me embora pra Pasárgada

Em Pasárgada tem tudo
É outra civilização
Tem um processo seguro
De impedir a concepção
Tem telefone automático
Tem **alcaloide** à vontade
Tem prostitutas bonitas
Para a gente namorar

E quando eu estiver mais triste
Mas triste de não ter jeito
Quando de noite me der
Vontade de me matar
— Lá sou amigo do rei —
Terei a mulher que eu quero
Na cama que escolherei
Vou-me embora pra Pasárgada

(Manuel Bandeira.
Estrela da vida inteira,

Rosa: a ama-seca que cuidou de Manuel Bandeira e seus irmãos quando meninos.
alcaloide: substância química que é encontrada em plantas e, entre outros fins, é usada na fabricação de drogas.

TEXTO 2

Antievasão

Pedirei
Suplicarei
Chorarei

Não vou para Pasárgada

Atirar-me-ei ao chão
e prenderei nas mãos convulsas
ervas e pedras de sangue

Não vou para Pasárgada

Gritarei
Berrarei
Matarei

Não vou para Pasárgada.

(Ovídio Martins. *In*: *Literaturas de língua portuguesa:* marcos e marcas — Cabo Verde. São Paulo: Arte e Ciência, 2007. p. 53.)

Stefan Kolumban/Pulsar Imagens

1. Os versos "Vou-me embora pra Pasárgada / Aqui eu não sou feliz" exprimem o desejo do eu lírico de fugir da realidade concreta e adentrar outro tipo de realidade, sonhada ou idealizada. Esse desejo se associa ao escapismo dos escritores românticos e, aliás, a oposição existente no texto entre o *aqui* e o *lá* faz lembrar diretamente os versos da "Canção do exílio", de Gonçalves Dias.

Minha terra tem primores
Que tais não encontro eu cá;
Em cismar — sozinho, à noite
— Mais prazer encontro eu lá;

a) A que espaço se refere o *cá/lá* de cada um dos poemas?

b) Que semelhanças e diferenças há entre o *lá* de Gonçalves Dias e o *lá* de Manuel Bandeira?

2. Pasárgada é o mundo da liberdade, do permitido, da realização plena dos desejos. Opõe-se diretamente, portanto, ao mundo real, cheio de proibições, de regras, de lógica e de moral.

a) Em sua lógica particular, o eu lírico afirma: "Lá sou amigo do rei". Que vantagens há nessa condição?

b) Identifique no texto exemplos de transgressão das normas da considerada "boa conduta social".

c) Os surrealistas consideravam a razão uma verdadeira prisão para a criação artística. Assim, procuravam desenvolver métodos que a driblassem, como o uso de *nonsense* (textos sem nexo), e, desse modo, alcançar a liberdade total. Identifique, no poema, um exemplo de *nonsense*.

3. Na 3ª estrofe, o poema faz menção a um conjunto de ações comuns na infância. Levando em conta os dados biográficos do autor, explique por que essas ações são supervalorizadas.

4. Releia a última estrofe do poema de Bandeira. Nela se percebe que, às vezes, o mundo de prazeres oferecidos por Pasárgada sucumbe.

a) Identifique os versos em que isso ocorre.

b) Com base nos três últimos versos da estrofe, identifique o elemento que se opõe à morte e se configura como saída para o eu lírico.

5. Em relação ao poema de Ovídio Martins:

a) Compare os versos 1, 2 e 3 aos versos 9, 10 e 11. Que tipo de relação há entre eles?

b) Que verso do poema se repete insistentemente?

c) Que papel semântico esses dois recursos desempenham na construção do sentido do texto?

6. Nos jogos interdiscursivos, um texto pode citar outro para afirmá-lo ou para negá-lo.

a) O poema de Ovídio Martins afirma ou nega o poema de Bandeira?

b) Em "Antievasão", Pasárgada tem o mesmo significado que tem no poema de Manuel Bandeira? Justifique sua resposta.

7. Ovídio Martins fez parte de um grupo de escritores militantes que, em Cabo Verde, lutou pela independência política de seu país, combatendo a colonização portuguesa. Por causa disso, chegou a ser preso e exilado. Considerando essas informações, levante hipóteses: Por que o eu lírico insiste na postura "antievasão"?

Pasárgada e outros diálogos com a África

Os escritores cabo-verdianos Osvaldo Alcântara e Baltazar Lopes também escreveram cinco poemas a partir de "Vou-me embora pra Pasárgada". Eis o fragmento de um deles, "Saudade de Pasárgada":

[...]
Na hora que tudo morre,
esta saudade fina de Pasárgada
é um veneno gostoso dentro do meu coração.

(*In:* Maria Aparecida Santilli. *Paralelas e tangentes.* São Paulo: Arte & Ciência, 2003. p. 150.)

Robert Harding Worl/Getty Images

Cabo Verde, país africano de língua portuguesa.

Para quem quer mais

Se você quiser saber mais sobre o período de implantação do Modernismo brasileiro, leia os poemas a seguir. "Amore co amore si paga", de Juó Babanére, é exemplo do espírito demolidor e irônico que caracterizou a literatura brasileira no início do século XX. Esse poema, que é uma paródia de "Nel mezzo del Cammin...", de Olavo Bilac, integra a obra *La divina increnca*, publicada em 1917. Em seguida, sozinho, em dupla ou em grupo, tente resolver as questões propostas no **Roteiro de estudo**.

Nel mezzo del Cammin...

Cheguei. Chegaste. Vinhas fatigada
E triste, e triste e fatigado eu vinha.
Tinhas a alma de sonhos povoada,
E a alma de sonhos povoada eu tinha...

E paramos de súbito na estrada
Da vida: longos anos, presa à minha
A tua mão, a vista deslumbrada,
Tive da luz que teu olhar continha.

Hoje, segues de novo... Na partida
Nem o pranto os teus olhos umedece,
Nem te comove a dor da despedida.

E eu, solitário, volto a face, e tremo,
Vendo o teu vulto que desaparece
Na extrema curva do caminho extremo.

(Olavo Bilac. *In*: Magaly Trindade Gonçalves et alii. *Antologia de antologias*. São Paulo: Musa Editora, 1995. p. 348.)

Amore co amore si paga

P'ra migna anamurada

Xiguê, xigaste! Vigna afatigada i triste
I triste i afatigada io vigna;
Tu tigna a arma povolada di sogno
I a arma povolada di sogno io tigna.

Ti amê, m'amasti! Bunitigno io era
I tu tambê era bunitigna;
Tu tigna uma garigna de féra
E io di féra tigna uma garigna.

Uma veiz ti begiê a linda mó,
I a migna tambê vucê begió.
Vucê mi apisô nu pé, e io non pisê no da signora.

Moltos abbracio mi deu vucê,
Moltos abbracio io tambê ti dê.
U fora vucê mi deu, e io tambê ti dê u fora.

(Juó Bananére. *La divina increnca*. São Paulo: Editorial 34. p. 11.)

Bananére: o barbeiro poeta

Juó Bananére — forma italianizada de "João Bananeiro", apelido muito comum na época — é mais do que um pseudônimo; é, na verdade, uma personagem criada pelo engenheiro Alexandre Marcondes Machado (1892-1933) para ser, além de poeta e autor de *La divina increnca*, jornalista e barbeiro. Essa personagem permitia ao seu criador comentar, ironizar e criticar a vida cultural e política brasileira das primeiras décadas do século XX.

Paródia: um discurso e duas vozes

Paródia é um texto criado a partir de outro texto, mantendo ou imitando alguns dos procedimentos do texto original e alterando propositalmente outros. Como resultado, o sentido do texto original desaparece, dando lugar a uma visão diferente do tema abordado.

A paródia é um discurso irônico, constituído de duas vozes em luta: a do autor do texto original e a do autor da paródia.

Roteiro de estudo

Ao final da leitura você deverá ser capaz de:

- Depois de ler o boxe "Paródia: um discurso e duas vozes", comparar os textos e reconhecer o procedimento paródico do poema de Juó Bananére.
- Comparar os textos quanto ao tema e à linguagem e estabelecer diferenças entre eles quanto a esses aspectos.
- Reconhecer o cacófato (som desagradável decorrente da união de sílabas de palavras vizinhas) e comentar o efeito de sentido desse "vício de linguagem" no texto de Bananére.
- Reconhecer as ambiguidades resultantes de palavras como *sogno*, *xiguê* e *xigaste* e comentar o sentido e o papel que elas assumem no poema de Bananére.

Para quem quer mais na internet

- **Antologia: O Modernismo em Portugal**
  Conheça outros textos e autores importantes do Modernismo em Portugal e no Brasil, acessando a seção **Antologia**, no Plurall.

Intervalo

Esta atividade favorece o desenvolvimento das habilidades

EM13LGG601 EM13LGG602 EM13LGG603 EM13LP46 EM13LP47 EM13LP51

Participe com a turma do projeto **oficina de arte moderna**, seguindo as orientações de seu professor. Leia as propostas e, no dia combinado, leve o material necessário para desenhar, pintar, criar, representar e montar vídeos.

PROJETO
OFICINA DE ARTE MODERNA

1. Fazendo arte

O Futurismo, com suas sugestões de dinamismo e velocidade; o Cubismo, com a multiplicidade de perspectivas; o Expressionismo, com a abstração cada vez maior do objeto retratado; o Dadaísmo, por seus *happenings* (intervenções de rua) em praças públicas e pelo uso da técnica do *ready-made*; o Surrealismo, com a exploração do inconsciente — todas essas propostas ainda hoje podem ser menos ou mais observadas nas produções artísticas de todo o século XX e início do século XXI.

Juntamente com seus colegas de grupo, informem-se mais sobre as correntes de vanguarda e seus principais artistas nos livros indicados a seguir, em bibliotecas e na internet.

Escolham uma das correntes de vanguarda e, no dia combinado, tragam materiais e objetos para a criação e execução de uma obra de criação coletiva, de acordo com as propostas dessa corrente. Veja algumas sugestões:

O filho do homem, de René Magritte.

Fábrica em Horta de Ebro (1909), de Pablo Picasso.

Bicicleta, de Duchamp.

- Declamação, feita em grupo, na forma de jogral, do *Manifesto Futurista*, de Marinetti.
- Criação de desenhos, pinturas, colagem, ou fotomontagens em que sejam empregadas as técnicas e propostas do Futurismo, Cubismo e Surrealismo.
- Criação de uma obra dadaísta a partir de objetos do cotidiano (*ready-made*).
- Criação e apresentação de esquetes teatrais (cenas curtas de 1 a 2 minutos), com ou sem o uso de palavras, que ilustrem características e propostas do Surrealismo.
- Montagem de um vídeo a partir de cenas de filmes surrealistas de Luís Buñuel, como *O fantasma da liberdade*, *Esse obscuro objeto do desejo*, *O anjo exterminador*, *O discreto charme da burguesia*, entre outros.

Giorgio de Chirico

A máscara (1973), de De Chirico.

2. Criando literatura de vanguarda

Escolham uma das três propostas de produção de texto seguintes.

1. À maneira de Oswald de Andrade no poema ao lado, criem poemas cubistas, construídos a partir de *flashes*, com um destes títulos:
   - Domingo
   - Festa no interior
   - Família
   - Recreio
   - Brasil
   - Clube
   - Rodeio

são josé del rei

Bananeiras
O Sol
O cansaço da ilusão
Igrejas
O ouro na serra de pedra
A decadência

(*Poesias reunidas*, cit., p. 134.)

Arte moderna e correntes de vanguarda

Sugerimos a leitura dos livros da coleção Movimentos da Arte Moderna (Ed. Cosac Naify):

- *Modernismo*, de Charles Harrison
- *Cubismo*, de David Cottington
- *Futurismo*, de Richard Humphreys
- *Expressionismo*, de Shulamith Behr
- *Surrealismo*, de Fiona Bradley

Tarsila do Amaral

Carnaval em Madureira (1924), de Tarsila do Amaral.

2. Reúnam material (jornais e revistas velhos, tesouras, saquinhos, papel sulfite) e sigam a receita de Tristan Tzara apresentada a seguir.

Para fazer um poema dadaísta

Pegue um jornal.
Pegue a tesoura.
Escolha no jornal um artigo do tamanho que deseja dar a seu poema.
Recorte em seguida com atenção algumas palavras que formam esse artigo e meta-as num [saco.
Agite suavemente.
Tire em seguida cada pedaço um após o outro.
Copie conscienciosamente na ordem em que elas são tiradas do saco.
O poema se parecerá com você.
E ei-lo finalmente original e de uma sensibilidade graciosa, ainda que incompreendido do público.

(*Apud* Gilberto Mendonça Telles. *Vanguardas europeias e Modernismo brasileiro*, cit., p. 132.)

3. A exemplo de Tristan Tzara, André Breton também revelou os "segredos da arte mágica surrealista". Seguindo as instruções do escritor, reproduzidas abaixo, produzam textos que libertem o subconsciente e o inconsciente:

Mandem trazer algo com que escrever, depois de haverem se estabelecido em um lugar tão favorável quanto possível à concentração do espírito sobre si mesmo. Ponham-se no estado mais passivo ou receptivo que puderem. Façam abstração de seu gênio, de seus talentos e dos de todos os outros. Digam a si mesmos que a literatura é um dos mais tristes caminhos que levam a tudo. Escrevam depressa, sem um assunto preconcebido, bastante depressa para não conterem e não serem tentados a reler. A primeira frase virá sozinha [...].

(Idem, p. 194.)

Salvador Dalí/ St. Petersburg, FL, Salvador Dalí Museum

Criança geopolítica assistindo ao nascimento de novo homem (1943), de Salvador Dalí.

René Magritte

Golconda (1953), de René Magritte.

Exposição e apresentação dos trabalhos de arte moderna

- Com a orientação do professor, escolham um local para expor os desenhos, as pinturas e as obras dadaístas que criaram.
- Depois, preparem a sala de aula para a apresentação do jogral futurista, das esquetes e dos vídeos surrealistas, assim como da leitura dos textos cubistas, dadaístas e surrealistas que produziram.
- Se possível, convidem amigos e colegas de outras salas e séries para assistir ao evento.

The Granger Collection / Other Images
Rue des Archives / Other Images

André Breton caracterizado como homem-sanduíche em um festival dadaísta em Paris, em 1920.

metamorworks/Shutterstock

Jovem declamando no palco.

Segunda classe (1933), de Tarsila do Amaral, demonstra a inclinação da arte pelos temas sociais na década de 1930.

9 A SEGUNDA FASE DO MODERNISMO NO BRASIL

Na década de 1930, enquanto o rádio — o mais moderno meio de comunicação de massa da época — encurtava as distâncias, aproximando o país de ponta a ponta, nossa prosa de ficção, com renovada força criadora, nos punha em contato com um Brasil pouco conhecido, apresentado em sua diversidade regional e cultural, mas com problemas semelhantes em quase todas as regiões: a miséria, a ignorância, a opressão nas relações de trabalho, as forças da natureza sobre o homem desprotegido.

Herdeiros diretos dos modernistas de 1922, os modernistas da segunda geração (1930-1945) também se voltam para a realidade brasileira, mas agora com uma intenção clara de denúncia social e engajamento político. Unindo ideologia e análise sociológica e psicológica a novas técnicas narrativas, o romance de 30 constitui um dos melhores momentos da ficção brasileira.

FIQUE LIGADO! PESQUISE!

Para estabelecer relações entre a literatura e outras artes e áreas de conhecimento, eis algumas sugestões:

- *O menino do engenho de Zé Lins*, de Vladimir Carvalho; *São Bernardo*, de Leon Hirszman; *Vidas secas* e *Memórias do cárcere*, de Nelson Pereira dos Santos; *Deus e o diabo na terra do sol*, de Glauber Rocha; *Menino de engenho* e *Capitães da Areia*, de Walter Lima Júnior; *Dona Flor e seus dois maridos* e *Gabriela*, de Bruno Barreto; *O quatrilho*, de Fábio Barreto; *Tieta do Agreste*, de Cacá Diegues; *Bela Donna*, de Fábio Barreto; *Vinícius de Moraes*, de Miguel Faria Jr; *Orfeu*, de Cacá Diegues, baseado na peça teatral *Orfeu da Conceição*, de Vinícius de Moraes; *Poeta de sete faces* e *O vestido*, de Paulo Thiago; *Drummond, poeta do vasto mundo*, de Maria Maia; *Crônica da cidade amada*, de Carlos Hugo Christensen, que reúne onze pequenas histórias tipicamente cariocas, baseadas em crônicas de Drummond, Paulo Mendes Campos, Fernando Sabino e outros.

Reprodução/Paramount

- *O quinze*, de Rachel de Queiroz (Siciliano); *Vidas secas* e *São Bernardo*, de Graciliano Ramos (Record); *Banguê* e *Fogo morto*, de José Lins do Rego (José Olympio); *Capitães da Areia* e *Terras do sem-fim*, de Jorge Amado (Record); *Ana Terra, Um certo capitão Rodrigo* e *Incidente em Antares*, de Érico Veríssimo (Globo); *Os ratos*, de Dionélio Machado (Ática); *Crônica da casa assassinada*, de Lúcio Cardoso (Ediouro); *Os Corumbas*, de Amando Fontes (José Olympio); *Digo e não peço segredo* (Escrituras) e *Conte lá que eu canto cá* (Vozes), de Patativa do Assaré; *Reunião, Corpo, De notícias & não notícias faz-se a crônica*, de Carlos Drummond de Andrade (José Olympio); *As melhores poesias de Murilo Mendes, As melhores poesias de Cecília Meireles, As melhores poesias de Jorge de Lima* (Global); *Romanceiro da Inconfidência*, de Cecília Meireles (Nova Fronteira); *O poeta noturno*, de José Aderaldo Castelo (Companhia das Letras); *Vinícius de Moraes — Todas as letras* (Companhia das Letras).

Reprodução/Editora José Olympio

- Ouça os discos *Carlos Drummond de Andrade — Antologia poética* (Philips, 1979), que contém poemas declamados pelo próprio autor; *Amor poesia* (Som Livre), com poemas de Drummond declamados por Scarlet Moon e trilha sonora de Sacha Amback; *Carlos Drummond de Andrade* (Projeto Luz da Cidade), com poemas declamados por Paulo Autran; e o audiolivro *O Brasil dizendo Drummond* (Projeto Luz da Cidade). Ouça também o disco *O grande circo místico*, de Edu Lobo e Chico Buarque (Som Livre, 1983, e Velas, 1993), inspirado no poema homônimo de Jorge de Lima; CDs de Vinícius de Moraes e Toquinho, com músicas de ambos e poemas de Vinícius declamados por ele próprio.

- Pesquise a história do Brasil na década de 1930: o *crack* da Bolsa de Valores de Nova Iorque (1929) e seus efeitos na economia brasileira, a Revolução de 30, o fim do cangaço, a crise cafeeira, a Intentona Comunista, o Estado Novo, etc.

- www.graciliano.com.br
- http://www.conhecendomuseus.com.br/museus/museu-casa-de-graciliano-ramos/
- www.fundacaojorgeamado.com.br
- www.jorgeamado.com.br
- http://www.academia.org.br/academicos/rachel-de-queiroz
- https://www.academia.org.br/academicos/jose-lins-do-rego
- www.carlosdrummond.com.br
- http://viniciusdemoraes.com.br
- www.poesiaspoemaseversos.com.br/manoel-de-barros-poemas/

Esta abertura de unidade favorece o desenvolvimento das habilidades

EM13LGG103 | EM13LGG202 | EM13LGG601 | EM13LGG602 | EM13LGG604 | EM13LP28 | EM13LP30 | EM13LP32 | EM13LP51

CAPÍTULO 21

O romance de 30

Quando a literatura se volta para um retrato mais objetivo da realidade, quase sempre o romance é o gênero que ela privilegia. Nas décadas de 1930 e 1940, período em que o país e o mundo viveram profundas crises, não foi diferente. O romance brasileiro de então, encontrando no regionalismo uma de suas principais vertentes, ganhou matizes ideológicos e se transformou em um importante instrumento de análise e denúncia da realidade brasileira.

Direito de reprodução gentilmente cedido por João Candido Portinari/Reprodução/Ministério das Relações Exteriores, Brasília, DF.

Cena gaúcha (1939), de Candido Portinari.

Este capítulo favorece o desenvolvimento das habilidades

EM13LGG102

EM13LGG202

EM13LGG203

EM13LGG302

EM13LGG601

EM13LGG602

EM13LGG604

EM13LP01

EM13LP02

EM13LP06

EM13LP10

EM13LP46

EM13LP48

EM13LP49

EM13LP52

Caminhos da ficção de 1930

O romance de 30 trilhou diferentes caminhos, dos quais o *regionalismo*, especialmente o nordestino, é o mais importante. Com a publicação de *A bagaceira* (1928), de José Américo de Almeida, e, em seguida, *O quinze* (1930), de Rachel de Queiroz, o romance nordestino ganhou destaque, denunciando as agruras da seca e da migração, dos problemas do trabalhador rural, da miséria, da ignorância.

Nos anos seguintes, esse veio literário foi explorado por muitos outros autores, como Amando Fontes, Jorge Amado, José Lins do Rego e Graciliano Ramos, cujas obras trazem temas novos, como o cangaço, o fanatismo religioso, o coronelismo, a luta pela terra, a crise dos engenhos.

Reprodução/Editora José Olympio

Reprodução/Editora Companhia das Letras

O regionalismo também se manifestou no Sul do país, na ficção histórica e épica de *O tempo e o vento*, de Érico Veríssimo, ou no romance de fazenda de Ivan Pedro de Martins, com *Fronteira agreste*. Nessas obras, é ressaltado o homem hostilizado pelo ambiente, pela terra, pela cidade, pelos poderosos, o homem sendo devorado pelos problemas que o meio lhe impõe. Em algumas delas, o romance alcança um perfeito equilíbrio entre a abordagem sociológica e a introspecção psicológica.

Além do regionalismo, os anos 1930 viram florescer outras linhas temáticas no romance. No Rio de Janeiro, surgiu *o romance urbano e psicológico*, representado por Marques Rebelo. Em Minas Gerais, teve vez *o romance poético-metafísico* de Lúcio Cardoso. No Rio Grande do Sul, o romance urbano e psicológico, também cultivado por Érico Veríssimo, alcançou um momento de rara introspecção em *Os ratos*, de Dyonélio Machado. Jorge de Lima, escritor católico militante, publicou no Rio de Janeiro *O anjo*, uma *narrativa surrealista* com matizes ideológicos cristãos e claras referências a reformas sociais.

Rachel de Queiroz: o drama da seca no Nordeste

Rachel de Queiroz (1910-2003) tornou-se conhecida com a publicação de *O quinze* (1930), em que aborda o tema da seca, uma das obras que introduziram o chamado "romance de 30" no Brasil.

Militou no Partido Comunista e, em 1937, foi presa por defender ideias esquerdistas. Publicou nesse período também os romances *João Miguel, Caminho de pedras e As três Marias*. Dedicou-se ao teatro e à crônica jornalística e foi a primeira mulher a ingressar na Academia Brasileira de Letras. Em 1992, depois de mais de cinquenta anos sem se dedicar ao romance, a autora surpreendeu o público com uma nova produção, *Memorial de Maria Moura*.

No conjunto, a prosa de Rachel de Queiroz é enxuta e dinâmica, sobretudo pelos efeitos que a autora extrai da técnica do discurso direto, o que associa sua forma de narrar à tradição da novelística popular. Como consequência, seu texto ganha agilidade, aproxima os fatos narrados e se torna saboroso ao gosto do grande público. Além de as obras da escritora cearense se voltarem para a denúncia da realidade social, seu texto introduz elementos psicológicos, conferindo uma dimensão mais completa e humana aos problemas abordados.

Eder Chiodetto/Folhapress

Rachel de Queiroz.

Graciliano Ramos: a prosa nua

De todos os escritores nordestinos que se revelaram na década de 1930, Graciliano Ramos é o romancista que soube exprimir com maior agudeza a dura realidade do habitante dessa região.

Como romancista, alcançou raro equilíbrio ao reunir análise sociológica e psicológica. Como poucos, retratou o universo do sertanejo nordestino, tanto na figura do fazendeiro autoritário quanto na do caboclo comum, o homem de inteligência limitada, vítima das condições do meio natural e social, sem iniciativa, passivo ante os poderosos.

Contudo, em Graciliano o regional não caminha na direção do específico, do particular ou do pitoresco; ao contrário, as especificidades do regional são um meio para alcançar o *universal*, já que seus personagens traduzem uma condição coletiva, a do homem explorado socialmente ou brutalizado pelo meio.

Entre os ficcionistas de sua época, Graciliano destaca-se pelas suas qualidades universalistas e, sobretudo, pela linguagem enxuta, rigorosa e conscientemente trabalhada, no que se mostra o legítimo continuador de Machado de Assis na trajetória do romance brasileiro.

Quem foi Graciliano Ramos?

Graciliano Ramos (1892-1953) nasceu em Quebrangulo, Alagoas. Foi contista, romancista, cronista, inspetor de ensino e envolveu-se com a política, chegando a ser prefeito de Palmeiras dos Índios (AL).

Em 1936, foi preso pelo governo de Getúlio Vargas sob a acusação de ser comunista. Anos depois de sua experiência na prisão, nasceria a obra *Memórias do cárcere*.

Entre suas obras mais importantes estão *Vidas secas*, *São Bernardo* e *Angústia*.

Arquivo DP/D.A Press

Vidas secas

Vidas secas é uma das mais importantes obras de Graciliano Ramos e, provavelmente, a mais conhecida do grande público. Em linguagem enxuta, fazendo uso preciso da introspecção psicológica e da técnica do discurso indireto livre, narra as dificuldades de uma família sertaneja, vitimada pela seca e sujeita a vários tipos de humilhação. A obra é um romance, organizado em capítulos, que também podem ser lidos autonomamente, como se fossem contos.

Leitura

Uma das fotos que integram a obra *Vidas Secas* — 70 anos, de Evandro Teixeira, publicada em 2008, em comemoração dos 70 anos de publicação de *Vidas secas*.

Fabiano ia satisfeito. Sim senhor, arrumara-se. Chegara naquele estado, com a família morrendo de fome, comendo raízes. Caíra no fim do pátio, debaixo de um juazeiro, depois tomara conta da casa deserta. Ele, a mulher e os filhos tinham-se habituado à **camarinha** escura, pareciam ratos — e a lembrança dos sofrimentos passados esmorecera.

Pisou com firmeza no chão **gretado**, puxou a faca de ponta, esgaravatou as unhas sujas. Tirou do **aió** um pedaço de fumo, picou-o, fez um cigarro com palha de milho, acendeu-o ao **binga**, pôs-se a fumar **regalado**.

— Fabiano, você é um homem, exclamou em voz alta.

Conteve-se, notou que os meninos estavam perto, com certeza iam admirar-se ouvindo-o falar só. E, pensando bem, ele não era homem: era apenas um cabra ocupado em guardar coisas dos outros. Vermelho, queimado, tinha os olhos azuis, a barba e os cabelos ruivos; mas como vivia em terra alheia, cuidava de animais alheios, descobria-se, encolhia-se na presença dos brancos e julgava-se cabra.

Olhou em torno, com receio de que, fora os meninos, alguém tivesse percebido a frase imprudente. Corrigiu-a, murmurando:

— Você é um bicho, Fabiano.

Isto para ele era motivo de orgulho. Sim senhor, um bicho, capaz de vencer dificuldades.

Chegara naquela situação medonha — e ali estava, forte, até gordo, fumando o seu cigarro de palha.

Era. Apossara-se da casa porque não tinha onde cair morto, passara uns dias mastigando raiz de imbu e semente de **mucunã**. Viera a trovoada. E, com ela, o fazendeiro, que o expulsara. Fabiano fizera-se desentendido e oferecera os seus préstimos, resmungando, coçando os cotovelos, sorrindo aflito. O jeito que tinha era ficar. E o patrão aceitara-o, entregara-lhe as marcas de ferro.

Agora Fabiano era vaqueiro, e ninguém o tiraria dali. Aparecera como um bicho, entocara-se como um bicho, mas criara raízes, estava plantado. Olhou as **quipás**, os mandacarus e os xiquexiques. Era mais forte que tudo isso, era como as catingueiras e as baraúnas. Ele, Sinhá Vitória, os dois filhos e a cachorra Baleia estavam agarrados à terra.

Chape-chape. As alpercatas batiam no chão rachado. O corpo do vaqueiro **derreava-se**, as pernas faziam dois arcos, os braços moviam-se desengonçados. Parecia um macaco.

Entristeceu. Considerar-se plantado em terra alheia! Engano. A sina dele era correr mundo, andar para cima e para baixo, à toa, como judeu errante. Um vagabundo empurrado pela seca. Achava-se ali de passagem, era hóspede. Sim senhor, hóspede que demorava demais, tomava amizade à casa, ao curral, ao chiqueiro das cabras, ao juazeiro que os tinha abrigado uma noite.

(*Vidas secas*. 27. ed. São Paulo: Martins Fontes, 1970. p. 53-55.)

aió: bolsa usada na caça.
binga: isqueiro.
camarinha: quarto de dormir.
derrear-se: vergar-se, inclinar-se.
gretado: rachado, com fendas.
mucunã: trepadeira de grande porte, comum nas Guianas e em alguns Estados brasileiros.
quipá: planta brasileira da família dos cactos.
regalado: com prazer, satisfeito.

1. Nesse episódio de *Vidas secas*, é possível extrair algumas informações a respeito do personagem Fabiano e de sua família.

a) Que razões teriam levado Fabiano e sua família à fazenda onde ele mora e trabalha como vaqueiro?

b) Portanto, que tipo de problema social é enfocado pela obra?

2. Além de abordar temas ligados à realidade nacional, outro traço do romance de 30 é a busca de uma linguagem brasileira. Observe a linguagem empregada no texto e as referências ao homem e à natureza.

a) Deduza: Que palavras do texto são típicas do português brasileiro e servem para designar elementos da paisagem nacional?

b) Considerando o tema da obra e as descrições de Fabiano e da paisagem, levante hipóteses: Qual é a região brasileira retratada na obra?

c) Predomina, nessa linguagem, uma variedade linguística de acordo com a norma-padrão da língua?

d) Conclua: Como o autor lida com a questão da variação linguística em sua obra?

3. Ao longo do texto, o personagem é caracterizado de formas diferentes. Observe:

- "— Fabiano, você é um homem"
- "— Você é um bicho, Fabiano."
- "Parecia um macaco"

Cena do filme *Vidas Secas*, de Nelson Pereira dos Santos.

a) A que elementos da natureza Fabiano é comparado no segundo e terceiro fragmentos?

b) Essas comparações lembram procedimentos de outro movimento literário, que também enfocou as relações entre o homem e o meio natural e social. Qual é esse movimento?

c) Em *Vidas secas*, que significado social tem essas comparações?

4. Observe o 2º e o 3º parágrafo do texto. Fabiano, depois de preparar um cigarro de palha, exclama satisfeito: "— Fabiano, você é um homem". Considerando o histórico do personagem, responda: Para Fabiano, o que é se sentir um homem?

5. Observe estes dois trechos do texto:

"Agora Fabiano era vaqueiro, e ninguém o tiraria dali. [...] estava plantado."
"Entristeceu. Considerar-se plantado em terra alheia! Engano."

Esses trechos mostram uma mudança no pensamento de Fabiano, como se ele tomasse consciência de sua real condição.

a) De que Fabiano toma consciência?

b) Que tipo de problema social, amplamente denunciado no Brasil, se verifica na base da real condição de Fabiano?

6. Outro traço que caracteriza o romance de 30 é o emprego de novas técnicas narrativas, principalmente aquelas que sustentam a introspecção e a análise psicológica dos personagens. É o caso, por exemplo, do discurso indireto livre, que funde a fala do narrador à fala ou ao pensamento do personagem, sem emprego de verbos *dicendi* (como *perguntou*, *respondeu*, *disse*) e sem sinais de pontuação marcadores de fala, como o travessão ou as aspas.

Observe estes fragmentos do texto:

- "Fabiano ia satisfeito. Sim senhor, arrumara-se."
- "Olhou as quipás, os mandacarus e os xiquexiques. Era mais forte que tudo isso, era como as catingueiras e as baraúnas."

Identifique nesses fragmentos os trechos que correspondem ao pensamento de Fabiano.

7. Com base no estudo feito, conclua: Quais características do romance de 30 podem ser apreendidas da leitura desse texto:

a) quanto aos temas e ao recorte da realidade?

b) quanto à linguagem e às técnicas narrativas?

c) quanto ao trabalho com os personagens?

José Lins do Rego: memória e ficção no engenho

José Lins do Rego (1901-1957) é o escritor regionalista que mais profundamente retratou a decadência dos engenhos de cana nordestinos, no início do século XX.

Muito da obra do escritor concilia ficção com as recordações dos tempos de menino e adolescente, quando vivia na fazenda do avô paterno, junto com tios e primos. Numa linguagem fluida, solta, popular, o escritor capta a vida nordestina por dentro e registra-a num momento em que se operavam no Nordeste transformações de ordem social e econômica profundas, fruto da decadência do engenho, logo substituído pela usina moderna.

Oriundo de uma família rica, neto do então importante coronel José Paulino (transformado em personagem de algumas de suas obras), José Lins, como poucos, capta e transpõe para a literatura o imaginário do povo nordestino, antes dele expresso apenas nas narrativas orais, nos romances cantados e na literatura de cordel.

Segundo o próprio autor, sua obra pode ser dividida em ciclos. São eles:

- **ciclo da cana-de-açúcar:** *Menino de engenho*, *Doidinho*, *Banguê*, *Fogo morto* e *Usina*;
- **ciclo do cangaço, misticismo e seca:** *Pedra Bonita* e *Cangaceiros*;
- **obras independentes:** romances vinculados aos dois ciclos: *Moleque Ricardo*, *Pureza*, *Riacho doce*; romances desvinculados dos ciclos: *Água-mãe* e *Eurídice*. A obra *Riacho doce*, depois de ser adaptada pela Rede Globo para a linguagem televisiva, foi também transposta para o cinema.

A mais madura de suas obras, *Fogo morto*, consegue captar, na paisagem e no elemento humano, não só as imagens oriundas de suas lembranças pessoais, mas principalmente a bruta realidade de uma estrutura social em decomposição.

As relações que se estabelecem entre os personagens funcionam como fios que costuram as três partes da narrativa, ao mesmo tempo que ajudam a construir um grande painel da zona açucareira, retratada num momento de profunda transformação social e econômica, que põe fim às centenárias estruturas fundiárias e se abre para a modernização.

A visão nostálgica do autor, marca principal dos outros romances que integram o ciclo da cana-de-açúcar, cede lugar em *Fogo morto* a um profundo sentimento de tristeza e de inconformismo social.

Quem foi José Lins do Rego?

José Lins do Rego (1901-1957) nasceu no município de Pilar, Paraíba. Fez Direito em Recife, onde teve contato com o grupo modernista que ali surgia, formado por Gilberto Freire e José Américo de Almeida, entre outros. Atuou como promotor em Maceió, onde escreveu seus primeiros livros e conviveu com Graciliano Ramos, Jorge de Lima e Rachel de Queiroz.

Atuou na imprensa, na vida diplomática e foi eleito para a Academia Brasileira de Letras pouco antes de morrer.

Loredano/Acervo da editora

Caricatura de José Lins do Rego.

Leitura

O texto a seguir, extraído do romance *Fogo morto*, encontra-se no capítulo que narra as agruras do Coronel Lula de Holanda, senhor do então decadente engenho Santa Fé. O trecho mostra a perda de autoridade de Lula de Holanda na tentativa de expulsar de suas terras um dos moradores, o mestre Amaro.

Parara na porta da casa-grande do Santa Fé um cargueiro com uma carta para o senhor de engenho. Seu Lula chamou D. Amélia.

— Vem cá, Amélia, lê isto, hein, vê que desaforo.

Era um bilhete do Capitão Antônio Silvino em termos de ordem. Mandava dizer que o mestre José Amaro tinha que ficar no sítio, até quando ele bem quisesse. A casa inteira se alarmou com a notícia. O negro Floripes atribuía tudo ao mestre. Bem que ele dizia todos os dias que aquele homem tramava uma desgraça para o povo do Santa Fé. O velho Lula entrou para o santuário e rezou muito. Nunca se vira tanta ruindade. D. Amélia, que esperava por um estouro do marido, espantou-se da calma que ele apresentara. Não falou com mais ninguém durante o resto do dia. Na manhã seguinte tomou o carro e saiu para o Santa Rosa. Lá conversou com o velho José Paulino que se alarmou com a notícia. Era o diabo. Mas quem podia com o cangaceiro que mandava por todo o interior do Estado, como um governo? Era um absurdo, mas era a verdade. Nada podia fazer contra a força. O Coronel Lula de Holanda voltou do engenho vizinho mais calmo ainda! Em casa, não dava uma palavra. D. Amélia e a filha Neném pensaram em abandonar a casa-grande, em fugir para a capital. Antônio Silvino com raiva de uma criatura fazia o diabo. Não viram o que sucedera ao prefeito, ao Comendador Quinca Napoleão? O que podiam fazer eles, que eram tão fracos, tão sem ajuda de ninguém? Seu Lula não sairia de seu engenho. Que viessem, podiam tocar fogo em tudo que era seu, mas dali não sairia. Aquele mestre José Amaro que se aprontasse para deixar a propriedade. E chamou Floripes:

— Ó Floripes!

O negro se chegou para receber as ordens do senhor.

— Vá ao sítio do mestre José Amaro e lhe diga, hein, que só tem três dias para mudar-se.

O negro, de cabeça baixa, saiu para a casa do engenho. Não iria fazer uma coisa desta. Ele sabia que o mestre, se o pegasse de jeito, faria uma desgraça. Com pouco mais, chegava ao Santa Fé o Capitão Vitorino. A burra velha estava amarrada na casa da farinha. Viera conversar com o primo sobre política. Seu Lula, muito calado, ouvia-o, até que, como se estivesse tratando com um inimigo, se abriu com a visita. Não era homem de **pabulagem**, de mentira. Não se metia em política, não contasse com o nome dele para coisa alguma. Vitorino levantou a voz para dizer-lhe que não era um **camumbembe** e nem estava ali para pedir favor de espécie alguma. Não era cabra de **bagaceira**. Estava muito enganado. Apareceu D. Amélia para acalmá-los.

Engenho de açúcar (1660), de Frans Post.

Museum Boijmans Van Beuningen, Rotterdam

bagaceira: resto, resíduo, imprestável.
camumbembe: vadio, vagabundo, morador de engenho.
desfeiteado: insultado, desconsiderado.
embebido: compenetrado, concentrado, enlevado.
pabulagem: ostentação, empáfia, impostura.

— É o que lhe digo, Seu Coronel Lula de Holanda. O seu primo Vitorino Carneiro da Cunha não está aqui de mão estirada pedindo esmola. Sou homem de um partido.

— Capitão Vitorino — disse-lhe D. Amélia — o Lula não quis ofender.

Seu Lula se levantara, e de pé, na porta da casa, parecia que olhava para a estrada à espera de alguém, tão **embebido** estava.

— É, Dona Amélia, estes parentes ricos só pensam que os parentes pobres estão de esmola. Estou aqui para uma causa política. Não sou uma coisa qualquer.

— Não precisa dizer, capitão. Não precisa dizer.

Aí Seu Lula voltou, como se não estivesse fora por completo da conversa.

— O que foi, Amélia? Hein, Amélia, o que foi?

— Ora o que foi, Coronel Lula de Holanda. Não sou homem para ser **desfeiteado**.

— Desfeiteado, hein, capitão?

— Sim senhor, desfeiteado. E outra coisa: aqui estou para defender um seu morador.

— Como, capitão?

— Defender um seu morador.

— Que morador? perguntou D. Amélia.

— Eu lhe conto, D. Amélia. Passando hoje pela porta do meu compadre José Amaro, ele me convidou para tomar conta de sua causa. Eu não sou homem de questão, mas estimo o compadre, é padrinho de meu filho.

Aí Seu Lula chegou-se para perto do outro.

— O que ele está dizendo, hein, Amélia?

— Está falando do mestre José Amaro.

— Não adianta, hein, não adianta, capitão. Aqui nesta casa manda o senhor de engenho, hein, capitão.

Vitorino levantou-se, e não se amedrontou.

— Comigo ninguém grita. Sou tão branco quanto você, Seu Coronel. Sou homem para tudo.

D. Amélia, pálida, via que as coisas marchavam para um desastre. O marido, que há dois dias parecia tão calmo, tão sereno, agora era o mesmo Lula de sempre. O Capitão Vitorino, de pé, falava aos gritos. Apareceu o negro Floripes na porta, chegou o **boleeiro** Pedro, e seu Lula gritar com o capitão:

— Ponha-se para fora desta casa. Quem manda aqui é o senhor de engenho.

— Vá gritar para os seus negros, velho.

— Ponha-se para fora.

— Não é preciso mandar. Vou embora, e só não lhe digo muita coisa, em atenção à sua esposa. É mulher de respeito. [...]

— Eu só não faço uma desgraça na porqueira desse engenho, por causa da D. Amélia — gritava Vitorino, de cima da burra.

E quando ia ele saindo, Seu Lula procurou segurar-se no **esteio** da porta. Caiu com o corpo todo no chão, com o ataque que há mais de ano não tinha. Daquela vez como se estivesse morto. D. Amélia e Floripes levaram o velho para a cama.

Vitorino saiu de estrada afora a gritar:

— Bando de **mucufas**. [...]

[...] Quando foi de madrugada o Capitão Vitorino mandou selar a burra e voltou para o Pilar.

Tinha uma causa para defender e não deixaria o compadre no desamparo. O dia ainda estava escuro. Na fonte do riacho do Corredor viu-se cercado por uma tropa. Era o Tenente Maurício que vinha descendo para o Pilar. O oficial perguntou de onde vinha, e se não sabia notícias de Antônio Silvino. Vitorino falou para o homem, num tom agressivo.

— Tenente, por aqui é que o senhor não encontra o bandido. Era por aqui que andava o Major Jesuíno, atrás dos cangaceiros, e nunca disparou um tiro.

— Não estou pedindo a sua opinião, velho.

— Sou o Capitão Vitorino Carneiro da Cunha.

— Não estou perguntando o seu nome.

— Mas eu lhe digo.

— Então passe de largo e siga o seu caminho.

— Não me faz favor, tenente.

— Cala a boca, velho besta.

— Só quando a terra comer, tenente. Vitorino Carneiro da Cunha diz o que sente.

— Pois não diz agora.

— Quem me empata? O senhor? Ainda não nasceu este.

— O que é que este velho quer?

— O que eu quero é que o senhor acabe com Antônio Silvino.

— Cabo, pega este velho.

— Vá pegar os cangaceiros.

Vitorino saltou da burra e se fez no punhal. Mas já estava dominado pelos soldados. E gritava:

— Tenente de merda.

Uma bofetada na cara do capitão fez correr sangue da testa larga.

— Amarre este velho, e vamos com ele para a cadeia do Pilar.

A tropa saiu com o Capitão Vitorino Carneiro da Cunha todo amarrado de corda, montado na burra velha que os soldados chicoteavam sem pena. Corria sangue da testa ferida do capitão. A luz vermelha da madrugada banhava o canavial que o vento brando tocava de leve. Marchava o capitão na frente da tropa, como uma fera perigosa que tivessem domado com tremendo esforço. Os moradores vinham olhar e os homens se espantavam de ver o velho que todos sabiam tão manso, amarrado daquele jeito. Vitorino falava alto:

— Estes bandidos me pagam.

[...]

(*Fogo morto*. Rio de Janeiro: José Olympio Editora, 1989. p. 198-203.)

O lampionismo

O cangaço foi um fenômeno de banditismo social que existiu no Brasil entre 1870 e 1940 e teve em Lampião seu principal representante.

Segundo alguns historiadores, o cangaço tem origem nas milícias particulares criadas pelos coronéis nordestinos, cuja força política era medida pelo número de aliados políticos e de homens armados.

Sobre esse fenômeno, assim se referiu Graciliano Ramos: "Lampião nasceu há muitos anos, em todos os Estados do Norte. Não falo, está claro, no indivíduo Lampião... refiro-me ao lampionismo, e é conveniente que o leitor não veja alusões a um homem só...".

ICCA e Sociedade do Cangaço. Foto: B. Abrahão

Corisco e seu bando, 1936.

boleeiro: cocheiro.
esteio: apoio, suporte, escora.
mucufa: tratante, covarde, reles.

1. Considerando que o Coronel Lula de Holanda foi um importante senhor de engenho, o que representam para ele a carta do cangaceiro Antônio Silvino e a discussão com o primo Vitorino?

2. Preocupado com a carta do cangaceiro, o Coronel Lula vai ao engenho Santa Rosa conversar com o Coronel José Paulino.

   a) Que relação pode haver entre essa conversa e a reação intempestiva do Coronel Lula com o Capitão Vitorino, quando este lhe diz que viera conversar sobre política?

   b) Que fato, ocorrido após a discussão com Vitorino, comprova a impotência do Coronel Lula diante da situação e da vida?

3. O cangaço, fenômeno de banditismo social que fez parte da vida nordestina de 1870 a 1940, amedrontava tanto os poderosos quanto as pessoas simples. Que situações e expressões das personagens, no texto, mostram que o cangaço tinha caráter de banditismo?

4. O Capitão Vitorino, uma das personagens principais de *Fogo morto*, é uma espécie de representação de muitos tipos humanos que o autor conheceu na infância. Imaginando-se dotado de influência política e prestígio, vivia em defesa dos injustiçados, independentemente do lado em que eles estivessem.

   a) Em que consistia a indignação do Capitão Vitorino contra o Tenente Maurício?

   b) Por suas ações e seus ideais de justiça, o Capitão Vitorino é frequentemente associado a D. Quixote, personagem do escritor espanhol Miguel de Cervantes. No texto lido, o que mostra que ele pode ser considerado uma figura quixotesca?

   c) Quando o Capitão Vitorino chega a Pilar, amarrado de corda, montado em animal e ensanguentado, que reação as pessoas têm? Como elas o viam?

5. Em depoimento dado a Medeiros Lima e publicado em *Políticas e Letras* (1948), José Lins do Rego afirmava: "Não cuido da forma porque a minha forma é a coisa mais natural deste mundo. Ordem direta, oração principal com o sujeito claro, pronomes colocados de ouvido e, sobretudo, adotando soluções que são soluções da língua do povo".

   a) Identifique no texto trechos que exemplifiquem a utilização de expressões populares.

   b) Essa concepção de língua literária é compatível com as ideias defendidas pelos modernistas da primeira geração?

   c) Observe o emprego do discurso direto no texto. Que resultado essa técnica imprime à narrativa?

Jorge Amado: lirismo e militância na Bahia

A maior parte das obras de Jorge Amado, principalmente as primeiras que publicou, apresenta preocupação político-social, denunciando, num tom direto, lírico e participante, a miséria e a opressão do trabalhador rural e das classes populares.

Com o tempo, sua força poética voltou-se para os pobres, para a infância abandonada e delinquente, para a miséria do negro, para o cais e os pescadores de sua terra natal, para a seca, o cangaço, a exploração do trabalhador urbano e rural e para a denúncia do coronelismo latifundiário.

Autor de obras de cunho regionalista e de denúncia social no início de sua carreira de escritor, Jorge Amado apresenta diferentes fases, entre elas a da vida rural e urbana da Bahia (*Cacau*, *Suor*), a dos depoimentos líricos e sentimentais (*Capitães da Areia*, *Mar Morto*), as obras de pregação partidária (*O cavaleiro da esperança)*, o ciclo do cacau e as lutas entre coronéis e exportadores (*Terras do sem-fim*, *São Jorge dos Ilhéus*) e as crônicas de costumes provincianos, suas obras mais conhecidas (*Gabriela, cravo e canela*, *Dona Flor e seus dois maridos*).

Alguns críticos literários veem pouco valor na obra de Jorge Amado, principalmente nas crônicas de costumes. Outros rejeitam o caráter militante de algumas de suas obras, acusando-as de panfletárias; outros rejeitam sua linguagem despretensiosa e popular, acusando-o de escrever mal; outros desaprovam o apimentado de suas histórias mais populares, recheadas de erotismo. Independentemente da opinião da crítica, porém, Jorge Amado tornou-se um dos mais prestigiados escritores brasileiros no Brasil e no exterior. Suas obras foram traduzidas em 55 países e, no Brasil, venderam 20 milhões de exemplares.

Quem foi Jorge Amado?

Jorge Amado (1912-2001) nasceu em Pirangi (BA). Estudou Direito e trabalhou na imprensa. Em 1931, mudou-se para o Rio de Janeiro e se tornou conhecido com a publicação do romance *O país do carnaval*. Alcançou notoriedade, entretanto, com dois romances publicados logo depois: *Cacau* e *Suor*.

Politicamente comprometido com ideias socialistas, participou da Aliança Nacional Libertadora, movimento de frente popular, e foi preso em 1936. Libertado em 1937, morou em Buenos Aires, onde publicou a biografia de Luís Carlos Prestes. De volta ao Brasil, em 1945, foi eleito deputado federal, mas teve seu mandato político cassado. Deixou novamente o país e residiu na França e na União Soviética, entre outros países, até 1952, quando retornou ao Brasil. Nessa ocasião, já se tornara mundialmente conhecido. Em 1959, ingressou na Academia Brasileira de Letras. Seus livros estão hoje traduzidos para mais de trinta línguas. Foi casado com a escritora Zélia Gattai.

Loredano/Acervo da editora

Caricatura de Jorge Amado.

Capitães da Areia

Capitães da Areia, obra publicada em 1937, explora questões sociais que têm como pano de fundo a cidade de Salvador, mas são, com poucas alterações, as mesmas de muitas outras cidades brasileiras. Seus personagens são dezenas de crianças de rua, de idade entre 8 e 16 anos, que, atiradas à própria sorte, cometem delitos para sobreviver. Detidas, são humilhadas e castigadas.

Lideradas por Pedro Bala, moram num velho trapiche, um armazém abandonado e cercado pela areia no cais de Salvador, a "cidade da Bahia". A relação que mantêm entre si é regida por códigos de lealdade e de solidariedade, e contam com a ajuda de apenas duas pessoas: um padre e uma mãe de santo.

Reprodução/Editora Record

Capa do livro *Capitães da Areia*, de Jorge Amado.

Leitura

No trecho a seguir, os Capitães da Areia, tornados adultos à força, pela necessidade de sobrevivência, deixam aflorar seu lado infantil.

As luzes do carrossel

[...]

— É uma beleza — disse Pedro Bala olhando o velho carrossel armado. E João Grande abria os olhos para ver melhor. Penduradas estavam as lâmpadas azuis, verdes, amarelas, roxas, vermelhas.

É velho e desbotado o carrossel de Nhozinho França. Mas tem a sua beleza. Talvez esteja nas lâmpadas, ou na música da **pianola** (velhas valsas de perdido tempo), ou talvez nos **ginetes** de pau. Entre eles tem um pato que é para sentar dentro os mais pequenos. Tem a sua beleza, sim, porque a opinião unânime dos Capitães da Areia é que ele é maravilhoso. Que importa que seja velho, **roto** e de cores apagadas se agrada às crianças?

Foi uma surpresa quase incrível quando naquela noite o Sem-Pernas chegou ao trapiche dizendo que ele e Volta Seca iam trabalhar uns dias num carrossel. Muitos não acreditaram, pensaram que fosse mais uma **pilhéria** do Sem-Pernas. Então iam perguntar a Volta Seca, que, como sempre, estava metido no seu canto sem falar, examinando um revólver que furtara numa casa de armas. Volta Seca fazia que sim com a cabeça e por vezes dizia:

— Lampião já rodou nele. Lampião é meu padrim...

O Sem-Pernas convidou a todos para irem ver o carrossel na outra noite, quando o acabariam de armar. E saiu para encontrar Nhozinho França. Naquele momento todos os pequenos corações que pulsavam no trapiche invejaram a suprema felicidade do Sem-Pernas. Até mesmo Pirulito, que tinha quadros de santos na sua parede, até mesmo João Grande, que nessa noite iria com o Querido-de-Deus ao candomblé de Procópio, no Matatu, até mesmo o Professor, que lia livros, e quem sabe se também Pedro Bala, que nunca tivera inveja de nenhum porque era o chefe de todos? Todos o invejaram, sim. Como invejaram Volta Seca, que no seu canto, o cabelo mestiço e ralo despenteado, os olhos apertados e a boca rasgada naquele

ginete: cavalo fino e adestrado.
pianola: piano mecânico, automático.
pilhéria: piada.
roto: rasgado, esfarrapado.

ríctus de raiva, apontava o revólver ora para um dos meninos, ora para um rato que passava, ora para as estrelas, que eram muitas no céu.

Na outra noite foram todos com o Sem-Pernas e Volta Seca (estes tinham passado o dia fora, ajudando Nhozinho a armar o carrossel) ver o carrossel armado. E estavam parados diante dele, **extasiados** de beleza, as bocas abertas de admiração. O Sem-Pernas mostrava tudo. Volta Seca levava um por um para mostrar o cavalo que tinha sido cavalgado por seu padrinho Virgulino Ferreira Lampião. Eram quase cem crianças olhando o velho carrossel de Nhozinho França, que a estas horas estava **encornado** num **pifão** tremendo na Porta do Mar.

O Sem-Pernas mostrou a máquina (um pequeno motor que falhava muito) com um orgulho de proprietário. Volta Seca não se desprendia do cavalo onde rodara Lampião. O Sem-Pernas estava muito cuidadoso do carrossel e não deixava que eles o tocassem, que **bulissem** em nada.

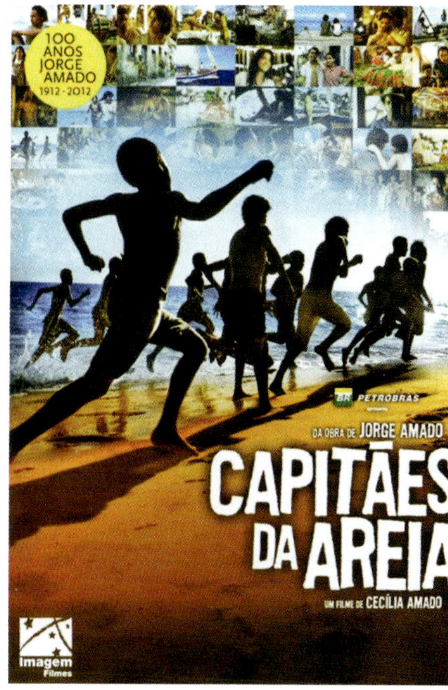

Lagoa Cultural/Instituto do Cinema e do Audiovisual (ICA)/Imagem Filmes

Capa do DVD do filme *Capitães da Areia*.

Foi quando o Professor perguntou:

— Tu já sabe mover com as máquinas?

— Amanhã é que vou saber... — disse o Sem-Pernas com um certo desgosto.

— Amanhã seu Nhozinho vai me ensinar.

— Então amanhã, quando acabar a função, tu pode botar ele pra rodar só com a gente. Tu bota as coisas pra andar, a gente se **aboleta**.

Pedro Bala apoiou a ideia com entusiasmo. Os outros esperavam a resposta do Sem-Pernas ansiosos. O Sem-Pernas disse que sim, e então muitos bateram palmas, outros gritaram. Foi quando Volta Seca deixou o cavalo onde montara Lampião e veio para eles:

— Quer ver uma coisa bonita?

Todos queriam. O sertanejo trepou no carrossel, deu corda na pianola e começou a música de uma valsa antiga. O rosto sombrio de Volta Seca se abria num sorriso. Espiava a pianola, espiava os meninos envoltos em alegria. Escutavam religiosamente aquela música que saía do **bojo** do carrossel na magia da noite da cidade da Bahia só para os ouvidos aventureiros e pobres dos Capitães da Areia. Todos estavam silenciosos. Um operário que vinha pela rua, vendo a aglomeração de meninos na praça, veio para o lado deles. E ficou também parado, escutando a velha música. Então a luz da lua se estendeu sobre todos, as estrelas brilharam ainda mais no céu, o mar ficou de todo manso (talvez que Iemanjá tivesse vindo também ouvir a música) e a cidade era como que um grande carrossel onde giravam em invisíveis cavalos os Capitães da Areia. Neste momento de música eles sentiram-se donos da cidade. E amaram-se uns aos outros, se sentiram irmãos porque eram todos eles sem carinho e sem conforto e agora tinham o carinho e conforto da música. Volta Seca não pensava com certeza em Lampião neste momento. Pedro Bala não pensava em ser um dia o chefe de todos os malandros da cidade. O Sem-Pernas em se jogar no mar, onde os sonhos são todos belos. Porque a música saía do bojo do velho carrossel só para eles e para o operário que parara. E era uma valsa velha e triste, já esquecida por todos os homens da cidade.

(*Capitães da Areia*. São Paulo: Companhia das Letras, 2008. p. 66-68.)

aboletar: instalar, alojar.
bojo: interior, cerne, âmago.
bulir: mexer, tocar.
encornado: dormindo.
extasiado: assombrado, absorto.
pifão: bebedeira.
ríctus: ricto, contração labial ou facial.

1. O narrador, ao descrever a admiração dos meninos diante do carrossel, emprega o recurso da repetição de palavras, de frases ou de sinônimos. Veja:

> "É velho e desbotado o carrossel de Nhozinho França. Mas tem a sua beleza. [...] Tem a sua beleza, sim [...] Que importa que seja velho, roto e de cores apagadas [...]?"

a) Cite outras passagens do texto em que esse recurso é empregado.

b) Que efeito esse recurso confere à narrativa?

2. No último parágrafo, o narrador repete várias vezes a palavra *música*.

a) Em que expressões essa palavra é empregada?

b) Que relação pode ser estabelecida entre essa repetição verbal e o momento que o narrador descreve nesse parágrafo?

3. Que sentido mais amplo pode ter a afirmação do narrador, no último parágrafo, de que a música que os garotos e o operário ouviam era "já esquecida por todos os homens da cidade"?

4. A obra *Capitães da Areia* revela o propósito de retratar a coletividade das crianças de rua, conforme se observa na frase "Eram quase cem crianças olhando o velho carrossel", mas, para isso, ele utiliza o recurso de contar uma história que envolve personagens particulares. No trecho lido, quais personagens se destacam? Quais características, sonhos e preferências eles têm?

5. A história contada em *Capitães da Areia* acontece em Salvador, na Bahia, onde a população é, na maioria, formada por negros. No entanto, no decorrer da narrativa, ficamos sabendo que Pedro Bala, o personagem principal da narrativa, é loiro.

a) Que elementos da cultura negra, típicos da Bahia, são citados no trecho lido?

b) Levante hipóteses: O que pode representar a presença de um personagem loiro em meio a outros personagens negros?

6. Como você viu, os romances de 30 buscam uma linguagem mais brasileira. Observe a linguagem do texto.

a) Como o autor lida com o discurso do narrador e o dos personagens em relação à norma-padrão e às variedades linguísticas?

b) Esse uso da linguagem está de acordo com as propostas do Modernismo da primeira geração? Justifique sua resposta.

Érico Veríssimo: resgate histórico e crítica

A obra do autor costuma ser dividida em três fases. A primeira inicia-se com a publicação de *Clarissa* (1933), que acaba sendo o primeiro de uma série de romances — *Caminhos cruzados*, *Música ao longe*, *Um lugar ao sol*, *Saga* — que têm como traço de união a presença constante de certos personagens, principalmente os pares Vasco e Clarissa e Fernanda e Noel, e completa-se com *Olhai os lírios do campo* e *O resto é silêncio*. Essa primeira fase do romancista se caracteriza pelo registro do cotidiano da vida urbana de Porto Alegre e pela apresentação de certos problemas morais, sociais e humanos decorrentes da vigência de valores degradados. Verdadeiros *best-sellers*, suas obras foram vertidas para diversas línguas.

A segunda fase do escritor corresponde a *O tempo e o vento*, obra cíclica que trata da formação do Rio Grande do Sul. Nessa obra de envergadura épica, Érico Veríssimo demonstra pleno amadurecimento de processos técnicos e expressivos e se firma como um legítimo retratista do povo gaúcho, embora, do ponto de vista do crítico José Hildebrando Dacanal, a obra expresse a ideologia das elites dirigentes que historicamente se instalaram no poder.

Pode-se reconhecer na obra do romancista ainda uma terceira fase, representada por *O prisioneiro*, *O senhor embaixador* e *Incidente em Antares*, caracterizada por uma postura mais universalista, mais crítica e de engajamento social.

Érico Veríssimo dedicou-se também à ficção didática (*Viagem à aurora do mundo*, *Aventuras no mundo da higiene*), à literatura infantil (*Os três porquinhos pobres*) e a obras de caráter memorialista (*Solo de clarineta*).

Quem foi Érico Veríssimo?

Érico Veríssimo (1905-1975) nasceu no município gaúcho de Cruz Alta. Mesmo sem diplomas, iniciou-se no jornalismo em 1930 e tornou-se professor de literatura nos Estados Unidos. Também dirigiu um dos departamentos culturais da Organização dos Estados Americanos (OEA) — experiência que registrou nos livros *Gato preto em campo de neve* e *A volta do gato preto*.

Sua estreia na literatura ocorreu com *Fantoches*, uma coletânea de contos. O marco inicial de sua popularidade, entretanto, foi a publicação do romance *Clarissa*, no ano seguinte. Entre suas obras mais importantes estão *Olhai os lírios do campo* e *O tempo e o vento*.

É pai do conhecido escritor Luis Fernando Verissimo.

Acervo UH/Folhapress

O tempo e o vento

Comparando o romance nordestino de 1930 ao romance gaúcho da mesma época, o crítico José Hildebrando Dacanal afirma:

> Se *São Bernardo*, por sua densidade e perfeição formal, pode ser considerado a súmula em que se concentram todas as características do que foi definido como romance de 30, *O tempo e o vento*, de Érico Veríssimo, também ocupa um lugar semelhante. Poder-se-ia considerar esta obra de Érico Veríssimo como a mais característica do romance de 30 em termos estritos de amplitude temática.
>
> (*O romance de 30*. 3. ed. Porto Alegre: Novo século, 2001. p. 91.)

O tempo e o vento, obra-prima de Érico Veríssimo, é constituída de três partes: "O continente", "O retrato" e "O arquipélago". Nela é narrada a saga da formação socioeconômica e política do Rio Grande do Sul, desde as suas origens, no século XVIII, até o ano de 1946.

O palco em que se dá o desenrolar dos fatos e das situações é a região de Santa Fé, onde o poder econômico e político local é disputado por duas famílias: os Amaral e os Terra Cambará.

Leitura

O texto a seguir faz parte de *Ana Terra*, episódio de "O continente", que conta a origem da família Terra. No início da ação de *Ana Terra*, situado em 1977, a moça se encontra à beira de um regato quando descobre um homem ferido e desmaiado, que depois se soube chamar Pedro Missioneiro, mestiço de índio e português, criado e educado na missão de São Miguel. Por sua habilidade com cavalos, como oleiro e com a música, ganha a confiança de todos. No verão, Ana fica grávida de Pedro, o que não é aceito pela família.

> Vieram outros dias e outras noites. E nunca mais o nome de Pedro foi pronunciado naquela estância. O inverno entrou e houve horas, longas horas, em que o **minuano** arrepelou as **macegas** e cortou o ar como uma navalha. Vieram as chuvas, que prenderam na cabana os cinco membros da família, que às vezes se reuniam junto do fogo, onde os homens ficavam a falar da lavoura, do gado, do tempo. Para Maneco Terra a filha estava morta e enterrada: não tomava conhecimento de sua presença naquela casa. Antônio e Horácio tratavam Ana com uma aspereza meio constrangida, que lhes vinha de uma consciência culpada. Ao lhe dirigirem a palavra, não olhavam para ela de frente, e ficavam desconcertados quando, para lhe evitar os olhos, baixavam a cabeça e davam com o ventre crescido da irmã.

macega: campina com capim alto e seco.
minuano: vento forte, frio e cortante que sopra no Rio Grande do Sul.

Reprodução/Companhia das Letras

Quando não chovia Ana descia para a **sanga**. Agora levava duas cargas: a cesta de roupa e o filho, que cada vez lhe pesava mais. Muitas vezes pela manhã seus pés pisavam a geada do caminho. E na água gelada seus dedos ficavam roxos e **entanguidos**. Durante todo o tempo que passava junto da sanga, a lembrança de Pedro permanecia com ela.

Um dia, olhando o bordado branco que a espuma do sabão fazia na água, teve a sensação de que Pedro nunca tinha existido, e que tudo o que acontecera não passara dum pesadelo. Mas nesse mesmo instante o filho começou a mexer-se em suas entranhas e ela passou a brincar com uma ideia que dali por diante lhe daria a coragem necessária para enfrentar os momentos duros que estavam para vir. Ela trazia Pedro dentro de si. Pedro ia nascer de novo e portanto tudo estava bem e o mundo no fim de contas não era tão mau. Voltou para casa exaltada...

entanguido: tolhido de frio.
sanga: córrego.

Adolfo Gerchmann/Editora Abril-Imagens/Conteúdo Expresso

Cena da minissérie *O tempo e o vento*, levada à TV pela Rede Globo.

[...]

Mas num outro dia foi tomada de profunda melancolia e escondeu-se para chorar. Ficou na frente da casa, olhando o horizonte e esperando que longe surgisse o vulto dum cavaleiro – Pedro voltando para casa; porque ele não tinha morrido: conseguira fugir e agora vinha buscar a mulher e o filho. Um entardecer sentiu o repentino desejo de montar a cavalo e sair pelo campo em busca do cadáver de seu homem: levaria uma pá, revolveria a terra ao redor de todas as árvores solitárias que encontrasse... Mas montar a cavalo no estado em que se encontrava? Loucura. Seu ventre estava cada vez maior. E Ana notava que, quanto mais ele crescia, mais aumentava a irritação dos irmãos. O pai, esse nunca olhava para ela nem lhe dirigia a menor palavra. Comia em silêncio, de olhos baixos, pigarreando de quando em quando, conversando com os filhos ou pedindo uma ou outra coisa à mulher.

[...]

Findava mais um ano e os pêssegos do pomar já estavam quase maduros quando Ana começou a sentir as primeiras dores do parto. Foi num anoitecer de ar transparente e céu limpo. Ao ouvirem os gemidos da rapariga, os três homens **encilharam** os cavalos, montaram e se foram, sem dizer para onde. D. Henriqueta viu-os partir e não perguntou nada.

Naquela noite nasceu o filho de Ana Terra. A avó cortou-lhe o cordão umbilical com a velha tesoura de podar. E o sol já estava alto quando os homens voltaram, apearam e vieram tomar mate. Ouviram choro de criança na cabana, mas não perguntaram nada nem foram olhar o recém-nascido.

— É um menino! — disse D. Henriqueta ao marido, sem poder conter um contentamento nervoso.

Maneco pigarreou mas não disse palavra. Quando o pai saiu para fora, Ana ouviu Horácio cochichar para a mãe:

— Ela vai bem?

encilhar: colocar arreios.

— Vai indo, graças a Deus — respondeu D. Henriqueta. — Está com os ubres cheios. Tem mais leite que uma vaca — acrescentou com orgulho.

Naquele instante Ana dava de mamar ao filho. Estava serena, de uma serenidade de céu despejado, depois duma grande chuva.

Três dias depois já se achava de pé, trabalhando. E sempre que ia lavar roupa levava o filho dentro da cesta, e enquanto batia nas pedras as camisas e calças e vestidos, deixava a criança deitada a seu lado. E cantava para ela velhas cantigas que julgava esquecidas, mas que agora lhe brotavam milagrosamente na memória. E a água corria, e a criança ficava de olhos muito abertos, com a sombra móvel dos ramos a dançar-lhe no rostinho cor de marfim.

Pelos cálculos de Antônio deviam já estar no ano-novo. Uma noite, depois do jantar, Horácio disse:

— Se não me engano, estamos agora no 79.

Maneco Terra suspirou.

— Eu só queria saber que nova desgraça este ano vai nos trazer...

Disse essas palavras e começou a enrolar tristemente um cigarro.

(*Ana Terra*. São Paulo: Companhia das Letras, 2005. p. 50-2.)

Veríssimo pai e Verissimo filho

Amanda Perobelli/Estadão Conteúdo

Dois escritores de vulto da geração de 30, Graciliano Ramos e Érico Veríssimo tiveram filhos que também se tornaram escritores de destaque: Ricardo Ramos (já falecido) e Luis Fernando Verissimo, respectivamente.

Luis Fernando Verissimo é hoje um dos escritores gaúchos de maior projeção em nossa literatura. Versátil, além de escritor e jornalista, é autor de quadrinhos e instrumentista (sax). Suas obras mais conhecidas são *O analista de Bagé* e *Comédias da vida privada*.

1. *O tempo e o vento* é, provavelmente, a mais completa produção literária sobre a formação histórica, linguística e cultural do Rio Grande do Sul. Identifique no texto elementos que comprovam a preocupação do autor em caracterizar seu Estado quanto a aspectos linguísticos, culturais, geográficos.

2. Os homens da casa não aceitaram a gravidez de Ana Terra.

a) Como o pai se comportava com ela?

b) Os irmãos a tratavam "com uma aspereza meio constrangida, que lhes vinha de uma consciência culpada". Levante hipóteses:

Qual a causa da consciência culpada dos irmãos?

3. Das tradições gaúchas, tal como mostram canções e histórias populares da região, faz parte um código de honra que diz respeito à hospitalidade das famílias.

a) No texto lido, há indícios de que Pedro teria desrespeitado esse código de honra. Em que teria consistido esse desrespeito?

b) Na apresentação do texto em estudo, há informações sobre Pedro Missioneiro. Que característica da personagem sugere que a não aceitação da gravidez de Ana envolve também preconceito racial?

4. D. Henriqueta, a mãe de Ana, mantém-se próxima da filha.

a) Que aspecto da condição da mulher, na época, explica o fato de a mãe permanecer ao lado de Ana?

b) D. Henriqueta faz o parto de Ana. Que elementos indicam que, para ela, dar à luz é um ato essencialmente natural?

5. O episódio lido se passa no século XVIII.

a) Que situação, no texto, indica que a contagem do tempo era feita sem muita precisão?

b) Que recurso era então empregado para marcar a passagem do tempo?

6. Observe a linguagem empregada no texto. Ela se caracteriza por ser culta formal, culta informal, popular ou regional? Justifique.

Literatura comparada

Diálogo entre o romance brasileiro de 30 e as literaturas americana e africana

Você vai ler três fragmentos de romances. O primeiro é da obra *Hora di Bai*, de Manuel Ferreira, na qual é narrado o drama vivido pelo povo cabo-verdiano, que, pressionado pela seca, pela falta de trabalho e pela fome, se vê obrigado a migrar para ilhas vizinhas. O segundo excerto pertence à obra *As vinhas da ira*, do escritor americano John Steinbeck, em que são retratados os movimentos migratórios nos Estados Unidos durante a Depressão americana. O terceiro texto faz parte da obra *Os Corumbas*, do escritor brasileiro Amando Fontes, publicada em 1933, na qual é descrito o drama dos sertanejos sergipanos que, ao migrarem do interior para a capital, passam a ser explorados na indústria têxtil.

TEXTO 1

Hora di Bai

"Ninguém no Arquipélago desconhece a tragédia em que vivem as populações da nossa terra. A fome dizima por dia dezenas de pessoas. Sabe-se, por exemplo, em números redondos, que, até agora, em São Tiago morreram de fome nove mil pessoas. Em São Nicolau oito mil. Em Santo Antão cinco mil. No Fogo cinco mil. Aqui em São Vicente não vale a pena apresentar números. **De sobejo**, é do conhecimento de todos nós a desgraça que por aí vai."

Dirigia-se a uns tantos. Ao Tenório, do Telégrafo, ao poeta Jacinto Moreno, ao comerciante. Jorge Wilson, ao presidente do Mindelense e a poucos mais. Local da reunião: a sede do Mindelense, em gabinete reservado.

"O problema da sopa da assistência, esse cancro humilhatório, como sabeis não veio solucionar esta crise terrível, nem tão pouco atenuá-la nos seus efeitos menores. E a prova são os números que indiquei e que nem sequer seria necessário fazê-lo porque estamos perante uma situação que não ilude ninguém. Ultimamente surgiu essa coisa degradante para todo o cabo-verdiano: a emigração para São Tomé. Degradante em todos os aspectos. Já porque as condições do contrato se prestam a nova exploração, servindo mais os **angariadores** do que propriamente esses desgraçados, já porque não é solução, dado que apenas uns escassos milhares se dispõem a ir a caminho de São Tomé, e em Cabo Verde há pelo menos 100 mil pessoas subalimentadas. As chuvas vão demorar. E mesmo que não demorassem, os seus efeitos só mais tarde se fariam sentir. Mas, voltando à emigração, a coisa mais desumana é tentarem por todos os processos convencer os desgraçados que irão nas melhores condições de assistência, alimentação, quando isso nem de longe corresponde à verdade. Pode dizer-se que infelizes são arrastados por promessas feitas sem consciência. E alguns serão agora levados à força. Muitos preferem fugir e esconder-se aí pelos montes a embarcarem para aquelas terras da maldição."

(Manuel Ferreira. *Hora di Bai*. São Paulo: Ática, 1980. p. 123-4.)

Quem foi Manoel Ferreira?

Manuel Ferreira (1917-1992) nasceu em Portugal, mas viveu e escreveu em Cabo Verde durante muitas décadas, tornando-se um dos principais escritores daquele país. Publicado em 1962, um ano antes de se iniciarem as lutas pela libertação de Cabo Verde, então colônia portuguesa, o romance *Hora di Bai* retrata a miséria em que vivia a população local e o despertar de uma consciência política que levaria o país à independência em 1972.

Editora Ática

angariador: aquele que angaria, que procura obter algo mediante solicitação.
de sobejo: de sobra, a mais que o suficiente.

TEXTO 2

As vinhas da ira

E os homens em êxodo **espraiavam--se** pelas estradas, e havia fome em seus olhos, e havia miséria neles. Não empregavam argumentos, nem possuíam um sistema certo de agir; tinham somente número e necessidades. Quando surgia trabalho para um homem, dez homens disputavam-no, lutavam por ele, aceitando ordenados cada vez mais baixos. Se aquele camarada trabalha por trinta *cents*, eu trabalho por vinte e cinco. Se ele trabalha por vinte e cinco, eu trabalho por vinte.

Não, eu... eu estou com fome. Trabalho até por quinze. Trabalho até pela comida. Meus filhos! Você devia ver eles. Estão com o corpo cheio de furúnculos, estão que nem podem andar. Dei pra eles frutas podres, apanhadas no chão, e eles incharam completamente. Eu... eu trabalho até por um pedacinho de carne.

Cena do filme *As vinhas da ira*, de John Ford.

Direção: John Ford, 1940. 20th Century Fox Film Corp./Everett Collection/Grupo Keystone

E isso causava satisfação, pois os salários diminuíam e os preços dos gêneros mantinham-se altos. Os grandes proprietários estavam contentes e mandavam distribuir ainda mais impressos para atrair mais gente. E os salários baixavam e os preços mantinham-se altos. Não demora, haverá novamente escravos em nosso país.

Foi então que os grandes proprietários e as companhias inventaram um método novo. Um grande proprietário comprava uma fábrica de frutas em conserva. E, quando amadureciam as peras e os pêssegos, ele forçava o preço das frutas abaixo do custo da produção. Como fabricante de frutas em conserva, ele pagava a si mesmo preço baixo pelas frutas, e, mantendo alto o preço das frutas em conserva, tirava ótimos lucros. E os pequenos proprietários que não possuíam fábricas de frutas em conserva perdiam as suas propriedades. Os grandes proprietários, os bancos e as companhias às quais pertenciam as fábricas de frutas em conserva ficavam com essas pequenas propriedades. E com o tempo diminuía o número das propriedades. Os pequenos proprietários não tardavam a mudar-se para as cidades, onde esgotavam o seu crédito, os seus amigos, as suas relações. E depois eles também caíam nas estradas. E as estradas estavam cheias de homens ávidos de trabalho, torturados pela cruel necessidade do trabalho.

E as companhias e os bancos trabalhavam para a sua própria ruína e não sabiam disso. Os campos estavam prenhes de frutas, e nas estradas marchavam homens que estavam morrendo de fome. Os celeiros estavam repletos, e as crianças pobres cresciam raquíticas. Em seus peitos intumesciam as **pústulas escrofulosas**. As grandes companhias não sabiam que era uma linha muito **tênue** a linha divisória entre a fome e a ira. E o dinheiro que podia ter sido empregado em melhores salários era gasto em bombas de gás, em carabinas, em agentes e espiões, e em listas negras e em exercícios bélicos. Nas estradas os homens locomoviam-se qual formigas, à procura de trabalho e de comida. E a ira começou a fermentar.

(John Steinbeck. *As vinhas da ira*. São Paulo: Abril Cultural, 1979. v. 2, p. 79-80.)

escrofuloso: aquele que sofre de escrófula, doença caracterizada por intumescências nos gânglios do pescoço.

espraiar: estender-se, derramar-se.
pústula: pequeno tumor com supuração.
tênue: fino, pouco espesso.

Quem foi John Steinbeck?

John Steinbeck (1902-1968) escreveu entre as décadas de 1930 e 1960, consagrando-se como escritor social.

Sua principal obra, *As vinhas da ira*, é considerada uma obra-prima. Focando a história da família Joad, que migra para a Califórnia motivada pela ilusória fartura da região, narra a exploração a que eram submetidos os trabalhadores itinerantes e sazonais. A obra recebeu o prêmio Pulitzer e foi adaptada para o cinema por John Ford.

O episódio narrado a seguir retrata a reação dos trabalhadores à notícia de que os patrões queriam aumentar a produção e, por isso, iriam convocar os empregados para o período noturno.

TEXTO 3

A maioria dos trabalhadores recebeu essa notícia com alegria. Era uma oportunidade que surgia de ganharem um pouco mais, com as horas extraordinárias de serviço, ou empregando filhos e parentes nos lugares que se acabavam de criar.

Mas, aqui e ali, foram-se ouvindo alguns protestos. Tímidos, a princípio. Violentos e exaltados, logo empós.

Ao grupo de José Afonso coube dar o rebate e sustentar a luta contra as fábricas. Ou "o serviço noturno seria pago com a bonificação de um terço sobre os salários do dia, ou ninguém se sujeitaria à nova exploração", foi o ultimato lançado pela Sociedade Proletária do Aracaju, que passou a funcionar em sessão permanente, cheia de curiosos e **prosélitos**.

Não se arrecearam os patrões ante a ameaça. Eles sabiam que havia muita miséria entre os humildes. As colheitas tinham sido más por toda a parte. Do interior, todos os dias, chegavam famílias e famílias, em busca de trabalho. Ganhariam a partida sem esforço. E declararam, então, energicamente, "que iriam trabalhar durante a noite com o mesmo salário que pagavam pelo dia. Os operários escalados que faltassem seriam sumariamente despedidos".

Foi assim que se criou para a Sociedade Proletária o embaraçoso impasse. Se reagisse, pela força, contra os que se submetessem, teria o revide violento da polícia; se afrouxasse, diante da atitude assumida pelas fábricas, estaria desmoralizada para sempre.

(Amando Fontes. *Os Corumbas*. 25. ed. Rio de Janeiro: José Olympio, 2003. p. 94.)

prosélito: pessoa recém-convertida a uma religião, a um partido ou a uma agremiação política.

Amando Fontes (1889-1967) ainda hoje é um escritor quase desconhecido. Apesar disso, sua obra *Os Corumbas* é um dos melhores romances brasileiros voltados para o tema do oprimido. Publicada em 1933, a obra mostra a exploração dos trabalhadores das indústrias têxteis de Aracaju durante o primeiro surto industrial do país.

A propósito da obra, o escritor Alcântara Machado assim se manifestou: "É o romance do proletário (sem ser romance proletário) e não da fábrica. A miséria que vive nas cercanias dela e dela se sustenta".

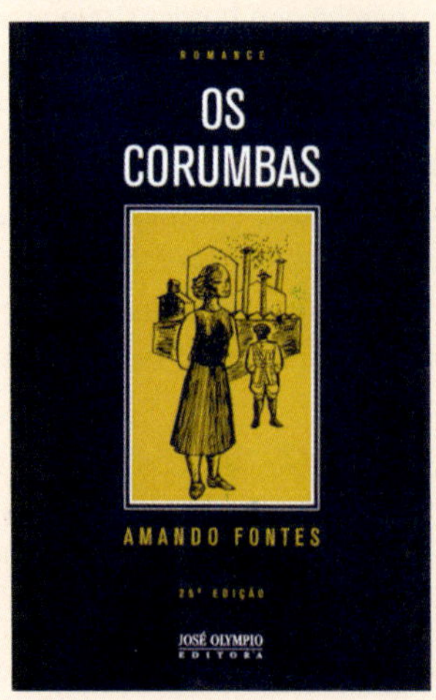

Editora José Olympio

1. Os escritores brasileiros, principalmente os da geração de 1930, sempre foram admirados por escritores portugueses e escritores africanos de língua portuguesa e chegaram a exercer forte influência na literatura desses países nas décadas de 1930-1940.

Levando em conta o tema abordado em *Hora di Bai*, levante hipóteses: Que obras e autores brasileiros podem ter influenciado a concepção desse romance cabo-verdiano? Por quê?

2. O narrador do texto 1, ao se referir à migração de cabo-verdianos para São Tomé, país também de língua portuguesa, menciona uma "nova exploração". Levante hipóteses: Que outro tipo de exploração o narrador deixa implícito? Por que ela ocorreria?

Hulton Archive/Getty Images

3. O texto 2 mostra tanto a disputa de trabalhadores americanos por emprego quanto a disputa entre os grandes e médios proprietários de terras.

a) Com que finalidade os grandes proprietários mandavam imprimir e distribuir folhetos, se não havia trabalho para todos?

b) Do ponto de vista da riqueza e das classes sociais, o que a vitória dos grandes proprietários sobre os pequenos proprietários acarreta?

4. Releia este trecho do texto 2:

> "[...] Os campos estavam prenhes de frutas, e nas estradas marchavam homens que estavam morrendo de fome. Os celeiros estavam repletos, e as crianças pobres cresciam raquíticas. [...] As grandes companhias não sabiam que era uma linha muito tênue a linha divisória entre a fome e a ira."

a) Que características da sociedade capitalista esse fragmento evidencia?

b) Explique a relação que o narrador estabelece entre a ira, a fome e os instrumentos de repressão.

5. Os textos 1 e 2 mostram a situação de trabalhadores do campo que migram em busca de trabalho. O texto 3 mostra a situação de trabalhadores que, tendo vindo do campo, estão empregados na indústria.

a) O que o texto 3 revela quanto às leis trabalhistas vigentes no Brasil no início da década de 1930?

b) Até que ponto a situação dos trabalhadores do romance *Os Corumbas* é diferente da situação dos trabalhadores dos outros dois romances?

6. As três obras foram produzidas em países e culturas diferentes: Cabo Verde, Estados Unidos e Brasil. Apesar disso, elas se assemelham em alguns aspectos.

a) O que elas têm em comum?

b) Essas obras abordam problemas específicos de regiões (como o Nordeste brasileiro) ou de um país (como Cabo Verde). Apesar disso, pode-se dizer que elas alcançam universalidade? Justifique sua resposta.

CAPÍTULO 22

A poesia de 30

A poesia da segunda geração modernista foi, essencialmente, uma poesia de questionamento: da existência humana, do sentimento de "estar-no-mundo", das inquietações social, religiosa, filosófica, amorosa. Carlos Drummond de Andrade é o poeta que melhor representa o espírito dessa geração, e sua produção poética constitui um dos pontos mais altos da nossa literatura.

Visão interna – agonia (1931), de Ismael Nery, pintor e poeta católico que integrou o grupo católico do Rio de Janeiro na década de 1930.

Este capítulo favorece o desenvolvimento das habilidades

EM13LGG102

EM13LGG202

EM13LGG203

EM13LGG302

EM13LGG601

EM13LGG602

EM13LGG604

EM13LP01

EM13LP02

EM13LP06

EM13LP46

EM13LP48

EM13LP49

EM13LP50

EM13LP52

A poesia e o romance de 30 tomaram rumos diferentes, embora tenham conservado algumas características em comum. Os poetas da década de 1930, interessados fundamentalmente no sentido da existência humana, no confronto do homem com a realidade, enfim, no "estar-no-mundo", seguiram caminhos diferentes de seus pares na prosa. Assim, sem desconsiderar o regionalismo, buscaram uma abordagem mais universal, que vai da reflexão filosófico-existencialista ao espiritualismo, da preocupação social e política ao regionalismo, da metalinguagem ao sensualismo.

Em 1930, a primeira geração modernista já se saíra vitoriosa na luta travada contra a cultura acadêmica. Muitas de suas propostas, como o verso livre, a afirmação de uma língua brasileira, a priorização da paisagem nacional e a abordagem de temas ligados ao cotidiano, estavam definitivamente consolidadas em nossa literatura.

A segunda geração modernista, livre do compromisso de combater o passado, manteve muitas das conquistas da geração anterior, mas também se sentia inteiramente à vontade para voltar a cultivar certos recursos poéticos que o radicalismo da primeira geração tornara objeto de desprezo, tais como os versos regulares (metrificados), a estrofação criteriosa e as formas fixas, como o soneto, a balada, o rondó, o madrigal.

Não se trata de uma geração antimodernista no interior do próprio Modernismo. Pelo contrário, esses poetas levaram adiante o projeto de liberdade de expressão dos seus antecessores, a ponto até de se permitirem empregar as formas utilizadas pelos clássicos. Por isso não é de causar espanto que grandes autores do verso livre desse período tenham sido também excelentes sonetistas.

Os principais poetas da segunda geração modernista são: Carlos Drummond de Andrade, Cecília Meireles, Vinícius de Moraes, Jorge de Lima e Murilo Mendes.

Carlos Drummond de Andrade: um bruxo com amor

Carlos Drummond de Andrade desenvolveu uma vasta obra literária, em verso e prosa, durante décadas. Neste capítulo, daremos destaque à sua poesia, que costuma ser organizada em partes ou fases. Se considerarmos os primeiros trinta anos dos 56 de carreira poética do autor, pelo menos quatro fases podem ser identificadas: a fase *gauche* (década de 1930); a fase social (1940-45); a fase do "não" (décadas de 1950 e 1960); e a fase da memória (décadas de 1970 e 1980).

Quem foi Carlos Drummond de Andrade?

Mineiro de Itabira, Drummond (1902-1987) proveio de família ligada às tradições da região, ou seja, de fazendeiros e mineradores. Formou-se em Farmácia, mas nunca exerceu a profissão. Dedicou-se ao jornalismo e ingressou no funcionalismo público, que lhe garantiu a sobrevivência. Em 1925, participou da fundação de *A Revista*, publicação modernista de Belo Horizonte.

Foi poeta, cronista e contista e um dos mais influentes escritores de sua geração. Publicou uma vasta obra, entre elas *José*, *A rosa do povo* e *Amar se aprende amando*.

Reprodução/Acervo da editora

A fase *gauche*: consciência e isolamento

As obras que representam essa fase são *Alguma poesia* (1930), a primeira publicação de Drummond, e *Brejo das almas* (1934). Nelas, ainda podem ser encontrados certos recursos que se associam à primeira geração modernista, tais como a ironia, o humor, o poema-piada, a síntese, a linguagem coloquial. Veja o poema-pílula ao lado, que lembra os de Oswald de Andrade:

Cota zero

Stop.
A vida parou
ou foi o automóvel?

(*Alguma poesia*. Rio de Janeiro: Record.
© Graña Drummond. www.carlosdrummond.com.br.)

Mas o que essencialmente caracteriza essa fase é o *gauchismo* da maioria dos poemas. A palavra *gauche*, de origem francesa, significa "lado esquerdo". Aplicada ao ser humano, significa aquele que se sente às avessas, torto, que não consegue estabelecer uma comunicação com a realidade. São comuns a essa fase da poesia drummondiana certos traços como o *pessimismo*, o *individualismo*, o *isolamento*, a *reflexão existencial*, além de certas atitudes permanentes, que se estenderão por toda a obra, como a ironia e o uso da *metalinguagem*.

Ao *gauche* não há saídas: nem o amor, nem a morte, nem mesmo o isolamento. Desesperado, ele busca comunicar-se com o mundo por meio do canto, mesmo que seja um canto torto e *gauche*.

Leia alguns versos do "Poema de sete faces", que apresenta o "gauchismo":

Quando nasci, um anjo torto
desses que vivem na sombra
disse: Vai, Carlos! Ser *gauche* na vida.

[...]

Mundo mundo vasto mundo,
se eu me chamasse Raimundo
seria uma rima, não seria uma solução.
Mundo mundo vasto mundo
mais vasto é meu coração.

(*Reunião*. 10. ed. Rio de Janeiro: José Olympio, 1980.)

A fase social: todo o sentimento do mundo

Sentimento do mundo (1940), o terceiro livro de Drummond, marca uma sensível mudança na orientação da poesia do autor, comentada por ele próprio:

> Meu primeiro livro, *Alguma poesia* (1930), traduz uma grande inexperiência do sofrimento e uma deleitação ingênua com o próprio indivíduo. Já em *Brejo das almas* (1934), alguma coisa se compôs, se organizou; o individualismo será mais exacerbado, mas há também uma consciência crescente de sua precariedade e uma desaprovação tácita da conduta (ou falta de conduta) espiritual do autor. Penso ter resolvido as contradições elementares de minha poesia num terceiro volume, *Sentimento do mundo* (1940).

Quando Drummond afirma que pensa ter resolvido as contradições elementares de sua poesia, refere-se às contradições entre o eu e o mundo — o veio principal da sua obra poética.

Nessa fase, o eu lírico dos poemas manifesta interesse pelos problemas da vida social, da qual estivera isolado até então. Essa mudança de postura diante da realidade relaciona-se, sem dúvida, ao contexto histórico. No período de gestação das três obras que compõem a segunda fase (1935 a 1945) do autor — além de *Sentimento do mundo*, também *José* (1942) e *Rosa do povo* (1945) —, o mundo presenciou a ascensão do nazifascismo, a guerra na Espanha e a Segunda Guerra Mundial; no Brasil, tiveram lugar ainda a Intentona Comunista (1935) e a ditadura de Vargas (1937-1945). Em todo o mundo se verificava o crescimento de uma literatura social, engajada numa causa política.

Essa consciência da debilidade do mundo e da necessidade de transformá-lo levou o poeta a simpatizar com a causa socialista por um tempo. A adesão do poeta aos problemas do seu tempo e o sentimento de solidariedade diante das frustrações e das esperanças humanas resultaram na criação da melhor poesia social brasileira do século XX.

Leitura

A seguir, você vai ler um dos poemas que integram a obra *Sentimento do mundo*.

Mundo grande

Não, meu coração não é maior que o mundo.
É muito menor.
Nele não cabem nem as minhas dores.
Por isso gosto tanto de me contar.
Por isso me dispo.
Por isso me grito,
por isso frequento os jornais, me exponho cruamente nas livrarias:
preciso de todos.

Sim, meu coração é muito pequeno.
Só agora vejo que nele não cabem os homens.
Os homens estão cá fora, estão na rua.
A rua é enorme. Maior, muito maior do que eu esperava.
Mas também a rua não cabe todos os homens.
A rua é menor que o mundo.
O mundo é grande.

Tu sabes como é grande o mundo.
Conheces os navios que levam petróleo e livros, carne e algodão.
Viste as diferentes cores dos homens,
as diferentes dores dos homens,
sabes como é difícil sofrer tudo isso, amontoar tudo isso
num só peito de homem... sem que ele estale.

Fecha os olhos e esquece.
Escuta a água nos vidros,
tão calma. Não anuncia nada.
Entretanto escorre nas mãos,
tão calma! vai' inundando tudo...
Renascerão as cidades submersas?
Os homens submersos — voltarão?
Meu coração não sabe.
Estúpido, ridículo e frágil é meu coração.
Só agora descubro
como é triste ignorar certas coisas.
(Na solidão de indivíduo
desaprendi a linguagem
com que homens se comunicam.)

Outrora escutei os anjos,
as sonatas, os poemas, as confissões patéticas.
Nunca escutei voz de gente.
Em verdade sou muito pobre.

Outrora viajei
países imaginários, fáceis de habitar.
ilhas sem problemas, não obstante exaustivas e convocando ao suicídio.
Meus amigos foram às ilhas.
Ilhas perdem o homem.
Entretanto alguns se salvaram e
trouxeram a notícia
de que o mundo, o grande mundo está crescendo todos os dias,
entre o fogo e o amor.

Então, meu coração também pode crescer.
Entre o amor e o fogo,
entre a vida e o fogo,
meu coração cresce dez metros e explode.
— Ó vida futura! nós te criaremos

(*Reunião*, *cit.*, p. 60-61.)

Manoel Pires/Folhapress

Carlos Drummond de Andrade.

1. Em *Mundo grande*, há uma contraposição entre duas visões distintas, relacionadas com a trajetória poética de Drummond: a da fase *gauche* e a da fase social, na qual o poema foi escrito.

   a) O poema começa com a palavra *não* em "Não, meu coração não é maior que o mundo". Levando em conta o contexto da poesia drummondiana, troque ideias com os colegas e o professor e responda: A que supostamente essa palavra se opõe?

   b) Com base nas duas primeiras estrofes do poema, infira qual visão de mundo o eu lírico tinha sobre o mundo. Justifique sua resposta com trechos do poema.

   c) Como o eu lírico percebe o mundo agora? Indique um verso do texto que justifica sua resposta.

2. Com base na 2ª, na 4ª e na 5ª estrofes, responda: Que opinião o eu lírico expressa sobre a postura que vinha tendo diante do mundo?

3. A propósito das duas últimas estrofes do poema:

   a) O eu lírico diz ter viajado por "ilhas sem problemas"; em seguida, afirma que "Ilhas perdem o homem". O que simbolizam as ilhas, no contexto do poema?

   b) "Entretanto alguns se salvaram", diz no verso seguinte. Seria o eu lírico um desses casos de salvação? Justifique.

   c) Dê uma interpretação à imagem presente nos versos "de que o mundo, o grande mundo está crescendo todos os dias,/ entre o fogo e o amor", de acordo com a tarefa de construir a "vida futura".

   d) O poema é finalizado com o verso "— Ó vida futura! nós te criaremos". De acordo com esse verso e com a última estrofe do poema, a quem cabe a tarefa de construir a "vida futura"?

As fases finais da poesia drummondiana

Na década de 1950, a poesia de Drummond tomou novos rumos. O período crítico de guerras, ditaduras e medo tinha passado. O mundo vivia então a Guerra Fria e o poeta acumulava o desencanto de sua aventura política pela poesia.

A partir de *Claro enigma* (1951), a criação poética de Drummond começou a seguir duas orientações: de um lado, a poesia reflexiva, filosófica e metafísica — em que, com frequência, aparecem os temas da morte e do tempo —; de outro, a poesia nominal, com tendências ao Concretismo, em que ressalta a preocupação com recursos fônicos, visuais e gráficos do texto.

Já nas décadas de 1970 e 1980, que formam a fase final da produção poética do autor, ganha amplo destaque o universo da memória. Nela, ao lado de temas universais, são retomados e aprofundados certos temas que nortearam toda a obra do escritor, tais como a infância, Itabira, o pai, a família, a piada, o humor cotidiano, a autoironia. São dessa fase as obras *Boitempo & a falta que ama*, *As impurezas do branco* e *Corpo*, entre outras. Veja, como exemplo, o poema ao lado, da obra *Corpo*.

Hipótese

E se Deus é canhoto
e criou com a mão esquerda?
Isso explica, talvez, as coisas deste mundo.

(Rio de Janeiro. Record, 1984. p. 61.)

Diálogo entre a poesia de Drummond e a poesia de Pablo Neruda

A seguir, você vai ler e confrontar o modo como dois grandes poetas do século XX — o brasileiro Carlos Drummond de Andrade e o chileno Pablo Neruda — abordam o tema amoroso.

TEXTO 1

As sem-razões do amor

Eu te amo porque te amo.
Não precisas ser amante,
e nem sempre sabes sê-lo.
Eu te amo porque te amo.
Amor é estado de graça
e com amor não se paga.

Amor é dado de graça,
é semeado no vento,
na cachoeira, no eclipse.
Amor foge a dicionários
e a regulamentos vários.

Eu te amo porque não amo
bastante ou demais a mim.
Porque amor não se troca,
não se conjuga nem se ama.
Porque amor é amor a nada,
feliz e forte em si mesmo.

Amor é primo da morte,
e da morte vencedor,
por mais que o matem (e matam)
a cada instante de amor.

(Carlos Drummond de Andrade. *Corpo*. Rio de Janeiro: Record, 1984. p. 35-6.)

TEXTO 2

Saberás que não te amo e que te amo.
Porquanto de dois modos é a vida,
a palavra é uma asa do silêncio,
o fogo tem sua metade fria.

Eu te amo para começar a te amar,
para recomeçar o infinito
e para não deixar de te amar nunca:
por isso mesmo é que ainda não te amo.

Te amo e não te amo como se tivesse
em minhas mãos as chaves da **ventura**
e um incerto destino **desditado.**

Meu amor tem duas vidas para amar-te.
Por isso te amo quando não te amo
e por isso te amo quando te amo.

(Pablo Neruda. *Presente de um poeta*. 3. ed. Tradução de Thiago de Mello. São Paulo: Ver, 2003. p. 26-7.)

desditado: infeliz, desafortunado, desditoso.
porquanto: porque, visto que, uma vez que.
ventura: sorte, felicidade, fortuna.

O canto latino de Pablo Neruda

O poeta Pablo Neruda (1904-1973) nasceu no Chile e chegou a ser conhecido internacionalmente depois de vencer o Prêmio Nobel de Literatura, em 1971. Sua obra é rica e variada e encontra forte expressão na poesia social. O filme *O carteiro e o poeta*, de Michael Radford, retrata o período em que o poeta esteve exilado na Itália, na década de 1950. Entre outras obras, escreveu *Canto geral e Memórias* (Confesso que vivi).

Cena de *O carteiro e o poeta*.

1. Leia estes versos do poema de Carlos Drummond de Andrade:

> "Amor é estado de graça
> e com amor não se paga."
>
> "Porque amor é amor a nada,
> feliz e forte em si mesmo."
>
> (Rio de Janeiro. Record, 1984. p. 61.)

a) Em que esses fragmentos se assemelham, considerando-se a concepção de amor que expressam?

b) Em que consiste a originalidade do enfoque dado por Drummond no tratamento do tema?

2. Em relação à última estrofe do texto I, interprete:

Por que, para o eu lírico:

a) o amor é morto a cada instante de amor?

b) o amor é "da morte vencedor"?

3. Pablo Neruda constrói seu poema a partir de um jogo de oposições, com ideias que se repelem e se atraem, complementando-se.

a) Destaque um verso da 1ª estrofe e outro da 4ª estrofe nos quais é feita uma síntese desse jogo de oposições.

b) Dê uma interpretação aos versos "a palavra é uma asa do silêncio, / o fogo tem sua metade fria".

4. Releia a 2ª estrofe do poema de Pablo Neruda.

Considerando os três versos iniciais dessa estrofe, dê uma interpretação ao verso: "por isso mesmo é que ainda não te amo".

5. O poema de Pablo Neruda, em quase todos os versos, aproxima realidades opostas, como amar/ não amar, palavra/silêncio, fogo/frio.

a) O que essas oposições revelam em relação aos sentimentos do eu lírico?

b) O último verso, entretanto, em vez de apresentar dois elementos em oposição, apresenta dois elementos de valor equivalente: "e por isso te amo quando te amo". Troque ideias com os colegas: Como você interpreta esse verso?

6. Compare o poema de Carlos Drummond de Andrade ao de Pablo Neruda. Embora apresentem diferenças entre si, as concepções de amor expressas nos dois poemas também guardam semelhanças.

a) O eu lírico do poema de Pablo Neruda tem uma visão semelhante ou diferente da do eu lírico do poema de Drummond quanto à correspondência amorosa?

b) Nos dois poemas, o amor é algo que se possa controlar, regular ou explicar com lógica e coerência? Por quê?

c) O título do poema de Carlos Drummond de Andrade é coerente com sua resposta à pergunta do item anterior? Por quê?

Cecília Meireles: o efêmero e o eterno

A produção literária de Cecília Meireles é ampla. Embora mais conhecida como poetisa, deixou também contribuições no domínio do conto, da crônica, da literatura infantil e do folclore. É dela, por exemplo, um dos livros mais lidos e apreciados da literatura infantil brasileira: *Ou isto ou aquilo*.

A poesia: o neossimbolismo

A rigor, Cecília Meireles nunca esteve filiada a nenhum movimento literário. Apesar disso, as publicações iniciais da escritora evidenciam certa inclinação pelo Simbolismo. Essa tendência é confirmada por sua participação na revista carioca *Festa*, publicação literária de orientação espiritualista que defendia o universalismo e a preservação de certos valores tradicionais da poesia.

A frequente presença de elementos como o vento, a água, o mar, o ar, o tempo, o espaço, a solidão e a música dá à poesia de Cecília Meireles um caráter fluido e etéreo, que confirma a inclinação neossimbolista da autora.

Do ponto de vista formal, a escritora foi das mais habilidosas em nossa poesia moderna, sendo cuidadosa sua seleção vocabular e forte a inclinação para a musicalidade (outro traço associado ao Simbolismo), para o verso curto e para os paralelismos, a exemplo da poesia medieval portuguesa.

Raramente a poesia de Cecília Meireles foge à orientação intimista. Um desses momentos é representado por *Romanceiro da Inconfidência* (1953), que, pelo viés da História, abre importante espaço em sua obra para a reflexão sobre questões de natureza política e social. Fruto de um longo trabalho que envolveu dez anos de pesquisas. *Romanceiro da Inconfidência* é "uma narrativa rimada", segundo a autora, que reconstrói, fundindo história e lenda, os acontecimentos de Vila Rica à época da Inconfidência Mineira (1789).

Quem foi Cecília Meireles?

Reprodução/Bloch Editores S.A.

Cecília Meireles (1901-1964), a primeira grande poetisa da literatura brasileira, nasceu no Rio de Janeiro, onde fez seus primeiros estudos e se formou professora.

Sempre preocupada com a educação de crianças, dedicou-se ao magistério, ao mesmo tempo que desenvolvia uma intensa atividade literária e jornalística, colaborando em quase todos os jornais e revistas cariocas da época.

Em 1919, lançou seu primeiro livro de poemas, *Espectros*, bem recebido pela crítica. A partir da década de 1930, já conhecida e respeitada, passou a lecionar literatura luso-brasileira na Universidade do Distrito Federal e a dar cursos e fazer conferências em vários países, como Portugal e Estados Unidos.

Entre outras obras, publicou *Viagem*, *Vaga música*, *Mar absoluto e outros poemas*, *Romanceiro da Inconfidência* e *Cânticos*.

A efemeridade do tempo

Cecília Meireles cultivou uma poesia essencialmente reflexiva, de fundo filosófico, que aborda, entre outros temas, a transitoriedade da vida, o tempo, o amor, o infinito, a natureza, a criação artística. Desses temas, os que mais se destacam são a *fugacidade do tempo* e a *efemeridade das coisas*, rico filão explorado por toda a tradição clássica, sobretudo pelo Barroco.

Leitura

Este é o primeiro de uma série de cinco poemas que abordam o tema da efemeridade do tempo, todos intitulados "motivo da rosa", da obra *Mar absoluto*.

1º motivo da rosa

Vejo-te em seda e **nácar**,
e tão de orvalho trêmula,
que penso ver, **efêmera**,
toda a Beleza em lágrimas
por ser bela e ser frágil.

Meus olhos te ofereço:
espelho para a face
que terás, no meu verso,
quando, depois que passes,
jamais ninguém te esqueça.

Então, de seda e nácar,
toda de orvalho trêmula,
serás eterna. E efêmero
o rosto meu, nas lágrimas
do teu orvalho... E frágil.

(*Obra poética*, *cit.*, p. 232.)

Roberto Weigand/Arquivo da editora

efêmero: de pouca duração, passageiro, transitório.
nácar: substância branca, com reflexos irisados, que se encontra no interior das conchas.

1. Compare a estrutura formal do poema — métrica, seleção vocabular, construção sintática, sonoridade — à dos poemas modernistas da primeira geração. Em que elas se diferenciam?

2. De acordo com a 1ª estrofe do poema de Cecília Meireles, que atributos tem a rosa para simbolizar a efemeridade das coisas?

3. Identificado com a condição da rosa, o eu lírico busca um meio para eternizá-la. Qual é esse meio?

4. A identificação com a condição da rosa revela uma profunda inquietude do eu lírico perante a força avassaladora do tempo.

a) Destaque da última estrofe do poema elementos que comprovem, além da identificação, a transferência dos atributos da rosa para o eu lírico.

b) Se a rosa pode alcançar a imortalidade, levante hipóteses: Por qual meio o eu lírico também pode se eternizar?

Vinícius de Moraes: um canto de poeta e de cantor

Além de ser autor de canções inesquecíveis como, entre outras, "Garota de Ipanema" e "Eu sei que vou te amar", em parceria com Tom Jobim, Vinícius de Moraes integrou também o grupo de poetas religiosos que se formou no Rio de Janeiro entre as décadas de 1930 e 1940.

Em sua *Antologia poética*, publicada em 1955, Vinícius assinalava que sua obra consistia em duas fases: "A primeira, transcendental, frequentemente mística, resultante de sua fase cristã, termina com o poema 'Ariana, a mulher', editado em 1936". Na segunda "estão nitidamente marcados os movimentos de aproximação do mundo material, com a difícil mas consistente repulsa ao idealismo dos primeiros anos".

A poesia sensual e social

Cinco elegias (1943) é a obra que marca, na poesia de Vinícius, a passagem para uma fase de proximidade maior com o mundo material. O poeta torna-se interessado nos temas cotidianos, nas coisas simples da vida, e explora com sensualismo os temas do amor e da mulher. A linguagem também tende à simplicidade: o verso livre passa a ser mais empregado, a comunicação fica mais direta e dinâmica.

Pode-se dizer que, pela primeira vez, Vinícius aderiu às propostas dos modernistas de 1922, embora certa dicção clássica e o gosto pelo soneto sempre tenham feito parte de sua poesia. Contudo, em suas mãos o soneto ganhou uma roupagem diferente, mais moderna e real, fazendo uso de vocábulos do cotidiano, pouco comuns nesse tipo de composição.

Além de ter explorado a poesia sensual, Vinícius se interessou pela poesia social. O poema "O operário em construção" (1956) é o melhor exemplo desse envolvimento: por meio de uma linguagem simples e direta, quase didática, o poeta manifesta solidariedade às classes oprimidas e almeja atingir a consciência daqueles que o leem ou ouvem. No mesmo ano, publicou a peça teatral *Orfeu da Conceição*, obra que foi adaptada para o cinema duas vezes. Numa das adaptações, o filme, que se intitulou *Orfeu negro*, recebeu o prêmio Palma de Ouro, em Cannes.

Além da poesia, Vinícius escreveu prosa, em especial crônicas. Dessa produção, destacam-se as obras *Para viver um grande amor* (1962), que também contém alguns poemas, e *Para uma menina com uma flor* (1966).

Quem foi Vinícius de Moraes?

Vinícius de Moraes (1913-1980) nasceu no Rio de Janeiro e, já em 1928, começou a fazer suas primeiras composições musicais. Formou-se em Letras em 1929 e em Direito em 1933, ano em que publicou seu primeiro livro de poemas, *O caminho para a distância*. Tornou-se representante do Ministério da Educação junto à Censura Cinematográfica. Na década de 1940, ingressou na carreira diplomática e também no jornalismo, como cronista e crítico de cinema.

Como diplomata, viveu durante muitos anos no exterior, com alguns intervalos no Brasil. Nesse período, conheceu intelectuais e artistas de todo o mundo. Na década de 1950, interessou-se por música e começou a compor.

A partir daí, passou a se dedicar cada vez mais à atividade de cantor e compositor, compondo e fazendo *shows* com vários parceiros, entre eles Dorival Caymmi, Tom Jobim, Baden Powell, Toquinho e Chico Buarque.

Acervo UH/Folhapress

Vinícius de Moraes e o músico Toquinho.

Leitura

TEXTO 1

Soneto de separação

De repente do riso fez-se o pranto
Silencioso e branco como a bruma
E das bocas unidas fez-se a espuma
E das mãos espalmadas fez-se o espanto.

De repente da calma fez-se o vento
Que dos olhos desfez a última chama
E da paixão fez-se o pressentimento
E do momento imóvel fez-se o drama.

De repente, não mais que de repente
Fez-se de triste o que se fez amante
E de sozinho o que se fez contente.

Fez-se do amigo próximo o distante
Fez-se da vida uma aventura errante
De repente, não mais que de repente.

(*Nova antologia poética de Vinicius de Moraes*, sel. e org. Antonio Cícero e Educanaã Ferraz. São Paulo: Cia. das Letras, Editora Schwarcz Ltda., 2008. p. 100. Autorizado pela VM Empreendimentos Artísticos e Culturais Ltda. © VM e © Cia. das Letras, Editora Schwarcz.)

Banco de imagens/Arquivo da editora

TEXTO 2

Soneto de fidelidade

De tudo, ao meu amor serei atento
Antes, e com tal zelo, e sempre, e tanto
Que mesmo em face do maior encanto
Dele se encante mais meu pensamento.

Quero vivê-lo em cada vão momento
E em seu louvor hei de espalhar meu canto
E rir meu riso e derramar meu pranto
Ao seu pesar ou seu contentamento.

E assim, quando mais tarde me procure
Quem sabe a morte, angústia de quem vive
Quem sabe a solidão, fim de quem ama

Eu possa me dizer do amor (que tive):
Que não seja imortal, posto que é chama
Mas que seja infinito enquanto dure.

(*Idem*, p. 39.)

1. Observe a construção dos textos. Identifique quais aspectos formais dos poemas remetem à tradição clássica.

2. A beleza dos poemas se deve, em grande parte, ao emprego de recursos sonoros e de imagens construídas a partir de comparações, metáforas, antíteses e outras figuras.

a) Destaque da 1ª estrofe do texto 1 um exemplo de aliteração e outro de comparação.

b) Identifique a figura de linguagem a partir da qual, para estabelecer a oposição entre o passado e o presente, é construído todo o texto 1.

c) Destaque do texto 2 um exemplo de polissíndeto e outro de pleonasmo.

3. O texto 1 reitera a oposição entre como era no passado e como é no presente.

a) Caracterize cada um desses momentos.

b) Além da oposição entre passado e presente, por várias vezes é repetida a expressão *de repente*. Com que finalidade essa expressão foi empregada repetidamente?

4. No texto 2, o eu lírico jura fidelidade à pessoa amada, seja nos momentos de dor, seja nos de alegria. A respeito dos tercetos do poema:

a) Qual é a relação entre a morte e a solidão, na perspectiva do eu lírico?

b) Dê uma interpretação coerente ao emprego dos parênteses no verso "Eu possa me dizer do amor (que tive)".

c) Interprete a metáfora presente no verso "Que não seja imortal, posto que é chama".

d) Dê uma interpretação coerente ao paradoxo "que seja infinito enquanto dure", empregado pelo eu lírico para expressar seu conceito de fidelidade.

Literatura comparada

Diálogo entre a poesia de Vinícius de Moraes e a poesia de Camões

Você vai ler, a seguir, dois poemas de dois dos melhores sonetistas em língua portuguesa: Vinícius de Moraes e Luís de Camões. Observe o modo como ambos trabalham o tema amoroso:

TEXTO 1

Soneto do maior amor

Maior amor nem mais estranho existe
Que o meu, que não sossega a coisa amada
E quando a sente alegre, fica triste
E se a vê descontente, dá risada.

E que só fica em paz se lhe resiste
O amado coração, e que se agrada
Mais da eterna aventura em que persiste
Que de uma vida mal-aventurada.

Louco amor meu, que quando toca, fere
E quando fere vibra, mas prefere
Ferir a **fenecer** — vive a esmo

Fiel à sua lei de cada instante
Desassombrado, doido, delirante
Numa paixão de tudo e de si mesmo.

(Vinícius de Moraes. *Livro de sonetos*. São Paulo: Cia. das Letras, Editora Schwarcz Ltda., 1991. p. 27. Autorizado pela VM Empreendimentos Artísticos e Culturais Ltda. © VM e © Cia. das Letras, Editora Schwarcz.)

fenecer: acabar, terminar, murchar.

Anneliese Everts. Lovers. c.1945-50/The Bridgeman Art Library/Grupo Keystone

Amantes (1945), de Anneliese Everts.

TEXTO 2

Tanto de meu estado me acho incerto,
Que em vivo ardor tremendo estou de frio;
Sem causa, juntamente choro e rio;
O mundo todo abarco e nada aperto.

É tudo quanto sinto um desconcerto;
Da alma um fogo me sai, da vista um rio;
Agora espero, agora desconfio,
Agora desvario, agora acerto.

Estando em terra, chego ao Céu voando;
Numa hora acho mil anos, e é de jeito
Que em mil anos não posso achar uma hora.

Se me pergunta alguém porque assim ando,
Respondo que não sei; porém suspeito
Que só porque vos vi, minha Senhora.

(Luís de Camões. *Lírica*. São Paulo: Cultrix, 1976. p. 117.)

1. Os dois sonetos são bem trabalhados do ponto de vista das imagens e da sonoridade, entre outros recursos. No soneto de Camões, por exemplo, destaca-se a aliteração dos fonemas /t/ e /p/. Que fonemas se repetem no soneto de Vinícius de Moraes?

2. Segundo o eu lírico do poema de Vinícius de Moraes, não há amor maior nem mais estranho que o seu. Por que o eu lírico considera seu amor estranho? O que o caracteriza?

3. Tanto o soneto de Vinícius quanto o de Camões procuram definir o que é o amor. Entre eles, contudo, há semelhanças e diferenças. Entre as semelhanças, está o procedimento utilizado para definir o amor. Observe estes versos:

"E quando a sente alegre, fica triste
E se a vê descontente, dá risada."

"Sem causa, juntamente choro e rio;
O mundo todo abarco e nada aperto."

a) Que figura(s) de linguagem se nota(m) nesses versos?

b) Que relação existe entre o uso desse procedimento e o estado emocional do eu lírico de cada um dos sonetos?

4. Um dos sonetos promove uma reflexão sobre o amorideia, ou o amor universal; o outro, sobre a experiência particular de amar.

a) Qual dos sonetos trata do amor universal?

b) E qual trata do amor particular?

5. Camões escreveu seu soneto no século XVI; Vinícius escreveu o dele em 1938. Apesar do tempo transcorrido, você considera atual a visão dos dois poetas sobre o amor?

Murilo Mendes: O franco-atirador da poesia

Visto no Brasil como escritor difícil, Murilo Mendes tem sido esquecido ao longo dos anos. Mais do que difícil, porém, sua poesia é surpreendente. O estranhamento que ela provoca deve-se à linguagem fragmentada, às imagens insólitas, à visão messiânica do mundo e à simbologia própria que apresenta.

Partindo de uma concepção de que o mundo é o próprio caos, a poesia de Murilo Mendes busca o tempo todo destruir para reconstruir, subverter a ordem das coisas instituídas para reorganizá-las de acordo com leis próprias.

Considerado por alguns como o principal representante da poesia surrealista no Brasil, Murilo Mendes é autor de uma obra que está longe de poder receber uma classificação taxativa. Ela é o resultado das múltiplas experiências pelas quais o autor passou: o cristianismo, o surrealismo, a poesia social, o neobarroquismo e o experimentalismo linguístico.

Sobre a tentativa de conciliar realidades díspares, o próprio autor comenta: "um grande artista deve conciliar os opostos", que são "grandes temas centrais da arte e da vida humana: a ideia da transgressão da ordem — a saudade do paraíso perdido — e a volta à unidade"*.

(Apud Laís C. de Araújo. *Murilo Mendes*. 7. ed. Petrópolis: Vozes, 1972.)

Quem foi Murilo Mendes?

Murilo Mendes (1901-1975) nasceu em Juiz de Fora, Minas Gerais, onde fez os estudos secundários. Foi bancário, inspetor de ensino e funcionário da Justiça, antes de se mudar para a Europa, em 1953. Ali trabalhou como professor de literatura brasileira, lecionando em vários países — Bélgica, Holanda, Itália, Espanha e Portugal —, nos quais conheceu artistas de quase todo o mundo.

Entre outras obras publicou *Poesias*, *Contemplação de Ouro Preto* e *Tempo eternidade*, em parceria com seu amigo Jorge de Lima.

Acervo UH/Folhapress

Retrato de Murilo Mendes (1931), de Alberto Guignard.

Leitura

O texto a seguir integra a obra *A poesia em pânico*, uma das mais importantes de Murilo Mendes.

Poema espiritual

Eu me sinto um fragmento de Deus
Como sou um resto de raiz
Um pouco de água dos mares
O braço desgarrado de uma constelação.

A matéria pensa por ordem de Deus,
Transforma-se e evolui por ordem de Deus.
A matéria variada e bela
É uma das formas visíveis do invisível.
Cristo, dos filhos do homem és o perfeito.

Na Igreja há pernas, seios, ventres e cabelos
Em toda parte, até nos altares.
Há grandes forças de matéria na terra no mar e no ar
Que se entrelaçam e se casam reproduzindo
Mil versões dos pensamentos divinos

A matéria é forte e absoluta
Sem ela não há poesia.

(*In*: Laís C. de Araújo, op. cit., p. 128-9.)

Coleção Ricardo Simões, SP

Arcanjo, de Ismael Nery.

O grupo espiritualista e católico na poesia

Na década de 1930, no Rio de Janeiro, formou-se um grupo de artistas e intelectuais católicos de grande expressão. Participavam dele críticos literários de renome: Jackson de Figueiredo e Tristão de Ataíde, os poetas Murilo Mendes e Jorge de Lima, o pintor e poeta Ismael Nery. Vinícius de Moraes e Cecília Meireles, embora não fizessem parte desse grupo, acabaram sendo envolvidos pelo espiritualismo que ele difundia. Naquele momento de crise econômica, de aparecimento do nazifascismo e de expansão do comunismo, os católicos julgavam que o cristianismo era a única ideologia capaz de trazer a justiça, a igualdade social e a paz entre os homens. Mas defendiam um cristianismo mais politizado e envolvido com os problemas mundanos.

1. Na 1ª estrofe, o eu lírico refere-se a si mesmo situando-se perante Deus e perante o universo. Como ele vê a si mesmo?

2. A propósito da 2ª estrofe do texto:

a) Como se explica a aparente contradição nos versos "A matéria variada e bela / É uma das formas visíveis do invisível"?

b) Qual é o papel de Deus no universo?

3. Na 3ª estrofe, são aproximados elementos como Igreja, altares, pernas, seios, ventres. De acordo com as ideias dessa estrofe:

a) Em que a concepção religiosa expressa pelo eu lírico difere da concepção tradicional?

b) A matéria é essencial tanto para gerar os "pensamentos divinos" quanto para a criação da poesia. Em que aspecto Deus e o poeta se assemelham?

4. Apesar do papel de destaque que a matéria tem no poema, este se intitula "Poema espiritual". Explique essa aparente contradição.

Jorge de Lima: a consciência mutante

Jorge de Lima, da mesma forma que Murilo Mendes, teve uma carreira literária diversificada, com diferentes fases e experiências que vão da poesia parnasiana à poesia modernista, do romance regional e cristão ao Surrealismo, passando por temas brasileiros, cotidianos e sociais até temas míticos, bíblicos e transcendentes.

Sua obra máxima é *Invenção de Orfeu* (1952), uma epopeia modernista, espécie de síntese de toda a sua experiência como poeta, romancista e pintor. Concebida em verdadeiro estado de transe, a obra é constituída por dez cantos, com versos regulares e variados, e propõe-se a ser uma biografia épica do próprio homem em busca de sua plenitude sensível e espiritual.

Quem foi Jorge de Lima?

Jorge de Lima (1893-1953) nasceu em Alagoas, onde fez seus primeiros estudos. Posteriormente mudou-se para Salvador e ali iniciou o curso de Medicina. Fez uma brilhante carreira como médico, além de ingressar na vida política como deputado estadual e se firmar como poeta. Em 1930, mudou-se para o Rio de Janeiro, onde permaneceu até a morte. Embora Jorge de Lima seja mais conhecido como poeta, sua obra não se restringe à poesia. Foi também romancista, pintor, fotógrafo, ensaísta, biógrafo e historiador. Entre suas obras mais importantes estão *Poemas negros*, *Invenção de Orfeu*, *O anjo* e *Tempo e eternidade*, em parceria com Murilo Mendes.

Acervo UH/Folhapress

Leitura

O poema que segue é um dos mais conhecidos de Jorge de Lima. Leia-o e responda às questões.

Essa negra Fulô

Ora, se deu que chegou
(isso já faz muito tempo)
no **banguê** dum meu avô
uma negra bonitinha,
chamada negra Fulô.
Essa negra Fulô!
Essa negra Fulô!
Ó Fulô! Ó Fulô!
(Era a fala da Sinhá)
— Vai forrar a minha cama
pentear os meus cabelos,
vem ajudar a tirar
a minha roupa, Fulô!
Essa negra Fulô!
Essa negrinha Fulô!
ficou logo pra mucama
pra vigiar a Sinhá,
pra engomar pro Sinhô!
Essa negra Fulô!
Essa negra Fulô!
Ó Fulô! Ó Fulô!
(Era a fala da Sinhá)
vem me ajudar, ó Fulô,
vem abanar o meu corpo
que eu estou suada, Fulô!
vem coçar minha coceira,
vem me catar cafuné,
vem balançar minha rede,
vem me contar uma história,
que eu estou com sono, Fulô!
Essa negra Fulô!
"Era um dia uma princesa
que vivia num castelo
que possuía um vestido
com os peixinhos do mar.
Entrou na perna dum pato
saiu na perna dum pinto
o Rei-Sinhô me mandou
que vos contasse mais cinco."
Essa negra Fulô!
Essa negra Fulô!
Ó Fulô? Ó Fulô?
Vai botar para dormir
esses meninos, Fulô!
"Minha mãe me penteou
minha madrasta me enterrou

banguê: engenho de açúcar.

pelos figos da figueira
que o Sabiá beliscou."
        Essa negra Fulô!
        Essa negra Fulô!
Fulô? Ó Fulô?
(Era a fala da Sinhá
chamando a negra Fulô)
Cadê meu frasco de cheiro
que teu Sinhô me mandou?
Ah! foi você que roubou!
Ah! foi você que roubou!
O Sinhô foi ver a negra
levar couro do feitor.
A negra tirou a roupa,
O Sinhô disse: Fulô!
(A vista se escureceu
que nem a negra Fulô.)
        Essa negra Fulô!
        Essa negra Fulô!
Ó Fulô? Ó Fulô?
Cadê meu lenço de rendas,
cadê meu cinto, meu broche,
cadê meu terço de ouro
que teu Sinhô me mandou?
Ah! foi você que roubou.
Ah! foi você que roubou.
        Essa negra Fulô!
        Essa negra Fulô!
O Sinhô foi açoitar
sozinho a negra Fulô.
A negra tirou a saia
e tirou o **cabeção**,
de dentro dele pulou
nuinha a negra Fulô.
        Essa negra Fulô!
        Essa negra Fulô!
Ó Fulô? Ó Fulô?
Cadê, cadê teu Sinhô
que Nosso Senhor me mandou?
Ah! foi você que roubou,
Foi você, negra Fulô?
        Essa negra Fulô!

(*Poesia completa*. 2. ed. Rio de Janeiro: Nova Fronteira, 1980.)

LightField Studios/Shutterstock

cabeção: camisa de mulher, com mangas; parte superior de algumas roupas; enfeite, geralmente bordado ou rendado, da parte superior de certos modelos de camisa de mulher.

1. O poema é narrativo e conta uma história que envolve a escrava Fulô. A palavra *fulô* é uma variação popular da palavra *flor*.

a) Que relação tem esse dado com o desfecho da narrativa?

b) Que relação tem o eu lírico do texto com o Sinhô da história contada?

2. Esse poema, no conjunto da obra de Jorge de Lima, pertence à fase em que ele se voltou para temas brasileiros ligados às tradições populares.

a) Identifique no poema palavras e expressões que demonstrem a preocupação do poeta de empregar uma língua brasileira.

b) Faça a escansão de alguns versos do poema. Que tipo de verso, muito comum no cancioneiro popular e nas cantigas de roda, foi empregado nesse poema?

c) Identifique no texto um trecho que comprove a incorporação de outros elementos da cultura popular na construção do poema.

3. Ao longo do poema, a expressão "Essa negra Fulô" pode ser lida com diferentes entonações e, de acordo com o contexto e a entonação, ganha diferentes sentidos. Que sentido tem essa expressão no contexto em que:

a) o Sinhô vai ver a negra levar couro do feitor?

b) a Sinhá acusa a negra de ter roubado vários de seus pertences?

4. Fulô é acusada de roubar lenço, cinto, broche, terço de ouro, perfume. Troque ideias com os colegas: Na sua opinião, Fulô estaria realmente roubando os pertences da Sinhá? Tanto em caso afirmativo quanto negativo, levante hipóteses sobre por que isso estaria acontecendo.

5. Releia a última estrofe. Nela a Sinhá pergunta "Cadê, cadê teu Sinhô/que Nosso Senhor me mandou?".

a) Como você interpreta o "sumiço" do Sinhô?

b) Que dado da formação étnica do povo brasileiro o poema retrata?

A desobediência de Fulô

O uso de pronomes possessivos que constrói a hierarquia no texto — meu, teu, nosso — também indica a desestruturação da pirâmide ou a desobediência à hierarquia. A enunciação da posse dos objetos pela Sinhá dá lugar à perda do Sinhô pela Sinhá. [...] Ao substituir o pronome "meu" pelo pronome "nosso", na referência ao Senhor, a Sinhá coloca-se em um único momento no mesmo patamar que a Fulô, pois Deus não pertence só a ela, é o Senhor de todos, independentemente da posição social. Ironicamente, a negra também se iguala a ela na relação com o Sinhô, pois passará a ocupar seu lugar na esfera da sexualidade.

(Gênese Andrade. *In: Teresa — Revista de literatura brasileira*, nº 3. São Paulo: USP/Ed. 34, 2002. p. 78.)

Para quem quer mais

Se você deseja aprofundar seus conhecimentos sobre a poesia de Vinícius de Moraes e conhecer um pouco do trabalho de Mário Quintana e Manoel de Barros, poetas que também se destacaram a partir das décadas de 1930-1940, leia os poemas a seguir e, sozinho, em dupla ou em grupo, tente resolver as questões propostas no **Roteiro de estudo**.

Vinícius de Moraes

Poética (I)

De manhã escureço
De dia tardo
De tarde anoiteço
De noite ardo.

A oeste a morte
Contra quem vivo
Do sul cativo
O este é meu norte.

Outros que contem
Passo por passo:
Eu morro ontem

Nasço amanhã
Ando onde há espaço:
— Meu tempo é quando.

(*Livro de sonetos*. São Paulo: Cia. das Letras, Editora Schwarcz Ltda., 1991. p. 89. Autorizado pela VM Empreendimentos Artísticos e Culturais Ltda. © VM e © Cia. das Letras, Editora Schwarcz.)

Poema enjoadinho

Filhos... Filhos?
Melhor não tê-los!
Mas se não os temos
Como sabê-los?
Se não os temos
Que de consulta
Quanto silêncio
Como os queremos!
Banho de mar
Diz que é um porrete...
Cônjuge voa
Transpõe o espaço
Engole água
Fica salgada
Se iodifica
Depois, que boa
Que morenaço
Que a esposa fica!
Resultado: filho.
E então começa
A aporrinhação:
Cocô está branco
Cocô está preto
Bebe amoníaco
Comeu botão.
Filhos? Filhos
Melhor não tê-los
Noites de insônia
Cãs prematuras
Prantos convulsos
Meu Deus, salvai-o!
Filhos são o demo
Melhor não tê-los...
Mas se não os temos
Como sabê-los?
Como saber
Que macieza
Nos seus cabelos
Que cheiro morno
Na sua carne
Que gosto doce
Na sua boca!
Chupam gilete
Bebem xampu
Ateiam fogo
No quarteirão
Porém, que coisa
Que coisa louca
Que coisa linda
Que os filhos são!

(*Nova antologia poética de Vinícius de Moraes*, sel. e org. Antonio Cícero e Eucanaã Ferraz. São Paulo: Cia. das Letras, Editora Schwarcz Ltda., 2008. p.141. Autorizado pela VM Empreendimentos Artísticos e Culturais Ltda. © VM e © Cia. das Letras, Editora Schwarcz.)

Mário Quintana

Canção para uma valsa lenta

Minha vida não foi um romance...
Nunca tive até hoje um segredo.
Se me amas, não digas, que morro
De surpresa... de encanto... de medo...

Minha vida não foi um romance,
Minha vida passou por passar.
Se não amas, não finjas, que vivo
Esperando um amor para amar.

Minha vida não foi um romance...
Pobre vida... passou sem enredo...
Glória a ti que me enches a vida
De surpresa, de encanto, de medo!

Minha vida não foi um romance...
Ai de mim... Já se ia acabar!
Pobre vida que toda depende
De um sorriso... de um gesto... um olhar...

(*Poesias*. Porto Alegre: Globo/MEC, 1972. p. 53.)

Quem foi Mário Quintana?

Mário Quintana (1906-1994) nasceu em Alegrete, no Rio Grande do Sul, foi jornalista e tradutor e, em 1940, lançou seu primeiro livro, *A rua dos cataventos*.

Com raízes no neossimbolismo, o lirismo de Quintana concilia o humor com temas do cotidiano: a infância, a vida, a morte, o amor.

É autor de várias obras, entre elas algumas de literatura infantil. Destacam-se: *Aprendiz de feiticeiro* (1950), *Pé de pilão* (1975), *Quintanares* (1976), *Lili inventa o mundo* (1983), *Nariz de vidro* (1984).

Joveci C. de Freitas/Agência Estado/AE

Manoel de Barros

Remexo com um pedacinho de arame nas minhas
memórias fósseis.
Tem por lá um menino a brincar no terreiro
entre conchas, osso de arara, sabugos, asas de caçarolas etc.
E tem um carrinho quebrado de borco
no meio do terreiro.
O menino cangava dois sapos e os botava a arrastar
o carrinho.
Faz de conta que ele carregava areia e
pedras no seu caminhão.
O menino também puxava, nos becos de sua aldeia, por um barbante sujo, umas latas tristes.

Era sempre um barbante sujo.
Eram sempre umas latas tristes.
O menino hoje é um homem douto que trata com
física quântica.
Mas tem nostalgia das latas.
Tem saudades de puxar por um barbante sujo
umas latas tristes.
Aos parentes que ficaram na aldeia esse homem
encomendou uma árvore torta...
Para caber nos seus passarinhos.
De tarde os passarinhos fazem árvore nele.

(Fragmento 14, do livro *Para encontrar o azul eu uso pássaros*. *Apud Bravo!*, junho 1998.)

Quem foi Manoel de Barros?

Manoel de Barros (1917) nasceu em Cuiabá e publicou sua primeira obra, *Pecado*, em 1937. Fazendeiro, homem culto, o poeta vive isolado no Pantanal, mas perfeitamente informado da grande poesia feita no Brasil e no exterior. Embora ligado cronologicamente à geração de 30, o autor trilha um percurso pessoal.

Marlene Bergamo/Folhapress

Como toda grande poesia, a de Barros trata do destino do homem, do medo da morte, da sombra da infância se projetando no adulto, da busca da felicidade e consequente contencioso de frustrações e da face oculta de um Deus (creia-se ou não nele) que nos perseguem vida afora.

(Rodrigo Brasil e Reinaldo Azevedo. *Bravo!*, junho 1998.)

Normalmente apontado como "poeta ecológico", Manoel de Barros reage:

Minha obra tem um lastro de terra, mas não gosto de ser chamado de poeta ecológico — não dou muita importância a isso. Poeta é o sujeito que mexe com palavras [...] Se as palavras que me chegam mais comumente são do brejo, é devido ao meu lastro existencial, que reflete um pouco a terra.

(Idem.)

Autor de mais de quinze livros, entre outros publicou *Pássaros* (1960), *Livro de pré-coisas* (1985), *Livro sobre nada* (1996), *Cantigas por um passarinho à toa* (2003).

Roteiro de estudo

Ao final da leitura você deverá ser capaz de:

- Interpretar o poema "Poética (I)" e a relação das antíteses do poema com a noção de tempo do eu lírico.
- Reconhecer no "Poema enjoadinho" a capacidade de Vinícius de Moraes de extrair poesia do cotidiano.
- Explicar por que o poema "Canção para uma valsa lenta" apresenta afinidades com a geração poética de 1930.
- Observar no poema de Manoel de Barros a pertinência ou não do comentário a propósito da poesia do autor feito por Rodrigo Brasil e Reinaldo Azevedo no boxe "Manoel de Barros".

Intervalo

Esta atividade favorece o desenvolvimento das seguintes habilidades

EM13LGG601 | EM13LGG602 | EM13LGG603 | EM13LP46 | EM13LP47 | EM13LP51

PROJETO

MOSTRA DE CULTURA NORDESTINA

Participe com os colegas da classe de uma mostra de cultura nordestina e de um *show* literomusical. Com a orientação do professor, forme um grupo e escolha uma das propostas que seguem.

Editora Abril

O viver dos sertanejos, xilogravura de J. Borges.

1. Música nordestina: de "Asa-branca" ao *mangue-beat*

Você conhece "Asa-branca", de Luís Gonzaga e Humberto Teixeira? Essa canção é uma espécie de hino do sertão nordestino, flagelado pela seca e pela miséria.

Façam uma pesquisa musical e reúnam canções que falem dos problemas nordestinos tratados pelo romance de 30: a seca, a miséria, o latifúndio, a migração, etc. Gravem essas canções e reproduzam algumas letras, a fim de evidenciar a sintonia entre o romance de 30 e certa produção musical nordestina. Eis alguns artistas em cuja obra estão presentes esses temas: Luís Gonzaga, João do Vale, Jackson do Pandeiro, Elomar, Dominguinhos, Fagner, Marisa Monte.

Depois, pesquisem sobre as diferentes tendências da música nordestina atual, inspirada pela música de influência afro, da Bahia, pelo *mangue-beat* pernambucano, pela canção maranhense marcada por tradições locais, pelo *reggae*. Observem se nessa produção musical ainda estão presentes os temas abordados pelo romance de 30. Em caso negativo, apontem os temas explorados.

Se algum integrante do grupo toca um instrumento musical, escolham algumas canções para apresentação ao vivo na mostra.

Asa-branca

Quando oiei a terra ardendo
Qual fogueira de São João
Eu perguntei a Deus do céu, ai
Por que tamanha judiação.
Que braseiro, que fornaia
Nem um pé de prantação
Por farta d'água perdi meu gado
Morreu de sede meu alazão.
[...]

(Luís Gonzaga e Humberto Teixeira)

2. Cinema nordestino

O Nordeste brasileiro é cenário de muitos filmes nacionais de qualidade. Pesquisem os principais filmes de temática nordestina da última década, assistam a parte deles e escolham os melhores momentos de alguns para produzir um vídeo. Esse vídeo deve mostrar qual é, na opinião do grupo, a visão sobre o Nordeste predominante entre os cineastas brasileiros.

No dia da mostra, apresentem o vídeo produzido pelo grupo e abram com o público a discussão sobre essa visão dos cineastas. Ela corresponde à realidade? É estereotipada? É paternalista? Por quê?

Há, a seguir, uma relação de filmes de temática nordestina, desde clássicos do cinema brasileiro até filmes atuais. Escolham outros, se quiserem:

- *Vidas secas*, de Nelson Pereira dos Santos
- *Deus e o diabo na terra do sol*, de Glauber Rocha
- *Bye, bye, Brasil*, de Cacá Diegues
- *Central do Brasil*, de Walter Sales
- *Amarelo manga*, de Cláudio Assis
- *Kenoma*, de Eliana Caffé
- *Baile perfumado e Árido movie*, de Lírio Ferreira
- *Abril despedaçado*, de Walter Sales
- *Gonzaga — de pai para filho*, de Breno Silveira
- *O céu de Sueli*, de Karim Aïnouz
- *A vida invisível*, de Vitor Gonçalves
- *Bacurau*, de Kléber Mendonça Filho

SBS Productions/Alamy/Fotoarena

Cena do filme *Bacurau*, de Kléber Mendonça.

3. Jogral

Forme um grupo com mais nove colegas e preparem o jogral do poema a seguir, de Carlos Drummond de Andrade. Procurem declamá-lo de forma expressiva, enfatizando as ideias, e com a entonação adequada. Sigam a orientação sugerida quanto ao revezamento ou criem outras formas de ler o poema.

Motortion Films/Shutterstock

Amar

(Aluno 1) Que pode uma criatura senão,
entre criaturas, amar?
(Aluno 2) amar e esquecer,
(Aluno 3) amar e malamar,
(Aluno 4) amar, desamar, amar?
(Aluno 5) Que pode, pergunto, o ser amoroso,
sozinho, em rotação universal, senão
rodar também, e amar?
(Aluno 6) amar o que o mar traz à praia
(Aluno 7) o que ele sepulta, (Aluno 8) e o que,
na brisa marinha é sal, (Aluno 9)
ou precisão de amor, (Aluno 10) ou
simples ânsia?
(Aluno 1) Amar solenemente as palmas do deserto,
(Aluno 2) o que é entrega ou adoração expectante,
(Aluno 3) e amar o inóspito, o áspero,
(Aluno 4) um vaso sem flor, um chão de ferro,
(Aluno 5) e o peito inerte, e a rua vista em sonho, e uma ave de rapina.
(Todos) Este é o nosso destino: (Aluno 6) amor sem conta,
(Aluno 7) distribuído pelas coisas pérfidas ou nulas,
(Aluno 8) doação ilimitada a uma completa ingratidão,
(Aluno 9) e na concha vazia do amor a procura medrosa, paciente, de mais e mais amor.
(Aluno 10) Amar a nossa falta mesma de amor,
(Todos) e na secura nossa
(Aluno 1) amar a água implícita, (Aluno 2) e o beijo tácito, (Todos) e a sede infinita.

(Carlos Drummond de Andrade. *Poesia completa e prosa*. Rio de Janeiro: José Aguilar, 1973. p. 247.)

4. As canções do poetinha Vinícius de Moraes

Arquivo/Argosfoto/AE

Vinícius de Moraes e Toquinho.

O "poetinha" Vinícius de Moraes (como ele gostava de ser chamado) cantou o amor e a mulher em versos e músicas que embalaram danças "coladinhas" e namoros de mais de uma geração. Foi parceiro de músicos e compositores e deixou um repertório admirável de canções.

Pesquisem sobre a vida musical desse poeta, seus parceiros, os movimentos musicais de que ele participou. Consultem, se necessário, os livros do autor, especialmente *Vinícius de Moraes — Obra poética* (Editora Aguilar) e *Vinícius de Moraes — Todas as letras* (Companhia das Letras).

Escolham as músicas de que mais gostarem, ensaiem ao som de violão ou outros instrumentos e apresentem-nas no *show*. Se não for possível a execução ao vivo dessas composições, promovam sua audição.

Sugerimos as seguintes: *Garota de Ipanema*, *Chega de saudade*, *Felicidade*, *Minha namorada*, *Se todos fossem iguais a você*.

PREPARANDO E APRESENTANDO O *SHOW* LITEROMUSICAL

Com a orientação do professor, escolham um local para apresentar o *show*. O palco pode ser a frente da sala de aula ou um local demarcado no pátio. Se a escola dispuser de anfiteatro, combinem com a direção e façam aí a apresentação do *show*.

Elaborem um programa de apresentação, procurando alternar os diversos itens da programação, de forma que o *show* se torne dinâmico e prenda a atenção do público. Escolham um colega para desempenhar o papel de apresentador do programa e, no dia combinado, fazer a abertura do espetáculo e anunciar a participação dos grupos.

Divulguem o *show* em cartazes, nos quais devem constar a data, o horário e o local do evento. Se quiserem, façam também convites e distribuam-nos a colegas de outras classes, à direção, a professores e funcionários da escola, a amigos, familiares e pessoas da comunidade. Divulguem o convite nas redes sociais e por aplicativos de troca de mensagens.

Espinhos, de Antonio Henrique Abreu Amaral

Reprodução/Coleção particular

10 A LITERATURA CONTEMPORÂNEA

Terminada a Segunda Guerra, o Brasil entrou em um novo período de sua história, marcado pelo desenvolvimento econômico, pela democratização política e pelo surgimento de novas tendências artísticas e culturais.

A primeira manifestação de mudança na literatura se deu com a geração de 1940-1950, cujo objetivo era renovar os meios de expressão a partir de uma pesquisa em torno da linguagem. No fim da década de 1950 e início da de 1960, esse movimento conviveu com o Concretismo, que, de certa forma, deu continuidade às pesquisas da geração de 1940-1950, porém acentuando seu aspecto formal. Esse foi o momento em que a Bossa Nova e o Cinema Novo ganharam seu espaço. No final da década de 1960, em meio à efervescência cultural refletida nos festivais de música da TV Record, surgiu o Tropicalismo, que representou a retomada de algumas propostas do Modernismo de 1922.

Com o fechamento político do país imposto pelo AI-5, em 1968, e com a onda de censura, prisões e exílios, a produção artística como um todo sofreu um recuo. A partir daí, houve uma dispersão cultural, que teve como consequência o aparecimento de valores individuais em lugar de movimentos artísticos organizados. Esse quadro tem se mantido até o início do século XXI.

FIQUE LIGADO! PESQUISE!

Para estabelecer relações entre a literatura e outras artes e áreas de conhecimento, eis algumas sugestões:

Reprodução/Bossa Nova Films/ Imagem Filmes

- *Meus dois amores*, de Luiz Henrique Rios; *A hora da estrela*, de Suzana Amaral; *Morte e vida severina*, de Walter Avancini; *A terceira margem do rio*, de Nelson Pereira dos Santos; *Outras histórias*, de Pedro Bial; *As meninas*, de Emiliano Pereira; *Lamarca*, de Sérgio Rezende; *O que é isso, companheiro?*, de Bruno Barreto; *Central do Brasil*, de Walter Salles; *Benjamim*, de Monique Gardenberg; *Cidade de Deus* e *Ensaio sobre a cegueira*, de Fernando Meirelles; *Mutum*, de Sandra Kogut; *O pagador de promessas*, de Anselmo Duarte; *Eles não usam black-tie*, de Leon Hirszman; *A história oficial*, de Luís Puenzo; *Tropicália*, de Marcelo Machado.

Reprodução/Editora Companhia das Letras

- *Laços de família* e *A hora da estrela*, de Clarice Lispector (Rocco); *Sagarana* e *Grande sertão: veredas*, de Guimarães Rosa (Nova Fronteira); *Morte e vida severina* e *A educação pela pedra*, de João Cabral de Melo Neto (Nova Fronteira); *Poesia*, de Mário Quintana (Global); *Poema sujo*, de Ferreira Gullar (Civilização Brasileira); *Sombra de reis barbudos*, de J. J. Veiga (Bertrand); *Sargento Getúlio*, de João Ubaldo Ribeiro (Nova Fronteira); *As meninas*, de Lygia Fagundes Telles (Rocco); *Não verás país nenhum*, de Ignácio de Loyola Brandão (Global); *Poesia concreta* e *Poesia jovem — Anos 70* (coleção Literatura Comentada, Abril Educação); *Vestido de noiva*, de Nelson Rodrigues (Companhia das Letras); *Verdade tropical*, de Caetano Veloso (Companhia das Letras); *Dois ou + corpos no mesmo lugar*, de Arnaldo Antunes (Perspectiva); *Poesia indigesta* (1974-2004), de Glauco Mattoso (Landy); *Na virada do século — Poesia de invenção no Brasil*, organização de Claudio Daniel e Frederico Barbosa (Landy); *Chega de saudade: a história e as histórias da Bossa Nova*, de Ruy Castro (Companhia das Letras); *Noites tropicais*, de Nelson Motta (Objetiva); *Antologia comentada da poesia brasileira do século 21*, de Manuel da Costa Pinto (Publifolha).

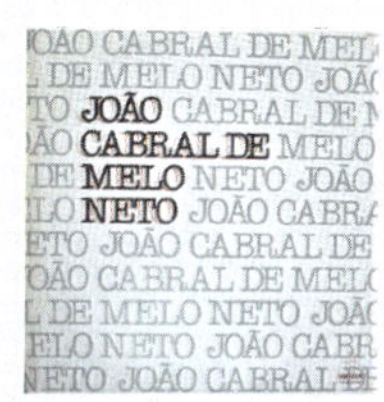

Reprodução/Som Livre

- Ouça o disco *João Cabral de Melo Neto*, com música de Egberto Gismonti (Som Livre, 1984), e os CDs *7 episódios do Grande sertão: veredas nas vozes de Antonio Candido, Davi Arrigucci Jr. e José Mindlin* (coleção Ler e Ouvir), *João Guimarães Rosa nas vozes dos contadores de estórias de Cordisburgo, com cinco contos de Primeiras estórias* (coleção Ler e Ouvir) e *Clarice Lispector — Contos*, por Aracy Balabanian (Luz da Cidade).

- Visite o Museu Casa Guimarães Rosa, em Cordisburgo (MG), onde nasceu o escritor. Em Brumadinho (MG), visite Inhotim, o maior museu aberto do mundo, onde se pode ter contato com obras e instalações dos principais artistas plásticos brasileiros contemporâneos.

- www.conhecendomuseus.com.br/museus/museu-casa-guimaraes-rosa/
- claricelispectorims.com.br/
- tvcultura.com.br/videos/28492_entrelinhas-joao-cabral-de-melo-neto.html
- Para o Concretismo, acesse o vídeo *Frederico Barbosa — Concretismo — São Paulo na literatura (2004)*, apresentado pelo poeta, professor e crítico Frederico Barbosa: www.youtube.com/watch?v=MafBfT1GELI&feature=related

Esta unidade favorece o desenvolvimento das habilidades

EM13LGG103 | EM13LGG202 | EM13LGG601 | EM13LGG602 | EM13LP28 | EM13LP30 | EM13LP32 | EM13LP51

CAPÍTULO 23

A geração de 45

Durante o período de 1930-1945, tanto a literatura quanto as artes plásticas no Brasil foram, em maior parte, ideológicas, voltadas para a discussão dos problemas brasileiros.

Com o fim da Segunda Guerra Mundial e da ditadura de Vargas, em 1945, entretanto, a literatura e as artes se voltam para a pesquisa estética e a renovação das formas de expressão. Nesse período, a literatura alcança um de seus pontos altos com as obras de Clarice Lispector, Guimarães Rosa e João Cabral de Melo Neto.

Este capítulo favorece o desenvolvimento das habilidades

EM13LGG102

EM13LGG202

EM13LGG203

EM13LGG302

EM13LGG601

EM13LGG602

EM13LGG604

EM13LP01

EM13LP02

EM13LP03

EM13LP06

EM13LP10

EM13LP46

EM13LP48

EM13LP49

EM13LP50

EM13LP52

Flor (década de 1950), de Aldemir Martins.

A partir de 1945, o mundo passou a viver a Guerra Fria, e o Brasil, um período democrático e desenvolvimentista, que chegaria à euforia no governo de Juscelino Kubitschek (1956-1961).

Menos exigidos social e politicamente, os artistas empreendiam uma pesquisa estética em busca de novas formas de expressão. Nas artes plásticas, por exemplo, a pintura figurativista, cujo centro é uma figura representativa da realidade, passou a dividir espaço com a pintura abstrata, antifigurativista, que não apresenta relação direta com a realidade.

Na literatura, ao lado de obras que mantinham certa preocupação social e davam continuidade até ao regionalismo, começaram a se destacar produções literárias em que a grande novidade era a pesquisa em torno da própria linguagem literária.

A poesia de 45 trouxe ao cenário das discussões literárias a seguinte questão: *a poesia é a arte da palavra*. Esse princípio implicava a alteração de pontos de vista da poesia de 30, que já tinha sido social, política, religiosa, filosófica.

O *traço formalizante* é, portanto, o que caracteriza essa geração de poetas. Alguns tenderam mais ao estilo culto e elevado, de feição neoparnasiana; outros caminharam na direção da busca de uma linguagem essencial, sintética, precisa, concreta e racional, dando continuidade a algumas experiências feitas nesse sentido por Drummond e Murilo Mendes.

Entre os poetas mais importantes dessa fase, destacam-se: Péricles Eugênio da Silva Ramos, Geir Campos, José Paulo Paes e João Cabral de Melo Neto.

Na prosa, várias obras significativas foram publicadas nesse período, principalmente nos gêneros conto e romance. Parte dessa prosa retoma e aprofunda a sondagem psicológica que já vinha sendo desenvolvida, especialmente por autores como Mário de Andrade e Graciliano Ramos. É o que se verifica, por exemplo, nos contos e romances de Clarice Lispector e Lygia Fagundes Telles.

Entre os autores de maior destaque estão Dalton Trevisan, Carlos Heitor Cony, Lygia Fagundes Telles, Guimarães Rosa e Clarice Lispector.

Clarice Lispector: a escritura selvagem

Quando publicou sua primeira obra, *Perto do coração selvagem* (1944), a escritora provocou verdadeiro espanto na crítica e no público. Acostumada a certo tipo de romance, como o de 30, a crítica reconheceu o talento da jovem escritora, mas apontou-lhe inúmeras falhas, sobretudo de construção.

Contudo, o que de fato ocorria é que a escritora introduzia em nossa literatura novas técnicas de expressão, que obrigavam a uma revisão de critérios avaliativos. Sua narrativa, por exemplo, subverte com frequência a estrutura dos tradicionais gêneros narrativos (o conto, a novela, o romance), quebra a sequência "começo, meio e fim", assim como a ordem cronológica, e funde a prosa à poesia ao fazer uso constante de imagens, metáforas, paradoxos, símbolos, sonoridades, etc.

Quem foi Clarice Lispector?

Clarice Lispector (1920-1977) nasceu na Ucrânia e, ainda bebê, mudou-se com a família para o Brasil, naturalizando-se brasileira.

Viveu no Recife (PE) até os 12 anos e, com a morte da mãe, mudou-se para o Rio de Janeiro, onde completou os estudos e ingressou no curso de Direito.

Foi escritora, jornalista e ensaísta e é considerada uma das mais importantes escritoras do século XX.

Entre suas obras mais importantes estão: *Perto do coração selvagem*, *Laços de família*, *A paixão segundo G.H.* e *A hora da estrela*.

Badaro Braga/A Cigarra/EM/D.A Press

Fluxo de consciência e epifania

Outro aspecto inovador da prosa de Clarice é o *fluxo de consciência*, uma experiência mais radical do que a introspecção psicológica, já praticada por vários escritores desde o Realismo no século XIX.

A introspecção psicológica tradicional procura desvendar o universo mental do personagem de forma linear, com espaços determinados e com marcadores temporais nítidos. O leitor tem pleno domínio da situação e distingue com facilidade momentos do passado — revividos pelo personagem por meio da memória —, momentos do presente e momentos de imaginação.

O fluxo de consciência quebra esses limites espaçotemporais que tornam a obra verossímil. Por meio dele, presente e passado, realidade e desejo se misturam. Como se fosse um painel de imagens captadas por uma câmera instalada no cérebro de um personagem que deixa o pensamento solto, o fluxo de consciência cruza vários planos narrativos, sem preocupação com a lógica ou com a ordem narrativa. Essas experiências já vinham sendo feitas no exterior por outros escritores e, no Brasil, foi Clarice quem as introduziu.

Muitas vezes, além do fluxo de consciência, os personagens de Clarice vivem também um *processo epifânico*. (O termo *epifania* tem sentido religioso, significando "revelação".) Esse processo pode ser irrompido a partir de fatos banais do cotidiano: um encontrão, um beijo, um olhar, um susto. O personagem, mergulhado num fluxo de consciência, passa a ver o mundo e a si mesmo de outro modo. É como se tivesse tido, de fato, uma revelação e, a partir dela, passasse a ter uma visão mais aprofundada da vida, das pessoas, das relações humanas, etc.

De modo geral, esses momentos epifânicos são dilacerantes e dão origem a rupturas de valores, a questionamentos filosóficos e existenciais, permitindo a aproximação de realidades opostas, tais como nascimento e morte, bem e mal, amor e ódio, matar ou morrer por amor.

Perfis femininos e universalismo

Clarice Lispector nunca aceitou o rótulo de escritora feminista, embora muitos de seus romances e contos tenham como protagonistas personagens femininas, quase sempre urbanas: o ponto de partida da literatura de Clarice é o da experiência pessoal da mulher e o seu ambiente familiar. Contudo, a escritora não se restringe a esse universo. Seus temas, no conjunto, são essencialmente humanos e universais, como as relações entre o eu e o outro, a falsidade das relações humanas, a condição social da mulher, o esvaziamento das relações familiares e, sobretudo, a própria linguagem — única forma de comunicação com o mundo.

Clarice é considerada uma escritora intimista e psicológica, mas, como toda boa literatura, sua produção acaba por envolver outros universos, não deixando de ser também social, filosófica, existencial e metalinguística.

Leitura

O conto que você vai ler a seguir é um dos mais importantes que Clarice Lispector escreveu e integra a obra *Laços de família*.

Os laços de família

A mulher e a mãe acomodaram-se finalmente no táxi que as levaria à Estação. A mãe contava e recontava as duas malas tentando convencer-se de que ambas estavam no carro. A filha, com seus olhos escuros, a que um ligeiro estrabismo dava um contínuo brilho de zombaria e frieza assistia.

— Não esqueci de nada? perguntava pela terceira vez a mãe.

— Não, não, não esqueceu de nada, respondia a filha divertida, com paciência.

Ainda estava sob a impressão da cena meio cômica entre sua mãe e seu marido, na hora da despedida. Durante as duas semanas da visita da velha, os dois mal se haviam suportado; os bons-dias e as boas-tardes soavam a cada momento com uma delicadeza cautelosa que a fazia querer rir. Mas eis que na hora da despedida, antes de entrarem no táxi, a mãe se transformara em sogra exemplar e o marido se tornara o bom genro. "Perdoe alguma palavra mal dita", dissera a velha senhora, e Catarina, com alguma alegria, vira Antônio não saber o que fazer das malas nas mãos, a gaguejar — perturbado em ser o bom genro. "Se eu rio, eles pensam que estou louca", pensara Catarina franzindo as sobrancelhas. "Quem casa um filho perde um filho, quem casa uma filha ganha mais um", acrescentara a mãe, e Antônio aproveitara sua gripe para tossir.

Duas amigas (1925), de Ismael Nery.

The Picture Art Collection/Alamy/Fotoarena/Coleção particular

Catarina, de pé, observava com malícia o marido, cuja segurança se desvanecera para dar lugar a um homem moreno e miúdo, forçado a ser filho daquela mulherzinha grisalha... Foi então que a vontade de rir tornou-se mais forte. Felizmente nunca precisava rir de fato quando tinha vontade de rir: seus olhos tomavam uma expressão esperta e contida, tornavam-se mais estrábicos — e o riso saía pelos olhos. Sempre doía um pouco ser capaz de rir. Mas nada podia fazer contra: desde pequena rira pelos olhos, desde sempre fora estrábica.

[...]

— Não esqueci de nada..., recomeçou a mãe, quando uma freada súbita do carro lançou-as uma contra a outra e fez despencarem as malas. — Ah! ah! — exclamou a mãe como a um desastre irremediável, ah! dizia balançando a cabeça em surpresa, de repente envelhecida e pobre. E Catarina?

Catarina olhava a mãe, e a mãe olhava a filha, e também a Catarina acontecera um desastre? seus olhos piscaram surpreendidos, ela ajeitava depressa as malas, a bolsa, procurando o mais rapidamente possível remediar a catástrofe. Porque de fato sucedera alguma coisa, seria inútil esconder: Catarina fora lançada contra Severina, numa intimidade de corpo há muito esquecida, vinda do tempo em que se tem pai e mãe. Apesar de que nunca se haviam realmente abraçado ou beijado. Do pai, sim. Catarina sempre fora mais amiga. Quando a mãe enchia-lhes os pratos obrigando-os a comer demais, os dois se olhavam piscando em cumplicidade e a mãe nem notava. Mas depois do choque no táxi e depois de se ajeitarem, não tinham o que falar — por que não chegavam logo à Estação?

— Não esqueci de nada?, perguntou a mãe com voz resignada.

Catarina não queria mais fitá-la nem responder-lhe.

— Tome suas luvas! disse-lhe, recolhendo-as do chão.

— Ah! ah! minhas luvas! exclamava a mãe perplexa. Só se espiaram realmente quando as malas foram dispostas no trem, depois de trocados os beijos: a cabeça da mãe apareceu na janela.

Catarina viu então que sua mãe estava envelhecida e tinha os olhos brilhantes.

O trem não partia e ambas esperavam sem ter o que dizer. A mãe tirou o espelho da bolsa e examinou-se no seu chapéu novo, comprado no mesmo chapeleiro da filha.

Olhava-se compondo um ar excessivamente severo onde não faltava alguma admiração por si mesma. A filha observava divertida. Ninguém mais pode te amar senão eu, pensou a mulher rindo pelos olhos; e o peso da responsabilidade deu-lhe à boca um gosto de sangue. Como se "mãe e filha" fosse vida e repugnância. Não, não se podia dizer que amava sua mãe. Sua mãe lhe doía, era isso. [...]

— ... Não esqueci de nada? perguntou a mãe.

Também a Catarina parecia que haviam esquecido de alguma coisa, e ambas se olhavam atônitas — porque se realmente haviam esquecido, agora era tarde demais. Uma mulher arrastava uma criança, a criança chorava, novamente a campainha da Estação soou... Mamãe, disse a mulher. Que coisa tinham esquecido de dizer uma a outra? e agora era tarde demais. Parecia-lhe que deveriam um dia ter dito assim: sou tua mãe, Catarina. E ela deveria ter respondido: e eu sou tua filha.

— Não vá pegar corrente de ar! gritou Catarina.

— Ora menina, sou lá criança, disse a mãe sem deixar porém de se preocupar com a própria aparência. A mão sardenta, um pouco trêmula, arranjava com delicadeza a aba do chapéu e Catarina teve subitamente vontade de lhe perguntar se fora feliz com seu pai:

— Dê lembranças a titia! gritou.

— Sim, sim!

— Mamãe, disse Catarina porque um longo apito se ouvira e no meio da fumaça as rodas já se moviam.

— Catarina! disse a velha de boca aberta e olhos espantados, e ao primeiro solavanco a filha viu-a levar as mãos ao chapéu: este caíra-lhe até o nariz, deixando aparecer apenas a nova dentadura. O trem já andava e Catarina acenava. O rosto da mãe desapareceu um instante e reapareceu já sem o chapéu, o coque dos cabelos desmanchado caindo em mechas brancas sobre os ombros como as de uma donzela — o rosto estava inclinado sem sorrir, talvez mesmo sem enxergar mais a filha distante.

[...]

O elevador zumbia no calor da praia. Abriu a porta do apartamento enquanto se libertava do chapeuzinho com a outra mão; parecia disposta a usufruir da largueza do mundo inteiro, caminho aberto pela sua mãe que lhe ardia no peito. Antônio mal levantou os olhos do livro. A tarde de sábado sempre fora "sua", e, logo depois da partida de Severina, ele a retomava com prazer, junto à escrivaninha.

— "Ela" foi?

— Foi sim, respondeu Catarina empurrando a porta do quarto de seu filho. Ah, sim, lá estava o menino, pensou com alívio súbito. Seu filho. Magro e nervoso. Desde que se pusera de pé caminhara firme; mas quase aos quatro anos falava como se desconhecesse verbos: constatava as coisas com frieza, não as ligando entre si. Lá estava ele mexendo na toalha molhada, exato e distante.

A mulher sentia um calor bom e gostaria de prender o menino para sempre a este momento; puxou-lhe a toalha das mãos em censura: este menino!

Mas o menino olhava indiferente para o ar, comunicando-se consigo mesmo. Estava sempre distraído. Ninguém conseguira ainda chamar-lhe verdadeiramente a atenção. A mãe sacudia a toalha no ar e impedia com sua forma a visão do quarto: mamãe, disse o menino.

Catarina voltou-se rápida. Era a primeira vez que ele dizia "mamãe" nesse tom e sem pedir nada. Fora mais que uma constatação: mamãe! A mulher continuou a sacudir a toalha com violência e perguntou-se a quem poderia contar o que sucedera, mas não encontrou ninguém que entendesse o que ela não pudesse explicar. Desamarrotou a toalha com vigor antes de pendurá-la para secar. Talvez pudesse contar, se mudasse a forma.

Contaria que o filho dissera: mamãe, quem é Deus. Não, talvez: mamãe, menino quer Deus. Talvez. Só em símbolos a verdade caberia, só em símbolos é que a receberiam.

Com os olhos sorrindo de sua mentira necessária, e sobretudo da própria tolice, fugindo de Severina, a mulher inesperadamente riu de fato para o menino, não só com os olhos: o corpo todo riu quebrado, quebrado um invólucro, e uma aspereza aparecendo como uma rouquidão. Feia, disse então o menino examinando-a.

— Vamos passear! respondeu corando e pegando-o pela mão.

Passou pela sala, sem parar avisou ao marido: vamos sair! e bateu a porta do apartamento.

Antônio mal teve tempo de levantar os olhos do livro — e com surpresa espiava a sala já vazia. Catarina! chamou, mas já se ouvia o ruído do elevador descendo. Aonde foram? perguntou-se inquieto, tossindo e assoando o nariz. Porque sábado era seu, mas ele queria que sua mulher e seu filho estivessem em casa enquanto ele tomava o seu sábado. Catarina! chamou aborrecido embora soubesse que ela não poderia mais ouvi-lo.

[...]

(Rio de Janeiro: Rocco, 1998.)

1. Severina passara quinze dias na casa da filha e do genro. Observe os diálogos entre a sogra e o genro.

a) Como se caracteriza a relação entre eles? Indique um trecho que comprove sua resposta.

b) Na hora da despedida, Catarina sente vontade de rir. Por quê?

2. Nos contos de Clarice Lispector, é comum um fato banal do cotidiano desencadear um processo de epifania, isto é, um processo de revelação, de tomada de consciência do personagem.

a) Que fato desencadeia um processo epifânico no relacionamento entre mãe e filha?

b) A partir desse momento, o que se revela a Catarina quanto ao relacionamento com a mãe? Por quê?

A experiência interior em primeiro plano

© Novaes/Acervo do cartunista

Em *Perto do coração selvagem* o modo de apreensão artística da realidade se faz a partir de um centro que é a consciência individual; daí resultam características tais como o monólogo interior, a digressão, a fragmentação de episódios, que caracterizam a ficção moderna em geral, e inclui a totalidade da obra de Clarice Lispector.

Graças à escolha desse centro, a experiência interior passa para o primeiro plano da criação literária e com ela a temática da existência. Ao lado desse tema, a linguagem, a arte e a morte são, via de regra, os acionadores das digressões que retardam a narrativa [...]

(Berta Waldman, *Clarice Lispector*. São Paulo: Brasiliense. p. 25-26.)

3. Releia este fragmento do conto:

"[...] A mãe tirou o espelho da bolsa e examinou-se no seu chapéu novo, comprado no mesmo chapeleiro da filha. Olhava-se compondo um ar excessivamente severo onde não faltava alguma admiração por si mesma. A filha observava divertida. Ninguém mais pode te amar senão eu, pensou a mulher rindo pelos olhos; e o peso da responsabilidade deu-lhe à boca um gosto de sangue. Como se 'mãe e filha' fosse vida e repugnância. Não, não se podia dizer que amava sua mãe. Sua mãe lhe doía, era isso. [...]"

a) Na prosa de Clarice, é comum o emprego de metáforas ou de antíteses e paradoxos surpreendentes. Identifique nesse trecho um exemplo de um desses recursos.

b) Dê uma interpretação coerente à frase "Sua mãe lhe doía".

4. Há diferentes formas de o narrador inserir os pensamentos dos personagens na narrativa. Ele pode fazê-lo, por exemplo, de modo linear, com o discurso direto, por meio de travessão ou aspas e verbos *dicendi* (*falou*, *pensou*, *imaginou*, etc.); com o discurso indireto, delimitando nitidamente a voz do narrador e a voz ou pensamento dos personagens com o emprego de verbos *dicendi*; e pode também empregar o discurso indireto livre, misturando a fala do narrador com a fala ou com o pensamento dos personagens sem verbos *dicendi*.

a) Quais dessas técnicas são utilizadas na narrativa? Quais predominam?

b) Que efeito o predomínio desse recurso provoca no andamento da narrativa?

c) O que se destaca mais na literatura de Clarice Lispector: o enredo ou a introspecção psicológica dos personagens? Por quê?

5. Os diálogos entre mãe e filha são repetitivos e vazios, evidenciando uma oposição entre o que é dito e o que é pensado.

a) Constantemente, Severina diz "Não esqueci de nada...". Considerando o relacionamento das duas, o que elas realmente poderiam estar esquecendo?

b) Com base em elementos do texto, responda: O que as duas personagens efetivamente gostariam de ter dito? O que as impede de dizer uma à outra o que realmente pensam e sentem?

6. Clarice, em vários de seus contos, retrata a condição da mulher na sociedade, o casamento sem amor e a vida alienada da mulher ao lado do marido. No conto "Os laços de família", o processo epifânico vivido por Catarina faz com que ela chegue a sua casa diferente, mudada. E a palavra que o filho lhe diz parece dar continuidade ao processo epifânico.

a) Que efeito tem sobre o marido a iniciativa de Catarina de sair do apartamento com o filho?

b) Considerando "os laços de família" (título do conto) observados entre Catarina e a mãe, troque ideias com os colegas e dê uma interpretação coerente: Por que Catarina toma a iniciativa de sair do apartamento com o filho?

c) Na sua opinião, Catarina vai voltar?

7. Com base no conto "Os laços de família", responda: Mesmo trabalhando com o universo da consciência individual de personagens, a literatura de Clarice Lispector consegue ser também social? Justifique sua resposta.

Guimarães Rosa: a linguagem reinventada

Guimarães é um dos principais escritores da literatura brasileira. Sua primeira obra, *Sagarana*, surpreendeu a crítica, em virtude da originalidade de sua linguagem e de suas técnicas narrativas, que apontavam uma mudança substancial na velha tradição regionalista, que já tinha contado com José de Alencar, Visconde de Taunay e Euclides da Cunha, entre outros.

Reprodução/José Olympio Editora

A novidade linguística trazida pelo regionalismo de Rosa foi a de recriar, na literatura, a fala do sertanejo não apenas no plano do vocabulário, como outros autores tinham feito, mas também no da sintaxe (a construção das frases) e no da melodia da frase. Resultado de muitos anos de observação, anotações e pesquisa linguística, a língua falada no sertão está presente em toda a obra de Guimarães Rosa, dando voz ao homem do sertão por meio de técnicas como o foco narrativo em 1ª pessoa, o discurso direto, o discurso indireto e o monólogo interior.

Quem foi Guimarães Rosa?

João Guimarães Rosa (1908-1967), mineiro de Cordisburgo, desde cedo mostrou interesse por línguas e pelas coisas da natureza: bichos, plantas, insetos. Formou-se em Medicina e exerceu a profissão clinicando pelo interior de Minas, onde recolheu importante material para as suas obras. Em 1934, ingressou na carreira diplomática. No exercício de cargos diplomáticos, inclusive o de embaixador, viveu em vários países, sempre escrevendo e ampliando seu conhecimento sobre línguas e culturas diferentes. Morreu em 1967, três dias depois de tomar posse na Academia Brasileira de Letras.

Entre suas principais obras estão: *Grande sertão: veredas, Primeiras histórias, Tutameia — terceiras histórias* e *Manuelzão e Miguilim*.

© Alisson Affonso/Acervo do cartunista

Contudo, a linguagem do escritor não tem a intenção de retratar realisticamente a língua do sertão mineiro. Ela vai além: tomando por base a língua regional, Guimarães recria a própria língua portuguesa, por meio do aproveitamento de termos em desuso, da criação de neologismos, do emprego de palavras tomadas de empréstimo a outras línguas e da exploração de novas estruturas sintáticas.

Além disso, sua narrativa faz uso de recursos mais comuns à poesia, tais como o ritmo, as aliterações, as metáforas e as imagens, obtendo, assim, uma prosa altamente poética, no limite entre a poesia e a prosa.

Outro aspecto de destaque da obra roseana é sua capacidade de transpor os limites do espaço regional, em que quase sempre se situam seus textos, e alcançar uma dimensão universal.

Em *Grande sertão: veredas* o narrador Riobaldo afirma: "o sertão é o mundo". E é com base nesse pressuposto que a narrativa roseana vai nos envolvendo, como se também fôssemos sertanejos e jagunços e fizéssemos parte daquele mundo. Passamos então a lidar com os mais variados temas, conforme vamos nos identificando com as preocupações do homem sertanejo: o bem e o mal, Deus e o diabo, o amor, a violência, a morte, a traição, o sentido e o aprendizado da vida, a descoberta infantil do mundo, etc.

E notamos, então, que essas reflexões não são exclusivas do sertão mineiro; são também nossas, do homem urbano e do homem do campo, do norte e do sul do país. Na verdade, Guimarães Rosa é um escritor universal, que consegue vasculhar com profundidade a alma humana e captar suas inquietações, seus conflitos e anseios, sem, contudo, perder o sabor da psicologia, da língua e dos valores do homem do sertão mineiro.

Enfim, Guimarães Rosa é um desses escritores que representam a síntese de toda uma trajetória de experiências formais e ideológicas da literatura de uma geração e, às vezes, da literatura de um século. Assim foi com Machado de Assis no século XIX; assim é com Guimarães Rosa na prosa brasileira do século XX.

Grande sertão: veredas

Grande sertão: veredas é a obra-prima de Guimarães Rosa e um dos mais importantes romances de nossa literatura. Riobaldo, seu narrador-protagonista, um velho e pacato fazendeiro, faz um relato de sua vida a um interlocutor, um "doutor" que nunca aparece na história, mas cuja fala é sugerida pelas respostas de Riobaldo.

Assim, apesar do diálogo sugerido, a narração é um longo monólogo em que o narrador-personagem traz à tona suas lembranças em torno de lutas sangrentas de jagunços, perseguições e emboscadas nos sertões de Minas, de Goiás e do sul da Bahia, bem como rememora suas aventuras amorosas, entre elas a paixão por Diadorim.

Ao mesmo tempo, Riobaldo vai relatando as preocupações metafísicas que sempre marcaram a sua vida. Nesse ponto, destaca-se a questão da existência ou não do diabo. Pelo que se depreende da obra, ele provavelmente fizera um pacto com o demônio a fim de vencer Hermógenes, chefe do bando inimigo. Portanto, desse fator depende a sua salvação e daí advêm as inquietações do personagem.

Leitura

No fragmento de *Grande sertão: veredas* a seguir, Riobaldo começa a contar sua história e a revelar suas inquietações ao seu interlocutor. Leia-o e responda às questões propostas.

De primeiro, eu fazia e mexia, e pensar não pensava. Não possuía os prazos. Vivi puxando difícil de difícel, peixe vivo no **moquém**: quem mói no asp'ro, não fantaseia. Mas, agora, feita a folga que me vem, e sem pequenos dessossegos, estou de range rede. E me inventei neste gosto, de especular ideias. O diabo existe e não existe? Dou o dito. **Abrenúncio**.

Essas melancolias. O senhor vê: existe cachoeira; e pois? Mas cachoeira é barranco de chão, e água se caindo por ele, retombando; o senhor consome essa água, ou desfaz o barranco, sobra cachoeira alguma? Viver é negócio muito perigoso...

Explico ao senhor: o diabo vige dentro do homem, os crespos do homem — ou é o homem arruinado, ou o homem dos avessos. Solto, por si, cidadão, é que não tem diabo nenhum.

Nenhum! — é o que digo. O senhor aprova? Me declare tudo, franco — é alta mercê que me faz; e pedir posso, encarecido. Este caso — por estúrdio que me vejam — é de minha certa importância. Tomara não fosse...

Filipe Rocha/Arquivo da editora

abrenúncio: do latim *abrenuntio*, interjeição que tem o sentido de "credo", "Deus me livre".
moquém: grelha de varas para secar ou assar carne ou peixe.

Mas, não diga que o senhor, **assisado** e instruído, que acredita na pessoa dele?! Não? Lhe agradeço! Sua alta opinião compõe minha valia.

Já sabia, esperava por ela — já o campo! Ah, a gente, na velhice, carece de ter sua aragem de descanso. Lhe agradeço. Tem diabo nenhum. Nem espírito. Nunca vi. Alguém devia de ver, então era eu mesmo, este vosso servidor. Fosse lhe contar... Bem, o diabo regula seu estado preto, nas criaturas, nas mulheres, nos homens. Até: nas crianças — eu digo. Pois não é ditado: "menino — trem do diabo"? E nos usos, nas plantas, nas águas, na terra, no vento... Estrumes. ... *O diabo na rua, no meio do redemunho...*

Hem? Hem? Ah. Figuração minha, de pior pra trás, as certas lembranças. Mal haja-me! Sofro pena de contar não... Melhor, se arrepare: pois num chão, e com igual formato de ramos e folhas, não dá a mandioca mansa, que se come comum, e a mandioca-brava, que mata? Agora, o senhor já viu uma estranhez? A mandioca-doce pode de repente virar azangada — motivos não sei; às vezes se diz que é por replantada no terreno sempre com mudas seguidas, de **manaíbas** — vai em amargando, de tanto em tanto, de si mesma toma **peçonhas**. E, ora veja: a outra, a mandioca-brava, também é que às vezes pode ficar mansa, a esmo de se comer sem nenhum mal. E que isso é? Eh, o senhor já viu, por ver, a feiura de ódio franzido, **carantonho**, nas faces duma cobra cascavel? Observou porco gordo cada dia mais feliz bruto, capaz de, pudesse, roncar e engulir por sua suja comodidade o mundo todo? E gavião, corpo, alguns, as feições deles já representam a precisão de talhar para adiante, rasgar e estraçalhar a bico, parece uma **quicé** muito afiada por ruim desejo. Tudo. Tem até tortas raças de pedras, horrorosas, venenosas — que estragam mortal a água, se estão jazendo em fundo de poço; o diabo dentro delas dorme: são o demo. Se sabe? E o demo — que é só assim o significado dum **azougue** maligno — tem ordem de seguir o caminho dele, tem licença para **campear**?! Arre, ele está misturado em tudo.

Que o que gasta, vai gastando o diabo de dentro da gente, aos pouquinhos, é o razoável sofrer. E a alegria de amor — compadre meu Quelemém diz. Família. Deveras? É, e não é. O senhor ache e não ache. Tudo é e não é... Quase todo mais grave criminoso feroz, sempre é muito bom marido, bom filho, bom pai, e é bom amigo-de-seus-amigos! Sei desses.

Só que tem os depois — e Deus, junto. Vi muitas nuvens.

(15. ed. Rio de Janeiro: J. Olympio, 1982. p. 11-12.)

assisado: que tem siso, juízo; ajuizado.
azougue: do árabe, pessoa muito viva e esperta.
campear: andar pelo campo, procurar.
carantonho: cara grande e feia.
manaíba: do tupi, muda de mandioca.
peçonha: veneno.
quicé: do tupi, o mesmo que "faca velha".

1. Riobaldo, o narrador, conta sua história a um interlocutor que está presente, mas cuja voz não se manifesta explicitamente na narrativa.

a) Identifique um trecho do texto em que a fala de Riobaldo leva em conta a presença do interlocutor.

b) No trecho "Hem? Hem? Ah. Figuração minha [...]", o que o interlocutor deve ter perguntado a Riobaldo?

2. Riobaldo afirma que, antes, quando era jagunço, não tinha tempo para fantasiar, mas agora, aposentado (de "range rede"), dera para especular ideias. Qual é o assunto que lhe interessa?

3. O excerto lido, embora narrativo, apresenta uma estrutura dissertativo-argumentativa, isto é, o narrador desenvolve uma ideia central com argumentos e, no final, chega a uma conclusão.

a) Qual é a tese ou ideia central — apresentada no 2º parágrafo — que o narrador pretende desenvolver?

b) O exemplo da mandioca fundamenta a tese adequadamente? Por quê?

4. Segundo o 3º parágrafo, o mal está nas coisas: nas aves, nos animais, nas pedras, está misturado em tudo.

a) De acordo com o último parágrafo, o que pode combater o mal?

b) "Tudo é e não é...". Que sentido tem essa frase no contexto? Os argumentos expostos fundamentam essa afirmação?

c) Compare a conclusão com a tese. Há coincidência ou contradição entre elas?

5. Não chega a ficar claro em *Grande sertão: veredas* se Riobaldo fizera ou não um pacto com o demônio. O próprio personagem tem dúvida se houve ou não o pacto.

a) Considerando a etapa da vida em que se encontra Riobaldo, por que essa questão lhe interessa tanto?

b) Pela conclusão a que chega, Riobaldo tem motivos para continuar se preocupando?

c) Na sua opinião, Riobaldo acredita em seus próprios argumentos?

6. A linguagem regionalista de Guimarães Rosa é um dos traços da originalidade de sua obra.

a) O excerto lido é uma narração oral ou escrita? Identifique marcas no texto que justifiquem sua resposta.

b) Com a ajuda do glossário apresentado no final do texto, comente a linguagem do autor, levando em conta a seleção vocabular, a estruturação sintática e a melodia das frases.

Rosa na canção

Por ser considerado um dos reinventores da língua, ao lado de Camões e Fernando Pessoa, Guimarães Rosa já recebeu duas homenagens de Caetano Veloso. A primeira foi na canção "Língua", em que diz "Gosto do Pessoa na pessoa / Da rosa no Rosa". Alguns anos depois, em parceria com Milton Nascimento, Caetano prestou-lhe nova homenagem na canção "A terceira margem do rio", cuja letra é baseada no conto homônimo do escritor mineiro.

João Cabral de Melo Neto: a linguagem objeto

João Cabral de Melo Neto é o mais importante poeta da geração de 45 e um dos principais poetas brasileiros de todos os tempos. Sua poesia dá continuidade a certos traços delineados na poesia de Drummond e Murilo Mendes, tais como a poesia substantiva, a objetividade e a precisão dos vocábulos.

Sua obra inaugural, *Pedra do sono* (1942), já apresentava uma inclinação para a objetividade (o lado "pedra", do título), embora esteja identificada com a orientação surrealista (o lado "sono").

A partir da obra seguinte, *O engenheiro* (1945), verifica-se um afastamento da linha surrealista e uma tendência crescente à geometrização e à exatidão, como se o poeta procurasse ter como exemplo o trabalho de um engenheiro.

Para alguns, a poesia de João Cabral é a primeira a estabelecer um corte profundo entre a poesia romântica e a moderna. Para ele, a poesia não é fruto de inspiração nem de estados emocionais, como o amor, a alegria, etc.; ela resulta de um trabalho racional, árduo, que implica fazer e desfazer várias vezes o texto até que ele atinja sua forma mais adequada.

Quem foi João Cabral de Melo Neto?

Homero Sérgio/Folhapress

João Cabral (1920-1999) nasceu em Recife (Pernambuco), filho e neto de donos de engenho. Desde cedo mostrou interesse pela palavra e pela literatura de cordel nordestina e queria ser crítico literário.

Era primo de Gilberto Freyre e Manuel Bandeira, com os quais teve estreita convivência.

Aos 20 anos já lia no original os grandes poetas da literatura estrangeira, como Apollinaire e Valéry. Em 1942, apenas com o curso secundário concluído, mudou-se para o Rio de Janeiro e, para sobreviver, ingressou no funcionalismo público. Três anos depois, por meio de concurso, transferiu-se para o Itamaraty. Ocupando cargos diplomáticos, viveu a partir de então em várias cidades do mundo, como Barcelona, Londres, Sevilha e Genebra.

Escreveu *Pedra do sono*, *O engenheiro*, *Cão sem plumas*, *Morte e vida severina*, entre outras obras.

Veja, como exemplo, um poema dessa fase, em que se destacam o racionalismo, a exatidão e a economia da linguagem, a presença marcante de substantivos (nominalização) e a metalinguagem, na qual a criação geométrica do engenheiro pode representar a própria criação poética:

O engenheiro

A Antônio B. Baltar

A luz, o sol, o ar livre
envolvem o sonho do engenheiro.
O engenheiro sonha coisas claras:
superfícies, tênis, um copo de água.

O lápis, o esquadro, o papel;
o desenho, o projeto, o número:
o engenheiro pensa o mundo justo,
mundo que nenhum véu encobre.

Album/ZUMA Press/Glow Images/Instituto de Arte de Chicago, Illinois, EUA.

Losango em vermelho, amarelo e azul, de Piet Mondrian. Com a geometrização, Mondrian levou o racionalismo na pintura às últimas consequências. Cabral, admirador de Mondrian, chegou a escrever um ensaio sobre a obra de Mondrian.

(Em certas tardes nós subíamos
ao edifício. A cidade diária,
como um jornal que todos liam,
ganhava um pulmão de cimento e vidro.)

A água, o vento, a claridade,
de um lado o rio, no alto as nuvens,
situavam na natureza o edifício
crescendo de suas forças simples.

(*O cão sem plumas*. Rio de Janeiro: Alfaguara.

No conjunto da obra de Cabral, destacam-se três tendências fundamentais: a preocupação com a realidade, na qual se destaca seu trabalho mais conhecido, *Morte e vida severina*, a reflexão permanente sobre a criação artística e o aprimoramento da poética da linguagem objeto, isto é, a linguagem que, pela própria construção, procura sugerir o assunto retratado.

Morte e vida severina

Morte e vida severina é a obra mais conhecida de João Cabral e a responsável por sua relativa popularidade. Trata-se de um auto de Natal, que, seguindo a tradição dos autos medievais, faz uso da redondilha, do ritmo e da musicalidade, recursos de agrado popular.

Eis o enredo da peça: Severino, um lavrador do sertão pernambucano, foge da seca e da miséria e parte em busca de trabalho na capital, Recife. Trilha o leito seco do rio Capibaribe e, no caminho, só encontra fome, miséria e mortes, mortes de severinos como ele.

Ao se aproximar do mar, vê campos verdejantes de cana, mas a miséria dos trabalhadores é a mesma. Já na capital, ouve a conversa de dois coveiros, por meio da qual fica sabendo que ali também, na capital, a miséria e a morte são irmãs. O que vê nos manguezais são homens misturados ao barro, vivendo em condições precárias. Desolado, o retirante aproxima-se de um dos cais do Capibaribe e pensa em suicídio. Mas aproxima-se de Severino um morador daquele mangue, "Seu José, mestre carpina", que, com sua sabedoria de muitos anos de vida severina, desperta-lhe alguma esperança.

Logo depois, Seu José é chamado por uma vizinha, que lhe dá a notícia do nascimento do filho que ele aguardava. Severino os acompanha e presencia a homenagem que os vizinhos fazem à criança.

Leitura

A seguir, você vai ler dois fragmentos de *Morte e vida severina*. O primeiro pertence ao início da obra, em que Severino se apresenta. O segundo pertence ao desfecho da obra, momento em que os vizinhos levam presentes humildes à casa de mestre carpina, em razão do nascimento de seu filho.

TEXTO 1

— O meu nome é Severino,
como não tenho outro de pia.
Como há muitos Severinos,
que é santo de romaria,
deram então de me chamar
Severino de Maria
como há muitos Severinos
com mães chamadas Maria,
fiquei sendo o da Maria
do finado Zacarias.
[...]
Somos muitos Severinos
iguais em tudo na vida:
na mesma cabeça grande
que a custo é que se equilibra,
no mesmo ventre crescido
sobre as mesmas pernas finas
e iguais também porque o sangue,
que usamos tem pouca tinta.
E se somos Severinos
iguais em tudo na vida,
morremos de morte igual,
mesma morte severina:
que é a morte de que se morre
de velhice antes dos trinta,
de emboscada antes dos vinte
de fome um pouco por dia
(de fraqueza e de doença
é que a morte severina
ataca em qualquer idade,
e até gente não nascida).

(*In: Poesias completas*. 3. ed. Rio de Janeiro: José Olympio, 1979. p. 203-204.)

TEXTO 2

Falam as duas ciganas que haviam aparecido com os vizinhos:

— Atenção peço, senhores,
para esta breve leitura:
somos ciganas do Egito,
lemos a sorte futura.
Vou dizer todas as coisas
que desde já posso ver
na vida desse menino
acabado de nascer:
aprenderá a engatinhar
por aí, com **aratus**,
aprenderá a caminhar
na lama, com **goiamuns**,
e a correr o ensinarão
os anfíbios caranguejos,
pelo que será anfíbio
como a gente daqui mesmo.
Cedo aprenderá a caçar:
primeiro, com as galinhas,
que é catando pelo chão
tudo o que cheira a comida;
depois, aprenderá com
outras espécies de bichos:
com os porcos nos **monturos**,
com os cachorros no lixo.
Vejo-o, uns anos mais tarde,
na ilha do Maruim,
vestido negro de lama,
voltar de pescar siris;
e vejo-o, ainda maior,
pelo imenso lamarão
fazendo dos dedos iscas
para pescar camarão.
— Atenção peço, senhores,
também para minha leitura:
também venho dos Egitos,
vou completar a figura.
Outras coisas que estou vendo
é necessário que eu diga:
não ficará a pescar
de **jereré** toda a vida.
Minha amiga se esqueceu
de dizer todas as linhas;
não pensem que a vida dele
há de ser sempre daninha.
Enxergo daqui a planura
que é a vida do homem de ofício,
bem mais sadia que os mangues,
tenha embora precipícios.
Não o vejo dentro dos mangues,
vejo-o dentro de uma fábrica:
se está negro não é lama,
é graxa de sua máquina,
coisa mais limpa que a lama
do pescador de maré
que vemos aqui, vestido
de lama da cara ao pé.
E mais: para que não pensem
que em sua vida tudo é triste,
vejo coisa que o trabalho
talvez até lhe conquiste:
que é mudar-se destes mangues
daqui do Capibaribe
para um **mucambo** melhor
nos mangues do Beberibe.
[...]

O **carpina** *fala com o retirante que esteve de fora, sem tomar parte em nada.*

— Severino retirante,
deixa agora que lhe diga:
eu não sei bem a resposta
da pergunta que fazia,
se não vale mais saltar
fora da ponte e da vida;
nem conheço essa resposta,
se quer mesmo que lhe diga;
é difícil defender,
só com palavras, a vida,
ainda mais quando ela é
esta que vê, severina;
mas se responder não pude
à pergunta que fazia,
ela, a vida, a respondeu
com sua presença viva.
E não há melhor resposta
que o espetáculo da vida:
vê-la desfiar seu fio,
que também se chama vida,
ver a fábrica que ela mesma,
teimosamente, se fabrica,
vê-la brotar como há pouco
em nova vida explodida;
mesmo quando é assim pequena
a explosão, como a ocorrida;
mesmo quando é uma explosão
como a de há pouco, franzina;
mesmo quando é a explosão
de uma vida severina.

(*Poesias completas*, *cit.*, p. 236-241.)

aratu: pequeno caranguejo de cabeça triangular.
carpina: carpinteiro.
goiamum: tipo de crustáceo que vive em lugares lamacentos, em tocas que ele mesmo cava.
jereré: aparelho feito de madeira e rede usado na pesca de siris, camarões e peixes pequenos.
monturo: grande quantidade de lixo.
mucambo: barraco.

Reprodução/Editora Sabiá

1. *Severino* é um substantivo próprio, é o nome do retirante, protagonista da história. No entanto, a palavra *severina* é empregada como adjetivo nas expressões "morte severina" e "vida severina". Interprete: Qual é o sentido da palavra *severina* nessas situações?

2. De origem medieval, os autos são textos teatrais que representam um nascimento, quase sempre o de Cristo, encenado por ocasião das festas do Natal. No fragmento lido de *Morte e vida severina*:

a) A presença de duas personagens confere ambientação mística à cena. Quais são essas personagens?

b) A que personagens da cena do nascimento de Cristo elas correspondem?

c) O que há em comum entre o bebê nascido e Cristo?

3. Ambas as ciganas fazem previsões quanto ao futuro do bebê.

a) Em que se diferenciam as previsões?

b) Em que se assemelham?

4. Na conversa entre Severino e mestre carpina, o retirante pergunta ao mestre "se não vale mais saltar/ fora da ponte e da vida". De acordo com o texto:

a) Quem acaba respondendo a Severino?

b) Qual é a resposta dada?

5. Nos últimos versos, mestre carpina diz:

> "mesmo quando é uma explosão
> como a de há pouco, franzina;
> mesmo quando é a explosão
> de uma vida severina."

O texto, no conjunto, faz uma forte crítica social. Contudo, pela ótica que ele apresenta, há esperança?

6. A explosão de mais "uma vida severina" parece dar continuidade a essa corrente de severinos. Eles não estão somente no sertão seco do Nordeste; estão em todo o país, severinamente lutando contra a "morte em vida".

a) Afinal, quem são os severinos deste país?

b) Como se justifica o título da obra: *Morte e vida severina*?

Balanço

Veja o comentário de João Cabral, em balanço de seu trabalho:

Acho que devo muito ao modernismo, como já deixei claro, mas depois de um Drummond, um Murilo, tentei fazer uma poesia construída, sem a espontaneidade do modernismo.

(*In: Cadernos de literatura brasileira — 10 anos*, *cit.*, p. 28.)

Construindo seu itinerário formativo

O teatro brasileiro em cena

Teatro também é literatura e nosso país contou com importantes dramaturgos desde o século XIX, como Martins Pena, e alcançou sua maturidade no século XX, com escritores como Nelson Rodrigues, Gianfrancesco Guarnieri, Augusto Boal, Oduvaldo Viana Filho, Plínio Marcos e Ariano Suassuna.

Convidamos você a vivenciar, neste itinerário formativo, um conjunto de experiências relacionadas ao tema:

- conhecer panoramicamente os principais dramaturgos brasileiros do século XIX até os dias atuais;
- pesquisar os principais gêneros (comédia, drama, tragédia, etc.) cultivados no teatro nacional e os principais diretores e atores;
- participar de um debate sobre a situação do teatro brasileiro hoje e de uma encenação de uma peça teatral.

Para quem quer mais

Se você deseja aprofundar seus conhecimentos sobre a poesia de João Cabral de Melo Neto e conhecer um pouco da poesia de José Paulo Paes, leia os textos a seguir e, depois, sozinho, em dupla ou em grupo, tente resolver as questões propostas no **Roteiro de estudo**.

João Cabral de Melo

Tecendo a manhã

Um galo sozinho não tece uma manhã:
ele precisará sempre de outros galos.
De um que apanhe esse grito que ele
e o lance a outro; de um outro galo
que apanhe o grito que um galo antes
e o lance a outro; e de outros galos
que com muitos outros galos se cruzem
os fios de sol de seus gritos de galo,
para que a manhã, desde uma teia tênue,
se vá tecendo, entre todos os galos.

2

E se encorpando em tela, entre todos,
se erguendo tenda, onde entrem todos,
se entretendendo para todos, no toldo
(a manhã) que plana livre de armação.
A manhã, toldo de um tecido tão aéreo
que, tecido, se eleva por si: luz balão.

(*A educação pela pedra*. Rio de Janeiro: Editora Alfaguara.
© by herdeiros de João Cabral de Melo Neto.)

Catar feijão

Catar feijão se limita com escrever:
joga-se os grãos na água do alguidar
e as palavras na folha de papel;
e depois, joga-se fora o que boiar.
Certo, toda palavra boiará no papel,
água congelada, por chumbo seu verbo:
pois para catar esse feijão, soprar nele,
e jogar fora o leve e o oco, palha eco.

2

Ora, nesse catar feijão entra um risco:
o de que entre os grãos pesados entre
um grão qualquer, pedra ou indigesto,
um grão imastigável, de quebra dente.
Certo não, quando ao catar palavras:
a pedra dá à frase seu grão mais vivo:
obstrui a leitura fluviante, flutual,
açula a atenção, isca-a com o risco.

(*A educação pela pedra*. Rio de Janeiro: Editora Alfaguara.
© by herdeiros de João Cabral de Melo Neto.)

José Paulo Paes

O engenheiro

O homem trabalha
entre a rosa e o trânsito.
Ondas contínuas no seu dorso
de pedra e nuvem.
Martelos.
No papel intacto há linhas
fundamentos de aurora, estrutura
de um mundo pressentido, linhas.
As rosas se dividem
por canteiros iguais
e um pássaro
pousou no arranha-céu.
Quando o engenheiro terminar
o sentimento e a planta,
mãos frescas como folhas
virão sobre o meu corpo.

(*Poesia completa*. São Paulo: Companhia das Letras, 2008. p. 46.)

José Paulo Paes: o poeta do epigrama

José Paulo Paes (1926-1998), paulista de Taquaritinga, publicou em 1947 seu primeiro livro, *O aluno*, que foi bem recebido pela crítica.

Cronologicamente ligado à geração de 1940-1950, o escritor traçou um percurso poético pessoal em que se incluem tanto as preocupações sociais, na defesa dos direitos do homem, quanto as preocupações estéticas e formais relacionadas à poesia, que, nas décadas de 1950 e 1960, o aproximaram das experiências concretistas.

Nos epigramas — poemas curtos, às vezes com certa dose de ironia, sátira ou crítica —, gênero em que era mestre, sua capacidade de síntese lembra a de Oswald de Andrade, observada em certos poemas-pílula.

Desenvolveu também uma vasta produção como ensaísta crítico e como tradutor do grego e do latim antigos, do holandês, do dinamarquês, do alemão, do inglês e do francês.

Seus livros mais significativos são *Anatomias* (1967), *Meia palavra* (1973), *Resíduo* (1980) e *A poesia está morta mas juro que não fui eu* (1988).

Eder Chiodetto/Folhapress

José Paulo Paes.

Roteiro de estudo

Ao final da leitura você deverá ser capaz de:

- Discutir o poema "Tecendo a manhã" pela perspectiva da solidariedade. Além disso, explicar como a tessitura sintática do texto reforça, pela forma, as ideias do poema.
- Explicar a comparação entre a criação poética e a tarefa de catar feijão e comentar o que representam, no plano da escrita, a palha, o leve e oco e também a pedra no poema "Catar feijão".
- Comentar o efeito de sentido criado pela aproximação de elementos díspares como a natureza e a cidade no poema "O engenheiro", de José Paulo Paes.

CAPÍTULO 24

Tendências da literatura brasileira contemporânea

A literatura das duas primeiras décadas do século XXI se apropria das tradições literárias desenvolvidas a partir da segunda metade do século XX. Metalinguagem, experimentalismo formal, engajamento social e mistura de tendências estéticas são traços que marcam a produção contemporânea.

Léo Burgos/Folhapress© KOBRA, Eduardo/ AUTVIS, Brasil, 2020

Monalisa (2019), por Eduardo Kobra, painel de 9 metros feito para a exposição "Leonardo da Vinci – 500 anos de um gênio", em 2020.

Este capítulo favorece o desenvolvimento das habilidades

EM13LGG102
EM13LGG202
EM13LGG203
EM13LGG302
EM13LGG601
EM13LGG602
EM13LGG604
EM13LP01
EM13LP02
EM13LP06
EM13LP46
EM13LP48
EM13LP49
EM13LP52

A poesia

O crítico Manuel da Costa Pinto avalia assim o atual quadro da poesia brasileira:

> Existem duas ideias sobre a poesia brasileira que são consensuais, a ponto de terem virado lugares-comuns. A primeira diz que um de seus traços dominantes é o diálogo cerrado com a tradição. Mas não qualquer tradição. O marco zero, por assim dizer, seria a poesia que emergiu com a Semana de Arte Moderna de 22. A segunda ideia, decorrente da primeira, é que essa linhagem modernista se bifurca em dois eixos principais: uma vertente mais lírica, subjetiva, articulada em torno de Mário de Andrade, Manuel Bandeira e Carlos Drummond de Andrade; e outra mais objetiva, experimental, formalista, representada por Oswald de Andrade, João Cabral de Melo Neto e a poesia concreta.
>
> (*Literatura brasileira hoje*. São Paulo: Publifolha, 2004. p. 14.)

Leitura

Você vai ler a seguir quatro poemas representativos de algumas das tendências da produção poética brasileira das últimas décadas. O texto 1 é de autoria de Ferreira Gullar e é um exemplo da poesia engajada da década de 1960; o texto 2 é de Paulo Miranda, representante da poesia visual da década de 1970; o texto 3 é de Paulo Leminski, poeta que fez parte da poesia marginal dos anos 1970-1980; e o texto 4 é de autoria do poeta contemporâneo Donizete Galvão.

TEXTO 1

Agosto 1964

Entre lojas de flores e de sapatos, bares,
    mercados, butiques,
viajo
    num ônibus Estrada de Ferro-Leblon
    Volto do trabalho, a noite em meio,
    fatigado de mentiras.

O ônibus sacoleja. Adeus, Rimbaud,
relógio de lilases, concretismo,
neoconcretismo, ficções da juventude, adeus,
    que a vida
    eu a compro à vista aos donos do mundo.
    Ao peso dos impostos, o verso sufoca,
a poesia agora responde a inquérito policial-militar.

Digo adeus à ilusão
mas não ao mundo. Mas não à vida,
meu reduto e meu reino.
    Do salário injusto,
    da punição injusta,
    da humilhação, da tortura,
    do terror,
retiramos algo e com ele construímos um artefato

um poema
uma bandeira

(Ferreira Gullar. *Toda poesia*. Rio de Janeiro: José Olympio, 2001. p. 170.)

TEXTO 2

Soneto 1m40cm

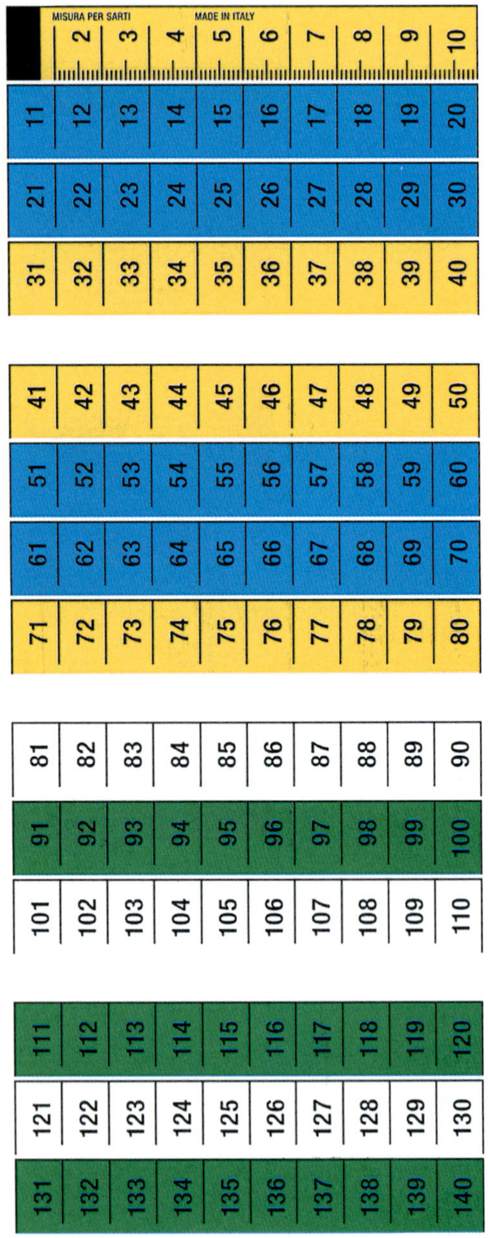

(Paulo Miranda. Disponível em: www. elsonfroes.com.br/sonetario/nsonetario. htm. Acesso em: 20/3/2020.)

TEXTO 3

PRA QUE CARA FEIA?
NA VIDA
NINGUÉM PAGA MEIA.

(Paulo Leminski. Disponível em: http://cultalt.tripod.com/6.htm. Acesso em: 20/3/2020.)

TEXTO 4

Roedor

Parado no trânsito da Marginal
Vi você roendo as unhas com fúria.
Estava encostado no poste de esquina,
Ombros arqueados numa posição frouxa.
Você cuspia os tocos das unhas.
Arrancava lascas de carne dos dedos
E, depois, sugava o sangue dos cantos.
Ah, que triste figura você fazia, amigo!
Você era pouco mais que um rato.

(Donizete Galvão. *A carne e o tempo*. São Paulo: Nankin, 1997. p. 31.)

Ricardo Costa/Alamy/Fotoarena

1. No texto 1, o eu lírico reflete sobre a sua condição e sobre o destino de sua poesia. Levando em conta também o título do poema, responda:

a) Que fato histórico pode ter motivado essas reflexões?

b) O eu lírico se sente derrotado? Justifique.

c) De acordo com os últimos versos, de que modo o eu lírico pode contribuir para que a situação seja alterada?

2. O texto 2 é um exemplo do experimentalismo poético da década de 1970, no qual os poetas integram outras linguagens na construção do poema.

a) Que relação pode ser estabelecida entre o título e a forma como o poema foi construído?

b) Quais são os sentidos que o título traz ao poema?

c) Do ponto de vista formal, o que o corte da fita em catorze partes iguais, cada uma com dez centímetros, sugere?

d) A que se associam as cores utilizadas no poema?

e) Do ponto de vista formal, qual é o significado da distribuição das diferentes cores no poema?

3. O poema "Soneto 1m40 cm" foi publicado em 1976. Considerando essa informação, responda:

a) Qual era a situação política do Brasil nessa época?

b) Que relação pode ser estabelecida entre esse momento histórico brasileiro e o poema?

4. Levando em conta o contexto em que foram produzidos os textos 1 e 2, compare-os e aponte semelhanças e diferenças entre eles.

5. O texto 3, de Paulo Leminski, é inspirado no haicai, forma de poesia japonesa composta de três versos.

a) Quais são as marcas linguísticas e de estilo desse texto?

b) Que recursos empregados no poema podem favorecer sua memorização?

c) Esse texto tem semelhança com *slogans* publicitários? Justifique sua resposta.

6. Em relação ao texto 4, responda:

a) De que tipo é o espaço que ele menciona? Justifique sua resposta.

b) A que é associada a pessoa a quem o eu lírico se dirige? Qual é a relação entre essa associação e o espaço no qual se passa a cena descrita no poema?

c) Tomando a cena retratada, qual é a visão do eu lírico a respeito da vida nas grandes cidades?

7. Com base nos quatro textos estudados, quais características da poesia contemporânea podem ser apreendidas?

O Concretismo: a palavra no espaço

O Concretismo é um movimento de vanguarda tardio, surgido no Brasil em meio à euforia desenvolvimentista da década de 1950. Com foco principal na poesia, o movimento ganhou muita força e tornou-se uma referência importante no Brasil e em todo o mundo. Os experimentos estéticos dessa corrente artística exerceram grande influência sobre sucessivos grupos de poetas, artistas plásticos e compositores das décadas seguintes, o que reforça a ideia de que, em nossa cultura, foi o movimento de vanguarda mais importante.

As ideias que serviram de base para o Concretismo começaram a ser divulgadas em 1952, na revista-livro *Noigandres*, editada pelos jovens poetas Décio Pignatari e os irmãos Augusto e Haroldo de Campos. Além de poemas de autoria dos integrantes do grupo, a publicação trazia manifestos e textos teóricos.

Os procedimentos radicais empregados na composição da poesia concreta foram influenciados pelo espírito revolucionário das vanguardas do início do século XX, como o Futurismo e o Cubismo. A proposta principal do Concretismo é a construção de poemas-objeto, trabalho que, à semelhança de um produto fabricado industrialmente, deixa de ter, no processo de sua composição, qualquer relação subjetiva ou psicológica com seu autor. Opondo-se ao que se considera poesia de expressão, os poetas concretos propõem o fim do eu lírico, a exemplo do que já fizera o poeta João Cabral de Melo Neto. Para eles, o poema deve falar por si, apresentando-se ao leitor como um objeto autônomo.

O manifesto Plano Piloto para Poesia Concreta, de 1958, que apresentava as ideias do movimento, estabelecia "o fim do ciclo histórico do verso". Na concepção ali exposta, as palavras devem ocupar o espaço da página e, em detrimento da linearidade, estabelecer uma relação direta com elementos geométricos, gráficos e visuais.

Os recursos da poesia concreta são os mais variados: vão de experiências sonoras, com aliterações e paronomásias, até o emprego de caracteres tipográficos de diferentes formas e tamanhos; da diagramação do texto na página até a criação de neologismos. O poema assume a forma de cartografia, de cartaz, de cartão, de dobradura, de fotografia, de colagem, enfim, a forma de um objeto qualquer da produção industrial.

© Novaes/Acervo do cartunista

Augusto de Campos, Décio Pignatari e Haroldo de Campos em caricatura de Novaes.

O contexto dos anos 1950-1960

O Brasil viveu da década de 1950 até 1964 um período de euforia política e econômica. Essa foi a época do governo democrático-populista de Juscelino Kubitschek (1956-1961), que empreendeu uma política econômica industrial e desenvolvimentista, abrindo o país para o capital estrangeiro, que aqui instalou suas indústrias, aproveitando-se de nossa mão de obra barata. A construção de Brasília, a geração de novos empregos na indústria e no comércio e a ampliação do consumo criaram uma atmosfera ingênua de euforia entre as pessoas.

A cultura brasileira acompanhava o ritmo das mudanças. Novas ideias surgiam nos diferentes domínios da arte, com a Bossa Nova, o Cinema Novo, o Teatro de Arena, as vanguardas concretas na poesia e nas artes plásticas, os festivais de música transmitidos pela televisão.

Após 1964, quando se iniciou o regime militar, a atividade cultural do país se manteve dinâmica ainda por mais alguns anos. Surgiu o Teatro Oficina, que encenou *O rei da vela*, de Oswald de Andrade; foram criados os CPCs (Centros Populares de Cultura), que visavam levar cultura para as ruas; o Tropicalismo ganhou as rádios e a televisão. Esse período efervescente teve fim com a decretação do AI-5, em 1968, o exílio de políticos e artistas e a instituição de uma censura prévia a eventos culturais.

Observe estes poemas concretos:

Reprodução/Haroldo de Campos. Nasce/Morre. 1958

se
nasce
morre nasce
morre nasce morre
renasce remorre renasce
remorre renasce
remorre
re
re
desnasce
desmorre desnasce
desmorre desnasce desmorre
nascemorrenasce
morrenasce
morre
se

nasce/morre (1958), Haroldo de Campos.

Reprodução/Haroldo de Campos

beba coca cola (1957), de Décio Pignatari.

O Concretismo foi o primeiro de vários movimentos de poesia visual no Brasil. A ele se seguiram o Neoconcretismo, com a participação de poetas e artistas plásticos como Ferreira Gullar, Hélio Oiticica e Lygia Clark; o movimento do *poema-processo*, liderado por Wladimir Dias Pinto; o do *poema-práxis*, liderado por Mário Chamie; e também o dos grupos que se dedicaram aos vários tipos de poesia visual nas décadas de 1970 e 1980, entre os quais se destacaram artistas como Philadelpho Menezes, Tadeu Jungle e João Bandeira.

Ferreira Gullar: poesia nos anos de chumbo

O poeta Ferreira Gullar tem uma produção extensa, que compreende, além de poesia, ensaio, dramaturgia, prosa e crítica de arte. Como poeta, foi um dos principais representantes da poesia social e engajada que se fez no Brasil principalmente nas décadas de 1960 e 1970, no contexto do regime militar no país e das ditaduras latino-americanas em geral.

Envolvido com as propostas da poesia concreta, tomou parte da Exposição Nacional de Arte Concreta, realizada em São Paulo e no Rio de Janeiro entre 1956-1957. Em 1959, rompeu com o grupo que fazia a revista *Noigandres* e, com vários artistas, entre os quais Amilcar de Castro e Lygia Clark, fundou o grupo de arte Neoconcreto.

Em 1962, Ferreira Gullar retomou o verso discursivo e, resgatando o uso do eu lírico, voltou a abordar temas de interesse social, como a fome, a Guerra Fria, a corrida atômica, o neocapitalismo, o Terceiro Mundo, etc.

Com a implantação do regime militar no Brasil, em 1964, e o recrudescimento do autoritarismo político em 1968, acentuou-se o engajamento do autor, que, ao lado de outros artistas, criou, a partir de então, uma verdadeira poesia de resistência. São desse período as principais realizações de Ferreira Gullar na poesia: as obras *Dentro da noite veloz* (1975) e *Poema sujo* (1976), esta escrita no exílio, em Buenos Aires. O poema "Agosto 1964", que você estudou no início deste capítulo, ilustra a fase social de sua poesia.

Nos últimos anos, Ferreira Gullar escreveu regularmente artigos para jornais do Rio de Janeiro e de São Paulo e publicou duas importantes obras poéticas: *Muitas vozes* (1999) e *Em alguma parte* (2010).

Quem foi Ferreira Gullar?

Ferreira Gullar (1930-2016) nasceu no Maranhão. Aos 21 anos, mudou-se para o Rio de Janeiro, onde trabalhou como revisor de textos e jornalista. Em 1954, publicou sua primeira obra de poemas, *A luta corporal*, iniciando uma carreira de destaque. Em 1969 foi preso e exilado pelo regime militar e viveu na França, no Chile, no Peru e na Argentina. Com a anistia, regressou ao Brasil em 1977.

Recebeu vários prêmios, entre eles o Prêmio Jabuti (em 2007 e 2011) e o Prêmio Camões (2010).

Adauto Cruz/CB/D.A Press

A poesia marginal de 1970-1980

Os poetas das décadas de 1970-1980, principalmente os que faziam poesia social, tinham poucas opções diante do controle da censura: utilizar uma linguagem indireta, metafórica, e publicar nos meios editoriais convencionais, ou driblar a censura e cuidar eles mesmos da produção, divulgação e distribuição de seu trabalho.

Os que trilharam este último caminho foram chamados de "poetas marginais" e se empenharam na criação de revistas e jornais literários, folhetos mimeografados, pôsteres poéticos, cartazes, caixas de poemas, antologias impressas em pequenas gráficas. Até uma "chuva de poesia" foi produzida em dezembro de 1980: partindo do alto do edifício Itália, papéis impressos tomaram os céus de São Paulo.

Um novo perfil de poeta começou a surgir. Deixando de ser um produtor cultural solitário, os poetas foram para as ruas, para os bares, para as portas de cinemas e teatros, onde expunham seu trabalho em forma de declamações, *happenings e shows* musicais e promoviam sua venda diretamente ao consumidor.

Na extensa lista de poetas desse período, destacam-se: Waly Salomão, Torquato Neto, Chacal, Roberto Piva, Rodrigo de Haro, Claudio Willer, Sebastião Uchoa Leite, Hilda Hilst.

Ana Cristina Cesar e os jogos de linguagem

A poetisa, prosadora e tradutora Ana Cristina Cesar (1952-1983) nasceu no Rio de Janeiro. Na década de 1970, escreveu para várias revistas e jornais literários e, em 1979, publicou os livros *Cenas de abril* e *Correspondência completa*.

Sua obra, de traço predominantemente confessional, oferece aos leitores jogos de linguagem em que os poemas, os fragmentos de prosa e as cartas misturam ficção e realidade.

Reprodução/Editora Ática

Paulo Leminski: inovador na prosa e na poesia

O curitibano Paulo Leminski (1944-1989) foi poeta, compositor, professor, tradutor e ensaísta. Parceiro de músicos como Caetano Veloso, Moraes Moreira e Itamar Assumpção, destacou-se como um dos principais poetas brasileiros dos anos 1970-1980. Algumas de suas produções são fundamentais para a literatura brasileira atual, como a prosa experimental do livro *Catatau* (1975) e os poemas dos livros *Caprichos e relaxos* (1983) e *Distraídos venceremos* (1987).

Sua obra é marcada pelo experimentalismo, pelo humor, pela economia verbal e pela objetividade.

Luiz A. Novaes/Folhapress

Paulo Leminski.

Alguns críticos questionam a qualidade estética da produção poética desse período, marcada pela ausência de vínculo com projetos literários específicos. De modo geral, pode-se dizer que a poesia marginal caracteriza-se por um lirismo mais espontâneo e próximo do cotidiano, que, muitas vezes, deixa de lado o trabalho com a palavra, dando lugar à pura expressão. Os modelos literários retomados pelos autores dessa poesia foram os experimentos do Concretismo, os *beatniks* norte-americanos, como Allen Ginsberg e Jack Kerouac, e principalmente os modernistas da geração de 1922 (Bandeira e Oswald, em especial).

Observe, abaixo, a influência do poema-piada de Oswald de Andrade neste poema do poeta contemporâneo Noé Ribeiro:

Paternidade

Quase um ano de idade
e ninguém reivindicou a autoria

(*Coisas da vida*. São Paulo: Estúdio Editores.com, 2017. p. 54.)

A poesia do fim do século XX à atualidade

O grupo de poetas que surgiram nas décadas de 1990 e 2000 revela em sua produção influência tanto da poesia marginal, pela apropriação do lirismo espontâneo, quanto de grandes referências do passado recente da literatura brasileira, como Drummond, João Cabral e Manuel Bandeira. A pesquisa sobre as formas poéticas e o apuro da linguagem conferem uma marca de qualidade à produção de alguns desses poetas, enquanto outros se destacam pela realização de experimentos que envolvem o cruzamento da poesia com outras linguagens, como o vídeo, a fotografia e sobretudo a música.

Poesia e música

Lucas Lacaz Ruiz/Folhapress.

Criolo.

Nos dias atuais, cresce o interesse dos poetas pela música popular, em razão de sua penetração entre o grande público. Waly Salomão, Capinam, Torquato Neto, Cacaso, Paulo Leminski, Antonio Cicero e Fabrício Corsaletti, por exemplo, são coautores de composições que fizeram sucesso no rádio e na televisão. E compositores como Caetano Veloso, Chico Buarque, Milton Nascimento, Cazuza, Paulinho Moska, Lenine, Romulo Fróes, Mano Brown, Emicida e Criolo apresentam nas letras de suas canções uma sofisticação que as aproxima do literário.

Os temas dessa poesia brasileira atual são os mais variados possíveis, indo da vida nos grandes centros urbanos à discussão metalinguística.

Entre os poetas da atualidade, destacam-se Carlito Azevedo, Fernando Paixão, Frederico Barbosa, Tarso de Melo, Antonio Risério, Angélica Freitas, Alberto Martins, Marcos Siscar, Antonio Cicero e Fabrício Carpinejar.

Arnaldo Antunes: poesia multimídia

Lucas Lacaz Ruiz/Folhapress

Arnaldo Antunes.

Nos últimos trinta anos, vários poetas incorporaram em sua produção o uso da tecnologia. O mais conhecido deles é Arnaldo Antunes.

Nascido em São Paulo, em 1960, Arnaldo Antunes ficou famoso por sua participação como letrista e músico na banda Titãs, no período de 1983 a 1992.

Na literatura, o autor encontrou na poesia experimental o seu caminho. Desde suas primeiras produções, faz uso de um cruzamento entre linguagens, resultando em um trabalho que reúne elementos do Concretismo, experimentos com videopoemas e instalações.

Fabrício Corsaletti e a poesia lírica

O poeta, prosador, compositor, editor e articulista Fabrício Corsaletti (1978) nasceu em Santo Anastácio, no Estado de São Paulo. Estreou na literatura em 2001, com o livro *Movediço*, e depois publicou mais sete livros, entre os quais obras de poemas, contos, novela e literatura infantil.

Sua poesia, de tom confessional, faz reflexões sobre a infância, o cotidiano e o amor.

Poema de amor

Agora o meu amor envolve o seu rosto.
Você projeta a cidade de homens livres.
Tento aproximá-la do pássaro branco.
Você só quer que eu me concentre.
Percebo a cidade de homens livres.
Começo a existir e a você me dirijo.
Meus poemas fazem você nascer mais um pouco.
Mas você abandona a cidade de homens livres;
Em direção a porta de saída,
Seu passo aperfeiçoa o amor.

(*In: Estudos para o seu corpo.* São Paulo: Cia. das Letras, 2007. p. 122.)

A prosa

A partir da década de 1960 a ficção brasileira consolidou a tendência, já apontada pela geração de 1940-1950, de abandonar a abordagem realista. A visão de um mundo complexo e fragmentado manifestou-se na prosa de ficção com a ruptura da narrativa linear e totalizante e com a construção de uma narração desordenada, fragmentária, sem um foco narrativo claramente definido.

Nesse período, a crônica e o conto, mais do que a poesia, ganharam novos representantes. A crônica, amplamente difundida em jornais e revistas semanais, revelou ou confirmou autores como Luis Fernando Verissimo, Jô Soares, Marcos Rey, Walcyr Carrasco, Moacyr Scliar, Carlos Heitor Cony, Mario Prata, entre outros. O romance desdobra-se em diferentes linhas, como o romance policial, o psicológico, o histórico e o memorialista.

Comenta o crítico Manuel da Costa Pinto a respeito da ficção mais recente:

Luis Fernando Verissimo

Filho de Érico Veríssimo, o escritor gaúcho Luis Fernando Verissimo (1936) é um dos autores brasileiros mais lidos nos últimos tempos. Consagrou-se como cronista explorando com muito humor temas banais do cotidiano, o relacionamento amoroso, a infidelidade conjugal, a culinária, a política, o comportamento de gerações, o preconceito, a desigualdade social, etc.

Autor de obras como *O analista de Bagé* (1981) e *Comédias da vida privada* (1994), Verissimo é, segundo o crítico Manuel da Costa Pinto, "o grande retratista dos absurdos e das irrealidades de nossa realidade cotidiana".

Reprodução/Editora Boa Companhia

> A ficção brasileira contemporânea está concentrada em solo urbano. E, assim como acontece com as grandes metrópoles, é difícil encontrar um eixo que a defina. Não existe homogeneidade de estilos, no máximo uma afinidade temática — que às vezes pode ser surpreendente. Assim, se os autores da chamada Geração 90 frequentam os mesmos lugares inóspitos que os escritores da periferia — ruas deterioradas, botecos esquálidos, casas traumatizadas pelo desemprego, pela violência e pela loucura —, há uma percepção geral do isolamento e da vulnerabilidade do sujeito moderno (e urbano). Essa percepção pode tomar a forma dos fragmentos de Dalton Trevisan, das narrativas "instáveis" de Bernardo Carvalho e Chico Buarque ou dos nomadismos de João Gilberto Noll. Em todos eles, permanece como experiência de fundo o desenraizamento proporcionado pela cidade.
>
> (*Literatura brasileira, cit.*, p. 82.)

Reprodução/Planeta

Leitura

Você vai ler a seguir dois contos. O primeiro é de autoria de Dalton Trevisan, um dos mais importantes escritores da literatura brasileira atual; o segundo, de Fernando Bonassi, escritor revelação dos últimos anos.

TEXTO 1

Sem fôlego, descansa. Fuma um cigarro, delicado. Já é manhã. Pedala devagar para a casa da mãe. Uma garoa fina. Repete o café, três pães, cata as migalhas: "Puxa, que fome." Exausto, desmaia na cama. De tardezinha, dorme ainda, chegam os tiras. Na delegacia bate a cabeça na parede: "... eu amava, sim... ela me traiu... só fiz por amor...".

(Dalton Trevisan. *234*. Rio de Janeiro: Rocco, 1997. p. 99.)

TEXTO 2

094 paisagem com remédios

Na **Baixada do Glicério** um prédio inacabado foi conquistado por sofás velhos, encerados puídos, cachorros e pessoas vira-latas. Muito perto, o entreposto do **Inamps** bafeja uma fumaça de remédios vencidos. Filas e filas de receitas médicas encardidas, empunhadas as orações. Gosmentos de vergonha das suas sujeiras, os engenheiros cobrem o Tamanduateí com placas de concreto. Deixarão correr uma autoestrada moderníssima por cima. Os meninos vão rachar a cabeça nessas pistas lisinhas. Quem viver verá na TV.

(Fernando Bonassi. *Passaporte*. São Paulo: Cosac & Naify, 2001. p. 94.)

Baixada do Glicério: bairro do centro de São Paulo situado às margens do rio Tamanduateí, hoje poluído.
Inamps: sigla do Instituto Nacional de Assistência Médica da Previdência Social, órgão que punha em prática a política pública de saúde que existia antes da criação do SUS; atendia apenas aos trabalhadores que contribuíam com a previdência social.

1. No conto de Dalton Trevisan:

a) Quem é o personagem principal?

b) Levante hipóteses: Qual é o motivo de o personagem ter sido conduzido à delegacia?

c) Considerando as partes do conto tradicional — introdução, complicação (apresentação do conflito), clímax e desfecho —, como se pode situar o conto lido em relação a essa estrutura convencional?

Dalton Trevisan: o lirismo da perversão

Os contos do curitibano Dalton Trevisan (1925) são a síntese do desenvolvimento da prosa urbana na literatura brasileira. Seus personagens, a maioria dos quais em situação de marginalidade, são porta-vozes dos dilemas morais e sociais do homem moderno, e sua narrativa brutal mostra o lado obscuro das cidades.

2. Como pode ser caracterizada a linguagem de Dalton Trevisan no conto lido?

3. No conto de Fernando Bonassi:

a) Que adjetivo é empregado para caracterizar as pessoas? Que efeito de sentido é construído pelo uso desse adjetivo?

b) Por meio do painel de imagens apresentadas no texto, que caracterização é feita do espaço focalizado na narrativa? Justifique sua resposta com elementos do texto.

4. O final do conto apresenta uma situação nova, que estabelece um contraste entre duas realidades diferentes da cidade.

a) Qual é o contraste?

b) O que esse contraste revela sobre a vida em uma cidade grande, como a retratada?

c) Releia as duas últimas frases do texto e conclua: Por que elas quebram a expectativa e provocam certo efeito de humor?

5. Compare os dois contos lidos. O que eles têm em comum quanto à linguagem e ao tema?

O conto

Com a estética modernista, o conto foi submetido a transformações profundas. Do ponto de vista técnico, o relato objetivo e linear, com sua estrutura de começo, meio e fim, e a narrativa em crescendo, mantida pelo suspense, deram, pouco a pouco, lugar à simples evocação, ao instantâneo fotográfico, aos episódios ricos de sugestão, aos flagrantes de atmosferas intensamente poéticas, aos casos densos de significação humana. São representantes do gênero, entre outros, Lygia Fagundes Telles, Osman Lins, Murilo Rubião, Moacyr Scliar, Otto Lara Resende, Dalton Trevisan, José J. Veiga, Rubem Fonseca, João Antônio, Hilda Hilst, Milton Hatoum, Sérgio Sant'Anna, Caio Fernando Abreu, Fernando Bonassi, Marcelino Freire, André Sant'Anna, Veronica Stigger, Geovani Martins.

Reprodução/Editora Companhia das Letras

Geovani Martins, em 2018, surpreende a crítica com *Sol na cabeça*, obra com 13 contos que retratam de forma realista a vida nas favelas cariocas.

Marcelino Freire e o miniconto

Uma das formas narrativas surgidas nos últimos anos é o miniconto. Experiência narrativa difundida na década de 1990, o miniconto propõe ao leitor um instantâneo de uma situação. O escritor Marcelino Freire é um conhecido autor de minicontos. Leia dois deles:

CONTO NANICO NÚMERO 97: Só para o corpo, boiando morto, parou de chover.

CONTO NANICO NÚMERO 99: Subiu aos céus. Depois que o avião caiu.

(Disponível em: www.twitter.com/marcelinofreire. Acesso em: 30/7/2012.)

A crônica

A crônica tem assumido na literatura brasileira um papel cada vez mais relevante, destacando-se como o gênero literário mais lido pelo grande público. Veiculada geralmente em jornais ou em revistas, a crônica foi aos poucos abandonando o caráter exclusivamente jornalístico, voltado apenas para os fatos ocorridos no dia a dia, e penetrando lentamente o universo da ficção.

Hoje, o gênero é diversificado, apresentando feições que vão do comentário do fato jornalístico à ficção, do humor à crítica social, da reflexão filosófica à defesa de ideias, mas tendo sempre como base um olhar crítico sobre a vida presente e cotidiana.

Entre os cronistas que se destacaram nos últimos anos, estão: Fernando Sabino, Luis Fernando Verissimo, Millôr Fernandes, Moacyr Scliar, Carlos Heitor Cony, Fernando Bonassi, Affonso Romano de Sant'Anna, Walcyr Carrasco, Mario Prata, Antonio Prata, Marcelo Rubens Paiva, Ivan Ângelo, Ruy Castro e Xico Sá.

Reprodução/Editora 34

Livro de crônicas de Antonio Prata, um dos principais representantes do gênero em nosso país

O romance

Em linhas gerais, o romance contemporâneo seguiu as direções mais tradicionais de nossa ficção — a do Realismo, em várias de suas vertentes, e a intimista. Contudo, ganhou novos matizes, representados pela adoção de novos temas, como a violência nas grandes cidades; ou por uma abordagem mais realista e crua de temas já gastos; ou pela introdução de personagens dos chamados grupos marginalizados; ou pela incorporação do fantástico, do simbólico, do absurdo; ou pelo uso de novas técnicas narrativas, originárias tanto da apropriação de técnicas da linguagem cinematográfica e pictórica quanto do resgate de procedimentos narrativos das vanguardas do início do século XX, como os utilizados por James Joyce e Virginia Woolf.

Luiz Ruffato: uma visão realista de São Paulo

O contista e romancista mineiro Luiz Ruffato (1961) é um dos nomes mais celebrados da literatura brasileira contemporânea. Sua estreia na literatura se deu com os livros de contos *Histórias de remorsos e rancores* (1998) e *Os sobreviventes* (2000). Mas foi com o romance *Eles eram muitos cavalos* (2001) que ele ganhou notoriedade. Em uma narrativa estilhaçada, composta de 70 pequenos textos, o escritor dá voz a personagens de rua, trabalhadores, mendigos, donas de casa, empresários, construindo uma visão realista da cidade de São Paulo.

A ficção regionalista, que focaliza principalmente o homem no ambiente das zonas rurais, com os seus problemas geográficos e sociais, é representada por autores como João Ubaldo Ribeiro (*Sargento Getúlio*), Márcio Souza (*Galvez, imperador do Acre*), Francisco Dantas (*Os desvalidos*), José Clemente Pozenato (*O quatrilho*), Nélida Piñon (*A república dos sonhos*), Antônio Callado (*Quarup*), José Cândido de Carvalho (*O coronel e o lobisomem*) e Milton Hatoum (*Cinzas do Norte*).

A ficção intimista desenvolve-se no sentido da indagação interior, da introspecção psicológica, dos problemas da alma, do destino, da consciência, da conduta da personalidade humana diante de si mesma ou diante dos outros homens. Preocupa-se com problemas psicológicos, religiosos, morais, metafísicos, mas também com os de convivência.

Entre outros, integram essa linha: Fernando Sabino (*O encontro marcado*), Aníbal Machado (*João Ternura*), Lygia Fagundes Telles (*As meninas*), Raduan Nassar (*Lavoura arcaica*), Chico Buarque de Hollanda (*Budapeste*), Cristovão Tezza (*O filho eterno*), Bernardo de Carvalho (*O sol se põe em São Paulo*), Ronaldo Correia de Brito (*Galileia*), Daniel Galera (*Mãos de cavalo*), João Gilberto Noll (*Harmada*), Santiago Nazarian (*Feriado em mim mesmo*) e Andrea del Fuego (*Os Malaquias*).

O romance policial é uma vertente bastante difundida na literatura atual. Rubem Fonseca, autor de *O caso Morel* (1973), *A grande arte* (1983), *Bufo & Spallanzani* (1986), é referência obrigatória para os leitores do gênero, fortalecido no Brasil também por obras como *O matador* (1995), de Patrícia Melo, *O silêncio da chuva* (1997), de Luiz Alfredo Garcia-Roza, *Bellini e a esfinge* (1995), *Bellini e o demônio* (1997) e *Bellini e os espíritos* (2007), do escritor e músico Tony Bellotto.

Da década de 1980, há uma vasta produção de romances que misturam ficção com memórias, prosas autobiográficas, relatos de viagem, testemunhos e documentários, dos quais são exemplo *O que é isso, companheiro?* (1979), de Fernando Gabeira, e *Sangue de coca-cola* (1980), de Roberto Drummond. Nos últimos anos, uma nova safra de escritores ligados a essa vertente tem surgido, dando voz aos marginalizados pela sociedade e propondo uma reflexão sobre a vida nas periferias das grandes cidades, sobre os detentos e a situação do sistema penitenciário brasileiro, entre outras. Obras como *Estação Carandiru* (2001), de Drauzio Varella, *Memórias de um sobrevivente* (2001), de Luiz Alberto Mendes, *Abusado* (2003), de Caco Barcellos, *Cabeça de porco* (2005), escrito por Celso Athayde, MV Bill e Luís Eduardo, além de *Cidade de Deus* (1997), de Paulo Lins, e *Capão pecado* (2000), de Ferréz, são representativas desse universo.

No romance histórico têm se destacado escritores como Ana Miranda, com *Boca do inferno*, que narra as aventuras políticas e amorosas de figuras que viveram na Bahia no século XVII; José Roberto Torero, com *O Chalaça*, que retrata os bastidores da vida política brasileira durante o Império; Rubem Fonseca, com *O selvagem da ópera*, que narra a trajetória pessoal e artística do compositor Carlos Gomes; Moacyr Scliar, com *Sonhos tropicais*, que resgata o mundo da medicina no Rio de Janeiro no início do século XX; Fernando Morais, com *Olga*, que conta a vida política dos comunistas brasileiros perseguidos na década de 1930 pelo governo getulista.

Há ainda inúmeros autores cujas obras ora se engajam em uma das linhas mencionadas, ora em outra, como a do realismo fantástico, a do Surrealismo, a do novo romance, a da paródia. Esse é o caso dos escritores Josué Guimarães (*A ferro e fogo*), José J. Veiga (*A hora dos ruminantes*), Osman Lins (*Avalovara*), Ignácio de Loyola Brandão (*Não verás país nenhum*), João Ubaldo Ribeiro (*Viva o povo brasileiro*), Antônio Torres (*Pelo fundo da agulha*), entre outros.

Joca Reiners Terron: novas formas de narrar

O cuiabano Joca Reiners Terron (1968) é poeta, prosador, artista gráfico e editor. Reconhecido como um dos principais talentos de sua geração, estreou na literatura com o livro de poemas *Eletroencefalodrama* (1998). Sua obra apresenta novas formas de narrar, integrando diferentes gêneros. Em *Não há nada lá* (2011), por exemplo, mistura prosa e ensaio, e em *Guias de ruas sem saída* (2012), a narrativa incorpora a linguagem dos quadrinhos.

Milton Hatoum e o universo da cultura amazonense

Nascido em Manaus, em 1952, Milton Hatoum é escritor, crítico, professor e tradutor. Suas obras, como *Relato de um certo Oriente* (1990), *Dois irmãos* (2000), *Cinzas do Norte* (2005) e *Órfãos do Eldorado* (2008), focalizam o universo da cultura amazonense no contexto da exploração econômica e da industrialização dos tempos atuais. O regionalismo livre de excessos descritivos mostrado em sua produção ficcional ajuda a compor um retrato da diversidade cultural brasileira.

Nos últimos anos, vem se dedicando à trilogia "O lugar mais sombrio", que retrata os sonhos da juventude durante o regime militar.

Rubem Fonseca e a marginalidade

Carvall/Acervo do cartunista

Caricatura de Rubem Fonseca.

O escritor mineiro Rubem Fonseca (1925-2020) situa-se entre os mais influentes autores da literatura brasileira contemporânea. Seus contos e romances retratam, com uma linguagem direta e objetiva, a marginalidade das grandes cidades. Entre seus personagens — detetives, assassinos, ladrões e prostitutas —, Mandrake é um dos mais emblemáticos. Mulherengo e cínico, é um detetive que usa a sagacidade para desvendar os mais misteriosos crimes, em obras como *Lúcia McCartney* (1967) e *Mandrake, a bíblia e a bengala* (2005).

Construindo seu itinerário formativo

Panorama da literatura portuguesa: do século XX ao século XXI e suas relações com a literatura brasileira

No século XX, a literatura portuguesa contou com grandes escritores, tendo em Fernando Pessoa e José Saramago duas de suas principais expressões.

Convidamos você a vivenciar, neste itinerário formativo, um conjunto de experiências relacionadas ao tema:

- conhecer panoramicamente, por meio de estudos de textos. os principais autores da literatura portuguesa do século XX, com destaque para Fernando Pessoa e José Saramago;
- participar de atividade interativa e apresentações a partir de uma antologia de poemas de Fernando Pessoa e seus heterônimos;
- produzir um vídeo a respeito de Fernando Pessoa ou de seus heterônimos;

Para quem quer mais

Se você deseja conhecer melhor a produção literária contemporânea, leia os textos a seguir e, depois, sozinho, em dupla ou em grupo, tente responder às questões do **Roteiro de estudo**.

Cacaso

Sinais de progresso

A mão certeira cai como guilhotina
E racha a nuca do inimigo.
A câmara focaliza o punho do matador:
*"Homens de verdade não usam relógio
de outra marca."*
Tudo legal.
Tudo legalizado.

(*Lero-lero*. Rio de Janeiro: 7Letras/ São Paulo: Cosac & Naify, 2002. p. 155.)

Cacaso (Antônio Carlos Ferreira de Brito) nasceu em Uberaba (MG), em 1944, e morreu em 1987, no Rio de Janeiro, onde viveu desde os 12 anos. Foi desenhista, compositor e poeta. Como compositor, foi letrista de parceiros ilustres da MPB, como Edu Lobo, Tom Jobim, Francis Hime, Sivuca e outros. Como poeta, foi uma das principais vozes da poesia marginal dos anos 1970-1980. O crítico Davi Arrigucci Jr. comenta sobre ele e os poetas marginais:

> Eles [os poetas marginais] estavam muito próximos dos primeiros modernistas. Havia uma graça, a novidade do cotidiano brasileiro, porque eram poetas militantes. Mas, nos versos de Cacaso, há ainda o gosto pela oralidade. E isso aparece nas letras de canções.

Orides Fontela

Fala

Tudo
será difícil de dizer:
a palavra real
nunca é suave.

Tudo será duro:
luz impiedosa
excessiva vivência
consciência demais do ser.

Tudo será
capaz de ferir. Será
agressivamente real.
Tão real que nos despedaça.

Não há piedade nos signos
e nem no amor: o ser
é excessivamente lúcido
e a palavra é densa e nos fere.

(Toda palavra é crueldade.)

(*Poesia reunida*. Rio de Janeiro: 7Letras/São Paulo: Cosac & Naify, 2006. p. 31.)

Orides Fontela (1940-1998) nasceu na cidade de São João da Boa Vista (SP) e estudou filosofia em São Paulo. Seu primeiro livro de poesia, *Transposição*, foi publicado em 1969. Trabalhou como professora primária e bibliotecária na rede estadual de educação de São Paulo. Em 1983, seu terceiro livro, *Alba*, ganhou o prêmio Jabuti. Com dificuldades financeiras e de personalidade difícil, acabou sendo internada em um sanatório, onde morreu em 1998.

Sobre a obra de Orides Fontela, o escritor Farbrício Carpinejar comenta:

> Fontela conceitua a poesia como uma gramática. Poucos adjetivos, uma conduta de observação pura e imanente, protegida da transcendência. Com um repertório coloquial, nunca perde a realeza ou esbarra em facilidades expressivas. É comunicativa dentro de sua densidade, urde a complexidade das mais simples figuras.

Fernando Bonassi

Viatura

Armada até os dentes cariados dos ocupantes fardados e cheia de autoridade delegada, cruza a cidade em ruínas a viatura. Nos bairros chiques será vista apressada, trafegando pela esquerda, esnobando os importados mais velozes. Mas não se iludam os comunistas, que a revolução terá no camburão o cassetete que merece. E onde os faróis alcançam, penetrando recônditas periferias, abre as sirenes sobre nós, cidadãos civilizados por carteiras profissionais e salários criminosos (estes sim, nossas piores condenações). Aliás, quase mortos, quase porcos, acabamos no chiqueirinho.

Fernando Bonassi (1962), paulistano, tem uma vasta produção como dramaturgo, roteirista, cronista e escritor. A partir da década de 1990, ganhou projeção nacional com seu segundo livro, *Subúrbio* (1994), que definiu não apenas seu próprio projeto literário, mas também um dos rumos tomados pela ficção brasileira nas últimas décadas: o da vertente que se ocupa da realidade brutal das grandes cidades, da violência e da denúncia das desigualdades sociais.

Sua prosa é inovadora do ponto de vista formal, principalmente quanto ao modo como insere na narrativa as diferentes vozes que representam os discursos da periferia das grandes cidades.

Além de se dedicar ao romance e à crônica, o autor ganhou notoriedade como roteirista de filmes como *Carandiru* (2003) e *Cazuza – O tempo não para* (2004).

Voz de prisão

Mãos pra cima! Você está preso em nome da lei. Tem todo o direito de ficar quieto. Qualquer coisa que você disser pode ser usada contra você. Tudo o que você disser será usado contra você. Se você não disser nada, seu silêncio será usado contra você. Se você se mover, seu gesto poderá ser interpretado como desacato à autoridade ou agressão. Se você ficar imóvel, sua imobilidade poderá ser interpretada como resistência à prisão. No distrito você poderá usar o telefone pra chamar advogado. Odiamos advogado no distrito que não seja o próprio delegado. O telefone do distrito não funciona.

Hooligans

Vinte e dois milionários suando perfumado numa arena ajardinada e nós aqui, dando as maiores bandeiras, difíceis de carregar por esses ônibus lotados de inimigos acotovelados. Debaixo do boné, três copos dos piores pensamentos é o mínimo. Sangue eu quero mais. Alguém vai me pagar por isso? Nada. Uma semana da mesma coisa (quando tenho o que fazer) só por esse ingresso malhado nos guichês mal educados. Encho meu saco de derrotas. Entro em dividida na porrada, ortopedistas que se virem nas próteses. Um passe em falso e cabeças vão rolar às garrafadas.

Roteiro de estudo

Ao final da leitura você deverá ser capaz de:

- Identificar no poema de Cacaso elementos típicos da poesia marginal feita no Brasil nos anos 1970.
- Comentar o teor metalinguístico do poema de Orides Fontela.ao mundo europeu urbano do século XIX.
- Caracterizar a linguagem e identificar a temática explorada nos contos de Fernando Bonassi.

Intervalo

Esta atividade favorece o desenvolvimento das habilidades

EM13LGG601 EM13LGG602 EM13LGG603 EM13LP46 EM13LP47 EM13LP51 EM13LP53

PROJETO

ANOS 60: CULTURA OU CONTRACULTURA?

1. Tempo de "nãos"

Caetano Veloso, na canção "Pipoca moderna", refere-se ao momento de fechamento político no Brasil nos anos 1960-70 do seguinte modo: "E era nada de nem noite de negro não".

Procurem informações sobre os acontecimentos políticos nacionais e internacionais mais marcantes desse período e transformem-nas em breves notícias. Entre outros, poderão mencionar fatos como a ascensão dos militares ao poder no Brasil, em 1964; a tomada das ruas de Paris pelos estudantes, em 1968; o movimento estudantil no mundo e no Brasil; a decretação do AI-5, em dezembro de 1968; a vitória do Brasil na copa de 1970.

No dia combinado para a apresentação do programa, um aluno-repórter deverá ler as notícias. Se possível, enriqueçam-nas com breves entrevistas.

Antonio Lúcio/Estadão conteúdo/AE

Passeata de professores, no centro da cidade de São Paulo.

2. A rebelião jovem

Rebelde ou pacífica, alienada ou politizada, a juventude dos anos 1960 deixou suas marcas na História, principalmente pela contestação às normas e aos valores estabelecidos. A rebelião se manifestou das mais diversas formas, na música, nas roupas e nos cabelos extravagantes, na participação política, nos movimentos pela paz e pelo amor, no uso de drogas, na prática do amor livre, na explosão do festival de Woodstock, na literatura de William Burroughs e de Jack Kerouac, no cinema de Antonioni. No Brasil, destacaram-se montagens das peças do Teatro de Arena e do Teatro Oficina.

All Canada Photos/Grupo Keystone

Façam pesquisas sobre os movimentos da juventude da época, como o dos *hippies*, o *Flower Power*, o Panteras Negras, o feminismo, o movimento estudantil. Depois transformem as informações colhidas em textos curtos para serem lidos no programa de rádio.

3. Contracultura: a cultura do "contra"

Philips Records

"É proibido proibir" – nome de uma canção que Caetano Veloso apresentou sob vaias num festival em 1968 – é um ícone da efervescência cultural da época. Conviviam nas rádios canções da Bossa Nova, como "Chega de saudade" e "Garota de Ipanema", de João Gilberto; o *rock'n'roll* de Cely Campelo, com "Estúpido cupido"; músicas de protesto, como "Pra não dizer que não falei das flores", de Geraldo Vandré; canções do Tropicalismo – a principal manifestação brasileira do movimento da contracultura, com a participação de Os Mutantes, Caetano Veloso, Gilberto Gil, Tom Zé e outros –, como "Panis et circenses", "Alegria, Alegria" e "Tropicália". Havia ainda as músicas de outro movimento artístico, a Jovem Guarda, formada por Roberto Carlos, Erasmo Carlos e Wanderléa, e de uma série de outros compositores como Chico Buarque de Hollanda, com "A banda"; Nara Leão, com "Opinião"; Jorge Ben Jor, com "País tropical"; Trio Esperança, com "Filme triste". Entre os estrangeiros, ouvia-se Chubby Checker, com "The twist"; The Beatles, com "Help"; Rolling Stones, com "Satisfaction", e Bob Dylan, com "Blowin' in the wind".

Gravem um CD com algumas dessas músicas, ou partes delas, e utilizem-nas como trilha sonora na apresentação do programa de rádio. Se quiserem, escolham entre os integrantes do grupo alguém para ser DJ e conduzir a programação.

4. O sonho acabou?

A juventude dos anos 1960 era revolucionária em relação à política, à moda, ao comportamento, à música, etc. E o jovem de hoje, como ele é? Alguns o consideram alienado e conservador; outros, consumista. Você concorda com essas classificações? Ou não? Por quê? Promovam um debate com os colegas sobre essa questão e anotem os argumentos favoráveis e contrários. Depois, façam uma síntese do debate, que deverá ser lida no todo ou em parte durante o programa de rádio.

Keystone/Getty Images

© Ted Streshinsky/Corbis/Latinstock

Os anos 1960 no cinema e nos livros

Para quem quer conhecer melhor o que foram os anos 1960, sugerimos os filmes: *Apocalypse now*, de Francis Ford Copolla; *Anos incríveis*, de Steve Miner e Neal Marlens; *O ano em que meus pais saíram de férias*, de Cao Hamburguer; *Quase dois irmãos*, de Lúcia Murat; *Zuzu Angel*, de Sérgio Rezende; *Cabra marcado para morrer*, de Eduardo Coutinho; *O que é isso, companheiro?*, de Bruno Barreto, e *Lamarca*, de Sérgio Rezende.

Para leitura, recomendamos *1968 – O ano que não terminou* e *1968 – O que fizemos de nós*, ambos de Zuenir Ventura.

Infância clandestina. Direção: Benjamín Ávila. Argentina/Espanha/Brasil. Habitación 1520 producciones y Historias Cinematográficas/Antartida/ Academia du Filmes,2012 (112 min.)

Cena do filme *Infancia clandestina*, de Benjamín Ávila.

Jupiter Unlimited/Other Images

Jupiter Unlimited/Other Images

PREPARANDO E APRESENTANDO O PROGRAMA DE RÁDIO

Com a orientação do professor, escolham um local para apresentar o programa. O palco pode ser a frente da sala de aula ou um local demarcado no pátio. Se a escola dispuser de anfiteatro, combinem com a direção e façam aí a apresentação do programa. Caso a escola disponha de um sistema de alto-falantes, o programa pode ir ao ar por partes, durante os intervalos das aulas ou em outro horário.

Elaborem a programação do evento de forma que ele fique dinâmico e prenda a atenção do público. Escolham um colega para, no papel de apresentador, fazer a abertura do programa, dar as notícias, introduzir as entrevistas, fazer as chamadas, anunciar as músicas ou a participação de um DJ, etc.

Lembrem-se de divulgar o programa de rádio em cartazes, com data, horário e local do evento. Se quiserem, façam convites e distribuam-nos a colegas de outras turmas, à direção, aos professores e funcionários da escola, a amigos, familiares e pessoas da comunidade.

Jupiter Unlimited/Other Images

EM DIA COM O ENEM E O VESTIBULAR

1. (ENEM)

TEXTO 1

O meu nome é Severino,
não tenho outro de pia.
Como há muitos Severinos,
que é santo de romaria,
deram então de me chamar
Severino de Maria;
como há muitos Severinos
com mães chamadas Maria,
fiquei sendo o da Maria
do finado Zacarias,
mas isso ainda diz pouco:
há muitos na freguesia,
por causa de um coronel
que se chamou Zacarias
e que foi o mais antigo
senhor desta sesmaria.
Como então dizer quem fala
ora a Vossas Senhorias?

MELO NETO, J. C. *Obra completa*. Rio de Janeiro: Aguilar, 1994 (fragmento).

TEXTO 2

João Cabral, que já emprestara sua voz ao rio, transfere-a, aqui, ao retirante Severino, que, como o Capibaribe, também segue no caminho do Recife. A autoapresentação do personagem, na fala inicial do texto, nos mostra um Severino que, quanto mais se define, menos se individualiza, pois seus traços biográficos são sempre partilhados por outros homens.

SECCHIN, A. C. *João Cabral: a poesia do menos*. Rio de Janeiro: Topbooks, 1999 (fragmento).

Com base no trecho de *Morte e Vida Severina* (Texto 1) e na análise crítica (Texto 2), observa-se que a relação entre o texto poético e o contexto social a que ele faz referência aponta para um problema social expresso literariamente pela pergunta "Como então dizer quem fala/ ora a Vossas Senhorias?". A resposta à pergunta expressa no poema é dada por meio da

a) descrição minuciosa dos traços biográficos do personagem-narrador.

b) construção da figura do retirante nordestino como um homem resignado com a sua situação.

c) representação, na figura do personagem-narrador, de outros Severinos que compartilham sua condição.

d) apresentação do personagem-narrador como uma projeção do próprio poeta, em sua crise existencial.

e) descrição de Severino, que, apesar de humilde, orgulha-se de ser descendente do coronel Zacarias.

2. (ENEM)

A lavadeira começou a viver como uma serviçal que impõe respeito e não mais como escrava. Mas essa regalia súbita foi efêmera. Meus irmãos, nos frequentes deslizes que adulteravam este novo relacionamento, eram dardejados pelo olhar severo de Emilie; eles nunca suportaram de bom grado que uma índia passasse a comer na mesa da sala, usando os mesmos talheres e pratos, e comprimindo com os lábios o mesmo cristal dos copos e a mesma porcelana das xícaras de café. Uma espécie de asco e repulsa tingia-lhes o rosto, já não comiam com a mesma saciedade e recusavam-se a elogiar os pastéis de picadinho de carneiro, os folheados de nata e tâmara, e o arroz com amêndoas, dourado, exalando um cheiro de cebola tostada. Aquela mulher, sentada e muda, com o rosto rastreado de rugas, era capaz de tirar o sabor e o odor dos alimentos e de suprimir a voz e o gesto como se o seu silêncio ou a sua presença que era só silêncio impedisse o outro de viver.

HATOUM, M. *Relato de um certo Oriente*. São Paulo: Cia. das Letras, 2000.

Ao apresentar uma situação de tensão em família, o narrador destila, nesse fragmento, uma percepção das relações humanas e sociais demarcada pelo

a) predomínio dos estigmas de classe e de raça sobre a intimidade da convivência.

b) discurso da manutenção de uma ética doméstica contra a subversão dos valores.

c) desejo de superação do passado de escassez em prol do presente de abastança.

d) sentimento de insubordinação à autoridade representada pela matriarca da família.

e) rancor com a ingratidão e a hipocrisia geradas pelas mudanças nas regras da casa.

3. (ENEM)

O homem disse, Está a chover, e depois, Quem é você, Não sou daqui, Anda à procura de comida, Sim, há quatro dias que não comemos, E como sabe que são quatro dias, É um cálculo, Está sozinha, Estou com o meu marido e uns companheiros, Quantos são, Ao todo, sete, Se estão a pensar em ficar conosco, tirem daí o sentido, já somos muitos, Só estamos de passagem, Donde vêm, Estivemos internados desde que a cegueira começou, Ah, sim, a quarentena, não serviu de nada, Por que diz isso, Deixaram-nos sair, Houve um incêndio e nesse momento percebemos que os soldados que nos vigiavam tinham desaparecido, E saíram, Sim, Os vossos soldados devem ter sido dos últimos a cegar, toda a gente está cega, Toda a gente, a cidade toda, o país,

SARAMAGO, J. *Ensaio sobra a cegueira.* São Paulo: Cia. das Letras, 1995.

A cena retrata as experiências das personagens em um país atingido por uma epidemia. No diálogo, a violação de determinadas regras de pontuação

a) revela uma incompatibilidade entre o sistema de pontuação convencional e a produção do gênero romance.
b) provoca uma leitura equivocada das frases interrogativas e prejudica a verossimilhança.
c) singulariza o estilo do autor e auxilia na representação do ambiente caótico.
d) representa uma exceção às regras do sistema de pontuação canônica.
e) colabora para a construção da identidade do narrador pouco escolarizado.

4. (ENEM)

Declaração de amor

Esta é uma confissão de amor: amo a língua portuguesa. Ela não é fácil. Não é maleável. [...] A língua portuguesa é um verdadeiro desafio para quem escreve. Sobretudo para quem escreve tirando das coisas e das pessoas a primeira capa de superficialismo.

Às vezes ela reage diante de um pensamento mais complicado. Às vezes se assusta com o imprevisível de uma frase. Eu gosto de manejá-la — Como gostava de estar montada num cavalo e guiá-lo pelas rédeas, às vezes a galope. Eu queria que a língua portuguesa chegasse ao máximo em minhas mãos. E este desejo todos os que escrevem têm. Um Camões e outros iguais não bastaram para nos dar para sempre uma herança de língua já feita. Todos nós que escrevemos estamos fazendo do túmulo do pensamento alguma coisa que lhe dê vida.

Essas dificuldades, nós as temos. Mas não fale do encantamento de lidar com uma língua que não foi aprofundada. O que recebi de herança não me chega.

Se eu fosse muda e também não pudesse escrever, e me perguntassem a que língua eu queria pertencer, eu diria: inglês, que é preciso e belo. Mas, como não nasci muda e pude escrever, tornou-se absolutamente claro para mim que eu queria mesmo era escrever em português. Eu até queria não ter aprendido outras línguas: só para que a minha abordagem do português fosse virgem e límpida.

LISPECTOR, C. *A descoberta do mundo.* Rio de Janeiro Rocco, 1999 (adaptado).

O trecho em que Clarice Lispector declara seu amor pela língua portuguesa, acentuando seu caráter patrimonial e sua capacidade de renovação, é

a) "A língua portuguesa é um verdadeiro desafio para quem escreve."
b) "Um Camões e outros iguais não bastaram para nos dar para sempre uma herança de língua já feita."
c) "Todos nós que escrevemos estamos fazendo do túmulo do pensamento alguma coisa que lhe dê vida."
d) "Mas não fale do encantamento de lidar com uma língua que não foi aprofundada."
e) "Eu até queria não ter aprendido outras línguas: só para que a minha abordagem do português fosse virgem e límpida."

5. (ENEM)

Contranarciso

em mim
eu vejo o outro
e outro
e outro

enfim dezenas
trens passando
vagões cheios de gente
centenas

o outro
que há em mim
é você
você
e você

assim como
eu estou em você
eu estou nele
em nós
e só quando
estamos em nós
estamos em paz
mesmo que estejamos a sós

Leminsky, P. *Toda poesia*. São Paulo: Cia. das Letras, 2013.

A busca pela identidade constitui uma faceta da tradição literária, redimensionada pelo olhar contemporâneo. No poema, essa nova dimensão revela a

a) ausência de traços identitários.
b) angústia com a solidão em público.
c) valorização da descoberta do "eu" autêntico.
d) percepção da empatia como fator de autoconhecimento.
e) impossibilidade de vivenciar experiências de pertencimento.

6. (UERJ-RJ)

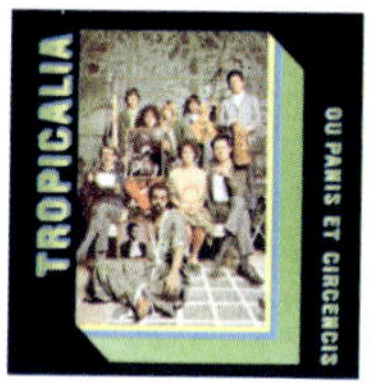

Reprodução/UERJ, 2018.

patriciafinotti.com.br

O álbum de músicas Tropicália ou *Panis et circensis* foi lançado em 1968. A fotografia que estampou sua capa foi realizada na casa de Oliver Perroy, fotógrafo da Editora Abril, em São Paulo. Cada um levou seus apetrechos, até um penico, comicamente usado por Rogério Duprat como se fosse uma xícara. A imagem ficou tão famosa que se tornou uma espécie de cartão-postal do movimento tropicalista.

Adaptado de f508.com.br.

No contexto do final da década de 1960, o Tropicalismo, que causou polêmicas com produções como a do álbum citado, tornou-se símbolo de

a) purismo estético
b) extremismo político
c) tradicionalismo artístico
d) experimentalismo cultural

7. (FUVEST-SP) É correto afirmar que no poema dramático *Morte e Vida Severina*, de João Cabral de Melo Neto:

a) A sucessão de frustrações vividas por Severino faz dele um exemplo típico de herói moderno, cuja tragicidade se expressa na rejeição à cultura a que pertence.
b) A cena inicial e a final dialogam de modo a indicar que, no retorno à terra de origem, o retirante estará munido das convicções religiosas que adquiriu com o mestre carpina.
c) O destino que as ciganas preveem para o recém-nascido é o mesmo que Severino já cumprira ao longo de sua vida, marcada pela seca, pela falta de trabalho e pela retirada.
d) O poeta buscou exprimir um aspecto da vida nordestina no estilo dos autos medievais, valendo-se da retórica e da moralidade religiosa que os caracterizam.
e) O "auto de natal" acaba por definir-se não exatamente num sentido religioso, mas enquanto reconhecimento da força afirmativa e renovadora que está na própria natureza.

8. (ENEM)

Quem é pobre, pouco se apega, é um giro-o-giro no vago dos gerais, que nem os pássaros de rios e lagoas. O senhor vê: o Zé-Zim, o melhor meeiro meu aqui, risonho e habilidoso. Pergunto: — Zé-Zim, por que é que você não cria galinhas-d'angola, como todo o mundo faz? — Quero criar nada não... — me deu resposta: — Eu gosto muito de mudar... [...] Belo um dia, ele tora. Ninguém discrepa. Eu, tantas, mesmo digo. Eu dou proteção. [...] Essa não faltou também à minha mãe, quando eu era menino, no sertãozinho de minha terra. [...] Gente melhor do lugar eram todos dessa família Guedes, Jidião Guedes; quando saíram de lá, nos trouxeram junto, minha mãe e eu. Ficamos existindo em território baixio da Sirga, da outra banda, ali onde o de-Janeiro vai no São Francisco, o senhor sabe.

ROSA, J. G. *Grande Sertão: Veredas*. Rio de Janeiro: José Olympio (fragmento).

Na passagem citada, Riobaldo expõe uma situação decorrente de uma desigualdade social típica das áreas rurais brasileiras marcadas pela concentração de terras e pela relação de dependência entre agregados e fazendeiros. No texto, destaca-se essa relação porque o personagem-narrador

a) relata a seu interlocutor a história de Zé-Zim, demonstrando sua pouca disposição em ajudar seus agregados, uma vez que superou essa condição graças à sua força de trabalho.
b) descreve o processo de transformação de um meeiro — espécie de agregado — em proprietário de terra.
c) denuncia a falta de compromisso e a desocupação dos moradores, que pouco se envolvem no trabalho da terra.
d) mostra como a condição material da vida do sertanejo é dificultada pela sua dupla condição de homem livre e, ao mesmo tempo, dependente.
e) mantém o distanciamento narrativo condizente com sua posição social, de proprietário de terras.

Bibliografia

Amaral, Aracy. *Artes plásticas na Semana de 22 — Subsídios* para uma história das artes no Brasil. 2. ed. São Paulo: Perspectiva/Edusp, 1972.

Andrade, Mário de. *Aspectos da literatura brasileira*. São Paulo: Martins, 1974.

Andrade, Oswald de. *Do Pau-Brasil à Antropofagia e às utopias*. 2. ed. Rio de Janeiro: Civilização Brasileira, 1970.

Argan, Giulio Carlo. *Arte moderna*. São Paulo: Cia. das Letras, 1993.

Arrigucci Jr., Davi. *Humildade, paixão e morte*. São Paulo: Cia. das Letras, 1990.

Auerbach, Erich. *Introdução aos estudos literários*. São Paulo: Cultrix, 1972.

Avila, Affonso. *O Modernismo. São Paulo*: Perspectiva/Secretaria da Cultura, Ciência e Tecnologia, 1975.

Bakhtin, Mikhail. *Questões de literatura e de estética*. São Paulo: Unesp/Hucitec, 1998.

Bosi, Alfredo. *História concisa da literatura brasileira*. São Paulo: Cultrix, 1972.

Bosi, Alfredo. *O Pré-Modernismo* — A literatura no Brasil. 4. ed. São Paulo: Cultrix, 1973. v. 5.

Bosi, Alfredo. *Céu, inferno*. São Paulo: Ática, 1988.

Bosi, Alfredo. *Dialética da colonização*. São Paulo: Cia. das Letras, 1992.

Brasil. Ministério da Educação; Secretaria de Educação Básica; União Nacional dos Dirigentes Municipais da Educação; Conselho Nacional de Secretarias de Educação. MEC; SEB; Undime; Consed. *Base Nacional Comum Curricular*. Versão final. Brasília, 2018. Disponível em: http://basenacionalcomum.mec.gov.br/images/BNCC_EI_EF_110518_versaofinal_site.pdf. Acesso em: 20/3/2020.

Brito, Mário da Silva. *História do Modernismo brasileiro*: antecedentes da Semana de Arte Moderna. 5. ed. Rio de Janeiro: Civilização Brasileira, 1978.

Candido, Antonio. *Formação da literatura brasileira*. Belo Horizonte: Itatiaia; São Paulo: Edusp, 1975.

Candido, Antonio. *Na sala de aula: caderno de análise literária*. São Paulo: Ática, 1985.

Candido, Antonio. *A educação pela noite & outros ensaios*. São Paulo: Ática, 1989.

Candido, Antonio. *A literatura brasileira*. São Paulo: Edusp, 1999. v. 1 e 2.

Candido, Antonio. Castello, José Aderaldo. *Presença da literatura brasileira*. São Paulo: Difel, 1968. 3 v.

Carpeaux, Otto Maria. *História da literatura ocidental*. Rio de Janeiro: O Cruzeiro, s.d. v. 1 e 2.

Castello, José. *Vinicius de Moraes — O poeta da paixão*. São Paulo: Cia. das Letras, 1994.

Castello, José Aderaldo. *A literatura brasileira*. São Paulo: Edusp, 1999. v. 1 e 2.

Castello, José Aderaldo. Manifestações literárias do período colonial. 3. ed. São Paulo: Cultrix, 1975. v. 1.

Castello, José Aderaldo. *Realidade e ilusão em Machado de Assis*. São Paulo: Nacional/Edusp, 1969.

Coutinho, Afrânio (dir.). *A literatura no Brasil*. Rio de Janeiro: J. Olympio; Niterói: Universidade Federal Fluminense, 1986. 6 v.

Coutinho, Afrânio. *Introdução à literatura no Brasil*. 7. ed. Rio de Janeiro: Distr. de Livros Escolares, 1972.

Coutinho, Afrânio. *Carlos Drummond de Andrade*. Rio de Janeiro: Civilização Brasileira, 1978.

Coutinho, Afrânio. *Graciliano Ramos*. Rio de Janeiro: Civilização Brasileira, 1978.

Friedrich, Hugo. *Estrutura da lírica moderna*. São Paulo: Duas Cidades, 1978.

Guinsburg, J. (org.). *O Romantismo*. São Paulo: Perspectiva/Secretaria de Estado da Cultura, Ciência e Tecnologia, 1978.

Hauser, Arnold. *História social da literatura e da arte*. São Paulo: Mestre Jou, 1982. 2 v.

Huizinga, Johan. *O declínio da Idade Média*. São Paulo: Verbo/Edusp, 1978.

Jauss, Hans Robert. *A história da literatura como provocação à teoria literária*. Tradução de Sérgio Tellaroli. São Paulo: Ática, 1994.

Lafetá, João Luiz. *1930: a crítica e o Modernismo*. São Paulo: Duas Cidades, 1974.

Leite, Dante Moreira. *O amor romântico e outros temas*. São Paulo: Nacional/Edusp, 1979.

Lopez, Telê Porto Ancona. *Mário de Andrade*: ramais e caminhos. São Paulo: Duas Cidades, 1972.

Machado, Irene. *O romance e a voz*. Rio de Janeiro: Imago/Fapesp, 1995.

Magaldi, Sábato. *Panorama do teatro brasileiro*. Brasília: MEC/DAC/Funarte, s.d.

Nunes, Benedito. *João Cabral de Melo Neto*. Petrópolis: Vozes, 1971.

Nunes, Benedito. *O dorso do tigre*. São Paulo: Perspectiva, 1976.

Peixoto, Fernando. *O que é teatro. São Paulo*: Brasiliense, 1980.

Pignarre, Robert. *História do teatro*. Portugal: Europa-América, 1979.

Prado, Décio de Almeida. *História concisa do teatro brasileiro*. São Paulo: Edusp, 1999.

Proença, M. Cavalcanti. *Roteiro de Macunaíma*. 5. ed. Rio de Janeiro: Civilização Brasileira, 1976.

Roncari, Luiz. *Literatura brasileira*. São Paulo: Edusp, 1995. 2 v.

Saraiva, Antônio José; Lopes, Oscar. *História da literatura portuguesa*. 12. ed. Porto: Porto Editora, 1982.

Schwarz, Roberto. *Ao vencedor, as batatas*. São Paulo: Duas Cidades, 1977.

Schwarz, Roberto. *Que horas são?*. São Paulo: Cia. das Letras, 1989.

Sodré, Nélson Werneck. *História da literatura brasileira*. 6. ed. Rio de Janeiro: Civilização Brasileira, 1976.

Sousa, J. Galante de. *O teatro no Brasil*. Rio de Janeiro: MEC/INL, 1960. 2 v.

Teles, Gilberto Mendonça. *Camões e a poesia brasileira*. Rio de Janeiro: MEC, 1973.

Wellek, René; Warren, Austin. *Teoria da literatura*. Portugal: Europa-América, 1976.

plurall

Parabéns!
Agora você faz parte do **Plurall**, a plataforma digital do seu livro didático! Acesse e conheça todos os recursos e funcionalidades disponíveis para as suas aulas digitais.

Baixe o aplicativo do **Plurall** para Android e IOS ou acesse **www.plurall.net** e cadastre-se utilizando o seu código de acesso exclusivo:

AAAP28EAU

Este é o seu código de acesso Plurall. Cadastre-se e ative-o para ter acesso aos conteúdos relacionados a esta obra.

@plurallnet

@plurallnetoficial

SOMOS EDUCAÇÃO

Sociologia hoje - Volume único - 1ª edição - Mercado 2023 - 792372 - Aluno 12522764 241

8944096

SOCIOLOGIA HOJE

Ensino Médio
VOLUME ÚNICO

Igor José de Renó Machado

- Mestre em Antropologia (1997) e doutor em Ciências Sociais (2003) pela Universidade Estadual de Campinas (Unicamp-SP).
- Pós-doutorado na UNB e no Museu Nacional (UFRJ).
- Professor titular do Departamento de Ciências Sociais e do Programa de Pós-Graduação em Antropologia Social da Universidade Federal de São Carlos (UFSCar-SP).
- Coordenador do Laboratório de Estudos Migratórios (LEM/UFSCar-SP).

Henrique Amorim

- Mestre em Sociologia (2001) e doutor em Ciências Sociais (2006) pela Universidade Estadual de Campinas (Unicamp-SP).
- Pós-doutorado na École des Hautes Études en Sciences Sociales de Paris e no Instituto de Filosofia e Ciências Humanas da Unicamp-SP.
- Professor do Departamento de Ciências Sociais e do Programa de Pós-Graduação em Ciências Sociais da Universidade Federal de São Paulo (Unifesp) e coordenador do Grupo de Pesquisa Classes Sociais e Trabalho.

Celso Rocha de Barros

- Mestre em Sociologia e bacharel em Ciências Sociais (modalidade Ciência Política) pela Unicamp-SP e doutor em Sociologia pela Universidade de Oxford.
- É colunista do jornal *Folha de S.Paulo*.

JR/Agence VU

Migrantes, piquenique na fronteira, instalação feita em 2017 pelo artista francês JR em Tecate, no limite entre os Estados Unidos e o México. A figura atravessa o muro que separa os dois países.

plurall

editora ática

editora ática

Presidência: Mario Ghio Júnior
Vice-presidência de educação digital: Camila Montero Vaz Cardoso
Direção editorial: Lidiane Vivaldini Olo
Gerência de conteúdo e design educacional: Julio Cesar Augustus de Paula Santos
Gestão e coordenação de área: Renato Luiz Tresolavy
Edição: Andre Albert e Mayara Ribeiro de Souza
Aprendizagem digital: Renata Galdino (ger.), Beatriz de Almeida Pinto Rodrigues da Costa (coord. Experiência de Aprendizagem), Carla Isabel Ferreira Reis (coord. Produção Multimídia), Daniella dos Santos Di Nubila (coord. Produção Digital), Rogerio Fabio Alves (coord. Publicação), Vanessa Tavares Menezes de Souza (coord. Design Digital).
Planejamento, controle de produção e indicadores: Flávio Matuguma (ger.), Juliana Batista (coord.) e Jayne Ruas (analista)
Revisão: Letícia Pieroni (coord.), Aline Cristina Vieira, Anna Clara Razvickas, Carla Bertinato, Daniela Lima, Danielle Modesto, Diego Carbone, Elane Vicente, Kátia S. Lopes Godoi, Lilian M. Kumai, Luíza Thomaz, Malvina Tomáz, Marília H. Lima, Paula Freire, Paula Rubia Baltazar, Paula Teixeira, Raquel A. Taveira, Ricardo Miyake, Shirley Figueiredo Ayres, Tayra Alfonso e Thaise Rodrigues
Arte: Fernanda Costa da Silva (ger.), Catherine Saori Ishihara (coord.), Karina Vizeu Winkaler (edição de arte)
Diagramação: LÓTUS Estúdio e Produção
Iconografia e tratamento de imagem: Roberta Bento (ger.), Iron Mantovanello Oliveira, Thaisi Albarracin Lima, Evelyn Torrecilla e Roberta Freire (pesquisa iconográfica), Fernanda Crevin (tratamento de imagens)
Licenciamento de conteúdos de terceiros: Roberta Bento (ger.), Jenis Oh (coord.), Liliane Rodrigues, Raísa Maris Reina e Sueli Ferreira (analistas de licenciamento)
Ilustrações: Ericson Guilherme Luciano
Cartografia: Eric Fuzii (coord.) e Robson Rosendo da Rocha
Design: Erik Taketa (coord.) e Gustavo Natalino Vanini (proj. gráfico e capa)
Foto de capa: JR/Agence VU

Avenida Paulista, 901, 6º andar – Bela Vista
São Paulo – SP – CEP 01310-200
http://www.somoseducacao.com.br

Dados Internacionais de Catalogação na Publicação (CIP)

Machado, Igor José de Renó
Sociologia hoje : ensino médio : volume único / Igor José de Renó Machado, José Henrique Amorim, Celso Rocha de Barros. -- São Paulo : Ática, 2023.

Bibliografia
ISBN 978-85-0819-780-4 (aluno)
ISBN 978-85-0819-775-0 (professor)

1. Sociologia (Ensino Médio) I. Título II. Amorim, José Henrique III. Barros, Celso Rocha de

22-0220 CDD 301

Angélica Ilacqua – Bibliotecária – CRB-8/7057

Dados Internacionais de Catalogação na Publicação (CIP)

Machado, Igor José de Renó
Sociologia hoje [livro eletrônico] : ensino médio : volume único / Igor José de Renó Machado, José Henrique Amorim, Celso Rocha de Barros. -- São Paulo : Ática, 2023.
PDF

Bibliografia
ISBN 978-85-0819-778-1 (e-book) - aluno
ISBN 978-85-0819-776-7 (e-book) - professor

1. Sociologia (Ensino Médio) I. Título II. Amorim, José Henrique III. Barros, Celso Rocha de

22-0221 CDD 301

Angélica Ilacqua – Bibliotecária – CRB-8/7057

2023
3ª edição
1ª impressão
De acordo com a BNCC.

2023

Impressão e acabamento

Uma publicação SOMOS EDUCAÇÃO

APRESENTAÇÃO

Caro(a) estudante,

O estudo das Ciências Humanas na etapa do Ensino Médio tem, entre seus objetivos, o desenvolvimento da capacidade de refletir criticamente sobre a sociedade em que vivemos, nossa história, nosso dia a dia e suas relações com os temas contemporâneos.

Nesse contexto, as Ciências Sociais exercem um papel fundamental. Por isso, para aproximar investigações, reflexões e teorias desse campo do saber ao seu cotidiano, este livro foi pensado de forma integrada ao universo de referências e vivências juvenis. O projeto visual foi criado com base na linguagem da arte de rua, dos suportes gráficos e artísticos, meios de expressão e comunicação que provavelmente você conhece ou pratica; os boxes e as seções visam dialogar com a realidade ao seu redor e também com a diversidade de práticas sociais e culturais do país e do mundo; a exposição clara dos conceitos pretende aproximá-lo dos processos de construção do conhecimento. As atividades, por fim, foram elaboradas para provocar estranhamento diante de situações, fatos e atitudes que nos parecem naturais, estabelecidos e que muitas vezes são aceitos sem nenhum questionamento.

Nossa proposta é apresentar os conteúdos fundamentais de Sociologia, Antropologia e Ciência Política, assim como o pensamento dos estudiosos mais relevantes nessas áreas, tanto em nosso país como no cenário internacional.

Além de fundamentar um aprendizado crítico e participativo em Ciências Sociais, esperamos que este livro possa ajudá-lo a fazer parte da construção de um mundo mais justo e feliz para todos e a viver plenamente sua cidadania.

Os autores

CONHEÇA SEU LIVRO

O livro está organizado em uma Introdução e três Unidades. Cada Unidade está dividida em cinco capítulos.

UNIDADES

Cores diferentes caracterizam cada parte da obra. Nas páginas ímpares, uma tarja colorida lateral indica a Unidade correspondente. Os temas se relacionam com os três pilares das Ciências Sociais:

- Ciência Política (Unidade 1: Poder e cidadania)
- Antropologia (Unidade 2: Cultura)
- Sociologia (Unidade 3: Sociedade)

ABERTURA DE UNIDADE

Cada Unidade é iniciada com um texto-síntese dos temas que a compõem, junto a uma imagem provocativa, inspirada na estética da arte de rua. É um ponto de partida para o que será estudado.

CAPÍTULOS

Cada abertura de capítulo traz uma imagem, um texto introdutório, a lista dos cinco itens em que o conteúdo se divide e a relação das habilidades e competências da BNCC abordadas nele. Os três capítulos iniciais de cada Unidade (1, 2 e 3; 6, 7 e 8; 11, 12 e 13) apresentam os parâmetros teóricos da obra. O quarto capítulo de cada Unidade (4, 9 e 14) trata da produção científica brasileira de cada área. O quinto capítulo de cada Unidade (5, 10 e 15) traz abordagens do tema na contemporaneidade.

DIFERENTES TIPOS DE BOXE ENRIQUECEM O CONTEÚDO

GLOSSÁRIO

Na margem lateral da página, você encontra o significado dos termos mais difíceis.

PARA SABER +

Boxe que complementa e aprofunda conceitos, contextos e debates abordados no capítulo.

VOCÊ JÁ PENSOU NISTO?

Esse boxe propõe aproximar os temas estudados e o mundo ao seu redor, destacando questões que podem ser observadas e problematizadas em seu cotidiano. Aqui você pode fazer uma relação específica entre passado e presente, entre teoria e prática.

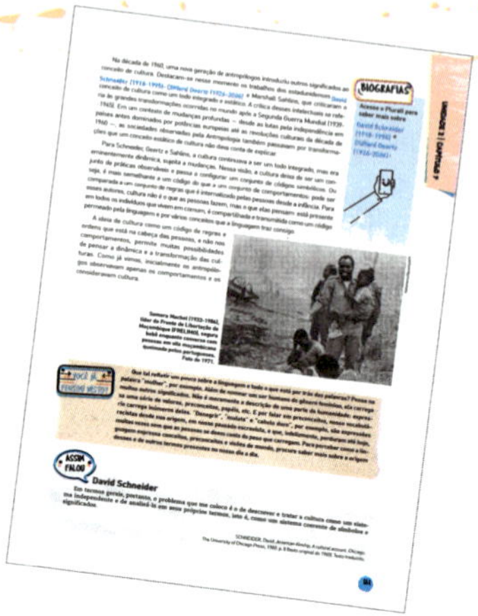

BIOGRAFIAS

Boxe que indica os autores cujas biografias estão disponíveis no Plurall.

ASSIM FALOU

Trechos de obras dos principais estudiosos abordados no livro.

SEÇÕES ESPECIAIS

VOCÊ APRENDEU QUE

Retomada dos principais pontos abordados no capítulo em formato de mapa mental.

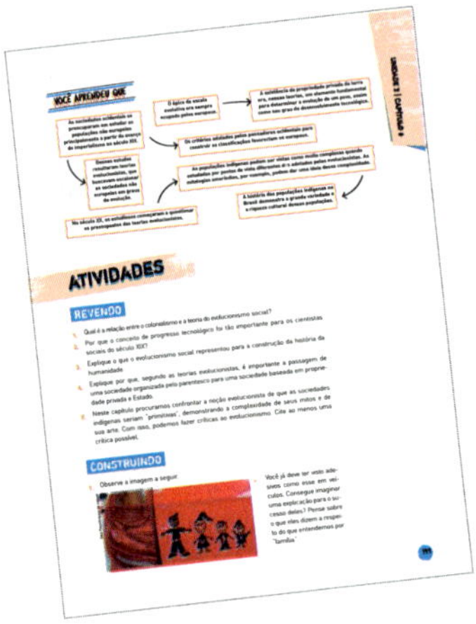

ATIVIDADES

Variadas e objetivas, ajudam você a organizar seu estudo e a conhecer e observar diferentes linguagens: quadrinhos, charges, fotos, artigos científicos e de jornais, etc. Aparecem sempre no final do capítulo, divididas em duas subseções: *Revendo* e *Construindo*.

POR DENTRO DAS CIÊNCIAS HUMANAS

Ao final de cada Unidade, esta seção destaca as conexões das Ciências Sociais com outros componentes curriculares afins. Além disso, reúne questões do Enem e de vestibulares relacionadas aos assuntos do capítulo.

BIBLIOGRAFIA

Indicação das principais referências bibliográficas da obra, por capítulo.

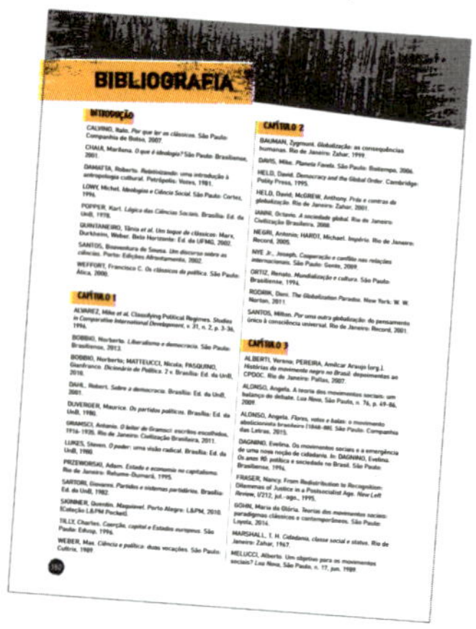

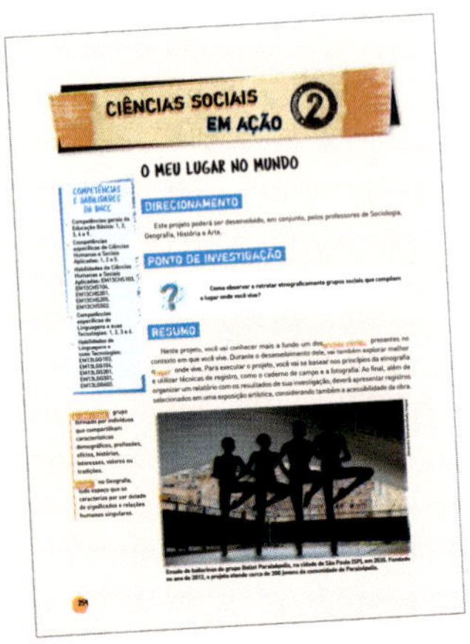

CIÊNCIAS SOCIAIS EM AÇÃO

No fim de cada Unidade, você terá a oportunidade de aplicar os conhecimentos adquiridos na elaboração de um projeto.

No PLURALL, você encontra seções adicionais para complementar seu estudo:

BIOGRAFIAS Breves descrições da vida e obra dos principais estudiosos citados.

SUGESTÕES Indicações de livros, filmes e *sites* para você se aprofundar nos assuntos estudados.

SUMÁRIO

INTRODUÇÃO

O que é a sociedade?

Barry Lewis/In Pictures/Getty Images Images

Grafites e colagens em muro de Londres, na Inglaterra. Foto de 2016.

Todos nós vivemos em sociedade, e até o mais remoto ermitão é um ser humano que foi socializado e optou pelo isolamento. Entretanto, isolamento individual não é isolamento da sociedade. Pensar ou aprender uma linguagem são atos sociais, mas, embora todos nós tenhamos a capacidade de aprender línguas, isso só ocorre em contato com o mundo social.

Além da linguagem, muitos outros aspectos que temos quase como naturais são, também, relacionados à vida em sociedade: o modo como nos vestimos, nos alimentamos e nos relacionamos com os outros, a maneira como entendemos o mundo, etc.

A constatação de que vivemos em sociedade deu origem a muitas reflexões sobre o lugar do indivíduo no mundo e, desde o fim do século XIX, essas reflexões têm sido sistematizadas pelas Ciências Sociais. A proposta desta introdução é convidar você a conhecer alguns aspectos da Antropologia, da Sociologia e da Ciência Política.

NESTA INTRODUÇÃO VAMOS DISCUTIR:

1. A vida em sociedade
2. As Ciências Sociais
   - Antropologia
   - Sociologia
   - Ciência Política
3. Como funcionam as Ciências Sociais?
4. Ciências Sociais: informações e pensamento crítico

COMPETÊNCIAS E HABILIDADES DA BNCC

- Competências gerais da Educação Básica: 1 e 2.
- Competência específica de Ciências Humanas e Sociais Aplicadas: 1.
- Habilidades de Ciências Humanas e Sociais Aplicadas: EM13CHS101, EM13CHS102, EM13CHS103 e EM13CHS105.
- Competência específica de Linguagens e suas Tecnologias: 1.
- Habilidade de Linguagens e suas Tecnologias: EM13LGG102.

1 A VIDA EM SOCIEDADE

As pessoas vivem juntas, ou seja, em sociedade. E os cientistas sociais estão interessados em entender como acontece essa vida em sociedade. Quais são as formas de convivência entre as pessoas? Que relações são fundamentais em uma sociedade? Como funciona uma sociedade? Por que as pessoas, em geral, fazem coisas muito parecidas? Como as sociedades mudam? Por que a vida em sociedade produz diferenças tão grandes entre seus membros? Quais fatores diferenciam grupos ou sociedades? Por que algumas pessoas são exploradas, subjugadas e até mesmo escravizadas?

Essas são apenas algumas questões entre milhares de outras que podem ser levantadas sobre a vida em sociedade.

CrispyPork/Shutterstock

Mirosław Nowaczyk/Alamy/Fotoarena

Em alguns países orientais, como no Japão, o *hashi* é um utensílio muito utilizado na hora de se alimentar. Enquanto isso, em outros países, como no Senegal, é costume manusear os alimentos sem a ajuda de utensílios. Essas imagens ilustram um pouco da enorme diversidade produzida pelo ser humano nas diferentes sociedades. As Ciências Sociais preocupam-se em refletir sobre esse tema.

VOCÊ JÁ PENSOU NISTO?

Você é capaz de formular alguma pergunta sobre a vida em sociedade? Se conseguir, saiba que está começando a pensar sociologicamente. Faça esse exercício de reflexão. Questione-se sobre algo muito trivial. Por exemplo: por que, em geral, só as mulheres usam saia? Será que isso é natural? Haveria algo por trás disso?

Você vai descobrir que as Ciências Sociais se dedicam a fazer boas perguntas sobre a vida social, sobre o conjunto de relações que as pessoas estabelecem quando vivem juntas. Vai ver também que as respostas são muito variadas, porque as pessoas têm diferentes opiniões, olhares e perspectivas e, portanto, respostas diferentes para as mesmas perguntas. A primeira coisa que importa saber sobre a Sociologia, a Antropologia e a Ciência Política é que os diferentes estudiosos que elaboram essas ciências com base em critérios diversos nem sempre concordam em suas ideias e opiniões. Esse é um indício da complexidade do mundo social.

Mas como as Ciências Sociais avançam mesmo sem haver consenso entre seus cientistas? A verdade é que elas progridem em diversas "linhagens": quando um conjunto de estudiosos desenvolve uma perspectiva, nasce uma escola de pensamento, que ganha seguidores e se constitui como uma nova teoria. As novas teorias são testadas por seus seguidores e críticos, gerando novas perspectivas com seus próprios seguidores, os quais compartilham de um mesmo modo de observar e explicar o mundo social. Entretanto, as teorias e suas linhagens não são estáticas: elas mudam com o tempo, de acordo com novas críticas e novas perspectivas.

Reprodução/Editora Globo

Em dezembro de 2020, o cantor Harry Styles estampou a capa da revista *Vogue* e posou usando peças consideradas femininas. Na ocasião, o artista britânico foi elogiado por desafiar padrões de gênero e afirmou que o modo de se vestir independe de gênero e que o importante é a liberdade de se expressar.

Como você pode notar, as Ciências Sociais se estruturam de modo tão complexo quanto seu objeto de estudo, a sociedade. Mas esse emaranhado de perspectivas e teorias pode ser sistematizado. O propósito deste livro é justamente levar você para esse mundo, oferecendo um mapa das principais questões e formas de lidar com elas.

Mas, então, o que é mesmo **sociedade**? Sociedade é um conjunto de pessoas, de tamanho variável, imensamente complexo (mesmo quando é um conjunto pequeno), caracterizado por múltiplas normas, regras e conflitos. As regras e normas nem sempre são explícitas, ou seja, nem sempre são ditas ou admitidas de forma clara, de modo que muitas pessoas nem se dão conta de que estão seguindo certas regras. Por exemplo, em nossa sociedade é raro que os homens usem saias. Entretanto, não há nenhuma regra escrita que os impeça de usar; essa é uma regra implícita, ou seja, subentende-se que os homens não usam saias. Essa "norma" não é natural, mas determinada por razões culturais, históricas, etc.

Os cientistas sociais sabem que as regras e normas de uma sociedade não são neutras; elas tendem a favorecer determinados grupos. Um dos principais efeitos das regras e normas é a concentração de poder, que gera recursos e benefícios para determinados grupos de pessoas. A Sociologia, a Antropologia e a Ciência Política têm se dedicado a entender esses processos.

VOCÊ JÁ PENSOU NISTO?

Você se lembra de alguma norma ou regra, explícita ou implícita, que favoreça um grupo próximo de você? Por exemplo, de que maneira o fato de o trabalho doméstico ter sido destinado predominantemente às mulheres (ou visto como uma função feminina) resultou em mais tempo livre para os homens? Por que esse entendimento exemplifica uma questão de poder e de favorecimento de um grupo sobre outro? Pense, por exemplo, no modo como essa divisão desigual do trabalho permitiu aos homens investir tempo em formação profissional e lazer.

Entretanto, a sociedade vai muito além de normas, regras e concentração de poder. A convivência social dá sentido ao cotidiano das pessoas, criando desejos que muitas vezes tomamos como individuais, mas que na verdade são sociais. O desejo de consumir, por exemplo, é incentivado em uma sociedade organizada para a produção de bens em larga escala, como a sociedade capitalista, que depende de consumidores para seus bens. Ou seja: os membros dessa comunidade precisam aprender a consumir! Se você levar a sério as Ciências Sociais, passará a ver de outra forma as propagandas comerciais.

© Sucesores de Joaquín S. Lavado Tejón (QUINO), TODA MAFALDA/Fotoarena

Esta tirinha da personagem Mafalda, criada pelo artista argentino Quino, questiona o incentivo ao consumo.

Um dos objetivos das Ciências Sociais é justamente desenvolver o **pensamento crítico**. Quando observamos a sociedade e fazemos determinados questionamentos, as respostas nos revelam aspectos que até então não eram evidentes. Podemos chamar essas descobertas de pensamento crítico, ou seja, a capacidade de desvendar mecanismos que, embora operem como se fossem naturais, não o são. Você pode achar que seu desejo de comprar aquele par de tênis especial é natural; que esse desejo não precisa de explicação. Mas as perguntas de um cientista social desestabilizam essa sensação. Por que uma pessoa deseja alguma coisa? Por que tantas pessoas desejam certas coisas? Por que todo mundo ao seu redor deseja algum bem? Por que isso é tão fundamental? Perguntas tão simples como essas exigem respostas que podem explicar os fundamentos de uma sociedade.

Esse processo de reflexão, característico das Ciências Sociais, resulta no que chamamos de "desnaturalização" do mundo. Nada é simplesmente natural no mundo social, tudo é construído e passível de ser explicado e entendido, desde que as perguntas adequadas sejam feitas. As Ciências Sociais, portanto, se dedicam a desnaturalizar o mundo social e encontrar explicações do porquê de as coisas existirem como são.

Tomemos o exemplo do trabalho doméstico para entender melhor o que significa "desnaturalizar". Para muitas pessoas, o trabalho doméstico deve ser feito principalmente pelas mulheres, e essa atribuição lhes parece natural. Essas pessoas acreditavam que era da ordem das coisas que as mulheres trabalhassem enquanto os homens assistiam ao futebol na televisão. Ou que as mulheres cuidassem da casa e das crianças enquanto os homens trabalhavam fora para sustentar a família. Muitas mulheres, entretanto, insatisfeitas com essas diferenças, começaram a se perguntar por que as coisas eram assim. Esse questionamento levou à constatação de que a organização da sociedade favorece os homens (maiores salários, mais tempo livre, menos compromisso com a educação dos filhos, etc.). Assim, a pergunta levou à desnaturalização desses "papéis femininos": trata-se de uma condição social estabelecida pela desigualdade de poder, o que gera a desvalorização e maior exploração do trabalho da mulher em nossa sociedade (ou seja, não é uma condição "natural"). As perguntas certas provocaram um olhar crítico sobre aquilo que parecia natural. Desde fins do século XIX, o movimento feminista tem levantado essas e outras questões, buscando mudar relações desiguais.

Vimos, assim, que a sociedade produz desejos, vontades, aspirações. As Ciências Sociais buscam entender como se dá esse processo, como ele opera e como diferentes sociedades produzem diferentes conjuntos de necessidades entre seus membros.

Muito mais do que um conjunto de normas e regras, a sociedade é também espaço de conflitos, tensões e desavenças. Grupos em busca de privilégios, grupos que lutam contra a opressão, disputas religiosas, tudo isso faz parte da vida em sociedade. De um lado, massacres, discriminações sistemáticas, falta de liberdade, pobreza extrema, escravização. De outro, o talento de um músico, a destreza de um esportista, a genialidade de um pintor, a sensibilidade de um poeta, a imaginação de um cientista, entre tantas outras manifestações do espírito humano. Essa incrível variedade da experiência humana em sociedade é alvo da atenção dos cientistas sociais.

A vida social produz padrões que nem sequer percebemos. A tirinha chama a atenção para um desses padrões (o estético) e seu reflexo sobre o público feminino.

A ciência social é uma ferramenta para entender melhor o mundo, mas exige de quem quer conhecê-la disposição para escutar o que as pessoas dizem. Um cientista social deve estar preparado para enfrentar questões polêmicas, sobre as quais pode ter opiniões muito diversas daquelas das pessoas com quem lida ou mesmo das de outros intelectuais. Com suas perguntas e seus métodos, o cientista social busca dar sentido a experiências distintas e dialogar com ideias e fatos dos quais muitas vezes discorda. Um exemplo: muitos intelectuais tentam entender como funcionam os governos totalitários, mas isso não significa que eles apoiam as ações desses governos.

O meio para alcançar essa suspensão temporária de julgamento é recorrer ao método e também à teoria. Com esses instrumentos, o cientista social procura "olhar por cima" de seus valores pessoais e fazer a análise o mais imparcial possível dos fenômenos sociais. Embora subjetiva, uma boa análise social precisa superar as dificuldades que os próprios valores do cientista impõem. Esse processo é fundamental para o desenvolvimento de um pensamento crítico.

Alessandro Cinque/Reuters/Fotoarena

Manifestante chuta bomba de gás lacrimogênio em meio aos protestos contra o preço dos combustíveis no Peru, em 2022. Entre os temas de interesse dos cientistas sociais estão os movimentos sociais, suas pautas, suas estratégias de luta, etc.

2 AS CIÊNCIAS SOCIAIS

Embora este seja um livro de Sociologia, falaremos constantemente de Ciências Sociais. Por quê? Essa explicação exige mergulhar um pouco na História, mais especificamente no contexto brasileiro.

Definir ciência não é tarefa fácil: há até um campo do conhecimento, a Epistemologia, que se dedica a estudar o próprio conhecimento científico. Para nosso objetivo, basta entender o conceito moderno de ciência como o conhecimento do mundo marcado por regras e métodos compartilhados e que resulta em um "desvendamento" de realidades desconhecidas.

O conhecimento científico é separado do senso comum e de outros saberes, como o religioso, por exemplo. A ciência exige objetividade e universalidade. Talvez seja difícil imaginar como as Ciências Sociais podem ser objetivas e universais, mas foi esse espírito, no final do século XIX, que conduziu a sua formação. As Ciências Sociais se manifestaram inicialmente como o lado científico da análise social: os primeiros cientistas sociais imaginavam poder entender a sociedade do mesmo modo que um físico entendia a gravidade, por exemplo. Hoje já não se imagina que as Ciências Sociais sejam tão semelhantes às ciências exatas ou biológicas. Mas a ideia de que as Ciências Sociais

são científicas porque elaboram métodos sistemáticos e testam detalhadamente suas hipóteses ainda é muito importante. Nesse sentido, elas são distintas do senso comum.

Nossas opiniões individuais não constituem ciência social, pois não são fruto de um pensamento sistemático, organizado em torno da análise de dados produzidos com métodos reconhecidos. Por mais perspicazes que sejam, nossas opiniões não são testáveis. Já o cientista social lida com hipóteses bem delimitadas, busca ou produz dados sobre essas hipóteses, organiza os resultados e os apresenta de forma sistemática, buscando avançar no conhecimento de algo. Por exemplo: imagine que você esteja interessado em saber como funciona o sistema prisional no Brasil. Para tratar desse tema à luz de uma ciência social, é preciso definir exatamente o que você pretende saber. Para definir sua questão, é preciso conhecer o que outros estudiosos escreveram sobre o tema, que perguntas fizeram e como as responderam. Depois de tudo isso, você pode querer averiguar, por exemplo, de que maneira o sistema prisional estimula a criação de grupos do crime organizado.

Essa pergunta é a sua hipótese: o sistema prisional brasileiro estimula o surgimento de facções ou grupos do crime organizado? Para responder a essa pergunta são necessários dados. Há várias possibilidades: dados estatísticos sobre o sistema prisional, entrevistas, formulários, conversas com diretores de penitenciárias, carcereiros e/ou outros profissionais do sistema, detentos e seus familiares, etc. De posse de uma série de informações (dados), o cientista social tenta responder à pergunta sistematizando e apresentando os resultados da pesquisa, que podem confirmar a hipótese inicial, negá-la ou, ainda, demonstrar que a pergunta (hipótese) estava equivocada, que seria melhor fazer outras perguntas.

Esse processo de produção do conhecimento científico sobre a sociedade começou a tomar forma no final do século XIX, com a sistematização das Ciências Sociais. Esse momento inicial pode ser chamado de "surgimento da Sociologia", que seria o conjunto de perguntas relativas aos fenômenos do mundo social, da vida em sociedade. Constituíram-se "linhagens" que resultaram em campos de especialização; as principais deram origem à Antropologia, à Ciência Política e à própria Sociologia.

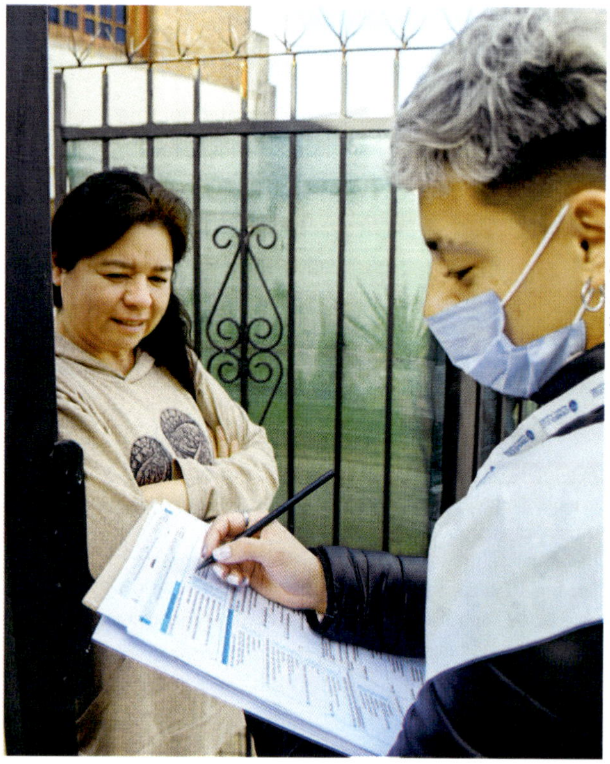

Mariano Gabriel Sanchez/Anadolu Agency/Getty Images

Na imagem, de 2022, agente censitário colhe dados de uma mulher em Buenos Aires, na Argentina, os quais serão usados em análises sistemáticas. As respostas às perguntas científicas só podem ser adequadamente respondidas com dados — no caso, os formulários respondidos.

Esse conjunto de saberes desenvolveu-se de forma diferente, dependendo do contexto social onde emergiu. Em alguns casos, uma dessas ciências teve mais destaque, ofuscando as outras. Não há, portanto, um modelo universal de desenvolvimento das Ciências Sociais, muito menos um equilíbrio entre seus diversos campos de especialização. No Brasil, temos uma história particular de entrelaçamento acadêmico entre Sociologia, Antropologia e Ciência Política.

VOCÊ JÁ PENSOU NISTO?

Você é capaz de formular alguma pergunta sobre sua própria realidade? A ciência social começa com boas perguntas. O método científico nos ajuda a respondê-las. Imagine alguma questão sobre sua escola, seu bairro, sua rua. Experimente respondê-la sem nenhuma pesquisa: isso o levará a algo como uma opinião, ou um "chute". Se quiser uma resposta válida, será preciso se aprofundar na questão. Ainda não é hora de fazer ciência social, apenas de fazer perguntas, mas um bom jeito de começar a responder a suas dúvidas é buscar informações mais consistentes. Se a pergunta for sobre sua rua, por exemplo, um morador mais antigo pode ter informações preciosas.

Os cursos superiores de Ciências Sociais no Brasil foram e ainda são, em sua maioria, de Sociologia, Antropologia e Ciência Política. Entretanto, só a profissão de sociólogo é reconhecida pelo Estado brasileiro (Decreto n. 89.531, de 5 de abril de 1984), motivo pelo qual todo antropólogo, cientista político ou sociólogo é, legalmente, um sociólogo. Essa regulamentação diz que todo bacharel (quem completou o curso universitário) em Ciências Sociais tem a profissão de sociólogo.

Isso ajuda a explicar por que, no Ensino Médio, a área de Ciências Humanas e Sociais Aplicadas abarca a disciplina de Sociologia. Entretanto, as competências e as habilidades específicas de Ciências Humanas e Sociais Aplicadas previstas na Base Nacional Comum Curricular (BNCC) do Ensino Médio abrangem, além de conhecimentos filosóficos, históricos e geográficos, a Antropologia, a Ciência Política e a Sociologia. Por isso, este livro trata dessas três áreas básicas. Vamos ver a seguir quais são as diferenças entre elas.

ANTROPOLOGIA

A Antropologia é a ciência que busca entender como o ser humano pode levar vidas tão diferentes. Entre um inuíte e um homem da etnia hadza da Tanzânia há imensas diferenças e uma coisa em comum: ambos são humanos. Essa diversidade humana estonteante é o objeto principal da Antropologia. Podemos dizer que a Antropologia se dedica ao estudo da diferença, usando como exemplos as várias formas que as sociedades escolheram para viver e organizar sua coletividade.

Inicialmente, a Antropologia se dedicou a entender as sociedades à época chamadas "primitivas", sociedades não ocidentais, que hoje os cientistas denominam sociedades de pequena escala ou, ainda, sociedades simples (embora muitos questionem essas classificações). Durante a segunda metade do século XIX, a expansão do sistema capitalista, na forma do **colonialismo** europeu, levou as sociedades ocidentais a entrar cada vez mais em contato com essas populações nos quatro cantos do mundo.

colonialismo: sistema ou orientação política pelo qual uma nação estende seu poder para outro território, por meio da ocupação direta e do controle econômico, administrativo, político e cultural.

Desde o começo do século XX, a Antropologia tornou-se fonte de conhecimentos sobre a diferença cultural entre as sociedades, desempenhando papel importante na garantia e na defesa dos direitos de diversas populações consideradas "diferentes". A partir de meados do século XX, a Antropologia passou também a buscar entender o que acontece no interior das sociedades ocidentais, desenvolvendo a Antropologia urbana. Diferenças internas presentes nas sociedades ocidentais passaram a ser objeto de investigação antropológica, ampliando o diálogo com outras ciências sociais.

Théo Giacometti/Hans Lucas/AFP

Katiekk/Shutterstock

Acima, inuítes pescando na Groenlândia em foto de 2018. Ao lado, homens da etnia hadza caçando nas proximidades do lago Eyasi, na Tanzânia, em foto de 2019. As imagens ilustram um pouco da diversidade humana, demonstrando a enorme capacidade de adaptação de nossa espécie.

SOCIOLOGIA

Sebastian D'Souza/AFP

Os sistemas políticos e econômicos têm sido objeto das análises da Sociologia desde sua origem. Na imagem feita em Mumbai, Índia, em 2004, vemos uma pichação de protesto contra o capitalismo que diz: "toda manhã eu acordo no lado errado do capitalismo".

Já vimos que as Ciências Sociais pretendem entender cientificamente os fenômenos da vida social. No caso da Sociologia, a tentativa de entender as transformações causadas pela mudança das formas de trabalho na sociedade ocidental, decorrentes do capitalismo, conduziu-a para uma reflexão sobre a sociedade capitalista.

A Sociologia dedicou-se a entender como a sociedade se estrutura: como produz bens, como os distribui, como essa distribuição implica concentração de poder, como o poder reforça ou combate as injustiças, como a forma de produção resulta em classes distintas (trabalhadores de um lado e donos de fábricas de outro, por exemplo). Essa estruturação social envolve também estudar as instituições que se combinam para formar uma sociedade: o sistema econômico, a Igreja e o Estado são exemplos dessas instituições.

CIÊNCIA POLÍTICA

Como indica o nome, a Ciência Política dedica-se ao estudo da política e das formas de poder. Seus métodos são variados, e a política é observada desde o ponto de vista das instituições, como o Estado, até o de pessoas comuns que interagem entre si buscando maximizar seus interesses.

A política é vista como um conjunto de constrangimentos — sociais, morais ou culturais — com os quais um ator político (um líder comunitário, um político profissional ou qualquer pessoa que interage com outras em um contexto coletivo) tem de lidar. A Ciência Política tem dedicado grande atenção a estratégias e táticas que os atores políticos empregam para conseguir alcançar seus objetivos. Descobrir como os objetivos são atingidos, como os constrangimentos operam, de onde eles vêm, são preocupações da Ciência Política. Outro ramo dessa ciência se interessa também por motivações que não estão na ordem da racionalidade, como ações regidas por crenças e desejos tidos como "culturais".

Como a Sociologia e a Antropologia, a Ciência Política se desenvolveu como campo científico no final do século XIX, e tornou-se disciplina nas universidades ao longo do século XX, principalmente após a Segunda Guerra Mundial.

Lorando Labbe/Fotoarena

Seção da Assembleia Legislativa do Rio de Janeiro de 23 de setembro de 2020, que votou a favor do processo de *impeachment* do ex-governador do estado, Wilson Witzel. Ele foi afastado do cargo após denúncias de desvio de dinheiro da saúde em meio à pandemia de covid-19.

3 COMO FUNCIONAM AS CIÊNCIAS SOCIAIS?

A esta altura, algumas perguntas podem estar surgindo: como se faz Sociologia, Antropologia e Ciência Política? Afinal, para que servem essas ciências? Neste item daremos atenção à primeira pergunta.

As Ciências Sociais têm dois instrumentos principais para analisar, explicar o mundo e refletir sobre ele: os **conceitos** e os **métodos**. Intimamente ligados, esses dois instrumentos são ferramentas básicas do cientista social. Os conceitos são a porta de entrada para uma explicação da realidade. Um conjunto de conceitos forma uma teoria, espécie de regra geral de análise para determinados fenômenos.

O tempo todo nós utilizamos conceitos, mesmo sem perceber. Não se pensa sem conceitos. A linguagem é um conjunto de conceitos. As palavras significam coisas, e mesmo palavras que parecem apenas dar nome às coisas são conceitos.

Pense na palavra "mesa", por exemplo. Aparentemente ela indica um objeto, um móvel com pés cobertos por um tampo, mas, de fato, denota uma ideia. Porém há uma diferença entre os conceitos do senso comum e aqueles produzidos por cientistas sociais. Quando um cientista elabora um conceito, ou se utiliza de um conceito elaborado por outro autor, precisa especificar exatamente o que quer dizer com ele. Em outras palavras, deve evitar as ambiguidades da linguagem e garantir que apenas aquele sentido que conferiu ao conceito seja considerado.

Iasha/Shutterstock

Simon Krzic/Shutterstock

bergamont/Shutterstock

Nata-Lia/Shutterstock

Nas imagens vemos diferentes modelos de mesa, mas não precisamos de um nome para cada uma delas, pois todas podem ser descritas por uma ideia geral do que é uma mesa: um móvel que serve de apoio para comer, estudar, escrever, etc. Uma mesa pode ter vários formatos, mas desde que sirva a esses objetivos é sempre chamada de mesa.

Juan Barreto/AFP

Visitantes interagem com os elementos de uma casa construída "de cabeça para baixo" pelo arquiteto austríaco Fritz Schall, na Colômbia. Foto de 2022. A casa provoca estranhamento justamente por infringir nossos conceitos, pois uma mesa de cabeça para baixo não pode ser uma mesa! A brincadeira nos ajuda a perceber como os conceitos são o combustível do nosso pensamento.

Os conceitos das Ciências Sociais, ao contrário daqueles da vida cotidiana, estão sujeitos a controles, pois pretendem ser precisos. E por que essa precisão é necessária? Porque sem ela os argumentos e as explicações do cientista social estão sujeitos a interpretações errôneas.

Por exemplo, pense na palavra "cultura". O termo é tanto um conceito da vida cotidiana (você certamente tem sua própria ideia do que seja cultura) quanto um conceito sociológico ou antropológico. Se um cientista social pretende entender, digamos, a cultura dos imigrantes bolivianos no Brasil, antes de tudo precisa definir o que ele entende por cultura. Caso contrário, quem ler seu trabalho sem saber o que significa "cultura" para esse estudioso só poderá recorrer a seu próprio conjunto de significados para o termo.

A precisão dos conceitos é fundamental para que um cientista social seja entendido. Na linguagem cotidiana, os conceitos são mais elásticos porque não são controlados por uma comunidade científica. Usamos os conceitos livremente, dando significados novos, alterando, resgatando ideias antigas. Mas é claro que há um limite para essa elasticidade dos conceitos do senso comum: esse limite é justamente a capacidade de comunicar e de ser entendido.

Você percebeu que existe um trânsito entre os conceitos produzidos pelos cientistas sociais e o senso comum. O uso da palavra "cultura" como conceito surgiu no século XIX (veremos isso no Capítulo 7) e teve um impacto tão grande que ultrapassou os limites da vida acadêmica e ganhou as ruas. O conceito foi apropriado pelas pessoas, e "cultura" passou a ser algo sobre o qual todo mundo sabe alguma coisa. Esse é um perigo para o cientista social: usar termos que no senso comum têm significados diferentes do conjunto de conceitos utilizados para explicar um fenômeno social.

VOCÊ JÁ PENSOU NISTO?

Você é capaz de imaginar um conceito que tenha se transformado ao longo do tempo? Lembre-se de que praticamente qualquer ideia ou palavra pode ser vista como um conceito, desde o local onde você está lendo este livro até a própria ideia de livro.

Os conceitos também definem o que o cientista pode ou não ver em suas pesquisas. Suponha que você queira fazer um trabalho sobre as mesas do mundo e que tenha definido a mesa como um móvel de apoio com quatro pés. Seu conceito de mesa define apenas uma parte dos fenômenos que você quer estudar, e qualquer mesa que não tenha quatro pés não será considerada mesa. Ou seja, essa definição pode mudar o resultado do seu trabalho, porque altera o conjunto de coisas que você está estudando. Se você considerar que mesa é qualquer objeto que sirva de apoio para refeições, estabelecerá outro conjunto de coisas. Assim, qualquer definição conceitual é um recorte do que vemos ou pensamos sobre o mundo.

É preciso considerar que os conceitos mudam. Eles têm uma história própria, seja na ciência, seja no senso comum. Mudam porque os contextos nos quais foram produzidos também mudam. Por exemplo, pense na palavra "mulher". No contexto ocidental do século XIX, a definição dos papéis femininos seria muito distinta da atual. No século XIX, as mulheres não tinham direito ao voto, eram responsáveis por todo o trabalho doméstico e familiar e, muitas vezes, permaneciam restritas à esfera do lar. No século XXI, depois de mais de um século de lutas feministas, grande parte das mulheres do mundo ocidental pode participar amplamente da sociedade, tanto no trabalho quanto na arte e na política. O conceito dos papéis femininos mudou com o tempo, porque mudaram também os contextos nos quais esse conceito foi produzido. Os conceitos, portanto, têm história, e muitos cientistas sociais entendem que essa história pode dizer algo importante sobre as mudanças sociais.

Lucas Vallecillos/Alamy/Fotoarena

A artista mexicana Frida Kahlo (1907-1954) desafiou as ideias de feminilidade de sua época.

E o método? O que tem a ver com o trabalho do cientista social? O método permite ao cientista reunir dados e informações de forma sistemática, a fim de usá-los para chegar a certas conclusões. Cada uma das Ciências Sociais lida com um conjunto de métodos que considera mais adequado a seus objetivos. Uma pesquisa sobre distribuição de renda no Brasil, por exemplo, pode ser feita com base em diferentes métodos.

Um cientista político tenderá a trabalhar com dados produzidos por instituições como o Instituto Brasileiro de Geografia e Estatística (IBGE), que realiza estatísticas sociais, demográficas e econômicas, faz censos e organiza as informações obtidas — enfim, produz algo como retratos da população brasileira. Com o auxílio de alguns modelos matemáticos, o cientista político compara os dados colhidos, verifica os impactos da política de distribuição de renda e, se possível, identifica onde e como esses impactos são mais significativos.

Um sociólogo que trabalhe com o mesmo tema, além de utilizar os dados existentes, tenderá a produzir dados novos sobre a distribuição de renda. Para isso, pode utilizar métodos como o *survey*, um questionário destinado a recolher informações. Imagine que o sociólogo escolha estudar determinado bairro de uma cidade. Ele dispõe de um conjunto de moradores para o qual estima o número de *surveys* necessário para tirar conclusões sobre os efeitos das políticas naquela população. O questionário conterá perguntas sobre acesso aos serviços de saúde, frequência escolar, qualidade de alimentação das famílias, etc.

Um antropólogo, ao trabalhar sobre o mesmo tema, tenderá a fazer um "trabalho de campo", isto é, aproximar-se das vivências, do dia a dia das pessoas do bairro. Assim, ele vai participar do cotidiano do lugar durante um bom tempo, tomando notas de tudo o que vê, do que ouve, das conversas que mantém. Ao fim do trabalho de campo, as notas se transformam em dados que o antropólogo sistematiza para produzir, por exemplo, uma reflexão sobre a vida de pessoas que recebem auxílio por meio de políticas de distribuição de renda. Esse método permite conhecer de perto uma política de transmissão de renda, mas não permite uma generalização da análise, pois a experiência se deu com uma pequena parcela da população de apenas um bairro.

Essa é a diferença entre **métodos quantitativos e métodos qualitativos**. Ambos têm vantagens e desvantagens: o método quantitativo permite algumas generalizações, mas fica muito distante da realidade vivida pelas pessoas; o método qualitativo produz dados justamente pela proximidade com a vida cotidiana, mas dificulta as generalizações. Evidentemente, são métodos complementares. Em grandes projetos destinados a entender uma realidade específica, é comum que os dois métodos sejam utilizados. E embora na Sociologia e na Ciência Política sejam mais frequentes os métodos quantitativos, isso não é uma regra: há estudos sociológicos e políticos feitos com métodos qualitativos e também estudos antropológicos feitos com métodos quantitativos. Ou, ainda, trabalhos que mesclam as duas opções.

Agora podemos entender que conceito e método são ferramentas básicas para o cientista social porque permitem delimitar um problema de pesquisa, definir exatamente o que o pesquisador pretende mostrar e ainda produzir dados sobre o problema em questão. O passo seguinte, para o cientista social, é analisar os dados e buscar um sentido para aquele conjunto de informações. Mas, afinal, para que serve tudo isso?

métodos quantitativos e métodos qualitativos: essa diferenciação entre os métodos nas Ciências Sociais nos auxilia a compreender os objetivos de cada pesquisa e como foram realizadas e embasadas. As pesquisas quantitativas são mais objetivas e buscam responder hipóteses levantadas pelo pesquisador por meio de instrumentos padronizados, tal como os questionários. Nas pesquisas qualitativas, os objetivos são mais exploratórios, buscando aspectos subjetivos ou possíveis generalizações que virão pelas conclusões obtidas pelo pesquisador. Em outras palavras, os métodos quantitativos são adotados para sabermos quantas vezes se fala sobre determinado assunto; já os métodos qualitativos são usados quando o importante é saber o que e como se fala sobre esse assunto.

Survey para pesquisa 001278

Pesquisador: ____________________ código: ______

Data: __________ Cidade (UF): ____________ código: ______

Nome (opcional): ____________ Idade: ______ Sexo: M ( ) F ( )

Moradia: ( ) própria ( ) alugada Metragem aproximada: ______

Total de cômodos: ______ Nº de quartos: ______ Nº de banheiros: ______

Nº de moradores: ______ Relação de parentesco com os moradores: ______

Moradores não parentes (especificar relação): ____________

____

Valor médio da conta de luz: ______ Valor médio da conta de água: ______

Geladeira(s): ( ) Televisor(es): ( ) Computador(es): ( ) Carro(s): ( )

Telefone(s) fixo(s): ( ) Telefone(s) celular(es): ( )

Possui TV a cabo? sim ( ) não ( ) Se sim, valor médio do pagamento: ______

Possui internet? sim ( ) não ( ) Se sim, velocidade média: ______

Provedores de acesso: ____________

Elaborado pelos autores para fins didáticos.

BRASIL: POPULAÇÃO RESIDENTE AUTODECLARADA INDÍGENA, POR SITUAÇÃO DE DOMICÍLIO (1991-2010)

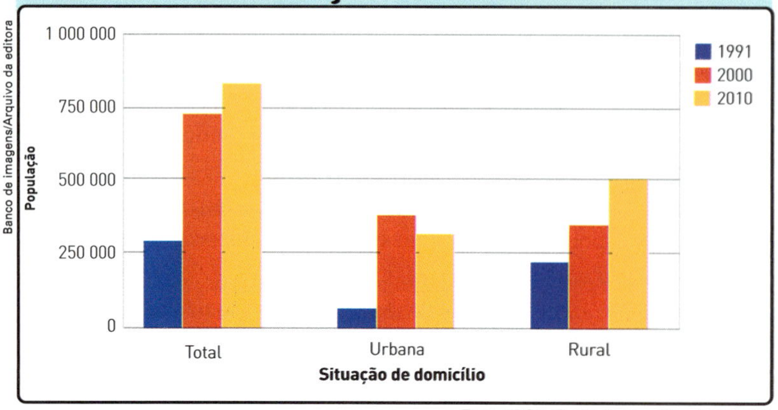

Fonte: IBGE. *Censo Demográfico 1991/2010.*

Duas ferramentas de pesquisa de um cientista social: acima, a primeira página de um *survey*, que produz dados específicos para a pergunta do pesquisador. Ao lado, um gráfico com dados estatísticos que, embora não tenham sido produzidos para responder a uma pergunta específica, podem ajudar a explicar muitas coisas.

4 CIÊNCIAS SOCIAIS: INFORMAÇÕES E PENSAMENTO CRÍTICO

Sergio Lima/AFP

Líderes indígenas participam de sessão do Senado em homenagem aos povos originários, Brasília (DF), 2019. Os relatos de ativistas e os pareceres de pesquisadores são fundamentais nas discussões sobre a proteção aos povos indígenas.

Até aqui vimos um pouco do que faz um cientista social. Mas por que o cientista social faz o que faz? Qual o sentido de produzir pesquisas sobre temas tão variados?

A resposta a essas indagações segue duas linhas principais: a utilidade da informação produzida e a utilidade de aprender a pensar criticamente. A primeira linha diz respeito ao impacto social da pesquisa de um sociólogo, de um antropólogo ou de um cientista político. A segunda refere-se ao impacto individual que as Ciências Sociais podem provocar nas pessoas e no desenvolvimento de uma forma de pensar essencialmente crítica.

As pesquisas produzem dados sobre realidades que muitas vezes são pouco conhecidas ou conhecidas apenas por meio de estereótipos. Qualquer política pública necessita desse tipo de informação. Por exemplo, numa discussão sobre mudanças no sistema político do país, por exemplo, são fundamentais as pesquisas comparativas elaboradas por cientistas políticos que contrastam o sistema político brasileiro com o de outros países. Outro exemplo relevante é a proposta do Marco Temporal das Terras Indígenas, uma ação no Supremo Tribunal Federal (STF) que propõe que os indígenas só possam reivindicar terras onde já estavam no dia 5 de outubro de 1988 (dia em que a Constituição Federal foi promulgada). Estudos de cientistas sociais mostram que os povos originários do Brasil têm uma série de direitos negados em sua vida cotidiana. O conhecimento produzido pelas Ciências Sociais permite, por exemplo, que as reivindicações dos militantes sejam ainda mais legítimas, contribuindo para assegurar os direitos básicos da população.

VOCÊ JÁ PENSOU NISTO?

Como funciona um debate intelectual? Nesse tipo de debate, intelectuais se posicionam a favor ou contra uma ideia, uma proposta, uma política. Para sustentar suas posições, recorrem a dados e argumentos na tentativa de convencer o maior número possível de pessoas. Ou seja, dados e pesquisas podem ser usados em vários sentidos, conforme a intenção de quem os utiliza. Pense em um tema polêmico, como "diminuir a idade mínima para condenar pessoas à cadeia". Entre os que defendem ou criticam a diminuição de 18 para 16 anos existe um confronto de ideias, e constantemente essas pessoas recorrem a dados e teorias para afirmar suas posições. Tente comparar fatores pró e contra essa proposta e você terá uma ideia do que é um debate intelectual.

Portanto, o trabalho do cientista social pode melhorar a eficiência das políticas públicas, produzir informações inéditas, trazer à tona questões esquecidas. Tudo isso pode ter impactos significativos na vida dos cidadãos. O conhecimento gerado por um antropólogo que estuda uma **comunidade quilombola**, por exemplo, pode ser essencial para que essa comunidade tenha reconhecido seu direito de permanência na terra.

comunidade quilombola: grupo de descendentes de escravizados que fugiram e se estabeleceram em aldeamentos afastados (quilombos) para ter uma vida livre da escravidão. Muitos quilombos deram origem a comunidades que até hoje vivem nos mesmos lugares e enfrentam dificuldades para ter reconhecido seu direito à posse da terra.

O conhecimento produzido pelo cientista social pode também ser utilizado pela população para cobrar do Estado determinadas ações. Vejamos um exemplo. Desde o final do século XX o Brasil se transformou em um país de emigração; muitos brasileiros decidiram tentar a sorte fora do país. Esse fenômeno chamou a atenção de cientistas sociais, que se dedicaram a estudar e entender esse movimento. Muito antes de o Estado brasileiro reconhecer essa situação, as Ciências Sociais já dispunham de muitas informações sobre ela. Organizados politicamente em associações no exterior, os brasileiros passaram a pressionar o Estado brasileiro para desenvolver políticas voltadas aos emigrantes, usando como forma de pressão o vasto conhecimento produzido pelas Ciências Sociais, que descrevia claramente as dificuldades desses emigrantes e a falta de amparo a eles. Nesse caso, a sociedade civil, um conjunto organizado de pessoas com objetivos políticos, utilizou-se do conhecimento das Ciências Sociais para reivindicar seus direitos.

Vimos que as Ciências Sociais produzem dados e informações importantes em vários sentidos. Mas vimos também que essas informações podem ser interpretadas de formas diferentes. Como distinguir certo e errado nesse terreno movediço?

As Ciências Sociais nos ensinam a pensar criticamente e a não aceitar qualquer argumentação. Os critérios exigidos para uma boa pesquisa também são úteis para analisar argumentos, ideias e debates variados.

Essa charge de Malcolm Evans ilustra como a divergência de opiniões pode ser um problema social, podendo até gerar conflitos. As Ciências Sociais são uma forma de pensar essas diferentes interpretações e também de oferecer dados que sustentem vários pontos de vista.

Imagine um debate sobre limitação das propagandas de bebidas alcoólicas. De um lado, um intelectual defende que o Estado não deve interferir na escolha individual, afirmando que, se alguém decide beber, essa é uma escolha pessoal, desde que não viole nenhuma lei do próprio Estado (como a proibição, no Brasil, do consumo por menores de 18 anos). Assim, limitar a propaganda seria interferir no direito de escolha das pessoas e uma afronta à liberdade de expressão.

Entretanto, seria possível levantar outros argumentos, como o grande número de mortes causadas pelo consumo de bebidas alcoólicas, desde as decorrentes de acidentes provocados por motoristas embriagados até as causadas por doenças crônicas associadas à ingestão excessiva de álcool. Nessa perspectiva, o consumo de bebidas alcoólicas torna-se um problema de saúde pública, legitimando a interferência do Estado, que deve zelar pelo bem-estar dos cidadãos.

Um debate como esse poderia prosseguir indefinidamente, com posições razoáveis de ambos os lados. Então, como saber em quem acreditar? As Ciências Sociais nos ensinam a analisar em lugar de simplesmente acreditar. Podemos levantar questões sobre o debate em si: quais são os interesses em jogo? Quem fala por quem? Os argumentos realmente se sustentam? Há algum truque na argumentação? Qual o resultado de uma ou de outra argumentação? Depois dessa análise cuidadosa, estaremos mais preparados para tomar decisões com base em uma perspectiva crítica, isto é, uma espécie de "filtro" por meio do qual observaremos o mundo. Essa perspectiva crítica nos ajuda a julgar o que é mais ou menos razoável, distinguir um argumento sólido de outro que não passa de enganação ou que encobre interesses de determinados grupos.

Para as Ciências Sociais, certo e errado são termos complexos, que sempre dependem de uma reflexão crítica e cuidadosa. A única forma de distinguir bons e maus argumentos, ideias e práticas é pensar criticamente. Exercitar o pensamento crítico prepara você para não se deixar enganar facilmente, e por isso as Ciências Sociais podem ser muito úteis. É importante decifrar o que muitas vezes está por trás dos discursos políticos, questionar as informações da mídia, contrapor argumentos e deduzir a melhor opção, identificar discursos que só pretendem ganhar você por motivos econômicos, políticos ou outros.

A tirinha do cartunista André Dahmer satiriza o poder da mídia de manipular a informação. O pensamento crítico desenvolvido com o auxílio das Ciências Sociais pode nos ajudar a perceber melhor os jogos de interesses contidos nos discursos dos grupos envolvidos.

Muitos cientistas sociais utilizam o termo "ideologia" para identificar um conjunto de ideias e valores que são expressos por alguns grupos ou classes sociais. Esse conjunto de ideias reflete os interesses de determinado grupo e tende a favorecê-lo na sociedade. Muitos afirmam que o poder só se constitui com o auxílio da ideologia, isto é, criando nas pessoas desejos e valores que facilitam a vida daqueles que controlam o poder. As Ciências Sociais ajudam a identificar ideologias, descobrir quem as produz e por quê. Estimular a capacidade de pensar com autonomia e decifrar o mundo por meio do pensamento crítico é um dos objetivos do ensino das Ciências Sociais.

VOCÊ JÁ PENSOU NISTO?

Você consegue pensar em uma ideologia que influencia sua vida? Pense no "consumo". Muitos autores dizem que vivemos em uma era da "ideologia do consumo". Se você acredita que é preciso possuir certas coisas para ser mais feliz, está respondendo a um conjunto de valores ideológicos do mundo contemporâneo. Mas não se sinta culpado por isso! O que veremos ao longo deste livro é que cada momento histórico tem suas ideologias dominantes, conjunto de ideias que estrutura a vida da maioria das pessoas, mas que acaba favorecendo apenas algumas delas. Ao longo desta jornada pelas Ciências Sociais, este livro pretende chamar a atenção para as ideologias presentes no cotidiano, mas que costumam passar despercebidas pelo senso comum. Isso vai ajudar você a se tornar um cidadão mais crítico e atento ao que acontece ao seu redor.

Mas as ideologias não têm só o lado negativo. Muitos cientistas sociais defendem que "ideologias alternativas", um conjunto de ideias e crenças, questionam e desestabilizam as ideologias dominantes das quais discordam. Por exemplo, a crítica à ideologia machista deu origem a uma ideologia feminista, que trouxe novos valores e ideias a respeito das relações entre os gêneros. Movimentos de transformação social se baseiam em alternativas ideológicas contrárias àquelas vigentes na ordem social.

Daily Express/Hulton Archive/Getty Images

Mulheres em manifestação por igualdade de direitos em Londres, 1971.

Um exemplo claro de ideologia alternativa é o da resistência à ditadura militar no Brasil (1964-1985). Nesse período, a ideologia dominante defendia a "segurança nacional", ou seja, a ideia de que a nação estava em guerra contra ideologias que queriam mudar a ordem social vigente. Essa suposta ameaça à ordem justificava a supressão dos direitos individuais, a repressão, a censura, o fim da liberdade de expressão, etc. Vários grupos se manifestaram contra a ideologia de um Estado policial, contrapondo outras ideologias e, em geral, clamando pela volta de um Estado que reconhecesse os direitos negados pela ditadura. Esses grupos defenderam ideologias que consideravam melhores e mais justas e muitos chegaram a defender a luta armada como única forma de resistência, enquanto outros defendiam mudanças sem recorrer à força bruta.

Embora o parágrafo anterior seja uma enorme simplificação das características de um período histórico extremamente complexo, podemos perceber quão importante é desenvolver um pensamento crítico que permita questionar e avaliar a melhor opinião, ideia ou argumento. Até mesmo estes que você está lendo: nada deve escapar a um pensamento realmente crítico!

Na linha do que aponta esta charge de Chris Browne, de 1994, um dos resultados dos estudos realizados pelas Ciências Sociais é desenvolver a capacidade de um pensamento crítico.

VOCÊ APRENDEU QUE

As Ciências Sociais tratam da vida em sociedade, e a vida em sociedade gera grande quantidade de perguntas sobre o mundo.

As Ciências Sociais podem ajudar você a desenvolver um pensamento crítico, que é um olhar questionador sobre a realidade, buscando explicações para além da aparência imediata dos fenômenos e das opiniões.

Para fazer ciência social é preciso se distanciar do senso comum, e isso é feito por meio de conceitos e métodos.

Métodos são mecanismos para obter informações a fim de responder às questões, perguntas e hipóteses levantadas. Os métodos podem ser quantitativos e/ou qualitativos.

Conceitos são conjuntos de definições sobre determinados fenômenos; devem ser precisos e não se confundir com o senso comum.

As Ciências Sociais produzem dados importantes sobre a realidade, gerando conhecimentos que são apropriados pelo Estado e pela sociedade civil.

As Ciências Sociais se dedicam a desnaturalizar o mundo: nada aparece como natural e evidente; tudo pode ser questionado e pensado.

As Ciências Sociais são complexas e não convivem com o consenso: sua especificidade é lidar com várias perspectivas contraditórias sobre os mesmos fenômenos.

As Ciências Sociais nasceram no fim do século XIX como ciências similares às Ciências Naturais, embora hoje já não se acredite nessa semelhança.

ATIVIDADES

REVENDO

1. Sociólogos, antropólogos e cientistas políticos estudam a sociedade, como vimos nos itens *A vida em sociedade* e *As Ciências Sociais*. Em um pequeno texto argumentativo, explique por que a sociedade pode e deve ser objeto de estudos e qual é a importância de estudar as Ciências Sociais nos dias de hoje.

2. Explique a diferença entre as noções de conceito e de método com base na leitura do item *Como funcionam as Ciências Sociais*. Em seguida, cite e explique os diferentes tipos de métodos.

3. Debata com os demais estudantes as diferenças entre o pensamento baseado no senso comum e o pensamento crítico. Registre as conclusões do debate em seu caderno.

CONSTRUINDO

1. Leia a tira cômica e identifique seu tema central, a norma social implícita no diálogo e o grupo social favorecido por essa norma. Em seguida, leia a reportagem de Daniela Arcanjo, publicada em 23 de julho de 2021 no *site* do jornal *Folha de S.Paulo*, e relacione-a ao conteúdo da tirinha.

Calvin & Hobbes, Bill Watterson © 1990 Watterson/ Dist. by Andrews McMeel Syndication

Argentina reconhece cuidado materno como trabalho para aposentadoria; entenda

A Argentina vai reconhecer o cuidado materno como tempo de serviço computável para a aposentadoria.

Segundo decreto publicado [...] no último sábado (17), as argentinas poderão acrescentar de um a três anos de tempo de serviço por filho que tenha nascido com vida, de modo que elas atinjam o tempo mínimo exigido por lei para alcançar o direito à Previdência.

O benefício se dirige a mulheres que estão em idade de aposentadoria — na Argentina, 60 anos ou mais — e que não possuam os 30 anos mínimos exigidos de contribuição. A projeção é que a regra alcance 155 mil mulheres.

ARCANJO, Daniela. Argentina reconhece cuidado materno como trabalho para aposentadoria; entenda. *Folha de S. Paulo*, São Paulo, 23 jul. 2021. Disponível em: www1.folha.uol.com.br/mercado/2021/07/argentina-reconhece-cuidado-materno-como-trabalho-para-aposentadoria-entenda.shtml. Acesso em: 28 jun. 2022.

2. Leia e analise a tirinha abaixo, do cartunista André Dahmer, comparando-a com as reflexões produzidas na atividade anterior sobre o diálogo de Calvin com o pai. Em seguida, produza um pequeno texto explicando as maneiras pelas quais as normas sociais são introduzidas na sociedade.

© André Dahmer/Acervo do cartunista

3. De modo geral, as tirinhas expressam um ponto de vista crítico sobre as normas sociais implícitas e explícitas e sobre os mais diversos fatos cotidianos. Com isso, elas ilustram uma série de conceitos utilizados pelas Ciências Sociais para discutir a sociedade. O conceito de ideologia é um deles. Defina o seu significado e pense em uma situação cotidiana que possa ilustrar o conceito de ideologia, transpondo-a para uma tirinha.

4. Leia o poema "Agosto 1964", de Ferreira Gullar. Nele, o autor fala de uma insatisfação relacionada à vida em sociedade. Tente descobrir de qual contexto se trata e escreva um comentário. Não é preciso responder a nenhuma pergunta, apenas escrever sobre o contraste entre o que você aprendeu e o teor do poema.

> Entre lojas de flores e de sapatos, bares,
> mercados, butiques,
> viajo
> num ônibus Estrada de Ferro – Leblon.
> Volto do trabalho, a noite em meio,
> fatigado de mentiras.
>
> O ônibus sacoleja. Adeus, Rimbaud,
> relógio de lilases, concretismo,
> neoconcretismo, ficções da juventude, adeus,
> que a vida
> eu a compro à vista aos donos do mundo.
> Ao peso dos impostos, o verso sufoca,
> a poesia agora responde a inquérito policial-militar.
>
> Digo adeus à ilusão
> mas não ao mundo. Mas não à vida,
> meu reduto e meu reino.
> Do salário injusto,
> da punição injusta,
> da humilhação, da tortura,
> do terror,
> retiramos algo e com ele construímos um artefato
> um poema
> uma bandeira

GULLAR, Ferreira. *Toda poesia*. Rio de Janeiro: José Olympio, 1991. p. 164.

UNIDADE 1

PODER E CIDADANIA

A política é a arte de determinar como vamos viver juntos, conciliar nossos interesses e estabelecer regras de convivência. Poucas atividades humanas lidam com questões tão essenciais, tão dramáticas, que produzem tantas consequências. Um governo ditatorial, por exemplo, pode tirar mais vidas que a pior das epidemias. Já um bom programa de saúde pública, implementado por um governo preocupado com os princípios básicos de cidadania e bem-estar social, pode garantir qualidade de vida a muitos cidadãos.

É por meio da política que se decide quais serão os seus direitos, quanto de liberdade você terá, e quais serão suas chances de ter acesso a bens e oportunidades que possibilitem mais escolhas na vida de cada um. Em um jogo em que as apostas são tão altas, participam muitos aventureiros e desonestos em busca de vantagens e poder. A única alternativa ao governo dos aventureiros e desonestos é que você, o cidadão, aprenda como o jogo da política é jogado, e, ao lado de seus concidadãos, faça com que ele funcione a favor de todos.

Intervenção artística na cidade de Lisboa em homenagem à Revolução dos Cravos, que ocorreu em Portugal em 1974. O movimento foi responsável pela queda do regime ditatorial e a implantação da democracia. Foto de 2018.

Matthew Lambley/Alamy/Fotoarena

Política, poder e Estado

James Gourley/Shutterstock

Grafite de Banksy em Londres, 2017.

Quando você pensa em política, o que vem à sua cabeça? Provavelmente algo relacionado ao governo, às pessoas que administram a cidade, o estado ou o país. Talvez você pense em eleições, em candidatos, no voto. E talvez tenha uma opinião desfavorável sobre a política: muita gente, quando ouve falar em política, logo pensa em corrupção.

Mas você já pensou em quantas coisas boas na sua vida são fruto de lutas políticas? Por exemplo, hoje você pode postar na internet uma frase como "Odeio todos os políticos, o governo é corrupto". No Brasil, há pouco mais de trinta anos, quem criticasse o governo desse jeito poderia ser preso, torturado e até morto. Isso só deixou de ser assim graças a um movimento político forte e a um longo processo que mudou a forma de o país ser governado. E quem achar que outros problemas graves do Brasil podem ser resolvidos sem política está seriamente iludido.

A Ciência Política ajuda a entender como funcionam o governo, as leis que regulamentam a vida de cidadãos como você e seus colegas e as maneiras pelas quais os cidadãos se organizam para atuar politicamente.

NESTE CAPÍTULO VAMOS DISCUTIR:

1. Política e poder
2. O Estado
3. Os contratualistas: o que o Estado pode fazer?
4. Regimes políticos: a democracia
5. Partidos políticos

COMPETÊNCIAS E HABILIDADES DA BNCC

- Competências gerais da Educação Básica: 1, 6, 7 e 9.
- Competências específicas de Ciências Humanas e Sociais Aplicadas: 1, 2, 4, 5 e 6.
- Habilidades de Ciências Humanas e Sociais Aplicadas: EM13CHS201, EM13CHS204, EM13CHS501, EM13CHS503, EM13CHS602, EM13CHS603, EM13CHS605 e EM13CHS606.
- Competências específicas de Linguagens e suas Tecnologias: 1, 2, 4 e 5.
- Habilidades de Linguagens e suas Tecnologias: EM13LGG101, EM13LGG102, EM13LGG202, EM13LGG203, EM13LGG302, EM13LGG303, EM13LGG304, EM13LGG401 e EM13LGG502.

1 POLÍTICA E PODER

BIOGRAFIAS

Acesse o Plurall para saber mais sobre **Max Weber (1864-1920)**.

O conceito fundamental da Ciência Política é o conceito de **poder**. Segundo a definição do sociólogo alemão **Max Weber (1864-1920)** o centro da atividade política é a busca pelo poder. Para Weber, a política é a luta por participar do poder ou influenciar sua repartição. Mas o que, afinal, é o **poder**? Você já deve ter alguma ideia do que ele significa. Tem poder quem manda, quem é capaz de impor sua vontade sobre a dos outros. Essa é a definição clássica de poder: a possibilidade de impor a própria vontade, mesmo que seja contra a vontade dos outros.

Se um assaltante o ameaça com uma arma e lhe ordena que entregue a ele seu dinheiro, você provavelmente obedecerá, mesmo contra sua vontade. Quando isso acontece, ele está exercendo poder sobre você. Se a polícia interrompe o assalto e ordena ao ladrão que se renda, ele provavelmente vai obedecer, mesmo não tendo nenhuma vontade de ir preso. Quando isso acontece, os policiais exercem poder sobre o ladrão. Essas são formas de poder bastante simples: alguém obriga outro alguém a fazer alguma coisa por meio de ameaça de violência física.

Jeff Widener/Associated Press/Imageplus

Em 4 junho de 1989, o governo chinês reprimiu duramente um protesto pacífico que ocorria na Praça Tiananmen, também conhecida como Praça da Paz Celestial, em Pequim, na China, resultando em milhares de mortos e feridos. A cena da fotografia foi registrada no dia seguinte ao massacre: um homem posicionou-se na frente dos tanques, impedindo que adentrassem a praça.

Entretanto, o poder com base apenas na ameaça de violência é frágil. O ladrão só consegue mandar no pequeno número de pessoas que mantém sob a mira de sua arma. Para o poder se estabelecer sobre grande número de pessoas por um tempo razoável, é preciso que elas obedeçam mesmo quando não se vejam explicitamente ameaçadas. Imagine, por exemplo, se o governo precisasse manter um policial armado acompanhando cada um de nós, o tempo todo, para que cumpríssemos a lei. Dificilmente um governo como esse conseguiria manter-se por muito tempo.

Weber chamou de **dominação** a probabilidade de encontrar obediência em um grupo de pessoas. A dominação, para durar, precisaria ser *legítima*: isto é, precisaria, de alguma forma, convencer as pessoas de que é certo obedecer. As pessoas podem se convencer por motivos diferentes. Weber identificou três principais tipos de dominação legítima. Eles não são os únicos possíveis e, na prática, quase sempre se misturariam em um processo de dominação. Os três tipos de dominação legítima, segundo Weber, são os seguintes:

- **Dominação tradicional**: é a dominação que se baseia no costume — quando se obedece porque "sempre foi assim" — ou em um hábito tão forte que nos pareceria estranho nos desviarmos dele. Muitas monarquias, por exemplo, foram e são legitimadas pela tradição: obedecer ao rei e à sua família já se tornou parte da maneira de viver de determinada sociedade, e os súditos achariam estranho viver de outro jeito. Em algumas religiões, é comum que os fiéis obedeçam ao líder espiritual porque esse comportamento já se tornou parte importante das crenças daquela religião.

Bandar Algaloud/Saudi Kingdom Council/Anadolu Agency/Getty Images

Rei Salman, da Arábia Saudita, um exemplo de líder que tenta se legitimar como representante das tradições do país (no caso, principalmente das tradições religiosas). Na Arábia Saudita, o rei é chamado de "Guardião das Duas Mesquitas Sagradas" (as de Meca e Medina). O próprio país é assim chamado por causa do nome de sua família, Saud, que está no poder desde 1932. Foto de 2019.

- **Dominação racional-legal**: é a dominação que se baseia na crença de que é correto obedecer à lei. Não porque a lei seja inspirada por ordem ou crença divina, ou porque se concorde com todos os detalhes de todas as leis, ou porque obedecer seja sempre do seu interesse, mas porque a lei deve ser cumprida. Para entender o que seria a crença na lei, basta pensar no que consideramos, na sociedade moderna, um bom **funcionário público**. Um bom funcionário público deve ter conseguido seu emprego por competência técnica (demonstrada em concurso público); deve sempre seguir o que diz a lei; e deve aplicá-la igualmente a todos os cidadãos, brancos ou negros; ricos ou pobres; da mesma igreja do funcionário ou não; do mesmo partido político do funcionário ou não. Esse funcionário público corresponde ao ideal da dominação racional-legal.

funcionário público: funcionário do Estado selecionado por meio de concurso público, no qual os candidatos são avaliados anonimamente. São funcionários públicos, por exemplo, os juízes, os professores das escolas públicas e os médicos dos hospitais públicos.

- **Dominação carismática**: é a dominação que se baseia na crença de que o líder político possui qualidades excepcionais, dons extraordinários. Os liderados podem acreditar que o líder é inspirado por Deus, ou que é excepcionalmente capaz de compreender o verdadeiro destino da nação. Os liderados podem estar enganados, ou seja, o líder pode não ter nenhuma dessas qualidades. Mas ele vai exercer poder sobre eles enquanto os mantiver convencidos de que tem essas qualidades, muitas vezes inspirando-os a fazer coisas que geralmente não fariam.

Everett Collection/Shutterstock

Bettmann Images/Getty Images

O carisma pode influenciar multidões em favor das mais diversas causas. Na foto acima, de 1939, o ditador Adolf Hitler, que governou a Alemanha entre 1933 e 1945. Hitler incitou o ódio contra minorias, e sua capacidade pessoal de mobilização, somada ao contexto histórico do período, teve como consequências a perseguição, a discriminação e a morte de milhões de pessoas. Na época, na Alemanha, a vontade do *führer* ("líder", em alemão) valia muito mais do que a lei. Na foto ao lado o pastor batista estadunidense Martin Luther King, em 1965. King combateu as leis racistas do sul do país e atuou pela busca da igualdade. As ideias defendidas por ele já estavam na pauta de vários movimentos pelos direitos civis dos negros nos Estados Unidos, mas suas ações baseadas na não violência e no amor ao próximo inspiraram milhões de negros, especialmente entre 1955 e 1968, ano em que foi assassinado.

VOCÊ JÁ PENSOU NISTO?

A quem você obedece? A seus pais, aos professores, a um líder religioso, ao prefeito? Pense nos motivos que o fazem obedecer a cada uma dessas pessoas. A quais delas você obedece por motivos afetivos, a quais porque "é assim que as coisas são", a quais por reconhecer que são competentes em determinada área? Você considera que há abuso de poder em algum desses casos? Havendo abuso de poder, você acredita que seria melhor deixar de obedecer?

Veja como as coisas são mais complexas do que aparentam. Começamos este capítulo estudando que o poder é a possibilidade de impor a vontade sobre os outros. Quando concluímos que o poder que é só imposto não consegue se estabelecer por muito tempo, descobrimos que os que obedecem precisam de motivos para obedecer. Esses motivos são muito mais complexos do que o medo da violência: a dominação, para ser bem-sucedida, precisa respeitar as tradições dos dominados, ou precisa oferecer-lhes a inspiração e o entusiasmo que uma grande liderança é capaz de produzir, ou precisa garantir a ordem segundo os princípios da lei. Ou talvez precise oferecer as três coisas, ou ainda outras que Weber não listou.

No fim, os dominados não se limitam a obedecer; eles têm valores, expectativas e exigências que impõem limites a quem exerce o poder. O político que resolver ignorar a questão "Afinal, por que essas pessoas me obedecem?" corre o risco de descobrir que, com o tempo, elas podem parar de obedecer.

2 O ESTADO

Boa parte dos trabalhos de Ciência Política estuda o **Estado**. A definição de Estado mais utilizada pelos especialistas também foi formulada por Max Weber e diz o seguinte: o Estado é o detentor do monopólio da violência legítima em determinado território. Em outras palavras: o Estado tenta ser a única instituição à qual a população reconhece o direito de, em determinadas ocasiões, praticar a violência. A população aceita essa situação por diferentes motivos, que variam de sociedade para sociedade. Vamos discutir em separado cada parte da definição de Estado.

Monopólio é uma palavra emprestada da economia e descreve uma empresa que, devido à falta de empresas concorrentes, consegue se estabelecer como única vendedora de certo produto, negócio ou serviço. Quando afirmou que o Estado tenta exercer um monopólio da violência legítima em determinado território, Weber quis dizer que o Estado tenta tornar-se a única instituição capaz de praticar a violência naquele território de maneira legítima.

Mas o que seria a violência "legítima"? Para compreender, pense na seguinte situação: você está vendo, na TV, imagens de um conflito entre policiais e criminosos. Os dois lados estão praticando violência, um está atirando no outro. No entanto, para você, o que cada um está fazendo não é a mesma coisa. Você provavelmente acha que a polícia tem mais direito de atirar nos criminosos do que os criminosos têm de atirar na polícia. Você pode achar que, em circunstâncias como aquela, a polícia tem o direito de praticar a violência; os criminosos, não. Em outras palavras, você provavelmente considera que a violência praticada pela polícia no cumprimento da lei é legítima.

ASSIM FALOU Max Weber

A violência não é, evidentemente, o único instrumento de que se vale o Estado — não haja a respeito qualquer dúvida —, mas é seu instrumento específico. Em nossos dias, a relação entre o Estado e a violência é particularmente íntima. Em todos os tempos, os agrupamentos políticos mais diversos — a começar pela família — recorreram à violência física, tendo-a como instrumento normal de poder. Em nossa época, entretanto, devemos conceber o Estado contemporâneo como uma comunidade humana que, dentro dos limites de determinado território — a noção de território corresponde a um dos elementos essenciais do Estado —, reivindica o monopólio do uso legítimo da violência física.

WEBER, Max. *Ciência e política:* duas vocações. São Paulo: Cultrix, 2011. p. 56 (texto original de 1919).

Por que costumamos achar que a violência da polícia contra os criminosos é legítima? Porque, em geral, ela é praticada para fazer cumprir a lei. O valor que damos à lei deve-se ao fato de que, nas sociedades modernas (como a nossa), predomina a forma de dominação racional-legal, que explicamos no item anterior: para nós, o que vale é a lei. Quando vemos policiais cometerem violência sem cumprir a lei (por exemplo, matando um inocente), nos revoltamos contra eles. A violência da polícia só é considerada legítima quando praticada conforme a lei.

Porém é preciso ter em mente uma questão muito importante: os Estados modernos (brasileiro, estadunidense, francês, etc.) não se formaram porque seus fundadores desejavam proporcionar bem-estar à população, respeitar a tradição, garantir o respeito à lei, ou porque desejavam ser "modernos". Vamos ver como esse processo está relacionado com nossa discussão sobre o monopólio da violência e a necessidade de que os dominadores sejam aceitos pelos dominados.

VOCÊ JÁ PENSOU NISTO?

Imagine que um país estrangeiro com um exército poderoso invadisse o Brasil e destruísse completamente as Forças Armadas brasileiras. Imagine que o presidente desse país estrangeiro dissesse que, daquele momento em diante, mandaria no Brasil e só ele poderia decidir o que é certo ou errado. Mesmo se o governo invasor tivesse o monopólio da violência, você o reconheceria como legítimo? Você acha que o governo invasor poderia sobreviver por muito tempo com base apenas na força?

Andre_MA/Shutterstock

Manifestação contra a violência policial no Rio de Janeiro (RJ), em 2020. Embora a polícia tenha legitimidade para usar a violência nos casos previstos na lei, a população repudia atos de violência policial arbitrários.

BIOGRAFIAS

Acesse o Plurall para saber mais sobre **Charles Tilly (1929-2008)**.

Em seus estudos sobre a formação dos Estados modernos, o cientista político e historiador estadunidense **Charles Tilly (1929-2008)** destacou que, quando se formaram, o poder que os Estados modernos exerciam sobre o povo não era muito diferente do que o assaltante armado exerce sobre sua vítima; ou seja, para não agredir a população, o Estado cobrava dela. Entretanto, para se manter, ele precisa conquistar o apoio dos governados.

Você deve ter aprendido que o Estado moderno cresceu como uma aliança entre os monarcas europeus e a burguesia. O desenvolvimento capitalista trouxe mais riqueza para os cofres do Estado. Ao mesmo tempo, a burguesia ia "domesticando" o Estado, conquistando cada vez mais direitos, obrigando os governos a respeitar as leis que defendiam suas liberdades e sua propriedade.

As classes populares foram motivadas por essas conquistas de direitos, e também passaram a se organizar para exigir o direito de votar, de formar sindicatos, de defender as próprias ideias, etc. O resultado desse processo foi a formação das democracias modernas.

Entretanto, é importante notar que, como observou **Antonio Gramsci (1891-1937)**, nas sociedades modernas o poder não é exercido apenas pelo governo, pela polícia, pelos tribunais, pela violência. A disputa pelo poder passa pela disputa de ideias, pela produção de cultura, de notícias, e até pela discussão nas próprias Ciências Sociais.

As diferentes classes e os diferentes grupos sociais lutam, entre outras coisas, para convencer a sociedade de que suas ideias representam o interesse de todos. Cada grupo tem sua ideia, por exemplo, de como a sociedade deveria se organizar em relação ao que e como será produzido, como responder às demandas públicas de saúde e educação, quais soluções deveriam ser adotadas para resolver o problema de moradia da população, ou mesmo decidir se isso representa ou não um problema. Para colocar em prática todas essas questões, os grupos tentam formar alianças que incluam o maior número possível de pessoas entre as que serão beneficiadas por seu projeto político. Isso nunca será feito apenas pela força, ou só pelo interesse econômico, e muito menos pela propaganda, mas exigirá que as pessoas sejam convencidas. Gramsci chamou esse processo de luta pela **hegemonia**, ou seja, pela liderança da sociedade.

Parte importante da política moderna é a disputa entre os vários projetos políticos pela hegemonia. Na democracia, esses diversos projetos se enfrentam sem ter o direito de se imporem pela força.

Vamos ver agora algumas ideias que foram fundamentais para a consolidação do Estado moderno tal qual o conhecemos. Começaremos com o filósofo **Nicolau Maquiavel (1469-1527)**, pois não é possível falar da política moderna sem falar de sua obra. Maquiavel é considerado o fundador da Ciência Política e um dos principais teóricos do Estado moderno, por um motivo simples: em vez de pensar apenas em como a política deveria ser, analisou-a com base no que ela é, considerando exemplos históricos.

BIOGRAFIAS

Acesse o Plurall para saber mais sobre **Antonio Gramsci (1891-1937)** e **Nicolau Maquiavel (1469-1527)**.

Mirrorpix/Getty Images

Em 2003, os Estados Unidos invadiram o Iraque alegando, entre outras coisas, que implantariam a democracia no país. A foto mostra a etapa relativamente fácil da ação: o imenso poderio militar estadunidense derrotou o ditador Saddam Hussein, que governava o Iraque (representado na estátua que está sendo derrubada, em Bagdá). Porém, os Estados Unidos não conseguiram construir um acordo entre os vários grupos étnicos e religiosos na sociedade iraquiana. Iniciou-se uma guerra civil, durante a qual surgiu o grupo Estado Islâmico, conhecido por administrar com extrema violência as áreas que controla e por patrocinar ataques terroristas ao redor do mundo. Esse exemplo permite demonstrar como é difícil fazer política apenas com a força.

3 OS CONTRATUALISTAS: O QUE O ESTADO PODE FAZER?

BIOGRAFIAS

Acesse o Plurall e conheça mais sobre **Thomas Hobbes (1588-1679)**, **John Locke (1632-1704)** e **Jean-Jacques Rousseau (1712-1778)**.

Maquiavel foi o grande pensador da fundação dos Estados, cuja origem está na guerra e na dominação. Mas o Estado é uma forma de dominação, e, como vimos, a dominação precisa ser legítima, precisa convencer quem obedece de que é certo obedecer. Por isso, quando o Estado moderno foi formado, vários pensadores tentaram resolver o seguinte problema: quando o Estado é legítimo?

Durante esses debates, muitos dos conceitos atuais sobre liberdade, igualdade e democracia foram formados. Vamos explorar agora três autores que fundamentaram a existência e as atribuições do Estado e embasaram boa parte das ideias políticas que vigoram atualmente. Eles são conhecidos como *contratualistas*, pois viam o Estado como resultado de um *contrato* entre o Estado e os cidadãos, que concordavam em obedecer a uma estrutura de poder com regras próprias.

Isto é, embora o Estado tenha se formado por meio da conquista e da guerra, os contratualistas se perguntavam: se todos nos reuníssemos e fundássemos um Estado por nossa própria vontade, como ele seria? Esse Estado seria, sem dúvida, legítimo, pois expressaria a vontade livre dos que obedecem.

Folha de rosto (página que abre um livro) da primeira edição de *Leviatã*, de 1651, principal obra de Thomas Hobbes. A armadura do gigante (que representa o Estado) é formada por uma multidão de pequenas pessoas que abdicaram de sua liberdade em troca da proteção do gigante que construíram.

Contratualistas como os ingleses **Thomas Hobbes (1588-1679)** e **John Locke (1632-1704)** e o franco-suíço **Jean-Jacques Rousseau (1712-1778)** se perguntaram como seria a vida sem o Estado, no que chamavam de **estado de natureza**. Por que as pessoas que viviam no estado de natureza decidiriam criar o Estado?

Para Thomas Hobbes, a vida no estado de natureza seria violenta, pobre e curta. Se você vivesse no estado de natureza, teria medo de ser atacado pelas outras pessoas. Afinal, se duas delas se juntassem para matá-lo e roubar tudo o que você possuía, o que poderia ser feito? A melhor coisa a fazer seria se armar para se defender. Assim, haveria uma guerra de todos contra todos. Nessa situação, ninguém teria interesse em trabalhar muito. Sempre preocupado em fazer guerra contra as outras pessoas e sem tempo para buscar o seu sustento, é pouco provável que você conseguisse sobreviver por muito tempo.

Nessa situação, disse Hobbes, o medo levaria as pessoas a fundar o Estado. Nesse momento, elas abririam mão de sua liberdade e concordariam em obedecer-lhe. Em contrapartida, o Estado deveria garantir a paz e a lei, para que as pessoas, sem medo de serem atacadas a qualquer momento, pudessem trabalhar e prosperar. Hobbes viveu durante uma sangrenta guerra civil na Inglaterra. Por esse motivo, sua maior preocupação com relação ao Estado era que ele garantisse a paz.

John Locke tinha uma visão bem mais otimista sobre o estado de natureza. Nele, as pessoas seriam livres e já teriam direito à propriedade do que produzissem. Para entender por que esse direito seria reconhecido, vamos supor um exemplo: quando você cuida de uma plantação, seu trabalho fica misturado à terra. Como é impossível separar seu trabalho da terra (sem destruir a plantação), aquela plantação é sua — no contexto do estado de natureza. Mas, se o estado de natureza não era tão abominável como Hobbes imaginava, por que as pessoas fundariam o Estado?

Bem, porque muitas vezes surgiriam conflitos sobre quem teria direito a quê. E ninguém é bom juiz de si mesmo. Dessa forma, o Estado seria criado para cumprir a função de juiz nesses casos. E aqui está a diferença entre Hobbes e Locke: o Estado, para Locke, não poderia julgar do jeito que quisesse. Quando as pessoas fundaram o Estado, elas já possuíam o direito à liberdade e à propriedade. Por isso, só seriam obrigadas a obedecer ao Estado se ele protegesse os direitos à liberdade e à propriedade que elas já possuíam no estado de natureza. Assim, se o Estado ameaçasse sua liberdade ou sua propriedade, qualquer um teria o direito de se rebelar contra ele. Locke viveu na época da Revolução Gloriosa inglesa: como resultado dessa revolução, o rei foi obrigado a aceitar leis que limitavam seu poder e garantiam direitos aos seus súditos.

Retrato de Thomas Jefferson (1743-1826) feito em 1800 por Rembrandt Peale (óleo sobre tela, 58,7 cm × 48,8 cm). Thomas Jefferson foi um dos principais líderes da independência e foi o terceiro presidente dos Estados Unidos. A Declaração de Independência e a Constituição estadunidenses foram muito influenciadas pelas ideias do inglês John Locke, em especial por seus conceitos de liberdade e propriedade.

Para Rousseau, o estado de natureza era ainda melhor do que na concepção de Locke. Se você vivesse no estado de natureza de Rousseau, seria livre e feliz com o pouco que possuísse. Entretanto, o convívio levaria você a se importar cada vez mais com a opinião alheia e a tentar ser melhor que seus semelhantes. Aos poucos, as pessoas deixariam de ser iguais, e o golpe final contra a igualdade viria com a invenção da propriedade. Após a invenção da propriedade, seria necessário criar o Estado e as leis para protegê-la.

Mas a perda da liberdade natural do ser humano poderia ao menos ser compensada pela conquista da liberdade do cidadão. Para Rousseau, a única maneira de preservar a liberdade após o surgimento do Estado seria se todos aceitassem entregar seus direitos uns aos outros (e não ao governante, como na concepção de Hobbes). Ao fazer isso, o indivíduo não teria interesse em exigir demais das outras pessoas, porque tudo o que exigisse poderia ser exigido dele também. Nesse contexto, seria preciso merecer sua liberdade, participando da vida política do país e, principalmente, da elaboração de suas leis. O Estado mereceria ser considerado legítimo quando suas leis fossem criadas pela vontade geral, que é a vontade do conjunto dos cidadãos que visa ao bem comum. Se cada um pensar somente em si mesmo ao escrever as leis, o Estado funcionará mal, e aos poucos todos perderão sua liberdade.

VOCÊ JÁ PENSOU NISTO?

Imagine que você tem um conflito com seu vizinho. Pode ser um conflito simples (ele ouve música em volume alto demais) ou mais grave (ele desafia todo mundo a brigar). Como você resolve isso? Se não for possível resolver o problema conversando, você chamará a polícia (isto é, chamará o Estado para ser o juiz)? O que a polícia teria direito de fazer caso fosse chamada? Você acha que a polícia poderia agredir seu vizinho ou quebrar os móveis da casa dele? Quais direitos você acha que seu vizinho tem que o Estado não pode desrespeitar?

Algumas ideias dos contratualistas			
	Como seria a vida sem o Estado?	**Por que se formaria o Estado?**	**O que as pessoas poderiam esperar do Estado?**
Hobbes	Violenta e pobre (a guerra de todos contra todos).	O medo de morrer faria as pessoas aceitarem uma autoridade que garantisse a ordem.	Que a paz e a ordem fossem garantidas.
Locke	As pessoas já teriam direitos naturais.	Ninguém é bom juiz de si mesmo, e o Estado seria necessário para decidir conflitos entre as pessoas.	Que os direitos e as liberdades individuais fossem preservados.
Rousseau	As pessoas seriam livres e se contentariam com pouco.	Para defender a propriedade, que daria início à desigualdade entre as pessoas.	Que os cidadãos possam participar ativamente das decisões do Estado, em nome do interesse de todos.

As ideias de Hobbes, de Locke e de Rousseau ajudam a entender melhor o que explicamos sobre política e sobre o Estado. Hobbes formulou uma justificativa consistente para a existência do Estado, e suas ideias sempre voltam à tona quando a ordem pública está seriamente ameaçada (por exemplo, quando há uma guerra civil ou um surto de violência). Locke foi o primeiro grande defensor moderno da liberdade e dos direitos do cidadão, tanto políticos quanto econômicos. E Rousseau discutiu com especial competência as questões da democracia e da igualdade.

BIOGRAFIAS

Acesse o Plurall para saber mais sobre **Norberto Bobbio (1909-2004)**, **Nicola Matteucci (1926-2006)**, **Gianfranco Pasquino (1942-)**, **Mike Alvarez (1962-)**, **José Antonio Cheibub (1960-)**, **Fernando Limongi (1958-)** e **Adam Przeworski (1940-)**.

4 REGIMES POLÍTICOS: A DEMOCRACIA

Na discussão sobre os contratualistas, vimos que há opiniões diferentes sobre como o Estado deve ser organizado, quais são os direitos e deveres dos cidadãos e quais valores os cidadãos devem ter para que a política funcione bem. Dependendo de sua posição diante dessas questões, podemos dizer que você defende certo tipo de **regime político**. Segundo o *Dicionário de política* organizado pelos italianos **Norberto Bobbio (1909-2004)**, **Nicola Matteucci (1926-2006)** e **Gianfranco Pasquino (1942-)**, um regime político é o conjunto de instituições, leis e valores que regulam a luta pelo poder em determinada sociedade.

Boa parte das diferenças entre os regimes políticos democráticos da atualidade se explica pela maneira como, em cada país, organizam-se três poderes fundamentais: o Legislativo (que tem o poder de escrever e votar as leis), o Executivo (que controla o poder para aplicar as leis com base na força — usando, por exemplo, a polícia) e o Judiciário (que garante que o Executivo aplique seu poder somente dentro do que diz a lei).

O regime político que mais nos interessa neste livro é a **democracia**, que é o adotado no Brasil. O regime político em um país é democrático quando ele tem três características principais, segundo os cientistas políticos **Mike Alvarez (1962-)**, **José Antonio Cheibub (1960-)**, **Fernando Limongi (1958-)** e **Adam Przeworski (1940-)**:

1. **O chefe de governo do Poder Executivo é eleito pelo voto:** isso ocorre não só quando os eleitores votam diretamente para presidente da República (como no Brasil), mas também quando votam nos parlamentares, que, por sua vez, elegem o primeiro-ministro (como na Inglaterra).

2. **Os membros do Poder Legislativo são eleitos pelo povo:** os eleitores escolhem os parlamentares (deputados, senadores) que vão elaborar as leis do país.
3. **Há mais de um partido:** isto é, se só um partido puder disputar eleições, elas obviamente não serão livres; se só há uma opção para escolher, não há escolha.

Este último ponto é importante. Quando dizemos que em uma democracia há eleições, estamos falando de eleições "limpas", ou seja, que transcorram conforme as regras eleitorais. No Brasil do começo do século XX, por exemplo, havia eleições, mas o voto não era secreto. Portanto, os detentores do poder coagiam os eleitores a votar em quem eles mandassem e até mesmo vingavam-se dos que tivessem votado em outro candidato. Ainda hoje, em vários países, há fraudes na contagem dos votos: o partido do governo sempre ganha, não importa quantos votos tenha tido. É claro que, nesses casos, não há democracia. Como bem disse o cientista político polonês Adam Przeworski, para existir democracia, é preciso que haja a possibilidade de o governo perder a eleição.

Erich Sacco/Shutterstock

Vista aérea da praça dos Três Poderes, em Brasília (DF), onde foram construídas as sedes dos órgãos máximos de cada poder: o Judiciário (Supremo Tribunal Federal, onde onze ministros julgam se a lei máxima — a Constituição — está sendo respeitada e cumprida), o Legislativo (Congresso Nacional, onde se reúnem senadores e deputados) e o Executivo (Palácio do Planalto, onde trabalha o presidente). Foto de 2021.

Mesmo em países democráticos, há diferenças importantes na configuração dos regimes políticos. A principal diferença é entre o **sistema de governo parlamentarista** e o **presidencialista**.

Nos regimes parlamentaristas, como o inglês e o alemão, os cidadãos votam nos deputados (o Poder Legislativo), que, por sua vez, elegem o chefe de governo do Poder Executivo (o primeiro-ministro). A maioria dos deputados pode, a qualquer momento, derrubar o governo, caso decida que ele não está desempenhando bem suas funções.

Nos regimes presidencialistas, como o brasileiro e o estadunidense, o Poder Legislativo também é eleito pelo povo. A diferença é que o chefe de governo do Poder Executivo é escolhido pelo povo, e não pelos deputados. O Poder Legislativo não pode derrubar o presidente apenas por considerar que ele está fazendo um mau governo.

House of Commons/PA Images/Getty Images

Sessão do parlamento na Câmara dos Comuns do Reino Unido, em 2022. O Reino Unido é uma monarquia parlamentar, ou seja, adota o parlamentarismo como sistema de governo.

Chris Allan/Shutterstock

Ao lado, o presidente dos Estados Unidos, Joe Biden, durante discurso no ano de 2021. Os Estados Unidos são uma república presidencialista.

VOCÊ JÁ PENSOU NISTO?

Pense em alguém que tenha autoridade sobre você, que de alguma forma mande em você: seus pais, seu professor, seu líder religioso, etc. Você já deve ter percebido que essas pessoas não podem mandar você fazer qualquer coisa. Precisam seguir algumas regras que não criaram: os costumes da sociedade, a lei, as regras da escola, os princípios da religião, entre outras. Se eles pudessem sempre fazer as próprias regras, você acha que isso aumentaria ou diminuiria as chances de abusarem do poder? Como isso pode ser relacionado à divisão entre Poder Legislativo e Poder Executivo?

No Brasil, em 1993, houve um plebiscito para escolher a configuração do regime político. Os cidadãos foram às urnas para decidir se o sistema de governo seria presidencialista ou parlamentarista, e a forma de governo, monarquia ou república. Venceram o presidencialismo e a república, vigentes no país até hoje. Assim, os brasileiros votam de quatro em quatro anos para presidente da República, para deputado e para senador, e é possível votar em partidos diferentes para cada um dos cargos. Isso pode levar a impasses, porque o presidente, muitas vezes, não tem apoio da maioria no Poder Legislativo para aprovar as leis que defende.

Vale lembrar, a propósito, que nem todos os regimes políticos são democráticos. Nos regimes autoritários, a população não tem o direito de escolher seus governantes: quem controla o Poder Executivo (isto é, a força) em geral faz as leis que bem entende e as aplica como quer. Além disso, as pessoas raramente têm liberdade para manifestar suas opiniões sobre política e não podem se defender se o Estado atacar seus direitos. No mundo atual, a China e a Arábia Saudita são exemplos de regimes autoritários.

PARA SABER +

Sudão do Sul: um novo Estado

Em 9 de julho de 2011, foi criado um novo país, a República do Sudão do Sul, formado a partir da independência da região sul do Sudão. Como vários outros países, o Sudão do Sul tem sua origem em uma guerra: a sangrenta guerra civil entre o governo do Sudão e os rebeldes do Exército Popular da Libertação do Sudão. Um dos motivos principais da guerra era o fato de que a maior parte das reservas de petróleo do Sudão se localizava no sul do país. Além disso, havia diversos conflitos étnicos entre os povos que compunham o Sudão.

Em janeiro de 2005, as duas partes assinaram um tratado de paz em Naivasha, no Quênia. O tratado previa para 2011 um referendo (votação popular para aprovar ou rejeitar uma proposta) que decidiria se o Sudão do Sul se tornaria independente. O referendo aconteceu em 7 de janeiro de 2011, e a maioria dos eleitores do Sudão do Sul optou pela independência.

Desde então, uma das prioridades do governo do Sudão do Sul tem sido, como é característico de um novo Estado, tentar desarmar a população, garantindo para si o monopólio da violência legítima. A Organização das Nações Unidas (ONU) financia um programa que busca garantir a reinserção dos antigos combatentes da guerra contra o Sudão na vida civil. Esses esforços, entretanto, não impediram que o país passasse por outra guerra civil a partir de 2013. Um tratado de paz foi assinado em 2018, mas as tensões continuam. Na Europa, a consolidação dos Estados Nacionais também foi muito sangrenta: na Inglaterra, que hoje é um dos países mais estáveis do mundo, houve grandes conflitos políticos e religiosos. Na América do Sul, a violentíssima Guerra do Paraguai foi muito importante na consolidação dos Estados da região (inclusive o Brasil).

É importante ter isso em mente para não achar que os atuais conflitos africanos são causados por algo específico das culturas dos povos da África. A consolidação dos Estados Nacionais sempre é difícil, e só nos resta esperar que os diversos setores da sociedade sul-sudanesa, os países vizinhos da nova nação, e os órgãos de governança global (como a ONU) consigam reduzir as tensões na região.

5 PARTIDOS POLÍTICOS

Em uma democracia, deve haver liberdade para que todos apresentem propostas a serem discutidas com os demais cidadãos. Mas como cada cidadão, sozinho, pode ter influência sobre todos os outros? Digamos que você tenha uma boa ideia sobre uma nova lei, ou sobre como o país deve ser governado. Como agir para que todos os outros brasileiros ouçam sua opinião e possam avaliar se você tem razão?

Uma solução é juntar-se a outros cidadãos que pensam mais ou menos como você para ampliar sua influência. Essa é a ideia por trás dos partidos políticos. Os partidos políticos são associações que têm o objetivo de disputar o poder político. Quando você resolve filiar-se a um partido político, sabe que as ideias do partido não vão ser exatamente iguais às suas (afinal, os outros membros do partido também têm o direito de dar suas opiniões, que nem sempre coincidirão com a sua). Mas, se fizer uma boa escolha, você vai optar pelo partido com ideias mais próximas das suas. Boa parte da política consiste nisso: juntar-se a outras pessoas para defender ideias e interesses semelhantes.

Como surgiram os partidos modernos? Sempre que há Estado, há grupos que lutam entre si para controlá-lo. Mesmo onde o rei tem poder absoluto existem outros grupos tentando convencê-lo a fazer coisas diferentes. Porém esses grupos não são semelhantes aos partidos modernos, que se formaram quando o direito ao voto foi se tornando mais abrangente, passando a incluir os homens brancos de classe média e depois os mais pobres, os negros, as mulheres, etc. A partir desse momento, todos os grupos que queriam ganhar influência sobre o Estado precisaram correr atrás do apoio dos eleitores.

Além disso, os operários formaram seus próprios partidos assim que puderam. Por que os mais pobres se esforçaram tanto para formar partidos? Porque os ricos têm outras formas de se fazer ouvir na política. Podem, por exemplo, comprar espaço nos jornais para divulgar suas ideias. Os que não desejam concorrer a cargos no governo podem financiar as campanhas dos candidatos — que, em contrapartida, precisarão ouvir o que seus financiadores querem. Já os pobres não podiam (nem podem) fazer nada disso. Portanto, quando se formaram, os partidos socialistas e trabalhistas visavam juntar a contribuição financeira de milhares de pessoas para terem chance de competir com os mais ricos pelo poder político.

Reprodução/Time

Capa da edição de 25 de maio de 1992 da revista *Time*, com o milionário Ross Perot, que concorreu à Presidência dos Estados Unidos naquele ano. Perot disputou essa eleição como candidato independente — ou seja, sem ser filiado a um partido, o que é permitido nos Estados Unidos — e pagou boa parte de sua campanha com dinheiro do próprio bolso. Para quem não pode custear as próprias campanhas, resta a alternativa de ingressar em um partido (ou formar um novo).

Reprodução/UK Labour Party

Cartaz de campanha do Partido Trabalhista Inglês, de 1923. O texto diz: "Use a cabeça! Apoie alguém do seu próprio time, vote nos trabalhistas".

VOCÊ JÁ PENSOU NISTO?

Muita gente no Brasil diz que não gosta de partidos políticos porque "vota em pessoas, não em partidos". Vale a pena pensar em alguns problemas que essa atitude pode acarretar. Por exemplo, nem todos os partidos defendem as mesmas coisas. O partido que o candidato escolheu não reflete suas opiniões a respeito de assuntos importantes? Além do mais, como o Brasil é um país em que os votos costumam se dividir entre muitos partidos, o candidato provavelmente terá de fazer alianças com outros partidos para conseguir governar. Sem saber de que partido ele é, como saber quais partidos são seus aliados? Será que você concorda com o que esses outros partidos defendem?

A fundação dos partidos socialistas forçou a formação de outros grandes partidos, que representavam outros grupos sociais e outras ideias. Como notou o cientista político francês **Maurice Duverger (1917-2014)**, em muitos países modernos a disputa costumaria ocorrer entre dois grandes partidos:

1. um partido de esquerda, que defende a cobrança de impostos dos mais ricos para oferecer benefícios aos mais pobres. São os partidos socialistas e semelhantes;
2. um partido de direita, que defende que o Estado não interfira muito na economia, para que ela cresça mais. São os partidos liberais ou conservadores.

BIOGRAFIAS

Acesse o Plurall e saiba mais sobre **Maurice Duverger (1917-2014)**.

Nos Estados Unidos, há um partido um pouco mais à esquerda (o Partido Democrata) e outro um pouco mais à direita (o Partido Republicano). Na Inglaterra, essa distinção é mais evidente, com um partido claramente de esquerda (o Partido Trabalhista) e um partido claramente de direita (o Partido Conservador). Mesmo onde há mais de dois partidos importantes (no Brasil, como veremos, há bem mais que dois), é comum que os vários partidos se organizem em dois blocos: um mais à esquerda, outro mais à direita.

Nas disputas entre os partidos modernos, para conquistar a maioria e vencer a eleição, os partidos principais precisam disputar a simpatia (o voto) do centro: pessoas que

não são nem muito de esquerda, nem muito de direita. Para isso, terão de tornar-se menos inflexíveis. A esquerda, por exemplo, vai ter de aceitar cobrar menos impostos do que gostaria. A direita, por sua vez, vai ter de concordar em oferecer alguns serviços sociais à população mais pobre.

Esse elemento de moderação proporcionado pela disputa por votos é importante para a manutenção da democracia moderna. Mas também traz sérios problemas. Há o risco de os partidos pararem de defender qualquer ideia e se tornarem iguais. Nesse caso, as pessoas realmente interessadas em defender alguma ideia poderiam perder o interesse na democracia. Esse é um dos grandes desafios da democracia moderna.

VOCÊ APRENDEU QUE

Poder é a capacidade de impor sua vontade sobre as outras pessoas, mesmo contra a vontade delas.

A política é a luta por participar do poder ou influenciar sua repartição, seja no Estado, seja entre os Estados, seja nos grupos de pessoas que compõem o Estado.

Se por algum motivo as pessoas concordam em obedecer, dizemos que há dominação legítima. Entre os tipos de dominação legítima, Weber destacou a dominação **tradicional**, a **racional-legal** e a **carismática**.

O Estado busca obter o monopólio da violência legítima em determinado território.

Os contratualistas discutiram o que o Estado podia ou não fazer. Para Hobbes, o Estado poderia fazer tudo, desde que garantisse a segurança da população. Para Locke, só poderia fazer o necessário para proteger os direitos naturais à liberdade e à propriedade. E, para Rousseau, o Estado não poderia fazer nada se suas leis não seguissem a vontade geral dos próprios cidadãos.

Regimes políticos são o conjunto das instituições, leis e valores que regulam a disputa pelo poder.

Democracia é um regime em que os membros do Poder Legislativo são eleitos pelo voto de todos os cidadãos, em eleições livres disputadas por mais de um partido. Nos regimes presidencialistas, os cidadãos geralmente votam no chefe de governo do Poder Executivo; nos parlamentaristas, o ocupante desse cargo, de modo geral, é escolhido pelos parlamentares eleitos pela população.

Partidos políticos são grupos organizados com o objetivo de conquistar o poder.

ATIVIDADES

REVENDO

1. O que o detentor de poder precisa fazer para manter sua dominação?
2. Para Weber, qual é o conceito de Estado?
3. Como se deu a passagem do estado de natureza para o Estado, segundo Hobbes e Locke?
4. Qual é a principal diferença entre parlamentarismo e presidencialismo?
5. Por que dizemos que, em um sistema com dois partidos (ou dois blocos de partidos), a competição entre eles fará com que se tornem menos radicais?

CONSTRUINDO

1. Leia o texto e interprete-o com base nas concepções de Rousseau.

Na letra da lei: o que dizem normas brasileiras sobre vacinação obrigatória

No Brasil é lei, mesmo que o descumprimento não tenha sanções graves: o Ministério da Saúde pode determinar a obrigatoriedade de vacinas a depender do risco sanitário. [...]

Mas, afinal, alguém pode ser obrigado a se vacinar? [...] A depender do risco sanitário, o brasileiro pode ser vacinado compulsoriamente.

[...] A Constituição Federal, o Estatuto da Criança e do Adolescente (ECA) e o Estatuto do Idoso, por exemplo, garantem o direito à saúde e à vida. Isso, segundo juristas, também pode resvalar na obrigatoriedade da vacina.

[...]

Alcides Miranda, professor nos cursos de graduação e pós-graduação em Saúde Coletiva da Universidade Federal do Rio Grande do Sul (UFRS), explica que, quando existe um risco coletivo, a análise de imunizar ou não deixa de ser uma vontade pessoal.

"A medida compulsória tem aparo constitucional. Essa é uma discussão que regride para o século passado. Obrigar, eu diria, tem amparo legal, mas gera reatividade muito grande, com desobediência civil e uma polêmica", explica o docente.

[...]

AUGUSTO, Otávio. Na letra da lei: o que dizem normas brasileiras sobre vacinação obrigatória. *Metrópoles*, 25 out. 2020. Disponível em: https://www.metropoles.com/brasil/na-letra-da-lei-o-que-dizem-normas-brasileiras-sobre-vacinacao-obrigatoria. Acesso em: 14 jun. 2022.

2. Escolha um colega para jogar o **Jogo do ditador**. Veja as regras abaixo:

1ª Um de vocês deve ser o ditador; o outro, o povo.

2ª O ditador tem 10 peças, que precisam ser divididas entre ele e o povo. Ele não pode ficar com elas para si; tem de dar pelo menos 1 para o povo.

3ª O ditador deve fazer uma proposta de divisão para o povo. Ele pode propor qualquer divisão que queira (ele é, afinal, um ditador): 9 para ele e 1 para o povo, 8 para ele e 2 para o povo, 7 para ele e 3 para o povo, etc.

4ª O povo só pode fazer duas coisas:

a) aceitar a proposta do ditador; nesse caso, o povo recebe a quantia que o ditador ofereceu. Ou:

b) recusar a proposta. Nesse caso, o povo e o ditador ficam sem nada.

Jogue o jogo com o colega duas vezes e informe ao professor o resultado.

3. Em 1983, Maria da Penha Maia Fernandes foi vítima de uma tentativa de assassinato que a deixou paraplégica. O agressor foi o próprio marido. Maria da Penha lutou por dezenove anos até que ele fosse condenado. Em 2001, conseguiu que a Corte Interamericana de Direitos Humanos condenasse o Brasil por negligência e omissão no combate à violência contra a mulher. Em 2006, uma lei de combate à violência contra a mulher foi aprovada no país, e recebeu, em sua homenagem, o nome de Lei Maria da Penha.

- Com base na história de Maria da Penha, responda:
  a) A Corte Interamericana de Direitos Humanos disse que o Estado brasileiro não cumpriu sua obrigação de proteger a vida de Maria da Penha. Se Hobbes analisasse esse caso, o que ele provavelmente diria sobre o Estado brasileiro?
  b) A corte que condenou o Brasil tem "Direitos Humanos" em seu nome. Como a ideia de "direitos humanos" pode ser relacionada com o pensamento de Locke?

4. Nesta charge do cartunista Angeli, publicada no jornal *Folha de S.Paulo* em 2007, há um gigante formado por pessoas menores, como na folha de rosto do livro *Leviatã*, de Hobbes, reproduzida na página 34. Porém, o gigante não é majestoso como o de Hobbes: é um político corrupto formado por outros corruptos, carregando duas malas de dinheiro. Na sua opinião, qual pensamento sobre o Estado brasileiro Angeli expressou na charge? E quem seriam as pessoas que formam o gigante? Seriam, como no caso de Hobbes, todos os cidadãos?

© Angeli/Folha de S. Paulo 23.05.2007/Fotoarena

5. Leia o trecho de notícia a seguir e discuta com os colegas e com o professor sobre as causas e as consequências do fenômeno indicado.

Datafolha: 49% deixaram de falar sobre política para evitar discussões

Metade do eleitorado brasileiro (49%) diz ter deixado de conversar sobre política com amigos e familiares nos últimos meses para evitar discussões, diante do acirramento eleitoral, mostra pesquisa Datafolha realizada na semana passada.

[...]

A dois meses do primeiro turno, o Datafolha apresentou três situações de constrangimento ou coação e pediu aos entrevistados que respondessem se já passaram ou não por casos do tipo.

Além de deixarem de falar do assunto com pessoas próximas, que são 49%, 15% disseram já ter recebido ameaça verbal e 7%, física.

Dos entrevistados, 54% afirmaram ter vivido alguma situação de constrangimento, ameaça física ou verbal em razão de suas posições políticas nos últimos meses.

[...]

SOPRANA, Paula. Datafolha: 49% deixaram de falar sobre política para evitar discussões. *Folha de S.Paulo*, 31 jul. 2022. Disponível em: https://www1.folha.uol.com.br/poder/2022/07/datafolha-49-deixaram-de-falar-sobre-politica-para-evitar-discussoes.shtml. Acesso em: 16 ago. 2022.

CAPÍTULO 2

Globalização e política

David Silverman/Getty Images

Grafite do artista britânico Banksy em muro da cidade de Belém, na Cisjordânia, Palestina. Foto de 2008.

No capítulo anterior vimos que boa parte do que entendemos por política se refere à luta por controle ou influência sobre o Estado. Vimos também que o Estado moderno não existiu desde sempre: o monopólio da violência legítima foi conquistado aos poucos, e em diferentes momentos nos diferentes territórios.

Mas será que esse monopólio é inabalável e eterno? Neste capítulo vamos estudar um fenômeno que, segundo alguns autores, pode tornar o Estado menos importante e transformá-lo de maneira significativa: a globalização.

NESTE CAPÍTULO VAMOS DISCUTIR:

1. O conceito de globalização
2. A governança global
3. A globalização e o Estado
4. Globalização e pandemia
5. O Brasil e a globalização

COMPETÊNCIAS E HABILIDADES DA BNCC

- Competências gerais da Educação Básica: 1, 7 e 9.
- Competências específicas de Ciências Humanas e Sociais Aplicadas: 1, 2, 3, 4, 5 e 6.
- Habilidades de Ciências Humanas e Sociais Aplicadas: EM13CHS106, EM13CHS501, EM13CHS502, EM13CHS503, EM13CHS601, EM13CHS602 e EM13CHS605.
- Competências específicas de Linguagens e suas Tecnologias: 2, 3 e 4.
- Habilidades de Linguagens e suas Tecnologias: EM13LGG202, EM13LGG203, EM13LGG302, EM13LGG303, EM13LGG304 e EM13LGG401.

1 O CONCEITO DE GLOBALIZAÇÃO

O sociólogo inglês **Anthony Giddens (1938-)** definiu a globalização como "a intensificação de relações sociais mundiais que ligam localidades distantes de modo que acontecimentos locais são influenciados por eventos ocorridos a muitas milhas de distância, e vice-versa"[1]. Isto é, com a globalização, as coisas que ocorrem em um lugar influenciam cada vez mais o que acontece em outras partes do globo; quanto mais intensa e abrangente for a globalização, mais integrado será o mundo, mais contato teremos com pessoas, produtos e ideias vindos de outras partes do planeta.

BIOGRAFIAS

Acesse o Plurall para saber mais sobre **Anthony Giddens (1938-)**.

Formas de globalização ocorreram em diferentes momentos da História. A chegada dos europeus às Américas, que veremos na Unidade 2, transformou profundamente o mundo todo. Não dá para contar a história do Brasil sem falar em globalização: a expansão comercial trouxe para o continente americano os povos europeus, que, com suas doenças (e armas), mataram grande parte da população indígena. A economia da colônia (e, depois, a do império) foi em grande parte baseada na exploração de trabalhadores trazidos à força do continente africano e estruturada para servir ao mercado internacional.

Nas últimas décadas do século XX, a globalização foi acelerada, processo que continua até hoje. O comércio mundial se desenvolveu imensamente, e regiões com grandes populações (como a Ásia) passaram a participar dele de maneira intensa. Muitos países reduziram os impostos sobre produtos importados, inclusive o Brasil, o que inundou o cotidiano da população com produtos fabricados em outros países, de alimentos a computadores.

Alguns produtos são feitos de tal forma que fica difícil determinar sua "nacionalidade": é perfeitamente possível que a roupa que você está usando agora tenha sido desenhada nos Estados Unidos e produzida na Ásia com matérias-primas da África.

VOCÊ JÁ PENSOU NISTO?

Pense em quantas coisas importantes na sua vida vieram de lugares muito distantes. Por exemplo, é provável que a maioria das pessoas que você conhece (talvez você mesmo) tenha crenças religiosas que se originaram no Oriente Médio (cristianismo, judaísmo, islamismo), na Ásia (budismo), ou que tenham forte influência africana (candomblé, umbanda). Os produtos que você consome também vêm de diversas partes do mundo: basta olhar, na etiqueta ou no rótulo, onde foram fabricados e procurar esses países no mapa. De alguma maneira, você está estabelecendo uma relação com quem fabricou esses produtos, pessoas com culturas e valores que provavelmente são diferentes dos seus. Você talvez seja muito mais "globalizado" do que pensava...

Se, por um lado, a globalização econômica facilita a aquisição de produtos do mundo todo, por outro, ela pode reforçar a desigualdade entre países que participam desse processo. Voltando ao exemplo da roupa que você veste, boa parte do dinheiro pago por ela foi para a suposta empresa dos Estados Unidos, que é quem controla o processo, encomendando a matéria-prima e contratando os supostos trabalhadores asiáticos (que ganham, em média, muito menos do que os estadunidenses) para confeccioná-la. Assim, a globalização pode levar ao aumento das desigualdades entre países ricos e pobres. É indiscutível que nas últimas décadas a economia de alguns países que eram muito pobres (como a China ou a Coreia do Sul) cresceu a uma velocidade espantosa. Mas ainda não sabemos se o mesmo ocorrerá com outros países pobres ou se eles serão deixados cada vez mais para trás.

Reprodução/AFP

Trabalhadora em fábrica de peças de computador na cidade de Lu'an, na China, em 2018. A fábrica produz componentes para produtos de diversas marcas globais.

1. GIDDENS, Anthony. *As consequências da modernidade*. São Paulo: Ed. da Unesp, 1991. p. 69.

MUNDO: ACESSO À INTERNET (2020)

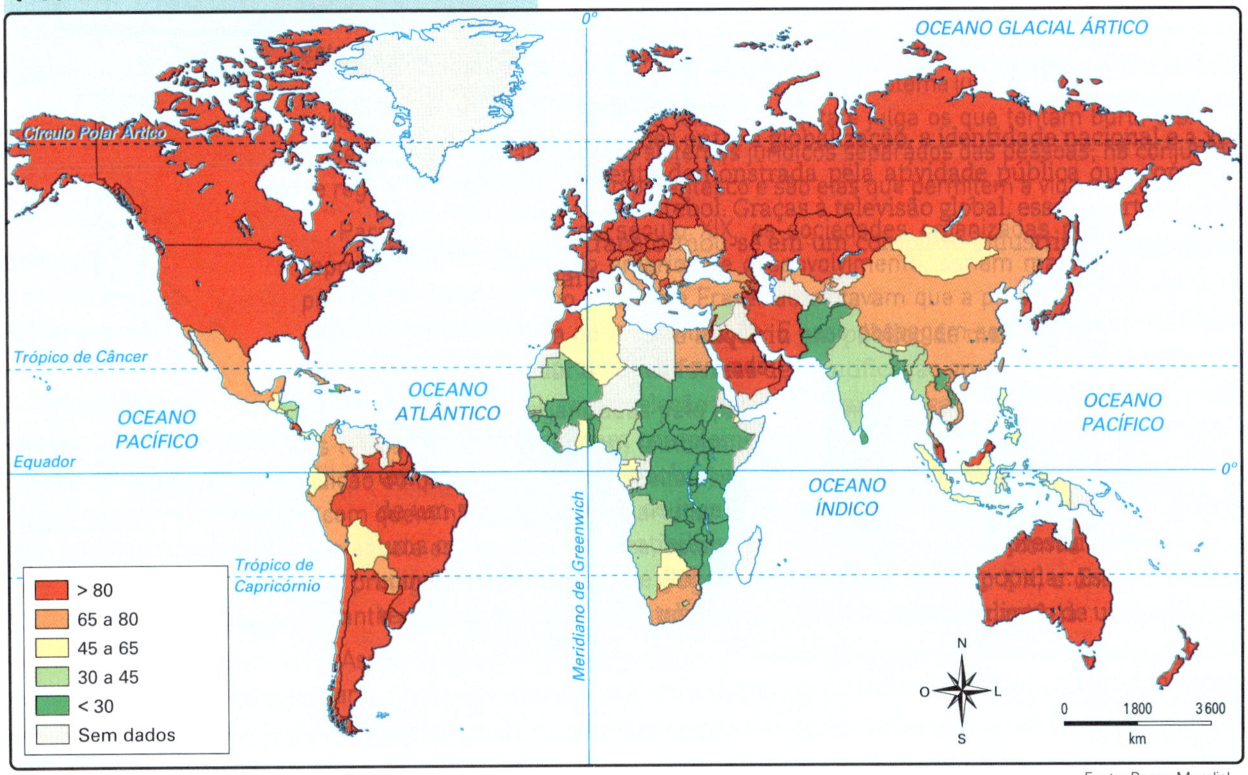

Fonte: Banco Mundial.

No planisfério acima, as cores dos países indicam a porcentagem de cidadãos que acessaram a internet em 2020. Embora a globalização integre cada vez mais partes do mundo, esse processo acontece em diferentes ritmos a depender da localização geográfica.

Outra consequência da globalização é o fato de que, como cada vez mais os países dependem uns dos outros para comprar e para vender, uma crise localizada pode se espalhar e afetar dramaticamente países muito distantes. Em 2008, por exemplo, uma crise profunda (a maior em setenta anos) começou nos Estados Unidos, o país mais rico do mundo. Como os Estados Unidos compram boa parte do que se produz pelo mundo, praticamente todos os países foram afetados, inclusive o Brasil. Mesmo crises em países menos ricos, como o México ou a Rússia, ocorridas nos anos 1990, afetaram a economia brasileira, pois geraram incertezas sobre o futuro da economia mundial. Por outro lado, a crise brasileira de 1998 gerou efeitos negativos na vizinha Argentina, que é um de nossos principais parceiros comerciais.

A globalização não é apenas econômica. Na esfera cultural, artistas e estilos originados em um país influenciam cada vez mais os de outros países. Movimentos religiosos (alguns deles fundamentalistas) conquistam adeptos em diferentes países. O crime ganhou dimensões inéditas: o tráfico de drogas é uma rede com ramificações no mundo todo. O esporte tornou-se extremamente globalizado: na equipe da Internazionale de Milão que conquistou a Liga dos Campeões em 2010, nenhum dos jogadores titulares era italiano (vários, aliás, eram brasileiros). Também no caso do futebol a desigualdade de riqueza entre os países produz efeitos: afinal, há muito mais jogadores brasileiros atuando na Itália do que jogadores italianos no Brasil. E boa parte dos fenômenos culturais globais é comercializada por empresas localizadas em países ricos.

UM DIA TUDO SERÁ UMA FAVELA SÓ

- Bem, pegue a escadinha e ande até encontrar um lixão, à esquerda vai pro Caribe e à direita vai dar na África!

Na charge de Angeli, de 2003, uma referência à multiplicação de favelas em várias áreas do mundo. Como notou o pesquisador Mike Davis (1946-), as favelas surgiram quando a agricultura passou a exigir menos trabalhadores, o que levou mais pessoas a morar nas cidades; entretanto, especialmente nos países mais pobres, os modelos de desenvolvimento adotados não geraram bons empregos urbanos. A formação de favelas revela como a economia globalizada exclui parte importante da população global.

Nas últimas décadas, tornou-se clara à comunidade internacional outra questão: os *problemas globais*, que não podem ser resolvidos por um só país e afetam grande parte do mundo. O caso mais óbvio são as ameaças ao meio ambiente. Se os automóveis dos Estados Unidos ou as fábricas da China emitem gases poluidores na atmosfera, essa poluição não afeta o clima apenas nos Estados Unidos e na China, mas no mundo todo. Se o Brasil ou a Indonésia destroem suas florestas, o mundo inteiro sofre o impacto dessa destruição.

Finalmente, há a presença cada vez mais ameaçadora de redes criminosas internacionais, até mesmo com a expansão de antigas máfias nacionais (como a italiana, a russa e a chinesa) para outros países. Com isso, tornou-se evidente a necessidade de que os países cooperem entre si em mais uma frente: o combate ao crime.

A crescente importância dos problemas globais coloca uma questão relevante: quem é responsável por resolvê-los? Não há um governo do mundo, não há um Estado global. Podemos contar que cada país vai fazer a própria parte para resolver os problemas globais? E se cada país preferir deixar que os outros resolvam? Essas questões estão entre os mais importantes desafios políticos modernos.

Michael Nagle/Getty Images

A imagem mostra a fachada de um banco de investimentos sediado em Nova York, Estados Unidos, cuja falência, em setembro de 2008, deu início à maior crise econômica mundial desde 1929. O mapa-múndi desenhado na fachada é apropriado: a quebra do banco (provocada pela especulação financeira em vários países desenvolvidos) deu origem a uma crise que afetou o mundo todo.

MUNDO: PRINCIPAIS ROTAS DE TRÁFICO DE COCAÍNA (1998 E 2008)

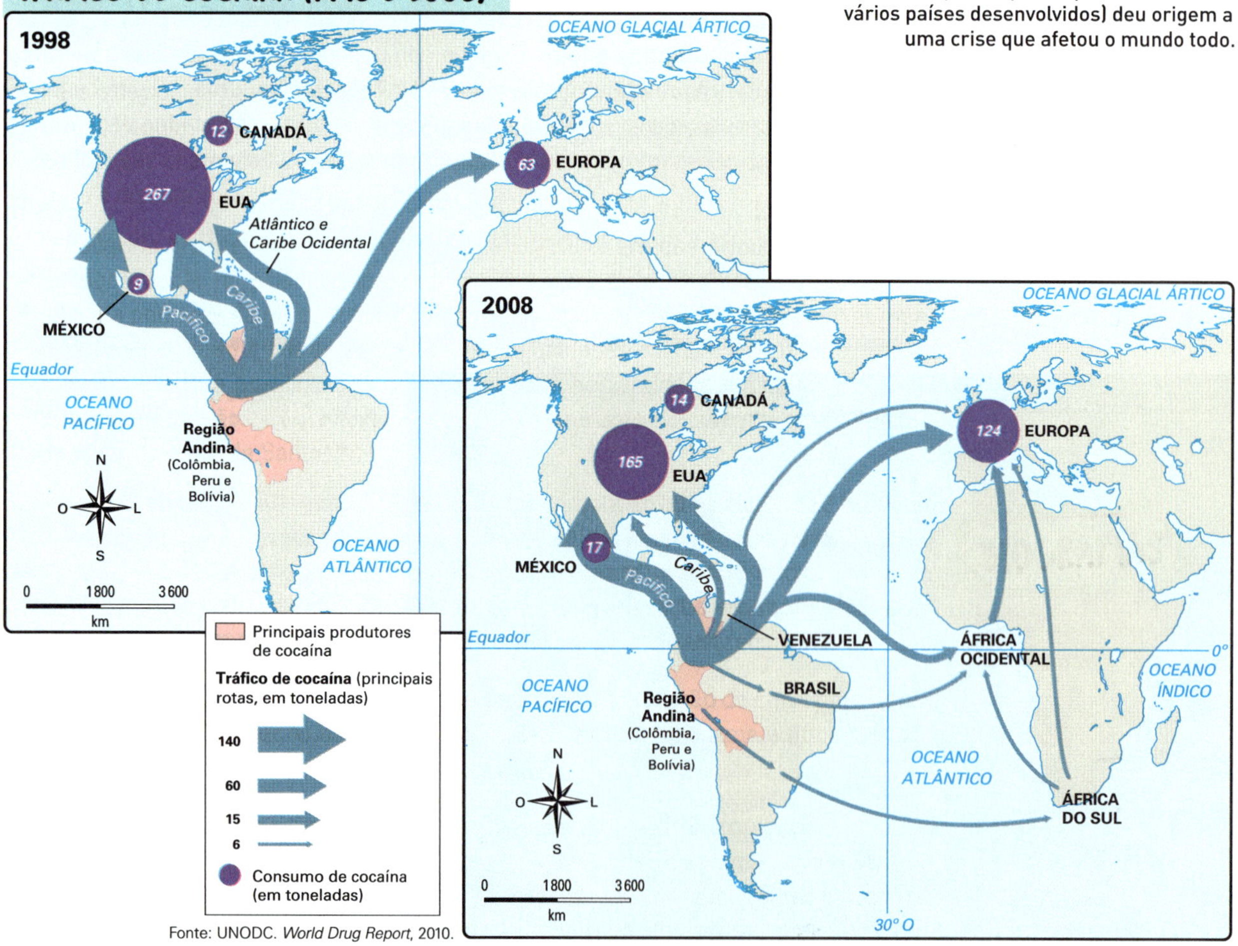

Banco de imagens/Arquivo da editora

Fonte: UNODC. *World Drug Report*, 2010.

Compare as principais rotas do tráfico internacional de cocaína em 1998 e em 2008, segundo um relatório de 2010 da ONU. Embora a produção se concentre em poucos países, os caminhos da distribuição passaram a envolver muitos outros. O Brasil, por exemplo, além de ser um mercado consumidor, é um ponto de passagem para carregamentos destinados à Europa, que muitas vezes passam pela África.

VOCÊ JÁ PENSOU NISTO?

Estados nacionais têm moeda própria (como o real brasileiro) ou adotam oficialmente a moeda de outro país (como os países do Caribe, que usam o dólar americano). Essas moedas têm "curso forçado", ou seja, um comerciante brasileiro não pode se recusar a aceitar reais em pagamento pelos seus produtos, mas pode recusar dólares americanos. Isto é: quem garante a validade da moeda nacional é o Estado. Recentemente, entretanto, surgiu o fenômeno das criptomoedas ou moedas virtuais. Essas moedas são globais e podem ser vendidas ou compradas por qualquer pessoa, em qualquer parte do mundo. São inteiramente baseadas em relações de confiança: nenhum governo garante que elas não deixarão de ter valor de uma hora para a outra. Por enquanto, a maioria das pessoas ainda prefere dinheiro garantido por um Estado-nação. Entretanto, será interessante descobrir, nas próximas décadas, se surgirão outras formas de dinheiro global.

2 A GOVERNANÇA GLOBAL

Uma das características principais dos Estados modernos é que eles são vários: não há um Estado global, um governo mundial. Isso significa que os vários Estados precisam negociar suas diferenças e se organizar para enfrentar problemas que não se restringem às suas fronteiras. A governança global é o processo em que Estados diferentes, além de movimentos e instituições internacionais, negociam e criam instituições e regras globais para regulamentar as relações entre eles.

BIOGRAFIAS

Acesse o Plurall para saber mais sobre **David Held (1951-2019)**.

Em certo sentido, o sistema internacional se parece com o "estado de natureza" descrito por Thomas Hobbes (ver Capítulo 1): embora em cada território haja uma autoridade reconhecida (o Estado), não há uma autoridade que subordine os diversos Estados. Não por acaso, Hobbes influenciou muitos autores que estudam as relações internacionais. Entretanto, ao mesmo tempo que os Estados não desejam abdicar de sua soberania em favor de um governo mundial, também não têm interesse em uma "guerra de todos contra todos". Por isso, embora não haja um governo mundial, os Estados desenvolveram algumas regras e instituições para garantir um mínimo de convivência pacífica.

A formação dos Estados nacionais produziu um sistema internacional que se baseia na competição entre eles e no reconhecimento da autoridade de cada Estado dentro de seu território. O **sistema de Westfália** ficou assim conhecido porque se considera que seus princípios foram reconhecidos pelo Tratado de Münster (cidade na região alemã da Westfália), assinado em 1648, que encerrou a Guerra dos Trinta Anos na Europa. Entre as características do sistema de Westfália, descrito pelo cientista político inglês **David Held (1951-2019)**, destacamos as seguintes:

A ratificação do Tratado de Münster, do holandês Gerard ter Borch, 1648 (óleo sobre cobre, 45,4 cm x 58,5 cm). O Tratado de Münster encerrou a Guerra dos Trinta Anos, em 1648, e consagrou o princípio da soberania de cada Estado sobre seu território. Assim, ficava descartado, por exemplo, que alguma autoridade religiosa pudesse mandar em todos os Estados. Por determinação do Tratado, o soberano de cada Estado decidiria que religião seus súditos deveriam seguir, o que mostra como saiu fortalecida a ideia de Estado.

1. O mundo consiste em Estados soberanos que não reconhecem uma autoridade maior do que eles.
2. A cada Estado cabem as funções de fazer leis, aplicá-las e julgar disputas dentro de seu território.
3. O direito internacional tem como objetivo garantir algumas regras mínimas de coexistência entre os Estados.
4. As divergências entre os Estados serão resolvidas, na grande maioria das vezes, pela força.
5. A prioridade do sistema é colocar apenas um mínimo de restrições para a liberdade de cada Estado fazer o que quiser.

Esse sistema predominou por vários séculos e, em boa medida, ainda é vigente. Entretanto, o sofrimento e a destruição que as duas Guerras Mundiais do século XX causaram no mundo todo fizeram crescer a ideia de que alguma forma de coordenação entre os Estados precisava existir, para evitar catástrofes como aquelas. O advento das armas nucleares, em especial, criou uma situação inédita na História: a possibilidade real de que uma guerra entre os países mais poderosos do mundo exterminasse a espécie humana.

Bettmann Images/Getty Images

Sessão do julgamento de Nuremberg, em 1946, no qual autoridades nazistas foram julgadas por crimes cometidos durante a Segunda Guerra Mundial, em especial contra judeus. Esse julgamento mostrou uma mudança parcial de mentalidade com relação ao sistema internacional. Por exemplo, decidiu-se que violações dos direitos humanos não seriam aceitas, mesmo que dentro do território do próprio Estado que as violasse ou em decorrência de vitórias militares. O julgamento de Nuremberg foi conduzido por um tribunal internacional, composto dos países vencedores da Segunda Guerra, ideia pouco comum até então.

Diante desses desafios, desde 1945 (fim da Segunda Guerra Mundial) uma nova maneira de pensar a governança global tem se formado. O símbolo máximo dessa nova concepção foi a criação da **Organização das Nações Unidas (ONU)**, cujo objetivo é mediar os conflitos entre os Estados de forma pacífica. As instâncias mais importantes da ONU são a Assembleia Geral, em que cada um dos seus mais de 190 países-membros tem direito a um voto, e o Conselho de Segurança, formado por cinco membros permanentes (Estados Unidos, França, Rússia, Reino Unido e China) e por um grupo de dez membros que se alternam. Nada pode ser aprovado sem a concordância dos membros permanentes: é o princípio da "unanimidade das grandes potências".

Entre as características do sistema das Nações Unidas descritas por David Held, destacamos as seguintes:

1. O mundo consiste em Estados soberanos que, entretanto, mantêm entre si relações próximas. Em alguns casos, indivíduos ou grupos podem ser reconhecidos como atores legítimos nas relações internacionais. Isso acontece, por exemplo, quando indivíduos ou grupos étnicos perseguidos em seus países apelam a tratados internacionais para defender seus direitos.
2. Povos oprimidos por **impérios coloniais** têm o direito de determinar o próprio destino.
3. Há alguns valores que devem limitar a ação dos Estados. O uso da força em situações em que esses valores sejam violados não deve ser considerado legítimo. Por exemplo, o genocídio, isto é, o assassinato em massa dos membros de algum grupo étnico (como os nazistas fizeram com os judeus), é proibido em toda e qualquer situação.
4. Há uma preocupação maior com o bem-estar dos indivíduos e um esforço para que os Estados tratem seus cidadãos de acordo com alguns padrões mínimos (por exemplo, não submetendo minorias étnicas a situações degradantes).
5. O objetivo do sistema é garantir a paz e o progresso dos valores e direitos fundamentais reconhecidos como válidos.

império colonial: à época da criação da ONU, boa parte dos povos da África e da Ásia se encontrava sob o domínio político e econômico de países europeus, que exploravam suas colônias por motivos econômicos e geopolíticos.

Chip East/Reuters/Fotoarena

Sede da Organização das Nações Unidas (ONU), em Nova York, Estados Unidos. A ONU foi criada para aprimorar a governança global diante de alguns problemas apresentados pelo sistema de Westfália, em especial na primeira metade do século XX. Foto de 2012.

A ONU tem diversos organismos e fundos que atuam em áreas específicas. Dois exemplos são a Organização Mundial da Saúde (OMS), fundamental no combate às pandemias, e o Fundo das Nações Unidas para a Infância (Unicef), que apoia políticas pela educação, alimentação e proteção de crianças.

Além da ONU, há outras organizações internacionais com importante atuação, como a Organização Mundial do Comércio (OMC), que tenta incentivar o livre-comércio entre os países, e o Banco Mundial, que fornece empréstimos e consultoria para projetos de desenvolvimento. Há, também, instituições que buscam regulamentar diferentes aspectos da vida internacional, dos padrões de segurança nas viagens aéreas até o funcionamento da internet.

Seria equivocado dizer que o sistema das Nações Unidas substituiu o sistema de Westfália. As Nações Unidas não têm o monopólio da violência legítima no mundo; aliás, nem sequer têm um exército. Não é raro que grandes potências declarem guerra sem autorização da ONU, como ocorreu em 2003, quando os Estados Unidos invadiram o Iraque. E, nas grandes negociações internacionais, os Estados continuam sendo reconhecidos como principais representantes da população de cada território. Dessa forma, a maior parte da política internacional ainda é feita por acordos ou guerras entre Estados.

Entretanto, também seria errado dizer que nada mudou. As Nações Unidas permanecem como um fórum de debate dos problemas mundiais. Além disso, a organização desempenha funções importantes, como na formação, no envio e na manutenção de forças de paz para atuar em áreas onde tenham ocorrido guerras civis.

Se é verdade que a política internacional ainda é feita fundamentalmente pelos Estados, também é verdade que parte importante dela consiste em tentar influenciar as organizações internacionais, ou utilizá-las para os objetivos de cada país. Assim, parte significativa da luta econômica entre os Estados (relacionada, por exemplo, ao **protecionismo econômico**) se dá nas negociações da OMC. Se a globalização continuar a se desenvolver, é provável que esse tipo de negociação se torne cada vez mais decisivo.

protecionismo econômico: todo tipo de política que busca favorecer produtos fabricados no próprio país em detrimento dos concorrentes estrangeiros. Entre as medidas protecionistas mais comuns, podemos citar as barreiras tarifárias (impostos elevados sobre produtos importados) e os subsídios (apoio financeiro do Estado aos produtores, com o objetivo de reduzir o preço final).

VOCÊ JÁ PENSOU NISTO?

Você já se perguntou como exatamente funciona a internet? Por exemplo, quando uma empresa ou um time de futebol montam seus *sites*, quem registra esses endereços? Quem garante que eles não serão usados por outras pessoas? Essa e outras tarefas relacionadas ao funcionamento da rede mundial de computadores são desempenhadas por uma organização internacional chamada Corporação da Internet para Atribuição de Nomes e Números (ICANN, na sigla em inglês). A ICANN, sediada nos Estados Unidos, garante que a internet seja global: imagine se cada vez que você digitasse o endereço de um *site* parasse em qualquer um dos 50 mil *sites* com endereço igual!

Stan Honda/AFP

O brasileiro Sérgio Vieira de Mello (1948-2003) ocupou diversos postos na ONU, incluindo o de alto-comissário para Direitos Humanos, em 2002. Em nome da ONU governou o Timor Leste entre 1999 e 2002, enquanto esse país organizava suas primeiras eleições. Vieira de Mello morreu em um atentado terrorista quando era representante da ONU no Iraque, que acabara de ser invadido pelos Estados Unidos. Nesta foto de 2003, ele aparece à direita do diplomata ganense Kofi Annan (1938-2018), então secretário-geral da ONU.

Há, enfim, uma última razão pela qual as organizações internacionais são importantes: elas são um espaço para que os diferentes países legitimem seu poder no cenário internacional. O especialista em relações internacionais estadunidense **Joseph Nye Jr. (1937-)** criou o conceito de *poder suave* (*soft power*) para descrever a capacidade que os países têm de atrair aliados por meio de seus valores e de sua legitimidade. Por exemplo, muitos adversários dos Estados Unidos não apoiam a rede fundamentalista Al-Qaeda (que periodicamente realiza atentados contra alvos dos Estados Unidos e de seus aliados) por rejeitar os valores religiosos defendidos por ela. Podemos dizer, portanto, que a Al-Qaeda tem um poder suave bastante limitado: pessoas e instituições que poderiam se aliar a ela não o fazem porque não concordam com seus valores.

As organizações internacionais, por serem espaços em que os países discutem pacificamente suas diferenças, fortalecem a legitimidade dos que nelas atuam. Voltando ao exemplo da invasão do Iraque pelos Estados Unidos: embora esse fato mostre que a ONU não teve poder para impedir a invasão, é significativo que os Estados Unidos tenham antes tentado convencer os demais países-membros da organização de que ela seria justificável. É também possível notar que a decisão dos Estados Unidos de invadir o Iraque sem autorização diminuiu o poder suave estadunidense: cidadãos de diversos países aliados aos Estados Unidos não reconheceram a legitimidade da invasão e passaram a exigir que seus governos deixassem de apoiá-la.

3 A GLOBALIZAÇÃO E O ESTADO

Para alguns autores, como **Jessica T. Mathews (1946-)** e **Zygmunt Bauman (1925-2017)**, a globalização diminuiria consideravelmente o poder dos diferentes Estados. Há duas maneiras principais pelas quais isso pode ocorrer.

Em primeiro lugar, como vimos, porque nenhum Estado pode resolver sozinho os problemas globais. Nem mesmo os Estados Unidos podem, por exemplo, invadir a China e obrigar todos os chineses a parar de usar automóveis para resolver os problemas ambientais do mundo. Menos provável ainda é que algum outro país consiga invadir os Estados Unidos para fazer a mesma coisa.

Assim, os Estados precisam se organizar entre si para lidar com problemas globais. Em algum grau, a constituição das organizações internacionais leva a uma perda de soberania dos diferentes Estados. Como seria de esperar, os Estados preferem ceder o

BIOGRAFIAS

Acesse o Plurall para saber mais sobre **Joseph Nye Jr. (1937-)**, **Jessica T. Mathews (1946-)** e **Zygmunt Bauman (1925-2017)**.

mínimo possível de sua soberania às organizações internacionais, até porque não têm garantias de que os demais vão fazer o mesmo. Essa é a principal razão para a fraqueza de diversas organizações internacionais. Porém, mesmo que essas organizações sejam substituídas por acordos isolados entre os países, esses acordos se tornarão cada vez mais comuns, o que, novamente, levará cada Estado a ceder um pouco (ou muito, dependendo de sua força) em cada negociação.

Há, entretanto, uma segunda maneira, bem mais visível, pela qual a globalização afeta os Estados: a globalização diminui a liberdade do Estado para regular a economia em seu território. Nesse processo, as empresas **multinacionais** ganharam muito mais liberdade para escolher em que países querem investir. Muitas dessas empresas se fortaleceram tanto que hoje têm orçamentos maiores do que o de vários países.

multinacional: empresa que atua em diversos países além daquele em que foi fundada.

Falamos anteriormente de fabricantes de roupas que produzem em países asiáticos. Eles adotaram essa estratégia porque nesses países os salários são muito baixos (mesmo se comparados aos do Brasil) e os trabalhadores têm bem menos direitos. Assim, se o governo do Brasil, por exemplo, quiser aumentar muito os salários, precisa saber que corre o risco de que algumas empresas se mudem para países onde os salários são mais baixos. Em última análise, os eleitores brasileiros ficam menos livres para eleger um governo que proponha aumentar muito os salários. Eles ainda podem fazê-lo, mas deveriam saber que sua escolha traz o risco de que o investimento estrangeiro no Brasil diminua e, portanto, de que o desemprego cresça.

O que dissemos sobre salários também se aplica a impostos. Para fornecer aos cidadãos boas escolas públicas, hospitais públicos, uma polícia eficiente, entre outros serviços, o Estado precisa de dinheiro. Esse dinheiro vem dos impostos cobrados dos cidadãos e das empresas que atuam em seu território. Mas, como você deve imaginar, as empresas preferem investir onde pagam menos impostos (isto é, onde podem lucrar mais). Se o governo da Argentina, por exemplo, quiser oferecer políticas sociais mais generosas e tiver de aumentar muito os impostos, algumas empresas podem preferir investir em outro país. Em última análise, os eleitores argentinos ficam menos livres para escolher um governo que queira oferecer políticas sociais mais generosas. Ainda podem fazê-lo, mas precisam saber que sua escolha terá riscos.

MPanchenko/Shutterstock

Moeda de 1 euro, unidade monetária vigente em boa parte da União Europeia. Após a Segunda Guerra Mundial, países da Europa ocidental buscaram construir uma união em torno de temas econômicos, comerciais e diplomáticos que hoje envolvem a maior parte do continente. A adoção do euro como moeda comum fez parte desse projeto. Embora a União Europeia tenha sido em muitos aspectos bem-sucedida, ela passou, entre 2009 e 2012, por uma crise econômica atribuída, por muitos economistas, à adoção da moeda comum por países com condições econômicas muito diferentes.

Assim, surge o risco real de que, com a globalização, diminua a possibilidade de escolha democrática. Como disse o sociólogo polonês Zygmunt Bauman, o Estado passa a ter dois papéis econômicos: evitar medidas que mexam demais com a economia e ajudar as pessoas que venham a sofrer as piores consequências da globalização (como o desemprego causado pela concorrência de produtos importados).

VOCÊ JÁ PENSOU NISTO?

Você já pensou em ir morar em um país mais rico que o Brasil, mesmo que só por um tempo? Afinal, se as empresas podem mudar de país em país atrás de melhores oportunidades, por que as pessoas também não poderiam? Mas isso não acontece na realidade. Muito pelo contrário: vários países ricos têm sido muito duros com os imigrantes que desejam neles trabalhar, com o argumento de que não podem deixar que os estrangeiros "roubem" o emprego de seus cidadãos ou utilizem seus bons serviços públicos de educação e saúde. Isso mostra um dos problemas centrais da globalização: enquanto se exige a livre circulação de mercadorias e capitais, a livre circulação de pessoas é barrada. Embora os investidores possam mandar seu dinheiro para qualquer parte do mundo quando bem entenderem, os trabalhadores continuam dependendo dos Estados nacionais para garantir seus direitos trabalhistas, seu direito de se fazer ouvir nas eleições e seu sentimento de pertencer a uma nação. Você acha isso justo? O que poderia ser feito a esse respeito?

CASOS DE MORTE DE MIGRANTES EM TENTATIVAS DE ALCANÇAR A EUROPA POR VIA MARÍTIMA (2000-2015)

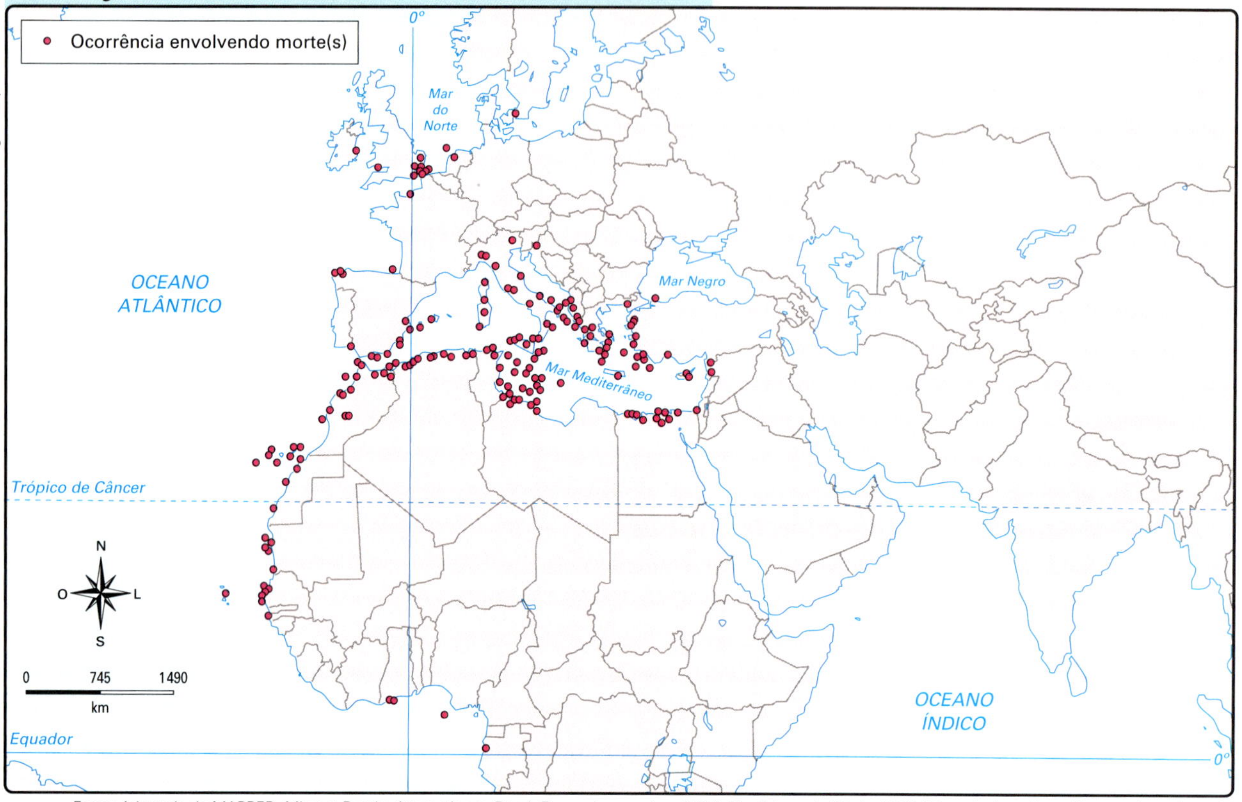

Banco de imagens/Arquivo da editora

Fonte: Adaptado de MAPPED: Migrant Deaths Attempting to Reach Europe by sea since 2000. *The Telegraph*, 22 abr. 2015. Disponível em: https://www.telegraph.co.uk/news/worldnews/europe/italy/11552696/Mapped-Migrant-deaths-attempting-to-reach-Europe-by-sea-since-2000.html. Acesso em: 16 jun. 2022.

No mapa acima, estão representadas as ocorrências em que migrantes morreram no mar tentando chegar à Europa entre os anos 2000 e início de 2015, muitas vezes utilizando embarcações frágeis, superlotadas e perigosas. Embora a movimentação do dinheiro tenha se tornado muito mais fácil na fase atual da globalização, as pessoas não têm a mesma liberdade de escolher em que país preferem morar, trabalhar ou votar. A desigualdade de qualidade de vida entre os países pobres e ricos, incluindo situações de conflito armado, é a principal questão para entendermos por que tantas pessoas se arriscam a morrer tentando migrar.

O economista turco **Dani Rodrik (1957-)** criou uma fórmula para explicar o desafio da globalização. Embora simplificada, essa fórmula pode ser útil para nos fazer pensar e diz o seguinte:

1. Se quisermos ter perfeita globalização e perfeita democracia, precisaremos sacrificar a soberania nacional. Isto é, os Estados teriam de abdicar de seu poder em benefício de um Estado mundial democrático. Não há nenhuma possibilidade realista de que isso aconteça nos próximos anos, mas, mesmo que houvesse, muita gente preferiria preservar a soberania nacional.

Reuters/Fotoarena

Manifestação contra a OMC realizada em Seattle, nos Estados Unidos, em 1999. A faixa apresenta duas setas com dizeres em inglês: a que diz "democracia" aponta em um sentido, enquanto a que diz "WTO" (a sigla em inglês para Organização Mundial do Comércio) aponta no sentido oposto. Para os manifestantes, portanto, a globalização representada pela OMC iria no sentido oposto ao da democracia.

BIOGRAFIAS

Acesse o Plurall para saber mais sobre **Dani Rodrik (1957-)**.

2. Se quisermos ter perfeita globalização e perfeita soberania nacional, teremos de sacrificar a democracia. O Estado teria de atuar principalmente para manter as empresas multinacionais satisfeitas, garantindo impostos baixos, poucos direitos trabalhistas, poucas regulamentações ambientais, etc. É extremamente improvável que os cidadãos concordem com isso, o que, cedo ou tarde, acabaria levando ao fim da democracia.

3. Por fim, se quisermos ter perfeita democracia e perfeita soberania nacional, precisaremos sacrificar a globalização. Isto é, cada país cuidaria de sua economia, e os eleitores escolheriam o governo que bem entendessem, mas estaríamos dispensando o grande potencial da globalização para promover crescimento econômico, maior intercâmbio entre os povos, entre outros benefícios.

Rodrik chamou esse problema de "trilema", isto é, uma escolha de no máximo duas entre três coisas. Em outras palavras, para Rodrik, nunca vai ser possível obter o máximo dos três elementos: sempre precisaríamos sacrificar um pouco de um deles se quisermos ter um pouco mais dos outros dois.

ASSIM FALOU

Karl Marx e Friedrich Engels

Através da exploração do mercado mundial, a burguesia configurou de maneira cosmopolita a produção e o consumo de todos os países. Para grande pesar dos reacionários, ela subtraiu à indústria o solo nacional em que tinha os pés. As antiquíssimas indústrias nacionais foram aniquiladas e ainda continuam sendo aniquiladas diariamente. São sufocadas por novas indústrias, cuja introdução se torna uma questão vital para todas as nações civilizadas, por indústrias que não mais processam matérias-primas nativas, mas sim matérias-primas próprias das zonas mais afastadas, e cujos produtos são consumidos não apenas no próprio país, mas simultaneamente em todas as partes do mundo. No lugar das velhas necessidades, satisfeitas pelos produtos nacionais, surgem novas necessidades, que requerem para a sua satisfação os produtos dos mais distantes países e climas. No lugar da velha autossuficiência e do velho isolamento locais e nacionais, surge um intercâmbio em todas as direções, uma interdependência múltipla das nações. E o que se dá com a produção material, dá-se também com a produção intelectual. Os produtos intelectuais das nações isoladas tornam-se patrimônio comum. A unilateralidade e estreiteza nacionais tornam-se cada vez mais impossíveis, e das muitas literaturas nacionais e locais vai se formando uma literatura universal.

MARX, Karl; ENGELS, Friedrich. *O manifesto comunista*. Estudos Avançados. São Paulo: IEA/USP, 1998. p. 11 (texto original de 1848).

EVOLUÇÃO DO ÍNDICE BOVESPA (1994-2020)

Evolução do Índice Bovespa, que mede o desempenho das ações na Bolsa de Valores de São Paulo, entre dezembro de 1994 e dezembro de 2020. Note a grande queda que ocorre em 2008, logo após a eclosão da crise nos Estados Unidos. Como se vê, a economia brasileira foi seriamente afetada por uma crise que não foi causada por nada que tenha acontecido no Brasil. No início de 2020 ocorreu outra grande queda, relacionada à emergência da pandemia de covid-19, que afetou as economias em todo o mundo. Com a globalização, as crises globais tendem a se tornar cada vez mais comuns.

Fonte: BMF Bovespa. Disponível em: https://bvmf.bmfbovespa.com.br/indices/EvolucaoMensal.aspx?Indice=IBOV&idioma=pt-br. Acesso em: 16 jun. 2022.

4 GLOBALIZAÇÃO E PANDEMIA

A **pandemia** de covid-19, iniciada no final de 2019 e ainda em curso em 2022, enquanto este livro está sendo escrito, afetou nossa vida de maneira muito intensa. Sérias limitações à mobilidade urbana, à produção econômica e aos contatos sociais foram impostas no Brasil e no mundo para combater a disseminação do vírus. Novos hábitos — das aulas *on-line* ao uso de máscaras em lugares públicos — precisaram ser adotados rapidamente. Muitos de nós adoecemos ou perdemos entes queridos. Você provavelmente teve de reorganizar toda a sua rotina de estudos para se adaptar à nova realidade.

As consequências da pandemia causada pelo coronavírus, ainda que terríveis, são um bom exemplo do funcionamento de um mundo globalizado, tanto em seus melhores, quanto em seus piores aspectos. Vírus e bactérias não respeitam fronteiras: "globalizam-se" sempre que exista a possibilidade.

Ao longo da História, doenças contagiosas circularam pelo mundo ao mesmo tempo que aumentava o contato entre as regiões do planeta, fosse em razão do comércio, fosse em razão da guerra, do turismo ou das migrações. Muitas vezes, a chegada de uma nova doença em determinada população — que, por não ter sido a ela exposta, não tem as defesas imunológicas necessárias — tem consequências catastróficas. Foi o que aconteceu durante a peste negra, uma epidemia que dizimou grande parte da população da Europa medieval, ou quando os europeus chegaram ao continente americano e transmitiram novas doenças aos indígenas. Pouco depois da Primeira Guerra Mundial, uma trágica pandemia de gripe, que ficou conhecida como "gripe espanhola", causou cerca de 30 milhões de mortes ao redor do mundo.

Dessa forma, era previsível que, com o progresso da globalização, novas doenças viajassem ao redor do globo. Em 2015, por exemplo, o bilionário e filantropo Bill Gates, fundador da empresa de informática Microsoft, deu uma palestra em que disse que a próxima grande catástrofe mundial seria uma pandemia. Gates não tinha poderes mágicos de adivinhação: outros vírus, como a gripe aviária ou o vírus ebola, já haviam mostrado que as doenças estavam viajando rapidamente, devido ao aumento da circulação de pessoas pelo mundo.

ASSIM FALOU Bill Gates

Se alguma coisa matar mais de dez milhões de pessoas nas próximas décadas, é mais provável que seja um vírus altamente contagioso do que uma guerra. Não mísseis, mas micróbios.

GATES, Bill. O Próximo Surto? Não Estamos Prontos. *Ted Talks*, 2015. Disponível em: https://www.ted.com/talks/bill_gates_the_next_outbreak_we_re_not_ready?language=pt. Acesso em: 16 jun. 2022.

pandemia: epidemia global, ou com o potencial de tornar-se global.

MUNDO: TRAJETÓRIA DO CORONAVÍRUS ENTRE DEZEMBRO DE 2019 E MARÇO DE 2020

Banco de imagens/Arquivo da editora

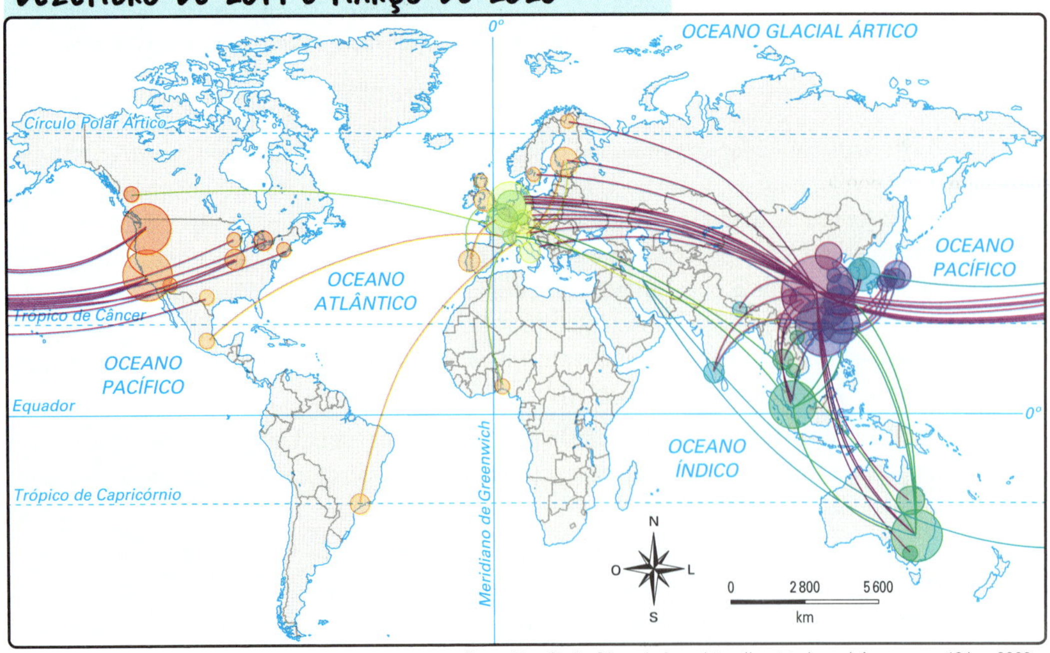

Fonte: Next Strain. Disponível em: https://nextstrain.org/. Acesso em: 16 jun. 2022.

O mapa ao lado, elaborado por geneticistas do centro de pesquisas Fred Hutch, em Seattle, nos Estados Unidos, e da Universidade da Basileia, na Suíça, mostra a disseminação do vírus causador da covid-19 entre dezembro de 2019 e março de 2020, antes que as restrições globais de viagens fossem implementadas. Note que, em 2020, o vírus já havia circulado por outros países e retornado para a China, onde foi registrado o primeiro caso.

Há tempos que os governos dos diversos países sabem que várias doenças são combatidas de maneira mais eficaz quando há um esforço global. A principal organização internacional encarregada de monitorar pandemias é a OMS, sediada em Genebra, na Suíça. A OMS monitora e organiza esforços globais para a erradicação de doenças, mas não tem dinheiro ou pessoal para combatê-las. É como a ONU: pode ajudar na resolução de conflitos, mas não tem exército próprio.

Mynameisiisenok/Shutterstock

Médicos da organização internacional Médicos sem Fronteiras atendendo refugiados ucranianos na Polônia, próximo à fronteira com a Ucrânia, em 2022.

Além da OMS, há diversas organizações não governamentais (ONGs), das quais falaremos nos próximos capítulos, que vêm se provando fundamentais para a globalização do cuidado com a saúde. A Cruz Vermelha, o Crescente Vermelho e os Médicos sem Fronteiras são organizações internacionais, sem ligação com governos, que muitas vezes são as únicas alternativas de tratamento e de acompanhamento para as populações afetadas por doenças, epidêmicas ou não, sobretudo nos países mais pobres.

Um exemplo disso foi a epidemia do vírus ebola, que causa uma doença gravíssima, com alta taxa de fatalidade. Os surtos de ebola ocorreram em alguns dos países mais pobres do mundo, como a Libéria ou Serra Leoa, na África Ocidental, países em que o sistema público de saúde é extremamente frágil. Se não fossem organizações como os Médicos sem Fronteiras, os surtos teriam sido muito mais graves, e o risco de contágio internacional muito maiores. Felizmente, até agora uma pandemia de ebola foi evitada.

VOCÊ JÁ PENSOU NISTO?

Quando você era criança, foi vacinado contra uma série de doenças. Várias delas – a varíola, a poliomielite e o sarampo, por exemplo – foram responsáveis, nos séculos passados, pela morte de milhões de pessoas. Algumas dessas doenças voltam de tempos em tempos em alguns lugares: foi o caso do sarampo que, a partir de 2017, teve um crescimento de casos devido à recusa da vacinação por algumas pessoas. Mas a varíola, que matou milhões de pessoas através dos séculos, inclusive as populações indígenas da América no início da colonização europeia, não existe mais desde o final do século XX, graças a um esforço mundial de vacinação. Ninguém mais tem ou morre de varíola. Se você pudesse contar isso a um antepassado que tenha vivido mais de cem anos antes de você, provavelmente ele choraria de alegria.

O vírus causador da pandemia de covid-19 se originou, pelo que indicam os estudos disponíveis, na Ásia, tendo sido identificado primeiro na China, um dos países centrais do processo de globalização atual. Enorme proporção do comércio mundial passa por portos chineses, e praticamente todos os produtos eletrônicos que temos em casa são fabricados naquele país ou têm componentes produzidos lá. Isso proporcionou à China décadas de crescimento econômico e, ao restante do mundo, produtos baratos e de qualidade. O país já é o principal parceiro comercial do Brasil, responsável por boa parte do sucesso de nosso agronegócio.

Por outro lado, a inserção da China na economia global faz com que o movimento de pessoas indo e voltando do país seja gigantesco. Isso oferece grandes possibilidades para a disseminação de um vírus.

Em poucos meses o SARS-CoV-2 já havia chegado ao mundo inteiro, inclusive ao Brasil, um dos países mais afetados. Milhões de pessoas morreram ao redor do globo, e a economia mundial foi desorganizada. Com as restrições a viagens e ao transporte marítimo e aéreo, a cadeia internacional de produção teve problemas.

Uma vez que as instituições de governança global ainda dependem dos países-membros para realizar qualquer grande iniciativa, restou a elas contar com o governo de cada país para implementar suas orientações, o que nem sempre ocorreu. Além disso, não há mecanismos negociados entre os países para reorganizar as cadeias de produção globais. Pode-se dizer que a pandemia de covid-19 atingiu a humanidade em um momento em que ela já estava exposta a problemas globais, mas ainda começando a aperfeiçoar os mecanismos para lidar com eles.

O prolongamento da pandemia pelo rápido surgimento de novas variantes do vírus mostra claramente a necessidade de resolução do problema em escala global. Mesmo que os países ricos consigam vacinar suas populações inteiras, se o vírus continuar circulando por países com pouca cobertura vacinal, pode surgir uma nova variante que seja resistente às vacinas. Durante a pandemia, houve iniciativas para disponibilizar vacinas para os países pobres, como o consórcio internacional COVAX Facility, mas sem o alcance necessário para resolver o problema.

Por outro lado, a pandemia mostrou as potencialidades de uma humanidade unida pelo mesmo propósito. Quando ficou claro o tamanho da ameaça, os países com maior capacidade científico-tecnológica lançaram-se na pesquisa de tratamentos, e as vacinas produzidas ao redor do mundo — na Europa, na China, nos Estados Unidos, na Rússia — mostraram-se eficazes na redução drástica do número de casos e de óbitos. A ciência já é globalizada há muito tempo, com comunidades internacionais de cientistas que publicam seus estudos em revistas que circulam por universidades do mundo todo. Sem os cientistas e os investimentos, públicos ou privados, em pesquisas científicas, a pandemia teria tido efeitos muito mais devastadores.

Imaginem o que nossos antepassados não teriam feito para conseguir uma vacina contra a gripe espanhola ou a peste negra.

BRASIL: MORTES DIÁRIAS POR COVID-19 ENTRE ABRIL DE 2020 E OUTUBRO DE 2021

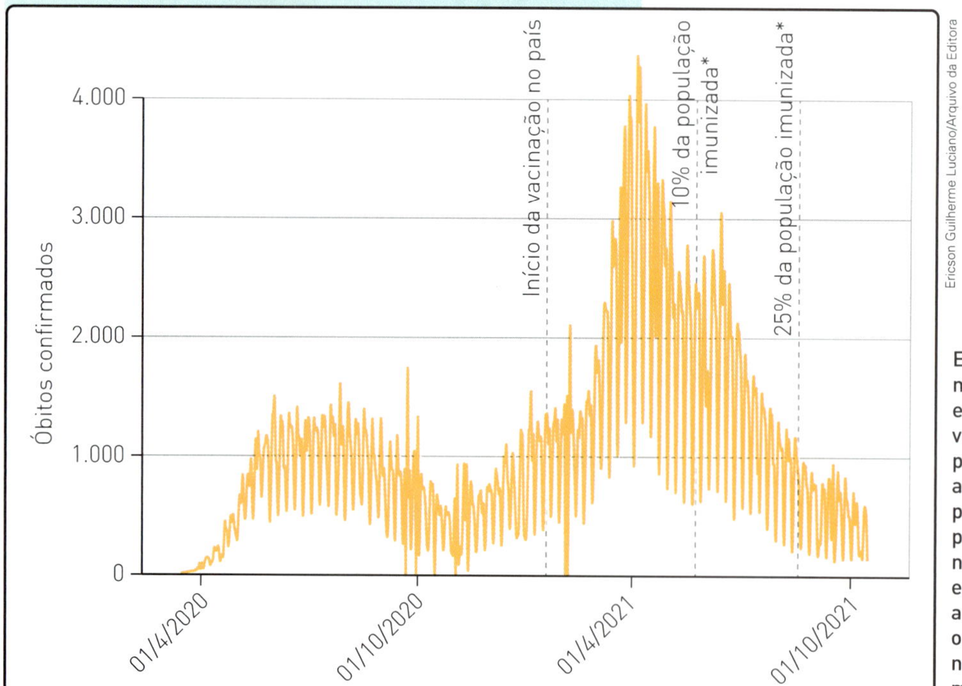

Evolução do número de mortes por covid-19 no Brasil em 2021, após o início da vacinação. Como se pode perceber, quando a vacinação atinge cerca de 10% da população — começando pelos mais velhos — o número de mortes cai muito expressivamente, encerrando a chamada "segunda onda" da pandemia, que no Brasil foi muito mais mortal do que a primeira.

Fonte: MENEZES, Luiz Fernando. É falso que vacinação fez número de mortes por Covid-19 neste ano superar o de 2020. *Aos Fatos*, 18 out. 2021. Disponível em: https://www.aosfatos.org/noticias/e-falso-que-vacinacao-fez-numero-de-mortes-por-covid-19-neste-ano-superar-o-de-2020/. Acesso em: 17 jun. 2022.

* Imunização com duas doses ou dose única.

5 O BRASIL E A GLOBALIZAÇÃO

BIOGRAFIAS

Acesse o Plurall para saber mais sobre **Geoffrey Garrett (1958-)**.

A globalização apresenta para o Brasil desafios bastante difíceis. Com base na discussão dos itens anteriores, podemos destacar três desafios principais:

1. O Brasil, como os outros países democráticos, precisa lidar com a realidade de que seu governo tem menos controle sobre a economia do que antes. O país teria, ainda, as dificuldades adicionais características de países de desenvolvimento médio, analisadas pelo pesquisador australiano **Geoffrey Garrett (1958-)**. Os países pobres podem lucrar com a globalização oferecendo mão de obra barata, como fizeram China e Índia. Já os países mais ricos, como os Estados Unidos ou a Alemanha, podem aproveitar seu potencial de criação de tecnologia e sua população com grande qualificação educacional. Ora, o Brasil tem salários mais altos do que os da China e capacitação tecnológica e educacional menor que a da Alemanha. Sendo assim, como podemos nos adaptar à globalização?

   Fica claro que a globalização aumenta a pressão para que tenhamos as qualificações educacionais, tecnológicas e institucionais necessárias para competir com os países desenvolvidos.

MUNDO: ÍNDICE DE COMPETITIVIDADE ECONÔMICA (2017-2018)

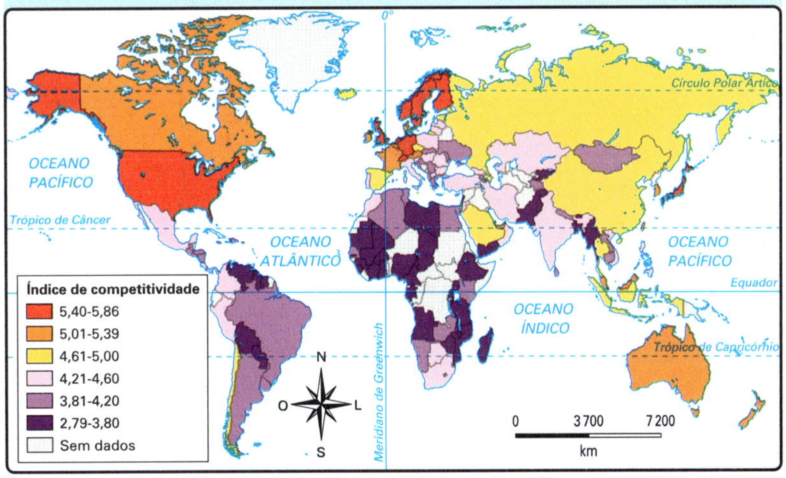

Banco de imagens/Arquivo da editora

Elaborado com dados de: WORLD ECONOMIC FORUM (WEF). *Global Competitiveness Report*: 2017-2018. Genebra, 2017. p. 325.

MUNDO: ÍNDICE DE DESIGUALDADE ECONÔMICA SEGUNDO O COEFICIENTE DE GINI (2020)

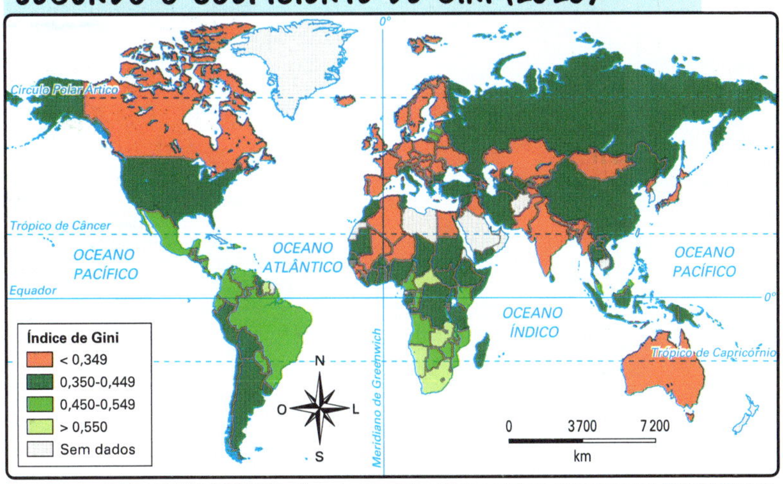

Banco de imagens/Arquivo da editora

Fonte: BANCO MUNDIAL. Disponível em: https://data.worldbank.org/indicator/SI.POV.GINI?name_desc=false. Acesso em: 10 jul. 2022.

No mapa acima, os países considerados mais competitivos economicamente pelo Fórum Econômico Mundial aparecem em vermelho, e os menos competitivos, em roxo. O Brasil aparece em lilás, no quinto agrupamento de países mais competitivos. No mapa ao lado, temos os países com distribuição de renda mais desigual em verde-claro. Note que o Brasil está entre os países mais desiguais do mundo. O desafio do país é combater a desigualdade que vemos no segundo mapa ao mesmo tempo que busca se tornar mais competitivo.

2. O Brasil luta para participar da governança global: um dos objetivos da política externa brasileira nos últimos anos é tornar o país membro permanente do Conselho de Segurança da ONU. Com países como Alemanha, Japão e Índia, os representantes do governo brasileiro têm pleiteado que o conselho seja reformado. Entre 2004 e 2017, o Brasil liderou as forças de paz da ONU que atuaram no Haiti, país que passou por diversas crises políticas nas últimas décadas.

O governo brasileiro também procurou reforçar as instituições internacionais que envolvem países vizinhos, em especial com a criação do Mercado Comum do Sul (Mercosul). Até 2022, seus membros permanentes eram o Brasil, a Argentina, o Uruguai, o Paraguai e a Venezuela, que se encontrava suspensa desde 2016; diversos outros países do continente são membros associados.

O Brasil também assumiu uma posição importante na negociação dos tratados comerciais na OMC, associando-se a outros países em desenvolvimento para pressionar os países desenvolvidos a reduzir as medidas protecionistas.

Thony Belizaire/AFP

Soldados brasileiros participam das forças de paz da ONU em Porto Príncipe, no Haiti, em junho de 2006. Os capacetes azuis são o símbolo dos soldados que estão sob orientação da ONU. Ao assumir responsabilidades como essa, o Brasil espera aumentar sua credibilidade para atuar na governança global.

3. Em razão da abundância de recursos naturais em seu território, o Brasil é palco de lutas globais pela preservação do meio ambiente. Isso constantemente cria tensões: de um lado, estão os grupos defensores da preservação ambiental, o que inclui as ONGs internacionais e nacionais, grupos indígenas, movimentos sociais, como o Movimento dos Trabalhadores Rurais Sem Terra (MST) e o Movimento dos Atingidos por Barragens (MAB), e outros setores da população brasileira, a exemplo dos seringueiros da Amazônia; de outro, interesses econômicos nacionais (latifundiários, garimpeiros, empresas mineradoras, etc.). A grande importância global da agropecuária brasileira também põe o país em evidência, por exemplo, na discussão sobre a produção de alimentos transgênicos.

Boa parte dos debates políticos brasileiros (nem sempre os que recebem maior destaque) se refere a medidas para desenvolver a indústria e reduzir obstáculos ao crescimento econômico e, ao mesmo tempo, enfrentar a pobreza e a desigualdade. A questão é difícil porque nem sempre é possível atingir todos os objetivos simultaneamente: às vezes, grupos defendem sacrificar o crescimento em nome do combate à pobreza; às vezes, é o contrário. Cabe à população, por meio do voto, decidir qual é a melhor opção em cada momento.

Alexandros Michailidis/Shutterstock

A fotografia mostra a jovem ativista sueca Greta Thunberg em manifestação a favor da proteção do meio ambiente ocorrida em Bruxelas, na Bélgica, em 2019. Greta ficou conhecida em 2018 por não comparecer às aulas para protestar em frente do Parlamento da Suécia contra a falta de ação em relação às mudanças climáticas. Os temas relacionados ao meio ambiente têm se tornado cada vez mais uma preocupação, e o Brasil, em razão de sua extensão e dos recursos naturais aqui disponíveis, tem estado no centro desse debate.

VOCÊ JÁ PENSOU NISTO?

Pode parecer que a globalização é uma coisa muito distante de você, algo que só interfere na vida de políticos ou de grandes empresários. Para perceber que não é assim, faça o seguinte exercício: esqueça por um momento as partes do jornal que costumam ser consideradas mais "difíceis" de compreender, como os cadernos de política, economia e arte. Leia os cadernos que tratam dos problemas de sua vizinhança ou de sua região, o de esportes, o noticiário policial. Você vai se surpreender ao ver como a globalização aparece ali. No caderno de esportes, é possível que você leia sobre a venda de um jogador brasileiro para um clube estrangeiro, ou sobre o desempenho da seleção brasileira na Copa do Mundo (que é realizada por uma organização internacional). No noticiário policial, boa parte das matérias pode envolver crimes relacionados a drogas, que, como vimos, são distribuídas por redes globais de produção e tráfico. Você ainda acha que a globalização é um assunto que não interfere na sua vida?

PARA SABER +

Economia internacional e política brasileira

AMÉRICA DO SUL: ÍNDICE DE BONS TEMPOS ECONÔMICOS (1960-2018)

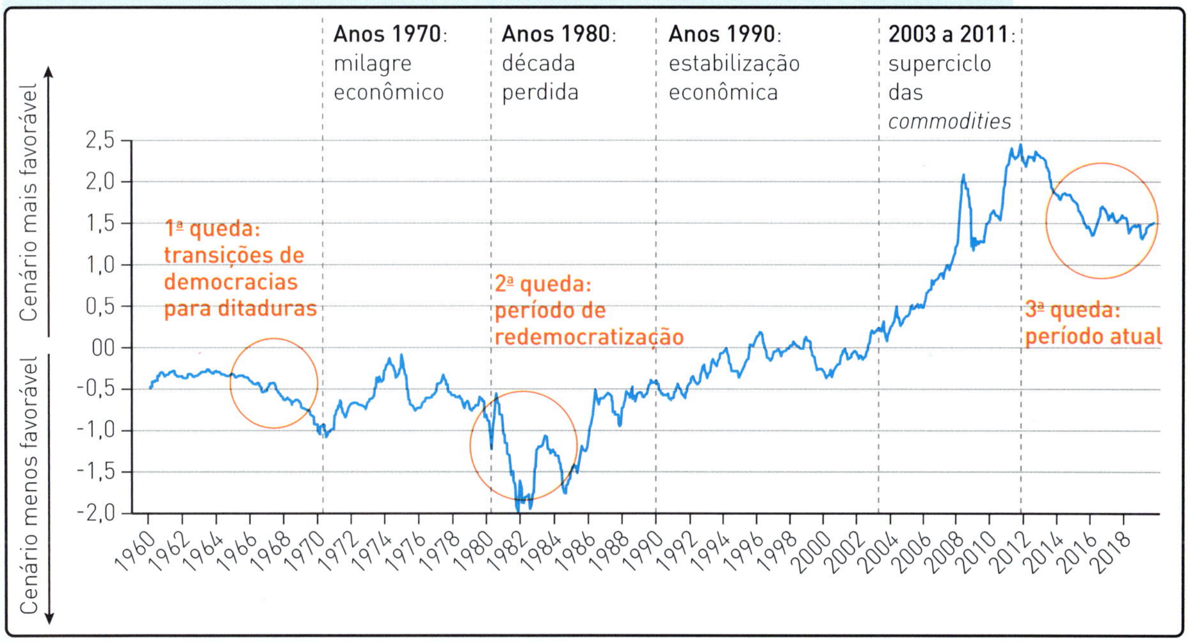

Fonte: CAMPELLO, Daniela; ZUCCO, Cesar. Frustração com economia alimenta revoltas na América do Sul. *Folha de S.Paulo*, 17 nov. 2019.

O gráfico acima foi elaborado pelos cientistas brasileiros Daniela Campello e Cesar Zucco. Ele mostra a evolução de um índice de "bons tempos econômicos", que mede o quanto a situação econômica internacional favorece a economia dos países da América do Sul.

Como se pode ver, a situação econômica internacional ajuda a explicar acontecimentos de nossa história política. No meio da década de 1960, quando a situação piora, vários países da América do Sul, como o Brasil, têm crises políticas que terminam com golpes militares e a morte da democracia. As ditaduras do continente (inclusive a brasileira) começam a cair no começo dos anos 1980, quando há uma redução acentuada do índice de bons tempos econômicos. A recém-implantada democracia brasileira herda essa situação econômica terrível e tem sérias dificuldades em seus primeiros anos.

A situação melhora nos anos 1990 e dá um salto nos anos 2000, ajudando a democracia brasileira a se consolidar nesses vinte anos. Entretanto, no começo dos anos 2010, a situação piora, e várias democracias na América Latina começam a apresentar problemas. Em 2013, o Brasil é sacudido por imensos protestos. Em 2016, a presidente Dilma Rousseff sofre *impeachment*.

Nem Campello nem Zucco acham que a economia internacional é a única explicação para a história política brasileira. Todo fenômeno social é complexo e tem várias causas. Entretanto, é bom ter em mente que fenômenos políticos que parecem inteiramente causados por fatores internos de cada país podem ser explicados, ao menos em parte, por mudanças na economia global.

VOCÊ APRENDEU QUE

A globalização é a intensificação de relações sociais mundiais que ligam lugares distantes, de modo que acontecimentos em um lugar são influenciados por eventos ocorridos muito longe dali, e vice-versa.

A globalização não é apenas econômica, mas envolve também aspectos políticos, culturais, ambientais, e se relaciona com esferas tão diferentes quanto esporte, religião e criminalidade.

Com a formação dos Estados modernos, a governança global foi organizada pelo sistema de Westfália. Esse sistema reconhece que: cada Estado é soberano em seu território; as diferenças entre os Estados serão resolvidas, frequentemente, pela força; não há um poder global maior sobre os Estados.

A governança global é o processo em que os Estados (e, hoje em dia, também as organizações internacionais e os movimentos sociais globais) procuram criar acordos, regras e instituições para regulamentar as relações entre eles. A governança global é necessária porque não existe um governo mundial.

A governança global ainda funciona, principalmente, pela ação dos Estados. Porém, parte importante das negociações entre eles agora se dá dentro das organizações internacionais.

Após a Segunda Guerra Mundial, uma nova forma de governança global começa a se formar no sistema das Nações Unidas. Esse sistema reconhece que as relações entre os Estados são cada vez mais importantes e que há certos valores fundamentais que os Estados precisam respeitar.

A globalização diminui o controle dos Estados sobre a economia dentro de seu território. Como consequência, fica mais difícil (embora, de modo algum, impossível) para os eleitores fazerem escolhas que contrariem o interesse dos investidores internacionais.

O trilema de Rodrik diz que, entre soberania nacional, democracia e globalização, sempre que escolhermos duas variáveis, estaremos sacrificando a terceira. Se quisermos de volta a que sacrificamos, temos de sacrificar uma das outras duas, e assim por diante.

Uma das consequências da globalização é o aumento da disseminação de doenças, devido à ampliação das viagens intercontinentais. Porém, ao mesmo tempo, vimos que os esforços globais também são importantes no combate às pandemias e a outras questões relacionadas à saúde, como presenciamos no contexto do desenvolvimento das vacinas contra o coronavírus.

A globalização apresenta desafios importantes para o Brasil. Em primeiro lugar, o país se vê pressionado a se tornar mais competitivo economicamente ao mesmo tempo que precisa combater suas imensas desigualdades. Em segundo lugar, há o esforço do país em aumentar sua importância na governança global, de modo que seus interesses sejam contemplados. E, em terceiro lugar, a solução de questões de âmbito global das quais o Brasil é palco, como a preservação da Amazônia.

ATIVIDADES

REVENDO

1. Qual é o conceito de globalização para Anthony Giddens?
2. Por que, após a Segunda Guerra Mundial, houve críticas ao sistema de Westfália?
3. Por que há quem diga que a globalização levará à perda de importância dos Estados?
4. Por que os problemas ambientais enfrentados por diferentes países, inclusive o Brasil, têm sido discutidos como problemas globais?
5. Por que podemos dizer que a globalização é um desafio especialmente difícil para o Brasil por ser um país de desenvolvimento médio?
6. Qual relação pode ser estabelecida entre a pandemia de covid-19 e a globalização?

CONSTRUINDO

1. Leia o texto abaixo e, com base nele, discuta a noção de globalização, conforme estudado no capítulo.

> A dialética das relações entre a globalização, a identidade nacional e a xenofobia é enfaticamente demonstrada pela atividade pública que combina esses três elementos: o futebol. Graças à televisão global, esse esporte universalmente popular transformou-se em um complexo industrial capitalista de categoria mundial [...].
>
> Praticamente desde que adquiriu um público de massa, esse esporte tem sido o catalisador de duas formas de identificação grupal: a focal (com o clube) e a nacional (com a seleção nacional, composta com os jogadores dos clubes). No passado, elas eram complementares, mas a transformação do futebol em um negócio mundial e sobretudo o surgimento extraordinariamente rápido de um mercado global de jogadores nas décadas de 1980 e 1990 [...] criaram uma crescente incompatibilidade entre os interesses empresariais, políticos e econômicos, nacionais e globalizados, e o sentimento popular. Essencialmente, o negócio global do futebol é dominado pelo imperialismo de umas poucas empresas capitalistas com nomes de marcas também globais – um pequeno número de superclubes baseados em alguns países da Europa, que competem entre si tanto nas ligas nacionais quanto, preferivelmente, nas internacionais. Seus jogadores são recrutados em todo o mundo. [...]
>
> [...] A lógica transnacional da empresa de negócios entrou em conflito com o futebol como expressão de identidade nacional, tanto pela tendência a favorecer torneios internacionais entre superclubes, em detrimento dos torneios tradicionais das copas e dos campeonatos nacionais, quanto porque os interesses dos superclubes competem com os das seleções nacionais, que são as portadoras de toda a carga política e emocional da identidade nacional e que têm de ser formadas por jogadores que tenham o passaporte do país [...].

HOBSBAWM, Eric. *Globalização, democracia e terrorismo*. São Paulo: Companhia das Letras, 2000. p. 93-94.

2. Leia o trecho de uma entrevista e observe a imagem.

> [...]
>
> Ponto e vírgula — O que você quer dizer exatamente com urbanismo **open source**?
>
> *Saskia Sassen* — Isso significaria a implantação de tecnologias de código aberto em uma variedade de contextos urbanos. A questão torna-se então: "Podemos urbanizar a tecnologia de código aberto?". Como uma inovação tecnológica, o *open source* não foi sobre as cidades, mas de forma colaborativa a construção de ferramentas. No entanto, a abordagem de código aberto ressoa com o que as cidades estão no nível do solo, onde os usuários estão. Para usar uma analogia, o parque é feito não só com o *hardware* de árvores e lagos, mas também com o *software* de práticas das pessoas.
>
> Em outra oportunidade eu sugeri que a noção de bairros de código aberto pode ser um instrumento fundamental não só para resolver problemas que são de determinados bairros, mas também como um primeiro passo na mobilização de bairros em ações coletivas de diversos tipos, desde a agricultura urbana até exigir melhores serviços do governo de uma cidade. Um segundo fato relacionado

open source: código aberto. Refere-se aos *softwares* cujo código-fonte é livre para uso, reprodução e modificação por qualquer usuário e para qualquer fim.

a este é que cada bairro é diferente e tende a enfrentar problemas bem diferentes — de acesso aos transportes, das inundações, da pobreza e do desemprego, e muito mais. Por isso, cada bairro tem diferentes tipos de conhecimento sobre a cidade. Além disso, ele também tem uma diversidade de atores — a avó, o lojista, a criança — que passam muito tempo na vizinhança e, por sua vez, têm diversos saberes sobre o bairro.

[...]

SASSEN, Saskia. "Não é imigração, é expulsão". Entrevista concedida a Jorge Felix. *Ponto & Vírgula*, PUC-SP, n. 18, segundo semestre de 2015. p. 171-179. Disponível em: https://revistas.pucsp.br/index.php/pontoevirgula/article/view/29811/20728. Acesso em: 17 jun. 2022.

Reprodução/Red Brix Wall

Global City é um jogo em que os jogadores constroem sua própria cidade.

- Para a socióloga Saskia Sassen (1947-), cidades como São Paulo, Nova York, Londres, Dubai, Pequim e Xangai são lugares onde os processos globais acontecem e, por isso, podem ser chamadas de "cidades globais". Relacione o conteúdo da imagem com o texto e discuta com os colegas.

3. O geógrafo brasileiro **Milton Santos (1926-2001)** foi um dos principais estudiosos da globalização no país. Em seu livro *Por uma outra globalização*, o autor apresenta a faceta perversa da globalização, que provocou a concentração de renda, o aumento do desemprego e o crescimento das desigualdades sociais. No entanto, Santos também indica a possibilidade de reverter essa perversidade e estabelecer "uma outra globalização". Leia o texto a seguir e discuta com os colegas: vocês concordam com a visão de Santos?

A reconstrução vertical do mundo, tal como a atual globalização perversa está realizando, pretende impor a todos os países normas comuns de existência e, se possível, ao mesmo tempo e rapidamente. Mas isto não é definitivo. A evolução que estamos entrevendo terá sua aceleração em momentos diferentes e em países diferentes, e será permitida pelo amadurecimento da crise.

Esse mundo novo anunciado não será uma construção de cima para baixo, como a que estamos hoje assistindo e deplorando, mas uma edificação cuja trajetória vai se dar de baixo para cima.

As condições acima enumeradas deverão permitir a implantação de um novo modelo econômico, social e político que, a partir de uma nova distribuição dos bens e serviços, conduza à realização de uma vida coletiva solidária e, passando da escala do lugar à escala do planeta, assegure uma reforma do mundo, por intermédio de outra maneira de realizar a globalização.

SANTOS, Milton. *Por uma outra globalização*. Rio de Janeiro: Record, 2001. p. 169-170.

BIOGRAFIAS

Acesse o Plurall para saber mais sobre **Milton Santos (1928-2001)**.

CAPÍTULO 3

A sociedade diante do Estado

imageBROKER/Shutterstock

Girl Frisking Soldier ("Garota Revistando Soldado", em português), do artista plástico Banksy. A obra, pintada em 2007 em um muro na cidade de Belém (Palestina), critica a arbitrariedade, os abusos e as ações violentas da polícia israelense contra os palestinos.

No Capítulo 1, vimos que os detentores do poder não devem esperar obediência em toda e qualquer situação. Para sobreviver, o Estado precisa fazer acordos e concessões com os diferentes grupos da sociedade. Esses grupos, por sua vez, procuram conquistar, diante do Estado, cada vez mais direitos e garantias.

Nas diferentes sociedades, as lutas políticas acontecem de formas diversas. Em sociedades modernas, uma das questões mais debatidas é a definição do que é cidadania, isto é, quais são os direitos e os deveres dos cidadãos. Nessa luta por direitos, os movimentos sociais buscam o apoio dos cidadãos para suas reivindicações, e o Estado tenta negociar acordos para conciliar as diferentes demandas. As tentativas do Estado nem sempre têm êxito, o que, em alguns casos, pode até levar à derrubada violenta do governo.

NESTE CAPÍTULO VAMOS DISCUTIR:

1. A luta pela cidadania
2. Os movimentos sociais
3. Problemas da ação coletiva
4. Capital social e participação cívica
5. A sociedade civil

COMPETÊNCIAS E HABILIDADES DA BNCC

- Competências gerais da Educação Básica: 1, 6, 7 e 9.
- Competências específicas de Ciências Humanas e Sociais Aplicadas: 1, 5 e 6.
- Habilidades de Ciências Humanas e Sociais Aplicadas: EM13CHS106, EM13CHS501, EM13CHS502, EM13CHS503, EM13CHS601, EM13CHS602 e EM13CHS605.
- Competências específicas de Linguagens e suas Tecnologias: 1, 2 e 6.
- Habilidades de Linguagens e suas Tecnologias: EM13LGG102, EM13LGG202, EM13LGG203, EM13LGG204 e EM13LGG601.
- Competência específica de Matemática e suas Tecnologias: 1.
- Habilidade de Matemática e suas Tecnologias: EM13MAT104.

1 A LUTA PELA CIDADANIA

Cidadania é a condição de ser reconhecido como membro de um grupo político (por exemplo, um Estado) e de ter os direitos e deveres associados a essa condição. Na definição da filósofa alemã **Hannah Arendt (1906-1975)**, cidadania é "o direito de ter direitos". Quando disse isso, Arendt pensava nas pessoas que foram expulsas de seus países durante a Segunda Guerra Mundial e, por isso, deixaram de ser reconhecidas como cidadãs de qualquer país: quem, nessa situação, poderia garantir os direitos dessas pessoas?

E o que significa ser cidadão de um país (do Brasil, por exemplo)? Significa ser, antes de tudo, reconhecido pelos brasileiros como cidadão, tanto quanto eles, e reconhecê-los como cidadãos, tanto quanto você. Se uma pessoa rica e poderosa acha, por exemplo, que a lei não se aplica a ela, mas apenas aos mais pobres, essa pessoa está desrespeitando os princípios da cidadania.

BIOGRAFIAS

Acesse o Plurall para saber mais sobre **Hannah Arendt (1906-1975)** e **T. H. Marshall (1893-1981)**.

Procyk Radek/Shutterstock

Campo de refugiados sírios em Suruç, Turquia, em foto de 2017. Desde o começo da guerra civil na Síria, em 2011, grande parte da população deixou o país. Mesmo quando são aceitos em outros países, os refugiados nem sempre têm seus direitos mais básicos garantidos.

Ser cidadão envolve direitos e deveres, mas esses direitos e deveres variam no tempo e no espaço (não são os mesmos em todos os países nem em todas as épocas), já que os direitos dos cidadãos foram conquistados por meio de longas lutas políticas.

A análise clássica sobre a evolução da cidadania e dos direitos que a compõem foi feita pelo sociólogo inglês **T. H. Marshall (1893-1981)**. Marshall identificou três tipos de direitos que formaram a cidadania moderna na Inglaterra. São eles:

1. **Direitos civis**: aqueles que permitem ao cidadão exercer sua liberdade individual. Por exemplo, o direito de cada um dizer o que pensa (liberdade de expressão), o direito de acreditar na religião que quiser (ou não acreditar em nenhuma), o direito de fazer acordos e contratos com outros cidadãos e o direito à propriedade. Os direitos civis foram os primeiros a surgir na Inglaterra, consolidando-se a partir do século XVIII.

2. **Direitos políticos**: são aqueles que permitem ao cidadão participar do exercício do poder político. São exemplos de direitos políticos o direito ao voto, o direito de se organizar com outros cidadãos para defender propostas (incluído aí o direito de formar partidos políticos) e o direito de ser eleito para cargos políticos. Os direitos políticos se consolidaram na Inglaterra entre o final do século XIX e o começo do século XX, primeiro com a ampliação do direito ao voto para todos os homens e depois com o reconhecimento dos direitos políticos das mulheres.

Reprodução/Coleção particular

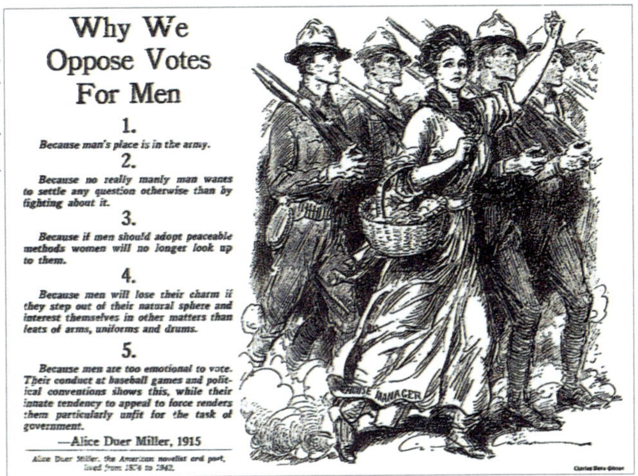

Why We Oppose Votes For Men

1.

Because man's place is in the army.

2.

Because no really manly man wants to settle any question otherwise than by fighting about it.

3.

Because if men should adopt peaceable methods women will no longer look up to them.

4.

Because men will lose their charm if they step out of their natural sphere and interest themselves in other matters than feats of arms, uniforms and drums.

5.

Because men are too emotional to vote. Their conduct at baseball games and political conventions shows this, while their innate tendency to appeal to force renders them particularly unfit for the task of government.

—Alice Duer Miller, 1915

Alice Duer Miller, the American novelist and poet, lived from 1874 to 1942.

Panfleto satírico estadunidense de 1915 defende que homens não deveriam poder votar pois: "(1) o lugar de homem é no Exército; (2) nenhum homem realmente viril desejará resolver algo se não for pela força; (3) se os homens adotarem métodos pacíficos, as mulheres não vão mais se interessar por eles; (4) os homens perderão seu charme se saírem de seu lugar natural e se interessarem por coisas que não envolvam fardas, tambores e armas; e (5) os homens são emotivos demais, como se pode perceber pelo seu comportamento em eventos esportivos [...]". O objetivo do panfleto não era acabar com o direito ao voto dos homens, mas mostrar como não fazia sentido aplicar o mesmo raciocínio às mulheres (como quando se dizia que elas não deveriam participar da política porque "lugar de mulher é na cozinha").

3. **Direitos sociais**: são aqueles que garantem ao cidadão um mínimo de bem-estar econômico e uma vida digna, de acordo com o padrão do país e da época. São exemplos de direitos sociais o direito à educação, à saúde, a uma aposentadoria na velhice ou em caso de invalidez. Os direitos sociais ganharam força no século XX, quando os movimentos operários europeus conseguiram obrigar o Estado a prover a todos os cidadãos saúde e educação públicas, entre outros direitos.

Em resumo, a cidadania é uma condição que nos permite participar como iguais da discussão política e uma reivindicação de que todos participem do que Marshall chamou de "herança comum" da sociedade, da riqueza que ela produz e da discussão sobre os valores que a sustentam.

Como veremos no Capítulo 4, no Brasil a consolidação dos três direitos foi significativamente tardia em relação à Inglaterra. Além disso, segundo alguns autores, eles teriam sido obtidos em uma ordem diferente do que aconteceu nos países europeus e nos Estados Unidos. Muitas características da sociedade brasileira atual são consequências desse processo.

Reprodução/Museu Histórico Nacional, Rio de Janeiro, RJ.

***Retrato de André Pinto Rebouças*, do pintor Rodolfo Bernardelli, fim do século XIX (óleo sobre tela, 34 cm × 26 cm). André Rebouças (1838-1898) participou do processo que culminou na abolição da escravatura em 1888, mas sempre lamentou a falta de medidas para dar aos negros brasileiros terras e outras condições para o exercício efetivo da cidadania.**

VOCÊ JÁ PENSOU NISTO?

Nossos antepassados não tinham muitos dos direitos que hoje consideramos naturais. É provável que você seja descendente de pessoas que foram forçadas a sair de suas próprias terras. Certamente, parte de seus antepassados não teve direito à aposentadoria e precisou ser sustentada pelos filhos na velhice (que, em geral, era curta porque não havia serviços públicos de saúde), e certamente muitas das mulheres de sua família nunca puderam votar (as mulheres só ganharam direito ao voto no século XX). Talvez você nem consiga imaginar a possibilidade de viver sem alguns desses direitos, que só foram conquistados depois de duras lutas políticas (no Brasil, vários deles ainda são frágeis). É interessante pensar: será que algum direito que não temos hoje será considerado natural em um futuro distante?

ASSIM FALOU

T. H. Marshall

A cidadania é um *status* concedido àqueles que são membros integrais de uma comunidade. Todos aqueles que possuem o *status* são iguais com respeito aos direitos e obrigações pertinentes ao *status*. Não há nenhum princípio universal que determine o que estes direitos e obrigações serão, mas as sociedades nas quais a cidadania é uma instituição em desenvolvimento criam uma imagem de uma cidadania ideal em relação à qual a aspiração pode ser dirigida. A insistência em seguir o caminho assim determinado equivale a uma insistência por uma medida efetiva de igualdade, um enriquecimento da matéria-prima do *status* e um aumento no número daqueles a quem é conferido o *status*.

MARSHALL, T. H. *Cidadania, classe social e status*. Rio de Janeiro: Zahar, 1967. p. 76 (texto original de 1949).

2 OS MOVIMENTOS SOCIAIS

É durante a luta pela cidadania que se formam os cidadãos. Os movimentos sociais foram — e são — fundamentais na tarefa de exigir do Estado o reconhecimento dos direitos que compõem a cidadania e em favorecer que os próprios cidadãos discutam entre si quais devem ser esses direitos.

Chamamos de movimento social um grupo de pessoas que atuam conjuntamente para transformar algum aspecto da sociedade. Os movimentos sociais são diferentes dos partidos políticos porque não procuram, necessariamente, conquistar o controle do Estado. Em outras épocas, os movimentos sociais atuaram de modo diferente, pois, segundo o sociólogo estadunidense Charles Tilly, em cada época eles apresentam um "repertório", um conjunto de práticas utilizadas para reivindicar. No mundo contemporâneo, esse repertório inclui, entre outros recursos, campanhas na internet, protestos, passeatas e outras formas de atuação política não relacionadas à disputa pelo Estado.

Embora não tenham, obrigatoriamente, o Estado como foco principal, os movimentos sociais exercem influência sobre ele porque muitas de suas campanhas e protestos afetam a opinião dos eleitores. Por isso, os políticos podem levá-los em consideração.

Há vários tipos de movimentos sociais. Uma maneira de entender a diferença entre eles, proposta pela filósofa estadunidense **Nancy Fraser (1947-)**, seria fazer a distinção entre dois tipos de luta que eles empreendem: a luta por redistribuição e a luta por reconhecimento.

BIOGRAFIAS

Acesse o Plurall para saber mais sobre **Nancy Fraser (1947-)**.

Acervo Iconographia/Reminiscências

Fotografia tirada durante manifestação sindical do dia 1º de maio de 1919, na praça da Sé, em São Paulo (SP). Ao redor do mundo, o movimento operário foi importante não apenas na conquista dos direitos sociais mas também na luta pelo direito ao voto, que em muitos países era privilégio de indivíduos acima de determinados níveis de renda.

A luta por **redistribuição** buscaria corrigir ou eliminar o que os membros do movimento consideram injustiças econômicas e sociais. O exemplo mais claro é a luta dos sindicatos, que buscam a redistribuição de renda por meio de salários mais altos e outros direitos sociais que diminuam a distância entre a qualidade de vida das diversas classes sociais. No Brasil, um exemplo de luta por redistribuição seria o Movimento dos Trabalhadores Rurais Sem Terra (MST), que reivindica a redistribuição de terras.

Fabio Rodrigues Pozzebom/Agência Brasil

Manifestação do MST pela reforma agrária. Foto tirada em Brasília (DF), 2014. O papel de destaque da agricultura na história e na economia brasileiras explica a importância dos movimentos pela reforma agrária. O MST ocupa terras que considera improdutivas, o que revela um conflito entre um direito social (o direito à terra) e um direito civil (o direito à propriedade dos donos das terras ocupadas).

A luta por **reconhecimento**, por sua vez, buscaria corrigir ou eliminar injustiças culturais, como a humilhação, o desrespeito e a negação de direitos a pessoas de determinados grupos. Um exemplo disso seria o movimento LGBTQIA+ (movimento de lésbicas, *gays*, bissexuais, transgêneros e todas as outras identidades de gênero e sexualidades que não estejam na sigla e não façam parte do padrão da sociedade), que combate a homofobia e a transfobia e defende a livre expressão sexual.

Luciano Marques/Shutterstock

Vigésima sexta edição da Parada do Orgulho LGBT+, na avenida Paulista, em São Paulo (SP), em 19 de junho de 2022. Manifestações como essa reúnem diferentes entidades e pessoas que lutam por reconhecimento.

Os movimentos por reconhecimento têm reivindicações com relação à política do Estado (por exemplo, pelo reconhecimento do casamento civil entre homossexuais e pelo uso do nome social por transexuais). Porém, parte importante de sua luta é cultural: é a luta para que a sociedade aceite os homossexuais e os transexuais como cidadãos com os mesmos direitos que os demais.

Além dos casos mais evidentes de movimentos por redistribuição e de movimentos por reconhecimento, alguns deles lutam nas duas frentes: são o que Nancy Fraser chamou de bivalentes.

O movimento feminista, por exemplo, luta pelo reconhecimento dos direitos das mulheres. Grande parte da luta feminista é por redistribuição: pelo fim da desigualdade salarial entre mulheres e homens, por exemplo, ou para que o governo invista em políticas públicas que melhorem a vida das mulheres (como a garantia de proteção contra a violência doméstica). Mas a luta feminista é também por reconhecimento: para que as mulheres não sejam julgadas pelo corpo ou pela forma como se vestem, não sejam estereotipadas como fúteis, vaidosas ou fracas. Algumas pautas envolvem as duas coisas: exigir creches públicas de qualidade é uma luta por redistribuição e por reconhecimento (de que mulheres e homens necessitam igualmente de boas condições para trabalhar e têm as mesmas responsabilidades na criação dos filhos).

O caso do movimento negro é semelhante. Parte importante da luta é por redistribuição: fim da diferença salarial entre negros e brancos e desenvolvimento de ações voltadas à redução da desigualdade social entre brancos e negros (como cotas em universidades e concursos públicos). Mas parte essencial da luta do movimento negro é contra ideias racistas e estereótipos (de que negros só são bons em esportes e música; o estereótipo da "mulata", que reduz mulheres negras à sensualidade; ou de que somente brancos têm "aparência de líder"). O movimento negro também luta para que a história da resistência negra seja contada nas escolas e para que a herança cultural afro-brasileira seja reconhecida.

O movimento indígena talvez seja aquele em que estão mais entrelaçadas as lutas por reconhecimento e por redistribuição. Parte importante da luta indígena é pelo direito de os indígenas serem reconhecidos como tais (ou seja, membros de um dos diversos povos indígenas do Brasil), pelo direito de terem sua cultura aceita e de não serem forçados a se adaptar aos padrões da sociedade ocidental. Mas, para que tudo isso se torne realidade, é fundamental lutar pelas terras que eles ocupam, e longe das quais seus costumes e sua organização social dificilmente sobreviveriam. Por isso, boa parte da luta indígena no Brasil se dá contra garimpos, fazendas e projetos governamentais (como usinas hidrelétricas) que invadem terras e reservas ou as prejudicam de alguma forma (por exemplo, poluindo os rios).

Bettmann Images/Getty Images

A imagem acima parece uma cena cotidiana. Entretanto, trata-se de um momento histórico muito importante. A mulher da foto é Rosa Parks, que se rebelou contra a legislação racista nos estados do sul dos Estados Unidos, segundo a qual passageiros negros deveriam ceder o lugar a um branco quando a seção reservada a eles estivesse lotada. No dia 1º de dezembro de 1955, Rosa Parks se recusou a fazer isso e foi presa. Isso desencadeou uma onda de protestos por todo o país. A foto mostra Parks em um ônibus, no dia 21 de dezembro de 1956, um dia depois da revogação da lei racista.

VOCÊ JÁ PENSOU NISTO?

Muitas pessoas têm mais facilidade de entender movimentos sociais que reivindicam conquistas materiais (salários mais altos, terra, moradia popular, etc.) do que movimentos por reconhecimento. Porém, para quem é ofendido e desrespeitado no dia a dia por causa da cor da pele, da orientação sexual, do gênero ou da religião, lutar contra esse desrespeito pode ser muito mais importante do que por coisas materiais.

3 PROBLEMAS DA AÇÃO COLETIVA

Pode parecer fácil organizar um movimento social. Por exemplo, é bastante claro que as mulheres sofrem com a desigualdade de gênero em diversas situações e têm, portanto, interesses comuns. Logo, poderíamos concluir, é natural que elas se organizem para lutar por seus direitos. O mesmo poderia ser dito sobre os trabalhadores pobres, os negros, os indígenas e tantos outros grupos discriminados.

Entretanto, a ação coletiva está longe de ser tão simples. Diversos estudos mostram que organizar pessoas em torno de um objetivo comum pode ser bastante difícil, mesmo quando o grupo a ser organizado constitui a maioria da população. O economista estadunidense **Mancur Olson (1932-1998)** estudou vários problemas de ação coletiva, relativos a tentativas das pessoas de agirem juntas para fazer coisas que são do interesse de todos.

Poderíamos pensar que, se algo é do interesse de um grupo, o grupo vai se organizar para consegui-lo, mas nem sempre é isso que acontece. Por exemplo, imagine que no seu bairro é do interesse de todos fazer um protesto exigindo a instalação de água encanada pela prefeitura. Temos, então, a seguinte situação:

a) É do seu interesse que o bairro receba água encanada.

BIOGRAFIAS

Acesse o Plurall para saber mais sobre **Mancur Olson (1932-1998)**.

b) Você sabe que participar do protesto tem um custo. Você talvez prefira assistir à tevê na hora do protesto ou trabalhar nesse horário e ganhar mais dinheiro. Se participar do protesto, não poderá fazer nada disso.

c) Você sabe que os demais moradores se interessam em ter água encanada.

Assim, há o risco de que você pense o seguinte: "o melhor para mim é deixar que os outros façam o protesto: quando instalarem água encanada, eu também vou me beneficiar, e não vou pagar o custo de participar do protesto". Mas, assim como você, muita gente pode preferir "pegar carona" no esforço político dos outros e, se todos pensarem assim, o protesto não acontecerá e ninguém conquistará água encanada para o bairro.

No quadro ao lado, temos um resumo das quatro situações possíveis no nosso exemplo. Na situação (1), todos resolvem participar (inclusive você), o protesto é bem-sucedido e todos ganham água encanada. Na hipótese (2), você se mobiliza mas o protesto não acontece. Na situação (3), todos ganham água encanada (você inclusive), mas você não precisa ir ao protesto. Se todos pensarem assim, porém, acontecerá a situação (4), em que ninguém vai ao protesto e o bairro fica sem água encanada.

O problema do carona

	As outras pessoas resolvem participar	As outras pessoas resolvem não participar
Você resolve participar	(1) O protesto acontece, e o bairro ganha água encanada.	(2) Você perde tempo indo até onde seria o protesto, que não acontece. O bairro não ganha água encanada.
Você resolve não participar	(3) O bairro ganha água encanada, e você não precisa perder tempo no protesto.	(4) O protesto não acontece, o bairro não ganha água encanada, mas você não perde tempo.

Elaborado pelos autores.

Os problemas da ação coletiva não são insuperáveis: se fossem, não existiria nenhum partido, movimento social, nem mesmo sociedade, pois todos contamos com o fato de que os outros cidadãos vão concordar em certas coisas, como cumprir as leis ou respeitar os sinais de trânsito (a grande maioria dos cidadãos, aliás, faz essas duas coisas na maior parte do tempo).

Entretanto, cada grupo social precisa encontrar formas de resolver o problema do carona: os membros de uma igreja, por exemplo, podem parar de convidar para as festas comunitárias pessoas que têm dinheiro para ajudar na manutenção da igreja mas não o fazem, esperando que outros arquem com esse custo. Cada forma de resolver o problema do carona tem suas vantagens e riscos e é mais ou menos eficiente em cada situação.

Mancur Olson estudou também outro fenômeno: se é verdade que pode ser muito difícil organizar a maioria, por outro lado pode ser muito fácil organizar a minoria. Ou seja, existe a possibilidade de um governo ser controlado por grupos que defendem seus próprios interesses, mesmo quando esses interesses vão contra os da população como um todo.

As imagens abaixo representam muito bem um problema de ação coletiva. Se os peixes pequenos se organizarem (como acontece na imagem da direita), vencerão o peixe grande. Mas se permanecerem desorganizados, serão vencidos por ele. O problema da ação coletiva é como levar os peixes espalhados da imagem à esquerda a se organizarem no cardume representado à direita.

Brett Anderson/www.citizenjury.org

É bem mais fácil organizar um grupo quando o número de pessoas é pequeno e quando seus membros só recebem benefícios se participarem da ação coletiva, isto é, se for impossível utilizar a estratégia do carona. No exemplo apresentado no quadro da página anterior, isso ocorreria se fosse possível conseguir água encanada apenas para as pessoas que participassem do protesto.

Imaginemos outro exemplo: duas empresas, A e B, têm interesse em conseguir do governo autorização para explorar um garimpo que vai poluir a água consumida por 100 mil pessoas. Para as empresas, é fácil se organizar para pressionar o governo (talvez mesmo por meio de subornos) e obter autorização para o garimpo. Se a empresa A resolver pegar carona na pressão da empresa B, esta pode perfeitamente exigir que o governo dê autorização só para ela. Por isso, nenhuma das empresas tem incentivo para ser carona, e a ação coletiva das duas provavelmente vai acontecer.

No exemplo do garimpo, considere a situação das 100 mil pessoas que serão prejudicadas (não é fácil organizar 100 mil pessoas): se cada uma delas resolvesse pegar carona na ação das outras 99 999, nada seria feito para impedir a poluição da água, prevalecendo o interesse da minoria. Situações como essa acontecem frequentemente na vida real: minorias bem organizadas, ou que lutam por interesses particulares, muitas vezes vencem maiorias desorganizadas.

Isso tem consequências importantes para a política nos dias atuais. Muitas políticas inadequadas postas em prática pelos governos devem-se à influência de grupos particulares que conseguem exigir medidas que contrariam o interesse da maioria. Quando isso acontece, dizemos que houve "captura do Estado" por esses grupos.

VOCÊ JÁ PENSOU NISTO?

Que tipo de coisa ou situação deixa de acontecer na sua escola, na sua igreja ou no seu bairro porque as pessoas não se organizam? Você gostaria, por exemplo, de que em sua escola fossem realizados mais eventos culturais ou esportivos? O que você gostaria de reivindicar como melhoria para sua escola ou para seu bairro? Você já tentou organizar alguma dessas coisas? Por que não? Se já tentou, sem sucesso, por que você acha que não funcionou? E se tiver dado certo, conte aos colegas como foi essa experiência.

4 CAPITAL SOCIAL E PARTICIPAÇÃO CÍVICA

Se é verdade que as minorias organizadas podem dominar as maiorias, de que adiantaria buscar se organizar coletivamente? Não seria melhor que cada cidadão cuidasse apenas dos próprios problemas? Em alguns casos, é claro que não: conquistas como as do movimento negro e do feminista são inegáveis. Mas, então, não seria o caso de valorizar apenas esses movimentos que defendem grandes causas e, fora isso, cada um cuidar da sua vida?

Tudo indica que não. Se isso fosse verdade, os países onde há menos movimentos sociais, onde a população participa menos da vida social, onde cada um cuida apenas dos seus próprios problemas, seriam os mais prósperos e bem organizados. Mas as pesquisas indicam exatamente o contrário.

Segundo o cientista político estadunidense **Robert Putnam (1941-)**, regiões com altos níveis de participação social teriam mais prosperidade econômica, maior respeito à lei e menos corrupção. A participação **cívica** descrita por Putnam não inclui apenas participar de movimentos sociais: inclui também frequentar igrejas, clubes de futebol, grupos de coral, associações de bairro, associações de pais de alunos e qualquer atividade que leve a pessoa a se organizar em conjunto com outros cidadãos.

BIOGRAFIAS

Acesse o Plurall para saber mais sobre **Robert Putnam (1941-)**.

cívico: relativo ao cidadão como integrante de um Estado.

VOCÊ JÁ PENSOU NISTO?

No Capítulo 1, sugerimos que você se perguntasse a quem obedece, quem manda em você. Agora é hora de fazer outras perguntas: com quem você se reúne? De que atividades sociais você participa na sua comunidade: cultos religiosos, festas, uma turma que pratica algum esporte? Há uma associação de moradores no lugar onde você mora? Uma escola de samba ou um bloco de Carnaval? Grupos de oração, de dança, de capoeira? Sua escola tem grêmio estudantil ou outro tipo de associação de alunos? Pense também nos grupos de que seus pais participam. Muitas das suas relações sociais mais importantes podem se formar nesses encontros da comunidade.

Por que ocorreriam as situações descritas por Putnam? Embora não se tenha chegado a uma conclusão, há sinais de que a participação cívica é parte importante do que sociólogos, cientistas políticos e economistas chamam de **capital social**. Capital social é o conjunto de regras, redes de contatos pessoais (amigos, família, grupos de convivência) e relações de confiança que ajuda os cidadãos a superar os problemas de ação coletiva. Veja o esquema a seguir.

No esquema ao lado, um exemplo de uma rede de relacionamentos ou rede social. Você talvez conheça o termo "rede social" relacionado à internet. As redes sociais têm uma estrutura como a da figura: você tem seus amigos, seus amigos têm os amigos deles, etc. As redes de relacionamentos da internet costumam sugerir que você fique amigo dos amigos dos seus amigos, por exemplo, copiando o que acontece na vida cotidiana. Os cientistas sociais cada vez mais estudam as redes sociais (da vida real e da internet) para descobrir de que modo elas afetam a vida das pessoas.

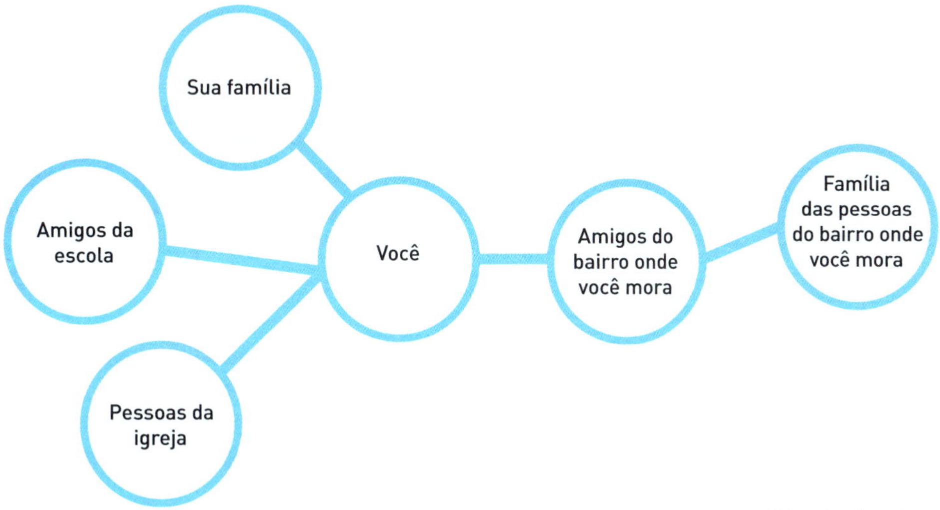

Elaborado pelos autores.

De que modo a confiança, por exemplo, favoreceria a ação em grupo? Lembre-se do problema do carona: se cada um achar que o outro é um carona, nunca nos organizaremos para fazer nada. Mas, se tivermos confiança uns nos outros, é provável que nos organizemos para lutar por nossos direitos, para que nossos filhos tenham boas escolas ou para que nosso bairro receba mais atenção das autoridades. Por outro lado, a confiança seria reforçada pela participação em atividades sociais. Vejamos um exemplo.

Imagine dois comerciantes que nunca se viram na vida e nunca mais se verão depois de fechar um negócio. Imagine que um deles não conhece ninguém que o outro conhece. Se um deles quiser ser desonesto (por exemplo, entregando mercadoria de baixa qualidade), ao outro só restará entrar na justiça contra ele, e processos judiciais levam tempo, custam dinheiro.

Por outro lado, se os dois comerciantes frequentarem a mesma igreja, o mesmo terreiro, a mesma associação de moradores, o mesmo grupo que joga futebol todo sábado ou o mesmo sindicato, o preço da desonestidade passa a ser maior. O desonesto pode ter de enfrentar a reprovação das outras pessoas nesses grupos. Sua fama de desonesto pode fazer com que muitas delas desistam de fechar negócio com ele. Ou seja, a participação na vida social diminui o incentivo para determinadas práticas.

No entanto, o capital social tem dois lados. Por exemplo: é bom que os alunos de uma turma sejam amigos próximos, mas é ruim quando alguém, por algum motivo,

acaba sendo excluído da turma. Políticos e empresários que frequentam os mesmos clubes, as mesmas festas, as mesmas associações comerciais podem ter mais facilidade de fechar negócios ilegais entre si. Criminosos bem relacionados nos bairros onde moram podem ter mais chance de fugir da polícia.

Alexandre Loureiro/NZOC/Getty Images

Crianças praticando futebol no Centro de Referência Esportiva Mangueira, localizado no Rio de Janeiro (RJ), em 2016. Os espaços de práticas esportivas são pontos de encontro dos moradores de um mesmo bairro ou de bairros próximos, constituindo importantes centros de produção de capital social.

Zach D Roberts/NurPhoto/Getty Images

Foto da manifestação "Unite the Right" (Unir a direita), ocorrida em 2017 na cidade de Charlottesville (EUA). Os manifestantes empunhavam tochas (uma alusão à Ku Klux Klan), faziam saudações nazistas e gritavam palavras de ordem contra negros, imigrantes, judeus e homossexuais. Movimentos como esse também se beneficiam das redes sociais para se organizarem e são exemplos de movimentos sociais orientados não para conquistar, mas para subtrair os direitos de certos grupos de cidadãos.

Em suas pesquisas, Robert Putnam comparou o capital social de diferentes estados dos Estados Unidos com a criminalidade e a sonegação de impostos em cada um deles. Segundo os resultados, aqueles estados em que as pessoas participam mais de atividades cívicas teriam menores taxas de criminalidade e de sonegação de impostos. É difícil saber se o capital social seria responsável por esses bons resultados ou se apenas contribuiria para preservá-los — os cientistas políticos ainda não chegaram a um consenso sobre isso. Mas é possível pelo menos supor que a participação cidadã pode ter consequências importantes para o desenvolvimento dos países.

Se essa suposição for válida, a situação atual é preocupante, pois os estudos de Putnam mostram que tanto nos Estados Unidos como em outros países as pessoas cada vez menos participam de movimentos sociais, reúnem-se com amigos para praticar esportes, frequentam igrejas, etc. Por outro lado, Putnam ressalta que nos Estados Unidos aumentou muito a proporção de pessoas que escolhem a carreira de advogado (mesmo em comparação com outras carreiras lucrativas). Para Putnam, esse dado sugere que mais pessoas estariam preferindo resolver problemas na justiça a agir por meio de relações de confiança.

ESTADOS UNIDOS: CAPITAL SOCIAL, POR ESTADO (2018)

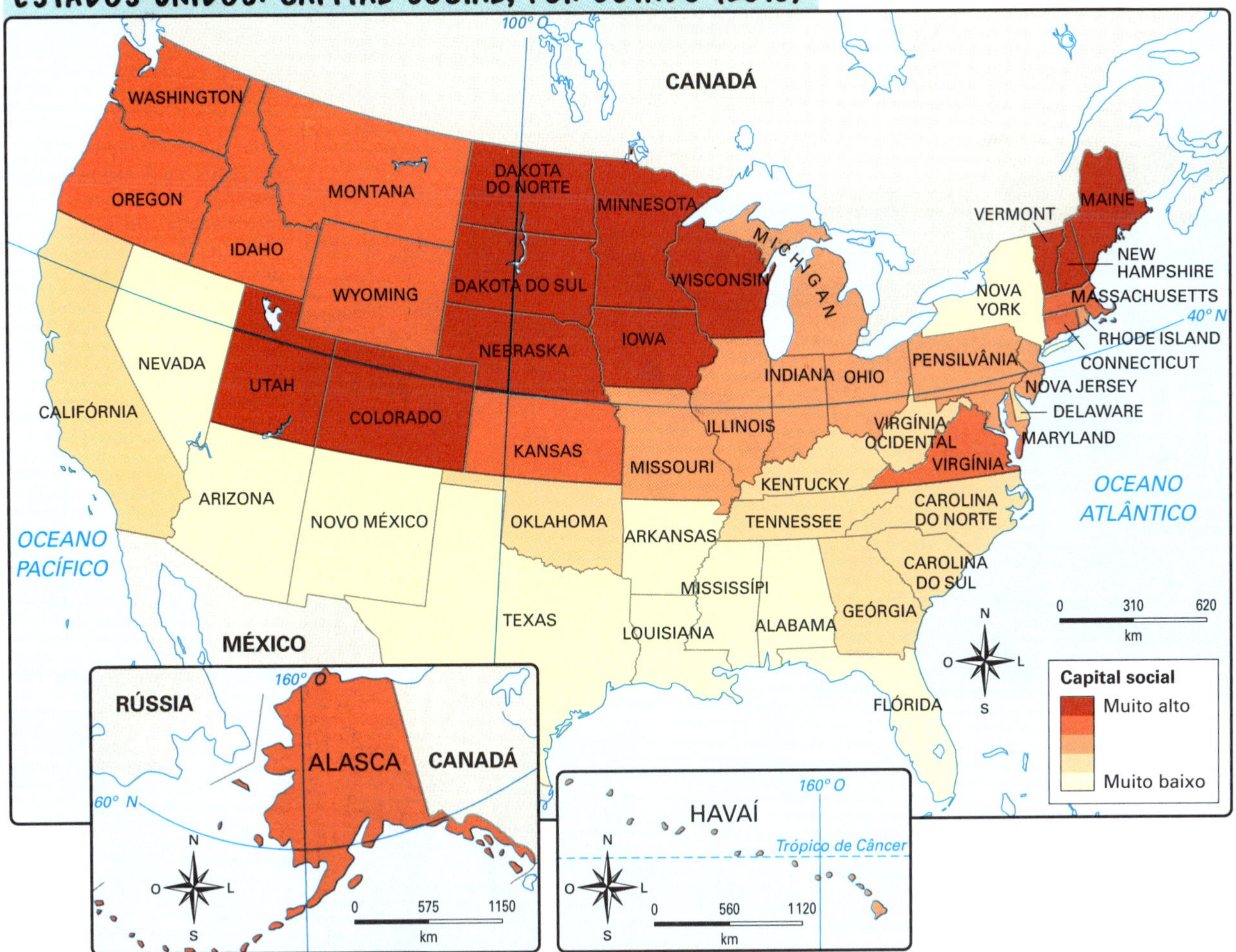

Fonte: U.S. Congress, Joint Economic Committee, Social Capital Project. The Geography of Social Capital in America. Abr. 2018, p. 24. Disponível em: https://www.lee.senate.gov/services/files/DA64FDB7-3B2E-40D4-B9E3-07001B81EC31. Acesso em: 13 jun. 2022.

5 A SOCIEDADE CIVIL

Neste capítulo discutimos vários aspectos da política moderna que não se confundem com o Estado, com o governo, com o monopólio da violência legítima. Não falamos de partidos, que buscam conquistar o poder de Estado, ou das relações entre Estados, que caracterizam a diplomacia internacional.

Nosso foco foi outro: a **sociedade civil**, que compreende o conjunto de associações, movimentos, universidades, entidades de classe, instituições religiosas e científicas que não fazem parte do Estado no sentido weberiano (o Estado como coerção, como violência), mas que influenciam decisivamente a vida política.

Diversos autores, de diferentes tradições políticas e teóricas, perceberam a importância da sociedade civil (embora nem sempre usassem essa expressão). Por exemplo, no século XIX, **Alexis de Tocqueville (1805-1859)** notou a grande importância que as associações de cidadãos tinham no funcionamento da sociedade. O trabalho de Tocqueville é uma das inspirações da reflexão de Robert Putnam sobre capital social, que estudamos no item anterior.

O conceito ganhou nova importância no século XX, quando foi reformulado por Antonio Gramsci, o maior teórico marxista da política, cuja principal preocupação era entender como o poder na sociedade moderna não estaria concentrado apenas no Estado como Max Weber o entendia, isto é, como monopólio da violência legítima.

BIOGRAFIAS

Acesse o Plurall para saber mais sobre **Alexis de Tocqueville (1805-1859).**

Gramsci foi um dos autores que melhor percebeu que os acontecimentos da sociedade civil podem ser tão ou mais decisivos quanto o que acontece nas eleições, no Congresso Nacional, na Presidência da República, no Exército, na administração pública, enfim, no que normalmente consideramos o Estado.

Afinal, a política não é apenas luta para saber quem serão os governantes. É também luta para definir em que direção irá a sociedade, e cada grupo social tem uma posição sobre isso: que leis devem ser alteradas, que grupos devem ser favorecidos, que ideias devem prevalecer, etc. Em outras palavras: cada grupo tem uma ideia de como a sociedade deve ser, e é por isso que busca conquistar o poder político.

Nesse quadro, o Estado, no sentido weberiano de monopólio da violência legítima, seria apenas um dos pontos em disputa na luta política. É perfeitamente possível, na sociedade moderna, que um grupo conquiste o Estado, mas tenha, de fato, muito pouco poder. Por exemplo, se quem ganhou as eleições não for capaz de fazer alianças com classes sociais, partidos e movimentos sociais poderosos, poderá encontrar dificuldades para governar.

Note que, da mesma forma que um grupo pode conquistar o Estado sem, por isso, tornar-se muito poderoso, outros grupos podem ser muito poderosos sem nunca conquistar, por exemplo, a Presidência da República. Basta que sejam capazes de influenciar o debate de ideias ou liderar classes sociais e outros grupos importantes. Se conseguirem fazê-lo, acabarão forçando o governante a levar seu ponto de vista em consideração.

Arquivo do jornal O Estado de S. Paulo/Agência Estado

Na imagem ao lado, um ato religioso realizado em São Paulo em 1975, após o assassinato do jornalista Vladimir Herzog pela ditadura militar brasileira (ver Capítulo 4). Esse protesto reuniu líderes de várias religiões, bem como membros de entidades da sociedade civil. Com atos como esse, a sociedade civil brasileira minou a legitimidade do regime ditatorial e contribuiu para a volta da democracia.

World History Archive/TopFoto/AGB Photo Library

Na Revolução Russa de 1917, um partido político relativamente pequeno, o bolchevique, conquistou o comando do Estado. O regime czarista, derrubado pela revolução, reprimia intensamente a sociedade civil, impedindo que ela se desenvolvesse. Dessa forma, os bolcheviques encontraram pouca resistência para implementar seu programa socialista. Se a sociedade civil fosse mais desenvolvida na Rússia, o processo de transformação teria sido muito mais complexo, tanto na luta pelo Estado quanto na luta de ideias. Na foto, o líder bolchevique Lenin discursa em Moscou, em 1920.

Acervo Iconographia/Reminiscências

Palanque da Marcha da Família com Deus pela Liberdade em São Paulo (SP), 19 de março de 1964. Essa série de manifestações foi realizada em oposição às reformas de base anunciadas pelo então presidente João Goulart. As marchas tiveram um forte apelo conservador, com o apoio de setores militares e religiosos.

Para Gramsci, as disputas entre valores e os debates de ideias seriam fundamentais para determinar quem vai liderar o projeto que será seguido em uma sociedade — isto é, para determinar quem terá hegemonia.

Por esse motivo, as instituições em que os valores são discutidos e as ideias debatidas são muito importantes para o estudo da política moderna. As universidades, as igrejas, os meios de comunicação, a arte não são feitos apenas para fazer política. Mas as ideias que produzem podem ter profundos efeitos políticos, pois influenciam os valores e as preferências das pessoas. Dessa forma, influenciam o que os governados exigirão dos governantes.

O mérito de Gramsci foi enfatizar como o que acontece na sociedade civil é decisivo para a vida social e para o que acontece no Estado, no sentido weberiano do termo.

O conceito de sociedade civil foi retomado por autores influenciados pelo filósofo alemão **Jürgen Habermas (1929-)**. **Andrew Arato (1944-)** e **Jean Cohen (1946-)**, entre outros, enfatizaram que a sociedade civil seria um lugar onde os cidadãos podem discutir seus problemas comuns com alguma liberdade diante do dinheiro e do poder.

Essa liberdade nunca seria total: os ricos e os poderosos sempre conseguiriam encontrar maneiras de influenciar a discussão a seu favor. Mas quanto melhor funcionar a democracia, quanto mais os cidadãos permanecerem atentos e participativos, mais haverá espaço para uma discussão verdadeiramente pública.

O que estudamos neste capítulo e o que estudamos no Capítulo 1 são assuntos complementares. Para compreender a política moderna é fundamental entender tanto o Estado, os partidos, o Congresso Nacional, etc. quanto a sociedade civil, pois essas coisas estão sempre muito interligadas.

BIOGRAFIAS

Acesse o Plurall para saber mais sobre **Jürgen Habermas (1929-), Andrew Arato (1944-)** e **Jean Cohen (1946-).**

VOCÊ JÁ PENSOU NISTO?

Muitas vezes reclamamos que os políticos têm uma ideia inteiramente errada do que deve ser feito. Quando propostas em que acreditamos são derrotadas em eleições, reclamamos também de nossos concidadãos, que não "enxergam" o lado bom delas. Mas sempre é bom perguntar: não terá faltado da nossa parte uma maior participação na discussão pública? Mesmo se um político que concorda conosco ganhasse a eleição, ele teria muita dificuldade em implementar um programa que não tivesse nenhum apoio popular.

PARA SABER +

Os protestos de junho de 2013

No ano de 2013, o Brasil foi sacudido por imensos protestos de rua, que tomaram as principais cidades do país.

O movimento começou como uma mobilização contra um aumento do valor das tarifas de ônibus, liderada por grupos como o Movimento Passe Livre (MPL). Mas logo atraiu diversos grupos da sociedade, cada um com suas insatisfações. Além das avenidas e praças de diversas capitais brasileiras, os manifestantes chegaram a ocupar a cobertura do prédio do Congresso Nacional.

Um dos fatores que levaram ao crescimento do movimento foi a repressão policial. Imagens de agressões contra manifestantes (e também contra jornalistas que cobriam o evento) chocaram a opinião pública e levaram centenas de milhares de brasileiros às ruas para protestar.

Além de conseguir que as passagens não aumentassem em diversas cidades, os manifestantes levaram o Congresso Nacional a aprovar medidas contra a corrupção. A própria presidente da República foi à TV anunciar medidas para atender às reivindicações.

Felipe Dana/Associated Press/Imageplus

Manifestantes reunidos na região central do Rio de Janeiro (RJ), em junho de 2013.

Após o anúncio de que a tarifa dos ônibus não aumentaria, as manifestações arrefeceram. Ao mesmo tempo, a violência que marcou confrontos entre a polícia e alguns manifestantes que recorriam à destruição do patrimônio como forma de protesto (os *black blocs*) acabou afastando outras pessoas.

Alguns autores criticam as manifestações de 2013 por não terem dado origem a um movimento ou partido organizado que desse continuidade às suas reivindicações. Por outro lado, muitos manifestantes defendiam que o movimento não tivesse líderes e fosse 100% espontâneo.

VOCÊ APRENDEU QUE

Cidadania é a condição de ser reconhecido como membro de um ente político (por exemplo, um país) e ter os direitos e deveres que essa condição garante.

Segundo T. H. Marshall, a construção da cidadania na Inglaterra envolveu a conquista progressiva dos direitos civis, dos direitos políticos e dos direitos sociais.

Chamamos de movimento social um grupo de pessoas que atuam conjuntamente para transformar algum aspecto da sociedade. Eles podem lutar por redistribuição, por reconhecimento ou por ambos.

Os problemas de ação coletiva se relacionam às dificuldades das pessoas de agirem juntas para fazer coisas que seriam do interesse de todos.

Capital social é o conjunto de regras, redes de contatos pessoais (amigos, família, grupos de convivência) e relações de confiança que ajuda os cidadãos a superar os problemas de ação coletiva.

Há evidências de que países e regiões com maior capital social apresentam melhores indicadores em alguns aspectos, como menor criminalidade e menor sonegação de impostos.

Para Gramsci, nas sociedades modernas, as lutas e os debates na sociedade civil podem ser tão decisivos quanto o que acontece no Estado como normalmente o entendemos. Para Cohen e Arato, a sociedade civil é um espaço de discussão entre os cidadãos que não é inteiramente controlado nem pelo dinheiro nem pelo poder.

ATIVIDADES

REVENDO

1. Quais são os três tipos de direito descritos por T. H. Marshall? Dê exemplos.
2. Qual é a diferença entre luta por redistribuição e luta por reconhecimento? Dê exemplos.
3. Descreva a ação denominada "problema do carona".
4. O que é o capital social?
5. Defina sociedade civil.

CONSTRUINDO

1. Leia um trecho do conto "Maria", de Conceição Evaristo.

> Maria estava parada há mais de meia hora no ponto do ônibus. Estava cansada de esperar. Se a distância fosse menor, teria ido a pé. Era preciso mesmo ir se acostumando com a caminhada. O preço da passagem estava aumentando tanto! Além do cansaço, a sacola estava pesada. No dia anterior, no domingo, havia tido festa na casa da patroa. Ela levava para casa os restos. O osso do pernil e as frutas que tinham enfeitado a mesa.[...]

EVARISTO, Conceição. *Olhos d'água*. Rio de Janeiro: Pallas, 2014, p. 39.

- Baseando-se nesse trecho, discuta as noções de redistribuição e de reconhecimento, conforme estudado no capítulo.

2. Leia o trecho de notícia a seguir.

> **Vereadores de Cuiabá reprovam projeto que criaria 'Dia do Orgulho Hetero'**
>
> Após grande repercussão negativa, a Câmara de Vereadores de Cuiabá rejeitou em 2ª votação, nesta quinta-feira (10), o projeto de Lei que pretendia criar o 'Dia do Orgulho Hétero' na capital Mato-grossense. Foram 18 votos contrários, dois a favor, 3 abstenções e o presidente da sessão não vota.
>
> [...]

RODRIGO, Pablo. Vereadores de Cuiabá reprovam projeto que criaria 'Dia do Orgulho Hetero'. *Gazeta Digital*, 10 mar. 2022. Disponível em: www.gazetadigital.com.br/editorias/politica-de-mt/vereadores-de-cuiab-reprovam-projeto-que-criaria-dia-do-orgulho-hetero/684945. Acesso em: 2 ago. 2022.

a) Você considera legítima a criação de um "Dia do Orgulho Hétero"? Justifique sua resposta.

b) A tentativa de criar um "Dia do Orgulho Hétero" aconteceu como uma tentativa de criar um contraponto ao "Dia do Orgulho LGBTQIA+", comemorado mundialmente na data de 28 de junho. Na sua opinião, as duas manifestações têm o mesmo significado? Por quê?

c) Considerando o texto a seguir, comente a importância das manifestações do orgulho LGBTQIA+.

> [...] além deste dia possuir uma carga histórica – uma vez que, no dia 28 de junho de 1969, aconteceu a Revolta de Stonewall, após o bar Stonewall sofrer mais uma de suas inúmeras batidas policiais sem justificativa (a não ser pelo fato de ser um bar gay), seus frequentadores se rebelaram pela primeira vez –, o orgulho vem em contraposição à palavra vergonha, tão atribuída àqueles que sentem amor e atração sexual por pessoas do mesmo sexo, assim como também foi bastante usada para designar os negros, ditos "descendentes de Caim", escravizados por tantos anos, marginalizados depois de libertos e obrigados a viver sob segregação em vários países até o século XX. E o Dia do Orgulho Hetero? Seria uma resposta à suposta "ditadura gay"? ("ditadura" esta em que, diga-se de passagem, um homossexual é assassinado a cada dois dias por nenhum outro motivo a não ser pela sua identidade sexual). Seria também o orgulho branco uma forma de exprimir um orgulho de descender de colonizadores e uma forma de insistir em se diferenciar daqueles que foram tachados de "inferiores" por tanto tempo?

YAMADA, Christiany. Por que não faz sentido ter orgulho de ser hetero. *Obvious*. Disponível em: http://lounge.obviousmag.org/fear_and_loathing_on_obvious/2014/02/por-que-nao-faz-sentido-ter-orgulho-de-ser-hetero.html. Acesso em: 2 ago. 2022.

3. O sociólogo alemão Wolfgang Streeck (1946-) preocupa-se com a maneira como as pessoas discutem a política como se estivessem falando de produtos que compram no mercado. Em um texto publicado em abril de 2013 na revista *Piauí*, expôs o seguinte raciocínio:

> [...] a condição de cidadão é, por sua própria essência, menos confortável que a condição de consumidor. Se for medida pelos mesmos critérios de personalização e diversidade, vai perder a disputa. [...]
>
> Na verdade, o papel de cidadão exige uma disposição disciplinada de aceitar decisões às quais inicialmente nos opusemos, ou que são contrárias aos nossos próprios interesses. Assim, os resultados raramente são ideais do ponto de vista do indivíduo, de modo que a falta de encaixe perfeito com as preferências individuais deve ser compensada pela satisfação cívica com o fato de que os resultados foram alcançados por meio de um processo democrático legítimo. [...]
>
> Além disso, ao contrário do consumo, a cidadania exige que cada um apoie a comunidade como um todo, em especial pagando impostos, que podem ser usados por um governo legalmente constituído em coisas que não foram predefinidas. Isso contrasta com a compra de bens ou serviços específicos, pelos quais a pessoa paga, um de cada vez, preços de mercado.[...]
>
> Isso implica que, na medida em que os mercados modernos de bens de consumo se tornam um modelo geral para a satisfação das necessidades sociais, e os cidadãos começam a esperar das autoridades públicas o mesmo tipo de resposta individualizada que se acostumaram a receber das empresas privadas, eles vão se decepcionar, até mesmo e exatamente quando os líderes políticos tentam se fazer simpáticos [...].
>
> [...]

STREECK, Wolfgang. O cidadão como consumidor: Considerações sobre a invasão da política pelo mercado. *Piauí*, São Paulo, ed. 79, abr. 2013. Disponível em: https://piaui.folha.uol.com.br/materia/o-cidadao-como-consumidor/. Acesso em: 21 maio 2022.

- Com base na reflexão de Streeck, responda: é correto pensar em nossas escolhas políticas da mesma maneira como pensamos nos produtos que desejamos comprar? Por quê?

CAPÍTULO 4

A política no Brasil

Christopher Pillitz/Getty Images

Grafite em muro no bairro da Vila Madalena, em São Paulo (SP).

No Brasil, a Antropologia e a Sociologia nasceram um pouco antes da Ciência Política, que só começou a se consolidar no país na década de 1960, embora, antes disso, já houvesse centros de pesquisa importantes.

Muito antes dessa época, entretanto, vários pensadores produziram ideias consistentes a respeito do papel do Estado, de como ele deveria ser organizado e das possibilidades da democracia no Brasil. Os estudos de Ciência Política fazem parte dessa tradição do pensamento político nacional.

Desde o retorno da democracia, em 1985, foram produzidos cada vez mais estudos importantes sobre os partidos e o sistema político brasileiro, além de pesquisas sobre questões graves e complexas, como a corrupção.

Neste capítulo vamos conhecer um pouco desses trabalhos, que ajudam a compreender melhor a história do país e a organizar as ideias sobre o que pode ser feito atualmente.

NESTE CAPÍTULO VAMOS DISCUTIR:

1. Estado e cidadania no Brasil
2. A origem da moderna democracia brasileira
3. Os partidos políticos
4. Uma democracia "normal"?
5. O problema da corrupção

COMPETÊNCIAS E HABILIDADES DA BNCC

- Competências gerais da Educação Básica: 1 e 2.
- Competências específicas de Ciências Humanas e Sociais Aplicadas: 1, 5 e 6.
- Habilidades de Ciências Humanas e Sociais Aplicadas: EM13CHS106, EM13CHS501, EM13CHS502, EM13CHS601, EM13CHS602, EM13CHS603, EM13CHS605 e EM13CHS606.
- Competência específica de Linguagens e suas Tecnologias: 2.
- Habilidade de Linguagens e suas Tecnologias: EM13LGG204.
- Competência específica de Matemática e suas Tecnologias: 1.
- Habilidade de Matemática e suas Tecnologias: EM13MAT104.

1 ESTADO E CIDADANIA NO BRASIL

Durante o período colonial, a organização política do Brasil obedecia à lógica do Império Português. Por isso, predominava a fragmentação do poder político, o que, por sua vez, fazia com que os grandes proprietários rurais aplicassem a lei em suas regiões conforme seus interesses. Em certas regiões, como Minas Gerais na época do auge da mineração de ouro e diamantes, nos séculos XVII e XVIII, o controle da Coroa portuguesa foi mais direto. Mas, como notou o historiador e cientista político **José Murilo de Carvalho (1939-)**, não havia um poder público no Brasil, isto é, um Estado que garantisse a isonomia das leis. Assim, alguns indivíduos estavam abaixo da lei (como os escravizados), outros acima dela (como os grandes proprietários).

O período colonial deixou diversas heranças que prejudicaram a construção da cidadania após a Independência do Brasil, entre as quais se destacam:

- a escravidão, em razão da qual grande parte da população brasileira não dispunha nem mesmo dos mais elementares direitos civis (sem falar dos políticos e sociais);
- o poder absoluto dos grandes proprietários dentro de suas fazendas, onde a lei não entrava (eles mesmos administravam a justiça, de acordo com seus interesses pessoais);
- um Estado (herdado dos portugueses) marcado por grande confusão entre o público e o privado.

BIOGRAFIAS

Acesse o Plurall para saber mais sobre **José Murilo de Carvalho (1939-)**, **Simon Schwartzman (1939-)** e **Raymundo Faoro (1925-2003)**.

Em Estados desse tipo, que Max Weber chamou de **patrimonialistas**, a atividade política é marcada pela associação de interesses privados com o governo, como notou o sociólogo **Simon Schwartzman (1939-)**. Em vez de exigir **direitos** para todos, os grupos, as classes ou os indivíduos apoiam o governo em troca de **favores pessoais**. Por exemplo, em lugar de se organizarem para exigir maior liberdade econômica para todos, os comerciantes tentam receber ajuda do governo para si (empréstimos, perdão a dívidas, contratos lucrativos com o setor estatal, etc.) e em troca apoiam o governo.

Em um Estado moderno, em que predomina a democracia, os grupos, as classes e os indivíduos lutam por **leis** que valem para todos em qualquer situação. Em um Estado patrimonialista, em vez de lutar por direitos, os grupos, as classes e os indivíduos pedem favores de acordo com a circunstância. Segundo o sociólogo, jurista, historiador e cientista político **Raymundo Faoro (1925-2003)**, o Estado patrimonialista é marcante na história do Brasil, fruto de relações estabelecidas ainda no período de colonização portuguesa, e dificultaria o desenvolvimento dos valores democráticos no país.

ARTE DE FURTAR,
ESPELHO DE ENGANOS,
THEATRO DE VERDADES,
GAZUA GERAL
Dos Reynos de Portugal.
A ELREY NOSSO SENHOR
D. JOAÕ IV.
PARA QUE A EMENDE.
Composta no anno de 1652.
PELO PADRE
ANTONIO VIEYRA
ZELOZO DA PATRIA.
Correcta, e emendada de muitos erros; e assim tambem a verá o curioso leytor com as palavras, e regras, que por inadvertencia faltaraõ na passada impressaõ.
AMSTERDAM.
Na Officina De MARTINHO SCHAGEN.
M. DCCXLIV.

Frontispício de edição de 1744 da obra *A arte de furtar*, de autoria atribuída por alguns ao padre Antonio Vieira (1608-1697) e por outros, ao padre Manuel da Costa (1601-1667), ambos jesuítas portugueses que viveram no Brasil colonial. O livro trata, com muito humor, das práticas corruptas da administração colonial.

VOCÊ JÁ PENSOU NISTO?

Como você vê o governo? Se uma ação do governo reverte em seu benefício, você enxerga isso como um favor pessoal ou como um direito? E se você estivesse no governo, como se comportaria? Daria empregos aos seus amigos e familiares? Você acha que esses empregos seriam "seus" e assim você poderia distribuí-los para quem quisesse, ou seriam bens públicos pertencentes a todos os brasileiros? Essa visão de que os bens do governo são propriedade dos ocupantes de cargos públicos é muito comum entre os brasileiros e está intimamente relacionada aos casos de corrupção no país.

Gravura que reproduz um medalhão elaborado em 1787 pelo abolicionista inglês Josiah Wedgwood (1730-1795), avô de Charles Darwin, criador da teoria da evolução das espécies. A inscrição diz: "Não sou eu um homem e um irmão?". O abolicionismo foi um movimento social mundial. No Brasil, foi também o primeiro movimento social de grandes proporções.

Na luta pela cidadania, a mais notável transformação política do Brasil no século XIX foi a abolição da escravatura, em 1888. O abolicionismo foi o primeiro grande movimento social brasileiro; como resultado, os negros passaram a ter ao menos o mínimo de direitos civis. Entretanto, a abolição não foi acompanhada de qualquer esforço dos ocupantes do governo para integrar os recém-libertos à sociedade brasileira. Os negros não receberam nem educação nem terra, o que poderia lhes garantir participação na economia nacional.

A proclamação da República não trouxe mudanças significativas para a cidadania brasileira. Parte do poder passou do governo central para os estados, nos quais as mesmas oligarquias continuaram mandando. As eleições, que já existiam no período do Império, continuaram sendo fraudadas, de modo que não é possível falar de progresso dos direitos políticos. Os direitos civis, mesmo após o fim da escravidão, ainda eram frágeis, e os direitos sociais mal apareciam no discurso oficial.

A Revolução de 1930 foi um divisor de águas na história da conquista de direitos no Brasil. Houve avanços políticos importantes, como o direito do voto feminino, conquistado em 1932. Porém, em 1937 teve início a ditadura do Estado Novo, que reverteu as conquistas democráticas. A ditadura de Getúlio Vargas foi, aliás, o único período da história brasileira em que não foram realizadas eleições, nem mesmo fraudulentas.

Integrantes do movimento sufragista do Rio Grande do Norte. As mulheres potiguares foram as primeiras a conquistar o direito ao voto no Brasil: participaram das eleições municipais de 1928, mas seus votos acabaram anulados, pois o Senado Federal não reconheceu o direito de voto das mulheres.

O grande progresso da cidadania entre 1930 e 1945 aconteceu no âmbito dos direitos sociais: o Brasil passou a ter uma legislação trabalhista, salário mínimo e regulamentação das horas de trabalho, do trabalho feminino, do trabalho infantil e da previdência social. Vale notar, entretanto, que esses direitos não se estenderam aos trabalhadores rurais, uma amostra do poder que os grandes fazendeiros ainda tinham.

Acervo Iconographia/Reminiscências

Manifestação popular na praça do Patriarca, em São Paulo (SP), durante a Revolução de 1930, que encerrou a Primeira República no Brasil. Os direitos políticos conquistados duraram pouco, pois foram revogados pelo Estado Novo em 1937. Entretanto, o período que se iniciou em 1930 foi marcado por grande progresso dos direitos sociais, com conquistas importantes na legislação trabalhista e previdenciária.

Para José Murilo de Carvalho, a conquista dos direitos sociais antes dos direitos políticos e dos direitos civis teria consequências importantes, como o reforço da ideia de que a população poderia, no máximo, esperar que o Poder Executivo (o presidente da República) lhe "desse" direitos. Essa impressão teria sido ressaltada pelo fato de que, no primeiro período democrático brasileiro, de apenas 19 anos (1945 a 1964), apesar de os brasileiros terem conquistado significativos direitos políticos, quase não houve progresso nos direitos sociais. Também é importante notar que, entre 1945 e 1964, o direito ao voto não se estendia aos analfabetos, que eram a maioria da população brasileira.

ASSIM FALOU

José Murilo de Carvalho

[...] a frágil democracia brasileira precisa de tempo. Quanto mais tempo ela sobreviver, maior será a probabilidade de fazer as correções necessárias nos mecanismos políticos e de se consolidar. Sua consolidação nos países que são hoje considerados democráticos, incluindo a Inglaterra, exigiu um aprendizado de séculos. É possível que, apesar da desvantagem da inversão da ordem dos direitos, o exercício continuado da democracia política, embora imperfeita, permita aos poucos ampliar o gozo dos direitos civis, o que, por sua vez, poderia reforçar os direitos políticos, criando um círculo virtuoso no qual a cultura política também se modificaria.

CARVALHO, José Murilo de. *Cidadania no Brasil*: o longo caminho. Rio de Janeiro: Civilização Brasileira, 2004. p. 224.

Lula Marques/Folhapress

O deputado Ulysses Guimarães, um dos líderes da luta contra a ditadura militar, levanta o texto aprovado da Constituição de 1988, a qual garantiu direitos políticos, civis e sociais aos cidadãos brasileiros. Entretanto, muitos deles ainda não foram plenamente implementados.

Entre 1964, quando ocorreu o golpe militar, e 1985, tivemos outro período ditatorial, com uma sucessão de governos militares. Esse regime teve uma característica singular, que analisaremos no próximo item: as eleições para vários cargos (em especial deputado e senador) foram mantidas, embora com muitas restrições, que visavam sempre garantir a vitória do governo. Dessa forma, seria difícil afirmar que os direitos políticos progrediram. No entanto, pode-se dizer que houve progressos nos direitos sociais, como a extensão da previdência social ao setor rural.

A Constituição de 1988, que consagra o retorno da democracia brasileira, é um marco na política do país. Os direitos políticos foram garantidos inclusive aos analfabetos, e desde então nunca foram suspensos. As eleições deixaram de ser fraudadas e há poucas dúvidas de que o Brasil é uma democracia. A partir da década de 1990, gravíssimos problemas nacionais, como a inflação (subida descontrolada de preços) e a desigualdade social, começaram a ser enfrentados por governos legitimamente eleitos.

Ainda há sérias ameaças à cidadania brasileira, que permanece muito frágil. Mas é inegável que em nenhum outro momento da história do país os cidadãos acumularam mais conquistas do que no período democrático recente. Um importante desafio é fazer com que esses direitos passem a ser vistos não mais como favores do governo, mas sim como conquistas de e para todos os cidadãos, por meio da luta democrática.

2 A ORIGEM DA MODERNA DEMOCRACIA BRASILEIRA

Reprodução/Abril Comunicações S.A.

Capa da edição de 18 de dezembro de 1968 da revista *Veja*. O general Costa e Silva, então presidente, aparece no Congresso fechado por ele. Apesar de ter mantido as eleições, o governo militar manipulou as regras eleitorais e o funcionamento das instituições conforme seu interesse.

No item anterior, traçamos um panorama da história da luta pela cidadania no país. Entretanto, para entender o Brasil e o funcionamento da atual democracia, é importante conhecer seu processo de renascimento, nos anos 1980.

A democracia moderna brasileira nasceu dos escombros do regime militar, que se estabeleceu em 1964 após a crise da primeira experiência democrática (1945-1964) do país.

O regime militar foi uma ditadura: os ocupantes dos principais cargos do Poder Executivo (presidente da República, governadores e prefeitos de capitais) não eram eleitos pelo voto popular, e o governo violava direitos civis (prendia, torturava e matava opositores do regime, censurava os meios de comunicação, etc.) e políticos (cassava deputados da oposição, suspendia o direito de opositores concorrerem em eleições, etc.). Embora o governo mudasse as regras do jogo quando temia perder as eleições, estas continuaram acontecendo para alguns cargos importantes, como deputados e senadores, e a partir de certo momento a oposição passou a conquistar vitórias significativas. Isso não aconteceu nas outras ditaduras latino-americanas do período, como a argentina e a chilena. A principal consequência dessas vitórias da oposição no Brasil foi que os partidos e os políticos que disputaram eleições durante o regime militar continuaram a ter prestígio no período democrático.

É importante lembrar que o regime militar terminou em meio a uma grave crise econômica. Entre 1967 e 1973, o Brasil teve um período de grande crescimento econômico, conhecido como "milagre brasileiro". Mas, já a partir de 1974, quando ficou claro que o suposto milagre não iria durar, o governo continuou a investir pesadamente na economia, em boa parte com dinheiro emprestado de credores internacionais. Com isso, gerou-se endividamento e inflação. No início da década de 1980, quando o regime militar começou a ser desmontado, a situação econômica do Brasil já era muito precária, e foi nesse contexto

que nasceu a democracia atual. Assim, no momento em que a população brasileira finalmente podia reivindicar seus direitos, o governo não tinha dinheiro para satisfazer ninguém.

Segundo a cientista política **Maria D'Alva Kinzo (1951-2008)**, seria possível dividir a transição para a democracia em três fases:

BIOGRAFIAS

Acesse o Plurall para saber mais sobre **Maria D'Alva Kinzo (1951-2008)**.

- **Primeira Fase (1974-1982):** ocorreu quando a transição esteve sob o inteiro controle dos militares. O governo Geisel (1974-1979) reduziu a prática da censura dos meios de comunicação e anunciou que tinha a intenção de promover uma abertura política "lenta, gradual e segura". Ernesto Geisel enfrentou a "linha dura", setor das Forças Armadas que se opunha à volta da democracia, mas se esforçou para manter a abertura política sob seu controle, mudando as regras eleitorais quando a oposição vencia as eleições. Em 1979, foi decretada a anistia aos exilados políticos e a outros adversários do regime, e uma nova lei permitiu a criação de outros partidos além dos dois (Arena e MDB, que veremos no próximo item) tolerados pelo regime militar.
- **Segunda Fase (1982-1985):** nessa fase, apesar de o governo ainda estar sob o comando militar, novas forças passaram a influenciar a transição para a democracia. Isso porque, nas eleições para governador de 1982 (que foram diretas), a oposição venceu em dez estados, entre eles São Paulo, Minas Gerais e Rio de Janeiro. Desde o golpe de 1964, cargos tão importantes não eram ocupados por oposicionistas. Em 1984, a oposição tentou mudar a Constituição para que o próximo presidente da República fosse eleito pela população. A campanha da oposição deu origem ao movimento **Diretas Já**, uma das maiores mobilizações populares da história brasileira, com passeatas de milhões de pessoas em todo o país. Porém, a emenda proposta não foi aprovada pelo Congresso Nacional e tornou-se claro que a oposição só conseguiria liderar a redemocratização com o apoio de políticos que até então davam força ao regime militar. Graças aos votos da Frente Liberal, formada por dissidentes da Arena, partido que apoiava a ditadura, Tancredo Neves foi eleito presidente da República em 1985, por meio de uma eleição indireta, dando fim ao regime militar brasileiro.

João Pires/Estadão Conteúdo

O palanque do comício pelas Diretas Já, que foi realizado em São Paulo (SP) em 25 de janeiro de 1984, reuniu personalidades que seriam centrais na Nova República, incluindo duas que seriam eleitas para a Presidência: Fernando Henrique Cardoso (no canto esquerdo na foto) e Luis Inácio Lula da Silva (o segundo da direita para a esquerda). Ambos ocuparam o cargo por dois mandatos consecutivos: Fernando Henrique de 1995 a 2002 e Lula de 2003 a 2010.

- **Terceira Fase (1985-1990):** período do governo de transição do presidente José Sarney, que assumiu a Presidência porque Tancredo Neves morreu antes de tomar posse. Nesse período a democracia se restabeleceu plenamente, com ampla liberdade de expressão, legalização de todos os partidos (inclusive os comunistas, que haviam sido proibidos durante a maior parte do período democrático de 1945-1964) e muita atividade dos movimentos sociais. A Constituição de 1988 consolidou as conquistas da democracia e estabeleceu direitos civis e sociais importantes, alguns pelos quais o país luta, ainda hoje, para que se tornem realidade. Em 1989, pela primeira vez desde a eleição de Jânio Quadros, em 1960, o Brasil teve eleições livres para presidente da República.

Antonio Lúcio/Estadão Conteúdo

Os "fiscais do Sarney" se mobilizaram para garantir o sucesso do Plano Cruzado, o principal plano contra a inflação do governo de transição. Essas pessoas percorriam os supermercados checando se os preços haviam subido. O Plano Cruzado fracassou, mas o fenômeno dos fiscais mostra como, após vinte anos de ditadura, a população estava ansiosa para participar da construção de um novo país. Na imagem, o símbolo da campanha dos fiscais: o bótom criado em 1986.

O governo Sarney não conseguiu combater a crise econômica herdada do regime militar. Os planos econômicos implantados pelo governo de transição fracassaram, de modo que, nos últimos meses do mandato de Sarney, os preços chegaram a subir até 80% ao mês. Exemplificando: se no primeiro dia do mês o seu almoço custasse 10 cruzados novos (a moeda de época), no último dia do mesmo mês custaria 18 cruzados novos.

A crise econômica teve duas consequências importantes para o desenvolvimento da democracia brasileira:

1. Como vimos, justamente quando sindicatos e outros movimentos sociais podiam reivindicar seus direitos com mais liberdade, a situação econômica era péssima, e o governo precisava economizar dinheiro. O grande teste dos primeiros governos democráticos foi o combate à inflação, que já havia sido um problema para o último governo democrático antes da ditadura. Surgiu a pergunta: A democracia brasileira seria capaz de administrar o país?
2. Os dois partidos que apoiaram o governo de transição (PMDB e PFL) se enfraqueceram muito com o insucesso do governo Sarney. Por isso, suas lideranças principais perderam terreno diante da opinião pública. Nas eleições presidenciais, seus candidatos tiveram votações muito baixas e nenhum desses dois partidos conseguiu até hoje eleger um de seus membros para a Presidência da República pelo voto direto. Por outro lado, PMDB e PFL permaneceram muito fortes no Congresso Nacional, capazes de eleger muitos deputados. Como consequência, os presidentes eleitos daí em diante eram filiados a outros partidos, que não tinham maioria no Congresso.

A partir desse começo difícil, como se desenvolveu a democracia brasileira? Para responder a essa questão, precisamos entender o complexo jogo das alianças partidárias. No próximo item, vamos conhecer a formação dos partidos políticos brasileiros. Na sequência, vamos ver como eles se organizaram para disputar o poder no período democrático.

VOCÊ JÁ PENSOU NISTO?

Com tão poucos anos de democracia na história brasileira, é de esperar que alguns traços de autoritarismo façam parte de nossa cultura política. Por exemplo, você já deve ter ouvido dizer que o país precisa é de um governo forte, "sem esses políticos todos aí", que decida à força o que é bom para o país. Pense no que você acabou de estudar: A ditadura parecia menos interessada em manter o poder do que os políticos atuais? Você concorda que não houve nenhuma discussão na sociedade sobre o "milagre econômico" e suas consequências (que se revelaram desastrosas)? Os governos democráticos brasileiros conseguiram, aos poucos, reduzir a inflação e pelo menos reverter o aumento da desigualdade econômica que ocorrera nos governos militares.

3 OS PARTIDOS POLÍTICOS

BIOGRAFIAS

Acesse o Plurall para saber mais sobre Jairo Nicolau (1964-).

Desde a Independência o Brasil teve eleições e, para disputá-las, formaram-se partidos bem diferentes entre si. Como mostrou o historiador José Murilo de Carvalho, durante o período imperial, o **partido conservador** era formado sobretudo por proprietários de terras de Rio de Janeiro, Bahia e Pernambuco e por funcionários públicos. O **partido liberal**, por sua vez, era formado por profissionais liberais e proprietários de terras de São Paulo, Minas Gerais e Rio Grande do Sul.

Durante a Primeira República, havia o que o cientista político **Jairo Nicolau (1964-)** chamou de **sistema unipartidário estadual**: em cada estado havia um **partido republicano**, dentro do qual aconteciam as disputas políticas (uma exceção era o Rio Grande do Sul, onde o partido republicano disputava com o **partido federalista**). Como as eleições nesses períodos eram fraudadas, os partidos não tinham tanta importância quanto costumam ter em uma democracia moderna.

No momento em que a Revolução de 1930 começava a instaurar direitos políticos no Brasil, a democracia estava em crise em todo o mundo. Além disso, muitos coletivos importantes do período, como o **Partido Comunista do Brasil** e a **Ação Integralista Brasileira**, não tinham grande compromisso com a defesa da democracia. O presidente Getúlio Vargas também não tinha esse compromisso e em 1937 encerrou o rápido experimento de liberalização pós-1930, durante o qual nenhum presidente da República chegou a ser eleito pelo voto direto da população.

Cientistas políticos e historiadores concordam que a primeira experiência de democracia no Brasil foi o período que vai do fim da Era Vargas até o começo da ditadura militar. Nessa época se formaram os primeiros partidos políticos modernos brasileiros. Veja a seguir os principais partidos dessa fase.

O **Partido Social Democrático (PSD)** era um partido de centro, formado principalmente pelos interventores do Estado Novo (os governadores estaduais indicados por Vargas). Foi o maior partido do país entre 1945 e 1964, mas sua influência caiu ao longo do período. Elegeu dois presidentes, Eurico Gaspar Dutra (1946 a 1951) e Juscelino Kubitschek (1956 a 1961).

A **União Democrática Nacional (UDN)** era um partido de direita, sem ligação com o esquema de poder de Vargas. Manteve sua influência em níveis mais ou menos estáveis durante o período. Apoiou a campanha eleitoral de Jânio Quadros em 1960, mas passou a maior parte do período democrático na oposição.

Cartaz de convocação para filiação à Ação Integralista Brasileira, de **orientação fascista**, produzido em 1937. Os integralistas apoiaram o golpe de Estado que encerrou o curto período de liberdade política entre 1930 e 1937, acreditando que ocupariam posições de destaque no governo Vargas. Desprezados pelo ditador, tentaram dar seu próprio golpe, que fracassou.

O **Partido Trabalhista Brasileiro (PTB)**, de centro-esquerda, foi formado pelos sindicatos ligados ao Estado Novo. Durante a ditadura Vargas, esses sindicatos eram estritamente controlados pelo governo, mas no período democrático se tornaram cada vez mais autônomos, o que ajudou o PTB a crescer durante o período. O partido elegeu um presidente da República, Getúlio Vargas (que voltou ao poder, dessa vez pelo voto, em 1951), além de eleger por duas vezes o vice-presidente (João Goulart), que, pelas regras da época, podia não ser da mesma coligação do presidente. Goulart assumiu a Presidência após a renúncia de Jânio Quadros, em 1961, o que iniciou uma crise política que levaria ao fim do regime democrático em 1964.

orientação fascista: que segue princípios políticos e ideológicos semelhantes aos do movimento político italiano liderado por Benito Mussolini (1883-1945). De modo geral, o fascismo se orienta pelo autoritarismo e por formas extremas de conservadorismo e nacionalismo, em oposição a qualquer ideal igualitário e democrático.

Multidão reunida na Praça da República, no Rio de Janeiro (RJ), durante o Comício da Central do Brasil (1964). No comício, o presidente João Goulart comunicou a decisão de implementar reformas de base e a de defender as liberdades democráticas e sindicais. O discurso presidencial repercutiu mal entre as elites brasileiras e é considerado um dos estopins para o golpe militar de 1964.

Outro partido importante na época foi o **Partido Comunista Brasileiro**, embora tenha permanecido ilegal durante a maior parte do período, pois uma lei aprovada em 1947 instituía que só partidos que defendessem a democracia poderiam existir. Se considerarmos que os partidos comunistas eram considerados legais em todas as democracias maduras, isso era um indício de que a democracia brasileira ainda não era capaz de incorporar a totalidade das forças sociais.

Um dos indícios da fragilidade dessa primeira experiência democrática pode ser encontrado no fato de que somente dois presidentes eleitos concluíram seus mandatos – os dois do PSD (Dutra e Juscelino). O presidente que havia sido eleito com o apoio da UDN, Jânio Quadros, renunciou; Vargas, que fora eleito pelo PTB, se suicidou ainda no cargo; e Goulart, do PTB, que havia sido eleito vice de Jânio Quadros, foi derrubado pelos militares.

Em 1966, após a derrota da maioria dos candidatos governistas na eleição para governador de 1965, o regime militar dissolveu os partidos políticos e novas regras foram estabelecidas para a criação de partidos. Somente dois partidos conseguiram atender a elas: a **Aliança Renovadora Nacional (Arena)**, que apoiava o governo militar e recebeu a adesão de quase todos (89,6%) os deputados da UDN e da maioria (64,5%) dos deputados do PSD; e o **Movimento Democrático Brasileiro (MDB)**, de oposição, que acolheu a maioria dos deputados do PTB (67,2%) e um número expressivo dos deputados do PSD (35,5%).

No início, o MDB não tinha muita força política, em parte porque muitos deputados de oposição haviam sido cassados pela ditadura. Nas primeiras eleições que disputou, em 1966 e 1970, o MDB foi amplamente derrotado pela Arena. Mas, em 1974, obteve uma impressionante vitória, aumentando muito seu número de deputados e senadores. Como resposta, o governo mudou a regra para a eleição de senadores, garantindo sua maioria. Mesmo assim, o MDB continuou ganhando espaço.

O regime militar, então, procurou dividir a oposição, permitindo que novos partidos fossem criados a partir de 1979. Por algum tempo, os dois principais partidos continuaram sendo o **Partido Democrático Social (PDS, ex-Arena)** e o **PMDB (ex-MDB)**. Mas passaram também a se destacar dois novos partidos mais à esquerda do espectro político: o **PDT (Partido Democrático Trabalhista)**, herdeiro do antigo PTB, e o **PT (Partido dos Trabalhadores)**, criado a partir do sindicalismo dos anos 1970.

O PT era uma novidade na política brasileira. Até então, os partidos de esquerda ou eram ilegais (caso do Partido Comunista), ou eram muito dependentes do governo, como o PTB (os sindicatos da Era Vargas eram controlados). Na década de 1970, surgiu no Brasil um novo sindicalismo, mais independente do Estado. Aliado a outros movimentos sociais e a grupos de esquerda que combateram a ditadura (inclusive ex-guerrilheiros), o PT se constituiu como o primeiro grande partido de esquerda brasileiro a vencer as eleições presidenciais (em 2002, 2006, 2010 e 2014). A incorporação da esquerda independente ao jogo democrático (e, com ela, os sindicatos, movimentos sociais, etc.) foi um grande progresso em relação a outros períodos democráticos.

Charge de Luiz Gê, publicada na época da criação do PT, mostra a intenção dos fundadores do partido de se desvencilhar da herança do antigo PTB e do sindicalismo que o sustentava. Os operários que constroem o "P" e o "T" não parecem muito dispostos a aceitar o "B", que representa a opção de entrar no PTB. Durante a formação do PT, era frequente que suas lideranças enfatizassem a intenção de este ser um partido dos trabalhadores, sem a interferência do Estado que havia caracterizado os sindicatos da Era Vargas.

Luiz Gê/Folhapress

Nos últimos momentos do regime militar, parte importante do PDS, a chamada Frente Liberal, se aliou ao PMDB, garantindo a eleição de Tancredo Neves. Posteriormente, a Frente Liberal formou o **PFL (Partido da Frente Liberal)**, que em 2007 mudou de nome para **DEM (Democratas)**. No final do governo Sarney, um grupo importante de parlamentares do PMDB, entre os quais o então senador Fernando Henrique Cardoso, saiu do partido e formou o **Partido da Social Democracia Brasileira (PSDB)**.

André Dusek/Estadão Conteúdo

Na foto, evento de fundação do PSDB, em 1988. Ao centro está o sociólogo Fernando Henrique Cardoso, presidente da República entre 1995 e 2002 e principal nome do partido. Ladeando FHC, Franco Montoro (à esquerda) e Mário Covas (à direita), figuras importantes na luta contra a ditadura militar e que foram governadores de São Paulo em diferentes períodos. Os adeptos do PSDB são conhecidos como "tucanos" em referência à ave símbolo do partido.

Recentemente, houve novas alterações no quadro partidário brasileiro: o Partido Social Liberal cresceu muito após se tornar o partido de Jair Bolsonaro, eleito presidente em 2018. Após romper com o presidente, o PSL se uniu ao DEM para formar um novo partido de direita, o União Brasil.

TRAJETÓRIA DE ALGUNS PARTIDOS POLÍTICOS BRASILEIROS DESDE 1945

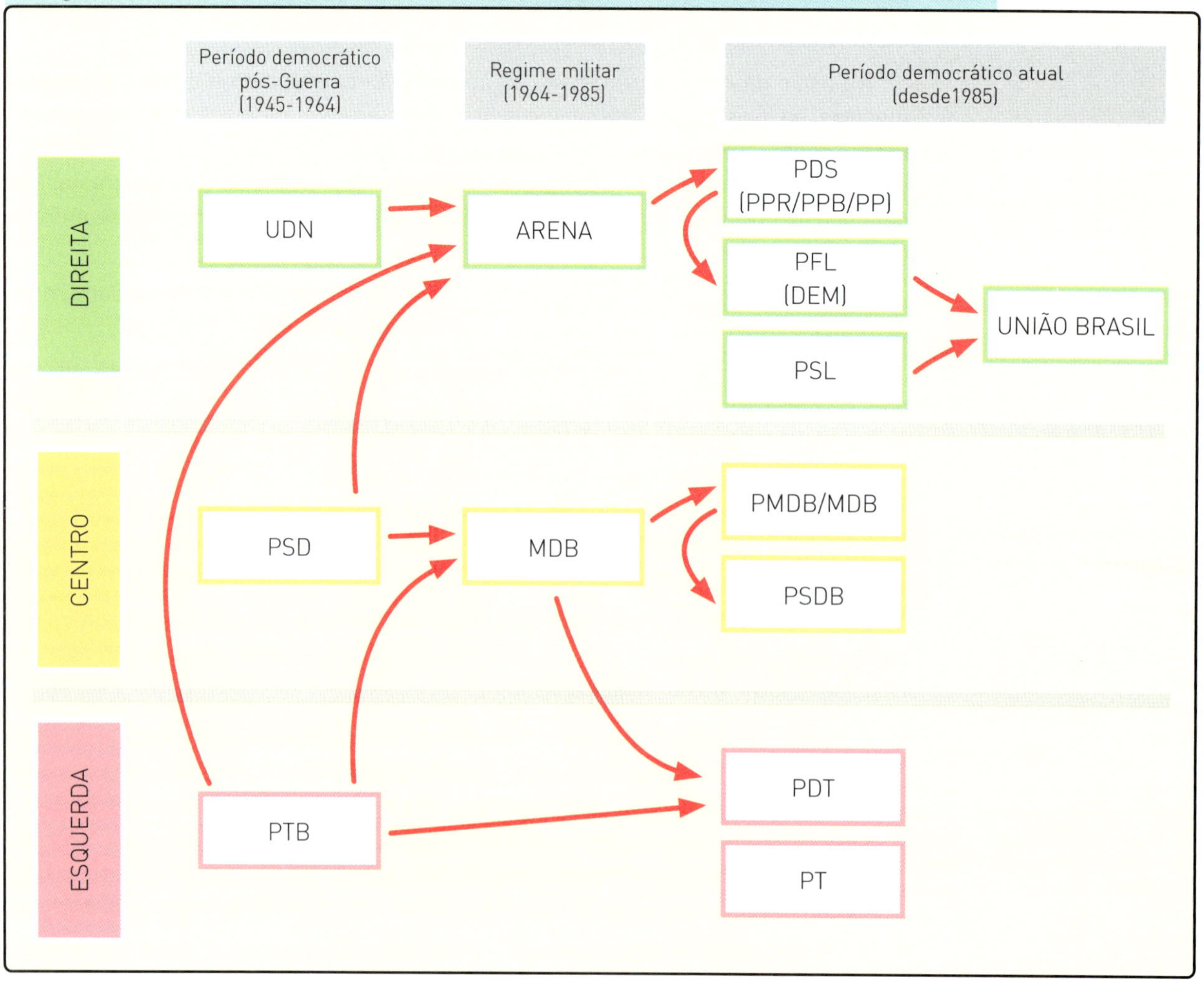

Elaborado pelos autores.

As mudanças e divisões dos partidos políticos deram origem à opinião, comum ainda hoje, de que algo estava errado na democracia brasileira. É corrente apontar basicamente dois problemas:

1. um número muito grande de partidos;
2. o fato de que o presidente da República é obrigado a fazer muitos acordos com outros partidos para obter apoio suficiente no Congresso Nacional e conseguir aprovar as medidas que propõe.

Mas será que essas duas características fazem da democracia brasileira uma democracia anormal? Como veremos, não é isso que dizem pesquisas recentes de Ciência Política.

VOCÊ JÁ PENSOU NISTO?

Você certamente já ouviu falar mal dos partidos políticos brasileiros. E muito do que você ouviu pode ser verdade. Mas pense no seguinte: faz bem pouco tempo que os partidos brasileiros puderam se organizar com liberdade. Durante a ditadura, os partidos sabiam que nunca teriam poder de fato enquanto durasse o regime militar. Você acha que, sabendo disso, seus membros iriam se preocupar com sua atuação se chegassem ao governo? Ou é mais provável que se contentassem em aproveitar para ganhar dinheiro com seus cargos e bajular o governo para conseguir vantagens? Também nesse aspecto a democracia brasileira tem de pagar a conta de uma longa história de autoritarismo.

4 UMA DEMOCRACIA "NORMAL"?

Para buscar entender como funciona a política brasileira, é importante considerar três dimensões: as instituições políticas, os partidos políticos e a maneira como se dá a competição eleitoral.

No início da redemocratização, muitos temiam que nenhuma dessas dimensões funcionasse, pois os partidos políticos brasileiros eram numerosos e desorganizados. O presidente da República, sem poder contar com um partido forte que o ajudasse a aprovar as leis e medidas no Congresso, não conseguiria executar seu programa. Mas não foi o que ocorreu. Para entender isso, vamos primeiro analisar a relação entre as instituições políticas.

No Brasil atual, o regime de governo é o presidencialismo e, no nível federal, o poder público está dividido em Judiciário, Legislativo e Executivo.

O Poder Judiciário tem a função de garantir o cumprimento das leis, ficando responsável pela administração da justiça do país e por julgar os conflitos que aparecem na sociedade. São membros do Poder Judiciário os juízes, os desembargadores e os ministros dos tribunais superiores (como o Tribunal Superior Eleitoral e o Tribunal Superior do Trabalho), além dos ministros do Supremo Tribunal Federal (STF). O STF é a maior instância do Poder Judiciário e atua para garantir o respeito à Constituição Federal. Como o STF é o órgão máximo do Poder Judiciário, suas decisões são definitivas.

O Poder Legislativo é exercido pelo **Congresso Nacional**, que tem duas funções principais: aprovar as leis que regem o país e fiscalizar os gastos do governo. O Congresso Nacional é formado por duas casas:

- O Senado Federal, composto de 81 senadores eleitos pelas 27 Unidades da Federação (26 estados, mais o Distrito Federal). Cada estado (e o Distrito Federal) elege o mesmo número de senadores (3), independentemente de seu tamanho, sua população ou sua importância econômica. Essa regra tem como objetivo garantir algum grau de igualdade entre unidades federativas. Os senadores são eleitos para mandatos de oito anos. Em uma eleição se renova um terço dos senadores e na eleição seguinte dois terços.
- A Câmara dos Deputados, composta de 513 deputados federais. O número de deputados federais de cada estado depende do tamanho de sua população, mas não pode ser

menor do que oito nem maior do que 70 (que é o tamanho da bancada de São Paulo, o estado mais populoso do país). Os deputados federais têm quatro anos de mandato.

O chefe do Poder Executivo é o presidente da República, eleito de quatro em quatro anos pelo voto direto de todos os eleitores brasileiros. Como mostrou a pesquisa de **Argelina Figueiredo (1947-)** e Fernando Limongi, chamada *Executivo e Legislativo na nova ordem constitucional* (1999), no Brasil o presidente da República tem bastante poder se compararmos o sistema atual com o de outros países presidencialistas (como os Estados Unidos) ou com o sistema brasileiro entre 1945 e 1964. Por exemplo, no Brasil, só o presidente pode propor leis que alterem os impostos. Assim, não seria verdade que a Presidência é fraca diante do Congresso. A grande maioria das leis propostas pelo presidente é aprovada pelo Congresso.

Também não seria correto dizer que o Congresso está sempre tentando sabotar o presidente da República. De fato, nenhum dos presidentes eleitos desde 1989 era filiado a um partido que tivesse a maioria no Congresso Nacional, mas isso foi resolvido com alianças entre os partidos: para governar, o presidente precisa formar uma coalizão, ou aliança, entre vários partidos, com o objetivo de aprovar seus projetos no Poder Legislativo. Por isso, muitos pesquisadores descrevem o sistema político brasileiro como um **"presidencialismo de coalizão"**, termo criado pelo cientista político **Sérgio Abranches (1949-)**.

Para fazer coalizões, o presidente negocia com os partidos. E isso é possível porque os partidos políticos são muito mais organizados do que se costuma pensar. A mesma pesquisa mostrou que, na maioria das vezes, os parlamentares seguem a posição dos líderes de seus partidos em relação a determinada lei ou proposta do governo. Além disso, analisando como os partidos votaram em diferentes questões, os pesquisadores identificaram claras diferenças ideológicas entre eles. Veja a seguir uma classificação dos principais partidos políticos brasileiros segundo sua ideologia.

BIOGRAFIAS

Acesse o Plurall para saber mais sobre **Argelina Figueiredo (1947-)**, **Sérgio Abranches (1949-)** e **Fabiano Santos (1964-)**.

Principais partidos políticos brasileiros após a redemocratização (1985)

Esquerda	Centro	Direita
PT	PSDB	União Brasil (DEM + PSL)
PDT	MDB*	Progressistas (ex-PDS, PPB, PPR)
PSB	PSD**	PTB
PCdoB	Podemos (ex-PTN)	PL
PSOL	Cidadania (ex-PCB, PPS)	

*Em 2017, o PMDB voltou a se chamar MDB.
**Trata-se do PSD fundado em 2011 pelo ex-prefeito de São Paulo, Gilberto Kassab, e que não tem relação com o PSD do período 1945-1964.

Após a redemocratização, a competição eleitoral apresentou razoável consistência ideológica, com apenas dois partidos apresentando candidatos fortes à Presidência entre 1994 e 2014: o PT e o PSDB. De acordo com o cientista político **Fabiano Santos (1964-)**, teria acontecido no Brasil o que costuma acontecer em sistemas bipartidários (como ocorre nos Estados Unidos), no qual esquerda e direita tentam conquistar o centro moderando seu discurso.

Em 1994, o antigo PFL se aliou ao PSDB com sucesso e a aliança entre os dois partidos elegeu Fernando Henrique Cardoso presidente em 1994 e em 1998. Por sua vez, o PT só conseguiu eleger Luiz Inácio Lula da Silva para esse cargo em 2002 e 2006 depois de fazer alianças com o PL, movendo-se para o centro. Mais tarde, o PT aliou-se ao PMDB (atual MDB), estabelecendo, em oposição à aliança PSDB/DEM (ex-PFL), as duas grandes forças da política nacional até 2016. Contudo, nas eleições presidenciais de 2018 e 2022, houve uma

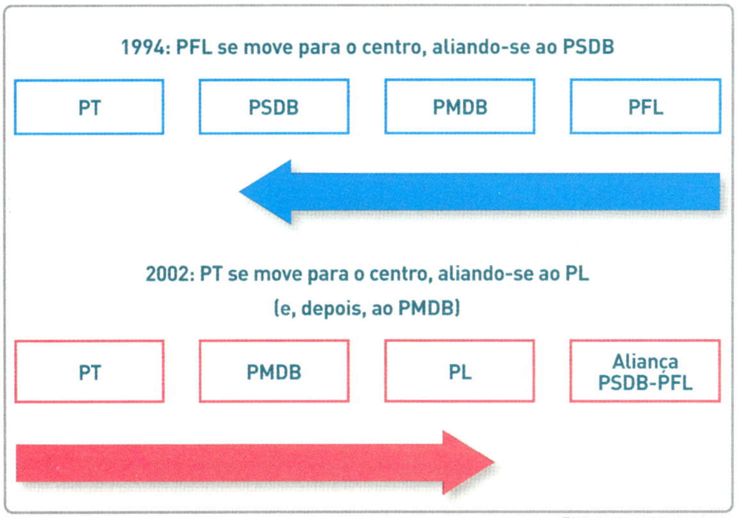

Elaborado pelos autores.

radicalização do discurso político, imposta pelos partidos que representam interesses da extrema direita, como o PSL e o PL.

Em outras palavras, a política brasileira seria muito mais parecida com a de outros países do que se pensa. Essa característica se acentuaria à medida que o país experimenta mais tempo de democracia. É possível, portanto, que a tendência de que os partidos políticos fiquem mais estáveis e claramente diferenciados se reforce com o tempo.

Entretanto, existe um problema que afeta mais o Brasil do que as democracias mais maduras: a corrupção. Vamos discutir esse assunto no próximo item.

VOCÊ JÁ PENSOU NISTO?

Muitas pessoas têm opiniões desfavoráveis sobre a política brasileira, especialmente sobre o Congresso Nacional. De fato existe muita corrupção no Congresso (assim como nos outros dois poderes), mas também é verdade que muitas leis importantes foram elaboradas desde a redemocratização do Brasil, com a participação decisiva do Congresso. É bom evitar o pessimismo exagerado, pois, se acharmos que todos os políticos são desonestos, correremos o risco de desconsiderar a importância do voto consciente. A maior atenção do público e da mídia à atuação do Congresso (inclusive no que ela tem de positivo) pode ser muito construtiva para o desenvolvimento do sistema político.

5 O PROBLEMA DA CORRUPÇÃO

BIOGRAFIAS

Acesse o Plurall para saber mais sobre **Leonardo Avritzer (1959-)**.

Se a democracia no Brasil não é tão desordenada quanto parece, por que a política brasileira é tão malvista? Principalmente porque a corrupção, isto é, o uso de recursos públicos para fins particulares, é muito grande no país. Uma sucessão de escândalos envolveu diversos governos brasileiros. Segundo o cientista político **Leonardo Avritzer (1959-)**, em uma pesquisa de 2009, 73% dos entrevistados manifestaram a opinião de que a corrupção no Brasil é "muito grave".

Como a Ciência Política pode contribuir para explicar a corrupção brasileira? Antes de mais nada, é importante termos em mente que os cientistas políticos não são policiais ou juízes e que, por isso, não é papel deles investigar denúncias de corrupção ou avaliar a culpa dos acusados. Entretanto, a Ciência Política pode dar algumas pistas que ajudam a entender as causas desse fenômeno e a identificar possíveis tendências de longo prazo no que se refere à corrupção no Brasil.

É muito difícil analisar a corrupção. Nenhum corrupto vai responder sinceramente a um questionário com a pergunta "Você deveria estar na cadeia por ter roubado dinheiro do povo?". Também é difícil medir a corrupção pelos escândalos divulgados na mídia: talvez só venham a público aqueles que envolvem corruptos que se deixaram flagrar. Ao verificar que em certos períodos os escândalos diminuíram, não é possível saber se a corrupção diminuiu de fato ou se a polícia, o Ministério Público e a imprensa é que não conseguiram ou não se esforçaram para identificar os corruptos.

Perguntar a opinião das pessoas sobre o nível de corrupção não é um método muito consistente por vários motivos. Em países sem democracia, a imprensa não é livre, assim a maior parte das pessoas nunca fica sabendo das práticas corruptas que acontecem. Mas as pesquisas de opinião servem, pelo menos, para dar uma ideia do tamanho do problema.

Com base em uma pesquisa desse tipo (que, além de perguntar à população, leva em conta a opinião de especialistas), a organização não governamental (ONG) Transparência Internacional (TI) produz anualmente um relatório que analisa os índices de percepção de corrupção dos países do mundo. No mapa abaixo, os países estão classificados numa gradação de menos corruptos (verde-escuro) para mais corruptos (vermelho escuro). Note que, quanto maior a nota, menor é a percepção de corrupção, e vice-versa.

MUNDO: ÍNDICE DE PERCEPÇÃO DA CORRUPÇÃO (2021)

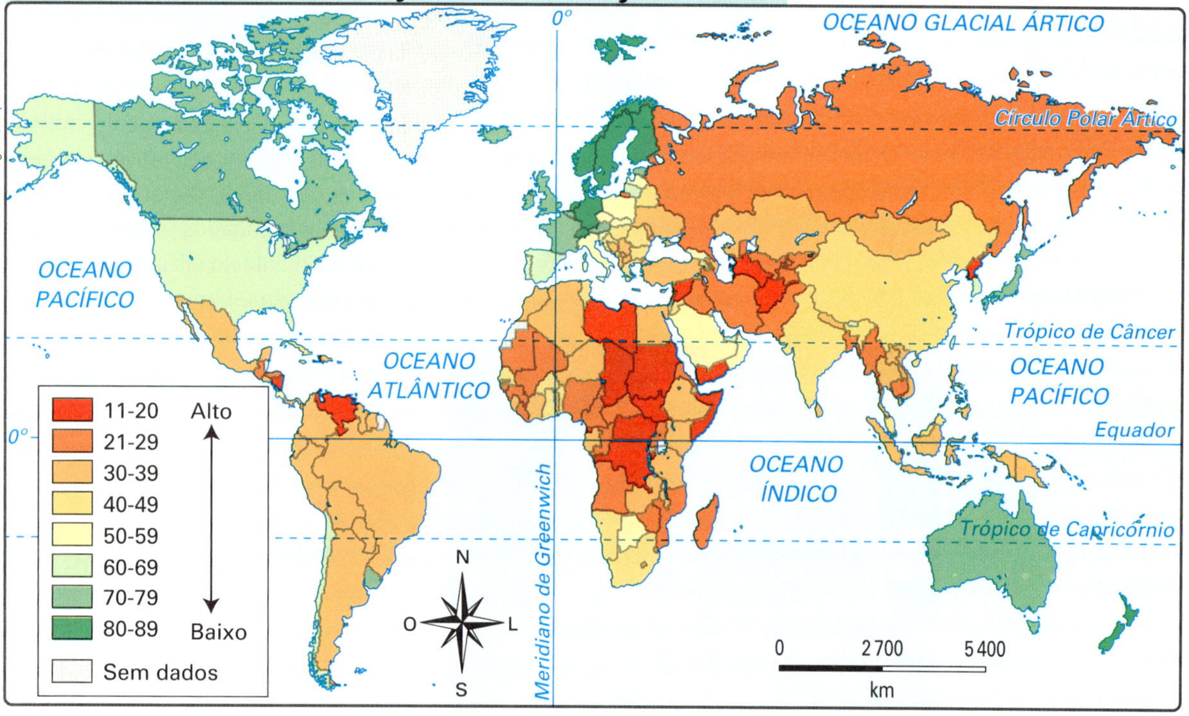

Banco de imagens/Arquivo da editora

Fonte: Transparência Internacional. Disponível em: https://transparenciainternacional.org.br/ipc/. Acesso em: 14 jun. 2022.

Segundo essa classificação (que, repetimos, é muito imperfeita), o Brasil tem níveis mais altos de corrupção que os países desenvolvidos, mas está mais ou menos no mesmo nível de países com grau de desenvolvimento socioeconômico semelhante. Entretanto, na América do Sul, os uruguaios e os chilenos têm uma percepção da corrupção menos acentuada do que os brasileiros.

Por mais incompleta que seja essa medição, é provável que a corrupção no Brasil seja alta. Mas será que hoje a corrupção no país é maior do que já foi no passado? Como você pode imaginar, isso é ainda mais difícil de saber. Durante o regime militar, por exemplo, se a pesquisa tivesse sido aplicada, as pessoas poderiam ter medo de responder sinceramente, achando que o governo ficaria sabendo das suas críticas à situação do país. E a imprensa não era livre, como é hoje, para denunciar os escândalos.

É comum atribuir a corrupção no Brasil à tradição patrimonialista do Estado português, no qual, como vimos, a fronteira entre o público e o privado não era nítida. Isso certamente é parte da resposta. Mas o país já é independente há dois séculos, o Estado brasileiro passou por diversas reformas e a corrupção sobrevive. José Murilo de Carvalho propõe a seguinte explicação para o problema:

1. Durante o século XX, o Estado brasileiro se tornou cada vez maior, controlando mais e mais riquezas e assumindo mais e mais tarefas: passou a cuidar da previdência social, do sistema educacional, do sistema de saúde, da exploração de petróleo (por meio de uma empresa que tem como maior sócio o Estado), do desenvolvimento econômico, etc. Dessa forma, o Estado brasileiro passou a ter mais dinheiro e, portanto, hoje há mais oportunidades para que ocorram desvios desses recursos.

2. Ao mesmo tempo, houve pouca democracia antes de 1985. Boa parte do crescimento do Estado ocorreu em períodos em que a imprensa era controlada e a oposição, proibida ou seriamente limitada em sua ação. Como resultado, não havia muita fiscalização do que o governo estava fazendo com os recursos que administrava.

Em outras palavras, não houve fiscalização pública quando passou a haver mais oportunidade para que ocorresse corrupção. É fácil imaginar que isso tenha levado ao aumento de práticas corruptas.

BIOGRAFIAS

Acesse o Plurall para saber mais sobre **Fernando Filgueiras (1977-)** e **Sérgio Praça (1981-)**.

Entretanto, haveria uma razão para sermos otimistas em médio e longo prazo: a democracia, que está em vigor no Brasil desde 1985. Embora ainda exista muita corrupção no país, não é verdade que, quando surge um escândalo, nada seja investigado. Como notou **Fernando Filgueiras (1977-)**, é provável que a descoberta de atos de corrupção seja resultado da eficiência da imprensa livre ou da vigilância da Polícia Federal e do Ministério Público. E, aos poucos, nos poderes Executivo, Judiciário e Legislativo, vão sendo tomadas medidas que tornam mais difícil a ação dos corruptos. O cientista político **Sérgio Praça (1981-)** mostrou, por exemplo, que, após o escândalo dos "anões do orçamento" (deputados que enriqueciam em um esquema fraudulento do início da década de 1990), algumas medidas foram tomadas para evitar práticas semelhantes.

André Dusek/Estadão Conteúdo

Prédio da Controladoria-Geral da União, em Brasília (DF), foto de 2010. O órgão foi criado em 2003 para fiscalizar o uso de recursos públicos pelos agentes do governo e para criar mecanismos de transparência da gestão.

Entre 2014 e 2021, uma grande operação de combate a corrupção, a Operação Lava Jato, revelou que os grandes partidos brasileiros financiavam suas campanhas eleitorais com dinheiro ilegal, doado por um cartel de empreiteiras que fraudavam licitações de obras públicas. O surgimento da Lava Jato foi um sinal de amadurecimento das instituições brasileiras. Entretanto, a crise política causada por suas revelações ainda não acabou, e ainda é cedo para saber que consequências ela terá no longo prazo. Mesmo assim, há alguns sinais de progresso: em 2017, o Congresso Nacional aprovou uma medida que pode reduzir a corrupção no futuro: o financiamento público de campanhas eleitorais.

ASSIM FALOU

Fernando Filgueiras

No caso do Brasil Democrático, a corrupção tem sido constantemente desvelada para a opinião pública. E isso se deve, sobretudo, ao sucesso da democracia no Brasil. Uma imprensa livre é fundamental para que a corrupção seja desvelada e investigada. Além disso, cria uma conjuntura que favorece mecanismos de controle público da corrupção. E, de fato, desde o processo de redemocratização isso tem ocorrido no Brasil. A Lei de Improbidade Administrativa, a criação das agências anticorrupção, as mudanças na Polícia Federal, o fortalecimento do Ministério Público e a própria atuação de governos têm contribuído para que a corrupção seja de fato desvelada e investigada.

FILGUEIRAS, Fernando. Corrupção e democracia. *Estadão Noite*, São Paulo, 30 out. 2014. Disponível em: www.estadao.com.br/noticias/geral,corrupcao-e-democracia,1585535. Acesso em: 3 fev. 2016.

Além dessas medidas, a competição entre os partidos traria um elemento novo: cada um tentaria descobrir escândalos do outro, como forma de desgastá-lo na eleição seguinte. Em longo prazo, essa prática teria efeito positivo, pois os partidos saberiam que estão sendo vigiados. Finalmente, a liberdade de imprensa é fundamental no combate à corrupção: mesmo quando a imprensa é parcial, ao menos denuncia os escândalos de seus adversários (como fazem os partidos).

Você tem todo o direito de se indignar com a corrupção no Brasil. E o fato de você ter o direito de se manifestar contra os corruptos e o de poder votar em políticos que considera honestos (o que não seria possível durante o Estado Novo ou durante a ditadura militar), enfim, de poder exercer sua cidadania, deverá favorecer, com o tempo, a diminuição da corrupção no Brasil.

VOCÊ JÁ PENSOU NISTO?

Nós vivemos na mesma cultura que os políticos corruptos, e é provável que tenhamos alguns hábitos semelhantes aos deles, por mais que nos incomode reconhecer isso. Muitas vezes desrespeitamos a lei em situações aparentemente sem importância, com infrações de trânsito, crimes contra a limpeza pública (jogar lixo na rua, por exemplo) e pequenas tentativas de levar vantagem sobre os outros. Será que isso não explica parte de nossa tolerância com políticos corruptos? Afinal, alguns deles são eleitos mesmo depois de terem sido comprovadas as denúncias contra eles. Se nos preocupássemos mais com nosso comportamento, isso aumentaria nossa disposição para cobrar, como cidadãos, que os políticos sejam honestos e assim contribuir para o fim da corrupção?

PARA SABER +

Por que as campanhas políticas brasileiras para deputado são caras?

As campanhas políticas brasileiras para o cargo de deputado são muito caras e isso tem uma explicação: o sistema eleitoral brasileiro tem duas características que raramente aparecem juntas nas democracias modernas. Essas características são as seguintes:

- Lista aberta: nós votamos nos candidatos, não nos partidos. Os candidatos a deputado de cada partido disputam a eleição entre si. Nos sistemas de lista fechada, como ocorre em Portugal e na Espanha, cada partido político faz uma lista ordenada de seus candidatos. Se o partido tiver votos para eleger só um deputado, é eleito o primeiro da lista. Se tiver votos para eleger dois deputados, são eleitos o primeiro e o segundo da lista, e assim por diante. Na prática, o eleitor vota no partido.
- Distritos grandes: nos sistemas de voto distrital, como ocorre nos Estados Unidos e no Reino Unido, a maior parte dos deputados é escolhida em distritos pequenos. Por exemplo, o eleitor pode ter que escolher seu candidato a deputado somente entre os moradores da cidade em que ele vive. No Brasil, o distrito é a Unidade da Federação: o eleitor da Bahia só pode votar em candidatos que concorrem pela Bahia. Mas os estados brasileiros são, em geral, muito maiores e mais populosos do que os distritos estadunidenses ou britânicos (e, não raro, são maiores do que muitos países).

Essas características fazem com que, no Brasil, os candidatos a deputados (que são vários por partido) precisem se tornar conhecidos em um território muito maior e por muito mais pessoas do que os eleitores de um distrito estadunidense ou britânico, por exemplo. Além disso, ao contrário dos candidatos a deputado em Portugal e na Espanha, eles também tem que sobressair entre os candidatos do próprio partido. Assim, as campanhas brasileiras são caras porque são feitas por candidato, não por partido, e porque podemos escolher nossos candidatos entre todos aqueles que concorrem em nosso estado.

Nos sistemas de lista fechada, a campanha é mais barata porque poucos partidos, já amplamente conhecidos do público, disputam entre si. Já nos sistemas de voto distrital, os custos de campanha são menores, pois o candidato só precisa se tornar conhecido em seu distrito.

VOCÊ APRENDEU QUE

A construção da cidadania no Brasil precisou superar obstáculos dificílimos, como a escravidão e a herança do Estado patrimonialista português.

No Brasil, os direitos sociais foram conquistados antes dos direitos políticos, o que teve consequências como a expectativa de que os direitos sejam "dados" pelo Estado e não conquistados pelos movimentos sociais.

Só houve democracia de fato no Brasil entre 1945 e 1964 e após 1985. Assim, os partidos políticos tiveram pouco tempo para se consolidar.

O período democrático iniciado em 1985 foi construído em meio a uma crise econômica herdada do regime militar: quando todos puderam reivindicar seus direitos, o governo não tinha dinheiro para atender ninguém.

Na transição para a democracia, sobreviveram partidos ativos durante o regime militar: o MDB (ou PMDB) e os partidos que surgiram após o fim da Arena (o antigo DEM e o PP, principalmente).

O sistema político brasileiro pode ser caracterizado como um presidencialismo de coalizão: o partido do presidente eleito não consegue eleger a maioria no Congresso e precisa fazer alianças com outros partidos para governar.

Os partidos políticos brasileiros são mais organizados e ideológicos do que se pensa. A maior parte deles costuma votar segundo a determinação de seus líderes.

Apesar do grande número de partidos, há blocos de partidos de esquerda, centro e direita mais ou menos estáveis. Em 1994 e 1998, o PFL, de direita, se aliou ao PSDB (de centro) para que este conquistasse a Presidência. Posteriormente, o PT (de esquerda) se aliou ao PL (de direita) e, depois, ao PMDB (de centro), conquistando as eleições de 2002 e 2006.

A corrupção permanece no Brasil e a população se preocupa muito com isso. Uma hipótese é que esse problema tenha se agravado à medida que o Estado passou a controlar mais riquezas criando novas oportunidades de que ocorressem desvios desses recursos, enquanto a democracia só se consolidou recentemente.

ATIVIDADES

REVENDO

Christopher Pillitz/Getty Images

1. Que obstáculos a herança colonial deixou para a construção da cidadania no Brasil?
2. Por que a crise econômica dos anos 1980 afetou a transição do Brasil para a democracia?
3. Como a existência de eleições durante o regime militar influenciou o posterior desenvolvimento da democracia brasileira?
4. Por que é possível dizer que nas eleições presidenciais realizadas entre 1994 e 2014 os partidos brasileiros moderaram seu discurso e se aproximaram do centro?
5. Por que, segundo José Murilo de Carvalho, a corrupção se tornou um problema tão agudo no Brasil?

CONSTRUINDO

1. Em 1970, o governo militar iniciou, nas proximidades do município de Altamira (PA), as obras da rodovia Transamazônica, BR-230, que deveria conectar o país de leste a oeste, estendendo-se por mais de 4 mil quilômetros entre as regiões Nordeste e Norte. A obra fazia parte do Plano de Integração Nacional (PIN), que tinha o objetivo de levar desenvolvimento à região amazônica e cujo *slogan* era "integrar para não entregar". Além da Transamazônica, também foi construída no âmbito do PIN a rodovia Cuiabá-Santarém, BR-163, que liga a capital do Mato Grosso à cidade paraense.

Reflita sobre o impacto do PIN para a região Norte do Brasil, considerando a população que já vivia no local, como indígenas e ribeirinhos.

2. Considere a charge abaixo.

Reprodução/Fundação Perseu Abramo, São Paulo.

- Produzida na época em que havia a perspectiva da volta da democracia no Brasil (a campanha Diretas Já), essa charge transmite uma imagem de frustração. As pessoas saúdam o nascer do sol como uma nova esperança, mas o que nasce, no final, é só meio sol. Indique alguns motivos que causaram essa decepção.

3. Observe novamente o mapa da página 93 e responda à questão sugerida.

MUNDO: ÍNDICE DE PERCEPÇÃO DA CORRUPÇÃO (2021)

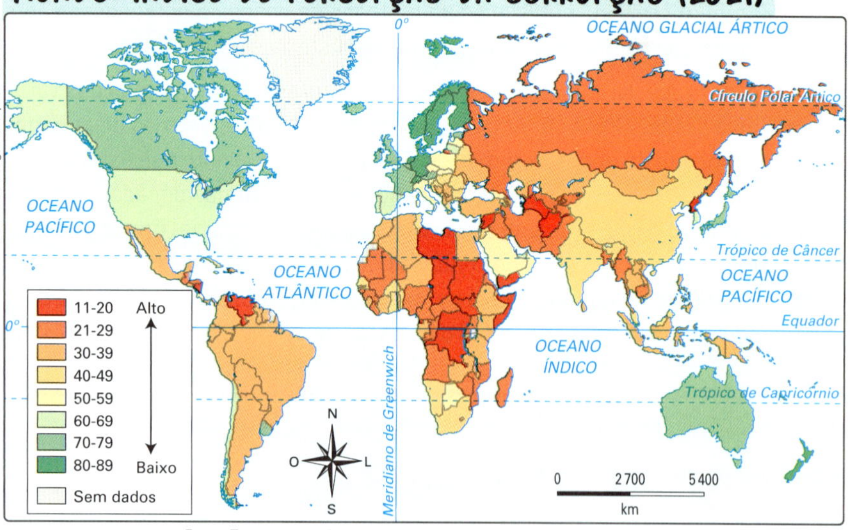

Banco de imagens/Arquivo da editora

Fonte: Transparência Internacional. Disponível em: https://transparenciainternacional.org.br/ipc/. Acesso em: 14 jun. 2022.

- Com base no que foi estudado no capítulo, explique por que na democracia o combate à corrupção é mais fácil do que nas ditaduras.

CAPÍTULO 5

Temas contemporâneos da Ciência Política

Nicolas Asfouri/AFP

Grafite com os dizeres "lute por liberdade" em muro de universidade em Hong Kong. Foto de 2019.

Nas últimas décadas, a Ciência Política incorporou novos temas e novas técnicas de pesquisa, em parte inspirados pelos grandes acontecimentos políticos de nossa época: o fim da União Soviética, a redemocratização da América Latina, as revoluções do mundo árabe, a constituição e a crise da União Europeia, o desenvolvimento econômico da China, etc. Também cresceu a utilização de métodos de pesquisa estatísticos e intensificou-se o diálogo com outras disciplinas, como a História e a Economia.

Neste capítulo você vai conhecer pesquisas que representam algumas das várias direções em que a Ciência Política vem se desenvolvendo. Começaremos discutindo uma nova visão do conceito de poder: veremos como o primeiro conceito que estudamos nesta unidade tem sido repensado por diferentes autores nas últimas décadas. No item seguinte, discutiremos estudos recentes sobre a crise da democracia. Em seguida, vamos examinar alguns trabalhos de Filosofia política que têm influenciado os debates contemporâneos. Finalmente, veremos como a aproximação entre Ciência Política e Economia tem contribuído para a compreensão das diferenças de desenvolvimento entre os países.

NESTE CAPÍTULO VAMOS DISCUTIR:

COMPETÊNCIAS E HABILIDADES DA BNCC

- Competências gerais da Educação Básica: 1, 2, 6, 7 e 9.
- Competências específicas de Ciências Humanas e Sociais Aplicadas: 1, 5 e 6.
- Habilidades de Ciências Humanas e Sociais Aplicadas: EM13CHS102, EM13CHS103, EM13CHS106, EM13CHS501, EM13CHS504, EM13CHS601, EM13CHS602 e EM13CHS605.
- Competências específicas de Linguagens e suas Tecnologias: 1, 2, 4 e 5.
- Habilidades de Linguagens e suas Tecnologias: EM13LGG101, EM13LGG102, EM13LGG202, EM13LGG203, EM13LGG302, EM13LGG303, EM13LGG304, EM13LGG401 e EM13LGG502.

1 UMA NOVA VISÃO DO PODER

Esta unidade começou com uma discussão sobre um dos conceitos fundamentais da reflexão sobre política. Como outros conceitos das Ciências Sociais (e das ciências em geral), esse conceito teve diferentes interpretações ao longo do tempo. Uma delas foi proposta pelo filósofo francês **Michel Foucault (1926-1984)**.

A grande inovação de Foucault foi mudar o foco dos estudos sobre poder. Na maioria dos trabalhos de Ciência Política, a discussão sobre poder e política se deu em torno do Estado, do governo, dos grupos que pretendem conquistar o governo (como os partidos políticos) ou influenciar suas decisões (como os movimentos sociais), ou das relações entre os Estados (como nos estudos de Relações Internacionais). Foucault propôs estudar o poder nos hospícios, nas prisões, na maneira pela qual a sociedade regula a sexualidade das pessoas e no modo como o poder e o saber científico se relacionam. Seu trabalho gerou novos temas de pesquisa, que têm sido intensamente explorados.

BIOGRAFIAS

Acesse o Plurall para saber mais sobre **Michel Foucault (1926-1984)**.

Para Foucault, na sociedade moderna o poder não seria exercido apenas por "pessoas que mandam em pessoas", como os reis mandavam em seus súditos. Nesse caso, o poder é relativamente simples: uma pessoa diz o que a outra deve fazer, ou a proíbe de fazer o que quer. Na sociedade moderna, o quadro é muito mais complexo, pois o exercício do poder é mais sutil: não está ligado apenas à repressão, mas também ao conhecimento técnico, aos arranjos entre as instituições e à maneira como entendemos a vida e nos cuidamos.

Uma maneira de observar o exercício do poder na sociedade moderna é analisar como o crime é punido e administrado. No passado, era comum que a pena para boa parte dos crimes fosse um castigo corporal: chicotadas, torturas, mutilações ou mesmo a morte (em alguns casos, de modo especialmente cruel). Pense, por exemplo, no caso de Tiradentes, que lutou contra o governo colonial português (o que, do ponto de vista de Portugal, era um crime). Para Tiradentes, o inimigo era o rei de Portugal. Para o rei de Portugal, não houve dúvida sobre o que fazer após o fracasso da rebelião: Tiradentes foi condenado à morte por enforcamento, e seu corpo foi mutilado e exposto ao público.

Ainda existe violência aberta (e, às vezes, extrema) contra presos no mundo moderno. Mas, em grande parte dos países democráticos, uma punição considerada justa não deveria incluir violência física. O mais comum é que o condenado seja confinado em uma prisão construída e administrada para facilitar sua supervisão. Nela, espera-se que o preso seja reeducado e aprenda os valores que regem a sociedade moderna. Com esse objetivo, especialistas estudam técnicas de reeducação, psiquiatras procuram tratar comportamentos considerados desviantes, cientistas desenvolvem remédios que podem alterar comportamentos violentos, etc. Nessa concepção, a violência só deveria ser aplicada quando tudo isso falha (como durante tentativas de fuga ou rebeliões).

Tiradentes esquartejado, do pintor paraibano Pedro Américo, 1893 (óleo sobre tela, 270 cm x 165 cm). O evento representado na pintura é um exemplo de exercício de poder pré-moderno, fundamentado no castigo corporal. Note-se que a monarquia portuguesa também representava uma forma de poder pré-moderna, em que o poder era claramente corporificado no rei.

Historia/Shutterstock

Fotografia (c. 1930) do Centro Correcional de Stateville, em Illinois, nos Estados Unidos. Essa prisão é uma das poucas que foi organizada pelo princípio do panóptico, defendido pelo filósofo inglês Jeremy Bentham (1748-1832). No panóptico, um pequeno número de guardas fica na torre central e observa tudo o que os prisioneiros fazem nas celas, dispostas ao redor da torre e totalmente visíveis o tempo todo. Foucault utilizou o panóptico como exemplo de exercício de poder pela vigilância e pela disciplina.

Comparada à tortura e à mutilação praticadas anteriormente, a prisão moderna parece menos violenta (ao menos quando os presidiários têm direitos garantidos). Mas a prisão atual também tem outra dimensão: pretende modificar o prisioneiro, torná-lo uma pessoa diferente. E isso não é opcional: é uma experiência pela qual ele é forçado a passar.

Isso nos leva a outra característica da concepção de Foucault: o poder não é só algo que nos impede de fazer o que queremos, é também algo que ajuda a moldar aquilo que somos. Pense, por exemplo, na mudança ocorrida nas últimas décadas na maneira como vemos e entendemos a sexualidade. Atualmente, a sexualidade é expressada de forma mais livre, ao menos nas sociedades ocidentais. Mas seria correto concluir que o poder desapareceu da vida sexual, que não há mais regras? Foucault dizia que não: tornou-se aceitável mostrar mais o corpo, mas ele é intensamente regulado por padrões de beleza produzidos na mídia, é construído por especialistas em academias de ginástica e clínicas de cirurgia plástica, é vestido por especialistas em moda, tratado pela medicina, etc. Há uma administração, um governo do corpo por diferentes instituições e diferentes formas de conhecimento. Diante dessas observações, o autor afirma que a sociedade moderna desenvolveu diversas práticas disciplinares e por meio delas estruturou-se um sistema de poder que se baseia no controle e na submissão.

Foucault, enfim, chamou a atenção para a presença do poder em áreas da vida social em que ele não é óbvio. Além do poder estatal, exercido abertamente por meio da repressão, uma infinidade de **micropoderes** é exercida nas escolas, nas empresas, nas prisões, na utilização do saber técnico (inclusive das Ciências Sociais) pelas autoridades. Esses micropoderes são exercidos de maneira muito sutil, impregnada no cotidiano, e afetam profundamente nossa formação e nossa experiência como indivíduos.

Mais recentemente, o filósofo **Gilles Deleuze (1925-1995)** argumentou que formas ainda mais novas de poder surgiram no mundo moderno. As instituições estudadas por Foucault tentavam moldar o indivíduo sobretudo por meio da disciplina. Deleuze, por sua vez, alertou para o fato de que as novas formas de poder seriam muito mais marcadas pelo controle do que pela disciplina.

Em uma **sociedade de controle**, como Deleuze definiu o resultado dessas mudanças nas relações sociais, o poder se exerceria por meio de mecanismos que influenciam o comportamento de modo muito mais sutil. Por exemplo, alguns presidiários hoje em dia têm permissão para viver fora da cadeia com tornozeleiras eletrônicas que informam sua localização às autoridades. Nas fábricas fordistas, os operários trabalhavam todos juntos, cada um repetindo a mesma atividade, com o ritmo ditado pela máquina. Hoje, muitas pessoas trabalham em casa ou em locais de trabalho bem menos disciplinados do que as fábricas antigas. Entretanto, ainda são controladas por metas de desempenho, sistemas de bônus e outras formas de avaliação.

BIOGRAFIAS

Acesse o Plurall para saber mais sobre **Gilles Deleuze (1925-1995)**.

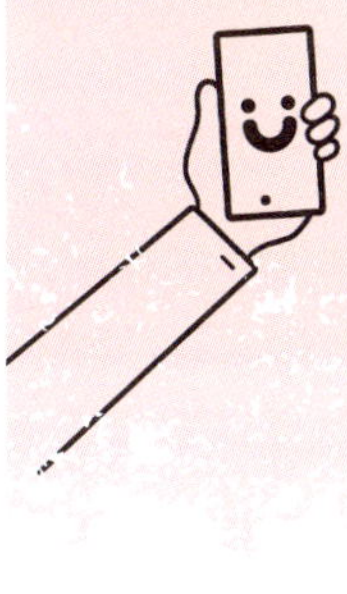

Tanto as formas de poder estudadas por Foucault quanto as estudadas por Deleuze (e muitas outras) existem na sociedade moderna. Não se trata de negar que a sociedade moderna tenha, em muitos aspectos, mais liberdade do que as sociedades tradicionais, mas de perceber como nela também há formas de poder com as quais precisamos lidar.

VOCÊ JÁ PENSOU NISTO?

A adolescência é muitas vezes vista como fase de rebeldia, de contestação dos padrões. E há alguma verdade nisso: os jovens constantemente questionam os pais e professores, e até certo ponto isso é importante para o desenvolvimento da capacidade de pensar por si mesmo. Entretanto, vale a pena refletir se esses jovens, ao se distanciarem das formas relativamente simples de poder na família (na qual os pais mandam e os filhos obedecem), não podem se enredar em relações de poder mais sutis. Por exemplo, é possível que o mesmo jovem que questiona as ordens de sua família aceite sem questionar as exigências para participar de grupos sociais em sua escola (por exemplo, o grupo dos "populares"), ou normas e comportamentos referentes a vestuário, consumo e sexualidade comuns entre os jovens modernos. Ninguém defende que o jovem nunca questione a autoridade, mas é importante ter em mente o risco de simplesmente passar de obediências mais simples para obediências mais complexas e nem sempre evidentes.

2 A DEMOCRACIA ESTÁ EM CRISE?

Na segunda metade do século XX, o número de seres humanos que passaram a ter direito ao voto em seus países cresceu muito. Nos anos 1970, caíram as ditaduras de Portugal, da Espanha e da Grécia. Nos anos 1980, foi a vez de muitos países da América Latina, inclusive do Brasil, ficarem livres de regimes autoritários. Nos anos 1990, findaram as antigas ditaduras socialistas do Leste Europeu, a começar pela União Soviética. Ou seja: parecia que todos os países do mundo, de um jeito ou de outro, se tornariam democráticos.

No entanto, a onda de democratizações se enfraqueceu nas últimas décadas, e o número de novas democracias parou de crescer significativamente. Para descrever esse momento, o cientista político **Larry Diamond (1951-)** criou o termo **recessão democrática**.

BIOGRAFIAS

Acesse o Plurall para saber mais sobre **Larry Diamond (1951-)**.

CRESCIMENTO DAS DEMOCRACIAS NO MUNDO (1974-2013)

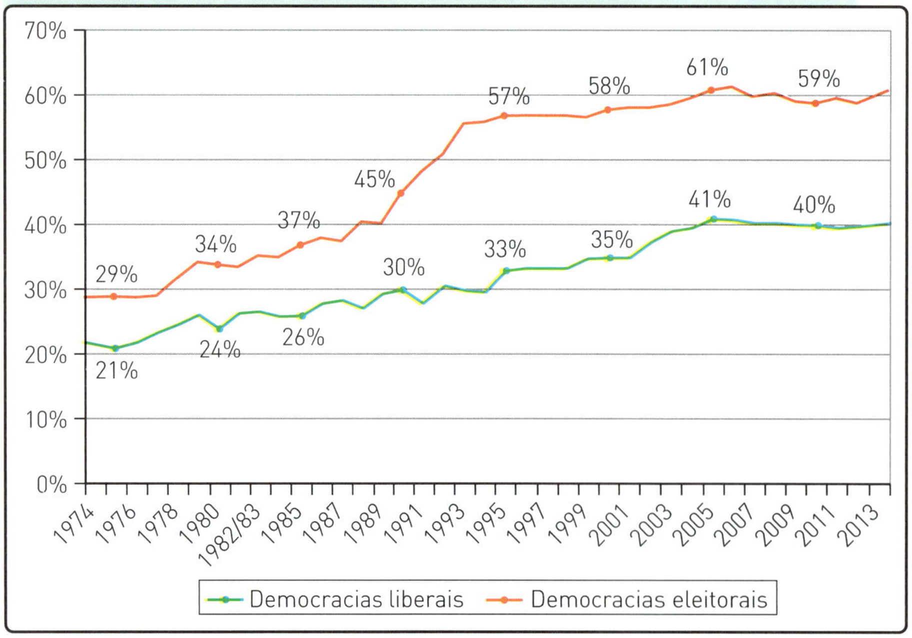

Ericson Guilherme Luciano/Arquivo da Editora

Fonte: DIAMOND, Larry. Facing up to the democratic recession. *Journal of Democracy*, v. 26, n. 1, jan. 2015.

No gráfico, vemos a evolução da porcentagem de países que podem ser considerados democráticos, divididos entre democracias eleitorais (nas quais os governos são escolhidos pelo voto) e democracias liberais (onde, além do direito ao voto, há garantias sólidas de liberdade política). Como se vê, a partir dos anos 1970 e até os anos 1990, a linhas apresentam uma tendência geral de subida; estabilizam-se nos anos 2000 e deixam de subir em meados da década, sugerindo que a onda global de democratizações perdeu força.

Retrocessos democráticos já aconteceram em países como a Rússia (que mal chegou a se consolidar como democracia nos anos 1990), a Hungria, a Turquia e diversos outros países. Na América Latina, a Venezuela e a Nicarágua deixaram de ser democracias recentemente, Honduras teve um golpe de Estado em 2010 e em El Salvador a Suprema Corte foi dissolvida em 2021.

Estudos recentes vêm tentando explicar esse fenômeno. No livro *Como as democracias morrem*, os cientistas políticos **Steven Levitsky (1968-)** e **Daniel Ziblatt (1972-)** mostram que, mesmo em países de democracia consolidada – como os Estados Unidos –, as leis não garantem, sozinhas, o funcionamento da democracia. Há algumas normas não escritas de respeito mútuo entre os políticos e seus defensores que são fundamentais para o bom funcionamento da democracia, como a tolerância e o autocontrole nas disputas políticas. Por exemplo, em uma democracia estável, os partidos derrotados aceitam o resultado das eleições. Se a cada eleição o partido derrotado declarar o vencedor ilegítimo, a democracia se enfraquecerá. Segundo Levitsky e Ziblatt, essas normas implícitas estão perdendo força em diversos países, inclusive nos Estados Unidos.

BIOGRAFIAS

Acesse o Plurall para saber mais sobre **Steven Levitsky (1968-)**, **Daniel Ziblatt (1972-)** e **David Runciman (1967-)**.

Outro trabalho fundamental sobre a recessão democrática foi escrito pelo filósofo britânico **David Runciman (1967-)**, que mostrou que há diversos problemas que a democracia ainda não sabe administrar, desde a crise ambiental global até a radicalização política nas redes sociais. Esses problemas geram crises democráticas diferentes das que levaram a golpes de Estado no passado. Como diz Runciman, se a democracia falhar, não vai falhar como da última vez.

Saul Loeb/AFP

Em 6 de janeiro de 2021, radicais de extrema direita invadiram o Capitólio (o Congresso Nacional dos Estados Unidos) para tentar impedir a posse do presidente democraticamente eleito Joe Biden. A divulgação de notícias falsas que diziam que a contagem dos votos havia sido fraudada, ainda que isso tenha sido desmentido por diversas auditorias, ajudou a radicalizar os apoiadores da direita. O movimento fracassou por falta de apoio popular, mas foi um choque para os americanos, que sempre acreditaram na solidez de sua democracia.

Isso porque a recessão democrática atual tem uma característica importante: nem sempre a democracia acaba porque houve uma ruptura clara, um evento específico que torne fácil entender por que no dia anterior havia democracia e não há mais no dia seguinte, como aconteceu no Brasil em 1964, por exemplo.

Ainda há golpes militares, como o que aconteceu em Myanmar, no Sudeste Asiático, em 2021. Mas, atualmente, a maioria dos retrocessos autoritários é mais sutil. Muitas vezes, as eleições são preservadas, e não há fraude na contagem dos votos, mas o governo consegue manipular as leis para tornar impossível a vitória da oposição. Se não há possibilidade real de que a oposição vença, se a imprensa é censurada, se há dificuldades legais para que a oposição se organize, então já não há mais democracia.

Há várias maneiras de um governo acabar com a democracia sem acabar com as eleições. Uma delas é atacar a imprensa, que denuncia os erros e a corrupção dos governos. Sem imprensa livre, os eleitores não terão informações adequadas para decidir em quem votarão nas eleições.

VOCÊ JÁ PENSOU NISTO?

Estudiosos de diversas áreas concordam que uma imprensa livre e comprometida com a veracidade dos fatos é fundamental para o bom funcionamento da democracia. Entretanto, nos últimos anos, vemos que muitas pessoas têm optado por se atualizar em relação às notícias pelas redes sociais. Isso tem um lado bom, pois democratiza a disseminação e o acesso à informação. Mas você não acha que há também um lado ruim? As pessoas que disseminam notícias nas redes sociais têm o mesmo comprometimento em checar a veracidade das informações que os jornalistas profissionais? Há o risco de que as pessoas só acessem ou recebam notícias que validem aquilo que elas já pensam?

Outra forma de enfraquecer a democracia é por meio de ataques à Suprema Corte do país, que, no caso do Brasil, é o Supremo Tribunal Federal. Na Hungria, na Turquia e na Venezuela, o governo conseguiu encher a Suprema Corte de juízes comprometidos com o autoritarismo. Ora, é a Suprema Corte do país que decide se o que o governo faz está de acordo com a Constituição. Se um governo encher a Suprema Corte de juízes que concordarão com tudo o que ele fizer, na prática não haverá mais Constituição.

Por que a democracia está em crise? Os cientistas políticos ainda estão estudando as causas desse fenômeno, mas já é possível identificar alguns fatores que podem ter contribuído para a recessão democrática.

A globalização, como vimos, afeta a capacidade de controle da economia pelos governos nacionais. Isso talvez tenha criado, na população, a sensação de que os políticos não têm mais função. Além disso, pode contribuir para essa percepção a dificuldade que as democracias vêm tendo para lidar com problemas globais, como as crises ambientais e as pandemias.

Algumas mudanças culturais, como o crescimento do individualismo, também podem estar dificultando o funcionamento da democracia. A política é o espaço em que os cidadãos negociam a melhor maneira de equilibrar os interesses de todos. Se o cidadão deixa de participar da vida política e passa apenas a exigir que os políticos lhe entreguem o que ele quer, a democracia não vai funcionar bem.

tecnocracia: sistema em que os indivíduos são escolhidos para o governo com base em sua qualificação técnica.

ASSIM FALOU

David Runciman

As soluções para nossos problemas comuns, que dependem cada vez mais da especialização técnica, tendem claramente no sentido da **tecnocracia**. As demandas de reconhecimento, cada vez mais manifestas na linguagem da identidade pessoal, estão indo no sentido oposto, rumo a alguma coisa que lembra o anarquismo. Ao longo do século XX, a experiência coletiva da luta política – tanto para resolver os problemas comuns quanto para enfatizar o reconhecimento democrático – manteve a democracia intacta. No século XXI, a experiência dispersa da fúria política está contribuindo para que se despedace.

RUNCIMAN, David. *Como a democracia chega ao fim*. São Paulo: Todavia, 2018. p. 202.

Embora tenhamos apenas pistas do que causou a recessão democrática, há dois pontos sobre os quais é possível falar com mais certeza: em primeiro lugar, a maior parte das democracias vem conseguindo sobreviver à recessão democrática, mesmo que em meio a crises políticas muito sérias. Em segundo lugar, não existe nenhum indício de que os regimes autoritários sejam mais capazes do que a democracia de lidar com os problemas que a desafiam. Entretanto, mesmo que os cidadãos das novas ditaduras descubram isso, é muito mais difícil se livrar de um governo ruim.

3 OS VALORES PÓS-MATERIALISTAS

BIOGRAFIAS

Acesse o Plurall pra saber mais sobre **Ronald Inglehart (1934-2021)**.

Em meados da década de 1970, o cientista político estadunidense **Ronald Inglehart (1934-2021)** percebeu que, nos países desenvolvidos, havia uma diferença enorme entre o que os indivíduos mais velhos e os mais novos consideravam mais importante na vida. Os mais velhos se preocupavam sobretudo com o bem-estar material: valorizavam a estabilidade econômica, a segurança financeira, o emprego, etc. Os mais jovens, por outro lado, valorizavam mais o que Inglehart chamou de "valores pós-materialistas", isto é, valores ligados à liberdade e à autonomia individual (igualdade entre mulheres e homens, direitos dos homossexuais, antirracismo, entre outros) e a causas como a defesa do meio ambiente e dos direitos dos animais.

Em outras palavras, enquanto os mais velhos se preocupavam principalmente com a necessidade de **sobrevivência**, os mais jovens priorizavam a **qualidade de vida**: o direito de ter controle sobre as próprias decisões, de viver em um ambiente limpo e sem poluição, de desfrutar o lazer, etc.

Associated Press/Imageplus

Atendendo à oferta de 2 mil postos para manutenção e reparos em parques públicos da cidade, cerca de 5 mil desempregados aguardam diante da prefeitura de Cleveland, nos Estados Unidos, em outubro de 1930, durante a Grande Depressão. As grandes privações sofridas pelas pessoas que cresceram nessa época ajudam a explicar, segundo Inglehart, por que elas se tornaram especialmente preocupadas com a segurança econômica.

Segundo Inglehart, em países pobres, onde o risco de cair na miséria é real, prevaleceriam os valores ligados ao bem-estar econômico. Entretanto, à medida que os países se desenvolvem e o Estado passa a garantir um nível mínimo de bem-estar social, esse risco diminui drasticamente. Hoje em dia, nos países desenvolvidos, até os mais pobres têm alguns direitos básicos garantidos: mesmo se não tiverem nenhum dinheiro, podem contar com escolas e hospitais públicos de qualidade razoável ou boa e, quando perdem o emprego, recebem seguro-desemprego.

Nessa situação, não seria tão urgente pensar na sobrevivência, e o indivíduo poderia pensar mais em como quer viver. Para Inglehart, em meados dos anos 1970, essa mudança já havia ocorrido nos países desenvolvidos.

Os indivíduos mais velhos haviam crescido durante períodos de muita pobreza (como a década de 1930, em que tinham sofrido os efeitos terríveis da Crise de 1929) e sacrifício (como a Segunda Guerra Mundial, em que mesmo quem não arriscou a vida em batalhas sofreu com racionamentos e outras dificuldades). Para essas pessoas, a prioridade era garantir a sobrevivência, pois havia grande risco de perderem a vida na guerra ou de perderem o emprego e caírem em miséria. Mesmo quando a situação melhorou, essa maneira de ver o mundo já estava formada.

Os mais jovens, por outro lado, haviam sido criados em um ambiente bem mais favorável: os anos 1950 e 1960, época de grande prosperidade econômica e conquista de inúmeros direitos sociais. As pessoas que cresceram nesse período puderam se preocupar com outras questões: Agora que estamos mais seguros, como queremos viver?

VOCÊ JÁ PENSOU NISTO?

Há aspectos muito positivos na crescente atenção que muitos cidadãos têm dado aos valores pós-materialistas. Seria absurdo ignorar os aspectos positivos da defesa dos direitos das minorias ou da defesa do meio ambiente. Mas a política voltada sobretudo aos valores pós-materiais também tem suas armadilhas. Por exemplo, pode ser bem mais fácil negociar acordos a respeito de bens materiais do que a respeito de valores imateriais. Se um sindicato quer um aumento de 50% e os empregadores oferecem apenas 10%, é provável que haja algum acordo possível (por exemplo, um aumento de 30%). Mas como negociar valores fundamentais? O grau de polarização que costuma envolver algumas questões políticas recentes (como a discussão sobre a descriminalização do aborto) mostra como é difícil discutir temas dessa natureza. Entretanto, não resta dúvida de que muitas dessas discussões são inevitáveis.

As ideias de Inglehart tiveram muita influência sobre as pesquisas de Ciência Política, e talvez ainda venham a se tornar mais relevantes para nós, brasileiros. Nos países pobres, Inglehart admite que a sobrevivência ainda é a prioridade absoluta. Mas, à medida que esses países se desenvolvem, como vem acontecendo no Brasil e na China, é possível que as gerações atuais e futuras tenham mais e maiores preocupações pós-materialistas. No Brasil, a crescente importância de questões como os direitos de homossexuais e transexuais confirma a pertinência da tese de Inglehart. Mas ainda é cedo para avaliar a abrangência dos valores pós-materialistas, porque uma grande parcela da população do país não alcançou a segurança da estabilidade material.

Marcello Casal Jr/Agência Brasil

A Marcha das Mulheres Negras, realizada em 18 de novembro de 2015, em Brasília (DF), teve uma pauta bastante variada: além da defesa dos direitos das mulheres e da luta pela igualdade racial, foram discutidos temas como feminismo e violência policial. Notem na faixa mostrada na imagem a reivindicação "pelo bem viver": trata-se de uma pauta que não é diretamente econômica ou material (não se está pedindo aumento de salários, por exemplo), mas que deve se tornar cada vez mais importante.

PARA SABER +

Xenofobia e extremismo na atualidade

Quando falamos da transição para os valores pós-materialistas, é importante evitar o erro de achar que se trata de algo inteiramente positivo. Em primeiro lugar, porque sempre haverá necessidade de sobrevivência, e o desejo de ter uma existência material digna é inteiramente respeitável. Em segundo lugar, porque, assim como existem valores relativos à liberdade individual, existem aqueles que defendem a exclusão da cidadania de grupos ou indivíduos.

Um exemplo disso seria o fundamentalismo religioso, que alcançou grande visibilidade no ataque ao World Trade Center, em Nova York, e ao Pentágono, em Washington, nos Estados Unidos, em 11 de setembro de 2001, assumido por extremistas islâmicos da Al-Qaeda. Mais recentemente, membros do movimento Estado Islâmico, que controla partes dos territórios da Síria e do Iraque, cometeram uma série de atentados em Paris, na França. Os programas políticos da Al-Qaeda e do Estado Islâmico defendem a expropriação de inúmeros direitos das mulheres, limitações severas à liberdade religiosa, política e cultural, e uma interpretação radical do islamismo.

Recorrendo menos à violência física, nas últimas décadas, surgiram no mundo desenvolvido líderes e partidos que defendem uma visão nacionalista antiglobalização e xenófoba (isto é, caracterizada pelo repúdio aos estrangeiros). Na França, o *Rassemblement National* (Reunião Nacional), até 2018 denominado *Front National* (Frente Nacional), partido fundado por Jean-Marie Le Pen, defende o fechamento do país aos imigrantes, proposta semelhante à do Partido da Liberdade, na Áustria. Alguns partidos xenófobos utilizam simbologia de nítida inspiração fascista, como é o caso do Aurora Dourada, na Grécia, e da Guarda Húngara, na Hungria.

Se o mundo continuar se integrando mais e mais, teremos que aprender a conviver com pessoas de culturas diferentes e a desenvolver meios de negociar nossas diferenças para chegar a uma convivência pacífica e criativa. A xenofobia é uma recusa a enfrentar essa questão, que, entretanto, não vai desaparecer só porque alguns se negam a reconhecê-la.

4 NOVOS RUMOS NA FILOSOFIA POLÍTICA

Outro fenômeno importante das últimas décadas foi o renascimento da Filosofia política, com a discussão sobre os direitos, a democracia, a cidadania e o bem comum. Essas reflexões interessam aos cientistas políticos, que se dedicam a esclarecer questões cada vez mais pertinentes no mundo contemporâneo.

Parte importante da nova Filosofia política procura retomar questões tratadas pelos contratualistas, que estudamos no Capítulo 1. Por que seria necessário retomar esse assunto? Por vários motivos, especialmente pela emergência dos direitos sociais no século XX. Novas questões filosóficas surgiram: Que direitos o Estado deve garantir aos cidadãos? Quais desses direitos o Estado deve proteger a qualquer custo?

BIOGRAFIAS

Acesse o Plurall para saber mais sobre **John Rawls (1921-2002)**.

O responsável pelo renascimento da Filosofia política foi o filósofo estadunidense **John Rawls (1921-2002)**. Ele propôs uma nova versão do contratualismo, baseada no seguinte raciocínio:

- Imagine que todos nos reunamos para decidir como a sociedade vai distribuir as coisas e os direitos de que todos nós precisamos para viver. Vamos chamar essa situação de **posição originária**.
- Imagine que na posição originária ninguém sabe que lugar vai ter na sociedade. Isto é, na hora de decidir como vai ser a distribuição dos bens e direitos, você não sabe se vai ser o mais pobre ou o mais rico, se sua religião vai ser a da maioria ou a da minoria e se você vai ser o mais forte ou o mais fraco. Ou seja: na posição originária, todos estaríamos atrás de um **véu da ignorância** que nos obrigaria a escolher o que é justo sem saber se seríamos beneficiados ou prejudicados por essa decisão. Essa situação de ignorância aumentaria a probabilidade de escolhermos com imparcialidade o que realmente achamos justo.

Que princípios seriam adotados por pessoas racionais na posição originária? Para Rawls, seriam os seguintes:

1. *Cada pessoa tem direito ao conjunto de direitos que podem ser distribuídos igualmente a todos sem prejudicar ninguém*. Por exemplo, se eu tiver o direito de defender minhas opiniões, isso não impedirá que você também defenda as suas. Se eu tiver liberdade de votar, isso não impedirá que você também tenha. Se eu tiver liberdade de escolher minha religião ou de viver segundo minha orientação sexual, isso não impedirá que você também escolha a sua religião e que viva segundo sua orientação sexual. Nesse conjunto de direitos estão incluídos todos os direitos civis e políticos básicos.
2. As desigualdades sociais só seriam justas quando:

   a) *as posições privilegiadas da sociedade estiverem abertas a todos que preenchem certas condições de talento e esforço*. Por exemplo, não será legítimo que os juízes ganhem mais que outros profissionais se as pessoas forem impedidas de se tornarem juízes por serem negras, mulheres, judias, muçulmanas, homossexuais ou vítimas de outras formas de discriminação.

Jacquelyn Martin/Associated Press/Imageplus

Manifestação em Washington, D.C., capital dos Estados Unidos, em nome dos 99%, isto é, da parcela da população que não está entre o 1% mais rico do país. Nos últimos trinta anos, os mais ricos passaram a controlar uma parcela cada vez maior da riqueza nos Estados Unidos. Na opinião dos manifestantes, esse aumento de desigualdade não produziu benefícios para os mais pobres. Se isso for verdade, o aumento de desigualdade não pode ser justificado com base na teoria de John Rawls. Foto de 2011.

b) *beneficiarem os cidadãos menos privilegiados*. Esse princípio, batizado de **princípio da diferença**, é o mais polêmico dos princípios defendidos por Rawls. Ele se justificaria pelo seguinte: imagine que você está na posição originária, tentando decidir que desigualdades serão aceitáveis, sem saber se você será rico ou pobre. Muito provavelmente, você não vai aceitar desigualdades extremas em que os pobres sejam dramaticamente explorados ou oprimidos; afinal, e se o pobre for você? Mas, então, por que não escolher a igualdade absoluta? Porque a igualdade absoluta não favoreceria que pessoas muito talentosas colocassem seus talentos a serviço da sociedade (elas não ganhariam nada a mais por serem excepcionalmente inteligentes, criativas, trabalhadoras, etc., e para a sociedade seria bom haver pessoas excepcionalmente inteligentes, trabalhadoras, etc.). Aliás, pode ser que você seja uma dessas pessoas excepcionais. Por isso, o racional seria adotar o princípio da diferença: deixar as pessoas mais talentosas prosperarem (afinal, você pode ser uma delas), desde que essa prosperidade também favoreça os mais pobres entre os pobres (afinal, você também pode ser um deles).

BIOGRAFIAS

Acesse o Plurall para saber mais sobre **Robert Nozick (1938-2002)**.

Um caso em que talvez se possa aplicar o princípio da diferença de Rawls ocorre na China atual. Nos anos 1980 e 1990, a China se tornou cada vez mais capitalista, e a desigualdade aumentou muito. Porém, o país cresceu tanto que a situação econômica dos mais pobres também melhorou. Pelo menos enquanto o crescimento chinês continuar beneficiando os mais pobres, é possível argumentar que as desigualdades são justas pelos critérios de Rawls. Hoje já há sinais de que o crescimento chinês está se desacelerando. Quando o crescimento da China parar de favorecer os mais pobres, será possível convencer os novos-ricos a repartir sua riqueza?

Essa dúvida propõe outra pergunta: Por que as desigualdades deveriam ser justificadas se as regras de mercado tiverem sido obedecidas, se ninguém tiver sido forçado a comprar ou a vender, se não tiver havido fraude ou corrupção? Essa é a questão fundamental do filósofo estadunidense **Robert Nozick (1938-2002)**, que procurou reformular a teoria do filósofo inglês John Locke para justificar o liberalismo econômico radical.

O raciocínio de Nozick obedece à seguinte sequência:

- todos somos proprietários de nós mesmos;
- logo, todos somos proprietários de nosso trabalho;
- logo, somos proprietários dos frutos de nosso trabalho;
- logo, quando o governo nos cobra impostos, ele retira parte dos frutos de nosso trabalho; portanto, estamos realizando trabalho forçado, o que é injusto.

A.RICARDO/Shutterstock

Para ilustrar o argumento de Nozick, pensemos no caso de esportistas famosos, como o jogador de futebol Neymar (foto de 2021). Muitos de nós gostam de ver Neymar jogar futebol. Imaginemos que, para que ele se esforce, muitos entre nós concordariam em pagar, digamos, um real cada um. Se muita gente fizesse isso, Neymar se tornaria muito mais rico do que a média dos brasileiros. Segundo as ideias de Nozick, essa situação de desigualdade não seria injusta, porque cada um agiu livremente.

Assim, para Nozick, o Estado poderá atuar apenas para garantir os direitos civis e políticos dos cidadãos. Se o Estado quiser cobrar impostos para financiar direitos sociais, estará, na prática, forçando os contribuintes a trabalhar para ele.

A ideia central de Nozick é que as transações de mercado, quando são livres, são justas, e não podemos considerar injusta qualquer distribuição de renda que resulte das transações de mercado, por mais desigual que seja.

O pensamento de Nozick foi muito influente nas décadas de 1980 e 1990, em especial durante os governos de Ronald Reagan nos Estados Unidos (1981-1989) e de Margaret Thatcher no Reino Unido (1979-1990). A ideia de liberdade econômica tem muitos defensores, mas a verdade é que nesse período a desigualdade econômica nos Estados Unidos cresceu muito, enquanto o salário do estadunidense médio cresceu bem menos. Quando ocorreu a crise de 2008, causada por especulação no mercado financeiro (no qual se concentravam indivíduos de altíssima renda), mais gente voltou a se perguntar que tipos de desigualdade seriam justos.

Andre Dib/Pulsar Imagens

Embora sua teoria se oponha a políticas de combate à desigualdade, Nozick reconhece que o governo pode ter a obrigação moral de compensar grupos cujos direitos foram sistematicamente violados, como os indígenas brasileiros e os africanos que foram trazidos para o Brasil. Na foto, de agosto de 2021, manifestantes indígenas protestam em Brasília (DF) contra alterações na legislação sobre a demarcação de terras indígenas.

A Filosofia política permanece em franco florescimento, com trabalhos importantes que buscam discutir, criticar ou superar visões como as de Rawls e de Nozick. A Ciência Política, por sua vez, continua fazendo pesquisas inspiradas por debates sobre o que é justo — por exemplo, sobre o sucesso ou o insucesso das políticas de ação afirmativa.

5 INSTITUIÇÕES POLÍTICAS E DESENVOLVIMENTO ECONÔMICO

Um aspecto importante da Ciência Política nos últimos anos é o diálogo intenso com a Economia, em especial no que se refere ao problema do desenvolvimento econômico.

Esse diálogo foi facilitado pelo grande número de economistas interessados em discutir o papel das instituições. Instituições são conjuntos de regras, procedimentos e normas éticas que organizam algum aspecto da vida social. Por exemplo, o Estado é uma instituição, as empresas são instituições, as igrejas são instituições. Por causa de trabalhos como os do estadunidense **Douglas North (1920-2015)**, que recebeu o prêmio Nobel de Economia de 1993, o efeito de diferentes instituições sobre a economia ganhou maior importância entre os estudiosos. O estudo de questões que ficam na fronteira entre política e economia, aliás, levou a estadunidense **Elinor Ostrom (1933-2012)** a ser a primeira cientista política a ganhar um prêmio Nobel.

BIOGRAFIAS

Acesse o Plurall para saber mais sobre **Douglas North (1920-2015)**, **Elinor Ostrom (1933-2012)**, **Daron Acemoglu (1967-)** e **James Robinson (1960-)**.

Entre os trabalhos que discutem a importância das instituições para o desenvolvimento econômico, destacam-se as pesquisas conjuntas dos economistas **Daron Acemoglu (1967-)** e **James Robinson (1960-)**. Esses economistas se dedicaram a refletir sobre uma das principais questões das Ciências Sociais: Por que as diferenças de riqueza entre os países são tão grandes?

Segundo Acemoglu e Robinson, os países que mais se desenvolveram conseguiram, em primeiro lugar, um alto grau de **centralização política**: isto é, construíram Estados que mantêm um mínimo de ordem, necessário para que seja possível, por exemplo, montar uma fábrica sem temer que ela seja destruída durante uma guerra civil. Isso ainda não foi alcançado em diversas partes do mundo, como no Afeganistão e na Somália, que estão entre os países mais pobres do mundo.

Em segundo lugar, os países que prosperaram tinham **instituições econômicas** (mercados, direitos de propriedade, etc.) e **políticas** (estrutura do Estado, partidos, sistema eleitoral, etc.) mais inclusivas. O que torna um Estado ou um mercado mais inclusivo? A capacidade de incluir mais pessoas em seu funcionamento. Assim, quando em

determinado país mais pessoas têm seus direitos de propriedade garantidos, mais indivíduos têm condições de competir no mercado, mais gente tem possibilidade de fundar empresas, etc., diz-se que as instituições econômicas se tornaram mais inclusivas. Da mesma forma, num país em que o Estado passa a reconhecer o direito de mais pessoas votarem, serem eleitas, participarem da vida política e discutirem como o país deve ser governado, dizemos que as instituições políticas se tornaram mais inclusivas.

De que modo as instituições inclusivas favoreceriam o desenvolvimento? Em primeiro lugar, porque o progresso econômico e a inovação tecnológica dependem não só de haver muitas pessoas com chance de arriscar seu capital em novas técnicas de produção e novos produtos, mas também da competição entre elas. Dificilmente a competição será livre se o Estado for controlado por um pequeno grupo ou por um ditador, que em geral preferem utilizar o Estado para extrair os recursos para si, sem competição. Dessa forma, um sistema em que mais pessoas podem participar das decisões políticas, como a democracia, também favoreceria, no longo prazo, o desenvolvimento econômico.

O oposto das instituições inclusivas são as **instituições extrativas**, que visam apenas extrair riqueza da população para beneficiar a elite que, em geral, também controla o Estado. Um exemplo clássico do efeito das instituições extrativas sobre o desenvolvimento são os índices de pobreza da grande maioria dos países que foram colônias (como o Brasil): nas colônias, as instituições não eram pensadas para garantir o bem-estar da população (que, em grande parte, era escrava ou pobre), mas para assegurar a extração de riqueza destinada à metrópole. Mesmo depois da independência, muitos desses países (inclusive o Brasil) continuaram tendo por um longo período o mesmo tipo de instituição, apenas com a substituição do controle: saiu a metrópole, entraram novas elites locais.

As instituições extrativas não favorecem o desenvolvimento econômico de longo prazo, mas podem favorecer grande crescimento de curto prazo. Por exemplo, na antiga União Soviética apenas o Estado podia ser proprietário de indústrias (e, aliás, de quase todos os bens econômicos), e o controle do Estado era exercido com violência por uma pequena elite do Partido Comunista. Essa elite foi muito eficaz em movimentar à força, e com enorme sofrimento humano, recursos da agricultura para a indústria. Com isso, indiscutivelmente modernizou a União Soviética, que teve grande crescimento econômico durante algumas décadas do século XX. Entretanto, quando o país já estava industrializado, o desenvolvimento econômico passou a depender de outros fatores: por exemplo, da capacidade de introduzir novas tecnologias na produção, como aconteceu com grande intensidade no mundo capitalista da época.

Planet Observer/UIG/Alamy/Fotoarena

Esta foto noturna de 2012, tirada por satélite, mostra a Coreia do Sul e a Coreia do Norte. Nela, é possível ver claramente a diferença de desenvolvimento entre os dois países. A Coreia do Sul é muito iluminada, o que indica não só maior acesso à energia elétrica, como também, provavelmente, uma vida noturna mais intensa (o que em geral indica maior renda), melhor iluminação urbana, etc. A Coreia do Norte é a área quase completamente escura: o ponto mais claro é a capital do país. O que explica tamanha diferença de desenvolvimento entre países que, afinal, têm a mesma cultura? Para Acemoglu e Robinson, a resposta é a diferença entre as instituições. Na ditadura norte-coreana, tanto o poder político quanto o controle da economia estão extremamente concentrados nas mãos da elite governante. Na Coreia do Sul, as instituições seriam mais inclusivas, isto é, haveria muito mais oportunidades para os cidadãos participarem tanto do mercado quanto da vida política.

Mikhail123/Shutterstock

Sede de empresa de tecnologia no Vale do Silício, região do estado americano da Califórnia conhecida por abrigar empresas do ramo tecnológico. O crescimento das empresas de informática e tecnologia foi fundamental para que os Estados Unidos superassem a União Soviética na Guerra Fria. Embora ambos os países tenham produzido tecnologia de ponta no setor militar, só nos Estados Unidos havia milhares de empresários dispostos a apostar (e, muitas vezes, a perder) seu dinheiro utilizando essas tecnologias para criar novos produtos para o consumidor e para as empresas. A abertura do sistema econômico a vários participantes aumenta a competição, que, por sua vez, favorece a eficiência.

A criação de novas tecnologias é mais fácil quando os criadores podem apostar seu dinheiro (ou o dinheiro de quem aposte neles) em suas ideias. Muitas dessas ideias dão errado, mas as que dão certo têm chance de prosperar. É um processo de tentativa e erro, em que os inovadores arriscam seu capital esperando obter grandes lucros com suas inovações. Esse processo pode se tornar mais difícil quando o único proprietário é o governo e a elite teme que os inovadores se tornem ricos (e, portanto, poderosos), ameaçando seu poder. Assim, a União Soviética, que teve crescimento econômico alto durante muitos anos, se tornou incapaz de competir com os países capitalistas, não conseguiu reformar sua economia, estagnou e entrou em declínio, deixando de existir em 1991.

É muito difícil deixar de ter instituições extrativas e passar a ter instituições inclusivas. Para isso, é preciso conciliar democracia forte e economia de mercado forte. Muitas medidas necessárias para tornar o mercado mais aberto podem ser impopulares; outras vezes, as desigualdades econômicas criam elites econômicas tão poderosas que passam a controlar o governo, enfraquecendo a democracia e, em logo prazo, a economia (porque essas elites sempre vão usar o governo para tentar reduzir a concorrência e monopolizar o mercado).

Embora seja difícil passar de instituições extrativas para instituições inclusivas, há histórias de sucesso. A Coreia do Sul, por exemplo, era muito pobre; sofreu a exploração colonial japonesa e uma guerra civil trágica, mas conseguiu, nas últimas décadas do século XX, se tornar economicamente dinâmica e, depois, democrática e desenvolvida. Botsuana, uma das poucas democracias estáveis na África, vem crescendo muito mais rápido do que as diversas ditaduras do continente. A Índia, que é democrática desde a Independência, vem abrindo sua economia, enquanto a China faz o caminho inverso: começou abrindo sua economia, mas ainda não sabemos se vai se tornar democrática nos próximos anos. Se isso não ocorrer, segundo a teoria de Acemoglu e Robinson, o país deverá sofrer uma desaceleração econômica.

Monirul Bhuiyan/AFP

As teses de Acemoglu e Robinson são muito discutidas hoje em dia, e outros autores oferecem argumentos diferentes para as mesmas questões. De qualquer forma, é provável que a discussão dos efeitos das instituições políticas sobre a economia continue a produzir trabalhos de pesquisa relevantes e necessários para melhor compreendermos a dinâmica do mundo contemporâneo.

Eleitora deposita seu voto na urna durante as eleições de 2018 em Kanye, Botsuana. Quando se tornou independente (1966), esse país era extremamente pobre: segundo Acemoglu e Robinson, contava apenas com 12 quilômetros de estradas pavimentadas, 22 pessoas com curso universitário e cem com curso secundário. Hoje em dia, embora ainda seja pobre, Botsuana é um dos países africanos que cresce mais consistentemente. Para Acemoglu e Robinson, parte da explicação é a sobrevivência da democracia no país desde a independência, algo raro no continente africano.

ASSIM FALOU

Daron Acemoglu e James Robinson

Instituições econômicas inclusivas que garantem os direitos de propriedade, oferecem oportunidades iguais e encorajam investimentos em novas tecnologias e habilidades conduzem mais ao crescimento econômico do que instituições econômicas extrativas, que são estruturadas para extrair recursos da maioria pela minoria e que deixam de proteger direitos de propriedade ou criar incentivos para a atividade econômica. Instituições econômicas inclusivas, por sua vez, apoiam e são apoiadas por instituições políticas inclusivas, isto é, aquelas que distribuem o poder político amplamente, de maneira pluralista, e são capazes de alcançar algum grau de centralização política para estabelecer a lei e a ordem, as bases de direitos de propriedade seguros, e uma economia de mercado inclusiva.

ACEMOGLU, Daron; ROBINSON, James. *Why Nations Fail*. New York: Crown Publishers, 2012. p. 429. Texto traduzido.

VOCÊ APRENDEU QUE

Michel Foucault estudou as relações de poder em outras dimensões da vida social além do Estado.

Para Foucault, bem como para Gilles Deleuze, o poder na era moderna é exercido de maneira sutil, envolvendo instituições, conhecimento técnico e as maneiras pelas quais cuidamos de nós mesmos.

Desde o início do século XXI, o mundo vem passando por uma recessão democrática, ou seja, o número de novas democracias parou de crescer.

Essa crise democrática ocorre, em muitos casos, de modo sutil, por meio, por exemplo, de ataques progressivos às instituições que garantem a democracia, como a imprensa e as Supremas Cortes.

Nos anos 1970, Ronald Inglehart mostrou que as pessoas tendem a se preocupar mais com valores ligados à liberdade individual e à qualidade de vida em tempos de bonança econômica, e com valores ligados à segurança econômica em tempos de recessão.

Segundo John Rawls, para saber qual seria a maneira justa de organizar a sociedade, devemos nos perguntar que regras escolheríamos para a sociedade sem saber que lugar ocuparíamos nela.

Para Rawls, as desigualdades sociais só se justificam quando satisfazem duas condições: a) as posições mais privilegiadas devem estar abertas a todos, sem exceções, e b) de algum modo elas devem beneficiar os menos privilegiados.

Para Robert Nozick, não importa muito qual é a distribuição de renda, desde que essa renda tenha sido produzida por indivíduos exercendo seus direitos livremente.

Para Daron Acemoglu e James Robinson, as instituições inclusivas (que admitem a participação equitativa de mais pessoas na economia e na política) favorecem o desenvolvimento econômico.

A competição econômica dificilmente será livre num Estado controlado por um pequeno grupo que utilize seu poder para extrair os recursos da sociedade para si.

ATIVIDADES

REVENDO

1. Sob a ótica de Foucault, qual é a diferença entre as formas de punição a criminosos nas sociedades tradicionais e nas sociedades modernas?
2. No que consiste a atual crise da democracia?
3. Por que, para Inglehart, o progresso econômico pode levar as pessoas a valorizarem mais os valores pós-materialistas?
4. De acordo com Rawls, que critérios poderiam justificar a desigualdade social?
5. Por que instituições políticas mais inclusivas podem favorecer o desenvolvimento?

CONSTRUINDO

1. Leia um trecho do livro *Nas ruínas do neoliberalismo*, de Wendy Brown (1955-).

> A palavra "democracia" deriva de termos gregos antigos, *demos* (o povo) e *kratos* (poder ou governo). Em contraste com a oligarquia, monarquia, aristocracia, plutocracia, tirania e governo colonial, democracia significa os arranjos políticos por meio dos quais um povo governa a si mesmo.
>
> A igualdade política é a base da democracia. Todo o resto é opcional – das constituições à liberdade pessoal, de determinadas formas econômicas às instituições políticas específicas. Somente a igualdade política assegura que a composição e o exercício do poder político sejam autorizados pelo todo e sejam de responsabilidade do todo. Quando a igualdade política está ausente, seja por exclusões ou por privilégios políticos explícitos, pelas disparidades sociais ou econômicas extremas, pelo acesso desigual ou controlado ao conhecimento, ou pela manipulação do sistema eleitoral, o poder será inevitavelmente exercido por e para uma parte, em vez do todo. O *demos* deixa de governar.
>
> BROWN, Wendy. *Nas ruínas do neoliberalismo*. São Paulo: Filosófica Politeia, 2019. p. 33.

- Segundo a autora, qual é o sentido do termo *demos* para a democracia?

2. Considere a imagem a seguir:

Alex Hahn/www.alexhahnillustrator.com

- Essa ilustração, de Alex Hahn, sugere que o aumento da desigualdade contribui para rasgar o tecido social, enfraquecendo o sentimento de que tanto o rico quanto o pobre integram uma mesma sociedade. Você considera essa tese razoável? Você acredita que o crescimento da desigualdade pode levar ao aumento da desconfiança entre as pessoas, que se sentiriam menos unidas a indivíduos de outras classes sociais?

3. Observe o gráfico e leia os trechos extraídos do artigo científico "Entre Biopolítica e Necropolítica: uma questão de poder", escrito por Adriano Negris.

BRASIL: AUMENTO DAS MORTES POR HOMICÍDIO, POR COR (1997-2017)

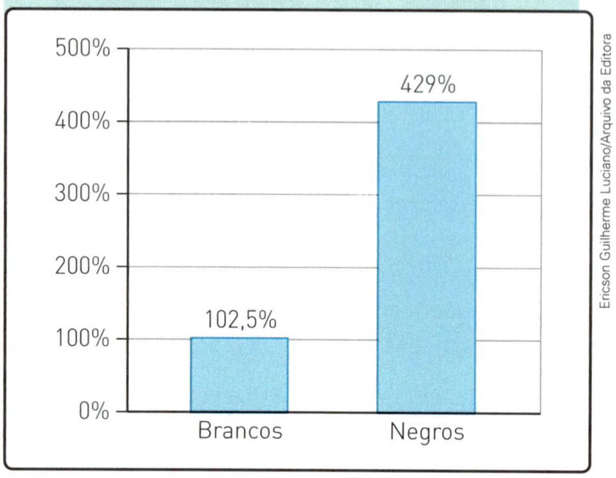

Fonte: PUTTI, Alexandre. Assassinatos de jovens negros no Brasil aumentam 429% em 20 anos. *Carta Capital*, São Paulo, 17 abr. 2019. Disponível em: https://www.cartacapital.com.br/sociedade/assassinatos-de-jovens-negros-no-brasil-aumentam-429-em-20-anos/. Acesso em: 21 jun. 2022.

O racismo, segundo Foucault, é o meio de introduzir no total da vida que o biopoder pretender dar conta uma espécie de cisão, uma divisão entre o que deve viver e o que deve morrer. Para Foucault, a distinção das raças e a sua hierarquização são os modos de fragmentar o campo biológico que o poder se incumbiu de administrar. [...]

Foucault considera que o ápice do racismo de Estado chega com o nazismo. Na concepção de Foucault, o nazismo foi um regime político notoriamente caracterizado pelo seu elevado grau disciplinar e regulamentador. [...]

[...] para Mbembe a necropolítica, diferentemente do racismo foucaultiano, aparece durante o processo de colonização europeu ocorrido na Modernidade. Esse processo não só contou com a escravidão do povo africano, mas também com o extermínio massivo da população indígena nas Américas. [...]

Com a pesquisa de Mbembe podemos notar que o conceito de biopolítica foucaultiano é insuficiente para dar conta das formas contemporâneas de submissão da vida ao poder da morte. Em algumas espacialidades o poder de morte que subjuga a vida está para além do racismo de Estado pensado por Foucault. Se, de um lado, Foucault enxergou na experiência do nazismo e do socialismo um paradoxo biopolítico; por outro lado, desde o processo de colonização europeia na Modernidade, a necropolítica operou por outros meios, tais como estados de exceção, disseminação da morte, infringência de dor aos corpos subjugados, proliferação do terror e do sacrifício aos povos conquistados. A necropolítica é, ainda, uma técnica de poder que está presente na era da governamentalidade neoliberal. [...]

NEGRIS, Adriano. Entre Biopolítica e Necropolítica: uma questão de poder. *Ítaca*, Rio de Janeiro, n. 36, 2020. p. 84, 87, 95, 96 e 98.

- Discuta as similaridades e as diferenças entre as noções de biopolítica e necropolítica e relacione-as aos dados apresentados no gráfico.

POR DENTRO DAS CIÊNCIAS HUMANAS

UNIDADE 1

CAPÍTULO 1

BIOGRAFIAS

Acesse o Plurall para saber mais sobre **Robert Dahl (1915-2014)**.

1. Em seu livro *Sobre a democracia* (2001), o cientista político estadunidense **Robert Dahl (1915-2014)** propõe ao leitor a seguinte situação: imagine um grupo de pessoas reunido para fazer alguma coisa em conjunto. O grupo precisa decidir que regras usar para tomar decisões. Alguém sugere que os mais sábios do grupo devem decidir o que todos vão fazer, mas recebe a seguinte resposta:

> Nas questões mais importantes de que esta assembleia tratará, nenhum de nós é tão mais sábio do que os outros para que automaticamente prevaleçam as ideias de um ou de outro. Ainda que alguns membros saibam mais sobre uma questão em determinado momento, somos todos capazes de aprender o que precisamos saber. Naturalmente, teremos de discutir as questões e deliberar entre nós antes de chegar a qualquer decisão. Deliberar, discutir e depois tomar as decisões políticas é uma das razões pelas quais estamos formando essa associação. Mas todos estamos igualmente qualificados para participar da discussão das questões e discutir as políticas que a nossa associação deve seguir. Consequentemente, a nossa constituição deve basear-se nesse pressuposto, ela terá de assegurar a todos nós o direito de participar das tomadas de decisão da associação. Para ser bem claro: porque estamos todos igualmente qualificados, devemos nos governar democraticamente.

DAHL, Robert. *Sobre a democracia*. Brasília, DF: Ed. da UnB, 2009. p. 48.

- Com base nesse texto, discuta as seguintes questões:
  - **a)** Por que não deveríamos aceitar ser governados por qualquer pessoa que pareça saber mais do que nós sobre os problemas que o governo precisa resolver?
  - **b)** Por que é importante que todos os cidadãos se informem sobre política e sobre os problemas de sua comunidade para que a democracia funcione bem?

2. Sobre qual questão política trata a charge ao lado?

© Adão Iturrusgarai/Acervo do cartunista

3. Em sua conferência *A política como vocação*, dirigida a estudantes da Universidade de Munique, em janeiro de 1919, Max Weber definiu a atividade política da seguinte forma:

> A política é como a perfuração de tábuas duras. Exige tanto paixão como perspectiva. Certamente, toda experiência histórica confirma a verdade — que o homem não teria alcançado o possível se repetidas vezes não tivesse tentado o impossível. Mas, para isso, o homem deve ser um líder, e não apenas um líder, mas também um herói, num sentido muito sóbrio da palavra. E mesmo os que não são líderes nem heróis devem armar-se com a fortaleza de coração que pode enfrentar até mesmo o desmoronar de todas as esperanças. Isso é necessário neste momento mesmo, ou os homens não poderão alcançar nem mesmo aquilo que é possível hoje. Somente quem tem a vocação da política terá certeza de não desmoronar quando o mundo, do seu ponto de vista, for demasiado estúpido ou demasiado mesquinho para o que ele lhe deseja oferecer. Somente quem, frente a tudo isso, pode dizer "Apesar de tudo!" tem a vocação para a política.

WEBER, Max. A política como vocação. *In*: GERTH, H. H.; MILLS, C. W. (org.). *Max Weber*: ensaios de Sociologia. Rio de Janeiro: LTC, 1967. p. 89.

- Para Weber, a pessoa com vocação para a política é capaz de enfrentar o mundo como ele é, com todas as suas imperfeições, e nunca desanimar da luta por seus ideais. Com base nessa ideia, responda:

a) Qual ideia de Maquiavel está relacionada a esse tema?

b) Quando diz que o líder deve ser um "herói", Weber está falando de alguém superpoderoso que consegue fazer tudo o que quer? Qual é a grande força do herói que Weber defende?

4. Em 2014, Fabiane Maria de Jesus, de 30 anos, foi linchada por uma multidão na cidade de Guarujá (SP). Dias antes, uma página em uma rede social havia divulgado um vídeo que a acusava de sequestrar crianças para realizar rituais de magia negra. A informação divulgada pela página, no entanto, era falsa. Segundo o sociólogo José de Souza Martins (1938-), em entrevista ao *site El País Brasil* em 8 de julho de 2015, há cerca de um linchamento por dia no Brasil. Com base no que estudamos no Capítulo 1, responda:

a) Podemos dizer que o linchamento é um sinal de problemas para o Estado? Utilize a concepção de Estado de Max Weber para responder.

b) Digamos que um grupo de jovens comece a praticar linchamentos contra criminosos em uma vizinhança. Os jovens não governam segundo uma Constituição democrática, não dispõem de meios para investigar crimes propriamente, não garantem direito de defesa aos acusados e não são fiscalizados por instituições como tribunais ou parlamentos. Se a comunidade reconhecer esse direito de praticar linchamentos, o que os impedirá de abusar desse poder em interesse próprio?

CAPÍTULO 2

1. Na imagem, vemos pessoas usando máscaras de proteção em um aeroporto durante a pandemia de covid-19. Em que medida a globalização está relacionada à difusão de problemas desse tipo?

Roberto Casimiro/Fotoarena

Funcionária do aeroporto de Congonhas, em São Paulo (SP), fazendo a medição de temperatura, uma das medidas de proteção contra a covid-19. Foto de 2021.

2. Nos mapas a seguir, vemos marcados em laranja os países do continente americano em que o mosquito *Aedes aegypti*, transmissor dos vírus chikungunya, zika e da dengue, foi identificado ao longo do tempo.

AMÉRICA: PRESENÇA DO MOSQUITO *AEDES AEGYPTI*

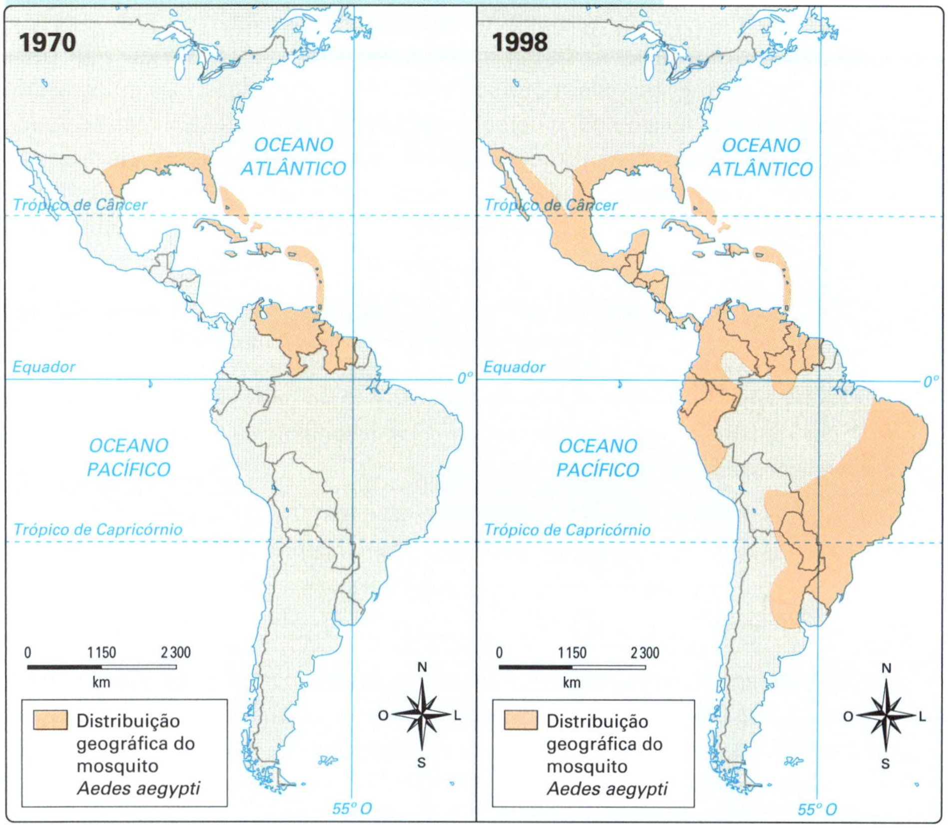

Banco de imagens/Arquivo da editora

Fonte: GUBLER, Duane J. Resurgent Vector-Borne Diseases as a Global Health Problem. *Emerging Infectious Diseases*, v. 4, n. 3, Fort Collins: Centers for Disease Control and Prevention, set. 1998.

- Explique como o aquecimento global e epidemias, como as causadas pelo mosquito *Aedes aegypti*, podem ser caracterizados como problemas globais, tal como definidos no Capítulo 2.

3. Leia o trecho do livro *Tornar-se Palestina*, de Lina Meruane.

> Na entrada da rodoviária de Tel Aviv, um homem nos detém. Devo abrir a minha bolsa para ele introduzir uma lanterna. Não se inclina para olhar o que trago ali dentro. Apalpa minha bolsa por baixo, como se calculasse o peso de uma mercadoria. Nessa rodoviária isso é tudo, mas na de Jerusalém será preciso acrescentar o detector de metais, os computadores, os guardas negros resgatados da Etiópia e amparados sob o lema igualitário que a religião concede exclusivamente aos judeus. [...] uma Jerusalém atravessada por um muro que em alguns trechos é de arame, que às vezes divide israelenses e palestinos e às vezes palestinos e palestinos de um mesmo bairro.

MERUANE, Lina. *Tornar-se Palestina*.
Belo Horizonte: Relicário, 2019. p. 69-70.

- De que modo o texto evidencia a importância do Estado, mesmo na era da globalização?

CAPÍTULO 3

1. Leia um trecho do artigo científico "A agenda global dos movimentos sociais", escrito por Francis Sodré.

> O I Fórum oficial da Saúde, em 2005, deixou evidente sua pauta voltada para a Saúde Global. A intenção inicial era formular uma agenda internacional com o objetivo principal de apoiar a formulação de políticas que garantam a proteção à saúde. Logo na carta-convocatória, visava-se construir uma agenda social dedicada à saúde no âmbito dos acordos regionais de integração econômica como na Comunidade Europeia, Nafta, Mercosul, Pacto Andino e outros, trabalhando pela constituição de sistemas únicos e universais de saúde para essas áreas de integração econômica.
>
> A pauta contra o neoliberalismo chegava à dimensão sobre a seguridade social, apontando-a como decadente em razão de inúmeras populações sem empregos, com vínculos informais e dependentes de assistência social, saúde e previdência. A mercantilização desses serviços públicos era um determinante para o agravamento das questões de saúde. [...]
>
> [...] Os movimentos globais da saúde vieram mostrar que as novas lutas sociais não são por mais poder do Estado sobre suas vidas; nem mesmo trata-se de uma nova reforma sanitária. Os movimentos sociais atuais são por mais democracia. [...]

SODRÉ, Francis. A agenda global dos movimentos sociais. *Ciência & Saúde Coletiva*. v. 16, n. 3, mar. 2011. Disponível em: https://doi.org/10.1590/S1413-81232011000300014. Acesso em: 24 jun. 2022.

a) De acordo com o texto, como se relacionam saúde, neoliberalismo, movimentos sociais e democracia?

b) Faça um levantamento de problemas na área da saúde pública em sua cidade e indique ações sociais que podem contribuir para promover mudanças nessa área.

BIOGRAFIAS

Acesse o Plurall para saber mais sobre **Gabriel Cohn (1938-)**.

2. No texto a seguir, o sociólogo brasileiro **Gabriel Cohn (1938-)** fala sobre dois autores: Max Weber, que estudou principalmente o Estado e os problemas de quem quer liderá-lo, e o pensador francês Alexis de Tocqueville, pioneiro no estudo da importância das várias formas de participação cívica.

> Acomodação, **refluxo privatista** da vida política (vale dizer, pública), apatia. Estes eram os vícios para Tocqueville; deficiências no plano da cidadania e do controle sobre o poder, portanto.
>
> Carência de audácia e de vontade inovadora, **inapetência** para a direção política, recuo em face das exigências do poder. Estes eram os vícios para Weber; deficiências no plano do governo e do exercício do poder, portanto. Ao caráter do cidadão senhor de si, e portanto livre, responde o caráter do líder político senhor de si, e portanto responsável.

COHN, Gabriel. Teoria social: Tocqueville e Weber, duas vocações. *In:* AVRITZER, Leonardo; DOMINGUES, José Maurício (org.). *Teoria social e modernidade no Brasil*. Belo Horizonte: Ed. da UFMG, 2000. p. 32.

refluxo privatista: retorno à vida privada.

inapetência: falta de desejo, de vontade.

- O mais importante na política é que os cidadãos tenham valores, organizem-se entre si, participem da política, como queria Tocqueville? Ou o mais importante é que os líderes sejam responsáveis, capazes de tomar decisões difíceis e até mesmo de sacrificar alguns de seus valores se isso for necessário ao bem comum, como queria Weber? Será que os dois estão certos, cada um à sua maneira? Em caso afirmativo, de que maneira cada um está certo?

3. Estudos recentes sobre capital social nos Estados Unidos indicam que o nível de participação cívica está caindo: as pessoas vão menos à igreja, participam menos de movimentos sociais e vivem mais isoladas. Alguns autores acham que isso pode estar acontecendo porque muitas pessoas passam cada vez mais tempo conectadas à internet. Avalie as imagens e responda à questão sugerida.

Isaac Fontana/Shutterstock

Manifestação contra a fome e o desemprego, em Londrina (PR), em 2021.

Aleksandra Suzi/Shutterstock

Torneio de jogos *on-line* em Helsinque, capital da Finlândia, em 2019.

- Nas imagens, temos duas possibilidades de interação social: a internet e a cidadania. Na sua opinião, a internet favorece ou prejudica as formas de participação cívica? Justifique.

CAPÍTULO 4

1. Um dos grandes debates da democracia brasileira atual é sobre o financiamento de campanha, isto é, sobre quem pode doar dinheiro para a campanha dos políticos. Mas esse debate não é apenas brasileiro. Observe o seguinte trecho sobre o financiamento de campanha nos Estados Unidos:

> Dois aspectos da crescente dependência dos candidatos ao dinheiro doado pelos empresários são cada vez mais motivos de debate no meio intelectual

americano e mesmo entre alguns políticos. Um deles, levantado pelo economista Joseph Stiglitz, acusa o sistema de arrecadação de ser o responsável pelo aumento da desigualdade de renda nos Estados Unidos.

PRADO, Maria Clara R. M. do. Como financiar a democracia? *Valor Econômico*, 11 fev. 2016. Disponível em: www.valor.com.br/opiniao/4430306/como-financiar-democracia. Acesso em: 21 fev. 2016.

- Como você acha que as regras para o financiamento de campanha podem influenciar a desigualdade de renda em um país? É possível que o economista Joseph Stiglitz (1943-) tenha razão?

2. Veja o que diz o historiador brasileiro Gunter Axt em artigo publicado na revista *Cult*:

> O que está dando errado? Para Dahl, o *entendimento esclarecido* — amplo conhecimento das regras do jogo pelos cidadãos — é essencial. Séculos de um sistema educacional precário inviabilizam aqui essa condição. Sem educação de verdade não qualificaremos o debate público. Democracia, como diz Stephen Holmes, não é simplesmente o governo da maioria, mas é, sobretudo, o governo que se dá pela discussão pública.

AXT, Gunter. Democracia no Brasil: um breve histórico. *Cult*, 30 mar. 2010. Disponível em: https://revistacult.uol.com.br/home/democracia-no-brasil-um-breve-historico/. Acesso em: 21 fev. 2016.

Agora, compare a opinião de Axt com a análise do cientista político Fábio Wanderley Reis (1937-):

> A consequência, que se pode resumir na singular e persistente desigualdade brasileira, é que as carências materiais em que a longa escravidão se traduz para grande parcela dos estratos populares do país têm contrapartida decisiva no plano da psicologia coletiva e de suas projeções políticas. Um aspecto merece destaque: na sociedade de castas que a escravidão construiu (demarcadas, ademais, por traços físicos de alta visibilidade), a população de origem africana não chegava sequer, durante muito tempo, a ser percebida como fazendo realmente parte do povo brasileiro, o que é certamente a explicação última de nossos investimentos insuficientes em educação e da precariedade do sistema educacional brasileiro até hoje (educar "essa gente"?).

REIS, Fábio Wanderley. Identidade política, desigualdade e partidos brasileiros. *Novos Estudos – Cebrap*, n. 87. São Paulo, 2010. Disponível em: www.scielo.br/scielo.php?pid=S0101-33002010000200004&script=sci_arttext&tlng=en. Acesso em: 21 fev. 2016.

- O primeiro texto defende a importância da educação para o êxito da democracia. O segundo mostra que, em algumas situações nas quais os mais pobres não têm direitos, as elites pouco se interessam em investir em educação. Supondo que as duas afirmações sejam verdadeiras, explique como isso é um exemplo da influência negativa da herança colonial para o fortalecimento da democracia no Brasil.

3. Quanto maior o coeficiente de Gini, mais desigual é o país. Leia o texto do economista indiano Amartya Sen (1933-), prêmio Nobel de Economia em 1998, e observe o gráfico. Depois, reflita sobre a relação entre democracia e desigualdade econômica.

> Por todo o século XIX, teóricos da democracia achavam bastante natural discutir se este ou aquele país estava "pronto para a democracia". Esse pensamento mudou apenas no século XX, com o reconhecimento de que a questão mesma estava errada. Um país não deve ser considerado pronto para a democracia, ele deve se tornar pronto através da democracia.

SEN, Amartya. *Democracy as a Universal Value*. Disponível em: www.unicef.org/socialpolicy/files/Democracy_as_a_Universal_Value.pdf. Acesso em: 21 fev. 2016. Texto traduzido.

BRASIL: COEFICIENTE DE GINI (1981-2020)

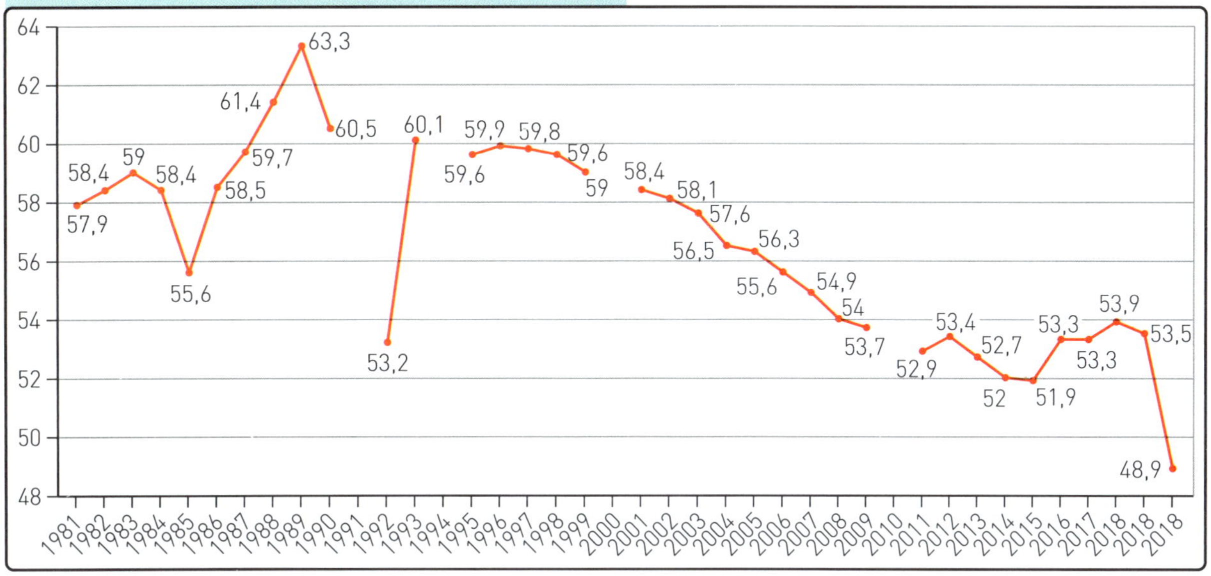

Ericson Guilherme Luciano/Arquivo da editora

Fonte: BANCO Mundial. Disponível em: https://data.worldbank.org/indicator/SI.POV.GINI? end=2020&locations=BR&name_desc=true&start=1981&view=chart. Acesso em: 24 jun. 2022.

- Como vimos, a crise dos anos 1980 gerou muita decepção na população brasileira quanto à transição democrática. Mas será que, mais de quarenta anos depois, o diagnóstico sobre nossa experiência democrática pode ser o mesmo? Mesmo admitindo que o Brasil ainda tem imensos problemas, é possível dizer que o governo democrático foi um fracasso?

4. Embora a abolição da escravidão no Brasil tenha constituído um marco importante na história da luta pela cidadania, a maneira pela qual ela se deu frustrou muitas das expectativas dos abolicionistas. Após a leitura dos textos do capítulo, mobilize seus conhecimentos desse período da história do Brasil, reúna-se em grupo com colegas e indique alguns fatores que impediram que os recém-libertos desfrutassem de uma cidadania plena.

CAPÍTULO 5

1. Observe a seguinte charge, publicada em 2012.

- Levando em conta a tese de Inglehart sobre o desenvolvimento econômico e a defesa de valores pós-materiais, de que maneira a desigualdade social brasileira impede a promoção desses valores no país?

© Angeli/Folha de S. Paulo 13.04.2007/Fotoarena

2. Leia o texto de Saskia Sassen.

> O que se costuma chamar de desenvolvimento econômico dependeu, por muito tempo, da extração de materiais de uma parte do mundo e de seu transporte até outra. Nas últimas décadas essa geografia da extração se expandiu rapidamente por meio de novas tecnologias complexas e agora se caracteriza por desequilíbrios ainda maiores em sua relação com os recursos naturais e sua utilização. A combinação de inovações que aumenta nossa capacidade de extração agora ameaça componentes essenciais da biosfera, deixando-nos com extensões cada vez maiores de terras e águas mortas.

SASSEN, Saskia. *Expulsões*: brutalidade e complexidade na economia global. Rio de Janeiro/São Paulo: Paz e Terra, 2016. p. 21.

- Como podem ser compreendidos os limites do desenvolvimento econômico?

3. No texto a seguir, Daron Acemoglu e James Robinson apresentam os resultados de uma pesquisa realizada pelo economista político Thomas Fujiwara, da Universidade de Princeton, sobre os efeitos da adoção de urnas eletrônicas no Brasil:

> A simplificação e a automação do sistema de votação levou a uma grande redução do número de votos anulados por preenchimento errado, especialmente os dos menos educados e mais pobres. Fujiwara mostra que isso levou à eleição de assembleias legislativas que defendiam uma redistribuição de renda mais generalizada [...]. Isso levou à implementação de políticas que favoreciam os recém-incluídos no eleitorado, como políticas de saúde que resultaram em melhorias significativas na saúde das crianças.

ACEMOGLU, Daron; ROBINSON, James. *Democracy and Its Discontents*. Disponível em: http://whynationsfail.com/blog/2012/3/30/democracy-and-its-discontents.html. Acesso em: 10 ago. 2022. Texto traduzido.

- Em que medida o resultado da pesquisa confirma a relação entre instituições inclusivas e o desenvolvimento econômico?

4. Relacione a charge de Quino e o texto da filósofa Marcia Tiburi (1970-).

QUINO. *Toda Mafalda*. São Paulo: Martins Fontes, 1991.

> O afeto que anima a democracia é político, no seu sentido mais simples: produz elos, uniões, coletivos, transformações. Fica fácil entender se pensarmos que a democracia é bonita como é bonita uma festa em que as pessoas se alegram com o que têm em termos de lugar, bebida, comida, danças e cerimônias. O principal da festa é a alegria. Com ela qualquer festa é possível. Mas uma festa precisa ser minimamente produzida. Alguém tem que achar o lugar, a música, algo para comer. Penso na beleza das festas mais simples em que tudo se move em nome do simples fato de que confraternizar, de estar juntos alegremente, é possível. Bom lembrar que a festa não está pronta se, de mau humor, não nos propusermos a ela.

TIBURI, Marcia. *Como conversar com um fascista*. 11. ed. Rio de Janeiro: Record, 2017. p. 70.

QUESTÕES DO ENEM E DE VESTIBULARES

ENEM

1. (Enem 2013)

Rua Preciados, seis da tarde. Ao longe, a massa humana que abarrota a Praça Puerta Del Sol, em Madri, se levanta. Um grupo de garotas, ao ver a cena, corre em direção à multidão. Milhares de pessoas fazem ressoar o *slogan*: "Que não, que não, que não nos representem". Um garoto fala pelo megafone: "Demandamos submeter a referendo o resgate bancário".

RODRÍGUEZ, O. Puerta Del Sol, o grande alto-falante. Brasil de Fato, São Paulo, 26 maio-1º jun. 2011 (adaptado).

Em 2011, o acampamento dos Indignados espanhóis expressou todo o descontentamento político da juventude europeia. Que proposta sintetiza o conjunto de reivindicações políticas destes jovens?

a) Voto universal.

b) Democracia direta.

c) Pluralidade partidária.

d) Autonomia legislativa.

e) Imunidade parlamentar.

2. (Enem 2015)

Não nos resta a menor dúvida de que a principal contribuição dos diferentes tipos de movimentos sociais brasileiros nos últimos vinte anos foi no plano da reconstrução do processo de democratização do país. E não se trata apenas da reconstrução do regime político, da retomada da democracia e do fim do Regime Militar. Trata-se da reconstrução ou construção de novos rumos para a cultura do país, do preenchimento de vazios na condução da luta pela redemocratização, constituindo-se como agentes interlocutores que dialogam diretamente com a população e com o Estado.

GOHN, M. G. M. Os sem-terras, ONGs e cidadania. São Paulo: Cortez, 2003 (adaptado).

No processo da redemocratização brasileira, os novos movimentos sociais contribuíram para

a) diminuir a legitimidade dos novos partidos políticos então criados.

b) tornar a democracia um valor social que ultrapassa os momentos eleitorais.

c) difundir a democracia representativa como objetivo fundamental da luta política.

d) ampliar as disputas pela hegemonia das entidades de trabalhadores com os sindicatos.

e) fragmentar as lutas políticas dos diversos atores sociais frente ao Estado.

3. (Enem 2019)

Para Maquiavel, quando um homem decide dizer a verdade pondo em risco a própria integridade física, tal resolução diz respeito apenas a sua pessoa. Mas se esse mesmo homem é um chefe de Estado, os critérios pessoais não são mais adequados para decidir sobre ações cujas consequências se tornam tão amplas, já que o prejuízo não será apenas individual, mas coletivo. Nesse caso, conforme as circunstâncias e os fins a serem atingidos, pode-se decidir que o melhor para o bem comum seja mentir.

ARANHA, M. L. Maquiavel: a lógica da força. São Paulo: Moderna, 2006 (adaptado).

O texto aponta uma inovação na teoria política na época moderna expressa na distinção entre

a) idealidade e efetividade da moral.

b) nulidade e preservabilidade da liberdade.

c) ilegalidade e legitimidade do governante.

d) verificabilidade e possibilidade da verdade.

e) objetividade e subjetividade do conhecimento.

4. (Enem 2019)

Art. 90. As nomeações dos deputados e senadores para a Assembleia Geral, e dos membros dos Conselhos Gerais das províncias, serão feitas por eleições, elegendo a massa dos cidadãos ativos em assembleias paroquiais, os eleitores de província, e estes, os representantes da nação e província.

Art. 92. São excluídos de votar nas assembleias paroquiais:

I – Os menores de vinte e cinco anos, nos quais se não compreendem os casados, os oficiais militares, que forem maiores de vinte e um anos, os bacharéis formados e os clérigos de ordens sacras.

II – Os filhos de famílias, que estiverem na companhia de seus pais, salvo se servirem a ofícios públicos.

III – Os criados de servir, em cuja classe não entram os guarda-livros, e primeiros caixeiros das casas de comércio, os criados da Casa Imperial, que não forem de galão branco, e os administradores das fazendas rurais e fábricas.

IV – Os religiosos e quaisquer que vivam em comunidade claustral.

V – Os que não tiverem de renda líquida anual cem mil réis por bens de raiz, indústria, comércio, ou emprego.

BRASIL. Constituição de 1824.
Disponível em: www.planalto.gov.br.
Acesso em: 4 abr. 2015 (adaptado).

De acordo com os artigos do dispositivo legal apresentado, o sistema eleitoral instituído no início do Império é marcado pelo(a)

a) representação popular e sigilo individual.
b) voto indireto e perfil censitário.
c) liberdade pública e abertura política.
d) ética partidária e supervisão estatal.
e) caráter liberal e sistema parlamentar.

5. (Enem 2019)

A soberania dos cidadãos dotados de plenos direitos era imprescindível para a existência da cidade-estado. Segundo os regimes políticos, a proporção desses cidadãos em relação à população total dos homens livres podia variar muito, sendo bastante pequena nas aristocracias e oligarquias e maior nas democracias.

CARDOSO, C. F. A cidade-estado clássica.
São Paulo: Ática, 1985.

Nas cidades-estado da Antiguidade Clássica, a proporção de cidadãos descrita no texto é explicada pela adoção do seguinte critério para a participação política:

a) Controle da terra.
b) Liberdade de culto.
c) Igualdade de gênero.
d) Exclusão dos militares.
e) Exigência da alfabetização.

6. (Enem 2021)

Quando a taxa de remuneração do capital excede substancialmente a taxa de crescimento da economia, pela lógica, a riqueza herdada aumenta mais rápido do que a renda e a produção. Então, basta os herdeiros poupar uma parte limitada da renda de seu capital para que ele cresça mais rápido do que a economia como um todo. Sob essas condições, é quase inevitável que a riqueza herdada supere a riqueza constituída durante uma vida de trabalho, e que a concentração de capital atinja níveis muito altos.

PIKETTY, T. O capital no século XXI.
Rio de Janeiro: Intrínseca, 2014 (adaptado).

Considerando os princípios que legitimam as democracias liberais, a lógica econômica descrita no texto enfraquece o(a)

a) ideologia do mérito.
b) direito de nascimento.
c) eficácia da legislação.
d) ganho das financeiras.
e) eficiência dos mercados.

7. (Enem 2021)

A categoria de refugiado carrega em si as noções de transitoriedade, provisoriedade e temporalidade. Os refugiados situam-se entre o país de origem e o país de destino. Ao transitarem entre os dois universos, ocupam posição marginal, tanto em termos identitários – assentada na falta de pertencimento pleno enquanto membros da comunidade receptora e nos vínculos introjetados por códigos partilhados com a comunidade de origem – quanto em termos jurídicos, ao deixarem de exercitar, ao menos em caráter temporário, o status de cidadãos no país de origem e portar o status de refugiados no país receptor.

MOREIRA, J. B. Refugiados do Brasil: reflexões acerca do processo de integração local. REMHU, nº 43, jul.-dez. 2014 (adaptado).

A condição de transitoriedade dos refugiados no Brasil, conforme abordada no texto, é provocada pela associação entre

a) ascensão social e burocracia estatal.
b) miscigenação étnica e limites fronteiriços.
c) desqualificação profissional e ação policial.
d) instabilidade financeira e crises econômicas.
e) desenraizamento cultural e insegurança legal.

VESTIBULARES

8. (UEM-PR 2013/2 – Somar respostas corretas)

Considerando a temática dos governos, das instituições e dos partidos políticos, assinale o que for correto.

01) Os direitos políticos estão relacionados à formação do Estado Democrático representativo e envolvem os direitos eleitorais.

02) Em um Estado Democrático, a participação política plena e legítima ocorre quando os cidadãos se filiam aos partidos políticos.

04) Os direitos políticos só se efetivaram quando movimentos populares, como o das mulheres, conquistaram o direito ao voto.

08) Práticas de compra, de venda e de troca de votos são, ainda hoje, toleradas pela legislação eleitoral no Brasil.

16) O direito de protestar e de participar de associações políticas, como partidos e sindicatos, é uma construção cidadã.

9. (UPE 2020)

Observe o seguinte texto:

Reprodução/UPE, 2020.

A14 O ESTADO DE S. PAULO

Vida / AMBIENTE / CIÊNCIA / EDUCAÇÃO / SAÚDE / SOCIEDADE

estadão.com.br

Sociedade. Casal homossexual de Jacareí (SP) obtém na Justiça o direito de oficializar casamento civil e adotar sobrenome comum; juiz se baseou em artigo da Constituição, segundo o qual a família é a base da sociedade, além de recentes decisões do STF e da ONU

Juiz converte união estável em primeiro casamento civil gay no Brasil

Disponível em: <https://brasil.estadao.com.br/blogs/arquivo/aconteceu-em-27-de-junho-5/>. Acesso em: 15/06/2019.

A manchete do jornal chama a atenção para o reconhecimento dos indivíduos como membros de um grupo (Estado), tendo garantidos direitos e deveres referentes a essa condição. Sociologicamente, isso se refere à cidadania.

Sobre essa temática, que direito foi garantido segundo o texto do jornal?

a) Político

b) Civil

c) Partidário

d) Sexual

e) Migratório

10. (UEPG-PR 2021 – Somar respostas corretas)

Sobre os refugiados no mundo, assinale o que for correto.

01) Devido à guerra civil iniciada no século XXI, a Síria, país asiático, é um dos territórios que mais enfrenta problemas com a saída de refugiados.

02) O Sudão do Sul, país africano criado recentemente a partir da separação com o Sudão, enfrenta crise devido a conflitos internos, gerando milhares de refugiados.

04) Em crise política no governo de Maduro, a Venezuela gerou contingente de refugiados, que procuraram asilo no Brasil e em outros países.

08) A ACNUR é a agência vinculada à ONU que trabalha com a questão dos refugiados no mundo, recebendo inclusive doações para suas ações.

16) Grécia e Itália são países europeus que recebem refugiados provenientes de países africanos.

11. (Fuvest-SP 2022)

Por mais bem informado que você possa ser, não dá para baixar a guarda. Mas por que as notícias falsas – mesmo aquelas mais improváveis – parecem tão convincentes para tantas pessoas? Van Bavel, professor de psicologia e ciência neural da Universidade de Nova York, se especializou em entender como as crenças políticas e identidades de grupo influenciam a mente, e descobriu que a identificação com posições políticas pode interferir em como o cérebro processa as informações. Tendemos a rejeitar fatos que ameaçam nosso senso de identidade e sempre buscar informações que confirmem nossas próprias crenças, seja por meio de memórias seletivas, leituras de fontes que estão do nosso lado ou mesmo interpretando os fatos de determinada maneira. Isso tudo está relacionado a não querermos ter nossas ideias, gostos, identidade questionados, e por isso temos dificuldade em aceitar o que contradiz aquilo em que acreditamos.

Ana Prado. "A ciência explica por que caímos em *fake news*". Superinteressante. 15/06/2018. Adaptado.

De acordo com o texto,

a) as pessoas bem informadas estão protegidas de polêmicas, uma vez que o modo como processam os fatos tornam suas opiniões mais convincentes.

b) o posicionamento político garante a disseminação de notícias verdadeiras e resulta de crenças já estabelecidas socialmente.

c) a rejeição a questionamentos impede que se admitam pontos de vista antagônicos, em razão da tendência de se confirmar crenças pessoais.

d) as memórias seletivas auxiliam na rejeição de fatos contrários à realidade, já que conduzem à interpretação das reportagens de modo imparcial.

e) os fatos hostis normalmente são preteridos por grande parte da sociedade, embora sejam utilizados como identificador cultural.

12. (Fuvest-SP 2022)

A noção de ditadura variou ao longo da História e dependeu das características políticas de cada sociedade. A esse respeito, assinale a alternativa correta:

a) Na Roma Antiga, durante o período republicano, a ditadura era uma magistratura de caráter extraordinário, delimitada legalmente e estabelecida por um período determinado, com uma finalidade definida.

b) Com o golpe do 18 Brumário (1799), instaurou-se uma ditadura parlamentar na França, sob o comando de Napoleão Bonaparte, cujo objetivo fundamental era reescrever a Constituição francesa.

c) A ditadura militar brasileira, estabelecida em 1964, teve como característica o poder exclusivo das Forças Armadas e o fechamento das instâncias parlamentares durante toda a sua vigência.

d) O conceito da ditadura do proletariado foi elaborado por Karl Marx, defendido por anarquistas e comunistas, e previa a instauração permanente de um regime autoritário, como o da antiga União Soviética.

e) A ditadura nazista caracterizava-se por um complexo arranjo institucional baseado na articulação política entre o Poder Executivo, as Forças Armadas, o Parlamento alemão e os poderes legislativos municipais.

13. (UEM 2013/2 – Somar respostas corretas)

Assinale o que for correto sobre o fenômeno da globalização.

01) Com a globalização, há uma diminuição do poder do Estado e uma intensificação das ações de blocos econômicos como o Mercosul, o Nafta e a Alca.

02) A abertura dos mercados, a reestruturação produtiva e a instalação dos governos neoliberais são acontecimentos que diminuíram a força do fenômeno da globalização.

04) Há movimentos antiglobalização que lutam pelo fim do trabalho e da prostituição infantis e pelo fim do tráfico de crianças e de mulheres.

08) O Fórum Social Mundial é um espaço organizado de discussões dos setores populares apoiados, dentre outros, por sindicatos, por organizações não governamentais, por governos populares e por associações profissionais.

16) A globalização, ao gerar um aumento das contradições no capitalismo, possibilitou também um crescimento da solidariedade mundial.

14. (Uece 2021)

Assinale a opção que expressa corretamente a interpretação geográfica da pandemia do novo coronavírus.

a) A disseminação do novo coronavírus tem demonstrado um recrudescimento naqueles países onde oficialmente é maior o porcentual de população habitando em áreas rurais, pois trata-se de uma doença viral altamente transmissível, que provavelmente surgiu em área rural.

b) O novo coronavírus, ao revelar-se epidemicamente variável em função de características sociodemográficas e regionais, demonstra ser uma doença regionalizada, endêmica, e pouco suscetível à disseminação em redes urbanas, pois a regionalização da ocupação territorial não assume uma feição reticular na contemporaneidade.

c) A pandemia revelou sua faceta geográfica ao disseminar-se em escala global de acordo com a intensidade dos fluxos e da concentração e densidade demográficas nos países onde manifestou-se mais agudamente, demonstrando a importância de esforços regionais, nacionais e globais articulados para o seu enfrentamento.

d) A globalização perdeu seu potencial explicativo de como uma doença, que surgiu possivelmente no interior da China, disseminou-se rapidamente por praticamente todo o mundo, ultrapassando fronteiras nacionais e continentais.

CIÊNCIAS SOCIAIS EM AÇÃO

UNIDADE 1

OS SENTIDOS DA DEMOCRACIA

COMPETÊNCIAS E HABILIDADES DA BNCC

- Competências gerais da Educação Básica: 1, 2, 3, 4, 5 e 7.
- Competências específicas de Ciências Humanas e Sociais Aplicadas: 1, 5 e 6.
- Habilidades de Ciências Humanas e Sociais Aplicadas: EM13CHS101, EM13CHS102, EM13CHS103, EM13CHS106, EM13CHS501, EM13CHS504, EM13CHS601, EM13CHS602, EM13CHS603, EM13CHS605, EM13CHS606.
- Competências específicas de Linguagens e suas Tecnologias: 1, 2, 3, 4 e 7.
- Habilidades de Linguagens e suas Tecnologias: EM13LGG104, EM13LGG105, EM13LGG201, EM13LGG204, EM13LGG301, EM13LGG302, EM13LGG303, EM13LGG304, EM13LGG401, EM13LGG402, EM13LGG701, EM13LGG702, EM13LGG703, EM13LGG704.

DIRECIONAMENTO

Este projeto poderá ser desenvolvido, em conjunto, pelos professores de Sociologia, Filosofia e História.

PONTO DE INVESTIGAÇÃO

A questão mobilizadora deste projeto promove reflexões que poderão desenvolver conhecimentos dos componentes Sociologia, Filosofia e História.

O que significa viver em uma democracia no mundo contemporâneo?

democracia: regime político que almeja a equidade na participação política e um sistema em que os cidadãos elegem os seus dirigentes por meio de eleições periódicas.

RESUMO

Neste projeto, você vai refletir sobre os diferentes sentidos que a democracia teve ao longo do tempo e discutirá sua importância na sociedade contemporânea, com base em um estudo que considere o debate político e filosófico do termo, bem como a história política de nosso país. Como você vivencia a democracia? Como ela faz parte da sua vida e dos demais cidadãos brasileiros e de outros países? Afinal, o que significa viver em uma democracia atualmente?

Pedro Ladeira/Folhapress

Na fotografia, a Marcha das Margaridas em Brasília (DF) no ano de 2019. Essa passeata, que ocorre desde 2000, é organizada por trabalhadoras rurais do Brasil. Um dos objetivos da marcha é lutar pela democratização das relações sociais, com o enfrentamento das desigualdades de gênero e étnico-raciais, além da insegurança alimentar e nutricional.

Escola de Atenas, de Rafael Sanzio, c. 1509-1510 (afresco, 5 m × 7,7 m). Feita sob encomenda do Vaticano, a obra retrata, ao centro, Aristóteles (à direita) e Platão (à esquerda). Mais à esquerda vê-se uma personagem distinta, vestindo roupas de guerra e um elmo, sugerindo ser Péricles, um dos principais líderes democráticos de Atenas, no século V a.C.

METODOLOGIA

A **investigação bibliográfica** tem lugar central na realização de qualquer pesquisa. Ela costuma ser o ponto de partida, pois é por meio dela que o conhecimento acumulado sobre determinado assunto se torna conhecido. Já a **investigação documental** busca e analisa materiais, como documentos oficiais, mapas, cartas, panfletos, jornais, revistas, áudios, vídeos e fotografias. Esses materiais podem ser acessados em diversos acervos, e por isso é de suma importância registrar informações como autoria, data de publicação e fonte.

Ao fazer uso da pesquisa bibliográfica e documental, é importante:

- ser rigoroso e detalhista na seleção dos materiais;
- registrar todas as informações das fontes consultadas;
- manter os registros organizados e sistematizados;
- analisar os materiais com criticidade;
- ter embasamento teórico acerca da temática investigada.

podcast: arquivo digital de áudio transmitido através da internet, em plataformas digitais de *streaming* e em redes de comunicação *on-line*, com o propósito de oferecer informações sobre vários assuntos.

acessibilidade: qualidade do que é acessível às pessoas, considerando suas diferenças motoras, sensoriais e intelectuais.

PROJETO

O produto final deste projeto é um ***podcast***, que deverá ser produzido considerando os princípios da **acessibilidade**. Nele, a história da democracia brasileira e os vários sentidos que o termo teve ao longo do tempo serão apresentados em formato de áudio e com a disponibilização da transcrição, tornando o conteúdo mais acessível.

MATERIAL NECESSÁRIO

- Caderno e caneta para planejar a investigação e fazer anotações.
- Celular ou gravador para fazer os registros de áudio.
- Computador e/ou celular para editar e publicar o arquivo de áudio.

ETAPAS

1. A ESCOLHA DOS ACERVOS

Nattakit.K/Shutterstock

A primeira etapa da investigação consiste em delimitar os acervos em que a investigação será realizada. Pode-se considerar uma investigação em acervos digitais, como o *site* do Centro de Pesquisa e Documentação de História Contemporânea do Brasil (CPDOC) e a plataforma SciELO (*Scientific Electronic Library Online*). Mas é importante considerar a possibilidade de realizar uma investigação em acervos físicos, como bibliotecas públicas, organizações e sindicatos. Para ajudar na escolha, faça, no caderno, uma lista dos diferentes acervos e fontes que você poderá consultar. Considere, ainda, a possibilidade de entrevistar pessoas. Pode ser, por exemplo, que você more em uma cidade pequena, na qual algumas pessoas conhecidas organizaram o primeiro sindicato da cidade ou fundaram um partido político. Conversar com essas pessoas é uma boa maneira de começar a investigação e delimitar os acervos que serão consultados.

2. O LEVANTAMENTO BIBLIOGRÁFICO

Após definir os acervos e fontes a serem consultados, inicie o levantamento bibliográfico. Essa etapa consiste em mapear materiais acerca da temática investigada. A tarefa aqui é selecionar os textos e documentos mais relevantes, realizar as leituras e registrar as informações e os dados bibliográficos, bem como os principais argumentos contidos em cada um deles. Uma boa maneira de organizar as informações obtidas nesta etapa é por meio da confecção de **fichamentos**. Por meio deles, você poderá organizar a sua pesquisa, identificando rapidamente quais obras serão úteis para a elaboração do projeto. Veja a seguir um exemplo de fichamento.

<table>
<tr><th colspan="2">REFERÊNCIA BIBLIOGRÁFICA</th><th colspan="2">TEMA CENTRAL</th></tr>
<tr><td colspan="2">MACPHERSON, C. B. A democracia liberal. Origens e evolução. Rio de Janeiro: Zahar, 1978, 118p.</td><td colspan="2">Em que consiste a democracia liberal.</td></tr>
<tr><th>CAPÍTULOS</th><th colspan="2">CONTEÚDO</th><th>CERNE DO CAPÍTULO</th></tr>
<tr><td>Prefácio</td><td colspan="2">Descrição do conteúdo de cada capítulo.</td><td>Descrição das principais ideias abordadas em cada capítulo.</td></tr>
<tr><td>1</td><td colspan="2"></td><td></td></tr>
<tr><td>2</td><td colspan="2"></td><td></td></tr>
<tr><td>3</td><td colspan="2"></td><td></td></tr>
<tr><td>4</td><td colspan="2"></td><td></td></tr>
<tr><td>5</td><td colspan="2"></td><td></td></tr>
</table>

3. O LEVANTAMENTO DOCUMENTAL

Construído o embasamento teórico com o auxílio dos recursos bibliográficos, é chegado o momento de investigar novos dados sobre o assunto em documentos que marcam um contexto específico. A consulta a esses materiais possibilitará confirmar ou até mesmo criar novos caminhos argumentativos.

4. A SISTEMATIZAÇÃO DOS DADOS

Este é o momento de você analisar o que investigou até agora. Leia atentamente seus registros bibliográficos e verifique com atenção os documentos encontrados. Escreva um resumo das teorias e uma explicação dos documentos, organizando todas as informações coletadas. Essa será a base para o roteiro do *podcast*.

5. A CONSTRUÇÃO DO ROTEIRO

Com os dados já sistematizados e organizados, é hora de construir uma narrativa para apresentar o tema. Tente estruturar o roteiro da seguinte maneira:

1. Apresente brevemente os dados da investigação: nome dos estudantes envolvidos, os acervos consultados, o nome do *podcast* e do episódio (caso haja mais de um).
2. Explique o tema e por que ele é relevante (use palavras-chave).
3. Conte uma história para contextualizar o tema.
4. Faça uma pergunta provocativa.
5. Use uma citação relevante.
6. Desenvolva os argumentos gradativamente, aprofundando o debate.
7. Retome os principais pontos.
8. Apresente uma conclusão.
9. Agradeça o ouvinte e convide-o para ouvir o próximo episódio, se houver.

fizkes/Shutterstock

6. GRAVAÇÃO E EDIÇÃO

Antes de iniciar a gravação dos áudios, estabeleça uma duração para o programa (sugerimos cerca de 30 minutos) e defina se a linguagem será formal ou informal. Após essa definição, com o roteiro em mãos, é hora de começar a gravar. Ao fim desse trabalho, crie uma trilha sonora para a abertura e o fechamento do *podcast* e utilize um aplicativo de edição de áudio para acrescentar músicas, depoimentos, fazer os cortes necessários e finalizar o programa, disponibilizando-o para o público ouvinte.

Xavier Lorenzo/Shutterstock

7. DISPONIBILIZAÇÃO DO *PODCAST*

Com o programa finalizado, é hora de escolher a melhor plataforma digital de *streaming* e redes de comunicação *on-line* para colocá-lo no ar. Lembre-se de disponibilizar o áudio em uma plataforma que permita a inserção da transcrição, seguindo critérios de acessibilidade. Em conjunto com a comunidade escolar, será escolhido o melhor momento para o *podcast* ser compartilhado com o público.

CONCLUSÃO

Ao concluir o projeto, você será capaz de compreender a noção de democracia e os princípios básicos da política brasileira. Será capaz, também, de analisar a política, percebendo a complexidade da divisão dos poderes e da participação civil, além de apontar problemas e desafios a serem enfrentados e propor soluções embasadas para eles.

UNIDADE 2

CULTURA

Esta Unidade trata de um dos assuntos fundamentais das Ciências Sociais: a forma como as sociedades se veem e são vistas. Ao longo dos últimos 150 anos, as Ciências Sociais desenvolveram várias maneiras de pensar as diferenças nas formas de vida das sociedades humanas.

Como veremos nos capítulos seguintes, a Antropologia tem se dedicado sistematicamente a esse desafio por meio de instrumentos teóricos, como os conceitos de cultura, identidade e etnicidade. Com base nesses e em outros conceitos, os antropólogos pretendem observar e compreender a enorme variedade da experiência humana no mundo.

Além de conhecer a origem desses conceitos, veremos a que contextos sociais se referem e como foram empregados para produzir reflexões sobre o Brasil, sobre as diversas populações presentes no país e sobre o que poderíamos chamar de "cultura brasileira" ou ainda "identidades brasileiras".

Painel *Deus é mãe*, em um prédio no centro de Belo Horizonte (MG).

Allan Calisto/Futura Press

CAPÍTULO 6

O pensamento antropológico

Brendan Bell/Alamy/Fotoarena

Grafite de Banksy em frente a uma loja de variedades em Londres, em 2012, pouco antes do início dos Jogos Olímpicos naquela cidade. A obra, que retrata uma criança costurando bandeirolas do Reino Unido, seria uma crítica à exploração do trabalho infantil.

Escolhemos iniciar esta Unidade por um fato que marcou a História: o encontro, a partir do século XVI, entre as sociedades europeias e as sociedades das Américas, da África e da Ásia, que em grande parte os europeus até então desconheciam. Muito mais tarde, no século XIX, as Ciências Sociais tiveram origem justamente na reflexão sobre o encontro entre diferentes culturas e suas consequências.

Inicialmente, vamos apresentar os modelos que os europeus utilizaram para pensar os nativos daqueles lugares que consideravam "distantes". A partir dessa visão de mundo, vamos refletir sobre as diferenças — sociais, culturais, étnicas, políticas, entre outras —, um tema fundamental para entender as sociedades de um ponto de vista antropológico.

NESTE CAPÍTULO VAMOS DISCUTIR:

1. A construção do pensamento antropológico
2. Parentesco e propriedade: modos de organização social
3. Sociedades indígenas e o mundo contemporâneo
4. Mitos, narrativas e o estruturalismo
5. Populações indígenas no Brasil

COMPETÊNCIAS E HABILIDADES DA BNCC

- Competências gerais da Educação Básica: 1, 2, 3, 7 e 9.
- Competências específicas de Ciências Humanas e Sociais Aplicadas: 1, 2, 3 e 5.
- Habilidades de Ciências Humanas e Sociais Aplicadas: EM13CHS101, EM13CHS102, EM13CHS103, EM13CHS104, EM13CHS105, EM13CHS106, EM13CHS201, EM13CHS202, EM13CHS203, EM13CHS302, EM13CHS502, EM13CHS503 e EM13CHS504.
- Competência específica de Ciências da Natureza e suas Tecnologias: 2.
- Habilidades de Ciências da Natureza e suas Tecnologias: EM13CNT206 e EM13CNT305.
- Competências específicas de Linguagens e suas Tecnologias: 1, 2, 3 e 6.
- Habilidades de Linguagens e suas Tecnologias: EM13LGG101, EM13LGG102, EM13LGG202, EM13LGG302 e EM13LGG604.

1 A CONSTRUÇÃO DO PENSAMENTO ANTROPOLÓGICO

A partir do século XVI, os europeus buscaram colonizar e dominar os territórios e povos das Américas, da África, da Ásia e da Oceania, mas o encontro com esses povos teve outras consequências. Foram produzidos relatos de viagem, narrativas descritivas, investigações e todo tipo de documento histórico sobre populações até então desconhecidas pelos dominadores. Essas informações foram elaboradas desde o começo das explorações europeias, mas só no século XIX, com o avanço do **imperialismo** europeu, foram sistematizadas por meio de estudos científicos.

imperialismo: política de influência e domínio territorial, político e/ou econômico de uma nação sobre outros povos, nações ou regiões geográficas.

Essa documentação sobre populações nativas diversas, somada ao interesse das sociedades colonialistas em ampliar suas formas de dominação, gerou a produção de um conhecimento que hoje chamamos de antropológico. Tratava-se de um novo olhar sobre aquelas populações a fim de conhecê-las melhor. E conhecê-las melhor para quê? A resposta a essa questão tem dois lados: um prático e um científico.

De um lado, administradores coloniais, missionários religiosos e comerciantes (agentes das conquistas realizadas entre os séculos XVI e XIX) tinham interesse prático em conhecer melhor aqueles que chamavam de "primitivos". Para os administradores coloniais, isso ajudava a dominá-los; para os missionários, ajudava a convertê-los; e para os comerciantes, ajudava a produzir riquezas em benefício próprio por meio do encontro com os "selvagens".

VOCÊ JÁ PENSOU NISTO?

Você consegue imaginar as possibilidades de lucro com o conhecimento sobre populações nativas? Uma forma muito comum de produzir riqueza por meio do encontro com um povo é simplesmente obrigar os nativos a trabalhar para o colonizador. A avidez dos colonizadores espanhóis na América levou ao extermínio de milhares de indígenas. Forçados a trabalhar em minas de prata, esses indígenas não tinham mais como se dedicar à lavoura, o que gerou fome e a morte de milhares de pessoas.

Quint & Lox/Alamy/Fotoarena

Banca de feira das Índias Orientais na Batávia, atribuída a Andries Beeckman, c. 1640 (óleo sobre tela, 106 cm × 175,7 cm). Desde o início das explorações europeias em outros continentes houve interesse em registrar a população, as paisagens e os produtos das regiões exploradas.

De outro lado, os cientistas que passaram a estudar essas populações a partir do século XIX pretendiam entender a história da humanidade. Para eles, conhecer as sociedades que chamavam de primitivas funcionava como um laboratório: quando olhavam para o presente daquelas populações, acreditavam estar desvendando o passado da humanidade.

BIOGRAFIAS

Acesse o Plurall para saber mais sobre **Lewis Henry Morgan (1818-1881)**, **Edward B. Tylor (1832-1917)** e **James George Frazer (1854-1941)**.

Os cientistas tentaram sistematizar o conhecimento das populações ditas selvagens em narrativas que podem ser consideradas histórias de evolução nas quais as sociedades são organizadas da "mais simples" para a "mais complexa". Aqueles intelectuais olhavam para os dados coletados pela empreitada colonial, determinavam quais sociedades consideravam mais simples e quais seriam mais complexas e as distribuíam como se estivessem em uma escada evolutiva. A ilustração da página seguinte retrata uma dessas narrativas de evolução, criada pelo antropólogo estadunidense **Lewis Henry Morgan (1818-1881)**, que divide a história da humanidade em três etapas: selvageria, barbárie e civilização.

Morgan foi um dos principais teóricos desse momento do conhecimento antropológico. Entre outros intelectuais fundamentais, podemos citar o inglês **Edward B. Tylor (1832-1917)** e o escocês **James George Frazer (1854-1941)**. Cada um narrou à sua maneira uma história da evolução, sem chegar a um acordo sobre a posição de cada sociedade nos degraus da escada evolutiva e sobre as linhas evolutivas da humanidade.

Entretanto, apesar das discordâncias, todos esses autores fundamentaram-se na ideia de progresso, ou seja, pressupunham que as diferentes sociedades sempre avançavam em direção ao que chamavam de civilização. Tratava-se de um evolucionismo social.

Ann Ronan Picture Library/Photo1/AFP

Representação da cidade de Paisley, na Escócia, em 1880. Embora tivessem discordâncias quanto à hierarquização das sociedades em uma escala evolutiva, os evolucionistas concordavam sobre aquela que era a mais evoluída: a sociedade em que eles mesmos viviam.

Representação da escala evolutiva da humanidade segundo L. H. Morgan (século XIX).

Fonte: Organizada pelos autores para fins didáticos.

ASSIM FALOU

Lewis Henry Morgan

Pode-se afirmar agora, com base em convincente evidência, que a selvageria precedeu a barbárie em todas as tribos da humanidade, assim como se sabe que a barbárie precedeu a civilização. A história da raça humana é uma só – na fonte, na experiência, no progresso.

É tão natural quanto apropriado desejar saber, se possível, como todas essas eras após eras de tempos passados foram utilizadas pela humanidade; como os selvagens, avançando através de passos lentos, quase imperceptíveis, alcançaram a condição mais elevada de bárbaros; como os bárbaros, por um avanço progressivo semelhante, finalmente alcançaram a civilização; e por que outras tribos e nações foram deixadas para trás na corrida para o progresso – algumas na civilização, algumas na barbárie e outras na selvageria. Não é demais esperar que, em algum momento, essas diversas questões sejam respondidas.

MORGAN, Lewis Henry. A sociedade antiga. *In*: CASTRO, Celso (org.). *Evolucionismo cultural*. Rio de Janeiro: Zahar, 2005. p. 44 (texto original de 1877).

VOCÊ JÁ PENSOU NISTO?

Um estudo das sociedades orientado pela noção de progresso implica diversas conclusões hoje repudiadas pelas Ciências Sociais:

- Se toda sociedade evolui da mesma forma, a diferença entre umas e outras poderia ser explicada pela "dedicação à evolução". Algumas sociedades teriam andado mais rápido, outras teriam preferido, "preguiçosamente", deixar a evolução seguir mais lentamente.
- Se todas as sociedades seguiram os mesmos passos, olhar para qualquer sociedade diferente da ocidental seria olhar para o passado da própria sociedade ocidental. As sociedades ditas selvagens apareceriam como autênticos "museus vivos".
- Se todas as sociedades seguirão pelos mesmos caminhos, caberia às "mais avançadas" adiantar o processo das "mais atrasadas". Isso permite que o colonialismo seja apresentado como uma ação de solidariedade aos povos "atrasados", que poderiam atingir estágios mais adiantados justamente por meio da dominação ocidental.

Aqui surge uma questão que deve nos acompanhar por todo o livro: para que serve o conhecimento produzido pelas Ciências Sociais? Entre muitas respostas possíveis, vamos começar pela mais dura: para dominar. Veremos, em contrapartida, que esse mesmo conhecimento também gerou, por exemplo, defensores dos direitos de populações em risco, como as indígenas.

O **evolucionismo social** funcionava ao mesmo tempo como explicação da evolução da humanidade e como justificativa para a dominação exercida pelos europeus. Para muitos, as teorias do evolucionismo social não passam de ironia, como se o dominador dissesse ao dominado: "Não é bem uma dominação; estamos apenas civilizando, e isso é um favor".

PARA SABER +

Evolucionismo x darwinismo social

O evolucionismo social é comumente associado ao evolucionismo biológico proposto por Charles Darwin, segundo o qual a adaptação das espécies ao ambiente era o que definia sua sobrevivência. Os evolucionistas sociais defendiam a ideia de progresso, inspirados pelo filósofo inglês Herbert Spencer (1820-1903). Um conjunto de teorias elaboradas na Inglaterra e nos Estados Unidos na década de 1870 se tornou conhecido como darwinismo social. Essas teorias defendiam a existência de diferenças fundamentais nos grupos humanos, expressas nas subdivisões em raças distintas.

A noção de raça foi introduzida no século XIX pelo naturalista francês Georges Cuvier (1769-1832), que dividiu a humanidade em três raças: caucasiana, etíope e mongólica (branca, negra e amarela, respectivamente). Outros autores teceram variações dessa teoria, sempre relacionando heranças fisiológicas a distintas capacidades intelectuais e qualidades morais. A miscigenação deveria ser evitada, pois geraria decadência racial e social.

Sempre privilegiando a "raça" branca, essas teorias serviram de justificativa para a dominação colonial, da mesma forma que o evolucionismo social.

O darwinismo social também deu origem à eugenia, um conjunto de ideias e práticas que busca selecionar grupos humanos de acordo com suas características hereditárias. Essa teoria defende a ideia de separar as raças e até mesmo eliminar aquelas consideradas inferiores. Com base nesses princípios, políticas eugênicas foram instauradas em vários países, incentivando a separação entre as raças, proibindo casamentos inter-raciais e incitando todo tipo de exclusão racial.

BIOGRAFIAS

Acesse o Plurall para saber mais sobre Herbert Spencer (1820-1903).

Os adeptos das teorias evolucionistas estavam convictos de que a escalada para o progresso só poderia se dar em um sentido: os europeus e seus descendentes brancos eram os civilizados e todos os demais eram atrasados.

Hergé/IPRESS

Essa imagem da história em quadrinhos *Tintim na África*, do cartunista belga Hergé (1907-1983), retrata o final da narrativa, quando Tintim deixa o Congo depois de "ensinar" muito aos congoleses. Observe que há até um totem, ou altar, erigido em homenagem a ele e seu cão, Milu. A figura é representativa do evolucionismo social, pois coloca no centro aquele que criou essa teoria: o europeu branco.

Hergé/IPRESS

Capa da primeira edição brasileira, Editora Record, 1970.

Essa teoria depende da ideia de progresso, mas o que define o progresso? Do ponto de vista dos intelectuais europeus e estadunidenses do século XIX, um dos critérios seria o **progresso tecnológico**. Embora pareça justo, esse critério é tão arbitrário como qualquer outro. Foi adotado porque parecia evidente, mas veremos neste livro que nada é "evidente", que sempre podemos questionar supostas evidências.

VOCÊ JÁ PENSOU NISTO?

O progresso tecnológico é central nas teorias evolucionistas justamente porque favorece quem as construiu: os intelectuais europeus e estadunidenses. Mas como seria a escala da evolução se fossem adotados outros critérios? Vamos pensar, por exemplo, em uma escala organizada pela ideia de "sustentabilidade". Nessa escala, a sociedade mais evoluída seria aquela que se organiza de modo a continuar existindo ao longo do tempo, sem esgotar os recursos naturais necessários para a sobrevivência de gerações futuras. Segundo esse critério, a sociedade ocidental capitalista não ficaria no topo da escala; já sociedades consideradas "atrasadas" pelo critério tecnológico, mas que mantêm um modo de vida que implica a preservação ambiental e a utilização sustentável dos recursos, passariam a ser consideradas avançadas.

O encontro com populações não europeias resultou tanto em uma teoria sobre a história da humanidade como em uma justificativa para a dominação pelos europeus. O que sustenta essa teoria e essa justificativa é uma ideia de progresso que favorece as **sociedades ocidentais**, por colocar no ápice da evolução aquilo que elas próprias consideram mais evoluído. Essa forma de pensar tem um nome: **etnocentrismo**.

sociedades ocidentais: denominação geralmente atribuída aos países hegemônicos da Europa desde o século XV, bem como aos Estados Unidos, ao Canadá, à Austrália e à Nova Zelândia. Neste livro adotamos essa concepção; no entanto, há quem a use para se referir às sociedades derivadas da colonização europeia (nesse caso, as sociedades latino-americanas seriam ocidentais). Em outros momentos, costuma-se usar o termo Ocidente genericamente, contrastando-o com países muçulmanos ou do "Oriente".

etnocentrismo: forma de pensar os "outros" (populações, povos, minorias) com base em normas e valores da sociedade ou cultura de quem está fazendo essa reflexão. Na medida em que os "outros" não se encaixam nesses valores, a tendência é rejeitá-los como inferiores, primitivos, selvagens, excêntricos, etc. O pensamento etnocêntrico pode resultar em racismo e discriminação de várias ordens (de gênero, étnica, etc.).

2 PARENTESCO E PROPRIEDADE: MODOS DE ORGANIZAÇÃO SOCIAL

As sociedades ocidentais construíram uma teoria baseada em uma suposta hierarquia entre as diversas sociedades, colocando-se no topo dessa escala. Além do progresso tecnológico, outro critério que fundamentou essa hierarquização tem especial importância para as sociedades ocidentais.

Quem primeiro explicitou esse critério foi Lewis Henry Morgan, para quem uma população passava da barbárie para a civilização quando adotava a propriedade privada em sua organização Assim, desde o século XIX (Morgan publicou suas teorias por volta de 1877), o que definia uma sociedade avançada para as sociedades ocidentais era a existência da **propriedade privada** e de um **Estado organizado**.

Ao olhar para grande parte das sociedades ditas "primitivas", os estudiosos europeus e estadunidenses do século XIX não identificaram uma organização burocrática que centralizasse decisões. Em outras palavras, elas não tinham algo parecido com o Estado. Como comentamos na Unidade 1, o Estado é um elemento fundamental na organização moderna do mundo. Para aqueles intelectuais, as sociedades "primitivas" pareciam "desorganizadas".

Intelectuais como Lewis Henry Morgan e o jurista britânico **Henry Sumner Maine (1822-1888)** elaboraram uma resposta a essa questão: o que possibilitava à sociedade "primitiva" se organizar era o parentesco. Mas o que seria o parentesco? Todas as sociedades humanas estabelecem formas regulares de relações entre seus indivíduos. Tome seu próprio caso como exemplo: faça uma relação dos seus parentes. Eles serão categorizados como "primos", "tios", "pais", "avós", "cunhados", "primos distantes", e assim por diante. Essas são categorias de parentesco, elas traduzem um tipo específico de relação entre as pessoas.

Mark Fiennes Archive/Bridgeman Images/Fotoarena

Árvore genealógica da origem Tudor da rainha Maria da Escócia (1542-1587) e de seu filho Jaime VI da Escócia e I da Inglaterra (1566-1625), c. 1603 (óleo sobre tela). Esse é um recurso utilizado em algumas sociedades para expor um conjunto de relações entre pessoas: pais e filhos, casamentos, irmãos, primos, etc. Uma árvore como esta é um documento das relações de parentesco e uma forma de pensar essas relações.

BIOGRAFIAS

Acesse o Plurall para saber mais sobre **Henry Sumner Maine (1822-1888)**.

O que costumamos chamar de "família" nada mais é que um nome para um **sistema de parentesco**. Nos sistemas de parentesco, além das categorias há papéis estabelecidos. Quando dizemos "mãe", não nos referimos só a uma posição em um sistema de relações, mas também a um papel específico. Ou seja, atribuímos uma série de valores, obrigações e sensações a cada categoria de parentesco. Em determinadas sociedades, "mãe" significa não só a genitora de alguém, mas também uma pessoa a quem se deve respeito e de quem se espera determinado comportamento.

Qualquer sociedade no mundo produz algum tipo de parentesco. Porém, as sociedades constroem o parentesco de formas diferentes entre si — e, portanto, diferentes daquela que a nossa sociedade escolheu (ou daquelas que a nossa sociedade escolheu, já que podemos ver vários modelos de família no Brasil). Há, por exemplo, sociedades **matrilineares**, como a bororo, localizada no Brasil central. Quando um Bororo nasce, ele recebe um nome que o identifica como pertencente ao clã de sua mãe. Quando um homem se casa numa aldeia bororo, ele se muda para morar na casa da esposa, sob influência de seu sogro. As relações cerimoniais mais importantes acontecem entre um homem e os filhos de suas irmãs, pois todos pertencem ao mesmo clã.

matrilinear: diz-se da sociedade que considera a descendência a partir da linha materna a mais importante para a transmissão de propriedades, dos títulos, dos nomes, etc.

AS TERRAS BORORO*

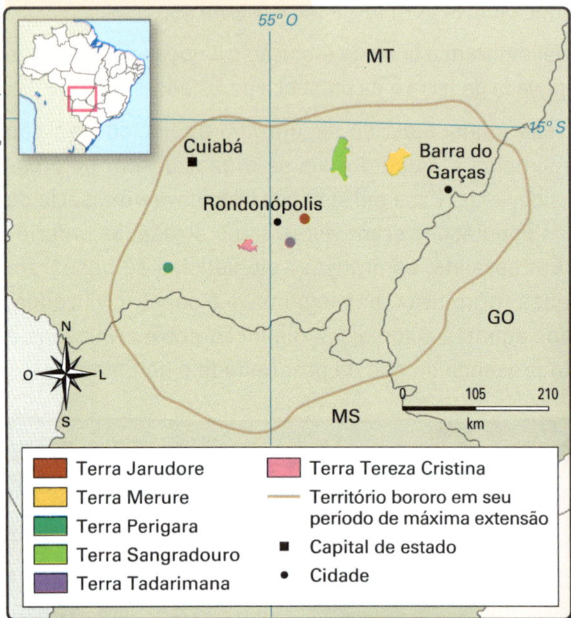

Banco de imagens/Arquivo da editora

Fonte: elaborado com base em INSTITUTO SOCIOAMBIENTAL (ISA). Disponível em: https://terrasindigenas.org.br/pt-br/pesquisa/?povo=31. Acesso em: 14 jul. 2022; ALBISETTI, Cesar; VENTURELLI, Angelo. *Enciclopédia bororo*. v. 1. Campo Grande: IPE, 1969.

* Terras com área inferior a 10 mil hectares representadas com • na cor correspondente.

Ritual de nominação de um jovem bororo da aldeia Merure, localizada em General Carneiro (MT). Foto de 2015.

Mario Friedlander/Pulsar Imagens

VOCÊ JÁ PENSOU NISTO?

Por que seria importante pensar em parentesco se todo mundo já sabe como é sua família? É simples: quando pensamos em nossas relações familiares como apenas um entre vários tipos possíveis, podemos encarar com menos preconceito relações de parentesco que a princípio nos parecem "fugir da normalidade". Se existem tantos tipos de parentesco, por que seria um problema um arranjo familiar composto de um casal homoafetivo e um filho, por exemplo?

Vimos que todas as sociedades têm algum sistema de parentesco, mas apenas algumas estruturam seu modo de vida a partir desse sistema. Essas sociedades não têm Estado, mas seguem regras estipuladas nos sistemas de parentesco. Em uma sociedade com Estado, diversas questões são resolvidas por um sistema jurídico criado para regular a vida social. O Estado determina leis, as executa e julga os que tentam burlá-las. Em sociedades sem Estado, não há sistemas jurídicos separados das pessoas; há conjuntos de regras relativas à ordem do parentesco e são elas que permitem a vida em sociedade.

Para os intelectuais do século XIX, as sociedades organizadas pelo parentesco representavam um estágio anterior de desenvolvimento; seriam mais simples, mais primitivas. Autores como Morgan e Frazer acreditavam que a presença do Estado era definidora da passagem para a civilização. E essa passagem seria marcada, antes de tudo, pela invenção da propriedade privada.

Nas sociedades organizadas pelo parentesco, não há propriedade privada da terra. As terras são de uso coletivo, também regulado pelas regras de parentesco. A distribuição do que é produzido respeita essas regras, que determinam com quem se deve e com quem não se deve compartilhar algo. Quando alguém cerca um terreno e afirma que aquele espaço lhe pertence, estabelece outro tipo de relação com a terra e necessita proteger essa propriedade. Segundo os autores do século XIX, a única forma de garantir a propriedade seria um poder central com força para mantê-la.

Assim, as teorias antropológicas delimitaram a linha de evolução e a noção de progresso a partir da existência da propriedade privada da terra e da presença do Estado.

Sintetizando o pensamento desses intelectuais do século XIX: as sociedades não ocidentais eram vistas como mais simples e, quanto mais se organizassem pelo parentesco, mais simples seriam consideradas. Essa perspectiva implicava uma série de preconceitos e estereótipos: aquelas populações eram vistas como atrasadas, inferiores e intelectualmente incapazes. Em paralelo, as práticas colonialistas se basearam em um imaginário sobre as sociedades "primitivas" que legitimava o papel "civilizador" dos europeus. Para grande parte dos agentes coloniais, a distinção entre civilizados e primitivos também era definida pela presença ou não da propriedade e do Estado.

© Laerte/Acervo da cartunista

Nesta charge, Laerte faz uma reflexão sobre a relação entre a chegada dos europeus nas Américas e a expropriação das terras indígenas, que foi uma das consequências do processo iniciado naquele momento.

O **neocolonialismo**, estabelecido ao longo do século XIX e início do século XX, foi influenciado e legitimado pelas teorias evolutivas. As potências capitalistas (principalmente Estados Unidos, França, Alemanha, Reino Unido e Bélgica) avançaram por quase toda a África e por grandes porções da Ásia, como os territórios que hoje chamamos de Índia, Paquistão, Bangladesh e Indonésia, e até por áreas da China. O discurso das nações imperialistas baseava-se na crença em uma "missão civilizatória", adotando desde visões otimistas, que diziam ser possível levar os selvagens diretamente para o estágio da civilização, até as mais pessimistas, que afirmavam ser impossível "elevar" os selvagens e que, portanto, a dominação evitaria que eles degenerassem para estágios ainda inferiores. Parte dessas teorias adquiriu teor explicitamente racial, atribuindo capacidades **cognitivas** distintas ao que consideravam raças humanas diferentes.

cognitivo: que diz respeito aos processos da mente e à capacidade de conhecer.

3 SOCIEDADES INDÍGENAS E O MUNDO CONTEMPORÂNEO

Desde o fim do século XIX, a própria Antropologia se dedicou a questionar os modelos evolucionistas. O principal recurso para a construção dessa crítica foi o conceito de **cultura**. No Capítulo 7 veremos como esse conceito possibilitou o combate a hierarquias e preconceitos étnicos originados das teorias evolucionistas. Por ora, vamos conhecer um "mecanismo" intelectual importante no entendimento de experiências de vida muito distintas das nossas: o combate ao etnocentrismo.

cultura: conjunto de práticas e hábitos produzidos por qualquer sociedade, desde as técnicas de subsistência até as preferências estéticas, passando por religião, economia, medicina, etc. Veremos no Capítulo 7 várias definições do conceito de cultura ao longo dos séculos XX e XXI.

A partir do século XX, as teorias evolucionistas passaram a ser vistas pelos antropólogos como etnocêntricas, pois adotavam os valores e critérios próprios de sua sociedade como parâmetro para avaliar todas as demais. Afirmar que a evolução tecnológica é referência para avaliar a evolução das sociedades só poderia ocorrer em uma sociedade em que a evolução tecnológica é muito valorizada. Dificilmente uma sociedade organizada em outros termos escolheria esse critério. Ou seja, quando analisamos outras sociedades por meio de critérios próprios da nossa, estamos sendo etnocêntricos. E isso significa que não estamos realmente olhando para outras sociedades, mas apenas procurando nelas aquilo que reconhecemos em nós como fundamental. Para desfazer a ideia do suposto primitivismo das populações não ocidentais, é necessário um olhar não etnocêntrico, que reconheça o que há de complexo nessas sociedades.

Do final do século XIX até meados do século XX, antropólogos se dedicaram a documentar a vida indígena em vários lugares do mundo com uma preocupação generalizada: a de que os povos indígenas estavam "acabando". Havia a convicção de que o avanço do sistema capitalista levaria à extinção dessas populações. Alguns acreditavam que isso aconteceria inevitavelmente, como um fator natural da evolução social. Outros simplesmente constatavam que o capitalismo impedia aquelas sociedades de manter seu modo de vida tradicional.

BIOGRAFIAS

Acesse o Plurall para saber mais sobre **Mércio Pereira Gomes (1950-)**.

E como isso acontecia? Com a expansão gradual do controle e invasão de terras indígenas. Para tomar um exemplo brasileiro, o interesse pelas terras tradicionalmente ocupadas pelos indígenas levou aos maiores abusos. O antropólogo brasileiro **Mércio Pereira Gomes (1950-)**, em seu livro *Os índios e o Brasil* (Vozes, 1988), cita o caso dos indígenas Canela Fina, na vila de Caxias, no sul do Maranhão, que por volta de 1816 receberam como "presente" de fazendeiros interessados em suas terras roupas infectadas com o vírus da varíola, levando a uma epidemia e a um grande morticínio.

Antonio Molina/Fotoarena

Manifestantes da II Marcha Nacional das Mulheres Indígenas no Monumento ao índio Galdino, localizado em Brasília (DF). A marcha aconteceu em setembro de 2021 e teve como objetivo protestar contra o Marco Temporal (que estava em votação no STF) e contra as políticas adotadas pelo então presidente da República, Jair Bolsonaro. O movimento dos povos indígenas e seus apoiadores têm lutado contra projetos que promovem a exploração e a devastação de áreas preservadas e reivindicam o direito às terras tradicionalmente ocupadas, previsto na Constituição brasileira.

Apesar dos números e relatos que demonstram a dizimação de grupos indígenas durante os séculos seguintes à conquista colonial, as nações indígenas praticaram ações e estratégias de resistência física e cultural. Ao longo do século XX, muitas delas se mobilizaram e passaram a agir conjuntamente para defender seus direitos. O fim do século XX testemunhou uma revitalização das populações indígenas, embora em muitos lugares do mundo os processos de opressão permaneçam.

Uma questão crucial para as populações indígenas da atualidade é sua relação com a sociedade capitalista. Essas populações não recusam o que chamamos de tecnologia e, em muitos casos, se valem dela para expressar seus pontos de vista. Muitos indígenas produzem vídeos para registrar suas cerimônias, gravar suas narrativas, expressar seus modos de ver o mundo. O uso de tecnologia não os torna menos indígenas, ao contrário do que alguns imaginam.

VOCÊ JÁ PENSOU NISTO?

Você já ouviu dizer que "indígena de verdade" não usa roupas nem bens tecnológicos ou objetos semelhantes? Provavelmente sim, pois esse discurso é muito comum, já que legitima a retirada de direitos dos indígenas. Quando, por exemplo, um fazendeiro quer desqualificar reivindicações dos indígenas sobre terras que ocupam, afirma que eles não são mais indígenas porque usam roupas, ferramentas, etc. Talvez você não perceba o quanto essa afirmação é ideológica: as sociedades capitalistas criam imagens dos indígenas como primitivos, se apressam em tentar "civilizá-los" e, assim que eles adotam práticas ocidentais, argumentam que eles não são mais indígenas e, portanto, não têm direito à terra que ocuparam por muitos e muitos anos, por exemplo.

O uso de tecnologias não impede que os indígenas reproduzam seus modos de viver. Alguns antropólogos, como o estadunidense **Marshall Sahlins (1930-2021)**, afirmam justamente o contrário: que populações indígenas se utilizam de "coisas" da sociedade ocidental conforme suas próprias regras e de forma a fortalecer seus próprios meios de ver o mundo. Nós também "emprestamos" práticas, hábitos e ideias produzidos em outros lugares do mundo e nem por isso deixamos de ser brasileiros. Quando assistimos a um filme de Hollywood, por exemplo, apreciamos uma série de práticas, hábitos e ideias que são estrangeiros para nós. Mas isso não nos faz menos brasileiros. Quando assistimos a uma partida de futebol, estamos vendo um jogo inventado na Inglaterra, o que não impediu a criação de um futebol brasileiro. Por que, então, usar roupas e motores de popa tornaria os indígenas menos indígenas?

BIOGRAFIAS

Acesse o Plurall para saber mais sobre **Marshall Sahlins (1930-2021)**.

Reprodução/Globoplay

Imagem de divulgação de Papo de Parente, *podcast* semanal apresentado pela educadora e líder indígena Célia Xakriabá e pelo estudante de gastronomia Tukumã Pataxó. No programa, Célia tira dúvidas de participantes sobre como é ser indígena hoje no Brasil e convida o ouvinte a se conectar com a cultura indígena por meio da agricultura, da culinária, da política, da literatura, da medicina e dos esportes tradicionais. No quadro "Receitas da Terra", Tukumã apresenta diferentes combinações de ingredientes utilizados na culinária dos povos originários.

4 MITOS, NARRATIVAS E O ESTRUTURALISMO

Vimos que muita gente tem uma ideia deturpada das sociedades indígenas porque elas são bastante diferentes das sociedades não indígenas, e essa diferença parece criar uma barreira intransponível. Mas a Antropologia, desde o começo do século XX, procura construir uma ponte, dando sentido à experiência das mais diferentes populações: os povos indígenas, os povos do campo, as tribos urbanas, as elites, os grupos religiosos, os imigrantes, etc. Quando "atravessamos a ponte" e nos deparamos com mundos diversos, percebemos que a complexidade e a sofisticação deles estavam escondidas por nossos preconceitos. Ajudar a enxergar essa complexidade é uma das tarefas da Antropologia, e um dos efeitos dessa ciência social é desestabilizar aquelas certezas evolutivas produzidas no século XIX e até hoje presentes na vida de muitas pessoas.

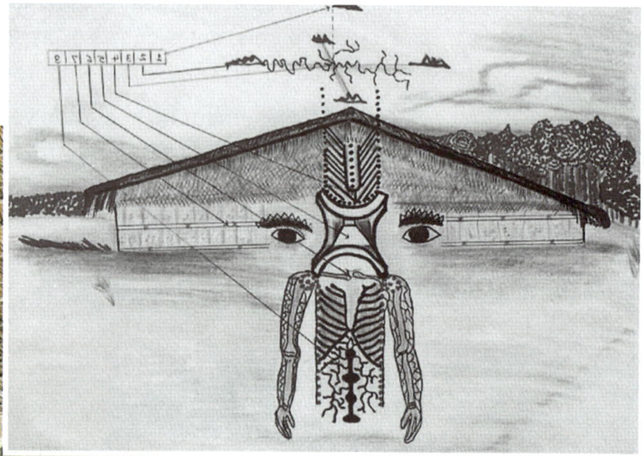

Reprodução/Scielo/Fapesp

Desenho do pajé tukano Gabriel Gentil, no qual ele relaciona a estrutura da maloca tukano (povo indígena da região do rio Negro) com o conhecimento tradicional de seu povo, associando mitos, corpos e maloca. A maloca representa o corpo do criador, com sua boca, cabelos, costelas, etc.

Marcos Amend/Pulsar Imagens

Indígenas tukano e dessana da comunidade indígena Cipiá fazem apresentação de dança tradicional durante atividade de etnoturismo. Manaus (AM), 2019.

Diante da riqueza de uma narrativa mitológica indígena, por exemplo, ou da sofisticação artística de muitos artefatos indígenas, ou ainda diante de sistemas de parentesco tão complexos que seria preciso construir algoritmos para entendê-los, chegamos a uma única conclusão: qualquer tentativa de estabelecer uma linha de evolução entre sociedades é equivocada.

Tomemos como exemplo o trabalho do francês **Claude Lévi-Strauss (1908-2009)**, um dos mais célebres antropólogos do século XX, cuja obra influenciou e continua a influenciar o pensamento social contemporâneo.

Lévi-Strauss desenvolveu um método de análise denominado **estruturalismo** e mergulhou na enorme complexidade dos mitos provenientes de diversas populações, do sul até o norte das Américas, revelando por meio deles o que chamou de **pensamento ameríndio**.

Para esse autor, os mitos demonstram um pensamento sofisticado e complexo. Tratam de oposições recorrentes — entre o nu e o vestido, entre o cru e o cozido, entre discrição e excesso, entre respeito e desrespeito, etc. — e promovem formas de lidar com a passagem de um estado de natureza para o de cultura. Segundo Lévi-Strauss, os mitos traduzem preocupações fundamentais das populações que os criam e fazem uma distinção entre natureza e cultura. Essas populações estariam empenhadas em se separar da natureza, aspecto que o olhar etnocêntrico tem dificuldade de entender.

BIOGRAFIAS

Acesse o Plurall para saber mais sobre **Claude Lévi-Strauss (1908-2009)**.

A essência de uma teoria complexa como o estruturalismo, que pretende demonstrar que o pensamento humano se organiza em torno de oposições (alto e baixo, fora e dentro, quente e frio, etc.), deve muito ao próprio pensamento ameríndio. É como se Lévi-Strauss pensasse o mito com base no pensamento dos nativos das Américas. O estruturalismo foi aplicado também ao estudo do parentesco. Por meio de procedimentos quase matemáticos, Lévi-Strauss buscou reduzir a multiplicidade de sistemas de parentesco observados entre diferentes povos para chegar a um conjunto de sistemas genéricos, que serviriam de modelos ou padrões para todas as variedades de parentesco.

Também a arte indígena foi objeto da reflexão sistemática de Lévi-Strauss. A sensibilidade artística das populações ameríndias foi fundamental para o antropólogo expressar seu pensamento de que essas sociedades não deveriam ser vistas como atrasadas. Seus estudos acerca das representações gráficas contidas nos artefatos indígenas, das pinturas corporais, entre outras expressões artísticas, revelavam que o nível de organização social não poderia ser simplesmente julgado como inferior, e sim compreendido como diferente.

Nas imagens podemos ver alguns itens de uso cotidiano de diferentes etnias ameríndias. Ainda que existam semelhanças entre eles, tal como o fato de serem objetos de uso incrementados com rico grafismo e simbologias, cada um deles expressa diferentes mitologias e organizações sociais. A investigação antropológica acerca dos significados de itens como esses nos auxilia a compreender a organização social e o pensamento dessas populações.

Abaixo, urna funerária do povo marajoara (da Ilha de Marajó), no Pará, datada de 1000-1250.

Daderot/Wikipedia/Wikimedia Commons 1.0/ Museu Americano de História Natural, Nova York, EUA.

Zé Paiva/Pulsar Imagens

Artesanato feito por indígenas da etnia Guarani à venda na Feira Ecológica do Menino, em Porto Alegre (RS), em 2021.

Reprodução/UBC Museu de Antropologia, Vancouver, Canadá.

As caixas dos Tsimshian, indígenas habitantes da costa oeste da América do Norte, eram usadas em festas cerimoniais e para estocar alimentos, roupas e outros objetos. Este exemplar data de 1850.

Koppas/Wikipedia/Wikimedia Commons 3.0

Esculturas do século XIX do povo Mapuche do Chile.

5 POPULAÇÕES INDÍGENAS NO BRASIL

Para concluir este capítulo, em que começamos a entender como o olhar da Antropologia sobre o "outro" mudou desde o evolucionismo do século XIX até tempos mais recentes, vamos rever um pouco da história dos indígenas no Brasil. Antes da chegada dos portugueses, o território brasileiro era uma área densamente povoada por uma enorme diversidade de populações indígenas. O contato com os europeus resultou em grandes mudanças para as populações indígenas, tais como o aumento da mortalidade, a desestruturação de sociedades e sua dispersão, grandes deslocamentos, que, por sua vez, produziram conflitos entre indígenas e ajuntamentos de populações **remanescentes** de diferentes **etnias**.

A história das populações indígenas no Brasil desmente a imagem fantasiosa de povos cujo modo de vida permaneceu o mesmo desde a chegada dos europeus ao continente americano. Estudos antropológicos, arqueológicos e linguísticos indicam intensos processos de transformação, adaptação e mudança entre as populações indígenas, processos dos quais temos apenas alguns vislumbres, já que as fontes para o estudo são raras ou inexistentes. Segundo a antropóloga luso-brasileira **Manuela Carneiro da Cunha (1943-)**, à época da chegada (que podemos qualificar como invasão) dos portugueses ao território que viria a ser o Brasil, havia aqui algo entre 1 milhão e 8,5 milhões de indígenas (as estimativas são muito imprecisas). Acredita-se que até 95% dessa população tenha sido dizimada em um período de 150 anos, seja por doenças espalhadas pelos europeus, seja pelo confronto direto, seja por guerras decorrentes dos deslocamentos provocados pela colonização ou ainda pelos rigores do trabalho forçado.

No início da colonização, os portugueses mantiveram contatos relativamente amigáveis com os indígenas, mas logo passaram a escravizá-los, obrigando-os a trabalhar para eles. Entretanto, muitos indígenas foram também aliados dos colonizadores nas lutas para conter ou expulsar franceses, holandeses e espanhóis, como uma "fronteira viva", segundo afirma a antropóloga brasileira **Nádia Farage (1959-)**. Entre os séculos XVII e XVIII, prevaleceu o modelo de **catequização** jesuítica. Os jesuítas eram contrários ao trabalho forçado, o que gerou conflitos e disputas políticas com a Coroa portuguesa. Após a expulsão dos jesuítas em 1759, não havia vozes em defesa dos indígenas nem contrárias à ocupação de suas terras.

remanescentes: neste contexto, indivíduos que viram suas sociedades serem quase dizimadas. O termo também é utilizado, por exemplo, para designar os quilombolas, descendentes de africanos escravizados que se refugiaram em quilombos.

etnia: população ou grupo social distinto de outros grupos por sua especificidade cultural e linguística e por compartilhar história e origem comuns.

catequizar: instruir em uma doutrina religiosa, ensinar um conjunto de valores relativos a alguma religião.

BIOGRAFIAS

Acesse o Plurall para saber mais sobre **Manuela Carneiro da Cunha (1943-)** e **Nádia Farage (1959-)**.

Gravura de Theodore de Bry, publicada originalmente como ilustração à obra *Duas viagens ao Brasil*, de Hans Staden, edição de 1557. Em razão da disputa por territórios nas Américas, os colonizadores europeus se aliaram a algumas etnias indígenas nas batalhas contra seus rivais, intensificando o morticínio de indígenas.

PARA SABER +

Companhia de Jesus

A história da Companhia de Jesus no Brasil teve início em 1549, com a chegada dos primeiros jesuítas a Salvador, Bahia, onde fundaram um colégio e iniciaram a catequese dos indígenas. Na segunda metade do século XVIII, os jesuítas foram expulsos de Portugal e de suas colônias pelo marquês de Pombal, ministro do rei dom José I. Além de confiscar as propriedades dessa ordem religiosa na colônia, Pombal pretendia ganhar o controle político-econômico das regiões administradas pelos jesuítas. Hoje, essa ordem religiosa mantém colégios e universidades em várias regiões do país.

No século XIX, com o avanço da escravização de africanos, o foco mudou: nesse momento interessavam mais as terras do que o trabalho dos indígenas. Após séculos de opressão, em 1910 foi criado o Serviço de Proteção ao Índio (SPI). O Estado implantou uma política indigenista voltada para o "progresso", pela qual os indígenas eram vistos como empecilho. Estes eram contatados para serem realocados, e a seguir vinha o "progresso", com estradas, tratores, cidades. Ao mesmo tempo, grandes empreendimentos de catequização, como o dos religiosos salesianos no alto rio Negro, continuaram a se expandir, com base em **aldeamentos**, abandono de crenças tradicionais, estudo formal e catequese. Em 1967, o SPI foi substituído pela Fundação Nacional do Índio (Funai).

aldeamento: povoação de indígenas dirigida por missionários ou por autoridades leigas. Em geral, indígenas de etnias diferentes eram agrupados nos aldeamentos.

Reprodução/Arquivo Nacional, Rio de Janeiro, RJ.

Gilberto Ribeiro dos Santos/Folhapress

Acima, o ministro João Alberto Lins de Barros aponta a direção oeste, para onde se expandia a ocupação do território brasileiro. Ao lado dele, o presidente Getúlio Vargas e o ministro da Guerra, Eurico Gaspar Dutra. Aragarças (GO), 1945. Ao longo do século XX, as iniciativas de expansão da infraestrutura, da exploração econômica e do povoamento do interior do Brasil seguiram desconsiderando o modo de vida dos povos indígenas. Ao lado, os irmãos Claudio (à esquerda) e Orlando Villas Bôas no posto Leonardo, no Parque Nacional do Xingu, no congresso de caciques por eles promovido, com a presença do general Ismarth de Araújo Oliveira, então presidente da Funai. A atuação dos irmãos foi decisiva para mudar o foco da política do Estado brasileiro para os indígenas.

Lunae Parracho/Reuters/Fotoarena

Na fotografia acima, de 2013, indígenas em protesto contra a construção da usina hidrelétrica de Belo Monte, em Vitória do Xingu (PA). Os impactos dessa obra, inaugurada em 2016, foram e ainda são alvo de denúncias e revolta das populações locais, sobretudo indígenas. Além de ter levado ao desalojamento de milhares de pessoas e não produzir toda a energia esperada, a usina afetou os ecossistemas da região, prejudicou a pesca tradicional e incentivou a entrada de mineradoras e outras atividades de alto impacto ambiental.

Na década de 1980 consolidou-se um discurso militarista contra os indígenas, vistos como ameaça à segurança nacional por, em muitos casos, estarem em zonas fronteiriças. Entretanto, a Constituição de 1988 marcou uma virada na percepção do Estado a respeito dos indígenas: foram deixadas de lado as iniciativas de "civilizá-los" e formulados artigos que reconhecem o direito de suas populações à posse da terra e à conservação de seus costumes, de suas línguas, crenças e tradições. Hoje, segundo o **Instituto Socioambiental (ISA)**, há no Brasil cerca de 256 povos indígenas, falantes de mais de 150 línguas diferentes. De acordo com dados do Censo 2010 do IBGE, somavam naquele ano 817 963 pessoas, das quais 502 783 vivem em áreas rurais. Correspondiam a 0,42% da população brasileira.

Instituto Socioambiental (ISA): organização sem fins lucrativos, fundada em 1994, dedicada a "defender bens e direitos sociais, coletivos e difusos relativos ao meio ambiente, ao patrimônio cultural, aos direitos humanos e dos povos".

Observe no mapa da próxima página a situação das terras indígenas no Brasil atual. Considerando que esse mapa representa apenas uma parcela das terras habitadas por toda a diversidade indígena que já povoou o território, podemos ter uma ideia de quanto essas populações sofreram com o processo de modernização da sociedade brasileira. As organizações e reivindicações indígenas são pautadas no chamado direito originário, ou seja, derivado da sua presença ancestral no território que hoje chamamos de Brasil, garantindo-lhes o direito à terra independentemente de titulação ou reconhecimento formal. O texto constitucional reconheceu os indígenas como os primeiros povos do território brasileiro. No entanto, o cumprimento da legislação e a garantia de seus direitos e de melhores condições de vida — tais como delimitação de terras, educação escolar específica, preservação ambiental, ações governamentais de apoio à economia indígena, assistência médica, entre outros — ainda são desafios presentes em nosso tempo.

TERRAS INDÍGENAS DO BRASIL (2015)

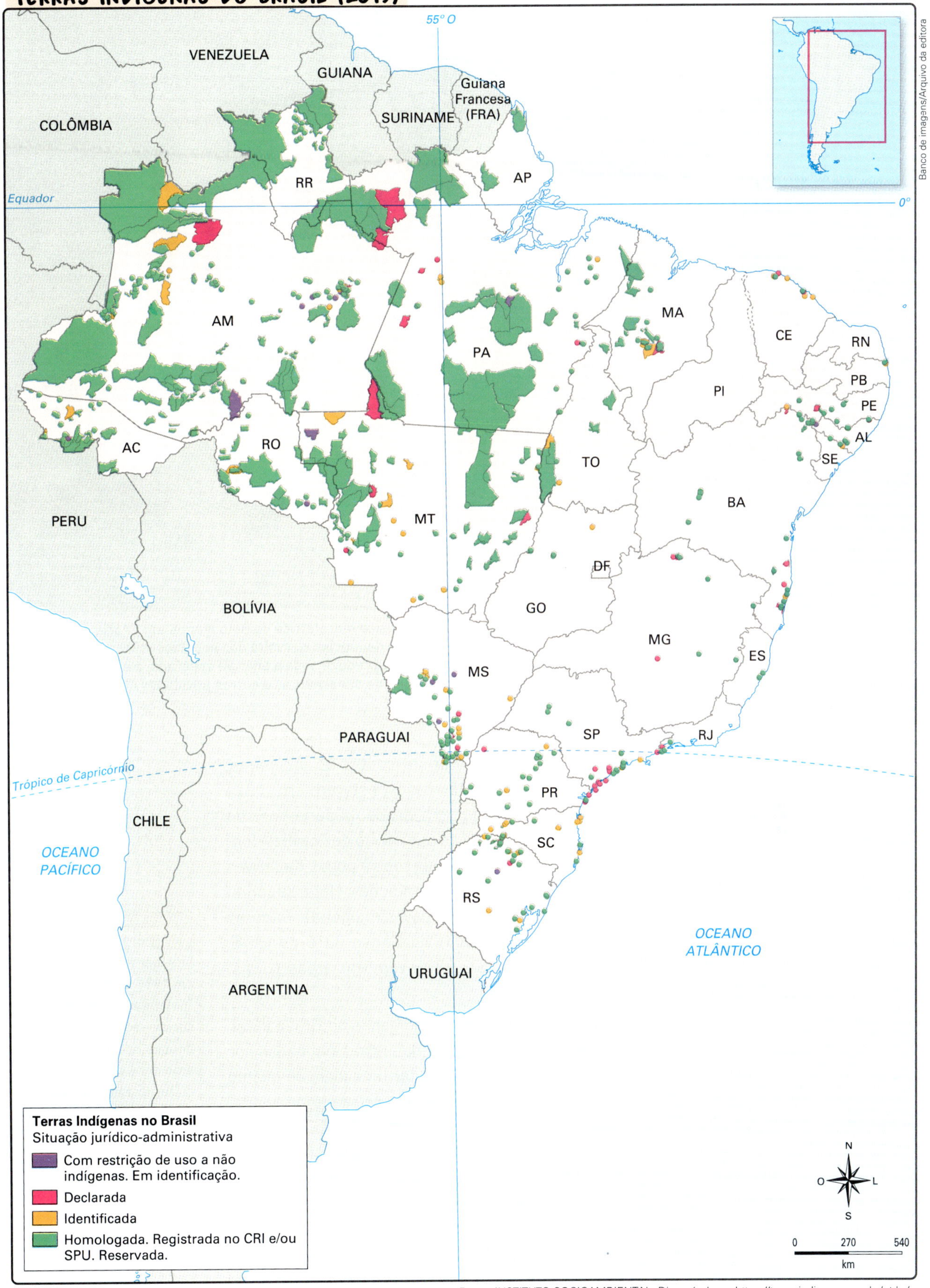

Fonte: INSTITUTO SOCIOAMBIENTAL. Disponível em: https://terrasindigenas.org.br/pt-br/. Acesso em: 20 jul. 2022.

VOCÊ APRENDEU QUE

As sociedades ocidentais se preocuparam em estudar as populações não europeias principalmente a partir do avanço do imperialismo no século XIX.

Desses estudos resultaram teorias evolucionistas, que buscavam escalonar as sociedades não europeias em graus de evolução.

Os critérios adotados pelos pensadores ocidentais para construir as classificações favoreciam os europeus.

O ápice da escala evolutiva era sempre ocupado pelos europeus.

A existência da propriedade privada da terra era, nessas teorias, um elemento fundamental para determinar a evolução de um povo, assim como seu grau de desenvolvimento tecnológico.

No século XX, os estudiosos começaram a questionar os pressupostos das teorias evolucionistas.

As populações indígenas podem ser vistas como muito complexas quando estudadas por pontos de vista diferentes dos adotados pelos evolucionistas. As mitologias ameríndias, por exemplo, podem dar uma ideia dessa complexidade.

A história das populações indígenas no Brasil demonstra a grande variedade e a riqueza cultural dessas populações.

ATIVIDADES

REVENDO

1. Qual é a relação entre o colonialismo e a teoria do evolucionismo social?
2. Por que o conceito de progresso tecnológico foi tão importante para os cientistas sociais do século XIX?
3. Explique o que o evolucionismo social representou para a construção da história da humanidade.
4. Explique por que, segundo as teorias evolucionistas, é importante a passagem de uma sociedade organizada pelo parentesco para uma sociedade baseada em propriedade privada e Estado.
5. Neste capítulo procuramos confrontar a noção evolucionista de que as sociedades indígenas seriam "primitivas", demonstrando a complexidade de seus mitos e de sua arte. Com isso, podemos fazer críticas ao evolucionismo. Cite ao menos uma crítica possível.

CONSTRUINDO

1. Observe a imagem a seguir.

Sara Plaza/Arquivo da editora

- Você já deve ter visto adesivos como esse em veículos. Consegue imaginar uma explicação para o sucesso deles? Pense sobre o que eles dizem a respeito do que entendemos por "família".

2. Uma das consequências do evolucionismo social é o preconceito étnico-racial. Veja o cartum, publicado por Laerte em 2011.

© Laerte/Acervo da cartunista

- Estabeleça uma relação entre o evolucionismo social e o desenvolvimento de preconceitos étnico-raciais. Observe o cartum para refletir sobre a relação entre a teoria e a realidade social.

3. Leia alguns trechos de artigos científicos, escritos em décadas recentes, que discorrem sobre o conceito de progresso. Compare os diferentes argumentos neles apresentados e responda: Qual é a relação entre progresso e desenvolvimento econômico? Como esse debate se situa no pensamento evolucionista?

> [...] A melhoria da qualidade de vida proporcionada pelos motores a vapor e de combustão interna, pela eletricidade, pelo fornecimento doméstico de água, pelos sistemas de esgoto, pelas vacinas, antibióticos e pela medicina curativa fazem com que as pessoas não desejem voltar ao passado. [...]

BRESSER-PEREIRA, Luiz Carlos. Desenvolvimento, progresso e crescimento econômico. *Lua Nova*, São Paulo, n. 93, p. 49, 2014.

> [...] Uma nova doutrina – batizada de neoliberalismo – tentou ressuscitar o conceito de progresso associando-o à liberdade dos mercados globais e a um ciclo benévolo da lógica do capital. A queda do muro de Berlim e o desmoronamento final da utopia do império soviético permitiram ao capitalismo, agora plenamente globalizado, um novo discurso hegemônico batizado por alguns intelectuais deslumbrados e imaturos como "o fim da História". Para eles, os benefícios da globalização dos mercados eliminariam a miséria, as guerras e o papel dos Estados nacionais mundo afora, realizando em curto prazo a grande utopia do progresso, agora fortemente amparado por um *marketing* também global. Obviamente, os resultados concretos estão sendo muito diferentes, não restando muito a comemorar.

DUPAS, Gilberto. O mito do progresso. *Novos Estudos*, n. 77, p. 77-78, 2007.

> Condição necessária do progresso científico, a cegueira diante da dor e dos sofrimentos causados pelo controle da natureza voltar-se-ia contra o homem como uma vingança da natureza brutalizada. Apesar da sua evidente atualidade, essa análise remetia menos a uma reflexão ecológica que às repercussões desastrosas que sobre o homem teve sua alienação não apenas com relação à natureza sobre a qual ele exerce sua dominação como também, com relação àquilo que nele mesmo pertence à natureza. Desmitificando as superstições do mundo animista, que havia atribuído erma alma às coisas, o progresso acabou por submeter-se a uma mistificação bem mais terrível: a de um mundo que transforma a alma do homem em coisa. Esquecendo-se de sua antiga unidade no mundo natural, o homem moderno ficaria como que enfeitiçado [...].

LÖWY, Michael; VARIKAS, Eleni. A crítica do progresso em Adorno. *Lua Nova*, n. 27, p. 210, 1992.

4. Leia atentamente o artigo 231, parágrafo 1º, da Constituição federal de 1988 e realize as atividades propostas.

Constituição Federal de 1988

Art. 231. São reconhecidos aos índios sua organização social, costumes, línguas, crenças e tradições, e os direitos originários sobre as terras que tradicionalmente ocupam, competindo à União demarcá-las, proteger e fazer respeitar todos os seus bens.

§ 1º São terras **tradicionalmente** ocupadas pelos índios as por eles habitadas em caráter permanente, as utilizadas para suas atividades produtivas, as imprescindíveis à preservação dos recursos ambientais necessários a seu bem-estar e as necessárias a sua reprodução física e cultural, segundo seus usos, costumes e **tradições**.

Disponível em: www.planalto.gov.br/ccivil_03/constituicao/constituicao.htm. Acesso em: 17 mar. 2022.

a) Observe a imagem e leia a tradução do canto sobre a origem dos gaviões, transmitido pelo xamã Armando Cherõpapa, do povo marubo. Em seguida, relacione a noção de tradição considerada pelo artigo 231 da Constituição federal a essa produção artístico-cultural.

MarcusVDT/Shutterstock

Gavião (*Harpia harpyja*) em Floresta Tropical brasileira.

koin rome owaki	flor de tabaco-névoa
menokovãini	caindo e planando
naí koin shavaya	à morada do céu-névoa
shavá avainita	vai mesmo voando
ave noke pariki	assim sempre fomos
yove mai matoke	na colina terra-espírito
koin mai matoke	na colina da terra-névoa
shokoivoti	há tempos moramos

CESARINO, Pedro. Poéticas indígenas. *Povos Indígenas no Brasil* – Instituto Socioambiental (ISA). Disponível em: https://pib.socioambiental.org/pt/Poéticas_indígenas. Acesso em: 18 fev. 2022. Tradução de Pedro Cesarino.

b) Leia o texto jornalístico a seguir, que comenta o direito à posse e ao uso da terra pelos povos indígenas brasileiros.

A Constituição estabelece, no artigo 231, que os indígenas têm direito originário às terras que tradicionalmente ocupam, que são bens da União, com posse e usufruto exclusivo dos indígenas. Ainda, diz que as terras indígenas são inalienáveis e indisponíveis, e os direitos sobre elas, imprescritíveis. Este é o ponto central na questão jurídica em tela: a norma constitucional estabelece que nem o governo e nem os próprios indígenas podem alienar, ceder, transigir, renunciar ou fazer quaisquer outras disposições dessa natureza com as terras indígenas. Ainda, a Convenção sobre os Povos Indígenas e Tribais de 1989 impõe aos governos a salvaguarda dos territórios integrais, observando as atividades tradicionais e de subsistência, considerando a utilização ampla, que deve incluir também os locais sagrados e não apenas a parte fisicamente visível da ocupação, a única considerada pelos preceitos ocidentais.

DALBERTO, Daniel Luis. As novas velhas ameaças sobre terras indígenas. *Nexo Jornal*. 20 jan. 2022. Disponível em: https://www.nexojornal.com.br/ensaio/2022/As-novas-velhas-ameaças-sobre-terras-indígenas. Acesso em: 17 mar. 2022.

- Pesquise na internet os termos jurídicos utilizados no texto, como "bens da União", "usufruto", "inalienável", "imprescritível". Em seguida, releia o texto e explique como ele relaciona as disposições da Constituição a pontos de vista propriamente indígenas sobre as terras.

CAPÍTULO 7

O conceito de cultura

Ilana Amorim e Bia Vieira/TNRgraffiti

Painel sobre a amizade na era das novas tecnologias criado por Cristiano Cardoso "Ousado", Alexander Gonçalves "Mosca" e Bianca Vieira em Cabo Frio (RJ). Foto de 2019.

No Capítulo 6 vimos que a Antropologia do século XIX pensava a humanidade em uma escala evolutiva. Percebemos as implicações desse tipo de pensamento, principalmente naquilo que pode ser chamado de ideologia do colonialismo. No entanto, essas mesmas teorias, que deram origem a perspectivas racistas ao longo do século XIX e do século XX, geraram também algo novo: a ideia de colocar no mesmo barco todas as populações do mundo.

Até o século XIX, na Europa, ainda se discutia se as populações nativas de outras regiões eram de fato humanas! Apesar de a bula *Sublimis Deus*, promulgada pelo papa Paulo III em 1537, estabelecer o direito à liberdade dos indígenas e a proibição de submetê-los à escravidão, na Espanha do século XVII existiam dúvidas e investigações sobre a existência ou não de alma nos indígenas.

No início, a inclusão de todas as populações em uma única história humana teve como base, no pensamento ocidental, a hierarquia evolutiva. A Antropologia, porém, não se satisfez com essa perspectiva e, desde o final do século XIX, passou a criticar a teoria do evolucionismo. O principal instrumento para fundamentar essa crítica foi o conceito de **cultura**.

NESTE CAPÍTULO VAMOS DISCUTIR:

1. Civilização × cultura
2. Cultura, etnocentrismo e relativismo
3. Padrões culturais
4. O conceito de cultura no século XX
5. O conceito de cultura no século XXI

COMPETÊNCIAS E HABILIDADES DA BNCC

- Competências gerais da Educação Básica: 1, 2, 7, 9 e 10.
- Competências específicas de Ciências Humanas e Sociais Aplicadas: 1, 2 e 5.
- Habilidades de Ciências Humanas e Sociais Aplicadas: EM13CHS101, EM13CHS102, EM13CHS103, EM13CHS104, EM13CHS105, EM13CHS202, EM13CHS502, EM13CHS503 e EM13CHS504.
- Competências específicas de Linguagens e suas Tecnologias: 1, 2 e 3.
- Habilidades de Linguagens e suas Tecnologias: EM13LGG102, EM13LGG202, EM13LGG203, EM13LGG302 e EM13LGG303.

1 CIVILIZAÇÃO x CULTURA

No final do século XIX, o antropólogo alemão radicado nos Estados Unidos **Franz Boas (1858-1942)** construiu uma crítica à ideia de civilização das teorias evolutivas descritas no Capítulo 6. Vimos que por trás da ideia de **progresso** havia uma ideia de **civilização** que estabelecia uma hierarquia: civilizados eram os europeus (e norte-americanos brancos), enquanto as demais populações eram escalonadas entre mais e menos atrasadas.

BIOGRAFIAS

Acesse o Plurall para saber mais sobre **Franz Boas (1858-1942)**.

Leemage/AFP

Reprodução/Arquivo da editora

Acima, grupo de dançarinas javanesas durante a Exposição Universal de Paris em 1889. Nessas exposições, as características das populações dominadas eram exibidas com exotismo ao público europeu. Ao lado, cartaz de divulgação da 1ª Exposição Colonial Portuguesa, realizada no Porto, Portugal, em 1934, em que pessoas eram expostas como exemplos da população dominada pelo império português.

Essa ideia foi duramente criticada por Franz Boas, pioneiro da Antropologia estadunidense. Embora não tenha sido o primeiro a utilizar o termo "cultura", Boas foi o primeiro a empregar a palavra em seu sentido moderno, propriamente antropológico. Antes dele, cultura era sinônimo de "civilização" e um atributo dos povos considerados civilizados. Franz Boas inaugurou a utilização do conceito em uma perspectiva pluralista: ele fala em "culturas", e não em "cultura". Pode parecer uma pequena diferença, mas foi uma grande transformação.

E por que foi uma grande transformação? Porque, quando pensamos cultura no plural, torna-se possível desconstruir as hierarquias, tão presentes no pensamento colonial e racista em geral. Quando pensamos em culturas no plural e não escalonamos as culturas em uma ordem de importância, cada cultura passa a brilhar com luz própria, em seus próprios termos. Esse brilho individual, singular, é o que interessa à Antropologia desde o final do século XIX, a partir do trabalho de Franz Boas.

Rudolf Cronau/Arquivo da editora

Para Boas, as diferentes populações têm diferentes culturas e é praticamente impossível estabelecer entre elas qualquer tipo de hierarquia. Analisando a história de várias populações indígenas que vivem entre o noroeste estadunidense e o Alasca, o antropólogo chegou à conclusão de que suas histórias são tão particulares e preenchidas por interesses tão distintos que qualquer comparação só seria possível se fosse utilizada uma medida de análise, que seria sempre arbitrária. Ou seja, a comparação para estabelecer uma hierarquia sempre deveria adotar algum critério, tomado de alguma população, e nesse processo a própria comparação já seria injusta.

Ilustração do artista alemão Rudolf Cronau mostra máscaras kwakiutl, população da ilha de Vancouver, no Canadá, estudada pelo antropólogo Franz Boas. Usadas em danças e rituais, as máscaras são consideradas manifestações de espíritos ancestrais e entidades sobrenaturais.

VOCÊ JÁ PENSOU NISTO?

Você já pensou na diversidade cultural como uma questão de poder? Dependendo da forma como é vista, a diferença cultural pode significar desde um pensamento racista até um pensamento antirracista. A Antropologia adotou o lado antirracista. Agora, tente pensar nisso considerando sua situação particular: como o bairro em que você mora é visto em sua cidade? Como são descritas as pessoas semelhantes a você? O que você pensa das pessoas diferentes de você? Se mora no campo, imagine o que as pessoas da cidade pensam de você. Tente pensar como se posicionam as pessoas que pensam sobre a sua situação e como você pensa sobre a situação de outras pessoas.

2 CULTURA, ETNOCENTRISMO E RELATIVISMO

Nascido e educado na Alemanha, Franz Boas formou seu conceito de cultura com base em concepções filosóficas alemãs de *Kultur*, ou "criação da mente". Ele transporta essa ideia para a Antropologia, em uma crítica ao evolucionismo. Para Boas, cultura era um todo integrado formulado coletivamente, e não apenas um conjunto desagregado de práticas, hábitos, técnicas, relações e pensamentos.

Essa integração de múltiplos elementos, ordenados a partir de um princípio compartilhado por todos os indivíduos de uma sociedade específica, criava a cultura. Por ser única e exclusiva de cada sociedade, inviabilizava qualquer tentativa de comparação com base em pressupostos arbitrários. Para Boas, qualquer comparação exigiria tanto cuidado e tanta investigação histórica e antropológica que, na prática, seria inviável.

Franz Boas inaugurou o que mais tarde ficaria conhecido como **relativismo cultural**: uma posição segundo a qual cada cultura deve ser avaliada apenas em seus próprios termos.

Reprodução/Textile Museum, Toronto, Canadá.

Tapete tecido com casca de cedro, Colúmbia Britânica, Canadá, c. 1880, representando uma baleia e duas cabeças de lobo. Técnica e temática são tradicionais dos povos originários da costa ocidental do Canadá, região estudada por Boas.

ASSIM FALOU

Franz Boas

Não há a menor prova científica de que "raça" determine mentalidade, mas há provas contundentes de que a mentalidade é influenciada pela cultura tradicional. [...] A existência de qualquer raça pura com dotes especiais é um mito, como é a crença de que existem raças cujos membros são todos fadados a alguma inferioridade eterna.

BOAS, Franz. *Race and Democratic Society*. New York: Biblo and Tannen, 1928. p. 15, 20. Texto traduzido.

Relativismo cultural, portanto, é uma forma de encarar a diversidade sem impor valores e normas alheios. Podemos considerar o relativismo uma inversão do evolucionismo: se este escalona as diferenças a partir de valores específicos das sociedades ocidentais, aquele evita qualquer tipo de escala, analisando as características de uma sociedade segundo os termos da própria sociedade da qual fazem parte.

© Mauricio de Sousa/Mauricio de Sousa Editora Ltda.

A tirinha do personagem Papa-Capim ironiza, do ponto de vista indígena, a noção de progresso ocidental: uma floresta derrubada é reflexo de ações voltadas para aquilo que os ocidentais chamam de progresso. Assim, a tirinha deixa evidente que a noção de progresso não faz sentido por outro ponto de vista e não parece adequada para julgar "estágios de desenvolvimento social".

Tendência inversa ao relativismo cultural é o **etnocentrismo**, que estudamos no Capítulo 6: estamos sendo etnocêntricos quando julgamos outras culturas segundo nossos próprios parâmetros culturais. Por exemplo: considerar uma população indígena atrasada porque lhe faltam determinadas tecnologias é etnocentrismo. Se adotarmos outros critérios de julgamento de uma sociedade, esse "atraso" pode ser questionado. Levando em conta a capacidade de garantir as condições para a sobrevivência da sociedade ao longo do tempo (o que hoje chamamos de sustentabilidade), as sociedades que nos pareciam primitivas ganham um estatuto muito mais "civilizado", já que o modelo de vida das sociedades capitalistas, baseado no consumo intenso, não é sustentável no longo prazo.

O etnocentrismo é o mecanismo principal das classificações evolucionistas, enquanto o relativismo cultural é o motor de um pensamento não preconceituoso e preocupado em romper com as classificações hierárquicas. O conceito antropológico de cultura não pode existir sem o relativismo cultural e a crítica ao etnocentrismo.

O relativismo foi uma revolução política no enfrentamento ao racismo e a outros tipos de preconceito, mas gerou um impasse político ao longo do século XX: se a premissa do relativismo é examinar qualquer cultura segundo seus próprios termos, é preciso aceitar tudo o que cada cultura produz. O problema dessa premissa é que alguns costumes nos parecem inaceitáveis, como as mutilações genitais impostas às mulheres em alguns países islâmicos. Longos debates foram travados para superar esse impasse, levando a posicionamentos os mais diversos e até mesmo à recusa do relativismo.

Saidu Bah/AFP

Marcha contra a mutilação genital feminina em Freetown, Serra Leoa, no Dia Internacional da Mulher de 2022.

VOCÊ JÁ PENSOU NISTO?

Você já tentou relativizar algum comportamento que considera estranho? A forma antropológica de entender comportamentos coletivos que nos pareçam "estranhos" é buscar um sentido para eles. Qual é o sentido do vestuário de um grupo *punk*? Por que o preto é uma cor tão importante para alguns grupos de jovens a ponto de eles só usarem roupas e acessórios dessa cor? Pense em qualquer comportamento coletivo dessa natureza e procure relativizá-lo, buscando compreender que sentido tem para o grupo que o pratica.

Uma forma de tentar solucionar esse impasse é pensar em termos de poder dentro de cada cultura. Se determinado costume oprime parcelas de uma sociedade (as mulheres islâmicas, por exemplo), e essas parcelas se sentem oprimidas, é justo criticar esse costume, desde que segundo os próprios termos daquela cultura. Podemos criticar a mutilação genital porque as mulheres da sociedade em que se adota essa prática a criticam. Se essas mulheres mutiladas não se sentissem desrespeitadas em seus direitos individuais, teríamos o direito de criticar esse costume? A resposta não é simples, mas o relativismo cultural não significa aceitar tudo o que qualquer cultura faz ou produz, e sim entender como e por que cada sociedade faz o que faz, quem é ou não favorecido por determinadas práticas e como diversos tipos de opressão podem surgir dessas práticas.

Diferentes aspectos desse dilema se manifestam intensamente em sociedades pelo mundo inteiro. No Brasil, em setembro de 2017, a exposição *Queermuseu* em Porto Alegre foi cancelada, um mês após a abertura, pelo centro cultural que a recebia. A mostra, composta de 270 obras de diversos artistas e períodos, incluía muitas produções de temática **LGBTQIA+**. Protestos nas redes sociais acusavam a exposição de promover a blasfêmia e a **pedofilia**. Uma das obras mais criticadas foi *Cruzando Jesus Cristo com o deus Shiva*, pintada por Fernando Baril mais de vinte anos antes. Nessa tela, Jesus é representado com muitos braços, tal como algumas divindades do hinduísmo. Esses braços não se encontram presos por cravos, mas ligados a objetos contemporâneos da cultura de consumo. O hinduísmo recorre à representação de muitos braços para mostrar diferentes atributos das divindades. Os grupos conservadores que atacaram a exposição nas redes sociais cogitaram acusar judicialmente o artista de "**vilipendiar** publicamente ato ou objeto de culto religioso" (artigo 208 do Código Penal).

LGBTQIA+: sigla utilizada para identificar todas as identidades de gênero ou orientações sexuais tidas como minoritárias. A sigla refere-se a lésbicas, *gays*, bissexuais, transgêneros, transexuais, travestis, *queers*, intersexuais e assexuais, entre outros.

pedofilia: abuso sexual de menores de idade.

vilipendiar: ato de tratar algo ou alguém com desprezo ou desdém.

Em outro caso, ocorrido em outubro de 2012, uma revista esportiva estampou na capa uma fotomontagem do jogador de futebol Neymar em uma cruz, com a manchete: "Neymar crucificado". A reportagem abordou as acusações de que o jogador estaria simulando faltas para tentar induzir a arbitragem a erros. A capa também sofreu críticas por remeter a Jesus, mas não houve tentativas de proibir a circulação da revista. Por que esse caso seria diferente?

Mais um caso interessante é o das mulheres islâmicas na França. Algumas interpretações do islamismo exigem que as mulheres sempre usem uma espécie de véu que deixa apenas os olhos à vista, chamado *niqab*. Entretanto, o Estado francês reagiu a essa prática, pois considera que ela gera problemas de segurança e impede pessoas de conviver em sociedade (argumentos que foram questionados pelo comitê de direitos humanos da ONU). Em 2010, o Estado francês aprovou leis que impedem mulheres de usar o *niqab* em público. Essa é uma questão sensível, já que muitos imigrantes afirmam que isso é um ato oficial de racismo do Estado, afinal não se proíbe que as pessoas usem, por exemplo, colares com pequenos crucifixos. Além disso, durante a pandemia de covid-19, embora o uso de máscaras fosse obrigatório, o *niqab* continuou proibido, o que certamente parece um contrassenso.

Mulher muçulmana é punida na França por usar o *niqab*. Foto de 2011.

Michel Euler/AP Photo/Imageplus

Esses exemplos são importantes para pensarmos a problemática do relativismo: afinal, o que é considerado ofensa religiosa? Como uma lei contra ofensa religiosa encararia esses dois fatos? Quais os limites para a utilização de símbolos religiosos para representar opressões ou situações sociais? A minha liberdade ao utilizar tais símbolos vale mais do que o significado deles para os religiosos? Por que o primeiro caso exposto parece incitar maior reação pública? Provavelmente a resposta está relacionada à intolerância à diversidade sexual, presente em diferentes setores da sociedade brasileira, que recaiu sobre a exposição como um todo e acabou por afetar até mesmo uma obra sem relação direta com sexualidade, como a de Fernando Baril. Poderíamos avançar nessa questão e perguntar se as críticas às práticas religiosas afro-brasileiras (críticas muitas vezes veiculadas em programas televisivos e de rádio de outras religiões) também podem ser consideradas ofensas religiosas. O debate em torno dessas questões expõe problemas essencialmente antropológicos, evidenciando que a percepção da diferença (seja religiosa, de gênero, seja de outra natureza) é um grave problema no mundo contemporâneo. Mais uma vez, tudo depende do ponto de vista de quem pratica uma ação e de quem se sente incomodado ou ofendido por ela.

Na luta contra o etnocentrismo e o racismo, o conceito de cultura é um instrumento fundamental, que ganhou importância desde que deixou de ser pensado como sinônimo de "civilização" e passou a ter significado em conjunto com o relativismo cultural. Esse mesmo instrumento ganhou novas aplicações quando novos atores sociais entraram em cena exigindo o respeito às diferenças. Esses grupos, tal como a população LGBTQIA+, ajudam a evidenciar a importância da diversidade cultural.

Mas o conceito de cultura vai muito além de uma simples defesa do relativismo cultural. Veremos a seguir um pouco da história desse conceito na Antropologia.

Ricardo Borges/Folhapress

12ª Caminhada em Defesa da Liberdade Religiosa. Orla de Copacabana, Rio de Janeiro. Foto de 2019.

Dutchmen Photography/Shutterstock

Manifestação contra o racismo em Amsterdã, Países Baixos. Foto de 2022.

3 PADRÕES CULTURAIS

Desde o século XIX, estudiosos começaram a perceber que diferentes culturas produziam realidades diferentes, que, por sua vez, originavam comportamentos e práticas que se repetiam no tempo e no espaço. Esses comportamentos e práticas regulares foram denominados padrões culturais. A ideia de que existem padrões culturais foi decorrência direta dos estudos de Boas, por pensar cultura como força unificadora de um povo, que dá sentido e condensa tudo o que acontece.

Desde o começo do século XX, principalmente com o trabalho de duas alunas de Franz Boas — **Margaret Mead (1901-1978)** e **Ruth Benedict (1887-1948)** —, o conceito de padrão cultural ganhou bastante destaque. Essas antropólogas observaram que, além de expressar comportamentos regulares identificados em um grupo social ou sociedade, os padrões culturais produziam indivíduos com inclinações semelhantes.

BIOGRAFIAS

Acesse o Plurall para saber mais sobre **Margaret Mead (1901-1978)** e **Ruth Benedict (1887-1948)**.

Para essas antropólogas estadunidenses, a relação entre as personalidades individuais e os padrões culturais era muito significativa. Como se a cultura, de certa forma, moldasse as personalidades individuais em tipos-padrão. Isso significa dizer que certa cultura tenderia a produzir indivíduos mais violentos, enquanto outra tenderia a produzir sujeitos mais contemplativos. Assim, cada cultura modelaria uma personalidade-padrão que, embora sujeita a variações, seria predominante sobre as demais. Ou seja, a força da cultura levaria à produção de um "modo de ser" característico de uma sociedade.

Para Mead e Benedict, e também para Franz Boas e outros antropólogos estadunidenses da primeira metade do século XX, a cultura podia ser comparada a uma lente que filtra tudo o que vemos, percebemos e sentimos. Não há como perceber o mundo a não ser através do filtro de alguma cultura. Um dos elementos centrais desse processo de "percepção do mundo" é a linguagem, um mecanismo de transmissão de valores, ideias e formas de refletir sobre a realidade. Para esses autores, não haveria possibilidade de perceber o mundo fora do mecanismo de transmissão cultural representado pela linguagem.

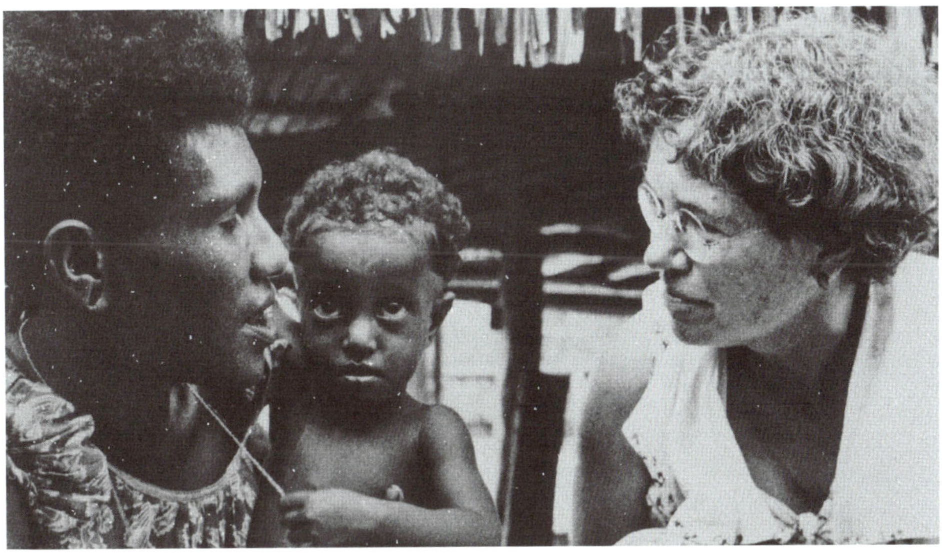

Bettmann/Corbis/Getty Images

Margaret Mead (à direita) durante etnografia na ilha Manus, na atual Papua-Nova Guiné. Foto de 1953.

VOCÊ JÁ PENSOU NISTO?

A ideia de padrões culturais pode estar mais próxima do que você imagina. Basta pensar em qualquer grupo social que imediatamente associamos a ele determinados padrões de comportamento. Se, por exemplo, você pensar em um grupo de *skatistas* de uma grande cidade brasileira, provavelmente virá à sua mente alguma imagem sobre comportamento. Faça uma lista de comportamentos, ações, vestuário, modos de falar e outras características de um grupo que você conheça de perto.

De acordo com essas ideias, a vida de cada pessoa seria uma acomodação aos padrões culturais transmitidos de geração em geração. A questão é entender o papel do costume na vida do indivíduo, o que, segundo Mead e Benedict, vale tanto para as culturas ditas "primitivas" quanto para as culturas ocidentais. Ao afirmar que também as culturas vistas como "avançadas" são regidas por padrões culturais, as duas antropólogas desafiaram o pensamento comum da época. O que era considerado natural para a maior parte das pessoas, para essas autoras era fruto de costumes arbitrários. O fato de que a mulher, nos Estados Unidos, era em geral direcionada aos cuidados do lar seria, então, um costume cultural estadunidense de determinado período histórico, e não algo "natural".

Hulton-Deutsch Collection/Corbis/Getty Images

Ruth Benedict pesquisou a cultura japonesa durante a Segunda Guerra Mundial (1939-1945), na qual Estados Unidos e Japão estavam em lados opostos. Esta foto, de 1945, retrata pilotos *kamikazes* japoneses, que se dispunham a morrer em combate atirando seus aviões contra alvos inimigos. Antropólogos tentaram entender a disposição de sujeitos de uma mesma cultura a determinadas ações usando o conceito de padrão cultural.

ASSIM FALOU

Margaret Mead

O antropólogo [...] começava a compreender o enorme papel desempenhado na vida de um indivíduo pelo ambiente social em que cada um nasce e é criado. Um a um, aspectos do comportamento que havíamos nos acostumado a considerar complementos invariáveis da nossa humanidade revelaram-se meros resultados da civilização, presentes nos habitantes de um país, ausentes em outro, e isso sem mudança de raça. Ele aprendeu que nem raça nem humanidade comum podem ser consideradas responsáveis por muitas das formas que mesmo emoções humanas tão básicas quanto amor, medo e raiva assumem sob diferentes condições sociais.

MEAD, Margaret. Adolescência em Samoa. *In*: CASTRO, Celso (org.). *Cultura e personalidade*. Rio de Janeiro: Zahar, 2015. p. 20 (texto original de 1928).

Esse movimento intelectual levou ao questionamento de noções que pareciam naturais aos estadunidenses. É o que chamamos hoje de desnaturalização: aquilo que parece natural e "normal" é apenas uma entre milhares de formas possíveis de viver em sociedade. O fato de determinadas práticas prevalecerem não é de modo algum "natural" — nada mais é do que a força do costume. Essa ideia é muito importante para o pensamento antropológico, pois permitiu questionar muito do que parecia natural aos membros de culturas ocidentais. Os antropólogos estão entre os grandes críticos da segregação racial (que parecia normal à elite estadunidense do começo do século XX), da opressão da mulher, da discriminação aos imigrantes, da exploração de terras indígenas, etc.

Gil Friedberg/The Boston Globe/Getty Images

Cerimônia de formatura na Universidade de Harvard, em Cambridge, Massachusetts, Estados Unidos, 1951.

Steven Senne/AP/Imageplus

Cerimônia de formatura na Universidade de Harvard, em Cambridge, Massachusetts, Estados Unidos, 2019.

perspectiva marxista: como veremos mais adiante, no Capítulo 11, uma teoria de perspectiva marxista basicamente segue os fundamentos teóricos de Karl Marx. O pensamento de Marx alcançou grande influência na classe trabalhadora europeia a partir do final do século XIX, dando origem a diversas correntes teóricas e políticas marxistas. Por ora, é suficiente entendermos que a linha evolutiva traçada por essa perspectiva não estabelece superioridades culturais entre as sociedades, mas procura características evolutivas entre as formas de organização da sociedade para produzir aquilo de que necessita para viver, ou seja, uma evolução dos sistemas econômicos.

Ruth Benedict e Margaret Mead tiveram grande influência no pensamento feminista, abrindo as portas para o questionamento daquilo que era visto como natural nas sociedades ocidentais: o papel da mulher exclusivamente como mãe e esposa devotada aos afazeres domésticos. Para elas, o papel de mãe era consequência do costume, não da natureza humana. E, sendo fruto do costume, as mulheres poderiam mudar, e a própria carreira acadêmica dessas antropólogas era um exemplo disso: mulheres que trabalhavam e tinham reconhecimento acadêmico em uma sociedade muito restritiva quanto aos papéis femininos.

Rolls Press/Popperfoto/Getty Images

Em foto de março de 1971, mulheres do movimento feminista protestam em Londres, Inglaterra, reivindicando creches nos locais de trabalho, acesso a todos os tipos de trabalho, salário igual para funções iguais, liberação gratuita de métodos contraceptivos e direito ao aborto.

4 O CONCEITO DE CULTURA NO SÉCULO XX

Ao longo do século XX, o conceito de cultura foi incorporado ao senso comum e ganhou espaço em discussões públicas, como as lutas por direitos. A ideia de cultura que prevalece hoje no senso comum deve muito ao pensamento de Boas: um conjunto estável de hábitos, práticas, costumes, tecnologias, etc. No campo teórico da Antropologia, entretanto, esse conceito passou por inúmeras revisões. Um antropólogo, quando fala em cultura, está falando de algo diferente daquilo que o senso comum imagina. Nas Ciências Sociais os conceitos parecem ganhar vida própria e são empregados nas mais diversas situações, em perspectivas muito díspares. Muitas vezes, usando um mesmo termo, como "cultura", por exemplo, um sociólogo e um cientista político podem estar se referindo a aspectos extremamente diferentes.

O importante aqui é entender como a Antropologia prosseguiu na reflexão sobre a cultura iniciada pelos trabalhos de Boas e seus alunos. Essa continuação ocorreu basicamente nos Estados Unidos, tendo havido algumas reviravoltas e até mesmo críticas severas ao conceito. Logo após a geração dos primeiros alunos de Boas, no pós-Segunda Guerra Mundial, um movimento intelectual liderado por antropólogos como **Marvin Harris (1927-2001)** e **Julian Steward (1902-1972)** resgatou uma teoria da evolução que havia sido criticada por Boas. Essa teoria, entretanto, não seguia os termos dos evolucionistas do século XIX. A partir de uma **perspectiva marxista**, fundada na evolução dos sistemas econômicos (dos mais simples aos mais complexos), Harris e Steward repudiavam o conceito proposto por Boas. Para eles, o foco exagerado nas especificidades de cada cultura impedia uma reflexão mais abrangente sobre a humanidade.

BIOGRAFIAS

Acesse o Plurall para saber mais sobre **Marvin Harris (1927-2001)** e **Julian Steward (1902-1972)**.

Na década de 1960, uma nova geração de antropólogos introduziu outros significados ao conceito de cultura. Destacam-se nesse momento os trabalhos dos estadunidenses **David Schneider (1918-1995)**, **Clifford Geertz (1926-2006)** e Marshall Sahlins, que criticaram o conceito de cultura como um todo integrado e estático. A crítica desses intelectuais se referia às grandes transformações ocorridas no mundo após a Segunda Guerra Mundial (1939--1945). Em um contexto de mudanças profundas — desde as lutas pela independência em países antes dominados por potências europeias até as revoluções culturais da década de 1960 —, as sociedades observadas pela Antropologia também passavam por transformações que um conceito estático de cultura não dava conta de explicar.

Para Schneider, Geertz e Sahlins, a cultura continuava a ser um todo integrado, mas era eminentemente dinâmica, sujeita a mudanças. Nessa visão, a cultura deixa de ser um conjunto de práticas observáveis e passa a configurar um conjunto de códigos simbólicos. Ou seja, é mais semelhante a um código do que a um conjunto de comportamentos: pode ser comparada a um conjunto de regras que é internalizado pelas pessoas desde a infância. Para esses autores, cultura não é o que as pessoas fazem, mas o que elas pensam: está presente em todos os indivíduos que vivem em comum, é compartilhada e transmitida como um código permeado pela linguagem e por vários conceitos que a linguagem traz consigo.

BIOGRAFIAS

Acesse o Plurall para saber mais sobre **David Schneider (1918-1995)** e **Clifford Geertz (1926-2006)**.

A ideia de cultura como um código de regras e ordens que está na cabeça das pessoas, e não nos comportamentos, permite muitas possibilidades de pensar a dinâmica e a transformação das culturas. Como já vimos, inicialmente os antropólogos observavam apenas os comportamentos e os consideravam cultura.

Nickanorov/Sputnik/AFP

Samora Machel (1933-1986), líder da Frente de Libertação de Moçambique (FRELIMO), segura bebê enquanto conversa com pessoas em vila moçambicana queimada pelos portugueses. Foto de 1971.

VOCÊ JÁ PENSOU NISTO?

Que tal refletir um pouco sobre a linguagem e tudo o que está por trás das palavras? Pense na palavra "mulher", por exemplo. Além de nomear um ser humano do gênero feminino, ela carrega muitos outros significados. Não é meramente a descrição de uma parte da humanidade: expressa uma série de valores, preconceitos, papéis, etc. E por falar em preconceitos, nosso vocabulário carrega inúmeros deles. "Denegrir", "mulata" e "cabelo duro", por exemplo, são expressões racistas desde sua origem, em nosso passado escravista, e que, infelizmente, perduram até hoje, muitas vezes sem que as pessoas se deem conta do peso que carregam. Para perceber como a linguagem expressa conceitos, preconceitos e visões de mundo, procure saber mais sobre a origem desses e de outros termos presentes no nosso dia a dia.

ASSIM FALOU

David Schneider

Em termos gerais, portanto, o problema que me coloco é o de descrever e tratar a cultura como um sistema independente e de analisá-la em seus próprios termos, isto é, como um sistema coerente de símbolos e significados.

SCHNEIDER, David. *American Kinship, A cultural account*. Chicago: The University of Chicago Press, 1980. p. 8 (texto original de 1960). Texto traduzido.

Fabio Colombini/Acervo do fotógrafo

Indígenas xavante fazendo registros fotográficos durante o ritual de iniciação Wapté com auxílio de um *smartphone*. Terra indígena Parabubure, em Campinápolis (MT), 2021.

Nesse contexto, quando os comportamentos mudavam, a impressão era a de que a cultura tinha se "perdido". Na primeira metade do século XX, era comum os antropólogos lamentarem a "perda" de cultura de várias populações pelo mundo. Isso porque a expansão e o desenvolvimento do sistema econômico ocidental produziu grandes transformações entre sociedades antes isoladas: rituais deixaram de ser realizados, técnicas tradicionais foram abandonadas, crenças nativas foram atropeladas por religiões ocidentais.

Felipe Gabriel/Projetor/Folhapress

Na voz e nas letras de mulheres brasileiras, o *rap* – gênero musical de origem estadunidense e a princípio predominantemente masculino – ganha novas temáticas poéticas e influências musicais. Na imagem, a *rapper* brasiliense Flora Matos posa na capital paulista.

Tudo isso era considerado pelos antropólogos "perda", "aculturação" aos valores ocidentais, já que eles entendiam a cultura como a soma dos comportamentos visíveis. Quando a cultura passou a ser vista como um código mental, os comportamentos se tornaram consequência desse sistema, e podem mudar sem comprometê-lo. Esse sistema organiza novas práticas e inventa novas tradições, embora ainda siga certas regras básicas. Resumindo, a cultura não se limita mais a uma série de comportamentos, mas constitui um sistema que organiza a experiência das pessoas na vida, ordenando até mesmo os processos de transformação.

Quando um costume muda ou uma prática nativa de outra cultura é adotada, isso acontece segundo uma lógica cultural. Pense em um conjunto de *rappers* brasileiros: embora produzam uma música que não é original do nosso país, eles a utilizam para expressar suas ideias e uma crítica social que se refere ao seu cotidiano. Será que eles são menos brasileiros por se expressarem por meio do *rap*? Ou será que eles usam o *rap* para expressar um ponto de vista brasileiro, e nesse sentido estariam abrasileirando o *rap*? Os antropólogos do final do século XX tenderiam a preferir a segunda resposta, tornando o conceito de cultura mais dinâmico.

5 O CONCEITO DE CULTURA NO SÉCULO XXI

Desde o fim do século XX, o conceito de cultura tem recebido muitas críticas, algumas tão radicais que chegam a defender o fim de seu uso. Trata-se de um processo comum nas Ciências Sociais: todos os grandes conceitos passam por revisões, adaptações, críticas fulminantes e renascimentos milagrosos. Embora no senso comum o conceito de cultura ainda esteja associado a ideias do começo do século XX, na Antropologia o conceito já viveu, morreu e renasceu. Veremos a seguir as duas principais críticas ao conceito e também como ele permanece, apesar dessas críticas.

É interessante notar que muitos intelectuais, embora prefiram não usar mais o termo "cultura", continuam precisando de um conceito para lidar com a diferença entre as sociedades e entre os grupos dentro de uma mesma sociedade. Mas na medida em que se evita o conceito de cultura, outros conceitos que descrevem mais ou menos a mesma coisa são cada vez mais usados. Exemplo disso é o conceito de "identidade", que guarda semelhanças significativas com o sentido mais contemporâneo de cultura. Trata-se de uma ferramenta teórica para pensar a diversidade, embora mais usada para referir-se a grupos dentro de sociedades maiores, como grupos étnicos (imigrantes, por exemplo), grupos raciais (populações negras em países ocidentais, por exemplo), grupos de orientação sexual ou de gênero (homoafetivos ou transgêneros, por exemplo). O conceito de cultura tem a mesma função, mas, segundo muitos de seus críticos, tende a ser autoritário e impor imagens à revelia dos grupos que se propõe a descrever.

No século XX, as mais duras críticas ao conceito de cultura partiram de um movimento em Antropologia denominado **pós-modernismo**: um conjunto de autores que passou a duvidar da possibilidade de falar sobre a cultura dos outros. Para eles, quando um antropólogo fazia o seu trabalho, que era basicamente descrever outras sociedades, ou grupos dentro de sociedades, ele exercia um poder absoluto: sua descrição passava a ser vista como totalmente verdadeira.

Cezar Loureiro/Agência O Globo

A antropóloga, filósofa e ativista brasileira Lélia Gonzalez buscou pensar a ideia de identidade entre as mulheres latino-americanas negras e descendentes de indígenas. Nesta fotografia, de 1985, ela usa um penteado *black power*, associado aos movimentos de afirmação da identidade negra.

Não se trata de um problema criado pelos antropólogos, mas eles acabam, segundo os pós-modernistas, dando continuidade a uma tradição do pensamento ocidental. Considere o trecho a seguir:

> Iracema acendeu o fogo da hospitalidade; e trouxe o que havia de provisões para satisfazer a fome e a sede: trouxe o resto da caça, a farinha-d'água, os frutos silvestres, os favos de mel, o vinho de caju e ananás.
>
> Depois a virgem entrou com a igaçaba, que na fonte próxima enchera de água fresca para lavar o rosto e as mãos do estrangeiro.
>
> Quando o guerreiro terminou a refeição, o velho Pajé apagou o cachimbo e falou:
>
> — Vieste?
>
> — Vim — respondeu o desconhecido.
>
> — Bem-vindo sejas. O estrangeiro é senhor na cabana de Araquém. Os tabajaras têm mil guerreiros para defendê-lo, e mulheres sem conta para servi-lo. Dize, e todos te obedecerão.
>
> — Pajé, eu te agradeço o agasalho que me deste. Logo que o sol nascer, deixarei tua cabana e teus campos aonde vim perdido; mas não devo deixá-los sem dizer-te quem é o guerreiro, que fizeste amigo.
>
> — Foi a Tupã que o Pajé serviu: ele te trouxe, ele te levará. Araquém nada fez pelo seu hóspede; não pergunta donde vem e quando vai. Se queres dormir, desçam sobre ti os sonhos alegres; se queres falar, teu hóspede escuta.

ALENCAR, José de. *Iracema*. 37. ed. São Paulo: Ática, 2009. p. 25.

Nesse trecho do romance *Iracema*, publicado pela primeira vez em 1865, o autor cearense José de Alencar (1829-1877) faz uma descrição da população indígena na qual tanto a jovem Iracema como o pajé Araquém são representados como solícitos e servis em relação ao estrangeiro. O escritor desenha uma imagem de submissão incondicional, sem contestação ou mecanismos de resistência. Essa forma de descrever os indígenas gera uma imagem sobre essa população. E essa imagem favorecia a elite branca do século XIX, pois representa os indígenas como serviçais.

Iracema, de José Maria de Medeiros, 1884 (óleo sobre tela, 168,3 cm × 255 cm). A obra é inspirada no romance homônimo de José de Alencar.

Do ponto de vista dos críticos do conceito de cultura, o processo sempre se repete: a cada descrição, temos uma representação criada por quem descreve. Aquele que é descrito, por sua vez, nunca tem sua própria voz ouvida. Ou seja, a pessoa que descreve produz imagens sobre as quais o indivíduo descrito não tem nenhum controle.

Por exemplo, na maior parte das escolas brasileiras a comemoração do Dia do Índio é feita com base em ideias e imagens genéricas, que não se referem a uma etnia ou população específica. Como se sabe, os diversos grupos indígenas do Brasil vivem em sociedades muito distintas entre si, com diferentes visões sobre o mundo e a natureza. Nenhum indígena real é representado no Dia do Índio: comemoramos uma imagem, criada pela sociedade não indígena, que está muito distante da diversidade dos grupos indígenas que vivem no Brasil.

Reprodução/www.cdn1.mundodastribos.com

Nesta imagem, retirada de uma atividade escolar para o Dia do Índio, podemos observar que a figura indígena nem mesmo guarda semelhanças com as etnias encontradas no Brasil: com vestimentas longas e um tipo de moradia que inexiste entre os indígenas que vivem no território brasileiro, a figura se parece mais com representações de etnias encontradas em regiões da América do Norte.

Denilson Baniwa/Acervo do artista

Autorretrato de Denilson Baniwa, 2020.

Marcos Amend/Pulsar Imagens

Pinturas feitas por indígenas da etnia Yanomami da Aldeia Watoriki na parede de posto de saúde em Barcelos (AM). Foto de 2021.

VOCÊ JÁ PENSOU NISTO?

Vivemos cercados de representações genéricas e estereotipadas sobre os "outros". Por exemplo, quando pensamos em pessoas que vivem em lugares da cidade diferentes de onde moramos ou em regiões do país diferentes daquela em que vivemos, a tendência é recorrer a representações genéricas. Por outro lado, muitas vezes nós é que somos alvo dessas representações. É comum ver populações de determinadas áreas das grandes cidades serem associadas à violência, por exemplo. Você consegue pensar acerca de imagens genéricas sobre alguma população ou grupo de pessoas do lugar onde você mora e criticar tais imagens?

Retomando a crítica dos antropólogos pós-modernistas do final do século XX, eles diziam que as descrições feitas pelos intelectuais eram autoritárias, pois não davam voz àqueles que eram descritos: sempre alguém falava por eles. E, para esses antropólogos, o conceito de cultura era o veículo dessa descrição autoritária.

BIOGRAFIAS

Acesse o Plurall para saber mais sobre **Gayatri Chakravorty Spivak (1942-)**.

A partir da década de 1990, essa crítica foi retomada por uma série de intelectuais chamados de "pós-coloniais". Originários de várias partes do mundo, principalmente da Índia, e também de grupos minoritários dos países centrais do mundo ocidental, esses estudiosos levaram mais além a crítica pós-modernista. Para eles, não só os "representados" eram impossibilitados de se fazer ouvir, mas a própria descrição levava à construção de estereótipos.

O alvo principal dessa crítica foi a produção de estereótipos, presentes tanto nas descrições em si das populações estudadas pelos cientistas sociais como nas teorias produzidas na Europa e nos Estados Unidos. Para os autores pós-coloniais, o conceito de cultura resultaria necessariamente em uma prisão para os grupos descritos desse ponto de vista: a descrição produziria um estereótipo do qual os descritos não poderiam fugir, assim como os grupos indígenas brasileiros não conseguem escapar da imagem de um índio genérico no Brasil.

A charge abaixo evidencia a crítica que os intelectuais pós-coloniais fazem ao conceito de cultura: gerar descrições que, por sua vez, produzem estereótipos que passam a fazer parte do senso comum e prejudicam indivíduos ou grupos em situação vulnerável. Para esses intelectuais, a questão é justamente a difusão desses estereótipos, a ponto de passarem a fazer parte do senso comum. Na imagem, o cartunista critica o estereótipo que vincula as possibilidades de sucesso profissional da população masculina negra unicamente ao esporte, recusando a admitir as dificuldades que a sociedade brasileira historicamente impôs ao reconhecimento da participação dessa população em atividades intelectuais.

Novaes/Acervo do cartunista

Esta charge de Novaes, de 2012, usa de ironia para denunciar o estereótipo: o jovem negro é estimulado a se dedicar ao esporte, e não ao estudo – o que é um argumento inválido contra as políticas de cotas.

ASSIM FALOU

Gayatri Chakravorty Spivak

O mais claro exemplo disponível de tal violência epistêmica é o projeto remotamente orquestrado, vasto e heterogêneo de constituir o sujeito colonial como Outro. Esse projeto é também a obliteração assimétrica do rastro desse Outro em sua precária Subjetividade.

SPIVAK, Gayatri Chakravorty. *Pode o subalterno falar?* Belo Horizonte: Ed. da UFMG, 2010. p. 47 (texto original de 1988).

Embora as críticas citadas sejam pertinentes, muitos defensores do conceito de cultura alegam que elas se referem às imagens produzidas por um conceito de cultura estático (como o do começo do século XX) ou então indicam um mau uso do conceito, não levando em conta o dinamismo dos sistemas culturais. Diante do dinamismo de qualquer sistema cultural, os defensores do conceito de cultura afirmam que qualquer descrição estática deixa de fazer sentido. Para esses antropólogos, o conceito de cultura, quando bem compreendido e empregado, ainda é um poderoso instrumento de luta contra os estereótipos, pois procura justamente dar sentido a tudo aquilo que gera estranheza e preconceito.

VOCÊ APRENDEU QUE

O conceito de cultura nasce em oposição às narrativas evolucionistas do século XIX.

O conceito de cultura se opõe à ideia de uma única civilização e passou a ser pensado no plural (culturas) a partir do trabalho de Franz Boas.

O conceito de cultura de Boas descreve um conjunto de pessoas que compartilham uma série de hábitos, práticas e crenças. A cultura é vista como integradora, algo que favorece a vida coletiva.

Relativismo cultural é o oposto de etnocentrismo.

A noção de relativismo é fundamental ao conceito de cultura, ou seja, para pensar uma cultura é preciso fazê-lo a partir dos termos dessa cultura.

Até mais ou menos a metade do século XX, o antropólogo via a cultura como uma série de padrões de comportamento praticados coletiva e sistematicamente (rituais, técnicas, religiões, etc.).

Gradualmente, a partir da segunda metade do século XX, o conceito de cultura passou a considerar as normas e regras simbólicas que estavam na mente das pessoas, e não no comportamento.

Essa passagem levou a um conceito dinâmico de cultura, que considera as transformações sociais e as variações internas de uma sociedade.

O conceito de cultura foi criticado em décadas mais recentes por estimular descrições que excluem a voz das populações investigadas e levam a estereótipos e preconceitos.

Atualmente, apesar das críticas, o conceito de cultura continua válido, na opinião de muitos antropólogos e estudiosos de outras áreas.

ATIVIDADES

REVENDO

1. Como a ideia de cultura se contrapõe à de civilização a partir do trabalho de Franz Boas?
2. Por que o relativismo cultural pode ser visto como o contrário do etnocentrismo?
3. Comente a concepção de cultura dos discípulos diretos de Boas.
4. Qual foi a grande mudança ocorrida na percepção de cultura na segunda metade do século XX?
5. Por que o conceito de cultura tem sido criticado como produtor de estereótipos?

CONSTRUINDO

1. Leia abaixo um trecho do poema "Mulata Exportação", de Elisa Lucinda.

> Mas que nega linda
> E de olho verde ainda
> Olho de veneno e açúcar!
> Vem nega, vem ser minha desculpa
> Vem que aqui dentro ainda te cabe
> Vem ser meu álibi, minha bela conduta
> Vem, nega exportação, vem meu pão de açúcar!
> (Monto casa procê mas ninguém pode saber, entendeu meu dendê?)
> Minha tonteira minha história contundida
> Minha memória confundida, meu futebol, entendeu meu gelol?
> [...]

Vem ser meu folclore, vem ser minha tese sobre nego malê.
Vem, nega, vem me arrasar, depois te levo pra gente sambar."
Imaginem: Ouvi tudo isso sem calma e sem dor.
Já preso esse ex-feitor, eu disse: "Seu delegado..."
E o delegado piscou.
Falei com o juiz, o juiz se insinuou e decretou pequena pena
com cela especial por ser esse branco intelectual...
[...]
Digo, repito e não minto:
Vamos passar essa verdade a limpo
porque não é dançando samba
que eu te redimo ou te acredito:
Vê se te afasta, não invista, não insista!
Meu nojo!
Meu engodo cultural!
Minha lavagem de lata!
[...]

LUCINDA, Elisa. *O semelhante*. Rio de Janeiro: Record, 2002. p. 184-185.

Lucas Seixas/Folhapress

Nascida em 1958, Elisa Lucinda é poeta, jornalista, escritora, cantora e atriz.

- No trecho do poema há dois discursos conflitantes. Identifique-os e relacione cada um deles a diferentes aspectos do debate sobre cultura e noções estereotipadas presente no capítulo.

2. Observe a imagem a seguir. Reflita sobre o tipo de representação que ela reproduz e como ele se relaciona ao conteúdo do capítulo.

Reprodução/Embratur

Material de divulgação oficial da Agência Brasileira de Promoção Internacional do Turismo (Embratur), de 2006. Os dizeres em alemão significam, em tradução livre: "Carnaval: este festival é tão democrático quanto a Copa do Mundo de futebol: todos participam".

3. A partir da sua experiência, produza uma reflexão sobre o conceito de cultura com base em algum desenho, *game*, música, fotografia ou filme que contenha representações do Brasil. O produto cultural escolhido contém estereótipos e preconceitos ou, ao contrário, busca trazer novos pontos de vista sobre algo? Que tipo de visão de mundo ele evidencia? Reflita também sobre como o grupo social ao qual você pertence poderia ser enquadrado em descrições genéricas como estas: como produtor de representações ou como sujeito representado.

4. Considere a tirinha de Laerte publicada em 2011.

© Laerte/Acervo da cartunista

- Comente essa tirinha usando o contraponto entre cultura estática e cultura dinâmica. Quais são as consequências políticas dessa contraposição?

5. Leia o texto abaixo, sobre as mudanças recentes no modo como a sociedade brasileira percebe o *rap*.

> O grande sucesso e diversidade de público que este artista [Emicida] tem alcançado permite apreender uma tendência de legitimação do gênero [musical] e, especialmente, uma audiência que perpassa diferentes classes sociais. Se antes sinônimo de "mau gosto" e "violência", além de um importante sinalizador de classe social, o *rap* tem sido ouvido por uma parcela de jovens universitários de classe média e não se restringe a um nicho específico nas grades de programações da televisão aberta. Mas essa nova audiência, me parece, também se associa à inclusão nas universidades públicas brasileiras, nos últimos 17 anos, de negros, mulheres e filhos da classe trabalhadora. As lutas travadas no país para a implementação das cotas raciais nas universidades públicas permitem que as negras e os negros encontrem maiores possibilidades de intervenção em espaços onde foram historicamente impedidos de atuar. Somam-se a isso as implicações do desenvolvimento da tecnologia que contribuíram à criação de espaços alternativos de comunicação e difusão das suas ideias. Algumas das transformações observadas no cenário paulistano do *rap*, ainda que não apenas, se assentam neste contexto.

SANTOS, Daniela Vieira dos. "Sonho brasileiro": Emicida e o novo lugar social do *rap*. *NAVA*, v. 7, n. 1-2, ago. 2018-2019, p. 266.

- Qual o contexto histórico apontado pela autora como possível responsável pela transformação no modo como a sociedade encara esse gênero musical?

Reprodução/Netflix

Imagem de divulgação do documentário *AmarElo: é tudo pra ontem* (2020), do *rapper* Emicida. O filme deu projeção ao artista para além do meio do *rap*.

CAPÍTULO 8

Da estrutura à identidade

Christin Millhill/Dreamstime.com/Easypix

Representação de diversidade em grafite do artista Enivo na cidade de São Paulo (SP). Foto sem data.

A Antropologia, ciência dedicada a pensar a diferença, elaborou vários mecanismos para refletir sobre esse tema. Vimos que "cultura" foi o primeiro deles, mas vários outros conceitos foram e ainda são desenvolvidos, em diversos contextos e orientações teóricas.

Neste capítulo buscaremos entender um pouco desse processo. Vamos apresentar alguns conceitos fundamentais e situá-los no contexto histórico e social de sua produção. Veremos que esses conceitos respondem a diferentes situações históricas, a objetos de pesquisa que foram se transformando e a novas preocupações, geradas por mudanças sociais no mundo. Começaremos pela Antropologia inglesa do início do século XX e suas respostas críticas ao evolucionismo social. Em seguida, veremos como os franceses lidaram com as mesmas questões. Finalmente, vamos tratar de algumas das grandes mudanças ocorridas no mundo no fim do século XX.

NESTE CAPÍTULO VAMOS DISCUTIR:

1. A perspectiva inglesa
2. O olhar dos franceses
3. Sociedades simples e sociedades complexas
4. O conceito de etnicidade
5. O conceito de identidade

COMPETÊNCIAS E HABILIDADES DA BNCC

- Competências gerais da Educação Básica: 1, 2, 7 e 9.
- Competências específicas de Ciências Humanas e Sociais Aplicadas: 1 e 5.
- Habilidades de Ciências Humanas e Sociais Aplicadas: EM13CHS101, EM13CHS102, EM13CHS103, EM13CHS105, EM13CHS502, EM13CHS503 e EM13CHS504.
- Competências específicas de Linguagens e suas Tecnologias: 2 e 3.
- Habilidades de Linguagens e suas Tecnologias: EM13LGG202, EM13LGG204 e EM13LGG303.

1 A PERSPECTIVA INGLESA

Enquanto nos Estados Unidos o antropólogo Franz Boas desenvolvia o conceito de cultura para combater o evolucionismo social, os antropólogos ingleses estavam mais interessados nas noções de **estrutura social** e de **função**. Influenciados pelas ideias de Émile Durkheim, os ingleses se basearam no trabalho desse sociólogo francês para pensar as sociedades "primitivas". No Capítulo 11 estudaremos mais de perto as ideias de Durkheim.

A influência do evolucionismo social era grande na Inglaterra do início do século XX. Assim como Boas nos Estados Unidos, uma nova geração de antropólogos britânicos passou a criticar as teorias dessa corrente. Nesse momento, os dois principais nomes foram **Bronislaw Malinowski (1884-1942)** e **Alfred Radcliffe-Brown (1881-1955)**. Cada um deles, à sua maneira, ajudou a romper com a herança evolucionista. Em lugar de recorrer à cultura, contudo, Malinowski e Radcliffe-Brown tomaram outro caminho: a recusa da História como fator explicativo para as condições de cada sociedade. Não que desconsiderassem o valor da História, apenas não achavam que as teorias históricas pudessem explicar tudo.

BIOGRAFIAS

Acesse o Plurall para saber mais sobre **Bronislaw Malinowski (1884-1942)** e **Alfred Radcliffe-Brown (1881-1955)**.

Reprodução/Biblioteca Britânica de Ciência Política e Econômica, Londres, Inglaterra.

Nesta foto de 1918, vemos Malinowski entre nativos das ilhas Trobriand.

Para Malinowski e Radcliffe-Brown, qualquer generalização histórica sobre as sociedades esbarrava na falta de evidências concretas e, muitas vezes, podia até ser considerada uma invenção. Segundo eles, para entender uma sociedade bastava olhar para o presente e explicar seu funcionamento naquele momento. Por que e como a sociedade teria chegado àquela forma era menos importante. Para eles, era suficiente uma boa fotografia da sociedade. Assim, o que o antropólogo deveria observar na sociedade que pretendia estudar seria aquilo que pode ser visto no cotidiano daquela sociedade. A busca por compreender o modo de viver característico de cada sociedade revelaria suas **estruturas sociais**.

ASSIM FALOU

Alfred Radcliffe-Brown

Quando usamos o termo estrutura nos referimos a um tipo de arranjo ordenado de partes ou componentes. Uma composição musical tem uma estrutura, assim como uma frase. Um prédio tem uma estrutura, assim como uma molécula ou um animal. Os componentes ou unidades da estrutura social são pessoas, e uma pessoa é um ser humano considerado não como um organismo, mas como algo que ocupa uma posição numa estrutura social.

RADCLIFFE-BROWN, A. E. *Structure and Function in Primitive Society*. Glencoe: The Free Press, 1952. p. 9-10. Texto traduzido.

Nessa perspectiva, a estrutura de uma sociedade seria a relação entre as diversas partes que a compõem: a forma como as pessoas produzem comida, como essa comida é distribuída, as regras de parentesco, o uso da terra, a forma de organizar grupos para a guerra, os rituais, as crenças religiosas. Tudo isso poderia ser observado pelo antropólogo e descrito de forma sistemática. Por meio dessa descrição seria possível compreender a composição da estrutura social daquela sociedade.

Colônia penal indiana nas ilhas Andaman, fim do século XIX. O arquipélago fica na baía de Bengala, cerca de 1000 km ao sul de Calcutá (Índia). Os povos nativos das ilhas Andaman, os andameneses, foram estudados por Radcliffe-Brown no início do século XX.

De fato, Malinowski foi pioneiro em desenvolver o método etnográfico, que se tornou fundamental para a Antropologia. A ideia era realizar um trabalho de campo, vivendo com e "como" os nativos por um longo período (entre um e dois anos, em geral), para, a partir dessa experiência intensa, produzir análises sobre as populações estudadas.

Esses autores ingleses também afirmavam que suas observações lhes permitiram constatar que as diversas partes de uma sociedade contribuíam para manter sua estrutura sempre funcionando, garantindo um equilíbrio constante. Poderia haver momentos de tensão, mas a tendência da sociedade seria sempre voltar ao equilíbrio. Para a sociedade existir, cada uma das partes desempenhava sua função na manutenção do equilíbrio. Por exemplo: um sistema organizado de trocas com outras sociedades produzia uma relação amistosa entre diferentes povos (sistemas de comércio), protegendo a sociedade de possíveis guerras; um sistema religioso mantinha a coesão social entre os indivíduos da sociedade, que compartilhavam as mesmas crenças; e assim por diante.

Para compreender essa ideia, podemos comparar a estrutura de uma sociedade com a do corpo humano, composto de inúmeras partes (os órgãos). Todas as partes precisam contribuir para a sobrevivência, tanto no caso da sociedade como no caso do corpo humano; se um órgão falha, o organismo todo pode morrer.

Os funcionalistas atribuíam uma função na sociedade a qualquer costume, prática, hábito ou ritual, por mais estranho que parecesse. Essa função estava atrelada à própria sobrevivência daquela população e se referia às necessidades básicas: alimentar-se e sobreviver às dificuldades impostas pelo ambiente. Malinowski era radical, acreditando que tudo o que uma sociedade produzia respondia a uma única necessidade básica: saciar a fome.

VOCÊ JÁ PENSOU NISTO?

É possível olhar para a nossa realidade com base nos conceitos de estrutura social e função adotados pelos antropólogos ingleses da primeira metade do século XX. Pense na escola onde você estuda e imagine sua estrutura: quais são as partes que a compõem? E que funções cada parte deve executar para que a escola continue funcionando? Em outras palavras, o que cada pessoa deve fazer para que tudo funcione da melhor forma possível? Você é capaz de imaginar e exemplificar outras estruturas em funcionamento no mundo ao seu redor?

Outros autores deram menos atenção à ideia de função e mais destaque à de estrutura social. **E. E. Evans-Pritchard (1902-1973)**, por exemplo, produziu um trabalho clássico sobre a população nuer, habitante de uma área que hoje se localiza no Sudão do Sul. Evans-Pritchard identificou como base da complexa estrutura social dos nuer processos de fissão e fusão (em outras palavras, processos de separação e união). Os nuer se dividiam em clãs, que mantinham relações com outros clãs a partir de genealogias ancestrais. Essa genealogia (o parentesco que vimos no Capítulo 6) ditava as regras de relação: uma guerra entre dois clãs próximos podia acontecer, mas quando um desses clãs era ameaçado por outro distante, os dois clãs próximos se juntavam para guerrear contra o terceiro.

BIOGRAFIAS

Acesse o Plurall para saber mais sobre **E. E. Evans-Pritchard (1902-1973)**.

Os processos de fissão e fusão dos nuer pareciam ser uma estrutura móvel, pois às vezes esse povo se organizava de um jeito, às vezes de outro. No entanto, o que Evans-Pritchard quis mostrar é que essa variação acontecia conforme determinados motivos. Para explicar essas mudanças, descreveu algo que chamou de princípio estrutural (justamente a fissão e a fusão). Ao expor como esse princípio operava, Evans-Pritchard descrevia a própria estrutura da sociedade nuer, que funcionava sem um poder central organizado.

Embora o processo descrito seja característico dos nuer, podemos observar que ele se repete em várias sociedades, até mesmo na nossa. O futebol é um bom exemplo. Torcemos para times rivais dentro do Brasil, mas quando a seleção brasileira enfrenta a seleção de outro país, deixamos de lado as rivalidades locais e torcemos pela seleção nacional. Esse é um processo de fissão e fusão: nós nos separamos para torcer por diferentes times, mas nos juntamos para torcer pela seleção.

Stefanie Glinski/AFP

Agencja Fotograficzna Caro/Alamy/Fotoarena

Na fotografia acima, mulher nuer em Bentiu, Sudão do Sul, 2018. Ela traz no rosto as tradicionais escarificações. Na imagem ao lado, menina nuer em meio ao gado em Nyal, Sudão do Sul, 2015. O gado é um item de prestígio na região e motivo de conflitos, inclusive com o povo dinka, vizinho. Em momentos de guerra, clãs nuer rivais se unem para combater os dinka.

BIOGRAFIAS

Acesse o Plurall para saber mais sobre **Marcel Mauss (1872-1950)**.

2 O OLHAR DOS FRANCESES

A Antropologia francesa, por sua vez, distanciou-se tanto da noção de cultura como da noção de estrutura social dos ingleses. Os principais representantes da vertente francesa no século XX foram **Marcel Mauss (1872-1950)** e Claude Lévi-Strauss.

Marcel Mauss, sobrinho de Émile Durkheim, desenvolveu seu trabalho numa esfera de intelectuais reunidos em torno da revista *L'Année Sociologique*. Mauss tinha uma preocupação semelhante à dos evolucionistas do século XIX: buscar explicações gerais para os fenômenos humanos, em perspectiva sempre comparativa. Essa também foi uma das preocupações centrais de Lévi-Strauss.

Como vimos, a pretensão de explicar aspectos gerais da humanidade foi radicalmente contestada tanto nos Estados Unidos, com o trabalho de Boas e seus discípulos, quanto na Inglaterra, com a perspectiva anti-histórica de Radcliffe-Brown e Malinowski. Todos esses autores fugiam das generalizações desmedidas do evolucionismo social, cujas explicações sobre a humanidade tendiam a ignorar os detalhes que interessavam tanto aos antropólogos ingleses quanto aos estadunidenses.

Apesar de Mauss e Lévi-Strauss buscarem explicações mais gerais e necessariamente comparativas, eles não pressupunham uma escala evolutiva. Construíram modelos de explicação que não incluíam a noção de progresso, liberando, assim, a Antropologia para pensar sobre a vida em sociedade em termos mais amplos. Característica marcante do trabalho de Mauss e de Lévi-Strauss foi a comparação sistemática: ambos eram grandes leitores dos trabalhos de antropólogos estadunidenses, ingleses, franceses e também, no caso de Lévi-Strauss, brasileiros.

Em seu texto clássico *Ensaio sobre a dádiva* (1923), Mauss diz que uma sociedade só pode existir a partir do momento em que grupos estabelecem alianças. Para Mauss, a necessidade de retribuir uma dádiva (algo que recebemos de alguém) leva a um sistema de trocas: trocas matrimoniais (casamentos entre pessoas de grupos diferentes), trocas econômicas (comércio) e trocas simbólicas (circulação de mitos, histórias, objetos sagrados, práticas variadas, etc.). Ou seja, para esse autor, a origem da sociedade estaria na troca como forma de estabelecer relações.

Hristo Vladev/NurPhoto/Getty Images

Celebração do koleduvane, parte das festividades da koliada em Elin Pelin, Bulgária, 2021. Mauss reconhece em festejos como a koliada, tradicional em países eslavos, a presença de elementos da dádiva: é uma obrigação social dar guloseimas e certos alimentos às crianças que vão de casa em casa.

Essa reflexão deve muito às descrições de Franz Boas sobre as cerimônias do povo kwakiutl, habitante da ilha de Vancouver, no Canadá. Uma dessas cerimônias, o *potlatch*, era uma festa de homenagem. Após um banquete, em geral o anfitrião renunciava aos bens que havia acumulado e que deveriam ser entregues a parentes, convidados e amigos, ou até queimados. Esse esbanjamento de riquezas era uma demonstração de poder e criava em outros chefes a obrigação de retribuir à altura. Marcel Mauss também investigou os usos de categorias como as de "pessoa", "magia" e "sacrifício" para chegar a conceitos adequados para compreender a sociedade.

ASSIM FALOU

Marcel Mauss

Mas o motivo dessas dádivas e desses consumos exagerados, dessas perdas e destruições loucas de riquezas, não é de modo algum, sobretudo nas sociedades com *potlatch,* desinteressado. Entre chefes e vassalos, entre vassalos e servidores, é a hierarquia que se estabelece por essas dádivas. Dar é manifestar superioridade, é ser mais, mais elevado [...]; aceitar sem retribuir, ou sem retribuir mais, é subordinar-se, tornar-se cliente e servidor, ser pequeno, ficar mais abaixo.

MAUSS, Marcel. O ensaio sobre a dádiva. *In*: MAUSS, Marcel. *Sociologia e Antropologia*. São Paulo: Cosac Naify, 2003. p. 305 (texto original de 1923).

Reprodução/Edward S. Curtis/Biblioteca do Congresso dos EUA, Washington, DC.

Os kwakiutl com máscaras, durante cerimônia do *potlatch*. Imagem de uma série produzida e publicada entre 1907 e 1930.

Boomer Jerritt/Alamy/Fotoarena

Potlatch realizado por indígenas canadenses em Vancouver em 2008.

VOCÊ JÁ PENSOU NISTO?

Quando Mauss observou a descrição de várias sociedades, percebeu que qualquer dádiva (ou presente que se recebe) implicava uma necessidade de retribuição. Você já pensou em como isso faz parte da sua vida? Imagine um vizinho que convida você para um churrasco. Depois de comparecer, você talvez se sinta obrigado a retribuir o convite. Era sobre essa "obrigação" que Mauss refletia. Procure lembrar de outras situações do dia a dia em que você sente essa "obrigação" de retribuir.

Renato Soares/Pulsar Imagens

Homens bororo da aldeia Garças se reúnem no baito (casa dos homens) para apresentar os jovens aos futuros casamentos. Para Lévi-Strauss, a ideia de aliança entre grupos é central nos matrimônios dos povos tradicionais. Terra Indígena Merure, em General Carneiro (MT), fotografia de 2014.

linguística: estudo científico da linguagem; ciência que tem como objeto a linguagem humana.

incesto: união sexual entre parentes consanguíneos, afins ou adotivos, dentro dos graus em que a lei, a moral ou a religião proíbem ou condenam. Na Antropologia, incesto se refere à interdição do casamento entre algumas pessoas dentro de um mesmo grupo em razão de suas posições na estrutura de parentesco.

Claude Lévi-Strauss, por sua vez, formulou uma teoria ainda mais ambiciosa, denominada **estruturalismo**. Influenciado pela teoria da dádiva de Mauss, de quem foi aluno, e por teóricos da **linguística**, Lévi-Strauss propôs inicialmente uma teoria da troca na constituição dos diversos sistemas de parentesco.

Para definir essa teoria da troca como fundadora da vida em sociedade, Lévi-Strauss imagina um estado de natureza anterior à vida em sociedade, em que as pessoas não faziam trocas. Segundo ele, o que leva as pessoas a fazer trocas é a proibição do **incesto**.

Como assim? Vamos entender: Lévi-Strauss afirma que toda sociedade impõe alguma limitação aos casamentos. Em nossa sociedade, por exemplo, é proibido o casamento entre irmãos. E se uma parte das pessoas de um grupo não pode casar entre si, torna-se necessário buscar casamentos fora do grupo. Ou seja, torna-se necessário estabelecer algum tipo de troca entre grupos e até sociedades, para que as pessoas possam casar sem violar as leis de proibição do incesto.

Lévi-Strauss vai além e constata que as formas como as sociedades "simples" trocavam casamentos eram restritas a poucos modelos que se repetiam. Aliás, essa já era a opinião de Lewis Henry Morgan no século XIX. Ou seja, o número de sistemas de parentesco não era tão grande quanto podia parecer à primeira vista, e sociedades muito distantes geograficamente umas das outras desenvolviam sistemas de parentesco bastante semelhantes. Como não era possível estabelecer nenhuma conexão histórica entre essas sociedades, a única conclusão possível é que esses sistemas haviam sido criados autonomamente. Essa proposição levanta uma importante questão: se sistemas de parentesco semelhantes são produzidos de maneira independente ao redor do mundo, isso significaria que por trás deles há uma estrutura comum a toda a humanidade?

Para Lévi-Strauss, a resposta é sim. É justamente essa estrutura que ele passa a buscar. Nada parecido com a ideia de estrutura social dos ingleses, variável de uma sociedade para outra e observável após o trabalho de campo; a estrutura proposta por Lévi-Strauss não está evidente e é universal, podendo ser deduzida de várias comparações *entre* sociedades. Para ele, existe algo comum no pensamento humano, que faz com que várias sociedades produzam coisas parecidas.

Lévi-Strauss passou a vida tentando desvendar essa estrutura universal por meio de estudos sobre parentesco e mitologia indígena nas Américas. A estrutura lévi-straussiana opera em termos binários, constituindo oposições, como as que existem entre os termos alto e baixo, fora e dentro, cheio e vazio, etc. Para Lévi-Strauss, essas oposições seriam o motor de qualquer pensamento humano. Os mitos exemplificam essa forma de pensamento binário, mas também se transformam. Eles não são formas estáticas de contar histórias relevantes para uma sociedade: vão sendo alterados lentamente, são dinâmicos e sucessivamente passam a construir novas oposições que contrastam personagens, destinos e ações. Assim, os mitos transformam-se, mas as estruturas fundamentais se mantêm. No fim, os mitos sempre apresentam fortes contrastes binários; no entanto, o conteúdo dessas oposições muda lentamente.

Lévi-Strauss na Amazônia, em uma de suas expedições de campo quando esteve no Brasil, provavelmente em 1936.

ASSIM FALOU

Claude Lévi-Strauss

O objetivo deste livro é mostrar de que modo categorias empíricas, como as de cru e de cozido, fresco e podre, molhado e queimado, etc., que a observação etnográfica basta para definir com precisão, sempre a partir do ponto de vista de uma cultura particular, podem servir como ferramentas conceituais para isolar noções abstratas e encadeá-las em proposições.

LÉVI-STRAUSS, Claude. *O cru e o cozido*. São Paulo: Zahar, 2021. v. 1. *E-book* (texto original de 1964).

3 SOCIEDADES SIMPLES E SOCIEDADES COMPLEXAS

Uma das principais características da Antropologia no século XX foi a crescente variação de objetos de interesse. Se a orientação inicial foi o estudo de sociedades pequenas e isoladas (muitas delas vivendo em ilhas), aos poucos outras fontes de estudo foram encontradas, como as sociedades ditas "complexas".

A oposição entre "simples" e "complexas" foi uma das formas empregadas para distinguir as sociedades. Esses termos, porém, são problemáticos, pois todos os antropólogos que discordam do evolucionismo social correriam a afirmar que nenhuma sociedade é realmente simples e todas elas, a seu modo, são complexas. A oposição é mais evidente em outros aspectos: sociedades "complexas" seriam aquelas que combinam uma grande escala de tamanho, a presença do Estado, fortes diferenças culturais internas e ainda uma diferenciação social destacada entre as pessoas que as formam. Embora o termo "sociedade complexa" seja enganador, por deixar subentendido que existem sociedades não complexas, a expressão ganhou espaço e marcou a história da Antropologia.

Sociedades como a chinesa, a incaica e as da Europa medieval podem ser consideradas complexas, assim como as sociedades das quais os antropólogos faziam parte.

A passagem da primeira para a segunda metade do século XX marcou um avanço da Antropologia no estudo das sociedades europeias, americanas e de nações de grande porte do mundo todo. A princípio, isso foi feito com base em conceitos elaborados para estudar sociedades pequenas, como as que vimos até aqui. Mas aos poucos os estudiosos perceberam que outras categorias eram necessárias para pensar as sociedades ditas complexas.

Ainda assim, os métodos e conceitos dedicados às sociedades "simples" levaram os antropólogos a buscar nas sociedades de grande escala fenômenos semelhantes aos observados nas sociedades pequenas. Essa escolha é ainda muito forte na Antropologia: estudar grupos marginais e discriminados no interior das sociedades complexas. Muitos antropólogos estudam aqueles grupos que de imediato passam uma ideia de diferença mais acentuada no interior de uma sociedade complexa. E quais são esses grupos? Nos Estados Unidos, por exemplo, os primeiros estudos de contextos "complexos" se voltaram aos imigrantes, que chegavam aos milhares durante a primeira metade do século XX. Ou seja, os antropólogos procuravam os grupos em que a diferença cultural em relação à maioria da população local era mais evidente.

Sean Pavone/Shutterstock

Placas sinalizam cidades italianas em LIttle Italy (Pequena Itália), divisão do bairro North End, em Boston, Massachusetts (Estados Unidos).

Também foram estudadas populações rurais, assim como populações indígenas incorporadas à força às sociedades nacionais, e cujos indivíduos se viram obrigados a adotar novas estratégias de sobrevivência. Na época, o olhar dos estudiosos sempre imaginava que aquelas populações tão diferentes iriam lentamente se adaptar e se assemelhar aos dominadores ou às maiorias, no caso dos imigrantes.

O conceito de cultura, bem como os conceitos de estrutura social e de função, não explicavam suficientemente bem essas realidades. Isso porque esses conceitos pressupunham alguma estabilidade duradoura, o que não acontecia no interior das "sociedades complexas". As coisas mudavam! Os antropólogos estadunidenses tentaram enquadrar essas realidades mais dinâmicas no conceito de cultura, cunhando termos como **aculturação**. Acreditavam que, do encontro entre grupos muito distintos, o mais frágil deles lentamente se assemelharia ao mais forte. Os ingleses, por sua vez, fazendo pesquisas na África, simplesmente ignoravam as transformações pelas quais passavam os grupos que estudavam e tentavam retratá-los como deveriam ser antes da chegada dos europeus.

aculturação: processo em que um grupo assimila, adota ou rejeita elementos da cultura de outro com o qual mantém contato direto e contínuo. Pode ser recíproco ou não e envolver subordinação política. Como conceito antropológico, teve grande aceitação na primeira metade do século XX; mais tarde, foi duramente criticado.

A princípio, para entender essa diversidade, os antropólogos só contavam com os instrumentos usados no estudo das sociedades pequenas. Assim, começaram a praticar Antropologia em sociedades complexas entre os grupos mais excluídos. Mas, mesmo nesses contextos, aquelas ferramentas pensadas com base em uma noção de estabilidade não se mostraram muito eficazes. Então, novas ideias foram desenvolvidas. A partir da década de 1960, as noções de etnicidade e identidade passaram a ganhar importância.

Luciana Whitaker/Pulsar Imagens

Roda de jongo no quilombo Boa Esperança, em Presidente Kennedy (ES). Foto de 2019. As comunidades quilombolas e suas expressões culturais despertam o interesse dos antropólogos brasileiros.

VOCÊ JÁ PENSOU NISTO?

Nas sociedades de grande escala, as diferenças internas são enormes. Grupos como indígenas, quilombolas e populações campesinas, no caso do Brasil, são exemplos claros, quando contrastados à população urbana. Mas há também muitas outras diferenças: comunidades religiosas e grupos de interesses variados acabam formando "tribos urbanas". Você consegue pensar nessa diversidade? Tente pensar nos diferentes modos de vida que existem perto de você.

4 O CONCEITO DE ETNICIDADE

O termo "etnicidade" já rondava a história da Antropologia desde o começo do século XX, mas só a partir da década de 1960 passou a ser mais usado para pensar a diferença. Nesse momento histórico do pós-Segunda Guerra Mundial, as nações africanas estavam se tornando independentes e guerras de libertação nacional se espalhavam pelo mundo.

Todos esses processos sociais desestabilizaram as percepções da Antropologia e desafiaram as noções de equilíbrio, tão importantes até então para pensar as sociedades. Em um mundo em intensa transformação, com o avanço do sistema capitalista produzindo mudanças radicais, era cada vez mais difícil pensar as sociedades em termos de estabilidade. Também ocorriam transformações no interior das sociedades europeias e norte-americanas: conflitos internos, discriminações, racismo crescente, fluxos migratórios.

Underwood Archives/UIG/Shutterstock

Trabalhadores em mina de diamantes em Kimberley, na África do Sul, c. 1900. As transformações decorrentes do contato entre os povos africanos e as potências imperialistas europeias despertaram o interesse dos antropólogos da Escola de Manchester, como J. Clyde Mitchell (1918-1995).

BIOGRAFIAS

Acesse o Plurall para saber mais sobre **Max Gluckman (1911-1975)** e **Fredrik Barth (1928-2016)**.

Na Inglaterra, uma nova geração de antropólogos comandada por **Max Gluckman (1911-1975)**, aluno de Radcliffe-Brown e de Evans-Pritchard, começava a analisar as relações entre as sociedades "simples" e os impérios coloniais. Conhecida como escola de Manchester, essa geração se dedicou a estudar a mudança social e as transformações relacionadas aos processos de descolonização e independência na África e na Ásia. Entre os estudiosos desse grupo, o conceito de etnicidade tornou-se central. Outro antropólogo que contribuiu para o desenvolvimento da noção de etnicidade foi o norueguês **Fredrik Barth (1928-2016)**, cujo trabalho influenciou alguns membros da escola de Manchester.

O conceito de etnicidade descreve um grupo que se autodefine e é definido por outros como diferente, que supõe algum tipo de identificação coletiva, como o compartilhamento de uma história comum. O grupo étnico não é definido por seu conteúdo cultural, mas sim em contraposição a outros grupos. Um grupo étnico só se define em relação a outro, e o conceito de etnicidade é sempre relacional. Não há etnicidade num grupo isolado, pois o que constitui a etnicidade é justamente o contraste com outros grupos. Ao mesmo tempo, a etnicidade é um poderoso instrumento de mobilização política, utilizado para legitimar lutas por diferentes tipos de direito (veja adiante o boxe **Para saber mais**, sobre conflitos étnicos).

VOCÊ JÁ PENSOU NISTO?

Em geral, quando falamos de minorias, estamos nos referindo a grupos de indivíduos que estão em situação de desvantagem em relação àquele que consideramos maioria. No Brasil, por exemplo, chamamos de minorias as populações indígenas e os imigrantes, como os bolivianos e os haitianos, que podem ser vistos como grupos "étnicos". Você faz parte de alguma minoria étnica ou conhece de perto pessoas que vivem como "minorias"? Procure conhecer melhor a realidade dessas pessoas por meio de uma pesquisa com os colegas. Busque descobrir que aspectos diferenciam os grupos com que essas pessoas se identificam em relação ao restante da sua comunidade.

As lutas das minorias discriminadas nas sociedades centrais do capitalismo foram acompanhadas do uso dos termos etnicidade e identidade étnica. Imigrantes eram étnicos, indígenas no seio de sociedades complexas e minorias raciais também. Esse conjunto de populações demonstrava que a diferença continuava a existir nas sociedades complexas: não ocorreu o processo de "aculturação" que alguns antropólogos haviam previsto. E ainda: a injustiça social se abatia sobre essas populações marcadas pelas "diferenças".

"Eu tenho um sonho. O sonho de ver meus filhos julgados pelo caráter, e não pela cor da pele." Esse é um trecho do famoso discurso de Martin Luther King (1929-1968) proferido em Washington, D.C., capital dos Estados Unidos, em 28 de agosto de 1963, em ato pelo fim do preconceito e da discriminação racial.

Reprodução/AFP

apartheid: política oficial de segregação das populações conforme o grupo "racial", estabelecida pela minoria branca da República da África do Sul, durante a maior parte do século XX. Nesse regime, a minoria branca dominava os recursos econômicos e naturais do país, excluindo econômica e espacialmente a população negra. Todos os serviços públicos, como saúde e educação, eram separados, e a população negra ficava com a pior parte. Após muita pressão internacional e resistência dos movimentos internos *antiapartheid*, o regime caiu em 1994, quando foi eleito o primeiro presidente negro do país, Nelson Mandela.

A ideia de minoria pode ser enganadora, pois nem sempre significa um número menor de pessoas: um grupo étnico pode ser mais numeroso em termos populacionais, mas estar em desvantagem em termos de poder e de participação na distribuição da riqueza. Na África do Sul, antes do fim do ***apartheid***, uma minoria branca dominava completamente os recursos do país, enquanto a imensa maioria negra era excluída. Ou seja, o termo minoria também pode ser usado como referência aos grupos que concentram poder. Mas, nesses casos, aqueles que dominam constroem um sistema no qual constituem a normalidade. Ou seja, os brancos são vistos como os "normais", e todos os excluídos são "étnicos". A ideia de etnia refere-se aos não dominantes, pois os dominantes não se pensam como distintos ou fora da cultura predominante.

Granger/Shutterstock

Manifestação em Atlanta, Estados Unidos, pelo fim da segregação étnico-racial em estabelecimentos comerciais. Fotografia de 1960. O segundo cartaz diz: "Uma casa dividida não para em pé".

Greg English/AP Photo/Imageplus

Nesta fotografia tirada na Cidade do Cabo, África do Sul, em 1985, podemos ver placas indicando as entradas de banheiros separados para pessoas brancas e não brancas. Além dos banheiros, a separação abrangia outros serviços, como telégrafos e até retirada de pacotes para pessoas brancas ("europeus") e negros e demais grupos étnico-raciais ("não europeus"). Este é um exemplo de como uma minoria que concentra muito poder (os brancos) pode excluir a maior parte da população (os negros) do acesso aos recursos do país.

PARA SABER +

Conflitos étnicos

É comum encontrar na mídia o termo "étnico" associado a conflitos de todo tipo. Em geral a expressão "conflito étnico" descreve tensões entre populações no interior de Estados nacionais no mundo contemporâneo. Essas tensões vão desde situações não violentas, como é o caso do nacionalismo da população de língua francesa na província de Quebec, no Canadá, até conflitos que degeneram em guerras de extermínio e por vezes resultam no fracionamento de Estados-nação. Esse foi o caso da ex-Iugoslávia e dos conflitos entre sérvios, croatas, bósnios, albaneses e eslovenos. Naquele contexto, havia também diferenças religiosas importantes entre católicos, cristãos ortodoxos e muçulmanos. A guerra civil iugoslava, ocorrida na década de 1990, resultou em mais de 100 mil mortos, em ações de "limpeza étnica". Os conflitos só se encerraram com a criação de novos Estados nacionais.

Alguns intelectuais têm chamado esse fenômeno de "retribalização", mas para o antropólogo norueguês Fredrik Barth trata-se na realidade de processos políticos em que alguns líderes manipulam identidades étnicas com interesses específicos. Segundo Barth, a mobilização para o conflito não é uma expressão de sentimentos coletivos, mas sim resultado de ações políticas estratégicas de determinados indivíduos ou grupos políticos. Para esse autor, as tensões étnicas que têm potencial de gerar violência podem ser combatidas politicamente.

Isso significa que políticos medíocres ou movidos por interesses próprios podem se aproveitar das identidades étnicas para disseminar na população preconceitos e rancores, a fim de se legitimar. Podemos observar essa dimensão da etnicidade no avanço dos partidos ultranacionalistas na Europa. Esses partidos estimulam o preconceito contra imigrantes (que pode ser considerado um preconceito étnico), responsabilizando-os pelas mazelas econômicas e sociais da Europa.

Nr-stock/Shutterstock

Foto de 2020 do Memorial do Genocídio em Srebrenica, cidade bósnia onde mais de 8 mil muçulmanos foram assassinados por soldados sérvio-bósnios e unidades paramilitares em julho de 1995. Milhares de pessoas foram mortas ou desapareceram na primeira metade dos anos 1990, com os conflitos entre o exército sérvio e as guerrilhas que defendiam a independência da Bósnia-Herzegóvina, de população majoritariamente muçulmana. Estima-se que grande parte dos desaparecidos foi assassinada em ações de limpeza étnica e enterrada em valas comuns.

O exemplo dos conflitos étnicos demonstra a importância de entender como se dão os processos de construção de diferença, pois não se trata apenas de pensar e falar sobre diferença, mas de perceber as práticas geradas por essas construções. Temos aqui o caso-limite de práticas que resultam em políticas violentas de exclusão e até de extermínio, por meio da manipulação das diferenças culturais.

O conceito de etnicidade se contrapõe ao conceito de aculturação (ou assimilação), que foi um dos desenvolvimentos do conceito de cultura. Os teóricos da aculturação previam que aquelas populações diferentes (como os imigrantes e os indígenas), lançadas no interior de uma sociedade nacional, lentamente deixariam de ser "diferentes" e passariam a fazer parte da sociedade nacional. Mas não foi isso o que aconteceu. Pelo contrário: ao se verem excluídos, os "diferentes" passaram a reivindicar o reconhecimento de seus direitos nas esferas políticas. Nos Estados Unidos, por exemplo, o crescimento do movimento negro levou a transformações sociais imensas, que incluíram as políticas de cotas e outras ações afirmativas para minorias historicamente excluídas. Essa ação política dos excluídos foi mais bem analisada da perspectiva de etnicidade que da de cultura. Como o conceito de cultura levava a imaginar uma única cultura nacional, as reivindicações de minorias não se encaixavam nas explicações. Foi preciso encontrar um conceito mais flexível, que desse conta de explicar a diferença dentro das sociedades nacionais de forma mais sensível. Esse conceito é "etnicidade".

Rhymeandreason/Shutterstock

Punhos fechados, gesto historicamente associado ao movimento *black power* desde os anos 1960 , em mural na Filadélfia, sem data, também são utilizados pelo movimento *Black Lives Matter*. A ideia de etnicidade possibilita identificar a especificidade de grupos sociais discriminados por sua origem no interior de uma sociedade mais ampla.

PARA SABER +

Etnicidade e raça

A noção de raça, em termos biológicos, já foi rejeitada. Não existem raças humanas, constatação que foi muito importante no combate ao racismo. Entretanto, a discriminação com base no fenótipo (a aparência e a constituição física) continua a existir. Ou seja, a ideia de raça persiste e produz sistemas de exclusão social. Por isso ainda se fala em raça: não bastou afirmar que não existem raças para acabar com o racismo. Para combater o racismo, as pessoas discriminadas começaram a se articular em torno dessa experiência. Essa organização tornou politicamente importante demonstrar a realidade das populações discriminadas com base na ideia de raça, como os negros no Brasil, por exemplo. Isso significa que a situação dos negros no Brasil pode ser vista com o auxílio do conceito de etnicidade, permitindo o combate ao racismo com base na suposição da existência de raças. A expressão étnico-racial foi criada para qualificar uma população que compartilha algo (a própria experiência da exclusão e do racismo) e age politicamente para reverter essa situação.

5 O CONCEITO DE IDENTIDADE

Outro conceito muito utilizado para pensar a diferença é o de **identidade**. Esse termo tem aparecido na história da Antropologia desde o começo do século XX, com os estudos dos alunos de Franz Boas. Nessa época, porém, a ideia de identidade era sempre um acessório: identidade social, identidade étnica, identidade racial. Estava ligada à autoimagem de um grupo, em geral como algo estático, em equilíbrio, tal como nas definições de estrutura.

A partir da década de 1970, o termo identidade ganhou outra conotação, relacionada à intensa fragmentação social produzida pelo avanço do capitalismo e suas consequências. Como exemplo dessa fragmentação, podemos citar as migrações internacionais, que continuaram a aumentar drasticamente, acentuando a presença de distintas etnicidades nos países centrais do capitalismo; a emergência de diversos movimentos políticos ligados a questões étnico-raciais e étnicas; a presença de religiões transnacionais; os movimentos políticos baseados em orientação sexual e identidade de gênero, entre outros fenômenos. Por outro lado, o avanço tecnológico das formas de comunicação diminuiu as distâncias, e ideias produzidas num lugar rapidamente se espalham pelo mundo todo. A globalização, que estudamos no Capítulo 2, é um dos fatores do crescimento dessa sensação de fragmentação.

Essa realidade fragmentada exigia um novo conceito para pensar a diferença além dos conceitos de cultura e etnicidade. Se etnicidade se referia a algum tipo de ancestralidade comum (imigrantes, populações negras, indígenas, etc.), era uma ideia que não dava conta de muitas outras diferenças: entre um ultrarreligioso negro e um ativista negro por direitos homoafetivos, a diferença pode ser tão grande quanto aquela entre um grupo indígena e uma sociedade nacional. Como pensar essa diferença não atrelada necessariamente a uma ancestralidade comum?

Edgloris Marys/Shutterstock

Manifestação por proteção aos direitos civis e políticos da população LGBTQIA+ em Caracas, Venezuela, 2021. A identidade de gênero tornou-se um fator de agregação de pessoas com pautas em comum também em movimentos sociais. A construção de identidades envolve também a criação de símbolos, como a bandeira azul, rosa e branca, que representa a população trans.

A alternativa para pensar essa nova realidade complexa e fragmentada foi o conceito de identidade. Ao contrário de outras ideias usadas para pensar a diferença, identidade não pressupõe uma ancestralidade comum; a prática social (a experiência de vida) é suficiente para produzir identidades entre grupos de pessoas. A identidade deve ser sempre vista como transitória, nunca pronta ou acabada. É um processo em construção, modelado pela ação das pessoas com características em comum. Podemos pensar num grupo de religiosos budistas que desenvolve uma identidade por meio da prática do budismo, num grupo de homossexuais que busca conquistar direitos familiares e lutar contra o preconceito, em grupos de veganos que vivem segundo um modelo específico. A todos esses exemplos e a muitos outros pode ser atribuído o conceito de identidade: identidades religiosas, identidades sexuais, identidade vegana.

O conceito de identidade é oportuno para pensar a diferença num mundo onde a fragmentação das opções de vida foi extrema, onde múltiplas alternativas se apresentam a qualquer pessoa. Como conceito, identidade nasce sem preocupação com estabilidade, continuidade ou qualquer ideia de completude. Os sujeitos podem, inclusive, modelar sua identidade pessoal com base em várias identidades, combinando e compartilhando diferentes experiências identitárias. Um *punk* negro pode amalgamar uma identidade baseada no estilo de vida *punk* e também na experiência de ser negro numa sociedade racista, por exemplo.

Num mundo fracionado pelo excesso de informação, a diferença social tem sido analisada sob a perspectiva do conceito de identidade, mas isso também levou a um tipo de análise que enfoca apenas o sujeito e suas escolhas, como se a identidade fosse uma espécie de mercadoria que cada pessoa pode assumir livremente. O fato de que muitos grupos se definem pelo consumo de determinadas mercadorias levou a uma associação entre o conceito de identidade e o mercado de consumo.

Ajdin Kamber/Shutterstock

Marcha pelo orgulho e pelos direitos da população LGBTQIA+ em Sarajevo, capital da Bósnia-Herzegóvina, em 2021. A bandeira arco-íris como símbolo da comunidade *gay* foi exibida pela primeira vez na Parada *Gay* da Liberdade de São Francisco, nos Estados Unidos, em 1978 e era formada de oito cores, das quais seis permanecem até hoje. As diferenças presentes no mundo contemporâneo vão além das étnicas e culturais, produzindo outros tipos de identificação.

Calvin & Hobbes, Bill Watterson © 1992 Watterson/Dist. by Universal Uclick

Nessa tirinha de Calvin, publicada em 1992, Bill Watterson (o criador do personagem) relaciona, ironicamente, consumo e identidade.

BIOGRAFIAS

Acesse o Plurall para saber mais sobre **Stuart Hall (1932-2014)**.

Se na esfera do senso comum cada vez mais a identidade assume a feição de personalidade individual moldada por estilos de consumo, nas Ciências Sociais a "vida em comum" continua a ser muito relevante. Para autores como **Stuart Hall (1932-2014)**, a identidade contém tanto aquilo que escolhemos como aquilo que não escolhemos. Aquela parte da vida social que não controlamos é fundamental na formação da identidade: assim, a exclusão racial, a discriminação sexual, a intolerância religiosa, por exemplo, podem moldar a identidade das pessoas, mesmo que elas não queiram. As identidades comportam tanto nossas heranças culturais como novas formas de pensar o mundo, apresentadas pelas novas tecnologias de comunicação.

VOCÊ JÁ PENSOU NISTO?

Experimente pensar em sua vida com o auxílio do conceito de identidade. Qual seria a sua identidade? Você acha que tem mais de uma? Que tipo de experiência social define o seu estilo de vida, as suas crenças? Você combina experiências distintas e as experimenta de um jeito individual? Tente compartilhar uma reflexão com os colegas e pondere sobre a variação das respostas: muitos colegas da turma se parecem com você? Vocês compartilham as mesmas identidades ou é justamente o contrário?

VOCÊ APRENDEU QUE

Estrutura social, para os antropólogos ingleses das décadas de 1920 a 1950, podia ser definida como a relação entre as diversas partes que compõem uma sociedade.

→ Essas partes executavam funções que mantinham a sociedade viva e equilibrada.

Malinowski e Radcliffe-Brown consideravam cada sociedade um todo organizado e estável.

Estrutura, para Lévi-Strauss, era uma forma de pensar o mundo, universal e presente na mente de todos os humanos. Essa estrutura era comparável a um jogo de oposições binárias, refletidas, por exemplo, em mitos e nos sistemas de parentesco.

→ Para Lévi-Strauss, a questão era retomar os projetos comparativos entre sociedades, mas eliminando a noção de progresso.

No século XX, as transformações sociais ocorridas no mundo levaram a Antropologia a buscar novos conceitos para pensar a diferença, sem pressupor a ideia de equilíbrio em uma sociedade.

A partir da década de 1960, muitos antropólogos passaram a pensar as transformações sociais com base nos conceitos de etnicidade e identidade.

Etnicidade refere-se ao contraste entre grupos sociais (conforme suas origens) que compartilham alguma coisa em comum e pode ser um instrumento político de reivindicação de direitos, assim como um instrumento de manipulação dos grupos em questão.

Identidade pressupõe um processo inacabado, em construção e não exclusivo: é possível amalgamar várias identidades.

→ O conceito de identidade relaciona-se ao fim do século XX e traz uma grande flexibilidade: depende apenas de compartilhar experiências coletivas variadas, sem o pressuposto de uma ancestralidade comum.

ATIVIDADES

REVENDO

1. Como os conceitos de estrutura social e de função, em Radcliffe-Brown e Malinowski, se relacionam com a noção de "equilíbrio", "estabilidade"?
2. Há diferença entre o conceito de estrutura dos autores ingleses e o de Lévi-Strauss? Justifique sua resposta.
3. Descreva as mudanças ocorridas na Antropologia e em seus métodos a partir do pós-guerra.
4. Explique o que você entendeu por etnicidade.
5. Agora, explique o que você entendeu por identidade.

CONSTRUINDO

1. Considere o texto a seguir:

> Outro dia fomos comprar abóboras para o Dia das Bruxas. Nos deram um carrinho vermelho para colocá-las enquanto passeávamos pela plantação. Pechinchamos, fizemos 'uuuh' e 'aaah' para um zumbi mecânico em tamanho real que arrancava a própria cabeça. Ganhamos miniabóboras para nosso bebê fofinho. Até chegar a hora do cartão de crédito. O rapaz fez uma longa pausa, depois perguntou: 'Esse cartão é dela, certo?' – apontando para mim. Quase senti pena por ele, que ficou desesperado para normalizar a situação. [...] Ficamos paralisados de um jeito que já nos é familiar, até Harry dizer: 'O cartão é meu'. Longa pausa, longo olhar de soslaio. Uma sombra de violência costuma pairar sobre essas cenas. 'É complicado', Harry finalmente disse, perfurando o silêncio. Por fim, o homem respondeu: 'Não, na verdade não é, não', disse ele, devolvendo o cartão. 'Não é nada complicado.'
>
> NELSON, Maggie. *Argonautas*. Belo Horizonte: Autêntica, 2017. p. 99.

- Por qual razão esse texto é interessante para pensar o conceito de identidade, conforme trabalhado no capítulo?

2. Com base na fotografia ao lado, produza uma reflexão sobre etnicidade na sociedade brasileira.

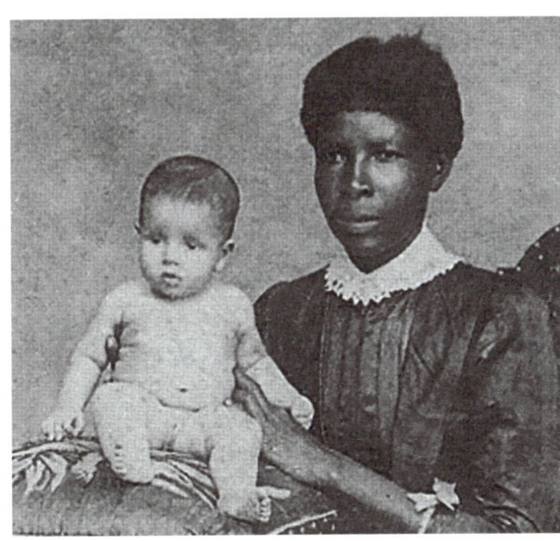

Ama de leite segura bebê para a foto. Imagem produzida entre fim do século XIX e início do XX, em Recife (PE).

Reprodução/Coleção Francisco Rodrigues/Acervo Joaquim Nabuco, Recife, PE.

3. O *haicai* ou *haiku* é uma forma de poesia surgida no século XVI, no Japão, e ainda hoje em voga. É composta de três versos, com cinco, sete e cinco sílabas poéticas, e em geral tem como tema a natureza ou as estações do ano.

Considere estes haicais de Kiyoko Harada, que nasceu no Japão e se estabeleceu em Tomé-Açu (PA), no Brasil.

Maracujá verde
A esperança que nos resta...
Ainda há amanhã.

O neto em português,
A avó em japonês;
A festa dos imigrantes.

Terra grandiosa:
Eis a herança aos filhos;
A festa dos imigrantes.

No Amazonas envelhecida;
Sem o mínimo remorso
Pelo dia da Imigração, agradecida.

Plantada, já enfim;
A terra infernal,
A festa da imigração, agora sim.

Não se acostuma
O velho imigrante
Com o verde da garapa.

HARADA, Kiyoko. *Bola de espinhos*: antologia de *haiku*. Tradução de Yozaburo Bando. Maringá: [s.n.], 1996.

Chegada dos primeiros imigrantes japoneses a Tomé-Açu (PA), na década de 1930.

- O poema estabelece contrastes entre a experiência de imigrante e o meio ambiente, e entre o Brasil e o Japão. Como poderíamos pensá-lo com base na ideia de etnicidade?

CAPÍTULO 9

Antropologia no Brasil

Dajara Tukano/Acervo da artista

Selva Mãe do Rio Menino (2020), de Daiara Tukano. Mural em fachada de edifício em Belo Horizonte (MG).

A partir de meados do século XX, a Antropologia mundial concentrou seu interesse nas populações locais marginalizadas. No Brasil não foi diferente: construiu-se um acervo de conhecimento sobre populações indígenas, negras, camponesas, entre outras.

Ao contrário das antropologias estadunidense, inglesa e francesa, na Antropologia brasileira, os estudiosos se preocuparam sobretudo em estudar o próprio país. Durante quase todo o século XX, o principal interesse foi explicar o Brasil, observando as populações marginalizadas, as urbanas de classe média e as elites. Apenas muito recentemente os antropólogos brasileiros começaram a analisar essas temáticas em contextos internacionais.

Este capítulo começa com um breve histórico da Antropologia no Brasil para depois destacar os principais focos e temas da produção antropológica nacional. Como já abordamos as populações indígenas no Capítulo 6, aqui elas terão menos destaque, embora constituam um tema da maior importância para a Antropologia brasileira.

NESTE CAPÍTULO VAMOS DISCUTIR:

1. Os primeiros tempos
2. Antropologia e cultura popular
3. A consolidação da Antropologia brasileira
4. Antropologia e relações raciais
5. Antropologia urbana

COMPETÊNCIAS E HABILIDADES DA BNCC

- Competências gerais da Educação Básica: 1, 2, 3, 7, 8 e 9.
- Competências específicas de Ciências Humanas e Sociais Aplicadas: 1, 2, 5 e 6.
- Habilidades de Ciências Humanas e Sociais Aplicadas: EM13CHS101, EM13CHS102, EM13CHS104, EM13CHS105, EM13CHS201, EM13CHS204, EM13CHS205, EM13CHS502, EM13CHS503, EM13CHS504 e EM13CHS601.
- Competências específicas de Linguagens e suas Tecnologias: 2 e 3.
- Habilidades de Linguagens e suas Tecnologias: EM13LGG202, EM13LGG204, EM13LGG302 e EM13LGG303.

1 OS PRIMEIROS TEMPOS

O antropólogo **Julio Cezar Melatti (1938-)** divide a História da Antropologia brasileira em três períodos: do fim do século XIX até os anos 1930, da década de 1930 à década de 1960, e, finalmente, da década de 1960 em diante. Seria possível acrescentar mais um período: da década de 1980 até o presente.

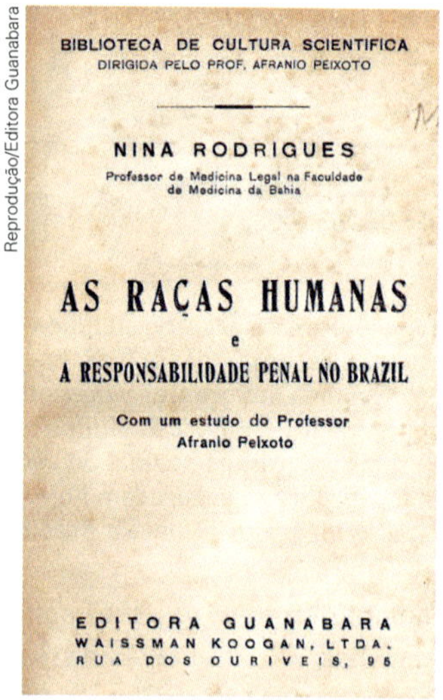
BIBLIOTECA DE CULTURA SCIENTIFICA
DIRIGIDA PELO PROF. AFRANIO PEIXOTO

NINA RODRIGUES
Professor de Medicina Legal na Faculdade de Medicina da Bahia

AS RAÇAS HUMANAS
e
A RESPONSABILIDADE PENAL NO BRAZIL

Com um estudo do Professor Afranio Peixoto

EDITORA GUANABARA
WAISSMAN KOOGAN, LTDA.
RUA DOS OURIVES, 95

Frontispício da primeira edição da obra *As raças humanas e a responsabilidade penal no Brasil*, de Nina Rodrigues, 1894. Na passagem do século XIX para o XX, o debate intelectual sobre a formação do povo brasileiro se pautava amplamente na criminologia positiva e na ideia da desigualdade entre as "raças".

Até a década de 1930, o conhecimento antropológico era produzido por intelectuais não formados na área, pois essa formação acadêmica só passou a existir no Brasil em 1933, na Escola de Sociologia e Política de São Paulo, e, em 1934, na Universidade de São Paulo (USP). Na época, o principal interesse de estudo era a formação da sociedade brasileira. Como predominavam as ideias evolucionistas e o darwinismo social, que vimos no Capítulo 7, muitos intelectuais se dedicavam a investigar como a composição do povo brasileiro ao longo da História influenciaria as relações sociais na época ou como seria possível alterar essa realidade.

Nesse momento, os estudos sobre indígenas brasileiros eram predominantemente realizados por alemães, fato que guarda certa semelhança com a influência de Franz Boas (ver Capítulo 7) sobre os estudos antropológicos nos Estados Unidos. Um dos principais antropólogos a estudar as populações indígenas do Brasil foi **Karl von den Steinen (1855-1929)**, que, como Boas, havia sido influenciado pelo etnólogo **Adolf Bastian (1826-1905)**. Já entre os intelectuais brasileiros do período, destacavam-se **Sílvio Romero (1851-1914)**, **Euclides da Cunha (1866-1909)**, **Nina Rodrigues (1866-1906)**, **Oliveira Vianna (1883-1951)** e o poeta **Gonçalves Dias (1823-1864)**, para quem a população indígena, além de "inferior", estaria em decadência. Esses intelectuais eram ensaístas, ou seja, produziam conhecimento sem usar os métodos característicos da área.

Esses autores, com diferentes abordagens, viam a população brasileira do ponto de vista da hierarquia racial. Esse olhar resultou em uma visão pessimista do Brasil: entendiam que a composição racial brasileira era "inferior", em decorrência da miscigenação, e que essa característica populacional tornava impossível construir um país desenvolvido. Embora tais ideias pareçam deslocadas ou questionáveis hoje em dia, naquele momento histórico, entre o final do século XIX e o começo do século XX, esse tipo de pensamento teve grande relevância e enormes efeitos práticos, afetando a história da maioria dos brasileiros. A política de imigração adotada pelo Estado no período, influenciada por esse olhar pessimista e preconceituoso sobre a população do país, adotou medidas de incentivo à imigração europeia: imaginava-se, assim, "branquear" o Brasil.

BIOGRAFIAS

Acesse o Plurall para saber mais sobre **Julio Cezar Melatti (1938-)**, **Karl von den Steinen (1855-1929)**, **Adolf Bastian (1826-1905)**, **Sílvio Romero (1851-1914)**, **Euclides da Cunha (1866-1909)**, **Nina Rodrigues (1866-1906)**, **Oliveira Vianna (1883-1951)** e **Gonçalves Dias (1823-1864)**.

João Laet/Fotoarena

Reprodução/Coleção particular

Ao lado, grupo de imigrantes alemães durante festa campestre, em Bananal (SC), no início dos anos 1920. Acima, imigrantes venezuelanos em Pacaraima (RR), em 2019. Muitas questões relativas aos imigrantes no final do século XIX e início do século XX reaparecem hoje com os novos fluxos imigratórios para o Brasil.

VOCÊ JÁ PENSOU NISTO?

Você já pensou que a formação da população brasileira é fruto de decisões políticas tomadas em vários momentos da História? O extermínio de indígenas, a escravização de negros, o incentivo à imigração europeia e, mais tarde, a outras imigrações, como a japonesa e a sírio-libanesa, são exemplos disso. Essas decisões foram tomadas com base nas ideias vigentes em cada época, como as teorias de evolução social e de hierarquia racial. Faça uma reflexão sobre a história de sua família e procure relacioná-la com esses processos históricos. Quais são suas origens? Você conhece sua ascendência? Seja qual for sua história e a dos seus antepassados, foi influenciada por essas decisões políticas, assim como a história das gerações futuras será afetada pelas políticas atuais. Trazendo esta questão para os dias atuais: no local em que você mora, há muitas pessoas que migraram recentemente? De que maneira você imagina que esses migrantes são considerados pelas ações governamentais brasileiras?

BIOGRAFIAS

Acesse o Plurall para saber mais sobre **Roger Bastide (1898-1974)**, **Emilio Willems (1905-1997)**, **Herbert Baldus (1899-1970)**, **Donald Pierson (1900-1995)**, **Gilberto Freyre (1900-1987)** e **Arthur Ramos (1903-1949)**.

Essa tentativa de "branqueamento" foi uma resposta à ideia de que a população brasileira, majoritariamente composta de indígenas, negros e mestiços, não poderia construir um país desenvolvido. A persistência, nos dias atuais, da marginalização de populações negras, indígenas e mestiças tem relação com essas decisões históricas.

Assim, até as décadas de 1920 e 1930, predominaram perspectivas evolucionistas, principalmente as que atrelavam noções de superioridade a determinadas raças e criticavam a mestiçagem.

A partir dos anos 1930, teve início uma gradual profissionalização das Ciências Sociais no Brasil, entre elas a Antropologia. São referências nesse processo a Universidade de São Paulo e a Escola de Sociologia e Política de São Paulo, que contrataram professores estrangeiros como os franceses Claude Lévi-Strauss (ver Capítulos 6 e 8) e **Roger Bastide (1898-1974)**, os alemães **Emilio Willems (1905-1997)** e **Herbert Baldus (1899-1970)** e o estadunidense **Donald Pierson (1900-1995)**. No Rio de Janeiro, o pernambucano **Gilberto Freyre (1900-1987)** assumiu em 1935 a primeira cátedra de Antropologia na Universidade do Distrito Federal, depois Universidade do Brasil. Em 1939, o alagoano **Arthur Ramos (1903-1949)** ocupou a cátedra de Antropologia na mesma universidade, que depois se tornaria a Universidade Federal do Rio de Janeiro (UFRJ).

Durante a década de 1930, houve um predomínio da influência estadunidense, com o início de um intercâmbio entre docentes vindos dos Estados Unidos e antropólogos brasileiros. Assim, prevaleceu, nesse momento, uma perspectiva cultural atrelada à ideia de aculturação (que vimos no Capítulo 7), o que se explica pela importância dada à integração das populações imigrantes à vida nacional.

Reprodução/Acervo Fapesp

Roger Bastide, em fotografia feita entre 1945 e 1950.

Gilberto Freyre, em 1985.

Rogério Carneiro/Folhapress

Esse foi também um período de grandes teorias sobre a formação do Brasil, como a de Gilberto Freyre. O autor pernambucano afirmava ter sido muito influenciado por Boas, de quem foi aluno na Universidade Columbia, nos Estados Unidos. Sua inovação foi a inversão das hierarquias raciais e do pessimismo em relação ao povo brasileiro que caracterizara o período anterior. Para Gilberto Freyre, a mestiçagem brasileira não poderia ser sinônimo de atraso ou um problema social, ao contrário, era justamente o trunfo de uma nova civilização luso-tropical. Além da perspectiva de Freyre, estudos de Arthur Ramos e Roger Bastide, entre outros, romperam com a tradição racializada do século XIX, adotando um tom formalmente não racista.

2 ANTROPOLOGIA E CULTURA POPULAR

Outra tendência marcante da Antropologia brasileira é exemplificada no conjunto de trabalhos conhecidos como "estudos de comunidade". Nas décadas de 1950 e 1960, muitos antropólogos se dedicaram a estudar pequenas cidades ou vilas caracterizadas por uma transição entre ruralidade e urbanidade. Esses intelectuais buscavam descrever aquelas comunidades como totalidades integradas, ou seja, como entidades autônomas e funcionais, comparáveis a um organismo vivo que funciona graças à boa interação entre suas partes. Entretanto, eles tendiam a desconsiderar as conexões entre as comunidades e o restante da sociedade nacional. De acordo com a mesma tradição estadunidense que influenciava outras áreas da Antropologia brasileira, esses estudos demarcaram outra característica relevante ao pensamento social da época: uma preocupação com os efeitos do desenvolvimento econômico na sociedade e na cultura.

Cidades como Cunha (SP), Itapetininga (SP), Cruz das Almas (RJ) e Rio das Contas (BA), entre várias outras, foram objeto de estudo, alguns deles coordenados por antropólogos estadunidenses, como **Charles Wagley (1913-1991)**, ex-aluno de Boas. A mudança cultural era o interesse central desses estudos. Muitos deles faziam parte de projetos maiores, que objetivavam compor uma análise ampla da sociedade brasileira, uma espécie de mosaico ou panorama que revelasse as relações entre cultura popular e urbanização, campo e cidade, "atraso" e "desenvolvimento".

BIOGRAFIAS

Acesse o Plurall para saber mais sobre **Charles Wagley (1913-1991)**.

BIOGRAFIAS

Acesse o Plurall para saber mais sobre **Florestan Fernandes (1920-1995)**, **Egon Schaden (1913-1991)** e **Octavio Ianni (1926-2004)**.

Os estudos de comunidade podem ser relacionados aos estudos de aculturação, já que as duas perspectivas se preocupavam com os processos de transformação social associados às diferenças culturais. De um lado, foco nas culturas populares rurais; de outro, foco nas populações de imigrantes em suas próprias "comunidades". Esses intelectuais buscavam responder a questões da mesma ordem que os intelectuais do período anterior: queriam entender a população brasileira em um contexto em que o país passava por uma urbanização crescente, que culminou com o significativo desenvolvimento industrial vivenciado a partir da década de 1960.

Entre as décadas de 1930 e de 1960, também foram feitos no Brasil estudos de caráter funcionalista. Principalmente em relação às populações indígenas, o foco passou a ser o estudo do funcionamento das sociedades. O paulista **Florestan Fernandes (1920-1995)** e o catarinense **Egon Schaden (1913-1991)**, por exemplo, buscaram analisar as sociedades como totalidades integradas, a exemplo dos estudos de Malinowski e Radcliffe-Brown (ver Capítulo 8).

A influência funcionalista também apareceu nos estudos sobre o então chamado "folclore", ou seja, as manifestações culturais das camadas populares da sociedade. Se boa parte dos trabalhos anteriores sobre o assunto era meramente descritiva e preocupada em relacionar as práticas a antigas heranças culturais, os novos estudos tinham como foco a mudança social. Na década de 1960, Florestan Fernandes e **Octavio Ianni (1926-2004)** produziram trabalhos em que a cultura popular deixava de ser entendida como um "vestígio" do passado e sinônimo de atraso. Para esses autores, as expressões culturais encontradas fora das elites, na zona rural, em pequenas cidades, em quilombos, nos bairros populares das grandes cidades eram manifestações legítimas da cultura de camadas populares em processo de atualização e modificação, em consequência da urbanização e modernização do país.

Fundo ABA/AEL/Unicamp, SP

Nesta fotografia da década de 1940, o sociólogo Emilio Willems (à esquerda) entrevista um morador da cidade de Cunha (SP) para seu estudo que resultou no livro *Cunha: tradição e transição em uma cultura rural do Brasil*, publicado em 1947 pela Secretaria da Agricultura do estado de São Paulo.

João Prudente/Pulsar Imagens

Apresentação da banda de Congado de Santa Efigênia e Nossa Senhora do Rosário no centro histórico de Ouro Preto (MG), em 2021. Nas pequenas cidades e naquelas afastadas de grandes centros urbanos é comum encontrarmos manifestações da cultura popular tradicional.

VOCÊ JÁ PENSOU NISTO?

Você vive numa pequena comunidade ou cidade com características rurais? Se você fosse um estudante na década de 1950, provavelmente responderia "sim". Hoje é mais provável que a resposta seja "não", dado o grau de urbanização do país. Em 2010, segundo o IBGE, 84% da população brasileira era urbana. Em 1960, apenas 45% dos brasileiros viviam em áreas urbanas. Assim, a chance de que pelo menos um de seus avós tenha vivido em áreas rurais é grande. Desse modo, as transformações sociais investigadas nas décadas de 1950 e 1960 fazem parte da história familiar de muitos brasileiros de hoje. A transição campo-cidade, as migrações internas e a imigração internacional estavam entre as principais preocupações dos cientistas sociais daquela época. Você consegue imaginar a vida em uma comunidade rural brasileira nos anos 1960? Uma boa maneira de fazer esse exercício é conversar com alguém que tenha vivido essa experiência, mesmo que apenas quando criança.

Bettmann Archive/Getty Images

Acima, trabalhadores preparando o café para secagem nas proximidades de Santos (SP), c. 1940. Ao lado, colheita mecanizada de café no município de Espírito Santo do Pinhal (SP), 2021.Embora o país tenha se urbanizado, ainda há milhões de pessoas que vivem no campo. Contudo, a vida nas áreas rurais também tem passado por diversas transformações.

Eduardo Zappia/Pulsar Imagens

A partir da década de 1960, começou a crescer o número de cientistas sociais no Brasil, o que resultou em uma produção de conhecimento mais sistemática e mais fundamentada nos métodos e conceitos desenvolvidos na área. Foram deixados para trás o "ensaísmo" intelectual do começo do século e a fase de transição (de 1930 a 1960), marcada ainda pela pequena quantidade de pesquisadores. A Antropologia realizada a partir de 1960 destacou novos objetos de pesquisa. Em lugar das comunidades com pouco contato com o restante da sociedade brasileira, entraram em cena o campesinato, os assalariados rurais, os trabalhadores urbanos, as **frentes de expansão**, a migração do campo para a cidade e a vida nas favelas.

As abordagens teóricas também se diversificaram segundo as diferentes linhas de formação dos antropólogos, ganhando destaque o estruturalismo francês e as teorias da etnicidade e do contato interétnico, de inspiração inglesa e estadunidense.

frente de expansão: área de povoamento e exploração econômica (em geral agropecuária) recente.

BIOGRAFIAS

Acesse o Plurall para saber mais sobre **Roberto Cardoso de Oliveira (1928-2006)**, **Roberto DaMatta (1936-)**, **Darcy Ribeiro (1922-1997)**, **Eunice Durham (1932-)** e **Gilberto Velho (1954-2012)**.

3 A CONSOLIDAÇÃO DA ANTROPOLOGIA BRASILEIRA

A partir dos anos 1960, destacaram-se antropólogos como **Roberto Cardoso de Oliveira (1928-2006)**, **Roberto DaMatta (1936-)**, **Darcy Ribeiro (1922-1997)**, **Eunice Durham (1932-)**, **Gilberto Velho (1954-2012)**, entre outros, todos formados pela geração anterior. Os objetos de estudo passaram a ser cada vez mais diversos: a Antropologia se voltou para temas múltiplos na cidade, no campo e entre as populações indígenas. Duas preocupações ainda eram marcantes: os efeitos da urbanização e da industrialização e as populações em situação marginal.

A modernização do Brasil alterou a situação dos povos do campo, que passaram a encontrar novas formas de trabalho assalariado no espaço urbano. O deslocamento para as cidades produziu novos coletivos desfavorecidos socialmente, como os moradores de favelas e periferias urbanas. As populações indígenas foram muito afetadas pelo avanço sobre seus territórios ancestrais. Também a questão do gênero e da opressão sobre as mulheres passou a ser objeto de reflexão antropológica. Antigos temas, como as relações raciais, continuaram importantes, ainda que sob novas perspectivas. Os estudos sobre a relação entre grupos etários (jovens, idosos) e uma Antropologia do processo de envelhecimento também se desenvolveram.

Uma diferença marcante em relação ao período anterior, ligada ao uso mais sistemático da categoria "etnicidade", é que os antropólogos não mais imaginavam que populações, como as indígenas e as quilombolas, entre outras, seriam inevitavelmente "aculturadas" ou "incorporadas" à sociedade nacional. A perspectiva anterior era pessimista a respeito da continuidade de determinadas sociedades e de suas diferenças e especificidades, quando postas em contato ou confronto com a sociedade nacional.

Arquivo do jornal O Estado de S. Paulo/Agência Estado

Migrantes nordestinos chegam à capital paulista em um pau de arara, nome dado aos caminhões improvisados para o transporte de passageiros. Foto de 1960.

O foco das preocupações se transformou gradualmente: se antes os estudiosos eram informados pelas expectativas e pontos de vista do Estado nacional a respeito dessas populações, agora passaram a considerar o ponto de vista das próprias sociedades estudadas. Entretanto, o objetivo ainda era o entendimento da sociedade nacional, para a qual, segundo afirmava Roberto Cardoso de Oliveira, o indígena, por exemplo, aparecia como "um incômodo".

Com base no interesse pelo contato interétnico, os estudos passaram a observar, por exemplo, a política interna das populações indígenas, profundamente afetadas pelo contato com a população branca. Os processos que levaram algumas populações indígenas a se urbanizar foram também examinados. Como vimos no capítulo anterior, o conceito de etnicidade se refere sempre à diferenciação entre grupos postos em contraste. A noção de etnia possibilitou aos antropólogos desse período uma reflexão sistemática sobre as diferentes populações em estudo: permitiu entender as relações raciais, as populações indígenas, os imigrantes e seus descendentes. Nos estudos da Antropologia indígena (também conhecida no Brasil como "etnologia" indígena), cresceu a influência do trabalho de Lévi-Strauss, e tanto os mitos como os rituais passaram a ser objeto de análise sistemática.

proletariado: conjunto de pessoas que, para sobreviver, precisam vender sua força de trabalho em troca de remuneração. Nas sociedades capitalistas, é a classe em que se encontra a maioria das pessoas.

Nesse contexto, a Antropologia brasileira passou a buscar uma dimensão mais abrangente, refletindo sobre o avanço do capitalismo no universo rural e a emergência de um **proletariado** rural, entre outros temas. Também foram conduzidos estudos com foco mais restrito, que se concentravam em aspectos como religiosidade, estruturas familiares, hábitos alimentares, etc.

Reprodução/Coleção particular

Antonio Pirozzeli/Folhapress

Acima, cartaz promovendo a ocupação de Goiânia, a nova capital de Goiás, nos anos 1930. Na segunda imagem, os irmãos Cláudio e Orlando Villas-Bôas, na Serra do Cachimbo, sul do Pará, em 1951. As frentes de expansão a partir dos anos 1930 intensificaram as oportunidades de contato interétnico, o que também levou a um maior interesse dos antropólogos pelas transformações vividas pelas populações indígenas.

Rubens Chaves/Pulsar Imagens

Aula de ginástica ao ar livre para a terceira idade na cidade de Santos (SP), 2019. A imagem ilustra uma transformação recente no perfil da população brasileira: o aumento da expectativa de vida e as novas relações sociais vivenciadas após a aposentadoria.

A dimensão que corresponderia a uma estrutura social clássica (como em Radcliffe-Brown) perdeu espaço quando a Antropologia focou as populações não indígenas: ficou cada vez mais difícil analisar comunidades como unidades isoladas ou fechadas. Entretanto, assim como nos períodos anteriores, a Antropologia do período de institucionalização acadêmica (quando se criaram os programas de pós-graduação) continuou comprometida em entender e explicar a sociedade brasileira.

Diferenças de outros tipos, como as existentes entre pobres e ricos, mulheres e homens, homossexuais e heterossexuais, jovens e idosos, também demandavam novos conceitos e novas análises. A partir da década de 1970, o conceito de identidade (visto no Capítulo 8) passou a ser uma referência principalmente para compreender de que modo demarcações e diferenças como as citadas coexistiam em um contexto.

VOCÊ JÁ PENSOU NISTO?

O Brasil tem passado, desde a década de 1970, por uma imensa modificação na estrutura etária de sua população: em 1960, pouco mais de 9 milhões de brasileiros tinham mais de 60 anos. Em 1990, esse número passou para mais de 13 milhões; em 2011, já atingia a cifra de quase 24 milhões de pessoas. Estima-se que, em 2021, o número tenha chegado a 37,7 milhões, o que corresponde a cerca de um quinto da população total do país. Esse aumento na quantidade e na proporção de pessoas idosas resultou da diminuição da taxa de fecundidade (as pessoas têm menos filhos) e do aumento da expectativa de vida, relacionado a diversos fatores (avanços na Medicina, programas sociais de atenção ao idoso, programa de aposentadoria rural, etc.). O processo de envelhecimento da população brasileira provavelmente pode ser percebido na sua casa ou de seus familiares, com o aumento no tempo de vida das pessoas em relação às gerações anteriores. Tente pensar em quanto esse processo tem modificado a vida do brasileiro conversando com alguém ao seu redor que tenha mais de 60 anos: pergunte como era a perspectiva de vida dos idosos quando essa pessoa era jovem.

PARA SABER +

Explicando a sociedade brasileira

A explicação da sociedade nacional continua sendo importante para a Antropologia brasileira. Gilberto Freyre inaugurou essa tradição com seus estudos sobre a família e a produção agrícola no Nordeste brasileiro, recorrendo a explicações culturalistas que indicavam uma especificidade da colonização portuguesa. Para Freyre, Portugal teria criado um modelo de colonização menos racializado por ser, ele mesmo, um país mestiço, após séculos de convivência entre a população cristã e os mouros, povos de origem no norte da África e que praticavam a religião muçulmana.

No final do século XX, essa tradição foi revisitada por dois importantes autores: Darcy Ribeiro e Roberto DaMatta. Em seu livro *O povo brasileiro* (1995), Darcy Ribeiro pretende explicar a gênese da especificidade brasileira, uma população etnicamente variada e misturada, mas sentindo-se como uma única etnia. Essencialmente otimista, Darcy oferece uma perspectiva pós-freyriana, destacando a beleza do povo brasileiro. O livro é uma descrição de toda a história do Brasil do ponto de vista da formação de sua população.

Já Roberto DaMatta, com seu *Carnavais, malandros e heróis* (1979), analisou o Brasil a partir de uma influência estruturalista. DaMatta interpreta o Brasil como algo entre uma sociedade completamente hierárquica (como a indiana) e uma sociedade individualista (como a estadunidense). As oscilações entre esses polos marcariam a experiência dos brasileiros.

DaMatta afirma que a oposição entre a casa (espaço de convívio das famílias) e a rua (lugar do convívio público) definiria as relações no Brasil. O espaço da casa seria o espaço da hierarquia, onde todas as pessoas seriam colocadas em um sistema de relações familiares. E a rua seria o espaço da individualidade, da igualdade entre os indivíduos. Na vida social, porém, sempre surgiriam hierarquias onde deveria haver igualdade. Assim se explicam desde ritos como o Carnaval e as paradas militares até práticas cotidianas de discriminação, como as afirmações de autoridade do tipo: "Você sabe com quem está falando?".

Reprodução/Associação Brasileira de Antropologia

Peça de divulgação da 33ª Reunião Brasileira de Antropologia, realizada em 2022.

Dos anos 1980 em diante, o número de antropólogos formados aumentou exponencialmente. Na década de 1950, uma reunião da Associação Brasileira de Antropologia reunia cerca de sessenta pessoas, enquanto atualmente congrega mais de 2,5 mil pessoas. Em um universo tão maior, é claro que os objetos de pesquisa serão cada vez mais variados. As influências do mundo contemporâneo também se fazem sentir: há agora estudos sobre relações sociais na internet, sobre implicações sociais de novas tecnologias reprodutivas, sobre novos campos da ciência, etc.

Outra característica da Antropologia mais recente foi o crescimento vertiginoso da Antropologia urbana (que veremos a seguir), tirando a primazia da tradicional Antropologia indígena. Em alguns momentos, a Antropologia urbana se confunde com uma Sociologia urbana, e é comum a circulação de pesquisadores nos dois campos.

Na área da Etnologia, essa "massificação" gerou novas perspectivas teóricas, francamente críticas à ideia do contato interétnico. Segundo essas críticas, a ideia do contato remete sempre à sociedade nacional, pois faz do contato (e do branco) o agente principal da análise da vida dos indígenas. Para esses etnólogos, a compreensão das sociedades indígenas deve fundamentar-se nos termos dos próprios grupos indígenas, analisando suas cosmologias e modos de ver o mundo não pelo viés e pelos termos e modelos da "sociedade dos brancos". Embora a Etnologia, no que tange à proporção de pesquisadores, tenha diminuído em relação à Antropologia urbana, sua produção ainda tem um impacto internacional muito maior.

Em contrapartida, está em curso um avanço das relações entre as diversas antropologias nacionais: os antropólogos brasileiros têm circulado mais internacionalmente e se empenhado em conectar universos diferentes, por exemplo, com o estreitamento de conexões "sul-sul", ou seja, entre países não desenvolvidos ou em desenvolvimento. Assim, o século XXI é marcado pela internacionalização e pela circulação da Antropologia brasileira.

4 ANTROPOLOGIA E RELAÇÕES RACIAIS

Antes de discutir a Antropologia urbana brasileira, vamos acompanhar a trajetória de um tema específico, muito importante para a história da Antropologia: as relações raciais. Podemos ver, por meio desse exemplo, um pouco das transformações da Antropologia no Brasil.

O tema do "negro" no Brasil ganhou destaque no século XIX com o processo de abolição da escravatura, que teve início em 1850 com a proibição do tráfico internacional de pessoas. Avançou com a Lei do Ventre Livre, em 1871, seguida pela Lei dos Sexagenários, em 1885, e, finalmente, pela Lei Áurea, em 1888 (em algumas províncias, a abolição ocorreu antes de 1888). Nesse contexto, a população negra passou a representar um problema para as elites brancas: o que fazer com os negros livres, libertos e com os mestiços?

Essa pergunta foi respondida com base em duas posições, ambas racistas: uma, que adaptava o darwinismo social à realidade brasileira, via os negros e mestiços como entraves ao desenvolvimento do país; a outra, que via com bons olhos a miscigenação, acreditava que, se fosse evitada a entrada de mais negros, o país lentamente "embranqueceria". Um dos principais pensadores desse período foi o médico-legista baiano Nina Rodrigues, da Escola de Medicina de Salvador. Influenciado pelas teorias **eugênicas** do século XIX, ele acreditava que o negro era um "contaminador da nação". Ainda assim, desenvolveu pesquisas sobre a cultura negra na Bahia.

eugênico: relativo à eugenia, ciência que estuda as condições mais propícias à reprodução e ao que se acredita ser o melhoramento genético da espécie humana.

Nesse momento, as pesquisas procuravam conectar as expressões da cultura negra com suas origens na África, em uma perspectiva evolucionista e racializada. Formaram-se algumas explicações gerais sobre o Brasil, pensado como nação, como veremos no Capítulo 14. Nos anos 1930, porém, uma dessas explicações transformou a miscigenação em vantagem civilizatória. Gilberto Freyre, em seu livro *Casa-grande e senzala*, publicado em 1933, afirmava que a especificidade na civilização brasileira eram as relações sociais harmônicas, sem os conflitos permanentes de motivação étnico-racial que existiam em outros lugares. O autor pernambucano recusou o discurso do darwinismo social e destacou o Brasil como uma espécie de "paraíso racial". Essa visão foi predominante durante as décadas de 1920 e 1930.

O alagoano Arthur Ramos foi outro intelectual que se dedicou ao estudo das populações negras, na década de 1940. Ele acreditava que as relações raciais no Brasil seriam menos tensas que as estadunidenses e via o país como uma espécie de laboratório de civilização menos preconceituosa. Afirmava também que até aquele momento as reflexões sobre as relações raciais no Brasil eram ensaísticas, isto é, ideias sem comprovação científica que as legitimasse.

Reprodução/Fundação Biblioteca Nacional, Rio de Janeiro, RJ.

A gravura de Frederico Guilherme Briggs, datada do século XIX, mostra uma cena cotidiana do trabalho escravo no Rio de Janeiro.

Fundação Getúlio Vargas/CPDOC

Material produzido pelo Departamento de Imprensa e Propaganda (DIP) do governo Getúlio Vargas, durante o Estado Novo, em 1941. Embora a imagem do Brasil como uma "democracia racial" tenha começado a se disseminar a partir dos anos 1930, a falta de representação de pessoas negras em materiais como este mostra que a realidade era mais desigual e conflituosa.

VOCÊ JÁ PENSOU NISTO?

Certamente você já ouviu a afirmação de que o Brasil é uma democracia racial. O trabalho de Gilberto Freyre foi tão influente que acabou se tornando uma "ideologia nacional": uma ideia compartilhada por muitos brasileiros desde a década de 1930. Entretanto, a discriminação racial continua a existir no cotidiano, bem como persistem as desigualdades raciais na sociedade. O que você acha disso? Como é possível um país se ver como democracia racial e ainda conviver com a discriminação?

Quando assumiu o departamento de Ciências Sociais da Organização das Nações Unidas para a Educação, a Ciência e a Cultura (Unesco), em 1949, Arthur Ramos propôs à entidade um programa de estudos sobre as relações raciais no Brasil.

Esse programa, que ficou conhecido como Programa Unesco, marcou o pensamento sobre as relações raciais brasileiras entre as décadas de 1950 e 1970. Sob a influência do movimento negro brasileiro e contando com uma série de estudos comparativos realizados com base em métodos reconhecidos (como o trabalho de campo, a produção de *surveys* e a análise de estatísticas), desenhou-se uma nova perspectiva sobre as relações raciais brasileiras. O projeto deixou claro que a democracia racial era um mito: a realidade brasileira não se configurava como um paraíso racial. Negros e mestiços continuavam a ser discriminados, tinham menos oportunidades de trabalho e condições de vida inferiores às dos brancos.

Ao mesmo tempo, essas novas pesquisas corroboraram que as relações raciais no Brasil eram diferentes das de outros contextos, marcando uma comparação, até hoje importante, com o sistema racial estadunidense. No Brasil, o preconceito ficou conhecido como "de marca", ou "de cor", ou seja, manifesta-se com base em uma gradação da cor da pele, é bastante flexível e variável conforme a região do país. É diferente do preconceito "de origem", característico da sociedade estadunidense, em que basta ter um ascendente negro para ser considerado negro, independentemente da cor da pele. Além disso, o racismo nos Estados Unidos era marcado pela segregação racial (como vimos no Capítulo 8), o que tornava os conflitos raciais bastante explícitos. As novas pesquisas passaram a compreender de que maneiras o racismo brasileiro atua, muitas vezes silenciosamente, implícito nas relações sociais estabelecidas.

Jorge hely veiga/Shutterstock

Manifestação antirracista na cidade do Rio de Janeiro (RJ), em 2020. O ato foi organizado após o assassinato de José Alberto Silveira Freitas, espancado até a morte por seguranças brancos de um supermercado em Porto Alegre, depois de um desentendimento entre a vítima e uma funcionária da loja.

Gerson Gerloff/Pulsar Imagens

Festa de Iemanjá na Praia do Cassino, município de Rio Grande (RS), 2020. O interesse pelas religiões afro-brasileiras está presente desde os primeiros tempos da Antropologia brasileira.

O Projeto Unesco marcou também uma divergência entre a Sociologia e a Antropologia brasileiras de meados do século XX quanto às relações raciais. Pesquisas conduzidas em São Paulo, principalmente, deram origem a um grupo de estudiosos que ficou conhecido como "Escola Paulista de Sociologia", que tendia a ver nas relações raciais um problema a ser dissolvido num sistema de classes sociais. No entanto, as perspectivas antropológicas, voltadas aos estudos da cultura negra, perdiam espaço para uma discussão marxista sobre classes sociais, que veremos com mais detalhe nos Capítulos 11 e 13.

Apesar dessas discordâncias, a Antropologia continuou a produzir conhecimento sobre a cultura negra, principalmente sobre as religiões afro-brasileiras, grande tema de pesquisa desde o final do século XIX. Dos anos 1980 até os dias atuais, a Antropologia tem estudado as relações raciais principalmente com base na noção de identidade. As políticas de reafricanização — valorização da herança cultural africana entre a juventude negra —, por exemplo, têm sido analisadas por antropólogos negros que fazem trabalho de campo sobre o tema; surgem novas perspectivas para o estudo das relações raciais.

Em 2012, o Supremo Tribunal Federal (STF) decidiu por unanimidade que a introdução de cotas raciais no acesso às universidades públicas federais não viola a Constituição da República. A introdução dessa medida, iniciada quase uma década antes, em 2003, reacendeu o debate sobre as relações raciais no país. Num campo repleto de disputas políticas, vemos antropólogos e cientistas sociais se posicionando a favor e contra as políticas de cotas. E as discussões giram justamente em torno das especificidades das relações raciais no Brasil.

Entre aqueles que são contrários, encontramos a afirmação de que as cotas vão piorar as relações raciais, levando-nos para um cenário semelhante ao estadunidense; entre os favoráveis, argumenta-se que o mito da democracia racial deve se tornar realidade na prática cotidiana das populações discriminadas, e as cotas seriam um passo nessa direção. Destacamos, entretanto, que várias pesquisas científicas que analisam os efeitos das políticas de cotas no Brasil nas duas últimas décadas verificaram seus efeitos positivos: a democratização no acesso às universidades públicas e o desempenho escolar estatisticamente semelhante entre alunos cotistas e não cotistas. Nenhuma pesquisa comprovou uma norte-americanização das relações raciais brasileiras.

Reprodução/Associação Brasileira de Pesquisadores Negros

Reprodução/Secretaria de Direitos Humanos e Cidadania/Prefeitura da Cidade de São Paulo, SP.

À esquerda e acima, material de divulgação do XII Congresso Brasileiro de Pesquisadores Negros (Copene), realizado em Recife (PE), em 2022. Ao lado, cartaz de divulgação do Prêmio Luiza Mahin, de valorização das mulheres negras, organizado pela Prefeitura Municipal de São Paulo (SP) em 2021. As temáticas de pesquisa sobre as relações raciais têm sido debatidas e questionadas por negros, tanto militantes políticos como intelectuais.

BIOGRAFIAS

Acesse o Plurall para saber mais sobre **Lélia Gonzalez (1935-1994)**.

ASSIM FALOU

Lélia Gonzalez

Enquanto a questão negra não for assumida pela sociedade brasileira como um todo: negros, brancos e nós todos juntos refletirmos, avaliarmos, desenvolvermos uma práxis de conscientização da questão da discriminação racial nesse país, vai ser muito difícil, no Brasil, chegar ao ponto de efetivamente ser uma democracia racial. No lastro do todo das questões que estão colocadas, o que se percebe é que estamos num país em que as classes dominantes, os donos do poder e os intelectuais a serviço dessas classes, efetivamente, não abrem mão. Eles não estão a fim de desenvolver um trabalho no sentido da construção de uma nacionalidade brasileira; nacionalidade esta que implicará efetivamente a incorporação da cultura negra.

GONZALEZ, Lélia. A democracia racial: uma militância. *Arte & Ensaios*, n. 38, p. 223, 2019 (texto original de 1985).

5 ANTROPOLOGIA URBANA

A partir do fim dos anos 1960, a cidade e suas diferentes populações passaram a constituir um novo campo de análise para a Antropologia brasileira. Essa mudança de foco pode ser explicada pela crescente urbanização do país. Entretanto, para muitos estudiosos da história da Antropologia, os estudos de comunidade da década de 1940 já teriam sido antecessores de uma Antropologia urbana, especialmente por terem sido inspirados pela Escola de Sociologia de Chicago, que, já nas décadas de 1920 e 1930, empreendia verdadeiras etnografias urbanas.

As diferenças que interessavam à Antropologia estavam agora na cidade, muito próximas dos antropólogos. Entretanto, essa proximidade ocasionava algumas questões importantes: se a experiência urbana de populações vindas do campo, ou mesmo de negros e mestiços, era de certa forma similar à dos próprios antropólogos, como fazer Antropologia? A Antropologia não era o estudo dos "diferentes"?

Ao olhar para realidades tão próximas, a Antropologia procurou pensar naqueles que se assemelhavam aos antropólogos como se fossem "estranhos". Esse deslocamento possibilitou o estudo das experiências urbanas de populações desfavorecidas e logo se mostrou útil para pensar também a experiência urbana das camadas médias e altas da sociedade brasileira, das quais parte considerável dos antropólogos fazia parte.

A proximidade em relação ao objeto de análise não se limitou à renda: antropólogas feministas passaram a estudar a opressão da mulher, antropólogos e antropólogas homossexuais passaram a estudar as relações de gênero e as diversas sexualidades, antropólogos negros se dedicaram a estudar as relações raciais, e assim por diante. O movimento fundamental de "tornar exótico" aquilo que é próximo tornou possível uma Antropologia urbana também militante e que de maneira geral se aproxima dos movimentos sociais. Essa Antropologia assumiu uma feição prática, de luta política em favor dos direitos de populações discriminadas. Não por acaso, esse momento da Antropologia brasileira coincide com o desenvolvimento de novos movimentos sociais no Brasil.

Andre Lucas/picture alliance/Getty Images

Artista trabalhando em grafite durante o festival 100 Minas na Rua, realizado em São Paulo (SP) em 2019. A Antropologia brasileira contribuiu para o debate e a crítica à opressão das mulheres na sociedade brasileira.

VOCÊ JÁ PENSOU NISTO?

O exercício de transformar o que está muito próximo de nós em algo estranho e distante tem muitas utilidades. Estranhar o que é próximo pode nos ajudar a pensar criticamente sobre as coisas ao nosso redor, na medida em que elas deixam de ser compreendidas como naturais. As relações de poder que parecem aceitáveis, as vontades que parecem naturais, os preconceitos que parecem normais, tudo isso pode ser questionado por meio desse exercício. Você consegue transformar algo muito próximo a você em exótico a ponto de questionar o porquê de isso lhe parecer natural?

Daniel Cymbalista/Pulsar Imagens

Homenagem à vereadora Marielle Franco, assassinada em 2018, no Rio de Janeiro (RJ). Escadaria localizada no bairro de Pinheiros, em São Paulo (SP). A Antropologia brasileira contribuiu para o debate e a crítica à opressão das mulheres na sociedade brasileira.

Como precursores da Antropologia urbana brasileira, podemos destacar Gilberto Velho, no Rio de Janeiro, e Eunice Durham e **Ruth Cardoso (1930-2008)**, em São Paulo. O trabalho clássico de Eunice Durham, *A caminho da cidade* (São Paulo: Perspectiva, 1973), reflete sobre a migração por meio da vivência dos migrantes e dos significados que eles atribuem a esse processo. Esse estudo tem inspiração funcionalista, com grande influência de Florestan Fernandes. Posteriormente, Eunice Durham e Ruth Cardoso desenvolveram, em conjunto, estudos sobre movimentos sociais. Gilberto Velho também foi pioneiro ao estudar as classes médias urbanas no Rio de Janeiro, fazendo uma Antropologia muito influenciada pela escola de Chicago. Em todos esses trabalhos, o processo de urbanização e industrialização da década de 1970 aparecia como pano de fundo, na constituição tanto de novas classes populares como de novas classes médias.

BIOGRAFIAS

Acesse o Plurall para saber mais sobre **Ruth Cardoso (1930-2008)**.

Mais recentemente, a Antropologia urbana tem se dedicado a uma variedade enorme de temas, entre os quais se destacam a violência nas periferias — também resultado da urbanização desordenada e do crescimento do crime organizado, principalmente o tráfico de drogas; o lazer das classes populares; as diferentes "tribos urbanas", como *punks*, vegetarianos, *skinheads*; além de doença e saúde, sexualidade e gênero, questões relacionadas à infância, à juventude ou aos idosos, entre outros. As discussões sobre sexualidade e relações de gênero ganharam dimensões políticas importantes, em um contexto marcado pela discriminação e pela violência contra mulheres e contra a população LGBTQIA+.

O debate sobre as relações de gênero, associado com o desenvolvimento de lutas feministas no Brasil, ganhou destaque a partir da década de 1970 e foi integrado à Antropologia por meio da criação de centros e linhas de pesquisa em programas de pós-graduação. Em termos gerais, a noção de gênero busca desnaturalizar a relação entre homens e mulheres, percebendo-a como relacional e flexível (ou seja, homem e mulher são categorias que variam, não descrições de uma realidade biológica). Passa-se a falar em "masculinidade" e "feminilidade", pois descrevem maneiras e processos diferentes conforme o contexto, isto é, existem diferentes "masculinidades" e diferentes "feminilidades".

cissexual: pessoa cuja identidade de gênero está em conformidade com o sexo atribuído no momento do nascimento.

Uma derivação dos estudos de gênero são os que tratam de "identidades sexuais", marcando também uma luta política de antropólogos homossexuais, bissexuais e transexuais em busca de reconhecimento de direitos e no combate à discriminação. Esses trabalhos questionam aquilo que denominam "heteronormatividade", ou seja, a visão de que o normal e o correto seriam as relações heteroafetivas (entre homens e mulheres **cissexuais**). Tais estudos produzem uma desnaturalização das relações, abrindo espaço para que outras relações (como as homoafetivas) sejam consideradas legítimas e outras identidades de gênero sejam reconhecidas.

Como vimos, a Antropologia brasileira contemporânea apresenta um leque extenso e variado de preocupações, assim como a Ciência Política e a Sociologia praticadas no Brasil contemporâneo, discutidas nos Capítulos 4 e 14, respectivamente. Quanto à especificidade da Antropologia urbana, a passagem das diferenças "distantes" para as diferenças "próximas" é uma característica importante.

Cartaz de divulgação do Dia Internacional Contra a Homofobia, elaborado pela prefeitura de São Paulo (SP). Os estudos antropológicos sobre sexualidade têm sido aliados na luta contra esse preconceito.

VOCÊ APRENDEU QUE

A Antropologia brasileira tem demonstrado, em sua trajetória, uma preocupação em explicar as realidades do país.

Podemos dividir a história da Antropologia brasileira em quatro períodos: os anos de formação (do fim do século XIX até a década de 1930); os anos de consolidação (da década de 1930 à década de 1960); o período da constituição das pós-graduações (de 1960 até 1980); e, por fim, o momento atual de ampliação e difusão dos estudos antropológicos pelo Brasil.

O primeiro período foi marcado pela influência do darwinismo social e por um profundo pessimismo em relação ao povo brasileiro.

O segundo momento marca uma reviravolta otimista em relação ao povo brasileiro. A miscigenação, que era vista como um entrave ao desenvolvimento, passa a ser considerada a especificidade de uma civilização brasileira e de uma democracia racial.

A institucionalização da Antropologia no Brasil tem início nos anos 1930, com a criação de cursos nas universidades e a presença de professores estrangeiros, predominando a influência da Antropologia estadunidense.

A partir da década de 1980, a Antropologia ganha amplitude nacional e experimenta grande variedade de temas e preocupações.

A Antropologia urbana amplia o espectro de estudos antropológicos sobre a sociedade brasileira, dando espaço a várias populações excluídas. A transformação do próximo em exótico (desnaturalização) passa a ser uma ferramenta metodológica importante.

O período atual é marcado pela influência dos movimentos sociais e pelas demandas de populações excluídas.

O conhecimento do Brasil e de seu desenvolvimento segue como questão fundamental da Antropologia no país, exemplificada nos estudos de comunidade desenvolvidos nesses anos de consolidação (décadas de 1930 a 1960).

ATIVIDADES

REVENDO

1. Por que a visão dos intelectuais do final do século XIX sobre o Brasil era pessimista?
2. Explique a relação entre os estudos de comunidade e os estudos de aculturação.
3. Entre 1930 e 1960, houve uma mudança de enfoque dos estudos antropológicos sobre as manifestações culturais populares brasileiras. Qual foi essa mudança?
4. De que modo intelectuais como Gilberto Freyre e Arthur Ramos se posicionaram perante a miscigenação étnico-racial no Brasil?
5. Como o processo de urbanização influenciou a Antropologia produzida no Brasil a partir do fim da década de 1960?

CONSTRUINDO

1. Considere o trecho a seguir, extraído do romance *Torto arado*, de Itamar Vieira Junior.

Eram famílias que depositavam suas esperanças nos poderes de Zeca Chapéu Grande, curador de **jarê**, que vivia para restituir a saúde do corpo e do espírito aos que necessitavam. Desde cedo, havíamos precisado conviver com essa face mágica de nosso pai. Era um pai igual aos outros pais que conhecíamos, mas que tinha sua paternidade ampliada aos aflitos, doentes, necessitados de remédios que não havia nos hospitais, e da sabedoria que não havia nos médicos ausentes daquela terra.

VIEIRA JUNIOR, Itamar. *Torto arado*. São Paulo: Todavia, 2019. p. 33.

jarê: prática religiosa afro-brasileira da região da Chapada Diamantina, na Bahia.

- Esse trecho ilustra a presença da religiosidade brasileira ao longo do romance. Relacione o trecho com o que você aprendeu sobre a trajetória da Antropologia brasileira e com a noção de miscigenação.

2. Leia o poema "Justiça", de Adélia Prado.

Justiça

Nos tinha à roda
ao peito
aos cachorros
diferente da moradora de posses
que ia à missa de carro
e a quem os meninos
não puxavam a saia.
Mas muito mais bonita
Era nossa mãe.

PRADO, Adélia. *Poesia reunida*. Rio de Janeiro: Record, 2021. p. 336.

- O poema apresenta um contraste de hábitos e relações de poder em uma comunidade. Relacione a situação nele presente com as preocupações e características da Antropologia urbana.

3. Veja a seguir uma obra da artista Adriana Varejão.

Jaime Acioli/Acervo do fotógrafo

Polvo Portraits IV (China Series), políptico de Adriana Varejão, 2014 (óleo sobre tela, 52 cm x 45,5 cm).

- Para pintar os detalhes aplicados no rosto dos retratos de si própria, a artista desenvolveu tintas com base nas cores autodeclaradas pelos entrevistados da Pesquisa Nacional por Amostra de Domicílios (Pnad) de 1976, tais como "branca-suja", "encerada" ou "café com leite". Relacione a reflexão proposta pela artista sobre denominações dos matizes de cor da população brasileira com o preconceito racial no país.

4. Considere a seguinte tirinha da cartunista Laerte:

© Laerte Coutinho/Acervo da cartunista

- A tirinha, de 2010, chama a atenção para um problema recorrente no Brasil contemporâneo: o preconceito e a discriminação de gênero e de sexualidade. Como vimos neste capítulo, a Antropologia brasileira estuda e combate essas discriminações. Com base no que lemos, interprete essa tira.

5. Leia o trecho da introdução de uma entrevista publicada no jornal *Folha de S.Paulo* e discuta-o com colegas, considerando o que foi visto no capítulo.

Racismo estrutural virou álibi para justificar práticas individuais e institucionais, diz professor

Apesar de considerar correta a análise de que o racismo estrutural é uma realidade, Samuel Vida, que é professor de direito da UFBA (Universidade Federal da Bahia), considera que o uso da expressão tem se banalizado.

O termo racismo estrutural tem, segundo ele, sido apropriado de uma maneira que esvazia seu sentido, apresentando o racismo como uma espécie de fatalidade.

"Então as pessoas alegam, 'olha, isso é resultado do racismo estrutural', ponto. E não se discute, não se apresenta a lista dos responsáveis por isso."

"É como se houvesse uma condicionalidade invisível, imperceptível diante da qual nós não teríamos como diagnosticar adequadamente e atacar no sentido de erradicar o que produz o racismo. Então a expressão racismo estrutural tem virado nos últimos anos um álibi para justificar tanto práticas individuais quanto práticas institucionais", diz. [...]

GALF, Renata. Racismo estrutural virou álibi para justificar práticas individuais e institucionais, diz professor. *Folha de S.Paulo*, 4 fev. 2021. Disponível em: https://www1.folha.uol.com.br/poder/2021/02/racismo-estrutural-virou-alibi-para-justificar-praticas-individuais-e-institucionais-diz-professor.shtml. Acesso em: 12 abr. 2022.

6. Leia um dos nove poemas que formam o *Poema(s) da cabra*, de João Cabral de Melo Neto, e discuta o que se pede.

2

A cabra é negra. Mas seu negro
não é o negro do ébano douto
(que é quase azul) ou o negro rico
Do jacarandá (mais bem roxo).

O negro da cabra é o negro
do preto, do pobre, do pouco.
Negro da poeira, que é cinzento.
Negro da ferrugem, que é fosco.

Negro do feio, às vezes branco.
Ou o negro do pardo, que é pardo.
Disso que não chega a ter cor
Ou perdeu toda a cor no gasto.

É o negro da segunda classe.
Do inferior (que é sempre opaco).
Disso que não pode ter cor
porque em negro sai mais barato.

MELO NETO, João Cabral de. Poema(s) da cabra. *A educação pela pedra e outros poemas*. Rio de Janeiro: Objetiva, 2008. p. 79.

- Explique de que maneira o segmento do poema comenta as relações raciais no Brasil.

CAPÍTULO 10

Antropologia contemporânea

Binho Ribeiro/Acervo do artista

Caracol com casa quebrada, grafite de Binho Ribeiro no bairro de Pinheiros, em São Paulo (SP). Fotografia de 2013.

Neste capítulo, vamos apresentar as atuais tendências da Antropologia mundial. A tarefa é difícil, pois as temáticas e abordagens antropológicas atuais são muito diversificadas e os locais de produção do pensamento antropológico se multiplicaram.

Até aqui, vimos a hegemonia da produção antropológica estadunidense, inglesa e francesa. Essa influência se mantém, embora muitas outras vozes se façam ouvir no debate, entre elas a da Antropologia brasileira. Escolhemos apresentar um panorama geral das linhas de pensamento, reflexão e pesquisa da Antropologia contemporânea, cientes de que muito ficará de fora, já que a produção mundial é múltipla e de grande alcance.

Ao longo do capítulo, apresentaremos a influência de novas temáticas, como as de etnicidade e identidade, sobre a Antropologia contemporânea. Entenderemos como a Antropologia dos tempos atuais tem rompido com ideias que dominaram o pensamento antropológico nos séculos anteriores, promovendo novos estudos nos campos da ciência, do gênero e das relações de parentesco e sobre as relações entre humanos e outros animais.

NESTE CAPÍTULO VAMOS DISCUTIR:

1. Questões contemporâneas
2. Estudos de gênero
3. As grandes rupturas
4. A Antropologia multiespécies
5. Antropologia e o Antropoceno

COMPETÊNCIAS E HABILIDADES DA BNCC

- Competências gerais da Educação Básica: 1, 2, 7 e 9.
- Competências específicas de Ciências Humanas e Sociais Aplicadas: 1, 2, 3, 5 e 6.
- Habilidades de Ciências Humanas e Sociais Aplicadas: EM13CHS101, EM13CHS102, EM13CHS202, EM13CHS301, EM13CHS302, EM13CHS303, EM13CHS306, EM13CHS501, EM13CHS502, EM13CHS503, EM13CHS504 e EM13CHS601.
- Competência específica de Ciências da Natureza e suas Tecnologias: 2.
- Habilidade de Ciências da Natureza e suas Tecnologias: EM13CNT206.
- Competências específicas de Linguagens e suas Tecnologias: 1, 2 e 3.
- Habilidades de Linguagens e suas Tecnologias: EM13LGG102, EM13LGG202, EM13LGG204, EM13LGG302, EM13LGG303 e EM13LGG304.

1 QUESTÕES CONTEMPORÂNEAS

Antes de tudo, é necessário definir o que é uma produção "contemporânea". O termo admite leituras bem flexíveis e pode remeter a momentos distintos no tempo. De maneira geral, não falaremos de uma produção datada — como a Antropologia que se fez a partir da década de 1970. Embora essa seja uma referência importante, vamos privilegiar aqui algumas questões relevantes para o pensamento antropológico que não perderam sua atualidade e têm sido continuamente debatidas, relidas, refeitas. Assim, trataremos de textos que, embora não tão recentes, podem ser considerados contemporâneos por sua pertinência.

Nos capítulos anteriores, em vários momentos levantamos questões relativas à Antropologia contemporânea. No Capítulo 7, ao falar de cultura, entramos no debate contemporâneo sobre como o antropólogo pode silenciar aqueles sobre quem pesquisa e discutimos sobre a influência, na Antropologia, de correntes de pensamento recentes, como o pós-modernismo e o pós-colonialismo. No Capítulo 8, vimos que a discussão sobre etnicidade e identidade também faz parte da Antropologia contemporânea.

O conceito de cultura está na confluência entre "Antropologia interpretativa" e "Antropologia simbólica". O primeiro termo se refere principalmente à Antropologia do estadunidense Clifford Geertz, para quem a cultura é algo que se pode ler e interpretar. Qualquer descrição antropológica é, portanto, uma interpretação do antropólogo sobre a cultura que estuda. Mas essa interpretação é sempre de segunda mão, pois o antropólogo interpreta aquilo que o nativo já interpretou sobre sua própria cultura. A perspectiva de Geertz, centrada na metáfora do texto, teve grande importância na Antropologia estadunidense e influenciou vários pesquisadores brasileiros.

Como comentamos no Capítulo 7, Geertz vê a cultura como um conjunto de códigos simbólicos que organizam a experiência humana no mundo. Esses códigos funcionariam como programas de computador que dão instruções para a vida das pessoas. Essa noção simbólica não se restringe ao trabalho de Geertz; autores como David Schneider e Marshall Sahlins também elaboraram conceitos de cultura eminentemente simbólicos e são considerados precursores de uma "Antropologia simbólica" ou "Antropologia cognitiva".

Igor Chus/Shutterstock

Para Clifford Geertz, a briga de galos em Bali, na Indonésia, era como um discurso dos balineses sobre si mesmos, carregado de significados culturais. Foto de 2020.

A Antropologia interpretativa influenciou um movimento intelectual chamado de pós-modernismo em Antropologia. Com base no trabalho de alunos de Geertz, a metáfora do texto foi radicalizada e os antropólogos começaram a pensar na possibilidade de fazer uma análise textual das sociedades, já que tudo o que o antropólogo produz pode ser considerado texto (uma tese, um artigo, um livro) e esse texto pode ser analisado e interpretado. Os textos antropológicos passaram por uma análise minuciosa que incorporava elementos da crítica literária. Tentava-se, assim, identificar nos textos "verdades" escondidas, inconscientes, as quais seriam pressupostos (aspectos que o autor dava como certos) incorporados à análise.

O principal pressuposto que essas leituras criticaram nas etnografias clássicas (descrições dos antropólogos sobre outras sociedades) foi a noção de "autoridade". Para a crítica pós-moderna, o fato de o antropólogo descrever outras populações sem dar voz aos nativos dessas sociedades indicava uma posição autoritária. Essa atitude ficou conhecida como "autoridade etnográfica", pois se caracterizava por descrever populações que não tinham como contestar essa descrição. Essa questão gerou muita polêmica, e os antropólogos passaram a se perguntar como seria possível descrever o "outro" sem cair em uma visão autoritária. Várias respostas foram dadas, desde as que desacreditavam a Antropologia por considerá-la fundamentalmente autoritária até as que afirmavam que é inevitável produzir conhecimento sobre o outro sem algum tipo de autoridade etnográfica, o que, contudo, não inviabiliza a Antropologia como ciência.

Esta gravura de 1779, de John Webber (1751-1793), faz uma representação do conflito que levou à morte do navegador inglês James Cook por havaianos. Cook e sua comitiva tiveram um primeiro contato amistoso com os havaianos, mas, segundo Marshall Sahlins, as diferentes interpretações de cada grupo a respeito dos contatos posteriores levaram a esse conflito.

O antropólogo cingalês Gananath Obeyesekere (1932-), em fotografia de 2013. Obeyesekere entrou em uma conhecida controvérsia com Sahlins a respeito de sua interpretação sobre o contato entre a expedição de Cook e os havaianos, no século XVIII. Para ele, a perspectiva de Sahlins não considerava que povos não ocidentais trabalhavam com o mesmo regime de racionalidade dos ocidentais.

Na história recente da Antropologia, o pós-modernismo possibilitou o pós-colonialismo, uma variação das mesmas questões levantadas pelo pós-modernismo. No pós-colonialismo, entretanto, aquilo que parecia apenas autoritário foi pensado como resultado de um sistema de poder, uma herança do colonialismo. Segundo os pós-colonialistas, a Antropologia estaria cheia de preconceitos "coloniais" que precisariam ser superados. Produzido por intelectuais de países que haviam sido colonizados até meados do século XX (como a Índia), o pós-colonialismo levou muitos antropólogos dos países "centrais" a considerar novos pontos de vista e significou o princípio da construção de uma Antropologia mundial não **hegemônica**.

A discussão sobre etnicidade e identidade também pode ser considerada contemporânea, pois, além de recente, levanta questões ainda muito relevantes. As dinâmicas migratórias no mundo contemporâneo e as dinâmicas identitárias baseadas em orientação sexual são alguns exemplos, entre muitos outros. Os conceitos de etnicidade e de identidade têm sido instrumentos para pensar muitas situações do mundo contemporâneo, como a produção sistemática de estereótipos sobre populações não ocidentais, o lugar do consumo na constituição de identidades contemporâneas e até mesmo certas formas assumidas pela Antropologia no século XX.

hegemônico: próprio de quem tem hegemonia, ou seja, preponderância, domínio ou liderança em relação aos demais.

desconstrução do texto: conceito elaborado pelo filósofo francês **Jacques Derrida (1930-2004)** que propõe uma decomposição dos elementos da escrita. A desconstrução ajuda a desvendar partes do texto que dissimulam contradições, ambiguidades e relações de poder.

BIOGRAFIAS

Acesse o Plurall para saber mais sobre **Jacques Derrida (1930-2004)**.

Rosana Paulino/Acervo da artista

Salvação das almas?, da artista visual Rosana Paulino, 2017 (impressão digital sobre tecido e costura, 29 cm × 58 cm). A **desconstrução do texto** e o pensamento pós-colonial influenciaram diversos pensadores e artistas nas últimas décadas, em especial os que se dedicam a pensar temas como raça e sexualidade.

VOCÊ JÁ PENSOU NISTO?

A desconstrução do texto, que a Antropologia importou dos estudos filosóficos e literários, é uma ferramenta importante que nos ajuda a refletir sobre o que lemos, em busca de motivações ocultas nos textos. Você já tentou ler um jornal e procurar por razões não evidentes nos artigos e notícias ou na forma como eles são apresentados? Procure fazer esse exercício e o resultado será um olhar mais crítico sobre o que você lê.

❷ ESTUDOS DE GÊNERO

A discussão sobre o parentesco, fundamental para o pensamento antropológico, hoje é influenciada pelas contribuições do feminismo. A vida privada é uma questão central nas reflexões sobre gênero, pois é nesse universo que nascem muitos aspectos da discriminação da mulher.

Para combater a opressão imposta às mulheres, as feministas questionam as noções tidas como evidentes nas relações entre homens e mulheres.

Já na primeira metade do século XX, a antropóloga estadunidense Margaret Mead demonstrou que "homem" e "mulher" são categorias culturais, ou seja, são definidas por cada cultura a seu modo. O conceito de gênero se refere tanto ao modo como cada sociedade define homem e mulher quanto à maneira como, em uma mesma sociedade, essas definições mudam ao longo do tempo. Gênero, portanto, é uma questão cultural, e não natural. Ao mesmo tempo, as observações e análises realizadas por inúmeros estudos de gênero permitiram concluir que a maioria das sociedades constrói hierarquias que desfavorecem as mulheres, seja qual for a definição social da mulher em cada sociedade.

BIOGRAFIAS

Acesse o Plurall para saber mais sobre **Gayle Rubin (1949-)** e **Sherry Ortner (1941-)**.

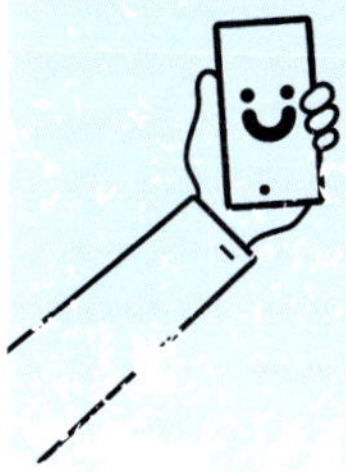

Autoras como **Gayle Rubin (1949-)** e **Sherry Ortner (1941-)** estudaram esse tema, a partir dos anos 1970. As duas antropólogas estadunidenses explicaram essas diferenças entre os gêneros pelo fato de, em geral, as mulheres ficarem mais segregadas ao mundo doméstico, enquanto os homens circulam na esfera pública. Existe também uma tendência, nas sociedades ocidentais, de relacionar a mulher à natureza e o homem à cultura: às mulheres cabem o parto, o cuidado da prole, a amamentação, enquanto aos homens cabe a produção, a transformação do mundo. Essa associação leva a uma discriminação da mulher, pois o polo cultura recebe mais reconhecimento social.

Reprodução/Coleção particular

Nesta propaganda estadunidense de gravatas, da década de 1950, vemos uma reprodução do contraste entre mulher/natureza/privado e homem/cultura/público. Essas associações foram desconstruídas pelas feministas.

De fato, nas sociedades ocidentais há uma predominância da oposição natureza/cultura, ligada à ideia de que a natureza deve ser dominada. Essa "conquista da natureza" pela cultura pode ser vista como parte da ideologia capitalista, que levou a uma opressão das mulheres, associadas à natureza conquistada. Os estudos de gênero passaram a pensar em masculinidades e feminilidades como modos de construir diferenças sociais. É muito comum associar o prestígio, por exemplo, àquilo que é visto como caracteristicamente masculino. As intelectuais feministas se empenham em dissolver tais conexões com base na tese de que elas não são naturais, mas construídas por um sistema que beneficia os homens e lhes garante poder e dominação.

O parentesco lida com fatos naturais, como parto e reprodução, com o mundo privado (criação dos filhos) e com o mundo público (quando organiza a vida de muitas sociedades). A própria relação de parentesco é um híbrido de natureza e cultura, pois nela se produzem relações sociais que também oprimem as mulheres.

Em 1968, David Schneider publicou *Parentesco americano* (Petrópolis: Vozes, 2016), importante livro sobre as relações de parentesco nos Estados Unidos. Schneider demonstrou que a noção estadunidense de parentesco é construída com base em uma oposição entre natureza e cultura, pressupondo a reprodução de sentimentos relacionados aos parentes consanguíneos (com quem se dividem heranças genéticas). Ele concluiu que muito daquilo que os antropólogos acreditavam ser parentesco era apenas uma projeção dos valores do sistema de parentesco do qual eles mesmos faziam parte.

Essas conclusões aparentemente simples levaram a grandes transformações. Antropólogas feministas perceberam que, se a teoria do parentesco não trata necessariamente da reprodução biológica, mas da produção de relações, não haveria uma verdade natural/biológica no papel atribuído às mulheres. Essa reflexão levou à construção de um campo de pensamento chamado "parentesco construtivista", ou seja, a ideia de que o parentesco é sempre construído, embora por mecanismos muito distintos e variados conforme a sociedade.

Mumemories/Shutterstock

Apresentação de novo modelo de automóvel em Bangkok, na Tailândia, em 2021. As estratégias de propaganda para a venda de carros têm sido criticadas pelo movimento feminista por reforçarem determinados estereótipos da mulher: muitas continuam a tratar a mulher como um objeto de consumo para os homens e estimulam uma visão que a posiciona no mundo da natureza, à disposição do desejo masculino e submissa a ele.

VOCÊ JÁ PENSOU NISTO?

Você já pensou em quantos tipos de relação nós mantemos ao longo de nossa vida? Para os teóricos do parentesco construtivista, muitas dessas relações podem ser vistas como parentesco. A ideia é que, embora tenhamos algumas relações familiares atribuídas por conexões biológicas (não escolhemos nossos pais, irmãos, tios, etc.), sempre podemos construir relações semelhantes a elas ou mesmo substituí-las. Podemos construir parentescos e isso se revela quando nos referimos a amigos íntimos como "irmãos" e às mães dos amigos íntimos como "tias", por exemplo. Você consegue pensar em relações nas quais construiu parentescos não biológicos?

Estudiosos da questão de gênero e orientação sexual passaram a defender que o parentesco originado da união homoafetiva é tão legítimo quanto o parentesco "tradicional". A ideia de que o parentesco e os papéis de gênero a ele associados não dependem de fatores biológicos deu margem tanto à luta contra a opressão da mulher — e contra a ideia de que cuidar dos filhos e se responsabilizar pelo mundo doméstico é um destino natural — como à luta pelo direito de casais homoafetivos formarem famílias reconhecidas pelo Estado.

Autoras contemporâneas como **Marilyn Strathern (1941-)** utilizaram essa "desbiologização" do parentesco e avançaram em análises sobre as relações de gênero em vários contextos, desde sociedades na Nova Guiné até as possibilidades de parentesco abertas pelas novas tecnologias reprodutivas (como a fertilização *in vitro*, a possibilidade de clonagem, etc.). Por exemplo, uma mulher solteira pode recorrer a um banco de esperma para gerar um filho? Se a resposta for afirmativa, dada a garantia de anonimato da doação de esperma, teríamos uma situação em que o filho, legal e juridicamente, não teria pai. Essa e outras situações foram estudadas por Strathern para explicar o impacto das mudanças tecnológicas naquilo que consideramos relações de parentesco.

BIOGRAFIAS

Acesse o Plurall para saber mais sobre **Marilyn Strathern (1941-)**.

Andreas Arnold/picture alliance/Getty Images

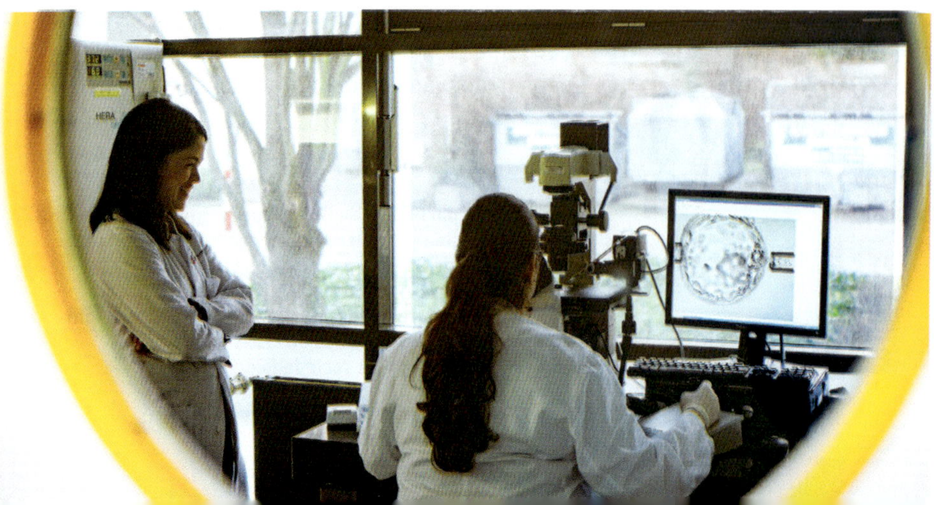

Especialistas em medicina reprodutiva em laboratório na Alemanha. Foto de 2020. A busca pelo reconhecimento de novas formas de parentesco tem motivado estudos da Antropologia.

BIOGRAFIAS

Acesse o Plurall para saber mais sobre **Bruno Latour (1947-)**.

❸ AS GRANDES RUPTURAS

Para além de questionar a atribuição de determinados papéis sociais a aspectos de natureza ou de cultura, a Antropologia contemporânea passou a pôr em dúvida a separação entre natureza e cultura. Um impulso para a crítica da ideia de separação entre natureza e cultura veio do trabalho de **Bruno Latour (1947-)**, filósofo, sociólogo e antropólogo francês que se dedica a entender a ciência moderna e produz o que podemos chamar de uma Antropologia da ciência. Segundo ele, em sociedades como a nossa, o pensamento se apoia na certeza de que há uma distinção radical entre o mundo dos humanos e as "coisas lá fora". Essas coisas são os objetos, os não humanos em geral. Essas coisas que estão lá fora, separadas do mundo dos humanos, formam a natureza, esse mundo que é objeto de atenção dos humanos, mas que é tratado como se não tivesse vida inteligente ou como se fosse inerte.

A ciência seria um discurso sobre essa distinção, pois descreve a natureza (os animais, os átomos, as massas de ar, enfim, tudo o que possa constituir seu objeto de estudo). No entanto, Latour, ao fazer sua pesquisa entre cientistas, descobre que a ciência, na verdade, não trata do "mundo lá fora", mas de um conjunto de acordos e disputas entre os cientistas. O que entendemos como natureza depende do acordo entre uma multidão de pessoas e só existe como natureza enquanto esse acordo durar. Assim, aquilo que vemos como avanço científico é fruto de uma política de acordo entre os cientistas. Por exemplo: no começo do século XIX, acreditávamos que o átomo era a menor partícula do Universo. No fim do mesmo século, passamos a acreditar que existem partículas menores que o átomo, os elétrons, o que produziu uma mudança na ideia da natureza das pequenas partículas. Hoje, sabe-se da existência de outras partículas subatômicas, como os bósons, quarks, neutrinos, fótons, etc., mas não há consenso sobre a natureza delas.

Reprodução/Arquivo da editora

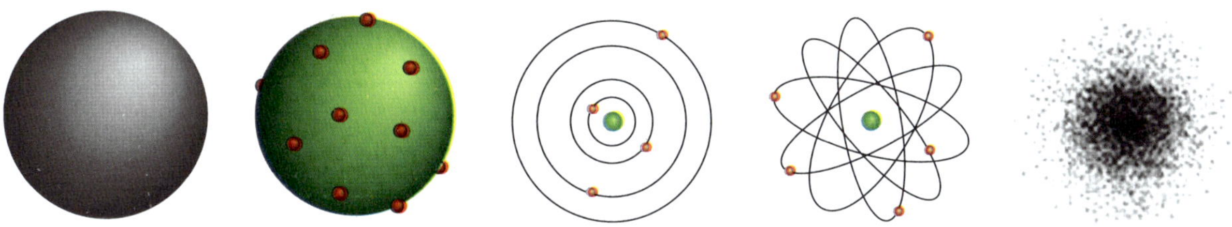

Aqui vemos sucessivas representações do átomo (desde uma esfera indivisível até o modelo mais atual, composto de inúmeras partículas ainda menores). A cada momento, aquilo que imaginamos como natureza vai se alterando.

Valentin Flauraud/AFP

Nesse exemplo o que mudou não foi a "natureza", mas o entendimento humano e coletivo, fruto da política dos cientistas em impor determinada visão. A natureza nunca esteve separada dos seres humanos. Não existe separação universal entre natureza e cultura, que se aplicaria a toda humanidade: essa é uma noção particular, específica do modo "ocidental" de pensar, derivada de uma noção particular de ciência.

Acelerador de partículas da Organização Europeia para a Pesquisa Nuclear, localizada na divisa entre a França e a Suíça. Foto de 2020. A procura dos cientistas por hipóteses sobre a origem da vida e os testes realizados em ambientes controlados como os laboratórios revelam o aspecto construído e político da ciência, que, para Latour, é a cosmologia da sociedade ocidental.

ASSIM FALOU

Bruno Latour

A dificuldade reside na própria expressão "relação com o mundo", que supõe dois tipos de domínio, o da natureza e o da cultura, que são ao mesmo tempo distintos e impossíveis de separar por completo. Não tente definir apenas a natureza, porque você terá que definir também o termo "cultura" [...]; não tente definir apenas "cultura", porque de imediato terá que definir também "natureza" [...]. O que significa que não estamos lidando com *domínios*, mas com um e o mesmo *conceito* separado em duas partes que se encontram ligadas, por assim dizer, por um forte elástico. Na tradição ocidental, jamais se fala de um sem falar do outro: não há outra natureza senão esta definição da cultura, e não há outra cultura senão esta definição da natureza. Elas nasceram juntas, tão inseparáveis quanto irmãos siameses que se abraçariam ou se golpeariam até sangrar sem deixar de pertencer ao mesmo tronco.

LATOUR, Bruno. *Diante de Gaia*: oito conferências sobre a natureza no Antropoceno. São Paulo: Ubu, 2020. Kindle Edition.

A concepção de Bruno Latour gerou interesse no que ele chamou de "Antropologia simétrica", ou seja, a ideia de que o antropólogo deve buscar tratar sua sociedade e a do "outro" da mesma maneira. Uma postura assimétrica é aquela em que, ao estudar uma sociedade indígena, o pesquisador se preocupa em explicá-la pelo que ela tem de mais importante, ao passo que, quando olha para uma sociedade "complexa", contenta-se em estudar sua periferia (como vimos no Capítulo 8). Latour afirma que, ao olhar para sua própria sociedade, o antropólogo deveria fazer o que faz entre os indígenas: olhar para o centro da forma de pensar, olhar para a **cosmologia**. E o centro da cosmologia da sociedade ocidental seria, para Latour, justamente a ciência.

cosmologia: qualquer narrativa a respeito da origem do mundo ou do Universo, bem como dos princípios que o ordenam.

A crítica à divisão entre natureza e cultura teve ainda outras consequências no pensamento antropológico. A ideia de que não existe "lá fora" um mundo natural universal que é preenchido de formas alternativas por diferentes culturas abriu muitas portas. Se antes um antropólogo achava que cada cultura pensava a natureza à sua maneira, ele necessariamente partia do pressuposto de que havia uma separação universal entre natureza e cultura; mas, e se pensarmos que essa separação não existe? E se, além disso, resolvermos dar aos conceitos nativos o mesmo valor que damos aos nossos? Ao descrever formas de pensamento que não pressupõem a divisão natureza/cultura, os antropólogos começaram a criticar as próprias noções antropológicas fundadas nessa divisão. De fato, está acontecendo o que o antropólogo estadunidense **Roy Wagner (1938-2018)** dizia ser necessário: reinventar nossa cultura a partir da invenção da cultura dos outros!

BIOGRAFIAS

Acesse o Plurall para saber mais sobre **Roy Wagner (1938-2018)**.

Antes de entender como outros antropólogos questionaram divisões binárias ocidentais, vejamos o que Wagner quis dizer quando falou em "invenção da cultura". Para ele, o que nativos e antropólogos fazem é inventar cultura o tempo todo, no sentido de criar, transformar, produzir diferenças. O antropólogo produz conhecimentos a respeito do nativo e o nativo produz seus conhecimentos a respeito de si próprio. Ou seja, a cultura é permanentemente inventada por seus "usuários", o que gera novas configurações que são "estabilizadas" para depois serem novamente desestabilizadas por novas invenções.

Alexandre Fonseca/A Crítica/Folhapress

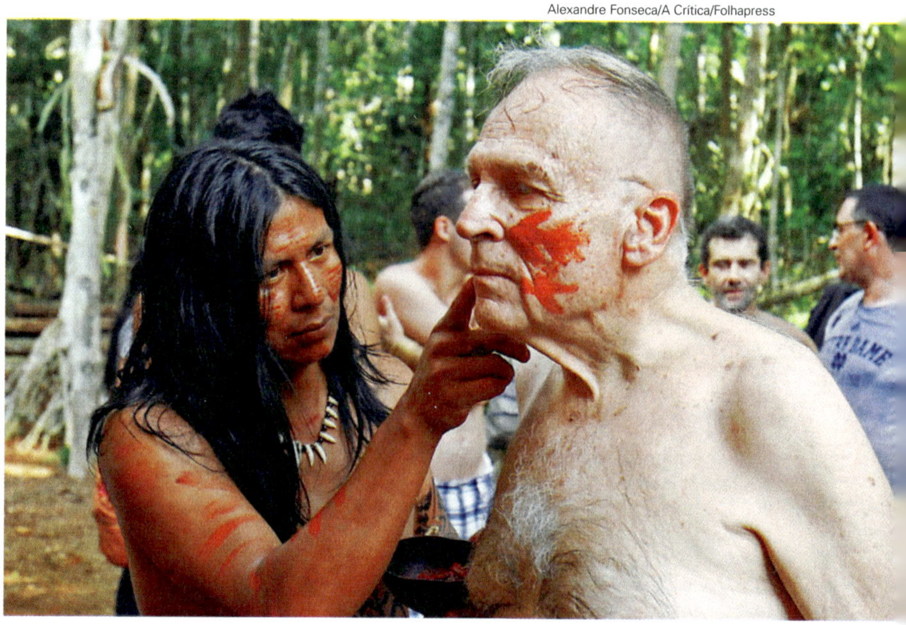

Roy Wagner em visita a uma comunidade do povo Tukano, no Amazonas, em 2011. Wagner propôs que o encontro entre o antropólogo e o nativo fosse visto em termos de "invenção" de uma terceira realidade.

MELANÉSIA

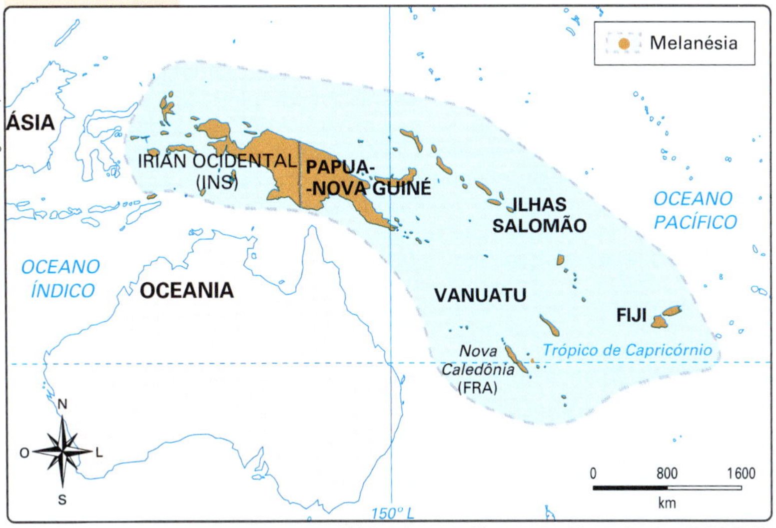

Banco de imagens/Arquivo da editora

Adaptado de: IBGE. *Atlas geográfico escolar*. Rio de Janeiro: IBGE, 2018.

A Melanésia é uma região da Oceania, no extremo oeste do oceano Pacífico e a nordeste da Austrália, que inclui os territórios das ilhas Molucas, Papua-Nova Guiné, ilhas Salomão, Vanuatu, Nova Caledônia e Fiji.

Se o nativo inventa cultura, o antropólogo também inventa. O que o antropólogo faz é entrar em contato com a vida do nativo no trabalho de campo. Esse processo resulta em uma descrição sobre a vida do nativo que o pesquisador faz para seus pares, e isso é, em si, uma invenção de cultura. O antropólogo não descreve objetivamente algo (uma cultura) que está lá: ele entra em contato com uma diferença e esse contato produz uma terceira diferença: a experiência do trabalho de campo, que permite ao antropólogo imaginar como é a vida do nativo. A essa imaginação Wagner chama de cultura, fruto de um encontro e de uma tentativa de se aproximar do conhecimento nativo, e não uma tentativa de descrevê-lo.

Tim Graham/Robert Harding Heritage/AFP

***Performance* de grupos culturais em Mount Hagen, Papua-Nova Guiné (Melanésia), onde Marilyn Strathern fez trabalho de campo. Foto de 2015.**

Eric Lafforgue/Art in All of Us/Corbis/Getty Images

Mulher em luto pelo marido carrega o filho em Mount Hagen, Papua-Nova Guiné, em 2007. O luto é simbolizado pelos colares de sementes: pouco a pouco, os colares vão sendo retirados, demarcando o período do luto. A vida dos melanésios é um constante fazer e desfazer de relações.

Para Roy Wagner, descrever a vida do nativo acaba por transformar as próprias noções do pesquisador. Isso resulta da atitude de dar aos conceitos do nativo a mesma importância dada aos conceitos antropológicos. Outros antropólogos, por meio de outros caminhos teóricos, fizeram o mesmo tipo de questionamento das noções tradicionais dos pesquisadores. A inglesa Marilyn Strathern foi uma das antropólogas que desenvolveu essa perspectiva crítica (chamada de Antropologia reflexiva). Ao analisar populações da Melanésia, Strathern afirma que para elas inexiste a noção de indivíduo, assim como inexiste a noção de sociedade.

A etnografia da Melanésia, portanto, põe em dúvida nossas certezas baseadas nos grandes divisores (como sociedade/indivíduo, no caso). Para os melanésios, cada pessoa contém em si mesma várias outras pessoas, como se cada um fosse um repositório de relações sociais estabelecidas ao longo da vida. Eles também acreditam que as pessoas são divisíveis, e não indivisíveis, como pensamos em nossa sociedade.

Por exemplo, quando uma mulher do povo Hagen, com o qual Strathern conviveu, tem seu primeiro filho, ela precisa se desfazer um pouco das relações de si mesma para refazer-se como mãe. Além disso, outra diferença em relação ao pensamento ocidental: entre os melanésios que estudou, Strathern não encontrou nada correspondente à nossa noção de sociedade.

O fato de as sociedades melanésias pensarem o mundo por meio de conceitos diferentes daqueles utilizados pelas sociedades ocidentais e de não adotarem categorias equivalentes às de indivíduo e sociedade sugere a possibilidade de uma Antropologia reversa. Isso significa que podemos nos imaginar como melanésios para questionar nossos conceitos e a suposta validade universal de distinções como natureza/cultura e indivíduo/sociedade. Essa perspectiva pressupõe levar a sério o que nos diz o nativo e não mais jogar o jogo em que o nativo é "interpretado" pelo antropólogo (ou seja, a ideia de que o nativo não sabe exatamente o que é sua cultura, ao passo que o antropólogo sabe exatamente o que é a cultura do nativo).

No Brasil, essa premissa de uma nova Antropologia "pós-social" ou **ontológica** foi desenvolvida por **Eduardo Viveiros de Castro (1951-)**, antropólogo brasileiro conhecido no cenário internacional por seus estudos sobre as cosmologias indígenas da Amazônia. Para entender a vida dessas populações, foi necessário romper com o grande divisor natureza/cultura, pois a visão de mundo desses indígenas nada tem a ver com o que pressupõem as categorias ocidentais. Para os ameríndios da Amazônia, o que é universal não é a natureza, mas justamente o contrário: a cultura. Em tudo e em todo lugar existe cultura, ao passo que o que realmente muda são as naturezas. A essa concepção Viveiros de Castro deu o nome de **multinaturalismo.**

ontológico: que diz respeito à essência do ser, à existência. A Antropologia ontológica se volta, portanto, para as múltiplas existências ou seres.

BIOGRAFIAS

Acesse o Plurall para saber mais sobre **Eduardo Viveiros de Castro (1951-)**.

Vejamos um exemplo do que ele chamou de "perspectivismo ameríndio": do ponto de vista dos povos indígenas da Amazônia, qualquer animal é humano, só que essa humanidade é revestida de naturezas diferentes (por isso o termo "multinaturalismo"). O jaguar é tão humano quanto o próprio indígena, mas tem corpo de jaguar (outra natureza). O que o jaguar vê quando vê o indígena é o mesmo que o indígena vê quando vê uma presa a ser caçada. Há apenas uma mudança de perspectiva. Também o porco-do-mato é um humano, que vê sua comida como comida humana e vê os humanos como espíritos canibais, pois os humanos caçam e matam porcos-do-mato. O perspectivismo ameríndio confere humanidade a tudo aquilo que, na ciência ocidental, consideramos "não humano". E para os ameríndios da Amazônia não existe uma natureza comum a todos os seres: é justamente a natureza que diferencia os seres.

O pensamento ameríndio vira de cabeça para baixo o pensamento científico. Viveiros de Castro radicaliza a ideia a ponto de considerar o perspectivismo como equivalente a uma teoria antropológica. Para ele, o perspectivismo pode ser um instrumento teórico para pensarmos a nós mesmos, por exemplo. Assim como Strathern e Wagner, Viveiros de Castro confere à Antropologia contemporânea uma característica simétrica: o conhecimento nativo é tão valioso quanto o nosso e pode ser uma maneira de nos enxergarmos com outros olhos.

Reprodução/Editora Cosac & Naify

Para escrever a obra *Onde a onça bebe água* (São Paulo: Cosac & Naify, 2015), a escritora Veronica Stigger se baseou na ideia de perspectivismo elaborada por Eduardo Viveiros de Castro.

VOCÊ JÁ PENSOU NISTO?

O perspectivismo pressupõe que todos os seres são humanos em "roupas" diferentes. Assim, animais são gente como nós, apenas com outra forma exterior. O problema, para os indígenas, está na hora de comer os animais caçados: como comer gente? Para contornar esse problema, muitas populações ameríndias criaram rituais para expulsar da carne do animal caçado as almas de gente (eles não chamam de "almas", nem esse termo é adequado, mas serve para este exemplo). Assim, antes de comer a carne, é preciso submetê-la a um ritual de purificação para evitar que os humanos sejam contaminados pela natureza diferente daquele animal e levados ao mundo daquela caça. A passagem de uma natureza para outra é muito perigosa e apenas os xamãs podem transitar por esses mundos diferentes sem se perder. Tudo isso parece muito distante para você? Lembre-se de que, em certa medida, nós também humanizamos seres que consideramos não humanos. Nossos animais domésticos, por exemplo, são tratados como gente. Muitos têm até enterro quando morrem. A ideia de comer um cachorro, por exemplo, inspira um horror que podemos comparar ao que algumas populações indígenas têm de comer uma caça não "purificada".

PARA SABER +

Os modos de identificação

Para o antropólogo francês **Philippe Descola (1949-)**, os exemplos etnográficos permitem deduzir quatro maneiras gerais pelas quais o ser humano se relaciona com o mundo. Descola cita quatro diferentes regimes de "identificação", que seriam as formas escolhidas pelas culturas para separar o mundo humano do mundo não humano (ou, em nossos termos, a natureza da cultura). Esses quatro modos são o naturalismo, o animismo, o totemismo e o analogismo. Vale dizer que essas formas ou modos coexistem em proporções diferentes nas variadas sociedades, incluindo a nossa.

O modo das sociedades ocidentais seria o naturalismo, regime que separa radicalmente a natureza inanimada da humanidade. Os não humanos, sejam eles animais, coisas, sejam eventos naturais, não têm alma. Esse é o modelo da ciência que conhecemos, marcado por uma oposição entre natureza e cultura.

Entre as sociedades amazônicas, melanésias, da Ásia do Sul e da Sibéria, predominaria o animismo, no qual todos os seres vivos, de alguma maneira, são potenciais parceiros sociais dos humanos (os porcos-do-mato podem ser cunhados, determinadas plantas podem ser sogras, etc.). O animismo, como o termo sugere, é um modo de identificação no qual seres variados são animados, dotados de sociabilidade e compartilham alguma coisa como uma "alma".

O totemismo, por sua vez, encontrado em sociedades aborígines australianas, seria um modo de "partilha". Os grupos têm totens (que representam espécies naturais, vegetais e até eventos climáticos) e partilham com eles determinadas características. Essa partilha entre o grupo e totens de propriedades variadas (como "coragem", "astúcia", "força", etc.) produz uma união do grupo.

O analogismo, por fim, característico de sociedades mesoamericanas, africanas e asiáticas, implica um mundo repleto de entidades singulares. Esse é o sistema mais comum entre as populações humanas e podemos pensá-lo com o exemplo de religiões politeístas, ligadas a regimes que concentram poder (Egito, Império Asteca, China antiga, etc.). Nesse universo analogista, há milhares de forças diferentes operando ao mesmo tempo, cada qual de uma maneira.

BIOGRAFIAS

Acesse o Plurall para saber mais sobre **Philippe Descola (1949-)**.

4 A ANTROPOLOGIA MULTIESPÉCIES

No conto "O grande silêncio", o autor estadunidense de ficção Ted Chiang (1967-) dá voz a um papagaio, que diz:

Reprodução/Editora Scribe Publications

Capa do livro *Alex & Me* [Alex e eu], da cientista Irene Pepperberg, que inspirou o texto de Ted Chiang sobre o papagaio Alex.

> Muitos cientistas viam com ceticismo a ideia de que um pássaro fosse capaz de dominar conceitos abstratos. Os humanos gostam de pensar que são únicos. Mas depois de algum tempo [a cientista] Pepperberg conseguiu convencê-los de que Alex [outro papagaio, primo do narrador] não estava apenas repetindo palavras, e sim que ele entendia o que estava dizendo. [...] Se os humanos estão procurando por inteligência não humana, o que mais podem pedir?
>
> CHIANG, Ted. O grande silêncio. *Expiração*. Rio de Janeiro: Intrínseca, 2021. p. 275.

O conto menciona dois seres não ficcionais: a **etologista** Irene Pepperberg (1949-) e o papagaio Alex, que era capaz de falar centenas de palavras e entender e executar conceitos abstratos. Em suma, Irene provou que Alex era capaz de pensar. Esse e muitos outros estudos sobre a inteligência animal abriram as portas para uma reflexão crítica sobre a relação entre humanos e outras espécies. A Antropologia inseriu-se nesse debate propondo pensar como seria um mundo onde animais e humanos fossem considerados como iguais.

etologista: cientista que estuda o comportamento animal.

Vimos no tópico anterior a gradual crítica ao que chamamos de "grandes divisores" do pensamento antropológico – ou seja, o surgimento da ideia de que divisões como "natureza × cultura" não retratam exatamente a melhor maneira de pensar sobre o mundo. Sendo assim, uma das características contemporâneas da Antropologia tem sido o desenvolvimento de um pensamento crítico sobre a relação dos humanos com as demais espécies vivas. E, quando falamos em espécies vivas, falamos de todas as formas de vida que podemos encontrar no planeta, desde a baleia-azul, a maior delas, até fungos, bactérias e mesmo os vírus, que a Biologia hesita em classificar como seres vivos, mas que têm sua **agência** a partir do momento em que entram em contato com organismos que lhes permitem se replicar.

agência: capacidade de agir com autonomia.

Antropólogas e antropólogos têm tentado superar o que podemos chamar de um "humanocentrismo" inerente às ciências humanas em geral e ao pensamento científico mais amplo. Esse humanocentrismo seria a tendência a imaginar o *Homo sapiens* como uma espécie privilegiada entre as demais, com base na qual tudo o mais é medido e avaliado: seria a tendência a pensar tudo o que acontece no mundo a partir das necessidades e da importância concedida aos humanos pelos humanos. Esse humanocentrismo do pensamento ocidental seria igualmente compartilhado pela ciência e pela religião, com a ideia de que o mundo foi feito "para" os humanos, em uma tendência a separar-nos dos demais entes vivos na Terra.

A fronteira entre a "natureza humana" e a "natureza em geral" seria mais um grande divisor a ser desconstruído pelo pensamento antropológico – com o auxílio de pensadores de campos tão diversos quanto a Biologia e a Filosofia. O que acontece se imaginarmos que todas as espécies que vivem na Terra têm o mesmo estatuto de importância, ou seja, o que acontece se pensarmos que os humanos não são uma espécie privilegiada nem superior às demais? Essa dúvida criativa levou a uma série de perspectivas inovadoras.

Thomaz Vita Neto/Pulsar Imagens

Cupinzeiros em pasto no município de Aparecida do Tabuado (MS). Os humanos dividem com diversas outras espécies a tarefa de ocupar o mundo.

É possível pensar que outros seres vivos na Terra também têm subjetividade e agência? Como entender a relação que estabelecemos com esses diversos seres? Como se formam relações tão complexas entre as espécies? Como olhar para aquelas espécies com as quais partilhamos emoções e sentimentos (cães e gatos, por exemplo)? Como olhar para aquelas espécies com as quais parecemos estar em constante guerra, como vírus, bactérias, insetos ou mesmo espécies que chamamos de "invasoras" (como os javalis de origem europeia em solo sul-americano)?

Essas e outras questões são objeto do trabalho de antropólogas e antropólogos que pretendem entender as relações interespecíficas, ou seja, entre as diferentes espécies.

BIOGRAFIAS

Acesse o Plurall para saber mais sobre **Tim Ingold (1948-)**.

Assim, seres que eram imaginados apenas como objetos à disposição dos humanos (como vidas descartáveis, sem importância) passam a ser vistos como seres com biografias e sensibilidades que não podemos mais ignorar. Essa Antropologia se diz uma "antropologia da vida" – uma vida que não está circunscrita aos humanos, mas diz respeito ao nosso envolvimento com outros tipos de ser vivo. Nos termos do antropólogo britânico **Tim Ingold (1948-)**, não se trata de uma mera rede de relações entre seres separados, mas de uma malha formada por eles em seus percursos e movimentos: os seres vivos produzem emaranhamentos uns com os outros.

Um fundamento dessa perspectiva é a ideia de "devir com", ou seja, a ideia de que nos desenvolvemos e vivemos com outras espécies: é uma forma de evitar o **excepcionalismo** humano e de conduzir nosso olhar para os espaços de vida que criamos com outras espécies. Essa demolição da barreira que separa natureza e cultura, para entender nossa vida cultural como uma vida multiespecífica, leva a uma reflexão crítica sobre como pensar (moral e legalmente) a relação com os animais.

excepcionalismo: ideia de que algo ou alguém é excepcional, ou seja, uma exceção à regra.

O tema das relações com os animais é antigo na Antropologia. Já no século XIX, o antropólogo Lewis Henry Morgan, um dos evolucionistas que estudamos no Capítulo 6, dizia, com base em um estudo sobre castores, que eles tinham consciência. A perspectiva mudou ao longo do século XX, pois os animais passaram a ser tratados, predominantemente, como objetos do pensamento simbólico humano. Por exemplo, os animais eram muito importantes no modo de relação com o mundo de certas populações, como grupos aborígines australianos que se dividiam em clãs representados por diferentes animais. Com base nisso, antropólogos afirmavam que a relação observada entre os animais era uma espécie de metáfora para a relação entre os diferentes clãs.

ASSIM FALOU

Lewis Henry Morgan

A presente atitude do homem em relação aos mudos [animais que não falam] não condiz, em nenhum sentido, com sua sabedoria superior. Nós lhes recusamos todos os direitos, e devastamos e tomamos seus lugares com desenfreada e impiedosa crueldade.

MORGAN, Lewis Henry. *The American Beaver and his Works apud* KIRKSEY, S. Eben; HELMEREICH, Stefan. A emergência da etnografia multiespécies. *Revista de Antropologia da Ufscar*, v. 12, n. 2, p. 280, 2020 (texto original de 1868).

Adriano Kirihara/Pulsar Imagens

Produção de Queijo Canastra em São Roque de Minas (MG). Foto de 2022. As bactérias são responsáveis por processos, a exemplo da fermentação e da acidificação, empregados na fabricação de alimentos como o iogurte e o queijo, entre outros.

Essa perspectiva simbólica sobre os animais continuava sendo humanocêntrica, pois estava interessada mais no humano que nas outras formas de vida. A Antropologia contemporânea está mais interessada em uma perspectiva "simbiótica" dos animais e de outros seres vivos, ou seja, de como eles são parte integrante de nossa realidade e nosso ambiente: desde a flora de bactérias em nosso intestino, sem as quais não podemos viver, até nossas "espécies de companhia", como cachorros e gatos, que tantos de nós tratamos como integrantes da família.

VOCÊ JÁ PENSOU NISTO?

Mantemos diferentes relações com as mais diversas espécies de animais, desde a de amor com cachorros e gatos até a utilitária com animais que nos fornecem matérias-primas. Você já percebeu que costumamos estabelecer hierarquias entre os animais com base nessas relações que mantemos com eles? Pense nos animais que em geral são considerados alimento em nossa sociedade e naqueles cuja mera ideia de virarem alimento causa asco ou revolta (como os cachorros). Qual é, de fato, a diferença entre eles? Por que tratamos alguns melhor que outros? E o que aconteceria se todos os animais tivessem os mesmos direitos que concedemos, por exemplo, aos gatos e cachorros?

Esse "viver com", expressão cunhada pela filósofa estadunidense **Donna Haraway (1944-)**, pode dizer respeito tanto às espécies companheiras quanto a espécies "não amadas", como aquelas que geram doenças em humanos e em seres vivos a eles associados (gado, plantações) ou, ainda, as que competem com humanos por recursos em vários contextos. Haraway desenvolve um trabalho muito influente na Antropologia contemporânea que analisa, entre outras coisas, os efeitos da relação de humanos trabalhadores com animais trabalhadores – sejam estes porcos, vacas e outros animais submetidos a verdadeiros regimes de tortura para a produção industrial de carne e leite, sejam animais de laboratório, que são sistematicamente maltratados. Uma reflexão sobre o sofrimento dos animais com os quais convivemos diretamente é uma decorrência dessa perspectiva "desumanocentrada". Essas ideias geraram desde perspectivas contra o abate de animais até outras focadas em um tratamento "animalitário" (numa paráfrase do termo "humanitário"), que obrigaria as indústrias alimentícias a considerar o sofrimento dos animais em seus processos de produção.

jeanbaptisteparis/Wikipedia/Wikimedia Commons

A filósofa Donna Haraway. Foto de 2010.

No livro *O manifesto das espécies companheiras* (Rio de Janeiro: Bazar do Tempo, 2021), Haraway se baseia em sua relação com a cachorra Cayenne Pepper para pensar nossa relação com outras espécies. A preocupação da autora é vislumbrar um mundo em que a ideia de coabitação e coevolução entre as espécies predomine e resulte em uma relação igualitária com esses nossos companheiros de jornada no mundo. Enfocando sua relação com Pepper, ela nos lembra de que os cães "não estão aqui apenas para pensarmos com eles. Eles estão aqui para vivermos com eles" (p. 14).

Mas não são apenas nossas espécies "preferidas" que são companheiras. São também todas as outras que se emaranharam com a humanidade no decorrer da História: abelhas e nosso consumo do mel que elas produzem; fungos e bactérias e nossa história alimentar (sem bactérias, não haveria queijo!), ratos espalhados pelo mundo em decorrência de nossas viagens marítimas, entre tantos outros exemplos.

Um exemplo para entendermos como a Antropologia pesquisa espécies nas quais pensamos menos é o trabalho de **Anna Tsing (1952-)** sobre uma espécie de cogumelo. Para Tsing, a própria natureza humana é uma relação entre as espécies. E isso não se refere apenas às espécies domesticáveis. Espécies não domesticáveis, como alguns tipos de cogumelo, também são espécies companheiras, pois a relação humana com elas produz realidades a serem pesquisadas pela Antropologia.

Tsing escreveu sobre o conjunto de relações estabelecidas com o cogumelo *matsutake* (*Tricholoma matsutake* e variáveis semelhantes). Considerado uma iguaria singular no Japão, o *matsutake* movimenta, em sua coleta, as mais estranhas cadeias do capitalismo global. O fungo tem uma predileção por uma relação simbiótica com algumas espécies de árvore, principalmente o *Pinus ponderosa*, um tipo de pinheiro que cresce preferencialmente em ambientes florestais deteriorados do hemisfério norte (por exemplo, em áreas de exploração de madeira para artefatos humanos). Com suas propriedades, o *matsutake* ajuda novas florestas a emergir nesses ambientes devastados. No entanto, é uma nova floresta povoada apenas pela espécie de pinheiro que se uniu simbioticamente com o *matsutake*. Em florestas saudáveis, esse pinheiro tem poucas chances de crescer, em razão da sombra de árvores maiores.

BIOGRAFIAS

Acesse o Plurall para saber mais sobre **Donna Haraway (1944-)** e **Anna Tsing (1952-)**.

Colheita de cogumelos *matsutake* em floresta na vila de Huilong, na China, em 2022. Pouco valorizado na região, o cogumelo passou a ser exportado para o Japão, onde é uma iguaria cara, o que levou a intensas transformações nas relações sociais locais e na exploração do espaço.

Zhang Pengguizhou/Xinhua/AFP

Esses cogumelos são coletados por populações de excluídos em várias partes do mundo, em busca de renda num cenário do capitalismo que produz exclusão e desemprego recorrentemente. Nos Estados Unidos, por exemplo, quem faz o trabalho são coletores provenientes dos países mais pobres da Ásia (vietnamitas, cambojanos, etc.). Tsing descreve a união desses vários improváveis: um cogumelo não domesticável, a destruição de florestas pela exploração capitalista, populações excluídas pelo mesmo sistema e o mercado de uma iguaria no Japão que chega a custar milhares de dólares por quilo. Percorrendo toda essa cadeia de produção, a autora expõe um cenário de produção de "relações" entre os cogumelos e a história recente do capitalismo que nos ajuda a visualizar a complexa teia de conexões que podemos estabelecer com um ser vivo tão improvável.

Os trabalhos de Donna Haraway e de Anna Tsing nos mostram algumas facetas da Antropologia multiespécies e sua busca por tornar outras espécies centrais na própria perspectiva de vida, e não apenas "objetos" a serviço da humanidade. Esse esforço para combater o excepcionalismo humano tem aumentado nosso entendimento sobre a vida das espécies companheiras e despertado uma série de questões que desafiam nosso modo atual de vida. Afinal, como continuar agindo como agimos em relação aos animais se passarmos a considerá-los nossos companheiros na experiência de vida na Terra? Como não pensar que nossas ações como uma espécie de alcance global têm prejudicado a sobrevivência de milhares de espécies, que veem seus hábitats destruídos e suas vidas condicionadas às mais variadas ambições econômicas dos humanos? A Antropologia tem contribuído para esse debate ao longo do século XXI.

BIOGRAFIAS

Acesse o Plurall para saber mais sobre **Paul Crutzen (1933-2021)**.

5 ANTROPOLOGIA E O ANTROPOCENO

A partir do início do século XXI, começa a se desenvolver o conceito de **Antropoceno**, cunhado originalmente pelo químico **Paul Crutzen (1933-2021)**. A ideia básica é a de que a ação da humanidade na Terra já é responsável por uma nova era geológica. Isso significa dizer que, daqui a milênios, pesquisadores poderão identificar nas formações rochosas evidências da presença humana. Isso não é bom, pois essas marcas que estamos deixando resultam do aumento brutal das emissões de CO_2 e de experiências nucleares. Em termos práticos, é uma demonstração de que estamos provocando alterações climáticas e produzindo lixo nuclear.

Luciana Whitaker/Pulsar Imagens

Ao lado, vista das chaminés de refinaria da Petrobrás, em Duque de Caxias (RJ), 2021. Abaixo, pessoas assistem à transmissão do teste de lançamento de um míssil norte-coreano em Seul, na Coreia do Sul, 2022. Ações humanas, como a emissão de gases e outros poluentes pelas indústrias, além do impacto e dos resíduos deixados pelos testes nucleares, causaram modificações no planeta em proporções inéditas.

Chung Sung-Jun/Getty Images

Embora o impacto da atividade humana sobre o planeta tenha se intensificado com a Revolução Industrial, no século XVIII, foi no início do século XXI que se constatou que esse impacto tinha atingido proporções suficientes para resultar em alterações geológicas. O conceito de Antropoceno evidencia uma série de problemas muito graves causados pela exploração humana no planeta. Entre eles, podemos citar:

1. a mudança climática intensificada pelos efeitos da ação humana, tornando o clima do planeta mais quente;
2. a integridade da biosfera, ameaçada por atividades econômicas humanas que estão destruindo a biodiversidade do planeta;
3. a mudança no uso da terra, que tem causado grande desflorestamento;
4. a redução da disponibilidade de água potável, em consequência da exploração humana de ambientes sensíveis, da desertificação, da poluição, etc.;
5. a poluição das águas, que aumenta com o uso de produtos químicos na agricultura;
6. a acidificação dos oceanos, causada pelo excesso de CO_2 lançado no ambiente;
7. a quantidade de partículas no ar, que aumenta como decorrência da poluição atmosférica;
8. a degradação da camada de ozônio como resultado da emissão de gases, tornando a superfície terrestre mais exposta aos raios ultravioleta;
9. os efeitos da poluição do ambiente por substâncias químicas sintéticas, criadas pela humanidade.

Esses itens servem de critério para avaliar o efeito de nossa ação no mundo: são conhecidos como "limites globais". Para quase todos eles, foram criados índices de medição. A notícia ruim é que estamos no limite de vários desses itens, isto é, muito próximos de um ponto a partir do qual já não há volta.

Mas o que a Antropologia tem a ver com isso tudo? Ela tem se apropriado da discussão sobre o Antropoceno a partir de suas próprias bases de constituição como ciência, ou seja, tem acompanhado como diferentes populações têm sofrido as consequências de uma transformação provocada, em grande medida, pelas sociedades ocidentais. Populações indígenas que veem no território onde vivem, por exemplo, a contaminação de rios por garimpos ilegais, a devastação ilegal de florestas por indústrias criminosas, o avanço de doenças causadas pela exploração brutal de ambientes naturais, os efeitos do aumento do nível das águas causado pelo aquecimento global. Ao estudar essas populações, antropólogas e antropólogos identificam os efeitos cruéis do Antropoceno (ou "Capitaloceno", como outros cientistas o chamam) e, com base nisso, discutem direitos e responsabilidades sobre esses crimes ambientais.

Erik Simander/TT News Agency/Associated Press/Imageplus

Davi Kopenawa em foto de 2019.

Não é apenas na denúncia dos efeitos da exploração capitalista dos recursos naturais nas áreas habitadas por populações indígenas, quilombolas e ribeirinhas que a Antropologia se destaca. Ela também se volta para a experiência dos efeitos do Antropoceno em ambientes urbanos que sofrem com as mudanças climáticas, como os deslocamentos populacionais causados por desastres que podemos pôr na conta da ação humana: enchentes causadas pela mudança abrupta do clima, deslizamentos de terra, falta de água, etc. Ao estudar as populações afetadas, a Antropologia desenvolve sua própria crítica ao Antropoceno.

Para além da descrição de casos trágicos, a Antropologia também tenta pensar o Antropoceno com o auxílio dessas populações em situação de perigo. Como vimos no item 3 deste capítulo, a Antropologia passou a ouvir os outrora "nativos" como interlocutores em pé de igualdade, considerando sua produção de conhecimento igualmente válida. Desse modo, a Antropologia reconhece que esses interlocutores têm algo importante a dizer sobre o mundo e sobre a maneira como a sociedade capitalista está destruindo o ambiente ao redor do planeta.

BIOGRAFIAS

Acesse o Plurall para saber mais sobre **Bruce Albert (1952-)** e **Davi Kopenawa (1956-)**.

Um exemplo desse tipo de nova perspectiva é o livro *A queda do céu*, que nasce de uma longa relação entre o antropólogo francês **Bruce Albert (1952-)** e o xamã yanomami **Davi Kopenawa (1956-)**. Com base em suas conversas com Kopenawa, Albert organizou o livro como uma narrativa yanomami sobre a criação do mundo e sobre o lugar do homem branco (colonizador) nesse processo. A narrativa de Kopenawa sobre a "civilização capitalista" é um exercício de antropologia reversa: mostra como um integrante de outra civilização vê e narra a relação com a civilização capitalista.

A narrativa de Kopenawa é muito forte e deveria ser lida por todos: o xamã demonstra o estranhamento dele e de seu povo diante de uma civilização que se recusa a se relacionar com a floresta e que estabeleceu uma separação tão grande em relação ao mundo. É uma crítica ao nosso descaso com o destino das florestas, dos rios, dos animais e mesmo dos povos que escolheram viver junto com outras espécies, com as florestas, os rios. Do ponto de vista de Kopenawa, nós somos "comedores de florestas".

VOCÊ JÁ PENSOU NISTO?

Você já relacionou seu desejo por bens (por exemplo, aquele telefone celular incrível) com toda a cadeia de produção necessária para produzi-lo? Já pensou que a extração dos metais que integram vários de seus bens causa as devastações que Kopenawa chama de "comer florestas"? A economia de mercadorias em que vivemos é responsável por muitos dos efeitos nocivos causados pela humanidade ao planeta. Você consegue pensar em uma maneira de viver que não consuma florestas, rios, povos, animais?

ASSIM FALOU

Davi Kopenawa

Nenhum de nós deseja suas mercadorias só para empilhá-las em casa e vê-las ficando velhas e empoeiradas! Ao contrário, não paramos de trocá-las entre nós, para que nunca se detenham em suas jornadas. São os brancos que são sovinas e fazem as pessoas sofrerem no trabalho para estender suas cidades e juntar mercadorias, não nós! Para eles, essas coisas são mesmo como namoradas! Seu pensamento está tão preso a elas que se as estragam quando ainda são novas ficam com raiva a ponto de chorar! São de fato apaixonados por elas! Dormem pensando nelas, como quem dorme com a lembrança saudosa de uma bela mulher. Elas ocupam seu pensamento por muito tempo, até vir o sono. E depois sonham com seu carro, sua casa, seu dinheiro e todos os seus outros bens – os que já possuem e os que desejam ainda possuir. Assim é. As mercadorias deixam os brancos eufóricos e esfumaçam todo o resto em suas mentes. [...] Se os brancos pudessem, como nós, escutar outras palavras que não as da mercadoria, saberiam ser generosos e seriam menos hostis conosco. Também não teriam tanta gana de comer nossa floresta.

KOPENAWA, Davi; ALBERT, Bruce. *A queda do céu*: palavras de um xamã yanomami. São Paulo: Companhia das Letras, 2015. p. 413-414.

Marcos Amend/Pulsar Imagens

Vista aérea de garimpo ilegal na Terra Indígena Sai Cinza, da etnia Munduruku, em Altamira (PA). Foto de 2020. O garimpo é uma das atividades de maior impacto socioambiental, afetando a vida de milhares de espécies, incluindo populações humanas tradicionais da região.

Outra dimensão importante da discussão antropológica sobre o Antropoceno deriva da crítica da Antropologia multiespécies ao excepcionalismo humano, que estudamos no item anterior. Como pensar um mundo no qual o humano é o principal responsável pela extinção de milhares de espécies? O atual ritmo de extinção de espécies causada pelos humanos equivale ao das grandes extinções do passado, como aquela que extinguiu os grandes dinossauros do planeta.

Por meio da ideia de "coabitação", a Antropologia e outras ciências defendem outra forma de relação com o planeta, chegando a entender nosso mundo como um ser. Até um nome para esse "planeta-ser" foi dado: Gaia. Não é que se imagine que a Terra seja um ser consciente, mas que, na realidade, toda vida na Terra é interdependente. Desse modo, a vida no planeta é, ela mesma, responsável por criar o ambiente no qual possa prevalecer. Gaia seria um sistema autorregulador de manutenção de vida. Esses conceitos derivam do trabalho do pesquisador/inventor **James Lovelock (1919-2022)** e da bióloga **Lynn Margulis (1938-2011)**, especialmente das teorias de evolução simbiótica desta.

BIOGRAFIAS

Acesse o Plurall para saber mais sobre **James Lovelock (1919-2022)** e **Lynn Margulis (1938-2011)**.

Para além da ideia de coabitação do mundo com outras espécies, essa perspectiva permite pensar que Gaia, como um sistema autorregulador, responde aos desequilíbrios causados pela ação humana no ambiente. Essa "resposta" pode ser vista no aquecimento global e na alteração que já sentimos nos regimes climáticos, que passaram a registrar um aumento dos fenômenos extremos nos últimos anos.

Outra resposta desse sistema-mundo de formas de vida inter-relacionadas é o aumento da incidência de epidemias e pandemias entre nós, humanos. Trata-se de um efeito de nossa ação de "comer florestas": ao limitar o espaço de vida de outras espécies, trazemos para mais perto de grandes contingentes humanos formas de vida que antes se encontravam distantes. Essa proximidade pode facilitar a ocorrência de epidemias, pois vírus e bactérias que convivem em simbiose com outras espécies podem infectar humanos e causar doenças.

O grande exemplo desse processo é a pandemia de covid-19, que teve seu primeiro caso registrado no fim de 2019 e se espalhou pelo mundo a partir de 2020. Especula-se que a doença teve origem na proximidade entre espécies: um relatório publicado pela Organização Mundial da Saúde (OMS) alega que o vírus provavelmente passou de um tipo de morcego para um mamífero intermediário, e dele para os humanos.

Sandro Pereira/Fotoarena

Cilindros vazios de oxigênio em Manaus (AM), em janeiro de 2021. O sistema de saúde da capital amazonense entrou em colapso durante um pico de casos de covid-19, levando à escassez de itens fundamentais para o atendimento dos enfermos.

Assim, a causa efetiva da disseminação do vírus causador da covid-19 seria o desflorestamento promovido pela humanidade, uma espécie de ruptura do código de coabitação de Gaia. Embora a pandemia da covid-19 chame mais nossa atenção por seus efeitos globais e pela alta mortalidade, só neste século já passamos por uma epidemia mundial de Sars (síndrome respiratória aguda grave), entre 2002 e 2003, e outra de gripe aviária, entre 2003 e 2004. Isso sem mencionar a globalização de outras doenças, como a causada pelo vírus zika, originário da África, mas que se tornou endêmico no Brasil.

Todos esses exemplos nos levam a pensar nos efeitos da devastação global causada pela relação predatória de parte da humanidade com o mundo e outras espécies. A Antropologia tem se dedicado a pensar esse processo com as populações humanas atingidas por essa expansão e com as populações de outras espécies, por meio de uma Antropologia multiespecífica.

VOCÊ APRENDEU QUE

Discussões sobre cultura, identidade e etnicidade, que já vimos em capítulos anteriores, podem ser consideradas contemporâneas.

A teoria cultural norte-americana construída a partir da década de 1970, que tem como principais autores Clifford Geertz, Marshall Sahlins e David Schneider, inaugurou a ideia de uma cultura essencialmente simbólica.

Podemos chamar essa tendência de "Antropologia simbólica", embora o trabalho de Geertz, especificamente, tenha dado origem a uma "Antropologia interpretativa".

A Antropologia interpretativa procura entender as culturas como textos que podem ser lidos. Entretanto, são leituras de segunda mão, pois temos acesso apenas à visão do nativo sobre sua própria cultura.

O pós-modernismo antropológico, estudado no Capítulo 7, deriva da Antropologia interpretativa produzida por Geertz e seus alunos.

O pós-modernismo se interessou pela questão da autoridade etnográfica, isto é, como seria possível dar voz aos nativos ao descrever suas sociedades e culturas.

Depois do pós-modernismo, surgiu o pós-colonialismo, preocupado com as implicações políticas das descrições antropológicas, como a produção de formas de exotizar, relacionadas ao colonialismo.

A discussão sobre gênero teve grande impacto na teoria do parentesco. Nas últimas décadas, a Antropologia procurou desconstruir as ideias de homem e mulher, até então consideradas categorias naturais, e passou a entendê-las como construções sociais.

Essa crítica permitiu pensar o parentesco sem relação com a reprodução, ampliando o espectro do que pode ser considerado parentesco.

Roy Wagner propôs a ideia de que a cultura é invenção, criação, e está em constante transformação. Ao tentar se aproximar da vida dos nativos, o antropólogo inventa a cultura, mas também permite que sua própria cultura seja reinventada.

Colocar no mesmo nível os conceitos nativos e antropológicos permitiu superar uma desigualdade importante, que ocorria quando o antropólogo resumia o conhecimento nativo a seus próprios conceitos.

Esse questionamento levou outros intelectuais a usar conceitos nativos para repensar (e reinventar) os conceitos antropológicos. Assim, conceitos que dependiam da separação entre cultura e natureza, por exemplo, foram sistematicamente criticados.

O questionamento aos grandes divisores, como a dicotomia natureza/cultura, possibilitou também lançar um novo olhar às espécies que convivem com os humanos, de modo que nossa vida no planeta passe a ser vista como emaranhada a elas. É esse o interesse da Antropologia multiespécies.

A constatação dos efeitos duradouros da exploração dos recursos naturais pela humanidade levou à proposição da ideia de Antropoceno.

A crítica antropológica ao Antropoceno ou Capitaloceno foi acompanhada de um maior espaço aberto às vozes daqueles que foram mais diretamente prejudicados pelos efeitos da exploração desmedida de recursos.

ATIVIDADES

REVENDO

1. A etnografia é uma técnica de investigação antropológica. Qual é a crítica dos autores pós-modernos da Antropologia em relação a ela?
2. Como as antropólogas feministas definem a noção de gênero em uma sociedade?
3. Explique a crítica contemporânea ao dualismo natureza/cultura.
4. Qual é a relação entre a crítica ao dualismo natureza/cultura e a concepção de "humanocentrismo"?
5. De que maneira a noção de Antropoceno está presente nos estudos antropológicos?

CONSTRUINDO

1. Observe estes cartazes.

Ação de sensibilização sobre o direito animal proposta pela Acção Animal e pela Liga Portuguesa dos Direitos do Animal (LPDA), em 2008, com os dizeres: "Animais não são palhaços".

- Com base na discussão sobre o "humanocentrismo", discuta a mensagem dos cartazes.

2. Observe este cartum, de 2007, criado pelo estadunidense Scott Hilburn:

- Essa imagem pode ser relacionada às discussões contemporâneas de uma Antropologia "pós-social", "reversa" ou "simétrica". Explique essa relação.

3. Vimos no capítulo a importância das questões de gênero na Antropologia contemporânea. Relacione o cartum a seguir ao conteúdo do capítulo.

Henfil/Acervo Ivan Cosenza

4. Leia dois trechos do romance *Memórias de um urso-polar*, da escritora japonesa de língua alemã Yoko Tawada (1960-). O primeiro é uma reflexão do urso-polar Knut, e o segundo, o diálogo dele com um humano.

> Um *Homo sapiens* do sexo masculino havia me criado. Era raro que algo do tipo acontecesse, quase um milagre. Demorou um tempo até eu finalmente entender que aquele milagre era minha própria história. Matthias era um verdadeiro mamífero, mais do que muitos do seu tipo, porque me deixava mamar. Ele me alimentou não somente com leite, mas também com parte de sua própria vida. Era o orgulho de todos os mamíferos. [...] Matthias estava sempre ao meu lado, devotando seus dias para cuidar de mim mesmo tendo uma esposa encantadora e crianças queridas, para quem havia dado seus genes, esperando por ele.
>
> [...]
>
> "Os seres humanos odeiam tudo o que não é natural", declarou Michael. "Eles acham que os ursos devem continuar a ser ursos. É o mesmo que pensar que os pobres devem continuar sendo pobres. Todo o resto seria, para essas pessoas, não natural."
>
> "Se é assim, então por que construíram zoológicos?"
>
> "Ah, isso é mesmo uma contradição. Mas inconsistências é a verdadeira natureza dos seres humanos."
>
> "Você está de brincadeira!"
>
> "Não precisa se preocupar com o que é natural ou com o que é não natural. Só viva como bem entender."

TAWADA, Yoko. *Memórias de um urso-polar*. São Paulo: Todavia, 2019. p. 240-241, 259.

- Relacione os trechos lidos com o debate sobre Antropologia multiespécies e perspectivismo. Reflita, também, sobre como ele se relaciona com os debates sobre desigualdades nas sociedades humanas.

POR DENTRO DAS CIÊNCIAS HUMANAS

UNIDADE 2

CAPÍTULO 6

1. A imagem a seguir é uma representação de como os europeus viam o processo de colonização. Nela, há uma jovem indígena sendo tocada por um raio de luz celestial refletido pelo escudo da Coroa portuguesa, o qual representa o poder do Estado. Com base em seus conhecimentos sobre a colonização portuguesa na América e o conteúdo do Capítulo 6, reflita sobre a forma como o contato entre europeus e indígenas foi retratado na figura.

Frontispício da obra *História das guerras no reino do Brasil sustentadas pela coroa de Portugal contra a república da Holanda* (1698), escrita pelo carmelita português frei João José de Santa Thereza e dedicada a dom Pedro II, rei de Portugal.

2. Leia o texto a seguir.

O homem ocidental tende a julgar as artes dos povos indígenas como se pertencessem à ordem estática de um Éden perdido. Dessa forma, deixa de captar, usufruir e incluir no contexto das artes contemporâneas, em pé de igualdade, manifestações estéticas de grande beleza e profundo significado humano.

Atualmente, porém, percebe-se um crescente interesse nas artes indígenas, mesmo como fonte de inspiração, assim como o reconhecimento da continuidade da produção artística dos povos que habitavam esta parte do continente americano e que hoje, decididos a continuar como índios, ainda criam e sempre recriam importantes obras de arte dotadas de notável especificidade histórica e cultural.

A pintura e as manifestações gráficas dos grupos indígenas do Brasil foram objeto de atenção de cronistas e viajantes desde o primeiro século da descoberta, e de inúmeros estudiosos que nunca deixaram de registrá-las e de se surpreender com essas manifestações insistentemente presentes ora na arte rupestre, ora no corpo do índio, ora em objetos utilitários e rituais, nas casas, na areia e, mais tarde, no papel.

No entanto, mesmo neste século, apesar da riqueza do material disponível, o estudo da arte e da ornamentação do corpo foi relegado a segundo plano, durante muitos anos, no que diz respeito às sociedades indígenas no Brasil. [...] Apenas recentemente a pintura, a arte gráfica e os ornamentos do corpo passaram a ser considerados como material visual que exprime a concepção tribal de pessoa humana, a categorização social e material e outras mensagens referentes à ordem cósmica. Em resumo, manifestações simbólicas e estéticas centrais para a compreensão da vida em sociedade.

***Cerâmicas dos selvagens*, de Jean-Baptiste Debret, c. 1834 (litografia, 34 cm × 49 cm).**

VIDAL, Lux. Iconografia e grafismo indígenas, uma introdução. *In*: VIDAL, Lux (org.). *Grafismo indígena*. Estudos de antropologia estética. São Paulo: Edusp; Studio Nobel; Fapesp, 1992. p. 13.

- O texto da antropóloga Lux Vidal (1930-) pode nos ajudar a pensar não apenas nas artes indígenas, mas também na própria definição de arte em nossa sociedade. De que forma a arte é uma expressão da vida cotidiana? O que podemos definir como arte? Com base na leitura do capítulo, do texto e dessas indagações, faça o que se pede a seguir.

a) Explique por que o conhecimento das artes indígenas pode levar ao questionamento das teorias evolucionistas.

b) Em que medida as expressões artísticas – sejam das artes plásticas, sejam da dança, da música, do teatro, do artesanato (como a cestaria e a tapeçaria), dos ornamentos corporais (como a tatuagem e o *piercing*), das pinturas rupestres ou das intervenções urbanas (como o grafite) – são expressões da cultura de um povo?

c) Na cidade em que você vive, há exemplos de produções artísticas que refletem a cultura e a identidade de grupos urbanos ou rurais? Cite-as.

3. Considere o seguinte trecho de uma entrevista feita com a antropóloga Manuela Carneiro da Cunha, em que ela diz:

> Por outra parte, no século XIX, positivistas e evolucionistas sociais puseram em voga a ideia de uma marcha inexorável da História: qualquer que fosse a política, os índios estariam fadados ao desaparecimento, quando não simplesmente físico, pelo menos social. Essa também é uma falácia que a História ela própria desmistificou: os índios, felizmente, estão aqui para ficar. A História não se faz por si, são pessoas que fazem a História, e seus atos têm consequências. Usa esse entulho ideológico quem carece de argumentos.

FREITAS, Guilherme. O futuro dos índios: entrevista com Manuela Carneiro da Cunha. *Portal Geledés*, 17 fev. 2013. Disponível em: www.geledes.org.br/o-futuro-dos-indios-entrevista-com-manuela-carneiro-da-cunha/. Acesso em: 17 ago. 2022.

Ettore Chiereguini/AGIF/AFP

Manifestação contra a invasão das terras indígenas por garimpos ilegais. São Paulo (SP), 2022.

a) A autora utiliza o termo "entulho ideológico" para se referir à ideia de que os indígenas estariam fadados ao desaparecimento. Com base no texto do capítulo, explique os motivos dessa afirmação.

b) Tomando como base o texto acima e o Capítulo 1, produza uma reflexão sobre a situação atual das populações indígenas. Busque informações em *sites* como Povos Indígenas no Brasil, do Instituto Socioambiental (disponível em: www.pib.socioambiental.org, acesso em: 7 jul. 2022) e o do Conselho Indígena Missionário (disponível em: www.cimi.org.br, acesso em: 7 jul. 2022).

4. Marimba Ani é uma antropóloga moçambicana cujo trabalho é reconhecido por questionar o eurocentrismo presente na Antropologia. Leia o trecho de um de seus textos e, em seguida, discuta a questão do predomínio do pensamento europeu na construção dessa ciência social.

> Ser de ascendência africana e estudar antropologia é ser atingido pelo anti-africanismo penetrante da disciplina. E se alguém, então, aborda a disciplina criticamente, esta emerge como uma tradição do Eurocentrismo, funcionando para satisfazer as necessidades do *ethos* europeu. A crítica da antropologia me levou direto para as entranhas da matriz cultural/histórica Europeia. Eu não tinha alternativa, então, a não ser embarcar em um estudo crítico da totalidade do que é a cultura europeia; para estabelecer suas bases ideológicas, seu funcionamento interno, os mecanismos que facilitam o seu funcionamento.
>
> Os antropólogos, através do seu uso e abuso do conceito de cultura têm inibido esse processo necessariamente crítico. Eles têm geralmente ignorado as implicações políticas de cultura, desenfatizando a sua função ideológica. Eles tipicamente concentram sua atenção em sociedades supostamente "simples" e "isoladas" não-europeias. Através desse uso convencional do conceito de cultura, essas sociedades têm sido teoricamente e superficialmente abstraídas dos contextos políticos nos quais elas existem. Este uso permite que os antropólogos ignorem as implicações da exploração europeia, enquanto as condições do colonialismo e do neocolonialismo os proveem com seus "objetos" de estudo.
>
> Antropologia não é simplesmente uma "filha do imperialismo". É uma manifestação do *ethos* europeu.

ANI, Marimba. *Yurugu*: an african-centered critique of European cultural thought and behavior. New Jersey: Trenton, 1994. p. 3. Texto traduzido.

CAPÍTULO 7

1. Observe a tirinha a seguir.

- Nesta tira de 2011, Laerte faz uma crítica aos padrões culturais. Interprete-a.

2. A seguir, reproduzimos trechos de um artigo do cientista político Hélio Jaguaribe (1923-2018), publicado no jornal *Folha de S.Paulo* em abril de 2008.

O "jardim antropológico" é uma insensatez

Todos os países americanos se confrontaram com a questão indígena. É indiscutível que em todos eles a relação entre europeus colonizadores e a população nativa foi originariamente conflituosa. Esse conflito conduziu ao extermínio das populações costeiras (Brasil), levando os nativos a se refugiarem no interior remoto de cada um desses países. [...] A política indigenista no Brasil não foi, originariamente, formulada pelo governo federal, e sim por esse grande pioneiro que foi o general Rondon. [...] Em anos mais recentes, a política indigenista brasileira passou a ser orientada por etnólogos. Estes, diversamente de Rondon, não intentavam a pacífica incorporação do índio, mas a preservação das culturas indígenas. [...] Em termos mais amplos, importa questionar: que objetivos deve ter tal política, ademais da proteção do índio? Por outro lado, a perpetuação de culturas nativas, em que se fundamenta, no Brasil, a política de reservas, carece de sentido. Em termos antropológicos, pois é impossível sustar o processo civilizatório. As populações civilizadas do mundo são descendentes de populações tribais, que seguiram, em todos os países, o secular caminho que leva os paleolíticos a se transformarem em neolíticos e estes, em civilizados. [...]

JAGUARIBE, Hélio. O "jardim antropológico" é uma insensatez. *Folha de S.Paulo*, 26 abr. 2008. Disponível em: www.academia.org.br/artigos/o-jardim-antropologico-e-uma-insensatez. Acesso em: 23 jun. 2022.

- Embora tenha sido publicado em 2008, o artigo defende uma visão sobre os indígenas que é semelhante à dos evolucionistas do século XIX. Com base nas questões trabalhadas no Capítulo 7 e em seus conhecimentos históricos sobre os processos de colonização no século XIX, mostre como o autor expõe essa visão e faça uma crítica a ela.

3. Considere a seguinte tirinha:

© André Dahmer/Acervo do cartunista

- A tirinha nos fala de estereótipos e preconceitos. Com base no Capítulo 7, produza uma reflexão sobre como os estereótipos podem conter em si mesmos elementos de estigmatização e como operam na vida cotidiana.

CAPÍTULO 8

1. Considere este cartum de Laerte, publicado em 2011.

© Laerte Coutinho/Acervo da cartunista

- O cartum expõe tanto um dilema social brasileiro quanto uma crítica ao que o sociólogo e teórico cultural jamaicano Stuart Hall chamaria de "velhas identidades". Um estudo realizado pelo Grupo Gay da Bahia revelou que o Brasil teve mais de 300 mortes violentas de pessoas LGBTQIA+ em 2021, o que representou um aumento de 8% em relação ao ano anterior. Ou seja, as questões discutidas por Laerte em seu cartum de 2011 continuam atuais. Laerte discute aqui os efeitos da homofobia e da transfobia e toma uma posição clara contra o preconceito. Considerando essas informações, procure indicar os motivos desses preconceitos e atos de violência.

2. Leia o ensaio a seguir.

De fato, o que chamo de Gaia foi assim batizado por James Lovelock e Lynn Margulis no início dos anos 1970. Eles incorporavam pesquisas que contribuem para esclarecer o denso conjunto de relações, articulando o que as disciplinas científicas tinham o hábito de tratar separadamente: os seres vivos, os oceanos, a atmosfera, o clima, os solos mais ou menos férteis. Dar um nome, Gaia, a esse agenciamento de relações, era insistir sobre duas consequências dessas pesquisas. Aquilo de que dependemos e que foi com frequência definido como "dado", o enquadramento globalmente estável de nossas histórias e de nossos cálculos, é produto de uma história de coevolução, cujos primeiros artesãos e verdadeiros autores permanentes foram as inúmeras populações de micro-organismos. E Gaia, "planeta vivo", deve ser reconhecida como um "ser", e não assimilada a uma soma de processos, no mesmo sentido em que reconhecemos que um rato, por exemplo, é um ser: ela é dotada não apenas de uma história, mas também de um regime de atividades próprio, oriundo das múltiplas e emaranhadas maneiras pelas quais os processos que a constituem são articulados uns aos outros, a variação de um tendo múltiplas repercussões que afetam os outros. Interrogar Gaia é, então, interrogar algo coeso, e as questões dirigidas a um processo particular podem pôr em jogo uma resposta, às vezes inesperada, do conjunto.

Talvez Lovelock tenha ido longe demais ao afirmar que essa articulação assegurava o tipo de estabilidade que se atribui a um organismo vivo saudável, as repercussões entre processos tendo então, como efeito, diminuir as consequências de uma variação. Gaia parecia assim ser uma boa mãe, provedora, cuja saúde devia ser protegida. Hoje nossa compreensão da maneira pela qual Gaia "se mantém coesa" é bem menos tranquilizadora. A questão colocada pelo aumento da concentração dos gases chamados "de efeito estufa" na atmosfera suscita um conjunto de respostas em cascata que os cientistas estão começando a identificar.

Gaia é agora, mais do que nunca, a bem nomeada, pois se no passado foi honrada, foi por ser temida, aquela a quem os camponeses se dirigiam pois sabiam que os homens dependem de algo maior do que eles, de algo que os tolere, mas de cuja tolerância não se deve abusar. Ela era anterior ao culto do amor materno que tudo perdoa. Uma mãe, talvez, mas irascível, que não se deve ofender. E ela é anterior à época em que os gregos conferem a seus deuses o sentido do justo e do injusto, anterior à época em que eles lhes atribuem um interesse particular por seus próprios destinos. Tratava-se, antes, de ter cuidado para não ofendê-los, para não abusar de sua tolerância.

STENGERS, Isabelle. *No tempo das catástrofes*. São Paulo: Cosac Naify, 2015. p. 49-51.

- O ensaio escrito pela filósofa da ciência Isabelle Stengers (1949-) discorre sobre um ponto-chave no debate sobre o antropoceno, que é a possibilidade do "fim do mundo". Identifique as questões históricas e filosóficas mencionadas no texto.

3. Leia o texto a seguir.

Chegar à terceira idade com saúde e disposição é um privilégio, mas é comum que quem tenha mais de 50 anos já comece a sentir discriminação por estar envelhecendo. Ouvir frases como: "Você está velho demais para isso!", "Lugar de velho é em casa" ou "Está ficando gagá" começa a fazer parte do cotidiano de muitos idosos.

Essa discriminação passou a ser chamada de etarismo — mas também é chamada de idadismo ou ageísmo — e é bastante comum: de acordo com um relatório elaborado pela OMS (Organização Mundial da Saúde) uma em cada duas pessoas no mundo já apresentou ações discriminatórias que pioram a saúde física e mental dos idosos.

[...]

Aqui no Brasil os dados também mostram que o etarismo começa até mesmo antes das pessoas chegarem à terceira idade: 16,8% dos brasileiros com mais de 50 anos já se sentiram vítima de algum tipo de discriminação por estarem envelhecendo.

[...]

A segunda edição da Pesquisa Idosos no Brasil, realizada pelo Sesc São Paulo e pela Fundação Perseu Abramo, apontou que 18% dos idosos afirmaram terem sido discriminados ou maltratados em um serviço de saúde. E 19% declararam terem sofrido algum tipo de violência física ou verbal.

Além disso, 81% dos participantes afirmaram que há preconceito contra o idoso no país. A pesquisa contou com a opinião de 4.144 brasileiros, sendo 2.369 pessoas com mais de 60 anos, e foi realizada entre janeiro e março de 2020.

CERQUETANI, Samantha. Etarismo: que bicho é esse? Preconceito por idade prejudica saúde de idosos. *Viva Bem*, 20 ago. 2021. Disponível em: www.uol.com.br/vivabem/noticias/redacao/2021/08/20/etarismo-que-bicho-e-esse-preconceito-por-idade-prejudica-saude-de-idosos.htm. Acesso em: 4 ago. 2022.

- O texto trata de um problema que é sustentado por uma imagem estereotipada sobre a velhice bastante comum entre a população. No entanto, a mudança na estrutura etária brasileira torna necessário rever a maneira como encaramos o envelhecimento, dado que, segundo estudos do IBGE, estima-se que idosos poderão representar até 40% dos brasileiros em 2100. Considerando essas informações, produza um texto questionando essa visão e trazendo outras imagens dos idosos que desafiem esse estereótipo. Utilize a noção de "identidade" em sua argumentação.

4. Em 2022, uma empresa multinacional do ramo tecnológico adotou novas configurações de identificação de gênero para a voz do assistente virtual inteligente, passando a oferecer uma voz com gênero menos definido. Leia, a seguir, um trecho de matéria do jornal *Folha de S.Paulo* publicada em seu portal *on-line*.

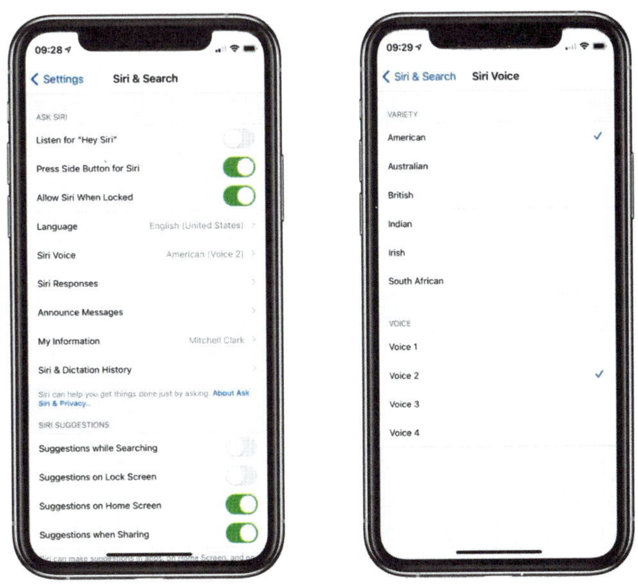

Reprodução/Apple

Diferentes opções de voz para assistente virtual.

Pessoas não binárias buscam Justiça para banir informação sobre sexo biológico dos documentos

Quem não se identifica como homem ou mulher quer ter esse dado não especificado nos registros pessoais

Aoi Berriel Pereira, 24, vivia duas realidades paralelas. No cotidiano sempre se expressava como uma pessoa não binária. Mas, quando precisava usar os documentos pessoais, o RG escancarava um prenome ligado ao sexo biológico masculino, o que causava "constrangimento e sensação de inadequação".

Pessoas não binárias são aquelas cuja identidade de gênero —que é a forma como alguém se apresenta ao mundo —não cabe nem como homem nem como mulher.

A não binariedade questiona as gavetas de gênero impostas pela sociedade e quem está sob seu guarda-chuva não carrega rótulos.

E não tem nada a ver com a orientação sexual, que é a atração física, emocional e sexual que uma pessoa nutre por outra. Uma pessoa não binária pode vivenciar a homossexualidade, a bissexualidade, a assexualidade, a polissexualidade e a heterossexualidade.

Para adequar os documentos à vida que sempre levou, Aoi buscou a Justiça e conseguiu uma decisão favorável inédita, em agosto de 2020. Aoi, seu prenome de gênero neutro, substituiu o que ganhou dos pais ao nascer. E, no campo em que consta a informação sobre o sexo, seus documentos agora informam: não especificado.

Apesar de carregar um prenome neutro, marca das pessoas não binárias, Aoi gosta de ser tratada com pronomes femininos.

Há pessoas não binárias que exigem ser abordadas com pronome neutro. Exemplo: ile/dile – para se diferenciar do a (feminino) e do o (masculino). E existem as que consentem com qualquer forma de tratamento.

[...]

Depois da conquista de Aoi, uma segunda decisão judicial, de abril deste ano, em Santa Catarina, também deu o mesmo veredito a uma pessoa não binária.

Em 49 páginas com ampla bibliografia que disserta sobre questões biológicas, sociais, judiciais, políticas e de gênero, a juíza Vânia Petermann determinou a retificação do nome de registro e baniu a informação sobre o sexo biológico da pessoa requerente.

Para Petermann, historicamente, a questão da identificação de gênero sobreviveu silenciosamente na sociedade; marginalizada – e não legislada – em razão "de ideias de poder de cada período, além de valores sociais em jogo".

"Percebe-se que a identificação de gênero neutro é hoje uma realidade, é um direito da pessoa em seu processo de individuação no mundo, e a falta de reconhecimento jurídico impede a expressão plena do ser, seguir sendo, pertencendo à sociedade", explicou.

[...]

MAIA, Dhiego. Pessoas não binárias buscam Justiça para banir informação sobre sexo biológico dos documentos. *Folha de S.Paulo,* 22 maio 2021. Disponível em: www1.folha.uol.com.br/cotidiano/2021/05/pessoas-nao-binarias-buscam-justica-para-banir-informacao-sobre-sexo-biologico-dos-documentos.shtml. Acesso em: 22 jul. 2022.

- Com base no conceito de identidade, estudado no Capítulo 8, e também nos estudos de gênero e parentesco vistos no Capítulo 10, desenvolva uma reflexão sobre essa mudança no assistente virtual e sobre os apontamentos trazidos na matéria do jornal.

CAPÍTULO 9

1. Com base no que lemos no Capítulo 9, analise a charge de Laerte, de 2012, que representa a separação de públicos no carnaval. Quais tensões podemos ver expostas pela cartunista, levando em conta o avanço da urbanização no Brasil no século XX e o conhecimento histórico sobre a diferença entre as classes sociais no país?

2. Considere os seguintes trechos de um livro de Jessé Souza:

Capa do livro *A elite do atraso*, de Jessé Souza.

Para o negro, sem a oportunidade de competir com chances reais na nova ordem, restavam os interstícios do sistema social: a escória proletária, o ócio dissimulado ou a criminalidade fortuita ou permanente como forma de preservar a dignidade de "homem livre". Ao perderem a posição de principal agente do trabalho, os negros perderam também qualquer possibilidade de classificação social. A ação concomitante da extinção das estratégias de acomodação do passado, que propiciaram a negros e mulatos ocupações compensadoras e até nobilitantes, mostra o grau dramático para esse setor da nova configuração de vida econômica.

O negro torna-se vítima da violência mais covarde. Tendo sido animalizado como "tração muscular" em serviços pesados e estigmatizado como trabalhador manual desqualificado – que mesmo os brancos pobres evitavam –, é exigido dele agora que se torne trabalhador orgulhoso de seu trabalho. O mesmo trabalho que pouco antes era o símbolo de sua desumanidade e condição inferior. Ele foi jogado em competição feroz com o italiano, para quem

o trabalho sempre havia sido motivo principal de orgulho e de autoestima. Belo início da sociedade "competitiva" entre nós.

SOUZA, Jessé. *A elite do atraso*: da escravidão à Lava Jato. Rio de Janeiro: Leya, 2017. p. 48.

Nesse livro, Jessé de Souza dá continuidade à tradição de "explicações sobre Brasil", porém faz isso com uma diferença significativa em relação a autores como Gilberto Freyre e Darcy Ribeiro. Agora, considere um trecho da "Introdução" de *O povo brasileiro*, de Darcy Ribeiro:

O Brasil e os brasileiros, sua gestação como povo, é o que trataremos de reconstituir e compreender [...]. Surgimos da confluência, do entrechoque e do caldeamento do invasor português com índios silvícolas e campineiros e com negros africanos, uns e outros aliciados como escravos.

Nessa confluência, que se dá sob a regência dos portugueses, matrizes raciais díspares, tradições culturais distintas, formações sociais defasadas se enfrentam e se fundem para dar lugar a um povo novo, num novo modelo de estruturação societária. Novo porque surge como uma etnia nacional, diferenciada culturalmente de suas matrizes formadoras, fortemente mestiçada, dinamizada por uma cultura sincrética e singularizada pela redefinição de traços culturais delas oriundos.

Também novo porque se vê a si mesmo e é visto como uma gente nova, um novo gênero humano diferente de quantos existam. Povo novo, ainda, porque é um novo modelo de estruturação societária, que inaugura uma forma singular de organização socioeconômica, fundada num tipo renovado de escravismo e numa servidão continuada ao mercado mundial. Novo, inclusive, pela inverossímil alegria e espantosa vontade de felicidade, num povo tão sacrificado, que alenta e comove todos os brasileiros.

RIBEIRO, Darcy. *O povo brasileiro*: a formação e o sentido do Brasil. São Paulo: Global, 2015. p. 17.

Capa do livro *O povo brasileiro*, de Darcy Ribeiro.

- Compare os textos de Jessé Souza e de Darcy Ribeiro, observando em que aspectos eles se assemelham e em que aspectos se distanciam. Tente pensar em como a história da formação do Brasil é usada para explicar o nosso país: quais são os critérios que cada um dos autores utiliza para pensar a sociedade brasileira? Quais eventos históricos explicam o país para cada um dos autores?

3. Considere o seguinte texto de Gilberto Velho:

O que sempre vemos e encontramos pode ser familiar mas não é necessariamente conhecido e o que não vemos e encontramos pode ser exótico mas, até certo ponto, conhecido. [...] Da janela de meu apartamento vejo na rua um grupo de nordestinos, trabalhadores de construção civil, enquanto a alguns metros adiante conversam alguns surfistas. Na padaria há uma fila de empregadas domésticas, três senhoras de classe média conversam na porta do prédio em frente; dois militares atravessam a rua. Não há dúvida de que todos estes indivíduos e grupos fazem parte da paisagem, do cenário da rua, de modo geral estou habituado com a sua presença, há uma familiaridade. Mas, por outro lado, o meu conhecimento a respeito de suas vidas, hábitos, crenças, valores é altamente diferenciado. Não só o meu grau de

familiaridade [...] está longe de ser homogêneo, como o de conhecimento é muito desigual. No entanto, todos não só fazem parte de minha sociedade, mas são meus contemporâneos e vizinhos. Encontramo-nos na rua, falo com alguns, cumprimento outros, há os que só reconheço e, evidentemente, há desconhecidos também. Trata-se de situação diferente de uma sociedade de pequena escala, com divisão social do trabalho menos complexa, com maior concentração ou menor número de papéis, etc. [...] O fato é que dentro da grande metrópole, seja Nova York, Paris ou Rio de Janeiro, há descontinuidades vigorosas entre o "mundo" do pesquisador e outros mundos, fazendo com que ele, mesmo sendo nova-iorquino, parisiense ou carioca, possa ter experiência de estranheza, não reconhecimento ou até choque cultural comparáveis à de viagens a sociedades e regiões "exóticas".

VELHO, Gilberto. Observando o familiar. *In*: NUNES, Edson de Oliveira. *A aventura sociológica*. Rio de Janeiro: Zahar, 1978. p. 126-127.

Alison Nunes Calazans/Shutterstock

Moradores e turistas passeando pela avenida Paulista, em São Paulo (SP). Foto de 2022.

- No texto acima, Gilberto Velho discute a ideia de transformar o familiar em exótico a fim de produzir uma Antropologia urbana. Além disso, há uma referência à diferença entre o mundo "de uma sociedade menos complexa" e as grandes metrópoles, que poderíamos pensar em termos da diferença entre uma pequena cidade do interior e as grandes capitais brasileiras. Com base nesse contexto, responda às questões.

a) Há grupos ou práticas sociais na cidade em que você vive que lhe provocam estranhamento?

b) Há grupos com os quais você se identifica?

c) Com base na história da urbanização do Brasil no século XX e nos conhecimentos históricos sobre esse século, que transformações geográficas, econômicas e sociais permitiram o aparecimento de novos papéis sociais?

4. Com base no que foi discutido no capítulo, você sabe quem são os povos da floresta? Sabe o que fazem e como sobrevivem? Desenvolva uma pequena pesquisa para descobrir quem são e o que fazem e escreva um pequeno texto sobre eles. *Sites* como o do Instituto de Pesquisa Ambiental da Amazônia (disponível em: https://ipam.org.br/pt/ acesso em: 7 jul. 2022) podem ajudar em sua pesquisa.

Andre Dib/Pulsar Imagens

Seringueiro extraindo látex na Floresta Nacional do Aripuanã, no Amazonas. Foto de 2020.

CAPÍTULO 10

1. Considere este trecho de uma entrevista do antropólogo brasileiro Eduardo Viveiros de Castro à revista *Cult*:

> Eduardo Viveiros de Castro – Se nossa Antropologia popular vê a humanidade como erguida sobre alicerces animais, normalmente ocultos pela cultura – tendo outrora sido "completamente" animais, permanecemos, "no fundo", animais –, o pensamento indígena conclui ao contrário que, tendo outrora sido humanos, os animais e outros seres do cosmo continuam a ser humanos, mesmo que de modo não evidente.
>
> Cult – Se tudo está impregnado de humanidade, quais são as consequências disso para o modo de vida indígena?
>
> Eduardo Viveiros de Castro – Se tudo é humano, nós não somos especiais; esse é o ponto. E, ao mesmo tempo, se tudo é humano, cuidado com o que você faz, porque, quando corta uma árvore ou mata um bicho, você não está simplesmente movendo partículas de matéria de um lado para o outro, você está tratando com gente que tem memória, se vinga, contra-ataca, e assim por diante. Como tudo é humano, tudo tem ouvidos, todas as suas ações têm consequências.
>
> *Revista Cult*, edição 153.

Paulo Iannone/Frame/Folhapress

O antropológo Eduardo Viveiros de Castro.

- Com base na fala de Viveiros de Castro, discorra a respeito do que você entendeu a respeito das diferentes perspectivas sobre natureza e cultura (a indígena e a não indígena) e quais são as consequências ambientais mais evidentes dos dois modos de ver o mundo.

2. Observe a imagem e leia o texto a seguir.

Bridgeman Images/Keystone Brasil/Museu de História da Arte, Viena, Áustria.

Água, de Giuseppe Arcimboldo, 1566 (óleo sobre tela, 66,5 cm × 50,5 cm).

Os seres humanos podem fazer parte das relações multiespécies nas florestas. [...] Até a introdução de fertilizantes químicos, os agricultores humanos dependiam das matas para fornecer nutrientes para seus campos, seja deixando os animais pastarem nas matas e transferindo esterco para os campos, como na Europa, ou usando estrume verde ou carvão diretamente nos campos, como em várias partes da Ásia. As matas também eram fontes de muitos itens de subsistência, incluindo lenha, frutas e nozes, como acabei de mencionar. Os camponeses estavam preocupados em manter as florestas e os campos em um relacionamento. Mas parece-me menos preciso dizer que os camponeses produziam matas sustentáveis do que dizer que as matas produziam camponeses sustentáveis. A contínua regeneração das matas permitia aos camponeses cultivar, alimentar seus rebanhos e encontrar coisas de que precisavam. Quando os campos foram abandonados, as matas se expandiram, regenerando a biodiversidade camponesa. As matas deram aos ecossistemas camponeses sua longevidade. [...].

TSING, Anna L. *Viver nas ruínas*: paisagens multiespécies no antropoceno. Brasília: IEB Mil Folhas, 2019. p. 99-100.

- Desenvolva uma reflexão sobre a relação entre as Ciências Naturais e nosso pensamento cotidiano: elas consideram as diversas formas animais no mundo de um ponto de vista neutro e que não os "anima", ou lhes permitem a capacidade de atuar no mundo (além da atuação programada pelos genes).

3. Em 2012, uma peça publicitária com o *slogan* "Pacificar foi fácil, quero ver dominar" mostrava uma mulher negra, na Favela da Rocinha, no Rio de Janeiro (RJ), apenas de *lingerie* e segurando o quepe do policial que estava deitado ao lado. No ano seguinte, outra peça, agora de uma cerveja escura, trazia a ilustração de uma mulher negra em pose sensual e o *slogan* "É pelo corpo que se reconhece a verdadeira negra". As duas propagandas foram alvo de muitos protestos e, por pressão da sociedade civil, foram suspensas pelo Conselho Nacional de Autorregulamentação Publicitária (Conar). Com base no conteúdo estudado sobre gênero e parentesco e levando em consideração as questões sobre raça e racismo apresentadas no Capítulo 9, leia a passagem a seguir e procure desenvolver uma reflexão crítica sobre as peças publicitárias e os temas que elas atingem.

No Brasil e na América Latina, a violação colonial perpetrada pelos senhores brancos contra as mulheres negras e indígenas e a miscigenação daí resultante está na origem de todas as construções de nossa identidade nacional, estruturando o decantado mito da democracia racial latino-americana, que no Brasil chegou até as últimas consequências. Essa violência sexual colonial é, também, o "cimento" de todas as hierarquias de gênero e raça presentes em nossas sociedades [...] através da qual, segundo Gilliam: "O papel da mulher negra é negado na formação da cultura nacional; a desigualdade entre homens e mulheres é erotizada; e a violência sexual contra as mulheres negras foi convertida em um romance". [...] São suficientemente conhecidas as condições históricas nas Américas que construíram a relação de coisificação dos negros em geral e das mulheres negras em particular. Sabemos, também, que em todo esse contexto de conquista e dominação, a apropriação social das mulheres do grupo derrotado é um dos momentos emblemáticos de afirmação de superioridade do vencedor.

Roberto Sungi/Futura Press

Marcha das Mulheres Negras e Caribenhas em São Paulo (SP), 2022.

CARNEIRO, Sueli. Enegrecer o feminismo: a situação da mulher negra na América Latina a partir de uma perspectiva de gênero. *Geledés*, 6 mar. 2011. Disponível em: www.geledes.org.br/enegrecer-o-feminismo-situacao-da-mulher-negra-na-america-latina-partir-de-uma-perspectiva-de-genero/. Acesso em: 4 ago. 2022.

4. Leia o texto a seguir.

Em janeiro de 2020, a escritora Noemi Jaffe levou um grupo de vinte alunos para a cidade de Morro da Garça, em Minas Gerais, com o objetivo de conhecer e estudar o conto "O recado do morro", de Guimarães Rosa. Os alunos de Jaffe também subiram o Morro do Garça de madrugada, a fim de ver o sol nascer. Essa experiência incomum, realizada no âmbito de uma escola de escrita literária sediada em São Paulo, faz perguntar o que significa a sobrevivência espectral do "recado do morro". Uma resposta possível, entre muitas, talvez seria que escutar esse recado – isto é, ouvir a natureza e suas regras internas, que não obedecem às leis humanas – equivaleria a ver o sol nascer. Narrar o recado, de diversas formas (conto, poesia, canção, aula, palestra), portanto, atua para

ver de novo o Sol no dia seguinte, ou seja: adiar o fim do mundo – essa ideia tão presente neste momento do chamado Antropoceno.

FUNKE, Katherine. O recado de Emily Dickinson. *Revista Landa*, v. 8, n. 2, 2020, p. 112. Disponível em: https://repositorio.ufsc.br/bitstream/handle/123456789/209086/6-%20O%20recado%20de%20Emily%20Dickinson-%20por%20Katherine%20Funke%20%281%29.pdf?sequence=1&isAllowed=y. Acesso em: 26 jul. 2022.

- Com base no texto, discuta de que forma o debate do Antropoceno pode ser incorporado à Antropologia.

5. Observe e compare as imagens e leia o texto. Depois, realize as reflexões sugeridas.

Robert Way/Shutterstock

A China enfrentou com rigor a pandemia da covid-19, conforme mostra esta fotografia de janeiro de 2021.

Chico Ferreira/Pulsar Imagens

Uma ação voluntária de doação de alimentos no Rio de Janeiro (RJ), durante o enfrentamento da pandemia da covid-19. Fotografia de abril de 2020.

Na linguagem epidemiológica, a irrupção situada de uma infecção entre determinadas populações ou porções geográficas é indicativo de um surto. Se a ocorrência se sustenta e também se avoluma e se espalha, ela caracteriza uma epidemia. Mas quando a escalada se mantém crescente e desordenada dificultando a circunscrição do evento, o caracterizamos como pandemia. Nesse caso, muitos surtos acontecem ao mesmo tempo, distribuídos por toda a parte, algumas vezes, em escala global. Foi assim com a Covid-19. [...]. Acontece que o tipo de evento crítico que temos vivido excede a celebração pública da virologia e das categorias que definem as tendências epidemiológicas. A sua escala global não significa universalidade, tampouco justifica a sua homogeneização [...]. De forma direta: a pandemia é um evento múltiplo e desigual. Os surtos que a constituem têm intensidades, qualidades e formas de agravo e prevalência muito particulares. Há formas de estabelecer alguns padrões, como, por exemplo, a identificação do agente patógeno e a compreensão da infecção, mas distinções socioeconômicas, culturais, políticas, ambientais, coletivas ou mesmo individuais tensionam a homogeneidade do risco, da vulnerabilidade, da doença e do cuidado "vírus centrado".

SEGATA, Jean *et al.* A Covid-19 e suas múltiplas pandemias. *Horizonte antropológico*, Porto Alegre, n. 59, jan./abr. 2021, p. 8. Disponível em: www.scielo.br/j/ha/a/ZSsWb6QvgTgttGRv8X9RLFR/?format=pdf&lang=pt. Acesso em: 26 jul. 2022.

a) O texto discute desafios impostos pela pandemia da covid-19. Que desafios são esses?

b) Como as imagens expressam esses desafios?

6. De acordo com a projeção feita pelo Instituto de Pesquisa Econômica Aplicada (Ipea), no Brasil, em 2100, existirão apenas 156,4 milhões de pessoas no país, sendo 40,3% dessa população idosa.

wavebreakmedia/Shutterstock

Na imagem, idosas praticam atividade física.

- Elabore uma reflexão a respeito da imagem e dos dados apresentados, considerando também o que foi discutido sobre o conceito de Antropoceno.

QUESTÕES DO ENEM E DE VESTIBULARES

ENEM

1. (Enem 2012)

Torna-se claro que quem descobriu a África no Brasil, muito antes dos europeus, foram os próprios africanos trazidos como escravos. E esta descoberta não se restringia apenas ao reino linguístico, estendia-se também a outras áreas culturais, inclusive à da religião. Há razões para pensar que os africanos, quando misturados e transportados ao Brasil, não demoraram em perceber a existência entre si de elos culturais mais profundos.

SLENES, R. Malungu, ngoma vem! África coberta e descoberta do Brasil. *Revista USP*, n. 12, dez./jan./fev. 1991-1992. (Adaptado.)

- Com base no texto, ao favorecer o contato de indivíduos de diferentes partes da África, a experiência da escravidão no Brasil tornou possível a:

a) formação de uma identidade cultural afro-brasileira.
b) superação de aspectos culturais africanos por antigas tradições europeias.
c) reprodução de conflitos entre grupos étnicos africanos.
d) manutenção das características culturais específicas de cada etnia.
e) resistência à incorporação de elementos culturais indígenas.

2. (Enem 2013)

TEXTO I

Ela acorda tarde depois de ter ido ao teatro e à dança; ela lê romances, além de desperdiçar o tempo a olhar para a rua da sua janela ou da sua varanda; passa horas no toucador a arrumar o seu complicado penteado; um número igual de horas praticando piano e mais outras na sua aula de francês ou de dança.

Comentário do Padre Lopes da Gama acerca dos costumes femininos [1839] apud SILVA, T. V. Z. Mulheres, cultura e literatura brasileira. *Ipotesi — Revista de Estudos Literários*, Juiz de Fora, v. 2. n. 2, 1998.

TEXTO II

As janelas e portas gradeadas com treliças não eram cadeias confessas, positivas; mas eram, pelo aspecto e pelo seu destino, grandes gaiolas, onde os pais e maridos zelavam, sonegadas à sociedade, as filhas e as esposas.

MACEDO, J. M. *Memórias da Rua do Ouvidor* [1878]. Disponível em: www.dominiopublico.gov.br. Acesso em: 20 maio 2015. (Adaptado).

A representação social do feminino comum aos dois textos é o(a):

a) submissão de gênero, apoiada pela concepção patriarcal de família.
b) acesso aos produtos de beleza, decorrência da abertura dos portos.
c) ampliação do espaço de entretenimento, voltado às distintas classes sociais.
d) proteção da honra, mediada pela disputa masculina em relação às damas da corte.
e) valorização do casamento cristão, respaldado pelos interesses vinculados à herança.

3. (Enem 2013)

Tenho 44 anos e presenciei uma transformação impressionante na condição de homens e mulheres *gays* nos Estados Unidos. Quando nasci, relações homossexuais eram ilegais em todos os Estados Unidos, menos Illinois. *Gays* e lésbicas não podiam trabalhar no governo federal. Não havia nenhum político abertamente *gay*. Alguns homossexuais não assumidos ocupavam posições de poder, mas a tendência era eles tornarem as coisas ainda piores para seus semelhantes.

ROSS, A. Na máquina do tempo. *Época*, ed. 766, 28 jan. 2013.

- A dimensão política da transformação sugerida no texto teve como condição necessária a:

a) ampliação da noção de cidadania.
b) reformulação de concepções religiosas.
c) manutenção de ideologias conservadoras.

d) implantação de cotas nas listas partidárias.

e) alteração da composição étnica da população.

4. (Enem 2017)

Art. 231. São reconhecidos aos índios sua organização social, costumes, línguas, crenças e tradições, e os direitos originários sobre as terras que tradicionalmente ocupam, competindo à União demarcá-las, proteger e fazer respeitar todos os seus bens.

BRASIL. Constituição da República Federativa do Brasil de 1988. Disponível em: www.planalto.gov.br. Acesso em: 27 abr. 2017.

A persistência das reivindicações relativas à aplicação desse preceito normativo tem em vista a vinculação histórica fundamental entre

a) etnia e miscigenação racial.

b) sociedade e igualdade jurídica.

c) espaço e sobrevivência cultural.

d) progresso e educação ambiental.

e) bem-estar e modernização econômica.

5. (Enem 2019)

TEXTO I

Os segredos da natureza se revelam mais sob a tortura dos experimentos do que no seu curso natural.

BACON, F. Novum Organum, 1620. *In*: HADOT, P. *O véu de Ísis*: ensaio sobre a história da ideia de natureza. São Paulo: Loyola, 2006.

TEXTO II

O ser humano, totalmente desintegrado do todo, não percebe mais as relações de equilíbrio da natureza. Age de forma totalmente desarmônica sobre o ambiente, causando grandes desequilíbrios ambientais.

GUIMARÃES, M. A *dimensão ambiental na educação*. Campinas: Papirus, 1995.

Os textos indicam uma relação da sociedade diante da natureza caracterizada pela

a) objetificação do espaço físico.

b) retomada do modelo criacionista.

c) recuperação do legado ancestral.

d) infalibilidade do método científico.

e) formação da cosmovisão holística.

6. (Enem PPL 2019)

O conhecimento é sempre aproximado, falível e, por isso mesmo, suscetível de contínuas correções. Uma justificação pode parecer boa, num certo momento, até aparecer um conhecimento melhor. O que define a ciência não será então a ilusória obtenção de verdades definitivas. Ela será antes definível pela prevalência da utilização, por parte dos seus praticantes, de instrumentalidades que o campo científico forjou e tornou disponíveis. Ou seja, cada progressão no conhecimento que mostre o caráter errôneo ou insuficiente de conhecimentos anteriores não remete estes últimos para as trevas exteriores da não ciência, mas apenas para o estágio de conhecimentos científicos historicamente ultrapassados.

ALMEIDA, J. F. *Velhos e novos aspectos da epistemologia das ciências sociais*. Sociologia: problemas e práticas, n. 55, 2007 (adaptado).

O texto desmistifica uma visão do senso comum segundo a qual a ciência consiste no(a)

a) conjunto de teorias imutáveis.

b) consenso de áreas diferentes.

c) coexistência de teses antagônicas.

d) avanço das pesquisas interdisciplinares.

e) preeminência dos saberes empíricos.

7. (Enem 2019)

A maior parte das agressões e manifestações discriminatórias contra as religiões de matrizes africanas ocorrem em locais públicos (57%). É na rua, na via pública, que tiveram lugar mais de 2/3 das agressões, geralmente em locais próximos às casas de culto dessas religiões. O transporte público também é apontado como um local em que os adeptos das religiões de matrizes africanas são discriminados, geralmente quando se encontram paramentados por conta dos preceitos religiosos.

REGO, L. F.; FONSECA, D. P. R.; GIACOMINI, S. M. *Cartografia social de terreiros no Rio de Janeiro*. Rio de Janeiro: PUC-Rio, 2014.

As práticas descritas no texto são incompatíveis com a dinâmica de uma sociedade laica e democrática porque

a) asseguram as expressões multiculturais.

b) promovem a diversidade de etnias.

c) falseiam os dogmas teológicos.

d) estimulam os rituais sincréticos.

e) restringem a liberdade de credo.

VESTIBULARES

8. (UEM-PR 2014 — Somar as respostas corretas) Selecione a(s) alternativa(s) correta(s) no que diz respeito às concepções antropológicas acerca das relações entre natureza e cultura:

01) A natureza, para a Antropologia, corresponde apenas às esferas cósmica e da paisagem e em nada se relaciona à vida humana, ao corpo, à saúde, à alimentação e à reprodução.

02) Os debates antropológicos sobre as relações entre natureza e cultura tentam equacionar os limites entre a universalidade da condição humana enquanto espécie e a diversidade das expressões culturais.

04) Pensadores dos séculos XVIII e XIX, influenciados por seu próprio etnocentrismo, classificaram populações tribais não europeias como selvagens, ou seja, habitantes das selvas, mais próximas do "estado de natureza" do que do "estado de sociedade".

08) A cultura corresponde às relações estabelecidas por um grupo humano específico com a natureza, com ele mesmo e com outros grupos.

16) Natureza e cultura são duas esferas independentes e isoladas da vida e não podem ser analisadas em contextos relacionais.

9. (UEM-PR 2014 — Somar as respostas corretas) Acerca das teorias modernas sobre o conjunto de fenômenos produzidos por coletivos humanos e associados à noção antropológica de "cultura", é correto afirmar que:

01) Trata-se de um tipo de expressão humana que indica claramente a superioridade de uma população em relação a outras, dado que existem culturas civilizadas e culturas primitivas.

02) As culturas humanas podem ser consideradas padrões de comportamento, passados de geração a geração, associados à tecnologia e ao modo de produção, às organizações social, religiosa, política e econômica de uma dada população.

04) A cultura humana é produto da elaboração criativa da mente humana sobre o mundo que nos cerca.

08) A cultura permite a adaptação de um determinado grupo humano ao meio no qual se insere.

16) A cultura corresponde a um conjunto de mecanismos, regras, planos, instruções e outros elementos dessa categoria que orientam nosso comportamento.

10. (UEM-PR 2014 — Somar as respostas corretas) Em relação a questões de transformação e desigualdades sociais, a partir das teorias sociológicas sobre gênero, é correto afirmar que:

01) Cada sociedade e cada cultura, em cada momento histórico particular, configura papéis e lugares para os gêneros, por isso, as demandas por igualdade social e por participação política não podem ser homogeneizadas sob uma pauta única.

02) As diferenças de gênero, se compararmos as diferentes sociedades, são, em termos gerais e globais, apenas questões de diferenças de linguagem.

04) Diferenças entre sexo e gênero são, na essência, exatamente a mesma coisa.

08) Questões religiosas, étnicas, raciais, morais e políticas devem ser consideradas centrais nos debates acerca de preconceito, de discriminação e de exclusão social baseados em sexo e gênero.

16) Movimentos sociais devem expressar demandas de toda a população porque diversidades cultural, social, política e histórica são expressões inadequadas e antiquadas para fins de reivindicação.

11. (Unioeste-PR 2015) No Brasil, ainda são elevados os índices de violência e desigualdades de direitos entre homens e mulheres. Alguns estudos de gênero defendem a necessidade de analisarmos, com mais propriedade, a situação das mulheres e demais grupos subalternizados, social e cientificamente. Sobre os temas ligados aos estudos de gênero, assinale a afirmativa INCORRETA.

a) Debater o tema da cidadania das mulheres é também analisar um processo que envolve a participação das mulheres na esfera pública e no mercado de trabalho, marcada por inclusões e exclusões que vêm desde o século XVIII.

b) No âmbito teórico, os movimentos feministas, ao entrarem na academia e ao fazerem crítica às categorias de análise, produziram o conceito de gênero.

c) Quando se fala em estudos de gênero, se pensa na igualdade de direitos entre mulheres e homens, e, em alguns casos, em reivindicações por atendimentos especiais às mulheres.

d) As políticas públicas, consideradas em sua variedade e alcance, são um importante instrumento para a concretização dos objetivos das mulheres.

e) O problema da violência contra a mulher no Brasil foi solucionado com a promulgação da Lei Maria da Penha.

12. (Unicamp-SP 2020)

Na América Portuguesa do século XVI, a política europeia para os indígenas pressupunha também a existência de uma política indígena frente aos europeus, já que os Tamoios e os Tupiniquins tinham seus próprios motivos para se aliarem aos franceses ou aos portugueses.

(Adaptado de Manuela Carneiro da Cunha, Introdução a uma história indígena. São Paulo: Companhia das Letras/Fapesp, 1992, p. 18.)

Com base no excerto e nos seus conhecimentos sobre os primeiros contatos entre europeus e indígenas no Brasil, assinale a alternativa correta.

a) A população ameríndia era heterogênea e os conflitos entre diferentes grupos étnicos ajudaram a definir, de acordo com suas próprias lógicas e interesses, a dinâmica dos seus contatos com os europeus.

b) O fato de Tamoios e Tupiniquins serem grupos aliados contribuiu para neutralizar as disputas entre franceses e portugueses pelo controle do Brasil, pelo papel mediador que os nativos exerciam.

c) Os indígenas, agentes de sua história, desde cedo souberam explorar as rivalidades entre os europeus e mantê-los afastados dos seus conflitos interétnicos, anulando o impacto da presença portuguesa.

d) As etnias indígenas viviam em harmonia umas com as outras e em equilíbrio com a natureza. Esse quadro foi alterado com a chegada dos europeus, que passaram a incentivar os conflitos interétnicos para estabelecer o domínio colonial.

13. (UEM-PR 2013 — Somar as respostas corretas)

[...] Protegidos por sua retirada para regiões de difícil acesso, os Jê do Sul do Brasil sobreviveram por alguns séculos aos Tupi, logo liquidados pelos colonizadores. Nas florestas dos estados meridionais, Paraná e Santa Catarina, pequenos bandos selvagens mantiveram-se até o século XX; talvez ainda subsistissem alguns em 1935, tão ferozmente perseguidos nos últimos cem anos que se mantinham invisíveis; porém, a maioria fora aldeada e assentada pelo governo brasileiro, por volta de 1914, em vários centros.

LÉVI-STRAUSS, C. Tristes trópicos. São Paulo: Companhia das Letras, 1996. p. 144.

A partir dos significados da cultura segundo a Antropologia, da história dos conflitos entre populações indígenas e outros grupos humanos e do texto de Lévi-Strauss, é correto afirmar que:

01) A inferioridade cultural dos índios Jê frente a outros grupos humanos foi o principal fator que contribuiu para o seu desaparecimento.

02) A perseguição feroz a grupos étnicos distintos do grupo socialmente dominante pode levar à invisibilidade social dos grupos perseguidos.

04) A perseguição e o massacre dos índios Jê no Sul do Brasil foram fortemente motivados por pontos de vista etnocêntricos, interesses de Estado e ação de grupos sociais diversos.

08) Já não existiam grupos indígenas no Sul do Brasil no início do século XX.

16) O etnocentrismo, o preconceito, os interesses econômicos e as relações de poder influenciaram a maioria dos estados modernos no desrespeito aos direitos e às culturas das populações nativas que habitam seus territórios.

14. (Unicamp-SP 2017)

"Não existem culturas ou civilizações ilhadas. (...) Quanto mais insistirmos na separação de culturas e civilizações, mais imprecisos seremos sobre nós mesmos e os outros. No meu modo de pensar, a noção de uma civilização isolada é impossível. A verdadeira questão é se queremos trabalhar para civilizações separadas ou se devemos tomar o caminho mais integrador, mas talvez mais difícil, que é tentar vê-las como um imenso todo cujos contornos exatos uma pessoa sozinha não consegue captar, mas cuja existência certa podemos intuir e sentir."

(Edward Said, Reflexões sobre o exílio e outros ensaios. São Paulo: Companhia das Letras, 2002, p. 317.)

Sobre o conceito em questão e os contextos referidos pelo autor, é correto afirmar:

a) O processo de globalização provocou a destruição da cultura dos povos não ocidentais e, por isso, aumentou práticas como o terrorismo a partir de 2001.

b) A ideia de civilização, como imaginada no século XIX, produziu a emancipação das Américas e o fim da disputa colonial no mundo.

c) O conceito de civilização foi estabelecido na Grécia Antiga e aperfeiçoado pelas práticas integradoras do imperialismo do século XIX ocorridas na África.

d) A lógica de integração de culturas é negada por grupos radicais e pelos defensores do princípio de que vivemos em um choque de civilizações.

15. (UPE 2020)

> (...) com referência aos índios Kayapó e aos xinguanos. Aqueles são índios hostis, estes pacíficos, mas cujo contato com sertanistas data de apenas dez anos.
>
> A despeito da ausência de relações permanentes com civilizados, esses grupos já possuem considerável acervo de artigos de nossa cultura – ferramentas, armas, objetos de adornos, tomados em ataques a povoados sertanejos ou adquiridos por via de outras tribos. O empréstimo cultural não se limitou apenas a esses objetos.
>
> Ocorreram outras modificações. Alteraram-se as relações entre aldeias, e a própria estrutura social tende a ser influenciada, especial no que se refere ao status de chefia. Entre os Kamayá, reconhecia-se a autoridade e o título de um capitão, patente que lhe é dada por funcionários do Serviço de Proteção aos Índios, em uma viagem que esse indivíduo realizou em tempos anteriores à atual penetração do Xingu.
>
> REVISTA DE ANTROPOLOGIA, n.1, v. 5, pp. 67-74, jun. 1957.

O texto apresenta um processo cultural. Sobre este, analise as seguintes afirmativas:

I. O conceito de relativismo cultural se torna chave na compreensão das particularidades culturais descritas no texto.

II. Os fatores demográfico, étnico e ecológico marcam os contatos estabelecidos pelos grupos sociais.

III. O processo cultural apresentado se caracteriza por crenças transmitidas no processo de aprendizagem institucionalizada, logo, sistematizada.

IV. A transculturação está presente nos contatos entre os grupos destacados no texto e consiste em trocas de elementos culturais.

V. O determinismo é um conceito importante para que sejam compreendidas as relações entre os grupos, pois atribui qualidade inata às etnias ou aos grupos humanos.

Estão CORRETAS, apenas,

a) I, II e III.

b) I, III, IV e V.

c) II e III.

d) I, II e IV.

e) I, II, IV e V.

16. (Uema 2015) Leia o fragmento abaixo.

> Identificar as culturas imigrantes com suas "culturas de origem" é um erro baseado em uma série de confusões. Inicialmente confunde-se "cultura de origem" com cultura nacional. Raciocina-se como se a cultura do país de origem fosse única, ao passo que as nações de hoje não são culturalmente homogêneas.
>
> CUCHE, Denys. *A noção de cultura nas Ciências Sociais.* Bauru: Edusc, 2002.

A partir da ideia central do fragmento, pode-se afirmar a respeito da cultura de um povo que:

a) o imigrante possui uma cultura própria irrelevante.

b) a nação é composta por culturas superiores e inferiores.

c) os países contemporâneos são compostos por múltiplas culturas.

d) as nações são formadas por culturas tradicionais imutáveis.

e) a genética determina a cultura de origem dos imigrantes.

17. (UEL-PR 2013) No Brasil, os fluxos migratórios no século XIX e início do século XX marcaram a política de construção de uma "identidade brasileira" que se assentava na ideia de "branqueamento da raça". Com relação à influência dos processos migratórios desse período na formação populacional brasileira, atribua V (verdadeiro) ou F (falso) às afirmativas a seguir.

( ) As políticas migratórias oficiais, na segunda metade do século XIX, ressaltaram o interesse de preservar a ascendência europeia na composição étnica da população.

( ) As políticas migratórias pautavam-se por um "modelo ideal de trabalhador", no qual predominava a forma capitalista de produção.

( ) As imigrações europeia e asiática tiveram como propósito a ocupação das vagas ociosas

na indústria nascente, diante da ausência de qualificação dos ex-escravos.

( ) A imigração japonesa no Paraná foi favorecida pela fácil adaptação dos japoneses aos costumes ocidentais e por serem habituados ao trabalho com as monoculturas.

( ) O direcionamento dos fluxos migratórios fez com que existisse maior concentração de afrodescendentes nas regiões Sul e Centro-Oeste.

Assinale a alternativa que contém, de cima para baixo, a sequência correta.

a) V, V, F, F, F.
b) V, F, V, V, F.
c) V, F, F, F, V.
d) F, V, F, V, V.
e) F, F, V, V, F.

18. (UEM-PR 2012 — Somar as respostas corretas)

> Etnocentrismo é uma visão do mundo onde o nosso próprio grupo é tomado como centro de tudo e todos os outros são pensados e sentidos através dos nossos valores, nossos modelos, nossas definições do que é a existência. No plano intelectual, pode ser visto como a dificuldade de pensarmos a diferença; no plano afetivo, como sentimentos de estranheza, medo, hostilidade, etc.

ROCHA, E. G. *O que é etnocentrismo*. São Paulo: Brasiliense, 1988. p. 5.

Sobre o conceito de etnocentrismo, assinale o que for correto.

01) Práticas xenofóbicas (de aversão aos estrangeiros) são exemplos do preconceito produzido pela radicalização de perspectivas etnocêntricas sobre o mundo social, pois indicam que determinado grupo se considera superior aos outros.

02) O etnocentrismo foi um fenômeno característico das sociedades tradicionais, cuja organização social não permitia a assimilação do diferente – com o advento da globalização, a discriminação deu lugar à compreensão das diferenças.

04) O estigma é uma condição, um traço ou um atributo indesejável nas relações sociais que desqualifica os indivíduos, ao identificá-los como "desviantes" ou "estranhos" aos valores tidos como "normais" em cada época.

08) A produção de estereótipos sobre pessoas ou culturas diferentes da nossa é a melhor forma de combater o etnocentrismo, pois produz representações simples sobre os outros, facilitando o entendimento mútuo e promovendo a igualdade.

16) O racismo é um modo arbitrário de classificar as coletividades humanas a partir de determinadas características físicas, hierarquizando-as por meio de noções culturalmente produzidas sobre a suposta "superioridade racial" de certos grupos.

19. (Unioeste-PR 2015) Para a antropóloga Ruth Benedict,

> A cultura é como uma lente através da qual o homem vê o mundo. Homens de culturas diferentes usam lentes diversas e, portanto, têm visões desencontradas das coisas.

BENEDICT, Ruth. *O crisântemo e a espada*. São Paulo: Perspectiva, 1972.

Portanto, é CORRETO afirmar:

a) A cultura nos ensina a perceber as "coisas" e classificá-las, mas não serve para orientar a nossa conduta cotidiana.

b) Um índio Guarani vê a floresta com olhos diferentes das pessoas não Guaranis; seu olhar percebe significados em cada árvore (alimento, morada dos deuses). Uma pessoa não Guarani olha para a floresta e pode ver uma oportunidade de negócio.

c) Um índio Guarani, que vive em sua aldeia, e uma pessoa não índia, que vive na cidade, possuem valores idênticos.

d) Em todas as culturas, mulheres e homens têm os mesmos direitos, os mesmos papéis sociais. Exemplo: povo palestino e povo americano.

e) A cultura não tem o poder de influenciar em nossas decisões.

CIÊNCIAS SOCIAIS EM AÇÃO

UNIDADE 2

O MEU LUGAR NO MUNDO

COMPETÊNCIAS E HABILIDADES DA BNCC

- Competências gerais da Educação Básica: 1, 2, 3, 4 e 9.
- Competências específicas de Ciências Humanas e Sociais Aplicadas: 1, 2 e 5.
- Habilidades de Ciências Humanas e Sociais Aplicadas: EM13CHS103, EM13CHS104, EM13CHS201, EM13CHS205, EM13CHS502.
- Competências específicas de Linguagens e suas Tecnologias: 1, 2, 3 e 6.
- Habilidades de Linguagens e suas Tecnologias: EM13LGG103, EM13LGG104, EM13LGG201, EM13LGG301, EM13LGG603.

DIRECIONAMENTO

Este projeto poderá ser desenvolvido, em conjunto, pelos professores de Sociologia, Geografia, História e Arte.

PONTO DE INVESTIGAÇÃO

Como observar e retratar etnograficamente grupos sociais que compõem o lugar onde você vive?

RESUMO

Neste projeto, você vai conhecer mais a fundo um dos **grupos sociais** presentes no contexto em que você vive. Durante o desenvolvimento dele, vai também explorar melhor o **lugar** onde vive. Para executar o projeto, você vai se basear nos princípios da etnografia e utilizar técnicas de registro, como o caderno de campo e a fotografia. Ao final, além de organizar um relatório com os resultados de sua investigação, deverá apresentar registros selecionados em uma exposição artística, considerando também a acessibilidade da obra.

grupo social: grupo formado por indivíduos que compartilham características demográficas, profissões, ofícios, histórias, interesses, valores ou tradições.

lugar: na Geografia, todo espaço que se caracteriza por ser dotado de significados e relações humanas singulares.

Alexandre Schneider/Getty Images

Ensaio de bailarinas do grupo Ballet Paraisópolis, na cidade de São Paulo (SP), em 2020. Fundado no ano de 2012, o projeto atende cerca de 200 jovens da comunidade de Paraisópolis.

METODOLOGIA

O termo **etnografia** deriva de duas palavras gregas: *ethno*, que significa "nação" ou "povo", e *graphein*, que é o ato de escrever. Assim, etnografia seria a sistematização escrita de informações sobre um povo ou qualquer espécie de grupo social. A etnografia é um método de pesquisa empírica muito utilizado nas Ciências Sociais e é central para a Antropologia. Trata-se do estudo descritivo de grupos sociais e das manifestações materiais de suas atividades. Baseia-se no contato direto entre o investigador e o grupo a ser estudado. Por ter como produto o registro de dados coletados durante o trabalho de campo, a etnografia é bastante útil quando a intenção é compreender um contexto específico.

Ao realizar uma etnografia, é importante:

- ser bom observador e ouvinte, buscando afastar as opiniões preconcebidas;
- ser rigoroso e detalhista na realização dos registros;
- saber lidar com contratempos e adaptar-se às novas circunstâncias;
- analisar com cautela e rigor os registros;
- ter embasamento teórico acerca da temática investigada e das escolhas metodológicas, fazendo as leituras necessárias para isso.

PROJETO

O produto final deste projeto é uma exposição artística. Nela, parte das experiências dos estudantes durante a etnografia será exposta em imagens, sons e outros tipos de registro. A exposição, além de oferecer informações técnicas sobre os lugares representados e/ou os interlocutores retratados, terá como tema as singularidades cotidianas dos grupos sociais estudados.

MATERIAL NECESSÁRIO

- Caderno e caneta para planejar a investigação e fazer as anotações de campo.
- Celular para fazer os registros de imagem e áudio.
- Computador, projetor e caixas de som, na sala de aula ou no laboratório de informática, para apresentar os registros de imagem e áudio.

ETAPAS

1. A ESCOLHA DO OBJETO DE ESTUDO

A primeira etapa da investigação consiste em definir o grupo social que será estudado. Para auxiliar na escolha, liste, no caderno, os diferentes grupos sociais que compõem o lugar onde você vive. Podem ser utilizados diversos critérios para definir esses grupos. Por exemplo, pode ser que você more em uma comunidade rural, na qual as mulheres mais velhas são responsáveis por fazer trabalhos artesanais, cozinhar os alimentos e cuidar das crianças pequenas. Por terem esses pontos em comum, elas formam um grupo social. Outros exemplos são os jogadores dos times locais de futebol de várzea ou os membros de um grupo musical tradicional da comunidade onde você vive. Em geral, uma mesma pessoa faz parte de mais de um grupo social: um jovem adulto estudante que se dedica ao *hip hop* em uma grande cidade, por exemplo, tem seu grupo social considerado tanto em um estudo sobre universitários quanto em um estudo sobre o *hip hop*. Escolha um grupo social que você gostaria de conhecer melhor.

2. A DEFINIÇÃO DO PROBLEMA DE PESQUISA

Toda investigação científica precisa partir de um problema, ou seja, de uma pergunta inicial, uma questão a ser respondida. Afinal, se já soubéssemos tudo sobre nosso objeto de estudo, não seria necessário investigá-lo. Na pesquisa social, embora as questões

Ricardo Azoury/Pulsar Imagens

Mulheres realizam a quebra do coco-babaçu coletado em Viana (MA), em 2019. Em muitas comunidades, determinadas tarefas são tradicionalmente divididas por sexo ou gênero.

sejam variadas, quase sempre a motivação é a mesma: o que determinado grupo social tem de especial para despertar a curiosidade do investigador? Suponha que você vive em uma vila de pescadores onde os homens são responsáveis pelo trabalho de pesca, enquanto as mulheres realizam o trabalho de limpeza e comercialização dos peixes. Pode ser que você se pergunte o que motiva essa persistente divisão do trabalho entre mulheres e homens na vila e sinta vontade de investigar essas motivações. Seu problema de pesquisa será, então: que razões as mulheres e os homens dessa comunidade identificam para o fato de que, nela, os homens pescam e as mulheres limpam e comercializam os peixes?

3. O RECONHECIMENTO DO CAMPO

A terceira etapa consiste em fazer um reconhecimento do campo a ser estudado para verificar se a pesquisa é viável. Nesta etapa, você vai apresentar a investigação para as pessoas que formam o grupo social escolhido por você e pedir a autorização delas para fazer registros no caderno de campo e/ou de imagem e som. É importante que essa autorização seja feita por escrito e que você se comprometa a não expor publicamente a identidade das pessoas de maneira constrangedora, evitando divulgar rostos e nomes próprios, por exemplo, se assim elas desejarem.

Esteja atento para a receptividade das pessoas, explicando com educação e paciência seus objetivos com a pesquisa e, em linhas gerais, de que maneira você estará presente junto a esse grupo durante o período determinado. Pode ser que você tenha que refazer as etapas anteriores, caso os integrantes do grupo social escolhido inicialmente não queiram participar de seu estudo.

4. O ESTUDO DO LUGAR

Em conjunto com os professores de Geografia e História, é o momento de fazer um estudo prévio das informações gerais do lugar onde vive o grupo social que será estudado. Quais são os espaços habitualmente frequentados ou utilizados por esse grupo? Trata-se de um uso de longa data ou houve mudanças e deslocamentos ao longo do tempo? Caso tenha havido mudanças, por que isso ocorreu? Que outros grupos sociais frequentam ou utilizam esse lugar e como o fazem?

5. A REALIZAÇÃO DO TRABALHO DE CAMPO

Com a definição do grupo social a ser estudado e os levantamentos geográfico e histórico realizados, é hora do trabalho etnográfico. Combine com as pessoas que fazem parte de sua investigação quais são os momentos da rotina que elas estão dispostas a dividir com você e compareça na hora e no endereço marcados, munido de caderno e caneta para fazer as anotações de campo.

É importante que você faça o registro de suas impressões por escrito, descrevendo com grande número de detalhes o que vivenciou. Se considerar conveniente, faça anotações breves durante o trabalho em campo e complemente-as posteriormente, em casa, com particularidades e reflexões que tenham surgido no decurso da jornada. Aproveite esta etapa para fazer os registros de imagem e som, se for o caso.

6. A SISTEMATIZAÇÃO DOS DADOS

Agora é o momento de analisar o conteúdo de sua investigação. Leia atentamente seus registros de campo – será preciso fazer isso mais de uma vez. Já na primeira leitura, você

começará a notar que é possível organizar em conjuntos algumas informações que você anotou ao longo da estada em campo. Outras informações talvez não pareçam estar relacionadas umas com as outras na primeira leitura, mas, durante a organização delas, você perceberá que há algo que as une (uma motivação, uma causa, um efeito, um significado para alguém, etc.).

Um exemplo: suponha que você more em um bairro onde tradicionalmente vivam muitas costureiras e você tenha a curiosidade de conhecer melhor esse grupo social. Após realizar sua investigação, seu caderno de campo estará recheado de registros de sua observação. Ao ler esses registros, pode ser que você ache algo em comum neles a respeito de duas ou mais participantes. Pode ser que elas realizem o trabalho de costura na cozinha de suas casas e que dividam o tempo do trabalho doméstico, principalmente o preparo das refeições, com o tempo do trabalho com a costura. Com base nessa observação e nos depoimentos das próprias costureiras sobre suas atividades, você pode descrever essas similaridades e levantar hipóteses, comentando-as.

7. A ORGANIZAÇÃO DOS RESULTADOS

Com os dados já sistematizados, é hora de realizar a organização final deles. Em um caderno ou em um programa de edição de textos, faça um relatório com as informações coletadas em campo e analisadas na etapa anterior. Você não precisará contemplar todas as informações registradas durante o trabalho de campo: a ideia é selecionar as mais interessantes para o recorte de pesquisa definido por você.

Então, é o momento de escolher, dentre todo esse material, um registro interessante a ser mostrado para o público da exposição artística e a melhor forma de apresentá-lo. Lembre-se de considerar critérios de acessibilidade, de modo que pessoas com deficiência também possam ter contato com o material. Por exemplo, se você escolher apresentar uma fotografia tirada por você durante o trabalho de campo, poderá gravar um áudio para acompanhá-la, no qual descreva o que é possível ver na fotografia e outras informações relevantes de seu estudo.

8. A APRESENTAÇÃO

Em conjunto com a comunidade escolar, você e a turma escolherão o melhor momento e os formatos para a exposição artística. Certifique-se de solicitar ou providenciar tudo de que precisará para expor seus registros. Pode ser que você tenha de fazer ajustes em sua ideia original, considerando a infraestrutura à disposição na escola. Seja qual for a forma escolhida, lembre-se de fornecer dados como local, data e uma pequena descrição do que está sendo apresentado.

Leo Burgos/Pulsar Imagens

Réplica de obra em exposição no Centro Cultural Banco do Brasil (CCBB) de São Paulo (SP). Foto de 2019. Maquetes táteis e audiodescrição são duas ferramentas que garantem a acessibilidade de exposições a pessoas com deficiência visual.

CONCLUSÃO

A ideia é que, ao concluir o projeto, você possa conhecer melhor o lugar em que vive e a singularidade dos grupos sociais que convivem com você nesse lugar. Um trabalho etnográfico também dá a oportunidade de, ao analisar os lugares, perceber aspectos de interesse no convívio social, bem como, eventualmente, problemas e desafios a serem enfrentados, segundo seus interlocutores no trabalho de campo. Trata-se, portanto, de uma observação crítica do meio social, mas que não deve ser influenciada de antemão pelos valores e costumes de quem o observa.

A exposição artística propiciará o contato com outros lugares e grupos sociais, a partir do olhar etnográfico dos colegas. Entender os contextos que cada colega estudou, com base nas imagens produzidas em campo por eles, é um bom passo para exercitar o relativismo cultural e compreender a diversidade.

UNIDADE 3

SOCIEDADE

Todos nós vivemos em sociedade. A Sociologia nasceu da busca por entender e explicar a especificidade da vida em sociedade.

Desde sua origem, no início do século XIX, um dos principais temas da Sociologia foi a questão do trabalho. De que maneira a organização do trabalho afeta a vida das pessoas? Como sistemas de trabalho resultam em certas distribuições de poder entre os grupos de uma sociedade?

Nos capítulos desta Unidade, vamos discutir essas questões, além de investigar as relações entre indivíduo e sociedade, religião e sociedade, classes sociais e desigualdade. Também veremos como a Sociologia se desenvolveu no Brasil e apresentaremos alguns de seus temas contemporâneos.

Grafite de Mundano em prédio no centro da cidade de São Paulo (SP), 2020.

Zanone Fraissat/Folhapress

CAPÍTULO 11

Pensar a sociedade capitalista

andermr/Shutterstock

Grafite de OSGÊMEOS e Blu na cidade de Lisboa, em Portugal. Foto de 2012.

NESTE CAPÍTULO VAMOS DISCUTIR:

1. O capitalismo e a formação do pensamento sociológico clássico
2. Émile Durkheim: coesão e fato social
3. Max Weber: ação social e tipos ideais
4. Karl Marx: trabalho e classes sociais
5. Sociologia: passado, presente e futuro

A Sociologia é uma ciência que se concentra no estudo das relações sociais. Mais especificamente, ela se volta às relações sociais que apresentam regularidade. O estudo sociológico entende que há determinados modos de vida, de comportamento e de conduta que se reproduzem e aparecem na História com frequência. A vida em sociedade não é um processo aleatório, no qual tudo pode acontecer. Pelo contrário, as relações sociais são sempre resultado de processos históricos, têm sua base em relações sociais precedentes. Para explicitar essas regularidades, a Sociologia tem como base a história humana.

Neste capítulo, vamos conhecer os três grandes clássicos da Sociologia: Émile Durkheim, Max Weber e Karl Marx. Foi com base na obra desses autores que a Sociologia se constituiu como disciplina científica distinta das Ciências da Natureza e das Ciências Exatas.

COMPETÊNCIAS E HABILIDADES DA BNCC

- Competências gerais da Educação Básica: 1, 2, 6 e 7.
- Competências específicas de Ciências Humanas e Sociais Aplicadas: 1, 4 e 5.
- Habilidades de Ciências Humanas e Sociais Aplicadas: EM13CHS101, EM13CHS103, EM13CHS401, EM13CHS404 e EM13CHS504.
- Competências específicas de Linguagens e suas Tecnologias: 1, 2 e 3.
- Habilidades de Linguagens e suas Tecnologias: EM13LGG102, EM13LGG204 e EM13LGG303.

❶ O CAPITALISMO E A FORMAÇÃO DO PENSAMENTO SOCIOLÓGICO CLÁSSICO

Desde o século XVI, diversas transformações sociais caracterizam o que hoje chamamos de capitalismo. Formas de produção, de conhecimento, de cultura e de consumo constituídas ao longo dos últimos cinco séculos conferiram uma feição particular à sociedade capitalista. Entretanto, os princípios do capitalismo surgiram nas sociedades feudais europeias, organizadas em torno do trabalho servil e da produção agrícola nos feudos.

Com o passar do tempo, novos interesses ligados ao comércio e ao mercado formaram o eixo central da sociedade capitalista que se estruturava. As cidades ganharam importância em relação à vida no campo; as manufaturas e, depois, as indústrias substituíram as formas de produção da velha sociedade; o consumo ganhou proporções cada vez maiores diante da necessidade de desenvolvimento da produção de mercadorias.

Para a Sociologia clássica, a vida em sociedade se desenvolveu com base em uma série de acontecimentos históricos; os contextos sociais atuais resultam das transformações históricas geradas nos séculos anteriores. Isto é, o acúmulo de experiências constitui o conjunto das condutas sociais, necessidades, padrões culturais e de comportamento, formas de organização política e do conhecimento científico que reproduzimos hoje. A produção e a reprodução social são, portanto, uma síntese de acontecimentos históricos.

Alegoria dedicada ao Terceiro Estado, gravura francesa de 1789, ano da Revolução Francesa. A imagem representa a percepção de que, desde a sociedade feudal, os responsáveis pelo trabalho braçal (o Terceiro Estado, representado pelo camponês no centro da imagem) sustentavam a França sozinhos, enquanto clérigos e nobres desfrutavam de seus privilégios. O trabalho era visto como algo negativo, relegado a grupos subalternados.

Esta gravura inglesa (c. 1830) representa o período inicial do processo de industrialização, no qual mulheres e crianças trabalhavam em fábricas de tecido, operando máquinas movidas a vapor. À esquerda, máquina para desembaraçar as fibras do algodão.

VOCÊ JÁ PENSOU NISTO?

Você já imaginou que nosso modo de viver hoje em dia está relacionado ao passado? Que a maneira como organizamos nosso cotidiano, o modo como trabalhamos e produzimos influenciam nossa maneira de pensar, de conhecer e de compreender o mundo? Que nossas escolhas e nosso gosto por determinadas coisas são influenciados por um padrão social que herdamos historicamente? Vimos que a sociedade capitalista é resultado de acontecimentos históricos. Agora procure refletir sobre padrões sociais presentes na sua vida, suas preferências e gostos, modos de agir, de produzir, de trabalhar, de se relacionar. Observe como tudo isso pode ser o resultado de acontecimentos passados, de formas passadas de agir, pensar, se relacionar, que herdamos de nossa família, indivíduos e grupos sociais já presentes em nossa sociedade e até mesmo em contextos históricos diferentes daquele em que você vive.

A formação da Sociologia é também resultado da consolidação da sociedade capitalista. Assim como qualquer acontecimento histórico, a origem da Sociologia tem relação direta com as necessidades sociais do momento de seu nascimento; ou seja, a origem da Sociologia está relacionada à própria expansão do capitalismo nos séculos XIX e XX.

Naquele momento, o capitalismo se desenvolvia de forma avassaladora. A indústria teve grande desenvolvimento, transformando os modos de organização das cidades. Na Europa do século XVIII, em que a dinâmica da sociedade era em grande parte determinada pela indústria têxtil, um dos objetivos da ciência foi o de incrementar a produção de mercadorias, a fim de torná-la mais eficiente, rápida e barata. Com a introdução das máquinas, a produtividade aumentou vertiginosamente, e o trabalho foi condicionado ao ritmo das máquinas. As condições de vida da maioria das pessoas eram precárias, em razão da pobreza e das condições do trabalho na indústria. Esse contexto gerou conflitos sociais, greves e revoltas.

BIOGRAFIAS

Acesse o Plurall para saber mais sobre **Émile Durkheim (1858-1917)**, **Max Weber (1864-1920)** e **Karl Marx (1818-1883)**.

Esse novo cenário social em formação precisava ser compreendido. À semelhança da divisão do trabalho na indústria, o conhecimento científico começou a se especializar. Novas práticas científicas e novas formas de compreender a vida em sociedade seguiram o mesmo padrão de desenvolvimento. Dessa maneira, as transformações produtivas tiveram grande influência sobre a origem da Sociologia e de outras Ciências Sociais, como a Economia, a Antropologia e a Ciência Política.

Foi nesse contexto que viveram os três grandes pensadores clássicos da Sociologia: **Émile Durkheim (1858-1917)**, **Max Weber (1864-1920)** e **Karl Marx (1818-1883)**. Na Europa do século XIX, Marx argumentava que a humanidade seria responsável por realizar sua própria história. Não haveria, assim, um destino predeterminado nem espaço para explicações fundamentadas em crenças espirituais. A **luta entre classes sociais** com interesses antagônicos constituiria a base das transformações sociais.

Homens entregam senhas para conseguir doações de café da manhã de entidade assistencial em Londres, em 1902. Com o crescimento industrial nos países capitalistas, expandiu-se também o número de pobres e desempregados nas cidades.

Jack London/Huntington Art Collections/Bridgeman Images/Keystone Brasil/Museu de Arte Huntington, San Marino, EUA.

A hora do jantar: Wigan, do pintor inglês Eyre Crowe, 1874 (óleo sobre tela, 76,3 cm × 107 cm). A tela representa trabalhadoras de tecelagens em um momento de pausa para a refeição do final do dia. A cena se passa na cidade de Wigan, na época importante centro manufatureiro do noroeste da Inglaterra. O cenário, marcado pelas cores marrom e cinza, chaminés das fábricas e a fumaça cobrindo o céu, é característico da grande transformação que ocorria naquele momento.

Já o sociólogo francês Émile Durkheim, na virada do século XIX para o XX, aproximou a Sociologia do método das Ciências Naturais. Para ele, a sociedade poderia ser comparada a um organismo vivo e cada parte desse organismo se relacionaria com o todo (o **organismo social**), na medida em que dependeria dele. A integração social foi tema central da obra de Durkheim, sobretudo porque ele considerava que a sociedade exercia uma força (uma coerção) sobre os indivíduos, moldando-os à sua semelhança.

No início do século XX, Max Weber seguiu um caminho diferente e centrou suas análises nos indivíduos. Para ele, as ações individuais seriam orientadas por outras ações de outros indivíduos. Dessa maneira, uma **ação social** teria como referência um conjunto de outras ações e também influenciaria outras ações individuais. Para Weber, a ação social deveria ser o objeto central da análise sociológica.

Vimos que a origem da Sociologia tem relação direta com a história do capitalismo, especialmente com o desenvolvimento industrial, cultural e político do século XIX. Podemos dizer que a Sociologia nasceu em razão desse desenvolvimento e pela necessidade de explicar as transformações sociais ocorridas no século XIX. Karl Marx contribuiu para a análise do capitalismo na medida em que sua teoria entende a sociedade como resultado de embates entre classes sociais antagônicas. Durkheim, por sua vez, procurou explicar a aparente desordem provocada pelas transformações políticas e industriais, buscando a unidade em um mundo cada vez mais compartimentado pela divisão do trabalho. Sua análise era baseada nas possibilidades de integração social diante de processos de diferenciação social cada vez mais profundos. Max Weber, por fim, entendeu que a Sociologia deveria partir da análise da ação do indivíduo, sem opor, entretanto, indivíduo e sociedade. Para Weber, as normas sociais só se tornariam concretas no momento em que cada indivíduo as manifestasse. A ação individual, portanto, seria sempre orientada pela ação de outra pessoa, e a compreensão da sociedade dependeria da interpretação do sentido dessas ações.

BIOGRAFIAS

Acesse o Plurall para saber mais sobre **Auguste Comte (1798-1857)**.

2 ÉMILE DURKHEIM: COESÃO E FATO SOCIAL

Émile Durkheim foi influenciado pela obra do filósofo francês **Auguste Comte (1798--1857)**, que sistematizou pela primeira vez a Sociologia como ciência, aproximando-a dos métodos das Ciências Naturais. Durkheim procurou consolidar a Sociologia como uma ciência específica, com sua própria metodologia. Com esse objetivo, preocupou--se em desenvolver uma teoria e um método de análise com conceitos específicos para o estudo da vida em sociedade. Os fundamentos da sociologia de Durkheim podem ser resumidos nos conceitos de **coesão**, de **divisão do trabalho** e de **fato social**.

Vimos que a Revolução Industrial impulsionou a produção de mercadorias, primeiro na Inglaterra e depois em outros países. A Revolução Francesa, que eclodiu em 1789, transformou as estruturas políticas e sociais francesas ao longo das décadas seguintes e repercutiu pelo Ocidente. A sociedade feudal, que precedeu a sociedade capitalista, foi destruída. As instituições políticas feudais deram lugar às organizações políticas capitalistas. A monarquia absolutista foi substituída por instituições políticas que tinham como fundamento os ideais de liberdade, igualdade e fraternidade. As escolas, antes controladas pela Igreja, passaram às mãos do Estado, tornando-se laicas. A livre-iniciativa (o processo de trocas mercantis) foi estimulada por regras e leis criadas sob a ótica da produção industrial, em franco crescimento.

Na caricatura *Gargântua*, de Honoré Daumier, criada em 1831, o então rei da França, Luís Felipe, é satirizado ao ser comparado ao gigante criado no século XVI pelo escritor Rabelais. À direita, ao fundo, podemos ver os prédios e chaminés da cidade; à frente, os trabalhadores pobres colocando moedas em cestos que vão direto para a boca do rei. À esquerda, embaixo do rei, estão os documentos que garantiam a honra e o poder da nobreza e a Assembleia Nacional. Esta obra, que levou seu autor à prisão por seis meses, demonstra o espírito da época, em que se procurava questionar o chamado Antigo Regime.

No fim do século XIX, Durkheim observava esse acelerado processo de transformação social e tentava explicar de que maneira a sociedade capitalista, que, para ele, se divide e se especializa em **funções** cada vez mais heterogêneas, poderia garantir alguma coesão social[1]. Ele se perguntava como indivíduos tão diferentes, dispostos em funções sociais tão distintas, poderiam se integrar socialmente.

Para explicar esse processo de diferenciação, Durkheim se baseou na seguinte hipótese: todas as sociedades se caracterizam por algum tipo de divisão do trabalho. Com isso, ao longo do desenvolvimento das sociedades, os indivíduos tendem a se tornar cada vez mais diferentes uns dos outros. Em sociedades com menor divisão do trabalho, os indivíduos são mais semelhantes entre si quando comparados aos que fazem parte de sociedades em que a divisão do trabalho é maior.

VOCÊ JÁ PENSOU NISTO?

No mundo atual, a especialização funcional pode ser vista nas fábricas, nas escolas, nos hospitais, no comércio. A divisão do trabalho está presente em todos os setores da sociedade. A vida das pessoas gira em torno de suas profissões e qualificações profissionais. Novas funções e profissões são criadas, enquanto outras deixam de existir. Você já procurou entender de que modo o cotidiano de seus familiares está relacionado à profissão que eles exercem? Em que medida a função que eles desempenham cria ligações com outros indivíduos, famílias, grupos sociais e também com instituições específicas? Com base no que foi discutido até aqui, reflita sobre a influência das funções sociais estabelecidas pelo trabalho na vida de seus parentes e conhecidos, sobretudo os laços sociais de interdependência criados por elas.

Durkheim observou a coesão social da seguinte maneira: em sociedades com a divisão do trabalho muito desenvolvida, predominaria uma dinâmica dupla, na qual, ao mesmo tempo que ocorreria uma diferenciação profissional, seria criada uma **interdependência funcional** entre os indivíduos. Os laços sociais, a rede de interdependência, caracterizariam uma forma de coesão social. Em sociedades com a divisão do trabalho menos desenvolvida, as crenças garantiriam a unidade social, já que o processo de especialização das funções profissionais ainda seria rudimentar.

interdependência funcional: dependência recíproca entre os indivíduos em sociedades nas quais a divisão do trabalho é muito desenvolvida. Todos os indivíduos dependem de bens e serviços produzidos ou realizados por outras pessoas, em diferentes lugares. Sem interdependência funcional, cada um precisaria cultivar os próprios alimentos, fazer as próprias roupas, etc.

Para esclarecer melhor, podemos comparar duas sociedades: uma feudal e uma industrial. Na sociedade feudal, a divisão do trabalho se dá com base em atividades predominantemente agrícolas. Os servos trabalham, na maior parte do mês, em benefício do senhor feudal e reservam apenas uma pequena parte do seu tempo para prover sua própria subsistência e a de sua família. As técnicas de trabalho são rudimentares e as tarefas estão ligadas ao plantio, à colheita e ao cuidado com os animais. Para Durkheim, é grande a semelhança entre as técnicas produtivas empregadas nos diferentes feudos, não havendo, assim, muita diferenciação entre os indivíduos.

Já na sociedade industrial, ocorre uma intensa divisão do trabalho: existem faxineiros, pedreiros, carpinteiros, publicitários, professores, operários, comerciantes, etc., e dentro dessas profissões ainda há várias subdivisões. Entre os professores, por exemplo, há os que ensinam Matemática, Física, Sociologia, Antropologia, Biologia, Arte, Educação Física, etc. Para Durkheim, essas sociedades são mais especializadas, o que caracterizaria indivíduos muito diferenciados entre si. No entanto, haveria um maior grau de coesão social, pois a interdependência funcional entre as pessoas seria maior. Assim, quanto mais diferenciados fossem os indivíduos, mais dependeriam uns dos outros.

[1] COHN, Gabriel. A busca da unidade num mundo dividido. *Folha de S.Paulo*, São Paulo, 16 nov. 1997, 10 Mais!, p. 5-6.

Mircea Moira/Shutterstock

A divisão do trabalho é, para Durkheim, o elemento social que impulsiona o desenvolvimento das sociedades. As funções sociais são fundamentais para sua análise e, por isso, a Sociologia desse autor foi considerada "funcionalista". Esse foi um dos aspectos que influenciou os antropólogos estudados no Capítulo 8. Entretanto, para refletir sobre a divisão do trabalho, Durkheim desenvolveu outros conceitos importantes, entre eles o conceito de **fato social**, essencial para definir o que é próprio ou não do campo sociológico.

Neste canteiro de obras em Bucareste, na Romênia, é possível observar a divisão do trabalho na área de construção civil. Há um funcionário supervisionando outros dois, que escavam a terra, enquanto um quarto profissional opera a escavadeira. Foto de 2022.

ASSIM FALOU

Émile Durkheim

Graças à divisão do trabalho, ou pelo menos por seu intermédio, se garantiria a coesão social; ela determinaria os traços essenciais da constituição da sociedade. Por isso mesmo [...] caso seja essa realmente a função da divisão do trabalho, ela deve ter um caráter moral, porque as necessidades de ordem, de harmonia e de solidariedade social são geralmente consideradas morais.

DURKHEIM, Émile. Método para determinar a função da divisão do trabalho. *In*: RODRIGUES, José Albertino (org.). *Émile Durkheim*. São Paulo: Ática, 2000. p. 66 (texto original de 1893).

Talukdar David/Shutterstock

Com o objetivo de criar conceitos que se baseassem em modelos científicos reconhecidos, Durkheim entendia o fato social como um fenômeno tão apreensível quanto qualquer elemento físico ou biológico. Os fatos sociais seriam maneiras de pensar, sentir e agir que exerceriam uma força externa (uma coerção) sobre os indivíduos.

Para Durkheim, a sociedade precederia os indivíduos e agiria sobre eles, determinando a maneira de ser deles. Assim, um fato social poderia ser reconhecível com base na coerção social imposta a um ou mais indivíduos. Seria considerado fato social o fenômeno que apresentasse:

1. uma **generalidade** (que estivesse presente e fosse reconhecível em toda uma sociedade ou grupo social);
2. uma **externalidade** (que fosse exterior às consciências sociais, isto é, que existisse independentemente da vontade e dos anseios do indivíduo); e
3. uma **força coercitiva externa aos indivíduos** (que moldasse as vontades individuais ao coletivo).

Nesse sentido, a sociologia de Durkheim, além de funcionalista, é também considerada estruturalista, porque interpreta a sociedade (a estrutura social) como fator determinante das condutas individuais.

Trabalhadoras do setor ferroviário em Guwahati, na Índia, 2019. A entrada de mulheres em setores como esse mostra como a divisão e a hierarquização do trabalho se transformam.

Exemplos de fatos sociais são as leis, a educação, a divisão do trabalho, as crenças religiosas e políticas, os esportes. O futebol, por exemplo, é um fato social porque está presente em toda a sociedade brasileira; é externo aos indivíduos, pois sua existência não depende da vontade individual; é também coercitivo, pois impõe aos brasileiros um padrão de apreciação e prática esportiva. Além disso, muitos meninos brasileiros desejam ser, em primeiro lugar, jogadores de futebol. Esse "desejo" pode ser visto como coerção externa, propriamente social.

Nos termos de Durkheim, a Sociologia é a ciência que estuda os fatos sociais. Aqueles fenômenos que não estiverem dentro de sua definição serão considerados do domínio de outras ciências.

Natallia Boroda/Shutterstock

Vitrine de loja de moda feminina em *shopping* em Londrina (PR), 2021. A associação da cor rosa às mulheres pode ser vista como um fato social.

VOCÊ JÁ PENSOU NISTO?

Nossa vida em sociedade depende de funções exercidas por outras pessoas. A sociedade contemporânea cria funções cada vez mais especializadas e das quais dependemos cada vez mais. Com isso, forma-se uma rede de interdependência entre os indivíduos. Dependemos do pedreiro, do carpinteiro, do jornalista, que por sua vez dependem do lojista, do comerciante, do industrial, que dependem do vendedor de seguros, do vendedor de carros, do programador de *software*, que dependem do pedreiro, do carpinteiro, e assim por diante. Desse modo, as funções sociais que desempenhamos criam laços de interdependência social. Tente observar em sua experiência como se dão essas relações de funcionalidade e interdependência profissional.

3 MAX WEBER: AÇÃO SOCIAL E TIPOS IDEAIS

As principais obras de Max Weber foram escritas entre a primeira e a segunda décadas do século XX e estabeleceram um novo estágio para as Ciências Sociais. Ele também se empenhou em sistematizar a Sociologia, mas sua análise difere muito da de Durkheim, sobretudo quanto à importância do indivíduo e de sua ação social. Diferentemente de Durkheim, Weber não considerava a sociedade algo exterior e superior aos indivíduos. Para ele, a sociedade deveria ser analisada com base nas ações sociais.

Weber considerava que qualquer ação individual é orientada por outras ações, ou seja, quando agimos, levamos em conta e nos orientamos pela ação de outras pessoas. Com base na expectativa de como nossa ação será recebida, agimos de uma ou de outra maneira. Nossa ação individual é considerada social porque está inserida em um contexto social e histórico que qualifica todas as ações individuais.

Não haveria, assim, oposição entre o indivíduo e a sociedade, pois só seria possível compreender a sociedade nas manifestações da ação individual. Assim, o indivíduo não seria considerado produto de um todo coercitivo, mas, pelo contrário, responsável por seus atos. A sociedade não tem um sentido próprio, mas é reproduzida pelos **indivíduos**, que lhe conferem sentido com suas **ações**. Portanto, a Sociologia de Weber considera que um dos principais fundamentos da compreensão de fenômenos sociais estruturais — como o capitalismo, o Estado, as religiões, os regimes políticos e as formas de poder e dominação — residiria na análise das ações individuais ou de um conjunto dessas ações.

ASSIM FALOU

Max Weber

[a Sociologia é a] ciência que tem como meta a compreensão interpretativa da ação social de maneira a obter uma explicação de suas causas, de seu curso e de seus efeitos. Por "ação" se designará toda a conduta humana, cujos sujeitos vinculem a esta ação um sentido subjetivo. Tal comportamento pode ser mental ou exterior; poderá consistir de ação ou omissão no agir. O termo "ação social" será reservado à ação cuja intenção fomentada pelos indivíduos envolvidos se refere à conduta de outros, orientando-se de acordo com ela.

WEBER, Max. *Conceitos básicos de Sociologia*. São Paulo: Moraes, 1987. p. 9 (texto publicado originalmente em 1922).

Como o método de análise weberiano se baseia no indivíduo e na ação individual para explicar os fenômenos sociais, não seria possível explicar, por exemplo, o aumento do número de suicídios em dado país pela crise econômica, como fez Durkheim. Ao contrário, seria necessário se basear na análise empírica das ações individuais que motivaram esse aumento de suicídios. Podemos, portanto, entender que a **ação social** é o objeto de análise central da sociologia de Weber.

Com base na análise de ações individuais subjetivas, Weber pretende compreender questões sociais mais gerais, que afetam e definem a sociedade como um todo. O conhecimento sociológico só poderia ser objetivo se tivesse como objeto de estudo a ação individual.

Mas o que é, na prática, uma ação social? Um exemplo são as eleições. O eleitor vota orientando-se pelos comentários, pela intenção e até mesmo pelo voto de outros eleitores. Sua ação é individual, mas só se torna compreensível sociologicamente na medida em que a escolha por determinado candidato tem como referência o conjunto dos demais eleitores.

Então, o que deve ser analisado? Para Weber, a realidade é infinita e, por isso, deve ser recortada para ser compreendida sem que se comprometa a **objetividade científica**. O cientista faz uma seleção (subjetiva) dos fatos que vai estudar. Ele decide o que analisar com base em julgamentos fundamentados em seus valores pessoais. A partir desse momento subjetivo, Weber constrói um método de análise para atingir a objetividade científica. Os resultados são considerados objetivos se os procedimentos de análise da ação social forem efetivamente aplicados. Quanto mais distante do objeto de análise o sociólogo se posicionar, mais objetivos serão os resultados de sua pesquisa.

Ernesto Reghran/Pulsar Imagens

Eleitor vota em Londrina (PR), em 2020.

VOCÊ JÁ PENSOU NISTO?

Nossas escolhas têm relação com as escolhas que outras pessoas fazem. Estamos sempre imersos em contextos sociais que nos influenciam e que orientam nossas ações individuais. Quando você diz que gostou de um filme, que escolheu um candidato ou que prefere uma certa marca de tênis, você está se orientando subjetivamente pela ação de outros indivíduos. Procure refletir sobre seus últimos atos de consumo e em que medida eles podem ter sido motivados por outras pessoas.

Nesse método, os procedimentos de análise, que garantem a objetividade dos resultados, estão diretamente relacionados à construção de **tipos ideais** ou **tipos puros**. O tipo ideal é uma "ferramenta" que o pesquisador usa para se aproximar da realidade. Comparando com a Física, podemos dizer que o tipo ideal é uma régua para medir determinado elemento em seu estado mais "puro". Trata-se de um recurso para medir a realidade, para compreender o conteúdo dessa realidade.

Como a realidade é múltipla e impossível de ser descrita em sua totalidade, Weber construiu a noção de tipos ideais para se aproximar o máximo possível da compreensão da realidade analisada. Esses tipos ideais são formulados com base em regularidades sociais observáveis. Possuem três características fundamentais: racionalidade (ou estrutura lógica), unilateralidade (amplificação dos aspectos mais característicos) e caráter utópico (amplificação dos aspectos mais característicos). Note que a construção de um tipo ideal, apesar de amparada na realidade, é apenas uma elaboração teórica do pesquisador. É necessário escolher certas características regulares de determinada sociedade e construir um tipo ideal, por exemplo, de pai de família, de empresário, de Estado, de escola, de religião, de esporte. Quando o pesquisador for analisar uma sociedade específica, esses tipos ideais, apesar de não refletirem exatamente a realidade, servirão de base para compreender de que maneira, por exemplo, alguns pais estabelecem relações com suas famílias em determinada comunidade, como o empresariado administra suas atividades financeiras, como o Estado organiza suas várias instâncias políticas e burocráticas, como a escola reproduz sua pedagogia, como as igrejas fomentam o culto religioso, como o esporte estabelece processos educativos e motivacionais, para além dos propriamente físicos.

Pessoas aguardam em fila para serem atendidas em agência da previdência social em Goiânia (GO), 2021. Em seu tempo, Weber viu crescer a importância daquilo que chamou de burocracia, que é um conjunto de procedimentos administrativos que visam à organização de uma instituição por meio de regulamentos impessoais. Para compreender seu funcionamento, desenvolveu uma abstração descritiva (um tipo ideal).

Daniel Cymbalista/Pulsar Imagens

Weber construiu quatro tipos ideais de ação social:

1. **A ação social racional com relação a fins**: tem como base a expectativa de alcançar fins racionalmente esperados. Por exemplo, investir dinheiro para ter um rendimento futuro.
2. **A ação social racional com relação a valores**: é determinada pela crença em algum valor, que pode ser ético, religioso, político ou estético. A motivação não tem relação direta com o resultado da ação, mas com o valor que dá sentido à ação. Por exemplo, a doação de dinheiro ou trabalho para determinada causa religiosa ou política, por princípios de fé e crença.
3. **A ação tradicional**: orienta-se pela tradição, que pode ser familiar, cultural, social. O indivíduo orienta sua ação com base no modo tradicional de agir dos membros de seu grupo social: todos costumam comprar determinado produto, por exemplo.
4. **A ação afetiva**: fundamenta-se em emoções e afetos, isto é, não se refere prioritariamente a fins ou valores, mas a sentimentos. Como em uma briga de trânsito motivada pela raiva, por exemplo.

Por serem tipos ideais, essas ações não são observadas em sua forma pura na realidade. O importante aqui é entender que esse mecanismo favorece o entendimento da sociedade na medida em que aproxima o pesquisador da realidade estudada.

Delfim Martins/Pulsar Imagens

Andre Dib/Pulsar Imagens

Na imagem acima, candidatos buscam emprego durante a Semana do Trabalho, Emprego e Renda, em São Paulo (SP), em 2022. Ao lado, distribuição de cestas básicas em Maués (AM), em 2020. Do ponto de vista weberiano, tanto a escolha do empregador como a da pessoa envolvida na doação podem abranger mais de um tipo puro de ação social.

4 KARL MARX: TRABALHO E CLASSES SOCIAIS

A principal obra de Karl Marx, *O capital*, veio a público em 1867, ano de lançamento de seu primeiro volume. Os outros dois volumes foram publicados após a morte do autor, em 1883. Marx foi um dos maiores pensadores de seu tempo. Sua análise foi marcada pela investigação das relações capitalistas e pela formação e relação das **classes sociais**. Para ele, a questão-chave para explicar as transformações sociais é a **relação conflituosa entre forças sociais**, isto é, entre classes sociais distintas com **interesses antagônicos**.

O argumento central de Marx é o de que as sociedades se dividem em **classes sociais**. Essa divisão é fruto de um processo histórico de lutas em que um grupo social torna-se dominante e subjuga os interesses dos demais grupos. No capitalismo, Marx observou que a burguesia, a classe capitalista, tornou-se dominante derrotando a nobreza (contra o absolutismo e o mercantilismo do denominado Antigo Regime) e instaurando um novo tipo de sociedade. Assim, ao longo de sua ascensão, a burguesia passou a determinar as formas de governo, a cultura, a política. Desde então, as leis, as regras, as normas, os gostos e os padrões de consumo, de organização da economia, da ciência e da política passaram a ser definidos pelos interesses da burguesia; portanto, a sociedade capitalista tem como objetivo central reproduzir o modo de vida burguês, fundamentado no lucro e estruturado na produção de mercadorias.

Contudo, para gerar lucro, é necessário que haja uma classe produtora de mercadorias, cujo trabalho é explorado pelos capitalistas. Assim, ao mesmo tempo que a burguesia se constituiu historicamente, formou-se uma classe antagônica a ela: a classe trabalhadora ou proletariado. No processo histórico de formação do capitalismo, a burguesia nascente já explorava o trabalho de pequenos produtores. Com o crescimento dessa forma de produção, a burguesia tornou-se dominante e o coletivo de trabalhadores, antigos servos e produtores rurais aumentou na forma de proletariado industrial. Portanto, as classes sociais fundamentais da sociedade capitalista seriam a burguesia (a classe capitalista) e o proletariado (a classe trabalhadora).

World History Archive/UIG/AGB Photo Library/Coleção particular

Gravura do século XVIII representando o cercamento de terras na Inglaterra. Ao longo de séculos, terras de uso comum dos camponeses passaram a ser cercadas para uso privado, como pastagem para ovelhas, prejudicando aqueles que dependiam da agricultura.

ASSIM FALARAM

Karl Marx e Friedrich Engels

A história de toda a sociedade até aqui é a história de lutas de classes. [O ser humano] livre e escravo, patrício e plebeu, barão e servo, burgueses de corporação e oficial, em suma, opressores e oprimidos, estiveram em constante oposição uns aos outros, travaram uma luta ininterrupta, ora oculta ora aberta, uma luta que de cada vez acabou por uma reconfiguração revolucionária de toda a sociedade ou pelo declínio comum das classes em luta. [...]

A moderna sociedade burguesa, saída do declínio da sociedade feudal, não aboliu as oposições de classes. Apenas pôs novas classes, novas condições de opressão, novas configurações de luta, no lugar das antigas. A nossa época, a época da burguesia, distingue-se, contudo, por ter simplificado as oposições de classes. A sociedade toda cinde-se, cada vez mais, em dois grandes campos inimigos, em duas grandes classes que diretamente se enfrentam: burguesia e proletariado.

MARX, Karl; ENGELS, Friedrich. *Manifesto do Partido Comunista*. Petrópolis: Vozes, 1988. p. 66-67 (texto original de 1848).

Mas por que há desigualdade entre esses grupos sociais? Segundo Marx, ao longo da História, a formação da classe trabalhadora advém da expropriação de seus meios de produção, isto é, da apropriação, por outros, de suas terras, de suas ferramentas, de suas casas e de seus locais de trabalho. A burguesia utilizaria seu poder econômico e seu controle político e da força para se apropriar dos meios de produção de produtores livres e forçá-los a vender seu trabalho em troca de um salário para poder sobreviver, formando, assim, o proletariado. Com isso, o trabalhador seria obrigado a se submeter a determinações da classe dominante, incluindo o valor do salário, o ritmo e as condições de trabalho e, sobretudo, a produtividade. A classe trabalhadora não teria escolha. Para sobreviver, seria obrigada a vender seu trabalho a um capitalista, no comércio, na indústria, em uma escola particular, cortando cana-de-açúcar para uma usina produtora de álcool, etc.

Trabalhadores registram saída no relógio de ponto em Milão, na Itália, em 2017. No capitalismo, o proletariado vende suas horas de trabalho em troca de um salário, em condições determinadas pelo capitalista.

Dino Fracchia /Alamy/Fotoarena

VOCÊ JÁ PENSOU NISTO?

Para Marx, o trabalho teria como objetivo gerar lucro ao capitalista. Toda a produção seria organizada com base nesse objetivo. Apesar de a produção ser toda realizada pelos trabalhadores, estes ficam apenas com uma pequena parte dessa produção. Você já se perguntou o porquê desse tipo de produção? Por que é necessário organizar a produção com base no lucro? Quais são as implicações dessa forma de organização? Você acha que os mecanismos de organização do trabalho colaboram para a geração do lucro? Reflita sobre alguns aspectos da organização do seu trabalho ou do trabalho de pessoas de sua família.

Além disso, uma das teses que Marx desenvolveu no livro *A ideologia alemã* se refere às formas de dominação ideológica. Longe de construir uma teoria pautada apenas por questões econômicas, Marx se preocupou em identificar a constituição de um novo modo de vida. Esse modo de vida, além de representar as formas de produção e reprodução das classes sociais, também se expressaria por uma ideologia. Para Marx: "Os pensamentos da classe dominante são também, em todas as épocas, os pensamentos dominantes; em outras palavras, a classe que é o poder material dominante em determinada sociedade é também o poder espiritualmente dominante".[2] Nesse sentido, Marx compreende que a ideologia de uma época social é a expressão da maneira como a classe dominante pensa a sociedade. O modo de vida, tanto do ponto de vista material como intelectual de um momento histórico, seria definido, portanto, à imagem e semelhança do modo de vida da classe dominante. Se estamos nos referindo às sociedades feudais, nas quais a classe dominante era a nobreza, o conjunto de ideias, a ideologia predominante seria a da nobreza. Se estamos falando da sociedade capitalista, na qual a classe dominante é a burguesia, a ideologia predominante seria a da classe burguesa ou capitalista.

A classe capitalista teria como ponto central de sua dominação reproduzir a exploração do trabalho. Para isso, a produção industrial seria cada vez mais incrementada, tanto nas formas de gerência quanto em relação à introdução de novas tecnologias. Mas por que é sempre necessário desenvolver mais e mais a produção de mercadorias? Marx entende que, quanto mais o trabalhador for controlado, maior será sua produtividade e menor será seu poder político. Assim, a substituição do trabalhador por uma máquina é uma iniciativa do capitalista para obter um número maior de mercadorias, aumentando a produtividade do trabalho. Com a máquina, a produção aumenta, e aumenta também o controle do capitalista, pois os trabalhadores passam a responder ao ritmo e ao tempo da máquina. Ou seja, o capitalista usa a máquina tanto produtiva quanto politicamente. Ao submeter o trabalhador a um ritmo que este não comanda, o capitalista força o trabalhador a aumentar a produtividade do trabalho.

adoc-photos/Album/Fotoarena

Trabalhadores em meio à greve em uma fábrica automotiva de Paris, França, em 1936.

2 MARX, Karl; ENGELS, Friedrich. *A ideologia alemã*. São Paulo: Martins Fontes, 2001. p. 48.

Podemos resumir essa questão com a seguinte frase: é preciso que tudo mude para que nada se transforme; ou seja, é preciso sempre desenvolver a produção com novas tecnologias e formas de organização, para que: 1. a produção aumente e, com isso, aumentem os lucros dos capitalistas; e 2. aumente o controle do capitalista sobre a classe trabalhadora. Portanto, para Marx, o desenvolvimento do capitalismo se baseia na exploração e na dominação da classe trabalhadora pela classe capitalista. Nesse contexto, as classes sociais se chocam e as transformações históricas e sociais se desenrolam com base nesse choque, nessa luta entre classes sociais antagônicas.

De um lado, os trabalhadores reivindicam, por meio dos sindicatos ou de outros tipos de organização, melhores salários e condições de trabalho. De outro lado, os capitalistas querem aumentar seu lucro. Existe, então, um embate entre forças sociais opostas. Toda a sociedade seria baseada em relações contraditórias, que inspiram confrontos políticos originários da divisão social em classes.

5 SOCIOLOGIA: PASSADO, PRESENTE E FUTURO

Vimos, no decorrer deste capítulo, que a formação da Sociologia como ciência é fruto de transformações históricas. Isso significa que as características gerais desta área do conhecimento têm relação com a maneira como a sociedade ocidental se organizou no fim do século XIX e no início do século XX. A forma da organização da vida em sociedade nesse contexto, isto é, a maneira de organizar a indústria, o comércio, as relações monetárias, a política dos Estados, a cultura, a educação e o conhecimento em geral constitui a base para a reflexão da Sociologia como uma ciência particular, distinta da História e da Filosofia.

Cada um dos autores que estudamos neste capítulo analisa a sociedade capitalista de sua época e enfatiza elementos que considera centrais. Apesar de se basearem na mesma referência empírica, que é a própria sociedade capitalista, cada um tem interpretações diferentes a respeito da estrutura social e dos elementos conjunturais da sociedade. Entretanto, é possível precisar, com base na Sociologia nascente, o que é estrutura social e o que é conjuntura social.

Minnesota Historical Society/Corbis/Getty Images

Trabalhadores em linha de montagem de fábrica de automóveis em Minnesota, Estados Unidos, em foto de 1935.

As sociedades, sejam elas indígenas, escravistas, africanas, orientais, socialistas, sejam capitalistas, têm elementos gerais que se reproduzem ao longo do tempo: as **estruturas sociais**. A estrutura social é formada por características gerais que dão particularidade à sociedade e se reproduzem ao longo do tempo. Assim, podemos entender que, se uma sociedade tem seus elementos estruturais destruídos, ela perde sua particularidade, transformando-se em outro tipo de sociedade.

Para ficar mais claro, vamos pensar na sociedade capitalista. Ainda que os autores citados neste capítulo pensem de maneiras diferentes, todos consideram que o trabalho é um elemento central da estrutura da sociedade capitalista. No entanto, comparando o trabalho em diferentes momentos históricos, notamos grandes diferenças. Por exemplo, hoje o computador é usado na maioria das profissões; há quarenta anos, era muito pouco utilizado. A sociedade, portanto, passou de uma conjuntura a outra reproduzindo o trabalho, mas esse trabalho se transformou.

O que podemos concluir de tudo isso? Que sempre estamos imersos em conjunturas sociais. Entretanto, há elementos sociais que se reproduzem em todas as conjunturas. Podemos dizer, por exemplo, que na história do capitalismo sempre houve trabalho e trabalhadores. Isso, portanto, faz parte da estrutura social. Porém, o trabalho foi modificado muitas vezes, tanto na forma de exploração quanto na relação do trabalhador com seu trabalho.

Dessa maneira, por um lado, o trabalho em geral permanece, e por isso ele se configura como elemento central da estrutura social. Por outro lado, em cada conjuntura histórica o trabalho ganha características específicas, sem perder suas características gerais. Por exemplo, a maioria dos jovens e adultos trabalha e recebe um salário por isso. No entanto, esse salário pode variar em razão de crises econômicas, da introdução de novas tecnologias, da inflação, da qualificação profissional, das greves, da divisão do trabalho, das especializações profissionais, etc.

Vimos, então, que a conjuntura histórica recria os elementos estruturais da sociedade. Assim, em uma mesma conjuntura podem existir novas manifestações sociais, relacionadas a aspectos gerais, à forma de organização histórica das sociedades. Podemos afirmar, portanto, que a sociedade é fundamentalmente uma construção histórica e que a Sociologia é uma ciência que busca observar as regularidades na relação entre o que é permanente e o que é ocasional.

Ole Spata/picture alliance/Getty Images

Robôs em linha de produção de fábrica automobilística em Hanôver, na Alemanha. Foto de 2022.

VOCÊ JÁ PENSOU NISTO?

Vivemos em uma sociedade que se transforma a cada segundo. Novas tecnologias, novos meios de comunicação, novos tipos de trabalho, novas formas de aprendizagem, novos métodos científicos. No entanto, essa sociedade parece manter características que perduram ao longo do tempo. Nossos hábitos parecem sempre novos, mas, se pararmos para pensar, veremos que existem padrões que herdamos e que se fundamentam na história de nossa sociedade. Com base nisso, pense sobre o que é realmente novo nas suas práticas cotidianas. Em que medida o que é apresentado como novo não seria uma nova forma de apresentar algo já existente em conjunturas passadas? Verifique, por exemplo, na música e nas festas, quais os traços sociais de novidade que elas carregariam.

VOCÊ APRENDEU QUE

A formação da Sociologia como ciência tem relação com a história da Europa no século XIX. A Sociologia é fruto do desenvolvimento da sociedade industrial na Europa.

A vida em sociedade tem relação com o passado. A sociedade é, portanto, resultado da História.

Apesar de haver outros pensadores importantes, os autores clássicos da Sociologia são Émile Durkheim, Max Weber e Karl Marx.

Para Karl Marx, as transformações sociais são impulsionadas pelo confronto entre classes sociais e seus interesses antagônicos.

A sociologia de Durkheim pode ser considerada estruturalista e funcionalista, pois, para ele, a sociedade atua sobre os indivíduos, moldando-os, e esses indivíduos desenvolvem funções na sociedade. Na sociedade industrial, as funções profissionais são cada vez mais especializadas, intensificando os laços sociais.

A sociologia de Max Weber tem como base a compreensão da ação individual. Para ele, a objetividade da Sociologia está no estudo da ação social individual, que é sempre orientada pelas ações de outros indivíduos.

Para entender a sociedade, devemos sempre pensar nos elementos permanentes e nos elementos ocasionais. A estrutura de uma sociedade é formada por elementos centrais, que a definem como diferente de outras sociedades.

Nas conjunturas históricas, encontramos novas formas de reproduzir os aspectos estruturais; isto é, a conjuntura reproduz os aspectos estruturais reelaborando seus conteúdos.

Zanone Fraissat/Folhapress

ATIVIDADES

REVENDO

1. Qual é a relação entre a Sociologia e o desenvolvimento da indústria no século XIX?
2. Como Émile Durkheim relacionou a divisão do trabalho e a coesão social?
3. Como Max Weber define ação social?
4. Defina o que são os tipos ideais em Max Weber.
5. Qual é a relação entre o trabalho e as classes sociais para Karl Marx?
6. Explique a relação entre os elementos estruturais e os elementos conjunturais ou ocasionais para o estudo das sociedades.

CONSTRUINDO

1. Leia o trecho a seguir:

> Os homens fazem a sua própria história; contudo, não a fazem de livre e espontânea vontade, pois não são eles quem escolhem as circunstâncias sob as quais ela é feita, mas estas lhes foram transmitidas assim como se encontram. A tradição de todas as gerações passadas é como um pesadelo que comprime o cérebro dos vivos. E justamente quando parecem estar empenhados em transformar a si mesmos e as coisas, em criar algo nunca antes visto, exatamente nessas épocas de crise revolucionária, eles conjuram temerosamente a ajuda dos espíritos do passado, tomam emprestados os seus nomes, as suas palavras de ordem, o seu figurino, a fim de representar, com essa venerável roupagem tradicional e essa linguagem tomada de empréstimo, as novas cenas da história mundial.

MARX, Karl. *O 18 de brumário de Luís Bonaparte*. São Paulo: Boitempo, 2011. p. 25 (texto original de 1852).

- Em que medida esse texto expõe a relação entre estrutura e conjuntura?

2. A gravura a seguir, de 1863, ilustra a chamada "fome do algodão". Trata-se de uma crise na indústria têxtil inglesa em decorrência da falta de matéria-prima vinda dos Estados Unidos, país que estava em guerra civil na época. As pessoas na gravura estão em busca de doações de mantimentos.

Universal History Archive/Universal Images Group/Getty Images/Coleção particular

Gravura publicada no *The Illustrated London News* em novembro de 1863.

- Relacione a imagem com o conteúdo do capítulo, levando em conta a perspectiva da Sociologia em relação à estrutura e à conjuntura sociais.

CAPÍTULO 12

Mundos do trabalho

Alberto Pereira/Acervo do artista

Supernanny Brasil, colagem de Alberto Pereira no bairro de São Lourenço, Niterói (RJ), 2016.

Vimos no Capítulo 11 que a Sociologia pode ser entendida como um desdobramento das necessidades do século XIX, sobretudo em razão do processo de industrialização da Europa. Naquele contexto de intensa transformação das cidades, da cultura, da produção e da política, foram elaboradas a sociologia de Karl Marx, no século XIX, e as de Émile Durkheim e de Max Weber, na virada do século XIX para o XX. O estudo do trabalho, das questões que o envolvem e da relação do trabalho com outros aspectos da vida social é referência para os autores clássicos.

Até aqui tratamos do trabalho de maneira geral. Neste capítulo, vamos conhecer a visão dos autores clássicos sobre o trabalho assalariado, isto é, o tipo de trabalho realizado nas sociedades capitalistas como a nossa. Também veremos como o trabalho assalariado se desenvolveu, quais são suas características centrais no mundo atual, como se organizou e se organiza o trabalho na indústria, qual é o papel da gerência, como a tecnologia incrementa a produção e como o trabalho afeta diferentemente as pessoas conforme o gênero.

NESTE CAPÍTULO VAMOS DISCUTIR:

1. O trabalho em Durkheim, Weber e Marx
2. Força de trabalho, mais-valia e alienação
3. Taylorismo, fordismo e toyotismo
4. Novas modalidades de trabalho
5. O trabalho e as relações de gênero

COMPETÊNCIAS E HABILIDADES DA BNCC

- Competências gerais da Educação Básica: 1, 2, 3, 6 e 7.
- Competências específicas de Ciências Humanas e Sociais Aplicadas: 1, 4 e 5.
- Habilidades de Ciências Humanas e Sociais Aplicadas: EM13CHS101, EM13CHS103, EM13CHS401, EM13CHS402, EM13CHS404, EM13CHS502 e EM13CHS504.
- Competências específicas de Linguagens e suas Tecnologias: 1 e 2.
- Habilidades de Linguagens e suas Tecnologias: EM13LGG101, EM13LGG102, EM13LGG104 e EM13LGG202.

1 O TRABALHO EM DURKHEIM, WEBER E MARX

Émile Durkheim, Max Weber e Karl Marx, apesar de terem explicações e métodos de análise diferentes, elegeram o trabalho como um dos objetos científicos de seus estudos. Como Durkheim era de origem francesa e Marx e Weber eram de origem alemã, eles foram influenciados pela Revolução Industrial e pela Revolução Francesa, marcos de um novo modo de vida no Ocidente.

PARA SABER +

Revoluções burguesas

Revolução Industrial **é o nome dado a um conjunto de mudanças tecnológicas que tiveram profundo impacto no processo produtivo, econômico e social. Iniciado na Inglaterra em meados do século XVIII, esse amplo processo de mudanças se propagou pelo mundo a partir do século XIX. Na primeira fase da Revolução Industrial (desenvolvida entre a segunda metade do século XVIII e a primeira metade do século XIX), foram utilizados principalmente recursos como o ferro, o carvão, o tear mecânico e a máquina a vapor. A segunda fase (entre cerca de 1860 e a segunda metade do século XX) foi caracterizada pelo emprego da energia elétrica, do aço e de produtos químicos. A Terceira Revolução Industrial se iniciou nos anos 1960 e tinha como centro a robótica e a microeletrônica. Já a Indústria 4.0, reconhecida como a quarta fase da Revolução Industrial e iniciada nas duas primeiras décadas do século XXI, incorpora algumas tecnologias para automação e troca de dados.**

Revolução Francesa **é o nome dado a um período crucial da história da França, entre 1789 e 1799, no qual o absolutismo, em que valia a vontade do monarca, foi substituído por um regime constitucional, ou seja, passou a ser orientado por leis.**

A opção pelo trabalho como objeto de análise demonstra a importância dessa atividade nas sociedades capitalistas, tanto na época desses autores como nos dias atuais.

Durkheim concentra sua atenção na divisão do trabalho. Como vimos no Capítulo 11, essa divisão seria responsável pelo desenvolvimento de uma sociedade diferenciada internamente. Para Durkheim, quanto mais especializado é o trabalho, mais laços de dependência se formam. Assim, quanto mais profunda for a divisão do trabalho, maior será a teia de relações de dependência entre os indivíduos (um padeiro depende de um agricultor, que depende de um ferreiro, e assim por diante). Isso levará, por consequência, a uma maior coesão social.

automação: uso de dispositivos eletrônicos e mecânicos para controlar uma produção ou prestação de serviço sem a necessidade de operação por seres humanos.

A divisão do trabalho, na concepção de Durkheim, é um fato social presente em todos os tipos de sociedade. Há sociedades com menor ou maior divisão do trabalho, mas em todas elas são encontradas funções diferenciadas entre os indivíduos, o que os divide em grupos funcionais distintos com condutas sociais também distintas. Nas sociedades capitalistas, o trabalho é pensado como uma atividade funcional que deve ser exercida por um grupo específico: os trabalhadores.

Durkheim entende a divisão social entre trabalhadores e empregadores como uma **divisão funcional**, que consiste na divisão entre aqueles que devem cumprir uma atividade de organização da produção e de mando (os empregadores) e os que devem desenvolver uma atividade produtiva (os trabalhadores). Essa divisão, como extensão da divisão do trabalho, promove a coesão social e, por isso, deve ser preservada socialmente.

No entanto, nessa divisão há problemas que Durkheim vê como doenças sociais a serem corrigidas para que o todo social se desenvolva adequadamente. Se há excessos por parte de capitalistas ou de trabalhadores, devem-se regulamentar suas atividades para alcançar o equilíbrio e garantir a integração social das partes envolvidas. Dessa maneira, o lema de Durkheim prevalece: as partes (os indivíduos) devem agir de modo a garantir a permanência do todo (a sociedade). De um lado, o capitalista não se deve deixar levar pelo egoísmo do lucro exacerbado; de outro, o trabalhador não deve questionar sua funcionalidade dentro da divisão do trabalho.

VOCÊ JÁ PENSOU NISTO?

O trabalho é uma atividade fundamental em nossa sociedade. Com base no trabalho garantimos nossa subsistência, construímos nossas casas, os bairros e as cidades. Somos dependentes do trabalho para produzir nossa existência. No entanto, essa atividade tem particularidades históricas. Faça uma lista de algumas características do trabalho das pessoas próximas a você. Existem elementos comuns entre esses tipos de trabalho? Quais são esses elementos?

Max Weber parte de uma perspectiva diferente da de Durkheim. Segundo Weber, não há algo geral e comum a todas as sociedades. Cada sociedade obedece a situações históricas exclusivas; e no capitalismo, por condições específicas, o trabalho teria se tornado uma atividade fundamental.

***O banqueiro e sua mulher*, de Quentin Matsys, 1514 (óleo sobre madeira, 74 cm × 68 cm). Se antes predominavam temas religiosos, no século XVI pinturas de temas ligados à vida terrena cotidiana e ao trabalho tornaram-se comuns nas regiões de Flandres e da Holanda.**

Em seu livro *A ética protestante e o espírito do capitalismo* (1905), Weber observa que a particularidade do capitalismo se originou do encontro de dois fatores. Segundo Weber, não bastou o desenvolvimento do mercado, da moeda, do dinheiro e das relações de troca em geral para que o capitalismo se constituísse como uma sociedade particular. Essas e outras condições que hoje governam as relações monetárias, comerciais e de troca já estavam presentes em sociedades passadas, como na Roma antiga e durante a Idade Média.

Para Weber, as características típicas de uma estrutura mercantil não são suficientes para explicar a formação do capitalismo. A especificidade do capitalismo, segundo ele, está no encontro entre o "espírito" capitalista, de obter sempre mais lucros, e uma ética religiosa fundamentada em uma vida regrada, de autocontrole, que tem na poupança uma de suas características centrais.

Nesse encontro entre o espírito capitalista e a ética protestante, que se deu em determinadas partes da Europa e nos Estados Unidos, o trabalho ocupa lugar central. Para o praticante do protestantismo, o sucesso nos negócios é um sinal de ter sido escolhido por Deus. O trabalho árduo e disciplinado e uma vida regrada e sem excessos podem lhe trazer o êxito profissional, expressão de sua fé e salvação espiritual.

Weber observou que a formação do capitalismo teve como característica fundamental essa ação social orientada por um objetivo racional, isto é, uma ação **ascética** que, quando resulta em êxito na vida material do indivíduo, garante a ele a segurança de ter sido escolhido por Deus. A existência de determinadas afinidades entre uma ética religiosa e um espírito empreendedor teria possibilitado a formação histórica do capitalismo. Entretanto, a procura da riqueza que Weber já via em sua época não seria mais guiada por padrões éticos. Ela, contrariamente, estaria agora associada tão somente a "paixões puramente mundanas". Ao longo do tempo, o encontro formador da sociedade capitalista entre a ética religiosa e o espírito empreendedor perdeu seu sentido original, e o lucro capitalista passou a dirigir as sociedades contemporâneas.

ascético: que ou quem pratica o ascetismo, um conjunto de práticas que leva à realização da virtude, à plenitude da vida moral por meio da disciplina e do autocontrole.

Para Karl Marx, a perspectiva sobre o trabalho é histórica, como para Weber. Entretanto, Marx destacou a diferença entre o trabalho em geral e o trabalho particularizado em suas formas históricas. O trabalho em geral é toda atividade que relaciona a humanidade à natureza, isto é, toda e qualquer atividade que envolve a transformação da natureza para suprir nossas necessidades, mas que envolve um processo teleológico: primeiro pensamos, concebemos mentalmente a atividade, e depois a realizamos. Antes de construir uma casa, eu imagino essa casa e só depois transformo o que imaginei em uma casa real. Quando transformo minha ideia de casa em uma casa concreta, faço isso por meio do trabalho.

VOCÊ JÁ PENSOU NISTO?

Tudo o que comemos, vestimos, bebemos, assistimos, etc., em geral é fruto do trabalho de uma ou várias pessoas. Há um conjunto de qualificações profissionais, de saberes e de culturas do trabalho que permeiam a produção daquilo que consumimos todos os dias. Pense na rede de trabalhos necessários para fabricar um produto específico e descreva como o produto que chega até você passou por várias transformações e por diversos trabalhadores com diferentes tipos de tarefa.

Cada sociedade é marcada por um tipo específico de organização do trabalho, e Marx concentra sua análise nessas formas históricas de trabalho, particularmente no trabalho assalariado. Para Marx, o trabalho assalariado é uma manifestação histórica da organização do capitalismo como sociedade. Com base na exploração do trabalho, por meio do pagamento de salários, como veremos adiante, a sociedade capitalista produz e reproduz sua existência. Ou seja, o trabalho assalariado é uma atividade central para a perpetuação das relações sociais entre capitalistas e trabalhadores e, por consequência, da exploração e da dominação do trabalhador pelo capitalista.

Para Marx, a divisão em classes sociais no capitalismo originou-se conforme a burguesia nascente retirou, no século XVIII, os meios de produção (terras, ferramentas, animais, etc.) dos pequenos produtores livres. Com isso, formaram-se a burguesia (ou classe capitalista) e o proletariado (ou classe trabalhadora), classes fundamentais do capitalismo. A reprodução dessa divisão social se dá com base na exploração do trabalho assalariado que o trabalhador vende para o capitalista em troca de um salário.

À primeira vista, o trabalho assalariado pode ser considerado uma atividade que é vendida pelo trabalhador em troca de um salário pago pelo capitalista. Marx assinala que essa troca, apesar de aparentar uma igualdade, na prática se dá de forma desigual.

Do ponto de vista das leis, regras e normas sociais que foram construídas historicamente a favor da classe dominante (a burguesia), essa troca aparenta ser igualitária. Por exemplo, o capitalista tem um capital (dinheiro) e com esse capital monta um negócio. Para isso, precisa contratar certo número de trabalhadores. Aparentemente, o capitalista oferece trabalho, e o trabalhador pode aceitar ou não esse trabalho.

Charge de Angeli, publicada no jornal *Folha de S.Paulo* em 27 de agosto de 2006.

No entanto, como salientou Marx, devemos considerar a desigualdade histórica dessa relação de troca. A constituição da classe trabalhadora como classe a obriga a vender seu trabalho. O trabalhador não poderia rejeitar o trabalho? De maneira individual, sim! Mas, se pensarmos no conjunto da classe trabalhadora, não. A classe trabalhadora é forçada a vender seu trabalho porque teve seus meios de produção tomados historicamente pelos capitalistas. Se não tem os meios para produzir sua subsistência, a classe trabalhadora se vê forçada a vender seu trabalho em troca de um salário, caso contrário não teria como sobreviver.

A vida na sociedade capitalista depende, portanto, da exploração do trabalho assalariado. Aquilo que comemos, bebemos, vestimos, tocamos, assistimos, etc., em geral é fruto desse tipo de trabalho.

2 FORÇA DE TRABALHO, MAIS-VALIA E ALIENAÇÃO

A desigualdade econômica é estrutural em nossa sociedade: está presente desde o início do capitalismo, ganhando novos contornos e feições em cada conjuntura histórica. Vimos, no item 1, que essa desigualdade tem relação com os meios de produção. Na formação do capitalismo, classes sociais distintas se estruturaram e, com base nelas, estruturou-se também uma forma de viver e de consumir. Essa divisão se funda na separação entre aqueles que têm os meios de produção e aqueles que não os têm.

Segundo Marx, essa relação não é apenas uma relação econômica. A divisão entre classes sociais impõe formas de vida específicas. Por exemplo, o acesso das classes trabalhadoras aos transportes não é o mesmo que o das classes capitalistas, assim como o acesso à educação. Poderíamos listar muitas outras diferenças em relação à saúde, à habitação, ao consumo, ao lazer, etc.

Assim, apesar das leis, regras e normas que aparentam garantir a igualdade entre as pessoas, há diferenças sociais significativas entre elas. Para Marx, essa questão é estrutural nas sociedades divididas em classes. A diferença do capitalismo em relação às sociedades de classes que o antecederam é que até então as diferenças entre as classes eram formais e estruturais: a desigualdade era reconhecida por todos e até valorizada. Já no capitalismo, parecemos iguais, formalmente todos temos os mesmos direitos e oportunidades; porém, de fato somos recortados por diferenças estruturais relacionadas à divisão entre os que têm e os que não têm como produzir sua subsistência.

Segundo Marx, a desigualdade social é fruto da divisão da sociedade em classes. Aqueles que têm os meios de produção (dinheiro, prédios, capital, ações na Bolsa de Valores, etc.) compram o trabalho daqueles que não têm esses meios.

A questão da desigualdade se torna ainda mais complexa quando falamos em **força de trabalho**. Quando o capitalista paga pelas atividades desenvolvidas numa empresa ou indústria em um mês, o que ele está pagando? Por exemplo, se um grupo de trabalhadores está empregado em um ramo da construção civil e se no fim do mês todos esses trabalhadores forem pagos de acordo com o valor daquilo que produziram, o capitalista não terá lucro. Isso quer dizer que o capitalista paga pela força de trabalho (a capacidade de trabalho), e não pelo produto de todo o trabalho realizado naquele período.

Quando alguém recebe seu salário mensal, acredita estar recebendo o total de seu trabalho, mas, na verdade, essa quantia representa apenas uma parcela do trabalho desenvolvido durante o mês. Marx entende que nessa relação de troca há algo aparente (salário pelo trabalho) e algo oculto (salário por parte do trabalho, apenas). Essa ocultação seria uma forma de alienação.

Como vimos, o trabalhador vende sua força de trabalho, mas só recebe por uma parcela do período em que a empregou. Segundo Marx, aí existe uma dupla dimensão. A primeira dimensão é a **alienação** do trabalhador, que veremos em seguida. A segunda é a **mais-valia**, termo cunhado por esse autor para explicar essa relação de apropriação do produto do trabalho como um todo e o pagamento de apenas uma parte dele. Na teoria do valor, proposta por Marx, mais-valia é a diferença entre o valor que o trabalhador produz e o salário que ele recebe. O salário equivale a apenas parte do valor produzido pelo trabalhador, e o restante é a mais-valia, apropriada pelo capitalista. Por exemplo, em um mês, uma montadora produz 100 automóveis, mas não paga o valor dos 100 carros para os trabalhadores. A montadora paga a eles apenas uma parte desse valor, já descontados custos constantes, como matéria-prima e manutenção de equipamentos, e a outra parte é o lucro do capitalista.

Omar de Oliveira/Fotoarena

Manifestação contra a aprovação da reforma trabalhista em Porto Alegre (RS), 2017. Projetos que retiram direitos trabalhistas ou abrem espaço para a redução da remuneração possibilitam aumentar o lucro do capitalista.

VOCÊ JÁ PENSOU NISTO?

O lucro é uma forma de rendimento que está relacionada ao trabalho. O lucro é maior à medida que se paga menos pela força de trabalho. Se o capitalista corta o salário de seus empregados, seu lucro é maior; se ele aumenta os salários, seu lucro é menor. Por isso, há um movimento constante para reduzir o valor da força de trabalho com o objetivo de aumentar os lucros. Reflita sobre estas questões: Existe a possibilidade de que seja alcançada uma condição mais equilibrada entre trabalhadores e capitalistas? Em que medida é possível criar regras e normas para a diminuição das desigualdades sociais?

O conceito de mais-valia talvez seja o mais importante entre os desenvolvidos por Marx. Com esse conceito, ele demonstrou uma desigualdade estrutural: para produzir mercadorias, o trabalhador se submete a uma relação na qual seu trabalho é explorado de forma cada vez mais intensa.

Assim, a finalidade de toda a produção de mercadorias no capitalismo não é atender a necessidades individuais ou coletivas com produtos úteis, mas sim valorizar o capital. Marx afirma que a mercadoria precisa ser útil, afinal ninguém compraria algo sem utilidade, seja um eletrodoméstico, seja um programa de computador. No entanto, o que define o valor da mercadoria não é sua utilidade, mas a quantidade de trabalho contido nela.

Frank & Ernest, Bob Thaves © 1996 Thaves/Dist. by Andrews McMeel Syndication

Essa tirinha de Bob Thaves, de 1996, ilustra uma das faces da alienação do trabalhador no processo produtivo da sociedade capitalista: ele muitas vezes não tem acesso ao produto final de seu trabalho.

É com base nesse raciocínio que Marx diferencia o trabalho produtivo do trabalho improdutivo. Não se trata de um juízo de valor: o que define o trabalho produtivo não é sua importância social, política ou econômica. Trabalho produtivo é aquele que produz diretamente uma nova quantidade de valor com base na exploração do trabalho. O trabalho de um médico não assalariado, por exemplo, é improdutivo, pois não produz diretamente mais-valia, ao contrário daquele exercido pelo trabalhador assalariado de uma montadora de automóveis.

A outra dimensão dessa relação de trabalho é a alienação: o trabalhador se aliena – se distancia – do produto de seu próprio trabalho, pois tudo aquilo que produziu torna-se propriedade de outra pessoa. O resultado do trabalho não pertence mais ao trabalhador, pois esse produto pertence ao capitalista, na forma de propriedade privada. Ao se alienar do produto de seu trabalho, segundo Marx, o trabalhador se aliena do seu próprio trabalho, isto é, de sua atividade vital, alienando-se, com isso, do que o caracteriza como ser humano.

3 TAYLORISMO, FORDISMO E TOYOTISMO

Para entender como se dá a produção no capitalismo, é necessário compreender as grandes transformações produtivas, as quais podemos chamar de **reestruturação produtiva** ou revolução tecnológica, que, nas palavras do pensador marxista Antonio Gramsci, seria uma forma de revolução passiva. Para iniciar a discussão, vamos pensar nas seguintes questões: Por que é sempre necessário desenvolver a produção da indústria? Por que a produção sempre precisa ser incrementada em termos tecnológicos e gerenciais?

Elena Larina/Shutterstock

Durante o século XX, a indústria automobilística foi o símbolo máximo da modernização. Alguns estudiosos se referem ao século XX como a "Civilização do Automóvel". Não à toa, os nomes dos dois mais importantes modelos de produção industrial (fordismo e toyotismo) se originaram das fábricas automobilísticas onde foram experienciados e pioneiramente implantados. Na imagem, pátio de indústria automobilística na Ucrânia, em 2021.

Ao longo do tempo, a produção industrial teve grande desenvolvimento. À produção manufatureira dos séculos XVI e XVII, realizada com poucos recursos tecnológicos, seguiu-se no século XVIII a introdução da maquinaria, que fez aumentar vertiginosamente a produtividade. Como veremos adiante, do fim do século XIX ao começo do século XX, com a utilização de formas de gerência taylorista e de produção fordista, até a produção toyotista dos anos 1960 e 1970, houve uma extraordinária transformação da produção industrial.

A transformação industrial tem como objetivo central aumentar os lucros capitalistas. Para isso é necessário, ao mesmo tempo, aumentar a produtividade e controlar o coletivo de trabalhadores. A introdução de tecnologias não é um processo neutro: atende aos interesses das empresas e das indústrias. A substituição de uma máquina ultrapassada por outra mais eficiente não só aumenta a produtividade (a quantidade de mercadorias produzidas) como também amplia o controle sobre os trabalhadores.

Vejamos um exemplo histórico mencionado no primeiro item deste capítulo: a Primeira Revolução Industrial. Antes dela, a produção, mesmo que já sob a lógica da propriedade privada do capitalista, era em grande medida controlada pelos trabalhadores. Aqueles trabalhadores ainda conseguiam determinar o ritmo da produção, porque conservavam o saber-fazer. Com a introdução da máquina, o trabalhador perdeu o controle do ritmo da produção, que passou a ser ditado pela máquina. Ou seja, a máquina incorporou algumas técnicas de produção que pertenciam aos trabalhadores.

Lebrecht History/Bridgeman Images/Keystone Brasil/Coleção particular

Ilustração alemã do século XVI mostrando uma sapataria. Até a Revolução Industrial, era comum que os trabalhadores de determinadas áreas — os artesãos ou os construtores, por exemplo — se reunissem em corporações de ofício, que regulavam as profissões e organizavam o ensinamento das técnicas de produção aos aprendizes.

Aumentar a produtividade pode parecer positivo, porque assim aumenta a quantidade de produtos à disposição da sociedade. O problema é como isso acontece. Com a introdução da máquina, o trabalhador perde o controle sobre seu trabalho e sobre o conjunto dos trabalhos realizados. Com isso, sua capacidade política se enfraquece, pois seu trabalho pode ser facilmente substituído. Se a importância do trabalhador é enfraquecida, o mesmo acontece com seu poder de resistência política. A primeira conclusão, portanto, é que, ao introduzir máquinas ou novas tecnologias, o capitalista consegue que o trabalhador produza mais e ainda tenha seu salário reduzido, já que seu poder de resistência diminui à medida que diminui também sua importância no processo de trabalho.

O taylorismo e o fordismo datam do fim do século XIX e início do século XX; o toyotismo, ou ohnoísmo, desenvolveu-se nos anos 1960 no Japão e na década de 1970 na Europa e nos Estados Unidos, para então ganhar o mundo.

VOCÊ JÁ PENSOU NISTO?

Apesar de serem objetos inanimados, máquinas e tecnologias são composições sociais e sintetizam interesses específicos. Numa montadora de automóveis, a máquina é concebida para ser cada vez mais rápida. Em um caixa de supermercado, a máquina registradora é utilizada para acelerar o tempo de registro dos produtos. Em geral, os aparatos eletrônicos obedecem a esse mesmo princípio, atendendo aos interesses do mercado e do lucro. Olhe ao seu redor e observe se as máquinas que você usa no dia a dia atendem ou não a esse princípio. Pense em como as máquinas são substituídas, sejam aquelas que você utiliza, sejam aquelas que estão diretamente ligadas à produção de outras mercadorias. Considerar a aceleração do tempo de trabalho é fundamental para compreender essa questão.

A substituição de trabalho vivo por trabalho morto, isto é, de trabalhadores por máquinas, é comum na produção capitalista. Como vimos, essa estratégia tem relação direta com o aumento da produtividade, com o maior controle do trabalhador e, portanto, com o aumento do lucro das empresas.

Ao longo do tempo ocorreram alguns momentos de grande transformação produtiva no capitalismo. Cada vez que ocorre diminuição dos lucros, os capitalistas tomam medidas para restaurar a lucratividade perdida. Nessas transformações, um modelo de organização da produção é substituído por outro. No século XX, identificamos dois grandes momentos de reestruturação da produção: a implementação do modelo taylorista/fordista e a do modelo ohnoísta/toyotista.

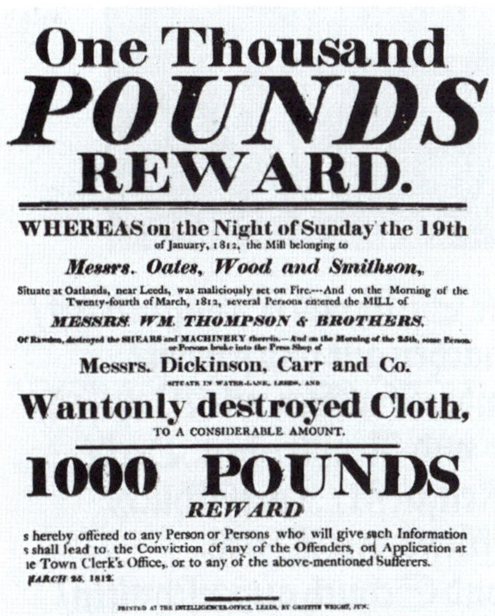
One Thousand
POUNDS
REWARD.

WHEREAS on the Night of Sunday the 19th of January, 1812, the Mill belonging to
Messrs. Oates, Wood and Smithson,
Situate at Oatlands, near Leeds, was maliciously set on Fire.---And on the Morning of the Twenty-fourth of March, 1812, several Persons entered the MILL of
MESSRS. WM. THOMPSON & BROTHERS,
Of Rawdon, destroyed the SHEARS and MACHINERY therein.—And on the Morning of the 25th, some Person or Persons broke into the Press Shop of
Messrs. Dickinson, Carr and Co.
SITUATE IN WATER-LANE, LEEDS, AND
Wantonly destroyed Cloth,
TO A CONSIDERABLE AMOUNT.

1000 POUNDS
REWARD

s hereby offered to any Person or Persons who will give such Information s shall lead to the Conviction of any of the Offenders, on Application at ie Town Clerk's Office, or to any of the above-mentioned Sufferers.
ARCH 25, 1812.

PRINTED AT THE INTELLIGENCER-OFFICE, LEEDS, BY GRIFFITH WRIGHT, JUN.

Pictorial Press/Alamy/Fotoarena/Coleção particular

IT S/Shutterstock

Na primeira imagem, anúncio de 1812 oferece recompensa pela captura de pessoas que sabotaram uma indústria têxtil em Leeds, Inglaterra, em protesto contra o uso de máquinas. Na segunda, trabalhadores londrinos se manifestam contra o corte de postos de trabalho. Foto de 2020.

O taylorismo é um tipo de organização gerencial, o que hoje se pode chamar de método de administração do trabalho. Desenvolvido pelo engenheiro estadunidense Frederick Winslow Taylor (1856-1915) e condensado em seu livro *Princípios de organização científica* (1911), pode ser sintetizado como um método de tempos e movimentos cujo princípio geral era retirar o controle da produção das mãos dos operários para com isso aumentar a produtividade do trabalho.

Taylor notou que os trabalhadores levavam mais tempo que o desejado para executar suas tarefas. Para acelerar a produção e, consequentemente, gerar mais lucro, Taylor desenvolveu um processo de classificação e sistematização em que o trabalho antes realizado por um só artesão era dividido em várias etapas simples, distribuídas entre alguns operários recém-qualificados. Assim, ele aumentou a produtividade do trabalho e conseguiu controlar os trabalhadores.

SSPL/Getty Images

Mulheres trabalham em fábrica em Doncaster, Inglaterra, em torno de 1916, costurando tecidos para cortinas e assentos de vagões de passageiros da Great Northern Railway, ferrovia britânica estabelecida em 1846.

Com essa divisão do trabalho em tarefas muito simples e extremamente repetitivas, um trabalhador podia ser substituído a qualquer momento por outro. Isso enfraqueceu politicamente a classe trabalhadora, diminuindo também a média salarial: como os trabalhadores eram facilmente substituíveis, os empresários podiam explorar a competição entre eles e reduzir a remuneração. Taylor também introduziu um controle rígido de tempo de trabalho fiscalizado por capatazes. Os operários deveriam fazer seu trabalho em um tempo cronometrado, sob a vigilância de supervisores. Taylor desenvolveu técnicas de manuseio dos produtos para otimizar o tempo e estabeleceu salários por peça. Sem introduzir uma só máquina, o sistema atingiu o objetivo central do capitalismo: fazer crescer os lucros ao aumentar a produtividade com base no controle dos operários e na diminuição dos salários pagos.

No mesmo período do taylorismo, o fordismo foi introduzido nas fábricas de automóveis dos Estados Unidos e depois na Europa ocidental. O industrial estadunidense Henry Ford (1863-1947) se utilizou de todas as técnicas gerenciais implementadas por Taylor e a elas somou outras. Introduziu a esteira mecânica, que passava diante dos trabalhadores, poupando o tempo de transporte de peças. Estabeleceu também uma produção intensa, oferecendo elevação de salários em caso de superação das metas, incitando a concorrência entre os operários e estabelecendo regras de comportamento fora da fábrica. Ford controlava o consumo de bebidas alcoólicas, incentivava a poupança e estimulava um modelo de vida que se baseava no consumo de produtos vindos das indústrias de automóveis e de eletrodomésticos: o *American way of life*, isto é, um estilo de vida característico dos Estados Unidos e estimulado por esse tipo de produção de mercadorias.

Em outubro de 1913, a primeira esteira mecânica do mundo entrou em operação em uma fábrica na cidade de Highland Park, estado de Michigan, nos Estados Unidos.

ASSIM FALOU

Antonio Gramsci

Na América, a racionalização do trabalho e o **proibicionismo** estão indubitavelmente ligados: as investigações dos industriais sobre a vida íntima dos operários, os serviços de inspeção criados por algumas empresas para controlar a "moralidade" dos operários são necessidades do método de trabalho. [...] Taylor exprime com brutal cinismo o objetivo da sociedade americana: desenvolver em um grau máximo, no trabalhador, os comportamentos maquinais e automáticos, quebrar a velha conexão psicofísica do trabalho profissional qualificado, que exigia uma certa participação ativa da inteligência, da fantasia, da iniciativa do trabalhador, e reduzir as operações produtivas apenas ao aspecto físico maquinal.

GRAMSCI, Antonio. Caderno 22 (Americanismo e Fordismo). *In*: GRAMSCI, Antonio. *Cadernos do cárcere*. Rio de Janeiro: Civilização Brasileira, 2011. p. 226. v. 4 (texto original de 1934).

proibicionismo: política de Estado que criminaliza o uso de drogas. No contexto dos Estados Unidos dos anos 1920 e 1930, a venda de bebidas alcoólicas era proibida.

Juntos, o taylorismo e o fordismo caracterizam uma forma de reestruturação produtiva que teve como objetivo central restaurar os lucros capitalistas. Essa reestruturação não se restringiu ao chão de fábrica: a introdução de técnicas gerenciais de controle dos trabalhadores (taylorismo), somada à tecnologia (esteira mecânica) e ao condicionamento da elevação de salários ao atendimento de metas produtivas e a certas formas de conduta social fora das fábricas, constituiu um modo de vida intrinsecamente vinculado à produção em larga escala e, por consequência, ao consumo em massa. Muitos cientistas sociais procuraram entender as consequências sociais das reestruturações produtivas, na medida em que as compreendem não somente como um processo de transformação tecnológica e gerencial mas também como um processo de reorganização político e ideológico das classes trabalhadoras.

Nas últimas décadas do século XX e no início do século XXI, gradativamente foi implementada, com variações históricas de país para país, uma nova forma de organização da produção: o toyotismo.

Antes de estudar o toyotismo, é importante lembrar por que essa substituição tecnológica foi necessária. No período principal do taylor-fordismo (aproximadamente do início do século XX até meados da década de 1970), formou-se um tipo de Estado que dava suporte a esse tipo de organização das indústrias. Com o crescimento vertiginoso da produção, surgiram novas associações trabalhistas e empresariais e novos sindicatos, novos padrões de consumo e de comportamento. Tornou-se necessário um certo tipo de Estado para regular essas novas relações sociais.

O chamado **Estado de bem-estar social**, por causa das conquistas políticas e sociais da classe trabalhadora, estabeleceu leis trabalhistas de regulamentação da jornada de trabalho, com regras gerais que asseguravam alguns direitos aos trabalhadores. No entanto, essa mesma classe estava sujeita à intensidade da produção taylor-fordista, muito rígida e disciplinada, para atingir altos índices de produtividade. Por volta do final dos anos 1960, as taxas de lucratividade começaram a cair, e a classe capitalista impôs a necessidade de restaurar as taxas de lucro que haviam sido perdidas.

Bettmann Archive/Getty Images

Nos momentos de crise, é comum que a classe capitalista atue, junto ao Estado, para reduzir direitos e benefícios dos trabalhadores e da população em geral, realizando reformas trabalhistas e cortes em programas de assistência social. Na imagem, protesto contra os cortes no programa de seguridade social estadunidense, propostos na década de 1980.

VOCÊ JÁ PENSOU NISTO?

Em todos os momentos da história das sociedades capitalistas formam-se tipos de Estado e de governo, com leis, constituições, projetos e linhas políticas particulares. Todos têm como característica central a manutenção das relações sociais capitalistas, isto é, a manutenção da sociedade como tal. No entanto, cada tipo de Estado e de governo tem características que procuram atender os interesses das classes dominantes e, em certa medida, as reivindicações das classes dominadas em determinado contexto. Procure pensar de que modo as notícias que você lê em jornais e revistas expressam essa relação entre o governo e os interesses da sociedade. Por exemplo, quando lemos sobre a competição da indústria brasileira com produtos feitos na China e a consequente necessidade de proteger a indústria nacional, podemos perceber a relação entre o Estado e o tipo de organização do capitalismo no Brasil. Também quando o governo dá incentivos fiscais, como a redução da taxa de energia elétrica para determinadas empresas, ou ainda quando determinados direitos trabalhistas são criados ou cortados, podemos ver a intervenção direta do Estado em questões que nos afetam social, política e economicamente.

Nesse contexto, uma forma de organização da produção introduzida nos anos 1960 por Taiichi Ohno (1912-1990), engenheiro de produção da Toyota no Japão, começou a ser implantada nas fábricas de automóveis dos Estados Unidos e da Europa ocidental e, posteriormente, na maior parte do mundo. O modelo implantado no Japão tem seis características básicas:

a) produção por demanda, com estoques mínimos de produtos, para evitar encalhes;

b) flexibilização da produção, para torná-la variada, ao contrário do fordismo, que produzia em série o mesmo tipo de produto;

c) automação das máquinas, isto é, implementação de máquinas que desempenham várias funções e funcionam com menor grau de intervenção do trabalhador;

d) sistema *just-in-time* (no tempo certo), no qual a matéria-prima, peça ou acessório chega ao local de produção apenas no momento em que será utilizado, evitando o acúmulo de produtos no estoque;

e) sistema *kanban*, em que se pode acompanhar a necessidade de reposição do produto no estoque, por meio de etiquetas;

f) os CCQs (Círculos de Controle de Qualidade), grupos de trabalhadores que supervisionam a qualidade dos produtos, completando um processo de verificação das mercadorias a cada etapa de produção, que deve atingir uma qualidade preestabelecida.

Zhang Jingang/VCG/Getty Images

Linha de produção em fábrica automotiva na cidade de Rizhao, na China, em 2022.

Uma das principais mudanças do taylor-fordismo para o toyotismo é a automação da produção. A substituição de antigas máquinas por robôs e máquinas sofisticadas poupa tempo de trabalho e permite dispensar parte do contingente de trabalhadores. Com isso, os empresários poupam custos produtivos, o que eleva as taxas de lucratividade e desmobiliza as organizações de defesa dos trabalhadores, como os sindicatos e partidos operários. As consequências disso, para a classe trabalhadora, são o crescimento abrupto do desemprego, a diminuição do valor dos salários, sua desmobilização política e a queda de seu poder de compra.

O toyotismo concebe também um novo tipo de trabalhador. O trabalhador das indústrias taylor-fordistas, o operário que produzia em massa (o operário-massa), foi substituído por um trabalhador **polivalente**. As novas máquinas ou os robôs, com funções muito mais avançadas, exigem novas qualificações para ser operados. Enquanto o operário taylor-fordista operava uma só máquina, em uma rotina de tarefas simplificadas, o operário polivalente opera várias máquinas. E mais: ele acumula as funções dos operários que foram dispensados, ficando sobrecarregado, e ainda se torna responsável pela qualidade dos produtos, pois passa a gerenciar sua própria atividade.

polivalente: neste contexto, é um trabalhador versátil, eficaz e que cumpre várias tarefas produtivas diferentes.

4 NOVAS MODALIDADES DE TRABALHO

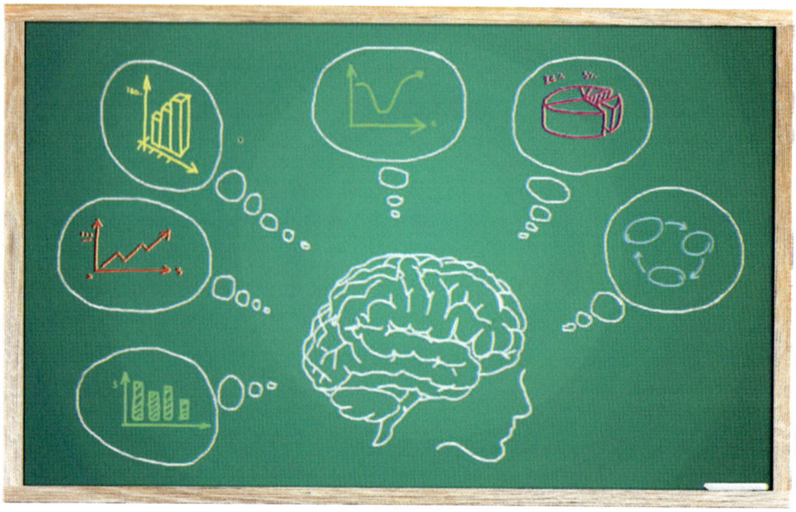
matthew25/Shutterstock

Com o desenvolvimento da produção toyotista, caracterizada pela automação produtiva, muitos trabalhadores foram dispensados. Apesar disso, a produtividade aumentou muito, restaurando os lucros. Esse aumento da produção foi acompanhado por um crescimento do setor de serviços. Grandes empresas de comida (*fast-food*), de saúde (convênios médicos), de comunicação (telefonia, internet e televisão), entre outras, ganharam espaço no mercado por conta do enxugamento do Estado e das políticas neoliberais.

Na política neoliberal, o Estado procura transferir para o mercado setores que antes eram considerados estratégicos. Por exemplo, a telefonia no Brasil esteve até os anos 1990 nas mãos do Estado. Porém, com base em uma política de cortes nos gastos públicos, foi concedida às empresas atuantes no mercado a possibilidade de explorar a telefonia. Do ponto de vista do Estado neoliberal, a transferência da administração desse tipo de atividade produtiva não apenas corta despesas públicas como também cria frentes de crescimento econômico.

Athos Boncompagni Illustratore/Shutterstock

O setor de serviços, assim, expandiu-se juntamente com as indústrias de bens duráveis. Tanto nas indústrias como nos serviços foram requisitadas novas qualificações profissionais. Por exemplo, operar uma máquina ultrassofisticada em uma montadora de automóveis exige alta qualificação profissional; para desenvolver novos *softwares* (programas de computador), as empresas precisam de profissionais qualificados nessa função; e um operador de *telemarketing* precisa ter certo grau de instrução técnica. Portanto, novos tipos de qualificação passaram a ser demandados pelas empresas que foram criadas ou que estão em expansão.

Entre esses novos tipos de trabalho, um deles, que tem como fundamento as qualificações intelectuais, ficou conhecido como imaterial. Por que imaterial? Porque o trabalho feito tradicionalmente nas indústrias era considerado material, isto é, envolvia matérias-primas ou produzia objetos físicos, que conseguimos tocar ou pegar. Já o trabalho imaterial é todo aquele que tem como matéria-prima elementos intangíveis (que não se podem tocar, não físicos) e que os produz.

VOCÊ JÁ PENSOU NISTO?

Vários tipos de trabalho se destacam por não ter como objetivo a produção de objetos físicos. O trabalho do ferreiro é diferente do trabalho do programador de computador. O primeiro usa o ferro, máquinas e ferramentas para confeccionar produtos em uma indústria de panelas, por exemplo. Já o segundo se utiliza de recursos intelectuais para programar um computador ou para criar um programa, que não são objetos palpáveis. Ou seja, o resultado direto de seu trabalho não é físico. Na prática, o produto de seu trabalho costuma envolver maior dedicação a estudos e à formação profissional. No entanto, tanto os trabalhos materiais quanto os imateriais têm o mesmo objetivo geral no sistema capitalista: a geração de lucros. Procure refletir sobre isso e descreva alguns tipos de trabalho distinguindo os do tipo material dos trabalhos do tipo imaterial. Considere, por exemplo, as condições de trabalho de trabalhadores materiais e imateriais e estabeleça diferenças entre eles.

O trabalho do metalúrgico em uma montadora de automóveis, o de uma costureira em uma fábrica de sapatos, o de um minerador em uma mina de carvão e o de um cortador de cana-de-açúcar, por exemplo, podem ser considerados trabalhos materiais, pois têm como objetivo produzir objetos físicos. Em contrapartida, o trabalho do operador de *telemarketing*, o do programador de *software*, o do professor, o do atendente de uma operadora de celular e o do publicitário, por exemplo, podem ser considerados trabalhos imateriais, pois sua finalidade são produtos abstratos, intangíveis, não físicos.

Em resumo, trabalho imaterial está mais diretamente relacionado a recursos do conhecimento, da inteligência, da capacidade cognitiva e da criatividade. Para entender a importância desse tipo de trabalho na contemporaneidade, podemos nos perguntar: Qual seria o papel do trabalho imaterial na sociedade capitalista? O trabalho imaterial seria uma atividade absolutamente distinta do trabalho material? Do ponto de vista da sociedade capitalista, o trabalho imaterial continua a ser um tipo de trabalho assalariado, ou seja, fundamental para a produção de lucros?

Do ponto de vista da produção de lucros, nada muda. As empresas que utilizam trabalho imaterial o fazem com base no pagamento de um salário que corresponde a um valor social médio da força de trabalho e está diretamente ligado à produtividade. Não faz diferença se a produção é de geladeiras ou de sistemas operacionais de computador, se é de televisores ou de campanhas de publicidade. O que continua importando para os donos das empresas é a taxa de lucro que obterão no fim do mês e do ano. Se as taxas de lucro forem maiores na produção de geladeiras, haverá uma migração de capitais para esse tipo de produção. Se o lucro for maior na produção de programas de computador, haverá uma migração para esse ramo.

A avaliação de rendimentos é sempre algo estratégico para os capitalistas. Embora dependam de uma estrutura de equipamentos físicos, as atividades vendidas pelas empresas de telefonia no Brasil se utilizam basicamente de trabalhos considerados imateriais. Essas empresas continuam investindo nesse ramo porque o consideram extremamente lucrativo. A utilização do conhecimento como matéria-prima e produto é, assim, uma forma de reprodução social das formas de exploração do trabalho. Com ela, repõem-se as desigualdades sociais, as hierarquias produtivas e a divisão em classes sociais opostas.

Portanto, as formas intelectualizadas de trabalho obedecem, de modo geral, aos mesmos princípios dos trabalhos tipicamente manuais. São também formas específicas de trabalho assalariado. Mesmo que seu conteúdo e as qualificações profissionais requisitadas sejam distintos, essas formas de trabalho são submetidas à lógica de reprodução das relações sociais capitalistas e, portanto, à exploração do trabalho.

Jora Abramov/Shutterstock

Central de *telemarketing* em Almati, no Cazaquistão, em 2020. Do mesmo modo que nas indústrias de bens materiais, o *telemarketing* é um tipo de trabalho imaterial que pode mobilizar grande contingente de trabalhadores e seguir os imperativos de produtividade e controle do tempo de trabalho.

5 O TRABALHO E AS RELAÇÕES DE GÊNERO

Ericky Boniphace/Shutterstock

Trabalhadora testando telefone celular em laboratório na cidade de Dar es Salaam, na Tanzânia, 2021. A tendência de que as carreiras tecnológicas sejam seguidas principalmente por homens vem mudando rapidamente, e cada vez mais mulheres têm ingressado para trabalhar na área.

Em diversas regiões do mundo, entre os anos 1930 e 1970, surgiram grupos engajados nos chamados estudos feministas e estudos de mulheres. O conceito de "gênero" foi incorporado aos estudos da sociedade depois, a partir da década de 1970, e especialmente no contexto de língua inglesa.

Como foi visto na Unidade 2, o conceito de gênero se refere ao modo como as noções de feminino e masculino, entre outras variações identitárias, são construídas no interior das sociedades. Em síntese, a célebre frase da filósofa francesa **Simone de Beauvoir (1908-1986)**, "Não se nasce mulher, torna-se mulher", dá conta de resumir o caráter social e cultural que esse conceito tem.

Além do já mencionado trabalho de Gayle Rubin acerca do sistema sexo-gênero (ver Capítulo 10), uma referência bibliográfica de maior expressão sobre o conceito de gênero é **Joan Scott (1941-)**, para quem o gênero constitui, nos diferentes processos históricos e sociais, relações sociais e de poder com base nas diferenças percebidas entre os sexos. A formulação do conceito de gênero também teve importantes contribuições de **Judith Butler (1956-)**, que o problematizou como uma *performance*. Para Butler, a *performance* de gênero corresponde a um conjunto de comportamentos que não é natural, mas sim produzido e reafirmado nas práticas cotidianas – em geral, segundo determinadas expectativas criadas na sociedade.

No entanto, em alguns contextos, travou-se uma resistência à incorporação do conceito de gênero aos estudos sobre mulheres. No Brasil, por exemplo, entre os anos 1970 e 1990, havia uma consolidada tradição de estudos sobre a exploração-dominação do trabalho das mulheres, com enfoque na abordagem do **patriarcado**. A socióloga **Heleieth Saffioti (1934-2010)**, por exemplo, acreditava que o conceito de gênero poderia obscurecer a dimensão do conflito na relação entre os sexos.

BIOGRAFIAS

Acesse o Plurall para saber mais sobre **Simone de Beauvoir (1908-1986)**, **Joan Scott (1941-)**, **Judith Butler (1956-)** e **Heleieth Saffioti (1934-2010)**.

patriarcado: sistema social e historicamente construído em que homens mantêm o domínio do poder social, político e econômico.

Reprodução/Pinacoteca do Estado de São Paulo, São Paulo, SP.

***Cena de família de Adolfo Augusto Pinto*, de Almeida Junior, 1891 (óleo sobre tela, 106 cm × 137 cm). A pintura retrata um momento cotidiano de uma família burguesa patriarcal, modelo que fundamenta a desigualdade entre homens e mulheres na divisão do trabalho na modernidade.**

No contexto da França, durante muito tempo utilizou-se a noção de relações sociais de sexo em vez de gênero. Segundo **Nicole Claude-Mathieu (1937-2014)**, o termo inglês *gender* designava uma identidade pessoal, mais que uma acepção sociológica. Além disso, ao excluir ou relativizar a importância da noção de sexo, haveria a tendência em compreendê-lo como algo dado e incontornável, esquecendo-se de que o sexo também é social, ou seja, esquecendo-se de que sua significação é dependente do ambiente social. É dessa tradição conceitual, que utiliza o termo *sexo* em um sentido social, inserido em relações sociais, que deriva uma importante formulação sociológica dos estudos do trabalho, a de divisão sexual do trabalho.

BIOGRAFIAS

Acesse o Plurall para saber mais sobre **Nicole Claude-Mathieu (1937-2014)**, **Danièle Kergoat (1942-)** e **Helena Hirata (1946-)**.

A divisão sexual do trabalho é um aspecto da divisão social do trabalho. Segundo a formulação desenvolvida em conjunto por duas sociólogas feministas materialistas, a francesa **Danièle Kergoat (1942-)** e a brasileira **Helena Hirata (1946-)**, dois princípios estruturam essa divisão: o princípio de separação, que classifica e separa as atividades como masculinas ou femininas; e o princípio de hierarquia, que estabelece maiores remunerações e maior prestígio social aos trabalhos considerados masculinos em relação aos trabalhos considerados femininos.

Essa desigualdade pode ser visualizada quando consideramos os trabalhadores da área da saúde. Apesar de serem parceiros de trabalho, entre eles há grande diferença de *status*, de remuneração e de condições de trabalho entre os profissionais da medicina e os da enfermagem. A média salarial de uma enfermeira de centro cirúrgico, por exemplo, corresponde a menos da metade da remuneração de um médico-cirurgião. No Brasil, as mulheres representam mais de 85% dos profissionais da área de enfermagem, que têm baixos salários e exaustivas jornadas.

Mesmo no interior de uma mesma categoria profissional de prestígio podem ser observadas diferenças por sexo. No Brasil, homens médicos e mulheres médicas, apesar de seguirem a mesma jornada de trabalho, têm remunerações diferentes: 80% das médicas estão nas categorias salariais mais baixas, enquanto 51% dos médicos se concentram nas mais altas.

Em suma, geralmente os trabalhos considerados femininos, como o de enfermeira, têm menor prestígio social e menores remunerações que os trabalhos considerados masculinos; do mesmo modo, quando mulheres e homens realizam trabalho semelhante e sob as mesmas condições, as mulheres são menos remuneradas que os homens, somente por serem mulheres.

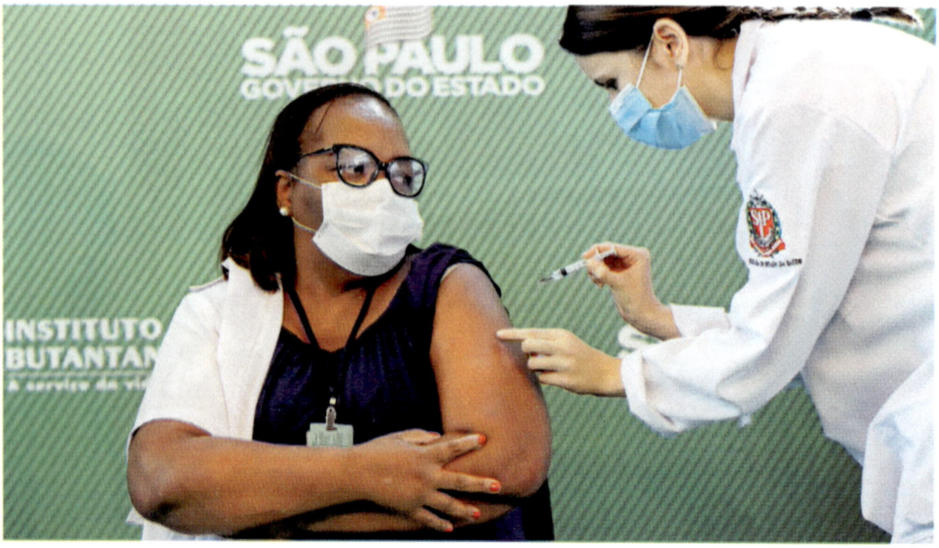

Amanda Perobelli/Reuters/Fotoarena

Como representante das trabalhadoras da linha de frente do combate à pandemia de covid-19, a primeira vacinada contra a doença no Brasil foi a enfermeira Mônica Calazans, em São Paulo (SP). Foto de 2021.

Uma das partes mais relevantes dessa caracterização da divisão sexual do trabalho é a constatação de que as mulheres são direcionadas compulsoriamente à realização dos trabalhos domésticos e de cuidados. Além de esses trabalhos serem desvalorizados, parte da sociedade nem sequer os concebe como trabalhos.

Desde o surgimento desses estudos sobre sexo, patriarcado e gênero nas relações sociais e da demonstração científica das desigualdades de gênero presentes na divisão social do trabalho, passou-se a contestar o próprio modo como o trabalho é visto pelas principais correntes que estudam o tema.

BRASIL: MÉDIA DE HORAS SEMANAIS DEDICADAS AOS SERVIÇOS DOMÉSTICOS, POR SEXO (2016-2019)

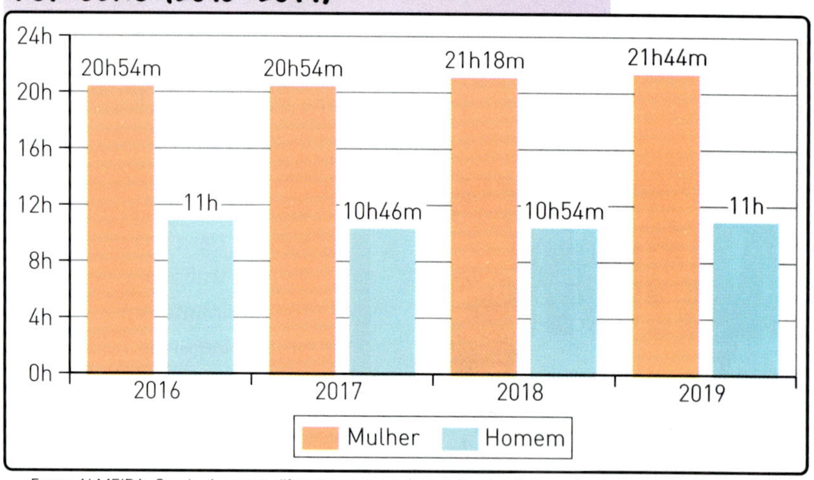

Ericson Guilherme Luciano/Arquivo da editora

Fonte: ALMEIDA, Cassia. Aumenta diferença na carga de trabalho doméstico entre homens e mulheres. *O Globo*, Rio de Janeiro, 4 jun. 2020. Disponível em: https://oglobo.globo.com/economia/celina/noticia/2020/06/aumenta-diferenca-na-carga-de-trabalho-domestico-entre-homens-mulheres-24461795.ghtml. Acesso em: 23 jun. 2022.

ASSIM FALOU

Danièle Kergoat

As condições em que vivem homens e mulheres não são produtos de um destino biológico, mas, sobretudo, construções sociais. Homens e mulheres não são uma coleção – ou duas coleções – de indivíduos biologicamente diferentes. Eles formam dois grupos sociais envolvidos numa relação social específica: as relações sociais de sexo. Estas, como todas as relações sociais, possuem uma base material, no caso o trabalho, e se exprimem por meio da divisão social do trabalho entre os sexos, chamada, concisamente, divisão sexual do trabalho.

KERGOAT, Danièle. Divisão sexual do trabalho e relações sociais de sexo. *In*: HIRATA, Helena, *et al*. *Dicionário crítico do feminismo*. São Paulo: Editora Unesp, 2009. p. 67 (texto original de 2001).

BIOGRAFIAS

Acesse o Plurall para saber mais sobre **Cristina Carrasco (1956-)** e **Lise Vogel (1938-)**.

"O capitalismo também depende do trabalho doméstico", pôster de 1975, do grupo feminista inglês See Red Women's Workshop.

Desde o final do século XX, uma corrente de estudos feministas da ciência econômica vem desenvolvendo críticas ao predomínio masculino na produção do conhecimento acadêmico. Segundo a economista feminista **Cristina Carrasco (1956-)**, a teoria tende a reproduzir o modo desigual e injusto como os padrões considerados femininos (cuidado, afetuosidade, subjetividade) são postos em segundo plano em relação aos padrões ditos masculinos (agressividade, neutralidade, racionalidade). Para Carrasco, isso atrapalha o desenvolvimento de estudos sobre o trabalho e invisibiliza os trabalhos domésticos e de cuidados, predominantemente realizados pelas mulheres. Assim, ao contrário de privilegiar as relações de mercado, a sociedade e as teorias sobre o trabalho deveriam colocar em evidência a importância social e econômica dos trabalhos domésticos e de cuidados. A valorização desses trabalhos tenderia a construir uma sociedade mais justa e melhor de se viver.

Isso não significa que a relação entre trabalhos domésticos e o mercado não seja estudada. Para teóricas feministas marxistas como **Lise Vogel (1938-)**, embora os trabalhos domésticos e de cuidados não gerem em si mais-valia, isto é, embora não sejam considerados produtivos do ponto de vista da teoria do valor, são indispensáveis para o modo de produção capitalista. Esses trabalhos sustentam esse modo de produção e precisam ter sua importância considerada pelas teorias predominantes sobre o trabalho e o capitalismo.

Ilustração de Mariana Leal, 2021.

VOCÊ JÁ PENSOU NISTO?

Você já observou a quantidade de trabalho doméstico e de cuidados realizados dentro de sua casa? Quem são as pessoas mais responsabilizadas pela realização desses trabalhos? Salvo algumas exceções, as mulheres são as maiores ou mesmo as únicas responsáveis pelo trabalho não remunerado realizado nos lares. Agora, tente atribuir uma jornada de trabalho à realização desses afazeres. Quantas horas diárias são necessárias para realizá-los? Todos esses trabalhos podem ser contabilizados pelo tempo do relógio? Os cuidados integrais com as crianças pequenas, por exemplo, têm hora para começar e hora para terminar?

VOCÊ APRENDEU QUE

Há diferenças entre os clássicos na abordagem do trabalho na sociedade capitalista: Durkheim vê o trabalho como uma atividade que proporciona a integração social; Weber o relaciona a uma prática social originada do encontro do protestantismo com o "espírito" capitalista; para Marx, o trabalho assalariado é uma atividade típica do capitalismo, e sua exploração pelos capitalistas permite que essa sociedade se reproduza socialmente.

O trabalhador não vende seu trabalho; vende sua força de trabalho.

A compra e a venda da força de trabalho aparentam ser uma relação entre iguais, mas na prática consistem em uma desigualdade imposta pela relação entre classes sociais. A desigualdade é algo intrínseco ao capitalismo.

O salário do trabalhador é referente a apenas uma parte do que ele produz, e não à totalidade de sua produção.

Para Marx, o trabalhador é alienado do produto de seu trabalho porque o capitalista se apropria desse produto como uma propriedade privada.

O taylorismo, o fordismo e o toyotismo são transformações não apenas tecnológicas mas também políticas, ideológicas e sociais, que procuram restaurar as formas de exploração e de dominação das classes trabalhadoras.

Essas reestruturações objetivam restaurar o crescimento dos lucros capitalistas e, para isso, aprofundam as formas de controle do trabalho e de aceleração da produção.

A produção em massa e o consumo em massa no período taylor-fordista estão vinculados à construção de um modo de vida, de uma forma social sintetizada no *American way of life*.

O toyotismo incorporou novas tecnologias e novas formas de gerência com o objetivo de restaurar os lucros capitalistas.

Uma das características do neoliberalismo é desregulamentar as leis de proteção ao trabalho para, com isso, diminuir os custos produtivos.

O trabalho imaterial (que tem como elementos centrais o conhecimento e a informação) é uma forma de trabalho assalariado que continua a reproduzir a divisão em classes.

O trabalho é dividido e hierarquizado entre mulheres e homens.

As mulheres são direcionadas compulsoriamente à realização dos trabalhos domésticos e de cuidados.

Alberto Pereira/Acervo do artista

ATIVIDADES

REVENDO

1. Como os clássicos da Sociologia entendem o trabalho?
2. Explique os conceitos de trabalho, força de trabalho e alienação, segundo Marx.
3. As reestruturações produtivas são necessárias para o desenvolvimento do capitalismo. Explique essa afirmação com base no taylorismo e no fordismo.
4. Indique as diferenças centrais entre o taylor-fordismo e o toyotismo.
5. Como é caracterizada a divisão sexual do trabalho?

CONSTRUINDO

1. Comente a charge a seguir, da cartunista Stephanie McMillan, à luz do que foi tratado no capítulo.

© Stephanie McMillan/Cartoon Movement

2. Leia este trecho do romance *Os supridores*, de José Falero, que simula um diálogo entre dois funcionários de um supermercado:

> Se eu conseguisse fazer umas cinco camisa por dia, e tu, seis, beleza: isso tinha que causar uma diferença entre o meu padrão de vida e o teu, mas não tanta diferença assim. Talvez tu tivesse presunto pra botar no pão, no café da manhã, e eu só aquela mortadela chinelona. Mas aí eu te pergunto: quantas camisa uma pessoa precisa fazer por dia pra ter um padrão de vida igual ao padrão de vida do dono desta [...] rede de supermercado, por exemplo? Hem? [...] Pensa bem, cupincha. Tenta calcular. O dono da rede tem várias casa espalhada por aí, até fora do país: só mansão, claro. Vários carro. Várias fazenda. Várias roupa cara. Gasta fácil o teu salário mais o meu numa refeição só. [...]

> Tu consegue ter noção do que eu tô falando? Na real, nem dá pra ter noção. Esse cara ganha, num só mês, mais do que todo o dinheiro que já passou na tua mão em toda a tua vida! [...] Tua acha o quê? Tu acha mesmo que a gente não trabalha mais do que o dono desta rede de supermercado? Esse cara nem sequer trabalha, Marques!
>
> FALERO, José. *Os supridores*. São Paulo: Todavia, 2020. p. 47-48.

- Relacione o trecho do livro ao que foi estudado no capítulo.

3. A forma de trabalho em nossas sociedades é uma construção histórica. Com base no que estudamos neste capítulo, responda à questão desta tirinha da série Peanuts, de Charles Schulz.

Peanuts, Charles Schulz © 1991 Peanuts Worldwide LLC./Dist. by Universal Uclick

© 1991 United Feature Syndicate, Inc.

4. Considere o cartum a seguir, de Chico Felix:

© Chico Felix/Acervo do cartunista

- Relacione o cartum com o conteúdo do capítulo, levando em conta o surgimento da Sociologia.

CAPÍTULO 13

Classe e estratificação social

Frédéric Soltan/Corbis/Getty Images

Grafite em parede na cidade de Santiago, capital do Chile.
O texto diz: "O roubo, para o pobre, é delito; para o rico, um bom negócio".

NESTE CAPÍTULO VAMOS DISCUTIR:

1. A divisão da sociedade em Durkheim: grupos profissionais ou funcionais
2. A estratificação social em Weber: classe, estamento e partido
3. As classes sociais em Marx: contradição e dialética
4. As classes e os estratos sociais hoje
5. A dinâmica das classes médias: ocupação profissional e renda

O valor dos salários, o tipo de trabalho, os posicionamentos políticos e ideológicos, o fato de sermos ou não proprietários dos meios para produzir nossa subsistência, ou mesmo se vamos ao cinema ou lemos livros com frequência, se gostamos de ópera ou quantos televisores temos em casa, se nossa casa é própria ou alugada: essas e muitas outras questões podem ser utilizadas como referência para definir a que classe, estrato ou grupo social pertencemos.

Quando vemos na tevê que o governo criou uma política de assistência social, quando ouvimos dizer que a renda de determinados indivíduos diminuiu ou lemos no jornal que mais pessoas entraram em situação de pobreza em escala nacional nos últimos anos, estamos, mesmo sem perceber, nos informando sobre questões relacionadas à teoria das classes e à teoria da estratificação social.

Neste capítulo, detalhando o que foi discutido no Capítulo 11, veremos como Durkheim, Weber e Marx qualificaram a divisão social em geral e, particularmente, no capitalismo. Trataremos também da divisão social no mundo de hoje, considerando as questões sociais, políticas e econômicas das sociedades contemporâneas.

COMPETÊNCIAS E HABILIDADES DA BNCC

- Competências gerais da Educação Básica: 1, 2, 6 e 7.
- Competências específicas de Ciências Humanas e Sociais Aplicadas: 1, 4, 5 e 6.
- Habilidades de Ciências Humanas e Sociais Aplicadas: EM13CHS101, EM13CHS102, EM13CHS103, EM13CHS106, EM13CHS401, EM13CHS402, EM13CHS403, EM13CHS404, EM13CHS504 e EM13CHS606.
- Competências específicas de Linguagens e suas Tecnologias: 1, 2 e 3.
- Habilidades de Linguagens e suas Tecnologias: EM13LGG102, EM13LGG202 e EM13LGG303.

1 A DIVISÃO DA SOCIEDADE EM DURKHEIM: GRUPOS PROFISSIONAIS OU FUNCIONAIS

Antes de expor a teoria de Durkheim, vamos examinar algumas referências utilizadas para definir as diferentes classes sociais. Uma das mais empregadas pelos meios de comunicação é uma análise estatística de divisão em estratos sociais baseada na renda. Define-se a classe social levando em conta apenas a renda familiar, isto é, a soma dos rendimentos mensais das pessoas que vivem na mesma moradia. Como resultado, temos as definições de classe A, B, C, D e E.

Embora se inspirem em correntes de explicação sociológica, essas definições não transmitem a complexidade da realidade social. Entendendo que a divisão social é uma das questões mais controversas das Ciências Sociais, podemos começar nossa discussão pela seguinte pergunta: se as sociedades não podem ser consideradas apenas aglomerações de indivíduos, o que de fato caracteriza uma sociedade?

A Sociologia parte do pressuposto de que a sociedade é composta de conjuntos de relações sociais, e não de indivíduos. Um indivíduo, um grupo, uma classe, um estrato só têm sentido sociológico se pensados dentro da estrutura geral da qual fazem parte.

© Nani Lucas/Acervo do cartunista

Essa charge de 2009 do cartunista Nani brinca com a ideia de estratificação social baseada na renda.

VOCÊ JÁ PENSOU NISTO?

A sociedade é dividida em muitos grupos sociais. Cada um de nós pode pertencer a vários grupos ao mesmo tempo, já que frequentamos escolas diferentes, temos diferentes rendas familiares, trabalhos, padrões de consumo, hábitos, gostos e comportamentos. Ou seja, convivemos com pessoas muito variadas e essas pessoas podem pertencer a grupos sociais bastante heterogêneos. Procure pensar em padrões de divisão social, isto é, em critérios que delimitem diferentes grupos de pessoas, levando em conta características que tendem a aproximá-las ou afastá-las umas das outras.

A Sociologia pode ser definida como uma ciência da sociedade, que por sua vez é constituída por relações sociais. Assim, para a Sociologia, um indivíduo não é um mero organismo vivo, mas uma síntese de relações sociais inseridas em e influenciadas por um contexto histórico: a síntese de um tipo de educação formal e familiar, de um tipo de cultura, de economia e de um conjunto de ideologias específicas de certa sociedade.

Antes de estudar como Émile Durkheim dividiu a sociedade em sua teoria, é preciso entender como ele pensou a própria composição das sociedades. Durkheim foi um dos primeiros pensadores a delimitar o campo das análises sociológicas. Para especificar esse campo, desenvolveu o conceito de **fato social** e uma concepção própria acerca da **divisão do trabalho**, como vimos no Capítulo 11.

Entretanto, ainda não tocamos em um ponto central da teoria de Durkheim. Para ele, a sociedade não é apenas a somatória dos indivíduos nem a soma de instituições, como o governo, o Estado, a Igreja, a escola, os partidos e os sindicatos: ela é um fato social ***sui generis***, que age sobre o indivíduo de forma **coercitiva** e é **exterior** e **anterior** a ele. A sociedade é *sui generis* na medida em que vai além da soma dos indivíduos que a compõem, ou seja, é distinta e maior que o conjunto de indivíduos.

sui generis: do latim, "de seu próprio gênero"; significa peculiar, único, particular, específico.

Durkheim considera que as normas e os padrões sociais determinam as condutas individuais. Ou seja, esse conjunto de relações sociais é o que confere a cada sociedade seu caráter único, específico. Para chegar a essa conclusão, Durkheim elaborou um modelo de análise sociológica que estabelece a distinção entre duas formas de socialização: a solidariedade (ou socialização) mecânica e a solidariedade (ou socialização) orgânica.

Para Durkheim, as primeiras sociedades foram marcadas pela **solidariedade mecânica**. Nelas, o nível de divisão do trabalho seria baixo e o elo entre os indivíduos ocorreria por uma forte consciência coletiva, expressão de crenças e valores rígidos. Nesse tipo de sociedade os indivíduos seriam parecidos entre si, refletindo a estrutura social (valores e crenças rígidos), e regulados por uma autoridade moral coletiva (consciência coletiva). Qualquer tipo de infração contra essa autoridade seria corrigido por uma sanção repressiva, pela aplicação de uma penalidade com o objetivo de que procuraria restabelecer imediatamente a ordem social.

As formas de **solidariedade orgânica** se desenvolveriam, por sua vez, com o crescimento da divisão do trabalho. O aumento da diferenciação social levaria ao chamado adensamento social, no qual as partes sociais passariam a depender mais umas das outras em razão da intensificação de trocas e comunicações entre os indivíduos. No entanto, os laços sociais característicos das sociedades precedentes se enfraqueceriam. Em vez da consciência coletiva, que é um elemento moral, a solidariedade orgânica teria como base a interdependência funcional.

Gravura de Theodore de Bry. No trabalho *A função social da guerra na sociedade tupinambá*, embora não use o termo "mecânica", Florestan Fernandes faz uma análise sobre a solidariedade social entre os Tupinambá do século XVI que é bastante inspirada nas ideias de Durkheim sobre divisão do trabalho social e consciência coletiva.

Reprodução/Coleção particular

Para Durkheim, a divisão do trabalho é o elemento central para qualificar essas duas formas de solidariedade, tanto nas sociedades capitalistas como em todas as sociedades anteriores. Esse autor se dedicou a entender os princípios gerais que motivaram o desenvolvimento das sociedades até o capitalismo. Concluiu que a primeira sociedade teria se estruturado em razão do adensamento populacional: ao tornar-se mais condensada, a população forneceu as bases para o crescimento econômico, característico do desenvolvimento da divisão do trabalho.

Os grupos funcionais ou profissionais são para Durkheim parte central da divisão social. As classes sociais são pensadas com base nessa fundamentação funcional. Capitalistas e trabalhadores se diferenciam na medida em que cumprem funções ou papéis sociais diferentes e contribuem para o desenvolvimento da divisão do trabalho.

Nesses termos, Durkheim considera a formação profissional e a especialização como meios positivos de sociabilidade. As corporações profissionais (à semelhança dos sindicatos) têm, com isso, a função de aproximar o ser individual do ser social ao estabelecer uma moral coletiva. Às corporações profissionais cabe regular a relação entre capitalistas e trabalhadores e também entre os próprios trabalhadores com o objetivo de afastar desse processo elementos que possam impedir o desenvolvimento normal da divisão do trabalho.

Segundo Durkheim, o desenvolvimento da divisão do trabalho pode ser de tipo **anômico**. Greves e tensões entre as classes sociais ou mesmo crises econômicas seriam expressões de que a divisão do trabalho estaria fugindo de seu desenvolvimento normal e precisaria de regulamentações sociais que restituíssem a sua funcionalidade, ou seja, que constituíssem solidariedade orgânica. Durkheim acreditava que nas sociedades contemporâneas a ele esse caráter regulamentador poderia ser exercido pelas corporações profissionais (instituição que mediaria os conflitos sociais entre capitalistas e trabalhadores no seio da própria classe trabalhadora).

Hyejin Kang/Shutterstock

Segundo Durkheim, nas sociedades contemporâneas haveria um alto nível de divisão do trabalho social, que cria forte interdependência entre indivíduos.

VOCÊ JÁ PENSOU NISTO?

Para Durkheim, os grupos profissionais ou funcionais são expressão do desenvolvimento da divisão do trabalho. Esse desenvolvimento traz uma interdependência entre as profissões que Durkheim considera essencial para o adensamento da sociedade, isto é, para a sua própria reprodução como sociedade. Não obstante, essa mesma divisão do trabalho, ao criar uma enorme diferenciação social, pode distanciar os indivíduos entre si, na medida em que se tornam cada vez mais especializados em suas funções. Procure descrever alguns grupos sociais e os valores e as crenças que os integram cultural, política e socialmente. Procure refletir sobre a integração da sociedade, como a divisão do trabalho promove essa integração e qual é o papel dela nas condutas sociais. Reflita também sobre como compartilhamos valores e crenças sociais que podem nos dar unidade, seja do ponto de vista dos grupos sociais, seja do ponto de vista da sociedade como um todo.

❷ A ESTRATIFICAÇÃO SOCIAL EM WEBER: CLASSE, ESTAMENTO E PARTIDO

Para Weber, o fato de os indivíduos se encontrarem em posições assimétricas na sociedade resultaria em certos tipos de conflito social. Assim, as relações de desigualdade seriam sempre relações de poder.

Cada indivíduo disporia de quantidades diferentes de consideração social, oportunidade econômica e poder político. As esferas política, social e econômica da sociedade seriam distintas, mas não completamente independentes umas das outras. Segundo Weber, cada uma dessas esferas se constitui por relações de poder distintas, que podem ou não ser vinculadas entre si. Por isso, ele estabeleceu conceitos diferentes para se referir a cada uma dessas situações.

A teoria da estratificação social criada por Weber para analisar a sociedade tem como fundamento três conceitos centrais: o de situação de classe, o de *status* e o de partido. Cada um deles determinaria o pertencimento (ou não) a estratos sociais diferentes, conforme a classe, o estamento e o partido, respectivamente. Esses conceitos são **tipos ideais** de diferenciação social; portanto, eles não representam a própria realidade social, mas servem de ferramenta para buscar compreendê-la. Assim, seria possível observar grupos, estratos e instituições sociais que têm características de tipos ideais diferentes, ainda que um deles seja predominante.

Para Weber, a posse de propriedade e as oportunidades de valorização seriam as características centrais para determinar uma situação de classe. Como há diferentes tipos de propriedade, de bens e de rendimentos, indivíduos de uma mesma classe podem fazer parte de diferentes estratos. Weber entendia que a classe social está condicionada à situação de mercado, ou seja, à condição econômica ou padrão material de existência dos indivíduos. O termo **classe** refere-se, portanto, a qualquer grupo de pessoas que se encontra em uma mesma **situação econômica**.

BRASIL: CLASSES SOCIAIS SEGUNDO A RENDA DOMICILIAR *PER CAPITA* (2018)

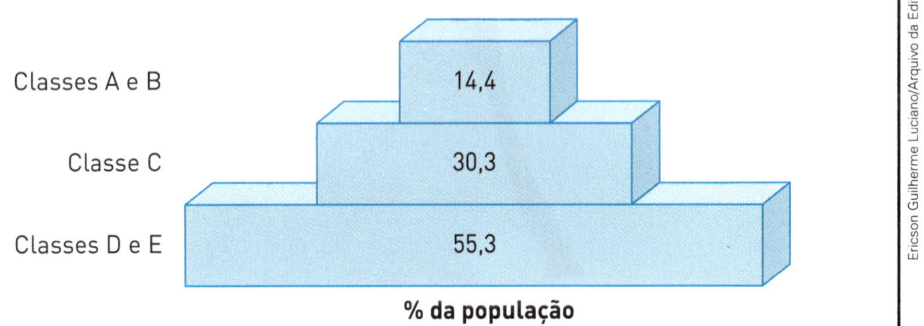

Classes A e B: mais de R$ 8.159,37
Classe C: de R$ 1.892,65 a R$ 8.159,37
Classes D e E: até R$ 1.892,65

Fonte: FGV Social, com dados da Pesquisa Nacional por Amostra de Domicílios Contínua.

Sociólogos contemporâneos costumam usar a renda familiar como um parâmetro para estratificar a sociedade em classes, ainda que ela não abranja todas as características que definem uma situação de classe segundo Weber.

Já a estratificação por *status* tem relação com o prestígio, a posição social, o estilo de vida, a instrução formal. Ela se distingue da estratificação por classe, pois a posse de propriedade nem sempre seria suficiente para garantir uma posição social de prestígio — ou seja, não necessariamente influiria na estima social. Pessoas com a mesma condição de *status* formam um **estamento**. Em contraste com as classes, os grupos em geral constituiriam comunidades por reunirem indivíduos com semelhanças no modo de viver, nos hábitos e valores e mesmo na visão de si em relação aos indivíduos dos demais grupos de *status*. Em muitas sociedades, isso significaria que os estamentos mais privilegiados conseguiriam monopolizar oportunidades e obter vantagens exclusivas: basta pensar, por exemplo, na nobreza dos reinos europeus até os séculos XVIII e XIX.

Weber notou que a propriedade econômica nem sempre está relacionada ao *status*. No entanto, no longo prazo, a situação de classe pode também ser um atributo da situação de *status*. Quase sempre o proprietário tem prestígio, mas algumas pessoas com e sem propriedades podem estar no mesmo grupo de *status*. Um comerciante bem-sucedido nos negócios pode não alcançar uma situação de *status* positivamente privilegiada, por exemplo, porque cresceu em uma família de baixa renda e tem hábitos que pessoas com posições privilegiadas de *status* desprezam. Ou seja, a situação de classe privilegiada desse comerciante não se converte automaticamente em uma posição de *status* privilegiada.

Por fim, o **partido** é uma forma de estratificação na qual a distribuição de poder se daria pela capacidade de controle de uma organização. Se o lugar das classes sociais é a ordem econômica e o lugar dos grupos de *status* é a ordem social (no que diz respeito ao prestígio e à honra), o lugar do partido é a ordem política.

Da mesma forma que a ordem das classes e a dos grupos de *status* influenciam uma à outra, elas também acabam por influenciar e serem influenciadas pela ordem política. A característica central do partido é orientar sua ação social visando à aquisição de poder. Partido não é sinônimo de partido político: podem existir partidos em um clube, em um grêmio estudantil, bem como no governo e no Estado, e esses partidos se movimentam em torno de finalidades determinadas.

Grafite de Banksy na parede de um prédio desocupado no bairro de Mayfair, em Londres, Inglaterra, em dezembro de 2011.

Jim Dyson/Getty Images

O partido poderia incorporar interesses de esferas sociais distintas. Nos termos da teoria de Weber, um grêmio estudantil se organiza na esfera política e tem a busca pelo poder como centro de sua organização, mas dentro dele aspectos relacionados à ordem econômica ou ao prestígio social também podem influir. É possível, assim, que esse grêmio represente situações de classe ou grupos de *status*, recrute adeptos de um ou outro grupo e também não seja "puro", isto é, possa recrutar indivíduos de diferentes situações de classe ou de *status*. Os partidos podem ser estruturas efêmeras ou duradouras e utilizar mecanismos variados para alcançar o poder, tais como a violência, o voto, o dinheiro, a influência social e o poder da oratória.

Florilegius/Bridgeman Images/Keystone Brasil/Coleção particular

Essa gravura de Robert Cruikshank, feita em 1825, representa o duque de York discursando na Câmara dos Lordes inglesa. Mesmo no século XIX, a nobreza inglesa mantinha alguns privilégios ligados a seu grupo de *status*, como a prerrogativa exclusiva de fazer parte desse órgão legislativo.

VOCÊ JÁ PENSOU NISTO?

A estratificação social de Weber cria critérios de delimitação dos indivíduos em classes, estamentos e partidos diferentes. Com essa teoria podemos estabelecer vários estratos sociais e hierarquizá-los, seja do ponto de vista da renda, do prestígio social, das ações políticas, seja do ponto de vista das crenças religiosas, da organização sindical, das preferências artísticas e culturais. Entretanto, na prática, vários desses critérios se entrecruzam. Há indivíduos cujas ações sociais podem ser, ao mesmo tempo, caracterizadas pela renda, pelo prestígio e pelo poder político. Tente refletir sobre esse processo de estratificação levando em conta as eleições para presidente, governador e prefeito. Existe ligação entre as condições econômicas dos indivíduos e a escolha de seus candidatos? Quais seriam as causas dessa ligação? Ou ainda, reflita sobre como um movimento social, por exemplo, o Movimento dos Trabalhadores Rurais Sem Terra (MST), o Movimento dos Trabalhadores Sem Teto (MTST), a Marcha Mundial das Mulheres, o Movimento da Mulher Trabalhadora Rural do Nordeste (MMTR-NE), a Via Campesina, o Grito dos Excluídos ou mesmo um movimento religioso como a Teologia da Libertação, são atravessados por questões das esferas da renda, de prestígio e do poder político.

3 AS CLASSES SOCIAIS EM MARX: CONTRADIÇÃO E DIALÉTICA

Como vimos, Karl Marx partiu da relação entre proprietários e não proprietários dos meios de produção para caracterizar a formação das classes sociais e da sociedade capitalista. Para ele, essa divisão social é a primeira forma de divisão do trabalho: a divisão entre aqueles que produzem (os trabalhadores) e aqueles que se apropriam privadamente da produção (os proprietários).

Segundo Marx, a dinâmica social capitalista está centrada na propriedade privada. Com base nela se constituiriam as classes sociais e todas as relações de troca. De um lado, estariam aqueles que precisam vender sua força de trabalho, pois não têm as condições materiais para produzir sua subsistência. De outro, aqueles que compram a força de trabalho por terem se apropriado dos meios de produção, convertendo-os em propriedade privada.

Para estruturar esse raciocínio, Marx pressupôs que a divisão entre exploradores e explorados nos vários modos de produção é contraditória e necessita, portanto, de uma explicação **dialética**. Em outras palavras, para entender a relação de exploração e dominação dos escravizados nas sociedades escravistas, a dominação dos servos nas sociedades feudais e a exploração dos trabalhadores assalariados nas sociedades capitalistas, seria necessário ir além das aparências da realidade observada.

Para Marx, a dialética é um instrumento analítico que permite desvelar as camadas sociais que não se mostram a olho nu. Por meio da dialética seria possível descobrir as causas mais profundas da reprodução da vida em sociedade para, assim, explicar a realidade contraditória entre aqueles que detêm e aqueles que não detêm os meios de produção.

dialética: segundo o *Dicionário Houaiss*, dialética é, em sentido bastante genérico, oposição, conflito originado pela contradição entre princípios teóricos ou fenômenos empíricos. Segundo o marxismo, a dialética é um método de análise e ao mesmo tempo o próprio movimento da História, cujo princípio é a contraposição de opostos que se colocam em constante movimento.

Universal History Archive/UIG/AGB Photo Library

A gravura mostra Karl Marx durante o Congresso de Haia da Associação Internacional dos Trabalhadores em 1872.

No item 4 do Capítulo 11 (*Karl Marx: trabalho e classes sociais*), estudamos a diferença entre o trabalho e a força de trabalho. Mesmo sem falar em dialética, vimos que haveria uma realidade aparente e outra realidade mais profunda, que explicaria como se forma o lucro capitalista. Na aparência o capitalista e o trabalhador se encontram no mercado como indivíduos iguais. As leis e regras de mercado partem do princípio segundo o qual a possibilidade de trocar produtos e serviços igualaria os indivíduos.

VOCÊ JÁ PENSOU NISTO?

A realidade social é por vezes muito complexa. Há interesses extremamente variados nos grupos e nas classes sociais de nossa sociedade. No entanto, é possível perceber certa aproximação entre alguns tipos de interesse no interior de cada classe social. O capitalista dono do banco, apesar de ter interesses específicos, não está do lado oposto ao do capitalista dono da indústria ou do latifundiário do agronegócio: todos querem obter lucros e continuar usando a força de trabalho para isso. A mesma coisa pode ser vista entre os trabalhadores. Os operários das indústrias automobilísticas não têm os mesmos interesses que os bancários ou os assalariados do meio rural, mas todos querem melhorar suas condições de vida e de trabalho. Tente pensar em outros exemplos de interesses sociais que possam ser identificados com os da classe capitalista, de um lado, e com os da classe trabalhadora, de outro.

No entanto, para Marx, a sociedade se organiza com base nos interesses das classes dominantes. Assim, apesar de a relação de igualdade jurídica não ser uma mentira, ela é contraditória, pois pressupõe que o indivíduo que compra e o indivíduo que vende a força de trabalho partem de condições absolutamente iguais, quando, na prática, eles seriam economicamente diferentes.

A dialética permite entender o que está oculto pelas relações de produção capitalistas, pois nessas relações só se manifestam predominantemente os interesses da classe dominante, que impõe seus interesses aos demais.

Segundo o pensamento de Marx, as classes sociais vão além de um estrato social determinado apenas pela economia, como define Weber. Não se trata, assim, apenas de agrupamentos de indivíduos que têm rendas, bens ou salários semelhantes. Para Marx, as classes sociais são definidas por suas lutas, mais particularmente pela luta de classes, que expressa a **oposição estrutural entre o capital e o trabalho**. Em outras palavras, a luta de classes constituiria o elemento dinâmico das sociedades.

Aloisio Mauricio/Fotoarena

Encontro do Grupo de Líderes Empresariais (LIDE), em São Paulo (SP), 2017. Durante o evento, foram discutidos temas como as altas taxas e a complexidade dos impostos no Brasil. Encontros como este são a face visível de uma característica estrutural da sociedade capitalista, segundo Marx: a existência de uma classe detentora dos meios de produção, cujos interesses organizam a sociedade.

De um lado, na luta entre capitalistas e trabalhadores que se trava todos os dias, os trabalhadores reivindicam melhores salários, melhores condições de trabalho e de vida, expansão de políticas sociais que os protejam, implementação da reforma agrária, construção de vias de acesso, redes de esgoto e escolas em bairros populares, melhor distribuição de renda, investimento em transporte público e ampliação dos direitos sociais, sobretudo, dos direitos de grupos econômica, política e socialmente pouco assistidos pelo Estado. De outro, os capitalistas desejam aprovação de leis que

estimulem condomínios fechados, segregação social, políticas de juros altos, incentivos fiscais às empresas multinacionais, investimentos que favoreçam os transportes individuais, diminuição de investimentos públicos em saúde e educação.

Para Marx, os interesses sociais opostos são os elementos de transformação histórica e social. A relação social que se estabelece com base nesse confronto entre interesses antagônicos criaria novas formas de sociabilidade: por um lado, as classes capitalistas procurariam ampliar suas formas de lucratividade, seja na produção, seja influenciando as políticas estatais; por outro, as classes trabalhadoras tentariam resistir às investidas das classes capitalistas, objetivando ampliar seu salário e seus direitos sociais e melhorar suas condições de trabalho e aposentadoria.

As classes sociais e suas lutas são referências centrais na obra de Marx. Com base nelas, o autor analisou a sociedade capitalista e qualificou as relações de exploração e dominação nela existentes. Sua concepção de classe vai além de uma leitura econômica, baseada apenas na determinação dada pela renda. Classe social é um conceito concebido como um conjunto de relações que implicam elementos culturais, simbólicos, econômicos, políticos e ideológicos. Para Marx, as classes sociais não são meros aglomerados de indivíduos, mas, sobretudo, forças sociais e políticas que lutam por seus interesses.

Jr Manolo/Fotoarena

A greve é um dos principais instrumentos políticos da classe trabalhadora e seu direito é garantido por lei na Constituição federal brasileira. A legalização das greves acompanhou o processo de amadurecimento dos valores democráticos das nações, mas, no confronto de interesses entre as classes, aquelas que se prejudicam com as greves procuram instrumentos para desmobilizá-las, desmoralizá-las ou até mesmo punir os participantes. Na imagem, vemos estudantes e trabalhadores participando de greve geral contra a reforma da previdência, em Maceió (AL), 2019.

❹ AS CLASSES E OS ESTRATOS SOCIAIS HOJE

A Sociologia do século XX foi influenciada por duas grandes abordagens sociológicas das segmentações sociais. A primeira foi influenciada pela **teoria das classes sociais** de Marx; a segunda caracterizou-se como desdobramento da **teoria da estratificação social** de Weber. Essas duas teorias, como vimos, têm fundamentações e leituras distintas dos grupos, classes, frações e segmentos sociais.

Weber identificou o processo de divisão social com base em estratos sociais que são definidos pela ordem econômica, pela ordem social e pela ordem política, respectivamente, as classes, os estamentos ou grupos de *status* e os partidos. Em Weber, a concepção de classe social está fundamentalmente relacionada ao mercado, isto é, pertencer ou não a determinada classe depende de critérios econômicos, ainda que outros fatores sejam também relevantes. A concepção de *status* ou estamento está ancorada no prestígio social, e a concepção de partido se relaciona ao poder político.

O sociólogo ou o economista que se vale das teses de Weber estabelece critérios de segmentação social de vários tipos para definir a que estrato social cada indivíduo pertence. Essa estratificação social pode variar, levando em conta critérios de ordem econômica, social e política. Podemos, por exemplo, pensar um estrato social com base em critérios de renda, qualificação profissional e ideologia política. Esse quadro de referências serve para analisar e compreender as ações dos indivíduos na sociedade e depois segmentá-los em diferentes estratos sociais.

Diferentemente de Weber, Marx não dividiu a sociedade em estratos sociais. Sua análise repousa, como vimos, na divisão de sociedades em classes sociais e, dentro dessas classes, em frações sociais. Na obra de Marx, o conceito de classes sociais está relacionado com a produção da vida material e com a luta que é travada no processo de produção e reprodução social. Assim, quando define as classes sociais, Marx não separa os critérios de ordem econômica daqueles ligados ao *status* e ao poder.

Para Marx, as classes sociais expressam um modo de vida que, no caso do capitalismo, se relaciona com a manutenção ou a destruição de interesses sociais opostos. De um lado, as relações capitalistas imprimem um modo de vida (cultural, econômico, político, simbólico e ideológico) que se baseia na exploração do trabalho para a produção de valor e lucro. De outro, os trabalhadores procuram melhorar suas condições de vida e de trabalho, mas também se tornar sujeitos políticos desse processo. Isto é, apesar de a dinâmica social ser controlada sobretudo pela classe dominante, os trabalhadores lutam, direta ou indiretamente, para superar um modo de vida que os oprime.

© André Dahmer/Acervo do cartunista

Essa charge de André Dahmer ironiza a relação entre capitalistas e trabalhadores.

Como vimos, é grande a influência de Karl Marx e Max Weber na análise das divisões sociais. Entretanto, outras questões se apresentaram no cenário nacional e internacional durante o século XX e na atualidade. A primeira delas se refere à influência do desenvolvimento científico e tecnológico na determinação das classes sociais. A segunda, que veremos no próximo item, diz respeito à formação da chamada classe média.

A relação entre ciência e tecnologia e o processo de formação das classes sociais têm especial importância entre autores que buscam estabelecer ligações entre as classes sociais e a formação de sujeitos políticos. Ou seja, de que modo a ciência e a tecnologia interfeririam na formação de sujeitos e forças políticas?

Vimos nos capítulos anteriores que a transformação científica e tecnológica é fundamental para as sociedades capitalistas, sobretudo por reduzir o tempo de produção de mercadorias e, com isso, aumentar a produtividade do trabalho. Essa redução do tempo de trabalho propiciada pela tecnologia acaba por desvalorizar a força de trabalho e aumentar os lucros dos capitalistas. Em determinados momentos, ocorrem transformações mais intensas, denominadas reestruturações produtivas, tal como vimos no Capítulo 12.

VOCÊ JÁ PENSOU NISTO?

As tecnologias e a ciência exercem grande influência em nossa vida, em áreas tão diversas como trabalho, lazer, esportes, política, construção, indústria de alimentos, etc. No entanto, quando utilizamos os resultados das tecnologias, consideramos que são apenas máquinas e técnicas criadas para tornar nossa vida mais fácil e mais interessante. Você já pensou em como as ciências e tecnologias colaboram para nosso desgaste físico e mental? Já pensou que a "necessidade" de comprar um novo modelo de celular ou um computador de última geração é mais uma imposição do mercado do que uma real necessidade do consumidor? Pense um pouco sobre isso e procure descrever quais aparatos tecnológicos são verdadeiramente essenciais em sua vida. Reflita em que medida aparelhos eletrônicos podem ou não aumentar nossa dependência em relação a eles.

Johannes Eisele/AFP

Trabalhadora operando robôs em centro de logística na cidade de Nova York, nos Estados Unidos, 2019. A utilização de aparatos tecnológicos visa aumentar a produtividade das indústrias.

Do ponto de vista do aumento da produtividade, incrementar a produção de mercadorias com novas pesquisas e aparatos tecnológicos é essencial para a manutenção da produção e, em geral, da própria sociedade capitalista. Mas e do ponto de vista da luta política? Para a classe trabalhadora, qual é a relação entre desenvolvimento científico e tecnológico e formação do sujeito político?

Voltemos um pouco no tempo. Segundo Marx, com a implementação das máquinas pela Revolução Industrial, o trabalhador coletivo perdeu seu saber-fazer. Esse saber-fazer foi incorporado às máquinas, o que desvalorizou a força de trabalho. Se considerarmos por uma perspectiva marxista, o taylorismo, o fordismo e as formas flexíveis de produção no toyotismo aprofundaram essa desvalorização. Com base nisso, a estratégia para formar uma força política capaz de lutar pelos interesses do trabalhador seria recuperar o saber-fazer, isto é, retomar o controle do processo de trabalho, o que daria maior poder político à classe trabalhadora, particularmente à classe operária.

Como vimos, toda reestruturação produtiva cria novos perfis de trabalhadores. Tomemos como exemplo a produção toyotista. Ao introduzirem novas tecnologias (microeletrônica e robótica) para aumentar a produtividade, as empresas capitalistas dispensaram parte dos trabalhadores, pois as novas máquinas passaram a fazer o trabalho deles. Com isso, uma parcela dos trabalhadores foi qualificada para ativar o novo tipo de produção, sendo essa qualificação profissional proporcional ao aparato tecnológico. Assim, aparentemente a introdução de ciência e tecnologia seria responsável pela criação de um grupo de indivíduos altamente qualificados e necessários à produção. Não seria essa uma forma de a classe operária recuperar o controle do processo de trabalho e aumentar seu poder político? Não seria esse um retorno àqueles trabalhadores dos séculos XVIII e XIX que ainda detinham um saber-fazer? Não poderiam esses trabalhadores, ao recuperar seu saber-fazer, organizar politicamente toda a classe trabalhadora?

Gabrielle Lurie/Reuters/Fotoarena

***Hackathon*, ou encontro de programadores para desenvolvimento conjunto, em San Francisco, na Califórnia, em 2016. O surgimento da cultura *hacker* e o desenvolvimento de *softwares* de código aberto despertaram o otimismo quanto à recuperação do saber-fazer pelos trabalhadores no início do século XXI.**

Glenn Chapman/AFP

***Hackathon* promovido por grande conglomerado de redes sociais em Menlo Park, Califórnia, em 2015. As empresas se apropriaram da ideia de *hackathon*, atraindo jovens programadores e estudantes a experimentar desenvolvimentos com o código fechado de suas plataformas. Em troca de promessas de emprego, contatos profissionais e recompensas, as empresas revertem para si o conhecimento produzido pelos participantes desses eventos.**

Os autores que se valeram desse raciocínio consideraram muito positiva a introdução do desenvolvimento científico e tecnológico na produção. Para eles, o sujeito político se formaria pelo avanço das forças de produção. No entanto, essa análise deixou de considerar que o objetivo central das transformações produtivas no capitalismo é aperfeiçoar o controle sobre os trabalhadores. Em razão desse equívoco, os trabalhadores ultraqualificados foram idealizados como operários **polivalentes** que teriam, por causa dessa qualidade, maiores chances de organizar politicamente a classe trabalhadora.

polivalente: aquele que executa ou desempenha diferentes tarefas e funções.

No caso descrito, a classe trabalhadora foi analisada como se o incremento científico e tecnológico fosse neutro. Entretanto, como vimos em capítulos anteriores, a máquina, a ciência e as tecnologias são resultados históricos, ou seja, sínteses das determinações sociais que, no capitalismo, operam principalmente para reproduzir as relações sociais dominantes.

5 A DINÂMICA DAS CLASSES MÉDIAS: OCUPAÇÃO PROFISSIONAL E RENDA

O debate sobre a classe média também sofreu a influência das teses de Marx e Weber, tanto nos círculos acadêmicos dos Estados Unidos e da Europa como no Brasil. Entre aqueles que compartilham a concepção marxista de classe social, as classes médias são vistas como um conjunto de relações sociais que se situam entre as relações da classe capitalista e as da classe trabalhadora. Essa leitura procura definir, por meio da acepção marxista de classe social, que não são nem capitalistas (pois não têm os meios de produção) nem operárias (pois não desenvolvem nenhum tipo de trabalho produtivo).

profissional liberal: profissional com formação técnica ou superior que pode exercer suas atividades de maneira autônoma; por exemplo, médicos, advogados e arquitetos.

Já os seguidores da teoria da estratificação social de Weber se preocupam com critérios de classificação específicos para indivíduos e suas ações sociais. Entre vários critérios, os mais utilizados são o de ocupação profissional (cargos, postos de trabalho e qualificação profissional) e o de renda. Com base neles se estabelece uma análise de como alguns estratos sociais ganham ou perdem espaço social e econômico nas sociedades contemporâneas.

Para Marx, em termos gerais, as camadas médias se situam entre as duas grandes classes sociais (capitalistas e trabalhadores). No século XIX as camadas médias representavam uma parcela relativamente pequena da população da Europa: entre elas, podemos destacar pequenos proprietários e comerciantes, servidores públicos e **profissionais liberais**. Marx denominava esse conjunto de indivíduos pequena burguesia.

Com o desenvolvimento do setor de serviços durante o século XX, a pequena burguesia se avolumou, e com isso os autores marxistas e weberianos formularam novos conceitos para definir esse contingente de indivíduos. Dois sociólogos que sintetizam esse debate são o estadunidense **Charles Wright Mills (1916-1962)** e o grego **Nicos Poulantzas (1936-1979)**.

BIOGRAFIAS

Acesse o Plurall para saber mais sobre **Charles Wright Mills (1916-1962)** e **Nicos Poulantzas (1936-1979)**.

Bridgeman Images/Keystone Brasil/Museu de Londres, Reino Unido.

O *ônibus de Bayswater*, de George William Joy, 1895 (óleo sobre tela, 139 cm × 194 cm). No século XIX, os ônibus movidos a tração animal tornaram-se um meio de transporte importante para a classe média londrina.

Mills observou um aumento entre os trabalhadores de "colarinho-branco", isto é, trabalhadores públicos e privados do setor administrativo e gerencial. Segundo Mills, os profissionais desse setor não podiam ser identificados como trabalhadores típicos da indústria, como os operários. Para ele, a classe média, mesmo existindo em função das outras classes (capitalistas e trabalhadores), devia ser considerada um sintoma e um símbolo das sociedades contemporâneas. Os trabalhadores de colarinho-branco, que Mills denominou **nova classe média**, se diferenciam dos da "antiga" classe média quanto à qualificação profissional. São gerentes e administradores requisitados sobretudo pelo desenvolvimento tecnológico ocorrido em meados do século XX.

Para Mills, os membros dessa nova classe média têm como característica central a gerência e a supervisão. São indivíduos que têm como função específica gerenciar a produção e aumentar os lucros dos donos da propriedade privada. Segundo Mills, enquanto o número de trabalhadores necessários à extração e à produção diminuiu, o de prestadores de serviços, distribuição e coordenação aumentou. E esse crescimento decorreria do aumento da produtividade da manufatura industrial, do desenvolvimento da distribuição e da ampliação das funções de coordenação.

Mills foi explícito quanto ao seu recorte ocupacional para classificação dos colarinhos-brancos. Para ele, ocupações e situações de renda estão ligadas a situações de classe e caracterizam, com base no prestígio, o *status* de seus ocupantes e seus graus de poder. Assim, a situação de classe estaria relacionada não apenas com o montante de renda como também com as diferenciações que ele proporciona. Entre um gerente que ganha um salário e outro que ganha dez vezes mais há diferenças significativas, além das econômicas, quanto a prestígio e poder.

PVDE/Bridgeman Images/Keystone Brasil

Trabalhadores de "colarinho-branco" (*white-collar*), por volta de 1900. A partir do início do século XX, a transformação dos processos produtivos e da organização da sociedade demandou um número cada vez maior de funcionários em escritórios para gerenciar a produção.

Para Mills, seria difícil definir com precisão a nova classe média com base em um critério isolado de estratificação. Essa nova classe média se definiria mais pelas diferenças em relação às outras camadas sociais.

ASSIM FALOU

Charles Wright Mills

[...] como fontes de renda, as ocupações estão ligadas à situação de classe, e como normalmente elas acarretam uma certa dose de prestígio, são também relevantes para o status do indivíduo. Implicam também determinados graus de poder sobre os outros, ou diretamente num emprego ou indiretamente em outras áreas da vida social. As ocupações, portanto, estão vinculadas à classe, status e poder, assim como à especialização e função. Para compreender as ocupações que integram a nova classe média, devemos analisá-las em cada uma dessas dimensões.

MILLS, Charles Wright. *A nova classe média*. Rio de Janeiro: Zahar Editores, 1979. p. 91. (texto original de 1951)

Já do ponto de vista do sociólogo grego Nicos Poulantzas, as classes sociais não seriam definidas com base nas ações individuais, tampouco em estratos sociais. Segundo ele, as classes sociais se definem por sua posição no conjunto da divisão social do trabalho. Tentando romper com uma tradição que definiu as classes sociais apenas pelas determinações econômicas, Poulantzas procurou pensá-las levando em conta também aspectos políticos e ideológicos.

Poulantzas resgatou a leitura de Marx para demonstrar que as classes sociais não podem ser circunscritas apenas às relações de produção. Ou seja: a classe social não poderia ser definida apenas com base na posição do sujeito no processo de trabalho e com base em sua renda. Poulantzas mostrou a necessidade de apreender a totalidade das estruturas de uma sociedade para definir as classes sociais, que para ele são fruto do efeito conjunto das estruturas políticas, econômicas e ideológicas, e não apenas da estrutura econômica.

Charge do cartunista Junião publicada em 2008.

VOCÊ JÁ PENSOU NISTO?

Alguns tipos de ocupação profissional são reconhecidos socialmente como de mais valor e de maior prestígio. Por outro lado, existe também a ideologia de que o trabalho, não importa de que tipo, edifica o ser humano. Essas construções ideológicas têm como objetivo criar uma visão positiva do trabalho, principalmente do trabalho intelectual. Assim, aqueles que não conseguem emprego ou que têm subempregos não são reconhecidos socialmente e, por vezes, são tratados como um grupo sem dignidade. Tente compreender em que medida as qualificações sociais e o próprio trabalho podem influenciar a determinação de grupos e classes sociais. Você poderia indicar algumas relações sociais que estão fundamentadas por esse raciocínio?

Poulantzas incorporou à sua teoria a análise dos trabalhadores não produtivos (conceito que vimos no Capítulo 12) como específicos da nova pequena burguesia. Esta expressaria uma nova divisão do trabalho, marcada pelas práticas de direção e supervisão no interior dos processos de trabalho. Segundo Poulantzas, durante o século XX o capitalismo repassou aos gerentes, diretores e supervisores atribuições que, antes, se concentravam nas mãos do capitalista. Dessa forma, criaram-se figuras que passaram a controlar os trabalhadores obtendo deles maior produtividade. Isso intensificou a separação entre trabalhos manuais e trabalhos intelectuais.

Em uma indústria, por exemplo, o trabalho intelectual fica a cargo do setor de planejamento, que concebe como serão produzidas as mercadorias. O trabalho manual, cumprido pelo operário, é uma tarefa produtiva preestabelecida pela gerência e pela engenharia de produção. Segundo Poulantzas, essa divisão entre trabalho intelectual e trabalho manual expressaria na produção a divisão social entre capital e trabalho. Isto é, o monopólio do saber, próprio das classes dominantes, seria reproduzido nos próprios processos de trabalho.

Dessa forma, o monopólio do saber que se estrutura nas escolas privadas, no acesso à universidade, nos centros de pesquisa de excelência, ambientes reservados a uma parte privilegiada da sociedade, se reproduziria também na organização fabril. Ou seja, a divisão em classes sociais estruturaria tanto as relações de produção como as relações políticas e ideológicas; tanto a produção de mercadorias como as práticas políticas e sociais como um todo.

Na primeira década e meia do século XXI, foi intenso o debate sobre a classe média. Depois de vários governos que desregulamentaram leis de proteção ao trabalhador e criaram espaço para a precariedade, a instabilidade e a informalidade do trabalho, foram desenvolvidas políticas estatais de inclusão baseadas na assistência social de caráter imediatista.

Alguns autores veem nessas políticas de assistência social e de redistribuição de renda uma forma de inclusão estrutural. Eles afirmam que os indivíduos beneficiados por elas eventualmente passaram a compor uma nova classe social, chamada por eles de classe C, ou nova classe média. Essa nova classe seria composta de indivíduos que tiveram seu poder de consumo aumentado e, nesse sentido, passaram a usufruir de mercadorias, bens de consumo e serviços que antes não lhes eram acessíveis.

Para os críticos dessa leitura, a chamada nova classe média seria, na verdade, um grupo flutuante que acredita ter sido incluído, mas não tem garantias de que essa política seja de longa duração e, no caso de seu fim, não teria meios de se manter como uma classe de fato. Esses estratos sociais apenas teriam condições de ascender à condição de classe (no sentido econômico) se fossem constituídas políticas de inclusão baseadas na educação, o que poderia garantir a permanência e a estabilidade desses indivíduos no mercado de trabalho.

Ernesto Reghran/Pulsar Imagens

Um dos fatores de ascensão da nova classe média ou classe C foi o acesso a bens de consumo, potencializado pela ampliação do crédito e pela maior oferta de empregos.

Com a crise econômica recente somada à pandemia de covid-19, essa fragilidade se confirmou. Estima-se que ao menos 4,9 milhões de brasileiros tenham migrado da classe média para a classe baixa entre os anos de 2020 e 2021, segundo estudo do Instituto Locomotiva, com base nos dados da Pesquisa Nacional por Amostra de Domicílios Contínua (Pnad) e da Pesquisa de Orçamentos Familiares (POF), do Instituto Brasileiro de Geografia e Estatística (IBGE).

VOCÊ JÁ PENSOU NISTO?

O acesso à educação tem relação direta com as possibilidades de consumo. Por exemplo, os filhos de trabalhadores rurais em geral frequentam a escola por menos anos que a média da população, não só pela dificuldade de acesso à escola em si mas também porque muitas vezes precisam trabalhar para colaborar com a renda familiar. Nesse sentido, o lugar que os indivíduos ocupam no processo de produção tem implicações também no acesso ao saber, ao conhecimento, aos padrões prestigiados de organização da educação, teatro, cinema, esportes, etc. Tente destacar relações possíveis entre o acesso à educação formal e os tipos de trabalho e qualificação de seus familiares.

Uma terceira perspectiva, de influência marxista, considera que a nova classe média no Brasil é, na realidade, uma parte da classe trabalhadora, antes desempregada, que conseguiu entrar no mercado de trabalho. Segundo essa perspectiva, aqueles que defendem a constituição de uma nova classe média levariam em consideração apenas as aparências, sem tomar como referência o histórico de desigualdades sociais no Brasil, ignorariam que os membros dessa suposta nova classe média continuariam sujeitos ao desemprego, ao subemprego, ao emprego informal, à mendicância e outras tantas formas aviltantes de reprodução de suas vidas.

BRASIL: CLASSES ECONÔMICAS SEGUNDO A RENDA DOMICILIAR, EM % (2003-2018)

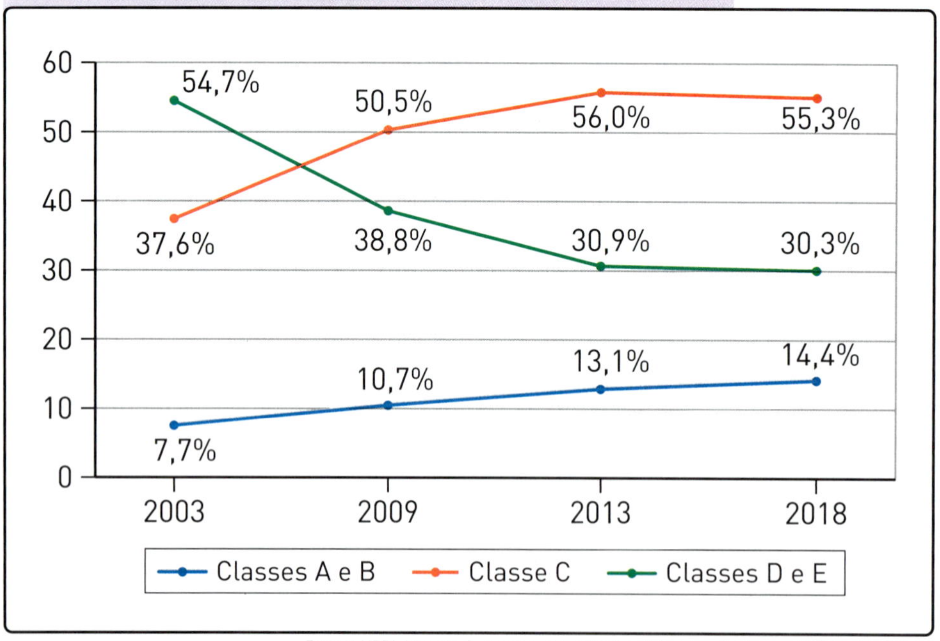

Ericson Guilherme Luciano/Arquivo da Editora

Fontes: NERI, Marcelo C. *As classes médias brasileiras*. Rio de Janeiro: FGV Social, 2014; FGV Social, com dados da Pesquisa Nacional por Amostra de Domicílios Contínua.

Esse gráfico se baseia em dados da Pesquisa Nacional por Amostra de Domicílios (Pnad). Nele, a população brasileira é dividida em cinco estratos, segundo o rendimento, e suas flutuações populacionais de 2003 a 2018: as classes A e B representam aqueles com maior rendimento; a classe C, o rendimento médio, e as classes D e E, aqueles com pouco ou nenhum rendimento.

PARA SABER +

Classes sociais e bloco no poder

Nicos Poulantzas afirmou que as classes são efeitos das estruturas sociais. Com isso, procurou mostrar que as classes sociais não se resumem a uma determinação econômica limitada às relações de produção e de distribuição, ao trabalho produtivo ou à propriedade privada. No livro *As classes sociais no capitalismo contemporâneo* (1974), ele mostrou como as determinações políticas e ideológicas se relacionam com a determinação econômica. O proletariado (ou classe operária) não seria, portanto, o mesmo que trabalhador assalariado, pois determinações políticas e ideológicas (como a divisão entre trabalho manual e trabalho intelectual e entre controle e supervisão do trabalho alheio) tornam diversos trabalhadores assalariados integrantes da "nova pequena burguesia". Isso vale também para a análise da classe dominante, que não é um bloco homogêneo, pois contém frações com relativa autonomia em seu interior.

Com base nesse entendimento, Poulantzas desenvolveu o conceito de bloco no poder. Como a classe burguesa não é um todo homogêneo, suas frações (por exemplo, a burguesia comercial, a financeira e a industrial) se uniriam politicamente, por meio do Estado capitalista, para preservar seu interesse geral, isto é, para dominar a classe explorada. Isso não significa que não exista submissão política de uma ou mais dessas frações àquela fração designada como "hegemônica" dentro do bloco no poder. Essa unidade política não inviabilizaria que a política econômica do Estado privilegie a fração hegemônica em detrimento das demais. A título de exemplo, podemos observar nas sociedades capitalistas contemporâneas uma hegemonia da burguesia financeira em relação à industrial e/ou à comercial, mesmo que elas tenham interesses comuns.

VOCÊ APRENDEU QUE

Uma das referências mais utilizadas pelos meios de comunicação para determinar a classe social é a divisão em estratos sociais baseada na renda.

Segundo Durkheim, nas sociedades com pouca divisão do trabalho os indivíduos são muito semelhantes e as regras, crenças e os costumes são rígidos (expressão da consciência coletiva). Nessas sociedades, marcadas pela solidariedade mecânica, a diferenciação entre indivíduos e grupos sociais é muito baixa.

Ainda segundo Durkheim, nas sociedades com maior divisão do trabalho há grande interdependência entre os indivíduos e a consciência coletiva é fraca. Nessas sociedades, marcadas pela solidariedade orgânica, a diferenciação entre indivíduos e grupos é muito alta.

A teoria da estratificação social de Weber tem como fundamento três elementos distintos, mas não totalmente independentes um dos outros: a classe, o *status* (ou estamento) e o partido.

Para Weber, a divisão social em classes está relacionada ao padrão material dos indivíduos, isto é, tem base econômica. A estratificação por *status* tem relação com o prestígio, a posição social, a instrução formal. Já o partido é uma forma de estratificação na qual a distribuição do poder decorre da capacidade de controle de uma organização.

Marx caracteriza classes sociais com base na relação entre proprietários e não proprietários dos meios de produção; para ele, as classes sociais são definidas por suas lutas.

Segundo Marx, a realidade das sociedades de classes é contraditória, e para analisá-la é necessário um método dialético. Marx concebe a classe social como um conjunto de relações sociais em que estão presentes elementos culturais, simbólicos, econômicos, políticos e ideológicos.

A Sociologia do século XX foi influenciada pela teoria das classes sociais de Marx e pela teoria da estratificação social de Weber.

Para Charles Wright Mills, as ocupações e situações de renda estão ligadas a situações de classe e caracterizam, com base no prestígio que têm, o *status* de seus ocupantes e os seus graus de poder.

Para Poulantzas, as classes sociais se definem por sua posição na divisão social do trabalho.

No Brasil, a discussão sobre classe média se intensificou na primeira década e meia do século XXI.

Alguns autores relacionaram o crescimento do consumo ao surgimento de uma nova classe média, ou classe C. Outros entenderam esse processo como a simples incorporação de camadas sociais antes excluídas do mercado de trabalho.

ATIVIDADES

REVENDO

1. Indique o principal aspecto usado pelos autores clássicos da Sociologia para definir a divisão social.
2. Comente como as formas de solidariedade mecânica e orgânica se relacionam com a divisão social em grupos funcionais, segundo Durkheim.
3. Explique os três fundamentos da teoria da estratificação social de Weber.
4. Explique de que forma a definição de classe social para Marx não está restrita apenas ao plano econômico.
5. Explique as principais teses de autores que discutem a questão das classes médias.

CONSTRUINDO

1. Observe a charge de Laerte, publicada em 2004.

© Laerte Coutinho/Acervo da cartunista

- A charge trata de diferenças entre os trabalhadores que discutimos neste capítulo e no anterior. Escreva um pequeno texto sobre essas diferenças, relacionando-as a autores discutidos.

2. Discuta a divisão social representada no trecho de notícia a seguir, levando em conta o que você estudou neste capítulo e no anterior.

> "O quarto de empregada é um forte legado da escravidão, ainda que no modelo capitalista", diz Isabela Oliveira, antropóloga da Fundação Escola de Sociologia e Política de São Paulo. "A lógica é ter alguém disponível para servir a família o tempo todo, mas isso tem mudado." [...]
>
> Presidente da Federação Nacional das Trabalhadoras Domésticas, Luiza Pereira afirma que são comuns queixas de má iluminação, falta de ventilação e alergias causadas por tralhas e produtos de limpeza acumulados no cômodo.
>
> Mas diz que, hoje, uma minoria das trabalhadoras dorme no serviço. "Os patrões têm que pagar adicional noturno e hora extra, então muitos abriram mão de ter o cafezinho pronto logo cedo." [...]

ZAREMBA, Júlia. Quarto de empregada torna-se raro em projetos, mas banheirinho resiste. *Folha de S.Paulo*, 9 jun. 2018. Disponível em: www1.folha.uol.com.br/sobretudo/morar/2018/06/1971353-quarto-de-empregada-e-raro-mas-banheiro-de-servico-resiste-na-planta-atual.shtml. Acesso em: 17 ago. 2022.

CAPÍTULO

14 Sociologia brasileira

Yuri Murakami/Fotoarena

Salve Lélia, mural de Aline Bispo em edifício na cidade de São Paulo (SP). Foto de 2021.

Desde sua consolidação, nos anos 1930, até os dias de hoje, a Sociologia produzida e ensinada no Brasil foi influenciada por teses e teorias desenvolvidas em outros países. A sociedade brasileira foi analisada com base nas relações sociais, políticas, econômicas e ideológicas estabelecidas com outras sociedades, em especial com as sociedades capitalistas do Ocidente. Em razão das feições particulares que a sociedade brasileira ganhou em cinco séculos de história, seus intérpretes procuraram analisar os fatores que a distinguem das demais sociedades contemporâneas.

No primeiro item deste capítulo apresentamos uma visão panorâmica das interpretações do Brasil do final do século XIX e começo do século XX. Em seguida, analisamos o conjunto de intérpretes mais significativos do Brasil dos anos 1930 e sua importância para a consolidação da Sociologia brasileira. No terceiro item, discutimos a questão racial, entendida como legado da escravidão. O item quatro será dedicado ao debate em torno das questões do subdesenvolvimento e da dependência econômica. Por fim, faremos uma exposição de teses elaboradas por sociólogas brasileiras que identificam intersecções entre relações sociais de classe, raça e gênero.

NESTE CAPÍTULO VAMOS DISCUTIR:

1. Interpretações sobre a formação do Brasil
2. A geração de 1930
3. A escravidão e a questão racial
4. Subdesenvolvimento e dependência econômica
5. Intersecções de classe, raça e gênero

COMPETÊNCIAS E HABILIDADES DA BNCC

- Competências gerais da Educação Básica: 1, 2, 4, 6, 7, 9 e 10.
- Competências específicas de Ciências Humanas e Sociais Aplicadas: 1, 2, 4, 5 e 6.
- Habilidades de Ciências Humanas e Sociais Aplicadas: EM13CHS102, EM13CHS103, EM13CHS104, EM13CHS201, EM13CHS204, EM13CHS206, EM13CHS401, EM13CHS402, EM13CHS502, EM13CHS503, EM13CHS504, EM13CHS601, EM13CHS602, EM13CHS603, EM13CHS605 e EM13CHS606.
- Competências específicas de Linguagens e suas Tecnologias: 1, 2 e 3.
- Habilidades de Linguagens e suas Tecnologias: EM13LGG102, EM13LGG202, EM13LGG204 e EM13LGG303.

❶ INTERPRETAÇÕES SOBRE A FORMAÇÃO DO BRASIL

No final do século XIX e início do XX, diversos estudiosos buscaram analisar as particularidades do Brasil. Eles investigaram como a nação teria se formado, quais seriam as bases dessa formação social, em que medida o passado colonial e escravista teria influenciado essa formação e quais seriam as características centrais da identidade social brasileira. Mais tarde, entre as décadas de 1950 e 1960, essas questões se ampliaram e se diversificaram: destacaram-se os trabalhos que refletiam sobre o papel econômico e político do Brasil na divisão internacional do trabalho e a dependência em relação aos países de economia mais avançada. Nos dias de hoje, uma questão central é a reprodução do passado de desigualdades sociais no Brasil, seja por consequência da escravidão e da cultura patriarcal, seja em razão do papel subalterno diante de países economicamente mais ricos, como Estados Unidos, Alemanha, França, Inglaterra e, mais recentemente, a China.

Durante os períodos colonial e imperial, predominavam a produção agrícola e extrativista com utilização de força de trabalho escrava e uma organização social majoritariamente rural e centrada na esfera familiar. Após a Proclamação da República (1889), o trabalho assalariado livre tornou-se dominante e o país viveu um processo de urbanização cada vez mais intenso, o que gerou novas contradições e problemas sociais. Essas questões também se refletiam no ambiente universitário que se estruturava a partir da década de 1930.

Influenciados pelas discussões sociológicas que ocorriam em países europeus e nos Estados Unidos, intelectuais das primeiras décadas do século XX acreditavam que havia uma contradição entre o que a sociedade brasileira era de fato e aquilo que poderia ser. Muitas dessas interpretações problematizavam as particularidades do Brasil pela perspectiva de outras sociedades.

O passado colonial aparecia como elemento central na maioria dos livros dessa época que discutiram a formação social do país. Em 1920, o historiador e sociólogo Oliveira Vianna (1883-1951) publicou *Populações meridionais do Brasil*, livro que destaca diferenças entre o povo brasileiro e os demais. Motivado por sua tese de que o Brasil teria sido formado por brancos, apesar da presença de índios, mestiços e negros, Oliveira Vianna previa uma nação embranquecida, em razão da forte imigração europeia e da suposta maior fecundidade dos brancos em relação às outras "raças".

***Retrato de Domingos Jorge Velho*, de Benedito Calixto, 1903 (óleo sobre tela, 140 cm × 100 cm). No início do século XX, os bandeirantes passaram a ser valorizados como pioneiros do desenvolvimento do estado de São Paulo. Os artistas da época representaram os bandeirantes como homens brancos e bem-vestidos, visão idealizada também compartilhada por Oliveira Vianna.**

Flavio Moraes/Fotoarena

Antonio Candido, em fotografia de 2011.

Em 1933 Gilberto Freyre publicou *Casa-grande & senzala*, livro que o sociólogo e crítico **Antonio Candido (1918-2017)** considera ser uma ponte entre as interpretações embasadas em fatores naturais, como o meio e a raça, e a contribuição sociológica desenvolvida a partir dos anos 1940. Como vimos no Capítulo 9, Freyre argumenta que a miscigenação seria o traço cultural central da sociedade brasileira. Mas, ao contrário de interpretações anteriores, não vê a mestiçagem de forma negativa e enfatiza a necessidade de substituir o conceito de "raça", largamente difundido entre os intelectuais que formulavam explicações sobre o Brasil, pelo conceito de cultura.

Ao observar o latifúndio monocultor no Nordeste brasileiro, esse autor defendeu que a "raça" branca colonizadora teria estabelecido seu domínio sobre as demais "raças" por meio da chamada família patriarcal. O patriarca latifundiário detém, nela, o poder de mando sobre esposa, parentes, agregados e escravizados, e reproduz esse tipo de poder familiar na esfera política. Para Freyre, a mestiçagem teria ocorrido principalmente no interior dessa forma social.

VOCÊ JÁ PENSOU NISTO?

Os meios de comunicação e o senso comum em geral afirmam que os brasileiros têm características comuns que abrangem todo o território nacional. Muitas vezes ouvimos dizer que "o brasileiro é assim..." ou "isso é coisa de brasileiro...". Essa necessidade de buscar características intrínsecas aos brasileiros, que remete à ideia de povo, de nação e identidade nacional, marcou a interpretação do Brasil no final do século XIX e início do XX. Pense um pouco sobre isso e imagine como seria difícil enumerar uma ou algumas características definidoras de todos os brasileiros. Pense nas diferenças regionais do Brasil e reflita sobre quais seriam os motivos que levam tantos brasileiros a fazer generalizações como essas.

Gilberto Freyre sempre observa o predomínio dos aspectos culturais em relação aos "raciais". Nesses termos, a mestiçagem é entendida como uma vantagem e o negro é desmitificado como ser "selvagem". O povo brasileiro é considerado não como simples soma de três "raças", mas como resultado de um encontro mais complexo, que remete à formação da cultura brasileira. Isso depois o levaria a defender a tese de que o Brasil de sua época se constituiria em uma democracia racial.

BIOGRAFIAS

Acesse o Plurall para saber mais sobre **Antonio Candido (1918-2017)** e **Caio Prado Júnior (1907-1990)**.

Por sua vez, o historiador e economista **Caio Prado Júnior (1907-1990)**, nos livros *Evolução política do Brasil* (1933) e *Formação do Brasil contemporâneo* (1942), interpreta o passado colonial baseando-se na produção, distribuição e consumo de mercadorias. Neste segundo livro, o Brasil é analisado como parte do processo de expansão mercantil europeia. Para Caio Prado, a formação do Brasil teria se dado de fora para dentro, de modo que ele se estruturasse como fornecedor de produtos tropicais, a exemplo da cana-de-açúcar. Segundo esse autor, a história do Brasil deveria ser entendida num âmbito mais amplo, que tem relação direta com as formas de expansão do comércio europeu na América do Sul.

As massas de escravos, semiescravos, pobres, explorados e empobrecidos ganham importância na análise de Caio Prado. O autor aponta também para a especificidade que diferencia a sociedade brasileira da portuguesa desde o período colonial. Segundo ele, já naquele período a sociedade brasileira teria adquirido forma própria, diferente das formas das sociedades indígenas, africanas e da portuguesa. Consequentemente, nós, brasileiros, teríamos começado a desenvolver uma mentalidade coletiva singular.

Reprodução/Coleção particular

***As três raças*, do ilustrador brasileiro Belmonte (grafite e guache sobre papel, 44 cm × 34 cm).**

Outro autor relevante desse período foi **Sérgio Buarque de Holanda (1902-1982)**, autor de *Raízes do Brasil*, publicado em 1936, três anos depois de *Casa-grande & senzala* e com escrita completamente diversa da de Freyre. De estilo mais conciso, a obra aborda de que maneira as características da formação histórica da sociedade brasileira dificultaram a implantação do **liberalismo tradicional** a partir da independência. Sérgio Buarque foi influenciado pela história social francesa, a sociologia da cultura alemã, sobretudo a obra de Max Weber, e a teoria sociológica e etnológica.

Sérgio Buarque dialogou com o historiador Manoel Bomfim (1868-1932) e com o pensador e político Alberto Torres (1865-1917), entre outros autores, e foi um crítico da visão autoritária de Oliveira Vianna sobre a formação social do Brasil. Com *Raízes do Brasil*, Sérgio Buarque buscou, de modo geral, apresentar as características da nação brasileira, os marcos principais de mudança e os caminhos para a transformação futura.

Ao traçar um panorama histórico do Brasil desde o período colonial até os anos 1930, Sérgio Buarque de Holanda propôs a existência de oposições entre o mundo rural e o mundo urbano e entre a esfera privada e a esfera pública, entre outras. Em sua concepção, era preciso superar as raízes que caracterizaram a sociedade brasileira até ali para que se pudesse modificá-la.

BIOGRAFIAS

Acesse o Plurall para saber mais sobre **Sérgio Buarque de Holanda (1902-1982)**.

liberalismo tradicional: em linhas gerais, como corrente política, o liberalismo defende a liberdade individual e um Estado regido por leis e não por vontades pessoais. Como corrente econômica, entende que demanda e oferta entram em equilíbrio sem que o Estado precise intervir na economia.

2 A GERAÇÃO DE 1930

Na década de 1930, Gilberto Freyre, Caio Prado Júnior e Sérgio Buarque de Holanda deram forma científica à Sociologia brasileira. Amparados, respectivamente, nas obras de Franz Boas, Karl Marx e Max Weber, tornaram-se decisivos para os rumos da Sociologia no país. A seguir, vamos examinar os pontos centrais das obras de Sérgio Buarque e Caio Prado Júnior, já que a perspectiva de Gilberto Freyre foi trabalhada no Capítulo 9.

Como vimos, Sérgio Buarque adotou o referencial weberiano para analisar o Brasil desde o período colonial. Sua obra denuncia a permanência dos fundamentos das oligarquias agrárias e do patriarcalismo na sociedade brasileira. Opondo-se às teorias racistas e aproximando-se de Gilberto Freyre, esse autor entende que a mestiçagem teve papel central na construção da identidade nacional. Porém, enquanto Gilberto Freyre via o passado rural como algo próprio de nossa cultura e que não deveria ser transformado, Sérgio Buarque enfatizou a necessidade da transformação social, da constituição de um conjunto de regras e normas destinadas a superar um passado de favorecimentos pessoais estabelecidos pelas oligarquias rurais.

etos: do grego *ethos* ("uso", "costume") aquilo que é característico e predominante nas atitudes e nos sentimentos dos indivíduos de um povo, grupo ou comunidade, e que marca suas realizações ou manifestações culturais.

Sérgio Buarque recorreu aos **tipos ideais** weberianos para constituir um **etos** nacional, isto é, um conjunto de algumas características marcantes da sociedade brasileira da época. Esse etos nacional se fundamenta em uma relação dialética própria da sociedade brasileira. De um lado, Sérgio Buarque assinalou a modernização da sociedade brasileira; de outro, o conservadorismo, que tenta bloquear essa modernização.

Para esse autor, o tipo ideal que explicita esse processo contraditório é o **homem cordial**. Ele seria a chave analítica para compreender como certos setores da sociedade brasileira resistem ao processo de modernização. Segundo Sérgio Buarque, a modernização constrói uma nova sociabilidade, que coloca em risco o universo das relações de favorecimento já estabelecidas.

***Mãe negra entre casas*, de Lasar Segall, 1930 (aquarela sobre papel, 38 cm × 51 cm). Assim como os intelectuais, os artistas dos anos 1920 e 1930 propunham novos olhares para a realidade social brasileira.**

A cordialidade sintetizaria uma forma de conduta social, nem sempre consciente, que procura frear a modernização da sociedade brasileira e conservar as relações sociais de favorecimento pessoal. A sociedade brasileira, para esse autor, deve superar essas características e buscar tornar-se uma sociedade civilizada, uma sociedade urbana e cosmopolita que deixe para trás o mundo rural.

A Sociologia de Sérgio Buarque examina, com base na sociedade brasileira, a ligação estreita entre o que é público e o que é privado e seus limites. A ausência de delimitações entre essas duas esferas da vida social pode ser observada ainda hoje, e a prática do favorecimento se disseminou em paralelo com a modernização da sociedade brasileira, sobretudo no que se refere à burocracia estatal. Vemos casos de desvio de verbas e má administração de dinheiro público, **nepotismo** e corrupção, ao longo de todo o século XX e nas duas primeiras décadas do século XXI. Nesse sentido, a obra de Sérgio Buarque de Holanda é uma leitura fundamental para entender o processo histórico-social brasileiro.

nepotismo: favorecimento de parentes e amigos especialmente por parte de quem ocupa cargos públicos.

Caio Prado Júnior, por sua vez, procurou caracterizar em que medida a formação do Brasil estaria atrelada à **expansão do mercado europeu**. A análise que desenvolveu no livro *Formação do Brasil contemporâneo* parte da metodologia marxista, sobretudo por tentar compreender o que estaria oculto no processo de colonização da sociedade brasileira. Para esse autor, a colonização do Brasil e suas consequências históricas devem ser pensadas com base na ideia de que o Brasil se integrou a uma dinâmica maior, diretamente relacionada à expansão marítima e comercial europeia.

O início da colonização portuguesa na América se fundamentou na produção e exploração de gêneros tropicais direcionados para o mercado externo, e não no povoamento do território. Primeiro, a sociedade brasileira se estruturou economicamente na produção de açúcar e tabaco; mais tarde, na extração de ouro e diamantes; e, em seguida, na produção de algodão e de café, atendendo ao mercado europeu. Para o autor, a grande propriedade (o latifúndio), a monocultura e o trabalho escravo seriam as três características centrais da formação social do Brasil nos séculos XVI, XVII e XVIII.

A produção agrária brasileira, que tinha como centro geopolítico o engenho e a fazenda, integrou-se aos objetivos comerciais europeus. A figura que predominou nesse período não foi a do pequeno produtor rural, e sim a do empresário explorador, o empresário de um grande negócio. Para Caio Prado, seria necessário entender a nação com base no que ela herdou da colônia, observando essa transformação como um processo histórico de longa duração.

Paisagem com engenho de açúcar, gravura de Zacharias Wagener, cerca de 1634.

A análise que Caio Prado fez do século XIX mostra-se importante sobretudo por dois motivos: primeiro porque faz um "balanço final" de três séculos de colonização; depois, porque se mostra como "chave insubstituível" para compreender a sociedade brasileira que se constituiu dali em diante. A obra de Caio Prado Jr. demonstra quão importante é analisar os períodos colonial e imperial para compreender o Brasil, seja do ponto de vista do resgate da nossa formação social, seja para observar a presença desse passado na sociedade brasileira atual. Ao observar as nuances arcaicas do Brasil moderno, Caio Prado considerou a formação do país ainda incompleta.

VOCÊ JÁ PENSOU NISTO?

A estrutura da economia brasileira contemporânea é fruto de um processo histórico que teve início com a chegada dos portugueses ao Brasil. A maneira pela qual a produção de mercadorias se organizava do século XVI ao XIX é determinante para compreender o desenvolvimento econômico do Brasil no século XX. A economia daquela época, baseada na monocultura, no trabalho escravo e no latifúndio, nos dá elementos para compreender, por exemplo, por que ainda hoje predominam grandes latifúndios que dão base ao agronegócio e por que ainda são tão grandes as desigualdades salariais entre negros e brancos. Observe as diferenças entre o lugar ocupado pelo Brasil no cenário econômico mundial nos séculos passados e nos dias atuais: existe continuidade e, ao mesmo tempo, um processo de transformação do país em relação ao mercado europeu e aos Estados Unidos?

Essa incompletude se deve, na visão de Caio Prado, à permanência do Brasil em um papel de subordinação e dependência em relação a outras economias. Segundo esse autor, o passado colonial ainda estaria presente na sociedade brasileira: o trabalho livre, por exemplo, não teria se organizado em todo o país, conservando traços do trabalho escravo. O mesmo raciocínio valeria para a produção extensiva destinada a atender os mercados no exterior, na época em que a obra foi escrita, e a ausência de um mercado interno desenvolvido, que reproduziria, assim, a subordinação do Brasil em relação a economias de outros países.

Cabe dizer que o pensamento de Caio Prado se alinhava aos estudos historiográficos de seu tempo. Nas últimas décadas, novos estudos historiográficos têm destacado outros aspectos da dinâmica econômica colonial, como a diversidade de atividades econômicas voltadas para o mercado interno e a importância dos pequenos produtores para o desenvolvimento social e econômico do território durante o período colonial.

Apu Gomes/Folhapress

Agentes da Polícia Federal realizam operação de combate ao trabalho análogo à escravidão em oficina de tecelagem na cidade de Americana (SP), 2013. A persistência de condições de privação de direitos no Brasil é um resquício do passado colonial.

BIOGRAFIAS

Acesse o Plurall para saber mais sobre **Fernando Novais (1933-)**, **Emilia Viotti da Costa (1928-2017)**, **Fernando Henrique Cardoso (1931-)**, **Sidney Chalhoub (1957-)**, **Silvia Hunold Lara (1955-)**, **Célia Maria Marinho de Azevedo (1951-)**, **Antonio Sérgio Guimarães (1952-)**, **Sérgio Costa (1962-)** e **Kabengele Munanga (1942-)**.

3 A ESCRAVIDÃO E A QUESTÃO RACIAL

A herança escravista e a questão racial, temas abordados por vários sociólogos durante o século XX, permanecem extremamente relevantes no século XXI. Os historiadores **Fernando Novais (1933-)** e **Emilia Viotti da Costa (1928-2017)**, os sociólogos Octavio Ianni e **Fernando Henrique Cardoso (1931-)** e mais recentemente os historiadores **Sidney Chalhoub (1957-)**, **Silvia Hunold Lara (1955-)**, **Célia Maria Marinho de Azevedo (1951-)**, os sociólogos **Antonio Sérgio Guimarães (1952-)** e **Sérgio Costa (1962-)**, o antropólogo **Kabengele Munanga (1942-)**, entre outros, procuram entender o peso e a importância desses temas para a sociedade brasileira.

A referência clássica desses autores, ainda que com críticas e avanços, é a obra de Florestan Fernandes (ver Capítulo 9). Esse autor foi responsável pela formação de um conjunto de pesquisadores cujo trabalho contribuiu para desenvolver a Sociologia brasileira, particularmente Octavio Ianni e Fernando Henrique Cardoso. Além das discussões acerca da escravidão e da questão racial, a obra de Florestan Fernandes aborda temas como a metodologia sociológica, o subdesenvolvimento, as classes sociais e a questão indígena, tornando-se, assim, uma das referências centrais para a Sociologia brasileira contemporânea.

Para Fernandes, a escravidão no Brasil tomou formas distintas e se conecta direta e indiretamente com os ciclos econômicos do período colonial (como vimos, atualmente muitos historiadores defendem que havia certa variedade de atividades econômicas voltadas para o abastecimento interno, de modo que a economia da colônia não era apenas exportadora e "de ciclos"). Em semelhança com a abordagem de Caio Prado Júnior, Florestan Fernandes entendia que Portugal havia imposto à sua colônia na América uma estrutura econômica baseada na exportação de produtos tropicais. A economia colonial brasileira foi marcada pela especialização em determinados ramos produtivos, especialização que se manteve após a emancipação da colônia iniciada com a vinda da família imperial portuguesa para o Brasil, em 1808.

Florestan Fernandes observou que as estruturas de dominação social do período colonial teriam sido preservadas no processo de modernização capitalista no Brasil na medida em que, já no século XX, a dependência em relação à metrópole teria sido transferida, de forma mais ampla, para o mercado capitalista europeu. A escravidão tem, portanto, ressonância na organização social da sociedade brasileira até nossos dias.

Mahommah Gardo Baquaqua, nascido em Djougou (cidade do atual Benim) entre 1820 e 1830, foi o único africano escravizado no Brasil que teve um relato autobiográfico divulgado. A obra foi publicada em língua inglesa em 1854, após ele conseguir sua liberdade no Haiti e nos Estados Unidos. Enquanto nos Estados Unidos e no Canadá existem diversas biografias de ex-escravizados, no Brasil insistiu-se em calar a voz dos negros. Trata-se de um sintoma das relações raciais, que não são tão amigáveis quanto propagou o mito da democracia racial. A obra de Baquaqua foi publicada em português em 2017, pela editora Uirapuru.

Reprodução/Coleção particular

Reprodução/Editora Uirapuru

ASSIM FALOU

Florestan Fernandes

A desagregação do regime escravocrata e senhorial se operou, no Brasil, sem que se cercasse a destituição dos antigos agentes de trabalho escravo de assistência e garantias que os protegessem na transição para o sistema de trabalho livre. Os senhores foram eximidos da responsabilidade pela manutenção e segurança dos libertos, sem que o Estado, a Igreja ou qualquer outra instituição assumisse encargos especiais, que tivessem por objeto prepará-los para o novo regime de organização da vida e do trabalho.

FERNANDES, Florestan. *A integração do negro na sociedade de classes*. Rio de Janeiro: Globo, 2008. p. 29 (texto original de 1965).

A desigualdade social, por exemplo, teria relação direta com a escravidão e mais particularmente com o modo como os negros foram incorporados a uma sociedade de classes, depois da abolição, em 1888. Ou seja, mesmo considerando o fim da escravidão um marco histórico importante, seria fundamental questionar em que medida as desigualdades sociais baseadas em diferenças de cor se reproduzem e se manifestam após a abolição.

Para entender esse processo, seria preciso analisar o **mito da democracia racial**. Em seu livro *A integração do negro na sociedade de classes* (1965), Florestan Fernandes observou que a democracia racial teria servido para difundir a ideia de que não existem distinções sociais entre negros e brancos e afirmar uma suposta convivência pacífica e harmônica entre brancos e não brancos no Brasil. Essas ideias levariam a supor que as oportunidades econômicas, sociais e políticas seriam iguais para todos os brasileiros.

VOCÊ JÁ PENSOU NISTO?

A Constituição brasileira de 1988, como também as de outros países de tradição institucional democrática e influenciados pela Declaração Universal dos Direitos Humanos (1948), tem como uma de suas formulações mais importantes a ideia de que todos os indivíduos são iguais perante a lei. No Brasil, entretanto, assim como em outros países, há diferenças estruturais que se chocam com esse princípio de igualdade de direitos e deveres. O passado escravista promove na sociedade brasileira contemporânea desigualdades econômicas, sociais, culturais e de prestígio social que impedem a realização do princípio de igualdade entre os indivíduos. Tente examinar essa questão observando como diferenças de cor podem representar também diferenças econômicas e salariais e entender como essas diferenças têm relação com a história pregressa do Brasil.

Seguindo o raciocínio desse autor, essa ideologia propaga até hoje no Brasil racismo, preconceitos e discriminações. Exemplos disso seriam afirmações do senso comum que garantem que o negro não tem problema de integração social, que a "índole brasileira" não reconhece distinções raciais, que as oportunidades sociais estão abertas a todos os brasileiros de forma igualitária, que o negro está satisfeito com sua condição social e seu estilo de vida. Esse problema social fica evidente em um estudo publicado em 2017 pelo Fórum Brasileiro de Segurança Pública, em parceria com a Organização das Nações Unidas para a Educação, a Ciência e a Cultura (Unesco), denominado Índice de Vulnerabilidade Juvenil à Violência. Segundo esse estudo, no Brasil, a probabilidade de um jovem negro ser assassinado é 2,7 vezes maior do que a de um jovem branco. Outro dado indica que a taxa de jovens negros mortos por 100 mil habitantes subiu de 60,5 em 2007 para 86,3 em 2015 e entre os jovens brancos de 26,1 para 31,9. Mesmo que a taxa de assassinatos tenha aumentado para negros e brancos, a frequência de mortes de jovens negros, que já era maior, cresceu muito mais que a de jovens brancos.

Para Florestan Fernandes, de um lado o mito da democracia racial teria consolidado a crença de que a situação do negro se deve a sua própria incapacidade de superar dificuldades sociais, tais como o desemprego e a pobreza. Por outro lado, o mito desresponsabiliza o branco e o isenta (sobretudo os brancos da classe dominante) dos efeitos da abolição feita sem reparação aos negros e da degradação da situação da comunidade

negra no Brasil. Fernandes sugeriu, entretanto, que o mito da democracia racial poderia ser usado como ponto de partida para a melhoria da condição do negro na sociedade de classes, desde que o pressuposto democrático seja realmente alcançado.

A desigualdade racial se expressa até mesmo na vitimização de policiais: embora haja mais policiais brancos do que negros no Brasil, os negros morrem em maior quantidade que os brancos.

BRASIL: EFETIVO POLICIAL, POR RAÇA/COR (2019)

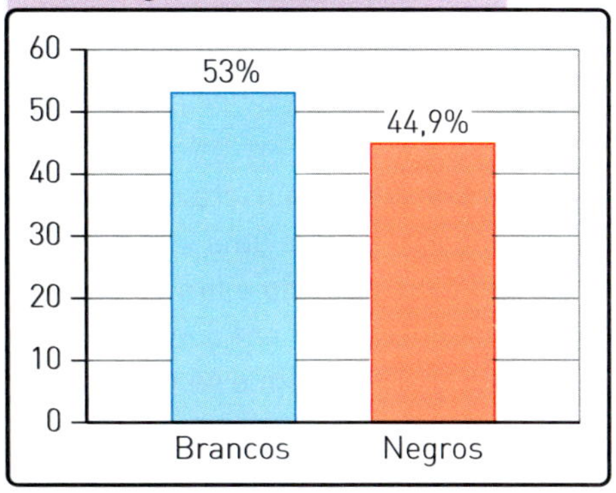

BRASIL: POLICIAIS ASSASSINADOS, POR RAÇA/COR (2019)

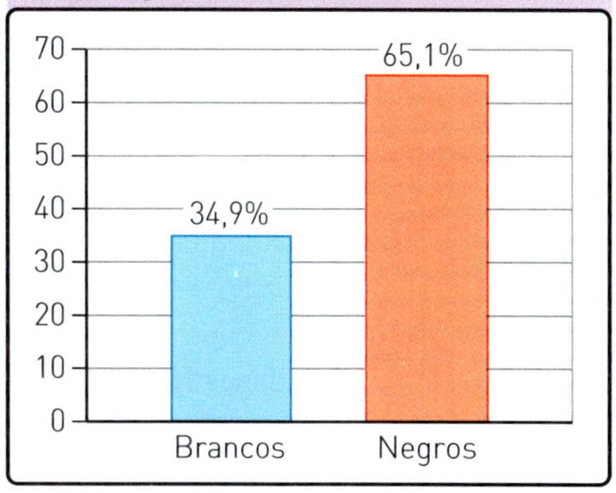

Fonte: Anuário Brasileiro de Segurança Pública 2020. *Fórum Brasileiro de Segurança Pública*, 2020, p. 77. Disponível em: https://forumseguranca.org.br/wp-content/uploads/2020/10/anuario-14-2020-v1-interativo.pdf. Acesso em: 22 jun. 2022.

Nos últimos anos, entretanto, essa questão vem sendo trabalhada por outro ângulo. O mito da democracia racial não só acobertaria as desigualdades e as discriminações, mas também reproduziria a ideologia da identidade nacional que impede a construção da igualdade entre os brasileiros.

4 SUBDESENVOLVIMENTO E DEPENDÊNCIA ECONÔMICA

valor agregado: valor que é agregado a um produto por meio do trabalho realizado em sucessivos ciclos de produção. Mercadorias que passam por poucos processos de transformação, como as matérias-primas, têm baixo valor agregado.

No Brasil dos anos 1930, o Estado moderno substituiu o Estado oligárquico e a indústria nacional começou a se desenvolver. As transformações ocorridas nesse período da história brasileira possibilitaram que a questão do subdesenvolvimento e da dependência econômica do país começasse a ser discutida nos anos 1950 e 1960.

Esse debate, além de ser atual, tem relação direta com o posicionamento do Brasil diante de outras economias do mundo. O lugar do Brasil pode ser pensado com base na divisão internacional do trabalho, isto é, em como foi e ainda é construída a economia nacional: que produtos e ramos da indústria foram desenvolvidos na produção nacional, se esses produtos são estratégicos ou matérias-primas e como essa produção insere o país na economia mundial.

Como vimos nos itens anteriores, mesmo depois da Independência, em 1822, o Brasil continuou sendo um país produtor de mercadorias com baixo **valor agregado**, que abastecia as demandas de outros países, sobretudo da Europa e dos Estados Unidos. A partir de meados do século XX, a economia brasileira se desenvolveu como uma economia periférica e complementar a outras que se estruturavam de maneira mais sólida e tinham como base de sua produção bens manufaturados pela indústria, como a automotiva.

O investimento de capital estrangeiro e as facilidades de financiamento e parcelamento na aquisição de maquinário vindo de outros países são fatores desse processo.

O subdesenvolvimento aparece, assim, como um problema a ser enfrentado pela Sociologia e também pela sociedade brasileira. Um dos principais teóricos do subdesenvolvimento foi o economista **Celso Furtado (1920-2004)**, autor de *Formação econômica do Brasil*, publicado em 1959. Assim como Caio Prado Júnior, Furtado analisou a economia do passado colonial e chamava a atenção para a ligação, presente desde a colônia, entre a economia brasileira e a economia mundial.

BIOGRAFIAS

Acesse o Plurall para saber mais sobre **Celso Furtado (1920-2004)**.

Colheitadeiras em plantação de algodão. Campo Verde (MT), 2018. A economia brasileira é ainda hoje fundamentalmente baseada na exportação de matérias-primas derivadas de produtos agrícolas. O país é o segundo maior exportador de algodão do mundo. Atualmente, a região Centro-Oeste é a maior produtora, concentrando 74% do total nacional.

Interior de fábrica de tecidos no estado de Alagoas, início do século XX. Nesse período, o estado de Alagoas teve grande importância na indústria têxtil do país. A região combinava a instalação de fábricas do setor com a produção agrícola de algodão. O setor perdeu força a partir da década de 1950, na medida em que o estado de São Paulo passou a ter melhores condições de produção, incluindo suas relações com o mercado externo. Algo que, conforme os especialistas, só poderia ser superado com uma intervenção política estatal.

Segundo Furtado, o subdesenvolvimento seria uma forma de organização social no interior do sistema capitalista e não uma etapa que antecederia a entrada no capitalismo. Para ele, os países subdesenvolvidos tiveram um processo de desenvolvimento indireto, sujeito ao desenvolvimento dos países industrializados. Assim, o Brasil se tornou dependente de países desenvolvidos, condição quase impossível de ser superada, a não ser por meio de uma forte intervenção do Estado no setor industrial.

A análise de Furtado destacava a grande concentração da renda em nível mundial ocorrida no século XX até a década de 1950, que ampliou a separação entre países ricos e pobres, desenvolvidos e subdesenvolvidos. A definição de subdesenvolvimento, portanto, se insere em um quadro de relações de dominação e dependência entre países, as quais tenderiam a se perpetuar.

Para sair da condição de país subdesenvolvido, seria necessário que em meados do século XX o Brasil tivesse estabelecido novas prioridades com o objetivo de atingir uma nova concepção de desenvolvimento. O subdesenvolvimento deveria ser neutralizado com uma ação política que, em lugar de reproduzir os padrões de consumo de minorias abastadas,

privilegiasse a satisfação de necessidades fundamentais da população como um todo, tais como o investimento em educação pública. Entretanto, essa ação política sugerida por Celso Furtado não foi implementada pelo Estado brasileiro. Assim, ainda hoje o país se encontra em situação de dependência em relação a países de economia mais forte, e as desigualdades sociais permanecem.

VOCÊ JÁ PENSOU NISTO?

O Brasil e os Estados Unidos foram colonizados em épocas muito próximas. Entretanto, os Estados Unidos são o país mais rico e mais desenvolvido do mundo em termos econômicos. Muito desse vigor econômico tem relação com o desenvolvimento industrial estadunidense, sobretudo com o crescimento das indústrias de automóveis e de eletrodomésticos nas primeiras décadas do século XX. O Brasil, contrariamente, só veio a desenvolver esse tipo de indústria nos anos 1950, de forma retardatária e sob o domínio de empresas multinacionais estrangeiras. Tente pensar que outras causas poderiam explicar nossa condição de país com economia mais fraca que a dos países ocidentais europeus e dos Estados Unidos. Há elementos históricos que contribuiriam para essa relação de dependência? Existiriam fatores externos ao Brasil que aprofundam essa condição de dependência?

Durante a década de 1950 se iniciou o processo de implantação de multinacionais no Brasil, com indústrias de bens de consumo e de veículos que buscaram firmar o país como produtor de bens típicos das sociedades de consumo. Segundo Fernando Henrique Cardoso, esse processo não foi específico da sociedade brasileira: pode ser observado em vários países latino-americanos e estabeleceu uma reformulação entre as economias mais ricas e mais pobres.

Arquivo do jornal Folha de São Paulo/Folhapress

Inauguração da Usina Hidrelétrica de Três Marias, em Minas Gerais, 1961, com a presença do então presidente do Brasil, Juscelino Kubitschek. A partir dos anos 1950, o Estado brasileiro incentivou a instalação de multinacionais no país como forma de industrializá-lo. Para isso, foi necessário investir em obras de infraestrutura.

Durante as décadas de 1960 e 1970, o processo teria se aprofundado, colocando os países pobres em uma nova fase de dependência. Entre nós, essa fase foi marcada pelo interesse dos países centrais em desenvolver no Brasil a indústria e o mercado interno. Fernando Henrique Cardoso afirma também que essa fase da divisão internacional do trabalho reproduz a dependência industrial e econômica, somada naquele momento à dependência tecnológica. Ou seja: essas empresas dos países centrais detinham não só os recursos como também a tecnologia que impulsionava a industrialização no Brasil.

A discussão sobre a dependência acabou por constituir uma nova teoria, a teoria da dependência, que tem como principais expoentes, além de Fernando Henrique Cardoso, o economista e sociólogo **Ruy Mauro Marini (1932-1997)**, a cientista política **Vânia Bambirra (1940-2015)** e os economistas **Theotonio dos Santos (1936-2018)** e **André Gunder Frank (1929-2005)**. Essa nova forma de dependência diferiria da velha dependência que prevaleceu no Brasil do século XIX até aproximadamente os anos 1930. A nova dependência, configurada entre 1950 e 1970, teria como eixo central a transferência de capital estrangeiro para o processo de industrialização. Essa transferência se deu por meio do financiamento de novos segmentos industriais e da instalação de filiais de multinacionais no país.

A política de substituição de importações, implementada pelo Estado brasileiro no período que teve como elemento central a industrialização e a urbanização da sociedade brasileira, não fazia restrições à entrada de capital estrangeiro. Ao contrário: o Estado via a chegada desse capital, financiador da industrialização automotiva, como a única maneira de garantir a industrialização. Como desdobramento desses investimentos externos, o mercado interno se dinamizou. Entretanto, esse processo fortaleceu a concentração de renda e, exceto quanto aos trabalhadores integrados no processo, aprofundou a desigualdade econômica.

BIOGRAFIAS

Acesse o Plurall para saber mais sobre **Ruy Mauro Marini (1932-1997)**, **Vânia Bambirra (1940-2015)**, **Theotonio dos Santos (1936-2018)** e **André Gunder Frank (1929-2005)**.

Fábrica de indústria automotiva alemã em São Bernardo do Campo (SP), na década de 1960. A região do ABC paulista se industrializou fortemente no período, em grande parte por investimentos estrangeiros. A fábrica da imagem foi fechada em 2021, por decisão da multinacional.

VOCÊ JÁ PENSOU NISTO?

A entrada de capital externo no Brasil foi marcante na industrialização dos anos 1950 no Brasil, mas também em outros momentos da história recente — por exemplo, nos anos 1990, com as privatizações de setores como o da telefonia. A ideia era retirar o Brasil de um estágio de atraso industrial e econômico, abrindo o mercado para empresas estrangeiras. Procure estabelecer, com base nos autores trabalhados neste capítulo, possíveis comparações de momentos históricos distintos nos quais o capital estrangeiro foi apontado como uma saída para o desenvolvimento do país.

Ricardo Azoury/Olhar Imagem

Manifestação contra a privatização da Telebras, Rio de Janeiro (RJ), 1998. A estatal de telefonia brasileira foi privatizada durante a presidência de Fernando Henrique Cardoso, que décadas antes participara da elaboração da teoria da dependência.

A trajetória dos autores da teoria da dependência expressa o isolamento acadêmico que a produção intelectual brasileira sofreu nos anos da ditadura. Tomemos o caso de Vânia Bambirra: assim como outros professores da época, após o golpe militar de 1964 ela foi coagida a abandonar seu posto na Universidade de Brasília (UnB). Viveu na clandestinidade durante um período, depois exilou-se no Chile, até por fim se tornar professora da Faculdade de Economia da Universidade Nacional Autônoma do México (Unam). Os textos de Bambirra foram pouco lidos no Brasil, e apenas uma parte de sua vasta obra foi traduzida para a língua portuguesa.

Em *O capitalismo dependente latino-americano*, publicado originalmente em 1972, no Chile, Bambirra considera o pós-Segunda Guerra Mundial o marco de uma nova fase do imperialismo, na qual a expansão do capital se orientaria pelo domínio das fontes de matérias-primas e pelos investimentos nos setores manufatureiros dos países dependentes. É por essa razão, segundo a autora, que naquele período a América Latina, incluindo o Brasil, se constituiu como um dos principais destinos desses investimentos.

Ainda nessa obra, Bambirra elaborou uma tipologia para analisar e explicar a centralidade latino-americana nesse processo de desenvolvimento dependente. Para ela, a integração regional poderia ser dividida em dois conjuntos de países. No primeiro deles, dos países latino-americanos de tipo A, como a Argentina, o Brasil e o Chile, já havia um mercado interno relativamente desenvolvido; por consequência, a industrialização do período pós-guerra ocorreu por meio da substituição de importações e de alianças entre a burguesia industrial e os setores agrários-exportadores. Nesses países, teria ocorrido um abandono do projeto de desenvolvimento autônomo, submetendo-se ao capital externo. Já nos países de tipo B, como o Peru, a Venezuela e o Equador, o setor industrial não havia sido desenvolvido até aquele período, havendo tampouco uma burguesia industrial local consolidada. Bambirra compreendeu, assim, que a industrialização desse grupo de países, promovida por investidores externos, teria sido uma consequência da integração da região como um todo.

Reprodução/Coleção do Senado dos EUA, Washington D.C, EUA

Na charge *Os chefes do Senado*, publicada em um jornal estadunidense em 1889, vê-se um grupo de capitalistas influenciando as decisões políticas legislativas. Na camisa de cada um, há a inscrição da indústria monopolista que representa.

5 INTERSECÇÕES DE CLASSE, RAÇA E GÊNERO

Vânia Bambirra forma, ao lado de Ruy Mauro Marini, Theotonio dos Santos e André Gunder Frank, o denominado "grupo dos quatro" da teoria da dependência. Mas ela foi além de seus colegas nas discussões teóricas sobre o capitalismo dependente, refletindo a respeito das relações de gênero.

Em *A liberação da mulher e a luta de classes*, de 1972, Bambirra analisou os desafios colocados à implementação do **socialismo** latino-americano e o importante papel das mulheres no processo revolucionário. A autora problematizou a divisão sexual do trabalho que designa todo o serviço doméstico às mulheres (como visto no Capítulo 12). Formando um exército laboral não remunerado, as mulheres tinham pouca adesão à luta socialista, o que seria um obstáculo ao processo revolucionário. Para ela, o debate socialista dos países dependentes, como os latino-americanos, reproduziria essa exploração do trabalho das mulheres, em vez de construir um espaço no qual elas pudessem atuar ativamente na transformação radical da sociedade.

socialismo: doutrina política e econômica surgida entre o século XVIII e o XIX que tem por princípio a igualdade social. Para isso, os socialistas defendem a coletivização dos meios de produção, mediante a supressão da propriedade privada e das classes sociais. Na teoria marxista, o socialismo é um estágio de transição entre o capitalismo e o comunismo.

ASSIM FALOU

Vânia Bambirra

O capitalismo tem procurado superar a milenar família patriarcal. Mas na família do casal, que a substituiu, a mulher também encontrou uma posição subalterna; foi relegada ao trabalho doméstico exaustivo e sem remuneração; tratou-se de incorporá-la ao processo produtivo, mas essa incorporação tem sido complementar e restrita e, em geral, em condições mais espoliativas.

BAMBIRRA, Vânia. Liberación de la mujer y lucha de clase. *Revista Punto Final*, n. 151, Santiago, fev. 1972, p. 10. Texto traduzido.

Juca Martins/Olhar Imagem

Passeata de mulheres de metalúrgicos em apoio à greve em São Bernardo do Campo (SP), 1980. Nesta foto, vê-se uma mulher acompanhada de crianças, incluindo uma de colo.

Fototeca Gilardi/akg-images/Album/Fotoarena/Coleção particular

Este cartaz de propaganda soviética, produzido por Nina Vatolina em 1941 para incentivar a resistência ao ataque da Alemanha nazista, reforça a participação das mulheres na construção da sociedade socialista. A legenda diz: "Fascismo – o inimigo mais cruel das mulheres".

Na teoria social brasileira da segunda metade do século XX, a participação das mulheres na sociedade de classes foi um tema importante. Como vimos no Capítulo 12, entre os anos 1970 e 1990 desenvolveu-se uma tradição de estudos sobre a exploração-dominação do trabalho das mulheres, com enfoque na abordagem do patriarcado. Orientada por Florestan Fernandes em seus primeiros estudos, a socióloga Heleieth Saffioti dá um enfoque pioneiro aos estudos sobre o Brasil ao voltar-se às questões das mulheres, como pode ser visto em *A mulher na sociedade de classes: mito e realidade* (1969).

Em seus estudos sobre violência, trabalho doméstico e participação no mercado das mulheres na sociedade brasileira, Saffioti identificou as mulheres trabalhadoras como um **exército industrial de reserva**. Segundo essa concepção originada da teoria marxista, elas seriam a força de trabalho inserida no desemprego estrutural das economias capitalistas, ou seja, parte dos trabalhadores que excede as necessidades da produção, que está desempregada, mas permanece à disposição do capital caso haja necessidade. Por ser um grupo disponível, mas não empregado, essa parcela da população é forçada a se submeter a baixos salários e precárias condições de trabalho por questões de sobrevivência.

Sob um ponto de vista de vanguarda, Saffioti caracterizou a articulação das relações sociais de gênero, classe e raça como um "nó" que une essas "três contradições sociais básicas" em um tipo de simbiose. De maneira bastante resumida, nessa

Corbis/Getty Images

Historicamente, em momentos de guerra, as mulheres são massivamente recrutadas para realizar o trabalho fabril, suprindo as demandas ocasionais da indústria bélica. Na fotografia, mulheres trabalham em uma fábrica de aviões na Califórnia, nos Estados Unidos, durante a Segunda Guerra Mundial.

"simbiose", o patriarcado corresponderia ao domínio do poder pelos homens, o preconceito racial seria verificado no conjunto da sociedade brasileira e, simultaneamente, a sociedade estaria dividida em classes sociais de interesses antagônicos (dominantes e subalternos). Em certo sentido, essa caracterização corresponde ao debate sociológico mais amplo da **interseccionalidade** das opressões nas relações sociais.

interseccionalidade: termo cunhado pela advogada estadunidense **Kimberlé Crenshaw (1959-)** com base nos debates feministas negros de seu país das décadas de 1970 e 1980. Para explicar a combinação de fatores relativos ao gênero, à raça e à classe nos processos de opressão, a autora utilizou a metáfora do encontro de avenidas, onde essas relações de poder se entrecruzariam.

neurose: forma por meio do qual se expressam, com sintomas, os conflitos entre aspectos do consciente e do inconsciente de um sujeito, gerando sofrimento.

Acervo Última Hora/Folhapress

Carolina Maria de Jesus (1914-1977) foi uma escritora negra brasileira. Sua obra *Quarto de despejo: diário de uma favelada*, publicada originalmente em 1960, narra seu cotidiano como mulher favelada e trabalhadora catadora de materiais recicláveis. Traduzido para 14 idiomas, o livro autobiográfico trata das interconexões entre classe, raça e gênero.

BIOGRAFIAS

Acesse o Plurall para saber mais sobre **Kimberlé Crenshaw (1959-)**.

Outra importante autora brasileira a considerar as opressões sob um prisma interseccional, Lélia Gonzalez (ver Capítulo 9) propôs estudar como o racismo e o sexismo se articulam na cultura do país. Lélia analisou o período da ditadura militar no Brasil (1964-1985), a consolidação de alguns grupos de mulheres feministas daquele período e a construção do movimento negro brasileiro. A autora ampliou o debate sobre as articulações entre opressões de gênero, raça e classe, acrescentando à análise a dimensão da região do mundo, pois considerava que o lugar onde nos situamos também determina a nossa visão de mundo.

Em relação ao mito da democracia racial, visto ao longo deste capítulo como tema norteador para diversos autores, Gonzalez afirmou que, no Brasil, existe o "racismo por denegação", ou seja, disfarçado. Emprestando conceitos da psicanálise, como o de **neurose**, ela propõe que esse tipo de racismo velado explicaria a invisibilização das práticas estruturais e cotidianas de discriminação racial.

ASSIM FALOU

Lélia Gonzalez

O lugar em que nos situamos determinará nossa interpretação sobre o duplo fenômeno do racismo e do sexismo. Para nós o racismo se constitui como a sintomática que caracteriza a neurose cultural brasileira.

GONZALEZ, Lélia. *Racismo e sexismo na cultura brasileira*. Trabalho apresentado no 4º Encontro Anual da Associação Nacional de Pós-Graduação e Pesquisa em Ciências Sociais, Rio de Janeiro, 1980, p. 224.

VOCÊ JÁ PENSOU NISTO?

Quando compreendemos um problema social apenas sob o ponto de vista econômico ou apenas sob o ponto de vista das relações de gênero, ou mesmo sob um olhar restrito às discriminações raciais, tendemos a empobrecer a nossa análise. Por exemplo, se interpretamos o desemprego como um problema meramente econômico, olhando apenas para seus impactos na economia, ignoramos o modo como esse problema interfere na qualidade de vida das pessoas. Quando observamos as relações sociais no Brasil, de um modo geral, percebemos que as mulheres negras formam o grupo mais afetado por esse problema no conjunto dos trabalhadores. Isso indica que, na realidade do mundo do trabalho (e não só nela), as relações de gênero, classe e raça têm diferentes efeitos, que se entrecruzam.

VOCÊ APRENDEU QUE

No Brasil do fim do século XIX e início do XX, as análises sobre a sociedade brasileira se concentraram na formação social do país, nas influências dessa formação e nas características de uma identidade nacional. Na década de 1930, a perspectiva sobre a identidade nacional tomou forma sociológica com as obras de Gilberto Freyre e Sérgio Buarque de Holanda.

Em *Casa-grande & senzala* (1933), Gilberto Freyre não considera a mestiçagem negativa (discordando de autores do século XIX) e enfatiza a necessidade de substituir o conceito de "raça", largamente difundido no Brasil, pelo conceito de cultura. Freyre vê a formação do povo e da cultura brasileira como um encontro complexo de três "raças".

Caio Prado Júnior, nos livros *Evolução política do Brasil* (1933) e *Formação do Brasil contemporâneo* (1942), interpreta o passado colonial baseando-se nas formas de produção, distribuição e consumo de mercadorias. Para esse autor, a formação do Brasil se deu de fora para dentro, visto que o país se estruturou como fornecedor de produtos tropicais para outros países.

Em *Raízes do Brasil* (1936), Sérgio Buarque de Holanda aborda as contradições na implantação do liberalismo tradicional no Brasil. Esse autor tem como influências a história social francesa, a sociologia da cultura alemã, e, sobretudo, Max Weber e a teoria sociológica e etnológica.

Um dos aspectos centrais da obra de Sérgio Buarque de Holanda foi discutir a relação entre o público e o privado. Inspirado nos tipos ideais de Weber, ele apresenta o homem cordial como síntese de uma prática social que não reconhece os limites dessas duas esferas sociais. Para ele, só com a superação dessa prática o país poderia se transformar.

Em *A integração do negro na sociedade de classes* (1965), Florestan Fernandes observa que a noção de "democracia racial" contribuiu para difundir a ideia de que no Brasil não há distinções sociais entre negros e brancos, o que não corresponderia à verdade.

Em *Formação econômica do Brasil* (1959), Celso Furtado (como Caio Prado Júnior) chama a atenção para as relações, desde o passado colonial, entre a economia brasileira e a economia mundial, elaborando a questão do subdesenvolvimento. Essa ideia serviu de base para que sociólogos e economistas desenvolvessem, nos anos 1970, a teoria da dependência econômica.

Sociólogas brasileiras, como Vânia Bambirra e Heleieth Saffioti, desenvolveram importantes análises sobre as mulheres brasileiras na sociedade de classes.

As análises dessas autoras chamam a atenção para o modo como as dimensões de classe, raça e gênero se entrecruzam.

ATIVIDADES

REVENDO

1. Quais são os temas centrais que antecederam e influenciaram a formação da Sociologia brasileira no final do século XIX e início do século XX?
2. Descreva o período em que a Sociologia brasileira se consolida e cite seus principais representantes.
3. A escravidão no Brasil influenciou o desenvolvimento do preconceito racial do século XX? Explique.
4. Explique em que medida o Brasil se formou como um país subdesenvolvido e economicamente dependente.
5. Qual a relevância para a sociologia brasileira das análises produzidas por Vânia Bambirra, Heleieth Saffioti e Lélia Gonzalez?

CONSTRUINDO

1. O artista mineiro Paulo Nazareth produz obras que tematizam a condição do homem negro no Brasil e do brasileiro no mundo. Observe duas obras desse artista.

***Negros na piscina*, de Paulo Nazareth, 2014 (impressão fotográfica sobre papel--algodão, 75 cm × 100 cm).**

***What is the color of my skin? / Qual é a cor da minha pele?*, de Paulo Nazareth com Moisés Patrício, 2013 (impressão fotográfica sobre papel-algodão, 75 cm × 100 cm).**

- Relacione essas obras aos conteúdos discutidos no capítulo.

2. Leia o trecho de reportagem e observe o gráfico a seguir.

Estudo expõe diferença de salários entre negros e brancos em ONGs

Em 2019, negros ganharam em média 27% menos que os brancos

Uma pesquisa feita pela Associação Brasileira de ONGs (Organizações Não Governamentais – Abong) mostra discrepâncias entre a remuneração e cargos ocupados por negros e brancos nas organizações da sociedade civil. Segundo o levantamento, em 2019 as pessoas negras ganharam em média 27% menos que as brancas nas ONGs.

Os dados são baseados em informações da Relação Anual de Informações Sociais (Rais), do Ministério da Economia, no período de 2015 a 2019, apurados nas 27 capitais brasileiras.

A faixa de remuneração média nas ONGs é a de meio a três salários mínimos. De acordo com o estudo, enquanto os homens brancos têm a maior participação na faixa dos salários mais altos (mais de 20 salários mínimos), os negros são a maioria nas faixas que representam os menores salários.

Entre as pessoas que receberam, em 2019, mais de 20 salários mínimos nas ONGs, 44,42% eram homens brancos; 31,45% mulheres brancas; 12,97% homens negros; e 10,01% mulheres negras.

Já na faixa de remuneração de até meio salário mínimo, a maioria é de homens negros (38,19%), seguidos de mulheres negras (37,11%), mulheres brancas (12,81%) e homens brancos (11,11%).

Os dados levantados apontam ainda que a maior participação de pessoas negras (41,62%) está na ocupação de auxiliar de manutenção predial. E a maior presença de pessoas brancas (64,81%) situa-se na ocupação de pesquisador ou pesquisadora.

BOCCHINI, Bruno. *Estudo expõe diferença de salários entre negros e brancos em ONGs*. Agência Brasil, 14 dez. 2020. Disponível em: https://agenciabrasil.ebc.com.br/economia/noticia/2020-12/estudo-expoe-diferenca-de-salarios-entre-negros-e-brancos-em-ongs. Acesso em: 22 jul. 2022.

BRASIL: MÉDIA SALARIAL POR OCUPAÇÃO PARA PESSOAS COM ENSINO SUPERIOR PÚBLICO, EM R$ (2016-2018)

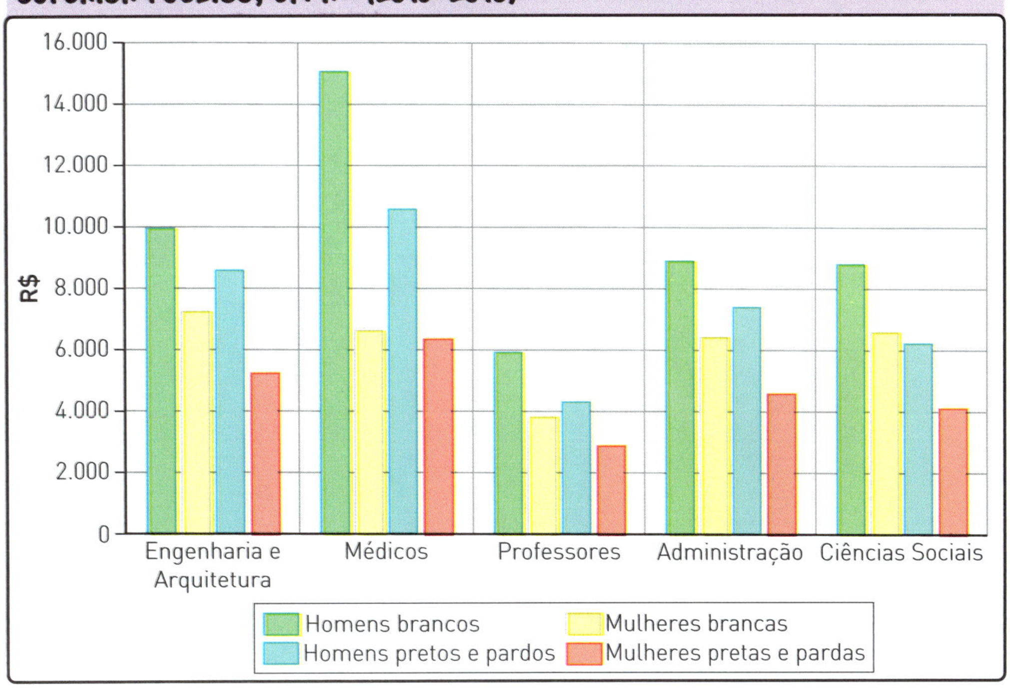

Fonte: RIBEIRO, Beatriz Caroline, KOMATSU, Bruno Kawaoka; MENEZES-FILHO, Naercio. Diferenciais salariais por raça e gênero para formados em escolas públicas ou privadas. *Centro de Gestão e Políticas Públicas*, policy paper n. 45, jul. 2020, p. 14. Elaborado com dados da PNAD Contínua Suplementar de Educação/IBGE, 2016-2018. Disponível em: www.insper.edu.br/wp-content/uploads/2020/07/Policy-Paper-45.pdf.

a) Descreva as causas históricas que contribuem para a perpetuação das desigualdades salariais quanto às diferenças de gênero e cor no Brasil, evidenciadas pela reportagem e pelo gráfico.

b) Em que medida essas desigualdades podem contribuir para a lucratividade das empresas capitalistas?

3. Leia um trecho do discurso de Sojourner Truth (1797-1883), proferido na Convenção Nacional pelos Direitos da Mulher, em 1851, nos Estados Unidos:

> Aquele homem ali diz que é preciso ajudar as mulheres a subir numa carruagem, é preciso carregar elas quando atravessam um lamaçal e elas devem ocupar sempre os melhores lugares. Nunca ninguém me ajuda a subir numa carruagem, a passar por cima da lama ou me cede o melhor lugar! E não sou uma mulher? Olhem para mim!
>
> TRUTH, Sojourner. *In*: RIBEIRO, Djamila. *O que é lugar de fala?* Belo Horizonte: Letramento, 2017. p. 20. (Coleção Feminismos plurais.)

Granger/Fotoarena

Sojourner Truth nasceu em 1797, nos Estados Unidos. Foi escravizada e se tornou uma abolicionista e ativista dos direitos das mulheres afro-americanas. Foi ao tribunal para resgatar a guarda de seu filho em 1828, tornando-se a primeira mulher negra a ganhar um caso como esse. Foto de 1864.

- Com base no trecho destacado, discuta a ideia de que distintas opressões se articulam.

4. Leia o trecho a seguir e discuta, sob um enfoque histórico e sociológico, como ele se relaciona com o que você aprendeu sobre a teoria da dependência.

> No Brasil, a ânsia de fazer coincidir os ideais liberais político-econômicos da potência dominante inglesa como uma versão periférica e tardia do iluminismo das revoluções francesa e americana levou-nos a uma República proclamada sem revolução política nem burguesa. A hoje denominada Velha República nasceu "pelo alto" e pelas mãos dos militares, em meio às intrigas das novas e velhas oligarquias (com dificuldade de estabelecer um pacto de compromisso), ante a apatia e o estranhamento do povo brasileiro, que assistiu, como espectador, à proclamação da sua nova (velha) República imperial
>
> A república brasileira nasceu, assim, "pacificamente" sobre os escombros do capital mercantil-escravista e a falência de inúmeras casas de comércio e bancárias mergulhadas no "Encilhamento", resultante, ontem como hoje, da política econômica de endividamento interno e externo dos senhores locais do nosso império. Uma das primeiras medidas de grande relevância econômica da República recém-proclamada foi uma grande moratória seguida de uma negociação do reescalonamento da dívida externa (um *funding loan*) com os banqueiros ingleses. Para obter esta colaboração, as autoridades monetárias e financeiras levaram o país ao primeiro grande ajuste recessivo de corte liberal e à adesão mais firme ao padrão ouro-libra, derrotando os "papelistas", que preferiam estabelecer um padrão monetário interno, sem conversibilidade, mas que permitisse expandir o crédito interno.
>
> TAVARES, Maria da Conceição. Império, território e dinheiro. *In*: MELO, Hildete Pereira de (org.). *Maria da Conceição Tavares*. Vida, ideias, teoria e política. São Paulo: Editora Expressão Popular, 2019 [1999]. p. 263-264.

CAPÍTULO 15

Temas contemporâneos da Sociologia

Mladen Antonov/AFP

Grafite em mural de Moscou, na Russia, mostrando um *hashtag*, sinal utilizado em redes sociais para identificar imagens e mensagens relacionadas a um tópico específico. Foto de 2017.

Neste capítulo veremos algumas discussões centrais para a Sociologia produzida nas últimas décadas. Vamos destacar algumas perspectivas sobre problemas que a Sociologia clássica não aprofundou e novas questões características do contexto histórico dos séculos XX e XXI. Entre estas últimas, trataremos da mercantilização da cultura, do processo de informatização da vida, da financeirização da economia e da formação de ações políticas coletivas distintas daquelas realizadas até meados dos anos 1970.

Vamos analisar temas relativos à indústria cultural, à ação comunicativa e à esfera pública; às práticas simbólicas; à revolução informacional; à modernidade e à pós-modernidade; e, por fim, à valorização e à financeirização do capital.

NESTE CAPÍTULO VAMOS DISCUTIR:

1. A indústria cultural
2. A Revolução Informacional
3. Valorização e financeirização do capital
4. Modernidade e pós-modernidade
5. Campo simbólico e esfera pública: dois temas contemporâneos

COMPETÊNCIAS E HABILIDADES DA BNCC

- Competências gerais da Educação Básica: 1, 2, 5, 6, 7, 9 e 10.
- Competências específicas de Ciências Humanas e Sociais Aplicadas: 1, 2, 3, 4, 5 e 6.
- Habilidades de Ciências Humanas e Sociais Aplicadas: EM13CHS101, EM13CHS102, EM13CHS104, EM13CHS201, EM13CHS202, EM13CHS303, EM13CHS306, EM13CHS401, EM13CHS403, EM13CHS501, EM13CHS502, EM13CHS503 e EM13CHS504.
- Competências específicas de Linguagens e suas Tecnologias: 1, 2 e 3.
- Habilidades de Linguagens e suas Tecnologias: EM13LGG102, EM13LGG202, EM13LGG204 e EM13LGG303.

1 A INDÚSTRIA CULTURAL

Nos anos 1940, **Theodor Adorno (1903-1969)** e **Max Horkheimer (1895-1973)**, intelectuais do que se convencionou chamar de Escola de Frankfurt, analisaram um tema até hoje central para as sociedades contemporâneas: a indústria cultural.

PARA SABER +

Escola de Frankfurt

Escola de Frankfurt é o nome dado a um grupo de pensadores alemães atuantes no Instituto de Pesquisas Sociais de Frankfurt a partir da década de 1920. Além de Adorno e Horkheimer, nomes como Walter Benjamin (1892-1940), Herbert Marcuse (1898-1979), Erich Fromm (1900-1980) e Jürgen Habermas (1929-) atuaram em diferentes períodos com um interesse em comum: chegar a uma teoria crítica da sociedade, numa abordagem que englobava a Filosofia, a Economia, a Psicologia, a História e as Ciências Sociais. Para tanto, tomaram como ponto de partida, principalmente, a teoria marxista e as contribuições da psicanálise e da sociologia weberiana.

A teoria crítica buscou analisar as condições específicas da cultura de massa, que se formou a partir da primeira metade do século XX. Esta se caracteriza, principalmente, pelo estímulo ao consumo e à fruição do entretenimento a fim de diminuir tensões sociais decorrentes do capitalismo. Esses pensadores tiveram especial interesse nos meios de reprodução técnica e difusão em larga escala surgidos desde meados do século XIX, como a fotografia, o cinema, o rádio e a televisão.

BIOGRAFIAS

Acesse o Plurall para saber mais sobre **Theodor Adorno (1903-1969)**, **Max Horkheimer (1895-1973)**, **Walter Benjamin (1892-1940)**, **Herbert Marcuse (1898-1979)**, **Erich Fromm (1900-1980)** e **Jürgen Habermas (1929-)**.

No livro *Dialética do esclarecimento* (1944), Adorno e Horkheimer observaram como os processos de industrialização foram incorporados à produção artística. Eles procuraram mostrar como o processo de mercantilização, de troca de mercadorias, também atinge a arte e a cultura em geral.

A obra foi escrita em um contexto de intensa transformação social na Europa e nos Estados Unidos, causada pela introdução do taylorismo e do fordismo (ver Capítulo 12), e pela influência do desenvolvimento científico e de sua aplicação tecnológica nas indústrias. Adorno e Horkheimer chamaram de **indústria cultural** o avanço da produção mercantil sobre as expressões culturais e artísticas.

Cada vez mais sujeitas às imposições do mercado, a arte e a cultura acabariam transformadas em mercadorias que são trocadas como um carro, um eletrodoméstico ou outra mercadoria qualquer.

Los Angeles Chamber of Commerce/United States Information Agency/PhotoQuest/Getty Images

Vista aérea dos estúdios de uma grande empresa cinematográfica em Burbank, Estados Unidos, c. 1930. Poucas décadas após a invenção do cinema, a indústria da área já estava consolidada, com um intenso ritmo de produção. A possibilidade de distribuir cópias do mesmo filme ao redor do mundo possibilitou lucros inéditos para uma atividade do ramo da cultura.

A indústria cultural (os meios de comunicação de massa e a cultura de massa) surgiu com a industrialização nas sociedades capitalistas, mas só ganhou maior proporção quando a industrialização no século XX se tornou um processo em larga escala. As transformações no modo de vida decorrentes da introdução das máquinas na produção capitalista no século XVIII aceleraram-se nos séculos XIX e XX. O desenvolvimento de uma produção de massa leva, necessariamente, a um consumo de massa: se há cada vez mais produtos, é preciso que haja cada vez mais consumo.

A mercantilização da vida teria atingido, com isso, setores da sociedade que pareciam estar imunes a esse processo. O teatro, a dança e as artes plásticas teriam, segundo essa perspectiva, sucumbido ao desenvolvimento da racionalidade econômica, ou seja, teriam submetido o processo de criação artística à finalidade única de gerar mais lucros. Adorno percebeu também que a produção artística desse período, a exemplo do cinema (e, podemos dizer, da televisão, inventada posteriormente), já teria nascido impregnada dos signos da produção e do consumo em massa. A produção cultural estaria articulada aos objetivos estruturais do capital, isto é, sujeitaria seus objetivos, em grande medida, à troca mercantil. Assim, qualquer expressão crítica da arte e da cultura estaria praticamente descartada.

Mecanismos culturais e artísticos estruturaram-se da mesma maneira que a produção industrial de mercadorias: assumiram seu ritmo, sua cadência, suas formas de exploração do trabalho e de venda da mercadoria.

O mesmo ocorreria com as relações sociais que sustentam a produção em massa. Trata-se, como vimos no Capítulo 12, de uma relação social que submete o trabalhador ao ritmo da máquina e que o aliena, reifica sua existência. Essa **reificação** o transforma em uma coisa, um mero produto, uma mercadoria como todas as outras, e alcança todos os aspectos de sua vida. A consequência disso é a falta de uma perspectiva crítica do trabalhador em relação à sociedade e à sua própria existência.

A cultura produzida também em série, em massa, é percebida como manifestação de uma indústria que não desenvolve nenhuma forma de expressão intelectual livre; ao contrário, está submetida aos anseios do mercado e do lucro capitalista. Torna-se, portanto, uma mercadoria consumível e descartável como qualquer outra. Com isso, a cultura deve obedecer aos princípios mais gerais do mercado e ser produzida para fazer girar a indústria de livros, de filmes, de música, de peças de teatro, de televisão, de *sites*, de jornais e revistas, padronizando-se para atender àquilo que essa indústria considera ser um perfil médio de expectativas dos consumidores. Uma arte crítica, que leva à reflexão, perde cada vez mais espaço para o entretenimento considerado lucrativo.

osArt/Shutterstock

Com o advento da indústria cultural, obras como a *Mona Lisa* (1506), de Leonardo da Vinci, foram rotinizadas e transformadas em produto. Esta ilustração utiliza a famosa pintura para ironizar poses e filtros usados em redes sociais.

Nesta tira de 2015, o cartunista André Dahmer trata com ironia a finalidade da produção capitalista: o lucro.

VOCÊ JÁ PENSOU NISTO?

O mercado da música acaba por definir, muitas vezes, como devem ser as canções, ritmos e letras, e dita que perfis de artistas serão vendáveis e aceitos pelos consumidores. Pense em uma musicista, por exemplo: por mais brilhante que possa ser, se ela não conseguir vender sua arte no mercado, provavelmente não conseguirá seguir no ramo. Por isso, os artistas e suas músicas, muitas vezes, buscam se adequar ao mercado: é a arte submetida à lógica do lucro. Diversas expressões culturais passam por essa situação. Expressões culturais tradicionais de determinadas regiões, como o jongo no Sudeste e o coco ou o cavalo-marinho no Nordeste, não nasceram atreladas ao mercado: elas não eram apresentadas a um público em troca de dinheiro, e sim realizadas coletivamente em encontros sociais cotidianos e celebrações das comunidades. Com as mudanças aceleradas na sociedade, muitas dessas manifestações culturais ficaram sob risco de desaparecer. Diante disso, tem sido frequente estimular que elas sejam transformadas em produtos vendáveis, em espetáculos que garantam renda para aqueles que os apresentam. Com isso, algumas características originais são modificadas. Você conhece outras expressões culturais que têm se transformado para atender às demandas do mercado?

2 A REVOLUÇÃO INFORMACIONAL

Um dos desdobramentos possíveis da indústria cultural tem relação com a produção e a apropriação da informação. O processo de racionalização das sociedades, que contribui para o aprofundamento do mercado e da economia, traz o debate sobre como as inovações científicas e tecnológicas deveriam ou não ser usadas como meio de incrementar a produção de mercadorias.

O desenvolvimento científico e tecnológico inspirou vários autores desde a Revolução Industrial. Novos sujeitos sociais, modos de produção, novas práticas políticas, novos tipos de sociedade, de organização da produção, de formas de ação política coletiva foram estudados com base no desenvolvimento científico e tecnológico. Essas análises foram particularmente influenciadas por uma leitura da obra de Marx segundo a qual o desenvolvimento tecnológico e científico seria limitado pelas relações sociais capitalistas. Estas relações sociais impediriam que a ciência e a tecnologia avançassem livremente como elemento de transformação social, já que esse livre avanço não atenderia aos interesses sociais do capitalismo. Em síntese, podemos dizer que o desenvolvimento tecnológico e científico em nossa sociedade não está descolado dos interesses das classes sociais dominantes. Nesse sentido, a ciência e a tecnologia desenvolvidas nas sociedades capitalistas têm por objetivo central atender às expectativas de lucro.

Existem no capitalismo forças produtivas (ciência e tecnologias) capazes de gerar o necessário para toda a população do planeta. No entanto, seu desenvolvimento permanece limitado aos interesses do capital, restringindo o acesso e a socialização dos produtos. Vejamos um exemplo: desde a década de 1970, dados da Organização das

Nações Unidas para Alimentação e Agricultura (FAO) apontam que a fome no mundo não é resultado da baixa produção de alimentos, mas da má distribuição dela. Por um lado, existem problemas relativos à área da produção, como o crescimento do uso indiscriminado de agrotóxicos e transgênicos, sem controle das consequências para o ambiente e para a saúde humana. Por outro, as relações de produção capitalistas impedem que os benefícios trazidos pelo avanço das forças produtivas, a exemplo da grande capacidade de produção alimentar, estejam disponíveis para todos.

Luisaazara/Shutterstock

Plantação em sistema agroflorestal em Petrópolis (RJ). Foto de 2018. Uma agrofloresta reúne espécies com diferentes portes, tempos de crescimento e usos de recursos do solo, possibilitando o cultivo orgânico de alimentos e a exploração de madeira com menor impacto ambiental. O uso mais amplo de sistemas como esse ajudaria na produção sustentável de alimentos de qualidade, promovendo a recuperação vegetal e do solo.

Com a reestruturação da produção dos anos 1960 e 1970, a capacidade das forças produtivas de gerar o suficiente para toda a população do planeta voltou ao centro da discussão sociológica. As novas tecnologias da informação, distintas das tecnologias anteriores, pareciam dar outro sentido às sociedades contemporâneas. Como trouxeram novas formas de produção que diminuíram tanto a necessidade de intervenção direta do trabalho quanto o tempo de trabalho necessário à produção, teriam possibilitado aos indivíduos participar mais da construção da cidadania e da ampliação de direitos sociais. Falou-se de uma **Revolução Informacional**, que, ao transformar a base produtiva do capitalismo, alçaria o conhecimento e a informação como elementos centrais do trabalho.

Enquanto a Revolução Industrial se caracterizou como uma revolução da indústria e teve seu foco no trabalho realizado nas máquinas, a Revolução Informacional teria como base não a matéria física, mas a informação e o conhecimento. A primeira se caracterizaria pela transformação de um produto com base no trabalho manual; a segunda, pelo predomínio do trabalho intelectual não só no setor industrial, mas em todos os setores da economia.

Em seu livro *A Revolução Informacional* (1992), o sociólogo francês **Jean Lojkine (1939-)** entende que a mudança não se limita a uma transformação tecnológica. Para esse autor, não se trata da simples utilização da informática em atividades de formação, comunicação e gestão, mas sim de uma mudança em como os trabalhadores usam a informação.

BIOGRAFIAS

Acesse o Plurall para saber mais sobre **Jean Lojkine (1939-)**.

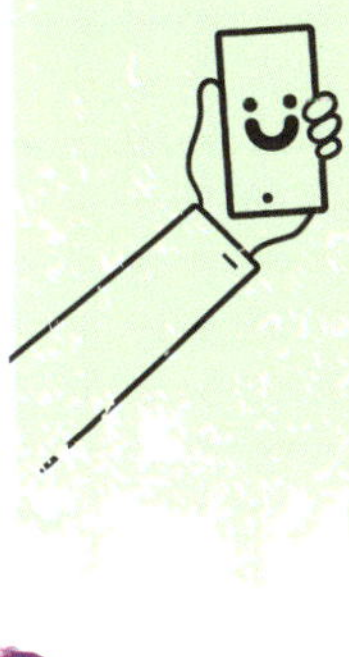

A questão central para entender o trabalho informacional na produção ou nos serviços tem relação com as formas de liberação do trabalhador. Para Lojkine, muitas foram as tentativas de controlar esse tipo de atividade de forma taylorista, isto é, retirando os saberes dos trabalhadores e os transferindo para a gerência. Mas essas tentativas não tiveram êxito, já que as atividades criadas pela Revolução Informacional se apoiam na produção e na troca de informações por meio das tecnologias da informação.

Segundo alguns autores, ocorreu uma diferença significativa na utilização das NTICs (novas tecnologias da informação e comunicação) em relação a tecnologias anteriores, pois não substituem trabalhadores por máquinas. Lojkine ressalta que essas tecnologias são diferentes na medida em que demandam uma interatividade do trabalhador com a máquina, tendo a invenção humana um papel central nesse processo.

Thomaz Vita Neto/Pulsar Imagens

Agricultor utiliza computador para controlar dispositivos de irrigação em plantação de soja em Buritama (SP), em 2021, conforme os prognósticos meteorológicos recebidos de satélites. A maior aplicação de tecnologias ampliou as possibilidades de uso de informação e maquinário também no agronegócio.

Assim, a utilização das tecnologias da informação teria relação com a libertação do indivíduo de certas amarras do trabalho taylorista e fordista. Haveria ainda exploração do trabalho, mas de forma diferente da que havia anteriomente. Nesses novos termos, o trabalho seria mais qualificado, exigindo mais responsabilidade do trabalhador; seria sobretudo um trabalho mais intelectualizado se comparado ao da fábrica fordista. Expressões como "satisfação no trabalho" e "participação ativa do trabalhador" pareciam indicar uma relação distinta do trabalhador com seu trabalho. Em outras palavras, o trabalhador teria se libertado de algumas limitações impostas pelas atividades tradicionalmente fabris.

© Adão Iturrasgarai/Acervo do cartunista

A charge de Adão Iturrusgarai, de 2012, cria uma analogia entre as falhas da tecnologia e os problemas sociais: uma pessoa em situação de rua segura uma placa com uma típica frase dos computadores: "Ocorreu um problema do sistema". A charge nos faz refletir se os avanços da tecnologia puderam ou ainda podem resolver ou mitigar problemas sociais.

Apesar da criação de novas qualificações profissionais, o que deve ser ressaltado é que, na prática, essas novas formas de trabalho são, em certa medida, consequência de escolhas e estruturas gerenciais em que o trabalhador não pode interferir. Nesse sentido, a pergunta central seria: a Revolução Informacional de fato liberta o trabalhador de atividades penosas e enfadonhas ou não passa de um processo de intensificação do trabalho que agora também controla as formas de produção intelectual?

Deve-se levar em conta que toda transformação tecnológica não tem fundamentação neutra, mas obedece a interesses presentes na sociedade. Nesse sentido, a produção informacional parece estar longe de libertar os trabalhadores dos atuais padrões de exploração e de dominação social.

On The Back Of Camera/Shutterstock

Smartphone com aplicativo de monitoramento remoto por câmera. Istambul, Turquia, 2021. É cada vez mais comum que o trabalho seja mediado por plataformas digitais. Um exemplo são aplicativos que fazem a mediação entre os trabalhadores de serviços como limpeza, cuidados com animais ou aulas particulares e seus clientes.

VOCÊ JÁ PENSOU NISTO?

Muitas atividades que utilizam a informação como ferramenta de trabalho são apresentadas à sociedade como diferentes daquelas da fábrica tradicional. Em geral, há diferenças entre essas atividades. Enquanto o trabalhador da linha de produção de uma indústria realiza tarefas preestabelecidas pelo setor de engenharia de produção ou pela gerência, o trabalhador da área de informação utiliza mais a criatividade e a invenção para executar seu trabalho. No entanto, há limites para essas diferenciações. Os projetistas de uma empresa de *software* planejam de acordo com um esquema determinado pela empresa, os jornalistas de um periódico escrevem dentro de uma linha editorial preestabelecida pela direção, os publicitários de uma empresa de *marketing* criam campanhas levando em conta os interesses do cliente. Pense em algumas atividades profissionais, no seu círculo familiar ou no de amigos, buscando estabelecer diferenças entre aquelas que utilizam ferramentas informacionais em relação a outras atividades que não utilizam informação e conhecimento como meio de trabalho. Procure pensar em que medida os trabalhadores de distintas áreas são afetados pelas tecnologias da informação.

3 VALORIZAÇÃO E FINANCEIRIZAÇÃO DO CAPITAL

Se no item anterior destacamos algumas questões relativas à ciência e à tecnologia e suas formas de utilização, neste item vamos discutir como o mercado se organiza e, especialmente, a economia financeira do capitalismo e seus desdobramentos sociais.

Nas últimas décadas, as sociedades capitalistas se estruturaram com base na **financeirização do capital**. A valorização do capital baseada na extração de mais-valia e na exploração da força de trabalho (que vimos no Capítulo 12) foi avolumada por um processo que já se observava desde o final do século XIX, mas que agora tornou-se hegemônico: o acúmulo de riquezas por meio de mecanismos e canais financeiros, e não apenas das atividades produtivas (na indústria, no comércio e na agricultura).

No século XIX, ganharam espaço os bancos e a figura do capitalista que comercializa dinheiro, isto é, o capitalista financeiro. Tomar dinheiro emprestado de um banco é uma forma estrutural de valorizar o capital. O capitalista industrial faz isso a fim de investir na produção com o objetivo de lucrar por meio da exploração do trabalho. Com esse lucro, o capitalista industrial paga os juros para o capitalista financeiro. Mas tanto o lucro quanto o juro são frutos da mais-valia produzida.

Na prática, o capitalista financeiro potencializa o lucro do capitalista industrial quando dá a ele um crédito. O problema é que, além de potencializar a acumulação capitalista, esse crédito que o banco concede dá origem ao **capital fictício**.

Como podemos definir o capital fictício? De um lado, o empréstimo é aplicado no processo de produção para gerar mais-valia, isto é, o dinheiro emprestado produz juros. No entanto, nem todo empréstimo é aplicado à produção. Essa forma de dinheiro emprestado que não gera mais-valia é considerada por Marx como uma forma fictícia de capital, pois produz valor de modo independente da produção efetiva de mercadorias, apenas com base em previsões e expectativas.

Spencer Platt/Getty Images

Representantes de empresa chinesa de *streaming* musical comemoram o lançamento de suas ações na Bolsa de Valores de Nova York, Estados Unidos, em 2018. Na ocasião, a procura por ações da empresa fez com que estas alcançassem um valor considerado favorável.

VOCÊ JÁ PENSOU NISTO?

Você já deve ter ouvido falar muito sobre ações na Bolsa de Valores. Quando uma empresa decide abrir seu capital para ter condições de ampliar seus negócios, ela faz algo similar ao que ocorre em um empréstimo: ela toma o dinheiro daqueles que compraram suas ações para poder investir. A primeira diferença é que, no futuro, em vez de pagar juros a um credor, ela vai pagar a seus acionistas dividendos, que são uma parcela do lucro da empresa. Se o banco empresta dinheiro confiando que a empresa poderá devolvê-lo no futuro com juros, o investidor compra ações a um determinado valor confiando que elas vão se valorizar e que a empresa pagará dividendos. Outra diferença é que o valor das ações muda conforme a avaliação da Bolsa sobre a empresa: se algum fato levar a uma avaliação negativa da empresa, mais acionistas vão querer vender títulos do que comprar, fazendo o valor cair. Pense no que uma aposta malfeita pode resultar: por uma avaliação negativa, a empresa pode perder valor e, com isso, decidir fechar fábricas ou escritórios e demitir trabalhadores para compensar as perdas.

O desenvolvimento da financeirização nas últimas décadas faz com que a **finança** prevaleça em relação à produção de mercadorias. Isto é, os valores negociados no mercado de ações são superiores àqueles gerados pelas atividades produtivas. Para observar esse fenômeno, basta comparar o produto interno bruto (PIB) de determinados países aos valores negociados na Bolsa de Valores. Do final da década de 1970 até meados da primeira década do século XXI, os valores negociados nas Bolsas foram muito superiores ao valor do PIB de todos os países de economia capitalista desenvolvida. Há, portanto, uma diferença entre a produção real e o que se negocia na forma de títulos e ações; isto é, entre a valorização real e o capital fictício.

finança: gerenciamento do dinheiro ou de títulos que o representam.

Assim, a valorização das ações de uma empresa não está relacionada diretamente a seu lucro ou sua perda em um período específico, mas sim à avaliação na Bolsa de Valores sobre esse lucro ou essa perda. Como o que importa é a avaliação da Bolsa sobre o futuro dessa empresa, fatores externos a ela também influenciam na valorização ou na desvalorização de suas ações.

orhan akkurt/Shutterstock

Funcionário da Bolsa de Valores de Nova York observa gráficos com variações nos valores de ações. Foto de 2018. Em 2020, com a emergência da pandemia de covid-19, as Bolsas de valores de todo o mundo sofreram perdas significativas. No entanto, nos anos seguintes, as ações voltaram a se valorizar em função da perspectiva de normalização das atividades econômicas.

BIOGRAFIAS

Acesse o Plurall para saber mais sobre **François Chesnais (1934-)**.

Determinadas ações aumentam de valor sem que haja um aumento proporcional da produção real. O economista francês **François Chesnais (1934-)** convencionou chamar o período de avanço da finança de **mundialização do capital**. Esse processo se define pela liberalização de capitais pelo mundo, ou seja, pela possibilidade de captar recursos financeiros em diferentes mercados. Em seu livro *A mundialização do capital* (1994), Chesnais analisa o capitalismo de hoje para demonstrar o caráter destrutivo das forças econômicas atuantes a partir da década de 1980.

Essa liberdade de investimento capitalista permitiu uma movimentação de capitais pelo mundo, o que fez desenvolver amplamente a valorização do capital fictício, sobretudo nos países mais ricos. Entretanto, essa valorização é interrompida quando ocorre queda de salários e de investimentos, e nos anos 1990 e na primeira década do século XXI as crises se multiplicaram.

VOCÊ JÁ PENSOU NISTO?

Não há um dia em que o noticiário da TV ou os jornais não informem os dados da Bolsa de Valores. O dólar que sobe e desce, o real que varia ou estabiliza, as ações de uma companhia em alta, as de outra em baixa. A economia mundial parece ter criado uma relação de dependência muito forte, na qual um evento na China, na Rússia ou nos Estados Unidos afeta todas as economias do mundo. Essa relação de dependência se deve à mundialização do capital, isto é, à sua livre circulação nos países do globo. Nossa vida depende, por exemplo, do nível de consumo da classe trabalhadora dos Estados Unidos. Se o consumo dela sobe, espera-se que a economia daquele país cresça, o que leva as Bolsas de todo o mundo a subirem também. Se cai a produção na China, as Bolsas de todo o mundo veem suas ações caírem. Um país dependente da importação de petróleo tem sua economia bastante afetada pelos países e grupos que controlam o preço desse produto. Ou ainda um país que dependa da importação de alimentos para sua população está sempre sujeito a sofrer com as variações na produção e no preço de mercado, ditados por outros países. Em que medida o Brasil depende dessas flutuações? Tente pensar em alguns dos fatores políticos e econômicos que resultam nessas flutuações econômicas.

4 MODERNIDADE E PÓS-MODERNIDADE

Nos itens anteriores, tocamos em problemas sociais centrais às sociedades contemporâneas. Destacamos a reprodutibilidade e a mercantilização da arte e da cultura, com base na discussão da indústria cultural; vimos as implicações do desenvolvimento científico e tecnológico na Revolução Informacional; evidenciamos como o capitalismo atual está fortemente fundamentado no capital financeiro. Agora, vamos discutir a questão da modernidade e da pós-modernidade, buscando compreender as principais teses que fundamentam esse debate.

O termo **modernidade** designa o período inaugurado pelo Iluminismo no século XVIII. Esse período está relacionado a um projeto intelectual baseado no desenvolvimento científico objetivo e autônomo. Em termos mais gerais, o objetivo iluminista foi estabelecer formas de conhecimento científico que levassem à emancipação da humanidade. O esforço científico representava, assim, uma forma de ultrapassar as limitações impostas pela natureza. Além de superar a escassez e as necessidades físicas, o projeto iluminista pretendia ir além das formas de explicação religiosas, míticas e supersticiosas, estabelecendo a ciência e a razão como princípios norteadores do conhecimento humano.

Archives Charmet Bridgeman Images/Keystone Brasil/Biblioteca de Artes Decorativas, Paris, França.

A arte de escrever, gravura de Robert Bénard presente na *Enciclopédia*, obra organizada pelos pensadores iluministas franceses Denis Diderot e Jean D'Alembert na segunda metade do século XVIII. Essa obra tinha o objetivo de organizar de forma racional todo o conhecimento produzido pela humanidade na forma de ciências, artes e ofícios, como se pode ver na imagem que apresenta a posição da mão e do corpo para a escrita.

Em nossos dias, é fácil reconhecer esse conjunto de ideias. A vida em sociedade está permeada pelos princípios da modernidade. Podemos observá-los na economia, no direito, nas formas de organização burocrática e nas atividades profissionais. O que determina essas esferas da vida social como representativas da modernidade é a crença de que o desenvolvimento do progresso e da capacidade científica pode resolver todos os problemas da humanidade.

Assim, a modernidade pode ser entendida como expressão de uma época histórica marcada por um discurso que privilegia as formas de conhecimento científico universais e totalizantes. Ou seja, a modernidade produz interpretações teóricas abrangentes e **homogeneizantes** que procuram dar conta da história da humanidade como um todo.

homogeneizante: que torna uniforme, padronizado, igual.

Nas últimas décadas, alguns pensadores passaram a defender uma mudança de perspectiva. O **pós-modernismo** privilegia a diferença, a diversidade, a fragmentação, a indeterminação, e nesse sentido se insurge contra os discursos universalizantes e totalizantes da modernidade. Procura reconhecer as diferentes subjetividades, dando

maior visibilidade a questões como gênero, etnia, ambiente, territorialidade, isto é, procura compreender a heterogeneidade social. Ao levar em conta as identidades sociais internas de cada grupo ou movimento social, procura explicar o caráter fragmentário de nossos dias em oposição ao discurso da modernidade, que vê nesses grupos e movimentos sociais heterogêneos um fio condutor, isto é, um elemento histórico ou social que os unifica.

Maya Hitij/Associated Press/Imageplus

O sociólogo Zygmunt Bauman ilustra os efeitos da pós-modernidade sobre os indivíduos dizendo que esta seria uma época de liquidez, fluidez, volatilidade, incerteza e insegurança. Isso levaria os indivíduos a viver um tempo imediatista, no qual o consumo, o gozo e as relações seriam descartáveis e artificiais: seria o tempo da **modernidade líquida**. Na imagem, vemos esculturas de gelo em uma escadaria em Berlim, na Alemanha, criadas pela artista brasileira Nele Azevedo (1950-). Foto de 2009. A imagem pode ser interpretada como uma representação da analogia criada por Bauman.

Para muitos autores, a questão é se de fato superamos a época moderna. Ou seja, podemos dizer que as indagações contemporâneas são expressão de uma época pós-moderna? Ou apenas teriam surgido novas condições sociais que negam os princípios da modernidade? Ou, ainda, será que estamos presenciando uma radicalização da modernidade e confundindo-a com uma época pós-moderna?

BIOGRAFIAS

Acesse o Plurall para saber mais sobre **David Harvey (1935-)**.

Entre os autores interessados nesse tema, estão os britânicos Anthony Giddens, sociólogo, e **David Harvey (1935-)**, geógrafo. Para Giddens, não vivemos em uma época pós-moderna, mas em uma época em que as consequências da modernidade se radicalizaram. Ele aponta para um mundo fora de controle: as pretensões iluministas de domínio da natureza e da sociedade pela via do conhecimento e do progresso científico não se concretizaram.

Já na perspectiva de David Harvey, o pós-moderno aparece como um reflexo das formas de produção e acumulação flexível típicas da era toyotista e de uma nova compreensão da relação espaço-tempo no capitalismo. No entanto, ao observar mais de perto as transformações sociais, Harvey nota uma reprodução das relações sociais fundadoras do capitalismo; portanto, não observa uma mudança estrutural que levaria a uma sociedade pós-capitalista ou pós-industrial.

Segundo Harvey, as teses que defendem que vivemos numa época pós-moderna incorrem em alguns equívocos. O primeiro deles é a crítica a toda e qualquer argumentação universal e totalizante (noções que vimos no Capítulo 7, na crítica dos pós-modernos ao conceito de cultura), que impossibilita legitimar e validar cientificamente seu próprio discurso. Nesse sentido, as teorias pós-modernas que reivindicam a celebração da fragmentação, do efêmero, aceitando as identidades dos grupos locais, acabam por não construir uma análise ampla das sociedades em que esses grupos estão presentes.

Pablo Cozzaglio/AFP

Nesta foto, de 2022, é possível observar uma geleira em processo de derretimento no Chile. O derretimento das geleiras em função do aquecimento global é um exemplo da radicalização das consequências da modernidade. Giddens aponta que, apesar da consciência dos riscos ambientais e à vida, a sociedade pouco fez para limitar as causas do aquecimento global.

Harvey também se refere ao reconhecimento da alteridade e da autenticidade de grupos locais como expressões do pós-moderno. Ao mesmo tempo que se reconhece a identidade de um grupo local, a alteridade e autenticidade desse grupo permanecem restritas a seu espaço social, negando, com isso, a influência desses grupos em realidades mais amplas.

VOCÊ JÁ PENSOU NISTO?

Uma das diferenças centrais entre o discurso moderno e o pós-moderno se refere à contraposição entre o universal e o particular ou específico. Enquanto o discurso moderno se fundamenta em uma visão totalizante e universal, o pós-moderno se limita a entender a autenticidade e a alteridade de grupos locais, que deveriam ser analisados por sua lógica interna, e não com base em leituras generalizantes. Nas últimas décadas, vários grupos sociais se constituíram em torno de reivindicações específicas. Alguns movimentos que costumam ser chamados identitários, por exemplo, organizaram iniciativas políticas que, de forma geral, não podem ser integradas em um discurso político amplo, uma vez que suas reivindicações foram consideradas específicas ao próprio grupo. Compare alguns desses movimentos, buscando pensar quais relações os particularizam e quais os ligam a questões estruturais de nossa sociedade.

Assim, ele entende que o discurso pós-moderno silencia diante de questões relativas à economia política e às estruturas de poder global. Haveria hoje, na prática, uma radicalização da modernidade, e não uma época pós-moderna. Essa radicalização pode ser observada na aceleração dos processos de produção e reprodução sociais nas sociedades capitalistas, sobretudo se analisamos a intensificação do trabalho para a geração de lucros. Harvey argumenta que o lado fragmentário, efêmero e caótico das sociedades estruturou-se ao lado do progresso técnico e científico, o que caracterizaria muito mais uma crise da modernidade que a constituição de sociedades pós-modernas.

Gail Orenstein/NurPhoto/Getty Images

"Transformem o racismo, as classes e o sexismo em história", diz o cartaz dessa manifestante durante ato em Londres, Reino Unido, em 2016. Tanto o combate a opressões a grupos minoritários quanto a luta contra a desigualdade social são desafios da modernidade em crise.

5 CAMPO SIMBÓLICO E ESFERA PÚBLICA: DOIS TEMAS CONTEMPORÂNEOS

AS RELAÇÕES SIMBÓLICAS E O *HABITUS* EM PIERRE BOURDIEU

BIOGRAFIAS

Acesse o Plurall para saber mais sobre **Pierre Bourdieu (1930-2002)**.

O sociólogo, antropólogo e filósofo francês **Pierre Bourdieu (1930-2002)** foi um dos mais importantes intelectuais da segunda metade do século XX. Destacou-se por analisar as sociedades capitalistas considerando a importância dos aspectos simbólicos na determinação das práticas sociais. Pierre Bourdieu desenvolveu uma sociologia que privilegia a análise da reprodução social, ou seja, de como as hierarquias sociais se mantêm ao longo do tempo.

Para Bourdieu, faltava às análises marxistas considerar as relações simbólicas. Não bastaria levar em conta a posse de bens materiais e dos meios de produção: o prestígio, o *status* e a aceitação social também influenciariam na posição dos indivíduos na sociedade, pois criariam hierarquias e divisões sociais. Além do capital econômico (acesso e acúmulo de bens e riquezas), seria preciso analisar o capital cultural (acúmulo de conhecimentos reconhecidos socialmente), o capital social (relações sociais) e o capital simbólico (prestígio) de um indivíduo para compreender sua posição na estrutura social.

Assim, na visão de Bourdieu, não só os recursos econômicos têm papel decisivo na constituição de relações de poder e dominação. Diante da sociedade, são coisas diferentes ter um carro de luxo ou ter três carros comuns que, somados, custam o mesmo que o carro de luxo, por exemplo. Outro exemplo: ter um título de pós-graduação é algo que por si só garante a um indivíduo maior prestígio e, consequentemente, poder.

Um dos objetos que Bourdieu estudou foi a instituição escolar. Para ele, a escola perpetuaria as desigualdades sociais, já que transmite aos estudantes a forma de conhecimento das classes dominantes utilizando-se de um discurso aparentemente neutro e oficial.

Aula em escola pública de Pontes e Lacerda (MT), em 2018. Para Bourdieu, a escola reproduz a forma de conhecimento das classes dominantes.

Luciana Whitaker/Pulsar Imagens

Bourdieu ressalta o fato de que os indivíduos, quando entram na escola, já possuem determinados capitais econômicos e culturais, que influenciam no desempenho deles na instituição. Antes de terem acesso à escola, os indivíduos já se encontram desigualmente distribuídos, em razão das condições socioeconômicas. Mas não só isso: essa desigualdade inicial também ocorre pelas experiências, pelos gostos e pelas disposições já **internalizados** nos estudantes antes de seu ingresso na escola.

internalização: neste contexto, adoção ou incorporação de gostos e disposições, quase sempre de forma inconsciente.

Como a escola reproduz a forma de conhecimento das classes dominantes, aqueles indivíduos que internalizaram, em seus primeiros anos de vida, as disposições e gostos dessas classes se encontrarão em posição mais vantajosa. Por exemplo, uma criança educada por pessoas que cursaram o Ensino Superior e que têm o hábito da leitura está predisposta a ter melhor desempenho escolar, na medida em que está mais familiarizada com os códigos formais. Assim, a desigualdade não apenas se reproduz como também é reforçada nas instituições de ensino por trás de uma aparência de neutralidade. A escola parece cobrar a todos igualmente, mas alguns alunos já partem de condições mais favoráveis. A confirmação de seu desempenho legitima e reproduz, assim, a ordem social e sua desigualdade.

VOCÊ JÁ PENSOU NISTO?

A escola pública é uma instituição que, pela lei, atende a todos os cidadãos brasileiros. A organização da educação está fundamentada em princípios definidos pela Constituição federal e se caracteriza como um direito de todos, destinada a desenvolver integralmente o indivíduo, preparando-o para o exercício da cidadania e o mercado de trabalho. No entanto, segundo Bourdieu, a organização da escola nas sociedades contemporâneas se baseia na desigualdade da estrutura social e reproduz as mesmas desigualdades que compõem a sociedade. Você já parou para pensar nos conteúdos que fazem parte do currículo escolar e nas atividades didáticas que são propostas? De que forma as obras literárias são estudadas? Como as letras de música são analisadas em sala de aula? Qual é o espaço que os currículos escolares reservam, por exemplo, para trabalhos manuais? Qual é a perspectiva para quem cursa o Ensino Superior e para quem cursa o ensino profissionalizante? Nesse sentido, é justo dar o mesmo tratamento a todos os estudantes? Tente identificar outras maneiras pelas quais a escola submete ao coletivo de indivíduos uma forma de aprendizado que reproduz os interesses de determinada classe social e também como os diferentes caminhos de escolarização reforçam as hierarquias sociais.

Everett Collection/Fotoarena/MGM

Cena do filme *The Wall* (1982), dirigido por Alan Parker e escrito pelo músico Roger Waters. Uma das passagens mais conhecidas da obra tematiza a padronização do ensino escolar, que procura impor de forma homogênea aos estudantes valores dominantes.

Um conceito importante para entender esse processo é o de ***habitus,*** que define a relação entre a trajetória do indivíduo e a estrutura social em que ele está inserido. O *habitus* é um padrão social de sensibilidade e de comportamento que orienta a ação dos indivíduos. Lembremos Max Weber e sua qualificação dos tipos de ação social. Para Weber, toda ação social é orientada por ações sociais de outras pessoas e pela expectativa de como a ação individual será acolhida. Ao usar o conceito de *habitus* para analisar as estruturas de distribuição de poder, Bourdieu chama a atenção para o conjunto de situações e experiências prévias que orientam a ação social, mesmo que de forma inconsciente.

As práticas sociais dos indivíduos não se devem tanto a suas escolhas deliberadas, mas sim ao *habitus* interiorizado de sua posição social. Comportamentos que nos parecem banais, como a forma de usar os talheres, de se expressar em público ou de se vestir, na realidade são resultado da internalização de padrões aprendidos desde a infância. Essas práticas influenciam na maneira como o indivíduo é visto por outros, o que em determinados contextos pode lhe render vantagens ou desvantagens na vida social.

Assim, a sociologia de Bourdieu cumpre um papel decisivo na teoria social contemporânea por compreender a desigualdade social não só como algo condicionado economicamente, mas também por práticas culturais e simbólicas.

SISTEMA E MUNDO DA VIDA EM JÜRGEN HABERMAS

Um dos autores centrais na análise das sociedades contemporâneas é Jürgen Habermas. Filósofo e sociólogo de origem alemã, Habermas é considerado um herdeiro do pensamento da Escola de Frankfurt. Em sua obra mais impactante, *Teoria do agir comunicativo* (1981), Habermas faz uma revisão do pensamento clássico e procura criar uma nova base filosófica e sociológica para compreender o processo de modernização social. Para ele, quanto mais racional uma sociedade for, mais o Estado e o mercado se racionalizarão e mais diferenciadas serão as "esferas de valor" ou esferas sociais, como a esfera da arte, da ciência, da moral, da política, por exemplo.

Mais uma vez, recordemos Max Weber. Para Weber, as racionalidades burocrática e econômica são centrais nas sociedades capitalistas. Com isso, as ações sociais como meio de alcançar certos fins predominam em relação a outros tipos de ação social. As ações que predominam são as orientadas ao mercado e à organização burocrática, aquelas que visam um fim previsto — resultando no que Habermas chama de ações estratégicas. Por exemplo: agir com o objetivo de produzir mais mercadorias para gerar lucro, de investir na Bolsa de Valores para obter um rendimento, ou, ainda, criar funções administrativas para melhor controlar os gastos públicos ou privados. Esses são alguns exemplos de ação social que sintetizam a **racionalidade instrumental**.

jonnyslav/Shutterstock

Pessoas participam de dinâmica teatral conduzida por uma *coach* em Chisinau, Moldova, em 2018. A racionalidade instrumental coloniza expressões do mundo da vida, como o teatro, para usá-las a fim de aumentar a produtividade e gerar mais lucros.

Para Habermas, essas condutas sociais, predominantes nas sociedades modernas, formam o "**sistema**", em contraposição ao "**mundo da vida**". No "sistema", a racionalidade instrumental (adequação de meios a fins) se faz presente nas relações hierárquicas (poder político) e de troca (economia). Já no "mundo da vida" predominariam a linguagem e as redes de significado: nele ocorre a reprodução simbólica (transmissão cultural, socialização, etc.). No mundo da vida estariam expressões e movimentos sociais que ainda não sofreram a racionalização econômica ou burocrática e podem colaborar com a emancipação humana em relação à lógica do sistema.

Do mesmo modo, a razão instrumental — que organiza a economia, o mercado, a burocracia e o Estado com base no dinheiro e no poder — não é a única forma de racionalidade. Há também a **razão comunicativa** (ou racionalidade comunicativa), que organiza a identidade e a solidariedade, formas de associação diferentes daquelas orientadas pela racionalidade instrumental.

Nesse sentido, a família e as associações voluntárias presentes na esfera pública se diferenciam de instituições e organizações políticas e administrativas porque se organizam com base no agir comunicativo, e não na razão instrumental.

Se as ações sociais de natureza comunicativa se concentram na esfera pública, são os movimentos sociais que reorganizam as formas de participação democrática. Portanto, os movimentos sociais devem preservar as formas de solidariedade postas em risco pelo Estado ou pelas corporações capitalistas, defendendo um espaço público autônomo e democrático.

O objetivo de Habermas é compreender como as sociedades ocidentais estão organizadas e quais os efeitos desse processo de racionalização sobre os agentes sociais. Apesar do predomínio da lógica estratégica do mercado e do Estado, a ação comunicativa tem papel decisivo na constituição das formas de solidariedade e de identidade sociais, visando à organização e à reprodução da cultura. Na prática, Habermas admite um confronto constante entre a lógica instrumental (o "sistema") e o agir comunicativo (o "mundo da vida").

Segundo Habermas, o ponto de encontro dessas duas lógicas distintas se daria nos espaços de disputa política. Ainda há espaços sociais em que a razão instrumental não predomina, onde ainda prevalecem as relações de solidariedade e identidade social. Mas o desenvolvimento da racionalidade instrumental, da lógica instrumental do mercado, põe esses espaços em risco. Habermas identifica esse processo como uma tentativa de colonização do mundo da vida pelo sistema.

Cesar Diniz/Pulsar Imagens

Venda de produtos durante feira solidária em acampanhamento do Movimento dos Trabalhadores Sem Teto (MTST), em São Paulo (SP), 2021. De acordo com a teoria desenvolvida por Habermas, a construção de espaços e redes de economia feminista e solidária seria um exemplo de agir comunicativo, pois esses grupos promovem práticas de reciprocidade e valorização da vida entre as mulheres em detrimento dos valores próprios das relações de mercado.

O desenvolvimento de sistemas econômicos e administrativos com base na racionalidade instrumental tende a colonizar, por meio do dinheiro e do poder, áreas de interação ainda não governadas por eles. Criam-se, dessa forma, conflitos sociais, já que essas áreas se caracterizam pela transmissão cultural, pela integração social e pela socialização — fatores que dependem do entendimento mútuo.

Chico Ferreira/Pulsar Imagens

Profissionais trabalhando em programa de distribuição de alimentos a pessoas atingidas pelas chuvas em Petrópolis, (RJ), 2022.

VOCÊ JÁ PENSOU NISTO?

Há muitas formas de reivindicação política coletiva nas sociedades contemporâneas. Movimentos étnico-raciais, contra a homofobia e a transfobia, pela ampliação da cidadania, pelos direitos humanos, movimentos ambientalistas, de participação política, por melhores condições de vida e de trabalho. Habermas afirma que o agir comunicativo desses atores sociais na esfera pública poderia garantir a manutenção de espaços de sociabilidade, de identidade e solidariedade não dominados pela racionalidade econômica e burocrática. Tente observar em sua cidade, em seu bairro e em sua escola diferentes movimentos sociais para entender qual seria a lógica que move cada um deles. Por que lutam? Quais são suas principais reivindicações? Sua organização se assemelha à de uma empresa capitalista ou é absolutamente distinta?

Um ponto central defendido por Habermas é que a tendência de desenvolvimento do dinheiro e do poder (do sistema, organizado pela racionalidade instrumental) poderia ser contida pelos movimentos sociais (ou seja, pelo agir comunicativo). Quando analisaram o desenvolvimento da sociedade capitalista no *Manifesto comunista*, Marx e Engels afirmaram que "tudo o que é sólido e estável se volatiliza, tudo o que é sagrado é profanado"; assim, indicavam, de forma distinta à de Habermas, como os interesses políticos e econômicos da classe dominante avançam diante de interesses a ela opostos. Para eles, a lógica de produção e reprodução da sociedade capitalista transforma

constantemente a sociedade e tende a invadir todos os espaços sociais. Já para Habermas, a esfera pública é reconhecida como um local onde os atores sociais, sobretudo os movimentos sociais, resistiriam ao desenvolvimento da racionalidade instrumental. Com base na linguagem e na argumentação, os atores sociais se expressariam e resistiriam ao avanço do sistema, contendo o processo de reinvenção e reorganização da economia capitalista e a racionalidade estratégica.

ASSIM FALOU

Jürgen Habermas

A esfera pública pode ser descrita como uma rede adequada para a comunicação de conteúdos, tomadas de posição e opiniões; nela os fluxos comunicativos são filtrados e sintetizados, a ponto de se condensarem em opiniões públicas enfeixadas em temas específicos. Do mesmo modo que o mundo da vida tomado globalmente, a esfera pública se reproduz através do agir comunicativo, implicando apenas o domínio de uma linguagem natural [...]. Descobrimos que o mundo da vida é um reservatório para intenções simples; e os sistemas de ação e de saber especializados, que se formam no interior do mundo da vida, continuam vinculados a ele. Eles se ligam a funções gerais de reprodução do mundo da vida (como é o caso da religião, da escola e da família), ou a diferentes aspectos de validade do saber comunicado através da linguagem comum (como é o caso da ciência, da moral e da arte). Todavia, a esfera pública não se especializa em nenhuma destas direções; por isso, quando abrange questões politicamente relevantes, ela deixa a cargo do sistema político a elaboração especializada.

HABERMAS, Jürgen. *Direito e democracia:* entre facticidade e validade. Rio de Janeiro: Tempo Brasileiro, 1997. p. 435-436 (texto original de 1992).

VOCÊ APRENDEU QUE

A Revolução Informacional não é só uma revolução tecnológica: traz uma mudança nas formas de utilização da informação. As tecnologias da informação exigem interatividade entre o trabalhador e a própria tecnologia.

A valorização do capital é central no capitalismo; a financeirização é uma fase do processo histórico de valorização do capital, na qual o capital financeiro se valoriza sem que a produção real aumente.

Não há possibilidade de o capital financeiro existir sem a presença do capital produtivo.

A pós-modernidade preocupa-se com o efêmero, o fragmentário e com as identidades e diferenças locais, buscando compreendê-las em si mesmas, sem buscar generalizações.

Anthony Giddens entende que nossa época não é pós-moderna, mas que vivemos uma radicalização da modernidade. Para ele, as pretensões iluministas de controle da natureza e da sociedade por meio do conhecimento e do progresso científicos foram desfeitas.

Para David Harvey, o pós-moderno aparece como um reflexo da acumulação flexível, que reproduz as contradições sociais centrais da sociedade capitalista.

A crítica das estruturas econômicas e políticas de poder global está muitas vezes ausente do discurso pós-moderno.

A análise de Pierre Bourdieu tem o objetivo de relacionar a ação à estrutura social. Para esse autor, determinações simbólicas têm influência tão decisiva quanto as determinações econômicas na constituição das desigualdades sociais. O *habitus* é um conceito central em sua articulação entre as posições materiais e culturais.

Habermas identifica um confronto entre duas lógicas distintas, mas não excludentes: a lógica instrumental (sistema) e o agir comunicativo (mundo da vida). O sistema quer se expandir para reforçar hierarquias econômicas e de poder, enquanto o mundo da vida tenta não ser colonizado por ele, reproduzindo suas formas típicas de solidariedade e identidade sociais.

ATIVIDADES

REVENDO

1. Explique em que medida a Revolução Informacional trouxe novidades em relação às outras revoluções tecnológicas.
2. Nas sociedades capitalistas, o setor financeiro e o industrial funcionam sob lógicas diferentes? Explique a relação deles com a valorização do capital.
3. A pós-modernidade rompe com os paradigmas estabelecidos pela modernização das sociedades até o século XX? Por quê?
4. Para Bourdieu, a escola reforça ou supera a desigualdade social? De que maneira isso acontece?
5. Em que medida, segundo Habermas, os movimentos sociais podem limitar o desenvolvimento da racionalidade instrumental? Por que isso seria necessário?

CONSTRUINDO

1. Leia a tirinha a seguir, de Marco Oliveira, e analise-a de acordo com o que foi discutido no capítulo.

© Marco Oliveira/Acervo do cartunista

2. Analise o cartum de Rico, de 2012, e reflita sobre a relação entre redes sociais e financeirização.

© Rico Cartum/Acervo do cartunista

3. Levando em conta a imagem a seguir e o que foi discutido neste capítulo, tente qualificar de que forma a tecnologia da informação e a comunicação influenciam nossas práticas sociais.

Toto Santiko Budi/Shutterstock

A pandemia de covid-19 impôs a necessidade de adotar medidas de isolamento e distanciamento social. Isso exigiu dos docentes a adaptação abrupta ao ensino remoto, mediado por NTICs (novas tecnologias de informação e comunicação), que acabou aumentando e intensificando sua carga de trabalho e diversificando as atividades exigidas deles.

4. Considere a imagem a seguir:

Isabella Finholdt/Fotoarena

Manifestantes participam da Marcha Mundial das Mulheres em São Paulo (SP), em 2022.

- Reflita sobre os aspectos trazidos por pautas como a apresentada na imagem. Em que medida essas demandas são características das sociedades contemporâneas?

POR DENTRO DAS CIÊNCIAS HUMANAS

UNIDADE 3

CAPÍTULO 11

1. Observe a pintura e leia o texto. Em seguida, faça as atividades propostas.

Reprodução/Museu de Belas Artes, Rouen, França.

Joana d'Arc interrogada na prisão pelo cardeal de Winchester, de Paul Delaroche, 1824 (óleo sobre tela, 277 cm × 217,5 cm).

O que ainda não foi reconhecido é que a caça às bruxas constituiu um dos acontecimentos mais importantes do desenvolvimento da sociedade capitalista e da formação do proletariado moderno. Isso porque o desencadeamento de uma campanha de terror contra as mulheres, não igualada por nenhuma outra perseguição, debilitou a capacidade de resistência do campesinato europeu frente ao ataque lançado pela aristocracia fundiária e pelo Estado, em uma época na qual a comunidade camponesa já começava a se desintegrar sob o impacto combinado da privatização da terra, do aumento dos impostos e da extensão do controle estatal sobre todos os aspectos da vida social. A caça às bruxas aprofundou a divisão entre mulheres e homens, inculcou nos homens o medo do poder das mulheres e destruiu um universo de práticas, crenças e sujeitos sociais cuja existência era incompatível com a disciplina do trabalho capitalista, redefinindo assim os principais elementos da reprodução social. Neste sentido, de um modo similar ao ataque contemporâneo à "cultura popular" e ao "Grande Internamento" de pobres e vagabundos em hospícios e *workhouses* [casas de trabalho], a caça às bruxas foi um elemento essencial da acumulação primitiva e da "transição" ao capitalismo.

FEDERICI, Silvia. *Calibã e a Bruxa*: mulheres, corpo e acumulação primitiva. São Paulo: Elefante, 2017. p. 294.

a) Faça uma investigação sobre a vida de Joana d'Arc e caracterize o contexto histórico em que ela viveu.

b) De que maneira a história de Joana d'Arc pode ser relacionada ao texto sobre a caça às bruxas?

2. Analise e compare a gravura com o texto e a tabela a seguir.

Archiv Gerstenberg/ullstein bild/Getty Images

Gravura do século XIX que retrata o trabalho infantil no contexto da Revolução Industrial na Europa.

> Art. 60. É proibido qualquer trabalho a menores de quatorze anos de idade, salvo na condição de aprendiz.

BRASIL. Casa Civil. Lei nº 8.069 de 13 de julho de 1990. *Dispõe sobre o Estatuto da Criança e do Adolescente e dá outras providências.*

Amapá: Número e distribuição de crianças e adolescentes com menos de 14 anos de idade ocupados em estabelecimentos agropecuários por grupos de atividade econômica (2017)

Atividades	Em números	Em %
Produção de lavouras temporárias	1.071	46,6%
Horticultura e floricultura	146	6,4%
Produção de lavouras permanentes	254	11,1%
Produção de sementes e mudas certificadas	3	0,1%
Pecuária e criação de outros animais	330	14,4%
Produção florestal (florestas plantadas)	1	0,0%
Florestas nativas	460	20,0%
Pesca	17	0,17%
Aquicultura	15	0,17%
Total	2.297	100%

Fonte: FÓRUM NACIONAL DE PREVENÇÃO E ERRADICAÇÃO DO TRABALHO INFANTIL. *O trabalho infantil na agropecuária brasileira*: uma leitura a partir do Censo Agropecuário de 2017. Disponível em: https://fnpeti.org.br/media/foruns/relatorios/censo/Relat%C3%B3rio_Amap%C3%A1.pdf. Acesso em: 24 jun. 2022.

- Considerando a sua análise, escreva um pequeno texto sobre o tema trabalho infantil.

3. Observe a pintura abaixo e explique o contexto histórico nela retratado.

A oficina de um tecelão, de Gillis Rombouts, 1656 (óleo sobre tela, 32 cm × 38,5 cm).

CAPÍTULO 12

1. Considere este trecho do editorial do jornal *Folha de S.Paulo* publicado no dia 5 de julho de 2009 e assista ao curta-metragem animado *O emprego* (*El empleo*, 2008), do diretor argentino Santiago Grasso. O curta-metragem pode ser encontrado em plataformas de *streaming* na internet.

Jornada e desemprego

No momento em que as empresas brasileiras se veem forçadas a reduzir custos e elevar a competitividade para compensar os efeitos da crise global, uma comissão especial da Câmara dos Deputados aprovou, na última terça-feira, a redução da jornada de trabalho de 44 para 40 horas semanais e o aumento da remuneração da hora extra, de 50% para 75%. A emenda segue para votação em dois turnos no plenário. Como se trata de emenda constitucional, exigirá aprovação mínima de 308 deputados. Se passar, segue para o Senado, também para votação em dois turnos. Seus proponentes — deputados ligados ao movimento sindical — sustentam que, se aprovada, a proposta viabilizará a criação de até 2 milhões de novos empregos e contribuirá para civilizar as relações de trabalho no Brasil. Tal suposição é equivocada. Se for aprovada, a proposta tende a elevar a informalidade e o desemprego justamente nos setores menos protegidos por sindicatos e pela fiscalização oficial. Isso porque encarece o custo do trabalho, já onerado pela alta carga tributária sobre a folha de salários. Além disso, é mais um estímulo para que as empresas substituam trabalhadores por máquinas e aumentem o chamado desemprego estrutural. Nos setores em que o avanço é economicamente possível, jornadas de 40 horas semanais já são contempladas

por acordos ou convenções coletivas acordados livremente por patrões e empregados. Para esses segmentos, a emenda será inócua. A proposta também se revela inoportuna em tempos de crise. Na França, onde a jornada de trabalho é de 35 horas semanais, discute-se hoje exatamente a flexibilização das leis trabalhistas para atrair investimentos. Empregos dependem justamente de investimentos e de uma boa educação. Sozinhas, leis não criam postos de trabalho.

Jornada e desemprego. *Folha de S.Paulo*, 5 jul. 2009. Disponível em: www1.folha.uol.com.br/fsp/opiniao/fz0507200902.htm. Acesso em: 17 nov. 2015.

Cena do curta-metragem argentino *O emprego*, de 2008.

- O texto do editorial do jornal e o curta-metragem *O emprego* tratam da questão do trabalho por dois ângulos distintos. Com base nisso, responda:

  a) Como os autores discutidos nesse capítulo interpretariam o texto do jornal e o filme *O emprego*?

  b) Em que medida o trabalho define socialmente nossas vidas?

  c) De que ponto de vista o editorial trata da questão do emprego?

  d) Como as condições de trabalho influenciam nossa vida?

2. Observe a charge do cartunista Bruno Galvão e responda às questões propostas.

a) Com base no que foi estudado no Capítulo 12, indique as causas que poderiam ser identificadas como geradoras de desemprego.

b) Quais são as consequências sociais do desemprego?

c) Mobilizando seus conhecimentos de Geografia, indique alguns dos efeitos sociais e econômicos dos processos de reestruturação produtiva.

3. Leia a passagem do texto "Insegurança universalizada", do economista Luiz Gonzaga Belluzzo (1942-), e responda às questões a seguir.

> Nos últimos quarenta anos, as práticas financeiras e as inovações tecnológicas que sustentam a competitividade da grande empresa globalizada detonaram um terremoto nos mercados de trabalho. A migração das empresas para as regiões onde prevalece uma relação mais favorável entre produtividade e salários abriu caminho para a diminuição do poder dos sindicatos e do número de sindicalizados. Associado à robótica, à nanotecnologia e às tecnologias da informação, o império do "valor do acionista" desatou surtos intensos de reengenharia administrativa e a flexibilização das relações de trabalho. O desempenho empresarial tornou-se refém do "curto-prazismo" dos mercados financeiros e da redução de custos. O crescimento dos trabalhadores em tempo parcial e a título precário, sobretudo nos serviços, foi escoltado pela destruição dos postos de trabalho mais qualificados na indústria. O inchaço do subemprego e da precarização endureceu as condições de vida do trabalhador. A evolução do regime do "precariato" constituiu relações de subordinação dos trabalhadores dos serviços, independentemente da qualificação, sob as práticas da flexibilidade do horário, que tornam o trabalhador permanentemente disponível. Ex-secretário do Trabalho dos Estados Unidos, Robert Reich denunciou o rápido crescimento dos empregos precários no país das oportunidades: "Na nova economia 'compartilhada', 'do bico', ou 'irregular', o resultado é a incerteza a respeito dos rendimentos e horas de trabalho. Esta é a mudança mais importante na força de trabalho americana ao longo de um século e ocorre à velocidade da luz. Nos próximos cinco anos, mais de 40% da força de trabalho americana estará submetida a um emprego precário".
>
> BELLUZZO, Luiz Gonzaga. Insegurança universalizada. *Carta Capital*, 1º out. 2015. Disponível em: www.cartacapital.com.br/revista/869/inseguranca-universalizada.html. Acesso em: 17 nov. 2015.

- O autor descreve o cenário atual da situação do trabalho em nossa sociedade. Com base no que foi discutido nesse capítulo, responda:

   a) As novas tecnologias da informação trazem garantias para a melhoria das condições de vida do trabalhador? Justifique.

   b) Novas modalidades de trabalho reduzem o tempo dedicado a ele, liberando o trabalhador para o lazer ou outras atividades lúdicas? Explique.

   c) Em que medida as novas formas de trabalho transformam os objetivos gerais da produção de mercadorias?

CAPÍTULO 13

1. Considere o trecho da notícia abaixo, publicada no jornal *Correio Braziliense* em 11 de abril de 2022, e depois faça o que se pede.

> ### Classe média brasileira empobreceu nos últimos anos
>
> Em 2011, os brasileiros de classe média correspondiam a 54% da população. Em 2020, esse índice chegava a 51%. Em 2021, caiu para 47%. Já a classe baixa subiu de 38%, em 2010, para 43% em 2020, chegando a 47% em 2021. Ou seja, o número de pessoas de classe média caiu de 105 milhões, em março de 2020 para 100,1 milhões, em março de 2021, um aumento de 4,9 milhões de brasileiros na classe baixa.

A classe média-alta das regiões metropolitanas também foi afetada, segundo a 6ª edição do Boletim Desigualdade nas Metrópoles, publicada em janeiro. Conforme o estudo, a renda domiciliar *per capita* caiu para R$ 6.411, em média, no terceiro trimestre do ano anterior. O valor é 8% menor do que o verificado em igual trimestre de 2020 (R$ 6.967) nas regiões metropolitanas. A pesquisa é produzida em parceria entre a Pontifícia Universidade Católica do Rio Grande do Sul (PUC-RS), Observatório das Metrópoles e RedODSAL (Rede de Observatórios da Dívida Social na América Latina).

CHABALGOITY, Gabriela; CARDOSO, Deborah Hana. Classe média brasileira empobreceu nos últimos anos. *Correio Braziliense*, 11 abr. 2022. Disponível em: www.correiobraziliense.com.br/politica/2022/04/4999652-a-maltratada-classe-media.html?msclkid=173d076ec41111ec96c4cf1fe5992c23. Acesso em: 24 jun. 2022.

a) Pesquise a distribuição de renda na região em que você vive, de acordo com dados do IBGE.

b) Indique as principais diferenças de renda entre as cinco macrorregiões brasileiras.

2. Analise a charge do cartunista Alpino, publicada em 2012.

© Alpino/Acervo do cartunista

- Ela se relaciona com quais perspectivas tratadas no capítulo?

3. Leia o trecho do conto "Primeiro de Maio", de Mário de Andrade.

No grande dia Primeiro de Maio, não eram bem seis horas e o 35 pulara da cama, afobado. Estava bem disposto, até alegre, ele bem afirmara aos companheiros da Estação da Luz que queria celebrar e havia de celebrar. Os outros carregadores mais idosos meio que tinham caçoado do bobo, viesse trabalhar que era melhor, trabalho deles não tinha feriado. Mas o 35 retrucava com altivez que não carregava mala de ninguém, havia de celebrar o dia deles. E agora tinha o grande dia pela frente.

ANDRADE, Mário de. *Contos novos*. 13. ed. Belo Horizonte; Rio de Janeiro: Editora Villa Rica, 1990. p. 39.

- Descreva em um parágrafo o que se comemora no dia Primeiro de Maio.

4. Veja a fotografia e leia um trecho do livro *A classe operária tem dois sexos*, de Elisabeth Souza-Lobo (1943-1991).

Juca Martins/Olhar Imagem

Trabalhadoras e trabalhadores da General Motors de São Caetano do Sul, em greve em 1984.

Entre 1970 e 1980, a participação das mulheres na força de trabalho do setor industrial no Brasil passou por mudanças, tanto quantitativas quanto qualitativas, que se traduziram no aumento global da porcentagem de operárias e na modificação de sua distribuição entre os diferentes ramos industriais. Concentradas anteriormente em setores tradicionalmente femininos, como o têxtil, o de vestuário e o de calçados, as mulheres passaram a participar de outros ramos industriais, principalmente determinados segmentos da indústria metalúrgica.

Durante o mesmo período, levadas pela retomada das lutas operárias que se seguiram à onda de greves de 1978, maior número de mulheres filiou-se aos sindicatos. Foi nessa época que a taxa de sindicalização entre os trabalhadores dos dois sexos deu um grande salto, mais notável, porém, entre as operárias, em especial após 1976.

SOUZA-LOBO, Elisabeth. *A classe operária tem dois sexos*. Trabalho, dominação e resistência. 2. ed. São Paulo: Editora Fundação Perseu Abramo, 2011. p. 27.

a) Investigue a história das greves da Região do Grande ABC paulista.

b) Com base no texto, discuta as diferenças entre as concepções de força de trabalho, operário(a), trabalhador(a) e de classe social.

CAPÍTULO 14

1. Leia o texto a seguir, publicado pela *Agência Brasil* em 16 de abril de 2022, e responda às questões:

Lei de cotas ajuda a reduzir desigualdades, diz universidade americana

Pesquisadores da Universidade de Stanford, nos Estados Unidos, mostram que a Lei de Cotas no Brasil é eficiente e ajuda a reduzir desigualdades socioeconômicas no país. Utilizando dados do Instituto Nacional de Estudos e

Pesquisas Educacionais Anísio Teixeira (Inep) e do Ministério do Trabalho eles calculam que os ganhos, sejam na renda, sejam na qualidade da formação, para alunos cotistas é maior do que as perdas para os estudantes não cotistas que acabam não sendo aprovados em uma universidade federal.

Os pesquisadores acompanharam a trajetória dos estudantes e mostraram que as cotas fazem diferença na formação daqueles que ingressam pelo sistema. Para isso, eles analisaram a trajetória dos candidatos que foram aprovados em último lugar nos cursos que selecionaram como primeira opção no Sistema de Seleção Unificada (Sisu), tanto no sistema de cotas, quanto no de ampla concorrência, e também daqueles candidatos que quase foram aprovados, ficaram logo depois dos últimos colocados.

Comparando a formação de quem entrou com quem acabou ficando de fora, a conclusão é que, entre os cotistas, a diferença nos ganhos na renda foi, em média, três vezes maior do que aquela observada entre os não cotistas. Os cotistas que ingressaram nas universidades tiveram um ganho de R$ 84 a mais do que aqueles que não entraram. Entre os não cotistas, essa diferença foi de R$ 27. Já em termos de qualidade de formação, entre os cotistas, os ganhos foram 1,6 vezes maiores do que entre os não cotistas. Esses valores aumentam em cursos mais concorridos como medicina ou engenharias, nos quais as vantagens para os cotistas são ainda maiores. [...]

TOKARNIA, Mariana. Lei de cotas ajuda a reduzir desigualdades, diz universidade americana. *Agência Brasil*, 16 abr. 2022. Disponível em: https://agenciabrasil.ebc.com.br/educacao/noticia/2022-04/lei-de-cotas-ajuda-reduzir-desigualdades-diz-universidade-americana?msclkid=79964c0bc43311eca40e7b2e66e35f7f. Acesso em: 24 abr. 2022.

- O sistema de cotas não beneficia apenas negros, mas também pardos e indígenas. Há ainda as cotas sociais, destinadas a alunos que se formaram em escolas públicas e a pessoas com deficiência, e as cotas mistas, para estudantes negros que estudaram na rede pública de ensino, por exemplo.

  a) Indique os argumentos daqueles que se posicionam contra o sistema de cotas raciais.

  b) Na sua opinião, as cotas raciais são importantes para corrigir as desigualdades históricas do Brasil? Tente relacionar o texto com o que foi discutido no capítulo.

  c) O cartum a seguir assume um ponto de vista favorável ou desfavorável às cotas? Como o autor elabora uma reflexão sobre a desigualdade?

© Barry Deutsch/Acervo do cartunista

2. Um dos problemas recentes do Brasil, a crise econômica, tem relação com um tema que discutimos no Capítulo 14: a dependência econômica. Na medida em que houve a mundialização dos fluxos de capital, as economias menos desenvolvidas ficaram ainda mais dependentes dos países mais ricos. Com base no texto a seguir e nos pontos trabalhados nesse capítulo, responda às questões.

Freio na China expõe risco de dependência brasileira nas exportações

Brasil manteve em 2021 o patamar recorde de dependência comercial em relação à China, o que pode ter consequências negativas se os sinais preocupantes de perda de fôlego e desaceleração da potência asiática se confirmarem.

No ano passado, a China foi destino de quase um terço (31,3%) das exportações nacionais, somando US$ 87,751 bilhões — nível semelhante ao recorde de 32% registrado em 2020, segundo dados da Secretaria Especial de Comércio Exterior e Assuntos Internacionais.

Em segundo lugar como principais compradores, vêm os Estados Unidos (11,1%), a Argentina (4,2%), os Países Baixos ou Holanda (3,3%) e o Chile (2,5%).

Do lado das importações, os chineses também dominam, mas de forma mais discreta: de lá, vieram 21,7% dos produtos que o Brasil comprou do exterior. Em seguida, estão os Estados Unidos (18%), a Argentina (5,5%), a Alemanha (5,2%) e a Índia (3,1%).

A China foi o grande impulsionador do superciclo de *commodities* — os produtos primários, sem beneficiamento — do início dos anos 2000, que se refletiu em prosperidade econômica e melhores indicadores para os brasileiros.

A partir da crise internacional de 2008 e ao longo da década de 2010, os preços das *commodities* caíram, e o Brasil amargou períodos de crises e recessões, até que um novo ciclo parecia se desenhar nos últimos anos.

O peso dos chineses no comércio exterior brasileiro se intensificou desde 2009, quando eles superaram os norte-americanos como principal destino das exportações brasileiras. O que preocupa os analistas é o reflexo disso na balança comercial, caso os sinais de desaceleração da economia chinesa se intensifiquem.

O economista-chefe do Iedi (Instituto de Estudos para o Desenvolvimento Industrial), Rafael Cagnin, ressalta que os chineses acabam sendo o principal destino dos produtos nacionais, pelo alto grau de concentração das exportações em três grandes itens: minério de ferro, petróleo e soja.

GAVRAS, Douglas. Freio na China expõe risco de dependência brasileira nas exportações. *Folha de S.Paulo*, 21 jan. 2022. Disponível em: www1.folha.uol.com.br/mercado/2022/01/freio-na-china-expoe-risco-de-dependencia-brasileira-nas-exportacoes.shtml. Acesso em: 27 jun. 2022.

a) A redução da produção na China afeta o resto do mundo e o Brasil em particular. Por quê?

b) Usando seus conhecimentos de Geografia e História, descreva como a indústria e a agricultura foram organizadas no Brasil e como esse tipo de organização nos coloca como um país economicamente dependente.

c) Em que medida as oscilações nas economias de países centrais influenciam as condições de trabalho e a oferta de empregos no Brasil?

3. Leia o trecho de um artigo científico escrito pelo sociólogo Mario Augusto Medeiros da Silva, publicado no periódico *Estudos Históricos*.

> Entre julho e agosto de 1937 noticia-se que *"As associações e elementos negros de São Paulo, bem como amigos e admiradores do poeta negro Lino Guedes, nosso collega de imprensa, projectam-lhe uma homenagem* [...]". Entre os organizadores, estavam Francisco Lucrécio, da Frente Negra Brasileira, bem como o escritor Oswald de Andrade. O evento era por sua produtiva e constante atividade literária e, além de um almoço, haveria a reedição de seus livros. Em 1938 o Cinquentenário da Abolição em São Paulo, organizado por Mário de Andrade, foi objeto de debates promovidos pelo Departamento de Cultura (sob direção do poeta modernista até 1937). O projeto de Andrade previa a participação de associações e intelectuais negros da cidade, Lino Guedes incluso:
>
> "[...] As associações negras, por sua vez, farão realizar várias conferências que estarão a cargo dos intellectuaes Arlindo Veiga dos Santos, Lino Guedes, Guaraná Sant'Anna, Fernando Goes, Raul Amaral, Silverio Lima e Sebastião Scheffini. Essas palestras serão no Departamento de Cultura e no Palácio Trocadero."
>
> A notícia do *Correio Paulistano* (10 de maio de 1938, p. 7) anuncia que Lino Guedes e Fernando Goes pronunciaram suas conferências sobre "a Abolição e problemas correlatos" no Theatro Municipal. Já no Trocadero, Veiga dos Santos tratou de "Uma doutrina para o negro"; Francisco Lucrécio falou sobre "A liberdade e o negro"; Raul do Amaral fez uma "Synthese da vida de Luiz Gama"; Silverio de Lima tratou da "Influência do negro na formação econômica e política do Brasil"; enquanto Antonio Pereira dissertou sobre o tema "Uma raça infeliz".

SILVA, Mário Augusto Medeiros da. Rastros do Cisne Preto: Lino Guedes, um escritor negro pelos jornais (1913-1969). *Estudos Históricos*, Rio de Janeiro, v. 30, n. 62, p. 597-622, set.-dez. 2017. Disponível em: http://bibliotecadigital.fgv.br/ojs/index.php/reh/article/view/69143/70173. Acesso em: 24 jun. 2022.

- Analise o conteúdo do artigo com base no que foi discutido no Capítulo 14 sobre a geração de 1930.

CAPÍTULO 15

1. Leia esta notícia e discuta a importância dos movimentos sociais nas sociedades contemporâneas.

Movimento de Greta Thunberg faz 4ª greve mundial pelo clima

Várias cidades do mundo realizaram nesta sexta-feira (29) a quarta greve geral mundial pelo clima, apoiada pelo movimento Fridays For Future (FFF), da jovem sueca Greta Thunberg. Na Itália, estão programados atos em 139 municípios. A data de 29 de novembro foi escolhida pela entidade por dois motivos: o primeiro é o Black Friday, que representa o símbolo do consumismo insustentável, na visão dos jovens ativistas. O segundo é a vigília da COP25, que desta vez ocorre em Madri, na Espanha. A anual conferência mundial das Nações Unidas sobre o clima começará na próxima segunda-feira (2) e irá até 13 de dezembro. O evento deveria ser realizado no Chile, mas, devido às manifestações e à crise política local, precisou ser transferido para outro país. "No dia 15 de março, éramos mais de dois milhões nas ruas. Voltamos a público

em 24 de maio, atingindo 130 países em todo o mundo. Durante a Climate Action Week, de 20 a 27 de setembro, cerca de 7,5 milhões de estudantes de toda parte, da Islândia à Antártida, participaram dos protestos. Mas nada disso adiantou. As emissões de gás carbônico em 2019 não diminuem. Por isso, voltamos para as ruas em 29 de novembro", explicou a FFF.

AGÊNCIA ANSA. Movimento de Greta Thunberg faz 4ª greve mundial pelo clima. *Época Negócios*, 29 nov. 2019. Mundo. Disponível em: https://epocanegocios.globo.com/Mundo/noticia/2019/11/movimento-de-greta-thunberg-faz-4-greve-mundial-pelo-clima.html?msclkid=86d081eac43811ec8665d106d2a1473e. Acesso em: 24 jun. 2022.

2. Observe o trecho do poema *Incompreensível para as massas*, escrito em 1927 pelo poeta russo Vladímir Maiakóvski (1893-1930).

O livro bom
é claro
e necessário
a mim,
a vocês,
ao camponês
e ao operário.

MAIAKÓVSKI, Vladímir. *Maiakóvski*: poemas. 8. ed. São Paulo: Perspectiva, 2011. p. 126.

- Relacione o conteúdo do poema com o que foi discutido no capítulo.

3. Leia o trecho de notícia a seguir.

A desigualdade educacional no Brasil se agravou com a chegada da pandemia do novo coronavírus, atingindo principalmente estudantes pretos, pobres e de regiões mais afastadas [...].

[...]

Antes da pandemia, os dados sobre a desigualdade educacional e o abandono escolar já eram preocupantes. Foi o que indicou um mapeamento, realizado em 2019 pelo Fundo das Nações Unidas para a Infância (Unicef), o Instituto Claro e outros parceiros, sobre reprovação, abandono escolar e distorção em relação à idade-série. Focando na questão do abandono escolar, o levantamento divulgado esse ano, apontou que cerca de 623.187 estudantes das redes municipal e estadual do país abandonaram a escola. Deste total, 329.058 se declararam pretos, pardos e indígenas. [...]

A pandemia deu margem para o sistema educacional do país aumentar as disparidades raciais, sociais e locais, sendo um dos problemas estruturais dessa situação a falta de acesso à internet para assistir às aulas *online*, o que consequentemente gerou um dos maiores problemas na educação, o abandono escolar. De acordo com uma pesquisa divulgada pelo Datafolha, em janeiro, 4 milhões de estudantes abandonaram a escola durante a pandemia. As principais motivações foram a dificuldade do acesso remoto às aulas e problemas financeiros, em que os alunos que lideraram a taxa de abandono pertenciam às classes D e E.

[...]

FERREIRA, Lara Eliza; CALIXTO, Vitória Louise. Desigualdade educacional no Brasil é agravada pela pandemia. *Lamparina*, 24 ago. 2021. Disponível em: https://sites.ufop.br/lamparina/blog/desigualdade-educacional-no-brasil-%C3%A9-agravada-pela-pandemia. Acesso em: 4 ago. 2022.

- Com base no que foi discutido no capítulo e no texto transcrito, responda:
  a) Em que medida a educação reproduz as desigualdades sociais?
  b) Considerando o que foi exposto na notícia, há relação entre a distribuição de renda e os problemas relacionados à educação? Como Pierre Bourdieu nos ajuda a compreender essa relação?

4. Veja a tirinha e reflita sobre a relação entre indivíduo e sociedade no contexto da denominada revolução informacional.

© Fernando Caldas/Acervo do cartunista

5. Na tirinha a seguir, há uma crítica sobre o processo de financeirização da economia. Explique essa crítica.

© Sucesores de Joaquín S. Lavado Tejón (QUINO), TODA MAFALDA /Fotoarena

QUESTÕES DO ENEM E DE VESTIBULARES

ENEM

1. (Enem 2016)

Quanto mais complicada se tornou a produção industrial, mais numerosos passaram a ser os elementos da indústria que exigiam garantia de fornecimento. Três deles eram de importância fundamental: o trabalho, a terra e o dinheiro. Numa sociedade comercial, esse fornecimento só poderia ser organizado de uma forma: tornando-os disponíveis à compra. Agora eles tinham que ser organizados para a venda no mercado. Isso estava de acordo com a exigência de um sistema de mercado. Sabemos que em um sistema como esse, os lucros só podem ser assegurados se se garante a autorregulação por meios de mercados competitivos interdependentes.

POLANYI, K. A grande transformação: As origens de nossa época. Rio de Janeiro: Campus, 2000 (Adaptado).

A consequência do processo de transformação socioeconômica abordada no texto é a

a) expansão das terras comunais.

b) limitação do mercado como meio de especulação.

c) consolidação da força de trabalho como mercadoria.

d) diminuição do comércio como efeito da industrialização.

e) adequação do dinheiro como elemento padrão das transações.

2. (Enem 2016)

Hoje, a indústria cultural assumiu a herança civilizatória da democracia de pioneiros e empresários, que tampouco desenvolvera uma fineza de sentido para os desvios espirituais. Todos são livres para dançar e para se divertir, do mesmo modo que, desde a neutralização histórica da religião, são livres para entrar em qualquer uma das inúmeras seitas. Mas a liberdade de escolha da ideologia, que reflete sempre a coerção econômica, revela-se em todos os setores como a liberdade de escolher o que é sempre a mesma coisa.

ADORNO, T.; HORKHEIMER, M. Dialética do esclarecimento: fragmentos filosóficos. Rio de Janeiro: Zahar, 1985.

A liberdade de escolha na civilização ocidental, de acordo com a análise do texto, é um(a)

a) legado social.

b) patrimônio político.

c) produto da moralidade.

d) conquista da humanidade.

e) ilusão da contemporaneidade.

3. (Enem 2020)

Ao mesmo tempo que as novas tecnologias inseridas no universo do trabalho estão provocando profundas transformações nos modos de produção, tornam cada vez mais plausível a possibilidade de liberação do homem do trabalho mecânico e repetitivo.

JORGE, M. T. S. Será o ensino escolar supérfluo no mundo das novas tecnologias? Educação e Sociedade, v. 19, n. 65, dez. 1998 (adaptado).

O paradoxo da relação entre as novas tecnologias e o mundo do trabalho, demonstrado no texto, pode ser exemplificado pelo(a)

a) utilização das redes sociais como ferramenta de recrutamento e seleção.

b) transferência de fábricas para locais onde estas desfrutem de benefícios fiscais.

c) necessidade de trabalhadores flexíveis para se adequarem ao mercado de trabalho.

d) fenômeno do desemprego que aflige milhões de pessoas no mundo contemporâneo.

e) conflito entre trabalhadores e empresários por conta da exigência de qualificação profissional.

4. (Enem 2018)

Reprodução/Enem, 2018.

Figura 1

Reprodução/Enem, 2018.

Figura 2

Esse ônibus relaciona-se ao ato praticado, em 1955, por Rosa Parks, apresentada em fotografia ao lado de Martin Luther King. O veículo alcançou o estatuto de obra museológica por simbolizar o(a)

a) impacto do medo da corrida armamentista.

b) democratização do acesso à escola pública.

c) preconceito de gênero no transporte coletivo.

d) deflagração do movimento por igualdade civil.

e) eclosão da rebeldia no comportamento juvenil.

VESTIBULARES

5. (UEG-GO 2015) Para Marx, diante da tentativa humana de explicar a realidade e dar regras de ação, é preciso considerar as formas de conhecimento ilusório que mascaram os conflitos sociais. Nesse sentido, a ideologia adquire um caráter negativo, torna-se um instrumento de dominação na medida em que naturaliza o que deveria ser explicado como resultado da ação histórico-social dos homens, e universaliza os interesses de uma classe como interesse de todos. A partir de tal concepção de ideologia, constata-se que

a) a sociedade capitalista transforma todas as formas de consciência em representações ilusórias da realidade conforme os interesses da classe dominante.

b) ao mesmo tempo que Marx critica a ideologia ele a considera um elemento fundamental no processo de emancipação da classe trabalhadora.

c) a superação da cegueira coletiva imposta pela ideologia é um produto do esforço individual, principalmente dos indivíduos da classe dominante.

d) a frase "o trabalho dignifica o homem" parte de uma noção genérica e abstrata de trabalho, mascarando as reais condições do trabalho alienado no modo de produção capitalista.

6. (UEG-GO 2015) No pensamento sociológico clássico há uma permanente preocupação com as mudanças sociais. A esse respeito, verifica-se que,

a) para Marx, a mudança social é produto da luta de classes.

b) para Durkheim, a mudança social é gerada pela ação social.

c) para Weber, não existe mudança social mas tão somente fato social.

d) tanto para Marx quanto para Weber, a mudança social tem sua origem no Estado.

7. (UEG-GO 2014) A sociologia surge como ciência no século XIX. Ela nasce numa época marcada pela ideia de criar ciências positivas da sociedade, período em que são criadas as ciências humanas. Alguns sociólogos discutem a relação entre a sociologia e filosofia. Durkheim, por exemplo, apresenta Montesquieu e Rousseau como precursores da sociologia. Nesse sentido, a sociologia

a) surge no interior de um movimento intelectual que nasce com o racionalismo e o iluminismo, visando negar a filosofia e ocupar o seu lugar.

b) abarca a filosofia e as ciências naturais, criando uma síntese que supera ambas, ao mostrar que a fonte do conhecimento é a sociedade.

c) objetiva ser uma ciência particular e, por isso, necessita distinguir-se de outras ciências e da filosofia, criando objeto e método próprios.

d) busca juntar filosofia e sociologia para criar uma nova ciência, a física social, que seria o positivismo inspirado em Augusto Comte e Durkheim.

8. (UEM-PR 2014 — Somar respostas corretas) Considerando as contribuições de Karl Marx e da teoria marxista para a compreensão da economia política capitalista, assinale o que for correto:

01) Marx afirma que a moderna economia política capitalista foi instituída na Europa do século XIX por meio da aceitação generalizada de sua ideologia.

02) A teoria marxista contribui para o entendimento de que os modernos processos de exploração e alienação das forças de trabalho são o resultado de um sistema social de produção que pode ser transformado.

04) Segundo Marx, as empresas passaram a respeitar e a valorizar seus empregados a partir do momento em que se conscientizaram do papel central que eles ocupam no processo produtivo.

08) A teoria marxista explica que o sistema capitalista de produção se tornou a forma mais justa e democrática de combater as desigualdades nas sociedades modernas.

16) A obra de Marx contribuiu para o reconhecimento das leis de mercado enquanto fatos sociais independentes da ação humana, e que devem ser obedecidas para se manter a coesão social.

9. (UEM-PR 2014 — Somar respostas corretas) Considerando os estudos sociológicos das relações entre trabalho e sociedade, assinale o que for correto:

01) Na Sociologia, as relações de trabalho ocupam um papel constitutivo nas produções simbólica e material da vida social.

02) Como a legislação não permite que os estudantes trabalhem, a Sociologia do trabalho não deveria ser ensinada na educação básica.

04) De acordo com a Sociologia, trabalho e sociedade são coisas distintas, pois o sucesso profissional depende do mérito e do esforço pessoal.

08) Os estudos sociológicos sobre o mundo do trabalho defendem que a atual reestruturação das forças produtivas sociais irá criar uma sociedade igualitária.

16) Para a Sociologia, a posição diferente de homens e mulheres no espaço doméstico influencia decisivamente as chances de cada um no mercado de trabalho.

10. (UEM-PR 2014 — Somar respostas corretas) Considerando as contribuições de Max Weber ao pensamento sociológico, assinale o que for correto:

01) Ao estudar o protestantismo nos Estados Unidos, Weber observou o desenvolvimento de uma forma ideal de sociedade que soube valorizar o trabalho e criar um país perfeito para se viver.

02) Segundo Weber, o papel da Sociologia não é o de compreender e explicar a ação social, mas o de interferir politicamente na sociedade para reduzir a violência e a pobreza.

04) A Sociologia de Weber procura incluir o papel do indivíduo e a importância da ação social na compreensão da sociedade.

08) Conforme Weber, as sociedades modernas vivenciaram processos de desencantamento e processos de racionalização do mundo, que modificaram a organização das relações de poder.

16) Para Weber, o fim da religiosidade nas sociedades modernas é o resultado da degeneração moral das pessoas, que só pensam no lucro e deixam de se preocupar com causas sociais.

11. (Unicentro-PR 2014) Leia o texto a seguir.

> O conjunto das forças produtivas e das relações sociais de produção forma o que Marx chama de a infraestrutura de uma sociedade que, por sua vez, é a base sobre a qual se constituem as demais instituições sociais. Segundo a concepção materialista da história, na produção da vida social, os homens geram também outra espécie de produtos que não têm forma material e que vêm a ser as ideologias políticas, concepções religiosas, códigos morais e estéticos, sistemas legais, de ensino, de comunicação, o conhecimento filosófico e científico, representações coletivas etc. — cujo conjunto é chamado de superestrutura ou supraestrutura.
>
> (QUINTANEIRO, T.; BARBOSA, M. I.; OLIVEIRA, M. Um toque de clássicos: Durkheim, Marx e Weber. 3ª reimpr. Belo Horizonte: UFMG, 2000. p. 74.)

Sobre esse modo de entender e explicar a constituição da sociedade, assinale a alternativa correta.

a) A produção das ideologias, o conjunto de pensamentos e os produtos para satisfação das necessidades humanas denominam-se infraestrutura.

b) A superestrutura corresponde à produção material para que o indivíduo tenha condições de satisfazer as necessidades básicas.

c) Na concepção materialista da história, os homens produzem tanto as condições materiais de existência quanto suas ideias, ideologias e a própria cultura.

d) O ser humano tem condições de produzir a infraestrutura, mas não a superestrutura.

e) Para produzir a infraestrutura, é necessário ter conhecimento filosófico, ideológico e científico.

12. (UEL-PR 2015) Leia o texto a seguir.

> Lembra-te de que tempo é dinheiro; aquele que pode ganhar dez xelins por dia por seu trabalho e vai passear, ou fica vadiando metade do dia, embora não despenda mais do que seis pence durante seu divertimento ou vadiação, não deve computar apenas essa despesa; gastou, na realidade, ou melhor, jogou fora, cinco xelins a mais.
>
> (WEBER, M. A ética protestante e o espírito do capitalismo. São Paulo: Pioneira; Brasília: UNB, 1981, p. 29.)

O conselho de Benjamin Franklin é analisado por Max Weber (1864-1920) na obra *A ética protestante e o espírito do capitalismo*. Com base nessa obra, assinale a alternativa que apresenta, corretamente, a compreensão weberiana sobre o sentido da conduta do indivíduo na formação do capitalismo moderno ocidental.

a) Tradicionalidade.

b) Racionalidade.

c) Funcionalidade.

d) Utilitariedade.

e) Organicidade.

13. (Fuvest-SP 2021) A economia do Império do Brasil foi caracterizada por:

a) Prevalecimento do trabalho assalariado imigrante e investimentos estatais na indústria primária.

b) Desenvolvimento de relações comerciais e diplomáticas com países americanos, em detrimento das relações com os países europeus.

c) Conjugação entre desenvolvimento agrícola e industrial, responsável por tornar o Brasil a 4ª maior economia do mundo.

d) Crescimento progressivo da dívida externa e preponderância de uma economia agroexportadora.

e) Redução contínua do tráfico de escravos e políticas públicas voltadas à alfabetização e capacitação profissional de trabalhadores pobres.

14. (UEPG-PR 2018 — Somar respostas corretas) Sobre o cenário atual do mundo do trabalho, assinale o que for correto.

01) O Brasil apresenta um quadro com acentuada informalidade, desindustrialização e mudanças recentes na legislação trabalhista.

02) Com as novas tecnologias da informação ocorre o fim do trabalho assalariado, substituído pelos empreendedores individuais.

04) Há um aumento da estabilidade no emprego, resultado das novas tecnologias aplicadas à produção e aos serviços.

08) A reestruturação produtiva e a instabilidade do mercado de trabalho, entre outros fatores, modificaram o poder e as relações referentes aos sindicatos de trabalhadores.

15. (UFU-MG 2019)

> Para Weber (1991, p. 130), "é decisivo que o trabalho rotineiro esteja entregue, de maneira predominante e progressiva, ao elemento burocrático. Toda a história do desenvolvimento do Estado moderno, particularmente, identifica-se com a da moderna burocracia e a da empresa burocrática, da mesma forma que toda a evolução do grande capitalismo moderno se identifica com a burocratização crescente das empresas econômicas. As formas de dominação burocrática estão em ascensão em todas as partes."
>
> COHN, Gabriel (Org.) Weber: Sociologia. 5.ed. São Paulo: Ática, 1991.

A partir da teorização sobre a burocracia e sobre o Estado em Weber, assinale a alternativa correta.

a) A ideia de burocracia é negativa e caracteriza a morosidade do capitalismo moderno.

b) A burocracia baseia-se tanto em costumes tradicionais quanto nos descritos na legislação vigente.

c) A ideia de burocracia está ligada à regulação da conduta dos indivíduos nas instituições em geral.

d) A burocracia permite adaptação do sistema legislativo às flutuações da bolsa de valores do capitalismo moderno.

16. (Uece 2021) Nas últimas décadas do século XVIII, a Inglaterra foi palco de um movimento econômico novo, conhecido como Revolução Industrial, que produziu uma profunda mudança não só no sistema econômico, mas em toda a sociedade da época. Considerando esse movimento econômico, analise as seguintes afirmações:

I. O primeiro setor que aderiu à Revolução Industrial foi a indústria têxtil, principalmente a indústria do algodão.

II. A Revolução Industrial provocou o surgimento do trabalho livre porque libertou os trabalhadores dos laços de servidão.

III. A Lei dos cercamentos favoreceu o processo da Revolução Industrial ao fornecer mão de obra para as fábricas.

É correto o que se afirma em:

a) I e III apenas.
b) I e II apenas.
c) II e III apenas.
d) I, II e III.

17. (Uerj 2021)

Parasita, filme do sul-coreano Bong Joon-ho estreou no Brasil em novembro de 2019 e foi ganhador do Oscar de 2020. Sucesso de bilheteria onde foi exibido, a trama se passa na Coreia do Sul, na atualidade, e aborda a relação entre duas famílias, os Kim, que são pobres e vivem num porão, e os Park, abastados e habitantes de uma mansão luxuosa. Os primeiros irão se "infiltrar" um a um na vida da família rica, empregando-se em diferentes funções de seu cotidiano. Parasita é uma história sobre o capitalismo, segundo declara o próprio diretor, tal qual são outros de seus filmes. É a distopia na qual vive a Coreia do Sul e o mundo. "Antes de ser um grande termo sociológico, o capitalismo é apenas a nossa vida", diz Bong.

Adaptado de nexojornal.com.br, 16/11/2019.

Casa da família Kim.

Reprodução/Uerj, 2021.

brasil.elpais.com

Casa da família Park.

Reprodução/Uerj, 2021.

casa.abril.com.br

A partir da observação das imagens e da leitura do texto, pode-se apontar a seguinte contradição do desenvolvimento capitalista:

a) relativização de liberdades democráticas
b) separação de categorias profissionais
c) espacialização das hierarquias sociais
d) ascensão de classes populares

18. (UEL-PR 2015) O dinheiro alterou enormemente as relações sociais e, no desenvolvimento da história econômica da sociedade, atingiu o seu ápice com o modo de produção capitalista. Com base nos conhecimentos sobre os estudos de Karl Marx, assinale a alternativa que apresenta, corretamente, as explicações sobre a produção da riqueza na sociedade capitalista.

a) A mercantilização das relações de produção e de reprodução, por intermédio do dinheiro, possibilita a desmistificação do fetichismo da mercadoria.
b) Enquanto mediação da relação social, o dinheiro demonstra as particularidades das relações entre indivíduos, como as políticas e as familiares.
c) O dinheiro tem a função de revelar o valor de uso das mercadorias, ao destacar a valorização diferenciada entre os diversos trabalhos.
d) O dinheiro é um instrumento técnico que facilita as relações de troca e evidencia a exploração contida no trabalho assalariado.
e) O dinheiro caracteriza-se por sua capacidade de expressar um valor genérico equivalente, intercambiável por qualquer outro valor.

19. (UFMA 2009) Assinale a opção que contenha as categorias básicas da sociologia de Max Weber.

a) função social, tipo ideal, mais-valia
b) expropriação, compreensão, fato patológico
c) ação social, materialismo, idealismo
d) vontade de poder, julgamento de valor, solidariedade mecânica
e) ação social, relação social, tipo ideal

20. (UFMA 2009) Durkheim expõe três características fundamentais para distinguir o fato social. São elas:

a) legitimidade, coerção social, individualidade
b) coercitividade, exterioridade, generalidade
c) identidade, universalismo, humanismo
d) generalidade, solidariedade, anomia
e) universalismo, legitimidade, generalidade

CIÊNCIAS SOCIAIS EM AÇÃO

UNIDADE 3

AGIR PARA MUDAR O MUNDO

DIRECIONAMENTO

Este projeto poderá ser desenvolvido em conjunto pelos professores de Sociologia e História.

PONTO DE INVESTIGAÇÃO

A questão mobilizadora deste projeto promove reflexões que poderão desenvolver conhecimentos relacionados aos componentes Sociologia e História.

?

Qual é a importância da ação política de trabalhadores e trabalhadoras para a ampliação da cidadania?

RESUMO

Neste projeto, você vai conhecer a importância da cidadania para a construção de uma sociedade mais justa e discutirá a relevância do trabalho e das ações políticas coletivas de trabalhadores. Para isso, você investigará notícias, coletará relatos de trabalhadores e participará de debates sobre o assunto. Ao fim, deverá apresentar os resultados deste projeto em um ***e-PUB***, considerando os princípios da acessibilidade.

Aline Alcantara/Shutterstock

Na fotografia, greve dos entregadores de aplicativos, em 1º de julho de 2020, reivindicando melhores condições de trabalho.

COMPETÊNCIAS E HABILIDADES DA BNCC

- Competências gerais da Educação Básica: 1, 2, 3, 4, 5, 6 e 7.
- Competências específicas de Ciências Humanas e Sociais Aplicadas: 1, 2, 4, 5 e 6.
- Habilidades de Ciências Humanas e Sociais Aplicadas: EM13CHS103, EM13CHS202, EM13CHS402, EM13CHS403, EM13CHS404, EM13CHS502, EM13CHS504, EM13CHS605, EM13CHS606.
- Competências específicas de Linguagens e suas Tecnologias: 1, 2, 3, 4 e 7.
- Habilidades de Linguagens e suas Tecnologias: EM13LGG101, EM13LGG102, EM13LGG103, EM13LGG104, EM13LGG105, EM13LGG201, EM13LGG202, EM13LGG204, EM13LGG301, EM13LGG302, EM13LGG303, EM13LGG304, EM13LGG305, EM13LGG401, EM13LGG402, EM13LGG701, EM13LGG702, EM13LGG703, EM13LGG704.

e-PUB: abreviação de *Electronic Publication*. É um padrão de arquivo digital de livros e textos, livre e aberto, direcionado especialmente para dispositivos móveis, pois se adapta a qualquer tipo de tela.

METODOLOGIA

A utilização dos jornais como fonte de pesquisa é um tipo de investigação documental que analisa o discurso da imprensa. Já a coleta de relatos de trabalhadores e trabalhadoras poderá ilustrar a investigação, propondo a aproximação da temática à realidade dos estudantes.

Ao fazer uso da pesquisa documental em jornais, da coleta de relatos e do debate, é importante:

- registrar todas as informações das fontes consultadas;
- ter a autorização, por escrito, para transcrição e publicização dos relatos;
- manter os registros organizados e sistematizados;
- analisar os materiais com criticidade;
- transmitir o conhecimento de maneira sintética e clara.

MATERIAL NECESSÁRIO

- Caderno e caneta para fazer anotações.
- Celular para fazer os registros de imagem e áudio, quando for o caso.
- Computador e/ou celular para editar e publicar o arquivo *e-PUB*.

PROJETO

O produto final deste projeto é um *e-PUB*. Nele, a importância do trabalho e das ações coletivas de trabalhadores para a ampliação da cidadania serão apresentados em formato de livro digital, que também deverá ser convertido para a tecnologia acessível do livro falado.

ETAPAS

1. A ELABORAÇÃO DO PLANO DE INVESTIGAÇÃO

A primeira etapa consiste em delimitar os acervos em que a investigação será realizada. Atualmente, grande parte dos jornais é publicada em duas versões: impressa e digital. Por isso, poderão ser usados acervos físicos, como o do *Diário Oficial do Estado de Minas Gerais*, em Belo Horizonte (MG), ou digitais, como o acervo do jornal *O Estado de S. Paulo* (disponível em: https://acervo.estadao.com.br/, acesso em: 29 jul. 2022).

Outra opção interessante é a Hemeroteca Digital Brasileira, que se encontra no *site* da Biblioteca Nacional (disponível em: https://memoria.bn.br/, acesso em: 29 jul. 2022). Nela, são apresentados, em formato digital, milhares de exemplares de jornais e revistas brasileiros dos séculos XIX e XX. Verifique, ainda, se os arquivos do estado ou município onde você vive têm hemerotecas digitais.

Além da busca por acervos, conversar com pessoas pode uma boa maneira de começar a investigação e coletar depoimentos interessantes.

2. O TRABALHO DE INVESTIGAÇÃO

Após a definição dos acervos e das fontes de pesquisa, você deverá coletar dados sobre o tema em jornais e outras publicações. A tarefa aqui é selecionar materiais mais relevantes, ler e registrar as informações e os dados que se destacam neles.

3. A ANÁLISE E A CONTEXTUALIZAÇÃO DOS DADOS

Analise com atenção os dados encontrados, organizando as informações coletadas. Essa será a base para o roteiro do *e-PUB*. Discuta com colegas e professores as

dimensões históricas dos contextos social, econômico e político em que as matérias foram publicadas.

4. A COLETA DOS RELATOS

A coleta de relatos poderá ser feita com pessoas de seu meio de convivência ou mesmo com pessoas envolvidas em ações coletivas de trabalhadores na cidade onde você vive. É importante registrar o relato de alguma forma, em áudio ou vídeo, para depois transcrevê-lo e utilizar trechos dele no livro digital.

5. O DEBATE

Nessa etapa, você e os colegas podem trocar informações, dados e relatos, entre si e com os professores, a fim de qualificar suas percepções e análises antes da confecção do livro.

6. A ESCRITA DO LIVRO DIGITAL

Com os dados já sistematizados e organizados, é hora de construir o texto. Utilize, para isso, um editor de texto *on-line*, como o Google Docs. Tente estruturar sua produção da seguinte maneira:

- capa;
- dados da publicação;
- sumário;
- apresentação;
- introdução;
- capítulos (ao menos 2);
- conclusão;
- referências utilizadas na pesquisa;
- anexos.

7. A CONVERSÃO PARA *e-PUB*

Quando o livro estiver pronto, salve o arquivo e faça o *download* dele no formato *e-PUB* (.epub).

8. A ADEQUAÇÃO PARA LIVRO FALADO

Utilize um aplicativo ou *software*, como o Balabolka, para realizar a transposição do livro digital para a tecnologia do livro falado.

9. COLOCAR O *e-PUB* E O LIVRO FALADO NO AR

É hora de escolher a melhor plataforma digital e as redes de comunicação *on-line* para colocar no ar suas produções. Em conjunto com a comunidade escolar, decidam o melhor momento para que o livro e o audiolivro sejam compartilhados com o público.

CONCLUSÃO

Ao concluir o projeto, você será capaz de compreender melhor o conceito de cidadania e o modo como as ações políticas coletivas e o trabalho são importantes para sua ampliação.

BIBLIOGRAFIA

INTRODUÇÃO

CALVINO, Italo. *Por que ler os clássicos*. São Paulo: Companhia de Bolso, 2007.

CHAUI, Marilena. *O que é ideologia?* São Paulo: Brasiliense, 2001.

DAMATTA, Roberto. *Relativizando*: uma introdução à antropologia cultural. Petrópolis: Vozes, 1981.

LOWY, Michel. *Ideologias e Ciência Social*. São Paulo: Cortez, 1996.

POPPER, Karl. *Lógica das Ciências Sociais*. Brasília: Ed. da UnB, 1978.

QUINTANEIRO, Tânia *et al. Um toque de clássicos*: Marx, Durkheim, Weber. Belo Horizonte: Ed. da UFMG, 2002.

SANTOS, Boaventura de Sousa. *Um discurso sobre as ciências*. Porto: Edições Afrontamento, 2002.

WEFFORT, Francisco C. *Os clássicos da política*. São Paulo: Ática, 2000.

CAPÍTULO 1

ALVAREZ, Mike *et al.* Classifying Political Regimes. *Studies in Comparative International Development*, v. 31, n. 2, p. 3-36, 1996.

BOBBIO, Norberto. *Liberalismo e democracia*. São Paulo: Brasiliense, 2013.

BOBBIO, Norberto; MATTEUCCI, Nicola; PASQUINO, Gianfranco. *Dicionário de Política*. 2 v. Brasília: Ed. da UnB, 2010.

DAHL, Robert. *Sobre a democracia*. Brasília: Ed. da UnB, 2001.

DUVERGER, Maurice. *Os partidos políticos*. Brasília: Ed. da UnB, 1980.

GRAMSCI, Antonio. *O leitor de Gramsci*: escritos escolhidos, 1916-1935. Rio de Janeiro: Civilização Brasileira, 2011.

LUKES, Steven. *O poder*: uma visão radical. Brasília: Ed. da UnB, 1980.

PRZEWORSKI, Adam. *Estado e economia no capitalismo*. Rio de Janeiro: Relume-Dumará, 1995.

SARTORI, Giovanni. *Partidos e sistemas partidários*. Brasília: Ed. da UnB, 1982.

SKINNER, Quentin. *Maquiavel*. Porto Alegre: L&PM, 2010. (Coleção L&PM Pocket).

TILLY, Charles. *Coerção, capital e Estados europeus*. São Paulo: Edusp, 1996.

WEBER, Max. *Ciência e política*: duas vocações. São Paulo: Cultrix, 1989.

CAPÍTULO 2

BAUMAN, Zygmunt. *Globalização*: as consequências humanas. Rio de Janeiro: Zahar, 1999.

DAVIS, Mike. *Planeta Favela*. São Paulo: Boitempo, 2006.

HELD, David. *Democracy and the Global Order*. Cambridge: Polity Press, 1995.

HELD, David; McGREW, Anthony. *Prós e contras da globalização*. Rio de Janeiro: Zahar, 2001.

IANNI, Octavio. *A sociedade global*. Rio de Janeiro: Civilização Brasileira, 2008.

NEGRI, Antonio; HARDT, Michael. *Império*. Rio de Janeiro: Record, 2005.

NYE Jr., Joseph. *Cooperação e conflito nas relações internacionais*. São Paulo: Gente, 2009.

ORTIZ, Renato. *Mundialização e cultura*. São Paulo: Brasiliense, 1994.

RODRIK, Dani. *The Globalization Paradox*. New York: W. W. Norton, 2011.

SANTOS, Milton. *Por uma outra globalização*: do pensamento único à consciência universal. Rio de Janeiro: Record, 2001.

CAPÍTULO 3

ALBERTI, Verena; PEREIRA, Amilcar Araujo (org.). *Histórias do movimento negro no Brasil*: depoimentos ao CPDOC. Rio de Janeiro: Pallas, 2007.

ALONSO, Angela. A teoria dos movimentos sociais: um balanço do debate. *Lua Nova*, São Paulo, n. 76, p. 49-86, 2009.

ALONSO, Angela. *Flores, votos e balas*: o movimento abolicionista brasileiro (1868-88). São Paulo: Companhia das Letras, 2015.

DAGNINO, Evelina. Os movimentos sociais e a emergência de uma nova noção de cidadania. *In*: DAGNINO, Evelina. *Os anos 90*: política e sociedade no Brasil. São Paulo: Brasiliense, 1994.

FRASER, Nancy. From Redistribution to Recognition: Dilemmas of Justice in a Postsocialist Age. *New Left Review*, I/212, jul.-ago., 1995.

GOHN, Maria da Glória. *Teorias dos movimentos sociais*: paradigmas clássicos e contemporâneos. São Paulo: Loyola, 2014.

MARSHALL, T. H. *Cidadania, classe social e status*. Rio de Janeiro: Zahar, 1967.

MELUCCI, Alberto. Um objetivo para os movimentos sociais? *Lua Nova*, São Paulo, n. 17, jun. 1989.

OLSON, Mancur. *The Logic of Collective Action*. Cambridge: Harvard University Press, 1965.

PUTNAM, Robert. *Bowling Alone*: the Collapse and Revival of American Community. New York: Simon and Schuster, 2000.

PUTNAM, Robert. *Making Democracy Work*: Civic Traditions in Modern Italy. Princeton: Princeton University Press, 1993.

QUINALHA, Renan. *Contra a moral e os bons costumes*: a ditadura e a repressão à comunidade LGBT. São Paulo: Companhia das Letras, 2021.

SILVA, Josué Pereira. *Trabalho, cidadania e reconhecimento*. São Paulo: Annablume, 2008.

TILLY, Charles. *Regimes and Repertoires*. Chicago/London: Chicago University Press, 2006.

CAPÍTULO 4

AVRITZER, Leonardo. *Impasses da democracia no Brasil*. Rio de Janeiro: Civilização Brasileira, 2016.

AVRITZER, Leonardo *et al* (org.). *Corrupção*: ensaios e críticas. Belo Horizonte: Ed. da UFMG, 2008.

AVRITZER, Leonardo; FILGUEIRAS, Fernando (org.). *Corrupção e sistema político no Brasil*. Belo Horizonte: Civilização Brasileira, 2011.

BOTELHO, André; SCHWARCZ, Lilia Moritz. *Agenda brasileira*: temas de uma sociedade em mudança. São Paulo: Companhia das Letras, 2011.

CARVALHO, José Murilo de. *Cidadania no Brasil*: o longo caminho. Rio de Janeiro: Civilização Brasileira, 2001.

FIGUEIREDO, Argelina; LIMONGI, Fernando. *Executivo e Legislativo na Nova Ordem Constitucional*. Rio de Janeiro: Ed. da FGV, 1999.

KINZO, Maria D'Alva G. A democratização brasileira: um balanço do processo político desde a transição. *São Paulo em Perspectiva*, São Paulo, v. 15, n. 4, 2001.

LIMONGI, Fernando. A democracia no Brasil: presidencialismo, coalizão partidária e processo decisório. *Novos Estudos Cebrap*, São Paulo, n. 76, nov. 2006.

MELO, Carlos Ranulfo; SÁEZ, Manuel Alcântara (org.). *A democracia brasileira*: balanços e perspectivas para o século 21. Belo Horizonte: Ed. da UFMG, 2007.

NICOLAU, Jairo. *Eleições no Brasil*: do Império aos dias atuais. Rio de Janeiro: Zahar, 2012.

NOBRE, Marcos. *Imobilismo em movimento*: da abertura democrática ao governo Dilma. São Paulo: Companhia das Letras, 2013.

PRAÇA, Sérgio. Corrupção e reforma institucional no Brasil, 1988-2008. *Opinião Pública* [*on-line*]. Campinas, v. 17, n. 1, 2011. Disponível em: www.cesop.unicamp.br/por/opiniao_publica/artigo/207. Acesso em: 5 jul. 2022.

SANTOS, Fabiano. Brazilian Democracy and the Power of "Old" Theories of Party Competition. *Brazilian Political Science Review*, São Paulo, v. 2, n. 8, 2008.

SCHMITT, Rogério. *Partidos políticos no Brasil (1945-2000)*. 3. ed. Rio de Janeiro: Zahar, 2005.

SCHWARTZMAN, Simon. *Bases do autoritarismo brasileiro*. Rio de Janeiro: Campus, 1988.

CAPÍTULO 5

ACEMOGLU, Daron; ROBINSON, James. *Why Nations Fail*. New York: Crown Publishers, 2012.

CARNOY, Martin. *Estado e teoria política*. Campinas: Papirus, 2010.

EVANS, Geoffrey (org.). *The End of Class Politics?*: Class Voting in Comparative Context. Oxford/New York: Oxford University Press, 1999.

INGLEHART, Ronald F. Changing Values among Western Publics from 1970 to 2006. *West European Politics*, v. 31, n. 1-2, jan.-mar., 2008.

JANSEN, G. *et al*. Class Voting and Left-Right Party Positions: a Comparative Study of 15 Western Democracies, 1960-2005. *Social Science Research*, v. 42, n. 2, 2012. Disponível em: http://dx.doi.org/10.1016/j.ssresearch.2012.09.007. Acesso em: 1º jul. 2022.

NOZICK, Robert. *Anarquia, Estado e Utopia*. Rio de Janeiro: Zahar, 1991.

OFFE, Claus. *Problemas estruturais do Estado capitalista*. Rio de Janeiro: Tempo Brasileiro, 1984.

POULANTZAS, Nicos. *O poder político e as classes sociais*. São Paulo: Martins Fontes, 1986.

RAWLS, John. *Uma teoria da justiça*. São Paulo: Martins Fontes, 2008.

SANDEL, Michael. *Justice*: What's the Right Thing to Do? New York: Farrar, Straus and Giroux, 2009.

VITA, Álvaro de. *A justiça igualitária e seus críticos*. São Paulo: Ed. da Unesp, 2000.

CAPÍTULO 6

BOAS, Franz. *A formação da antropologia americana (1883-1911)*. Rio de Janeiro: Contraponto/Ed. da UFRJ, 2004.

BOAS, Franz. *Antropologia cultural*. Rio de Janeiro: Jorge Zahar, 2004.

CASTRO, Celso (org.). *Evolucionismo cultural*. Rio de Janeiro: Jorge Zahar, 2005.

CUNHA, Manuela Carneiro da. Introdução a uma história indígena. *In*: CUNHA, Manuela Carneiro da (org.). *História dos índios no Brasil*. São Paulo: Companhia das Letras/Secretaria Municipal de Cultura/Fapesp, 1992.

LÉVI-STRAUSS, Claude. *Raça e História*. Portugal: Presença, 2000.

TODOROV, Tzvetan. *A conquista da América, a questão do outro*. São Paulo: Martins Fontes, 1999.

CAPÍTULO 7

BENEDICT, Ruth. *O crisântemo e a espada*. 2. ed. São Paulo: Perspectiva, 1997.

BENEDICT, Ruth. *Padrões de cultura*. Lisboa: Livros do Brasil, [s.d.].

DAMATTA, Roberto. *Carnavais, malandros e heróis*. Rio de Janeiro: Zahar, 1979.

FANON, Frantz. *Pele negra, máscaras brancas*. Salvador: Ed. da UFBA, 2008.

GEERTZ, Clifford. A arte como sistema cultural. *In*: GEERTZ, Clifford. *O saber local*. 6. ed. Petrópolis: Vozes, 1997.

KUPER, Adam. *Cultura*: a visão dos antropólogos. Bauru: Edusc, 2002.

MALINOWSKI, Bronislaw. *Argonautas do Pacífico Ocidental*. São Paulo: Abril, 1978. (Os Pensadores).

SAID, Edward. *Orientalismo*: o Oriente como invenção do Ocidente. São Paulo: Companhia das Letras, 1990.

CAPÍTULO 8

BARTH, Fredrik. Grupos étnicos e suas fronteiras. *In*: POUTIGNAT, Philippe; STREIFF-FENART, Jocelyne (org.). *Teorias da etnicidade*. São Paulo: Ed. da Unesp, 1988.

BIANCO, Bela F. (org.). *Antropologia das sociedades contemporâneas*. São Paulo: Ed. da Unesp, 2002.

CARDOSO, Ruth (org.). *A aventura antropológica*. Rio de Janeiro: Paz e Terra, 1986.

HALL, Stuart. *A identidade cultural na pós-modernidade*. Rio de Janeiro: DP&A, 1997.

MONTEIRO, Paula. Globalização, identidade e diferença. *Novos Estudos Cebrap*, São Paulo, v. 49, p. 33-46, 1997.

MUNANGA, Kabengele; GOMES, Nilma. *O negro no Brasil de hoje*. São Paulo: Ação Educativa, 2006.

SILVÉRIO, Valter Roberto. Negros em movimento: a construção da autonomia pela afirmação de direitos. *In*: BERNARDINO, J.; GALDINO, D. (org.). *Levando a raça a sério*: ação afirmativa e universidade. Rio de Janeiro: DP&A, 2004.

CAPÍTULO 9

ARANTES, Antônio Augusto. *O que é cultura popular*. São Paulo: Brasiliense, 1990.

BOSI, Eclea. *Cultura popular e cultura de massa*. Petrópolis: Vozes, 1986.

CORREA, Mariza. *As ilusões da liberdade*: a escola Nina Rodrigues e a antropologia no Brasil. 2. ed. Bragança Paulista: Ed. da Universidade São Francisco, 2000.

FREYRE, Gilberto. *Casa-grande & senzala*: formação da família brasileira sob o regime de economia patriarcal. 7. ed. Rio de Janeiro: José Olympio, 1952.

MAIO, Marcos Chor. O projeto Unesco e a agenda das Ciências Sociais no Brasil dos anos 40 e 50. *Revista Brasileira de Ciências Sociais*, São Paulo, v. 14, n. 41, p. 141-158, 1999.

MELATTI, Julio Cezar. A antropologia no Brasil: um roteiro. *Boletim Informativo e Bibliográfico de Ciências Sociais (BIB)*, n. 17, p. 3-52, 1984.

SEYFERTH, Giralda. A assimilação dos imigrantes como questão nacional. *Mana*, v. 3, n. 1, p. 95-131, abr. 1997.

CAPÍTULO 10

CASTRO, Eduardo Viveiros de. *A inconstância da alma selvagem*. São Paulo: Cosac Naify, 2002.

CLIFFORD, James. *A experiência etnográfica*: antropologia e literatura no século XX. Rio de Janeiro: Ed. da UFRJ, 2002.

FRANCHETTO, Bruna; CAVALCANTI, Maria Laura; HEILBORN, Maria Luiza. Antropologia e feminismo. *In*: FRANCHETTO, Bruna; CAVALCANTI, Maria Laura; HEILBORN, Maria Luiza (org.). *Perspectivas antropológicas da mulher*. v. 1. Rio de Janeiro: Zahar, 1981.

GEERTZ, Clifford. *A interpretação das culturas*. Rio de Janeiro: LTC, 1989.

HARAWAY, Donna; KUNZRU, Hari; TADEU, Tomaz (org.). *Antropologia do ciborgue*: as vertigens do pós-humano. Belo Horizonte: Autêntica, 2009.

LATOUR, Bruno *et al*. Para distinguir amigos e inimigos no tempo do Antropoceno. *Revista de Antropologia*, v. 57, n. 1, 2014.

LATOUR, Bruno; WOOLGAR, Steve. *A vida de laboratório*: a produção dos fatos científicos. Rio de Janeiro: Relume-Dumará, 1997.

MARRAS, Stelio. Virada animal, virada humana: outro pacto. *Scientiae Studia* [*on-line*], v. 12, n. 2, 2014. Disponível em: https://doi.org/10.1590/S1678-31662014000200002. Acesso em: 1º jul. 2022.

PEREIRA, Thais Fernandes. Estudos multiespécies: uma breve análise da teoria e de suas aplicações. *Ensaios*, v. 13, 2018.

RIBEIRO, Gustavo Lins; ESCOBAR, Artur (org.). *Antropologias mundiais*: transformações da disciplina em sistemas de poder. Brasília: Ed. da UnB/Letras Livres, 2012. v. 1.

SAHLINS, Marshall. *Como pensam os nativos*. São Paulo: Edusp, 2001.

SAHLINS, Marshall. *Ilhas de história*. Rio de Janeiro: Zahar, 1990.

TAUSSIG, Michael. *Xamanismo, colonialismo e o homem selvagem*: um estudo sobre o terror e a cura. Rio de Janeiro: Paz e Terra, 1993.

TSING, Anna L. O antropoceno mais que humano. *Ilha – Revista de Antropologia*, v. 23, n. 1, 2021.

WAGNER, Roy. *A invenção da cultura*. São Paulo: Cosac Naify, 2010.

CAPÍTULO 11

DURKHEIM, Émile. *As regras do método sociológico*. São Paulo: Companhia das Letras, 1977.

FERNANDES, Florestan. *K. Marx, F. Engels*: História. São Paulo: Ática, 1983.

GORZ, André. *O imaterial*: conhecimento, valor e capital. São Paulo: Annablume, 2005.

GOUNET, Thomas. *Fordismo e toyotismo na civilização do automóvel*. São Paulo: Boitempo, 1999.

MARTINS, C. B. *O que é Sociologia*. São Paulo: Brasiliense, 1985.

WEBER, Max. *A ética protestante e o "espírito" do capitalismo*. São Paulo: Companhia das Letras, 2004.

CAPÍTULO 12

ANTUNES, Ricardo. *Adeus ao trabalho?* Ensaio sobre as metamorfoses e a centralidade no mundo do trabalho. Campinas: Ed. da Unicamp; São Paulo: Cortez, 1995.

ÁVILA, Maria Betânia. O tempo do trabalho produtivo e reprodutivo na vida cotidiana. *ABET*, v. 9, n. 2, 2010.

BRAVERMAN, Harry. *Trabalho e capital monopolista*: a degradação do trabalho no século XX. Rio de Janeiro: Guanabara Koogan, 1987.

BRIGUGLIO, Bianca *et al.* (org.). Dossiê Aventura Coletiva: a influência de Danièle Kergoat e Helena Hirata nos estudos do trabalho e na luta feminista no Brasil. *Política & Trabalho*, n. 53, 2020.

HIRATA, Helena. Novas tecnologias, qualificação e divisão sexual do trabalho. *In*: HIRATA, Helena. *Nova divisão sexual do trabalho?* Um olhar voltado para a empresa e a sociedade. São Paulo: Boitempo, 2002. p. 221-232.

KERGOAT, Danièle. A relação social de sexo: da reprodução das relações sociais à sua subversão. *Pro-Posições*, v. 13, n. 1 (37), p. 47-59, jan.-abr. 2002.

KERGOAT, Danièle. La division du travail entre les sexes. *In*: KERGOAT, Jacques *et al*. *Le monde du travail*. Paris: Découverte, 1998.

LOJKINE, Jean. *A revolução informacional*. São Paulo: Cortez, 1992.

MORAES NETO, Benedito. *Século XX e trabalho industrial*: taylorismo/fordismo, ohnoísmo e automação em debate. São Paulo: Xamã, 2003.

PICCHIO, Antonella. Trabalho feminino no cerne do mercado de trabalho. *Revista Temáticas*, v. 26, n. 52, 2018.

CAPÍTULO 13

ANTUNES, Ricardo. Afinal, quem é a classe trabalhadora hoje? *Margem Esquerda*. São Paulo: Boitempo, n. 7, p. 55-56, 2006.

BENSAÏD, Daniel. As classes ou o sujeito perdido. *In*: BENSAÏD, Daniel. *Marx*: o intempestivo (grandezas e misérias de uma aventura crítica). Rio de Janeiro: Civilização Brasileira, 1999.

BOTTOMORE, Thomas Burton. *As classes na sociedade moderna*. Rio de Janeiro: Zahar, 1968.

BOURDIEU, Pierre. *A distinção*: crítica social do julgamento. São Paulo: Edusp, 2007.

IANNI, Octavio. *Raças e classes sociais no Brasil*. São Paulo: Civilização Brasileira, 1972.

MILLS, Charles Wright. *A nova classe média*. Rio de Janeiro: Zahar, 1979.

POULANTZAS, Nicos. *As classes sociais no capitalismo de hoje*. 2. ed. Rio de Janeiro: Zahar, 1978.

SOUZA, Jessé de. *Os batalhadores brasileiros*: nova classe média ou nova classe trabalhadora? Belo Horizonte: Ed. da UFMG, 2010.

SOUZA-LOBO, Elisabeth. As operárias, o sindicato e o discurso sociológico. *In*: SOUZA-LOBO, Elisabeth. *A classe operária tem dois sexos*: trabalho, dominação e resistência. 2. ed. São Paulo: Ed. Fundação Perseu Abramo, 2011. p. 123-148.

WRIGHT, Erik Olin. *Classe, crise e o Estado*. Rio de Janeiro: Zahar, 1987.

CAPÍTULO 14

CARDOSO, Fernando Henrique; FALETTO, Enzo. *Dependência e desenvolvimento na América Latina*. São Paulo: Civilização Brasileira, 2004.

DRUCK, Graça. Trabalho, precarização e resistências. *Caderno CRH*, v. 24, 2011, n. especial 1.

FERNANDES, Florestan. *Capitalismo dependente e sociedade de classes na América Latina*. São Paulo: Global, 1973.

FURTADO, Celso. *Desenvolvimento e subdesenvolvimento*. Rio de Janeiro: Centro Celso Furtado/Contraponto, 2009.

FURTADO, Celso. *Sociedade de classes e subdesenvolvimento*. São Paulo: Global, 2008.

HASENBALG, Carlos. *Discriminação e desigualdades raciais no Brasil*. Belo Horizonte: Ed. da UFMG; Rio de Janeiro: Iuperj, 2005.

IANNI, Octavio. *As metamorfoses do escravo*. São Paulo: Hucitec, 1988.

MOTA, Lourenço Dantas. *Introdução ao Brasil*: um banquete no trópico. São Paulo: Senac, 2008.

MOURA, Clovis. *Brasil*: raízes do protesto negro. São Paulo: Global, 1983.

ORTIZ, Renato. *Cultura brasileira e identidade nacional*. São Paulo: Brasiliense, 2011.

RICUPERO, Bernardo. *Sete lições de interpretação do Brasil*. São Paulo: Alameda, 2008.

CAPÍTULO 15

ANDERSON, Perry. *As origens da pós-modernidade*. Rio de Janeiro: Zahar, 1999.

BAMBIRRA, Vânia. Liberación de la mujer y lucha de clase. *Revista Punto Final*, n. 151, 1972.

BAMBIRRA, Vânia. *O capitalismo dependente latino--americano*. Florianópolis: Insular, 2013.

BOURDIEU, Pierre. *A economia das trocas simbólicas*. São Paulo: Perspectiva, 2005.

BOURDIEU, Pierre. *O poder simbólico*. Rio de Janeiro: Bertrand Brasil, 2001.

BRUNHOFF, Suzanne *et al*. *A finança capitalista*. São Paulo: Alameda, 2010.

CANDIDO, Marcia Rangel. Pioneiras: Vânia Bambirra e as mulheres no capitalismo dependente. *Horizontes ao Sul*, 19 mar. 2019. Disponível em: www.horizontesaosul.com/single-post/2019/03/19/pioneiras-vânia-bambirra-e-as-mulheres-no-capitalismo-dependente. Acesso em: 1º jul. 2022.

CHESNAIS, François *et al*. *Uma nova fase do capitalismo?* São Paulo: Xamã/Cemarx, 2003.

CRENSHAW, Kimberlé. Documento para o encontro de especialistas em aspectos da discriminação racial relativos ao gênero. *Revista Estudos Feministas*, v. 10, n. 1, 2002.

GIDDENS, Anthony. *As consequências da modernidade*. São Paulo: Ed. da Unesp, 1991.

GONZALEZ, Lélia. A categoria político-cultural de amefricanidade. *Tempo Brasileiro*, n. 92/93, 1988.

GONZALEZ, Lélia. O movimento negro na última década. *In*: GONZALEZ, Lélia; HASENBALG, Carlos. *Lugar de negro*. Rio de Janeiro: Marco Zero, 1982.

GONZALEZ, Lélia. *Racismo e sexismo na cultura brasileira*. Trabalho apresentado no 4º Encontro Anual da Associação Nacional de Pós-Graduação e Pesquisa em Ciências Sociais, Rio de Janeiro, 1980.

GRECCO, Fabiana Sanches. *Reprodução social*: um estudo da economia feminista. São Paulo: Editora Gota, 2022.

HABERMAS, Jürgen. A nova intransparência: a crise do Estado de bem-estar social e o esgotamento das energias utópicas. *Novos Estudos Cebrap*. São Paulo, n. 18, set. 1987.

HABERMAS, Jürgen. *Teoría de la acción comunicativa*. Madrid: Taurus, 1987.

HARVEY, David. *A condição pós-moderna*. São Paulo: Loyola, 1998.

HOOKS, bell. Intelectuais negras. *Estudos Feministas*, v. 3, n. 2, 1995.

KERGOAT, Danièle. Dinâmica e consubstancialidade das relações sociais. *Novos Estudos*, n. 86, 2010.

MOLLO, Maria de Lourdes Rollemberg. *Financeirização como desenvolvimento do capital fictício*: a crise financeira internacional e suas consequências no Brasil. Brasília: Ed. da UnB, 2011.

PERROT, Michelle; DUBY, George (org.). *História das mulheres*: o século XIX. Lisboa: Afrontamento, 1991.

SAFFIOTI, Heleieth. *A mulher na sociedade de classes*: mito e realidade. Petrópolis: Vozes, 1976.

SAFFIOTI, Heleieth. *O poder do macho*. São Paulo: Moderna, 1987.

SAFFIOTI, Heleieth. Quantos sexos? Quantos gêneros? Unissexo/Unigênero? *Cadernos de Crítica Feminista*, v. 3, n. 2, p. 6-33, dez. 2009.

SCHIEBINGER, Londa. *O feminismo mudou a ciência?* Bauru: Edusc, 2001.

ZIZEK, Slavoj. *Um mapa da ideologia*. Rio de Janeiro: Contraponto, 1996.